Finance d'entreprise

DALLOZ

31-35 rue Froidevaux, 75685 Paris Cedex 14

ISBN : 978-2-247-13694-0
978-2-247-14170-8

Finance d'entreprise

Pierre Vernimmen

13e édition

par

Pascal Quiry et **Yann Le Fur**

2015

DALLOZ

SOMMAIRE GÉNÉRAL

Pourquoi nous voulons être optimistes ... VI
Présentation de l'ouvrage ... XIII
Principaux symboles et sigles utilisés dans cet ouvrage ... XVI
1 Un premier aperçu de la finance ... 1

Partie 1 Le diagnostic financier 17

Titre 1 **Les mécanismes financiers fondamentaux** ... 19
2 Les flux de trésorerie ... 21
3 Les résultats ... 31
4 L'actif économique et les ressources financières ... 47
5 Du résultat à la variation de l'endettement net ... 65

Titre 2 **La lecture financière de la comptabilité** ... 89
6 L'information comptable ... 91
7 Les comptes consolidés ... 103
8 Les points complexes de l'analyse des comptes ... 125

Titre 3 **Le diagnostic financier : analyse et prévisions** ... 169
9 Introduction au diagnostic financier ... 171
10 L'analyse des marges : structure ... 197
11 L'analyse des marges : risques ... 225
12 L'analyse du besoin en fonds de roulement et des investissements ... 243
13 L'analyse du financement ... 271
14 L'analyse de la rentabilité comptable ... 287
15 Conclusion du diagnostic financier ... 307

Partie 2 Les investisseurs et la logique des marchés financiers 321
16 Les marchés financiers ... 323

Titre 1 **La mécanique financière** ... 347
17 La rémunération du temps ... 349
18 Capitalisation et actualisation ... 361
19 Valeur actuelle et valeur actuelle nette ... 371
20 Le taux de rentabilité actuariel ... 381

Titre 2 **Le risque en finance** ... 397
21 Le risque d'un titre financier ... 399
22 Risque et portefeuille ... 415
23 Taux de rentabilité exigé et marchés en équilibre ... 433

Titre 3 **Les principaux titres financiers** ... 455
24 L'obligation ... 457
25 Les autres produits de dette ... 481
26 L'action ... 501
27 L'option ... 529
28 Les titres hybrides ... 555
29 Le placement des titres financiers ... 575

Partie 3 La valeur 607

30 Valeur et finance d'entreprise ... 609
31 Les mesures de la création de valeur ... 631
32 Le choix d'investissement ... 649
33 Le coût du capital ... 667
34 Le risque dans l'investissement ... 687
35 La pratique de l'évaluation de l'entreprise ... 701

Partie 4 La politique financière 737

Titre 1 **La structure financière de l'entreprise** ... 739
36 Structure financière et théorie des marchés en équilibre ... 741
37 Structure financière, fiscalité et théorie des organisations ... 755
38 Endettement, capitaux propres et théorie des options ... 773
39 Choisir sa structure financière ... 795

Titre 2 **La politique des capitaux propres et celle de l'endettement** ... 817
40 La politique de distribution ou rendre de l'argent aux actionnaires ... 819
41 La mise en œuvre de la politique de distribution : dividendes, rachats d'actions et réductions de capital ... 837
42 L'augmentation de capital en numéraire ... 859
43 La mise en œuvre de la politique d'endettement ... 875

Partie 5 La gestion financière 895

Titre 1 **La gouvernance et l'ingénierie financière** ... 897
44 La création d'entreprise ou le financement des start-up ... 899
45 L'actionnariat et l'organisation d'un groupe ... 923
46 L'introduction en Bourse ... 949
47 La gouvernance d'entreprise ... 963
48 Les négociations du contrôle ... 979
49 Les fusions et les scissions ... 1011
50 Les LBO ... 1031
51 Les faillites et les restructurations ... 1049

Titre 2 **La gestion du besoin en fonds de roulement, de la trésorerie et des risques** ... 1073
52 La gestion du besoin en fonds de roulement ... 1075
53 La gestion de trésorerie ... 1091
54 La gestion des risques dans l'entreprise ... 1113

Finance et stratégie en guise de post-face ... 1141

Annexes ... 1151
Glossaire ... 1163
Index des notions ... 1165
Index des noms propres ... 1185
Table des matières ... 1187

Pourquoi nous voulons être optimistes

Nous avons attendu quelques années avant d'accepter de notre éditeur cette proposition de visuel pour la couverture du Vernimmen 2015. Il nous semble en effet être temps de céder aux sirènes de l'optimisme, même si ce n'est pas sans une certaine dose de méthode Coué car les entreprises ne bénéficient pas du meilleur environnement économique et fiscal en France pour profiter d'une conjoncture économique globalement plus favorable.

L'entreprenariat est un des moteurs de ce renouveau. Nous le voyons auprès des étudiants à qui nous enseignons : la proportion de ceux qui souhaitent créer une entreprise à la fin de leurs études, ou même de ceux qui le font durant leurs études, est passée de négligeable à significative. C'est une excellente chose. Et c'est bien pour cela que nous avions créé l'an passé un chapitre, le 44, consacré aux aspects financiers de la création d'entreprise et le financement des start-up.

Nombre annuel de créations d'entreprises de 2000 à 2013

Source : APCE.

C'est donc maintenant 2 % de la population active qui crée une entreprise chaque année, une personne active sur 50 ! Certes, toutes les entreprises créées ne sont pas des entreprises avec une activité économique réelle. Certes, beaucoup de cadres licenciés créent leur entreprise par défaut, dans l'attente d'un nouveau poste. Enfin, la création du statut d'autoentrepreneur ne permet pas d'avoir une lecture simple de l'évolution. Mais la tendance est là.

Du côté des capitaux propres

Le *crowdfunding*, ou financement participatif, contribue à ce mouvement et connaît un développement important en France même s'il n'est pas à la hauteur de sa couverture médiatique. Avec moins de 40 M€ levés en capitaux propres et en dette pour les entreprises en 2013 en France, ce mode de financement reste macroéconomiquement anecdotique, même s'il est souvent crucial pour les entreprises qui en bénéficient. Les nouvelles dispositions législatives qui l'encadrent désormais, pour une fois libérales et consensuelles, vont certainement permettre d'accroître les volumes ainsi levés. Des dizaines de milliers d'investisseurs veulent donner un sens à leur épargne, rêvent pour certains d'entre eux de faire fortune en finançant le prochain Daily Motion ou Criteo et vont apprendre ce que c'est que le risque d'entreprise car il y aura inévitablement de grosses déceptions.

À un niveau où l'on ne compte plus en dizaines ou centaines de milliers d'euros comme précédemment, mais en millions d'euros ou en dizaines de millions d'euros, nous sommes frappés de constater comment en quelques trimestres la Bourse de Paris s'est ouverte à des petites sociétés, le plus souvent n'ayant pas encore démontré la pertinence de leurs modèles économiques et qui viennent se coter pour trouver des capitaux propres. Ce fut d'abord des sociétés de biotechnologies (*bio-tech*) dans un flux ininterrompu commencé il y a quelques années. Alternext en accueille aujourd'hui plus d'une cinquantaine : au moment où nous écrivons ces lignes, Innate Pharma lève 50 M€ lui assurant sa trésorerie jusqu'en 2017. Ont suivi les sociétés de technologies médicales, les *med-tech*.

L'introduction en Bourse de Blue Solutions, la filiale de production et d'exploitation de batteries électriques de groupe Bolloré (Auto Lib), en octobre 2013, marque un tournant nous semble-t-il. Ce fut un immense succès tant auprès des investisseurs institutionnels français ou étrangers que des particuliers (l'offre est sursouscrite plus de 10 fois). Le premier jour de cotation, le cours s'établit en progrès de 45 % sur son prix d'introduction. Huit mois après, la capitalisation boursière est de plus d'un milliard d'euros, pour une entreprise qui a réalisé des ventes 2013 de 47 M€ et des pertes de 36 M€. À l'horizon 2017, les ventes sont attendues à plus de 200 M€ avec environ 60 M€ d'excédent brut d'exploitation.

D'autres *clean-tech* moins connues se sont introduites sur Alternext dans la foulée pour lever des fonds : Fermentalg, Innoveox, etc. Deinove lance au moment où ces lignes sont écrites une augmentation de capital de 25 M€ et quittera Alternext pour rejoindre Euronext.

Le temps où le risque de l'aventure industrielle était boudé en Bourse est révolu. S'ouvrant à une nouvelle classe d'actifs, entre start-up et PME, la Bourse retrouve un rôle important dans le financement de l'innovation. Il ne se passe plus une semaine sans qu'une nouvelle introduction en Bourse et/ou une nouvelle levée de fonds ne soit annoncée. Ceci nous paraît être un élément majeur, même si, du côté des investisseurs, la frontière entre vif intérêt, engouement et emballement est ténue.

Parallèlement le retour des grandes introductions sur la place de Paris de groupes valant de l'ordre du milliard d'euros (voir paragraphe 46.8), une première depuis 2007, offre une porte de sortie alternative aux fonds de LBO (Tarkett, Elior) ou aux groupes en mal de recentrage (Coface, Euronext lui-même).

Du côté de la dette

Les 12 mois écoulés ont vu l'accélération des tendances que nous relevions l'an dernier au même endroit : la désintermédiation croissante des sources de financement, en particulier pour les ETI qui découvrent peu à peu des produits jusqu'ici réservés aux grandes entreprises. Au total, les financements de marché ont représenté 35 % des financements de dette en 2013 (contre 26 % il y a 5 ans). Cette évolution est le résultat à la fois d'une volonté de diversification des sources de financement, ce qui relève de la bonne gestion[1], mais également de la baisse structurelle de l'offre de crédits bancaires : le bilan des 10 premières banques européennes a fondu de 13 % (– 1 500 Md€), ce qui résulte en particulier de la mise en œuvre des nouvelles règles prudentielles Bâle III[2]. En France, avec 819 Md€ de crédits aux entreprises en 2013, les banques restent cependant de loin le premier financeur de l'économie avec des encours qui croissent un peu.

L'accès au marché de la dette par des placements privés s'est accéléré. La mise en place d'*Euro Private Placements* (placements privés d'initiative plutôt française mais à vocation européenne) participe de ce succès (3,9 Md€ levés en 2013 pour 42 opérations). La standardisation de la documentation (avec la charte des Euro-PP) et la simplicité de mise en place ont séduit de nombreuses ETI françaises (Sodiaal, Agrial...). Les placements privés allemands (*Schuldschein*) et américains (USPP) contribuent également aux volumes importants émis.

Évolution des sources de financement des entreprises non financières

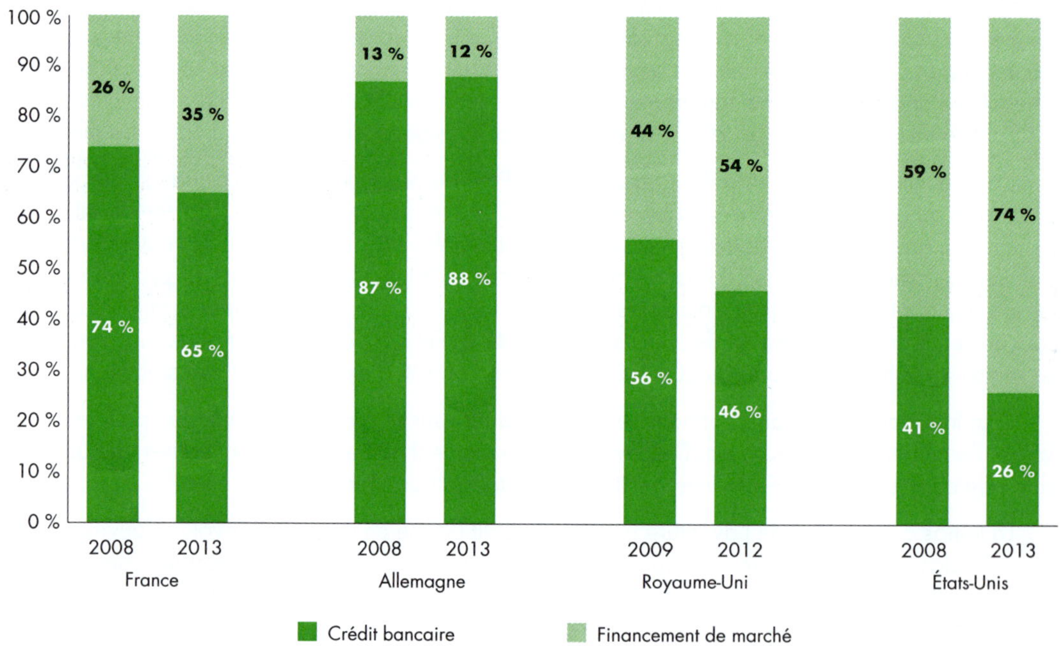

Source : Banque centrale européenne.

1 Voir le chapitre 43.

2 Voir *La Lettre Vernimmen.net* avril 2014, n° 123.

La réforme du Code des assurances en août 2013 a permis un essor de la demande des assureurs pour des titres de dettes d'entreprises. Les produits obligataires, aux maturités plus longues que les prêts bancaires, correspondent bien au besoin de placement à long terme des investisseurs tels que les fonds de retraites et les compagnies d'assurances.

La désintermédiation se met également en place sur les produits de dette à court terme grâce au développement des billets de trésorerie (paragraphe 25.1) pour les ETI. En 2013, Bureau Veritas, Ubisoft et Clairefontaine ont mis en place de tels programmes, ce qui constitue une nouveauté sur un marché traditionnellement réservé aux très grands groupes.

Cette évolution vers une marchéisation du financement des entreprises paraît désormais inéluctable et produira ses effets dans la durée : en 2013, seulement 1 % des ETI ont émis de la dette obligataire. La part des produits de marché progresse mais reste minoritaire dans le financement des ETI françaises, avec un peu plus de 10 % (contre 85 % pour les sociétés du CAC 40 et 65 % pour celles du SBF 120). Mais ne nous leurrons pas, ces émissions ne s'adressent pas à l'ensemble des emprunteurs. En effet, elles impliquent une plus grande transparence sur l'entreprise, un pas qu'un grand nombre de sociétés non cotées n'est pas prêt à franchir aujourd'hui.

En termes de financement par dettes hybrides, citons l'initiative d'Isodev qui propose pour des entreprises dont le chiffre d'affaires est inférieur à 15 M€ des prêts participatifs amortissables sur 5 ans, sans garantie, subordonnés à l'ensemble des dettes financières classiques. En contrepartie, le taux d'intérêt est élevé (12-13 %) mais n'implique ni dilution du capital ni accès aux résultats. Les montants, entre 15 000 € et 150 000 € dans la limite des capitaux propres de l'emprunteur, en font un produit pour les petites entreprises.

Du côté des investisseurs

L'optimisme est de retour et l'aversion au risque est en forte baisse en France comme à l'étranger. Les primes de risques (voir le paragraphe 23.5) sont au plus bas depuis 2008 sans toutefois retrouver les niveaux moyens d'avant 2007, la volatilité (paragraphe 27.29) ressemble à une morne plaine. Le Maroc peut s'endetter en juin 2014 à 10 ans en euros à 3,5 % soit 1 % de moins qu'en 2010 et l'État français à 1,61 % à 10 ans, proche de ses plus bas historiques depuis Louis XV (1752, *sic* !). Les marges actuarielles sur des signatures de qualité correcte sont au plus bas :

***Spreads* des entreprises notées BBB en Europe**

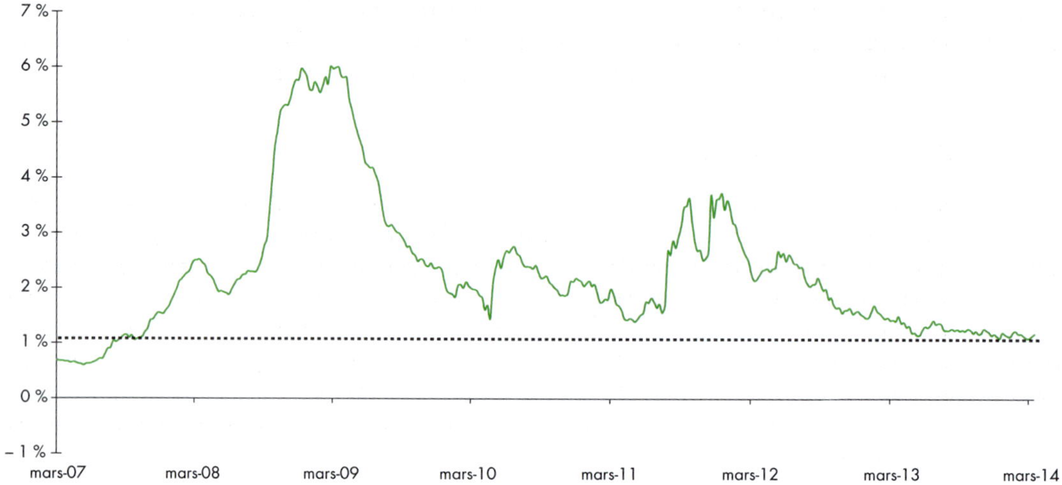

Source : Datastream.

Faibles taux d'intérêt grâce aux injections de liquidités des banques centrales et baisse des primes de risque exigées par les investisseurs qui retrouve une appétence pour le risque conduisent à des niveaux de valorisation qui semblent bien pesés. Ainsi le multiple de la valeur de l'actif économique sur l'excédent brut d'exploitation 2014 des 550 plus grands groupes européens cotés (hors banques, assurance, immobilier et pétrole) est proche de ses plus hauts niveaux d'avant 2008 :

Multiple d'EBE et prime de risque en Europe

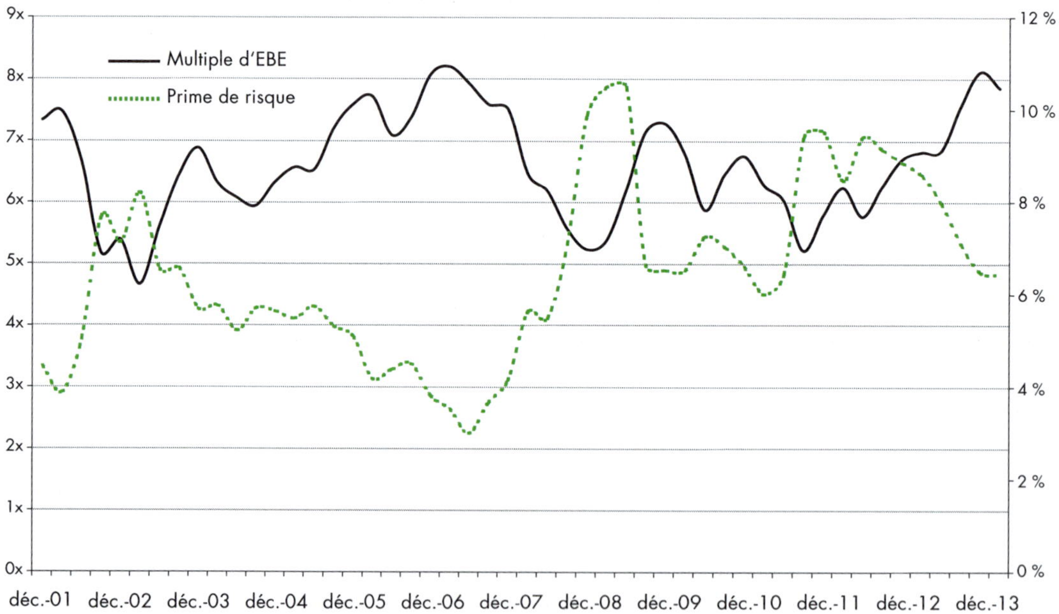

Source : BNP Paribas - Associés en Finance

C'est néanmoins un cercle vertueux qui s'est enclenché pour un temps au moins, la hausse des niveaux de cours offrant des opportunités pour les entreprises de se financer en capitaux propres comme nous l'avons vu plus haut et pas uniquement pour les start-up. Ainsi Deutsche Bank réalise en juin 2014 une augmentation de capital de 8,5 Md€ (voir paragraphe 42.13).

Du côté des banques

La situation des banques est plus complexe. Comme on l'a vu, leur bilan s'est atrophié sous la pression des nouvelles exigences réglementaires en matière de solvabilité. Mais ce phénomène est sans réel effet à ce stade sur les entreprises qui ont, d'une part trouvé un relais par des émissions directes sur les marchés, d'autre part donné la priorité au désendettement et à l'attentisme repoussant au maximum leurs investissements. Par ailleurs, les banques recapitalisées par des levées massives de capitaux propres (Italie, Portugal, Espagne, Allemagne principalement) ont continué à prêter (même dans des volumes plus faibles). On aboutit, en 2013-2014, à une situation où les banques, avec un bilan assaini, cherchent à investir des capitaux sans nécessairement rencontrer une demande des entreprises.

Dans ce contexte déséquilibré en faveur des emprunteurs, les conditions d'emprunt se sont fortement détendues tant en termes de marge de crédit que de conditions (durée, convenants). Tant et si bien que (comme en 2005-2007), les entreprises refinancent leurs lignes existantes (Suez Environnement, Casino, Vallourec, Mercialys, Alstom, EDF, Vinci, Pernod Ricard, Elior, Michelin,...). Certaines sociétés ont profité de cette meilleure conjoncture pour allonger les maturités et renégocier leurs convenants, preuve de bonne gestion de leur dette, comme nous l'expliquons dans le chapitre 43.

Cette détente sur le marché de la dette bancaire se manifeste également sur le marché des LBO, sans néanmoins retrouver encore les niveaux de 2007 (heureusement !).

Dettes/EBE dans les LBO européens

Source : Standard & Poor's.

Malgré cette embellie à court terme sur le marché de la dette bancaire, espérons que les nouvelles contraintes imposées aux banques ne brident pas la croissance des entreprises lorsque celles-ci augmenteront significativement leurs investissements. La mise en place d'opérations de titrisation de crédits par les banques pourra certainement desserrer l'étau à court terme et faciliter ainsi l'octroi de prêts notamment aux PME par les banques.

Du côté des entreprises

La baisse de perception du risque est également palpable parmi les dirigeants des entreprises qui songent enfin à autre chose qu'à accumuler un matelas de cash de sécurité et se sont aventurés, non pas dans des investissements de capacité mais d'abord vers une reprise des rachats d'actions [1], puis vers des investissements de croissance externe comme le montre la forte reprise des opérations de fusions et acquisitions depuis 6 mois.

Ces opérations, qui se réalisent toujours par vagues sectorielles (télécoms, santé, industrie en ce moment), reposent sur de nouveaux ressorts : des considérations fiscales très importantes en particulier pour les groupes américains, mais également une réaction face à la menace de déflation (nécessitant de gagner en *pricing power*). La déflation est une des vraies menaces pesant sur l'économie. Et dire qu'il y a moins de 2 ans, certains craignaient une inflation non maîtrisée !

Dans des pays à démographie stagnante, qui devront peu à peu stopper la morphine des injections massive de liquidités, seule une reprise massive de l'innovation peut pérenniser la croissance et éviter cette déflation qui ravagerait entreprises et emploi [2]. La France qui innove et crée des entreprises, dont la natalité fait l'envie de l'Europe, est bien placée pour y faire face pour autant que ses pouvoirs publics soient aussi bien gérés que ses entreprises...

1 Voir *La Lettre Vernimmen.net* janvier 2014, n° 121.

2 Voir *La Lettre Vernimmen.net* juillet 2014, n° 125.

Présentation de l'ouvrage

Finance d'entreprise est un ouvrage où la théorie et la pratique sont constamment liées et se renvoient l'une à l'autre, à l'image de Pierre Vernimmen qui fut un admirable pédagogue doublé d'un professionnel hors pair de la finance.

L'accent est davantage porté sur les concepts qui donnent à notre lecteur l'intelligence des situations que sur les techniques qui sont, par essence, mouvantes et éphémères. Nous sommes convaincus que les premiers auront encore conservé force de vérité dans vingt ans alors que, pour la plupart, les secondes auront, de longue date, sombré dans l'oubli...

Cinq parties

Finance d'entreprise s'ouvre par un chapitre d'introduction où nous rappelons que le financier d'entreprise fait le pont entre le monde de l'économie réelle et la sphère financière. Il est un homme de marketing et un négociateur. Il a des clients : les banquiers et les investisseurs à qui il doit vendre des produits, des titres financiers qui représentent des droits sur les flux de l'entreprise. Un bon directeur financier est dès lors celui qui, à l'écoute de ses clients, sait leur vendre cher de bons produits. Sans cesse, il raisonne en valeur plutôt qu'en coût ou en résultat.

Pierre Vernimmen, qui nous a formés et avec qui nous avons pratiqué la finance d'entreprise, avait très tôt compris que l'on ne peut pas être un bon financier si l'on n'est pas capable d'analyser d'abord la situation économique, financière et stratégique de l'entreprise, puis de porter ensuite un diagnostic sur sa valorisation, le tout en maîtrisant le cadre conceptuel de toute décision financière.

Aussi **la première partie** de cet ouvrage est-elle consacrée à l'analyse financière, c'est-à-dire à la compréhension de l'entreprise à partir de l'analyse détaillée de ses comptes. Nous sommes frappés de voir combien cette approche est négligée, en particulier par bon nombre d'investisseurs, dans les contextes d'euphorie boursière qui ne durent jamais. Quand tout monte, à quoi cela sert-il d'être rigoureux ? À éviter d'être pris dans la tourmente, voire la débâcle qui suit inévitablement les excès haussiers...

Le retour à la raison a redonné à l'analyse financière la fonction de pierre angulaire qui ne doit jamais cesser d'être la sienne. L'analyse financière passe d'abord par une bonne compréhension des mécanismes financiers de base de l'entreprise (chapitres 2 à 5), par une maîtrise des techniques comptables (principes, techniques de consolidation, points complexes, chapitres 6 à 8), que cela soit en normes françaises ou en normes internationales (IFRS). L'analyse financière proprement dite s'articule autour d'un plan type qui doit aider le lecteur débutant : une entreprise ne peut survivre à terme que si elle est solvable et crée de la valeur pour ses actionnaires (chapitre 9). Pour cela, elle a besoin de créer des richesses (chapitres 10 et 11) qui nécessitent des investissements (chapitre 12) qui doivent être financés (chapitre 13) et être suffisamment rentables (chapitre 14). L'exemple de l'analyse financière d'Indesit vous guidera tout au long de cette partie.

La deuxième partie présente les connaissances théoriques minimales dans le domaine des marchés financiers qui doivent permettre à notre lecteur de pouvoir faire un diagnostic sur la valeur de l'entreprise. Là encore ce sont en fait des raisonnements ou des réflexes (chapitres 16 à 23) :

marché à l'équilibre, finance comportementale, rémunération du temps et du risque, volatilité, arbitrage, rentabilité, théorie du portefeuille, actualisation et capitalisation, valeur actuelle, droite de marché, β... S'y ajoute une étude des principaux titres financiers (l'action, l'obligation et les autres produits de dette, l'option, les titres hybrides) dans une perspective de valorisation, et de leurs techniques de placement (chapitres 24 à 29).

La partie centrale, la troisième, est réservée à la valeur tant d'un point de vue conceptuel que pratique, car la valeur est au centre des préoccupations du financier (sa mesure et sa répartition). Sur le moyen terme, la création de valeur constitue le plus souvent l'objectif financier premier des dirigeants des entreprises (chapitres 30 à 35).

Dans **la quatrième partie**, la politique financière est analysée pour chaque décision en termes de :

- valeur dans le cadre de la théorie de marchés en équilibre ;
- rapport de force (théorie de l'agence) ;
- irrationalité (finance comportementale) ;
- communication (théorie du signal).

Nous traitons du choix d'une structure de financement, de la politique d'autofinancement, de dividendes ou de rachat d'actions, de l'augmentation de capital et de structuration de la dette...

Nous soulignons le fétichisme du bénéfice par action, de la rentabilité des capitaux propres et de plusieurs autres critères dont on a tendance à oublier le fondement et qui peuvent n'avoir qu'un rapport lointain avec la création de valeur. Nous avons laissé une grande place pour chaque décision à l'utilisation de l'option (comme raisonnement ou comme technique) (chapitres 36 à 43).

À l'orée de **la cinquième partie**, la gestion financière, notre lecteur est équipé pour être un acteur et prendre des décisions : création d'une entreprise, organisation d'un groupe, introduction en Bourse, mise en œuvre d'une gouvernance d'entreprise, achat et vente de sociétés, fusion, scission, LBO, faillite et restructurations sans oublier la gestion du besoin en fonds de roulement, des flux de trésorerie et des risques financiers de l'entreprise (chapitres 45 à 54).

Nous concluons l'ouvrage avec une réflexion sur l'articulation de la politique financière et de la stratégie de l'entreprise.

Mode d'emploi du *Vernimmen* et de ses versions numériques

Pour vous aider à mieux utiliser votre *Vernimmen*, chaque chapitre se clôt sur un résumé, des exercices (174 en tout) et des questions (771) corrigés. Nous avons utilisé les rabats de couverture pour présenter un lexique international des principaux termes de la finance, et le dos du marque-page pour une anti-sèche (le *Vernimmen* résumé en une page !). Pour vous permettre d'aller au-delà si besoin, chaque chapitre est doté d'une bibliographie avec des conseils d'orientation, tant vers des articles de recherche fondamentale que vers des articles de presse ou des livres. Tant en annexe que dans le corps du texte, de très nombreux graphiques et tableaux (plus de 100 !) vous donnent des éléments de référence et de comparaison. Les index des notions et des noms propres enfin comprennent près de 2 000 entrées.

Si vous préférez apprendre la finance en anglais, le *Vernimmen* existe aussi en langue anglaise, publié par John Wiley & Sons.

En parallèle, vous bénéficiez, en accès totalement gratuit, d'un site Internet www.vernimmen.net fréquenté par 200 000 internautes uniques tous les mois. Il vous est présenté plus en détail sur le rabat intérieur de la couverture. Il est doublé d'un site anglais (www.vernimmen.com).

Puisque nous ne publions pas une nouvelle édition du *Vernimmen* chaque mois, la *Lettre Vernimmen.net*, envoyée gratuitement par Internet, actualise mensuellement l'ouvrage dont elle constitue le complément indispensable. Elle a plus de 60 000 abonnés que vous pouvez rejoindre en vous abonnant sur le site www.vernimmen.net. Le marque-page de l'ouvrage vous en donne un aperçu.

Le *Vernimmen* peut être consulté en ligne, ce qui nous permet de mettre à votre disposition une version régulièrement mise à jour sur www.vernimmenenligne.fr. Vous y trouverez aussi un chapitre en bonus sur l'histoire de l'analyse financière et des podcasts de nos cours (13 heures couvrant 18 chapitres) ou de nos MOOCs. Ils enrichissent aussi la version *e-book* pour l'iPad que vous trouverez sur l'iBookstore.

Enfin, pour les amateurs, des applications iPhone et Android permettent de garder un peu de son Vernimmen toujours avec soi !

Nous vous souhaitons autant de plaisir à utiliser votre *Vernimmen*, pour faire l'apprentissage de la finance d'entreprise ou perfectionner votre pratique, que nous en avons eu à rédiger cette nouvelle édition, à développer son site Internet, sa lettre mensuelle et ses autres supports numériques.

Merci

Nos remerciements vont d'abord à nos épouses, Françoise et Anne-Valérie, et à nos enfants, Paul, Claire, Pierre, Philippe, Soazic, Solène et Aymeric qui ont pris l'habitude de ne pas beaucoup nous voir au premier semestre ! Merci à Catherine Vernimmen et à ses enfants qui nous ont fait confiance dès le premier jour et dont le soutien chaleureux et amical ne nous a jamais été compté.

Merci à Julien Affre, Damien Anzel, Franck Bancel, Daniel Beaumont, Gérald Berge, Jean-François Biard, Jorge Bordas, Sylvie Bretones, Patrick Calinski, Raquel Castillo, Stéphane Cavrois, Nicolas Celier, Bastien Colombet, Benoît Dambre, Nicolas Déhais, Pauline Foucry, Pierre Foucry, Vincent Friedblatt, Fabrice Gerschel, Simon Guéguen, Jean-Jacques Guiony, Daniel Hagge, Ulrich Hege, Philippe Henri, Nicolas Homassel, Bruno Husson, Patrick Iweins, Bertrand Jacquillat, Bruno Labrosse, Jean-Louis Lafontaine, Patrice Lamothe, Pierre Laur, Gauthier Le Milon, Jean-Luc Linkenheld, Sylvina Mayer, Franck Megel, Agnès Melot, Vincent Merat, François Meunier, Jean-Michel Moutin, Xavier Paper, Philippe Personne, Nicolas Pochez, Jean-Marie Pot, Paul Quiry, Alexis Roux de Bézieux, Mehdi Sethom, Yves Simon, Hua Sun-Bai, Sarah Taheri, Yves Valetti, Guillaume Veber, Marc Vermeulen, Fabrice Veverka qui nous ont tous aidés. Merci à Altimir Perrody, le webmestre du site vernimmen.net. Merci à Jeanne Gaillot, Hélène Hoch, Renaud Lefebvre et Audrey Tabuteau, nos éditeurs actuels et passés.

Merci également à nos collègues qui enseignent la finance notamment à HEC Paris et à ceux avec qui nous la pratiquons à Alstom et à Monestier Capital avec toujours autant de plaisir.

Merci à la chaire BNP Paribas à HEC Paris pour son appui dans la réalisation de cet ouvrage.

Merci à Franck Ceddaha qui a pris une part importante dans le développement du *Vernimmen* en tant que coauteur des éditions 1998 et 2000 puis a participé aux éditions 2002 et 2005.

Merci enfin à Isabelle Viard-Chauveau pour son aide efficace.

Bon travail et bonne lecture !

À Paris, le 18 juillet 2014

Pascal Quiry et Yann Le Fur

Principaux symboles et sigles utilisés dans cet ouvrage

β	Coefficient de volatilité relative par rapport au marché
β_{CP}	β des capitaux propres
β_D	β de la dette
β_e	β de l'actif économique
σ (r)	Écart type de la rentabilité espérée, risque du titre
σ	Écart type
ρ	Coefficient de corrélation
ABSA	Action à bons de souscription d'actions
AE	Actif économique (montant comptable)
ADR	*American Depositary Receipt*
AGE	Assemblée générale extraordinaire
AGO	Assemblée générale ordinaire
AMF	Autorité des marchés financiers
ANC	Autorité des normes comptables
APV	*Adjusted Present Value*
BFR	Besoin en fonds de roulement
BPA	Bénéfice par action, *Earnings per share*, EPS
BSA	Bon de souscription d'actions
CP	Capitaux propres (montant comptable)
CA	Chiffre d'affaires
CAF	Capacité d'autofinancement
CF	Charges financières nettes
CMPC	Coût moyen pondéré du capital, *Weighted average cost of capital*, WACC
D/CP	Levier financier (comptable)
D	Endettement net (montant comptable)
d	Taux de distribution (*Pay-Out Ratio*)
DCF	*Discounted Cash Flow*
DDM	*Dividend Discount Model*
DPA	Dividende par action
DPS	Droit préférentiel de souscription
E(r) ou $\bar{r}$	Espérance mathématique, moyenne des rentabilités
EBE	Excédent brut d'exploitation
EBIT	*Earnings Before Interest and Taxes*
EBITDA	*Earnings Before Interest, Taxes, Depreciation and Amortization*
ETE	Excédent de trésorerie d'exploitation
ETI	Entreprise de taille intermédiaire
EURIBOR	*Euro Interbank Offered Rate*
EV	*Enterprise Value*, valeur de l'actif économique
EVA	*Economic Value Added*
FCP	Fonds commun de placement
FCT	Fonds commun de titrisation
FTD	Flux de trésorerie disponible
F_i	Flux de trésorerie de l'année i
FRA	*Forward Rate Agreement*
g	Taux de croissance

i	Coût net de l'endettement net (comptable)
IAS	*International Accounting Standard*
IASB	*International Accounting Standards Board*
IFRS	*International Financial Reporting Standard*
IS	Taux d'impôt sur les sociétés
k	Taux de rentabilité exigé, coût moyen pondéré du capital
k_{CP}	Taux de rentabilité exigé par les actionnaires
k_D	Taux de rentabilité exigé par les créanciers
LBO	*Leveraged Buy-Out*
LIBOR	*London Interbank Offered Rate*
M	Million
Md	Milliard
MEDAF	Modèle d'équilibre des actifs financiers, *Capital Asset Pricing Model*, CAPM
MVA	*Market Value Added*
OBSA	Obligation à bons de souscription d'actions
OC	Obligation convertible
OCEANE	Obligation convertible ou échangeable en actions nouvelles ou existantes
OPA	Offre publique d'achat
OPE	Offre publique d'échange
OPRA	Offre publique de rachat d'actions
OPR - RO	Offre publique de retrait suivie d'un retrait obligatoire
ORA	Obligation remboursable en actions
PBR	*Price Book Ratio* : Valeur de marché des capitaux propres / Montant comptable des capitaux propres
PER ou P/E	*Price Earnings Ratio* : Valeur de l'action / Bénéfice par action
PME	Petite et moyenne entreprise
R_{CP}	Rentabilité des capitaux propres (comptable), *Return on Equity*
R_e	Rentabilité économique (comptable), *Return on Capital Employed*
R&D	Recherche et Développement
RE	Résultat d'exploitation
ROE	*Return on Equity*, Rentabilité des capitaux propres
ROCE	*Return on Capital Employed*, Rentabilité économique
r_F	Taux de l'argent sans risque
r_M	Taux de rentabilité du marché
SA	Société anonyme
SAS	Société anonyme simplifiée
SARL	Société à responsabilité limitée
SICAV	Société d'investissement à capital variable
t	Taux d'intérêt (placement ou endettement)
TRA	Taux de rentabilité actuariel
TRI	Taux de rentabilité interne
TSDI	Titre subordonné à durée indéterminée
TVA	Taxe sur la valeur ajoutée
TSS	Titre super subordonné
V	Valeur, valeur de l'actif économique
V(r)	Variance des rentabilités
VA	Valeur actuelle
VAN	Valeur actuelle nette
V_{AE}	Valeur de marché de l'actif économique
V_{CP}	Valeur de marché des capitaux propres
V_D	Valeur de marché de la dette
VMP	Valeur mobilière de placement
VNC	Valeur nette comptable
WACC	*Weighted Average Cost of Capital*, Coût moyen pondéré du capital, CMPC

Chapitre 1

Un premier aperçu de la finance

La bande-annonce !

1.1 « Le financier d'entreprise est, dans son rôle premier, responsable de l'approvisionnement de l'entreprise en capitaux ! »

Il se situe donc à l'intersection de **l'économique**, l'industrie, les services... (« le monde réel ») et du **financier**, c'est-à-dire des différents marchés de capitaux et institutions financières (« la sphère financière »).

Deux conceptions de son rôle sont alors possibles :

- le financier d'entreprise est un **acheteur de capitaux** dont il doit minimiser le coût ; c'est la conception traditionnelle ;

- le financier d'entreprise est un **vendeur de titres** dont il doit maximiser la valeur. C'est cette vision que nous avons choisi de développer dans cet ouvrage et qui correspond peu ou prou à l'économie dite « des marchés financiers » par opposition à l'économie d'endettement.

1.2 Au risque de paraître relativement manichéens, nous conviendrons d'appeler, dans cet ouvrage :

- **financier d'entreprise**, celui qui est responsable du financement de l'entreprise et qui est donc un intermédiaire entre le système financier (banques et marchés financiers) et l'entreprise ;

- **industriel**, celui qui investit en termes réels dans des biens, dans des équipements, dans la recherche..., qui contracte des engagements sociaux, commerciaux..., qu'il appartienne aux secteurs de l'industrie, du commerce, des services... ;

- **investisseur financier**, celui qui, au contraire, investit dans des titres financiers et plus généralement celui qui donne des ressources à l'entreprise, qu'il soit investisseur proprement dit (c'est-à-dire actionnaire le plus souvent) ou prêteur.

Section 1 ▪ Si le financier est d'abord commerçant…

1 ▪ Le financier d'entreprise est sans doute un acheteur de capitaux…

1.3 Traditionnellement, le financier est présenté comme un acheteur de capitaux chargé de négocier avec des investisseurs de toute nature (banquiers, actionnaires, prêteurs à long terme) pour obtenir des fonds à moindre coût.

Le marché sur lequel se déroule la transaction est le **marché des capitaux** caractérisé par :

- une matière première : l'argent ;
- un prix : soit un taux d'intérêt (dettes), soit un rendement et des plus-values (actions).

Le financier est alors le pourvoyeur de fonds de l'entreprise, chargé de réduire **le prix de sa matière première**, c'est-à-dire **le coût des capitaux collectés**.

1.4 Nous n'entendons pas contester cette conception. Elle est évidente et se vérifie chaque jour, notamment pour les négociations qui se déroulent :

- entre trésoriers d'entreprise et banquiers sur les taux d'intérêt, les commissions, les dates de valeurs (voir chapitre 53) ;
- entre directeurs financiers d'entreprise et intermédiaires sur les marchés de capitaux, la négociation concernant alors les commissions relatives au montage d'opérations financières, etc. (voir chapitre 29).

2 ▪ … mais c'est aussi un vendeur de titres financiers

1.5 Nous demandons cependant au lecteur de s'interroger avec nous sur l'intérêt d'une lecture différente de la fonction du financier d'entreprise :

- il n'est pas acheteur mais **vendeur** ;
- il n'a pas pour but de réduire le coût de sa matière première mais de **maximiser un prix de vente** ;
- il ne travaille pas sur les marchés de capitaux mais sur les marchés des titres financiers, que ceux-ci soient des actions, des obligations, ou des emprunts…

Comprenons-nous bien. Il ne s'agit là que d'une lecture inverse d'un même marché :

- **l'offre** de titres financiers correspond à la demande de capitaux ;
- **la demande** de titres financiers correspond à l'offre de capitaux ;
- **le prix**, ajustement de l'offre et de la demande de titres financiers, sera donc égal à la **valeur du titre** ; dans la lecture inverse, ce prix correspond au loyer de l'argent, équilibrant l'offre et la demande de capitaux.

1.6 Ces deux manières de décrire un même marché de capitaux trouvent leur expression dans le tableau suivant :

	Vision financière	Vision traditionnelle
Marché	Marché des titres	Marché des capitaux
Offre	L'émetteur	L'investisseur
Demande	L'investisseur	L'émetteur
Prix	La valeur du titre	Le taux de rentabilité

1.7 L'offre et la demande jouant en sens inverse, on constate à l'évidence que sur un marché :

- lorsque **le prix de l'argent** (taux d'intérêt par exemple) **s'élève**, cela signifie que la demande de capitaux est supérieure à l'offre de capitaux. En d'autres termes, l'offre de titres est supérieure à la demande de titres : **la valeur des titres baisse** ;
- inversement, lorsque **le prix de l'argent baisse**, cela signifie que l'offre de capitaux est supérieure à la demande. En d'autres termes, la demande de titres est supérieure à l'offre et **la valeur des titres s'élève**.

Prix de l'argent et valeur des titres varient en sens contraire. Pour celui qui cherche des ressources, le prix de l'argent est bien sûr un coût. On aboutit alors à la proposition suivante, fondement de tout cet ouvrage : minimiser un coût de financement revient à maximiser la valeur du titre correspondant à ce financement.

1.8 Deux raisons pratiques, l'une mineure, l'autre majeure, nous font préférer la présentation du financier d'entreprise comme un vendeur de titres.

D'une part, considérer le financier comme un marchand chargé de vendre des titres financiers au prix le plus élevé possible modifie la perception de son rôle. Un marchand n'a pas, en effet, pour but de vendre un mauvais produit ; il doit s'efforcer de vendre des produits qui correspondent aux besoins de sa clientèle. Nous ne saurions trop insister sur l'importance, pour le financier d'entreprise, de comprendre ses pourvoyeurs de fonds et de les satisfaire sans pour cela nuire à l'entreprise et aux autres pourvoyeurs de fonds. **Il doit vendre cher de bons produits**. Mais il peut également « repackager » son produit pour ainsi plaire plus aux investisseurs. Les marchés ne sont pas sans effet de mode et une période pourra être plus propice à la vente d'obligations convertibles (voir chapitre 28), une autre aux crédits syndiqués (voir chapitre 25), etc.

1.9 D'autre part, la raison principale de notre choix est qu'à trop vouloir minimiser le coût, l'attitude classique peut conduire, si elle est appliquée étroitement, à des décisions erronées. Le financier peut ainsi être amené à prendre des décisions qui privilégient le court terme au détriment du long terme. Il est alors atteint de « **myopie** ».

Choisir, par exemple, entre une augmentation de capital, un emprunt bancaire et un emprunt obligataire sur la seule base d'un coût minimum est un raisonnement erroné. Pourquoi ? Parce que les apporteurs de capitaux (acheteurs des titres financiers correspondants) ne courent pas le même risque.

Au coût d'une source de financement doit être associé le risque pris par l'investisseur.

1.10 Il n'est ainsi possible de comparer le coût de deux sources de financement que dans le seul cas où ceux qui les accordent courent le même risque.

1.11 Nous avons trop souvent vu des dirigeants d'entreprise ou des trésoriers prendre un risque excessif en choisissant les sources de financement sur la seule base d'une comparaison des coûts respectifs de ces capitaux.

Ainsi :

- s'endetter à court terme, sous prétexte que les taux à court terme sont inférieurs aux taux à long terme peut se révéler être une grave erreur ;
- négocier une faible diminution de taux en contrepartie d'une garantie hypothécaire peut être très dommageable pour l'avenir ;
- s'endetter systématiquement au seul prétexte que la dette coûte moins cher que les capitaux propres met gravement en péril la pérennité de l'entreprise.

1.12 Nous reprendrons ce thème tout au long de la quatrième partie de cet ouvrage mais précisons d'ores et déjà au lecteur que nous le mettons au défi, sous prétexte de bon sens, de n'avoir jamais commis une erreur dans un raisonnement financier. **La phrase la plus dangereuse est : « Cela ne coûte rien ! ». Cette phrase doit être bannie et remplacée par la suivante : « Quelle incidence cela a-t-il sur la valeur ? ».**

Section 2 ▪ … de titres financiers…

Il s'agit donc de mettre l'accent sur la conception globale du **titre financier**, produit que crée le financier.

1 ▪ L'émission ou sa création

1.13 Il existe une grande diversité de titres financiers qui, tous, répondent à la définition suivante :

- un titre financier est un **contrat**…
- … qui se déroule dans le **temps**…
- … et qui ne se traduit que par des **flux de trésorerie**.

Du point de vue mathématique et plus théorique, un titre financier est défini comme une **chronique de flux futurs**.

Posséder un titre financier revient à posséder le droit de percevoir des flux de trésorerie selon des modalités propres au titre. À l'inverse, créer un titre financier revient, pour l'émetteur, à s'engager au versement de flux de trésorerie. En contrepartie de ce droit à des flux de trésorerie ou de cet engagement, le titre financier sera émis par l'entreprise à un certain prix permettant ainsi de collecter des ressources assurant le financement de l'entreprise.

a) Un titre financier est un contrat…

1.14 On a coutume de dire que le métier de financement est un métier de « papier » (contrat), même si l'informatisation des activités financières a dématérialisé les titres pour les réduire à l'information qu'ils contiennent. La finance relèvera toujours du monde de la **négociation** entre un émetteur qui cherche des fonds et des investisseurs qui peuvent souscrire les titres, et donc d'un marché, qu'il s'agisse du marché du crédit, des obligations, des actions…

b) … qui se déroule dans le temps…

1.15 Le temps (la durée) conduit à intégrer la notion de **risque**. Dès lors qu'un titre est porteur de flux financiers étalés dans le temps, un risque existe que les flux réels soient différents des flux attendus, même si la signature de l'entreprise est de première qualité. Ceci peut paraître choquant pour nombre de personnes attachées à la contrainte de l'engagement pris ou de « la parole donnée ». Et pourtant, l'expérience a montré que les risques les plus divers peuvent affecter le versement des flux : risque politique, grèves, catastrophes naturelles…

c) … et qui ne se traduit que par des flux de trésorerie

1.16 On verra que la mécanique financière s'applique à l'analyse et au choix des investissements d'une entreprise, le financier traduisant alors des flux réels, liés à un outil industriel, en flux de trésorerie. Le lecteur doit absolument comprendre que le « monde de la finance » est celui de **la gestion d'engagements et de droits exprimés en termes de flux de trésorerie**.

Sur un marché de titres financiers, il n'y a pas vente d'un flux réel mais cession d'un droit : l'investisseur (souscripteur ou acheteur du titre) acquiert les droits liés au titre acheté. L'entreprise (émettrice du titre) se trouve liée aux engagements contractuels par le titre, quel que soit son possesseur.

1.17 Ainsi, sur les marchés à terme de marchandises, il est possible d'intervenir en tant que financier : on achètera du sucre à terme tout en sachant que ce sucre ne sera jamais livré, puisque l'opération sera dénouée avant son terme. Le financier intervient sur un marché de biens réels (sucre) par l'intermédiaire des produits financiers que sont les contrats à terme, qui peuvent être dénoués avant leur terme ou, au plus tard, à l'échéance.

La démarche d'un investisseur immobilier peut être analysée de la même manière : en acquérant un bien réel, un appartement, l'investisseur peut le louer ou le revendre. Dès lors, l'actif immobilier, éminemment fongible, et dont la valeur est fluctuante, sera très proche d'un actif financier.

La distinction entre bien réel et actif financier est donc subtile mais fondamentale. Elle réside soit dans la nature du contrat, soit dans la motivation de l'investisseur (exemple de l'appartement).

De plus, sauf exception, l'acquisition d'un titre financier se distingue de l'acquisition d'un bien durable dans la mesure où elle relève d'une démarche banalisée (un grand nombre d'investisseurs financiers peuvent acheter le même titre), et non pas d'une spécialisation par projet (acquisition d'un immeuble spécifique, projet industriel…).

> En conclusion, tout titre financier est une chronique de flux à percevoir selon l'échéancier fixé. Mathématiquement, il se réduit donc à une projection de flux de trésorerie futurs F_1, F_2, F_3, F_4…, F_n sur n périodes.

2 ▪ Un aperçu des différents titres financiers

a) Les titres de dette

1.18 Le titre financier le plus simple est sans aucun doute le contrat qui lie le prêteur (l'investisseur) à l'emprunteur (l'entreprise). Il s'agit d'un engagement très fort de rémunérer et de rembourser. Les prêts deviennent des titres financiers s'ils sont cotés, c'est-à-dire négociables sur un marché secondaire (voir paragraphe 1.24). Citons ainsi l'obligation et le billet de trésorerie.

1.19 **Une obligation** est un titre de créance négociable représentatif d'une fraction d'un emprunt émis par une entreprise, un État (et l'on parlera d'obligation assimilable du Trésor en France, OAT, de *Bund* en Allemagne...) ou un établissement financier.

1.20 **Un billet de trésorerie** est un titre de créance négociable, représentatif d'une fraction d'un emprunt à court terme (entre 1 jour et 1 an dans la pratique française) émis par une entreprise. Si cette entreprise est une banque, on parlera de **certificat de dépôt**. Enfin, lorsque l'État français est l'émetteur, il s'agit de **bon du Trésor négociable**.

1.21 Si l'on s'en tient à l'essentiel, le risque de l'aventure industrielle n'est donc pas pris par les investisseurs qui achètent ce type de produits : **leur rémunération est fixée contractuellement**. Celle-ci peut être fixe ou variable et, dans cette dernière hypothèse, elle sera indexée sur un taux d'intérêt et non sur le résultat de l'entreprise.

Nous verrons ultérieurement que le prêteur prend cependant certains risques, ne serait-ce que celui du non-respect du contrat.

b) L'action

1.22 On appelle **capitaux propres** d'une entreprise les capitaux apportés par l'investisseur ou laissés par lui dans cette entreprise et qui courent le risque de l'aventure industrielle mais qui, en contrepartie, en reçoivent les profits.

Si cette aventure industrielle est constituée en société anonyme, les capitaux propres sont divisés en actions dont le risque est limité au montant apporté ou laissé dans l'entreprise. Sauf exception dûment précisée, nous ne traiterons dans cet ouvrage que de la finance des sociétés pour lesquelles la responsabilité des actionnaires est limitée, c'est-à-dire principalement la société anonyme (SA), la société à responsabilité limitée (SARL) ou encore la société par actions simplifiée (SAS).

L'action constitue donc une source de financement pour l'entreprise mais ce titre financier ne procure pas de revenu certain à l'investisseur, ni de remboursement (la « sortie » ne peut se faire que par cession du titre). Ce dernier bénéficie en revanche des droits sociaux attachés à l'action : droit au bénéfice et droit à la gestion de l'entreprise (*via* le droit de vote).

L'expression « **capitaux propres** » incite à penser que ces capitaux appartiennent à l'entreprise, faisant ainsi une confusion entre les intérêts de l'entrepreneur et ceux de l'entreprise elle-même.

Cette expression souligne cependant bien que les créanciers n'ont pas accès aux droits sociaux correspondants (droits de vote par exemple).

c) Les autres titres

1.23 Comme nous le verrons, les spécialistes de l'ingénierie financière se sont employés à inventer des titres mixtes entre les deux types précédents : certains ont la saveur des capitaux propres pour l'entreprise mais les flux qui y sont associés sont fixes, au moins pour une partie ; d'autres sont des prêts dont la rémunération est liée à la performance de l'entreprise alors qu'il ne s'agit pas de capitaux propres. L'imagination financière en la matière n'a pas de limites. Retenons cependant que ces produits sont en quelque sorte « la cerise sur le gâteau ». Nous présenterons les principaux titres « hybrides » au chapitre 28.

Il existe cependant un titre financier spécifique pour lequel le financement importe moins que le droit lui-même. Ce titre confère en effet à son porteur le droit (et non l'obligation) de faire ou de ne pas faire (par exemple d'acheter ou non) pendant une certaine période : c'est **l'option**.

Ainsi, les différents titres financiers s'échelonnent entre l'obligation et le droit, ce qui ne manquera pas de faire sourire notre lecteur…

Section 3 ■ … évalués en permanence sur un marché de capitaux…

La vision de la finance que nous proposons à notre lecteur n'acquiert cependant tout son intérêt que par le développement des marchés. Avant d'adopter une vision technique de ce phénomène (seconde partie de cet ouvrage), attardons-nous encore à quelques définitions.

1 ■ Du marché primaire au marché secondaire

1.24 Le titre financier, en quelque sorte, va s'émanciper de son émetteur : il sera échangé entre investisseurs et servira de support à d'autres opérations. Le contrat initial évoluera alors que les termes de celui-ci ne seront pas remis en cause.

Les actions émises ou créées à l'origine de la société seront introduites en Bourse, les obligations à long terme serviront à des spéculateurs pour des placements à court terme successifs… La vie d'un titre financier sera donc étroitement liée au fait qu'il puisse être acheté et vendu à tout moment.

Le marché de l'émission (c'est-à-dire la création) est dit « marché primaire », celui des transactions ultérieures est dit « **marché secondaire** ». Tous deux sont caractérisés, bien sûr, comme tout marché, par deux éléments essentiels : la chose (le titre) et son prix (la valeur).

Du point de vue de l'entreprise, la distinction entre marché primaire et marché secondaire est fondamentale. **Le marché primaire est le marché « du neuf » des titres financiers** : une augmentation de capital, le placement d'un emprunt obligataire et, plus généralement, l'émission de tout nouveau titre financier relèvent du marché primaire, marché des créations. L'entreprise ne se finance qu'au travers du marché primaire.

1.25 **Le marché secondaire est en revanche le marché « de l'occasion » des titres financiers** : on y achète et on y vend des titres déjà créés, qui changent simplement de main (de propriétaires…) sans création de nouveaux titres.

Le marché primaire permet aux entreprises, aux établissements financiers, à l'État, aux collectivités locales, etc., de se procurer des ressources par l'émission de titres financiers qui sont ensuite cotés et négociés sur le marché secondaire. Le marché secondaire a donc pour fonction de permettre la cotation d'un titre financier et d'assurer la liquidité de celui-ci ; la liquidité résulte alors du fait que ce titre peut être acheté ou vendu.

Cependant, il faut bien comprendre que cette distinction n'est que conceptuelle et que ces deux marchés ne sont pas cloisonnés ni sans relation. En effet, un investisseur financier peut acheter tout aussi bien des actions existantes que de nouvelles actions émises lors d'une augmentation de capital.

Si l'accent est souvent mis sur le marché primaire, c'est parce que la vocation première d'un marché financier est d'assurer l'équilibre entre les besoins et les excédents de financement. Mais l'innovation financière a consisté à créer des marchés secondaires où les titres financiers changent de main.

2 ▪ La fonction du marché secondaire

1.26 L'investisseur financier qui évalue à chaque moment s'il doit acheter ou vendre tel actif se préoccupe toujours de la **sortie de l'investissement**, car il n'entend pas s'immobiliser sur un placement. En fait, à peine « entré », il a déjà pensé à sa « sortie ».

Le dégagement est relativement aisé lorsque le titre financier est à court terme (brève échéance) : il suffit alors d'en attendre le remboursement[1]. Mais le problème de la sortie de l'investissement retrouve toute son acuité lorsqu'il s'agit d'un titre long terme comme une action dont la durée de vie est illimitée. La seule possibilité, pour un actionnaire, de se dégager de son investissement, est alors de vendre ses titres à un autre investisseur.

Ainsi, lors d'une introduction en Bourse, le chef d'entreprise qui a réussi cédera une partie de ses titres à de nouveaux actionnaires, ce qui lui permettra de diversifier son propre portefeuille qui, jusqu'alors, n'était que très peu diversifié.

> Le marché secondaire a pour fonction d'assurer la liquidité de l'investisseur.

1.27 Par **liquidité**, nous entendons l'aptitude d'un bien quelconque à être transformé en espèces[2] rapidement et sans perte de valeur, ou, autre définition, la « possibilité » pour un investisseur d'effectuer une transaction au prix « affiché » et pour un volume important sans perturber le marché. C'est donc pouvoir acheter ou vendre une quantité importante de titres sans influer sur son cours.

Le marché secondaire est donc **un jeu à somme nulle** entre investisseurs (ce qu'achète l'un est vendu par l'autre). Il est *a priori* totalement indépendant de l'émetteur.

Ainsi, une entreprise ayant émis des obligations est certaine de la disponibilité des fonds période par période, en fonction de l'échéancier prévu par le contrat. Pourtant, dans le même temps, différents investisseurs auront pu s'échanger ces titres sur le marché secondaire.

1 On verra cependant qu'en période de crise, 24 heures peuvent être considérées comme l'éternité.

2 En anglais, *cash*.

En termes macroéconomiques, ces échanges n'auront pas contribué au financement de l'investissement productif. De là le mépris de certains pour le marché secondaire qui ne finance pas le développement économique, mais qui permet de relayer les investisseurs initiaux.

Une telle position est erronée et traduit une grande ignorance du rôle économique des marchés secondaires. Il faut bien comprendre que l'investisseur financier met continuellement en concurrence le marché primaire et le marché secondaire : peu lui importe d'acheter un titre « neuf » ou « d'occasion » dans la mesure où ces titres présentent les mêmes caractéristiques.

> Le marché secondaire a donc un rôle fondamental : il assure l'évaluation des titres.

1.28 Par ailleurs, la qualité d'un marché primaire dépend beaucoup de celle de son marché secondaire : qui, en effet, irait acheter un titre financier en sachant qu'il ne pourra que difficilement le céder ?

Le marché secondaire détermine le prix d'émission des titres financiers que l'entreprise émet sur le marché primaire, puisque les investisseurs arbitrent en permanence entre les placements actuels et un nouveau placement proposé.

Il serait donc erroné de croire qu'un financier d'entreprise se désintéresse du marché secondaire des titres émis par son entreprise. Au contraire, c'est là que tous les jours est cotée la matière première dont il doit approvisionner l'entreprise. Enfin, une entreprise ne saurait se désintéresser du marché de ses actions, lieu où s'achètent et se vendent les droits de vote, et donc son contrôle.

3 ■ Les marchés dérivés : les marchés à terme et les marchés optionnels

1.29 Sur les marchés dérivés sont négociés des produits financiers dérivés, c'est-à-dire des produits dont la valeur dépend d'un autre actif : action, obligation, mais aussi matière première agricole, minière ou énergétique, indice, etc. Comme nous le verrons au chapitre 54, il existe deux grandes familles de produits dérivés : les options (dont on fera connaissance au chapitre 27 et qui ont une place importante dans la réflexion et la pratique financières) et les contrats à terme.

> Les marchés dérivés sont des marchés sur des marchés, des « contrats » sur des « contrats ». Ils permettent de prendre des positions importantes à l'achat ou à la vente avec une mise de fonds limitée.

Tous les produits négociés sur les marchés dérivés présentent l'avantage commun d'être spécialisés dans la seule gestion d'un risque financier : avec ces produits, le choix d'un prix (taux d'intérêt, cours de change, cours d'une matière première...) peut être indépendant de la durée de financement ou d'investissement de l'entreprise. En outre, la liquidité très importante de ces produits permet de revenir aisément sur ce choix avec une mise de fonds limitée.

Tant les options que les contrats à terme permettent de prendre des risques importants avec une mise de fonds limitée en jouant sur l'effet de levier procuré par ces produits, ou au contraire de transférer le risque à un tiers (couverture).

Section 4 ▪ … il est aussi et surtout un négociateur…

1.30 Revenons à notre financier qui a créé son titre financier. Il ne sait plus à qui il l'a vendu (marché secondaire) et, de toute manière, même celui qui n'en a jamais acheté peut être en position de vente par le biais des marchés dérivés.

Mais que vend notre financier d'entreprise ? Ou, exprimé d'une manière différente, comment est appréciée la valeur du titre financier ?

Sur un plan pratique, pour obtenir des ressources, un financier d'entreprise « vend » la signature de l'entreprise (honnêteté, compétence des dirigeants…), la qualité des actifs de la société (dans la mesure où il peut être amené à monter un crédit sur la nature des actifs à financer, et, souvent, à accorder des sûretés réelles sur ces actifs), la surface globale de l'entreprise (notamment quand le financement n'est pas lié à un actif précis), son aptitude à dégager une certaine rentabilité sur une période donnée, des engagements juridiques plus ou moins contraignants.

Sur le plan théorique, un financier d'entreprise vend des espérances de flux futurs de trésorerie qui ne peuvent provenir que de l'activité de l'entreprise.

Une entreprise ne peut pas donner à ses pourvoyeurs de fonds des flux de trésorerie plus importants que ceux générés par son activité. Une entreprise en perte rémunère ses créanciers au détriment de ses actionnaires ; une entreprise faiblement bénéficiaire ne peut distribuer des dividendes qu'au prix d'un appauvrissement.

Le financier d'entreprise a donc pour rôle de transformer des actifs et des engagements liés à l'activité économique de l'entreprise (industrielle, commerciale…) en actifs et engagements financiers.

1.31 Cette transformation le conduit alors à assurer le financement de l'entreprise en répartissant les espérances de flux entre les différents investisseurs : banquier, investisseur financier, actionnaire familial, investisseur individuel…

Le financier d'entreprise transforme l'activité économique de l'entreprise en flux financiers qu'il propose aux investisseurs financiers. Ceux-ci les apprécieront et les transformeront en valeur sur un marché, compte tenu, bien sûr, des autres opportunités sur ce marché.

Derrière les titres émis par l'entreprise se cache donc l'évaluation de celle-ci par les marchés. Telle entreprise est considérée comme mal gérée ; les investisseurs s'en détournent, les taux montent et deviennent prohibitifs, les difficultés sont proches si elles ne sont pas déjà arrivées et les valeurs baissent. Le financier d'entreprise doit donc convaincre en permanence de la qualité de l'entreprise puisqu'en définitive c'est elle qui se cache derrière les titres émis.

De plus, la valorisation de l'entreprise est partagée entre les différents partenaires financiers. D'où le nouveau rôle du financier d'entreprise : **celui de négociateur habile dans la répartition de la valeur globale de l'entreprise**.

Qui dit négociation, dit sans doute négoce, mais également :

- diagnostic global de la situation ;
- compréhension des intérêts des différentes parties ;
- et, analyse des rapports de force en présence.

Section 5 ■ … un empêcheur de tourner en rond et un stratège…

1.32 Les investisseurs financiers qui souscrivent les titres émis par l'entreprise ne le font pas par philanthropie, mais parce qu'ils espèrent réaliser sur leur placement un certain taux de rentabilité (intérêt, plus-value, dividende…). Autrement dit, comme nous aurons l'occasion de le voir en détail, la contrepartie des fonds confiés à l'entreprise (*via* la souscription de ses titres) est l'exigence d'un taux de rentabilité minimum.

Le financier d'entreprise devra donc analyser les projets d'investissement, expliquer à ses collègues que certains ne peuvent probablement pas être réalisés compte tenu de leur trop faible rentabilité espérée par rapport à l'exigence de rentabilité des pourvoyeurs de fonds. Bref, le financier d'entreprise est parfois l'empêcheur de tourner en rond des entrepreneurs parce qu'il est indirectement le porte-parole des investisseurs financiers.

Notre financier d'entreprise devra ainsi s'assurer que, sur moyenne période, l'entreprise réalise globalement des investissements dont la rentabilité est au moins égale au taux de rentabilité espéré par ses pourvoyeurs de fonds. Si tel est le cas, tout va bien ! Si durablement l'entreprise n'y arrive pas, elle détruira de la valeur, transformant 100 en 90, voire moins ; honte à elle ! Si, enfin, elle réussit l'exploit de dégager une rentabilité supérieure à l'attente des investisseurs, elle créera de la valeur, transformant 100 en 120, voire plus ; bravo ! Mais qu'elle reste modeste et sache que son succès attirera la concurrence et que, les progrès technologiques et l'évolution réglementaire aidant, il lui sera toujours plus difficile de renouveler cette performance.

Si la rentabilité dégagée sur moyenne période est insuffisante par rapport à la rentabilité requise par les investisseurs, le financier d'entreprise proposera avec les opérationnels qu'il aura sensibilisés au problème des mesures de redressement. Il pourra aussi être stratège et suggérer de revoir le périmètre des activités de l'entreprise. Elle cédera à des tiers mieux placés des actifs pour lesquels elle n'arrive pas dans la durée à dégager le taux de rentabilité requis compte tenu de leurs risques, pour se concentrer sur les divisions les plus performantes qui pourront être développées par acquisitions.

Section 6 ■ … sans oublier d'être un *risk manager* !

1.33 Les fluctuations des taux d'intérêt, des devises, du cours des matières premières sont telles que les risques financiers sont devenus aussi grands que les risques économiques. Considérons une entreprise suisse qui achète du cuivre sur le marché mondial, le transforme et le revend en Suisse et à l'étranger.

Sa performance dépend non seulement du cours du cuivre mais aussi du cours du dollar par rapport au franc suisse utilisé pour les règlements internationaux tant pour les ventes de notre entreprise que pour ses achats. Enfin les fluctuations des taux d'intérêt ont un impact sur sa structure financière. Un véritable casse-tête !

L'entreprise doit donc gérer ses risques et en particulier ses risques de taux et de change car ne rien faire peut avoir des conséquences dramatiques.

1.34 Ainsi, un trésorier qui anticipe une baisse des taux d'intérêt à long terme alors que son entreprise est endettée à long terme ne peut, sans marchés dérivés, que « s'endetter court et placer long », attendre la baisse des taux, rembourser les crédits en cours puis s'endetter à nouveau. Le lecteur comprendra très vite la limite de l'exercice : bilan alourdi, coûts d'intermédiaires, etc. Les marchés dérivés lui permettent de gérer ce risque dit « de taux » (d'intérêt à long terme) tout en gardant à son bilan les emprunts en cours.

De manière générale, le financier d'entreprise est responsable de l'identification, de la mesure et de la gestion des risques de l'entreprise. Au-delà des risques de taux et change pour lesquels les marchés dérivés existent depuis longtemps, citons également le risque de liquidité et le risque de contrepartie que le financier d'entreprise gérera en utilisant une batterie de solutions. La période récente nous a démontré que tout son savoir-faire peut alors être indispensable !

▪ ▪ ▪

1.35 Le financier d'entreprise doit donc avoir un profil complet : à la fois technicien comptable et financier, sans oublier le droit et la fiscalité, homme de marketing et de négociation. Les meilleurs sont aussi stratèges et leur connaissance intime de l'entreprise et de ses hommes (actionnaires et dirigeants) en font des candidats sérieux à la direction générale à l'instar des présidents actuels de Michelin, RTL, Siemens, Vallourec, ou WPP, tous anciens directeurs financiers de leur groupe. On est loin des super-comptables des années 1960 !

1.36 Arrêtons-nous là dans cette introduction qui, nous l'espérons, fait saliver le lecteur. Las ! Il nous faut le décevoir car il ne peut se contenter de ces notions et aller directement à la quatrième partie de l'ouvrage. À notre lecteur financier en herbe qui aimerait se précipiter sur les montages financiers de tout poil pour faire fortune, nous conseillons de refermer cet ouvrage car nous lui proposons le parcours suivant :

- d'abord de comprendre l'entreprise qui est à l'origine de tous les flux financiers (**première partie : le diagnostic financier**) ;
- ensuite de comprendre les marchés puisque ce sont eux qui évaluent en permanence l'entreprise (**deuxième partie : les investisseurs et la logique des marchés financiers**) ;
- puis de comprendre comment la valeur se crée, se forme, se mesure (**troisième partie : la valeur**) ;
- et enfin, de présenter les principales décisions financières à la lumière de la théorie des marchés mais également des théories relatives aux organisations (**quatrième partie : la politique financière**).

S'il est suffisamment tenace, il pourra alors entrevoir son rôle dans **la cinquième partie** consacrée à quelques thèmes pratiques de gestion financière.

RÉSUMÉ

Le résumé de ce chapitre est disponible sur le site www.vernimmen.net.

Le financier d'entreprise a trois rôles principaux :

- assurer l'approvisionnement de l'entreprise en liquidité, lui permettant ainsi de financer son développement et de faire face à ses engagements. Pour ce faire, l'entreprise va émettre des titres (de capitaux propres et de dettes) que le financier d'entreprise va s'efforcer de vendre le plus cher possible aux investisseurs. En effet, dans l'économie de marché de capitaux dans laquelle nous nous trouvons, le rôle du financier d'entreprise est moins d'être un acheteur de capitaux (avec l'objectif d'en minimiser le coût) que d'être un vendeur de titres. Mettre l'accent sur le titre financier revient à se focaliser sur sa valeur, synthèse entre la rentabilité et le risque au détriment d'une trop simple minimisation du coût de la ressource financière qui cache le risque pris. Par ailleurs, cette approche souligne la dimension marketing de la fonction du financier d'entreprise qui, loin d'être dans une tour d'ivoire, a des clients, les investisseurs, qu'il va devoir convaincre de souscrire les titres émis par l'entreprise. Il y réussira d'autant mieux qu'il aura su comprendre leurs besoins du moment ;
- s'assurer qu'à moyen terme l'entreprise dégage, sur les ressources qui lui sont confiées par les investisseurs, un taux de rentabilité au moins égal au taux de rentabilité requis par ces derniers. Si tel est le cas, l'entreprise créera de la valeur. Dans le cas inverse, elle détruira de la valeur, ce qui incitera les investisseurs, si elle continue dans cette voie, à ne plus lui accorder de fonds et à faire baisser la valeur de ses titres, la conduisant au changement d'équipe de direction ou à la faillite ;
- enfin il se doit d'identifier et gérer les risques de l'entreprise.

Dans son premier rôle, le financier d'entreprise transforme les actifs de l'entreprise en actifs financiers dont il doit maximiser la valeur qu'il répartit entre les différents pourvoyeurs de fonds.

Son deuxième rôle est celui d'un empêcheur de tourner en rond, d'un monsieur « Non » qui doit passer au crible les projets d'investissements de l'entreprise pour s'assurer qu'ils dégagent raisonnablement une rentabilité au moins égale au coût des fonds mis à sa disposition. Mais c'est aussi celui d'un stratège qui peut être conduit à questionner le périmètre des activités de l'entreprise.

Enfin, dans son troisième rôle, il s'efforce de garantir que les performances opérationnelles de l'entreprise ne sont pas remises en cause par des aléas… financiers !

QUESTIONS

1/ L'annonce d'une hausse des taux non anticipée doit-elle, au moins mécaniquement, conduire à une baisse de l'indice boursier ?

2/ Si cette annonce était prévue par le marché, votre réponse serait-elle modifiée ? Quel est, par conséquent, l'élément important dans toute évaluation de titres ?

3/ Outre le mot « marché », quel est, selon vous, le maître mot en finance ?

4/ Comment peut-on vendre sans avoir acheté ?

5/ On vous propose un prêt à 3,5 % sur 10 ans sans garantie et un prêt à 3 % sur 10 ans avec garantie. Vous êtes emprunteur. Comment devez-vous raisonner pour choisir l'un de ces deux prêts ?

6/ Un titre financier est-il un actif financier, un passif financier ? Pourquoi ?

7/ Pouvez-vous définir un titre financier ?

8/ Citez un exemple dans lequel ce qui devrait être un actif financier est devenu, après analyse, un passif financier.

9/ Le fait de raisonner à partir d'une offre et d'une demande de titres, et non pas à partir d'une offre et d'une demande de capitaux, est-il plus important pour :

- les actions ?
- les obligations ?
- le crédit syndiqué à moyen terme ?
- le crédit bancaire bilatéral ?

Pourquoi ?

10/ Si l'on vous dit « rentabilité », à quel autre terme de la finance devez-vous immédiatement penser ?

11/ À votre avis, les émissions de titres sur le marché primaire sont-elles plus importantes ou moins importantes en volume que les échanges sur le marché secondaire ?

12/ Si l'on vous dit « risque », à quel autre terme de la finance devez-vous immédiatement penser ?

13/ De l'action ou de l'obligation, quel est le titre le plus risqué ? Pourquoi ?

14/ Montrez en quoi la mauvaise tenue du marché secondaire a une influence sur le marché primaire.

15/ Quels sont les deux défauts les plus fréquemment observés chez les mauvais financiers d'entreprise ?

16/ Quels sont les deux principaux types de titres financiers émis par une entreprise ?

17/ Pourquoi croyez-vous que l'équipe dirigeante d'un groupe aille à la rencontre des investisseurs (*roadshows*) préalablement à une opération de placement de titres ?

18/ Quel est l'intérêt de s'endetter à très court terme pour financer des investissements ? Quel est le risque pris alors ? Qu'en pensez-vous ?

19/ Si quelqu'un vous propose un investissement rapportant plus que le taux du marché, que devez-vous faire ? Pouvez-vous donner un exemple d'un tel produit ?

D'autres questions vous attendent sur le site www.vernimmen.net.

ÉLÉMENTS DE RÉPONSE

1. Mécaniquement, oui, car les valeurs varient en sens inverse des taux d'intérêt.

2. Oui, la réponse serait alors non. L'élément important dans toute évaluation de titre, ce sont les anticipations.

3. La valeur.

4. En intervenant sur les marchés à terme. Voir chapitre 54.

5. Gagner 0,5 % par an vaut-il la peine d'accorder une garantie qui réduit la marge de manœuvre de l'entreprise ?

6. C'est un actif financier si la valeur actuelle des flux futurs est positive (c'est le cas pour l'investisseur), un passif dans le cas contraire (c'est le cas de l'émetteur).

7. Un titre financier est un contrat qui se déroule dans le temps, se traduisant par une chronique de flux à percevoir selon l'échéancier fixé.

8. Une succession dans laquelle les dettes se révèlent plus importantes que les actifs.

9. L'importance est, dans l'ordre de la question (1 très important, 3 peu important) : 1-2-2-3, du fait de la négociabilité plus ou moins forte de ces titres.

10. Risque, les deux sont indissociablement liés.

11. Elles sont bien inférieures ; ainsi en 2013 sur la Bourse de Paris, les sociétés cotées ont-elles émis pour 1,6 Md€ d'actions nouvelles alors que le volume d'échange sur les actions a été de 806 Md€.

12. Rentabilité, les deux sont indissociablement liés.

13. L'action car l'investisseur n'est assuré d'aucun flux et appréhende les flux après le créancier qui passe le premier.

14. Si la valeur des titres baisse durablement, un climat de pessimisme s'instaurera et les investisseurs auront beaucoup de difficulté à se laisser convaincre de souscrire des titres sur le marché primaire dont ils penseront que la valeur baissera dès leur émission.

15. La myopie et l'incompétence en marketing !

16. Les capitaux propres et les dettes.

17. Pour jouer le rôle de vendeur, de représentant et expliquer l'activité sous-jacente aux titres financiers émis.

18. Bénéficier la plupart du temps d'un taux d'intérêt le plus faible sur le marché (voir chapitre 23). Un risque de liquidité car il faut rembourser très vite l'emprunt, le plus souvent en contractant un nouvel emprunt jusqu'au jour où, crise aidant, les prêteurs ne prêtent plus. Il vaut mieux pour l'entreprise s'endetter à long terme !

19. Vérifier le fondement de cette surentabilité qui est le plus souvent due à une prise de risque supplémentaire. Les crédits *subprimes* !

BIBLIOGRAPHIE

Beauvois (de) L., « Rôle et compétence du DAF : trente années de changements », *Échanges* février 2013, n° 306, pages 30 à 34.

Bechet A., Luthi Th., *50 ans d'histoire des directions financières*, DFCG, 2014.

Bretones S. (dir.), *Finance d'entreprise, l'insoupçonnée richesse de ses métiers*, Option Finance, 2014 (disponible sur le site www.vernimmen.net).

Centre des professions financières, *L'année des professions financières*, vol. 4, Association d'économie financière, 2014.

Chambon J.-L., Pluchart J.-J. (dir.), *Grandeur et misère de la finance moderne. Regards croisés de 45 économistes*, Eyrolles, 2013.

Dossier spécial Financium, interviews de J.-P. Agon, P.-A. Terisse, J. Lefébure, J.-Ch. Robin sur le métier de directeur financier, *Option Finance* décembre 2011, n° 1151.

Giraud P.-N., *Le commerce des promesses, petit traité sur la finance moderne*, éd. du Seuil, 2001.

Lendrevie J., Lévy J., *Mercator*, 10e édition, Dunod, 2012.

Mian S., « On the choice and replacement of chief financial officers », *Journal of Financial Economics* avril 2001, vol. 60, n° 1, pages 143 à 175.

Michael Page, *Baromètre mondial CFO*, 2013.

Scott M., *Achieving fair value : how companies can better manage their relationships with investors*, John Wiley, 2005.

Sion M. (dir.), *Profession Directeur financier*, Dunod, 2010.

PARTIE 1

Titre 1 ▪ Les mécanismes financiers fondamentaux 19
Titre 2 ▪ La lecture financière de la comptabilité 89
Titre 3 ▪ Le diagnostic financier : analyse et prévisions...... 169

Partie 1

Le diagnostic financier

TITRE 1

Chapitre **2** Les flux de trésorerie 21
Chapitre **3** Les résultats 31
Chapitre **4** L'actif économique et les ressources financières . . 47
Chapitre **5** Du résultat à la variation de l'endettement net . . 65

Titre 1

Les mécanismes financiers fondamentaux

Les quatre chapitres qui suivent présentent progressivement les fondements de l'analyse financière : le concept de flux de trésorerie, celui de résultat et la notion de bilan ainsi que les liens qui les unissent.

Chapitre 2

Les flux de trésorerie

Commençons par l'alpha de la finance (à moins que ce ne soit l'oméga !).

2.1 Nous avons insisté dans l'introduction sur l'importance des flux de trésorerie en tant qu'élément de base du titre financier. Il nous faut donc également commencer notre compréhension de l'entreprise par l'analyse de ces flux.

Considérons, à titre d'exemple, le relevé bancaire de fin de mois que reçoit un particulier. Cet extrait de compte se présente comme une suite de lignes comptables enregistrant les différentes sorties et entrées d'argent à des dates précises, et mentionnant parfois la nature de l'opération bancaire (remise de chèques par exemple).

Notre premier réflexe consiste à reconstituer le « pourquoi » des écritures mentionnées, c'est-à-dire leur contrepartie : paiement d'achats quotidiens, versement d'un salaire, prélèvement automatique, remboursement d'un emprunt, versement de coupons d'obligations, etc.

2.2 Le financier d'entreprise devra, quant à lui, reclasser les flux par nature, afin d'aboutir à l'élaboration d'un document de trésorerie permettant :

- soit d'analyser l'évolution passée de la trésorerie (on l'appellera alors **tableau des flux de trésorerie** ou encore **tableau de flux** ou **tableau de financement**) ;
- soit de prévoir l'évolution future de celle-ci sur une période plus ou moins longue (on l'appellera alors **budget de trésorerie** ou **plan de financement**).

2.3 Pour ce faire, nous allons montrer que les flux de trésorerie se rattachent aux processus suivants :

- les processus qui caractérisent l'activité économique de l'entreprise :
  - le cycle d'exploitation ;
  - le cycle d'investissement ;
- les processus relatifs aux ressources financières qui en sont la contrepartie :
  - le processus d'endettement ;
  - le processus des capitaux propres.

Section 1 ▪ Les cycles économiques (d'exploitation et d'investissement)

1 ▪ L'importance du cycle d'exploitation

2.4 Prenons l'exemple d'un marchand de primeurs qui « fait sa caisse » le soir. Que constate-t-il ? D'abord, des dépenses liées aux achats qu'il a effectués le matin chez son grossiste et qu'il a payés comptant. Puis des recettes liées aux ventes de ses fruits et légumes dans la journée, réglées également comptant. Supposons que le commerçant ait vendu tout ce qu'il a acheté le matin, en prélevant une marge. Le solde des dépenses et des recettes de la journée fait donc apparaître un excédent de trésorerie.

Toutefois, la réalité est bien souvent plus compliquée. Il est rare que les produits achetés le matin soient vendus le soir, surtout si l'entreprise a une activité de transformation.

En effet, l'entreprise transforme des matières premières suivant un cycle de production plus ou moins long : de quelques jours ou semaines dans l'industrie légère à 7 ans dans le secteur du cognac. Il y a donc un décalage entre les achats de matières premières et la vente des produits finis correspondants.

2.5 À ce premier décalage vient s'en ajouter un second : les entreprises achètent et vendent rarement comptant. Leurs fournisseurs leur accordent des délais de paiement, et elles-mêmes en accordent à leurs clients. L'argent reçu dans la journée ne correspond donc pas nécessairement aux ventes de la journée.

Du fait du crédit client, du crédit fournisseur et des délais de fabrication et de commercialisation, le cycle d'exploitation de toute entreprise s'étend sur une période plus ou moins longue, **conduisant à un décalage entre les dépenses nécessaires à l'exploitation et les recettes d'exploitation correspondantes**.

Toute activité a un cycle d'exploitation propre plus ou moins long qui, en termes de trésorerie, se traduit par des flux positifs ou négatifs à des moments différents. Les dépenses et les recettes d'exploitation correspondant à des cycles différents sont regroupées par période : le mois, l'année… Le solde de ces flux a été baptisé **excédent de trésorerie d'exploitation (ETE)**. Il traduit les flux de trésorerie dégagés par l'exploitation pendant une période.

2.6 L'excédent de trésorerie d'exploitation est concrètement le flux dégagé par l'activité quotidienne. Il représente, pour le particulier, la différence entre les recettes perçues et les dépenses de consommation courante (alimentation, électricité, frais d'entretien de la voiture, etc.).

Il va de soi que, sauf décalage particulièrement important dû à des occasions exceptionnelles (commencement d'activité, très forte croissance, amplitude saisonnière très forte), le solde des recettes et des dépenses d'exploitation doit être positif.

Le lecteur ayant fait de la comptabilité notera que ce concept d'ETE est indépendant de tout choix comptable, ce qui est cohérent puisqu'il ne s'intéresse qu'aux seuls flux de trésorerie. En particulier :

- ni la politique d'amortissement et de provisionnement ;

- ni la méthode d'évaluation des stocks ;
- ni les techniques de régulation des charges sur plusieurs exercices…

n'influent sur son montant.

En revanche, ce concept dépend du classement entre dépenses d'investissement et dépenses d'exploitation que nous allons maintenant examiner.

2 ■ Les dépenses d'investissement et les dépenses d'exploitation

2.7 Reprenons l'exemple de notre marchand de primeurs. Celui-ci décide de vendre également des produits surgelés.

Le cycle d'exploitation ne sera plus le même. Le commerçant sera livré une fois par semaine par exemple et devra ainsi conserver des stocks beaucoup plus importants. Il est vrai que cet allongement du cycle pourra être partiellement compensé par un crédit de ses fournisseurs.

Pour chaque activité le cycle d'exploitation est différent et généralement, plus le produit est complexe, plus le cycle d'exploitation est long.

Mais, surtout, préalablement à cette nouvelle activité, notre marchand doit investir dans un bac congélateur.

2.8 Quelle différence y a-t-il du seul point de vue de la trésorerie entre cette dépense dite d'« investissement » et les dépenses d'exploitation ?

La dépense du bac congélateur paraît être un préalable. Cette dépense correspond à une nouvelle activité dont on ne connaît pas l'issue. Elle paraît plus risquée, et n'a d'intérêt que si, au total, le commerçant dégage un excédent de trésorerie d'exploitation supérieur. Enfin, même si compte tenu des progrès technologiques on ne peut pas investir une fois pour toutes, **les dépenses d'investissement sont faites dans une perspective de long terme et concernent plusieurs cycles d'exploitation**.

Ainsi se justifie la distinction, en termes de trésorerie, entre les dépenses d'exploitation et les dépenses d'investissement.

D'une manière plus prosaïque, au niveau du particulier, une dépense de consommation courante se distingue d'une dépense d'investissement dans la mesure où la première correspond à une jouissance (dépense de consommation), la seconde à une renonciation à une jouissance (dépense d'investissement). Nous verrons que ce mécanisme est à la base de la finance. Il faut avoir « l'esprit pervers » pour prendre plaisir à acheter un four à micro-ondes alors qu'il est indéniablement plus agréable de dépenser la même somme au restaurant ! L'une ne peut être qu'une dépense d'investissement, l'autre une dépense de consommation. Mais alors pourquoi investir ? L'investissement n'a de sens que si la renonciation à la dépense permettant une satisfaction immédiate suscitera plus tard une jouissance plus forte.

> Dans une optique de trésorerie, l'investissement est une dépense devant dégager ultérieurement un excédent de trésorerie d'exploitation supérieur ; de telle sorte qu'au total, l'individu sera satisfait d'avoir renoncé à une consommation immédiate.

2.9 C'est la définition de la **rentabilité de tout investissement** (économique ou financier) en termes de flux que nous retrouverons dans cet ouvrage.

Le cycle d'investissement apparaît donc caractérisé, tout comme le cycle d'exploitation, par une suite de dépenses et de recettes, et diffère essentiellement de celui-ci par sa durée beaucoup plus longue.

> Les dépenses d'investissement ont pour but de modifier le cycle d'exploitation : faire croître les flux qu'il dégage, l'améliorer, etc.

Leurs conséquences s'étalent donc sur plusieurs cycles d'exploitation. Financièrement, elles n'auront d'intérêt que si, sur le long terme, l'exploitation dégage un excédent de recettes par rapport aux dépenses permettant d'assurer la rentabilité de l'investisseur.

3 ■ Le flux de trésorerie disponible

2.10 On appelle flux de trésorerie disponible, ou « *free cash flow* », la différence, sur une période donnée, entre l'excédent de trésorerie d'exploitation et les dépenses d'investissement.

Comme nous le verrons dans la troisième partie de cet ouvrage, ce concept peut se calculer avant ou après impôt et constitue le fondement des techniques d'évaluation d'entreprise. En effet, l'ETE, contrairement au flux de trésorerie disponible, dépend du classement entre dépenses d'exploitation et dépenses d'investissement qui, de toute façon, seront décaissées par l'entreprise dans le cadre de son développement. C'est pourquoi il est peu utilisé par les praticiens qui lui préfèrent la notion de flux de trésorerie disponible. Soulignons que, si ce flux de trésorerie disponible est négatif, des ressources financières devront être mobilisées pour combler ce besoin de trésorerie.

Section 2 ■ Les ressources financières

2.11 Les cycles d'exploitation et d'investissement impliquent un décalage des flux de trésorerie. Il faut le plus souvent payer les salariés et les fournisseurs avant que les clients ne paient ; il faut réaliser l'investissement avant d'en récolter les fruits. Naturellement, ces décalages génèrent des déficits de trésorerie qui doivent être comblés. C'est le rôle des ressources financières.

Les ressources financières ont pour simple objectif de combler les déficits résultant de ces décalages en apportant des ressources suffisantes à l'entreprise pour équilibrer sa trésorerie.

Ces ressources financières ne sont pas accordées par des investisseurs sans contrepartie. Elles impliquent ultérieurement des sorties venant en quelque sorte « récompenser » les investisseurs. Cette « récompense » n'est possible que si les cycles d'exploitation et d'investissement génèrent des flux de trésorerie positifs.

Dans la mesure où les investisseurs financiers ont permis l'investissement et l'exploitation, ils entendent bien recevoir, sous différentes formes, leur quote-part de l'excédent de trésorerie dégagé par ces cycles.

> Le cycle du financement est donc le « négatif », au sens photographique du terme, des cycles d'investissement et d'exploitation.

2.12 Ces déficits peuvent être financés par des capitaux qui courent le risque de l'entreprise ; nous les appellerons **capitaux propres**. Ces ressources sont la pierre angulaire de tout le système financier et leur importance conduit à ce que les actionnaires qui les apportent aient, sous des modalités diverses, le pouvoir de décision et de contrôle de l'entreprise. En termes de trésorerie, le cycle des capitaux propres se traduit par le produit d'augmentations de capital et le décaissement des dividendes décidés par les actionnaires.

2.13 Mais tout comme le particulier, l'entreprise peut, pour combler une impasse de trésorerie, faire appel à des prêteurs et non à des actionnaires. Le banquier ne prêtera qu'après avoir bien analysé la situation financière de l'entreprise, il tient à être sûr d'être remboursé, il ne veut pas prendre le risque économique que court l'entreprise. Ces impasses de trésorerie peuvent être à moyen terme, à long terme, voire permanentes mais conceptuellement les prêteurs ne supportent pas le risque économique : les capitaux correspondants constituent les **ressources d'emprunt**.

Le cycle des ressources d'emprunt est le suivant : l'entreprise contracte un emprunt en contrepartie d'un engagement de sa part de flux de remboursement et de flux de rémunération indépendants de l'évolution de l'exploitation et de l'investissement (les intérêts). Ce sont donc des engagements fermes qui permettent au prêteur d'être assuré de retrouver ses fonds… pour autant que les engagements soient tenus. Cette définition s'applique à la fois :

- au financement du cycle d'investissement, dans le cadre duquel l'augmentation des recettes nettes futures doit assurer le remboursement et la rémunération des emprunts contractés ;

- au financement du cycle d'exploitation, dans le cadre duquel le crédit permet d'anticiper certaines recettes ou de différer certaines dépenses.

2.14 En termes de flux de trésorerie, la vie de l'entreprise se présente ainsi : elle est caractérisée par un cycle d'exploitation et un cycle d'investissement qui conduisent à un flux de trésorerie disponible positif ou négatif. Si le flux de trésorerie disponible est négatif, les cycles de financement en assurent la contrepartie. À noter que le flux de trésorerie disponible ne peut pas être durablement négatif : tôt ou tard, les investisseurs devront être rémunérés et remboursés.

> Dans la mesure où l'univers n'est pas certain, il est possible de distinguer :
> - les ressources dont le seul engagement est de faire profiter intégralement les pourvoyeurs de fonds du succès des activités de l'entreprise : ce sont les capitaux propres ;
> - les ressources dont les flux de remboursement et de rémunération sont prévus contractuellement et indépendamment du succès ou de l'échec des activités de l'entreprise : ce sont les capitaux d'emprunt.

Le risque encouru par le prêteur est que cet engagement ne soit pas tenu. Conceptuellement, l'endettement peut donc être considéré comme une avance sur des flux de trésorerie futurs secrétés par les investissements réalisés et qui est garantie par les capitaux propres de l'entreprise.

2.15 Par ailleurs, il peut aussi arriver à un moment donné que l'entreprise ait un excédent de capitaux par rapport à ses besoins. Les fonds sont alors placés et génèrent des revenus : les produits financiers. Ces placements sont faits la plupart du temps avec la double préoccupation de pouvoir les céder très rapidement et sans risque de perte de valeur.

Si, de prime abord, on peut considérer les placements financiers comme des investissements puisqu'ils dégagent un taux de rentabilité, nous conseillons plutôt à notre lecteur de les appréhender comme l'opposé de l'endettement. Nous verrons qu'un trésorier est souvent amené, en bonne gestion, à s'endetter pour replacer sans pour autant spéculer. L'endettement et le placement ne doivent donc pas être considérés indépendamment l'un de l'autre, mais comme intrinsèquement liés, et nous suggérons au lecteur de **raisonner en endettement net des placements financiers et en charges financières nettes des produits financiers**.

2.16 On obtient ainsi le tableau de flux suivant, dont le solde traduit le désendettement net de l'entreprise à l'issue d'une période :

Tableau des flux de trésorerie

	n–2	n–1	n
Recettes d'exploitation – Dépenses d'exploitation			
= **Excédent de trésorerie d'exploitation (ETE)**			
– Investissements + Cessions d'actifs			
= **Flux de trésorerie disponible avant impôt**			
– Charges financières nettes des produits financiers – Impôt sur les sociétés + Augmentations de capital – Dividendes versés			
= **Désendettement net**			
Avec : Remboursements d'emprunts – Nouveaux emprunts bancaires ou financiers + Variation des placements financiers + Variation du disponible			
= **Désendettement net**			

RÉSUMÉ

Le résumé de ce chapitre est disponible sur le site www.vernimmen.net.

On classe les flux financiers de l'entreprise en quatre catégories : les flux d'exploitation et les flux d'investissement d'une part, qui sont générés par l'activité de l'entreprise ; les flux d'endettement et les flux des capitaux propres d'autre part, qui correspondent à son financement.

Le cycle d'exploitation se caractérise par un décalage entre les flux de trésorerie positifs et les flux négatifs du fait du rythme de production (variable selon l'activité) et de la politique commerciale (créances clients et dettes fournisseurs).

Solde des flux des différents cycles d'exploitation en cours, l'excédent de trésorerie d'exploitation (ETE) représente les flux de trésorerie générés par l'exploitation pour une période donnée : il est la différence (en règle générale positive) entre les recettes d'exploitation et les dépenses d'exploitation.

En termes de trésorerie, les dépenses d'investissement doivent modifier le cycle d'exploitation afin de générer ultérieurement des flux de recettes d'exploitation supérieurs. Elles ont pour vocation d'améliorer le cycle d'exploitation en lui permettant de dégager sur le long terme une rentabilité supérieure. Cette rentabilité n'est mesurable que sur plusieurs cycles d'exploitation, contrairement aux dépenses d'exploitation qui se rattachent à un seul cycle. L'investisseur renonce ainsi à une consommation immédiate pour bénéficier de flux supérieurs s'étalant sur plusieurs cycles d'exploitation.

La différence ETE – dépenses d'investissement correspond aux flux de trésorerie disponibles (avant impôts) et constitue une notion importante en finance.

Si les flux de trésorerie disponibles sont négatifs, l'entreprise est confrontée à un besoin auquel elle fait face grâce à son cycle de financement : les capitaux propres et les ressources d'emprunt apportés par des investisseurs.

Si les flux de trésorerie disponibles sont positifs, l'entreprise les utilise pour rémunérer et/ou rembourser les investisseurs, voire se constituer une réserve de liquidités.

Parce que les capitaux propres courent le risque de l'entreprise, le niveau de leur rémunération est aléatoire et dépend du succès de cette dernière. Lorsque l'entreprise complète son financement au moyen de capitaux d'emprunts, elle prend l'engagement de verser des flux de remboursement et de rémunération (frais financiers) aux prêteurs, indépendamment de la réussite de l'entreprise. L'endettement est donc une avance sur les flux d'exploitation générés par l'investissement et qui est garantie par les capitaux propres.

Les placements financiers dont la logique est différente de l'investissement doivent être considérés globalement avec l'endettement : on raisonnera donc toujours en endettement net (des placements financiers) et en charges financières nettes (des produits financiers).

QUESTIONS

1/ Quels sont les 4 cycles de base de l'entreprise ?

2/ Pourquoi dit-on que les flux de financement sont la contrepartie des flux économiques ?

3/ Définissez l'excédent de trésorerie d'exploitation. Pouvez-vous considérer que cet excédent peut être dépensé par l'entreprise comme elle l'entend ?

4/ L'excédent de trésorerie d'exploitation traduit-il en définitive un gain ?

5/ Pourquoi dit-on qu'en règle générale, l'excédent de trésorerie d'exploitation doit être positif ? Montrez par un exemple simple que l'excédent de trésorerie d'exploitation peut être négatif en période de forte croissance, de démarrage ou d'amplitude saisonnière.

6/ Lorsqu'on construit un budget de trésorerie pour évaluer un investissement, les flux de trésorerie disponibles peuvent-ils être négatifs ? Si oui, est-il plus probable qu'ils le soient au début ou à l'issue du plan d'affaires ? Pourquoi ?

7/ Parmi les différents flux suivants, quels sont ceux qui vont revenir à la fois aux actionnaires et aux créanciers : les recettes d'exploitation, l'excédent de trésorerie d'exploitation, le flux de trésorerie disponible ? Qui en bénéficiera en priorité, les actionnaires ou les créanciers ? Pourquoi ?

8/ Un hypermarché se caractérise par une rotation des stocks de produits alimentaires très rapide (6 jours), par le paiement comptant des clients, par un important crédit fournisseurs (60 jours) et par des frais généraux très faibles. Le cycle d'exploitation dégage-t-il un besoin de fonds ou, au contraire, un excédent de fonds ? Et une agence de voyage ?

9/ Dans une optique de trésorerie, les frais de lancement d'un nouveau parfum doivent-ils être considérés comme des dépenses d'exploitation ou des dépenses d'investissement ?

10/ Comment s'analyse la décision d'investissement dans une optique de trésorerie ?

11/ Pouvez-vous maintenant deviner la définition d'un dépôt de bilan ?

12/ Les ressources d'emprunt sont-elles sans risque pour le prêteur ? Pouvez-vous analyser quel est alors leur risque ? Pourquoi un contrat d'emprunt peut-il ne pas être honoré ?

D'autres questions vous attendent sur le site www.vernimmen.net.

EXERCICES

1/ La société Hic, entièrement financée par capitaux propres, décide en année n de financer un projet d'investissement d'un montant de 200 M€ à 50 % par des capitaux propres et à 50 % par emprunt. L'emprunt (100 M€) sera remboursé intégralement en n+5 mais, d'ici là, la société verse des intérêts de 5 % par an. À l'issue de la période, on vous demande de compléter le tableau simplifié suivant (aucun investissement n'a été réalisé après celui de l'année n) :

Période	**n**	**n+1**	**n+2**	**n+3**	**n+4**	**n+5**
Recettes d'exploitation	165	200	240	280	320	360
Dépenses d'exploitation	165	175	180	185	180	190
ETE						
Investissements	– 200					
Flux de trésorerie disponible						
Flux revenant…						
… aux créanciers						
… aux actionnaires						

Qu'en déduisez-vous ?

2/ La société Boilevé crée une filiale en Espagne qui commencera son activité début janvier. Elle doit acheter à ce moment-là une machine de 30 M€ financée partiellement par un crédit bancaire de 20 M€ remboursable à raison de 2 M€ tous les 15 juillet et 15 janvier de chaque année pendant 5 ans. Les frais financiers, payables semestriellement sont les suivants :

Année 1		Année 2		Année 3		Année 4		Année 5	
Juin	Déc.	Juin	Déc.	Juin	Déc.	Juin	Déc.	Juin	Déc.
1	0,9	0,8	0,7	0,6	0,5	0,4	0,3	0,2	0,1

Les bénéfices sont exonérés d'impôt. Le chiffre d'affaires sera de 12 M€ par mois. Un mois de stock de produits finis devra être constitué. Les clients paient à 90 jours.

L'entreprise, qui entend avoir un mois d'achats d'avance, prévoit par conséquent d'acheter des matières pour deux mois en janvier. Le besoin mensuel normal est de 4 M€. Le fournisseur accorde un crédit de 90 jours. Les autres frais sont :

– des frais de personnel, pour un montant de 4 M€ par mois ;

– des frais de transport, d'emballage et autres, qui s'élèvent à 2 M€ par mois et sont payés à 30 jours. Ces frais apparaissent dès le 1er janvier.

Établissez un plan de trésorerie mensuel puis annuel.

Quel est le besoin de trésorerie de la filiale à la fin de chaque mois de la première année ? Si l'exploitation est identique, à la fin de chaque mois la deuxième année ? Quelle est la variation de trésorerie pendant la deuxième année (sachant qu'aucun investissement supplémentaire n'est prévu) ?

ÉLÉMENTS DE RÉPONSE

Questions

1. Exploitation, investissement, endettement, capitaux propres.

2. Car les flux économiques (exploitation, investissement) engendrent des besoins ou des excédents que viennent combler les flux de financement (capitaux propres, emprunts).

3. C'est le solde du cycle d'exploitation. Non, car elle doit faire face à des dépenses plus ou moins obligatoires concernant les cycles d'investissement et de financement : impôts, intérêts, investissements de remplacement…

4. Non, c'est un flux de trésorerie, pas un profit comptable.

5. Il mesure les flux générés par l'exploitation de l'entreprise, *i.e.* son métier, sa « raison d'être » : s'il n'est pas positif sur le long terme, c'est un problème essentiel pour l'entreprise. Fort décalage dû au cycle d'exploitation, stocks importants, pertes d'exploitation au démarrage, fortes amplitudes du cycle d'exploitation.

6. Oui. Au début car l'impact de l'investissement est important au départ et les flux générés sont faibles (rodage).

7. Les flux de trésorerie disponible. Les créanciers. Engagement contractuel de rembourser en priorité les créanciers et de les rémunérer indépendamment de la réussite de l'entreprise.

8. Un excédent de fonds, les recettes clients venant avant le paiement des fournisseurs. C'est la même chose.

9. Comme des dépenses d'investissement qui vont profiter à plusieurs exercices car ils installent le produit sur un marché.

10. Des dépenses devant sécréter ultérieurement des recettes sur plusieurs périodes.

11. L'impossibilité de trouver une ressource supplémentaire pour faire face à des engagements pris.

12. Non. Le risque est le non-respect des contrats (nous verrons ultérieurement le risque de marché). Impossibilité faute de flux de trésorerie disponible suffisants ou mauvaise volonté.

Exercices

Les corrigés détaillés des exercices sur excel sont disponibles sur le site www.vernimmen.net.

1. Société HIC

Période	n	n+1	n+2	n+3	n+4	n+5
Recettes d'exploitation	165	200	240	280	320	360
Dépenses d'exploitation	165	175	180	185	180	190
ETE	0	25	60	95	140	170
Investissements	– 200	0	0	0	0	0
Flux de trésorerie disponible	– 200	25	60	95	140	170
Flux revenant…						
… aux créanciers	– 100	5	5	5	5	105
… aux actionnaires	– 100	20	55	90	135	65

L'investissement permet de satisfaire l'exigence de rémunération des créanciers et laisse des flux aux actionnaires.

2. Exercice Boilevé, voir corrigé au chapitre 5, page 86.

BIBLIOGRAPHIE

Pour approfondir la notion de flux :

Colasse B., *L'analyse financière de l'entreprise*, 5e édition, La Découverte, 2008.

Stolowy H., Lebas M., Ding Y., Langlois G., *Comptabilité et analyse financière : Une perspective globale*, 3e édition, De Boeck, 2013.

Thibierge Ch., *Comprendre toute la finance*, 2e édition, Vuibert, 2013.

Chapitre 3

Les résultats

Soyons un peu plus savants, c'est-à-dire comptables !

3.1 Après l'analyse des flux de trésorerie, il convient de se poser la question de la création de richesse au sein de l'entreprise. L'objet de ce chapitre est donc de montrer, à travers le compte de résultat, comment se crée la richesse au cours des différents cycles de l'entreprise.

Section 1 ▪ La génération de richesse

3.2 Nous vous demandons de répondre spontanément aux deux questions suivantes :

- L'achat d'un terrain vous enrichit-il ?
- Votre réponse sera-t-elle modifiée si l'on vous précise que l'achat se fait à crédit ?

Les réponses sont claires : votre richesse n'est pas modifiée pourvu que vous achetiez ce terrain à sa valeur, et ce, que vous vous endettiez ou non. L'expérience acquise au titre de professeur nous a montré comme il était fréquent pour le débutant de confondre trésorerie et richesse.

> Les notions de trésorerie et de richesse sont les fondements essentiels de la finance. Il faut absolument savoir « jongler » avec ces deux concepts et, pour ce faire, les distinguer.

Aussi conseillons-nous au lecteur de pratiquer cette gymnastique intellectuelle en s'interrogeant sur les conséquences en termes de trésorerie et de richesse de toute opération.

Ainsi lorsque vous achetez un terrain, vous ne vous enrichissez, ni ne vous appauvrissez, mais votre trésorerie diminue bien. Lorsque vous contractez un emprunt, vous n'êtes ni plus riche, ni moins riche qu'auparavant (vous devez cet argent), mais votre trésorerie a augmenté. À cet égard, le proverbe « qui paie ses dettes s'enrichit » est un non-sens financier. Si un incendie détruit votre maison, et qu'elle n'était pas assurée, vous vous êtes appauvri mais votre trésorerie n'a pas bougé, il n'y a pas eu de dépenses, etc.

S'endetter revient à accroître ses ressources et ses engagements d'un même montant, c'est donc un acte qui ne modifie pas la valeur du patrimoine. Acheter comptant un terrain constitue une modification des avoirs (diminution de la trésorerie, augmentation des actifs immobiliers) sans modification de la valeur du patrimoine. Ces exemples pourraient être multipliés à l'infini. **Dépenser ne signifie pas obligatoirement s'appauvrir. Recevoir ne signifie pas obligatoirement s'enrichir.**

De là l'idée de recenser tous les éléments qui modifient positivement ou négativement la richesse de l'entreprise : c'est l'objet du **compte de résultat** qui recense l'ensemble des **produits** (qui génèrent de la richesse) et des **charges** (qui détruisent de la richesse). Le fondement de toute entreprise est de créer de la richesse mais, pour ce faire, elle est amenée à en détruire. Au total, le résultat mesurera le solde entre des créations et des destructions de richesse.

	Produits		Ensemble des richesses créées
–	Charges	–	Ensemble des richesses détruites
=	Résultat	=	Solde net de création (destruction) de richesse

> On appellera « résultat » le solde des produits et charges faisant varier la valeur d'un patrimoine pendant une période donnée : il sera positif s'il y a enrichissement, négatif en cas d'appauvrissement.

L'optique du compte de résultat n'étant pas la même que celle du tableau de flux, certains flux de trésorerie ne se retrouveront pas au compte de résultat (ceux qui ne sont ni générateurs ni destructeurs de richesse). De même certains produits ou certaines charges ne se trouveront pas au tableau de flux (car ils n'ont aucune incidence sur la trésorerie).

1 ■ Le résultat et le cycle d'exploitation

3.3 Le cycle d'exploitation est le fondement de la richesse de l'entreprise. Il se traduit à la fois :

- par des créations de richesse (produits ou services vendus, c'est-à-dire produits ou services dont la valeur a été acceptée des clients) ;
- par des destructions de richesse (consommation de matières, utilisation de main-d'œuvre, utilisation de services externes : transport, etc.).

L'essence même de l'entreprise est de créer de la richesse par son processus d'exploitation.

Créations de richesse		Produits d'exploitation
Destructions de richesse	–	Charges d'exploitation consommées
	=	Excédent brut d'exploitation

> Le résultat du processus d'exploitation est le solde entre les produits d'exploitation et les charges d'exploitation qui ont été consommées pour obtenir ces produits ; nous le désignerons par excédent brut d'exploitation (EBE).

3.4 On qualifie ce solde de « brut » dans la mesure où il est calculé avant les dotations aux amortissements. Les Anglo-Saxons l'appellent *Earnings Before Interest Taxes Depreciation and Amortization* (EBITDA), d'autres le résultat brut d'exploitation (RBE).

2 ■ Le résultat et le cycle d'investissement

a) Principes

3.5 Les opérations d'investissement n'apparaissent pas directement au compte de résultat. En effet, dans une approche patrimoniale, l'investissement constitue un emploi de fonds conservant une certaine valeur.

> Investir c'est renoncer à une liquidité mais ce n'est pas s'appauvrir : c'est constituer un actif. Un investissement n'apparaîtra donc jamais directement dans le compte de résultat.

Toutefois, la valeur des investissements peut être modifiée au cours de l'exercice :

- elle peut diminuer du fait de leur usure ou de l'obsolescence ;
- elle peut augmenter si la valeur de marché de certains actifs s'est accrue. Néanmoins, en vertu du principe de prudence, la comptabilité n'enregistre théoriquement pas une augmentation de valeur sauf si celle-ci est concrétisée par la cession de l'actif[1].

b) La traduction comptable des diminutions de valeur

3.6 La **dotation aux amortissements** est la constatation comptable de la dépréciation d'un actif, due à son utilisation par l'entreprise.

Les **dépréciations d'actifs immobilisés** ont pour objet de constater la perte de valeur d'un actif non liée à son utilisation courante, c'est-à-dire, *a priori*, non prévisible :

- perte de valeur d'un actif corporel ou incorporel (fonds de commerce, brevet…) ;
- perte de valeur d'une participation dans une filiale.

> Dotations aux amortissements et dépréciations d'actifs sont dites « charges calculées » dans la mesure où elles ne sont que l'évaluation comptable « arbitraire » d'une diminution de valeur.

Comme nous le verrons, il existe d'autres types de charges calculées : les dépréciations d'actifs circulants, les provisions et les provisions réglementées. À ce stade, notre lecteur nous permettra de nous limiter aux dotations aux amortissements et aux dépréciations d'actifs immobilisés.

---

1 On verra néanmoins aux paragraphes 7.20, 8.6, 8.29, 8.41 qu'en normes IFRS il est possible de réévaluer certains actifs sans procéder à leur cession.

3 ▪ La distinction entre charges d'exploitation et actifs immobilisés

3.7 Si nous étions particulièrement à l'aise pour définir l'investissement dans l'optique des flux, reconnaissons cependant que notre approche choquait les adeptes de la présentation traditionnelle, surtout pour ceux qui sont familiers de la comptabilité :

- relève du processus d'exploitation ce qui est détruit par ce même processus pour créer quelque chose de nouveau. Sans vouloir philosopher, la création passe en quelque sorte par la destruction ;
- relève du processus d'investissement ce qui est utilisé sans être détruit directement, et qui par là même garde sa valeur. C'est par conséquent un avoir fixe ou plus précisément un actif immobilisé.

Par exemple, pour fabriquer du pain, on utilise de la farine, du sel, de l'eau, éléments que l'on retrouve ensuite dans le produit final. On y incorpore du travail qui n'a de valeur que par les transformations (valeur ajoutée) qu'il apporte au produit final. En revanche, on utilise le four à pain, absolument nécessaire à la production, mais qui n'est pas pour autant détruit par celle-ci. Il est utilisé, il peut s'user, mais il servira encore…

Voilà la grande distinction qui paraît particulièrement simple entre charges et actifs, mais qui, dans la réalité, n'est pas plus claire que la distinction entre dépenses d'investissement et dépenses de consommation : ainsi, une campagne publicitaire est-elle une charge liée à la période et sans conséquence sur les autres ou, au contraire, correspond-elle à la constitution d'un actif (marque, par exemple) ?

4 ▪ Le résultat d'exploitation de l'entreprise

3.8 De l'excédent brut d'exploitation lié au cycle d'exploitation, on déduit la dotation aux amortissements. On obtient alors le **résultat d'exploitation** qui traduit la richesse dégagée par l'activité industrielle et commerciale de l'entreprise au cours de l'exercice.

> Le résultat d'exploitation constitue le résultat du processus d'exploitation et d'investissement de l'exercice.

Le terme « d'exploitation » s'oppose à « financier », rappelant ainsi la distinction entre le monde économique et la sphère financière. C'est concrètement le résultat de l'activité de l'outil industriel et commercial de l'entreprise avant prise en compte du financement, parfois appelé résultat économique ou résultat opérationnel.

Les Anglo-Saxons parlent d'*Operating Profit* ou d'EBIT (*Earnings Before Interest and Taxes*).

5 ▪ Le résultat et le cycle de financement

a) Les ressources d'emprunt

3.9 Les remboursements d'emprunts ne constituent pas des charges mais, comme leur nom l'indique, de simples remboursements.

De même que le bon sens montre qu'il n'est pas possible de considérer un prêt obtenu comme un accroissement de richesse, le remboursement d'emprunt n'est pas une charge.

Seules apparaissent dans le compte de résultat les charges liées aux emprunts, et jamais le remboursement des emprunts. Ce dernier vient en diminution des dettes qui figurent au bilan.

Nous nous permettons d'insister sur ce point car nous avons vu tant d'erreurs… Notons en revanche que la rémunération des emprunts (intérêts, commissions) est un accroissement de richesse pour le créancier et, en contrepartie, une charge pour l'entreprise ; elle apparaît donc au compte de résultat.

La différence entre les produits financiers et les charges financières s'appelle le **résultat financier**.

Le solde entre le résultat d'exploitation et les charges financières nettes des produits financiers constitue le **résultat courant.** Il peut être calculé avant ou après impôt mais est généralement présenté avant impôt.

b) Les capitaux propres

3.10 Les capitaux propres se traduisent en trésorerie par des apports de fonds, faits par les actionnaires qui leur confèrent des droits de propriété sur l'entreprise, suivis généralement de débours prenant la forme de dividendes. Le compte de résultat mesure la création de richesse de l'entreprise et se termine naturellement par le résultat net ; que celui-ci soit versé en dividendes ou mis en réserves n'est qu'une décision de trésorerie prise par les actionnaires.

En prenant un peu de recul, résultat net et intérêts financiers ne sont qu'une même modalité de répartition de la richesse créée par l'entreprise. De même, l'impôt sur les bénéfices est une affectation du résultat au profit de l'État, qui, s'il n'apporte en contrepartie aucun fonds à l'entreprise, met à sa disposition un environnement propice à son développement.

6 ■ La notion de charges et produits non récurrents

3.11 Nous avons considéré toutes les opérations de l'entreprise qui pouvaient être classées dans l'un des cycles de l'entreprise : exploitation, investissement, financement. Cependant, le lecteur peut imaginer la difficulté d'analyser les conséquences financières de certains événements de nature non récurrente car n'ayant pas vocation à se produire régulièrement : nationalisation sans indemnité, cession d'un pan entier des activités de l'entreprise, catastrophe naturelle… L'idée est alors venue de créer une nouvelle catégorie pour tous ces éléments non récurrents.

3.12 Voilà pour le principe : classer en exceptionnel ou en non récurrent ce qui est inclassable. Nous verrons au paragraphe 10.28 que la définition de non récurrent est délicate et que les référentiels comptables ne nous aident pas :

- le français est large et inclut dans la notion d'éléments exceptionnels des éléments qui sont récurrents et appartiennent donc au processus d'exploitation et d'autres qui sont non récurrents ;
- l'international (IFRS) a choisi d'ignorer quasi totalement le sujet.

Parmi ces événements non récurrents, attardons-nous sur les ventes d'actifs : la logique de l'entreprise industrielle et commerciale est d'investir. Mais cela serait une folie de croire qu'il faille toujours réinvestir dans le même sens : certains investissements ont été peu heureux, d'autres conduisent à une impasse stratégique. Notre marchand de fruits et légumes du chapitre 2 peut être amené à revendre son congélateur pour en acheter un plus performant.

3.13 En d'autres termes, la fonction de désinvestissement fait partie des missions de l'entrepreneur. Elle va se traduire par des ressources le plus souvent non récurrentes : « cessions d'actifs » dans le tableau de flux et plus ou moins-values de cessions au compte de résultat. Il appartiendra alors à l'analyste de les considérer comme des charges ou produits non récurrents ou de les traiter comme récurrents et de les rattacher dans ce cas à l'exploitation. De façon plus générale, les produits et charges non récurrents n'ont pas systématiquement un impact en termes de flux de trésorerie (dépréciations).

Par définition, l'analyse et la prévision du résultat courant seront plus aisées que celles du **résultat net** qui intègre, lui en plus, les impacts des opérations non récurrentes et de la fiscalité.

7 ▪ Le résultat net

3.14 Le résultat net traduit l'enrichissement ou l'appauvrissement de l'entreprise au cours de l'exercice considéré. Il relève donc d'un concept patrimonial (et non pas d'un concept de trésorerie). Il tient compte, dans cette optique, des appauvrissements que constituent les dotations aux amortissements et aux provisions. En revanche, lorsqu'il suit la traditionnelle « règle de prudence » comptable, il ne prend pas en compte les plus-values latentes (ce qui contredit la logique financière), et tient compte des seules plus-values apparaissant au moment de la cession d'un bien.

Section 2 ▪ Les différentes présentations du compte de résultat

3.15 Il existe de par le monde deux grands types de comptes de résultat qui diffèrent par la présentation des charges et des produits des cycles d'exploitation et d'investissement :

- soit les produits et les charges sont présentés **par nature** et l'on rencontrera des productions stockées, des achats de marchandises ou de matières premières, des variations des stocks, des charges externes, des charges de personnel, des impôts et taxes, des dotations aux amortissements ;

- soit les produits et les charges sont présentés **par fonction (ou destination)**, c'est-à-dire en fonction de leur utilisation dans le cycle d'exploitation et d'investissement, et l'on verra des coûts des produits vendus, des frais commerciaux, des frais de recherche et développement et des frais généraux, dont certains détails figurent dans les annexes des états financiers.

Un troisième format fait progressivement son apparition : c'est principalement une présentation par fonction, mais la dotation aux amortissements n'est plus ventilée entre les coûts des ventes, les coûts commerciaux, les coûts administratifs ou de recherche et développement, mais est isolée sur une ligne à part.

> Que notre lecteur se rassure, quelle que soit la présentation du compte de résultat retenue, le résultat d'exploitation est le même !

On peut ainsi résumer les deux principales approches :

	Présentation par nature		Présentation par fonction
Cycle d'exploitation	Production vendue (ventes) + Production stockée		Ventes
	= Production		
	– Consommation de matières premières – Charges externes – Charges de personnel – Impôts et taxes diverses – Dépréciations des stocks et comptes clients		– Coûts des ventes – Frais commerciaux – Frais généraux – Frais de recherche et développement
	= Excédent brut d'exploitation (EBE)		
Cycle d'investissement	– Dotations aux amortissements		
		= Résultat d'exploitation	
Cycle de financement par endettement		– Charges financières nettes des produits financiers	
		= Résultat courant	
Opérations non récurrentes et incidences fiscales		+ Résultat non récurrent – Impôt sur les sociétés	
		= Résultat net	

La présentation par nature prédomine très largement en Italie, en Inde, en Espagne, en Belgique et en France pour les PME et les groupes de taille moyenne. Aux États-Unis, et au Royaume-Uni, la présentation par fonction est quasi exclusive.

Les différentes présentations du compte de résultat

Présentation	Allemagne	Brésil	Chine	États-Unis	France	Inde	Italie	Japon	Maroc	Royaume-Uni	Russie	Suisse
Par nature	23 %	7 %	29 %	0 %	23 %	100 %	70 %	0 %	100 %	40 %	52 %	40 %
Par fonction	73 %	77 %	71 %	70 %	70 %	0 %	30 %	77 %	0 %	50 %	33 %	60 %
Par fonction avec la dotation aux amortissements apparente	3 %	16 %	0 %	30 %	7 %	0 %	0 %	23 %	0 %	10 %	15 %	0 %

Source : Rapports annuels 2013 des 30 premiers groupes industriels et commerciaux cotés de chaque pays.

1 ■ La présentation par fonction du compte de résultat

3.16 Cette présentation repose sur une approche analytique qui classe les coûts entre les grandes fonctions de l'entreprise : production, commercial, recherche et développement, administration.

Ainsi, les frais de personnel sont éclatés dans chacune de ces quatre fonctions selon que tel employé travaille à la production, à la vente, à la recherche ou à l'administration. De même l'amortissement d'une immobilisation corporelle sera logé en coûts de production s'il s'agit d'une machine de production, en frais commerciaux s'il s'agit d'une voiture de vendeur, en frais de recherche s'il s'agit d'un matériel de laboratoire ou en frais généraux s'il s'agit des ordinateurs du service comptabilité.

Il s'agit d'une présentation très simple dans son principe, qui fait bien apparaître du premier coup d'œil que le résultat d'exploitation est la différence entre les ventes et les coûts de ces ventes quelle que soit leur nature (production, commercial, recherche, administration).

En revanche, elle ne permet pas de séparer le processus d'exploitation du processus d'investissement : la dotation aux amortissements n'apparaît pas en direct dans le compte de résultat (puisqu'elle est éclatée entre les grandes fonctions de l'entreprise) et l'analyste doit aller chercher cette information dans le tableau de flux ou en annexe des états financiers.

2 ■ La présentation par nature du compte de résultat

3.17 C'est la présentation traditionnelle française et de bon nombre de pays d'Europe continentale. Certains groupes l'abandonnent dans leurs comptes consolidés au profit de la présentation par fonction.

La présentation par nature est simple d'application, en particulier pour les PME, puisqu'il n'y a pas à procéder à des allocations de coûts. Elle offre plus de détails sur les coûts et, à ce titre, nous paraît plus intéressante pour l'analyste. Bien évidemment, dans cette approche, le résultat d'exploitation est comme précédemment la différence entre les ventes et les coûts de ces ventes.

La particularité de cette présentation est que les charges sont enregistrées lorsqu'elles sont contractées et non lorsqu'elles sont consommées. Mais si l'on enregistre en charges au compte de résultat l'ensemble des achats effectués durant l'exercice et en produits l'ensemble des factures envoyées aux clients, on compare des choux et des carottes et non pas les ventes et le coût des ventes…

En effet, l'entreprise peut « mettre de côté » (stocker) une partie des achats qu'elle fait dans l'année. Ces achats stockés ne correspondent pas aujourd'hui à une destruction de richesse. C'est la constitution d'un actif, sans doute temporaire, mais bien réel à un moment donné. D'autre part, une partie des produits finis de l'entreprise peut ne pas être vendue durant l'exercice, et pourtant les charges relatives à ces produits apparaissent au compte de résultat.

3.18 Donc pour pouvoir comparer les ventes avec le coût des ventes, il convient « d'ajuster », c'est-à-dire :

- d'ôter aux achats les variations de stocks de matières et de marchandises. On comptabilise ainsi les **consommations** et non les achats ;

- d'ôter aux charges la variation des stocks de produits finis ou en cours, c'est-à-dire des charges supportées au cours de cet exercice pour fabriquer des produits qui n'ont pas été vendus au cours de cet exercice. On comptabilise ainsi les coûts de production des biens ou services vendus et pas seulement les consommations.

L'approche par fonction part du chiffre d'affaires et reconstitue les coûts de ces produits ou de ces services vendus pour aboutir au résultat d'exploitation. L'approche par nature part des achats d'exploitation et les corrige par le biais des variations de stocks de matières premières et de produits finis pour aboutir au résultat d'exploitation.

Un exemple simple nous permettra de mieux comprendre cette notion de production stockée :

Considérons ainsi une entreprise qui vend des fûts de chêne. Cette année, partie d'un stock initial de produits finis nul, elle a produit 900 fûts et en a vendu 800, le stock final est donc de 100 fûts. Chaque fût est vendu 500 €. Pour le produire, il faut 250 € de chêne et 100 € de frais de personnel de production. Par ailleurs, la force de vente coûte 22 500 € par an, et l'administration totalement sous-traitée 20 000 € par an. Quant à l'amortissement annuel de l'outil de production, il est de 15 000 €. Le stock initial de matières premières était de 20 000 €, le stock final est de 25 000 €. Les achats de matières premières ont totalisé 230 000 €.

Qu'est-ce qui a été enregistré en comptabilité ?

Des produits pour 800 × 500 = 400 000 € (c'est le chiffre d'affaires),

des achats de matières premières pour 230 000 €,

les frais de personnel pour 900 × 100 + 22 500 = 112 500 €,

les frais administratifs pour 20 000 €,

la dotation aux amortissements pour 15 000 €,

soit un solde de 400 000 – 230 000 – 112 500 – 20 000 – 15 000 = 22 500 €.

Mais ce solde ne correspond pas au résultat d'exploitation puisqu'il tient compte des achats de matières premières et non de la consommation. Seule la consommation nous intéresse. Il faut donc retrancher aux achats (230 000 €) la variation des stocks de matières premières de 5 000 € pour obtenir la consommation de matières premières de 225 000 €.

Cette correction nous rapproche du résultat d'exploitation, mais nous n'y sommes pas encore tout à fait. La consommation de matières, les frais de personnel et les frais divers ont été calculés sur la base de 900 unités produites. Or seulement 800 ont été vendues. Le lecteur voit bien l'incohérence puisque, pour les charges, on tient compte de 900 unités, alors qu'en produits, on raisonne sur la base de 800 unités. Il faut donc diminuer les charges totales des charges correspondant aux 100 fûts invendus. Pour ce faire, on ajoute en produits la ligne variation du stock final de produits finis pour 100 × (250 + 100) ce qui équivaut à soustraire des charges, les 100 × 250 = 25 000 de matières premières, et les 100 × 100 = 10 000 de frais de personnel consommés mais non vendus puisque les fûts correspondants ont été stockés. On a alors le tableau :

Charges en €		**Produits en €**	
Achats de matières premières	230 000	Production vendue	400 000
– Variation des stocks de matières premières	5 000		
Charges de personnel	112 500	Production stockée	35 000
Charges externes	20 000		
Dotation aux amortissements	15 000		
Résultat d'exploitation	62 500		

Les augmentations (diminutions) de stocks de produits en cours ou produits finis devraient être déduites de (ajoutées à) l'ensemble des charges puisqu'elles correspondent aux coûts de constitution d'un actif (le stock de produits finis) qui n'a pas été vendu cette année. Elles sont en fait ajoutées à la production vendue (le chiffre d'affaires) sous appellation « production stockée » pour constituer la **production** de l'exercice.

3.19 Dans les comptes qui font apparaître les charges lorsqu'elles sont contractées et non pas lorsqu'elles sont consommées, il est nécessaire de faire apparaître les variations de stocks qui permettront de passer de la charge contractée à la charge consommée.

Comptablement, on aura donc la représentation suivante, dite « par nature » :

	Production vendue ou chiffre d'affaires	400 000		
+	Stock final de produits finis	+ 35 000	+	Production stockée
–	Stock initial et en cours	– 0		
=	Production de l'exercice	435 000		
–	Achats de matières premières et marchandises	– 230 000		Consommation
–	Stock initial de matières premières et marchandises	– 20 000	–	de matières
+	Stock final de matières premières et marchandises	+ 25 000		et marchandises
=	Marge sur consommation de matières et marchandises	210 000		
–	Charges de personnel	– 112 500		
–	Charges externes	– 20 000		
–	Dotation aux amortissements	– 15 000		
=	Résultat d'exploitation	62 500		

Les variations de stocks sont comptablement des charges de l'exercice dont la constatation est différée dans les prochains exercices. Évaluées par la comptabilité sur la base d'un prix de revient, elles sont néanmoins sujettes à interprétation (quels coûts leur ont vraiment été rattachés ?) et ne seront donc pas sans poser des problèmes en matière d'analyse financière.

Dans la présentation par destination et en supposant que la dotation aux amortissements de 15 000 se répartisse entre 10 000 liés à l'outil de production, 3 500 à l'outil commercial et 1 500 aux fonctions administratives, on aurait :

Ventes (produits)	800 unités × 500 =	400 000 €
– Coût des ventes	10 000 + 800 unités × 350 =	290 000 €
– Frais commerciaux	3 500 + 22 500 =	26 000 €
– Frais généraux	1 500 + 20 000 =	21 500 €
= Résultat d'exploitation		62 500 €

Celui-ci est bien égal à la marge de 150 € par unité multipliée par 800 unités vendues moins les coûts fixes de 22 500 (force de vente), de 20 000 (administration), et de 15 000 (dotation aux amortissements). L'analyste financier externe devra aller dans l'annexe des états financiers pour découvrir que les frais de personnel représentent 112 500 € et la dotation aux amortissements 15 000 € ; ces chiffres étant répartis entre les trois grandes fonctions : coûts de production, coûts commerciaux et coûts administratifs.

Il faut noter que l'excédent brut d'exploitation tout comme le résultat d'exploitation de notre producteur de fûts est étroitement dépendant des méthodes d'évaluation des stocks adoptées par l'entreprise. D'où l'intérêt de la présentation par nature qui les isole sur une ligne à part du compte de résultat et qui permet d'un coup d'œil d'en mesurer l'ampleur.

RÉSUMÉ

Le résumé de ce chapitre est disponible sur le site www.vernimmen.net.

Il faut savoir distinguer trésorerie et richesse : dépenser ne signifie pas obligatoirement s'appauvrir et recevoir ne signifie pas obligatoirement s'enrichir. La création ou la destruction de richesse se mesure au niveau du compte de résultat : c'est la différence entre les produits et les charges.

Comptablement, les charges d'exploitation représentent ce qui est consommé immédiatement et incorporé dans le produit final, à l'inverse des actifs immobilisés qui ne sont pas directement détruits lors du processus de production et qui gardent une certaine valeur.

Le résultat du processus d'exploitation (produits d'exploitation – charges d'exploitation) correspond à l'excédent brut d'exploitation (EBE).

Au cours du cycle d'exploitation, l'entreprise est amenée à former des stocks qui constituent des actifs. Ce sont des charges différées dont l'impact doit être corrigé pour calculer l'EBE : dans la présentation du compte de résultat par nature, la correction s'opère à la fois au niveau des produits d'exploitation (en rajoutant les variations de stocks de produits finis) et au niveau des charges d'exploitation (en soustrayant des achats les variations de stocks de matières premières et de marchandises). Le compte de résultat par destination présente, quant à lui, directement les ventes et le coût de revient des produits vendus.

Les investissements n'apparaissent jamais directement dans le compte de résultat mais ils accroissent le montant des actifs immobilisés. En revanche, l'évaluation comptable des diminutions de valeur de ces investissements se traduit par l'enregistrement des charges calculées (dotations aux amortissements et dépréciations d'actifs immobilisés).

Le résultat d'exploitation est le résultat du processus d'exploitation et d'investissement de l'exercice. Il représente concrètement le résultat généré par l'outil industriel et commercial de l'entreprise. Il est réparti entre :

- les charges financières : seules apparaissent au compte de résultat les charges liées aux emprunts, le remboursement de ces derniers n'étant pas une destruction de richesse ;
- l'impôt sur les sociétés ;
- le résultat net lui-même distribué sous forme de dividendes ou mis en réserve.

Les opérations qui n'ont pas pu être classées dans les rubriques précédentes relèvent du résultat non récurrent dont la détermination nécessite une appréciation du lecteur.

QUESTIONS

1/ Une entreprise lève 500 M€ de capitaux propres pour réaliser un projet de recherche et développement : s'est-elle enrichie ou appauvrie ? De combien ? Même question sachant qu'elle a dépensé la moitié les deux premières années et que le projet ne donnera aucun résultat. Même question sachant que la troisième année, avec le reste de ses fonds, elle acquiert une entreprise avec une prime de 25 % par rapport à sa valeur, ce qui lui permettra d'améliorer son résultat de 75 M€ grâce à des synergies.

2/ À quels agrégats comptables correspond l'enrichissement théorique de chacun des acteurs suivants : les actionnaires, les créanciers, l'État ?

3/ Concrètement, en reprenant le schéma du paragraphe 3.15, de quoi l'entreprise s'enrichit-elle au cours d'un exercice donné ? Pourquoi ?

4/ Commentez les deux phrases suivantes : « cette année, nous allons devoir nous endetter pour combler nos pertes » ; « le résultat que nous avons dégagé cette année va nous permettre de racheter notre principal concurrent ».

5/ Une année, une entreprise a généré un flux de trésorerie disponible négatif. A-t-elle détruit ou créé de la richesse ?

6/ Un excédent brut d'exploitation apparaît-il nécessairement en trésorerie lorsqu'il est constaté comptablement ?

7/ Peut-on dire que l'entreprise s'enrichit chaque année de son excédent brut d'exploitation ?

8/ Suivant la terminologie adoptée au chapitre 2, la dotation aux amortissements constitue-t-elle une dépense ou une charge ? Précisez les différences existant entre ces deux concepts.

9/ Analysez les points communs et les différences entre l'optique de trésorerie et l'optique patrimoniale, en prenant pour exemple l'achat d'un terrain et l'investissement dans la recherche.

10/ Le remboursement d'un emprunt apparaît-il nécessairement au compte de résultat ? En trésorerie ?

11/ L'augmentation de la valeur nominale d'un bien liée à l'inflation apparaît-elle au compte de résultat ?

12/ Pourquoi l'augmentation des stocks de matières premières vient-elle en diminution des achats dans le compte de résultat ?

13/ Pourquoi la variation des stocks de produits finis figure-t-elle en produits dans le compte de résultat par nature ?

14/ La cession d'un actif immobilisé fait-elle partie de l'activité « normale » d'une entreprise ? Qu'enregistrera-t-on au compte de résultat ? Pourquoi ?

15/ Illustrez sur plusieurs exemples la distinction entre produits et recettes, dépenses et charges.

16/ Le compte de résultat diffère-t-il beaucoup du budget de trésorerie ?

17/ Qu'est-ce qu'une charge calculée ? Et une charge constatée d'avance ?

D'autres questions vous attendent sur le site www.vernimmen.net.

EXERCICES

1/ Fever Tech

Un assembleur informatique vous demande de construire son compte de résultat par nature et par fonction pour l'année en cours. Vous disposez des informations suivantes : prix de vente d'un ordinateur personnel : 1 500 € ; coût de chaque composant entrant dans la fabrication d'un ordinateur personnel :

Pièces	Prix	Stock initial	Stock final	Pièces	Prix	Stock initial	Stock final
Boîtier	50	5	13	Carte graphique	50	1	13
Carte-mère	200	8	2	Disque dur	150	5	10
Processeur	300	4	11	Écran	200	3	3
Mémoire vive	100	6	4	Combo DVD-Blue Ray	50	7	19

Lors de l'exercice, il a rémunéré ses employés pour 60 000 € et versé 50 % de cotisations sociales. L'entreprise a produit 240 machines. Son stock final de produits finis est de 27 unités, son stock initial de 14 unités.

En fin d'exercice, le dirigeant de cette affaire vend les locaux qu'il avait achetés 200 000 € il y a trois ans, et qu'il amortissait sur 40 ans, pour une valeur de 230 000 €. La société occupe d'anciens locaux totalement amortis et rembourse un emprunt de 12 000 € à 5 % d'intérêt. Quel est l'impact de ces opérations sur l'EBE, le résultat d'exploitation et le résultat net ? Le taux d'impôt est de 35 %.

Au cours de cet exercice, de combien s'est enrichie/appauvrie l'entreprise ? Les créanciers ? Notre chef d'entreprise qui est par ailleurs actionnaire à 50 % ?

2/ Boilevé

Établissez le compte de résultat de la première année en présentations par nature et par fonction. La dotation aux amortissements est égale à 6 M€.

3/ *Tour du monde magazine*

Vous voulez lancer le premier mensuel français sur le tour du monde sous toutes ses formes (à pied, à vélo, ou à la voile, en famille ou seul…). Les premiers chiffrages que vous avez faits sont les suivants :

– pour chaque numéro, vous devez payer des pigistes pour mettre en forme les contributions des personnes vous envoyant leurs récits de voyage et pour ajouter des articles. Vous budgétez 2 000 € par mois (y compris charges sociales) ;

– le magazine sera vendu dans un premier temps par abonnement uniquement. Vous pensez initialement pouvoir vendre 1 500 abonnements (aucune vente additionnelle n'est prévue à court terme) ;

– les coûts de fabrication et de livraison sont de 2 € par magazine ;

– le prix d'un abonnement annuel sera de 50 € ;

– vous devriez bénéficier d'une exemption d'impôt sur les sociétés durant vos deux premiers exercices.

Vous lancez votre premier numéro en septembre et clôturez vos comptes en décembre.

Quel sera votre tableau de trésorerie et votre compte de résultat pour les deux premiers exercices ?

Comment allez-vous financer votre projet ?

ÉLÉMENTS DE RÉPONSE

Questions

1. Ni l'un, ni l'autre, elle a juste levé 500 M€ de fonds. Appauvrie de 250 M€. Enrichie de 25 M€ = 75 – [250 – 250 / (1 + 25 %)].

2. Résultat net, frais financiers, impôt sur les sociétés.

3. Résultat d'exploitation + résultat non récurrent – impôt sur les sociétés, son enrichissement représentant l'enrichissement à répartir entre les actionnaires et les créanciers.

4. Confusion entre création/destruction de richesse et financement de l'entreprise. Dans le premier cas l'endettement ne crée aucune richesse compensant les pertes. Les pertes peuvent induire des besoins de fonds que l'endettement viendra combler. Dans le second cas le résultat ne constitue pas le moyen de financement d'un investissement sauf s'il se traduit intégralement par un flux de trésorerie net du même montant, ce qui est rare.

5. Rien ne permet de le déterminer *a priori*. Elle aura peut-être fait un investissement exceptionnel ou constitué un stock de matières premières plus élevé que d'habitude anticipant une flambée des prix.

6. Non, car les produits et les charges ne correspondent pas nécessairement à des recettes ou des dépenses immédiates de trésorerie.

7. Non, car des charges viennent le réduire (dotation aux amortissements, frais financiers, impôts...).

8. C'est une charge et non une dépense, c'est un coût constaté mais qui n'est pas dû.

9. Dans une optique de trésorerie, l'investissement foncier est une dépense qui ne générera des recettes que le jour où l'on vendra ; dans une optique patrimoniale, c'est un bel actif. Pour l'investissement en R&D, les retours par l'amélioration du processus d'exploitation doivent être plus rapides dans une optique de trésorerie ; en revanche, dans une optique patrimoniale, la valeur liquidative est nulle.

10. Non car vous ne faites qu'éteindre une dette et non détruire de la richesse. Oui car vous déboursez pour rembourser.

11. Non, par convention comptable, sauf cas de très forte inflation (voir paragraphe 7.36).

12. Parce qu'elle correspond à des dépenses non consommées. La charge ne sera que la consommation de matières premières, c'est-à-dire les achats de matières premières moins l'augmentation du stock de matières premières.

13. Pour contrebalancer l'excès de charges enregistré comptablement dû à des produits fabriqués mais non vendus (stocks de produits finis et en cours).

14. Non (généralement). Seul le montant de la plus ou moins-value de cession apparaîtra en résultat non récurrent pour traduire l'enrichissement/appauvrissement relatif à cette opération.

15. Ventes (produit) et paiement des clients (recette) ; dotation aux amortissements (charges sans dépense) ; achat d'une machine (dépense mais pas charge).

16. Oui ; de là le tableau de flux du chapitre 5.

17. Une charge calculée est une charge qui ne correspond à aucune dépense en trésorerie mais à une évaluation comptable de l'appauvrissement, par exemple une dotation aux amortissements. Une charge constatée d'avance est une charge qui ne correspond pas aux consommations de l'exercice même si elle est devenue exigible cet exercice (c'est par exemple 11/12e d'un loyer annuel payé d'avance le 1er décembre). Voir le paragraphe 8.22.

Exercices

Les corrigés détaillés des exercices sur excel sont disponibles sur le site www.vernimmen.net.

1. Fever Tech

Présentation par nature		Présentation par fonction	
Production vendue	340 500	Chiffre d'affaires (A)	340 500
+ Production stockée	19 175		
– Achats de matières premières et de marchandises	267 050		
+ Variation de stock de matières premières et de marchandises	3 050		
– Frais de personnel, charges comprises	90 000		
– Autres achats et charges externes	0		
= Excédent brut d'exploitation	5 675		

– Dotations aux amortissements	5 000	Coût des produits vendus (B)	339 825[1]
= Résultat d'exploitation	675	= A – B	
– Charges financières nettes	600		
+ Résultat non récurrent	45 000		
– Impôt	15 776		
= Résultat net	29 299		

1. Nombre de pièces vendues = 240 + 14 – 27 = 227.
Quote-part des salaires sur les pièces vendues = 90 000/240 × 227 = 85 125.
Matière première sur vente = (50 + 200 + 300 + 100 + 50 + 150 + 200 + 50) × 227 = 249 700.
339 825 = 5 000 (dotations aux amortissements) + 85 125 + 249 700.

Vente du local : plus-value de cession de 45 000 € en résultat non récurrent (230 – (200 – 3 × 5 de dotations aux amortissements)). Disparition de la dotation aux amortissements l'exercice suivant. Remboursement de l'emprunt : disparition des charges financières de 600 € l'exercice suivant. Au cours de l'exercice, et après prise en compte de ces opérations, l'entreprise s'est enrichie après impôt de 29 299 €, les créanciers de 600 € et notre chef d'entreprise de 14 649 €.

2. Boilevé

Compte de résultat (présentation par nature)	Année 1	Année 2	Année 3
Chiffre d'affaires	132	144	144
+ Production stockée[1]	10		
= **Production de l'exercice**	**142**	**144**	**144**
– Consommations de matières[2]	48	48	48
– Frais de personnel	48	48	48
– Transport	24	24	24
= **Excédent brut d'exploitation**	**22**	**24**	**24**
– Dotations aux amortissements	6	6	6
= **Résultat d'exploitation**	**16**	**18**	**18**
– Frais financiers	1,9	1,5	1,1
= **Résultat net**	**14,1**	**16,5**	**16,9**

1. Production stockée : 4 M€ de matières premières + 4 M€ de frais de personnel + 2 M€ de frais de transport = 10 M€.
2. Décomposition des consommations de matières en année 1 : 52 M€ (achats) – 4 M€ (augmentation du stock de matières) = 48 M€.

Compte de résultat (présentation par fonction)	Année 1	Année 2	Année 3
Ventes	**132**	**144**	**144**
– Coût des ventes	116	126	126
= **Résultat d'exploitation**	**16**	**18**	**18**
– Frais financiers	1,9	1,5	1,1
= **Résultat net**	**14,1**	**16,5**	**16,9**

3. *Tour du monde magazine*

Compte de résultat :

	1	2
Chiffre d'affaires	50 × 1 500 / 3 = 25 000	50 × 1 500 = 75 000
Frais de personnel	4 × 2 000 = 8 000	12 × 2 000 = 24 000
Fabrication et distribution	1 500 × 2 × 4 = 12 000	1 500 × 2 × 12 = 36 000
Résultat net	5 000	15 000

Tableau de flux :

	1	2
Recettes	50 × 1 500 = 75 000	50 × 1 500 = 75 000
Dépenses	4 × 2 000 + 1 500 × 2 × 4 = 20 000	12 × 2 000 + 1 500 × 2 × 12 = 60 000
Flux de trésorerie d'exploitation	55 000	15 000

Si vous pouvez convaincre vos clients de payer leur abonnement avant de recevoir le premier numéro, ils financent intégralement votre projet.

BIBLIOGRAPHIE

Pour bien comprendre la structure du compte de résultat :

Batsch L., *La comptabilité facile*, Marabout, 2013.

Colasse B., *Introduction à la comptabilité*, 12e édition, Economica, 2013.

Le Fur Y., Quiry P., « Pourquoi les variations de stocks de produits finis apparaissent-elles en produits dans le compte de résultat ? », *La Lettre Vernimmen.net* janvier 2013, n° 112, pages 8 à 10.

Stolowy H., Lebas M., Ding Y., Langlois G., *Comptabilité et analyse financière : Une perspective globale*, 3e édition, De Boeck, 2013.

Pour approfondir les comptes de résultat par nature dans un contexte anglo-saxon :

Baker C., Ding Y., Stolowy H., « Using "statement of intermediate balance" a tool for international financial statement analysis in airline industry », *Advances in International Accounting*, 2005, vol. 18, pages 169 à 198.

Et pour la présentation du compte de résultat en normes IFRS :

Autorité des marchés financiers, *Étude portant sur les indicateurs publiés dans les communiqués au titre de la période 2009 et leurs liens avec les comptes*, 17 novembre 2010.

Conseil national de la comptabilité, *Recommandation relative au format des états financiers des entreprises sous référentiel comptable international*, 2 juillet 2009.

Chapitre 4

L'actif économique et les ressources financières

Le bilan ou la pause à la fin de l'exercice.

4.1 Nous avons jusqu'à présent essentiellement raisonné en termes de flux sur une période donnée, que ce soient des flux de trésorerie ou des produits et charges.

Il est à présent nécessaire d'interrompre cette dynamique et de se placer à la fin de cette période (et non plus sur une période donnée) pour analyser les encours que les flux ont contribué à créer ou à modifier.

Ainsi, à l'étude de la variation de l'endettement net sur une période doit ici correspondre l'analyse de l'endettement net à un instant donné ; à l'étude du résultat, c'est-à-dire de la création de richesse sur une période, doit ici correspondre celle de l'accumulation de richesse à un instant donné. Le bilan permet cette analyse.

4.2 Le bilan résulte principalement de l'accumulation à un instant donné de flux antérieurs générés par l'entreprise.

La logique de ces correspondances peut être ainsi résumée :

- un flux est une variation de « stocks », c'est-à-dire d'encours ;

- un « stock » à un instant donné est une somme algébrique de flux depuis l'origine de l'activité jusqu'à cet instant. Ainsi à un instant donné, les capitaux propres correspondent, en plus du capital initial, à la somme des augmentations de capital consenties par les actionnaires et des résultats nets annuels non distribués sous forme de dividendes. Un « stock » à un instant donné est aussi égal au même « stock » à l'instant t – 1, majoré de tous les flux intervenus entre t et t – 1.

Section 1 ▪ Le bilan : définitions et concepts

1 ▪ L'actif et le passif

L'objet du bilan est de recenser à un instant donné l'ensemble des actifs de l'entreprise d'une part et l'ensemble de ses moyens de financement (ses passifs) d'autre part.

4.3 L'actif sera alors constitué ainsi :

- des **actifs immobilisés**, souvent appelés « actifs non courants » dans le référentiel comptable IFRS : tout ce qui est nécessaire à l'exploitation et qui n'est pas détruit par celle-ci à chaque cycle. Ce sont des biens qui gardent donc une certaine valeur (la diminution de cette valeur est constatée par la technique de l'amortissement et de la dépréciation). On distingue les **immobilisations corporelles** (terrains, bâtiments, machines, etc.), les **immobilisations incorporelles** (marques, brevets, fonds de commerce, etc.) et les **immobilisations financières**. Lorsque l'entreprise détient par exemple les actions d'une autre entreprise (à long terme), celles-ci sont comptabilisées en immobilisations financières ;
- en outre, le cycle d'exploitation crée des actifs « temporaires » : les stocks, les créances clients ;
- enfin, il existe des placements financiers et de l'argent disponibles, par essence, des actifs.

Les stocks, les créances, les placements financiers, et le disponible constituent **l'actif circulant** (ou actif courant). Ce terme traduit le fait que ces actifs ont vocation à « tourner » au cours du cycle d'exploitation.

4.4 Le passif de l'entreprise sera constitué :

- des capitaux apportés par les actionnaires et qui, hors opérations portant sur le capital, sont augmentés chaque année du résultat mis en réserve ;
- des dettes contractées par l'entreprise dans le cycle d'exploitation (dettes fournisseurs, dettes fiscales...) ou dans le cycle de financement (dettes bancaires, dettes financières) ;
- et d'un poste plus complexe, les provisions, que nous traiterons au paragraphe 8.79.

Le bilan

ACTIF IMMOBILISÉ (ou actifs non courants)	CAPITAUX PROPRES
ACTIF CIRCULANT (ou actifs courants)	PASSIF EXIGIBLE

Par définition comptable, l'actif et le passif ne peuvent être qu'égaux[1]. C'est le principe de la comptabilité en partie double. L'achat d'un bien est soit activé, soit comptabilisé en charge : dans le premier cas il apparaît à l'actif du bilan, dans le second cas il vient réduire les résultats et donc les capitaux propres. La contrepartie de cet achat sera soit une diminution de trésorerie (diminution d'un actif), soit un engagement (une dette) à l'égard du vendeur (accroissement d'un passif) : suivant l'algèbre comptable, un actif et un passif sont de signe contraire ; nous constatons donc que l'équilibre est toujours maintenu.

2 ▪ La double lecture du bilan

4.5 Dans une lecture économique, le bilan recense, à un instant donné, l'ensemble des emplois engagés dans l'activité économique de l'entreprise et analyse l'origine des ressources de l'entreprise : nous le qualifierons de **bilan économique**, et parlerons dans cet ouvrage de la lecture économique du bilan.

Dans une lecture patrimoniale, on considère que l'entreprise se caractérise par un ensemble d'avoirs et d'engagements recensés dans le bilan, dont le solde constitue le montant comptable des capitaux apportés par les actionnaires. Dans cette optique patrimoniale, le bilan recense donc l'ensemble des avoirs et l'ensemble des engagements de l'entreprise : nous le qualifierons de **bilan patrimonial** ou de bilan financier, et parlerons dans cette étude de la lecture patrimoniale du bilan.

Lecture économique du bilan / Lecture patrimoniale du bilan

Ensemble des EMPLOIS	Ensemble des RESSOURCES

Recensement des AVOIRS	CAPITAUX PROPRES
	Recensement des ENGAGEMENTS

Section 2 ▪ La lecture économique du bilan

4.6 Pour bien comprendre le bilan économique, il faut être dans le même esprit que pour l'analyse faite au chapitre 3 précédent, mais en raisonnant, cette fois-ci, en termes de « stocks » et non plus en termes de flux.

> L'objet du bilan économique est de comprendre les emplois (ou besoins) de l'entreprise pour mener à bien son activité et les modes de financement mis en place pour y faire face.

1 Même si certains groupes, sous l'influence anglo-saxonne, limitent le passif aux seules dettes (le passif exigible), ce qui donne actif = passif + capitaux propres. Ce n'est pas notre préconisation.

Plus précisément, le bilan économique recensera les grandes rubriques suivantes :

1 ▪ Les immobilisations

4.7 Les immobilisations correspondent à l'ensemble des investissements réalisés par l'entreprise, suivant notre définition à la fois financière et comptable.

Lorsque cela est possible, il est intéressant de distinguer, au sein des immobilisations, les actifs d'exploitation (bureaux, usines, filiales de commercialisation...) et les actifs hors exploitation qui n'ont rien à voir avec l'activité de l'entreprise (immobilier loué à des tiers, filiales à l'activité très différente ou périphérique...) et seront donc exclus de l'actif économique de l'entreprise. Ainsi, on pourra évaluer les ressources susceptibles d'être dégagées par l'entreprise en cas de crise (cession d'actifs hors exploitation).

La distinction entre actifs d'exploitation et actifs hors exploitation s'avère parfois subtile. Dans quelle catégorie ranger un siège social sur les Champs-Élysées ? Dans les actifs d'exploitation pour une agence de publicité ou une firme automobile ; dans les actifs hors exploitation pour une entreprise de mécanique ou de BTP.

2 ▪ Le besoin en fonds de roulement d'exploitation

4.8 Le **besoin en fonds de roulement d'exploitation** regroupe les emplois et les ressources dits « d'exploitation ».

Les emplois sont constitués par l'ensemble des charges d'exploitation contractées non encore consommées ou vendues (stocks), et par l'ensemble des ventes non encore payées (créances clients).

Les ressources sont constituées par les charges contractées non encore payées (dettes fournisseurs, dettes fiscales et sociales) et par les recettes d'exploitation sur des produits non encore livrés (avances sur commandes).

4.9 Le solde net des emplois et des ressources d'exploitation est appelé « **besoin en fonds de roulement** ».

« Besoin » car si les emplois sont supérieurs aux ressources (ce qui est généralement le cas) le solde est positif et il doit être alors financé. Négatif, c'est une ressource dégagée par l'exploitation. Dans ce cas, on maintient cependant le terme, et on parlera alors de « besoin en fonds de roulement **négatif** ».

« En fonds de roulement » dans la mesure où ce solde correspond à l'expression familière de la trésorerie nécessaire pour faire face aux décalages de la vie quotidienne.

4.10 Le besoin en fonds de roulement d'exploitation est ainsi constitué par l'ensemble des comptes suivants :

Stocks	Matières premières, marchandises, produits et travaux en cours, produits finis
+ Créances d'exploitation	Encours clients, avances et acomptes versés sur commandes à des fournisseurs, autres créances d'exploitation, charges constatées d'avance, effets escomptés non échus[1]
– Dettes d'exploitation	Dettes fournisseurs, dettes fiscales et sociales[2], avances sur commandes reçues de clients, produits constatés d'avance et autres dettes d'exploitation
= Besoin en fonds de roulement d'exploitation	

On ne tiendra compte des stocks de matières premières et de marchandises, des crédits fournisseurs et des créances clients que pour leur montant normal. En aucune manière, le montant de l'actif circulant dépassant les normes ne pourra être retenu dans le calcul du BFR d'exploitation. Ce sera un élément de la trésorerie. De la même façon, en aucune manière un crédit fournisseurs trop long par rapport aux normes ne pourra être retenu comme une composante du BFR d'exploitation courant. La partie anormale sera considérée comme une ressource de trésorerie, les fournisseurs étant alors, à leur corps défendant, les banquiers de l'entreprise.

Le besoin en fonds de roulement est totalement indépendant des systèmes d'évaluation des immobilisations, des dotations aux amortissements et des dépréciations d'actifs immobilisés. En revanche, il est affecté par :

- les méthodes d'évaluation des stocks ;
- la régularisation des charges et des produits (sur un ou plusieurs exercices) ;
- la politique de provisionnement de l'actif circulant et des risques et charges d'exploitation.

Comme nous le verrons au chapitre 5, le besoin en fonds de roulement constitue un paramètre fondamental de toute analyse financière.

3 ■ Le besoin en fonds de roulement hors exploitation

4.11 Si nous avons suffisamment développé l'étude des décalages liés au cycle d'exploitation, nous avons toujours supposé que les investissements étaient payés au moment où ils étaient achetés et que les charges non récurrentes étaient payées au moment où elles étaient constatées en compte de résultat. Il va de soi qu'il peut se produire là aussi des décalages que l'on appelle **besoin en fonds de roulement hors exploitation**. De nature conceptuelle pauvre, le besoin en fonds de roulement hors exploitation est difficile à prévoir et à analyser car il est lié à chaque opération, contrairement au besoin en fonds de roulement d'exploitation qui est récurrent. En pratique, le besoin en fonds de roulement hors exploitation permet de classer l'inclassable : crédit d'un fournisseur d'immobilisations, indemnité d'assurance non encore reçue sur une usine qui a brûlé, créance sur l'acheteur d'une filiale...

4.12 Enfin, certains actifs figurent parfois à l'actif du bilan pour des raisons formelles alors qu'ils sont sans valeur[3]. On les appelle des non-valeurs. Il s'agit :

- du capital souscrit non appelé ;

1 S'ils ne sont pas déjà dans le bilan comptable, voir paragraphe 8.36.
2 À l'exclusion du dividende à verser qui se rattache aux capitaux propres.
3 On verra qu'en normes IFRS, ces éléments n'apparaissent pas au bilan.

- du capital souscrit et appelé, non versé ;
- des frais d'établissement non amortis ;
- des primes de remboursement des obligations ;
- des primes d'émission et de remboursement des obligations ainsi que leurs frais d'émission.

Il convient de les éliminer en les déduisant de l'actif et des capitaux propres.

4 ■ L'actif économique

4.13 On appelle **actif économique** de l'entreprise la somme de ses immobilisations et de son besoin en fonds de roulement (d'exploitation et hors exploitation). Il est donc égal à la somme des « encours » nets engagés par l'entreprise qu'ils soient liés au cycle d'exploitation ou au cycle d'investissement. On l'appelle aussi parfois actif opérationnel ou **capitaux employés**, à l'instar de l'anglo-saxon *operating assets* ou *capital employed*.

5 ■ Les ressources financières

4.14 L'actif économique est financé par deux grands types de ressources financières : les capitaux propres et l'endettement net.

Les **capitaux propres** sont composés des capitaux apportés à la création de la société par les actionnaires, lors d'augmentations de capital, ainsi que des capitaux laissés par les actionnaires à disposition de la société sous forme de bénéfices mis en réserve et donc non distribués en dividendes.

D'un point de vue comptable, les capitaux propres regroupent les principaux éléments suivants :

Capital social

\+ Primes d'émission, de fusion, d'apport

\+ Réserves légales, statutaires, contractuelles

\+ Autres réserves

\+ Report à nouveau

\+ Résultat de l'exercice

= Capitaux propres

4.15 L'endettement brut de l'entreprise est constitué des **ressources d'emprunt** quelle que soit leur échéance : à moyen et long termes (différents emprunts à plus d'un an qui ne sont pas encore remboursés) et à court terme (part à moins d'un an des emprunts à long terme, escompte, concours bancaires courants...). Comme nous l'avons vu, **l'endettement net** de l'entreprise va plus loin en tenant compte du disponible (comptes caisse et banque que tout le monde connaît) et des placements financiers pour établir la situation débitrice ou créditrice nette de l'entreprise vis-à-vis des tiers et hors cycle d'exploitation.

Au total, nous avons donc l'égalité suivante :

Dettes bancaires et financières (obligations, prêts et comptes courants d'actionnaires...) à moyen et long termes

+ Engagements de crédit-bail [1]

+ Ressources de trésorerie à court terme (escompte, concours bancaires courants, effets escomptés non échus [2]...)

– Placements financiers (valeurs mobilières de placement)

– Disponible (comptes caisse et banque)

= Endettement net

L'endettement net d'une entreprise peut donc être positif ou négatif : dans ce dernier cas on dit alors que l'entreprise a une trésorerie nette.

4.16 Nous n'avons traité que des grands postes du bilan. Pour les autres, nous nous permettons de renvoyer notre lecteur au chapitre 8 qui présente le traitement des points complexes :

- provisions ;
- actions autodétenues ;
- impôts différés ;
- comptes de régularisation ;
- actifs et passifs sur produits dérivés ;

et au chapitre 7 pour les éléments propres aux comptes consolidés (écarts d'acquisition, parts des tiers, intérêts minoritaires...).

4.17 Vu du côté passif, l'actif économique correspond aux **capitaux investis** (appelés aussi **capitaux engagés** ou *invested capital* ou *capital employed* en anglais).

Dans sa lecture économique, le bilan de l'entreprise se présente donc ainsi :

Bilan économique simplifié

Immobilisations	**Capitaux propres**
Besoin en fonds de roulement = Besoin en fonds de roulement d'exploitation Stocks + Créances d'exploitation – Dettes d'exploitation + Besoin en fonds de roulements hors exploitation	**Endettement net** Dettes bancaires et financières à court, moyen et long termes – Placements financiers – Disponible
Actif économique =	**Actif économique (ou capitaux investis)**

1 Poste qui se trouve dans le hors bilan en comptabilité sociale française, voir paragraphe 8.66.

2 Poste qui se trouve dans le hors bilan en comptabilité sociale française, voir paragraphe 8.36.

4.18 Afin d'aider le lecteur novice, nous avons classé dans les tableaux des pages suivantes les comptes du bilan entre les rubriques immobilisations, besoin en fonds de roulement, capitaux propres et endettement net.

Analyse économique de l'actif

Rubriques comptables	Immobilisations	Besoin en fonds de roulement	Capitaux propres	Endettement net	Commentaires
Capital souscrit non appelé			X		Diminution des capitaux propres
Frais d'établissement			X		Diminution des capitaux propres
Frais de développement	X				
Concessions, brevets, droits similaires	X				
Fonds commercial	X				
Autres immobilisations incorporelles	X				
Avances et acomptes sur immobilisations incorporelles	X				
Terrains	X				
Constructions	X				
Installations techniques, matériel et outillage industriels	X				
Autres immobilisations corporelles	X				
Immobilisations en cours	X				
Avances et acomptes sur immobilisations	X				
Participations mises en équivalence	X				
Autres participations	X				
Créances rattachées à des participations	X				
Autres titres immobilisés	X				
Prêts	X				
Autres immobilisations financières	X				
Matières premières, approvisionnements		X			
Encours de production de biens		X			
Encours de production de services		X			
Produits intermédiaires et finis		X			
Marchandises		X			
Avances et acomptes versés sur commandes		X			
Clients et comptes rattachés		X			
Effets escomptés non échus		X		X	À ajouter à l'actif et au passif du bilan[1]
Autres créances		X			
Capital souscrit et appelé, non versé			X		Diminution des capitaux propres
Valeurs mobilières de placement (dont actions propres[2])			X	X	
Disponibilités				X	
Charges constatées d'avance		X			
Frais d'émission d'emprunts à étaler			X		Diminution des capitaux propres
Primes d'émission et de remboursement des obligations			X		Diminution des capitaux propres
Écarts de conversion actif				X	Diminution des emprunts

1. *Voir paragraphe 8.36.*
2. *À déduire des capitaux propres.*

Analyse économique du passif

Rubriques comptables	Immobili-sations	Besoin en fonds de roulement	Capitaux propres	Endet-tement net	Commentaires
Capital social ou individuel			X		
Primes d'émission, de fusion, d'apport...			X		
Écarts de réévaluation			X		
Réserve légale			X		
Réserves statutaires ou contractuelles			X		
Réserves réglementées			X		
Autres réserves			X		
Report à nouveau			X		
Résultat net			X		
Subventions d'investissement			X		
Provisions réglementées			X		
Produits des émissions de titres participatifs				X	
Avances conditionnées			X		
Provisions pour risques		X	X	X	Selon analyse détaillée[1]
Provisions pour charges		X	X		Selon analyse détaillée[1]
Emprunts obligataires convertibles			X	X	Selon analyse détaillée[2]
Autres emprunts obligataires				X	
Emprunts et dettes financières auprès des établissements de crédit				X	
Emprunts et dettes financières divers				X	
Effets remis à l'escompte				X	Selon analyse détaillée[3]
Avances et acomptes reçus sur commandes en cours		X			
Dettes fournisseurs et comptes rattachés		X			
Dettes fiscales et sociales		X			
Dettes sur immobilisations et comptes rattachés		X			
Autres dettes		X		X	Selon analyse détaillée
Produits constatés d'avance		X			
Écarts de conversion passif				X	

1. *Voir paragraphe 8.76.*
2. *Voir paragraphe 8.70.*
3. *Voir paragraphe 8.36.*

Section 3 ■ La lecture patrimoniale du bilan

4.19 Présentant l'état des avoirs et des engagements à la date d'arrêté des comptes, le bilan patrimonial peut être utilisé :

- par l'actionnaire, pour recenser l'ensemble de ses avoirs et de ses engagements au sein de l'entreprise, qui peuvent le cas échéant être réévalués ;
- par le créancier, désireux de juger le risque que lui font courir les crédits octroyés à l'entreprise. En effet, dans un système capitaliste, les capitaux propres servent de garantie ultime en cas de liquidation de l'entreprise, puisque les créanciers sont alors remboursés avant les actionnaires.

De là résulte l'importance accordée au bilan patrimonial dans le cadre de l'analyse financière traditionnelle des sociétés. Comme nous le verrons en détail plus loin, il peut être analysé sous l'angle de la liquidité (paragraphes 13.15 et suivants) et de la solvabilité (paragraphes 15.2 et suivants).

1 ■ La liquidité du bilan

4.20 La liquidité mesure la capacité de l'entreprise à faire face à ses engagements à court terme en utilisant son disponible ou des actifs aisément et rapidement cessibles ou des lignes de crédits non tirées.

L'analyse de la liquidité nécessite un classement du bilan. Ainsi, le passif sera classé par date de remboursement, par « exigibilité ». Les bilans étant publiés annuellement, la distinction entre le « court terme » et le « long terme » se fera en prenant l'année comme critère. Le passif sera donc classé en : court terme (moins d'un an), long et moyen termes (ou plus d'un an), et non exigible.

Face à ces engagements (passifs), il y a des avoirs (actifs). Ces avoirs peuvent également être classés par durée :

- les actifs qui auront disparu du bilan l'an prochain : ce sont, sauf exception, les éléments de l'actif circulant ;
- les actifs qui seront toujours au bilan dans un an : ils constituent, sauf exception, l'actif immobilisé.

Ainsi, dans une optique patrimoniale, on classera les passifs par date de remboursement, les actifs financiers par date d'échéance, et les autres actifs de la manière suivante :

Seront considérés comme liquides les actifs qui, dans le processus d'exploitation normal, doivent être transformés en liquidités dans la même année.

Il s'agit donc (sauf durée exceptionnelle du processus d'exploitation) des stocks et des encours clients.

En revanche, les actifs qui, quelle que soit leur nature (siège social, usine, etc.) ne sont pas destinés à être vendus durant la vie normale de l'entreprise, seront considérés comme immobilisés et non liquides.

La liquidité d'un bilan se définit donc par le fait que la rotation des actifs (c'est-à-dire leur liquidation progressive dans l'exploitation) est plus rapide que la « rotation » des dettes (c'est-à-dire leur exigibilité). Or, l'exigibilité du passif est connue avec certitude, car elle est contractuelle. En revanche, la liquidité de l'actif circulant est incertaine (risque de mévente ou de dépréciation du stock, etc.). **À la liquidité incertaine de l'actif correspond donc l'exigibilité certaine des engagements.**

Aussi le créancier à court terme de l'entreprise tiendra-t-il compte de la différence de nature entre la liquidité de l'actif et l'exigibilité du passif, en demandant à l'entreprise de maintenir un actif circulant supérieur au montant des dettes à court terme de sorte à avoir une marge de sécurité. De là, la sacro-sainte règle financière selon laquelle toute entreprise doit avoir des actifs à moins d'un an d'un montant au moins égal à celui de ses engagements à moins d'un an[1].

1 Comme nous le verrons au paragraphe 13.21, on dit alors que le fonds de roulement, différence entre les actifs circulants et les passifs exigibles à moins d'un an, est positif.

Une entreprise est en situation d'illiquidité lorsqu'elle ne trouve plus de liquidités, soit en contractant de nouveaux engagements, soit en cédant des actifs pour faire face à ses échéances. La faillite menace !

2 ■ La solvabilité

4.21 La solvabilité traduit l'aptitude de l'entreprise à faire face à ses engagements en cas de liquidation, c'est-à-dire d'arrêt de l'exploitation et de mise en vente des actifs.

Une entreprise peut donc être considérée comme insolvable dès lors que ses capitaux propres sont négatifs. Elle doit alors plus qu'elle ne possède. Mais sa liquidité à court terme peut être suffisante pour lui permettre de poursuivre quelque temps son activité, voire se rétablir.

Le concept de solvabilité est parfois élargi et désigne alors la capacité de l'entreprise à faire face, en temps et en heure, aux paiements des intérêts et aux remboursements de sa dette (voir paragraphe 13.8). C'est un abus de langage.

3 ■ Les capitaux propres comptables ou l'« actif net »

4.22 C'est un concept patrimonial qui tend à cerner le montant des fonds investis par les actionnaires en évaluant les différents actifs et passifs de l'entreprise. L'actif net n'est pas un concept financier mais comptable, voire fiscal.

Le montant comptable des capitaux propres est en effet égal à l'ensemble des avoirs de l'entreprise diminué de l'ensemble de ses engagements réels ou potentiels. Les praticiens parlent fréquemment de « l'actif net », ce qui crée une confusion chez le non-initié en finance avec le total de l'actif net du cumul des amortissements et des dépréciations.

Les capitaux propres comptables sont donc égaux à :

L'actif immobilisé

+ L'actif circulant et financier

– L'ensemble des dettes de toute nature

Lors de la cession de l'entreprise, l'acheteur s'empresse de les établir dans une approche plus restrictive :

- en intégrant le passif potentiel (qui n'apparaît pas au bilan) ;
- en excluant les actifs n'ayant pas de valeur (les **non-valeurs**). Il peut en être ainsi de certains actifs incorporels en raison de la complexité de leur enregistrement comptable (voir les paragraphes 8.43 et suivants).

Section 4 ■ Un exemple détaillé de bilan économique

4.23 Nous utiliserons au long de ce titre le groupe Indesit comme exemple d'analyse financière. Voici son bilan économique :

Bilan économique d'Indesit (en M€)

31 décembre	**2008**	**2009**	**2010**	**2011**	**2012**	**2013**
Écarts d'acquisition (*goodwill*)*	207	222	229	237	242	240
+ Autres immobilisations incorporelles	124	109	102	100	104	99
+ Immobilisations corporelles	693	630	637	635	693	594
+ Sociétés mises en équivalence*	1	1	1	1	1	1
+ Impôts différés actifs	55	71	74	64	78	130
+ Autres actifs non courants	1	2	3	0	0	5
= Actifs non courants (immobilisations) = IMMO	**1 080**	**1 035**	**1 046**	**1 037**	**1 118**	**1 069**
Stocks de marchandises	0	0	0	0	0	0
+ Stock de matières et approvisionnements et produits en cours	112	92	111	121	132	106
+ Stock de produits finis	262	189	215	202	200	196
+ Encours clients (y.c. effets escomptés non échus)	456	392	498	441	465	426
+ Autres créances d'exploitation courante	138	87	87	81	96	77
– Encours fournisseurs d'exploitation	765	660	829	789	844	739
– Dettes fiscales et sociales	138	147	143	135	127	122
– Autres dettes d'exploitation courante	52	94	44	0	0	52
= Besoin en fonds de roulement d'exploitation (1)	**13**	**- 141**	**- 105**	**- 79**	**- 78**	**- 108**
Créances hors exploitation courante	0	0	0	1	2	0
– Dettes hors exploitation courante	0	19	10	6	2	57
= Besoin en fonds de roulement hors exploitation (2)	**0**	**- 19**	**- 10**	**- 5**	**0**	**- 57**
Besoin en fonds de roulement = BFR = (1) + (2)	**13**	**- 160**	**- 115**	**- 84**	**- 78**	**- 165**
Actif économique = IMMO + BFR	**1 093**	**876**	**931**	**953**	**1 040**	**904**
Capital social	93	93	93	93	93	93
+ Réserves, primes et report à nouveau	327	373	480	462	543	372
+ Provisions à caractère de réserve	46	40	36	38	50	31
– Actions autodétenues	0	0	0	0	0	0
= Capitaux propres part du groupe	466	506	609	593	686	496
+ Intérêts minoritaires*	3	2	0	0	0	0
= Capitaux propres totaux = CP	**469**	**508**	**609**	**593**	**686**	**496**
Provisions à caractère de dette (3)	155	77	141	140	96	81
Dettes bancaires et financières à moyen et long terme (y.c. crédit-bail)	452	337	175	246	232	369
+ Dettes bancaires et financières à court terme et découverts (y.c. effets ecomptés non échus)	250	170	246	229	198	307
– Placements financiers à court terme (valeurs mobilières de placement)	53	26	17	21	29	18
– Disponible	178	191	223	234	143	331
= Endettement net bancaire et financier (4)	470	290	181	220	258	327
= Endettement net ajusté = D = (3) + (4)	**625**	**368**	**322**	**360**	**354**	**408**
= Capitaux investis = CP + D = Actif économique	**1 093**	**875**	**931**	**953**	**1 040**	**904**

* *Les termes en couleur sont présentés et expliqués au chapitre 7.*
** *Essentiellement des provisions pour retraites, voir paragraphe 8.28.*

RÉSUMÉ

Le résumé de ce chapitre est disponible sur le site www.vernimmen.net.

Le bilan fait apparaître à un instant donné le cumul des flux de l'entreprise, éventuellement corrigés par l'amortissement et les dépréciations, et classés en actifs et en passifs.

L'actif est composé de l'actif immobilisé (immobilisations incorporelles, corporelles et financières) et de l'actif circulant (stocks, créances, placements financiers et disponibilités). Le passif est constitué des capitaux propres et des dettes (bancaires, financières ou d'exploitation).

La lecture économique du bilan recense, à un instant donné, l'ensemble des emplois engagés dans l'exploitation et analyse l'origine des ressources de l'entreprise.

Le bilan économique présente les grandes rubriques suivantes :

- les actifs immobilisés, c'est-à-dire les investissements réalisés par l'entreprise, nets de l'amortissement et des dépréciations ;
- les emplois d'exploitation (stocks et créances d'exploitation) et les ressources d'exploitation (dettes d'exploitation) dont le solde constitue le besoin en fonds de roulement d'exploitation. Son évaluation dépend du processus d'exploitation et des méthodes comptables de détermination du résultat ;
- le besoin en fonds de roulement hors exploitation (agrégat fourre-tout !) ;
- les capitaux propres ;
- l'endettement net, qui se définit comme les dettes bancaires et financières, qu'elles soient à court, moyen ou long termes, sous déduction des valeurs mobilières de placement et des disponibilités.

La somme des actifs immobilisés et du besoin en fonds de roulement s'appelle l'actif économique. L'actif économique est financé par les capitaux propres et l'endettement net de l'entreprise.

La lecture patrimoniale recense, pour sa part, l'ensemble des avoirs et l'ensemble des engagements de l'entreprise dont le solde constitue la valeur comptable des capitaux propres ou « l'actif net ». Elle s'analyse en termes de solvabilité et de liquidité.

La liquidité mesure l'aptitude de l'entreprise à faire face à ses engagements d'une échéance donnée en mobilisant ses avoirs disponibles à la même échéance. La solvabilité mesure l'aptitude de l'entreprise à faire face à ses engagements en cas d'arrêt de son activité et de liquidation.

QUESTIONS

1/ Dans quel cas utilise-t-on le bilan dans une optique patrimoniale ? Le bilan dans une optique économique ?

2/ Quelle approche du bilan devez-vous adopter :

– pour garantir le bilan d'une entreprise lors d'une cession ?

– lors de la prévision des besoins de fonds d'une entreprise ?

3/ Le cycle d'exploitation donne-t-il toujours naissance à des créances dont le terme est inférieur à un an ?

4/ Classez les éléments suivants en stock, flux, ou variation de flux : chiffre d'affaires, compte clients, variation du compte clients, accroissement de dividendes, frais financiers, accroissement du chiffre d'affaires, excédent de trésorerie d'exploitation.

5/ Les ventes de l'entreprise sont indéniablement une ressource. Pourtant, elles n'apparaissent pas dans le bilan économique. Pourquoi ?

6/ Classez en immobilisations, besoin en fonds de roulement, capitaux propres ou endettement net, les postes suivants : découvert, résultat mis en réserve, marque, dette fiscale, stocks de produits finis, emprunts obligataires.

7/ Une entreprise en cessation de paiement est-elle obligatoirement insolvable ?

8/ Appréciez la liquidité des biens suivants : usine, titres non notés, titres cotés en Bourse, siège social sis au centre d'une grande ville, navires ou avions, traites commerciales, stocks de matières premières, stocks de produits en cours.

9/ Donnez un synonyme d'actif net.

10/ À quoi est égale une variation de « stocks » ?

11/ Quelle est la différence entre des engagements et des ressources ?

12/ À quoi est égal un cumul de flux ?

13/ Citez des activités où le besoin en fonds de roulement est positif.

14/ Citez des activités où le besoin en fonds de roulement est négatif.

15/ Pourquoi les effets escomptés non échus doivent-ils être intégrés dans le bilan en lecture économique ?

16/ Le bilan en lecture économique fait-il une différence entre les dettes bancaires à plus d'un an et celles à moins d'un an ? Pourquoi ?

17/ Pourquoi retrancher le capital souscrit et non appelé de l'actif immobilisé ?

18/ Au niveau du bilan économique, que convient-il de faire pour une entreprise qui payerait comptant ses fournisseurs afin d'encaisser des escomptes pour paiement rapide ?

19/ La société publiant le magazine *Tour du monde* du chapitre 3 (exercice 3) a-t-elle un besoin en fonds de roulement positif ou négatif ?

D'autres questions vous attendent sur le site www.vernimmen.net.

EXERCICES

1/ Boilevé

Établissez le bilan économique (date 0, fin de première année, fin de deuxième année) en supposant que la société ait été dotée d'un capital de 40 M€.

2/ Vous trouverez ci-après le bilan de Saint-Gobain au 31 décembre 2013. Présentez le bilan économique de ce groupe.

Vous considérerez les impôts différés passifs comme des provisions à caractère de réserve, les provisions non courantes comme des éléments de l'endettement net, ainsi que les passifs et les actifs détenus en vue de la vente (une filiale en cours de vente).

Bilan 2013 consolidé de Saint-Gobain (en Md€)

Actif	
Écarts d'acquisition	10 413
Autres immobilisations incorporelles	3 131
Immobilisations corporelles	12 635
Titres mis en équivalence	216
Impôts différés actifs	1 125
Autres actifs non courants	407
Total de l'actif non courant	**27 927**
Stocks	5 997
Créances clients	4 882
Créances d'impôts courants	238
Autres créances	1 317
Actifs détenus en vue de la vente	974
Disponibilités et équivalents de trésorerie	4 391
Total de l'actif courant	**17 799**
Total de l'actif	**45 726**

Passif	
Capital	2 221
Primes et réserve légale	6 265
Réserves et résultat consolidés	10 661
Écarts de conversion	(1 481)
Réserves de juste valeur	7
Actions propres	(147)
Capitaux propres du groupe	**17 526**
Intérêts minoritaires	344
Capitaux propres de l'ensemble consolidé	**17 870**
Dettes financières	9 395
Provisions pour retraites et avantages au personnel	2 785
Impôts différés passifs	712
Autres provisions et passifs non courants	2 189
Total des dettes non courantes	**15 081**
Partie court terme des dettes financières	1 721
Partie court terme des autres passifs	479
Dettes fournisseurs	5 928
Dettes d'impôts courants	67
Autres dettes	3 311
Passifs détenus en vue de la vente	473
Emprunts à moins d'un an et banques créditrices	796
Total des dettes courantes	**12 775**
Total du passif	**45 726**

ÉLÉMENTS DE RÉPONSE

Questions

1. Bilan dans une optique patrimoniale : pour recenser l'ensemble des actifs et des engagements, pour mesurer la liquidité. Bilan dans une optique économique : pour comprendre les besoins de l'entreprise.

2. Bilan patrimonial, bilan économique.

3. Non, dans certaines industries les clients paient longtemps après la facturation (négoce de droits audiovisuels).

4. Flux, stock, flux, variation de flux, flux, variation de flux, flux.

5. Au bilan, c'est le solde de l'activité, le résultat, qui apparaît.

6. Dans l'ordre : endettement net, capitaux propres, immobilisations, BFR, BFR, endettement net.

7. Pas nécessairement puisqu'elle est d'abord confrontée à un problème de liquidité qui l'a conduite à la cessation des paiements, mais dans la pratique, l'immense majorité des entreprises dans cette situation sont insolvables.

8. Dans l'ordre décroissant de liquidité : titres cotés, stock de matières premières, traites commerciales, siège social, navires ou avions, titres non cotés, stocks de produits en cours, usine.

9. Capitaux propres.

10. À un flux.

11. Les ressources comprennent les capitaux propres (qui ne sont pas exigibles) et les engagements, c'est-à-dire des dettes qui doivent tôt ou tard être remboursées.

12. À un « stock ».

13. La plupart des activités sont dans cette situation : édition, parfumerie, électroménager, chimie, construction aéronautique...

14. Salles de cinéma (pas de stock, clients payant comptant), télévisions à péage (l'abonnement est payé par avance), boulangeries (très peu de stocks au-delà de 24 heures, les clients paient comptant), le bâtiment (avances clients).

15. Pour donner une bonne mesure du besoin en fonds de roulement réel de l'entreprise et de son endettement.

16. Non, ceci est un problème de liquidité qui n'est pas le point de vue de la lecture économique du bilan.

17. Car c'est une non-valeur totale tant qu'il n'est pas appelé.

18. D'accroître ses disponibilités à l'actif et le poste fournisseur au passif du montant du crédit fournisseur auquel elle renonce afin de reconstituer un besoin en fonds de roulement normal.

19. Négatif grâce aux abonnements.

Exercices

Les corrigés détaillés des exercices sur excel sont disponibles sur le site www.vernimmen.net.

1. Boilevé

Bilan économique	Date 0	Fin d'année 1	Fin d'année 2
Immobilisations nettes (A)	0	24	18
Stocks	0	14	14
+ Encours clients	0	36	36
– Encours fournisseurs et autres	0	14	14
= Besoin en fonds de roulement (B)	0	36	36
= Actif économique (A+B)	0	60	54
Capitaux propres (C)	40	54,1	70,6
Dettes bancaires et financières	0	16	12
+ Ressources en trésorerie	0	0	0
– Placements financiers	0	0	0
– Disponible	40	10,1	28,6
= Endettement net (D)	– 40	5,9	– 16,6
= Capitaux investis dans l'exploitation (C+D)	0	60	54

2. Saint-Gobain

Bilan économique de Saint-Gobain (en Md€)	2013
Actif immobilisé (Immo)	27 927
Stock total	5 997
+ Créances clients nettes de provisions	4 882
+ Autres créances d'exploitation courante	238 + 1 317 = 1 555
– Encours fournisseurs d'exploitation	5 928
– Autres dettes d'exploitation courante	479 + 67 + 3 311 = 3 857
= Besoin en fonds de roulement d'exploitation (BFR)	2 649
Actif économique (Immo + BFR)	30 576
Capitaux propres totaux (CP)	17 870 + 712 = 18 582
Dettes bancaires et financières LMT (y compris crédit-bail)	9 395
+ Concours bancaire courant et dettes financières court terme	1 721 + 796 = 2 517
– Placements financiers et disponible	4 391
– Actifs nets des passifs détenus en vue de la vente	974 – 473 = 501
+ Provisions à caractère d'endettement net	2 785 + 2 189 = 4 974
= Endettement net ajusté (D)	11 994
= Capitaux investis dans l'exploitation (CP + D)	30 576

BIBLIOGRAPHIE

Pour bien comprendre la structure du bilan :

Batsch L., *La comptabilité facile*, Marabout, 2013.

Bobot L., Voyenne D., *Le besoin en fonds de roulement*, Economica, 2007.

Bonnet F., *Du bilan comptable au bilan financier*, Economica, 2000.

Commission comptabilité et analyse financière de la SFAF, « Peut-on parler des capitaux propres ? », *Les cahiers d'Analyse financière* septembre 2000.

Conseil national de la comptabilité, *Recommandation relative au format des états financiers des entreprises sous référentiel comptable international*, 2 juillet 2009.

Chapitre 5

Du résultat à la variation de l'endettement net

Ou comment rapprocher les montagnes !

5.1 Le chapitre 2 conduisait au tableau des flux de trésorerie qui rassemble l'ensemble des dépenses et des recettes enregistrées au cours d'une période et détermine le désendettement net.

Le chapitre 3 aboutissait au compte de résultat, qui résulte du recensement de l'ensemble des produits et charges d'un exercice.

On pourrait croire que ces deux optiques, radicalement différentes, n'ont aucune relation. Mais le bon sens nous dit que quelqu'un de riche aura, tôt ou tard, de la trésorerie, et que quelqu'un de pauvre connaîtra des problèmes de trésorerie, sauf à faire fortune entre-temps…

Bien que la complexité des mécanismes d'une entreprise implique des décalages entre bénéfice et trésorerie, il y a cependant, tôt ou tard, convergence.

> L'objet de ce chapitre est de réconcilier l'optique « trésorerie » et l'optique « résultat ».

Nous allons tout d'abord lire les produits et charges dans une optique de flux de trésorerie. Ceci nous permettra ensuite de faire le lien entre la variation de richesse et la variation de l'endettement net, rapprochant ainsi les deux optiques.

Que le lecteur approfondisse bien ce chapitre car en comprenant le passage du résultat à la variation de l'endettement net et *vice versa*, il fera un pas décisif dans l'approche de la mécanique financière de l'entreprise.

Section 1 ■ Analyse des résultats dans une optique de flux de trésorerie

5.2 **Attention !** L'étude que nous allons mener doit permettre au lecteur d'approfondir les concepts. En aucune manière le tableau du paragraphe 5.7 n'est un tableau à construire lors d'une analyse financière.

> Nous verrons que, dans la pratique, les flux sont reconstitués à partir des variations de comptes du bilan.

Cette section n'a donc qu'un but pédagogique et conceptuel. Mais elle est essentielle pour comprendre les mécanismes de base.

1 ■ Les produits d'exploitation

5.3 Les recettes d'exploitation devraient être égales aux ventes de l'exercice mais elles en diffèrent car les clients paient avec certains délais, ou par avance. Les recettes d'exploitation ne sont donc égales aux ventes de l'exercice que si celles-ci ont été payées comptant ; à défaut, elles viendront accroître l'encours clients.

Recettes d'exploitation	= Ventes de l'exercice	– Augmentation de l'encours clients ou + Diminution de l'encours clients

2 ■ La variation des stocks de produits finis et des encours de production

5.4 Comme nous l'avons vu dans la présentation du compte de résultat par nature, le décalage entre la production et la vente est régularisé par la mécanique de la production stockée pour les produits finis ou des variations de stocks pour les encours de production. Mais il ne s'agit là que d'une simple écriture comptable pour déduire des charges d'exploitation les charges qui ne se rattachent pas aux produits vendus ; cette variation n'a aucune incidence en trésorerie. Ces variations de stocks doivent donc être annulées en trésorerie.

3 ■ Les charges d'exploitation

5.5 Tout comme les produits d'exploitation diffèrent des recettes d'exploitation, les charges d'exploitation diffèrent des dépenses d'exploitation. Les dépenses ne sont égales aux charges d'exploitation de l'exercice que compte tenu :

- du décalage lié aux conditions de règlement obtenues par l'entreprise (crédit accordé par ses fournisseurs…) ;

▪ du fait qu'une partie des achats n'est pas consommée au cours de l'exercice. Ce décalage différenciant les achats des consommations est régularisé par l'inscription en compte de stocks des matières premières achetées non encore consommées.

5.6 Les décalages ainsi enregistrés se traduisent alors :

▪ pour le premier, par des variations de dettes d'exploitation ;

▪ pour le second, par le décalage entre la consommation de matières premières et les achats, enregistré au niveau des stocks de matières et de marchandises.

Dépenses d'exploitation = Charges d'exploitation consommées
- + Augmentation du stock de matières et de marchandises
  ou
  − Diminution du stock de matières et de marchandises
- + Diminution des dettes fournisseurs
  ou
  − Augmentation des dettes fournisseurs

Entre recettes et produits d'exploitation d'une part, dépenses et charges d'exploitation d'autre part, il n'y a que des décalages dans le temps provenant des délais de paiements (paiements différés) et des variations de stocks (charges différées).

5.7 La somme des décalages entre les produits et les charges d'exploitation d'une part et les recettes et les dépenses d'exploitation d'autre part peut donc se résumer comme suit :

Compte de résultat		Différence		Tableau de flux
Production vendue (chiffre d'affaires)	−	Variation de l'encours clients (paiements différés)	=	Recettes d'exploitation
+ Production stockée	−	Production stockée (charges différées)	=	0
− Charges d'exploitation consommées	+	Variation de l'encours fournisseurs (paiements différés)	=	− Dépenses d'exploitation
	−	Variation des stocks de matières et de marchandises (charges différées)		
=		=		=
Excédent brut d'exploitation	−	Variation du besoin en fonds de roulement d'exploitation	=	**Excédent de trésorerie d'exploitation**

5.8 Notre lecteur avisé aura reconnu dans la colonne centrale du tableau ci-dessus les éléments du besoin en fonds de roulement tel que nous l'avons défini au chapitre 4 ou plus précisément les éléments de la variation du besoin en fonds de roulement entre deux bilans.

Sur une période donnée, la variation du besoin en fonds de roulement d'exploitation constitue en effet un besoin ou une ressource de financement qui vient s'ajouter aux autres besoins ou ressources de financement.

La variation du besoin en fonds de roulement d'exploitation explique la différence entre l'excédent brut d'exploitation et l'excédent de trésorerie d'exploitation.

Positive, c'est un besoin et l'on parle d'augmentation du besoin en fonds de roulement. Négative, c'est une ressource et l'on parle de diminution du besoin en fonds de roulement.

La variation du besoin en fonds de roulement n'est qu'un simple décalage entre le solde des flux de trésorerie liés à l'exploitation (excédent de trésorerie d'exploitation) et la génération de richesse liée à l'exploitation (excédent brut d'exploitation). Mais attention, qui dit « décalage » ne signifie pas, comme nous le verrons ultérieurement, faible montant, faible importance, courte durée, et coût nul, en d'autres termes quelque chose de négligeable...

> L'analyse de la variation du besoin en fonds de roulement est sans doute l'un des points essentiels de l'analyse financière.

4 ■ L'investissement

5.9 Les dépenses d'investissement traduisent une simple modification des avoirs de l'entreprise sans modifier sa richesse immédiate : elles ne sont donc pas enregistrées directement au compte de résultat ; elles ont en revanche une conséquence directe dans le tableau de trésorerie.

> En matière d'investissement, compte de résultat et tableau des flux de trésorerie diffèrent fondamentalement. Le premier étale la charge d'investissement sur toute la période d'utilisation, le second appréhende l'investissement lors de son achat.

Le processus d'investissement de l'entreprise se traduit à la fois par des flux de trésorerie négatifs ne reflétant aucun appauvrissement de l'entreprise et par la constatation comptable de la dépréciation des biens acquis, sous forme de dotations aux amortissements, qui ne traduisent aucune sortie de trésorerie.

Il n'y a ainsi aucune relation directe entre trésorerie et résultat en ce qui concerne le processus d'investissement, ce que nous savions.

5 ■ Le financement

5.10 Tout comme le cycle d'investissement, le cycle des ressources financières est par essence un cycle propre au financement. Les ressources financières (nouveaux emprunts, augmentations de capital...) n'apparaissent pas au compte de résultat où seule apparaît la rémunération d'une partie de ces ressources : les intérêts des emprunts.

Les flux de trésorerie rémunérant les ressources financières correspondent soit à des charges (les intérêts), soit à la distribution de la richesse créée par l'entreprise à ses pourvoyeurs de capitaux propres (les dividendes).

> Alors que dans un tableau des flux de trésorerie la distinction entre remboursement et rémunération n'est pas essentielle, elle devient vitale dans le compte de résultat.

En supposant, par souci de simplification, l'absence de décalage entre la constatation de la charge et son paiement effectif, il convient donc de distinguer :

- la rémunération des ressources d'emprunt (frais financiers) qui influe sur la situation de trésorerie et sur le résultat ;

▪ la rémunération des apporteurs de capitaux propres (dividendes) qui influe sur la situation de trésorerie et sur le résultat mis en réserve mais non sur le résultat net ;

▪ les remboursements d'emprunts et l'encaissement des ressources financières externes (augmentations de capital ou emprunts) qui influent sur la trésorerie, mais n'ont aucune incidence sur le résultat.

Enfin, l'impôt sur les sociétés est à la fois une charge qui apparaît au compte de résultat et un flux de trésorerie.

5.11 Nous pouvons terminer notre tableau et passer du résultat au désendettement net :

Du compte de résultat... au tableau de flux

	Compte de résultat		Différence		Tableau de flux
	Excédent brut d'exploitation	–	Variation du besoin en fonds de roulement d'exploitation	=	**Excédent de trésorerie d'exploitation**
		–	Investissements	=	– Investissements
–	Dotations aux amortissements	+	Dotations aux amortissements	=	0
=	**Résultat d'exploitation**			=	**Flux de trésorerie disponible avant impôt**
–	Charges financières nettes des produits financiers			=	– Charges financières nettes des produits financiers
		+	Augmentations de capital	=	+ Augmentations de capital
–	Impôt sur les sociétés			=	– Impôt sur les sociétés
		–	Dividendes versés	=	– Dividendes versés
=	**Résultat net**	+	Total de la colonne	=	**Désendettement net**

Section 2 ■ Le tableau des flux de trésorerie

5.12 Ce même tableau nous permet de faire l'exercice inverse de celui auquel nous nous sommes livrés ou plus exactement d'expliquer la variation de l'endettement net à partir du résultat net. Pour ce faire, il suffit d'ajouter au résultat net l'ensemble des mouvements de la colonne centrale :

Résultat net

\+ Dotations aux amortissements [1]

– Variation du besoin en fonds de roulement d'exploitation

– Investissements nets des cessions d'actifs

\+ Augmentations de capital

– Dividendes versés

= **Désendettement net**

1 Y compris les dotations aux provisions pour restructuration et les dépréciations d'actifs immobilisés et, dans le cas particulier des comptes consolidés (voir paragraphe 7.20), des dotations aux amortissements des écarts d'acquisition (normes françaises) et les dépréciations des écarts d'acquisition (normes IFRS).

Si l'on essaie de classer les différentes rubriques permettant de passer du résultat au désendettement net, il nous paraît utile de présenter le raisonnement suivant.

Le résultat net devrait, normalement, apparaître en « caisse ». Toutefois, s'y ajoutent certaines charges calculées (dotations aux amortissements, dépréciations et certaines dotations aux provisions) qui sont venues en déduction pour sa détermination (mais qui n'ont aucune incidence en trésorerie), pour constituer ce que l'on appellera la capacité d'autofinancement.

Puis, celle-ci n'apparaîtra effectivement en « caisse » que compte tenu des décalages liés au cycle d'exploitation et que reflète la variation du besoin en fonds de roulement d'exploitation.

Enfin, les fonctions investissement et financement génèrent des emplois et des ressources de trésorerie correspondant à des flux sans conséquence immédiate sur le résultat.

5.13 Au total, le tableau de flux de trésorerie comporte trois blocs correspondant aux trois fonctions :

- flux de trésorerie provenant de l'exploitation ;
- flux de trésorerie d'investissement ;
- flux de trésorerie de financement ;

et a l'architecture suivante :

Flux...	**d'exploitation**	**d'investissement**	**de financement**
Capacité d'autofinancement	X		
Variation du besoin en fonds de roulement	X		
Acquisitions d'immobilisations		X	
Cessions d'immobilisations		X	
Augmentations de capital			X
Distributions de dividendes			X
Désendettement net			X

1 ■ Du résultat net à la capacité d'autofinancement (CAF)

5.14 Comme nous venons de le voir, la dotation aux amortissements et la variation des dépréciations d'actifs immobilisés et des dotations aux provisions ne sont que des charges calculées et n'ont aucune conséquence en trésorerie (pour plus de détails, voir paragraphe 8.79). Dans une optique de trésorerie, elles ne sont pas d'une nature différente de celle du résultat.

> Aussi viennent-elles s'ajouter naturellement au résultat pour constituer l'ensemble des ressources internes générées par l'entreprise.

Ces deux éléments constituent la capacité d'autofinancement de l'entreprise, que le comptable affecte « en résultat » ou « en amortissements ou provisions » selon des règles sociales et fiscales.

> La capacité d'autofinancement peut donc être calculée en ajoutant au résultat certaines des charges calculées, nettes des reprises.

La pureté du tableau de flux du paragraphe 2.16 n'avait sans doute pas échappé à notre lecteur, mais avouons cependant qu'il choque le comptable traditionnel qui a du mal à accepter que les frais financiers soient mis au même niveau que les remboursements. S'endetter pour payer ses frais financiers n'est pas la même chose que substituer une dette à une autre dette : l'un correspond à un appauvrissement, l'autre à une gestion de son passif. Aussi les « traditionnels » ont-ils réussi à imposer le concept de capacité d'autofinancement.

Une précision supplémentaire sur les opérations non récurrentes du compte de résultat : il a été décidé que la capacité d'autofinancement serait calculée après produits et charges non récurrents, mais hors plus-values (ou moins-values) sur cessions d'actifs qui doivent être neutralisées puisque faisant partie du résultat net (pour plus de détails sur les opérations non récurrentes, voir le paragraphe 10.28).

Dans la pratique, le calcul de la capacité d'autofinancement intègre également les variations de provisions à caractère de réserves qui constituent des charges calculées. En revanche, nous considérons que les dépréciations d'actifs circulants constituent des pertes de marges qui n'ont pas à être corrigées dans le calcul de la CAF.

5.15 La CAF peut être calculée, soit à partir du résultat net :

Résultat net

+ Dotations aux amortissements [1]

+ Dépréciations d'actifs immobilisés

+ Variation des provisions à caractère de réserve

+ Moins-values – plus-values sur cession d'actifs [2]

= Capacité d'autofinancement

... on parle alors de méthode additive ;

soit à partir de l'excédent brut d'exploitation par une méthode dite « soustractive » :

Excédent brut d'exploitation [3]

+ Résultat financier (hors dotation aux dépréciations financières nettes des reprises)

+ Résultat non récurrent ayant un impact en trésorerie (hors plus et moins-values de cession)

– Impôt sur les sociétés

= Capacité d'autofinancement

La capacité d'autofinancement est influencée par les mêmes choix comptables que l'excédent brut d'exploitation. Comme lui, elle est insensible à l'évaluation des immobilisations corporelles et incorporelles.

1 Y compris, dans le cas particulier des comptes consolidés (voir paragraphe 7.20), les dotations aux amortissements des écarts d'acquisition (normes françaises) et les dépréciations des écarts d'acquisition (normes IFRS).

2 Afin donc de ne pas les prendre en compte dans le calcul de la CAF puisqu'elles figurent dans le résultat net.

3 Sous déduction de la participation des salariés si elle n'a pas déjà été incluse dans les frais de personnel.

2 ▪ De la capacité d'autofinancement aux flux de trésorerie provenant de l'exploitation

5.16 Pour passer de la capacité d'autofinancement au flux de trésorerie généré par l'exploitation (ou plus simplement flux de trésorerie d'exploitation), il faut retrancher les décalages de trésorerie liés au cycle d'exploitation.

On a donc :

> Flux de trésorerie provenant de l'exploitation = Capacité d'autofinancement – Variation du BFR d'exploitation.

Notre lecteur aura remarqué que le concept d'exploitation est compris ici au sens large puisqu'il inclut les charges financières et l'impôt sur les sociétés.

Les flux de trésorerie provenant de l'exploitation sont donc un concept moins « pur » que l'ETE que nous avons présenté au paragraphe 2.5. Cependant, notre lecteur devra s'y faire car malheureusement les tableaux de flux publiés par la quasi-totalité des groupes présentent ainsi les flux de trésorerie provenant de l'exploitation.

3 ▪ Les autres mouvements de trésorerie

Nous venons d'isoler les mouvements de trésorerie liés à l'activité ; nous pouvons donc maintenant classer les autres mouvements entre ceux qui sont liés à la politique d'investissement et ceux qui sont liés au financement de l'entreprise.

5.17 La fonction investissement regroupe :

- les investissements en immobilisations corporelles et incorporelles (investissements industriels) ;
- les cessions d'actifs corporels et incorporels : il s'agit du prix de vente des immobilisations et non des plus et moins-values (qui ne sont pas des flux de trésorerie) ;
- les investissements en immobilisations financières.

Le cas échéant, on intégrera l'incidence des décalages de trésorerie sur cette fonction et notamment le besoin en fonds de roulement hors exploitation (s'il s'agit de dettes envers des fournisseurs d'immobilisations).

Le flux de trésorerie disponible après frais financiers[1] est défini comme la différence entre les flux de trésorerie provenant de l'exploitation et les flux d'investissement.

5.18 La fonction de financement regroupe quant à elle :

- d'une part, les augmentations de capital en numéraire et les dividendes versés cet exercice (au titre des résultats de l'exercice précédent) ;
- d'autre part, la variation de l'endettement net qui résulte des remboursements des dettes (court, moyen et long termes), des nouveaux emprunts, de la variation des placements financiers et de la variation du disponible.

---

1 On verra au chapitre 35 que, dans une optique d'évaluation, il est retenu avant frais financiers.

5.19 Nous retrouvons ainsi le tableau de flux du paragraphe 2.16 mais selon la méthode indirecte qui part du résultat net et qui permet de classer les flux par fonction (exploitation, investissement, financement) :

Tableau de flux d'Indesit (en M€)

	2008	2009	2010	2011	2012	2013
OPÉRATIONS D'EXPLOITATION						
Résultat net	56	33	90	59	62	3
+ Dotations aux amortissements et provisions sur actifs immobilisés	130	141	126	112	110	110
+ Autres éléments non cash (dont mouvements de provisions)	(75)	(15)	(36)	(25)	7	(120)
= **Capacité d'autofinancement**	**111**	**159**	**180**	**146**	**179**	**(7)**
– Variation du besoin en fonds de roulement	61	(173)	44	31	6	(87)
= **Flux de trésorerie d'exploitation (A)**	**50**	**332**	**135**	**115**	**173**	**80**
OPÉRATIONS D'INVESTISSEMENT						
Investissements en immobilisations corporelles et incorporelles	145	83	77	136	158	109
– Cessions d'immobilisations corporelles et incorporelles	8	7	2	14	15	1
+/– Acquisition (cessions) d'immobilisations financières	0	0	0	0	0	0
+/– Acquisition (cessions) d'autres actifs non courants	0	0	0	0	0	5
= **Flux d'investissement (B)**	**136**	**75**	**75**	**122**	**143**	**113**
= **Flux de trésorerie disponible apres frais financiers (A – B)**	**(87)**	**257**	**61**	**(7)**	**30**	**(33)**
OPÉRATIONS DE FINANCEMENT						
Augmentations de capital (C)	0	0	0	0	0	0
Dividendes versés (D)	53	0	16	31	24	21
A – B + C – D = désendettement net	**(139)**	**257**	**45**	**(38)**	**6**	**(54)**

5.20 Le désendettement net se décompose de la façon suivante :

Remboursement de dettes financières à court, moyen et long termes	(316)	272	22	194	89	14
– Nouveaux emprunts à moyen et long termes	200	0	0	247	0	245
+ Variation des valeurs mobilières de placement (placements financiers à court terme)	(15)	(27)	(9)	4	8	(11)
+ Variation du disponible	(8)	13	32	11	(91)	188
= **Désendettement net**	**(139)**	**257**	**45**	**(38)**	**6**	**(54)**

5.21 En pratique, la plupart des entreprises présentent un tableau de flux de trésorerie qui part du résultat net pour aboutir à la variation du disponible ou à la variation de la « trésorerie », notion où chacun voit midi à sa porte puisque certains groupes y incluent les valeurs mobilières de placement tandis que d'autres en déduisent les concours bancaires courants. Le désendettement net nous paraît plus riche d'enseignements car la seule variation du disponible ou des valeurs mobilières de placement ne permet pas d'apprécier si la situation d'endettement net de l'entreprise s'est modifiée au cours de l'exercice.

Section 3 ▪ La construction du tableau des flux de trésorerie

5.22 Cette section s'adresse à l'analyste financier ou à l'étudiant qui veut porter un diagnostic ; il ne concerne pas celui qui, à l'intérieur de l'entreprise, établit le tableau de flux.

> Construire un tableau de flux de trésorerie est l'une des façons les plus intelligentes qui soit de lire le bilan d'une société.

Nous ne saurions trop conseiller à notre lecteur de construire lui-même les tableaux de flux de trésorerie. S'il procède avec méthode comme nous l'indiquons, il aboutira à un tableau équilibré et aura, chemin faisant, détecté certains des problèmes de l'entreprise ou au moins soulevé certaines questions. Qu'il résiste à la tentation de reprendre directement ceux qui sont publiés par les entreprises. Il y gagnera dans sa compréhension de l'entreprise, car assez souvent ils ne sont pas parfaitement cohérents : les postes du tableau de flux ne correspondent pas au bilan et au compte de résultat…

Certes, à l'exception du cas de la PME, la construction du tableau de flux par l'analyste externe est semée d'obstacles : fréquemment des acquisitions de nouvelles filiales, des fusions, des variations des taux de change déforment certains postes. Sur ce point, il faut regretter que les entreprises présentent des tableaux où figurent des postes aussi peu clairs que : « effet des variations de périmètre », « effet des variations de change »… Reconnaissons qu'il y a là une insuffisance de l'information, et une limite à toute analyse !

Pour notre part, nous nous limiterons à la construction du tableau de flux de l'entreprise qui ne modifie pas sensiblement son périmètre d'activité, dont la configuration du bilan n'est pas altérée par les fluctuations des taux de change, et qui n'a pas opéré de restructuration majeure au cours de la période analysée.

1 ▪ Méthodologie

a) Agir avec rigueur et méthode

5.23 On ne calcule pas, en effet, d'un côté la capacité d'autofinancement, de l'autre l'investissement, etc. sinon, il y a toutes les certitudes de ne pas établir un tableau équilibré. Notre expérience nous prouve que c'est là une tentation fréquente, et une erreur majeure.

Non, il faut partir du principe suivant :

- un bilan est équilibré ;
- deux bilans sont équilibrés ;
- la variation de deux bilans équilibrés est équilibrée !

Or un tableau de flux de trésorerie n'est que l'ensemble des flux qui, dans un exercice donné, ont modifié le bilan de début d'exercice pour aboutir au bilan de fin d'exercice. Pour établir le tableau de flux, il suffit donc de faire la différence entre le bilan de début d'exercice et le bilan de fin d'exercice avec quelques corrections afin d'éliminer les écritures comptables qui ne se sont pas traduites par un flux de trésorerie.

Pour ne pas bouleverser cet équilibre initial, notre lecteur devra, lors de ses corrections, suivre la règle suivante : s'il ajoute un élément à l'actif, il prendra soin de l'ajouter aussi au passif ; s'il ajoute un élément au passif, il prendra soin soit de l'ajouter aussi à l'actif, soit de le retrancher à un autre poste du passif. Ainsi transformera-t-il un tableau équilibré (différence de deux bilans) en un autre tableau équilibré (le tableau de flux) !

b) Établir le bilan économique

5.24 Les tableaux de flux, quel que soit leur modèle, doivent être établis grâce à la reconstitution des flux à partir de la variation des postes du bilan en lecture économique.

Aussi conseillons-nous au lecteur d'élaborer des bilans en lecture économique sur la base de la méthodologie que nous avons présentée précédemment, c'est-à-dire de calculer toutes les variations des comptes entre le bilan économique de début et le bilan économique de fin de période afin d'établir le tableau de variation des comptes :

À une augmentation d'un poste d'actif ou une diminution d'un poste de passif correspond un flux de trésorerie négatif.
À une diminution d'un poste d'actif ou une augmentation d'un poste de passif correspond un flux de trésorerie positif.

Il en résulte que la diminution d'actif joue le même rôle que l'accroissement d'une ressource pour un montant équivalent.

Nous conseillons au lecteur devant élaborer un tel tableau de raisonner par grandes masses, car la traduction des variations de tous les postes du bilan économique rendrait impossible la compréhension des mouvements enregistrés.

c) Passer des variations de comptes aux flux réels

Il convient d'éliminer les flux non monétaires qui n'ont de flux que le nom car ils résultent d'écritures comptables conventionnelles sans aucun lien avec la trésorerie. Parmi ces opérations, on peut ranger :

5.25 • **Les transferts d'un poste à un autre** ont pour but de redresser des écritures passées suivant les principes comptables en vigueur. Un bien, inscrit l'année précédente dans les stocks pour un montant de 30 000 €, est ainsi transféré en immobilisations au cours de l'exercice. Indépendamment de tout mouvement de trésorerie, le tableau de flux relèvera, s'il se fonde sur la simple variation des comptes de bilan, une diminution des stocks de 30 000 €, et une augmentation des immobilisations pour le même montant. Or cette information est erronée, puisqu'aucun flux de trésorerie n'a eu lieu.

5.26 • **La distribution d'actions gratuites** se traduit par un transfert des comptes de réserves au compte « capital social ». Or aucun moyen de financement supplémentaire n'a été en fait obtenu à cette occasion ; à plus forte raison, il n'y a eu aucun emploi de fonds supplémentaire.

5.27 • **Les réévaluations d'actifs** se traduisent par une augmentation, en valeur absolue, de l'actif du bilan, et par l'apparition de réserves nouvelles au passif du bilan. Or il n'y a pas eu de flux dans l'entreprise et l'outil industriel n'a pas été modifié. Il en est de même pour les autres opérations comptables réalisées à des fins purement patrimoniales.

Par exception à ce principe, un seul « flux » non monétaire est maintenu afin de permettre l'équilibrage du tableau de flux avec la variation de l'endettement net : il s'agit des « flux » liés à la conversion des comptes des sociétés étrangères.

Il convient de faire apparaître les flux et non leur solde. Une variation d'un poste de bilan ne correspond pas toujours exactement à un flux, mais peut être la différence de plusieurs flux de sens contraire.

Aussi est-il nécessaire de mettre en évidence les flux initiaux, et non leur solde. On cherchera ainsi à inscrire au tableau :

- l'investissement, et non la variation des immobilisations nettes ;
- les nouveaux emprunts et les remboursements d'emprunts, et non la variation des dettes ;
- les dividendes et non la variation des dividendes ;
- l'appel aux actionnaires, et non la variation des capitaux propres qui peut résulter de la politique d'autofinancement et de l'appel aux actionnaires.

> Il convient de mettre en évidence les flux réels, et non de simples soldes comptables.

d) Reclasser les flux suivant les différents tableaux

5.28 L'étape ultime est la présentation des résultats dans les tableaux pro forma que nous venons de voir.

2 ■ Présentation simplifiée d'une construction de tableaux de flux

5.29 Nous proposons au lecteur de raisonner à partir du bilan en lecture économique et de calculer les variations de comptes entre deux bilans successifs.

Tableau de variation des comptes

		Montant
	Δ des capitaux propres	a
+	Δ dividendes à verser	+ b
+	Δ des provisions à caractère de réserves	+ g
+	Δ endettement net	+ c
–	Δ immobilisations corporelles nettes	– d
–	Δ immobilisations financières	– e
–	Δ besoin en fonds de roulement	– f
=	0 car le bilan est équilibré !	0 = a + b + g + c – d – e – f

Le tableau suivant illustre comment passer, à partir d'informations supplémentaires, de la variation des comptes du bilan économique aux flux.

Variation des comptes de bilan		**Informations supplémentaires**						**Flux**	
Libellé	Montant	Augmentation de capital en numéraire	Plus-values de cession	Dividendes distribués	Remboursements de dettes	Dotations aux amortissements	Valeur nette comptable des biens cédés	Montant	Libellé
+ Δ capitaux propres	+ a	− x	− y			+ v		a − x − y + v + b + z + g	Capacité d'autofinancement
+ Δ dividendes à verser	+ b			+ z					
+ Δ (des provisions à caractère de réserves)	+ g								
		+ x						+ x	Augmentation de capital en numéraire
+ Δ endettement net	+ c				+ w			c + w	Endettement nouveau
			+ y				+ u	y + u	Cessions d'actifs
− Δ immobilisations nettes	− d − e					− v	− u	− d − v − u − e	− Investissement
				− z				− z	− Dividendes versés
					− w			− w	− Remboursement d'endettement
− Δ besoin en fonds de roulement	− f							− f	− Δ du besoin en fonds de roulement
= 0	= 0	= 0	= 0	= 0	= 0	= 0	= 0	= a + b + g + c − d − e − f = 0	0

Notre lecteur aura remarqué le soin que nous prenons à ne pas modifier l'équilibre de la variation du bilan de début et du bilan de fin d'exercice. Ainsi, le solde des colonnes « informations supplémentaires » est-il toujours nul.

a) De la variation des immobilisations nettes aux investissements de l'exercice

5.30 La variation des immobilisations nettes ne traduit pas l'investissement réalisé par l'entreprise au cours d'une période déterminée. En effet :

- l'investissement accroît la valeur des immobilisations nettes ;
- l'amortissement et les cessions d'actifs diminuent cette valeur.

Aussi peut-on calculer l'investissement de la période comme suit :

	Variation des immobilisations corporelles et incorporelles nettes
+	Dotation aux amortissements et dépréciations sur immobilisations corporelles et incorporelles
+	Valeur nette comptable des immobilisations corporelles et incorporelles cédées
=	Investissements corporels et incorporels de la période

L'investissement financier (éventuel) s'évalue comme suit :

	Variation nette des immobilisations financières
+	Dépréciations des immobilisations financières
–	Revalorisation des immobilisations financières (en normes IFRS)
+	Valeur nette comptable des titres cédés
=	Investissement financier de la période

b) De la variation des capitaux propres à la capacité d'autofinancement

5.31 La variation des capitaux propres après affectation des résultats ne peut provenir que de deux séries de ressources :

- les ressources internes, représentées par la variation des provisions réglementées (en comptes sociaux), l'éventuelle revalorisation des immobilisations, la variation des comptes de réserves et la variation du report à nouveau ;
- les ressources externes, représentées par les augmentations de capital en numéraire nettes des réductions de capital éventuelles.

L'analyse passe donc par la détermination des flux provenant des ressources externes, les flux provenant des ressources internes s'obtenant alors par différence avec la variation globale des capitaux propres.

La capacité d'autofinancement sera calculée hors plus ou moins-values de cessions, afin de mettre en évidence les cessions d'actifs (qui les comprennent) sans déséquilibrer le tableau.

	Variation des capitaux propres
–/+	Plus ou moins-values de cessions
–	Augmentations de capital en numéraire
+	Réductions de capital
+	Variation des dividendes
+	Dividendes distribués pendant l'exercice
–	Revalorisations des immobilisations
+	Dotations aux amortissements
+	Dépréciation des immobilisations
=	Capacité d'autofinancement

c) De la variation des dividendes aux dividendes distribués

5.32 La variation des dividendes ne constitue que le solde comptable de flux réels. Il faut, de ce fait, ajouter les dividendes distribués :

- en flux négatifs, ce sont des sorties d'argent effectives ;

- en ressources : en s'ajoutant à la variation des dividendes, ils contribuent à reconstituer le bénéfice à distribuer de l'exercice.

d) De la variation de l'endettement net aux flux d'endettement de la période

5.33 Il convient de distinguer :

- en flux positifs, les nouveaux emprunts contractés au cours de la période ;

- en flux négatifs, les remboursements intervenus au cours de la période et concernant des emprunts antérieurement contractés.

Pour ce faire, il suffit d'inscrire en flux négatifs et en flux positifs le montant des remboursements de la période ; ajoutés à la variation de l'endettement net, ils reconstitueront, en flux positifs, les emprunts contractés au cours de la période. On a ainsi la formule :

Emprunts nouveaux = Variation de l'endettement net + Remboursements d'emprunts

Ainsi, dans notre tableau, l'équilibre des flux négatifs et des flux positifs n'a jamais été rompu puisque les informations supplémentaires ont été, soit ajoutées et retranchées en flux négatifs, soit ajoutées et retranchées en flux positifs, soit inscrites simultanément (dans le même sens d'opération) en flux positifs et en flux négatifs.

RÉSUMÉ

Le résumé de ce chapitre est disponible sur le site www.vernimmen.net.

Pour passer du compte de résultat à une optique de trésorerie, on doit d'abord reconstituer les flux au niveau de l'exploitation. Entre les recettes et les produits d'exploitation d'une part, entre les dépenses et les charges d'exploitation d'autre part, il n'y a que des décalages dans le temps provenant des décalages de paiement (paiements différés) et des variations de stocks (charges différées).

C'est la variation du besoin en fonds de roulement d'exploitation qui explique le décalage entre le solde des flux de trésorerie liés à l'exploitation (ETE) et la sécrétion de richesse liée à l'exploitation (EBE). En termes d'investissement, il n'y a aucune relation directe entre trésorerie et résultat : la première appréhende l'investissement lors de son achat tandis que le second étale la charge d'investissement sur toute la période d'utilisation. En matière de financement, le tableau de trésorerie n'effectue pas de distinction essentielle entre le remboursement et la rémunération des ressources financières alors que le compte de résultat ne fait apparaître que le prélèvement correspondant à leur rémunération.

Le résultat devrait normalement apparaître en caisse, mais s'y ajoute certaines charges calculées qui permettent ainsi de définir la capacité d'autofinancement. Cette dernière ne se traduira par un flux de trésorerie qu'une fois que l'on aura retranché la variation du BFR d'exploitation pour obtenir les flux de trésorerie provenant de l'exploitation au sens large. Enfin, la prise en compte de la fonction d'investissement, qui implique des flux négatifs compensés parfois par des cessions, et de la fonction de financement par capitaux propres, permet d'aboutir au désendettement net.

Au total, dans un tableau de flux, les mouvements de trésorerie sont classés selon les trois processus de la vie de l'entreprise :

- flux de trésorerie d'exploitation ;
- flux de trésorerie d'investissement ;
- flux de trésorerie de financement.

Pour l'élaboration d'un tableau de flux à partir de la comptabilité, il est fortement conseillé de passer par les étapes suivantes :

- établir les bilans économiques d'ouverture et de clôture de l'exercice ;
- établir des variations de comptes à partir de ces deux bilans ;
- retraiter les variations de comptes : élimination des flux non monétaires, réévaluation des actifs, décomposition des soldes en éléments constitutifs ;
- reclasser les flux entre les trois processus de la vie de l'entreprise.

QUESTIONS

1/ Les méthodes d'évaluation des stocks exercent-elles une influence :

– sur le résultat de l'entreprise ?

– sur la situation de trésorerie de l'entreprise ?

2/ Même question pour les éléments suivants : a) dotation aux amortissements ; b) impôt sur les bénéfices ; c) augmentation de capital en numéraire ; d) achat au comptant d'un bien immobilisé ; e) constatation et versement de salaires ; f) cession d'un actif à sa valeur comptable ;

g) vente à crédit d'une marchandise ; h) règlement de cette vente ; i) remboursement d'un emprunt à moyen terme ; j) intérêts financiers.

3/ Quelles sont les différences entre les flux de trésorerie provenant de l'exploitation et l'ETE ?

4/ Quelles sont les charges calculées qui doivent être réintégrées dans le calcul de la capacité d'autofinancement ?

5/ La capacité d'autofinancement est-elle une mesure d'accroissement de richesse ? De trésorerie ?

6/ Pourquoi la différence entre l'EBE et l'ETE correspond-elle à l'accroissement du besoin en fonds de roulement ?

7/ Quelle différence y a-t-il entre les ventes d'un exercice et les recettes d'exploitation de ce même exercice ?

8/ Quelle est la différence entre capacité d'autofinancement et flux de trésorerie provenant de l'exploitation ?

9/ Pourquoi la notion de désendettement net est-elle plus pertinente que la variation des valeurs mobilières de placement et du disponible ou des mêmes sous déduction de la variation des dettes bancaires et financières à court terme ?

10/ En utilisant le tableau de flux, reconstituer le raisonnement qui permet de démontrer qu'une dépréciation d'actif circulant n'a pas d'impact en trésorerie.

11/ Une augmentation de capital par incorporation de réserves apparaît-elle dans le tableau de flux ?

12/ Quel est le traitement des provisions dans le calcul de la CAF ?

13/ Dans le tableau de flux, à quoi correspond une diminution d'un poste d'actif ?

14/ Dans le tableau de flux, à quoi correspond une augmentation d'un poste de passif ?

15/ Vrai ou faux ?

	Vrai	Faux
a) L'EBE est un ETE potentiel		
b) Le compte de résultat repose sur une approche patrimoniale		
c) L'entreprise s'enrichit chaque année de son EBE		
d) Le remboursement d'un emprunt apparaît au compte de résultat		
e) Les méthodes d'évaluation des stocks exercent une influence directe sur la trésorerie		
f) Les hypermarchés ont généralement des BFR négatifs		
g) L'ETE est, en général, inférieur à l'EBE		
h) La différence entre l'EBE et l'ETE d'une période donnée correspond au montant du BFR		
i) Le désendettement net de l'entreprise provient de reprises de dépréciations		
j) Toutes choses égales par ailleurs, un accroissement du BFR entraîne un désendettement net		

16/ Une entreprise réévalue l'ensemble de ses actifs corporels de 1 962 000 €. Quel est l'impact de cette opération dans le tableau de flux ?

17/ Comment calculer les investissements ?

18/ Les changements de méthode d'amortissement modifient-ils la capacité d'autofinancement ?

19/ Pourquoi, dans la capacité d'autofinancement, les plus-values de cession viennent-elles en déduction ?

D'autres questions vous attendent sur le site www.vernimmen.net.

EXERCICES

1/ Donnez des exemples montrant que l'optique trésorerie et l'optique patrimoniale se rejoignent sur une longue période.

2/ Donnez un contre-exemple montrant qu'elles peuvent diverger durablement.

3/ Vous disposez des états financiers suivants concernant cinq entreprises. Calculez, pour chacun des cas concernés : l'excédent brut d'exploitation ; la capacité d'autofinancement ; le résultat d'exploitation, le résultat courant ; le besoin en fonds de roulement ; l'actif économique ; l'endettement net.

Éléments du compte de résultat (en M€)

Société	**1**	**2**	**3**	**4**	**5**
Chiffre d'affaires	3 320	5 868	846	348	252
Production	3 320	6 115	1 059	353	252
Achats consommés	2 673	1 059	480	236	36
Autres charges d'exploitation	556	4 484	216	106,3	162
dont frais de personnel	320	1 365	183	46,7	36
Dotation aux amortissements	41	316	245	5,5	20
Frais financiers	11	194	100	2	36
Produits financiers	9	49	0	0	0
Soldes des plus ou moins-values de cession	5	– 7	– 11	– 0,5	2
Impôts sur les résultats	20	52	0	1,4	0
Résultat net	33	52	7	1,3	0

Bilan actif (en M€)

Société	**1**	**2**	**3**	**4**	**5**
Frais d'installation	0	0	601	0	0
Immobilisations corporelles	162	2 233	12 733	32	226
dont terrains et constructions	51	0	12 290	0	133
dont agencements et installations	70	0	0	0	0
dont matériel de transport	0	1 663	0	0	0
dont matériel de bureau	27	0	0	0	0
Immobilisations incorporelles	44	0	0	0	0
Immobilisations financières	30	690	106	3	17
Stocks	282	277	213	39	25
Créances d'exploitation	142	1 193	1 068	28	8
Disponibilités	247	692	40	11	4
Total actif	907	5 085	14 761	113	280

Bilan passif (en M€)

Société	1	2	3	4	5
Capitaux propres	174	1 088	2 021	65	77
Dettes à long et moyen termes	72	2 182	9 655	2	169
Fournisseurs	661	0	793	33	20
Autres dettes d'exploitation	0	1 815	0	0	14
Dettes bancaires à court terme	0	0	2 292	13	0
Total passif	907	5 085	14 761	113	280

4/ Remy

L'entreprise Remy présente les bilans et comptes de résultats ci-dessous. Établissez un tableau de flux de trésorerie sur l'ensemble de la période considérée. Quel jugement portez-vous sur l'entreprise ?

Bilan au 31 décembre (en M€)	2012	2013	2014
Immobilisations d'exploitation	18,8	16,5	14,8
Immobilisations financières	2,4	2,4	2,4
Stocks	23,3	24,2	28,6
Encours clients et autres débiteurs d'exploitation	25,7	31,5	42,9
Disponible	0,2	0,2	0,1
Total actif	**70,4**	**74,8**	**88,8**
Capitaux propres et réserves[1]	20,0	20,2	20,3
Résultat[2]	0,8	0,7	0,6
Dettes financières à long et moyen termes	14,2	13,0	11,5
Concours bancaires courants	21,7	25,4	32,2
Comptes courants d'associés	3,0	6,0	10,0
Encours fournisseurs et autres créditeurs d'exploitation	10,7	9,5	14,2
Total passif	**70,4**	**74,8**	**88,8**
Effets remis à l'escompte et non échus	13,0	12,0	12,0

1. Pas d'augmentation de capital.
2. Distribution de 0,6 chaque année.

Compte de résultat (en M€)	2012	2013	2014
Chiffre d'affaires	82,0	92,0	97,0
Production stockée	0,5	1,4	2,8
Produits d'exploitation	**82,5**	**93,4**	**99,8**
Achats de marchandises et de matières premières	24,8	27,4	29,9
Variation de stocks	– 1,7	– 0,5	– 1,6
Autres charges externes	20,2	23,0	23,5
Impôts et taxes	1,2	1,4	1,5
Charges de personnel	29,0	33,0	37,0
Dotations aux amortissements	5,2	4,9	4,8
Dotations aux provisions d'exploitation	0,1	0,2	–
Charges d'exploitation	**78,8**	**89,4**	**95,1**
Résultat d'exploitation	**3,7**	**4,0**	**4,7**
Produits financiers	0,3	0,4	0,3
Charges financières	2,3	2,9	3,9
Résultat financier	**– 2,0**	**– 2,5**	**– 3,6**
Résultat exceptionnel[1]	– 0,1	– 0,1	+ 0,1
Impôt sur les résultats	0,8	0,7	0,6
Résultat net	**0,8**	**0,7**	**0,6**

1. Opérations de gestion.

5/ Boilevé

Établissez le tableau des flux de trésorerie de la société Boilevé pour les deux années. Si vous le souhaitez, faites le tableau de liaison trésorerie-résultat à chaque niveau. Qu'en pensez-vous ?

ÉLÉMENTS DE RÉPONSE

Questions

1. Oui. Non, à l'impôt sur les sociétés près.

2. a) Oui, non à l'impôt sur les sociétés près. b) Oui, oui. c) Non, oui. d) Non, oui. e) Oui, oui. f) Non, oui. g) Oui, non. h) Non, oui. i) Non, oui. j) Oui, oui.

3. Contrairement à l'ETE, les flux de trésorerie provenant de l'exploitation regroupent, outre les éléments d'exploitation, les frais financiers, l'impôt et certaines opérations exceptionnelles.

4. Les dotations aux amortissements, les dépréciations d'actifs immobilisés et les provisions à caractère de réserve.

5. Non car la dotation aux amortissements traduit une usure des immobilisations et donc un appauvrissement qui n'est pas pris en compte dans la capacité d'autofinancement ; non car les clients ne paient pas comptant, car les fournisseurs ne sont pas payés comptant.

6. Ce sont des fonds qui sont gelés, c'est un besoin supplémentaire dans la mesure où l'excédent brut d'exploitation devrait alimenter la trésorerie, sauf pour cette partie.

7. La variation du compte clients.

8. La variation du besoin en fonds de roulement.

9. Car elle inclut tous les composants de l'endettement net alors qu'il est aisé de modifier en fin d'année la variation du disponible ou des valeurs mobilières de placement, même sous déduction de la variation des dettes bancaires et financières à court terme, en s'endettant à long terme.

10. La dépréciation diminue le résultat, mais fait également baisser le BFR : les deux impacts s'annulent au niveau du tableau de flux.

11. Non, cette opération n'ayant pas d'impact en trésorerie.

12. Seules les provisions à caractère de réserves doivent être rajoutées au résultat net dans le calcul de la CAF.

13. À un flux positif.

14. À un flux positif.

15. a) Vrai. b) Vrai. c) Faux, d'autres charges viennent en déduction de l'EBE avant d'atteindre le résultat net. d) Faux, ceci n'est pas une charge ou un appauvrissement. e) Faux, car la valeur à laquelle on décide de valoriser un stock n'a aucune relation avec le cash que reçoit ou débourse l'entreprise. f) Vrai. g) En général vrai en période de croissance où les BFR augmentent. h) Faux : c'est la variation du BFR. i) Faux : pas d'impact en trésorerie, à la fiscalité près. j) Faux. Au contraire, une hausse de l'endettement net.

16. Aucun, à la fiscalité près car il s'agit d'une pure écriture comptable ne correspondant à aucun flux.

17. Variation des immobilisations nettes durant l'exercice + dotation aux amortissements + valeur nette comptable des éléments de l'actif immobilisé cédé.

18. Oui, mais uniquement à cause de l'impôt.

19. Pour être extournées dans la détermination de la capacité d'autofinancement parce qu'elles sont incluses dans le résultat net.

Exercices

Les corrigés détaillés des exercices sur excel sont disponibles sur le site www.vernimmen.net.

1. Une entreprise en perte ne pourra pas perpétuellement financer ses pertes et aura tôt ou tard des problèmes de trésorerie.

2. Un fort besoin en fonds de roulement négatif peut cacher pendant quelques années les problèmes de rentabilité (voir le site de vente de vin par correspondance 1855.com qui a pu survivre plusieurs années à des pertes importantes grâce aux avances de ses clients liées à son activité de vente de primeurs).

3.

	1	2	3	4	5
EBE	91	572	363	10,7	54
Capacité d'autofinancement	69	375	263	7,3	18
Résultat d'exploitation	50	256	118	5,2	34
Résultat courant	48	111	18	3,2	– 2
BFR	– 237	– 345	488	34	– 1
Actif économique	– 1	2 578	13 928	69	242
Endettement net	– 175	1 490	11 907	4	165

4. Remy

Avant toute opération, redresser le bilan : réintégrer les effets escomptés non échus ; affecter le résultat (entre résultat mis en réserve et dividendes à verser).

Tableau de flux de trésorerie	**2013**	**2014**
Résultat net	0,7	0,6
+ Dotations aux amortissements	4,9	4,8
– Plus-values de cession		
= Capacité d'autofinancement	5,6	5,4
– Variation du besoin en fonds de roulement	6,9	11,1
= Flux de trésorerie provenant de l'exploitation (A)	–1,3	– 5,7
Investissement d'exploitation	2,6	3,1
+ Investissements financiers		
– Cessions d'immobilisations		
= Flux d'investissement (B)	2,6	3,1
Augmentation de capital en numéraire (C)		
Dividendes versés (D)	0,6	0,6
(A – B + C – D) = Désendettement net	– 4,5	– 9,4

Remy est une entreprise très fragile car du fait de l'évolution de son besoin en fonds de roulement, elle n'arrive pas à dégager des flux de trésorerie d'exploitation positifs. Ceci la pousse à s'endetter de plus en plus et on voit mal comment elle pourra rembourser ses dettes. La faiblesse des investissements (par rapport aux dotations aux amortissements) laisse supposer une altération de son outil industriel qui augure mal de l'avenir.

5. Boilevé

Prévisions de trésorerie	**Jan.**	**Févr.**	**Mar.**	**Avr.**	**Mai**	**Juin**	**Juill.**	**Août**	**Sept.**	**Oct.**	**Nov.**	**Déc.**	**Année 1**	**Année 2**	**Année 3**
Recettes d'exploitation															
Ventes					12	12	12	12	12	12	12	12	96	144	144
Dépenses d'exploitation															
– Achats				8	4	4	4	4	4	4	4	4	40	48	48
– Personnel	4	4	4	4	4	4	4	4	4	4	4	4	48	48	48
– Transport		2	2	2	2	2	2	2	2	2	2	2	22	24	24
– Frais financiers						1						0,9	1,9	1,5	1,1
– Investissement	30												30		
+ Nouvel emprunt	20												20		
– Remboursement	2						2						4	4	4
= **Variation de trésorerie**	**– 16**	**– 6**	**– 6**	**– 14**	**2**	**1**	**0**	**2**	**2**	**2**	**2**	**1,1**	**– 29,9**	**18,5**	**18,9**
Solde cumulé	**– 16**	**– 22**	**– 28**	**– 42**	**– 40**	**– 39**	**– 39**	**– 37**	**– 35**	**– 33**	**– 31**	**– 29,9**	**– 29,9**	**– 11,4**	**7,5**

NB : pas de ventes en janvier pour constituer le stock initial de produits finis.

Sur le papier, la création de cette filiale espagnole paraît être une très bonne affaire : l'entreprise réalise des résultats positifs et importants (10,7 % de chiffre d'affaires) dès la première année. Au bout de la troisième année, le cumul des capacités d'autofinancement atteint 65,5 M€, soit quasiment autant que le cumul des investissements (30 M€) et des variations du besoin en fonds de roulement (36 M€). Autrement dit, Boilevé a récupéré son investissement en moins de 3 ans. C'est presque trop beau pour être vrai !

Tableau des flux de trésorerie – 1re présentation	**Année 1**	**Année 2**	**Année 3**
EBE	22	24	24
– Variation du besoin en fonds de roulement	36	0	0
= **ETE**	**– 14**	**24**	**24**
– Solde des opérations d'investissement	30	0	0
– Frais financiers	1,9	1,5	1,1
= **Désendettement net**	**– 45,9**	**22,5**	**22,9**
Nouveaux emprunts	20		
– Remboursements	4	4	4
– Variation du disponible	–29,9	18,5	18,9

Tableau des flux de trésorerie – 2nde présentation	Année 1	Année 2	Année 3
Résultat net	14,1	16,5	16,9
+ Dotation aux amortissements	6	6	6
= Capacité d'autofinancement	**20,1**	**22,5**	**22,9**
– Variation du besoin en fonds de roulement	36	0	0
= Solde de trésorerie dégagé par l'exploitation	**– 15,9**	**22,5**	**22,9**
– Solde des opérations d'investissement	–30	0	0
= Désendettement net	**– 45,9**	**22,5**	**22,9**
Nouveaux emprunts	20		
– Remboursements	4	4	4
– Variation du disponible	– 29,9	18,5	18,9

BIBLIOGRAPHIE

Pour approfondir le sujet des tableaux de flux :

Le Fur Y., Quiry P., « Faut-il calculer la variation du BFR en brut ou en net dans un tableau de flux ? », *La Lettre Vernimmen.net* novembre 2006, n° 52, pages 7 à 8.

Leutenegger M.-A., *Les tableaux d'analyse des flux,* Economica, 1999.

Paper X., « Comment établir un tableau de flux de trésorerie », *Option Finance* 2 mai 2000, n° 594, pages 27 à 33.

Paper X., « Tableau de flux : un nouvel avenir », *RSM Salustro Reydel* novembre 2001.

Paper X., « L'impact des variations de cours des devises sur le tableau des flux de trésorerie », *La Lettre du trésorier* décembre 2006, n° 231.

Pour la présentation du tableau de flux en normes IFRS :

Conseil national de la comptabilité, *Recommandation relative au format des états financiers des entreprises sous le référentiel comptable international*, 2 juillet 2009.

Honoré A., « Les nouveaux formats de compte de résultat, de tableau de flux de trésorerie nette, de tableau de variation des capitaux propres », *Option Finance* 3 janvier 2005, n° 815, pages 31 à 36.

Paper X., « Le passage aux normes IAS/IFRS a-t-il un impact sur le tableau des flux de trésorerie ? », *La Lettre du trésorier* mars 2006, n° 223.

TITRE 2

Chapitre **6** ▪ L'information comptable. 91

Chapitre **7** ▪ Les comptes consolidés. 103

Chapitre **8** ▪ Les points complexes de l'analyse des comptes. . 125

Titre 2

La lecture financière de la comptabilité

Dans les trois chapitres qui suivent, le lecteur deviendra un peu plus savant et découvrira la logique qui sous-tend les principes comptables, le mode d'établissement des comptes consolidés et les spécificités de leur lecture, sans oublier les points complexes des comptes que doit maîtriser tout bon financier.

Chapitre 6

L'information comptable

Une autre logique…

6.1 L'information comptable est la base de travail de l'analyste externe, d'où l'importance de disposer d'une information chiffrée reflétant la réalité économique de l'entreprise. En France, comme dans la plupart des pays, il existe une obligation légale d'établir des comptes annuels, réguliers et sincères, donnant une image fidèle du patrimoine, de la situation financière et du résultat de l'entreprise. Sans doute les principes comptables et la compréhension claire des mécanismes devraient-ils théoriquement permettre de trouver la solution unique à toute traduction chiffrée de la réalité économique d'une société ou d'un groupe. Dans la réalité, il existe une latitude certaine dont tout analyste doit tenir compte dans la phase d'analyse financière des états comptables.

Section 1 ■ La présentation des comptes

1 ■ Le cadre juridique et les instances supervisant la présentation des comptes

6.2 Les impératifs de publication des comptes peuvent varier très fortement d'un pays à l'autre. Notons cependant qu'aussi bien en France qu'à l'étranger, trois autorités influencent la législation en matière de comptabilité :

- l'autorité fiscale. En France, l'administration fiscale n'admet comme charges déductibles que les charges constatées dans les comptes sociaux et taxe les produits enregistrés comptablement. D'où l'utilisation dans les comptes sociaux de méthodes comptables visant à minimiser le résultat publié afin de minimiser l'impôt à payer ;

- les régulateurs comptables, comme l'ANC en France ou l'IASB au niveau international ;
- les autorités boursières pour les sociétés faisant appel public à l'épargne.

En France, l'Autorité des normes comptables (ANC) est l'entité chargée d'établir les règlements comptables généraux et sectoriels de la comptabilité privée, en particulier le Plan comptable général (PCG) qui s'impose à toutes les entreprises françaises, *a minima* pour leurs comptes sociaux. Elle prend position sur les normes comptables internationales (IFRS).

L'Union européenne a renoncé en 2000 à produire des normes comptables qui se seraient appliquées aux sociétés européennes. Elle a décidé de se faire représenter à l'International Accounting Standards Board (IASB) et de rendre obligatoire pour les exercices commençant le 1er janvier 2005 l'application des normes IFRS (*International Financial Reporting Standards*) qu'il édicte, pour toute société cotée au sein de l'Union européenne.

6.3 L'IASB est un organisme privé qui a été fondé en 1973 par les instituts d'experts-comptables de 9 pays [1] avec pour principaux objectifs :

- d'établir des normes comptables acceptables au plan international ;
- de promouvoir leur utilisation ;
- plus généralement, de travailler pour harmoniser les pratiques comptables et la présentation des comptes sur le plan international.

16 membres indépendants forment le conseil de l'IASB et établissent les normes comptables internationales sous le contrôle d'une fondation (IFRS Foundation). Cette fondation est formée de 22 membres indépendants qui n'interfèrent pas dans les questions techniques comptables, veillent au respect des statuts et sont chargés de trouver le financement nécessaire au fonctionnement de l'IASB et du comité d'interprétation dont ils nomment les membres. Cette fondation est elle-même supervisée par un Monitoring Board composé de représentants de la Commission européenne, de la SEC, du régulateur japonais (FSA) et de l'Organisation internationale des Bourses de valeurs.

L'IFRS Interpretation Committee [2], élabore des interprétations pour assurer une application homogène des normes, y apporter des précisions et trouver des solutions pratiques.

Les normes comptables élaborées par l'IASB jusqu'en 2002 s'appellent des IAS, *International Accounting Standards*. Les nouvelles normes élaborées depuis 2002 s'appellent désormais IFRS (de manière générale on parle des normes IFRS qui englobent également les normes IAS encore en vigueur).

Pour chaque norme comptable, le conseil de l'IASB met en place un groupe de travail qui publie après consultations un projet de déclaration des principes comptables de base qui sert de fondement à un exposé-sondage. Ce document est amendé en fonction des réactions qu'il a suscitées et le groupe de travail prépare alors un projet de norme qui sera adopté par le conseil de l'IASB.

6.4 La doctrine comptable a donc en Europe deux dimensions :

- une dimension nationale généralement pour les entreprises domestiques de taille modeste non cotées et souvent pour les comptes sociaux ;

1 Allemagne, Australie, Canada, États-Unis, France, Japon, Mexique, Pays-Bas et Royaume-Uni.

2 Il s'appelait précédemment IFRIC (International Financial Reporting Interpretations Committee).

▪ une dimension internationale pour les groupes cotés qui établissent leurs comptes consolidés dans le référentiel international, permettant ainsi de les comparer à leurs principaux concurrents.

Ainsi, l'utilisation des normes IFRS peut-elle être interdite, permise ou obligatoire. En France on a :

Normes comptables appliquées en France

	Entreprise cotée	Entreprise non cotée[1]
Comptes sociaux	Normes françaises	Normes françaises
Comptes consolidés	Normes IFRS	Normes françaises ou normes IFRS (au choix)

1. *Ou cotée sur Alternext.*

Au moins 66 pays requièrent ou autorisent l'utilisation des normes IFRS à l'exception des États-Unis et des pays de l'Afrique francophone qui pourraient adopter une version simplifiée des normes IFRS (le référentiel pour les PME).

Aux États-Unis les normes comptables, appelées US GAAP pour *US Generally Accepted Accounting Principles*, sont fixées par le Financial Accounting Standards Board (FASB). La Securities and Exchange Commission, SEC (équivalent américain de l'Autorité des marchés financiers français) les approuve et les impose aux sociétés cotées américaines.

L'IASB et le FASB avaient le projet de faire converger les normes internationales et les normes américaines, ce qui a été fait pour certains d'entre elles. Mais l'objectif de convergence totale initialement affiché a été, *de facto*, reporté *sine die*.

Toutefois les groupes publiant leurs comptes en normes IFRS peuvent être cotés aux États-Unis sans avoir besoin de publier des comptes en normes américaines ou une réconciliation entre les deux jeux de normes.

2 ■ La présentation de l'information comptable

6.5 Les impératifs de publication des comptes peuvent varier d'un pays à l'autre. Cependant, on retrouve des constantes dans la présentation des états financiers. L'information comptable se compose en effet au minimum des éléments suivants :

▪ **le compte de résultat,** qui analyse le résultat de l'activité de l'entreprise pendant une certaine période (l'exercice). Il liste les différents produits et charges de l'entreprise intervenus durant l'exercice sans tenir compte de la date effective des encaissements ou des paiements correspondants. Par différence entre les produits et les charges, il fait apparaître le bénéfice ou la perte de l'exercice. En normes IFRS, le compte de résultat doit alors être complété par un tableau recensant les variations de valeur de postes du bilan qui impactent les capitaux propres sans passer par le compte de résultat (*other comprehensive income*). Alternativement, un tableau de *comprehensive income* (état du résultat global) dans lequel le résultat net n'est qu'un solde intermédiaire se substitue au compte de résultat. Cette dernière option est rarement retenue ;

▪ **le bilan,** qui présente la situation de l'entreprise à un moment donné (à la date de clôture de l'exercice). Il décrit les éléments d'actif et de passif de l'entreprise et fait distinctement apparaître les capitaux propres. Il est parfois appelé en normes IFRS « État de la situation financière » ;

- **l'annexe,** qui complète et commente l'information donnée par le bilan et le compte de résultat. Elle met en évidence les principes comptables et les faits pouvant avoir une incidence significative sur le jugement du lecteur.

À ces éléments s'ajoutent éventuellement :

- **un tableau de flux de trésorerie** (ou un tableau de financement). Ce tableau recense l'ensemble des flux de trésorerie, il liste les encaissements et décaissements de l'entreprise pour l'exercice considéré. Il est le plus souvent obligatoire pour les comptes consolidés ;
- **un tableau de variation des capitaux propres.** Ce tableau permet de comprendre la variation des capitaux propres d'un exercice sur l'autre ;
- **un rapport de gestion** présentant les commentaires de l'équipe de direction sur les comptes de l'année ;
- **une information boursière.** Elle est souvent ajoutée pour les sociétés cotées aux informations purement comptables.

6.6 En France, le Plan comptable général impose, en particulier aux sociétés par actions (SA, SAS et SCA, ainsi qu'aux SARL), la publication de 3 documents sous des formes bien définies : le compte de résultat, le bilan et l'annexe. Les micro-entreprises sont exonérées de l'établissement de l'annexe si elles ne dépassent pas 2 des 3 critères suivants : total du bilan de 0,350 M€, 10 salariés et 0,7 M€ de chiffre d'affaires. Les petites entreprises peuvent adopter une présentation simplifiée de leurs comptes si elles ne dépassent pas 2 des 3 critères suivants : total du bilan de 4 M€, 50 salariés et 8 M€ de chiffre d'affaires.

La présentation des comptes est assez strictement définie et la liasse fiscale sert souvent de référence pour les sociétés ne présentant pas de comptes consolidés. Les comptes consolidés sont élaborés suivant le règlement du CRC 99-02, modifié en 2005, ou en appliquant les normes IFRS.

3 ■ Le contrôle externe des comptes des entreprises

6.7 Les entreprises préparent et établissent leurs comptes elles-mêmes à moins qu'elles ne sous-traitent cette fonction à un cabinet d'expertise comptable externe.

En France, le contrôle légal des documents comptables est du ressort obligatoire d'un ou de plusieurs **commissaires aux comptes** qui sont nommés par l'assemblée générale des actionnaires ou des associés des sociétés anonymes (SA), des sociétés en commandite par actions (SCA). Pour les sociétés à responsabilité limitée (SARL), les entreprises unipersonnelles à responsabilité limitée (EURL) et les sociétés en nom collectif (SNC), cette nomination n'est obligatoire que si 2 des 3 critères suivants sont dépassés :

- total du bilan > 1,550 M€ ;
- chiffre d'affaires > 3,1 M€ ;
- nombre moyen de salariés > 50 personnes.

Il en est de même pour les sociétés par actions simplifiées (SAS) avec des seuils différents[1] ou si elles font partie d'un groupe.

1 Les seuils sont respectivement de 1 M€, 2 M€ et 20 salariés.

Les commissaires aux comptes sont nommés pour 6 exercices avec pour objectif principal de vérifier la régularité, la sincérité et l'image fidèle des comptes qu'ils attestent dans un rapport soumis aux actionnaires ou associés qui approuvent les comptes en assemblée générale. Les commissaires aux comptes sont responsables civilement et pénalement, tant à l'égard de la société que des tiers, des conséquences dommageables des fautes et négligences qu'ils commettent. Toutefois, leurs obligations ne sont pas de résultat, mais de moyens.

Les sociétés cotées sont tenues de publier leurs comptes annuels, en France, dans les 4 mois suivant la clôture de l'exercice et de les mettre à la disposition des actionnaires. Leurs comptes semestriels doivent être publiés dans les 2 mois suivant la fin du premier semestre. Le chiffre d'affaires trimestriel doit être publié dans les 45 jours suivant chacun des trimestres. Enfin, bon nombre de groupes cotés publient des résultats trimestriels détaillés même si ceci n'est pas une obligation.

Les sociétés par actions et les SARL cotées ou non cotées ont l'obligation de déposer leurs comptes au greffe du tribunal de commerce dont elles dépendent dans le mois suivant l'approbation des comptes par les actionnaires ou les associés (qui doit intervenir dans les 6 mois de la clôture). Ces comptes sont mis à disposition du public par les greffes des tribunaux de commerce[1] sauf si l'entreprise est une micro-entreprise comme définie au paragraphe 6.6, auquel cas les comptes ne sont pas rendus publics.

Section 2 ▪ Les principes comptables

1 ▪ La qualité des comptes

6.8 L'établissement de comptes annuels, réguliers et sincères donnant une image fidèle du patrimoine, de la situation financière et du résultat de l'entreprise, est une obligation légale prévue par le Code du commerce. L'objectif fixé par l'IASB est similaire.

La **régularité** est obtenue en suivant les règles et les principes détaillés dans le paragraphe suivant.

La **sincérité** est, selon le Plan comptable, « l'application de bonne foi de ces règles et procédures en fonction de la connaissance que les responsables des comptes doivent normalement avoir de la réalité et de l'importance des opérations, événements et situations ». Des comptes sincères résultent donc d'une parfaite connaissance des règles et de leur application, de la situation de l'entreprise et de la perception extérieure des comptes ainsi présentés, afin que leur contenu ne soit pas perçu de manière déformée.

L'**image fidèle** constitue le principe à suivre lorsque la règle n'existe pas, ou lorsque celle-ci est insuffisante pour traduire la réalité. On a recours à ce principe lorsqu'il n'y a pas de règles fixées pour résoudre un problème donné, ou lorsqu'il existe plusieurs méthodes pour résoudre un même

1 Bien que l'amende (1 500 € et 3 000 € en cas de récidive) imposée aux dirigeants ne déposant pas leurs comptes reste faible, la possibilité d'y ajouter une astreinte fixée par le tribunal de commerce incite plus de sociétés à ne pas courir le risque de la confidentialité…

problème et qu'un choix est nécessaire. Enfin, elle peut intervenir dans les cas exceptionnels où l'application de la règle existante serait trompeuse.

La notion d'image fidèle n'a donc pour objet que de servir de référence à ceux qui établissent les comptes de la société.

Cette notion française d'**image fidèle et sincère** est issue de la comptabilité anglo-saxonne : *true and fair view* où elle prévaut sur les autres principes comptables. En France, ceci est rarement le cas.

2 ■ Les principes comptables

6.9 La comptabilité est un langage qui traduit par des chiffres la situation économique d'une entreprise. Pour que la traduction soit exacte et reflète la réalité, il est nécessaire de s'accorder sur des principes qui soient reconnus par tous. C'est aussi la garantie d'une présentation homogène des données comptables d'une entreprise à une autre.

Les règles comptables peuvent varier d'un pays à l'autre ; cependant, certains principes comptables sont internationaux et ont été repris par l'IASB.

Par rapport aux principes français, les principes des IFRS se traduisent par :

- une préférence accordée au point de vue des actionnaires. L'IASB estime en effet que puisque les actionnaires apportent les capitaux à risque de l'entreprise, la production d'états financiers qui satisfont leurs besoins satisfait de ce fait ceux de la plupart des autres utilisateurs des comptes. On passe ainsi d'une comptabilité imprégnée des considérations juridiques et fiscales à une information financière répondant avant tout aux besoins des actionnaires ;

- une information plus économique avec l'application plus systématique du principe de prééminence de la réalité sur l'apparence, et une orientation nette vers la mesure de la performance ;

- une information théoriquement plus transparente par la réduction des choix comptables possibles, par l'inscription quasi systématique au bilan d'éléments figurant en hors-bilan et par une information plus détaillée.

Les principes français et internationaux (pour certains d'entre eux) sont les suivants :

a) Le principe de continuité de l'exploitation

6.10 Ce principe veut que, pour l'établissement des comptes, l'entreprise soit considérée comme devant poursuivre normalement son activité dans un avenir prévisible. On se place donc dans la perspective d'une continuité de l'exploitation (*going concern*) et non d'une liquidation ; sauf bien entendu pour les éléments du patrimoine qu'il a été décidé de liquider, ou si l'arrêt ou la réduction de l'activité est prévisible, qu'elle résulte d'un choix ou d'une obligation. Ce principe est particulièrement important pour la valorisation comptable des actifs : dans une perspective normale de continuité de l'exploitation, ceux-ci seront inscrits pour une valeur en général supérieure à celle qui pourrait être obtenue s'ils devaient être liquidés. La valeur liquidative d'une entreprise en difficulté sera donc inférieure à sa valeur « sur le papier ». C'est un point fondamental à ne pas oublier lors de l'analyse d'une telle entreprise.

b) Le principe de spécialisation des exercices

6.11 Les différents utilisateurs de l'information comptable (management, actionnaires, prêteurs, administration fiscale, tiers…) ont besoin d'informations périodiques (pour estimer les résultats de la gestion passée, faire des prévisions). D'où la nécessité de découper la vie de l'entreprise en périodes appelées exercices comptables. Le principe de la spécialisation des exercices (ou d'autonomie, ou encore d'indépendance des exercices) veut que les charges et les produits qui concernent un exercice lui soient effectivement rattachés. Techniquement, on utilise les comptes de régularisation, actif ou passif selon le cas. Si ce principe est clair, son application laisse en général une certaine marge de manœuvre qui permet d'influer dans un sens ou dans un autre sur le résultat final de l'entreprise.

Le problème est particulièrement important lorsque l'évaluation de l'entreprise est effectuée en multipliant le résultat de l'exercice par un multiple, comme nous le verrons au chapitre 35. On constate immédiatement l'importance de l'erreur éventuelle.

c) Le principe du nominalisme

6.12 Le principe du nominalisme veut que les biens acquis par l'entreprise soient inscrits à son bilan pour leur coût d'acquisition appelé **coût historique** et qu'ils soient maintenus à ce prix au cours du temps, sauf à être amortis ou dépréciés. Le **nominalisme** est également appliqué pour la comptabilisation des dettes.

Ce principe est appliqué assez strictement dans les comptes sociaux où les réévaluations sont rares. En comptes consolidés en revanche, les actifs peuvent être réestimés, notamment lors de la première consolidation d'une filiale, pour aboutir à une valeur économique qui reflète la valeur de marché des actifs.

Ce principe est remis en cause par la notion de « **juste valeur** » ou *fair value* en anglais. C'est-à-dire la valorisation d'actifs et de passifs sur la base du « prix qui serait reçu pour la vente d'un actif ou payé pour le transfert d'un passif lors d'une transaction normale entre des participants du marché à la date d'évaluation » (IFRS 13). Ainsi, l'IASB impose d'utiliser la juste valeur pour comptabiliser les actifs et les passifs d'une entreprise acquise ou les instruments financiers qui n'ont pas vocation à être détenus jusqu'à leur échéance (et notamment les produits dérivés). Mais il ne l'a pas étendue à tous les actifs et passifs. Dans ce cadre, les variations de juste valeur d'un exercice à l'autre créent une variation de capitaux propres qui n'est pas à proprement parler un résultat, et ne passe pas dans le compte de résultat, mais un élément de ce que les spécialistes appellent le *comprehensive income*. Ce n'est que si l'actif est considéré comme un actif de trading que les variations de sa valeur passent en compte de résultat.

d) Le principe de prudence

6.13 C'est un grand principe de la comptabilité qui veut que les charges soient prises en compte dès que leur réalisation est probable, voire éventuelle, mais que les produits ne soient comptabilisés que lorsqu'ils sont réalisés. Le principe de prudence conduit à déprécier, mais à ne pas faire apparaître les plus-values latentes. Il est destiné à protéger en particulier les prêteurs contre des comptes établis avec trop d'optimisme.

Ce principe perd, dans certains cas, sa signification. Ainsi, une société holding dépréciera les titres d'une filiale en difficulté, mais ne modifiera pas la valeur de sa participation dans une autre filiale dont la rentabilité est en progrès constant. Au niveau des produits financiers, les revenus sont comptabilisés, mais non les plus-values latentes. Le financier devra donc procéder à des redressements extra-comptables, pour déterminer le patrimoine de l'entreprise que la règle de prudence conduit à sous-évaluer comptablement.

En IFRS, ce principe n'existe pas pour éviter que les entreprises ne l'utilisent pour lisser leurs résultats.

e) Le principe de permanence des méthodes

6.14 Ce principe veut que les mêmes règles et procédures comptables soient appliquées chaque année afin que les informations comptables soient comparables.

Toute exception au principe de permanence des méthodes doit être justifiée par la recherche d'une meilleure information, les modifications devant alors être décrites et justifiées dans l'annexe. En normes IFRS, les entreprises retraitent alors les comptes de l'exercice précédent pour les rendre comparables aux comptes de l'exercice durant lequel a eu lieu le changement de méthode. En normes françaises, l'impact du changement est imputé sur les capitaux propres du bilan d'ouverture.

Pour le financier, ce principe est extrêmement important, car on ne peut comparer que ce qui est comparable. Toutefois, le changement des méthodes d'évaluation des stocks, ou des règles appliquées en matière de provisions ou de dépréciations, que les entreprises utilisent parfois pour masquer une dégradation de leurs résultats, ne peut empêcher cette dégradation d'apparaître tôt ou tard.

Le respect de ce principe est très important, car un changement de méthodes comptables peut permettre de faire apparaître deux fois le même bénéfice.

f) Le principe de la prééminence de la réalité sur l'apparence

6.15 Ce principe indique que face à une opération complexe, il ne faut pas s'arrêter à la seule lecture superficielle ou juridique de cette transaction mais rechercher sa réalité économique. Tel actif loué en crédit-bail n'appartient pas juridiquement à l'entreprise mais elle en a l'usage économique permanent : il est donc légitime de retraiter cette opération en comptabilisant l'actif comme s'il appartenait à l'entreprise. Le principe de prééminence de la réalité sur l'apparence correspond au principe international de *substance over form* qui est très important pour tout financier.

g) Le principe de bonne information

6.16 Ce principe a pour objet d'apporter aux utilisateurs des documents comptables une information suffisante et significative pour interpréter ceux-ci. En France, le Plan comptable général précise que les informations comptables doivent donner « une description adéquate, loyale, précise et complète des opérations, événements et situations ». Selon l'IASB, l'information doit être également comparable : toute mention chiffrée au titre d'une période doit être accompagnée du montant correspondant pour la période précédente.

La notion de *true and fair view* des comptes anglo-saxons correspond au principe de bonne information.

h) Le principe d'importance relative

6.17 Ce principe prévoit la possibilité de regrouper des comptes dans un compte global si les comptes prévus par les normes sont trop détaillés par rapport aux besoins de l'entreprise. Selon l'IASB, l'importance relative d'un élément dépend non seulement de son montant mais également de sa nature.

i) Le principe de non-compensation

6.18 Le principe de la non-compensation interdit la compensation de postes d'actifs et de passifs entre eux, ou de postes de charges et de produits entre eux, sauf lorsque cela est explicitement prévu. Ainsi, dans le Plan comptable, les rabais, remises et ristournes obtenus viennent en diminution des achats. Mais ceci est l'exception : une créance sur un client ne peut être annulée par une dette à l'égard de ce même client, etc.

Notons que l'IASB prévoit un certain nombre de cas où la compensation est possible comme la présentation de la cession d'une branche d'activité sous déduction de son effet fiscal et des intérêts minoritaires.

j) Le principe d'intangibilité du bilan d'ouverture

6.19 Selon ce principe, le bilan d'ouverture d'un exercice doit correspondre au bilan de clôture de l'exercice précédent. Comment alors traiter les changements de méthodes comptables ?

Les normes françaises prévoient que l'impact du changement de méthode déterminé à l'ouverture de l'exercice du changement, après effet fiscal, doit alors être imputé sur les capitaux propres consolidés (souvent dans le compte de report à nouveau) avec, en annexe, toutes les informations nécessaires à la compréhension du changement de méthode ou de réglementation.

Le principe d'intangibilité du bilan d'ouverture n'existe pas en normes IFRS qui prévoient que les comptes passés publiés l'année du changement soient corrigés afin d'être comparables.

RÉSUMÉ

Le résumé de ce chapitre est disponible sur le site www.vernimmen.net.

L'International Accounting Standards Board (IASB) a établi un ensemble de normes comptables internationales (IFRS) qui bénéficient de l'appui des principales autorités boursières mondiales et qui sont obligatoires pour les sociétés cotées au sein de l'Union européenne depuis 2005. L'Europe est donc dans une doctrine comptable à deux dimensions : une dimension souvent nationale pour les entreprises non cotées, une dimension internationale pour les sociétés cotées.

Ainsi en France, toute entreprise doit respecter pour ses comptes sociaux le Plan comptable général qui est établi par l'Autorité des normes comptables.

Tant en normes françaises qu'en normes internationales, les comptes annuels doivent donner une image fidèle et sincère de la situation financière de l'entreprise. En fait, c'est une notion issue de la comptabilité anglo-saxonne : *true and fair view.*

Ces comptes sont établis en appliquant un certain nombre de principes qui sont de plus en plus harmonisés au niveau international :

- le principe de continuité de l'exploitation indique que les comptes ont été établis en supposant que l'entreprise poursuive normalement son activité dans un avenir prévisible ;
- le principe de spécialisation des exercices prévoit que les charges et les produits qui concernent un exercice lui sont effectivement rattachés ;
- le principe du nominalisme veut que les actifs soient comptabilisés à leur valeur historique ;
- le principe de prudence incite à prendre en compte les charges potentielles mais non les produits. Il conduit à déprécier sans prendre en compte des plus-values potentielles. Ce principe est en contradiction avec l'utilisation de la notion de juste valeur préconisée par l'IASB pour un certain nombre de postes du bilan (actifs financiers en particulier) ;
- le principe de permanence des méthodes vise à conserver une certaine homogénéité dans l'application des règles et des procédures comptables ;
- le principe de la prééminence de la réalité sur l'apparence doit conduire à analyser toute opération, non pas au niveau juridique mais au niveau économique ;
- le principe de bonne information entend que l'on délivre aux utilisateurs des documents comptables contenant une information suffisante et significative ;
- le principe d'importance relative prévoit l'agrégation de certains postes trop détaillés pour les besoins de l'entreprise ;
- le principe de non-compensation interdit la compensation des postes d'actif et de passif, de produits et de charges entre eux ;
- le principe d'intangibilité du bilan d'ouverture veut que le bilan d'ouverture d'un exercice corresponde au bilan de clôture de l'exercice précédent.

QUESTIONS

1/ Dans quelles situations doit-on avoir à l'esprit le principe de la continuité de l'exploitation ?

2/ Pourquoi le principe de permanence des méthodes est-il fondamental ?

3/ Qu'est-ce que l'IASB ?

4/ Qu'est-ce que l'ANC ?

5/ Une entreprise française peut-elle produire des comptes uniquement en normes comptables IFRS ?

6/ Qu'est-ce que la juste valeur ?

7/ Peut-on produire des comptes qui mélangent normes françaises et normes IFRS ?

8/ Pourquoi l'Autorité des marchés financiers intervient-elle dans la normalisation comptable ?

9/ Vous paraît-il plus logique d'imputer les effets de changements de méthodes comptables sur les capitaux propres ou sur le résultat ? Pourquoi ?

10/ Pourquoi ne pas avoir obligé toutes les entreprises, cotées ou non, à appliquer dès 2005 les normes IFRS ?

D'autres questions vous attendent sur le site www.vernimmen.net.

ÉLÉMENTS DE RÉPONSE

1. Quand on évalue les actifs de l'entreprise ; quand on veut déterminer les besoins de fonds.

2. Pour ne pas compter deux fois les mêmes bénéfices.

3. Organisme établissant des règles comptables internationales.

4. C'est l'Autorité des normes comptables chargée principalement d'établir les normes comptables françaises.

5. Non, car même si elle est cotée (ce qui la conduit à publier ses comptes consolidés en normes IFRS), elle devra publier ses comptes sociaux en normes françaises.

6. Voir paragraphe 6.12.

7. Non, les normes IFRS doivent être appliquées dans leur ensemble.

8. Pour améliorer la qualité de l'information financière des sociétés faisant appel public à l'épargne.

9. Sur les capitaux propres car on corrige ainsi les résultats des exercices passés qui se retrouvent naturellement en capitaux propres. On évite de surcroît des tentations à des entreprises qui voudraient changer de méthodes comptables pour doper leurs résultats !

10. Car ce sont des normes complexes établies dès le départ dans la perspective des besoins des actionnaires de sociétés cotées. Le coût du changement pour des PME serait élevé et sans gain évident.

BIBLIOGRAPHIE

Alexander D., Nobes C., *Financial accounting : An international introduction*, 5e édition, FT Prentice Hall, 2013.

Allard B., Greling (de) J., « Une remise en question de l'approche bilan », *Analyse financière*, 4e trimestre 2010, nº 37, pages 4 à 6.

Armstrong C., Barth M., Jagolinzer A., Riedl E., « Market reaction to the adoption of IFRS in Europe », *The Accounting Review* janvier 2010, vol. 85, nº 1, pages 31 à 62.

Autorité des marchés financiers, *Rapport annuel*, 2014.

Ball R., « International Financial Reporting Standards (IFRS) : pros and cons for investors, accounting and business research », *International Accounting Policy Forum*, 2006, pages 5 à 28.

Bourghelle D., « Les marchés financiers peuvent-ils produire une juste valeur ? », *Économies et Sociétés* mars 2012, nº 2, pages 423 à 444.

Haas J., « ANC : des missions d'intérêt général », *Échanges* novembre-décembre 2012, pages 40 à 43.

IASB, *International Financial Reporting Standards (IFRSs)*, IASB, 2014.

IASB, *The conceptual framework for financial reporting*, IASB, 2010.

Landsman W., « Is fair value accounting information relevant and reliable ? Evidence from capital market research », *Accounting and Business Research, Special Issue : International Accounting Policy Forum*, 2007, pages 19 à 30.

Lefebvre F., *Les Mémentos experts, IFRS 2013*, Éditions Francis Lefebvre, 2014.

Lefebvre F., *Les Mémentos pratiques, Comptable*, Éditions Francis Lefebvre, 2014.

Nobes C., Parker R., *Comparative international accounting*, 12e édition, Pearson, 2012.

Paper X., Pigé B., *Normes comptables internationales et gouvernance des entreprises : Le sens des normes IFRS*, 2e édition, Éditions EMS, 2009.

Paper X., « Juste valeur : De nouvelles difficultés d'interprétation en vue ? », *Échanges* février 2008, pages 31 à 32.

Penman S., « Financial reporting quality : is fair value a plus or a minus ? », *Accounting and Business Research, Special issue : International Accounting Policy Forum*, 2007, pages 33 à 44.

Soderstrom N., Sun K., « IFRS adoption and accounting quality : A review », *European Accounting Review* décembre 2007, vol. 16, nº 4, pages 675 à 702.

Stolowy H., Lebas M., Ding Y., *Financial accounting and reporting : a global perspective*, 4e édition, Cengage Learning, 2013.

www.anc.gouv.fr (site de l'Autorité des normes comptables).

www.compta-online.com (forum francophone de la comptabilité).

www.fasb.org (site du FASB).

www.focuspcg.com (site du Plan comptable général).

www.ifrs.org (site de l'IASB).

www.iasplus.com (site de Deloitte Touche Tohmatsu sur l'IASB).

www.lacademie.info (site de l'Académie des sciences et techniques comptables et financières).

Chapitre 7

Les comptes consolidés

Une consolidation pour que l'analyse ne s'écroule pas…

7.1 L'objet des comptes consolidés est de présenter la situation financière d'un groupe de sociétés comme si celles-ci ne formaient qu'une seule entité économique.

La lecture des documents comptables de chaque société appartenant à un groupe ne permet pas de donner une physionomie précise et réelle de l'entité économique qu'il constitue. Les comptes d'une société n'appréhendent en effet les autres sociétés dans lesquelles elle détient une participation qu'à travers le prix de revient de ses participations (le cas échéant réévalué ou déprécié) et le montant des dividendes qu'elle reçoit.

La consolidation a pour objet de rectifier ce problème.

> L'objet des comptes consolidés est de présenter la situation financière d'un groupe de sociétés comme si celles-ci ne formaient qu'une seule entité.

Ce chapitre a pour but de « mettre à l'aise » le financier face à ces problèmes de consolidation. Aussi, nous sommes-nous efforcés de définir par des exemples les principaux termes relatifs à la consolidation afin de faciliter la lecture des comptes consolidés.

Section 1 ■ Les méthodes de consolidation

7.2 Toute entreprise commerciale qui contrôle de manière exclusive ou conjointe d'autres entreprises, ou qui exerce une influence notable sur celles-ci, est tenue d'établir des comptes consolidés et un rapport sur la gestion du groupe. Cette obligation n'exonère bien sûr pas chacune des sociétés du groupe de produire des comptes individuels que l'on appelle comptes sociaux.

En France, la consolidation est obligatoire dès lors que deux des trois critères suivants sont remplis en consolidation : total de l'actif supérieur à 15 M€, chiffre d'affaires supérieur à 30 M€, effectif moyen supérieur à 250 personnes.

Les comptes consolidés doivent être certifiés par les commissaires aux comptes et soumis, avec le rapport de gestion du groupe, à l'assemblée générale des actionnaires qui doit les approuver.

7.3 Les sociétés à retenir pour l'établissement de comptes consolidés, dont l'ensemble est appelé le **périmètre de consolidation**, comprennent :

- la société mère ;
- les sociétés dans lesquelles la société mère exerce, *a minima*, directement ou indirectement une influence notable[1].

Par dérogation à ces règles, et en normes françaises uniquement[2] :

- peuvent ne pas être consolidées les sociétés filles de faible importance (en termes de chiffre d'affaires, de résultat net, de capitaux propres) dont la prise en compte n'ajouterait pratiquement rien à l'image économique du groupe ;
- doivent ne pas être consolidées les sociétés filles pour lesquelles « des restrictions sévères et durables remettent en cause substantiellement le contrôle ou l'influence exercés par la société consolidante » sur elles, ainsi que les sociétés filles dont la cession est en cours.

Le principe de base de la consolidation consiste à substituer au montant des titres de participation figurant au bilan de la société consolidante, la situation active et passive de la société à consolider.

Soit, par exemple, une société mère qui possède une participation dans une société fille, participation inscrite pour 20 à son bilan. Quelle que soit la méthode de consolidation, les 20 de participation financière vont être remplacés par tout ou partie des actifs et passifs de la société à consolider.

Il existe deux méthodes principales de consolidation, dont l'application dépend du degré de contrôle de la mère sur sa filiale.

1 ■ La consolidation par intégration globale

7.4 En normes IFRS, les comptes d'une filiale sont consolidés par intégration globale lorsque la maison mère contrôle sa filiale et comme cette société fille est contrôlée, on l'appelle une filiale. Le contrôle est défini comme la capacité à utiliser son pouvoir sur la société pour influer sur ses rendements (c'est-à-dire souvent ses dividendes) auxquels elle doit être exposée. En français de tous les jours, et non en jargon IFRS, cela veut dire déterminer la stratégie de l'entreprise, sa politique financière et opérationnelle et en percevoir les fruits. Ceci est présumé lorsque :

- elle détient directement ou indirectement plus de 50 % des droits de vote de cette dernière ;
- ou qu'un pacte conclu avec d'autres actionnaires lui donne ce pouvoir ;
- ou qu'elle détermine la politique financière et opérationnelle de cette filiale par dispositions statutaires ou contractuelles ;
- ou qu'elle dispose de la majorité des voix au conseil d'administration ;
- ou qu'enfin elle puisse nommer ou démettre la majorité des administrateurs.

---

1 Souvent présumée si la société mère détient au moins 20 % des droits de vote, mais cela n'a rien d'obligatoire puisqu'il est possible de consolider des sociétés dans lesquelles la participation est plus faible, voire nulle dès lors qu'il y a influence notable.

2 En effet, en normes IFRS, ces dérogations n'existent plus.

Une société fille détenue à moins de 50 % peut donc très bien être consolidée par intégration globale puisque le critère pertinent n'est pas un seuil de droit de vote mais l'exercice réel ou potentiel d'un pouvoir exclusif.

A contrario, la société ne sera pas contrôlée si un autre actionnaire dispose de droits (de véto par exemple) lui permettant d'influer sur la gestion. Une société ne peut être consolidée globalement que par un seul actionnaire. Elle peut n'être consolidée globalement par aucune autre société (en cas de contrôle conjoint, ou d'absence d'actionnaire important).

Les critères en normes françaises sont proches[1].

7.5 L'intégration globale consiste, comme son nom l'indique, à reprendre pour leur intégralité, au bilan de la société mère, tous les éléments qui constituent l'actif et le passif de la filiale, et au compte de résultat, toutes les charges et tous les produits qui en déterminent le résultat net. Les éléments bilantiels viennent ainsi se substituer aux titres de participation détenus par la société mère, lesquels disparaissent de son bilan.

Cependant, lorsque la filiale n'est pas contrôlée à 100 % par la société mère, il convient de faire apparaître au bilan et au compte de résultat consolidés les droits des autres actionnaires, dits « minoritaires », sur les capitaux propres et les résultats de la filiale.

Si l'on suppose l'absence d'écart entre le montant comptable des titres de participation dans le bilan de la société mère et le montant comptable des capitaux propres de la filiale revenant à la société mère (dit « survaleur » ou *goodwill*, sur lequel nous reviendrons), la consolidation par intégration globale s'effectue de la façon suivante :

7.6 ▪ **Au bilan :**

L'actif et le passif **exigible** de la filiale **sont ajoutés, poste par poste,** au bilan de la société mère.

Le prix de revient comptable des titres de participation dans la filiale consolidée est éliminé de l'actif du bilan de la maison mère et soustrait, pour le même montant, de ses réserves.

Les capitaux propres (résultats inclus) de la filiale sont ensuite ajoutés aux capitaux propres de la société mère et ensuite éclatés entre :

- la part correspondant aux intérêts de la société mère (qui est ajoutée à ses réserves) ;
- et la part correspondant aux intérêts des tiers, qui est ajoutée sur une ligne particulière : « **intérêts minoritaires** sur les capitaux propres, ou **intérêts hors groupe** ou intérêts non contrôlants sur les capitaux propres... », qui se situe en dessous des capitaux propres de la société mère.

7.7 ▪ **Au compte de résultat :**

Tous les postes de charges et de produits de la filiale sont ajoutés, poste par poste, aux postes du compte de résultat de la société mère. Le résultat net de la filiale est éclaté entre :

- la part qui correspond aux intérêts de la société mère, qui est ajoutée au résultat net de la société mère, à la fois au compte de résultat et au bilan ;

[1] Elles précisent simplement que le contrôle est présumé si la société mère a désigné pendant deux exercices successifs la majorité des membres des organes d'administration, de direction ou de surveillance de la filiale. La société mère est présumée avoir procédé à cette désignation lorsqu'elle a détenu pendant cette période, directement ou indirectement, plus de 40 % des droits de vote, et qu'aucun autre actionnaire n'a détenu un pourcentage supérieur.

▪ et la part qui correspond aux intérêts des tiers, qui est isolée sur une ligne : « **intérêts minoritaires** » ou intérêts des tiers, ou intérêts non contrôlants, ou intérêts hors groupe dans le résultat net.

Les intérêts minoritaires représentent la quote-part des capitaux propres ou du résultat net des filiales consolidées par intégration globale qui revient aux actionnaires minoritaires de ces filiales et non à la société mère.

Dans une optique de solvabilité, il s'agit indéniablement de capitaux propres. Dans une optique de valorisation du groupe, il s'agit tout aussi indéniablement d'éléments qui ne contribuent en rien à la valeur du patrimoine de la société mère. En effet, la valeur des actions de la société mère ne saurait prendre en compte des quotes-parts de capitaux propres ou de résultat net qui ne reviennent pas à la maison mère mais à des tiers.

La présentation du compte de résultat, jusqu'à l'avant-dernière ligne, se fait comme si la société mère détenait 100 % des actifs et 100 % des dettes de la filiale.

7.8 Pour illustrer la méthode de consolidation par intégration globale, prenons l'exemple suivant en supposant que la société Mère détienne 75 % de la société Filiale.

Les bilans de départ sont les suivants :

Bilan de la société Mère

Titres Filiale	15	Capitaux propres	70
Autres actifs	57	Dettes	2

Bilan de la société Filiale

Actifs	28	Capitaux propres	20
		Dettes	8

Le bilan consolidé se présente ainsi :

Bilan consolidé

Titres Filiale (15 – 15)	0	Capitaux propres (70 + 20 – 15)	75
Actifs (57 + 28)	85	Dettes (2 + 8)	10

Ou, sous une forme plus détaillée :

Bilan consolidé

Actifs	85	Capitaux propres :	
		• Part du groupe (75 – 5)	70
		• Intérêts minoritaires (20 × 25 %)	5
		Dettes	10

Les actifs et le passif exigible du groupe correspondent donc à la somme de ceux de la mère et de sa filiale. Les capitaux propres du groupe correspondent à ceux de la mère, majorés de la quote-part des résultats de la filiale non distribués depuis l'arrivée de sa mère à son capital. Les intérêts minoritaires correspondent à la part des actionnaires minoritaires dans les capitaux propres de la filiale et dans le résultat de celle-ci.

Les comptes de résultat de départ sont les suivants :

Compte de résultat de la société Mère

Charges	90	Produits	100
Réultat net	10		

Compte de résultat de la société Filiale

Charges	34	Produits	38
Résultat net	4		

Le compte de résultat consolidé se présente ainsi :

Compte de résultat consolidé

Charges (90 + 34)	124	Produits (100 + 38)	13
Résultat net (10 + 4)	14		

Ou, sous une forme plus détaillée :

Compte de résultat consolidé

Charges	124	Produits	138
Résultat net :			
• Part du groupe	13		
• Part des minoritaires (4 × 25 %)	1		

2 ■ La consolidation par mise en équivalence

7.9 Lorsque la société mère exerce une influence notable sur la gestion et la politique financière d'une société fille, celle-ci est consolidée par mise en équivalence et est alors appelée participation. L'influence notable sur la gestion et sur la politique financière d'une entreprise est présumée lorsqu'une société dispose, directement ou indirectement, d'une fraction au moins égale à 20 % des droits de vote de cette entreprise. Si la participation est inférieure à 20 %, l'influence notable peut néanmoins être démontrée[1] en cas de représentation dans les organes de direction ou de surveillance, de participation aux décisions stratégiques, d'existence d'opérations interentreprises importantes, d'échange de personnel de direction, de liens de dépendance technique.

En normes IFRS, depuis l'entrée en vigueur de la nouvelle norme sur les *joint-ventures* en 2013[2], les entreprises co-contrôlées seront quasi systématiquement mises en équivalence (voir paragraphe 7.12).

La mise en équivalence consiste à substituer à la valeur comptable des actions de la participation détenues par la société mère, la part à laquelle elles correspondent dans les capitaux propres de la participation (résultat compris).

Cette méthode est en fait purement financière : elle conduit à réévaluer chaque année d'une part les participations d'un groupe et d'autre part le résultat net. La technique de mise en équivalence est

1 Tant en normes IFRS qu'en normes françaises.

2 2014 pour les entreprises de l'Union européenne.

moins une véritable technique de consolidation qu'une méthode de réévaluation de certains titres de participation.

7.10 Techniquement, la consolidation par mise en équivalence s'effectue ainsi :

- le prix de revient comptable des actions de la participation est soustrait des titres de participation de la maison mère, et il est remplacé par la quote-part dans les capitaux propres, **résultat de la participation compris**, qui revient à la société mère ;
- le prix de revient comptable des actions de la participation est soustrait des réserves de la société mère, auxquelles est ensuite ajoutée la quote-part dans les capitaux propres, **résultat de la participation exclu**, qui revient à la société mère ;
- la part du résultat net de la participation revenant à la société mère est ajoutée à son résultat net au bilan et au compte de résultat.

> Les titres mis en équivalence à l'actif du bilan du groupe représentent la quote-part des capitaux propres qui revient à la société mère dans les participations ainsi consolidées.

La consolidation par mise en équivalence revient donc à ajouter chaque année la quote-part de résultat mis en réserve par la participation au montant pour lequel cette participation figure au bilan consolidé.

En matière de solvabilité, cette méthode ne donne, en revanche, aucune indication sur les risques et la responsabilité que peut avoir le groupe en matière d'engagement de sa participation. Elle suppose implicitement que le risque couru par le groupe se limite à la valeur de sa participation.

7.11 Pour illustrer la méthode de consolidation par mise en équivalence, prenons l'exemple suivant en supposant que la société Mère détienne 20 % de la société Participation.

Les bilans de départ sont les suivants :

Bilan de la société Mère

Titres Participation	5	Capitaux propres	60
Autres actifs	57	Dettes	2

Bilan de la société Participation

Actifs	45	Capitaux propres	35
		Dettes	10

Le bilan consolidé se présente ainsi :

Bilan consolidé

Titres Participation mis en évidence (20 % × 35)	7	Capitaux propres (60 + 20 % × 35 – 5)	62
Autres actifs	57	Dettes	2

Les comptes de résultat de départ sont les suivants :

Compte de résultat de la société Mère

Charges	80	Produits	100
Résultat net	20		

Compte de résultat de la société Participation

Charges	30	Produits	35
Résultat net	5		

Le compte de résultat consolidé se présente ainsi :

Compte de résultat consolidé

Charges	80	Produits	100
Résultat net (20 + 5 × 20 %)	21	Résultat de Participation mis en évidence (5 × 20 %)	1

3 ■ La consolidation par intégration proportionnelle

7.12 Les normes françaises permettent l'utilisation d'une troisième méthode de consolidation : l'**intégration proportionnelle**, mais pas les normes américaines qui imposent à la place la mise en équivalence.

L'intégration proportionnelle est utilisée lorsque la société mère exerce un contrôle conjoint avec un nombre limité d'associés sur une entreprise appelée entité sous contrôle conjoint ou coentreprise ou *joint-venture*. La nouvelle norme IFRS sur la comptabilisation des coentreprises (d'application obligatoire en 2013, 2014 pour l'Union européenne) ne laisse une porte ouverte à la consolidation proportionnelle que lorsque la société mère dispose d'un droit direct sur certains actifs et des obligations sur une quote-part des passifs ce qui ne concerne qu'une fraction des coentreprises.

L'intégration proportionnelle conduit à remplacer dans le bilan de la société mère les titres de participation dans la coentreprise par les actifs et les passifs de celle-ci, pris **au prorata des droits de la société mère sur la coentreprise**. De même, au compte de résultat, les produits et les charges de la coentreprise viennent s'ajouter à ceux de la société mère au prorata de sa part relative dans le capital de la coentreprise.

7.13 Techniquement, la consolidation par intégration proportionnelle s'effectue ainsi :

- l'actif et le passif exigible de la coentreprise sont ajoutés à l'actif et au passif de la mère, proportionnellement au pourcentage d'intérêt de celle-ci ;
- le prix de revient comptable des actions de la coentreprise détenues par la société mère est soustrait de ses titres de participation à l'actif, et de ses réserves au passif ;
- la part de la société mère dans les capitaux propres hors résultat de la coentreprise est ajoutée aux réserves de la société mère ;
- tous les postes de charges et de produits de la coentreprise sont ajoutés, proportionnellement au pourcentage d'intérêt de la société mère, aux postes correspondants du compte de résultat de celle-ci ;
- la part du résultat net de la coentreprise revenant à la société mère est ajoutée à son résultat au bilan et au compte de résultat.

Dans le cas de l'intégration proportionnelle, il n'y a pas d'intérêts minoritaires qui apparaissent puisque la mère ne prend que sa quote-part des actifs, des passifs, des charges et des produits de la coentreprise.

La méthode d'intégration proportionnelle présente l'inconvénient en normes françaises d'accroître en apparence la puissance du groupe en consolidant des entreprises dans lesquelles il ne dispose pas du pouvoir attaché au contrôle. En particulier, le groupe n'appréhende pas nécessairement sa quote-part de flux de trésorerie générés par la société consolidée en proportionnel.

Section 2 ■ Les problèmes spécifiques à la consolidation

1 ■ Le périmètre de consolidation

7.14 Le périmètre de consolidation, c'est-à-dire les filiales, participations ou coentreprises qui seront consolidées, est déterminé à partir des règles énoncées à la section 1. Cela suppose donc l'établissement du pourcentage de contrôle par la société consolidante sur chacune de ses sociétés filles.

a) Pourcentage de contrôle et pourcentage d'intérêt

7.15 Le **pourcentage de contrôle** mesure le lien de dépendance, direct ou indirect, entre la maison mère et ses sociétés filles. Il correspond au pourcentage des droits de vote que la maison mère peut exercer dans sa société fille.

Pour le calculer, on additionne les pourcentages de contrôle de toutes les sociétés du groupe dans la filiale, pourvu que ces sociétés soient directement ou indirectement contrôlées par la société mère, c'est-à-dire qu'à chaque échelon de la cascade, le pourcentage des droits de vote exerçables soit supérieur à 50 % ou qu'il y ait contrôle de fait.

7.16 Il ne faut pas confondre ce pourcentage de contrôle avec le pourcentage d'intérêt. Ces deux notions sont généralement différentes. Le **pourcentage d'intérêt** sert au calcul des droits économiques de la maison mère dans ses sociétés filles. Il exprime la part de l'intérêt économique détenue, directement ou indirectement, par la maison mère dans la société fille. C'est une notion financière, contrairement au pourcentage de contrôle qui est une notion de pouvoir.

Le pourcentage d'intérêt se calcule comme la somme des produits des pourcentages de capital détenus, directement ou indirectement, par la société mère dans la société fille.

Prenons l'exemple suivant :

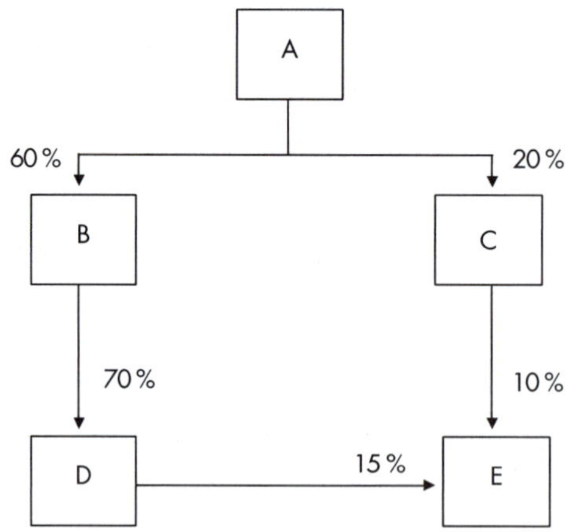

A contrôle B à 60 %, B contrôle D à 70 %, donc A contrôle D à 70 % qui sera consolidé par intégration globale tout comme B. Mais le pourcentage d'intérêt de A dans D n'est pas de 70 %, il n'est que de 42 % (60 × 70 %). C, n'ayant que 10 % de E, ne consolidera pas E. Mais A, ayant 20 % de C, consolidera C par mise en équivalence. Le pourcentage de contrôle de A dans E est de 15 % (donc E ne sera pas consolidé) et le pourcentage d'intérêt est de 20 % × 10 % + 60 % × 70 % × 15 % = 8,3 %.

L'utilisation du pourcentage d'intérêt est différente selon chaque méthode de consolidation :

- pour la méthode de l'intégration globale, le **pourcentage d'intérêt** ne sert qu'à répartir les capitaux propres et le résultat net entre la part des actionnaires de la maison mère et la part des intérêts minoritaires ;
- pour la méthode de mise en équivalence, le **pourcentage d'intérêt** sert à déterminer la part des capitaux propres et du résultat net de la participation revenant à la maison mère ;
- pour la méthode de l'intégration proportionnelle, le cumul des postes du bilan et du compte de résultat est effectué au prorata du **pourcentage d'intérêt**.

b) Les modifications du périmètre de consolidation

7.17 L'étude du périmètre de consolidation est importante surtout dans son évolution et dans ce qui est exclu du périmètre de consolidation. En effet, ne pas consolider une filiale c'est :

- ne pas faire apparaître ses pertes ni ses capitaux propres[1] ;
- ne pas faire apparaître le montant de ses dettes.

Consolider par équivalence une filiale qui devrait l'être par intégration globale permet de ne pas faire apparaître l'ensemble de ses dettes dans le bilan consolidé du groupe.

Certains montages sont parfois conçus pour permettre de sortir du périmètre de consolidation des filiales pourtant toujours contrôlées par la société mère afin de rendre les comptes consolidés plus attrayants. Ces montages font souvent appel à des « entités *ad hoc*[2] », structures juridiques distinctes créées spécifiquement pour gérer une opération pour le compte d'une entreprise et qui, souvent, n'appartient pas en droit à l'entreprise mais à des établissements financiers. Cependant, tant en normes IFRS qu'en normes françaises, si l'entreprise bénéficie de la majeure partie des avantages de l'entité *ad hoc* ou si elle en porte les risques résiduels, elle doit consolider cette dernière, d'où un moindre attrait de ces montages.

Les changements significatifs de périmètre de consolidation doivent donner lieu à la production d'états financiers **pro forma** qui permettent à l'analyste de comparer les performances de l'entreprise sur une base homogène. En effet, les comptes passés sont alors retraités pour les rendre comparables au périmètre actuel.

2 ■ L'écart d'acquisition ou survaleur ou *goodwill*

7.18 Il est très rare qu'une société fasse l'acquisition d'une autre société en payant cette dernière pour le montant exact de ses capitaux propres comptables.

Il y a fréquemment un écart entre le prix d'acquisition qui peut être payé en numéraire ou en titres et la part des capitaux propres de la société acquise qui revient à la société mère. Le plus souvent, cet écart est positif.

1 Sauf si les pertes sont telles que la quote-part des capitaux propres de la filiale revenant à la mère est inférieure à la valeur nette comptable des titres de la filiale, auquel cas une dépréciation de la participation doit être passée.

2 Ou *special purpose vehicle*, SPV.

a) Le point de vue économique

7.19 À quoi correspond cet écart ? Autrement dit, pourquoi accepter de payer les actions d'une entreprise pour un prix supérieur au montant de ses capitaux propres comptables ? On peut penser à plusieurs raisons :

- les actifs au bilan de la société acquise ont une valeur supérieure aux montants comptables pour lesquels ils sont inscrits ; c'est la conséquence du principe de prudence qui a conduit à provisionner les moins-values latentes, mais à ne pas constater les plus-values latentes[1] ;

- des actifs peuvent très bien ne pas apparaître au bilan surtout si l'entreprise est très rentable : marques, brevets, parts de marché que la société a constitués au cours du temps sans vouloir ou pouvoir les comptabiliser ;

- le rapprochement va générer des synergies, soit par réduction de coûts, soit par accroissement des revenus que l'acquéreur est prêt à payer pour partie aux vendeurs ;

- le rapprochement, en empêchant l'entrée d'un nouvel acteur sur le marché, protège le niveau actuel de rentabilité de l'acquéreur qui, sans cela, risquerait d'être mis à mal ;

- enfin, l'acquéreur a tout simplement payé au-delà du raisonnable.

b) Le point de vue comptable

7.20 Lors de sa première consolidation, les actifs et les passifs identifiables de la nouvelle filiale, coentreprise ou participation sont valorisés en juste valeur et entrent dans le bilan du groupe pour ces montants. En particulier sont évalués les actifs incorporels acquis même s'ils n'étaient pas comptabilisés au bilan de la société acquise : marques concernées, brevets, logiciels, autorisations d'émettre ou d'atterrissage, listes de clientèles... De ce fait, les capitaux propres de la nouvelle société consolidée sont donc réévalués.

La différence entre le prix payé par la société mère pour ses titres de la société acquise et la quote-part de la société mère dans les capitaux propres réévalués de la société acquise est appelée écart d'acquisition. Plus familièrement, on parle de *goodwill* ou de survaleur. Il apparaît à l'actif du bilan du nouveau groupe en immobilisations incorporelles.

Cette méthode est appelée la **méthode d'acquisition** (à la juste valeur) ou *purchase method* en anglais. Elle donne lieu, comme on l'a vu, à l'allocation comptable du prix d'acquisition ou *Purchase Price Allocation* en anglais ou *PPA* pour les intimes.

L'écart d'acquisition est évalué chaque année pour vérifier que sa valeur correspond au moins à son montant net comptable pour lequel il figure à l'actif du bilan du groupe. C'est le test de dépréciation que les Anglo-Saxons appellent *impairment test*. Si tel n'est pas le cas, une perte de valeur est alors passée dans les comptes. Elle est irréversible (voir le paragraphe 8.12 pour plus de détails).

7.21 À titre d'illustration, voici comment Econocom a enregistré dans ses comptes l'acquisition d'Osiatis réalisée en 2013. Avant cette opération les bilans des deux groupes pouvaient se résumer ainsi :

1 Ou qu'une part d'entre elles en normes IFRS. Voir paragraphes 8.6, 8.29 et 8.41.

Bilan d'Econocom (en M€)

Marques Écart d'acquisition	0 153	Capitaux propres	160
Autres actifs immobilisés	156	Dette nette	– 7
Besoin en fonds de roulement	– 97	Provisions	59

Bilan d'Osiatis (en M€)

Marques et autres incorporels	82	Capitaux propres	87
Autres actifs immobilisés	16	Dette nette	2
Besoin en fonds de roulement	3	Provisions	12

Econocom a acquis 100 % d'Osiatis pour 170 M€, en numéraire (100 M€) et en actions (70 M€).

Comme les capitaux propres d'Osiatis étaient de 87 M€, Econocom a payé ce groupe 83 M€[1] de plus que sa quote-part de capitaux propres. Ceci ne constitue pas l'écart d'acquisition puisque, conformément aux normes IFRS, Econocom a procédé à une réévaluation des actifs et des passifs identifiables d'Osiatis pour les amener à leur juste valeur.

Réévaluation des actifs et passifs d'Osiatis :

- Marque Osiatis + 10 M€
- Autres immobilisations incorporelles – 81 M€
- Autres actifs immobilisés + 6 M€
- Besoin en fonds de roulement – 6 M€
- Provisions (y compris impôts différés, voir paragraphe 8.54) + 19 M€
- Ajustement de la dette en valeur + 5 M€

soit un total net d'ajustements de – 95 M€ (10 – 81 + 6 – 6 – 19 – 5). Le montant de l'écart d'acquisition est donc de :
83 – – 95 = 178 M€.

Le bilan consolidé d'Econocom après cette acquisition consolidée par intégration globale est donc devenu (en M€) :

Marques	0 + 10 = 10	Capitaux propres	160 + 100 = 260
Écart d'acquisition	153 + 178 = 331	Dette nette	– 7 + 70 + 7 = 70
Autres actifs immobilisés	156 + 22 = 178	Provisions	59 + 31 = 90
BFR	– 97 – 3 = – 100		

7.22 Enfin, il peut arriver que l'écart d'acquisition soit négatif, on parlera de *badwill* en anglais. Les normes IFRS prévoient que l'écart d'acquisition négatif soit comptabilisé comme un profit dans le compte de résultat l'année de la première consolidation[2]. Il est naturellement non récurrent.

1 170 – 87 = 83.

2 Il ne figure donc pas au bilan consolidé. En normes françaises, il fait l'objet d'une provision progressivement reprise sur une durée qui doit refléter les hypothèses retenues et les objectifs fixés lors de l'acquisition, en général sur une période d'au plus 5 ans.

7.23 En normes françaises, qui ne peuvent donc s'appliquer qu'à des groupes non cotés, l'écart d'acquisition est amorti linéairement sur une durée dont le maximum est de 40 ans[1]. Il est cependant possible dans certaines conditions (paiement en titres...) de ne pas comptabiliser de *goodwill* en intégrant les actifs et les passifs exigibles de la société nouvellement acquise dans les comptes du groupe pour leurs montants comptables dans les comptes de la société acquise. C'est la méthode de la **mise en commun d'intérêts**[2] (*pooling of interest* en anglais).

c) Le point de vue financier

7.24 La survaleur, ou écart d'acquisition, est un actif comme un autre qui peut subir des pertes de valeur brutales constatées par la technique de la dépréciation. Ce sont alors des charges non récurrentes que notre lecteur doit traiter comme telles. Nous lui conseillons de **raisonner avant dépréciation (ou amortissement) de la survaleur**, tant dans le compte de résultat qu'au bilan pour le calcul des rentabilités (voir paragraphe 14.17).

> Tester chaque année si la valeur de l'actif économique de chaque segment de l'entreprise est supérieure à son montant comptable pour déterminer si la survaleur acquise doit être dépréciée, c'est accepter implicitement d'enregistrer dans les comptes des survaleurs créées en interne qui se substituent progressivement à ces survaleurs acquises dont on sait, dans un monde concurrentiel, qu'elles ont une durée de vie limitée.

Peut-on pour autant dire que la dépréciation de la survaleur, n'étant la contrepartie d'aucun flux de trésorerie, ne correspond pas à un appauvrissement ? Nous ne le pensons pas.

Certes la dépréciation n'est pas un flux, mais il est d'abord faux de penser que seules les décisions qui modifient les flux affectent la valeur. Plafonner les droits de vote des actionnaires, donner 10 droits de vote par action à certaines catégories d'actions ne modifie pas les flux, mais réduit, aussi sûr que 2 et 2 font 4, la valeur des capitaux propres.

Déprécier une survaleur constatée sur une acquisition payée, c'est reconnaître que ce qui a été acheté a été payé trop cher et que la rentabilité attendue n'est pas au rendez-vous. Le mal est-il moindre si l'acquisition a été payée en actions ? Non, que l'action de l'acheteur ait été elle aussi surévaluée au même moment n'y change rien. Si l'entreprise avait fait une augmentation de capital en numéraire plutôt qu'une acquisition surpayée, elle aurait alors profité d'un cours élevé pour le plus grand profit de ses actionnaires d'alors et aurait pu utiliser ce cash pour faire des acquisitions à des prix beaucoup plus raisonnables une fois l'euphorie passée.

N'oublions pas, en effet, que l'actionnaire de l'entreprise qui paie une acquisition par remise d'actions a été dilué. Il l'a accepté parce qu'il escomptait que la taille du gâteau croîtrait plus vite (plus 30 % par exemple) que le nombre de convives entre lesquels il est partagé (plus 25 % par exemple). Maintenant on lui annonce que la taille du gâteau ne s'accroît plus de 30 % mais de simplement 10 % parce que des actifs achetés se sont révélés valoir moins que prévu. Malheureusement pour lui, le nombre de convives ne se réduit pas pour autant. La taille de la part unitaire du gâteau s'est réduite de 12 %[3]. Il y a donc bien eu appauvrissement.

1 En France, cet amortissement n'est pas fiscal mais purement comptable et ne génère aucune économie d'impôt.

2 Qui a été aboli en 2001 en normes américaines et en 2004 en normes IFRS.

3 (110/125) – 1.

3 ■ Les résultats ajustés

7.25 Certains groupes (notamment dans le secteur pharmaceutique, comme Sanofi ou Pfizer), suite à une acquisition, publient en plus des états financiers officiels, un résultat ajusté qui annule les effets de la réévaluation du bilan de la société nouvellement acquise. Le groupe présente alors un tableau de passage du résultat consolidé au résultat ajusté, au niveau du résultat net et du résultat d'exploitation.

En effet la réévaluation des stocks à la valeur de marché implique que l'écoulement de ces stocks dans les années futures se fera sans réalisation de marge. Le compte de résultat devient alors non pertinent. Ce phénomène sera d'autant plus important que le délai d'écoulement des stocks ou, plus généralement, que le processus de production est long.

Il nous paraît donc parfaitement justifié dans ce cas de présenter des résultats ajustés.

Section 3 ■ Les aspects techniques de la consolidation

1 ■ L'homogénéisation des données de base

7.26 Les règles comptables qui s'appliquent aux comptes consolidés peuvent ne pas être les mêmes que celles qui s'appliquent aux comptes sociaux. C'est particulièrement le cas en France où les comptes sociaux sont établis selon les normes françaises, les comptes consolidés des sociétés cotées selon les normes IFRS, et les comptes consolidés des sociétés non cotées selon les normes IFRS ou selon d'autres normes comptables françaises spécifiques aux comptes consolidés[1].

Il est donc nécessaire de reprendre les comptes sociaux, qui peuvent d'ailleurs avoir été établis selon des normes différentes si l'entreprise est implantée dans plusieurs pays, et de les traduire dans une norme unique qui est celle choisie pour produire les comptes consolidés.

Souvent, au niveau social, les méthodes d'évaluation des frais d'établissement, des provisions, des amortissements, des immobilisations, des stocks et des en-cours, des charges à répartir sur plusieurs exercices, des capitaux propres... répondent à des préoccupations fiscales et comptables propres à chaque entreprise.

Ces incidences sont éliminées dans les comptes consolidés et ceci est d'autant plus aisé que ceux-ci ne sont pas établis dans la perspective de déterminer un résultat fiscal soumis à l'impôt. Les sociétés peuvent donc s'affranchir, à ce niveau, des règles fiscales en vigueur.

Les comptes consolidés peuvent être établis à une date différente de celle des comptes annuels de la société consolidante. Lorsque la date de clôture des comptes d'une société consolidée est antérieure de plus de trois mois à celle de la société consolidante, les comptes consolidés sont établis sur la base de comptes intermédiaires de l'entité consolidée.

Ayant homogénéisé les données de base, il est alors possible de les agréger en vue de produire des comptes consolidés sous réserve d'élimination des opérations intragroupe.

1 Décrites dans le règlement 99-02 pris sur avis du CNC du 1er décembre 1998.

2 ■ L'élimination des opérations intragroupe

7.27 La consolidation n'est pas une simple addition de comptes. Il est en effet nécessaire, avant de procéder aux opérations de consolidation proprement dites, d'éliminer des comptes de la société mère et de ceux des sociétés consolidées les opérations réciproques et les effets de ces opérations internes sur les résultats.

Si, par exemple, la société mère a vendu à ses filiales des produits à un prix supérieur à leur prix de revient, elle fait apparaître à son niveau un bénéfice qui peut être purement fictif si les produits ne sont que stockés par les filiales et non revendus à l'extérieur du groupe. Il faudra donc éliminer ce profit purement fictif, qui donnerait une image fausse de la réalité[1].

Les opérations intragroupe faisant l'objet de tels redressements peuvent être classées en deux catégories :

- celles qui modifient le passif ou l'actif des entités consolidées ou qui ne sont pas fondamentales, car elles ne modifient pas le résultat net consolidé. Elles sont éliminées par simple compensation et leur redressement a pour principal intérêt de reconstituer le niveau réel de l'endettement du groupe :
  - prêts de la société mère à la société fille (créances chez cette dernière) et *vice versa* ;
  - intérêts versés par la société mère à la société fille (produits financiers pour cette dernière) et *vice versa* ;
  - etc. ;
- celles qui sont au contraire très importantes car elles modifient le résultat consolidé. Leur redressement est donc capital. Tout le problème est d'éviter de faire apparaître deux bénéfices ou de faire apparaître deux fois les mêmes bénéfices.

L'annulation de ces opérations lors du processus de consolidation se traduit principalement par l'élimination des profits internes compris dans les stocks, des plus-values internes résultant de la cession ou de l'apport de titres, des dividendes reçus de sociétés filles, des provisions pour dépréciation de créances intragroupe ou de titres de participations et de l'impôt sur les profits internes.

Les éliminations sont réalisées intégralement lorsque l'entreprise concernée est consolidée par intégration globale. Elles sont très limitées lorsque l'entreprise est consolidée par mise en équivalence (élimination des dividendes et des quote-parts de plus-value de cession d'actifs intragroupe principalement).

a) Élimination des profits internes compris dans les stocks

7.28 Au niveau consolidé, les cessions internes ne sont pas considérées comme réalisées au sens comptable. Seules les opérations réalisées avec des tiers sont considérées comme génératrices de bénéfices pour le groupe.

Les profits internes figurent à la fois dans le stock initial et dans le stock final. Le profit sur stock final est éliminé du stock figurant au bilan et des variations de stocks (au compte de résultat). Il vient donc diminuer le résultat de l'exercice qui a été gonflé de ce profit fictif. Le profit sur stock initial

1 Celui-ci ne pourra apparaître dans les comptes consolidés que lorsqu'un tiers aura acquis ces produits.

ayant été réalisé au cours de l'exercice précédent est éliminé des réserves et vient gonfler le résultat de l'exercice. Au total, la différence profit sur stock initial - profit sur stock final est ajoutée au résultat de l'exercice.

Pratiquement, la détermination du profit sur stock peut être très difficile lorsque les stocks sont constitués de produits fongibles ou d'un grand nombre de produits. Aussi n'est-il procédé à ces redressements que s'ils sont significatifs, et parfois en approximant le profit contenu dans le stock.

b) Élimination des plus-values internes résultant de la cession ou de l'apport d'immobilisations ou de titres

7.29 Les plus-values internes réalisées à l'occasion de cessions ou d'apports d'immobilisations ou de titres sont éliminées du compte de résultat et des réserves.

En revanche, il n'est procédé à aucune correction lorsque la cession ou l'apport a abouti à la constatation d'une moins-value. Celle-ci consacre en effet une dépréciation d'un actif immobilisé, et son élimination conduirait dans un second temps à constater un complément d'amortissements ou de dépréciation.

c) Les dividendes reçus des sociétés filles

7.30 Les dividendes reçus par la société mère en provenance des sociétés consolidées étaient compris dans le résultat net de ces dernières (exercice précédent) et donc dans le bénéfice consolidé de l'ensemble. Maintenir ces dividendes reçus en produits financiers reviendrait donc à les compter deux fois sur deux exercices différents.

Il faut alors les déduire des produits financiers et les ajouter, pour le même montant bien sûr, aux réserves.

d) Élimination des dépréciations et reprises internes

7.31 Une société mère est amenée à passer des dépréciations internes lorsque les sociétés filles présentent des capitaux propres insuffisants (par rapport à la valeur à laquelle leurs actions sont enregistrées dans les comptes de la société mère), conséquence, par exemple, de pertes. La consolidation ayant pour objet de substituer aux titres de participation les capitaux propres des sociétés filles, ces dépréciations deviennent sans objet et doivent donc être éliminées sous peine d'un double emploi au niveau des résultats et des capitaux propres.

Les dépréciations passées au cours des exercices antérieurs sont annulées par un transfert aux réserves. Celles de l'exercice considéré sont tout simplement contre-passées.

e) Élimination de l'impôt sur les profits internes

7.32 Le profit interne sur cessions de stocks a été éliminé. Il se retrouvera en fait dans le résultat consolidé de l'année suivante par voie de rectification du stock d'ouverture. Il est donc logique d'appliquer le même traitement à l'impôt sur les sociétés qui est relatif à ce profit interne. Il sera alors déduit de l'impôt total sur les sociétés, et transféré, par l'intermédiaire d'un compte d'impôts différés actifs, sur l'exercice suivant.

Le raisonnement est le même pour l'impôt sur les plus-values de cessions internes, même si les modalités concrètes diffèrent. Cet impôt est lui aussi déduit de l'impôt total sur les sociétés et transféré, par l'intermédiaire d'un compte d'impôts différés actifs, sur un exercice ultérieur, la cession hors du groupe pouvant intervenir dans plusieurs exercices.

N'ont été présentés ici que les principaux redressements qui font que les comptes consolidés ne sont pas des comptes cumulés. La pratique des redressements est différente selon la méthode de consolidation utilisée, mais les principes restent similaires.

3 ■ La conversion des comptes des sociétés filles étrangères

a) Le problème

7.33 La conversion des comptes des sociétés étrangères est un problème compliqué en raison des variations de taux de change et des différences de taux d'inflation d'un pays à l'autre, qui créent des distorsions dans les comptes de sociétés.

Soit par exemple une société mère, située dans la zone euro, détenant une filiale située dans un pays à « monnaie faible »[1].

L'utilisation du taux de change à la clôture des comptes pour convertir en monnaie de la société mère les actifs de cette société fille conduit à une sous-évaluation de ceux-ci. En effet, d'un point de vue économique, tous les actifs ne subissent pas une dépréciation proportionnelle à la dévaluation de la monnaie du pays de la société fille. Les valeurs immobilisées sont, d'une certaine manière, protégées : par le jeu de l'inflation, leur remplacement coûterait plus cher, en unités monétaires du pays de la société fille, après la dévaluation de cette monnaie qu'avant. Au total, le phénomène inflation et le phénomène dévaluation peuvent se compenser à peu près totalement, si bien que la valeur des immobilisations de la société fille traduite en monnaie de la société mère est à peu près stable. En revanche, les stocks, les créances et les dettes (quels que soient leurs termes) libellés dans la devise dépréciée suivent son sort.

Lorsque la société fille se situe dans un pays à monnaie forte (c'est-à-dire plus forte que celle de la société mère), le raisonnement est analogue, mais avec des conséquences inverses.

Pour dresser une image de l'évolution de la situation d'une société fille étrangère, il faut donc à la fois :

- tenir compte de l'incidence sur les comptes consolidés de la conversion de la monnaie de la société fille dans la monnaie de la société mère ;
- et tenir compte de la correction qui résulterait de la traduction en monnaie locale des actifs immobilisés de la société fille étrangère.

b) Les méthodes

7.34 Il existe plusieurs méthodes de conversion des états financiers des sociétés filles étrangères, qui peuvent prévoir de convertir différemment les éléments du bilan et ceux du compte de résultat :

- si la société fille est autonome économiquement et financièrement par rapport à sa maison mère, la méthode de conversion alors utilisée est la méthode du cours de clôture ;
- si la société fille n'est pas autonome, parce que son exploitation fait partie intégrante des activités d'une autre entreprise du groupe, alors la méthode de conversion est la méthode du cours historique ;
- enfin si la société fille est située dans un pays à forte inflation, une méthode particulière sera utilisée.

[1] C'est-à-dire qui a tendance à se dévaluer régulièrement contre l'euro à cause d'une inflation plus forte que dans la zone euro.

7.35 La méthode la plus fréquemment utilisée est celle dite du « **cours de clôture** ». Elle prévoit, tant en normes françaises qu'en normes IFRS que tous les éléments d'actif ou de passif envers les tiers soient convertis au cours de clôture et que les éléments du compte de résultat soient convertis au cours moyen de l'exercice[1]. Les écarts de conversion constatés[2] sont portés dans les capitaux propres en distinguant la part du groupe de celle des minoritaires.

Cette méthode de conversion est relativement comparable à la norme américaine.

7.36 La « **méthode du cours historique** » consiste à effectuer la conversion de la façon suivante :

- pour les éléments monétaires (liquidités ou sommes à percevoir ou à payer dont le montant, exprimé dans la devise de la société étrangère, est déterminé *a priori*), au cours de clôture ;

- pour les éléments non monétaires (immobilisations[3] et leurs amortissements, stocks, charges et produits constatés d'avance, capitaux propres, titres de participation…) au cours historique ;

- en principe, les produits et les charges sont convertis au cours de change en vigueur à la date de l'opération. En pratique, ils sont souvent convertis à un taux moyen de la période.

Dans la méthode du cours historique, la différence entre le résultat obtenu au bilan et celui obtenu au compte de résultat est inscrite dans le compte de résultat à un poste particulier « écarts de conversion » qui figure dans le résultat financier.

Dans les pays **où l'inflation est à la fois chronique et galopante (hyperinflation)**, les méthodes précédentes sont inadaptées pour traduire dans les comptes les effets de l'inflation. De là, l'utilisation d'une méthode spécifique qui peut s'exercer selon deux modalités :

- retraitement avant conversion : les éléments non monétaires des comptes en monnaie locale des sociétés étrangères sont réévalués au moyen d'indices pour tenir compte de l'inflation du pays, puis sont convertis au taux de clôture : cette méthode, admise en France, est recommandée par les normes IFRS mais exclue aux États-Unis ;

- utilisation de la méthode du cours historique : cette méthode, admise en France, est prescrite aux États-Unis, mais est exclue en normes IFRS.

1 Les normes IFRS prévoient la possibilité du cours du jour, mais celle-ci est rarement utilisée pour des raisons pratiques.

2 Dus au fait que les actifs / passifs et les charges / produits sont convertis à des taux de change différents.

3 À l'exception des écarts d'acquisition qui ne peuvent être convertis qu'au cours de clôture en normes IFRS, alors que les normes françaises laissent le choix entre cours de clôture et cours historique.

RÉSUMÉ

Le résumé de ce chapitre est disponible sur le site www.vernimmen.net.

La consolidation est destinée à présenter la situation financière d'un groupe de sociétés comme si celles-ci ne formaient qu'une seule entité. Le périmètre de consolidation englobe la société mère, ses filiales sous contrôle exclusif ou conjoint ou sur lesquelles elle exerce une influence notable.

La consolidation par intégration globale consiste à remplacer les titres de participation à l'actif de la société mère par tous les éléments d'actif et de passif de la filiale, ainsi qu'à ajouter tous les produits et charges du compte de résultat tout en faisant apparaître les intérêts minoritaires dans les résultats et les capitaux propres de la filiale. Elle s'applique lorsque la société mère contrôle sa société fille qui est appelée filiale.

Quand la société mère exerce une influence notable (*a priori* plus de 20 % des droits de vote) sur sa société fille, on l'appelle participation et on a recours à la méthode de la mise en équivalence. La valeur comptable des titres de participation est remplacée par la part des capitaux propres (résultat compris) que détient la société mère. Cette méthode revient en réalité à réévaluer chaque année ces mêmes titres. Au compte de résultat du groupe apparaît sa quote-part dans le résultat de sa participation sous « résultat mis en équivalence ».

On utilise la méthode de consolidation par intégration proportionnelle en cas de contrôle « conjoint » de la société mère et d'un petit nombre d'associés en normes françaises et s'il y a surcroît des droits sur les actifs et les passifs en normes IFRS. On applique la même démarche que dans le cadre de l'intégration globale, mais au prorata du pourcentage d'intérêt de la société mère sur sa coentreprise.

Le pourcentage d'intérêt qui représente la part du capital détenue directement ou indirectement par la société mère est une notion financière différente de la notion de pouvoir qu'exprime le pourcentage de contrôle.

Il est fréquent qu'un groupe acquière une entreprise en payant un prix supérieur à la quote-part des capitaux propres de l'entreprise. Cet écart apparaîtra en immobilisations incorporelles, minoré des plus et moins-values latentes sur les actifs et les passifs de la société acquise, sous le nom d'écart d'acquisition ou *goodwill* ou survaleur. Cet écart d'acquisition est comparé chaque année à sa valeur estimative et déprécié en cas de moins-value latente (normes IFRS et américaines) ou amorti sur une durée fixe d'au maximum 20 ans (normes françaises).

Lors de l'établissement des comptes consolidés, on devra s'assurer que les principes et pratiques comptables sont homogènes entre les différentes sociétés. Il convient également d'éliminer les opérations intragroupe et notamment les opérations qui modifient le résultat consolidé (profits internes, dividendes reçus de filiales…).

En ce qui concerne la conversion des comptes des sociétés filles étrangères, le bilan est généralement converti au cours de clôture alors que le compte de résultat est converti au cours moyen. Des méthodes de conversion spécifiques sont par ailleurs utilisées pour les entreprises situées dans des pays à forte inflation ou dits « à monnaie fondante ».

QUESTIONS

1/ Décrivez les trois méthodes de consolidation des comptes.

2/ Quelles sont les critiques que l'on peut adresser à la méthode de consolidation par mise en équivalence ?

3/ Quelles sont les critiques que l'on peut adresser à la méthode d'intégration proportionnelle ?

4/ Quelle est la différence entre le pourcentage de contrôle et le pourcentage d'intérêt ?

5/ Donnez un exemple où pourcentage d'intérêt et pourcentage de contrôle coïncident.

6/ À quoi s'apparente, dans le compte de résultat consolidé, la « quote-part dans les résultats des sociétés mises en équivalence » ?

7/ Dans quelle situation doit-on, dans l'analyse des comptes consolidés, traiter différemment la part du groupe de celle des minoritaires ?

8/ L'ouverture du capital d'une filiale à des actionnaires extérieurs au groupe a-t-elle une conséquence sur le résultat du groupe ? Est-ce un paradoxe ? Expliquez la raison.

9/ Pourquoi doit-on procéder au retraitement des dividendes versés par les sociétés filles en établissant les comptes consolidés ?

10/ À quoi correspond l'écart d'acquisition et comment est-il traité ?

11/ En quoi et pourquoi les méthodes d'évaluation retenues pour les comptes consolidés s'éloignent-elles de celles utilisées pour les comptes sociaux ?

12/ En France, la dépréciation ou l'amortissement de l'écart d'acquisition influe-t-il sur le montant de l'impôt du groupe ?

13/ Pourquoi des groupes ont-ils ressenti le besoin de publier des résultats ajustés ?

D'autres questions vous attendent sur le site www.vernimmen.net.

EXERCICES

1/ Les comptes sociaux de la société M et de sa société fille SF sont présentés ci-après (en M€) :

Bilan :

Actif	M	SF	Passif	M	SF
Immobilisations corporelles et incorporelles	100	30	Capital social	40	10
Titres de participation			Réserves	80	10
– de la filiale	16	–			
– autres	5	–	Résultat net	10	5
Actif circulant	200	70	Passif exigible	191	75
Total	**321**	**100**	**Total**	**321**	**100**

Compte de résultat :

	M	SF
Chiffre d'affaires	200	90
– Achats	100	50
– Variations de stocks	–	2
– Autres services externes	25	20
– Charges de personnel	40	8
– Charges financières	10	1
+ Produits financiers	3	–
– Charges exceptionnelles	9	–
+ Produits exceptionnels	2	–
– Impôts sur les bénéfices	11	4
= Résultat net	10	5

Établissez les comptes consolidés du groupe M+SF dans les cas suivants : M détient 80 % de SF ; M détient 50 % de SF et un tiers détient les 50 % restant ; M détient 20 % de SF. On supposera qu'il n'existe aucun flux entre M et SF.

2/ V et K détiennent chacun 50 % de H qui détient à son tour 56 % de F. Quelle méthode de consolidation H va-t-il utiliser pour consolider F ? Et V pour consolider H en normes françaises ? Quelle est la fraction du chiffre d'affaires de F qui apparaîtra dans les comptes de V ? Quelle est la fraction du résultat de F qui apparaîtra dans les comptes de V ? Quelle sera la ventilation de ce dernier entre part du groupe et part des minoritaires ?

ÉLÉMENTS DE RÉPONSE

Questions

1. Voir ce chapitre, section 1.

2. Ce n'est pas une méthode de consolidation à proprement dit mais une méthode de réévaluation des actifs.

3. Elle est théorique car elle laisse supposer que le groupe détient des actifs de 100 par exemple alors qu'il n'a qu'un droit de 33,3 % sur 300 d'actifs.

4. Voir paragraphes 7.15 et 7.16.

5. A détient sa participation dans B en direct ou *via* une filiale détenue à 100 %.

6. À des produits financiers sur titres immobilisés.

7. Dans l'évaluation des actions car les actionnaires de la maison mère n'ont pas droit à la part du profit des filiales qui revient aux actionnaires minoritaires de celles-ci.

8. Oui, l'entrée d'intérêts minoritaires entraîne un profit ou une perte de dilution. C'est un paradoxe puisqu'il n'y a pas de cessions d'actions de la filiale et pourtant il y a un gain ou une perte qui correspond à l'accroissement ou à la diminution de la part du groupe dans les capitaux propres de la filiale. Voir paragraphe 8.76.

9. Car c'est un flux interne au groupe et si on ne faisait pas ce redressement, on compterait deux fois le même résultat.

10. Il correspond à l'écart entre le prix payé pour acquérir une participation dans la filiale et la quote-part correspondante de la valeur estimée de ses actifs sous déduction de ses passifs exigibles. L'écart d'acquisition est un actif incorporel qui sera amorti (normes françaises) ou déprécié si besoin est (normes IFRS).

11. Dans les comptes consolidés, il est fait l'effort d'avoir une approche plus économique que juridique ou fiscale comme dans les comptes sociaux.

12. Non, il s'agit d'une écriture de comptes consolidés alors que l'impôt est calculé sur les comptes sociaux.

13. Pour respecter le principe de bonne information financière.

Exercices

Les corrigés détaillés des exercices sur excel sont disponibles sur le site www.vernimmen.net.

1.

Bilan M + SF (en M€)	**80 %**	**50 %**	**20 %**		**80 %**	**50 %**	**20 %**
Actif				Passif			
Immobilisations corporelles et incorporelles	130	115	100	Capital social	40	40	40
Titres mis en équivalence			5	Réserves	80*	74	68
Titres de participation	5	5	5	Intérêts minoritaires	4		
Actif circulant	270	235	200	Résultat net (part du groupe)	14	12,5	11
				Intérêts minoritaires	1		
				Passif exigible	266	228,5	191
Total	**405**	**355**	**310**	**Total**	**405**	**355**	**310**

** Part du groupe.*

Compte de résultat M + SF (en M€)	**80 %**	**50 %**	**20 %**
Chiffre d'affaires	290	245	200
– Achats	150	125	100
– Variations de stocks	2	1	
– Autres services externes	45	35	25
– Charges de personnel	48	44	40
– Charges financières	11	10,5	10
+ Produits financiers	3	3	3
– Charges exceptionnelles	9	9	9
+ Produits exceptionnels	2	2	2
– Impôts sur les bénéfices	15	13	11
+ Résultat des sociétés mises en équivalence			1
= Résultat net	15	12,5	11
– Intérêts minoritaires	1		
= Résultat net part du groupe	14		

2. L'intégration globale car H contrôle F. L'intégration proportionnelle car V partage le contrôle de H avec K. 50 %. 50 %. Si le résultat net de F est de 100, H en constatera 100 dans ses comptes dont 56 en part du groupe et 44 en minoritaires. V en constatera 50 dans ses comptes dont 50 % × 56 = 28 en part du groupe et 50 % × 44 = 22 en minoritaires.

BIBLIOGRAPHIE

Pour approfondir les techniques de consolidation :

Académie des sciences et techniques comptables et financières, « L'allocation du coût du regroupement aux actifs et passifs de la société acquise », *Guide des bonnes pratiques* n° 17, www.lacademie.info.

Bachy B., Sion M., *Analyse financière des comptes consolidés : Normes IFRS*, Dunod, 2009.

Christiansen Cl., « Le manque de dépréciation du *goodwill* : étude sur la situation des grands groupes européens », *La Lettre Vernimmen.net* mai 2013, n° 115, pages 1 à 4.

Colinet F., Simon P., *Pratique des comptes consolidés*, 5e édition, Dunod, 2008.

Colle J.-P., Leduc Ph., « Les nouvelles règles d'allocation des *goodwill* », *La Lettre Vernimmen.net* juillet 2009, n° 78, pages 1 à 4.

Glineur M., Pavion A., « Amortissement du *goodwill* et tests de dépréciation : faut-il garder les tests d'*impairment* ? », *Option Finance* 17 juin 2013, n° 1226, pages 32 à 34.

Hirschey M., Richardson V., « Investor underreaction to goodwill write-offs », *Financial Analysts Journal* novembre-décembre 2003, vol. 59, n° 6, pages 75 à 84.

IASB, *International Financial Reporting Standards « red book »*, 2014.

Le Fur Y., Quiry P., « Quelles sont les nouvelles dispositions en matière de comptabilisation des fusions-acquisitions induites par la révision de la norme IFRS 3 ? », *La Lettre Vernimmen.net* septembre 2008, n° 68, pages 8 et 9.

MacKenzie *et al.*, *Interpretation and application of International Accounting and Financial Reporting Standards*, Wiley, 2014.

Mullenbach J.-L., « Allocation comptable du prix d'acquisition : une révolution », *Échanges* février 2010, n° 273, pages 24 à 25.

PricewaterhouseCoopers, *IFRS 2014*, Éditions Francis Lefebvre, 2013.

PricewaterhouseCoopers, *Comptes consolidés : règles françaises*, Éditions Francis Lefebvre, 2014.

www.anc.gouv.fr (site de l'Autorité des normes comptables).

www.fasb.org (site du FASB).

www.ifrs.org (site de l'IASB).

www.iasplus.com (site de Deloitte sur les IFRS).

www.anc.gouv.fr/sections/normes_privees/reglements/reglements_1999/reg1999_02_modifie/downloadFile/file/reg1999_02_modifie.pdf?nocache=1319638434.32 (*Règlement CRC n° 99-02* publié le 22 juin 1999).

Sur les comptes pro forma :

Autorité des marchés financiers, « Information financière pro forma », Recommandation AMF n° 2013-08, 2013.

Chapitre 8

Les points complexes de l'analyse des comptes

Tout ce que vous avez toujours voulu savoir sans jamais oser le demander.

8.1 Ce chapitre n'est pas un chapitre comme les autres. Il n'est pas conçu pour être lu d'un bout à l'autre, mais pour être consulté ponctuellement lorsque notre lecteur aura une difficulté d'interprétation, d'analyse ou de traitement d'un poste comptable.

Voici classés par ordre alphabétique les principaux problèmes que peut rencontrer notre lecteur.

Thème	Voir	Thème	Voir
Actions autodétenues ou autocontrôlées	8.2	Immobilisations incorporelles	8.43
Actifs de trésorerie	8.5	Impôts différés actifs ou passifs	8.54
Amortissements, dépréciations et pertes de valeur	8.8	Instruments financiers de couverture	8.61
Capitaux propres	8.14	Locations (financement et simples)	8.66
Chiffre d'affaires	8.18	Obligations ou emprunts convertibles	8.70
Comptes courants d'associés	8.19	Obligations remboursables en actions (ORA)	28.36
Comptes de régularisation	8.22	Primes de remboursement des obligations	8.73
Cotisations sur la valeur ajoutée des entreprises	8.25	Profits ou pertes de dilution	8.76
Écarts d'acquisition	7.18	Provisions	8.79
Écarts de conversion	7.35	Stocks	8.89
Engagements de retraite et avantages au personnel	8.28	Stock-options et attribution d'actions gratuites	8.93
Engagements hors bilan	8.33	Titres super-subordonnés	28.33
Escompte, affacturage et titrisation de créances	8.36	Transferts de charges	8.97
Immobilisations corporelles	8.40	Travaux en cours	8.100

Chacun des points complexes abordés l'est de la même façon :

- **d'un point de vue économique** afin de bien comprendre la réalité concrète de l'opération ;
- **d'un point de vue comptable** afin de bien comprendre le traitement comptable adopté et en quoi il affecte les comptes présentés ;
- **d'un point de vue financier** afin de conclure quant au traitement à retenir.

Notre expérience nous montre que c'est la meilleure façon d'appréhender un problème... et de le résoudre ! En fait, le principal élément à retenir de ce chapitre est la méthode de traitement d'un point complexe. Nous ne pouvons pas, en effet, aborder tous les points ici, même si nous traitons les principaux, et face à un nouveau problème notre lecteur, à défaut de nous interroger *via* le site www.vernimmen.net, devra bien le résoudre.

Les actions autodétenues ou autocontrôlées

1 ■ Le point de vue économique

8.2 Les actions autodétenues sont des actions de la société que celle-ci détient après les avoir acquises. Les actions autocontrôlées sont des actions de la maison mère détenues par des filiales contrôlées par celle-ci. Nous verrons au chapitre 41 quelles sont les raisons de cette situation.

2 ■ Le traitement comptable

8.3 Dans les comptes en normes françaises (sociaux et consolidés), ces actions sont classées en valeurs mobilières de placement pour autant qu'à l'origine, l'objet de leur rachat fût la régularisation des cours (pour les entreprises cotées, seulement dans le cadre d'un contrat de liquidité géré par un tiers) et/ou l'attribution de ces titres aux salariés, par exemple dans le cadre de stock-options ou de plans d'actions gratuites.

À défaut, elles sont classées en immobilisations financières dans les comptes sociaux et déduites des capitaux propres en comptes consolidés.

Dans les normes IFRS, elles sont systématiquement déduites des capitaux propres. Si elles sont ultérieurement cédées, leur prix de vente viendra gonfler d'autant les capitaux propres sans que l'éventuelle plus ou moins-value n'apparaisse au compte de résultat.

3 ■ Le traitement financier

8.4 Dans tous les cas de figure, nous conseillons de retrancher les actions autodétenues et autocontrôlées de l'actif et des capitaux propres. Nous considérons que d'un point de vue financier, le rachat d'actions équivaut à une réduction de capital (voir paragraphe 42.13), que celle-ci soit juridiquement réalisée ou pas. De la même façon, si ces actions sont cédées par l'entreprise, nous conseillons d'analyser alors cette cession comme une augmentation de capital.

Les actions autodétenues doivent ainsi être soustraites du nombre d'actions pour le calcul du bénéfice par action et de la capitalisation boursière.

Les actifs de trésorerie

1 ■ Le point de vue économique

8.5 Les actifs de trésorerie correspondent aux placements à court terme des excédents de trésorerie de l'entreprise (voir les paragraphes 53.29 et suivants).

2 ■ Le point de vue comptable

8.6 D'un point de vue comptable, les placements ne peuvent être considérés comme de la trésorerie (*cash equivalent* en anglais) que s'ils sont très liquides, à court terme, facilement convertibles en trésorerie pour un montant connu et soumis à un risque négligeable de changement de valeur.

En pratique, un certain nombre de critères seront appréciés (notamment pour les OPCVM) : indice de référence, fréquence de la valeur liquidative, pénalités en cas de sortie, volatilité, risque de contrepartie…

Le renforcement des contraintes pour pouvoir classer des placements en trésorerie provient des déconvenues à la suite de la crise de liquidité de 2007-2008 durant laquelle certains investisseurs se sont aperçus que les placements soi-disant monétaires étaient en réalité risqués (donc non liquides au moment de la crise et à la valeur volatile).

En normes IFRS, les actifs de trésorerie sont évalués sur la base de leur valeur de marché avec dégagement des plus et moins-values éventuelles dans le compte de résultat en produits financiers. En normes françaises, les plus-values ne sont extériorisées qu'au moment de la cession.

3 ■ Le point de vue financier

8.7 Le classement en actifs de trésorerie ou placement à long terme a un intérêt dans une optique d'appréciation de la liquidité de l'entreprise. Dans une optique économique, l'analyste essaiera de comprendre avant tout si l'actif contribue au résultat économique (et doit donc être intégré à l'actif économique), ou si c'est un placement financier (qu'il soit à long terme ou court terme). Il viendra alors en diminution de l'endettement net.

Les amortissements, dépréciations et pertes de valeur

1 ■ Le point de vue économique

8.8 L'amortissement d'un actif est la constatation comptable de la réduction de valeur qu'il a subie du fait de son utilisation ou de sa détention par l'entreprise. Il correspond à l'usure due à l'utilisation d'un bien : machines, agencements, carrières, véhicules, immeubles, etc.

En complément, la dépréciation (ou perte de valeur) d'un actif pourra également être constatée pour refléter, par exemple, l'obsolescence technologique d'un bien. Une perte de valeur peut également être constatée dans les comptes consolidés dans les années suivant l'acquisition d'une société si celle-ci se révèle effectivement avoir une valeur inférieure au prix payé.

2 ■ Le point de vue comptable

8.9 De la définition précédente résultent quatre principes essentiels :

- seuls peuvent être amortis les actifs que l'entreprise « consomme » progressivement : constructions, matériel et outillage, matériel de transport, matériel de bureau, certaines immobilisations incorporelles, à l'exclusion de tout autre bien (terrains, titres financiers, créances, etc.) ;
- tout système d'amortissement suppose qu'un actif a une durée d'utilité[1] au terme de laquelle il peut avoir une valeur résiduelle non nulle[2] ;
- toute entreprise doit amortir les actifs concernés pour un montant annuel suffisant, c'est-à-dire couvrant leur dépréciation économique, sous peine de surévaluer son bénéfice, et le cas échéant, de distribuer des dividendes fictifs ;
- toute entreprise est libre de choisir le système d'amortissement le plus adapté à la nature et au rythme d'usure de ses actifs. Notons cependant que, dans les comptes sociaux, les règles d'amortissement retenues peuvent être influencées par des considérations fiscales.

8.10 Les systèmes susceptibles d'être utilisés par l'entreprise sont les suivants :

- **l'amortissement linéaire** : il suppose que les charges d'amortissement sont réparties par fractions annuelles égales sur toute la durée d'utilité du bien ;
- **l'amortissement dégressif** : il repose sur l'utilisation d'une progression géométrique décroissante qui revient à amortir plus les premières années et moins les années suivantes ;
- **l'amortissement variable** n'est pas lié à une suite mathématique mais à l'utilisation de l'actif ; il sert à traduire avec exactitude l'usure réelle de l'actif.

En France, la méthode d'amortissement dégressif est souvent utilisée dans les comptes sociaux car elle permet de constater initialement une charge plus importante et donc de reporter dans le temps le

1 L'actif doit être décomposé en composants significatifs (par exemple les murs, la toiture…) dont la durée d'amortissement sera différente.

2 Dans ce cas, l'amortissement est calculé sur la base du prix d'acquisition moins la valeur résiduelle anticipée.

paiement d'une partie de l'impôt. La méthode d'amortissement linéaire est généralement retenue dans les comptes consolidés avec une durée qui est censée refléter la durée de vie économique de l'actif. La présentation des comptes consolidés nécessite donc le retraitement des amortissements. La différence d'imposition entre celle qui est théorique résultant de la dotation linéaire et l'impôt réel lié à la dotation dégressive est comptabilisée dans le passif consolidé en impôt différé passif (voir paragraphe 8.54).

Voici l'exemple d'un bien d'une valeur de 1 000 amortissable sur 5 ans. Deux techniques d'amortissement sont comparées dans le tableau suivant : l'amortissement linéaire et l'amortissement dégressif (coefficient de 1,75).

Au 31/12 de l'année	Amortissement linéaire	Amortissement dégressif	
	Dotation L (valeur nette)	Dotation D (valeur nette)	Dont amortissement dérogatoire D – L
2014	200 (800)	350 (650)	150
2015	200 (600)	227,5 (422,5)	27,5
2016	200 (400)	147,9 (274,6[1])	– 52,1
2017	200 (200)	137,3 (137,3)	– 62,7
2018	200 (0)	137,3 (0)	– 62,7

1. Lorsque l'annuité d'amortissement devient inférieure au quotient de la valeur comptable nette par le nombre d'années à courir, l'entreprise est tenue de passer au système linéaire.

On a bien : 227,5 = (650 / 5) × 1,75, et 147,9 = (422,5 / 5) × 1,75... Techniquement le taux d'amortissement dégressif est égal au taux de l'amortissement linéaire multiplié par un coefficient de 1,25 si la durée de vie du bien est de 3/4 ans, de 1,75 si elle est de 5/6 ans, de 2,25 au-delà[1].

8.11 On appelle **amortissement dérogatoire** la fraction de l'amortissement qui ne correspond pas à la constatation d'une perte de valeur normale d'un actif due à son utilisation, mais qui est constatée comptablement pour bénéficier d'un avantage fiscal. Cela peut ainsi être l'écart entre l'amortissement dégressif et l'amortissement linéaire comme dans l'exemple précédent.

Tant dans les normes françaises, internationales qu'américaines, l'amortissement dérogatoire d'origine fiscale est retraité et n'apparaît pas dans les comptes consolidés.

8.12 La constatation d'une **perte de valeur** nécessite d'effectuer sur l'actif, ou sur le groupe d'actifs un test de valeur (ou *impairment test* en anglais).

En norme IFRS, les tests de valeur nécessitent pour la société de définir un nombre le plus important possible d'unités génératrices de trésorerie (UGT) qui doivent être largement indépendantes dans leurs opérations ; les actifs sont alloués à chacune de ces UGT. La valeur des UGT est testée s'il y a des raisons de penser que leur valeur a baissé ou chaque année si elles comprennent du *goodwill*. Le test vérifie la cohérence entre la valeur nette comptable et la valeur recouvrable des actifs qui est définie comme la plus élevée des deux valeurs suivantes :

- la valeur d'usage, issue de l'actualisation des flux futurs de trésorerie générés ;
- le prix de marché net qui pourrait être obtenu dans une transaction équilibrée entre parties consentantes et bien informée, sous déduction des frais de cession.

1 Pour les biens acquis entre le 4 décembre 2008 et 31 décembre 2009, les taux sont majorés de 0,5 (soit 1,75, 2,25 et 2,75).

Si la valeur comptable excède la valeur de récupération, il convient de déprécier les actifs. La perte de valeur est en priorité imputée au *goodwill* s'il y en a, puis aux autres actifs.

Il convient de noter que si la valeur de l'UGT s'accroît à nouveau, la perte de valeur peut être extournée partiellement ou totalement sur les actifs à l'exception du *goodwill*.

3 ■ Le point de vue financier

8.13 Le choix entre dégressif et linéaire et le choix de la durée d'amortissement donnent des indications sur la qualité des comptes, c'est-à-dire la volonté des dirigeants d'extérioriser ou non des résultats. Voici à titre d'exemple les durées d'amortissement habituellement pratiquées en France auxquelles les choix de telle ou telle entreprise pourront être comparés.

Agencements et installations	10 à 20 ans	Matériel de bureau	5 à 10 ans
Automobiles	4 à 5 ans	Micro-ordinateurs	3 à 4 ans
Bâtiments commerciaux	20 à 50 ans	Mobiliers	10 ans
Bâtiments industriels	20 ans	Outillage	5 à 10 ans
Matériel	6, 7 à 10 ans	Petit matériel	1 an

Une entreprise qui amortit ses immobilisations en linéaire sur de longues durées affichera des résultats plus élevés que ceux de l'entreprise qui utilise le dégressif et des durées courtes. Des résultats plus élevés, mais de moindre qualité. On pourra, en effet, soupçonner dans le premier cas qu'une partie des résultats affichés est fictive car due à un sous-amortissement.

Concernant le *goodwill*, nous renvoyons notre lecteur au paragraphe 7.24 qui traite ce sujet.

■ Les capitaux propres

1 ■ Le point de vue économique

8.14 Les capitaux propres comptables représentent les fonds apportés par les actionnaires à la constitution de la société ou ultérieurement, ou laissés à sa disposition en tant que bénéfices mis en réserve, c'est-à-dire non distribués sous forme de dividendes ou de rachats d'actions.

2 ■ Le point de vue comptable

8.15 • **En normes françaises**, les capitaux propres sont constitués :

- du capital social et des primes (d'émission, de fusion, d'apport, etc.) ;
- des écarts de réévaluation et d'équivalence ;

- des réserves légales, statutaires ou contractuelles, réglementées, du report à nouveau et du résultat de l'exercice non encore affecté ;
- des subventions d'investissement ;
- des provisions réglementées (dans les comptes sociaux car dans les comptes consolidés elles ont été retraitées et n'apparaissent plus).

En comptes consolidés les capitaux propres se répartissent entre les capitaux propres part du groupe et les intérêts minoritaires.

8.16 • **En normes IFRS** :

- n'apparaîtront pas en capitaux propres les subventions d'investissement et les écarts de réévaluation et d'équivalence, issus de spécificités françaises,
- mais de nouvelles rubriques apparaissent comme par exemple les « écarts actuariels » relatifs aux engagements de retraite ou les « variations de juste valeur des actifs financiers disponibles à la vente ». Nous renvoyons notre lecteur à des ouvrages techniques sur les IFRS pour mieux comprendre ce qui se cache derrière ces termes.

3 ■ Le point de vue financier

8.17 Pour passer d'une vision comptable des capitaux propres à une vision financière de ceux-ci, il convient de :

- retrancher les actions autodétenues ou autocontrôlées figurant dans les valeurs mobilières de placement ou dans les immobilisations financières en normes françaises (ce retraitement est déjà fait en IFRS) ; voir paragraphe 8.3 ;
- retrancher le capital souscrit non appelé (ou capital non libéré). En effet, en termes de solvabilité, ce capital, qui n'est pas versé, est encore une non-valeur pour l'entreprise ;
- ajouter la part des provisions qui sont à caractère de réserves (provisions forfaitaires concernant des risques généraux non précisés et ayant subi l'impôt puisqu'elles ne sont pas déductibles). Une vision financière dicte d'intégrer aux capitaux propres les provisions passées pour réduire un résultat et qui ne correspondent pas à des risques ;
- retrancher ou ajouter certains impôts différés (voir paragraphes 8.54 et suivants).

■ Le chiffre d'affaires

8.18 La principale question est de savoir quand on doit comptabiliser le chiffre d'affaires et constater ainsi une créance d'exploitation. Est-ce :

- à la date de prise de la commande, soit lors de l'engagement de l'acheteur ;
- à la date d'expédition, soit lors de la dépossession matérielle de la marchandise pour le vendeur ;

- à la date de facturation ou de livraison, soit lors de l'exécution du contrat commercial ;
- à la date d'encaissement, soit lors du règlement de la créance détenue sur le client ?

En règle générale, le chiffre d'affaires et la créance sont enregistrés à la **date de livraison** du bien ou de réalisation de la prestation de service. Les normes IFRS précisent que le chiffre d'affaires doit être enregistré lors du transfert du risque (pour les biens) et lors de la réalisation (pour les prestations de services).

On néglige donc, en premier lieu le risque de non-paiement du client. Ce n'est que plus tard que l'on comptabilise le risque en passant une dépréciation. Se pose alors la question du moment où cette dépréciation est créée et de son montant.

En normes IFRS, le chiffre d'affaires est net des remises, ristournes et escomptes.

La comptabilisation du chiffre d'affaires présente une problématique particulière dans le cas de cycle de production long, ceci est traité au paragraphe 8.100.

■ Les comptes courants d'associés

1 ■ Le point de vue économique

8.19 Les comptes courants d'associés sont des fonds prêtés par les associés (ou les actionnaires) de la société. En l'absence de clause particulière, ils sont exigibles à tout moment.

2 ■ Le point de vue comptable

8.20 Les comptes courants d'associés n'apparaissent pas toujours clairement dans la présentation du bilan social. Ils sont en effet inclus parmi les emprunts et dettes financières divers.

3 ■ Le point de vue financier

8.21 Nous les considérons comme des dettes financières sauf si un engagement ferme et irrévocable de conversion en capitaux propres a été pris par leur propriétaire, auquel cas ils seraient assimilés à des capitaux propres.

Les comptes de régularisation

1 ■ Le point de vue économique

8.22 Les comptes de régularisation enregistrent des charges et des produits comptabilisés pendant un exercice mais qui concernent un exercice ultérieur.

2 ■ Le point de vue comptable

8.23 Les comptes de régularisation passifs ou actifs se composent principalement :

- **des charges constatées d'avance** : il s'agit de charges qui correspondent à des biens ou des services dont la fourniture ou la prestation interviendra ultérieurement. Ainsi un loyer payé par avance sur 12 mois chaque 1er octobre figurera pour les 3/4 de son montant en charges constatées d'avance à l'actif du bilan du 31 décembre ;
- **des produits constatés d'avance** : il s'agit de produits comptabilisés avant que les prestations ou fournitures le justifiant n'aient été effectuées ou livrées. Ainsi le quotidien *Les Échos* comptabilise-t-il, au passif de son bilan au 31 décembre, les abonnements annuels reçus le 1er octobre pour les 3/4 de leur montant.

Citons également les charges à payer et produits à recevoir qui procèdent de la logique inverse des charges et produits constatés d'avance.

Les **charges à répartir sur plusieurs exercices** tant en normes françaises qu'en normes IFRS doivent, selon le cas, être incorporées au coût d'entrée de l'immobilisation ou comptabilisées en charges de l'exercice. En normes françaises, seuls les frais d'émission d'emprunts peuvent encore apparaître en charges à répartir à l'actif du bilan.

3 ■ Le point de vue financier

8.24 Les produits et les charges constatés d'avance sont des éléments du besoin en fonds de roulement d'exploitation.

Les frais d'émission d'emprunt sont des non-valeurs à porter en diminution des capitaux propres.

La cotisation sur la valeur ajoutée des entreprises (CVAE)

1 ■ Le point de vue économique

8.25 Elle résulte de l'éclatement de la taxe professionnelle entre :

- la contribution foncière des entreprises (CFE) ;
- et la cotisation sur la valeur ajoutée des entreprises (CVAE).

La CVAE est calculée au taux de 1,5 % de la valeur ajoutée dès lors que le chiffre d'affaires est supérieur à 50 M€. En deçà de 0,5 M€, le taux est nul. Entre 0,5 M€ et 50 M€ de chiffre d'affaires, le taux est progressif entre 0 % et 1,5 %.

2 ■ Le point de vue comptable

8.26 Les normes IFRS laissent la possibilité aux entreprises de traiter la CVAE comme un impôt sur le résultat ou comme un élément des impôts et taxes divers (comme la taxe professionnelle) qui vient en déduction pour le calcul de l'excédent brut d'exploitation et du résultat d'exploitation. Des entreprises ne se privent pas d'user de cette marge de manœuvre afin de gonfler leur excédent brut d'exploitation et leur résultat d'exploitation, d'où une absence d'homogénéité regrettable.

Les normes françaises classent la CVAE en un élément des impôts et taxes divers, donc comme une charge d'exploitation.

3 ■ Le point de vue financier

8.27 L'enjeu financier n'est pas négligeable car les prêteurs et les évaluateurs se focalisent souvent sur l'EBE ou le résultat d'exploitation et moins sur le résultat net. Comptabiliser la CVAE en impôt sur le résultat améliore donc l'EBE et le résultat d'exploitation et ne peut qu'améliorer le respect des *covenants* des crédits ou la valorisation de l'entreprise calculée par la méthode des multiples de l'EBE ou du résultat d'exploitation.

Nous considérons que la valeur ajoutée contribue au résultat mais qu'elle est suffisamment en amont de celui-ci pour ne pas être assimilée à un résultat avant impôt. En effet, elle est séparée du résultat avant impôt principalement par les frais de personnel et les charges sociales, par la dotation aux amortissements et les provisions, par les frais financiers, qui sont rarement des peccadilles.

Appelons un chat un chat. L'impôt sur le résultat est un impôt sur le résultat et un résultat ce n'est pas un solde à mi-chemin du compte de résultat. La CVAE doit être classée avec les impôts et taxes parmi les charges d'exploitation plutôt qu'avec l'impôt sur les résultats.

À défaut, cela ne signale pas une bonne qualité des comptes et nous conseillons à notre lecteur de retraiter les comptes en conséquence.

Les engagements de retraites et les avantages au personnel

1 Le point de vue économique

8.28 Les engagements de retraite et les avantages au personnel concernent les indemnités de fin de carrière, les régimes de préretraite ou assimilés, les régimes particuliers de retraite, les régimes complémentaires assurant une garantie de ressources et des avantages en matière de soins médicaux, assurances-vie et prévoyance accordés le cas échéant par les contrats de travail et les conventions collectives.

En matière de retraite, on distingue :

- les **régimes à « prestations définies »** par lesquels l'employeur s'engage sur le montant ou garantit le niveau des prestations définies par la convention, le plus souvent en fonction du salaire et de l'ancienneté du salarié (engagement dit de résultat). Ces régimes peuvent être gérés de manière interne ou externe ;

- les **régimes à « cotisations définies »** par lesquels l'employeur s'engage à verser des cotisations régulières à un organisme gestionnaire, cotisations qui, augmentées du revenu de leur placement, seront reversées sous forme de rentes aux salariés retraités. Le montant de cette rente résulte de la gestion du régime, toujours assurée par un organisme extérieur ; l'employeur n'apporte pas de garantie sur le niveau des rentes versées (engagement dit de moyens). C'est le cas de la plupart des systèmes publics de protection sociale.

2 Le point de vue comptable

8.29 Les régimes à cotisations définies sont comptabilisés en charges sur chaque exercice. Un régime à prestations définies donne lieu à l'enregistrement d'un passif sous forme de provision correspondant à **la valeur actuelle à la date de clôture de l'exercice de la quote-part des pensions à verser correspondant aux droits projetés acquis à cette date**. La suppression au 1er janvier 2013 de la méthode dite du « corridor » fait que dorénavant la totalité de la valeur des engagements de retraite apparaît bien au bilan des entreprises suivant les normes IFRS.

Le cas échéant, dans les pays où existent des fonds de pension autonomes qui gèrent les engagements sociaux de l'entreprise, la valeur de marché des actifs du fonds de pension vient s'imputer sur la valeur actuarielle de l'engagement. La méthode utilisée pour évaluer la valeur actuarielle est dite « méthode des unités de crédit projetées » qui simule la projection des services rendus par l'ensemble du personnel de l'entreprise à la date de l'évaluation, compte tenu d'hypothèses actuarielles (démographiques, de rotation du personnel, etc.). Le taux d'actualisation retenu est celui des obligations d'entreprises de première catégorie, en pratique celles notées AA.

8.30 En normes françaises, les entreprises ont le choix entre trois solutions :

- absence de constitution de provision sur les retraités, et sur les collaborateurs en activité avec mention obligatoire dans l'annexe des engagements de retraites, comme le Code de commerce le permet ;

- constitution de provision pour partie souvent limitée aux retraités ;

▪ constitution de provision pour la totalité, qui a la préférence de l'Autorité des normes comptables dont les recommandations sur ce thème sont très proches des normes IFRS.

Lors de la première comptabilisation d'une provision pour retraite, si les services passés sont retenus, les entreprises imputent la charge de retraite correspondant aux exercices antérieurs en totalité sur les capitaux propres.

8.31 Chaque année, la charge de retraite comptabilisée est composée de :

▪ la valeur actuelle des droits acquis par les salariés au cours de l'année (*service cost* en anglais) ;

▪ la charge correspondant à la « désactualisation » (le montant d'engagement comptabilisé étant un montant actualisé, il s'accroît avec le passage du temps). Cette charge est généralement comptabilisée en charge d'exploitation[1] alors qu'elle est de nature financière (et est parfois appelée charge d'intérêt, *interest cost* en anglais) ;

▪ diminuée du rendement théorique sur les actifs constitués en face des engagements (comptabilisé généralement en produits financiers), calculés en utilisant le taux d'actualisation retenu pour établir la valeur actuelle des engagements[2] ;

▪ d'autres éléments non récurrents.

Les normes IFRS prévoient la comptabilisation de l'ensemble des avantages versés aux employés : retraites, pensions, frais de prévoyance/santé, indemnités de fin de carrière. Ces normes précisent de façon détaillée le mode de calcul du passif social correspondant à ces avantages. Aux États-Unis, les normes prévoient également la comptabilisation des prestations de retraite et des engagements autres que ceux relatifs aux pensions, c'est-à-dire principalement la prise en compte pendant la durée d'activité des salariés des remboursements de frais médicaux versés par les entreprises.

3 ▪ Le point de vue financier

8.32 Quel traitement réserver à la provision[3] qui apparaît au passif du bilan et qui peut parfois atteindre des montants très élevés, comme par exemple pour les entreprises allemandes ?

Nous considérons que conceptuellement la provision pour retraite est très similaire à une dette financière à l'égard des salariés. Celle-ci est réajustée chaque année pour tenir compte de la désactualisation, comme un emprunt zéro coupon (voir paragraphe 24.10) pour lequel chaque année l'entreprise constate une charge d'intérêt qu'elle ne versera qu'à l'échéance.

Aussi conseillons-nous d'assimiler la provision pour retraite, majorée des écarts actuariels et des coûts des services passés non comptabilisés, qui correspond ainsi au déficit des actifs de retraite par rapport aux engagements, à une dette financière. Cette majoration diminue d'autant le montant des capitaux propres. C'est le passé qui est ainsi pris en compte.

1 En normes IFRS et américaines.

2 L'écart entre ce taux de rendement théorique et le taux de rendement encaissé est comptabilisé en autres éléments du résultat global, sans passer par le compte de résultat.

3 Qui a le caractère de dette en normes IFRS.

En matière d'évaluation d'entreprises, les engagements futurs que l'entreprise prendra à l'égard de ses salariés seront eux mesurés approximativement par l'actualisation de la charge annuelle de retraite (actualisation des flux de trésorerie) ou par l'application d'un multiple (méthode des multiples) à celle-ci. Ceci suppose que la fraction de la dotation aux provisions pour retraite correspondant au passage du temps, sous déduction des éventuels revenus des actifs financiers des plans, soit assimilée à une charge financière et non à une charge d'exploitation. Si elle n'a pas déjà été reclassée en résultat financier, elle doit être soustraite des charges d'exploitation et ajoutée aux charges financières.

■ Les engagements hors bilan

1 ■ Le point de vue économique

8.33 Le bilan retrace l'ensemble des éléments résultant des opérations réalisées. Mais il est difficile pour la comptabilité de retracer des opérations non encore réalisées (paiement de loyers sur la durée résiduelle du bail, commandes passées mais non encore enregistrées ou payées car la marchandise n'a pas été livrée, etc.). Or elles peuvent modifier assez vite le patrimoine ou la situation financière de l'entreprise.

2 ■ Le point de vue comptable

8.34 Les engagements hors bilan ont :

- soit une incidence positive sur les comptes et ils ne sont alors pas comptabilisés au bilan mais mentionnés en annexe aux comptes, d'où le terme « hors bilan » ; on parle alors d'engagements reçus ;
- soit une incidence négative qui, si elle est probable, débouche sur la constitution dans les comptes d'une provision, ou si elle est éventuelle, d'une information en annexe aux comptes ; on parle alors d'engagements donnés.

Ces informations figurent de façon disséminée dans l'annexe. Aussi l'AMF recommande-t-elle [1] de regrouper dans une seule note l'ensemble des informations concernant les obligations et engagements des entreprises futurs et conditionnels.

Ils peuvent être répartis en trois catégories :

- les engagements liés au périmètre du groupe consolidé, comme des engagements de rachat de participations qui ont peu de chance d'être exercés, des garanties données sur des financements obtenus dans le cadre de titrisations, des engagements fiscaux de conservation de titres, etc. ;
- les engagements liés au financement du groupe, comme des garanties financières reçues ou données, des lignes de crédit accordées à des tiers ou reçues mais non encore utilisées, etc. ;

1 Recommandation AMF n° 2010-14 du 6 décembre 2010.

▪ les engagements liés aux activités opérationnelles, comme les engagements fermes et irrévocables d'achat de matières premières, les engagements d'investissements, de garantie de bonne fin, les cautions reçues.

L'AMF préconise pour chaque engagement de donner une présentation synthétique descriptive et chiffrée sur les deux derniers exercices (dès lors que la quantification est suffisamment fiable).

Il convient de noter que la notion même de hors bilan n'existe pas en IFRS. Ces normes préconisent de comptabiliser l'ensemble des éléments dans le bilan.

3 ■ Le point de vue financier

8.35 L'analyste craindra toujours que l'entreprise ne fasse apparaître en hors bilan des éléments qui devraient apparaître au bilan. L'analyse des éléments hors bilan est donc très enrichissante sous deux angles :

▪ elle montre le degré d'ingéniosité comptable de l'entreprise et permet donc de porter un jugement sur la qualité des comptes publiés ;

▪ elle renseigne sur l'apparition future au bilan de la conséquence d'engagements donnés (achat d'immobilisations ou engagement d'achat qu'il faudra financer par dettes, caution d'un tiers défaillant qui se traduira par des pertes et des versements sans contrepartie, etc.).

Les principaux points concernés sont les suivants :

	Poste	**Commentaires**
Engagements financiers	Effets remis à l'escompte non échus[2]	Font assez souvent partie du bilan en comptes consolidés[1]
	Avals, cautions et garanties donnés (dont garanties de passifs)	Analyser la situation de l'entité concernée pour chiffrer le poids de l'engagement
	Engagements comme associés, illimités ou non, *earn-out*[2], engagement de rachat de minoritaires (*puts*)	
	Engagements de retour à meilleure fortune	
Dettes	Dettes garanties par des sûretés réelles	Reflète le degré de confiance qu'ont les banquiers dans l'entreprise
Autres	Créances garanties par des sûretés réelles	
	Commandes à des fournisseurs d'immobilisations et autres engagements d'achat	Elles vont affecter à court terme la configuration du bilan actuel
	Crédit-bail	Retraité dans le bilan consolidé
	Opérations à terme ou optionnelles (terme, *swap*, option) sur les taux, changes ou matières premières[2]	À apprécier par rapport à la surface financière de l'entreprise

1. *Et toujours en normes IFRS, sauf s'ils sont sans recours contre l'entreprise.*
2. *Apparaissent au bilan en normes IFRS. Voir paragraphe 8.36.*

Lors de cessions d'entreprises, le vendeur accorde le plus souvent une garantie d'actif et de passif (voir paragraphe 48.14) qui fait partie des éléments hors bilan.

■ L'escompte, l'affacturage et la titrisation de créances

1 ■ Le point de vue économique

8.36 L'escompte, l'affacturage et la titrisation de créances reposent sur la logique de cession de créances à des investisseurs (titrisation) ou à une banque ou un établissement spécialisé (escompte, affacturage).

L'escompte est une opération de crédit par laquelle le banquier met à la disposition de l'entreprise, contre remise d'un effet de commerce non échu, le montant de l'effet diminué des intérêts et commissions. La banque ayant escompté un effet en devient propriétaire et est normalement remboursée par l'encaissement de cet effet auprès du débiteur de l'opération commerciale, c'est-à-dire le client de son client.

8.37 La « procédure Dailly » est une procédure destinée à faciliter l'octroi de crédits aux entreprises. Le créancier remet à la banque un bordereau qui récapitule des créances commerciales (facture, marchés et états d'avancement de travaux, reconnaissance de dette...). Sa remise permet la cession ou le nantissement de ces créances au profit de l'établissement qui consent le crédit, sous forme d'avance ou de découvert autorisé à hauteur du montant des créances cédées.

L'affacturage (ou *factoring*) est une technique de gestion financière par laquelle, dans le cadre d'un contrat, une société d'affacturage acquiert les créances commerciales d'une entreprise, en assure le recouvrement pour son propre compte et peut supporter les pertes éventuelles sur des débiteurs insolvables (voir paragraphe 25.14).

Au travers de la titrisation, les plus grandes entreprises utilisent un montage spécifique (voir paragraphe 25.23) pour céder leurs créances directement à des investisseurs.

2 ■ Le point de vue comptable

8.38 En comptabilité sociale, les créances cédées font partie du hors bilan de l'entreprise quel que soit le moyen utilisé pour les céder.

Dans les comptes consolidés, les créances sont réintégrées au poste clients et en dettes bancaires si l'entreprise n'a pas transféré d'une part les droits contractuels au paiement et d'autre part les risques et avantages associés aux créances cédées. Un point clé (même s'il peut ne pas être suffisant) sera de savoir si l'acquéreur de la créance dispose de recours sur l'entreprise en cas de non-paiement de la créance à son échéance.

C'est pour cela que les banques proposent aussi la technique de l'escompte ou de l'affacturage sans recours, qui est une cession pure et simple de créances commerciales sans possibilité de recours ultérieur de la banque contre son client si l'effet est impayé. Cette technique permet généralement de sortir complètement les créances cédées du bilan et du hors bilan de l'entreprise.

3 ■ Le point de vue financier

8.39 D'un point de vue financier, que la cession de créances soit sans recours ou non, il convient de réintégrer le montant des créances cédées aux créances clients d'une part et aux dettes financières à court terme d'autre part. En effet, l'analyste souhaitera reconstituer le besoin en fonds de roulement normal sans quoi, le niveau du besoin en fonds de roulement et son évolution ne pourront être analysés et comparés aux autres sociétés du secteur.

La période de crise récente a démontré que ces cessions de créances pouvaient temporairement ou de manière durable ne plus être possibles faisant subitement réapparaître au bilan des entreprises un BFR important.

■ Les immobilisations corporelles

1 ■ Le point de vue économique

8.40 Les immobilisations corporelles se composent des terrains, constructions, immobilisations techniques, matériels et outillages industriels, autres immobilisations corporelles, immobilisations corporelles en cours.

Les immobilisations corporelles constituent, avec les immobilisations incorporelles, la substance d'une entreprise, son **outil industriel et commercial**.

2 ■ Le point de vue comptable

8.41 Certains actifs corporels peuvent être très importants ; ils ont pu se revaloriser (un siège social, un magasin, une usine dans le cœur d'une ville, etc.) et ne plus correspondre du tout à leur valeur comptable.

Inversement, d'autres actifs corporels n'ont quasiment aucune valeur sauf dans le cadre de l'exploitation de l'entreprise. Si nous exagérons un peu, nous pouvons dire qu'ils n'ont pas plus de valeur que certains frais d'établissement.

Il est clair que l'évaluation au coût historique, conséquence du nominalisme comptable, ne présente pas d'intérêt du point de vue financier.

Dans les comptes sociaux, les immobilisations corporelles sont évaluées sur la base de leur prix d'acquisition minoré des dotations aux amortissements et des pertes de valeur. Toute réévaluation dégageant des plus-values entraîne une imposition, à moins que l'entreprise ait des reports fiscaux déficitaires suffisants ou que la réévaluation s'inscrive dans le cadre d'une loi prévoyant expressément la neutralité fiscale[1]. Dans les comptes consolidés (normes françaises), pour lesquels cette préoccupation fiscale n'existe pas, seuls sont réévalués dans la pratique les actifs des sociétés acquises lors de leur première consolidation.

1 Ce qui est très rare, la dernière réévaluation légale remontant en France à 1976.

En normes IFRS, les sociétés ont la possibilité de réévaluer régulièrement leurs immobilisations corporelles (dont les immeubles) à leur juste valeur. Le choix de cette option est fait catégorie par catégorie d'immobilisations. Une fois établi, il s'applique en revanche à l'ensemble des immobilisations d'une catégorie. Toutefois, peu de sociétés ont opté pour cette méthode du fait de la complexité de la comptabilisation des variations de juste valeur. En résumé, une augmentation de valeur est inscrite directement en capitaux propres, sauf si elle compense une diminution de valeur du même actif précédemment comptabilisée en résultat. Et une diminution de valeur est comptabilisée directement en résultat pour la partie qui excède le montant de la réserve de réévaluation relative à l'actif concerné !

De plus, il existe en IFRS une catégorie particulière de biens immobiliers, les immeubles de placement[1], qui peuvent être, sur option, comptabilisés à leur juste valeur et dont les variations de juste valeur sont nécessairement comptabilisées en résultat.

Notons qu'en IFRS ainsi qu'en normes américaines, les frais financiers intercalaires sur les immobilisations produites doivent être intégrés à la valeur de l'actif (à condition qu'ils soient clairement identifiés et que le temps de production soit suffisamment long). La France a suivi en ce domaine en prévoyant la possibilité d'inclure les frais d'emprunts liés au coût d'acquisition ou de production d'immobilisations « lorsqu'il est probable qu'elles donneront lieu à des avantages économiques futurs pour l'entreprise et que leur coût peut être évalué de façon fiable ».

3 ■ Le point de vue financier

8.42 Les choix comptables en matière d'immobilisations peuvent avoir un impact important sur de nombreux paramètres : le résultat de la société ou du groupe et son apparente solvabilité.

En effet, le choix d'activer une charge en enregistrant la constitution d'actifs **allégera le compte de résultat de l'exercice mais grèvera les résultats futurs par un accroissement du montant de la dotation aux amortissements**.

Dès lors, le financier s'intéressera beaucoup plus aux flux, aux mouvements des immobilisations, qu'aux immobilisations à un moment donné, les flux d'immobilisations ayant l'avantage d'être exprimés en valeur d'aujourd'hui.

■ Les immobilisations incorporelles

8.43 Les immobilisations incorporelles regroupent principalement : les frais d'établissement, les frais de recherche et de développement immobilisés, les concessions, brevets et droits similaires, les fonds commerciaux et les droits au bail, les marques et parts de marché, les logiciels, et les écarts d'acquisition dont nous avons parlé dans le chapitre 7.

1 Bien immobilier détenu pour en retirer des loyers et/ou pour valoriser le capital.

Ce poste mérite une attention d'autant plus particulière que l'entreprise jouit d'une certaine latitude en matière de comptabilisation et que leur part dans le bilan des entreprises est devenue non négligeable.

■ *Les frais d'établissement*

1 ■ Le point de vue économique

8.44 Les frais d'établissement sont des dépenses engagées à l'occasion d'opérations qui conditionnent la création ou le développement de l'entreprise comme les frais de constitution, de prospection et de publicité lors du début de l'activité, et les frais d'augmentation de capital, de fusion, de transformation, etc.

2 ■ Le point de vue comptable

8.45 Les frais d'établissement constituent *a priori* une charge de l'exercice au cours duquel ils ont été encourus. Il est toutefois possible d'activer ces frais en les faisant figurer au bilan dans un compte « frais d'établissement » dans la mesure où ils conditionnent l'existence ou le développement de l'entreprise avec obligation de les amortir sur une période maximale de 5 ans.

En normes IFRS, le concept de « frais d'établissement » n'existe pas en tant que tel, et les frais concernés sont donc directement comptabilisés en charges de l'exercice. Aux États-Unis, les *pre-operating costs* peuvent être regroupés avec d'autres éléments sous la rubrique *other non current assets* et sont en général amortis sur 3 à 5 ans.

3 ■ Le point de vue financier

8.46 Le raisonnement financier est simple : ces frais sont des « non-valeurs » qui ne représentent rien, et doivent donc être déduits du montant des capitaux propres de l'entreprise. Une société qui les active ne signale pas une grande rigueur dans la tenue de ses comptes.

■ *Les frais de recherche et de développement*

1 ■ Le point de vue économique

8.47 Les frais de recherche et de développement sont des dépenses qui correspondent à l'effort réalisé par l'entreprise dans ce domaine et **pour son propre compte**.

2 ■ Le point de vue comptable

8.48 Les frais de recherche sont enregistrés comme charges de l'exercice au cours duquel ils sont engagés, respectant ainsi la règle de prudence qu'impose le caractère aléatoire de ces activités et ceci, tant en normes françaises qu'en normes IFRS.

Les frais de développement **peuvent** être activés au bilan en normes françaises et **doivent** l'être en normes IFRS dès lors que :

- le projet ou le produit est identifiable et ses coûts mesurables ;
- la faisabilité du projet peut être démontrée ;
- l'entreprise a l'intention de produire et de commercialiser, ou d'utiliser le produit ou le projet ;
- l'existence d'un marché pour le produit ou le projet ou, s'il est à usage interne, son utilité pour l'entreprise, peuvent être démontrées ;
- l'entreprise dispose ou disposera des ressources pour mener le projet à terme et commercialiser ou utiliser le produit ou le projet.

Aux États-Unis, l'activation des frais de recherche et développement n'est pas autorisée sauf cas particulier des développements de logiciels.

3 ■ Le point de vue financier

8.49 Nous conseillons de laisser les frais de développement en immobilisations incorporelles tout en étant vigilants sur leur croissance qui pourrait cacher des pertes.

■ *Les marques, les parts de marché, les fonds de commerce, les brevets, les logiciels*

1 ■ Le point de vue économique

8.50 Il s'agit des marques ou des fonds de commerce acquis directement ou à travers une entreprise auprès de tiers et valorisés lors de leur première consolidation ou de celle de l'entreprise qui les détient.

2 ■ Le point de vue comptable

8.51 Les marques ne sont pas comptablement valorisées si elles n'ont pas été acquises. Il y a donc là déficience de la comptabilité, qui est particulièrement importante dans le cas des industries de grande consommation (agroalimentaire, textile, automobile, etc.) ou des industries de luxe, tout particulièrement dans une optique de valorisation de la société. En effet, ces marques ont une valeur considérable, et ne pas en tenir compte dans l'évaluation d'une société de ces secteurs est tout simplement impensable. Comme nous l'avons vu au paragraphe 7.20, lors de l'acquisition d'une entreprise, l'affectation de l'écart de première consolidation à des marques ou des parts de marché se traduit par le développement de ces actifs dans le bilan des groupes. Ainsi LVMH comptabilise des marques pour 11,5 Md€ à son bilan représentant 25 % de son actif économique. L'amortissement d'une marque n'étant pas fiscalement déductible, une pratique assez généralisée de non-amortissement de cet actif s'est développée ; au plus, l'actif sera déprécié.

Les parts de marché ne peuvent pas, en normes IFRS, être comptabilisées au bilan[1]. Il en est de même pour les fonds commerciaux, les dépenses de formation ou de publicité qui sont donc des éléments du *goodwill* (voir paragraphe 7.18), non identifiés en tant que tels. Par contre, les listes de clients, les contrats de franchise, les brevets, les logiciels standards peuvent être activés en immobilisations incorporelles suite à un regroupement d'entreprises.

Si l'immobilisation incorporelle a une durée de vie finie, elle doit être amortie sur sa durée d'utilité. Si l'immobilisation incorporelle a une durée de vie indéfinie (ce qui ne veut pas dire infinie), elle n'est pas amortie mais éventuellement dépréciée (voir paragraphe 8.12).

3 ■ Le point de vue financier

8.52 Certains analystes, et tout particulièrement les banquiers prêteurs, considèrent dans une optique de structure financière les marques comme des non-valeurs, et les déduisent en conséquence du montant des capitaux propres purement et simplement. Pour notre part, nous nous y refusons.

Ces immobilisations ont le plus souvent une grande valeur dans une optique de valorisation, bien qu'étant incorporelles. Que vaut une entreprise de haute couture, de produits de consommation courante sans ses marques ?

Cela dit, la valeur des marques, des fonds de commerces, des parts de marché inscrites au bilan sera sujette à caution si la rentabilité de l'entreprise est faible car leur fondement économique est justement d'apporter un surcroît de rentabilité.

■ *Conclusion*

8.53 Nous pouvons conclure sur les immobilisations incorporelles créées et non acquises par l'entreprise par cette boutade : plus les valeurs incorporelles sont comptablement importantes, moins elles ont de valeur ; et moins elles sont comptablement importantes, plus elles peuvent avoir de la valeur. Ceci s'explique par la politique comptable et financière de l'entreprise rentable qui essaiera de minimiser ses impôts en passant en charges le maximum possible de frais d'établissement, de frais de développement, etc. Au contraire, en cas de difficultés ou en cas de croissance externe très onéreuse, l'entreprise valorisera au maximum ses actifs incorporels afin de maintenir positifs le résultat et les capitaux propres.

> Pour un financier, les actifs incorporels, créés ou acquis, sont fondamentaux pour la valorisation de l'entreprise. Cependant, nous pensons que la valorisation comptable des actifs incorporels est un pur formalisme qui a peu à voir avec la réalité financière. Certains sont évalués parce qu'ils ont été acquis. D'autres ne le sont pas car ils ont été créés. Où est la logique ?

1 Elles peuvent encore l'être en normes françaises.

Les impôts différés actifs ou passifs

1 ■ Le point de vue économique

8.54 La situation fiscale différée ou latente qui génère des impôts différés actifs ou passifs provient de différences entre les valeurs fiscales et les valeurs comptables des actifs et des passifs.

Au compte de résultat, certaines charges ou certains produits sont rattachés à des exercices différents pour le calcul du résultat comptable et du résultat fiscal.

Dans certains cas, la distorsion est définitive : il s'agit de charges ou de produits qui ne seront jamais pris en compte pour la détermination du résultat imposable (par exemple : certaines pénalités et amendes fiscales qui ne sont pas déductibles).

Dans les autres cas, une différence provisoire apparaît. Celle-ci peut résulter du passage du résultat comptable au résultat fiscal : comptablement, la charge a été constatée ; fiscalement, elle ne l'est pas encore (participation des salariés par exemple) ou *vice versa*.

8.55 **Au bilan**, la valeur comptable d'un actif ou d'un passif peut être différente de sa valeur fiscale. Selon les cas, ces différences peuvent être sources d'imposition future et donc de passifs d'impôts différés tandis que d'autres peuvent donner lieu à des déductions futures et donc à des actifs d'impôts différés.

Comme sources d'impôts différés passifs, citons :

- les actifs qui, lors de leur cession ou de leur utilisation, ne donneront lieu qu'à des déductions fiscales inférieures à leur valeur comptable. Le cas le plus fréquent est la réévaluation d'actifs lors de la première consolidation d'une filiale, actifs qui entrent alors au bilan consolidé pour une valeur supérieure à la valeur fiscale utilisée pour le calcul des amortissements fiscalement déductibles ou lors du calcul des plus-values ou moins-values fiscales de cession ;

- les dépenses immobilisées immédiatement déductibles au plan fiscal mais dont la prise en charge comptable sera étalée ou reportée ;

- les produits dont l'imposition est différée, comme les produits financiers courus qui ne seront imposables qu'une fois échus, les plus-values de cession ou de fusion dont l'imposition est étalée ou les subventions d'investissement.

Comme sources d'impôts différés actifs, on peut citer les charges comptables qui ne seront déductibles fiscalement qu'ultérieurement, comme la provision pour indemnités de départ en retraite (ou d'autres provisions qui ne seront déductibles que lors de la survenance de la charge ou du risque provisionné), certains déficits fiscaux qui viendront, éventuellement, diminuer ultérieurement les impôts à payer (reports déficitaires, etc.).

2 ■ Le point de vue comptable

8.56 Dans les comptes sociaux, la méthode très généralement retenue en France est celle de l'impôt exigible : autrement dit, il n'y a pas alors constatation d'impôt différé actif ou passif.

Dans les comptes consolidés, il est obligatoire de constater les impôts différés actifs ou passifs.

En France, les actifs d'impôts différés ne peuvent être comptabilisés que si leur récupération ne dépend pas des résultats futurs ou si leur récupération est probable par suite de l'existence d'un bénéfice imposable attendu au cours de leur période de dénouement.

Il n'est pas comptabilisé d'impôts différés passifs sur les écarts d'acquisition dont la dépréciation éventuelle n'est pas fiscalement déductible. Il en est de même des impôts dus par l'entreprise consolidante en raison de ses distributions puisqu'ils viennent directement en diminution de ses capitaux propres.

En normes françaises, les impôts différés actifs figurent au bilan en créances, les impôts différés passifs sont inscrits parmi les provisions pour risques. En normes IFRS, ils apparaissent sur des lignes individualisées.

Les normes françaises, IFRS et américaines interdisent l'actualisation des impôts différés.

3 ■ Le point de vue financier

8.57 Il est important de bien comprendre que les impôts différés ne correspondent ni à un actif d'impôt dont le fisc serait redevable ni à une dette à son égard, mais à des écritures comptables sans contrepartie économique ou de flux.

a) Le cas des pertes

8.58 Un groupe réalise une perte comptable et fiscale, avant impôt, de 100. D'un point de vue **fiscal**, l'impôt dû est de zéro. D'un point de vue **comptable**, et dès lors que l'entreprise pense avoir de bonnes chances, à l'avenir, de réaliser des profits lui permettant d'utiliser ce report fiscal déficitaire, la perte de 100 sera réduite d'un crédit d'impôt de 34[1]. Elle s'établira donc comptablement à 66. Pour permettre l'équilibrage des documents comptables, un impôt différé actif sera créé à l'actif du bilan pour 34.

L'année suivante, si notre groupe fait un profit comptable et fiscal, avant impôt, de 100, son impôt à payer sera nul puisque le report fiscal déficitaire de l'année précédente sera utilisé pour compenser ce résultat. D'un point de vue comptable, on constatera une charge d'impôt totalement théorique de 34 et l'on ramènera à 0 l'impôt différé actif constaté précédemment au bilan.

Cet exemple montre bien que l'impôt différé actif a été créé par réduction du montant de la perte comptable nette et donc en diminuant d'autant moins les capitaux propres. D'un point de vue financier, il n'a de valeur que pour autant que l'exploitation future soit capable de générer des profits suffisants. Mais en aucun cas il ne constitue un actif au sens classique du terme que l'on

1 Si le taux de l'impôt sur les sociétés est de 34 %.

pourrait céder contre des liquidités. Il n'est surtout pas un élément du BFR car il ne résulte pas d'un décalage entre une facturation et un paiement. On le considérera comme un actif immobilisé ; au pire, on l'imputera contre les capitaux propres si l'on a des vrais doutes sur la capacité bénéficiaire future de l'entreprise.

b) Le cas des provisions non immédiatement fiscalement déductibles

8.59 Soit un groupe profitable de 100 par an avant impôt. Cette année il doit passer une provision de 100 pour un risque qui pourrait intervenir dans 3 ans. Le résultat net **fiscal** est de 66 puisque la provision n'est pas fiscalement déductible et que l'impôt payé est de 34. D'un point de vue **comptable**, la provision de 100 étant une charge, le résultat net est de 0. L'impôt effectivement payé (34) figure au compte de résultat mais il est neutralisé par un produit d'impôt différé de 34 qui, pour maintenir l'équilibre comptable, figure aussi à l'actif du bilan pour 34. Au total, l'impôt apparaît en net pour 0 au compte de résultat.

Dans 3 ans, toutes choses égales par ailleurs, le résultat net fiscal sera de 0 puisque la charge se matérialise et est **fiscalement** déductible. L'impôt effectivement payé cette année est donc de 0. **Comptablement**, la reprise de provisions neutralise la charge, le résultat avant impôt est donc de 100 – 100 + 100 = 100. L'impôt comptabilisé est de 34 et se décompose en 0 d'impôt payé et 34 constaté par prélèvement sur l'impôt différé actif inscrit au bilan 3 ans auparavant, qui est ainsi soldé. D'où un résultat net de 66.

L'impôt différé actif constaté au bilan pendant 3 ans a pour contrepartie des capitaux propres plus élevés de 34. Il correspond à un impôt déjà payé mais est considéré comptablement comme une charge future. À la différence d'un stock de matières premières qui a été payé et qui sera aussi une charge future, il n'a aucune valeur vénale.

Le traitement financier à lui réserver est simple : à porter en moins de la provision au passif (de sorte qu'elle apparaisse alors après impôt) ou en moins des capitaux propres pour extourner l'écriture initiale.

c) Le cas des réévaluations d'actifs

8.60 La réévaluation d'un actif lors de sa première consolidation ou ultérieurement a deux conséquences :

- la plus-value fiscale en cas de revente de l'actif sera différente de la plus-value comptable constatée en comptes consolidés ;
- la base d'amortissement sera différente, et génère donc des impôts différés.

Soit un groupe qui acquiert une nouvelle filiale qui possède un terrain inscrit au bilan à sa valeur d'acquisition initiale de 100. Ce terrain est réévalué dans les comptes consolidés à 150.

On va alors constater un impôt différé passif de (150 – 100) × 34 % = 17 dans les comptes consolidés. À quoi correspond économiquement ce passif ? À la différence qui serait constatée dans les comptes consolidés entre l'impôt réellement payé le jour où ce terrain est cédé pour un prix de P : (P – 100) × 34 % et l'impôt qui serait comptablement constaté de (P – 150) × 34 %. La contrepartie bilantielle de cet impôt différé est une moindre réduction du *goodwill* d'acquisition qui ne diminue pas de 50 mais de (50 – 17). Est-ce une dette à l'égard du fisc ? Clairement non puisqu'il faudrait que le terrain soit vendu pour qu'une dette fiscale apparaisse et alors pour un montant de

(P – 100) × 34 % et probablement pas de 17 ! Pour le financier, que faire de cet impôt différé passif ? L'éliminer en le déduisant du *goodwill*.

Quant au cas de l'actif amortissable réévalué, il donne lieu à la constatation initiale d'un impôt différé passif progressivement réduit sur la durée de vie résiduelle de l'actif du fait de l'écart entre un amortissement fiscal calculé sur une base de 100 et des amortissements comptables calculés sur une base de 150.

■ Les instruments financiers de couverture

1 ■ Le point de vue économique

8.61 Leur objet est de couvrir un risque financier lié à une variation des taux de change, des taux d'intérêt, des prix des matières premières (voir chapitre 54). Celui-ci peut naître d'une opération commerciale (créance en devise par exemple) ou financière (comme une dette à taux variable). Ils font appel à des produits dérivés : options, futures, *swap*, etc. (voir chapitre 54).

2 ■ Le point de vue comptable

8.62 La comptabilisation des instruments financiers de couverture composés de produits dérivés (options, *futures*, *swap*, etc.) est d'une extraordinaire complexité en IFRS.

Pour simplifier très largement, le principe de base est que les instruments financiers de couverture doivent être comptabilisés au bilan à leur juste valeur (donc généralement leur valeur de marché) et leurs changements de valeur doivent être comptabilisés en produits ou charges.

Néanmoins, si les produits financiers sont acquis pour couvrir un risque spécifique, une comptabilité dite « de couverture » (*hedge accounting*) pourra être mise en œuvre. Mais alors l'entreprise doit être en mesure de démontrer (et de documenter) que la couverture est quasi parfaitement ajustée (montant, durée) au sous-jacent, sinon l'instrument en question ne se qualifiera pas pour la comptabilité de couverture et ses variations de valeur apparaîtront au compte de résultat.

Les IFRS distinguent deux types de couverture [1] :

- la couverture de la valeur d'un actif ou d'un passif (« *fair value hedge* ») ;
- la couverture d'un flux de trésorerie futur (« *cash flow hedge* »).

1 La différence entre les deux n'étant pas toujours évidente. Ainsi la couverture de change d'une créance en dollar peut être considérée comme un *fair value hedge* puisqu'elle permet de sécuriser la valeur de cette créance au bilan, ou comme un *cash flow hedge* garantissant la contre-valeur du paiement effectif par le client.

a) Les *fair value hedges*

8.63 Par principe les créances et les dettes sont comptabilisées à leur coût historique (coût amorti) alors que les instruments financiers sont comptabilisés à la juste valeur. L'application de ces principes pourrait aboutir à une absurdité. Prenons l'exemple d'une entreprise qui couvre une dette à taux fixe par un *swap*. Si l'entreprise clôture son exercice annuel avant l'échéance de la dette, le changement de la valeur de la dette n'impacte pas le compte de résultat alors que le changement de valeur du *swap* l'impacte ; et ce bien que les deux peuvent parfaitement se compenser !

Pour remédier à ce problème, les IFRS préconisent de constater au compte de résultat les variations de valeur d'une créance ou d'une dette couverte par un instrument financier. Ainsi, les gains ou les pertes sur le sous-jacent sont compensés par les gains ou les pertes sur l'instrument de couverture. Et le résultat n'est pas impacté.

b) Les *cash flow hedges*

8.64 Prenons l'exemple d'un producteur de chocolat qui couvre l'achat futur de cacao par un achat à terme. Il clôture son exercice annuel après la mise en place de la couverture mais avant l'achat effectif du cacao. Si le cours du cacao a baissé depuis la mise en place de la couverture, le principe de la juste valeur appliqué aux instruments financiers voudrait que l'entreprise constate une perte au titre de la variation de valeur du contrat à terme. Ceci n'est pas logique car cette perte n'existe que parce que l'entreprise a voulu fixer de manière certaine à l'avance le prix d'achat de son cacao afin d'éliminer son risque.

La variation de valeur de l'instrument financier de couverture est enregistrée à l'actif et en capitaux propres (parmi les « autres éléments du résultat global ») sans constater de gain ou de perte au compte de résultat. Les gains et pertes sur l'instrument de couverture n'apparaîtront que quand le flux sous-jacent aura effectivement lieu, soit au moment de l'achat effectif du cacao dans notre exemple. Notre producteur affichera alors une charge totale (prix d'achat du cacao plus faible que prévu et perte sur le contrat à terme) qui reflétera le prix fixé à l'avance dans son contrat de couverture.

3 ■ Le traitement financier

8.65 Le financier devra avant tout essayer de vérifier que les instruments financiers ne recoupent pas des opérations de spéculation (et ce indépendamment de l'option de comptabilisation qui a été possible). Il devra également tenter de séparer les opérations de couverture entre opérations commerciales et opérations financières.

Ainsi il sera logique d'intégrer au résultat d'exploitation les variations de valeur d'instruments financiers si ceux-ci ont été contractés pour couvrir des créances ou des dettes d'exploitation. Le solde actif – passif des instruments financiers devra alors être intégré à l'actif économique (généralement au besoin en fonds de roulement).

Si les instruments financiers couvrent des placements ou des dettes financières, ils devront être rattachés à l'endettement net (au bilan) et la variation de valeur au résultat financier du compte de résultat.

Les locations : location financement (crédit-bail) et location simple

1 ■ Le point de vue économique

8.66 Les locations peuvent être de deux sortes :

- soit de nature financière : on parle de crédit-bail, de location financement, de *financial lease* (normes IFRS), ou *capital lease* (normes américaines). Le locataire peut devenir (ou être considéré en substance), dans certains cas, propriétaire de l'actif ;
- soit de nature opérationnelle : location simple ou *operating lease*.

Grâce à un contrat de location financement, une entreprise peut utiliser une partie de ses immobilisations d'exploitation (constructions, matériels et autres actifs immobilisés) dans un système de location lui permettant, le cas échéant, de racheter l'actif au terme du contrat, pour une valeur fixée contractuellement et souvent très faible.

Un contrat de location financement pose à l'analyste externe deux types de problèmes relativement complexes :

- d'une part, il est utilisé par l'entreprise comme un moyen de financer des biens qui, quoique ne figurant pas juridiquement au sein de son patrimoine, peuvent néanmoins constituer un élément essentiel de son actif ;
- d'autre part, il constitue un engagement dont la portée varie selon la nature du contrat :
  - le crédit-bail mobilier sur du matériel peut être assimilé à un véritable endettement, compte tenu de la période d'irrévocabilité que prévoit le contrat ;
  - le crédit-bail immobilier sur des bâtiments pourrait ne pas être considéré comme un véritable endettement à terme, compte tenu de la clause de résiliation prévue par le contrat. Ce raisonnement doit cependant être nuancé par le fait que l'utilité de l'immeuble loué conduit l'entreprise à respecter la durée initialement fixée du contrat et que, par ailleurs, la résiliation d'un contrat de crédit-bail peut être assimilée au remboursement anticipé d'un emprunt (financé par la cession de l'actif concerné).

2 ■ Le point de vue comptable

8.67 En comptes sociaux, tant que l'option d'achat du bien en location financement (crédit-bail) n'a pas été exercée, le bien ne figure pas à l'actif de l'entreprise qui ne fait qu'enregistrer chaque année des loyers (inclus dans la rubrique des autres charges externes). En comptes consolidés, le crédit-bail est généralement retraité comme suit[1]. Le bien loué apparaît à l'actif du bilan du locataire et les loyers futurs à payer apparaissent en dettes pour un montant qui est le plus petit entre la valeur actuelle des paiements minimaux futurs (y compris l'option d'achat si elle existe) et la juste valeur du

1 Et obligatoirement en normes IFRS.

bien loué. La comptabilisation des loyers est alors répartie entre une charge d'amortissement (mais attention, la durée d'amortissement doit être la durée d'utilité du bien et peut, de ce fait, différer de la durée du contrat) et des charges d'intérêts (calculées au taux effectif du contrat).

Les opérations de cession-bail qui consistent à céder un actif et à le reprendre immédiatement en location (*sale and lease back* en anglais, voir paragraphe 25.17) donnent lieu au traitement suivant : la plus-value de cession doit être différée et constatée en résultat sur la durée du contrat de location si ce dernier est une location financement et constatée immédiatement en résultat s'il s'agit d'un contrat de location simple.

Pour une location simple, il n'y a pas d'inscription au bilan et les loyers passent en charge sur la durée de vie du contrat.

Pour pouvoir déterminer si une location est de nature financière ou simple, les normes comptables américaines utilisent l'arbre de décision suivant :

Classification des locations

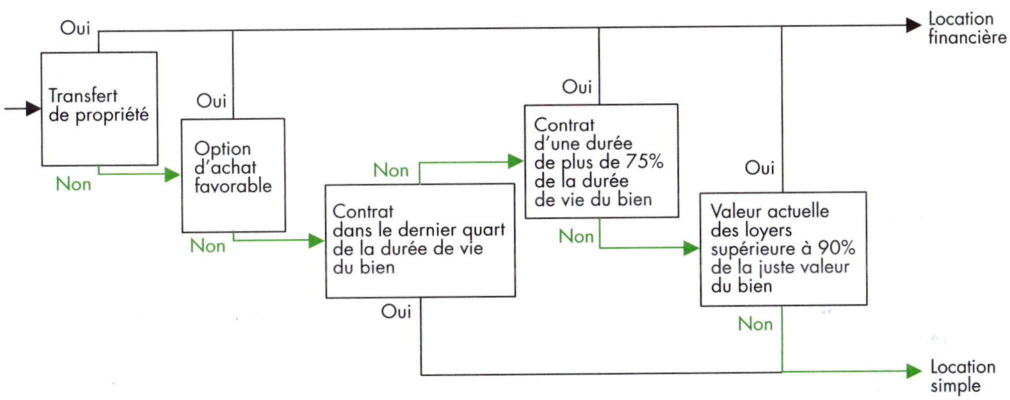

En normes internationales, les critères sont à peu près similaires même s'ils ne sont pas quantifiés.

8.68 Prenons ainsi l'exemple[1] de la société FQD propriétaire d'un immeuble de bureaux d'une durée de vie de 99 ans, qu'elle loue à une société *ad hoc*, par exemple un trust sur cette même durée de 99 ans. Celui-ci lui verse immédiatement la valeur actuelle des loyers futurs qui équivalent, compte tenu de la durée du contrat et de celle de l'immeuble (99 ans), à la juste valeur du bien. Immédiatement, le trust sous-loue cet immeuble à FQD pour 30 ans. La valeur actualisée des 30 années de loyer équivalant à 85 % de la valeur actuelle de l'immeuble, le trust se finance par un prêt pour 85 % de la valeur de l'immeuble, et pour le solde par capitaux propres apportés par un investisseur.

1 Exemple dont nous sommes redevables à Xavier Paper.

Immeuble banalisé d'une durée de vie de 99 ans

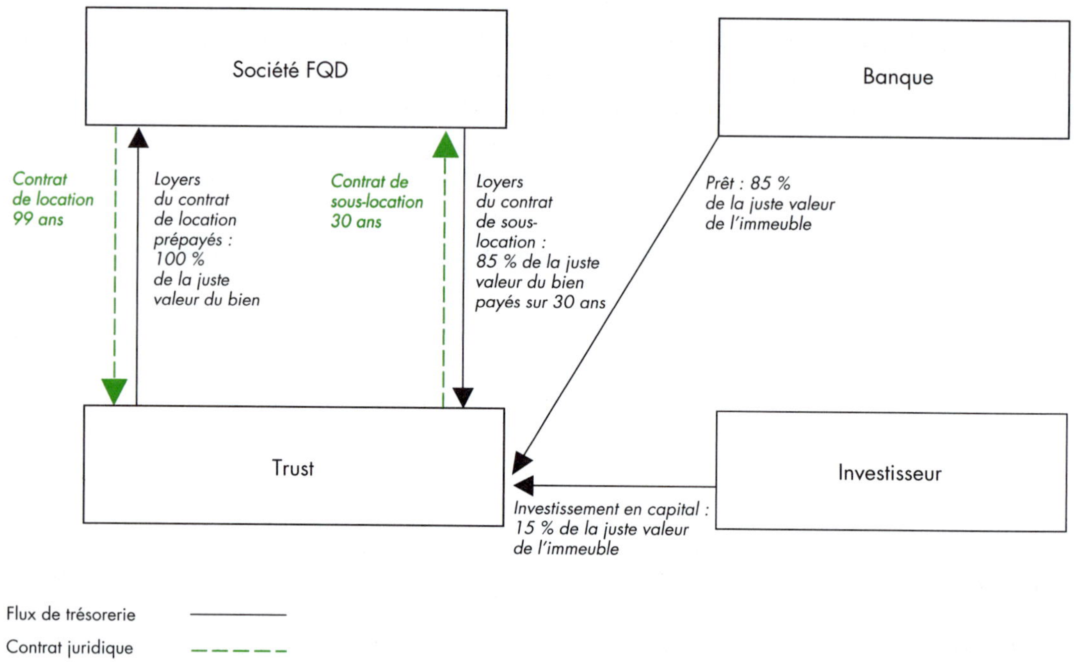

Le contrat de location est une location financière : durée de ce contrat supérieure à 75 % de la durée de vie du bien, valeur actuelle des loyers supérieure à 90 % de la juste valeur. Comptablement, le trust est devenu « propriétaire » de l'immeuble.

Le contrat de sous-location est une location simple : durée de cette location inférieure à 75 % de la durée de vie du bien (30 ans sur 99 ans), valeur actuelle des loyers (85 %) inférieure à 90 % de la juste valeur. La « propriété » n'est donc pas transférée du trust vers FQD.

En conséquence, tant en normes américaines qu'IFRS, le bien sort comptablement sans retour de l'actif de FQD.

Les normalisateurs comptables réfléchissent actuellement à unifier dans le futur le traitement comptable de toutes les locations, qu'elles soient financières ou simples, sur le mode des premières. Dans ce cas, les actifs apparaissant au bilan seraient sensiblement plus importants. Ceci nous paraît reposer sur un malentendu[1]. L'objectif d'un contrat de location est la flexibilité (pouvoir changer facilement de matériel ou d'immeuble), celui d'une location-financement l'acquisition financée par un endettement gagé sur le bien ainsi acquis. C'est donc loin d'être la même chose !

1 Voir *La Lettre Vernimmen.net* septembre 2013, n° 117, pages 4 à 8.

3 ■ Le point de vue financier

8.69 L'idée est de redresser extra-comptablement les comptes sociaux de l'entreprise, en supposant que celle-ci s'est endettée pour acquérir les biens dont elle dispose sous forme de location financement. Ils sont donc portés à l'actif du bilan en immobilisations et au passif en emprunts bancaires ou financiers.

L'analyste devra de plus, s'il dispose de l'information, répartir les loyers de location financement entre le montant correspondant à l'amortissement du bien et le montant correspondant aux frais financiers. C'est ce qui est le plus souvent fait aujourd'hui dans les comptes consolidés (toujours en IFRS et très souvent en normes françaises).

■ Les obligations ou emprunts convertibles

1 ■ Le point de vue économique

8.70 **Les emprunts convertibles** sont représentés par des obligations que leurs possesseurs peuvent convertir en actions de la société émettrice (voir paragraphe 28.12). La conversion est donc à l'initiative de l'investisseur. Si elles ne sont pas converties, elles sont remboursées à maturité en numéraire.

2 ■ Le point de vue comptable

8.71 Les obligations convertibles sont inscrites en dettes dans les comptes sociaux comme dans les comptes consolidés français.

Les normes IFRS exigent en revanche de répartir les produits de l'émission de tels titres en deux composantes, capitaux propres (correspondant à la valeur de l'option de conversion) et endettement (voir paragraphe 28.18). La composante capitaux propres est figée de manière définitive alors que la composante endettement est revalorisée chaque année. Ainsi, la différence entre la valeur faciale de la dette et la valeur comptabilisée initialement (c'est-à-dire la valeur actuelle des flux d'intérêt et de remboursement actualisée à un taux « normal » d'endettement) sera amortie sur la durée de l'obligation. Au compte de résultat sont inscrits en frais financiers non seulement les intérêts payés mais aussi cet amortissement correspondant à la revalorisation annuelle du montant de la dette, ce qui aboutit à prendre en compte, non le taux d'intérêt payé, mais un taux normal d'intérêt.

3 ■ Le point de vue financier

8.72 Nous suggérons d'étudier les conditions de conversion des obligations et de les classer (ou leur composante dettes en normes IFRS) en capitaux propres ou en dettes financières selon les résultats de cette étude. Ainsi, si le cours de l'action est bien supérieur à la valeur de conversion, les obligations auront toutes chances d'être converties. Il faut alors les classer en capitaux propres. Dans une optique d'évaluation, les intérêts nets d'impôts doivent alors être extournés du compte de résultat, accroissant d'autant le résultat net ; le nombre d'actions doit être augmenté de celles qui seront créées à la conversion des obligations convertibles.

Au contraire, si le cours boursier est déprimé par rapport à la valeur de conversion, les obligations convertibles (ou leur composante dettes en normes IFRS) peuvent être assimilées à des obligations classiques car elles ne seront pas converties.

■ Les primes de remboursement des obligations

1 ■ Le point de vue économique

8.73 Soit une obligation émise pour 100 ; elle verse des intérêts à 5 % et est remboursée à 110 dans 3 ans. Le coût actuariel de cet emprunt est de 8,08 % [1] même si l'intérêt versé chaque année n'est que de 5 %.

2 ■ Le point de vue comptable

8.74 L'entreprise encaisse 100 à l'actif en banque ; elle a une dette de 110.

En normes françaises, pour que le bilan reste équilibré, un poste de prime de remboursement est créé à l'actif pour 10. Chaque année, la prime de remboursement est amortie de 3,3 ; parallèlement, une dotation aux amortissements figure au compte de résultat en charges financières.

En normes IFRS, l'emprunt est inscrit pour sa valeur actuelle au taux du marché (soit 100 la première année) et est revalorisé chaque année au même taux jusqu'à atteindre, à son échéance, le prix de remboursement. La différence de valeur passe annuellement en compte de résultat. Dans ces conditions, il n'est pas utile de créer des primes de remboursement au bilan.

3 ■ Le point de vue financier

8.75 La prime de remboursement des obligations est l'archétype d'une non-valeur, aucun tiers ne voudrait l'acquérir ! Ce n'est ni plus ni moins que des frais financiers futurs. Du point de vue financier, elle doit donc être retirée de l'actif et venir en moins des capitaux propres.

1 C'est en effet le taux d'intérêt qui égalise 100 à la série de flux 5, 5, 115.

Les profits ou les pertes de dilution

1 Le point de vue économique

8.76 Si une maison mère ne suit pas ou suit partiellement une augmentation de capital de sa filiale réalisée à un prix qui valorise celle-ci pour une valeur supérieure à ses capitaux propres comptables, un profit non récurrent appelé **profit de dilution** sera enregistré.

De la même façon, si la filiale est valorisée à cette occasion pour une valeur inférieure à ses capitaux propres comptables, une perte non récurrente, appelée perte de dilution, sera enregistrée.

2 Le point de vue comptable

8.77 Soit ainsi une maison mère qui a acheté 200 une participation de 50 % dans une filiale disposant de 100 de capitaux propres. Une augmentation de capital de 80 intervient sur la base d'une valeur totale de la filiale de 400 ; la société mère ne la suivant pas, sa part est diluée de 50 % à 41,7 %. La quote-part des capitaux propres de la filiale qui revient à la maison mère passe ainsi de : 50 % × 100 = 50 à 41,7 % × (100 + 80) = 75, d'où un profit non récurrent de 75 – 50 = 25. Ce profit de 25 correspond exactement à celui qui aurait été réalisé par un actionnaire qui aurait cédé 50 % – 41,7 % = 8,3 % sur la base d'une valeur de 400, et avec un prix de revient de 100 pour 100 %. En effet, 25 = 8,3 % × (400 – 100).

Au contraire des normes françaises, les normes IFRS prévoient que le profit de dilution ne passe pas par le compte de résultat mais est directement inscrit en capitaux propres dès lors que la dilution n'entraîne pas de perte de contrôle.

3 Le point de vue financier

8.78 Les profits ou les pertes de dilution correspondent à une extériorisation de résultat alors qu'il n'y a eu aucun flux de trésorerie au profit de la maison mère. Ils sont de nature nécessairement non récurrente, sinon le groupe n'aura bientôt plus de filiales ! Ils ne font, bien sûr, pas partie de la capacité bénéficiaire normale de l'entreprise. L'analyste doit donc raisonner hors profit ou perte de dilution.

Les provisions

Principes généraux

8.79 Le terme de provision est un terme sous lequel sont rangés des éléments tout à fait différents. On distingue deux types de provisions :

- **les provisions pour risques et les provisions pour charges (ou tout simplement provisions) :** elles enregistrent une augmentation du passif exigible à plus ou moins long terme, consécutive à une charge qui n'est pas encore effective à la clôture de l'exercice, mais qui est probable et liée à des opérations engagées pendant l'exercice ;

- **les provisions réglementées :** elles résultent de libéralités fiscales, et ne sont pas liées à des pertes ou charges futures. Elles ne constituent donc pas, à proprement parler, des provisions.

Mis à part les provisions réglementées, les provisions reviennent à anticiper une charge : les dotations aux provisions obèrent le résultat de l'exercice au cours duquel elles sont passées, afin d'éviter que les charges correspondantes n'influent sur les résultats des exercices à venir au cours desquels elles seront effectivement comptabilisées, mais auxquels elles ne se rapportent pas économiquement. Au cours de ces exercices, la provision est reprise (partiellement ou totalement) en produits, ce qui neutralise alors la constatation de la charge au niveau du compte de résultat.

> Financièrement, les provisions déductibles conduisent à un report dans le temps du paiement d'une partie de l'impôt sur les sociétés.

Cependant il n'est pas possible de comptabiliser des provisions à caractère général sous couvert du principe de prudence. La constatation d'une provision doit correspondre à un passif, c'est-à-dire à une obligation de nature précise envers un tiers dont la réalisation est probable ou certaine, qui doit entraîner une sortie de liquidités sans contrepartie équivalente, et que des événements survenus ou en cours rendent prévisible à la date d'arrêté des comptes.

■ *Les provisions pour restructuration*

1 ■ Le point de vue économique

8.80 **La provision pour restructuration** consiste à pénaliser le compte de résultat une année donnée pour couvrir un programme de restructuration (fermeture de sites, licenciements, reclassements, etc.) dont les charges futures seront neutralisées dans le compte de résultat par la reprise progressive de cette provision.

2 ■ Le point de vue comptable

8.81 En normes françaises, les coûts de restructuration constituent un passif s'ils résultent d'une obligation de l'entité, vis-à-vis de tiers ou de membres de son personnel, ayant pour origine la décision prise par l'organe compétent, matérialisée avant la date de clôture par l'annonce de cette décision aux tiers et aux membres du personnel concernés, et à condition que l'entité n'attende plus de contrepartie de ceux-ci. En revanche, et à titre d'exemple, un déménagement qui se traduirait par des bénéfices ultérieurs n'a pas vocation à être provisionné.

Les normes IFRS sont aussi sévères dans leur approche des conditions permettant de passer une provision pour restructuration et sur la communication qui doit être faite en annexe (nombre de sites fermés, date de fin prévue du programme de restructuration, etc.).

3 ■ Le point de vue financier

8.82 Toute la question est de savoir s'il faut ranger ces dotations aux provisions en résultat d'exploitation ou en résultat non récurrent. Certains groupes classent les provisions pour restructuration de productivité en exploitation et celles pour cessation d'activité avec les éléments non récurrents. Ceci pourrait être acceptable si l'analyste externe avait les moyens de vérifier la ventilation entre les deux catégories… D'autres n'ont pas cette subtilité et les classent intégralement en éléments non récurrents.

Pour notre part, nous considérons qu'à une époque où les mutations technologiques sont rapides et les restructurations dans telle ou telle branche incessantes, les provisions pour restructuration ont le plus souvent, pour les grands groupes, un caractère structurel qui doit les faire rattacher au résultat d'exploitation. Il peut en être autrement dans les PME où le caractère non récurrent est plus marqué.

Au bilan, nous considérons cette provision comme un élément du besoin en fonds de roulement hors exploitation.

■ *Les provisions pour remise en état de sites ou démantèlement*

1 ■ Le point de vue économique

8.83 **La provision pour remise en état de site ou pour démantèlement** est comptabilisée par les entreprises industrielles qui devront, à la fin de l'utilisation d'un site, le remettre en état (mine, site pollué, etc.) ou le démanteler (centrale nucléaire…).

2 ■ Le point de vue comptable

8.84 S'agissant généralement d'engagements à très long terme, la valeur actuelle des engagements futurs est comptabilisée en provisions selon les normes IFRS.

3 ■ Le point de vue financier

8.85 D'un point de vue financier, ces engagements doivent être considérés comme de l'endettement net et la charge annuelle de « désactualisation » comme des frais financiers.

■ *Les provisions réglementées*

1 ■ Le point de vue économique

8.86 **Les provisions réglementées** figurent au passif du bilan en comptes sociaux. Elles ne répondent pas à l'objet classique des provisions, mais représentent une fraction de bénéfices placée en franchise d'impôt, sous un régime d'exonération provisoire ou définitive. **Remarquons qu'elles n'existent ni dans les comptes consolidés (elles sont systématiquement retraitées) ni en normes IFRS.**

2 ■ Le point de vue comptable

8.87 Les deux principales provisions réglementées[1] sont :

- la provision pour investissement ;
- la provision pour hausse des prix.

La provision pour investissement est calculée proportionnellement à la participation des salariés (25 % pour la formule légale). Elle est consacrée dans les 24 mois suivant sa clôture à la réalisation d'investissements. Si cette condition est respectée, la provision est définitivement exonérée. Au bout de trois ou cinq ans, elle est reprise en produit dans le compte de résultat sans supporter d'impôt. Comme elle n'est plus fiscalement déductible depuis 2012, elle a perdu beaucoup d'intérêt.

La provision pour hausse des prix peut être constituée en franchise temporaire d'impôt par toutes les entreprises, pour toutes les matières premières, produits et approvisionnements dès lors qu'il est constaté, sur une période ne dépassant pas deux exercices, une hausse des prix des matières premières, produits et approvisionnements, de plus de 10 %.

Le montant de la dotation est égal à la fraction de la hausse dépassant 10 %, multipliée par la quantité en stock à la clôture de l'exercice.

Cette provision est rapportée aux produits à l'expiration de la sixième année suivant l'exercice au cours duquel elle a été constituée. Elle supporte alors l'impôt dans les conditions normales.

La provision pour risques afférents aux crédits à moyen terme résultant d'opérations faites à l'étranger, la provision pour implantation d'entreprises à l'étranger, la provision pour prêts d'installation des salariés et des provisions spécialement autorisées pour certaines professions (presse, exploitations pétrolières ou minières, banques et établissements de crédit, assurances…) constituent d'autres provisions réglementées.

3 ■ Le point de vue financier

8.88 **Les provisions pour investissement** sont assimilables dans leur totalité à des réserves dans la mesure où il est improbable qu'elles soient fiscalement reprises (l'entreprise réalisant, dans les 24 mois suivant leur constitution, des investissements au moins égaux à leur montant). Les dotations sont à prendre en compte, nettes des éventuelles reprises, dans le calcul de la capacité d'autofinancement.

Les provisions pour hausse des prix sont assimilables pour (1 – taux de l'impôt) × leur montant à des capitaux propres et pour le taux de l'impôt × leur montant à des dettes fiscales, puisqu'elles seront fiscalement reprises. Ces provisions ont fréquemment un aspect récurrent, les dotations étant souvent supérieures aux reprises. Il y a là en quelque sorte un effet de roulement.

Cette répartition est approximative, mais elle est suffisante dans une première approche. En effet, elle ne tient pas compte du moment où les provisions seront reprises au compte de résultat. Une analyse plus fine, en vue d'évaluer la valeur des capitaux propres par exemple, conduit à actualiser les impôts à payer, le solde de la provision étant rattaché aux capitaux propres.

1 Les amortissements dérogatoires, qui font partie des provisions réglementées, ont été vus au paragraphe 8.11.

Les dotations aux provisions pour hausse de prix, nettes des reprises, sont également retenues pour le calcul de la capacité d'autofinancement.

D'un point de vue financier, les provisions et notamment les provisions réglementées permettent à l'entreprise de lisser son résultat net. Lors d'un mauvais exercice, l'entreprise ne dotera pas ou faiblement ces provisions et procédera à des reprises importantes. À l'inverse, lors d'une bonne année, l'entreprise utilisera au maximum les possibilités de dotation qui lui sont offertes.

Toutes ces provisions réglementées doivent être isolées sur une ligne particulière du compte de résultat. Elles ne constituent pas en effet une charge, mais correspondent à une répartition du bénéfice dans le temps.

Les stocks

1 ■ Le point de vue économique

8.89 Les stocks comprennent les biens qui interviennent dans le cycle d'exploitation de l'entreprise pour être :

- soit consommés dans le processus de production (stocks de matières premières et marchandises) ;
- soit vendus en l'état (stocks de produits finis) ou à l'issue d'une transformation à venir ou en cours (en cours de production).

2 ■ Le point de vue comptable

a) Les coûts à prendre en compte

8.90 L'évaluation des stocks est différente selon qu'il s'agit des approvisionnements en matières et marchandises ou des produits finis et encours. Les approvisionnements sont évalués à leur coût d'acquisition qui comprend le prix d'achat hors taxes, les droits de douane et les frais accessoires d'achat. Les produits finis et les encours de production sont évalués à leur coût de production qui comprend le coût d'acquisition des matières consommées, les charges directes de production et les charges indirectes de production dans la mesure où elles peuvent être raisonnablement rattachées à la fabrication du bien. La définition du coût en IFRS est plus large puisqu'elle fait référence à tous les coûts encourus pour amener les stocks à l'endroit et dans l'état où ils se trouvent.

Les coûts doivent être calculés sur la base d'un niveau normal d'activité, car imputer aux stocks le coût de la sous-activité reviendrait à reporter des pertes sur les exercices ultérieurs et à gonfler artificiellement le résultat de l'exercice en cours. En réalité ce calcul est rarement fait, et nous conseillons au lecteur d'être attentif à ce phénomène, en particulier en période de mauvaise conjoncture.

Les frais de recherche ou développement sont généralement exclus de la valorisation des stocks sauf si des conditions spécifiques d'exploitation justifient l'inverse. Les frais d'administration générale ne sont pas intégrés dans la valorisation des stocks.

Les normes françaises prévoient que les intérêts intercalaires[1] peuvent être inclus dans le coût des stocks si ceux-ci nécessitent un temps de production important et les normes IFRS l'imposent[2]. Les normes américaines considèrent, elles aussi, que les frais financiers peuvent être incorporés au coût des stocks dans certains cas.

> Dans tous les secteurs où les stocks représentent une part non négligeable de l'actif, nous recommandons fortement au lecteur de comprendre l'incidence de la valorisation des stocks sur les résultats de l'entreprise.

b) Les méthodes de valorisation

8.91 Il existe, en comptabilité sociale, quatre méthodes principales de valorisation des stocks :

- la méthode du coût moyen pondéré ;
- la méthode FIFO (*first in, first out*) ;
- la méthode LIFO (*last in, first out*) ;
- la méthode du coût d'achat identifié.

Les trois premières sont utilisées pour les éléments fongibles. La méthode du coût moyen pondéré consiste à valoriser les sorties du stock au coût moyen pondéré, rapport du total des coûts d'acquisition sur les quantités acquises. La méthode **FIFO** (*first in, first out*) valorise les sorties de stock au coût de l'article le plus ancien dans le stock. La méthode **LIFO** (*last in, first out*) valorise les sorties de stock au coût de l'article le plus récent dans le stock. La méthode du coût d'achat identifié est utilisée pour les « éléments identifiables ». Il existe également une méthode économique : la méthode du coût de remplacement.

Seules les deux premières sont admises par le fisc français en comptabilité sociale pour les éléments interchangeables. Cependant, dans les comptes consolidés (normes françaises), la méthode LIFO est également utilisée. Les IFRS interdisent le recours à la méthode LIFO et n'acceptent que les deux premières méthodes alors que les normes américaines acceptent les trois premières.

En période d'augmentation des prix, la méthode FIFO, qui valorise les sorties au prix des articles les plus anciens dans le stock, donc au prix de revient le plus faible, permet de dégager un bénéfice supérieur à la méthode LIFO qui les valorise au prix le plus récent, donc le plus élevé. Le bénéfice dégagé par la méthode du coût moyen pondéré se trouvera entre ces deux bénéfices.

L'analyste devra tout particulièrement être attentif aux modifications intervenues dans la méthode d'évaluation des stocks. Ces modifications, qui doivent être signalées et justifiées dans l'annexe, rendent difficiles des comparaisons d'un exercice à l'autre, et peuvent gonfler artificiellement un bénéfice ou limiter une perte.

Enfin, lorsque la valeur de marché est inférieure à la valeur d'inventaire calculée comme ci-dessus, l'entreprise est tenue de constater une dépréciation des stocks pour le montant de la différence.

---

1 Intérêts des capitaux empruntés pour financer la production.

2 Sauf pour les stocks produits en grande quantité ou de manière répétitive.

3 ■ Le point de vue financier

8.92 Rappelons l'enjeu financier : les stocks sont des actifs constitués par la comptabilisation au bilan des charges différées. À volume identique, plus l'évaluation comptable des stocks est élevée et plus les résultats futurs seront faibles. Plus précisément, à volume et à prix constants des stocks, **les méthodes d'évaluation ne modifient pas le résultat de l'exercice**. Suivant que la méthode a plus ou moins valorisé les stocks, les capitaux propres seront plus ou moins élevés.

> En période de croissance des stocks, plus haute est l'évaluation des stocks, plus les résultats apparaîtront rapidement. En période de réduction des stocks, c'est l'inverse. Les stocks surévalués qui se réduisent font apparaître une diminution du résultat.

De là, la fuite en avant de certains chefs d'entreprises qui répugnent à réduire leur production. Enfin, rappelons que, hors effet fiscal, la méthode d'évaluation des stocks n'a aucun impact en trésorerie.

D'un point de vue financier, on peut dire que plus les stocks sont importants, plus le résultat de l'exercice est vulnérable et incertain. Si, de surcroît, il n'existe pas de marché pour évaluer les stocks, comme dans le secteur du bâtiment et des travaux publics par exemple, nous conseillons d'adopter une approche de trésorerie. Dans ce cadre, les flux dégagés par l'exploitation sont un indicateur beaucoup plus fiable que le résultat, trop influencé par l'application des règles de valorisation des stocks.

> En fait, les stocks ne sont que des comptes de régularisation (charges différées), derrière lesquels il y a toujours un petit côté spéculatif ou arbitraire, même si les règles sont convenablement appliquées.

Ainsi, **en période d'inflation**, les stocks recèlent des plus-values latentes d'autant plus importantes qu'ils ont un faible taux de rotation. En comptabilité, ces profits n'apparaîtront que progressivement, au fur et à mesure de la vente des stocks, alors qu'ils sont là. Inversement si les prix baissent, les stocks recèlent alors des « manques à gagner », qui sont bien là, mais qui n'apparaîtront comptablement que progressivement, à moins que l'entreprise ne déprécie ses stocks.

Le seul raisonnement financier cohérent serait de raisonner en coût de remplacement et de constater ainsi les pertes et profits sur stocks chaque année. Dans certains secteurs où la rotation des stocks est particulièrement lente, ce raisonnement est d'autant plus important. À la fin des années 2000, des banques européennes avaient des portefeuilles de crédit surévalués compte tenu de la crise économique dans cette zone. Nous sommes convaincus que si ces prêts avaient été dépréciés jusqu'à leur valeur de marché, la crise dans ce secteur aurait été moins importante. Les banques auraient constaté des pertes une année, puis engrangé des résultats corrects, au lieu d'user d'expédients pour étaler les pertes dans le temps.

Les stock-options et les actions attribuées gratuitement aux salariés

1 ▪ Le point de vue économique

8.93 Les stock-options sont des options d'achat ou de souscription d'actions à un prix fixe, d'une durée de vie souvent comprise entre 5 et 10 ans, attribuées gratuitement à des salariés d'une entreprise, en général d'un niveau hiérarchique élevé.

Les actions attribuées gratuitement aux salariés sont des actions à émettre ou qui doivent être acquises par l'entreprise pour être remises à des salariés. En France, l'attribution n'est définitive qu'au bout d'un délai minimum de 2 ans et une fois attribuées, les actions doivent être conservées au moins 2 ans par leurs bénéficiaires.

Dans les deux cas, il s'agit, comme nous le verrons au paragraphe 30.18, d'un moyen d'aligner les intérêts des dirigeants avec ceux des actionnaires en incitant les bénéficiaires à gérer au mieux l'entreprise, ce qui fera progesser sa valeur et leur permettra donc d'enregistrer un gain.

2 ▪ Le point de vue comptable

8.94 Les normes françaises :

- ignorent les stock-options tant qu'elles n'ont pas été exercées par leurs titulaires ;
- de même, aucune écriture n'est requise si les actions à attribuer sont émises à cette occasion. En revanche, si les actions ont été acquises ou doivent être acquises, une provision doit être passée si le prix d'acquisition par les salariés est inférieur au prix d'acquisition des actions par l'entreprise, pour un montant égal à la différence.

Les normes américaines et les normes internationales imposent la comptabilisation en charge de la juste valeur estimée des actions ou des stock-options, évaluée au moment de l'octroi.

Cette comptabilisation en charge est immédiate si le droit à ces actions ou options est immédiatement acquis. Elle est étalée sur la durée d'acquisition des droits (*vesting period*) s'il existe des conditions particulières (par exemple, une durée de présence minimale dans l'entreprise).

La contrepartie comptable de cette écriture en charge dans le compte de résultat dépend de la nature du plan de stock-options. En effet, si celui qui exerce des options reçoit des actions, alors la contrepartie est un crédit en capitaux propres du même montant pour respecter l'équilibre bilantiel. Il en est de même pour les attributions d'actions gratuites. Au total, les capitaux propres restent inchangés puisque la baisse du résultat induit par la comptabilisation des stock-options est compensée par le crédit (qui assure l'équilibre). En revanche, si celui qui exerce des options reçoit un paiement en cash, alors la contrepartie sera constatée en dettes.

3 ■ Le point de vue financier

8.95 Les stock-options et les actions gratuites appauvrissent-elles les actionnaires ? Oui, car l'éventuel exercice des stock-options et l'attribution des actions gratuites conduisent à émettre des actions à un prix inférieur à leur valeur du moment. Certes, on peut espérer que leur octroi s'accompagne d'une meilleure motivation et d'une plus grande fidélité des collaborateurs de l'entreprise qui viendraient compenser *a minima* la dilution. Mais autant cette dernière est certaine, autant les effets positifs sont plus difficiles à mesurer et ils peuvent s'accompagner d'effets pervers chez les dirigeants pourvus de stock-options : rétention de dividendes, biais en faveur des investissements les plus risqués et de l'endettement, sans parler de la manipulation comptable qui est d'une tout autre nature.

Peut-on dire que l'entreprise se soit appauvrie du montant des stock-options ou des actions attribuées gratuitement ? Non, ce sont les actionnaires qui se sont appauvris potentiellement au profit des bénéficiaires de ces instruments, pas l'entreprise dont l'actif et les dettes valent toujours autant.

Conceptuellement une charge comptable est un élément qui augmente le montant d'un passif exigible, qui amoindrit la valeur d'un actif ou qui se traduira tôt ou tard par un débours de trésorerie. Or ici il n'en est rien : l'octroi de stock-options/d'actions gratuites ne se traduira par aucun flux pour l'entreprise si elles ne sont pas exercées, et par de nouveaux capitaux propres si elles le sont. De façon lapidaire, une charge peut entraîner une faillite puisqu'elle génère tôt ou tard un amoindrissement des actifs ou une hausse des dettes ; l'octroi de stock-options renforce au contraire la solvabilité de l'entreprise (et l'octroi d'actions gratuites ne la détériore certainement pas). Comment alors l'octroi de stock-options ou d'actions gratuites peut-il être comptabilisé comme une charge ? Ceci est pour nous un non-sens.

8.96 Nous préconisons, en matière d'évaluation, de retirer la valeur des stock-options [1] de la valeur de l'actif économique pour obtenir la valeur des capitaux propres, sans modifier le nombre d'actions émises.

Alternativement on peut raisonner en termes ***fully diluted***, comme si toutes les options octroyées qui sont dans la monnaie étaient exercées et que les fonds ainsi recueillis servaient soit à racheter des actions existantes pour leur valeur actuelle (*treasury method*, exposée au paragraphe 26.39), soit à rembourser une partie de la dette ou à accroître les disponibilités (méthode de placement des fonds, exposée au paragraphe 26.40). Le nombre d'actions est naturellement ajusté en conséquence. Pour les options hors de la monnaie, il convient de leur appliquer le même traitement après avoir pris soin de multiplier leur quantité par leur delta qui mesure la probabilité qu'elles achèvent leur vie dans la monnaie.

1 Voir *La Lettre Vernimmen.net* avril 2004, n° 28.

Les transferts de charges

1 Le point de vue économique

8.97 Il s'agit de pures écritures comptables propres aux normes françaises que l'on ne retrouve pas dans les comptes IFRS.

2 Le point de vue comptable

8.98 Les entreprises enregistrent parfois en charges des éléments qui n'en sont pas, soit qu'ils servent à la création d'une immobilisation de l'entreprise pour elle-même, soit qu'ils aient été acquittés pour le compte de tiers. De même, les entreprises ne sont pas toujours capables de préciser au moment de leur inscription le caractère (courant, financier, exceptionnel) de certaines charges.

En fin d'exercice, des charges seront transférées d'un poste du compte de résultat à un autre poste de ce compte par l'intermédiaire du poste « transfert de charges ». Celui-ci se décompose en trois catégories :

- transfert de charges d'exploitation ;
- transfert de charges financières ;
- transfert de charges exceptionnelles.

Les charges peuvent également être transférées à un poste du bilan et notamment en immobilisations (coût des immobilisations produites par l'entreprise), en créances sur des tiers (pour les charges supportées pour compte de tiers), en compte de régularisation pour les charges à répartir sur plusieurs exercices.

3 Le point de vue financier

8.99 Lorsque les transferts de charges ne sont pas rattachés aux comptes concernés, les soldes présentés ne sont pas homogènes. Ce point est fondamental. En effet, il est très facile de modifier la physionomie d'un compte de résultat et le résultat net, en procédant à des transferts de charges importants.

Cependant, l'affectation à un compte particulier n'est pas toujours possible. Les transferts de charges concernent parfois plusieurs postes, comme par exemple la refacturation d'une quote-part de frais généraux (charges de personnel, autres services externes...). L'efficacité des techniques d'analyse financière devient alors très réduite. Si les montants sont importants, nous conseillons de se rapprocher de l'entreprise pour comprendre les choix comptables effectués. En comptes consolidés, le rattachement des transferts de charges aux comptes concernés est déjà réalisé dans la plupart des cas.

Les travaux en cours

1 Le point de vue économique

8.100 Il peut arriver que le cycle d'exploitation d'une entreprise s'étende sur plus d'un exercice. Ainsi, un groupe réalisant un barrage pourra travailler plusieurs années sur le projet.

2 Le point de vue comptable

8.101 Ces travaux en cours de longue durée seront comptabilisés d'une manière particulière. Il existe deux méthodes principales :

- la comptabilisation à l'avancement ;
- la comptabilisation à l'achèvement.

La méthode à l'avancement consiste à comptabiliser, à la clôture de chaque exercice, le chiffre d'affaires et le bénéfice ou les pertes sur le projet en cours, proportionnellement à l'avancement des travaux constaté.

La méthode à l'achèvement consiste à comptabiliser le chiffre d'affaires et les bénéfices sur un projet uniquement quand le projet est achevé ou le dernier lot livré. Cependant la règle de prudence comptable veut que si des pertes sont prévues, celles-ci soient immédiatement et entièrement provisionnées ; cette méthode revient donc à ne comptabiliser en cours de projet que les pertes latentes.

En France et aux États-Unis, la comptabilisation à l'avancement est la méthode préconisée. En IFRS, le seul traitement comptable autorisé est la méthode de l'avancement car il conduit à une meilleure information financière, même si la méthode à l'achèvement peut paraître plus prudente.

3 Le point de vue financier

8.102 L'analyste devra donc bien vérifier la méthode choisie afin d'apprécier la qualité des bénéfices.

BIBLIOGRAPHIE

AMF, *Recommandation AMF n° 2010-14 du 6 décembre 2010 sur les engagements hors bilan.*

Bodie Z., Jin L., Merton R., « Do a firm's equity returns reflect the risk of its pension plan », *Journal of Financial Economics* juillet 2006, vol. 81, n° 1, pages 1 à 26.

Bouscayrol V. *et al.*, *Pratique du chiffre d'affaires en IFRS*, Dunod, 2010.

Damodaran A., « Employee stock options (ESOPs) and restricted stock : valuation effects and consequences », *working paper*, 2005.

Franzoni F., Marin J., « Pension plan funding and stock market efficiency », *The Journal of Finance* avril 2006, vol. 62, n° 2, pages 921 à 956.

Hull J., White A., « How to value employee stock-options », *Financial Analysts Journal* janvier-février 2004, vol. 60, n° 1, pages 114 à 119.

IASB, *International Financial Reporting Standars (IFRSs)*, IASB, 2014.

Le Fur Y., Quiry P., « Stock-options, valeur et compte de résultat », *La Lettre Vernimmen.net* juin 2002, n° 11, pages 1 à 2.

Le Fur Y., Quiry P., « Comment sont comptabilisées les stock-options en normes IFRS ? », *La Lettre Vernimmen.net* avril 2004, n° 28, pages 2 à 4.

Le Fur Y., Quiry P., « Les impôts différés », *La Lettre Vernimmen.net* juin 2005, n° 39, pages 1 à 4.

Le Fur Y., Quiry P., « S'enrichir de sa propre décrépitude ? », *La Lettre Vernimmen.net* octobre 2009, n° 80, pages 1 à 2.

Le Fur Y., Quiry P., « Y a-t-il quelque chose à tirer des *other comprehensive income* ? », *La Lettre Vernimmen.net* juin 2012, n° 108, pages 1 à 5.

Le Fur Y., Quiry P., « Comptabilisation des locations et *leasings* : *Errare humanum est sed perseverare diabolicum !* », *La Lettre Vernimmen.net* septembre 2013, n° 117, pages 4 à 8.

Li F., Wong F., « Employee stock options, equity valuation, and the valuation of options grants using a warrant-pricing model », *Journal of Accounting Research* mars 2005, vol. 43, n° 1, pages 97 à 130.

PricewaterhouseCoopers, *Mémento comptable*, Éditions Francis Lefebvre, 2014.

PricewaterhouseCoopers, Lopater Cl., Blandin A.-L. *et al.*, *Comptes consolidés : règles françaises*, Éditions Francis Lefebvre, 2014.

PricewaterhouseCoopers, Lopater Cl., Schérer O. *et al.*, *IFRS*, Éditions Francis Lefebvre, 2014.

Tort E., « Traitement comptable des impôts : le cas de la CET et du CIR », *Option Finance* 23 mai 2011, n° 1126, pages 36 à 37.

www.anc.gouv.fr (site de l'ANC).

www.fasb.org (site du FASB).

www.focusifrs.com (site de la profession comptable consacré aux IFRS).

www.focuspcg.com (site de la profession comptable consacré au Plan comptable français).

www.iasplus.com (site de Deloitte Touche Tohmatsu sur l'IASB).

www.ifrs.org (site de l'IASB).

TITRE 3

Chapitre 9 Introduction au diagnostic financier 171

Chapitre 10 L'analyse des marges : structure 197

Chapitre 11 L'analyse des marges : risques 225

Chapitre 12 L'analyse du besoin en fonds de roulement et des investissements.................. 243

Chapitre 13 L'analyse du financement................ 271

Chapitre 14 L'analyse de la rentabilité comptable 287

Chapitre 15 Conclusion du diagnostic financier......... 307

Titre 3

Le diagnostic financier : analyse et prévisions

Dans ce titre, notre lecteur deviendra progressivement analyste financier en découvrant successivement l'analyse de la génération de richesse, celle des investissements, de leurs financements et de leur rentabilité. Mais un préalable s'impose : le diagnostic économique et stratégique de l'entreprise.

Chapitre 9

Introduction au diagnostic financier

Un bon plan pour arriver à bon port !

9.1 Avant de se lancer dans l'étude des comptes de l'entreprise, notre lecteur doit prendre le temps :

- de procéder à une analyse stratégique et économique de l'entreprise pour réfléchir aux caractéristiques du secteur dans lequel évolue l'entreprise, à la qualité de la position qu'elle y occupe, à l'adéquation de son système de production, de son réseau de distribution et de son actionnariat avec sa stratégie ;

- de procéder à une lecture attentive et critique du rapport des commissaires aux comptes ou des auditeurs et des règles et principes comptables suivis par l'entreprise pour établir ses comptes. En effet ces documents expliquent comment la réalité économique et financière de l'entreprise est retranscrite par un langage codé (la comptabilité) dans des tableaux de chiffres (les comptes).

9.2 L'analyse financière ayant pour objectif de retrouver, au-delà des chiffres, la réalité économique de l'entreprise, il est indispensable de réfléchir à cette réalité et sur la façon dont elle est plus ou moins fidèlement traduite par les chiffres avant de se lancer dans l'étude des comptes. Sans cela, notre lecteur risque de faire une analyse stérile, très descriptive et avec peu de valeur ajoutée. Il ne verra les problèmes que lorsqu'ils seront enfin révélés par les chiffres, c'est-à-dire lorsqu'ils seront matérialisés et qu'il sera trop tard pour vendre ses actions ou réduire ses crédits à défaut de pouvoir les céder.

9.3 Ce préalable étant accompli, notre lecteur pourra se lancer dans le plan type d'analyse financière que nous lui proposons et aborder les outils plus sophistiqués (mais pas toujours plus efficaces) que sont le *scoring* et la notation financière (*rating*).

Mais avant tout, une question s'impose : qu'est-ce que l'analyse financière ?

Section 1 ■ Qu'est-ce que l'analyse financière ?

1 ■ À quoi sert l'analyse financière ?

9.4 L'actionnaire, actuel ou potentiel, comme le prêteur font appel à l'analyse financière. Pour l'actionnaire, l'analyse financière mesure comment l'entreprise est capable de créer de la valeur ; elle débouche normalement sur une analyse de la valeur de l'action et finalement sur une recommandation d'achat ou de vente de cette action. Pour le prêteur, l'analyse financière mesure la solvabilité et la liquidité de l'entreprise, c'est-à-dire sa capacité à faire face à ses engagements et à rembourser ses dettes en temps voulu.

Mais que notre lecteur ne se trompe pas, il n'y a pas deux types d'analyse financière différents selon que celui qui la mène est actionnaire ou prêteur. Même si la motivation finale est différente, les techniques utilisées sont les mêmes, pour la simple et bonne raison qu'une entreprise qui crée de la valeur sera solvable et qu'une entreprise qui détruit de la valeur aura tôt ou tard des problèmes de solvabilité. Au demeurant, de nos jours, créanciers comme actionnaires se retrouvent autour du tableau de flux de trésorerie qui mesure pour les premiers la capacité à rembourser les dettes dues et, pour les seconds, les flux de trésorerie disponibles, piliers de toute valeur.

2 ■ L'analyse financière est un outil plus qu'une théorie

9.5 Reposant avant tout sur l'exploitation d'informations économiques et comptables, l'analyse financière vise à redécouvrir la réalité à partir de données « codées ». Il va de soi que la connaissance d'un secteur économique ou d'une entreprise et, plus simplement, un certain bon sens, peuvent aisément remplacer l'utilisation des méthodes d'analyse financière. Des conclusions très précises peuvent être obtenues sur la situation d'une entreprise en dehors de toute technique d'analyse sophistiquée. L'analyse financière doit donc être considérée comme **une approche rigoureuse des problèmes de l'entreprise**, permettant de **rationaliser l'étude de données économiques et comptables**.

Enfin, fortement liée au développement des techniques de comptabilité générale et analytique, l'analyse financière met parfois en jeu des redressements dans la mesure où la logique et les pratiques comptables ne coïncident pas toujours avec les impératifs d'une connaissance exacte de la situation économique et financière de l'entreprise.

3 ■ C'est une vue résolument globale de l'entreprise

9.6 Il importe de noter que l'analyse financière menée d'un point de vue interne à l'entreprise, et l'analyse menée par un observateur externe, si elles reposent sur des informations différentes, relèvent d'une même logique : elles ont pour objet de porter un jugement global sur la situation actuelle et future de l'entreprise.

En effet, qu'il s'agisse d'une analyse financière interne ou externe, l'analyste doit s'efforcer d'étudier l'entreprise d'un point de vue essentiellement externe, **afin de porter un diagnostic global sur les données abstraites que constituent les politiques suivies et leurs résultats**. L'analyse financière demeure donc fondamentalement une méthode permettant de définir globalement l'entreprise à partir de quelques points clés.

Sur le plan pratique, l'analyste est amené à reconstituer les politiques suivies par l'entreprise et la situation réelle de celle-ci. Dans cette optique, un analyste est efficace, non parce qu'il utilise des méthodes sophistiquées, mais lorsqu'il décèle, au travers des informations dont il dispose, des raisonnements comptables susceptibles de révéler des données inexactes ou de masquer des problèmes graves : par exemple une capacité bénéficiaire artificiellement maintenue par une réévaluation ou par des cessions d'actifs alors que l'entreprise enregistre en permanence de graves problèmes de trésorerie. Dans ce cas, l'analyste doit remettre en cause la capacité bénéficiaire et rechercher les origines de la dégradation enregistrée au niveau de la rentabilité et dissimulée par la comptabilité de l'entreprise.

On constate enfin fréquemment que l'analyste externe peut reconstituer la logique économique globale de l'entreprise et positionner celle-ci par rapport à ses principaux concurrents. En l'étudiant sur une moyenne période, il peut en effet déceler les problèmes chroniques et les isoler des problèmes ponctuels. Ainsi, tout « dérapage » peut avoir une cause précise et ponctuelle, mais si plusieurs dérapages se succèdent à la suite de causes différentes, l'analyste externe pourra mettre en évidence un problème fondamental susceptible d'affecter l'entreprise dans son ensemble.

4 ■ Une analyse dans le cadre d'un système d'information

9.7 Il va de soi qu'il n'est pas possible d'appréhender une analyse financière point par point sans comprendre que l'arrêté des comptes est un compromis entre différentes préoccupations. Considérons, par exemple, le cas d'une entreprise fortement rentable du fait d'une très bonne structure d'exploitation, mais également d'un profit exceptionnel qu'elle « n'a pu éviter ». On constate une légère dégradation des ratios d'exploitation. À notre sens, il ne faut pas, en général, en tirer des conclusions hâtives. L'entreprise a probablement essayé de redresser l'importance du profit exceptionnel en étant particulièrement sévère au plan de la comptabilisation des produits et des charges d'exploitation.

Section 2 ■ Le diagnostic économique de l'entreprise

9.8 Le diagnostic économique de l'entreprise ne nécessite pas d'être une encyclopédie vivante des secteurs économiques mais de raisonner simplement, avec beaucoup de bon sens, autour de cinq thèmes clefs :

- l'analyse du marché de l'entreprise ;
- la compréhension de la place de l'entreprise sur son marché ;
- l'étude de ses systèmes de production ;
- l'analyse de ses réseaux de distribution ;
- et enfin, la compréhension des motivations des hommes et des femmes de l'entreprise.

1 ■ L'analyse du marché de l'entreprise

Comprendre quel est le marché de l'entreprise, c'est aussi, la plupart du temps, résoudre la majeure partie du diagnostic de l'entreprise.

a) Qu'est-ce qu'un marché ?

9.9 Un marché n'est d'abord pas un secteur économique au sens de l'INSEE, de la Banque de France ou des associations professionnelles. Ce sont deux notions bien distinctes. Prenons l'exemple de la radio française. Sur quel marché RTL se positionne-t-elle ? Sur celui des dépenses publicitaires visant la ménagère de moins de 50 ans plus que sur celui de la radio. Ses concurrents sont Europe 1, Nostalgie, pas du tout Skyrock, certainement l'affichage, Aufeminin.com, TF1 et France 2 ou des magazines comme *Femme Actuelle*, *Prima*... qui tous vendent aux annonceurs la même cible de la ménagère de moins de 50 ans. Quant à NRJ, son marché est celui des dépenses publicitaires pour jeunes adultes et ses principaux concurrents sont Virgin Radio et Fun Radio, W9, Facebook, les salles de cinéma...

Qu'est-ce alors qu'un marché ? Un marché se définit grâce à une homogénéité de comportements : un produit répondant à des besoins similaires sera acheté à travers un même réseau de distribution, avec les mêmes prescripteurs.

> Un marché n'est donc pas un secteur économique, c'est plutôt un créneau, la base d'un métier dans lequel l'entreprise exerce une certaine compétence industrielle, commerciale ou de services ; c'est l'endroit où s'exerce la concurrence.

Une fois qu'un marché a été défini, il peut ensuite être segmenté selon des variables géographiques (marché local, régional, national, européen, mondial) et sociologiques (luxe, produit de gamme moyenne, d'entrée de gamme). C'est la tendance naturelle de toute entreprise qui veut aussi, par la segmentation, se protéger de la concurrence. Si elle réussit, elle aura créé son propre marché sur lequel elle régnera à l'instar de Nestlé, avec ses machines à capsules Nespresso, qui a créé un ensemble unique, qui n'est ni un produit ni un service, mais la combinaison des deux. Mais que notre lecteur ne s'illusionne pas, tôt ou tard un marché est remis en cause, comme celui du Blackberry par l'iPhone par exemple.

On peut toujours segmenter, encore faut-il que la segmentation soit pertinente ! Dire d'un fabricant de raquettes de tennis qu'il détient 30 % du marché français de la raquette est peut-être statistiquement juste. C'est cependant totalement insignifiant d'un point de vue économique puisqu'il s'agit d'un marché mondial avec des marques mondiales, appuyées par un marketing reposant sur des champions internationaux. À l'inverse, avoir 40 % du marché du ciment en Irlande est pertinent puisque ce produit pondéreux, de faible valeur unitaire, qui ne peut se stocker longtemps, ne se transporte guère économiquement au-delà de 150 à 200 km de la cimenterie qui l'a fabriqué.

b) La croissance du marché

9.10 C'est l'attitude de base d'un financier qui, une fois qu'il a étudié et défini le marché, doit essayer d'en évaluer les opportunités de croissance, mais aussi les risques. La forme de croissance la plus simple, celle qui vient spontanément à l'esprit, est bien sûr la croissance interne en volume, c'est-à-dire vendre de plus en plus de produits.

Cependant, il ne faut pas se leurrer, la croissance en volume n'est pas toujours aisée dans les pays développés, compte tenu d'une croissance démographique anémique (entre –0,5 % et +1 % dans les différents pays d'Europe). Certes, il existe des marchés en plein développement (les tablettes par exemple), mais d'autres aussi sont en plein recul (la construction d'autoroutes, la presse quotidienne...) ou cycliques (mines, sidérurgie...).

Quelle est la croissance en définitive la plus importante ? C'est devenu la croissance en valeur. Vous vendez un produit banal qui correspond à un besoin primaire, par exemple le pain. La demande évolue peu, au contraire, elle a plutôt tendance à baisser. Vous essayez alors de monter en gamme, soit avec du marketing, du conditionnement, soit avec des innovations plus ou moins utiles. Vous ne vendez plus du pain, mais la baguette paysanne, la flûte au froment, avec des lardons ou des oignons, cuite au feu de bois ou sur la pierre, avec une farine à l'ancienne... et vous ne vendez plus la baguette à 0,90 € mais à 1 € ou 1,2 € ! Le risque est bien sûr que vos concurrents réagissent et vous attaquent avec un produit simple (sans fioriture...), une gamme limitée et des prix plus bas que les vôtres. C'est le cas de la petite échoppe qui se fait livrer la pâte à pain qu'elle ne fait plus que cuire et vendre sur place ou les boulangeries des grandes surfaces.

Une fois que l'on a analysé la forme de la croissance, il faut essayer d'anticiper sa durée, et c'est l'une des choses les plus difficiles que l'on ait à faire ! Entre Mme de Sévigné qui indiquait dans l'une de ses lettres que le café n'était qu'une mode qui ne durerait pas huit jours et l'entrepreneur qui vous explique que son produit va révolutionner le mode de vie des consommateurs et qu'il durera plus longtemps que l'automobile, il y a tout un monde !

Pour répondre à cette question, il faut s'intéresser au cycle de vie du produit.

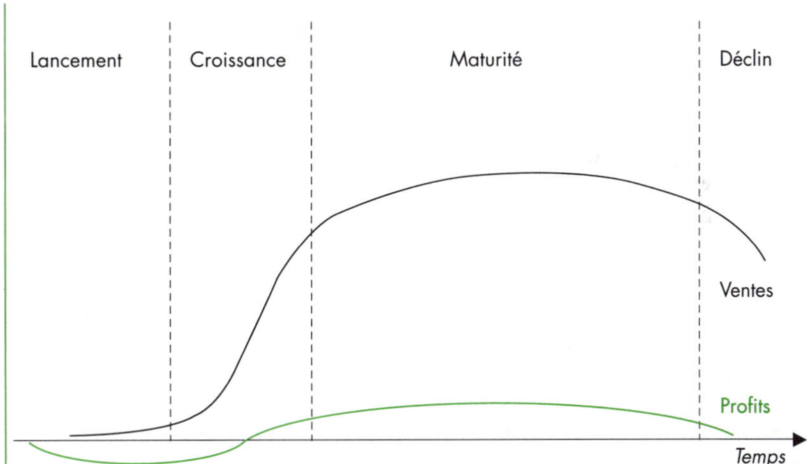

9.11 Les fondements de la croissance dans une économie développée sont souvent complexes :

- innovations technologiques, nouveaux produits (la télévision sur téléphone mobile) ;
- modification des données économiques (développement des croisières avec l'élévation du niveau de vie) ;
- modification du comportement du consommateur (restauration hors domicile) ;
- mode (le vin rosé) ;
- évolution démographique (maisons de retraite en raison du vieillissement de la population) ;
- retard accumulé (développement rapide de la banque sur téléphone mobile en Afrique du fait d'un réseau d'agences bancaires peu étendu) ;

- nouvelles contraintes réglementaires et/ou au contraire subventions faites à certains secteurs (développement des voitures électriques).

En phase de démarrage, le marché est en ébullition, les produits sont encore mal positionnés par rapport aux besoins des consommateurs. Avec la phase de croissance, le risque technologique a disparu, le marché existe vraiment et se développe rapidement, assez insensible aux fluctuations de l'économie en général. Avec la maturité, les ventes deviennent fortement sensibles aux à-coups de conjoncture. Avec le vieillissement et le déclin, la concurrence par les prix s'accroît, les acteurs se raréfient ; pour ceux qui restent les marges peuvent être très belles et il n'y a plus d'investissement à faire !

Qu'enfin notre lecteur retienne qu'un secteur en croissance n'est pas nécessairement d'un point de vue financier un « bon » secteur. Si la croissance a été suranticipée, il y a trop d'offre par rapport à la demande, même en période de forte croissance, et tous les acteurs perdent de l'argent (les fabricants des panneaux solaires). Ainsi le secteur des jeux vidéo après un faux départ dans les années 1980 (faillite du principal acteur Atari) connaît-il des taux de croissance largement supérieurs à 20 %, mais la plupart des acteurs ont des taux de rentabilité économique médiocres au mieux. À l'inverse, le secteur du tabac, marché on ne peut plus à maturité, permet aux derniers intervenants d'obtenir des taux de rentabilité économique très satisfaisants.

c) Le risque du marché

9.12 Le risque d'un marché n'est pas le même selon que le produit est de premier équipement ou de remplacement. Un produit de premier équipement apparaîtra toujours plus nécessaire aux yeux du consommateur qui ne le possède pas encore ; et au cas où il l'aurait oublié, la publicité se chargera de le lui rappeler ! À l'inverse si le consommateur possède déjà le produit, il sera toujours tenté de différer son remplacement en attendant une meilleure conjoncture, préférant utiliser ses quelques fonds à l'achat d'un nouveau produit. Le besoin prime ! Autrement dit, les produits de remplacement sont beaucoup plus sensibles à la conjoncture économique générale que les produits de premier équipement. Ainsi les ventes de poids lourds étaient à leur plus haut en Europe de l'Ouest en 2001 avant de reculer sensiblement en 2003/2004, dans une conjoncture économique très moyenne, et de se reprendre jusqu'en 2007 ; en 2009 les ventes se sont écroulées (de 47 %), les consommateurs remettant leurs achats à des jours meilleurs avant de repartir en 2010/2011, puis de rechuter en 2012 et 2013.

Il est donc fondamental pour l'analyste de comprendre si le produit est en phase de premier équipement ou en phase de renouvellement car cela détermine directement la plus ou moins forte sensibilité de l'entreprise à la conjoncture économique générale.

Trop souvent avons-nous entendu dire que tel secteur ne présentait pas de risque, par exemple l'agroalimentaire parce qu'on mangera toujours ! Dire qu'il n'y a pas de risques, c'est ne pas les voir ou être inconscient. Certes on mangera toujours, mais on ne mange pas de la même façon : développement des repas pris hors domicile, réduction de la consommation de vin, bond de celle des jus de fruits frais, réduction de la durée moyenne des repas...

Le risque dépend de la présence de barrières à l'entrée sur marché de l'entreprise et de l'existence ou non de produits de substitution. De nos jours les barrières à l'entrée sont de plus en plus fragiles tant en raison de la déréglementation mondiale (il y a de moins en moins de monopoles légaux : télécoms, électricité, poste...) que des progrès technologiques (Internet...) et d'une tendance de fond d'internationalisation qui multiplient le nombre de concurrents potentiels et rend temporaires les barrières érigées par la stratégie de l'entreprise.

Ainsi, Orange, SFR et Bouygues Télécom qui s'étaient *de facto* partagé le marché français du téléphone mobile, avec de très belles marges, jusqu'à l'arrivée de Free dont la stratégie commerciale a ruiné celles-ci.

d) La part de marché

9.13 La position que l'entreprise occupe sur son marché peut se traduire par un chiffre : la part de marché qui correspond à la part d'activité du marché (en volume ou en valeur) réalisée par l'entreprise.

L'entreprise qui détient une part de marché significative bénéficie :

- d'une certaine fidélité de ses clients qui renouvellent régulièrement leur volume d'achat avec l'entreprise. Celle-ci dispose ainsi d'une meilleure visibilité sur son activité ;
- d'une position de force vis-à-vis de ses clients et de ses fournisseurs. Il suffit de penser à la grande distribution pour s'en convaincre ;
- d'une position d'attractivité qui fait que tout petit producteur qui voudra se vendre, que tout inventeur d'un nouveau produit ou d'une nouvelle technique ou que tout jeune diplômé brillant vient d'abord voir l'entreprise avec une forte part de marché parce qu'elle est incontournable !

Cependant, ce n'est pas parce que l'on peut toujours calculer statistiquement une part de marché que celle-ci est automatiquement pertinente. Ainsi, dans le secteur du bâtiment et des travaux publics, la part de marché n'a aucun sens (elle n'est d'ailleurs jamais calculée !). Les clients ne renouvellent pas fréquemment leur acte d'achat (une mairie, une piscine, une route ont une longue durée de vie) et s'ils le font, c'est sur appel d'offres, ce qui démontre qu'il n'y a pas de lien privilégié clients/fournisseurs. De la même façon, acquérir une part de marché en cassant les prix sans être capable, une fois la part de marché obtenue, de pouvoir les relever n'a pas beaucoup d'intérêt et démontre la seconde limite de la part de marché : son acquisition doit être créatrice de valeur, sinon elle ne sert à rien !

Rappelons enfin à notre lecteur que la part de marché est différente de la notion de taille. Mieux vaut une belle part de marché sur un petit marché qu'un chiffre d'affaires moyen sur un vaste marché !

e) Qui sont les concurrents ?

9.14 Si le marché est en croissance, il vaut mieux avoir de nombreux petits concurrents plutôt que quelques gros dont les moyens financiers, marketing… sont tels qu'ils auront la capacité à eux seuls d'absorber toute la croissance du marché. Mieux vaut ne pas avoir Google pour concurrent ! En revanche, si le marché est arrivé à maturité, mieux vaut pour les quelques entreprises restantes qui se sont spécialisées sur des créneaux particuliers avoir de gros concurrents qui ne prendront pas le risque de les attaquer car le gain serait trop faible. À l'inverse, une multitude de petits concurrents dans un marché stable dégénère souvent dans une guerre des prix qui fait des victimes.

Mais comme on ne choisit pas ses concurrents, il est important de comprendre quelles sont leurs motivations. Certains peuvent ainsi avoir des objectifs de puissance ou de taille qui sont souvent éloignés de préoccupations de rentabilité. Il est dès lors très difficile pour les groupes qui ont un objectif de rentabilité de se développer dans ce contexte. Comment peut-on être rentable quand les principaux concurrents, les coopératives agricoles dans le secteur des légumes en conserve par exemple, ne cherchent pas le profit ? C'est très difficile, vous aurez donc beaucoup de mal à vous développer car générant peu de profits, vous aurez peu de moyens.

f) Comment la concurrence s'exerce-t-elle ?

9.15 En caricaturant, on peut dire qu'elle s'exerce soit par les prix, soit par le produit :

- quand la concurrence s'exerce par les prix, la motivation d'achat principale, si ce n'est exclusive, est le prix. Il faut donc maîtriser les coûts pour produire au prix le plus bas, il faut alléger les gammes pour jouer des effets d'échelle, il faut automatiser… Dans ce cadre, le facteur clef de succès est la part de marché puisque l'accroissement du volume de vente permet de réduire les prix unitaires (voir la fameuse courbe d'expérience du BCG où, à chaque fois que le volume cumulé de production double, le prix de revient unitaire baisse de 20 %). C'est le règne des ingénieurs et des contrôleurs de gestion ! Pensons à l'essence, au lait, à la minute de téléphone…

- quand la concurrence s'exerce par le produit, le client achète non pour le prix mais pour le service après-vente, la qualité, l'image… L'accent est alors mis sur une stratégie de différenciation, sur les techniques de commercialisation, de fidélisation. C'est le règne des hommes ou des femmes de marketing. C'est Nespresso et la qualité de son produit/service, la vodka Grey Goose et son image, Essilor et ses innovations…

En pratique, la vie n'est jamais aussi simple, la concurrence s'exerce rarement uniquement par le prix ou uniquement par le produit, et souvent il s'agira plutôt d'une dominante ou d'un mix des deux. Pensons au lait bio, à la réservation du siège sur les vols Easyjet…

2 ■ La production

a) La notion de chaîne de valeur

9.16 Une chaîne de valeur (ou filière) est constituée de l'ensemble des entreprises qui interviennent dans le processus de production, de la matière première au produit final. Selon les cas, une chaîne de valeur réunit la transformation des matières premières, la recherche, une seconde transformation, des activités de négoce, une troisième ou quatrième transformation, de nouveau du négoce et pour finir le distributeur final. De plus en plus dans nos sociétés de services, la matière première est de la matière grise et les transformations sont remplacées par une série de services à plus ou moins forte valeur ajoutée, la distribution gardant toute sa place.

L'objectif de l'analyse d'une chaîne de valeur est de comprendre le rôle des différents acteurs, quels sont leurs rapports de force, quelles sont les positions de faiblesse. Il est clair en effet que lorsqu'une crise se produit, tous les acteurs de la filière vont souffrir. Cependant certains vont souffrir plus que d'autres, certains disparaîtront même car ils sont structurellement en position de faiblesse dans la chaîne de valeur. L'analyste doit donc déceler les positions de faiblesses structurelles, ne pas se laisser illusionner en période de bonne conjoncture par de bons chiffres qui masquent ces faiblesses pour détecter où ne pas investir et où ne pas prêter dans la chaîne de valeur.

> À travers l'étude d'une chaîne de valeur, l'analyste doit identifier les positions de faiblesse là où l'intervenant n'a pas ou peu de marge de manœuvre (capacité de développement de nouvelles activités ou de cession d'actifs d'exploitation ayant une valeur indépendamment de leur exploitation actuelle).

b) Les systèmes de production

9.17 Dans une économie caractérisée par la prédominance des services, l'analyse des systèmes de production d'une entreprise industrielle est rarement pratiquée alors qu'elle nous paraît très intéressante.

La première étape consiste à comprendre si l'entreprise produit elle-même ou si elle a recours à des sous-traitants, si la production est située en Europe ou si elle est délocalisée, si la main-d'œuvre industrielle est permanente ou temporaire... L'analyste mesurera ainsi la flexibilité du compte de résultat en situation de récession de son marché ou en cas de forte croissance.

Dès lors, il convient de détecter d'éventuelles incohérences entre le produit et le mode d'organisation industrielle mis en place pour le produire. On peut distinguer quatre types d'organisations industrielles comme indiqué dans le tableau ci-dessous :

Produit / **Processus**	Unique, sur mesure, conçu avec l'utilisateur	Multiple, différencié, peu standardisé, réalisé à la demande	Diversifié mais composé d'éléments standardisés, volume important	Unique, complexe, volume très important
Projet : organisation spécifique et éphémère composée d'experts	Pyramides d'Égypte Cathédrales Barrages			
Atelier : flexibilité grâce à la surcapacité, équipement peu spécialisé, main-d'œuvre polyvalente		Aéronautique Restauration Machine-outils		
Masse : flexibilité grâce aux stocks intermédiaires, main-d'œuvre peu qualifiée et peu polyvalente			Électroménager Chaussures Textile	
Process : absence totale de flexibilité mais suppression des stocks intermédiaires, automatisation poussée, personnel réduit et de haute technicité				Automobile Énergie Sucrerie Chimie

Source : d'après Tarondeau J.-C., Stratégie industrielle, *Vuibert, 1998.*

L'organisation de type **projet** existe, mais son impact économique est très faible.

L'**atelier** peut prendre la forme de l'artisanat, du luxe ou de la recherche, mais dès qu'un produit connaît un développement, c'est une forme d'organisation à abandonner au plus vite.

La **production de masse** est adaptée à des produits avec un faible prix de revient mais se traduit par des besoins en fonds de roulement élevés en raison des stocks intermédiaires qui donnent sa flexibilité au processus. C'est un système où la barrière à l'entrée est faible car dès que le concepteur du processus trouve une innovation, il peut la proposer à l'ensemble des intervenants. Ce type de processus est souvent délocalisé dans les pays émergents.

Le **process** est un mode d'organisation industrielle né à la fin des années 1970 qui a révolutionné les modes de production et s'est traduit par une baisse considérable des besoins en fonds de roulement, par la quasi-disparition des stocks intermédiaires. C'est un processus de production continue de la matière première au produit final qui implique une forte proximité géographique des usines des fournisseurs, des sous-traitants et du producteur qui travaillent en flux tendus. C'est un processus difficilement délocalisable compte tenu de sa complexité (réglage fin) mais qui n'offre aucune flexibilité compte tenu de la disparition des stocks intermédiaires. Attention à une grève chez un fournisseur ou un sous-traitant qui paralyse tout le groupe !

L'évolution de toute industrie est de passer progressivement d'un processus à un autre à l'instar de l'industrie automobile au cours du XXe siècle.

L'évolution des systèmes de production dans l'automobile

Mais que notre lecteur ne se laisse pas fasciner par ces processus industriels, qu'il comprenne bien que chacun présente ses avantages et ses inconvénients et qu'il réfléchisse bien à l'adéquation entre une stratégie commerciale et un mode de production choisi. On ne fera jamais de la production de masse dans des ateliers !

c) L'investissement

9.18 L'entreprise n'a pas intérêt à investir trop tôt dans le processus de production. En effet, lorsqu'un nouveau produit est lancé il y a une première phase pendant laquelle le produit doit démontrer qu'il correspond bien à un besoin du consommateur. Puis le produit évoluera, incorporera de nouvelles innovations plus mineures et ses ventes augmenteront.

Puis, lorsque les ventes décollent, l'objectif sera de baisser le prix de revient ; l'attention et les efforts d'innovation vont alors progressivement se déplacer du produit vers le système de production.

Innovations dans les produits et les systèmes de production

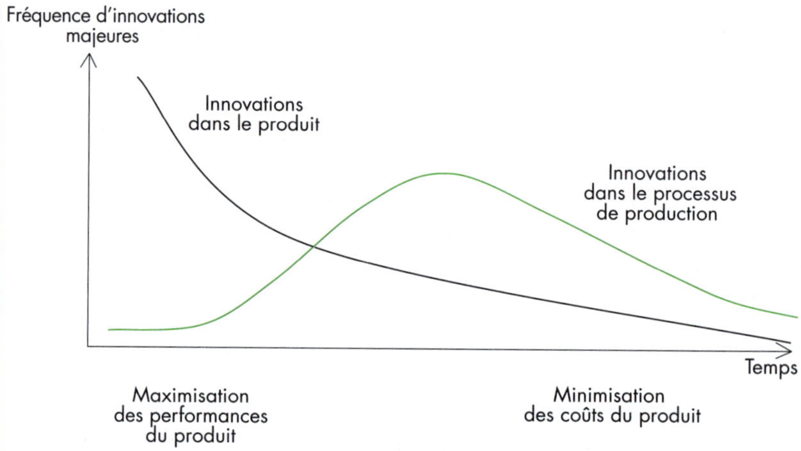

Source : Utterback J.C. et Abernathy W.J., « A dynamic model of process and product innovation ».

Investir trop tôt dans le processus de production c'est faire deux erreurs : d'abord investir des fonds dans un outil de production qui est loin d'être stabilisé et qui pourrait être abandonné ; puis se priver de fonds qui auraient permis de mieux asseoir le produit par des innovations techniques ou des opérations de marketing. Mieux vaut alors sous-traiter le processus de production et ne pas cumuler le risque du produit avec celui du processus de production. En revanche, lorsque le processus de production s'est stabilisé, l'entreprise a tout intérêt à investir pour le maîtriser et pouvoir réaliser des gains de productivité lui permettant d'abaisser le prix de revient.

De plus en plus, les entreprises sous-traitent la production industrielle ou les services, réduisant le cœur de leur savoir-faire à une ingénierie de conception de projets, de gestion et de commercialisation de ceux-ci. En caricaturant, l'entreprise devait avant tout produire et avait une organisation verticale car la valeur ajoutée était au niveau de la production. Dorénavant dans bon nombre de secteurs (équipements télécoms, ordinateurs, électroménager...), la valeur ajoutée est au niveau de la recherche, de l'innovation et du marketing. L'entreprise doit alors savoir organiser et coordonner la production faite par d'autres dont la seule compétence est la fabrication industrielle, qu'ils soient chinois et bénéficiant donc de coût de main-d'œuvre particulièrement bas ou spécialistes de la production pour compte de tiers (Foxconn, Flextronics, Fareva...). L'entreprise y gagne en réduction des capitaux investis à condition d'être capable de comprendre l'évolution des besoins de ses clients et d'avoir une ou des marques qui les fidélisent.

3 ■ Les systèmes de distribution

9.19 Un système de distribution assure normalement trois rôles :

- **logistique** : présentation du produit, livraison, stockage ;
- **conseil et services** : explication sur le produit, promotion, service après-vente, circulation de l'information entre le producteur et le consommateur et *vice versa* ;
- **financier** : achat ferme du produit, c'est-à-dire prise du risque de la mévente.

Ces trois rôles sont fondamentaux et dès lors que le système de distribution ne les accomplit pas ou qu'imparfaitement, le producteur est très handicapé et aura beaucoup de mal à se développer, laissant la place libre au distributeur.

Prenons ainsi le secteur de la distribution de meubles. Elle n'assure pas sa fonction de financement puisqu'elle ne stocke pas au-delà de quelques pièces de démonstration. La logistique se résume à la présentation et les conseils sont pour le moins réduits. Dans ces conditions, les industriels du meuble sont réduits à être des façonniers qui n'ont pas pu développer de marque (ce qui témoigne de leur faiblesse), les principales marques connues sont des marques de distributeurs : Conforama, But, Ikéa...

> Le risque d'un réseau de distribution est qu'il n'assure pas sa fonction et qu'il soit au contraire un écran qui bloque la circulation d'informations du producteur vers le consommateur et *vice versa*.

Quelle stratégie de distribution choisir ? C'est bien évidemment une décision fondamentale pour l'entreprise. Plus elle est proche de son client final, à la limite en ayant intégré la distribution, plus elle saura avec rapidité et précision ce que veut son client (prix, gamme, innovation...) ; et plus elle sera informée tôt des fluctuations de la conjoncture, lui permettant ainsi d'adapter son rythme de production. Mais ceci demande des compétences humaines particulières et nécessite des investissements en logistique, en outil commercial et en besoin en fonds de roulement importants.

Ceci aura d'autant plus de sens que la motivation d'achat du client n'est pas le prix mais l'image, le service après-vente, la qualité du produit qu'il importera à l'entreprise de contrôler étroitement plutôt que d'en laisser le soin à un tiers. Ainsi, ce n'est pas par hasard qu'Apple a progressivement créé son propre réseau de magasins et réduit les approvisionnements de ses distributeurs initiaux.

Être loin de son client final minimise les investissements, mais l'entreprise connaît moins bien les souhaits de son client et est soumise à un phénomène d'amplification des mouvements de la conjoncture. Si le consommateur final ralentit ses achats, le distributeur final pourra mettre un certain temps avant d'en prendre conscience et de réduire à son tour ses achats auprès du négociant en gros qui, à son tour, sera victime d'une inertie avant de réduire à son tour ses achats au producteur qui ne sera ainsi prévenu du ralentissement que plusieurs semaines ou mois après son début. Et lorsque la conjoncture repartira, il n'est pas rare qu'il y ait alors des ruptures de stocks chez les distributeurs alors qu'ils sont encore pléthoriques chez le producteur !

Lorsque la concurrence s'exerce sur le prix, il vaut mieux que le producteur concentre ses investissements sur l'outil de production afin de baisser ses coûts, plutôt que de les disperser afin de contrôler un réseau de distribution qui nécessite des compétences bien différentes de celles de l'industrie. Notre lecteur n'aura pas manqué de noter néanmoins que les grands groupes de distribution ont accru leur poids dans l'économie de façon considérable, notamment en s'appuyant sur les volumes d'achat qu'ils représentent.

Le développement du commerce sur Internet représente une révolution en termes de distribution. En effet, ce moyen permet à de petits producteurs de toucher à moindre coût une cible très large ; et bien que ne maîtrisant pas réellement l'ensemble de la distribution, la proximité avec le client est souvent bien meilleure que dans un réseau franchisé.

4 ■ L'entreprise et ses hommes et femmes

Trop souvent, nous avons entendu dire que « de toute façon, ce sont les hommes qui comptent ». C'est un alibi pour faire un peu n'importe quoi ! Certes, cela est vrai dans certaines petites entreprises qui ne tiennent en définitive que grâce à la qualité de leur dirigeant et qui n'ont pas de positions stratégiques, mais quel aléa pour le prêteur ou l'actionnaire ! Dire que les hommes et les femmes sont importants est peut-être vrai, mais ceci doit alors se traduire par l'acquisition de positions stratégiques, la constitution de rentes économiques qui donnent une valeur à l'entreprise indépendamment de son créateur ou de son dirigeant.

a) Les actionnaires

9.20 D'un point de vue strictement financier, les hommes les plus importants au sein d'une entreprise sont ses actionnaires. Ce sont eux en effet qui choisissent les dirigeants et déterminent la stratégie de l'entreprise. Il faut comprendre qui ils sont et quels sont leurs objectifs, comme nous le verrons au chapitre 45. On distingue deux types d'actionnaires : les actionnaires internes et les actionnaires externes.

Les **actionnaires internes** cumulent leur rôle d'actionnaire avec une fonction au sein de l'entreprise, le plus souvent de direction. Il y a alors une forte identification à l'entreprise et parfois la poursuite d'objectifs de taille, de puissance, de renommée, assez lointains des objectifs financiers. L'**actionnaire externe** lui ne travaille pas au sein de l'entreprise et aura à son égard un comportement de pur financier.

La spécificité de l'actionnaire interne est qu'il prend un risque considérable à titre personnel puisque son patrimoine et son revenu ont la même source, l'entreprise. Dès lors, il doit faire plus attention qu'un dirigeant non actionnaire qui n'a qu'une petite partie de son patrimoine immobilisée dans l'entreprise. Le danger est cependant que par affection, par obstination il ne puisse pas prendre des décisions qui s'imposent : fermeture d'une usine, cession d'une branche, arrêt d'une diversification malheureuse... Il est probable que Moulinex aurait mieux traversé les années 1990 si son fondateur ne s'était pas accroché à son poste de PDG jusqu'à son décès et s'il avait préparé sa succession.

L'actionnaire externe a un avantage évident : par son comportement financier, il constituera un très bon aiguillon pour la stratégie du groupe et la politique financière. Cependant en cas de difficultés de l'entreprise, il aura un comportement très passif et constituera un ventre mou qui aidera peu les dirigeants.

Méfiez-vous enfin des actionnariats divisés qui risquent de paralyser la marche normale de l'entreprise par leurs querelles. Fram a ainsi pris du retard dans son développement Internet et dans la modernisation de son image assez largement du fait des dissensions au sein de la famille fondatrice.

b) Les dirigeants

9.21 Il convient de comprendre les objectifs et le positionnement des dirigeants par rapport aux actionnaires, sachant que le développement généralisé des systèmes d'intéressement par stock-options ou actions gratuites aligne leurs intérêts financiers sur ceux des actionnaires. Nous développons cela aux paragraphes 30.17 et suivants.

Que notre lecteur se méfie des systèmes d'intéressement généralisés à la grande masse des collaborateurs de l'entreprise. D'abord, on ne peut pas encore payer son pain avec des stock-options et le salaire doit rester la source prioritaire de revenus d'un employé. Ensuite, si la situation de l'entreprise commence à se dégrader, les meilleurs éléments la quitteront assez vite après avoir préalablement exercé leurs stock-options avant qu'elles ne vaillent plus rien. Ceux qui resteront risquent de s'illusionner et de prendre conscience de la difficulté de la situation avec retard, faisant perdre un temps précieux de réaction. Ce danger s'était abattu au début des années 2000 sur les sociétés de la « Nouvelle économie » qui avaient érigé les stock-options en mode de rémunération normal. C'est un système idéal quand tout va bien, mais très dangereux en cas de crise car il accroît les difficultés de l'entreprise.

c) La culture d'entreprise

9.22 Elle est probablement très difficile à comprendre pour un observateur externe, elle est néanmoins fondamentale à apprécier, en particulier lorsque l'entreprise se lance dans des opérations de croissance externe ou de diversification. Une entreprise très monolithique, très centralisée avec un savoir-faire spécifique sur quelques produits aura beaucoup de difficultés à se diversifier car elle voudra appliquer son mode de fonctionnement à sa cible, cassant ainsi le ressort de cette dernière.

Ainsi, le rachat de Dresdner par Allianz a-t-il été un échec car jamais la culture hiérarchique et un peu terne du second n'a réussi à se marier avec celle plus jeune et créative des banquiers de haut vol du premier.

À l'inverse, Danone a réussi sa mutation de groupe verrier national à un géant de l'agroalimentaire mondial car son président a eu l'intelligence de comprendre qu'il lui fallait des hommes et des femmes de marketing et non des ingénieurs pour gérer cette diversification qui est devenue progressivement la seule activité du groupe. Il est allé les débaucher chez Procter & Gamble, Unilever...

Section 3 ■ Le diagnostic de la politique comptable de l'entreprise

9.23 Nous ne saurons trop conseiller à notre lecteur, avant de se lancer dans l'analyse financière des comptes d'un groupe selon le plan que nous développerons à la section suivante, de passer du temps à analyser le rapport des commissaires aux comptes ou des auditeurs et à réfléchir aux principes comptables suivis.

Si les principes comptables suivis sont conformes à la pratique telle que nous l'avons décrite dans les chapitres 6 à 8, notre lecteur pourra valablement étudier les comptes en ayant une assez grande sécurité quant à la pertinence de ceux-ci, c'est-à-dire à leur capacité de traduire assez fidèlement la réalité économique de l'entreprise.

À l'inverse, si notre lecteur détecte des anomalies, des pratiques comptables qui s'écartent des normes, point n'est besoin alors d'étudier les comptes car ils travestissent la réalité économique de l'entreprise. Nous conseillons alors au prêteur de ne pas prêter ou de céder au plus vite ses encours et à l'actionnaire de ne pas acheter les actions ou de les vendre au plus vite. En effet, une entreprise qui adopte des principes comptables s'éloignant des normes ne le fait pas par hasard mais très probablement pour améliorer une réalité peu brillante.

Section 4 ■ Plan type d'analyse financière

9.24 Notre expérience nous montre que, souvent, le novice est déconcerté face à une analyse financière car il ne sait par où commencer, ni où aboutir. Il risque alors d'enchaîner des remarques essentiellement descriptives, sans les mettre en relation et vérifier ainsi leur cohérence interne, sans établir de liens de causalité.

L'analyse financière est en fait une enquête qui doit suivre un cheminement logique composé de parties non cloisonnées mais qui se renvoient au contraire les unes aux autres. L'analyste est un Myron Bolitar ou un Hercule Poirot moderne, aux aguets, qui cherche un enchaînement logique mais aussi les éléments perturbateurs qui sont peut-être annonciateurs de problèmes. La question qu'il doit le plus souvent se poser est : est-ce logique, est-ce cohérent avec ce que j'ai déjà établi, si oui pourquoi ? Et si non, pourquoi ?

Nous suggérons à notre lecteur de retenir la phase suivante qui définit le plan type de toute analyse financière :

> « La génération de richesse nécessite des investissements qui doivent être financés et être suffisamment rentables. »

Arrêtons-nous quelques instants sur cette phrase : une entreprise ne peut être viable et survivre à terme si elle n'arrive pas à trouver durablement des clients qui acceptent d'acheter sa production ou ses services à un prix donné qui doit lui permettre de réaliser un résultat d'exploitation positif et suffisant. C'est la base de tout. Dès lors, il convient d'étudier en premier lieu la formation du résultat de l'entreprise. Mais la réalisation de marges nécessite des investissements préalables qui prennent deux formes : l'acquisition de matériel, de bâtiments, de brevets, de filiales… et la constitution du besoin en fonds de roulement. Bien évidemment ces investissements devront être financés, que ce soit par capitaux propres ou par endettement bancaire et financier.

Dès lors que les trois éléments précédents (marges, investissements, financement) ont été étudiés, il est possible de calculer la rentabilité de l'entreprise, c'est-à-dire son efficacité, que celle-ci s'applique à l'actif économique ou aux capitaux propres. Notre lecteur aura alors achevé son travail et pourra répondre à ces questions simples qui ont motivé son analyse : l'entreprise est-elle capable de faire face aux engagements qu'elle a pris à l'égard de ses créanciers ? Est-elle capable de créer de la valeur pour ses actionnaires ?

9.25 On étudiera donc ainsi :

- **la génération de richesse :**
  - d'abord quelle est l'évolution du chiffre d'affaires, en prix et en volume, en croissance interne ou externe ? C'est une variable clef qui pose le décor de l'analyse financière : une entreprise en croissance n'aura pas les mêmes problèmes qu'une entreprise en déclin, en récession, en redressement, en croissance exponentielle ;
  - quelle est l'importance de la conjoncture, la force du cycle, ses conséquences en termes de volume et de prix (quel sera l'écart avec le haut ou le bas du cycle) ?
  - quelle est l'évolution des marges, et notamment de la marge d'EBE et de la marge d'exploitation ?
  - cependant cette analyse est conceptuellement pauvre si l'on ne met pas en évidence l'effet de ciseau (voir le paragraphe 10.37) et l'effet point mort (voir chapitre 11) ;
- **la politique d'investissement**. Les investissements concernent l'ensemble de l'actif économique : immobilisations et besoin en fonds de roulement (voir chapitre 12) ; c'est l'actif de notre bilan économique ;
- **la politique de financement**. C'est comprendre comment l'entreprise a financé (par endettement ou par de nouveaux capitaux propres) la part des investissements (accroissement des immobilisations et du besoin en fonds de roulement) non couverte par l'autofinancement. L'outil d'analyse privilégié est le tableau de flux dans une analyse dynamique et le bilan qui donne une vision statique à la date de clôture de l'exercice (voir chapitre 13) ;
- **la rentabilité de l'entreprise**. C'est analyser la rentabilité économique et la rentabilité des capitaux propres, l'effet de levier et le risque associé (voir chapitre 14).

On pourra alors conclure en comparant les taux de rentabilité dégagés avec les taux de rentabilité exigés (sur l'actif économique ou sur les capitaux propres) pour déterminer si l'entreprise crée de la valeur et si elle est solvable (voir chapitre 15).

Comment conduire une analyse financière

Deux préalables :

D'abord bien comprendre l'activité...

- Le(s) marché(s)
- Le(s) produit(s)
- Le processus de fabrication
- Le réseau de distribution
- Les hommes et les femmes de l'entreprise

... et les choix comptables effectués par l'entreprise

- Rapport des commissaires aux comptes
- Principes comptables
  - Techniques et périmètre de consolidation
  - Survaleurs, marques...
  - Provisions
  - Stocks
  - ...

Un plan en quatre étapes :

La génération de richesse...

- Analyse du chiffre d'affaires :
  - croissance interne/externe
  - croissance prix/volumes
- Analyse des marges :
  - structure
  - effet de ciseau
  - effet point mort

... nécessite des investissements...

- Besoin en fonds de roulement
- Actifs immobilisés

... qui doivent être financés...

- Dettes, capitaux propres, autofinancement
- Risques de transformation/liquidité, de taux d'intérêt et de change

... et être suffisamment rentables

- Analyse des rentabilités économiques et des capitaux propres : effet de levier

Conclusion :

Selon que vous soyez actionnaire ou prêteur

- Comparaison rentabilité économique/taux exigés par les actionnaires et les prêteurs
- Création de valeur
- Risque de solvabilité

Nous illustrons cette méthodologie d'analyse dans les chapitres suivants avec l'exemple du groupe italien Indesit qui a réalisé en 2013 un chiffre d'affaires de 2,7 Md€ dans l'électroménager (Indesit, Scholtès, Hotpoint) avec 16 000 salariés. 58 % des ventes proviennent d'Europe occidentale et 37 % d'Europe de l'Est.

Vous trouverez sur le site Internet www.vernimmen.net, les derniers rapports annuels d'Indesit.

Attardons-nous maintenant sur les différentes méthodes d'analyse financière.

Section 5 ■ Les différentes méthodes

1 ■ L'analyse en tendance, ou l'étude d'une même entreprise sur plusieurs exercices

9.26 L'analyse financière s'effectue nécessairement en tendance sur plusieurs exercices puisqu'**elle a pour objet d'étudier le passé, pour diagnostiquer le présent et prévoir l'avenir**. Elle peut également être appliquée sur des états prévisionnels élaborés par l'entreprise. Seule une analyse en tendance sur plusieurs exercices (au moins trois lorsque l'information est disponible, idéalement sur un cycle économique complet) permet de dégager des tendances et des évolutions.

L'analyste devra mettre en évidence les dégradations éventuelles pour permettre de fixer des « clignotants » révélant les difficultés importantes auxquelles l'entreprise fait face. Nous avons vu trop souvent des analystes en herbe lire les soldes intermédiaires de gestion sans prendre le recul nécessaire pour dégager des tendances. Cette approche présente cependant deux limites importantes :

- une évolution en tendance n'a de sens que si les éléments sont à peu près comparables d'une année à l'autre. Cela ne sera pas le cas si l'entreprise change partiellement ou totalement d'activité, de conditions d'exploitation (recours massif à la sous-traitance...), de périmètre de consolidation..., sans parler des modifications des règles comptables par lesquelles l'entreprise transcrit la réalité ;

- l'information comptable est structurellement en retard. Il faut, en général, attendre 2 à 4 mois pour obtenir les comptes de l'exercice passé qui peuvent déjà ne plus avoir de rapport avec la situation présente de l'entreprise. Face à cette réalité, l'analyste externe est défavorisé par rapport à l'analyste interne qui, lorsque le système d'information est efficient, dispose de ces données beaucoup plus rapidement.

2 ■ L'analyse comparative ou la comparaison d'entreprises similaires

9.27 L'analyse comparative consiste à évaluer les principaux soldes et ratios d'une entreprise afin de comparer ceux-ci aux soldes et ratios caractéristiques des entreprises du même secteur d'activité. L'idée de base étant, pour reprendre l'aphorisme de W. Baumgartner, qu'il ne faut pas faire plus de bêtises que ses voisins, tout particulièrement en matière de structure financière. Pourquoi ? Parce qu'en cas de difficultés, les canards boiteux vont disparaître en premier. Une entreprise n'est pas moins viable dans l'absolu : elle est simplement plus ou moins viable que d'autres.

9.28 La méthode comparative est notamment employée par les analystes financiers pour comparer les performances financières des entreprises d'un même secteur, par certaines entreprises dans le but de fixer le délai de règlement pouvant être accordé à leurs clients, ou encore par les banques afin de juger le caractère anormal de certains délais de règlement et de certains rythmes de rotation des stocks, et d'apprécier la structure financière. Elle peut être systématisée par l'utilisation des études publiées par des centrales de bilans, en particulier la base de donnée consolidée européenne BACH. C'est le domaine du **benchmarking**.

Il existe deux limites à cette approche :

- la notion de secteur est floue et dépend du niveau de détail choisi. Restituant l'entreprise par rapport aux firmes concurrentes, cette démarche nécessite que les informations collectées auprès des différentes entreprises du secteur soient homogènes et que l'échantillon soit suffisamment représentatif ;
- il peut y avoir des phénomènes de folie collective qui font que les valeurs d'un secteur sont provisoirement surestimées. Il appartient alors au financier de « sortir » du secteur.

3 ■ L'analyse normative, ou les règles dites « d'orthodoxie »

9.29 L'analyse normative est un prolongement de l'analyse comparative. Elle repose en effet sur la comparaison de certains ratios ou soldes de l'entreprise étudiée, par rapport à des règles ou à des normes déterminées à partir d'un vaste échantillon d'entreprises.

Il existe ainsi des normes propres à certaines professions :

- le prix de la nuitée par rapport à son coût dans l'hôtellerie standard : au moins le 1/1 000e ; ou le chiffre d'affaires atteint au bout de 3 ans : au moins 1/3 de l'investissement total ;
- l'importance des travaux en cours par rapport aux capitaux propres d'une entreprise de BTP ;
- le chiffre d'affaires au m^2 pour les supermarchés, etc.

Il existe aussi, pour certains, des ratios d'orthodoxie financière définis pour toutes les entreprises, quel que soit leur secteur, applicables en matière de structure financière :

- les immobilisations doivent être financées par des ressources stables ;
- l'endettement net ne doit pas dépasser 3 fois l'EBE ;
- etc.

Que le lecteur ne se réfugie pas derrière ces normes au contenu conceptuel souvent pauvre car déterminé à partir d'études statistiques. Ces ratios sont difficiles à interpréter, sauf peut-être en matière de structure financière. N'oublions pas qu'une entreprise rentable peut faire ce qu'elle veut, et parfois un peu tout et n'importe quoi, seule compte sa rentabilité. De même, nous démontrerons dans la quatrième partie de cet ouvrage qu'il n'existe aucune structure financière idéale.

Section 6 ■ La notation financière

9.30 La notation financière ou *rating* en anglais est l'évaluation en continu de la solvabilité d'un emprunteur par une agence spécialisée (Standard & Poor's, Moody's, Fitch...), par les banques pour leurs besoins internes de respect des ratios prudentiels, par les assureurs crédit (Coface, Euler Hermes...), mais également par la Banque de France. Comme nous le verrons au paragraphe 24.26, cette évaluation s'effectue par l'attribution d'une note qui reflète une opinion sur le risque d'un emprunt : le risque financier lié à la capacité de l'emprunteur d'honorer les flux prévus mais également les autres formes de risque liées aux caractéristiques spécifiques de l'emprunt, et notamment ses garanties et ses caractéristiques juridiques.

La note est attribuée à l'issue d'un processus assez lourd qui vise à évaluer le risque stratégique de l'entreprise en analysant sa position concurrentielle au sein de son secteur (part de marché, efficacité industrielle, taille, qualité du management...) et en effectuant une analyse financière.

Les principaux critères examinés sont les suivants : évolution de la marge d'exploitation, évolution et pérennité de la rentabilité économique, analyse de la structure financière (et notamment la couverture des frais financiers par le résultat d'exploitation et la couverture de l'endettement net par les flux de trésorerie provenant de l'exploitation ou la capacité d'autofinancement). Ces différents ratios seront développés dans les chapitres 10 à 15.

Traitons maintenant des méthodes d'analyse financière « automatiques » sur lesquelles nous ne reviendrons pas.

Section 7 ■ La méthode des scores

1 ■ Le principe de la méthode des scores

9.31 La méthode des scores, ou *credit scoring*, est une technique d'analyse destinée à diagnostiquer préventivement les difficultés des entreprises.

L'idée de base est de déterminer, à partir des comptes des sociétés, des ratios qui soient des indicateurs avancés (2 à 3 ans à l'avance) des difficultés des entreprises. Une fois ces ratios établis, il suffit de calculer leurs valeurs pour une entreprise donnée et de les comparer à la valeur des ratios des entreprises ayant connu des difficultés ou des défaillances. La comparaison ne s'effectue pas ratio par ratio, mais globalement. En effet, les ratios sont agrégés dans une fonction, appelée Z ou fonction score, qui permet de donner pour chaque entreprise une note, le score. La formule Z a en général la forme suivante :

$$Z = a + \sum_{i=1}^{n} \beta_i \times R_i$$

où a est une constante, R_i les ratios, β_i le poids relatif attaché au ratio R_i et n le nombre de ratios retenus.

9.32 Selon que le résultat de la fonction pour une entreprise est proche ou éloigné de valeurs normatives déterminées sur un échantillon d'entreprises ayant connu des difficultés, on estime que l'entreprise étudiée a une certaine probabilité de connaître, d'ici 2 à 3 ans, des difficultés ou au contraire d'être saine. Développée aux États-Unis à la fin des années 1960 par E. Altman, la famille des scores Z a connu un vif succès, la dernière version Z'' était la suivante :

$$Z'' = 6{,}56\ X_1 + 3{,}26\ X_2 + 6{,}72\ X_3 + 1{,}05\ X_4$$

avec :

X_1= BFR rapporté au total de l'actif ;

X_2= résultat mis en réserve rapporté au total de l'actif ;

X_3= résultat d'exploitation rapporté au total de l'actif ;

X_4= montant des capitaux propres rapportés aux dettes totales.

Si Z'' est inférieur à 1,1 la probabilité de défaillance de l'entreprise est élevée ; si Z'' est supérieur à 2,6 la probabilité de défaillance de l'entreprise est faible, la zone grise se situant entre 1,1 et 2,6. Le score Z'' n'a pas encore été détrôné par le score ZETA qui introduit des critères de stabilité des résultats, de service de la dette et de liquidité du bilan.

2 ▪ Les scores en France

9.33 La Banque de France dispose d'informations sur 7 millions d'entités dont près de 280 000 entreprises dotées d'une notation.

Par une méthode statistique (l'analyse discriminante linéaire de Fisher), un choix des ratios les plus discriminants pour distinguer les entreprises en difficulté des entreprises saines a été effectué. Les ratios ont été réunis dans une formule, la fonction score BDFI2 pour les entreprises industrielles. Économiquement, la formule fait apparaître 7 contributions liées à la rentabilité de l'entreprise, aux dettes fiscales et sociales, au délai du crédit fournisseur, au taux d'endettement, à la structure de l'endettement, au taux d'intérêt apparent.

De manière générale, les contributions stigmatisent les difficultés des entreprises avec :

- une insuffisance de rentabilité notamment vis-à-vis du coût de la dette ;
- un fort recours au système bancaire et en particulier au financement à court terme ;
- un fort allongement du crédit fournisseurs et des dettes fiscales et sociales.

Ainsi, une entreprise insuffisamment rentable aura un faible EBE ; si de surcroît elle est endettée, ses frais financiers seront importants. Elle subira un effet de levier négatif et aura peu de chances de survivre, comme nous le démontrerons au chapitre 15.

D'autres organismes ou sociétés privées publient ou commercialisent leurs résultats de *scoring* sur les sociétés : Coface, Altares, Pouey International, AFDCC, Dun & Bradstreet, Creditsafe, etc.

3 ■ Intérêt et limites de la méthode des scores

9.34 La méthode des scores constitue un enrichissement de l'analyse traditionnelle par ratios, qui repose sur l'utilisation isolée de certains d'entre eux. Dans la méthode des scores, le problème du poids relatif à accorder à chaque ratio est résolu, car chaque ratio est pondéré en fonction de son pouvoir de discriminer les « mauvaises » entreprises des « bonnes ».

Elle présente cependant un certain nombre de limites.

Certaines tiennent à la construction statistique de la fonction score : l'échantillon de travail doit être suffisamment vaste, les données de base précises et homogènes, la période d'étude doit être suffisamment longue pour permettre de saisir l'évolution du comportement des entreprises et d'en mesurer les effets.

La fonction score est établie sur des données historiques plus ou moins récentes et doit nécessairement évoluer. Peut-on alors utiliser la même formule quelques années plus tard, alors que l'environnement économique et financier des entreprises peut avoir considérablement évolué ? Des actions de maintenance sont indispensables.

La conception des fonctions scores est très marquée par la préoccupation de leurs auteurs : mesurer le risque de défaillance pour les PME. Elles sont donc inapplicables pour un tout autre objet (détecter à l'avance des entreprises très rentables…) ou pour mesurer le risque de défaillance des grands groupes. L'application d'une fonction score doit être limitée aux entreprises d'activité et de taille correspondant à celles de l'échantillon d'origine.

La méthode des scores, méthode synthétique, simple et rapide est attractive. Son développement même peut entraîner un effet autoréalisateur ; la connaissance *a priori* d'un risque de défaillance (objectif de la méthode des scores) peut entraîner chez les partenaires de l'entreprise des comportements accélérant le processus de dégradation : les fournisseurs refusent de vendre à crédit, les banquiers réduisent leurs encours, les clients se font plus rares craignant de ne pas pouvoir être livrés ou de ne pas disposer de service après-vente…

Section 8 ■ Les systèmes experts et réseaux de neurones

9.35 Les systèmes experts sont des logiciels développés pour conduire des analyses financières en utilisant une base de connaissances composée de règles d'analyse financière, enrichie au fur et à mesure des analyses réalisées. L'objectif des systèmes experts est de développer des méthodes de raisonnement se rapprochant de celles du cerveau humain. C'est le domaine de l'intelligence artificielle.

Grâce à des algorithmes, le système est censé analyser les données sans qu'une équation du type score ne lui soit donnée *a priori*.

L'objectif est souvent de constituer un outil de détection précoce des défaillances d'entreprise utilisé notamment par les établissements financiers.

RÉSUMÉ

Le résumé de ce chapitre est disponible sur le site www.vernimmen.net.

L'analyse financière a pour objectif d'expliquer comment un groupe peut créer de la valeur sur le moyen terme (point de vue de l'actionnaire) ou s'il est solvable (point de vue du créancier). Mais quel que soit le point de vue, la méthode d'analyse est la même.

Elle passe d'abord par une compréhension détaillée de « l'économique » de l'entreprise : compréhension du marché de l'entreprise, de la place qu'elle y occupe, de l'adéquation de ses modes de production, de distribution et de gestion des hommes à sa stratégie. Puis par une analyse détaillée des principes comptables suivis afin de s'assurer qu'ils traduisent la réalité économique de l'entreprise et qu'ils ne la travestissent pas. À défaut, point n'est besoin de faire une étude des comptes, ils n'en valent pas la peine et l'entreprise est à éviter que l'on soit actionnaire, prêteur ou salarié.

Le plan type d'analyse financière se compose de quatre étapes :

- la génération de richesse (évolution de l'activité, étude de la formation des marges)...
- ... nécessite des investissements (immobilisations, BFR)...
- ... qui doivent être financés (par autofinancement, capitaux propres ou endettement bancaire et financier)...
- ... et être suffisamment rentables (rentabilité économique et rentabilité des capitaux propres, effet de levier).

Ce n'est qu'alors que l'analyste peut conclure quant à la solvabilité de l'entreprise étudiée et à la création de valeur qu'elle peut dégager.

L'analyste peut avoir recours à l'analyse en tendance, étudiant ainsi le passé pour diagnostiquer le présent et prévoir l'avenir, à l'analyse comparative grâce à la référence à d'autres entreprises similaires du même secteur et à l'analyse normative qui s'appuie sur des règles d'orthodoxie.

La notation financière, le *rating* en anglais, apprécie la capacité de remboursement d'un emprunteur par une note. Elle s'appuie sur un processus assez lourd d'analyse financière pour les groupes dont une partie de la dette bancaire et financière est susceptible d'être échangée sur un marché. Elle est considérablement allégée grâce au recours au *scoring* ou des méthodes des scores pour les petites et moyennes entreprises notées par les assureurs crédit ou les banques pour leurs besoins internes. La méthode des scores repose sur une analyse statistique des comptes des entreprises qui sont comparés aux comptes d'entités ayant connu des difficultés incluant la faillite. Ce processus de nature automatique débouche sur une probabilité de défaillance de l'entreprise. Il est surtout utilisé pour les PME.

QUESTIONS

1/ L'analyse financière se pratique-t-elle de la même façon selon que l'on est actionnaire ou créancier ?

2/ Quels sont les deux préalables à une analyse financière ?

3/ Un marché est-il un secteur économique ?

4/ Pourquoi un marché de premier équipement est-il moins risqué qu'un marché de renouvellement ?

5/ L'entreprise a-t-elle intérêt à investir dans le processus de production ou dans le produit lorsque celui-ci est nouveau ? Pourquoi ?

6/ Quel est le plan type d'une analyse financière ?

7/ Quels ratios normatifs sont applicables à toutes les sociétés ?

8/ À quelle condition peut-on comparer la marge économique de deux entreprises ?

9/ Quelles sont les critiques que l'on peut adresser à la méthode des scores ?

10/ Pourquoi le ratio frais financiers/excédent brut d'exploitation tient-il un rôle fondamental dans la méthode des scores ?

11/ Quel est l'intérêt d'une analyse tendancielle ?

12/ Pourquoi commencer une analyse financière par l'étude de la génération de richesse ?

13/ L'analyse financière n'est-elle pas toujours condamnée à être en retard ?

14/ Que pensez-vous du proverbe italien : « traducteur, traître » ?

15/ Pourquoi l'analyse des filières conduit-elle à condamner l'intégration verticale absolue ?

16/ Que suppose une analyse financière comparative, surtout à l'échelon international ?

17/ Quel est *in fine* l'objectif de l'analyste financier ?

D'autres questions vous attendent sur le site www.vernimmen.net.

EXERCICES

1/ Procédez à l'analyse de la filière du poulet à l'exportation et déterminez les intervenants en position de faiblesse structurelle. Principaux intervenants de la filière :

– recherche : sélection génétique de la meilleure race de poule pondeuse ;

– élevage des poules pondeuses : une poule pondeuse pond pendant 18 mois sans possibilité d'arrêt, puis elle est tuée et sa chair est vendue pour l'alimentation pour chats et chiens ;

– couvoirs : machines mises en batteries où sont déposés les œufs pendant 18 jours d'incubation et 3 jours d'éclosion à la température et à l'humidité idoines ;

– élevage : pendant une quarantaine de jours jusqu'à ce que le poulet atteigne le poids de 1,8 kg ;

– aliment : produit par des groupes d'aliments du bétail qui élaborent un subtil mélange de blé, de maïs et de protéines de soja ou de colza ;

– abattoirs : 20 000 poulets à l'heure sont anesthésiés, décapités, plumés, vidés, congelés, puis ils seront exportés.

2/ Ouragan est l'un des principaux producteurs français d'imperméables en textiles synthétiques. Elle propose deux gammes de produits : mode et classique distribuées dans les grandes surfaces. Ouragan emploie principalement une main-d'œuvre payée au SMIC.

a) Que pensez-vous de la santé financière de la société Ouragan ?

b) Votre opinion aurait-elle été modifiée si vous aviez procédé préalablement à une analyse de sa chaîne de valeur et simulé l'impact d'une crise sur Ouragan en 2008 (hausse des matières premières de 40 % en raison de la baisse de l'euro par rapport au dollar et de la hausse du prix du pétrole intervenu en 2008) sachant qu'en 2008 le prix du coton a baissé de 17 % ?

Principaux chiffres :

	2005	2006	2007
Chiffre d'affaires	256	326	422
Consommation de matières	78	104	143
Frais de personnel	102	139	190
Résultat d'exploitation	41	52	59
Résultat net	23	27	30
Capitaux propres	119	129	152
Endettement bancaire net	42	125	150

3/ Vous trouvez à la seconde page du rapport annuel du groupe Norne le tableau suivant :

Principaux éléments financiers
(non audités, en M$, sauf bénéfice et dividende par action)

	1996	1997	1998	1999	2000
Chiffre d'affaires	13 289	20 273	31 260	40 112	100 789
Résultat opérationnel	493	515	698	957	1 266
Éléments exceptionnels	91	– 410	5	– 64	– 287
Résultat net	**584**	**105**	**703**	**893**	**979**
Résultat opérationnel par action	0,91	0,87	1,00	1,18	1,47
Éléments exceptionnels par action	0,17	– 0,71	0,01	– 0,08	– 0,35
Bénéfice par action dilué	**1,08**	**0,16**	**1,01**	**1,10**	**1,12**
Dividende par action	0,43	0,46	0,48	0,50	0,50
Total de l'actif	16 137	22 552	29 350	33 381	65 503
Flux de trésorerie d'exploitation (hors variation du BFR)	742	276	1 873	2 228	3 010
Investissement	1 483	2 092	3 564	3 085	3 314
Cours de l'action au 31/12	22	21	29	44	83

Qu'en pensez-vous ?

ÉLÉMENTS DE RÉPONSE

Questions

1. Oui car une entreprise qui crée de la valeur (actionnaire) sera solvable (créancier).

2. La compréhension de « l'économique » de l'entreprise (marché, position concurrentielle, système de production et de distribution, hommes) et des principes comptables suivis.

3. Non, c'est une homogénéité d'acteurs qui achètent les produits pour satisfaire le même besoin.

4. Un marché de renouvellement est plus sensible à la conjoncture économique car possédant déjà le bien, le consommateur peut repousser son renouvellement à une date de meilleure conjoncture économique.

5. Au lancement d'un produit, il vaut mieux investir dans le produit et son marketing que d'investir dans l'outil ou le processus de production qui n'est pas encore parfaitement défini.

6. La création de richesse nécessite des investissements qui doivent être financés et être suffisamment rentables.

7. Aucun.

8. Si les sociétés interviennent dans le même secteur d'activité.

9. L'échantillon qui sert à construire la fonction score doit être large et la fonction régulièrement actualisée.

10. C'est un ratio qui traduit à la fois un fort endettement (frais financiers importants) et une faible rentabilité (excédent brut d'exploitation faible).

11. Elle permet de comprendre la stratégie de l'entreprise.

12. C'est la raison d'être même de l'entreprise.

13. En théorie oui si l'analyste se contente d'étudier les comptes de l'entreprise. En pratique non s'il a préalablement réfléchi à « l'économique » de l'entreprise.

14. C'est pour cela qu'il faut s'intéresser de près aux principes comptables suivis par l'entreprise.

15. Car dans une filière, il y a des positions de faiblesse structurelle où il vaut mieux laisser les autres investir, quitte à les contrôler par des contrats d'approvisionnement.

16. Des principes comptables homogènes.

17. Diagnostiquer le passé pour comprendre le présent et prévoir l'avenir.

Exercices

Les corrigés détaillés des exercices sur excel sont disponibles sur le site www.vernimmen.net.

1. Positions de faiblesse structurelle : l'élevage de poules pondeuses (quand il y a une crise, il faut tuer le troupeau qui ne peut pas s'arrêter de pondre et vendre la chair à vil prix. L'éleveur perd alors son patrimoine et sa source de revenus), les couvoirs et l'élevage des poulets (savoir-faire banal, pas de technologie). Positions de force : la recherche et l'aliment pour le bétail (ont beaucoup d'autres débouchés en dehors du poulet), l'abattoir (contrôle l'ensemble de la filière amont *via* des contrats d'approvisionnement et commercialise le produit fini).

2. a) Très bonne santé financière avec une rentabilité des capitaux propres de 20 % en 2008 et de 12 % de rentabilité économique et une forte croissance du chiffre d'affaires.

b) Ouragan est en position de faiblesse structurelle masquée par de bons résultats dus à l'activité mode, éminemment volatile. Elle ne maîtrise pas 92 % de ses coûts (main-d'œuvre, pétrole, dollar). Ses clients, les grandes surfaces, accepteront difficilement une hausse de ses prix de vente dans la mesure où des concurrents (imperméables en coton) ne sont pas soumis au même problème (baisse du coton, hausse du pétrole). Son poids est trop petit pour que ses fournisseurs (grands groupes pétrochimiques) l'aident.

3. Comment se fait-il que ces éléments soient non audités ? L'exceptionnel négatif est-il vraiment non récurrent (3 ans sur 5) ? N'est-ce pas un souci d'améliorer la présentation des résultats ? Pourquoi parler de flux de trésorerie en excluant les variations du besoin en fonds de roulement qui ont, par définition, un impact sur le cash ? Les niveaux de valorisation de l'action sont très élevés (PER de 56 redressé, sinon 74). Tout ceci doit mettre la puce à l'oreille de notre lecteur. Il s'agit des comptes de Enron, qui fit une faillite frauduleuse et retentissante en novembre 2001.

BIBLIOGRAPHIE

Pour approfondir le diagnostic économique de l'entreprise :

Baglin G. *et al.*, *Management industriel et logistique*, 6e édition, Economica, 2013.

Berger S., Bury L., *Made in Monde : Les nouvelles frontières de l'économie mondiale*, Points Économie, 2007.

Département stratégie et politique d'entreprise d'HEC, *Stratégor*, 6e édition, Dunod, 2013.

Durand J.-P., *La chaîne invisible*, éd. du Seuil, 2012.

Lendrevie J., Levy J., *Mercator*, 10e édition, Dunod, 2012.

Marsh P., *The new industrial revolution*, Yale University Press, 2012.

Moingeon B., Soenen G., *Corporate and organizational identities*, Routledge, 2002.

Servigny (de) A., Métayer B., Zelenko I., *Le risque de crédit*, 4e édition, Dunod, 2010.

Utterback J.C., Abernathy W.J., *A dynamic model of process and product innovations*, Omega vol. 3, n° 6, 1975.

Pour approfondir le diagnostic des pratiques comptables :

Ernst & Young, *IFRS – Les pratiques des grands groupes européens*, CPC, 2008.

Stolowy H., « Comptabilité créative », *in* B. Colasse (dir.), *Encyclopédie de comptabilité, Contrôle de Gestion et Audit*, 2e édition, Economica, 2009, pages 157 à 178.

Pour approfondir les méthodes automatiques :

Agarwal V., Taffler R., « Comparing the performance of market based and accounting-based bankruptcy prediction models », *Journal of Banking and Finance* avril 2008, vol. 32, n° 8, pages 1541 à 1551.

Altman E., « Financial ratios, discriminant analysis and the prediction of corporate bankruptcy », *Journal of Finance* septembre 1968, vol. 23, n° 4, pages 589 à 609.

Altman E., *Corporate financial distress and bankruptcy : Predict and avoid bankruptcy, analyze and invest in distressed debt*, 3e édition, Wiley, 2005.

Bardos M., *Analyse discriminante, application au risque et* scoring *financier*, Dunod, 2001.

Bardos M., « Les scores de la Banque de France : leur développement, leurs applications, leur maintenance », *Bulletin de la Banque de France* décembre 2005, n° 144, pages 63 à 73.

Du Jardin Ph., « Bankruptcy prediction models: How to choose the most relevant variables? », *Bankers, Markets & Investors* janvier 2009, n° 98, pages 39 à 46.

Lelogais L., « Un score sur variables qualitatives pour la détection précoce des défaillances d'entreprises », *Bulletin de la Banque de France* juin 2003, n° 144, pages 29 à 46.

Lévy J., Sauvage F., « La cotation Banque de France et le ratio McDonough », *Bulletin de la Banque de France* avril 2003, n° 112, pages 31 à 39.

Ohlson J., « Financial ratios and the probalistic prediction of bankruptcy », *Journal of Accounting Research* printemps 1980, vol. 18, n° 1, pages 109 à 131.

Reisz A., Perlich C., « A market-based framework for bankruptcy prediction », *Journal of Financial Stability* avril-juin 2007, vol. 3, n° 2, pages 85 à 131.

www.bachesd.banque-france.fr (base de données qui agrège les bilans de centaines de milliers de sociétés au niveau européen, américain et japonais).

www.corporatecriteria.standardandpoors.com.

Chapitre 10

L'analyse des marges : structure

Au Chifoumi de la finance d'entreprise, les ciseaux ne gagnent pas toujours.

10.1 L'analyse des marges d'une entreprise est la première étape de toute analyse financière. C'est une étape essentielle car il est clair qu'une entreprise qui n'arrive pas à vendre ses produits ou ses services à un prix supérieur à leurs coûts de production est inévitablement condamnée à disparaître. Mais, comme nous le verrons, la réalisation de marges positives n'est cependant pas une condition suffisante pour créer de la valeur ou échapper à la faillite !

Le résultat net est un résidu issu de l'ensemble des charges et produits figurant dans le compte de résultat. Notre lecteur ne sera donc pas surpris de constater que l'analyse du résultat net est très marginale dans notre approche. En effet, la performance d'une entreprise est avant tout issue de sa performance opérationnelle, ce qui explique que le résultat d'exploitation soit au centre des préoccupations des analystes financiers, le résultat financier ou le résultat non récurrent présentant un caractère « mécanique » sans grand intérêt, notamment dans une perspective prévisionnelle.

10.2 L'analyse des marges passe d'abord par une analyse des pratiques comptables de l'entreprise pour élaborer son compte de résultat. Nous l'avons vue au chapitre 6 et nous n'y reviendrons pas sauf pour souligner qu'elle est très importante. En effet, la tentation est forte pour certaines entreprises, connaissant l'accent mis par les analystes sur le résultat d'exploitation, d'en améliorer le niveau en faisant riper des dépenses d'exploitation dans le résultat financier ou dans le résultat exceptionnel.

Puis l'analyse des marges nécessite une analyse en tendance qui consiste à comprendre l'évolution du résultat d'exploitation à partir de celle des charges et des produits dont il est le solde. Elle n'a d'intérêt que si elle permet de comprendre le passé pour extrapoler l'avenir. Aussi est-elle historique et s'étend-elle sur plusieurs exercices. Elle présuppose, bien entendu, que l'activité de la société n'ait pas été substantiellement modifiée sur la période considérée.

Elle s'attache à calculer des taux de variation pour les principaux produits et les principales charges et à étudier leurs évolutions respectives, bref à expliquer l'évolution relative des différents niveaux de marge.

10.3 Dans ce domaine, l'écueil à éviter est de tomber dans la pure description au faible contenu intellectuel, comme « les frais du personnel progressent de 10 % car ils passent de 100 à 110... ».

En fait, ces évolutions sont la matérialisation :

- d'une position stratégique plus ou moins forte à travers le mécanisme de l'effet ciseau ;
- d'un niveau de risque plus ou moins élevé à travers le mécanisme de l'effet point mort que nous verrons au chapitre 11 suivant.

Le point de vue stratégique est beaucoup trop souvent négligé au profit d'une étude qui fait la part trop belle aux chiffres et qui oublie de porter, au-delà de ces chiffres, un jugement sur la position stratégique d'une entreprise.

Comme nous l'avons vu au chapitre 9, analyser le résultat d'exploitation d'une entreprise, c'est apprécier, au-delà des chiffres, la position stratégique qui déterminera très directement le niveau de ses marges et de sa rentabilité :

- une entreprise sans force stratégique aura tôt ou tard des résultats d'exploitation médiocres voire négatifs ;
- une entreprise disposant d'une force stratégique sera plus profitable que les autres entreprises de son secteur d'activité.

C'est donc un raisonnement beaucoup plus qualitatif que quantitatif qui préside à l'analyse du compte de résultat.

Section 1 ▪ La formation du résultat d'exploitation

10.4 Le compte de résultat qui présente les charges par nature (achats de matières premières, frais de personnel...) permet une analyse plus poussée que celle qu'autorise la présentation des charges par destination (coût des ventes, frais commerciaux, frais de recherche et de développement...), voir paragraphe 3.16. Certes, il est alors toujours possible à l'analyste d'aller rechercher dans les annexes les informations lui permettant d'entrer dans le détail et de répondre aux questions ci-dessous. Mais force est de constater qu'au mieux, le plus souvent, il pourra reconstituer l'excédent brut d'exploitation grâce à la dotation aux amortissements qui figure dans le tableau de flux.

1 ■ Le chiffre d'affaires

10.5 Son évolution est le paramètre essentiel de toute analyse financière et de la compréhension de l'entreprise. Une firme dont l'activité est en forte croissance, en stagnation, en croissance ralentie, en retournement, en dépression... sera confrontée à des problèmes différents. En étudiant l'évolution de son activité, on plante le décor de l'ensemble de l'analyse financière. La base de toute analyse est l'évolution du chiffre d'affaires, qui doit être décomposée en termes de volumes (quantités vendues) et de prix, de croissance interne et de croissance externe.

10.6 L'analyse en volumes nécessite d'isoler la croissance externe de la croissance interne (aussi appelée croissance organique) de l'entreprise afin de comparer ce qui est comparable. Il faut donc analyser la performance de l'entreprise (en volumes et en prix) à périmètre de consolidation identique puis mesurer l'impact des entrées et sorties du périmètre de consolidation. En pratique, lorsqu'il y a des acquisitions, des cessions ou des changements de méthodes comptables importants, la plupart des groupes publient des **comptes pro forma** présentant les comptes de résultat de l'exercice clos et ceux de l'exercice précédent selon un même périmètre et avec les mêmes méthodes de consolidation[1].

Si l'entreprise est en très forte croissance, l'analyste s'interrogera sur la maîtrise de la croissance des charges d'exploitation et des besoins financiers induits par cette croissance.

L'entreprise en stagnation devra gérer une décroissance des charges et des besoins financiers. Comme nous le verrons ultérieurement dans ce chapitre, la flexibilité des facteurs de production n'est pas la même à la hausse et à la baisse.

10.7 Lorsque l'entreprise est monoproduit, la croissance en volume se déduit facilement de la croissance apparente du chiffre d'affaires et de celle du prix du produit vendu. Lorsque l'activité est hétérogène, l'analyse est plus délicate : soit on revient au cas précédent en effectuant une analyse au niveau des principaux produits ; soit on calcule une croissance moyenne des prix, à partir de laquelle on déduit une croissance moyenne en volumes.

10.8 L'analyse de la croissance en prix permet notamment de comprendre la part de la croissance apparente du chiffre d'affaires due à l'inflation. Elle est menée en comparant l'évolution des prix de l'entreprise à celle de l'indice général des prix de son secteur d'activité. Il faut également tenir compte des variations de taux de change qui ont parfois un effet significatif sur le chiffre d'affaires.

Elle permet ensuite de découvrir la stratégie de l'entreprise : croissance des prix fondée sur une volonté de vendre des produits à plus forte valeur ajoutée, en particulier commerciale ; croissance des prix fondée sur une absence de maîtrise des frais de gestion, conduisant progressivement l'entreprise à réduire son efficacité commerciale ; diminution des prix permettant à l'entreprise de répercuter ses gains de productivité sur ses prix de vente et améliorant ainsi sa position concurrentielle, etc.

1 La publication des principaux soldes du compte de résultat pro forma est obligatoire pour les sociétés françaises cotées.

10.9 Questions et ratios-clés : À ce niveau, le taux de croissance du chiffre d'affaires est la variable à expliquer. Il doit être décomposé en termes de volumes et de prix ; de produits et de zones géographiques. Ces différents taux de croissance doivent alors être comparés à ceux du marché et aux indices de prix (général et sectoriels) et tenir compte de l'effet de change. Quel est l'impact des changements de périmètre sur le chiffre d'affaires ?

2 ■ La production

10.10 Si le chiffre d'affaires constitue l'élément essentiel d'appréciation des performances à moyen terme de l'entreprise, il peut, à l'échelle d'un exercice, traduire d'une manière inexacte l'activité de celle-ci. Aussi, dans la présentation des comptes par nature, a-t-on développé le concept de production, qui représente à la fois :

- la production vendue ou chiffre d'affaires, évaluée au prix de vente ;
- la production stockée, évaluée au prix de revient, et représentée par l'accroissement du stock de produits finis, semi-ouvrés et en-cours ;
- la production immobilisée, représentée par les travaux faits par l'entreprise pour elle-même, évaluée au prix de revient.

La production se calcule ainsi :

Production vendue ou chiffre d'affaires

\+ Production stockée

\+ Production immobilisée

= **Production**

10.11 Production stockée et production immobilisée sont en lecture directe dans le compte de résultat par nature. D'une manière générale, il est souhaitable d'isoler la production immobilisée des deux autres composantes de la production, dans la mesure où elle ne se rapporte pas directement au marché final des produits de l'entreprise.

10.12 Le concept de production permet avant tout de comparer les consommations de l'exercice à la base d'activité à laquelle elles correspondent ; il est donc d'autant plus important que l'entreprise est caractérisée par un montant élevé de stocks ou de travaux en cours. Il est malheureusement hétérogène, dans la mesure où il agrège :

- la production vendue évaluée au prix de vente ;
- la production stockée et la production immobilisée, évaluées au prix de revient.

La production est essentiellement un concept comptable qui dépend des modes de valorisation des stocks de produits en-cours et finis de l'entreprise. Un taux de croissance de la production supérieur à celui du chiffre d'affaires peut être la conséquence de phénomènes graves :

- **des surproductions** que l'entreprise devra résorber l'année suivante par une sous-activité qui engendre toujours des coûts supplémentaires ;

- **des survalorisations des stocks**, réduisant ainsi progressivement la marge qui sera ultérieurement sécrétée.

La production immobilisée ne pose de problème que lorsque son montant paraît relativement important. Il est en effet de bonne gestion fiscale de passer en charges le maximum d'investissements. La production immobilisée est alors minime. Un montant trop élevé peut dissimuler des problèmes et le souci d'augmenter, en apparence au moins, le résultat comptable.

> Questions et ratios-clés : Taux de croissance de la production et ratio production/chiffre d'affaires sont les deux ratios-clés. Ils appellent immédiatement une réflexion sur les volumes de production et les méthodes d'évaluation des stocks.

3 ■ La marge sur consommation de matières et la marge brute

10.13 Ce solde est particulièrement important pour les sociétés industrielles ; il est de peu d'intérêt pour les sociétés de service. La marge sur consommation de matières est calculée ainsi :

Production

– Consommation de matières

= **Marge sur consommation de matières**

Comme nous l'avons vu, la consommation de matières se calcule comme suit :

Achats de matières premières et autres approvisionnements

– Variation de stocks de matières premières et approvisionnements

= **Consommation de matières**

La marge sur consommation de matières caractérise la position qu'occupe l'entreprise entre le marché des produits finis (clients et concurrents) et le marché des matières premières (fournisseurs). Elle est d'autant plus pertinente que la production immobilisée ne revêt pas un caractère important.

En comptes consolidés, on trouve fréquemment la notion de **marge brute** qui représente la différence entre ventes et coûts des ventes.

Là aussi interviennent un effet prix et un effet volumes, quasiment impossibles à séparer car ces consommations sont trop disparates. Il est très difficile de calculer à ce niveau général des ratios de productivité « matières ». On se contente alors d'une comparaison du taux de croissance par rapport à celui de la production. Une divergence durable peut s'expliquer par une modification des produits fabriqués par l'entreprise ou par une amélioration (une détérioration) du processus de production.

> Questions et ratios clés : Quelle est l'évolution de cette marge rapportée à l'activité et comment s'explique-t-elle (prix, volume) ?

4 ■ La marge commerciale

10.14 La **marge commerciale** est la différence entre le montant des ventes de marchandises et leur coût d'achat. Elle est calculée ainsi :

Ventes de marchandises

– Achats de marchandises

+ Variation des stocks de marchandises

= **Marge commerciale**

Elle n'a de sens que pour les entreprises de négoce, de distribution… Pour ces sociétés, la marge commerciale ou le taux de marge (rapport de la marge commerciale au chiffre d'affaires), est l'indicateur fondamental. Elle est souvent plus stable que les éléments qui la composent (chiffre d'affaires et coût d'achat des marchandises vendues).

5 ■ La valeur ajoutée

10.15 Elle traduit le supplément de valeur donné par l'entreprise, dans son activité, aux biens et aux services en provenance des tiers. Elle est donc égale à la somme de la marge commerciale et de la marge sur consommation de matières, diminuée des consommations de biens et de services en provenance des tiers (les « autres charges externes » en comptabilité française).

Elle se calcule ainsi :

Marge commerciale

+ Marge sur consommation de matières

– Autres charges externes

= **Valeur ajoutée**

10.16 Les autres charges externes se composent de la sous-traitance, des loyers au titre d'immeubles ou de matériels, des achats non stockables de matières et de fournitures (eau, énergie, petit équipement, entretien, fournitures administratives…), des travaux d'entretien et de réparation, des primes d'assurances, des études et recherches, du personnel extérieur à l'entreprise, des rémunérations d'intermédiaires et honoraires, des frais de publicité, de transports, des déplacements, réunions et réceptions, des frais postaux, des commissions sur services bancaires (différentes des intérêts sur crédits bancaires, comptabilisés en charges financières) et de dépenses diverses.

Selon leur importance, les frais de sous-traitance doivent être déduits des autres charges externes et affectés en fonction de leur nature économique :

- soit au niveau des achats (l'entreprise est un intermédiaire entre les sous-traitants et le marché final, et définit une marge entre ces deux partenaires) ;
- soit au niveau des charges de personnel (si, par exemple, l'entreprise fournit les machines et rachète l'ensemble de la production : tel est le cas du travail à domicile).

Les loyers de crédit-bail doivent également être soustraits des autres charges externes et éclatés entre le coût du financement et l'amortissement des biens ainsi financés. Le premier est agrégé aux charges financières, le second aux dotations aux amortissements. Nous renvoyons notre lecteur au paragraphe 8.66 où ce thème est traité. En pratique, les opérations de crédit-bail sont déjà retraitées en comptes consolidés.

Les charges imputables au personnel intérimaire sont inscrites en tant qu'autres charges externes. Or, elles constituent des coûts de personnel à caractère variable. Aussi conseillons-nous de les déduire des autres services externes et de les agréger au poste charges de personnel.

10.17 La valeur ajoutée est utile pour caricaturer un secteur et constitue une mesure de l'intégration de l'entreprise dans son secteur. On dira que dans tel secteur, la valeur ajoutée moyenne est de tant, alors que dans tel autre, elle est de tant.

Au niveau de l'entreprise, la notion de valeur ajoutée ne nous semble pas pertinente. Il n'est pas sain de distinguer ce qu'une entreprise ajoute elle-même à un produit et ce qu'elle acquiert à l'extérieur. Non, une entreprise se définit d'abord par rapport à ses marchés : marché du travail, marché des matières premières, marché des capitaux, marché des biens d'équipement, etc., où elle définit une stratégie spécifique créatrice de valeur (c'est-à-dire de différenciation par rapport aux autres lui permettant de constituer une rente). C'est cela qui est important, et non la distinction « interne »/« externe ».

Par ailleurs, la notion de valeur ajoutée n'a de sens que lorsqu'il y a des relations de marché entre l'entreprise et ses fournisseurs au sens large : fournisseurs de matières premières, fournisseurs de capitaux, fournisseurs de travail... Dans l'agroalimentaire, les industries de transformation ont très souvent des relations privilégiées avec le monde agricole. Telle entreprise qui emploie 1 000 personnes fait en définitive travailler 10 000 agriculteurs. Quelle est alors sa véritable valeur ajoutée ? Lorsque l'entreprise est liée à ses fournisseurs par des contrats privilégiés, la notion de valeur ajoutée perd son sens.

Par ailleurs, pour un industriel de biens de grande consommation, la notion de valeur ajoutée correspond à une marge entre le chiffre d'affaires et le prix de revient à la sortie de l'usine. C'est alors une valeur ajoutée commerciale, de distribution, de marketing, de recherche et développement. On est bien loin de la définition comptable de la valeur ajoutée. En fin de compte, le concept de valeur ajoutée n'a peut-être de sens financier réel que pour les secteurs des biens d'équipement et de l'industrie lourde, caractérisés par l'importance des dotations aux amortissements et des frais financiers.

6 ■ La rémunération du personnel

10.18 Ce poste est très important, tant en raison d'un montant relatif souvent élevé, que d'une très grande inertie des charges de personnel, théoriquement frais variables par excellence, mais en fait de véritables frais fixes à court terme.

L'analyse s'intéresse à la fois à des effets volume et à des effets prix (mesurés par le ratio : $\frac{\text{charges de personnel}}{\text{effectif moyen}}$) ainsi qu'à la productivité du personnel. Celle-ci se mesure par les ratios : $\frac{\text{chiffre d'affaires}}{\text{effectif moyen}}$, $\frac{\text{valeur ajoutée}}{\text{effectif moyen}}$, ou $\frac{\text{production}}{\text{effectif moyen}}$.

L'analyste externe ne pouvant effectuer de calculs plus précis est amené à caricaturer la réalité. En général, les gains de productivité sont faibles et sont disséminés dans la plupart des postes du compte de résultat ; il est très difficile de les isoler.

Il ne faut pas négliger l'inertie, à la hausse comme à la baisse, des frais de personnel. Recruter 100 personnes tout au long de l'année signifie qu'elles ne seront payées qu'à 50 % sur une base annuelle, et qu'elles n'auront d'effet à plein que l'an prochain. Ce raisonnement vaut également à la baisse.

Rappelons que les stock-options ou actions gratuites attribuées au personnel, l'intéressement et la participation des salariés aux résultats de l'entreprise sont inclus dans les comptes en normes IFRS en frais de personnel (voir paragraphe 8.93). En normes françaises, l'intéressement et la participation ne le sont pas et il convient donc de les rajouter car il s'agit de frais de personnel variables.

> Questions et ratios-clés : les charges de personnel doivent être analysées :
> - en termes de productivité : chiffre d'affaires/effectif moyen, valeur ajoutée/effectif moyen, production/effectif moyen ;
> - en termes de contrôle des coûts : charges de personnel/effectif moyen ;
> - en termes de croissance.

7 ■ L'excédent brut d'exploitation

10.19 Les notions précédemment analysées (valeur ajoutée et production) relevaient plus de la macroéconomie. L'excédent brut d'exploitation relève, lui, de la microéconomie.

L'excédent brut d'exploitation est constitué par la différence entre la valeur ajoutée produite (éventuellement augmentée des subventions d'exploitation accordées à l'entreprise) et les frais de personnel, les impôts et taxes versés (qui comprennent principalement la cotisation foncière des entreprises et celle sur la valeur ajoutée qui ont succédé à la taxe professionnelle – voir paragraphe 8.25 –, la taxe foncière…, mais pas l'impôt sur les sociétés) diminués éventuellement des provisions pour dépréciations d'actifs circulants et des provisions pour risques et pour charges d'exploitation.

Valeur ajoutée

\+ Subventions d'exploitation reçues

– Impôts, taxes et versements assimilés

– Rémunérations du personnel et charges sociales

– Dépréciation nette d'actifs circulants
et provisions pour risques et pour charges d'exploitation

\+ Autres produits d'exploitation

– Autres charges d'exploitation

= **Excédent brut d'exploitation**

Les autres charges d'exploitation sont des charges n'ayant pas le caractère de consommations intermédiaires : redevances sur brevets, licences, concessions, régies, jetons de présence versés… Les autres produits d'exploitation correspondent à des redevances sur brevets, licences, concessions, régies, jetons de présence reçus ou la quote-part d'opérations faites en commun… Enfin, des opérations à caractère d'exploitation auront pu être comptabilisées en comptes sociaux parmi les éléments exceptionnels : indemnités de licenciement dans les grands groupes, charges récurrentes de restructuration… Il convient alors de les « remonter » au niveau de l'excédent brut d'exploitation.

10.20 Les dépréciations des actifs circulants comprennent les dépréciations de comptes clients, des stocks, des en-cours de production et des créances diverses. Les dotations aux provisions d'exploitation concernent essentiellement les provisions pour pensions et retraites, préretraite, procès, grosses réparations ou charges à répartir, congés payés, indemnités de licenciement ou préavis, sous-activité future, déménagement… dans la mesure où elles présentent un caractère courant. Cet ensemble constitue en réalité des pertes de marges pour l'entreprise. Elles doivent donc être déduites pour obtenir l'EBE, et ce, à l'encontre des principes comptables des comptes sociaux français.

10.21 Comme le rapport EBE/chiffre d'affaires, souvent appelé **marge d'EBE**, se situe avant l'impact des charges calculées que sont les dotations aux amortissements, les dépréciations sur actifs immobilisés que l'entreprise peut établir avec une certaine latitude, son évolution est au cœur de la réflexion. L'ensemble des points précédents doit permettre à l'analyste financier d'expliquer pourquoi le groupe a perdu ou gagné 2 points de marge d'EBE entre tel exercice et tel exercice. Est-ce le fait d'un dérapage des coûts de production ? Des coûts de personnel ? D'un effet prix sur les ventes ? De tout à la fois ?

Voici, pour différents secteurs, la marge d'EBE de 2000 à 2013 et des prévisions pour 2014 et 2015 pour les principaux groupes cotés européens.

Excédent brut d'exploitation en % du chiffre d'affaires

Secteur	2000	2005	2006	2007	2008	2009	2010	2011	2012	2013	2014e	2015e
Acier	11 %	16 %	17 %	16 %	16 %	8 %	10 %	9 %	7 %	8 %	9 %	10 %
Agroalimentaire	16 %	18 %	18 %	18 %	18 %	18 %	18 %	18 %	18 %	18 %	19 %	19 %
Automobile	8 %	10 %	10 %	10 %	9 %	5 %	10 %	10 %	9 %	9 %	10 %	11 %
Biens d'équipement	9 %	10 %	10 %	13 %	12 %	11 %	12 %	13 %	12 %	13 %	13 %	14 %
Biens de consommation	12 %	14 %	12 %	13 %	13 %	11 %	12 %	11 %	11 %	10 %	11 %	12 %
Boissons et spiritueux	21 %	25 %	26 %	27 %	27 %	29 %	30 %	31 %	31 %	32 %	32 %	33 %
Chimie	17 %	16 %	16 %	16 %	15 %	15 %	18 %	17 %	16 %	16 %	17 %	18 %
Défense et aéronautique	11 %	10 %	10 %	10 %	11 %	9 %	8 %	8 %	10 %	10 %	11 %	12 %
Distribution alimentaire	6 %	6 %	6 %	7 %	6 %	6 %	7 %	6 %	6 %	6 %	6 %	6 %
Loisirs et hôtellerie	9 %	13 %	11 %	11 %	11 %	11 %	11 %	11 %	11 %	10 %	11 %	11 %
Luxe	15 %	17 %	18 %	20 %	19 %	19 %	22 %	24 %	25 %	26 %	26 %	26 %
Matériaux de construction	21 %	25 %	26 %	27 %	27 %	29 %	30 %	31 %	31 %	32 %	32 %	33 %
Médias	17 %	21 %	21 %	21 %	21 %	21 %	22 %	22 %	21 %	20 %	20 %	21 %
Mines	29 %	35 %	21 %	21 %	21 %	21 %	24 %	22 %	18 %	18 %	19 %	21 %
Opérateurs télécom	32 %	35 %	33 %	33 %	32 %	34 %	33 %	33 %	31 %	31 %	31 %	31 %
Pétrole & gaz	19 %	19 %	20 %	18 %	19 %	18 %	18 %	16 %	16 %	15 %	18 %	20 %
Pharmacie	26 %	28 %	29 %	30 %	32 %	34 %	34 %	34 %	33 %	32 %	32 %	33 %
Services aux entreprises	10 %	9 %	9 %	10 %	10 %	10 %	10 %	10 %	10 %	10 %	10 %	11 %
Services informatiques	12 %	8 %	8 %	9 %	10 %	9 %	9 %	9 %	10 %	10 %	10 %	11 %
Services publics	17 %	23 %	22 %	22 %	20 %	22 %	21 %	19 %	18 %	18 %	18 %	18 %

Source : Exane BNP Paribas.

8 ■ Une conclusion logique : le résultat d'exploitation

> Nous ne saurions trop insister sur l'importance du résultat d'exploitation dans l'étude du compte de résultat.

10.22 Le résultat d'exploitation est égal à l'EBE corrigé des charges calculées d'exploitation. Il se calcule ainsi :

Excédent brut d'exploitation

– Dotations aux amortissements

+ Reprises sur amortissements

= **Résultat d'exploitation**

Certains analystes considèrent la dépréciation d'actifs incorporels (marques, fonds de commerce, *goodwill*) comme un élément d'exploitation, suivant les normes comptables IFRS et françaises. Nous pensons, pour notre part, qu'il s'agit d'un élément non récurrent qui n'a rien à faire dans le résultat d'exploitation. S'il en était autrement, on pourrait légitimement s'interroger sur la pertinence de la valorisation de ces actifs au bilan !

Comme nous l'avons vu au paragraphe 3.15, la présentation par destination aboutit directement au résultat d'exploitation et ne s'arrête pas sur l'EBE :

Chiffre d'affaires

– Coûts des ventes

– Frais commerciaux

– Frais administratifs

– Frais de recherche-développement

± Autres produits et charges d'exploitation

= **Résultat d'exploitation**

L'accent mis sur les performances d'exploitation a conduit bon nombre d'entreprises à essayer d'améliorer artificiellement la présentation du résultat d'exploitation en excluant des charges qui y sont logiquement rattachées. On les retrouvera sous une ligne générale « autres charges et autres produits », naturellement le plus souvent négative, située après le résultat d'exploitation. C'est ainsi que nous avons vu des pertes de change sur l'activité, des provisions récurrentes pour médailles du travail ou risques environnementaux, des frais de sous-activité ou des pertes prévisionnelles sur contrat… être exclus du résultat d'exploitation. Certains logeront au contraire en résultat d'exploitation des plus-values de cession.

Dans la même veine, d'autres entreprises font apparaître un résultat opérationnel, présenté comme plus significatif que le résultat d'exploitation auquel il sera systématiquement supérieur car il exclut les charges mentionnées plus haut et inclut les produits cités plus haut.

> Nous n'encouragerons jamais assez notre lecteur à refuser le prêt-à-penser et à analyser de près ce que contient et ce que ne contient pas le résultat d'exploitation.

0.23 Les analystes parlent **de marge opérationnelle** ou **de marge d'exploitation** pour désigner le rapport résultat d'exploitation/chiffre d'affaires dont l'évolution dans le temps doit également être expliquée. La présentation par destination permet d'avoir une approche plus qualitative en analysant notamment l'évolution relative du coût des ventes, des frais commerciaux, administratifs et de recherche et développement. Ne nous leurrons pas ! Ces quatre rubriques sont intéressantes mais l'analyste doit savoir appeler un chat un chat, c'est-à-dire isoler les raisons fondamentales expliquant l'évolution de la marge opérationnelle.

Ce tableau présente, pour différents secteurs, l'évolution de la marge d'exploitation sur la période 2000 à 2013, ainsi que les anticipations sur les exercices 2014 et 2015 pour les principaux groupes européens cotés. On remarquera que certains secteurs sont beaucoup plus cycliques (acier, automobile) que d'autres (pharmacie, distribution alimentaire).

Résultat d'exploitation en % du chiffre d'affaires

Secteur	2000	2005	2006	2007	2008	2009	2010	2011	2012	2013	2014e	2015e
Acier	6 %	12 %	13 %	13 %	10 %	0 %	5 %	5 %	2 %	3 %	4 %	6 %
Agroalimentaire	12 %	15 %	15 %	15 %	15 %	15 %	15 %	15 %	15 %	15 %	16 %	16 %
Automobile	4 %	5 %	5 %	6 %	5 %	1 %	6 %	7 %	6 %	5 %	6 %	6 %
Biens d'équipement	5 %	7 %	8 %	10 %	10 %	8 %	9 %	10 %	9 %	10 %	10 %	11 %
Biens de consommation	9 %	11 %	9 %	10 %	10 %	8 %	9 %	9 %	8 %	8 %	8 %	9 %
Boissons et spiritueux	15 %	20 %	21 %	22 %	21 %	23 %	25 %	25 %	26 %	26 %	26 %	27 %
Chimie	12 %	11 %	11 %	11 %	11 %	9 %	13 %	13 %	12 %	11 %	12 %	13 %
Défense et aéronautique	7 %	7 %	6 %	7 %	8 %	6 %	5 %	5 %	7 %	7 %	8 %	9 %
Distribution alimentaire	4 %	4 %	4 %	4 %	4 %	4 %	4 %	4 %	4 %	4 %	4 %	4 %
Loisirs et hôtellerie	6 %	9 %	8 %	8 %	8 %	7 %	8 %	8 %	7 %	7 %	8 %	8 %
Luxe	12 %	14 %	15 %	16 %	16 %	15 %	19 %	20 %	22 %	22 %	22 %	22 %
Matériaux de construction	15 %	20 %	21 %	22 %	21 %	23 %	25 %	25 %	26 %	26 %	26 %	27 %
Médias	11 %	17 %	17 %	18 %	17 %	16 %	17 %	18 %	17 %	15 %	17 %	18 %
Mines	21 %	28 %	18 %	17 %	18 %	16 %	20 %	18 %	13 %	12 %	13 %	15 %
Opérateurs télécom	15 %	20 %	18 %	17 %	17 %	18 %	17 %	17 %	16 %	15 %	15 %	15 %
Pétrole & gaz	13 %	15 %	15 %	14 %	14 %	11 %	12 %	12 %	11 %	9 %	12 %	13 %
Pharmacie	20 %	23 %	25 %	27 %	29 %	30 %	31 %	30 %	30 %	28 %	28 %	29 %
Services aux entreprises	7 %	7 %	7 %	8 %	8 %	7 %	8 %	8 %	8 %	8 %	8 %	9 %
Services informatiques	10 %	6 %	6 %	7 %	7 %	7 %	7 %	7 %	7 %	7 %	8 %	8 %
Services publics	9 %	16 %	15 %	15 %	14 %	14 %	13 %	12 %	12 %	11 %	11 %	10 %

Source : Exane BNP Paribas.

Section 2 ■ La répartition du résultat d'exploitation

Le résultat d'exploitation se répartit entre les pourvoyeurs de fonds de l'entreprise : le résultat financier pour les créanciers, le résultat net pour les actionnaires, et l'impôt sur les sociétés pour l'État qui, s'il n'apporte pas de fonds, met à la disposition de l'entreprise des infrastructures et un environnement favorable ; sans oublier les éléments non récurrents.

1 ■ Le résultat financier

10.24 Il peut paraître paradoxal de parler de résultat financier pour une entreprise industrielle ou commerciale dans la mesure où son activité n'a pas pour objet, *a priori*, de dégager des produits financiers. La finance ne devant être qu'un mode de financement, ce solde devrait être le plus souvent négatif. C'est le cas général. Cela dit, certaines entreprises, et tout particulièrement les plus grandes, ont une vocation financière et dégagent un résultat financier dans lequel la part des produits financiers n'est pas négligeable. Cependant, nous retiendrons plutôt la notion de charges financières nettes (des produits financiers) que celle de résultat financier.

> Le résultat financier est égal à la différence entre les produits financiers et les charges financières ; il est le plus souvent négatif. On parle aussi de charges financières nettes, différence entre les charges et les produits financiers.

10.25 Comptablement, les produits financiers se composent :

- des produits financiers de participations, des autres valeurs mobilières et créances de l'actif immobilisé : c'est l'ensemble des produits perçus sur les immobilisations financières (dividendes et intérêts des créances). En comptes consolidés, les dividendes et intérêts perçus des filiales consolidées sont éliminés (voir paragraphes 7.27 et 7.30) ;
- des autres intérêts et produits assimilés : revenus des créances commerciales et diverses, revenus des valeurs mobilières de placement, escomptes obtenus des fournisseurs, autres produits financiers ;
- des reprises sur provisions et transferts de charges : ce poste est constitué des reprises sur provisions pour risques et charges financières, des reprises sur dépréciations des éléments financiers et enfin des transferts de charges financières ;
- des différences positives de change ou écarts de conversion (voir paragraphe 7.35) ;
- des produits nets sur cessions de valeurs mobilières de placement, c'est-à-dire les plus-values sur cessions de titres de placement.

10.26 Comptablement, les charges financières se composent :

- des intérêts et charges assimilées ;
- des différences négatives de change ;
- des charges nettes sur cessions de valeurs mobilières de placement qui enregistrent les moins-values résultant des cessions de titres de placement ;
- des dotations aux amortissements des primes de remboursement des obligations ;
- des dotations aux provisions financières, les dépréciations des immobilisations financières. Ainsi, comptablement, une dépréciation de titres de participation ne sera pas inscrite dans les charges exceptionnelles mais dans les charges financières.

10.27 Le résultat financier qui figure au compte de résultat comprend des produits et des charges qui n'ont rien à voir avec l'activité d'endettement ou de placement. En effet, apparaissent à ce niveau les résultats des sociétés en nom collectif filiales de l'entreprise, qui sont en fait un véritable résultat d'exploitation, les dividendes en provenance des filiales, etc.

Nous conseillons, si besoin est, de retirer du résultat financier tous les produits et toutes les charges qui ne se rapportent pas directement à l'activité d'endettement et de placement de l'entreprise, pour les inscrire avec les autres éléments d'exploitation ou, pour certains, en non récurrent.

Les groupes français font souvent apparaître en normes IFRS, au sein du résultat financier, le coût de l'endettement net, ce qui facilite le travail de l'analyste.

Le résultat financier auquel nous aboutissons maintenant n'est malheureusement pas pur, surtout lorsque l'entreprise développe une forte activité de trésorerie. En effet, des considérations fiscales conduisent souvent à ne pas faire apparaître les produits financiers, mais à les laisser sous forme de plus-values latentes sur titres de placement. Il y a donc nécessairement sous-estimation des résultats de l'activité de placement en normes françaises. En normes IFRS, la variation de la valeur de ces actifs financiers est extériorisée dans le compte de résultat si ceux-ci sont considérés comme des actifs de *trading* et même si leur cession n'a pas encore eu lieu.

> Compte tenu de la sophistication des techniques financières, la distinction entre ce qui est revenu, c'est-à-dire produits ou charges, et ce qui est capital, n'a plus grand sens.

Telle entreprise qui a contracté des prêts à des taux élevés peut décider de les rembourser par anticipation. Ceci aura pour conséquence de faire apparaître des pénalités exceptionnellement lourdes lors de l'exercice concerné, mais permettra ultérieurement un abaissement des frais financiers.

Telle entreprise pourra étaler ses profits, en normes françaises, par une gestion judicieuse de ses placements. Elle ne pourra en effet faire apparaître comptablement les plus-values que lorsqu'elle décidera de céder ses placements. Notons que, dans le cas de placements dans le cadre de SICAV ou de fonds communs de placement de trésorerie (voir paragraphe 53.43), l'imposition des plus-values se fait à la clôture de chaque exercice.

> Lorsque la gestion du passif financier et de la trésorerie est sophistiquée, nous conseillons au lecteur d'analyser avec prudence le résultat financier de l'entreprise.

Le résultat financier ne dépend pas directement de l'exploitation mais du niveau de l'endettement net et des taux d'intérêt. On retrouve à ce niveau un effet volume et un effet prix. Le résultat financier sera donc surtout analysé au chapitre 13 consacré au financement de l'entreprise.

Le résultat courant ou résultat des activités ordinaires est la différence entre le résultat d'exploitation et les charges financières nettes des produits financiers.

2 ■ Le résultat exceptionnel et les éléments non récurrents

10.28 Nous suggérons au lecteur de relire le paragraphe 3.11, où nous nous sommes interrogés sur cette notion de résultat exceptionnel et d'élément non récurrent. En normes comptables françaises, les rubriques du plan comptable présentent l'avantage de pouvoir faire la part entre produits ou charges exceptionnels sur opérations de gestion, dotations ou reprises de provisions exceptionnelles et cessions d'actifs (produits ou charges sur opérations en capital).

En normes IFRS, l'IASB n'a pas facilité la tâche de l'analyste en supprimant toute notion d'exceptionnel ou d'extraordinaire pour les inclure dans la partie exploitation du compte de résultat. Néanmoins, nécessité faisant loi, les groupes utilisant les normes IFRS présentent fréquemment deux résultats opérationnels : un résultat opérationnel récurrent (*recurring* en anglais) et un résultat opérationnel total. Raison de plus de saluer le travail de l'ANC qui recommande de distinguer le résultat d'exploitation comptable du résultat d'exploitation courant qui est la notion qui nous intéresse[1].

À partir des postes « résultat exceptionnel » des normes françaises ou « autres produits et charges », nous suggérons au lecteur la démarche suivante :

- classer ce qui est à caractère récurrent dans la ligne « autres produits et charges d'exploitation », venant ainsi en majoration ou en déduction de l'excédent brut d'exploitation. Ainsi, les plus-values de cession sur véhicules pour un loueur de voitures ou les frais et provisions de restructuration pour un grand groupe qui ont, à notre époque, un caractère récurrent ;
- inversement, reclasser en résultat non récurrent les charges et produits non récurrents. Ainsi, les frais et provisions de restructuration, les cessions d'actifs pour une PME, qui sont normalement de nature exceptionnelle, la dépréciation d'actifs immobilisés…

10.29 L'analyse étant historique, elle se limite en général au résultat courant tel qu'il a été défini. En effet, les éléments non récurrents sont peu pertinents pour porter un jugement sur la rentabilité actuelle et prévoir son évolution future. L'analyste se contente de comprendre leur origine et de décomposer les grands postes.

Les questions les plus fréquentes sont les suivantes : quels sont les éléments d'actifs qui ont été cédés ? À quel prix ? Quelle est la plus-value correspondante ? La fiscalité correspondante ?

Quelle est la cause des provisions exceptionnelles ? Restructurations ? Tempête ? Les provisions sont-elles suffisantes au regard des charges à prévoir ? Y a-t-il un changement de méthode comptable ? Une révision des hypothèses de calcul du risque, notamment pour ce qui concerne le passif social de l'entreprise ? Si oui, pourquoi ?

3 ▪ L'impôt sur les sociétés

10.30 Il est souvent difficile à analyser compte tenu du jeu de l'imposition différée, de l'impact des filiales étrangères ou des déficits reportables. Les analystes ont pris l'habitude de calculer un taux d'imposition apparent du groupe (en établissant le rapport impôt sur les bénéfices/résultat courant), dont ils suivent l'évolution dans le temps, pour apprécier la performance de l'entreprise dans sa gestion fiscale.

Un impôt sur les sociétés très faible doit être expliqué. Il peut en effet résulter de l'utilisation de reports fiscaux déficitaires (qui sont le témoin des difficultés passées) ou d'une gestion agressive de la position fiscale qui peut s'avérer risquée, surtout à notre époque où ces comportements sont de moins en moins tolérés.

Notons que les annexes des comptes consolidés présentent normalement la réconciliation entre l'impôt théorique et la charge d'impôt constatée (appelée « preuve d'impôt »).

1 Voir *La Lettre Vernimmen.net* décembre 2004, n° 33.

4 ■ Les autres éléments en comptes consolidés

10.31 L'analyse des **amortissements** (en normes françaises) **ou des dépréciations** (en normes internationales) **des écarts d'acquisition** ou *goodwill* se fait à ce niveau. Les questions principales sont les suivantes : quelle est l'origine des écarts d'acquisition ? Sur quelle durée sont-ils amortis s'ils le sont et pourquoi ont-ils été dépréciés (voir paragraphe 7.24) ?

Selon son importance, la **quote-part de résultat des sociétés mises en équivalence** mérite une attention particulière. Lorsque ces résultats mis en équivalence représentent une part significative du résultat net, il convient soit de les ventiler entre exploitation, financier et non récurrent afin d'avoir une vision plus précise de la contribution des filiales mises en équivalence, soit de procéder, à part, à l'analyse financière de ces filiales. À défaut, elle pourra être incluse dans le résultat d'exploitation.

10.32 Les **intérêts minoritaires** sont toujours un sujet intéressant : quelle est leur origine ? Quelles sont les filiales concernées ? Les minoritaires financent-ils des pertes ou ont-ils une quote-part significative du bénéfice ? La quote-part d'intérêts minoritaires est souvent un moyen astucieux pour essayer de comprendre dans quelle(s) filiale(s) se fait le bénéfice du groupe…

Section 3 ■ Le compte de résultat pro forma

10.33 Notre lecteur trouvera ci-après un modèle de compte de résultat par fonction ou par nature, adaptés à des comptes consolidés ou des comptes sociaux, avec l'exemple d'Indesit :

10.34 **Compte de résultat par fonction – Comptes consolidés d'Indesit**

	2009		2010		2011		2012		2013	
	€m	%	€m	%	€m	%	€m	%	€m	%
CHIFFRE D'AFFAIRES	**2613**	**– 17 %**	**2879**	**+10 %**	**2825**	**– 2 %**	**2886**	**+ 2 %**	**2671**	**– 7 %**
– Coût des ventes	2024		2124		2093		2172		2050	
= MARGE BRUTE	**590**	22,6 %	755	26,2 %	732	25,4 %	714	24,8 %	621	23,2 %
– Frais commerciaux et de publicité	424		489		458		454		433	
– Frais généraux et administratifs	97		126		115		105		104	
± Autres produits et charges opérationnelles	0		0		0		0		0	
+ Résultat des sociétés mises en équivalence	0		0		0		0		0	
= RÉSULTAT D'EXPLOITATION RÉCURRENT	**68**	**2,6 %**	**140**	**4,9 %**	**159**	**5,5 %**	**155**	**5,4 %**	**84**	**3,1 %**
± Éléments non récurrents	50		44		– 9		– 22		– 15	
= RÉSULTAT D'EXPLOITATION	118	4,5 %	184	6,4 %	150	5,2 %	133	4,6 %	69	2,6 %
– Frais financiers	53		36		40		34		54	
+ Produits financiers	2		2		3		3		2	
= RÉSULTAT COURANT	67	2,5 %	150	5,2 %	113	3,9 %	102	3,5 %	17	0,6 %
– Impôt sur les sociétés	33		60		54		40		14	
– Intérêts minoritaires	1		0		0		0		0	
= RÉSULTAT NET PART DU GROUPE	33	1,3 %	90	3,1 %	59	2,1 %	62	2,2 %	3	0,1 %

Les postes en couleur sont des postes propres aux comptes consolidés.

10.35 **Compte de résultat : par nature – Comptes sociaux**

Périodes
Production vendue de biens
+ Production vendue de services
+ Ventes de marchandises
= CHIFFRE D'AFFAIRES (CA)
+ Production stockée
+ Production immobilisée
= PRODUCTION
– Consommation de matières
– Coût d'achat des marchandises vendues
= Marge sur consommation de matières/marchandises
– Autres consommations externes (corrigées)
= VALEUR AJOUTÉE
– Frais de personnel (y compris participation et intéressement des salariés)
– Impôts et taxes
+ Subventions d'exploitation
– Variation des provisions d'exploitation[1]
+ Autres produits et charges d'exploitation (reclassement)
= EXCÉDENT BRUT D'EXPLOITATION
– Dotation aux amortissements
– Part des amortissements dans les loyers de crédit-bail voir paragraphe 8.69
= RÉSULTAT D'EXPLOITATION (A) (RE)
Produits financiers (après reclassement)
+ Solde + ou – values sur cession de titres de placement
– Charges financières (après reclassement)
– Part des charges financières dans les loyers de crédit-bail (voir paragraphe 8.69)
= RÉSULTAT FINANCIER (B)
(A) + (B) = RÉSULTAT COURANT (avant impôt) (RC)
– Variation des dépréciations d'actifs immobilisés
+ Variation des provisions financières
+ Produits (charges) non récurrents
+ Variation des provisions à caractère de réserve et des amortissements dérogatoires
= RÉSULTAT AVANT IMPÔT
– Impôt sur les bénéfices
= RÉSULTAT NET

1. Dépréciation d'actifs circulants et provisions d'exploitation.

10.36 **Compte de résultat par nature – Comptes consolidés**

	2008		2009		2010		2011		2012		2013	
	€m	%	€m	%	€m	%	€m	%	€m	%	€m	%
CHIFFRE D'AFFAIRES												
+ Variation des stocks d'en-cours et produits finis												
= **PRODUCTION**												
– Achats consommés et charges externes												
– Charges de personnel												
– Dotations au provisions d'exploitation et dépréciation d'actifs circulants												
– Impôts et taxes												
± Gains et pertes latentes sur instruments financiers												
± Autres produits et charges opérationnelles												
+ Résultat des sociétés mises en équivalence												
= EXCEDENT BRUT D'EXPLOITATION												
– Dotations aux amortissements												
= **RÉSULTAT D'EXPLOITATION RÉCURRENT**												
± Éléments non récurrents												
= RÉSULTAT D'EXPLOITATION												
– Frais financiers												
+ Produits et charges financiers												
= **RÉSULTAT COURANT**												
– Impôt sur les sociétés												
– Intérêts minoritaires												
= RÉSULTAT NET PART DU GROUPE												
Effectif												

Les postes en couleur sont des postes propres aux comptes consolidés.

Section 4 ■ Le diagnostic financier

1 ■ L'effet ciseau

10.37 L'effet ciseau est d'abord un simple mécanisme mathématique.

> L'effet ciseau résulte de l'évolution différente, voire divergente, des produits et des charges. Il explique dès lors la variation du résultat.

Si les produits croissent de 5 % par an et que les charges croissent en moyenne plus vite, le résultat, différence entre les produits et les charges, diminue fatalement. Si cette tendance se poursuit, la baisse du résultat va s'amplifier chaque année avec, à terme, des pertes. Tel est le mécanisme baptisé du nom d'« effet ciseau ».

Différents exemples de l'effet ciseau

Effet ciseau

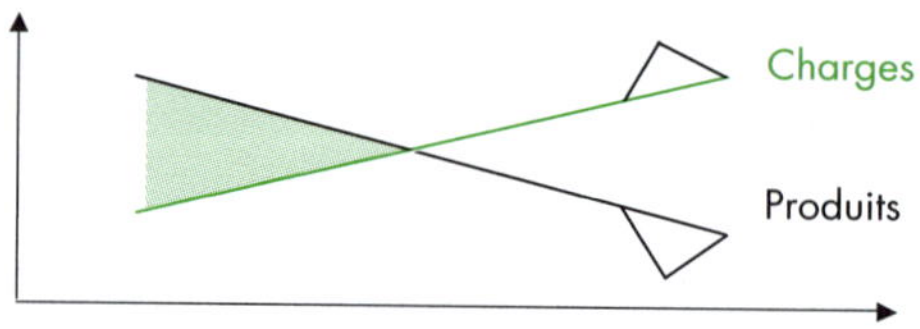

De la maladresse...

Fuite en avant

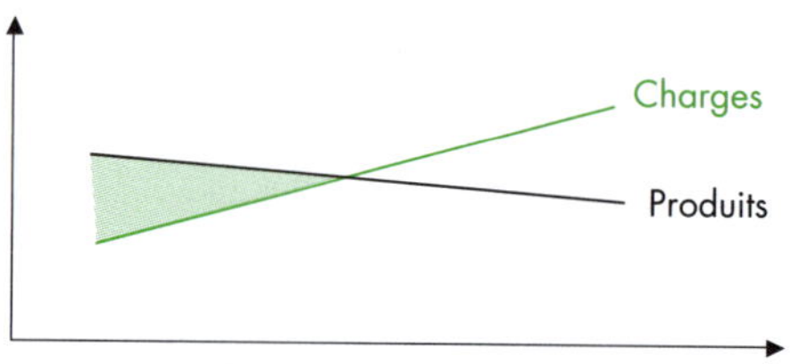

Diminution du taux de croissance des produits mais maintien du taux de croissance des charges

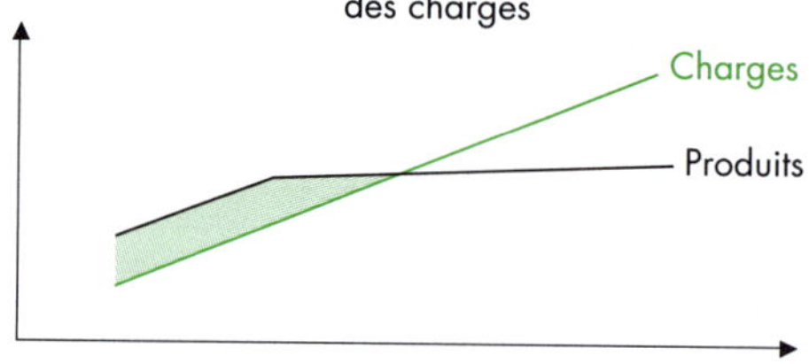

Hausse très importante du coût d'un facteur de production, augmentation avec retard des produits en raison de l'inertie

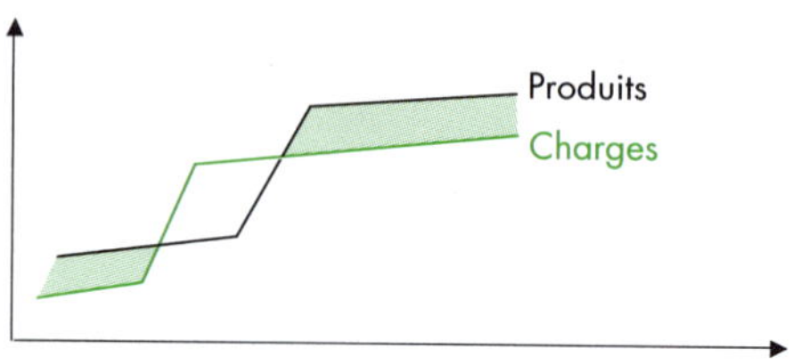

Faible diminution des produits mais maintien des charges

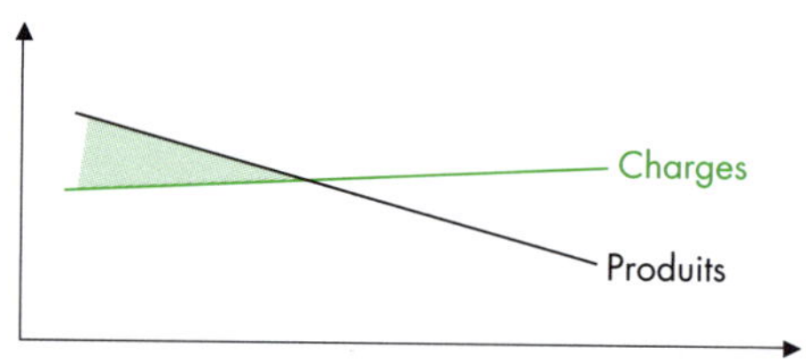

... à l'excellence

Forte croissance des produits qui reste supérieure à celle des charges

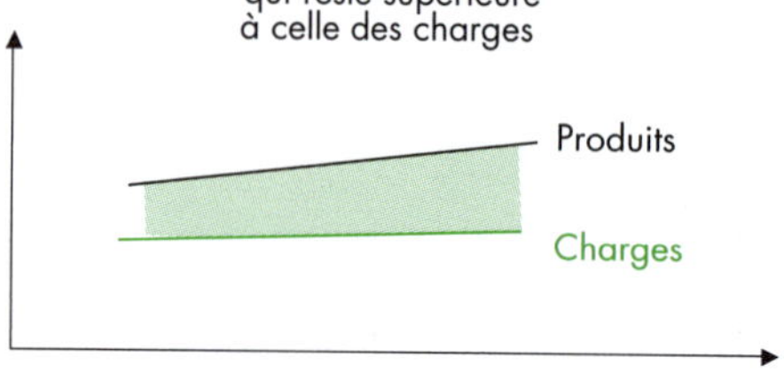

Faible croissance des produits mais lente décrue des charges grâce à des gains de productivité par exemple

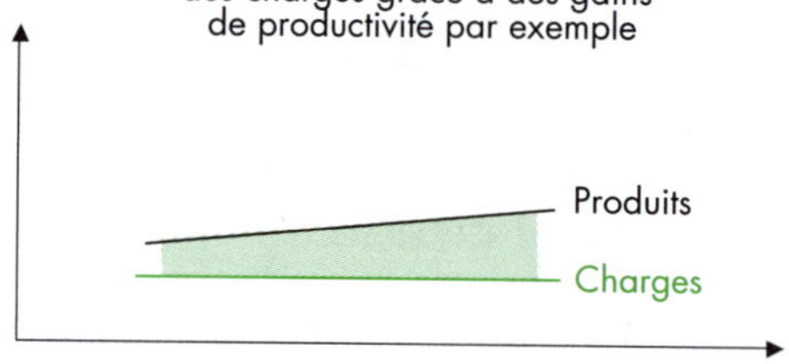

Bénéfices   Pertes

La constatation de l'effet ciseau importe peu ; ce qu'il est important de découvrir, ce sont les causes de cet effet ciseau. En effet, l'effet ciseau est aussi un mécanisme économique : c'est l'évolution divergente des produits, d'une part, et du coût des facteurs de production au sens large, d'autre part. L'effet ciseau peut être observé pour toute une série de raisons (fait du prince, concurrence exacerbée, mauvaise gestion du secteur…) qui traduisent la plus ou moins grande qualité de la position stratégique de l'entreprise sur son marché. Si sa position est forte, elle pourra répercuter toute hausse de ses coûts à ses clients par une hausse de ses prix de vente, elle pourra progressivement augmenter ses marges…

10.38 L'effet ciseau peut correspondre à différentes situations, dont des exemples sont donnés au paragraphe 10.37 précédent.

Lorsqu'il joue à la baisse du résultat, l'effet ciseau peut s'expliquer :

- par un degré de concurrence élevé qui peut empêcher une entreprise de répercuter sur ses prix de vente une forte augmentation du prix des matières premières utilisées. Ainsi une entreprise de textile synthétique aura du mal à incorporer dans son prix de vente la hausse du prix du pétrole si, au même moment, le cours de la laine ou du coton est orienté à la baisse ;

- par un blocage institutionnel des prix de vente sur lesquels il est donc impossible de répercuter les hausses des facteurs de production (GDF-Suez et le gaz pour les ménages) ;

- par un blocage psychologique qui empêche l'entreprise d'augmenter son prix de vente au-delà d'un certain seuil (19,99 € par exemple), ce qui l'amène pour un temps à prendre à sa charge la hausse des cours des matières premières ;

- ou par une mauvaise gestion des coûts : l'évolution des charges est mal maîtrisée et ne peut, en raison de la concurrence, être répercutée totalement sur les prix de vente. L'entreprise ne croît plus, mais ses charges, elles, continuent de croître.

L'effet ciseau peut cependant jouer de manière positive pour l'entreprise, comme l'indiquent les deux derniers graphiques.

L'incidence d'une évolution du coût des facteurs de production est d'autant plus importante que ces facteurs constituent un élément fondamental du prix de revient des produits.

L'analyste devra alors s'attacher à estimer la durée probable d'un retard d'ajustement sur les prix. Celui-ci dépend essentiellement du comportement de l'entreprise, de celui de la concurrence, et de sa position de force par rapport au marché.

2 ■ Les pièges de nature économique

L'analyse des comptes d'une société est aussi semée de pièges de nature économique qu'il faut déceler pour éviter des erreurs d'interprétation. Les principaux pièges sont les suivants.

a) Un principe de stabilité (qui empêche tout raisonnement simpliste)

10.39 Ce principe indique que le résultat d'une entreprise est beaucoup plus stable qu'on pourrait le croire. Le résultat net est un solde, bien souvent faible, **qui résulte d'un équilibre global de charges et de produits**, et qui ne se rompt pas mécaniquement. Considérons ainsi une chaîne de supermarchés dont le bénéfice net est à peu près égal aux produits financiers. Il est erroné de dire que si les taux d'intérêt chutent, le résultat de l'entreprise disparaîtra. Non, tout le problème est de savoir si l'entreprise pourra augmenter légèrement ses prix de vente pour compenser la baisse des taux, sans réduire sa compétitivité. Elle le pourra probablement si tous ses concurrents sont dans la même situation. Mais elle risque de disparaître s'il existe des outils de distribution plus efficaces que les siens.

La situation est tout à fait similaire pour les firmes de champagne : une faible récolte conduit à une augmentation du prix de la matière première, mais conduira aussi à une augmentation du prix de vente des bouteilles. Tout le problème est de savoir à quel moment cette hausse peut être appliquée, compte tenu de la concurrence des vins effervescents, de l'apparition tôt ou tard d'un produit de substitution, et de la capacité des consommateurs à se passer de tout champagne s'il est trop cher !

> Les marges d'une entreprise dépendent aussi, et surtout, de celles de ses concurrents. L'objet du diagnostic financier est de comprendre pourquoi elles sont meilleures ou moins bonnes que celles de la concurrence.

Il existe cependant des limites à ce principe de stabilité.

b) Les mécanismes de « fait du prince »

10.40 Les mécanismes de « fait du prince » sont imposés à la société par une instance supérieure (généralement l'État). Ces mécanismes s'opposent généralement à l'évolution « naturelle » de l'environnement de la société. Ainsi une dévaluation agressive (différente de la simple constatation de la perte de valeur de la monnaie), ou la création ou la hausse de certaines taxes.

c) Les mécanismes externes

10.41 Ces phénomènes sont, comme ceux « du fait du prince », indépendants de l'entreprise ; ils sont cependant moins ponctuels et touchent le secteur d'activité de la société plus particulièrement : tensions sur un marché, arrivée (ou réveil) d'un concurrent très puissant, ou modification d'une convention collective.

d) Les mécanismes d'anticipation

10.42 Les mécanismes d'anticipation conduisent à répercuter immédiatement sur un prix de vente une augmentation future du coût d'un facteur de production. C'est le cas du secteur du champagne où une tension sur le marché de la matière première, consécutive à une mauvaise récolte, conduit très rapidement à une augmentation du prix de la bouteille, même si cette dernière ne doit venir sur le marché que dans 2 ou 3 ans.

> Les mécanismes d'anticipation sont d'autant plus rapides qu'il n'y a pas de produits de substitution à court ou moyen terme et que le degré de concurrence dans le secteur est faible. Ils conduisent à des profits ou des pertes sur stock que seule l'évaluation au coût de remplacement permet de révéler.

e) Les mécanismes d'inertie

10.43 Ils sont beaucoup plus fréquents que les précédents dont ils constituent l'inverse. L'entreprise éprouve alors des difficultés à répercuter immédiatement dans son prix de vente toute fluctuation du prix des facteurs de production. Ainsi, dans un secteur aussi concurrentiel et à faibles barrières à l'entrée tel que le transport par camion, une augmentation du prix du diesel, et donc des coûts des entreprises de ce secteur, ne sera répercutée qu'avec retard sur le prix de vente des livraisons des colis.

L'inertie peut également être liée à des engagements contractuels à moyen ou long terme avec les clients.

f) Les mécanismes d'inflation

10.44 L'inflation, tout particulièrement lorsqu'elle est élevée (années 1970 et début des années 1980), déforme le résultat des entreprises qui ont intérêt à surinvestir et à surproduire. L'entreprise planifiait-elle d'augmenter la taille d'une usine d'ici 4 ans ? En la construisant immédiatement, elle économise 30 à 40 % de son coût en euros courants, d'où un avantage compétitif en termes de prix de revient comptable. Le surstockage est alors aussi une bonne opération financière car le passage du temps ajoute de la valeur aux stocks, compensant, et au-delà, les frais financiers liés à leur portage et permettant ainsi de dégager des profits d'inflation.

C'est toute une mécanique de fuite en avant que favorise l'inflation, et celui qui veut être prudent dans cette période de grande folie est laminé. S'il ne surstocke pas, il ne peut pas réaliser de profit d'inflation et, dès lors, ne peut en rétrocéder une partie aux consommateurs comme le font ses concurrents. Ainsi, en période d'inflation :

- les dotations aux amortissements sont sûrement insuffisantes pour faire face au remplacement d'un investissement dont le prix a crû ;

- les stocks permettent de réaliser des profits nominaux d'inflation d'autant plus importants que leur rotation est faible.

La déflation conduit à des conclusions inverses.

g) Les investissements et les restructurations

10.45 Il est fréquent de noter que les investissements importants (création d'usines par exemple) sont générateurs d'une détérioration de la rentabilité de l'exploitation, voire de pertes d'exploitation, au cours de leurs premières années de mise en service.

Ainsi, la création d'une nouvelle usine se traduit couramment par :

- des frais généraux supplémentaires : frais de recherche et de lancement, honoraires, etc. ;

- des charges financières n'ayant aucune contrepartie en produits d'exploitation tant que l'investissement n'est pas devenu productif (ce phénomène est fréquent dans l'hôtellerie compte tenu du délai de rentabilisation caractérisant les investissements de ce secteur d'activité) ; à moins de les comptabiliser en intérêts intercalaires ;

- des frais de personnel supplémentaires liés au recrutement anticipé des ouvriers et de l'encadrement devant être présent lors de la mise en service de la nouvelle usine ;

- des pertes de productivité liées à la fois au délai de mise en place des nouveaux matériels et à « l'inexpérience » du nouvel outil de production.

Dans un tel contexte, une partie des dépenses d'investissement est, de fait, intégrée au compte de résultat qui se trouve donc considérablement « alourdi » par les conséquences du programme entrepris.

Inversement, une entreprise peut pratiquer volontairement une politique de sous-investissement dans le but d'améliorer son résultat (par exemple, pour procéder à une cession à un prix très élevé) et de profiter au maximum de la rentabilisation d'investissements déjà anciens. Une telle stratégie revient à maximiser les marges tout en hypothéquant les possibilités futures de création de valeur (absence de création de produits nouveaux, formation du personnel insuffisante pour préparer une évolution de l'activité, etc.).

Section 5 ■ Application à Indesit[1]

10.46 En 2009, les ventes d'Indesit dans les pays d'Europe de l'Est et en Russie se sont effondrées de 46 % (!), en particulier en raison des difficultés financières des distributeurs et des dévaluations. L'activité en 2010 est repartie à la hausse dans un effet de rattrapage qui a été de court terme, puisque dès 2011 le chiffre d'affaires se stabilise, avant de décroitre de 7 % en 2013. Trois raisons expliquent cette évolution : la force de l'euro, qui réduit les ventes faites en devises de l'Europe de l'Est une fois converties en euros, la déflation dans le secteur des produits blancs (le prix de vente d'un frigidaire a baissé de 31 % en Italie entre 2008 et 2013) et les gains de parts de marché de Samsung et LG, passés chacun de 2 à 5 % du marché en 5 ans.

Cette volatilité des ventes n'est pas sans impact sur la marge d'exploitation qui perd 40 % en 2013 malgré des transferts de production en Europe de l'Est et la sous-traitance en Pologne. Indesit a encore trop d'usines en Europe de l'Ouest où les coûts de main d'œuvre sont de l'ordre de 24 € de l'heure contre 5 à 6 € en Pologne, Turquie et Russie, où les nouveaux entrants sur ce marché ont installé leurs usines. Même si les coûts salariaux ne représentent que 10 % des coûts totaux et que la productivité est meilleure en Europe de l'Ouest qu'en Europe de l'Est, ceci a un impact net sur les marges dégagées.

1 Notre lecteur pourra utilement consulter les paragraphes 4.23, 5.19 et 10.34 où sont présentés les comptes 2008-2013 du groupe Indesit et le site www.vernimmen.net où sont disponibles les rapports annuels d'Indesit de 2008 à 2013.

RÉSUMÉ

Le résumé de ce chapitre est disponible sur le site www.vernimmen.net.

L'analyse des marges d'une entreprise est la première étape de toute analyse financière ; elle est fondamentale car une entreprise qui ne réussit pas à vendre à ses clients ses produits ou services à un prix supérieur au prix de revient est condamnée à disparaître.

L'analyse des marges, de leurs niveaux par rapport à ceux des concurrents, est le révélateur de la position stratégique plus ou moins forte de l'entreprise dans son secteur.

Le résultat d'exploitation, qui représente les profits générés par le cycle d'exploitation, tient une place centrale dans l'analyse du compte de résultat. On étudie tout d'abord la constitution de ce solde à partir des éléments suivants :

- le chiffre d'affaires : décomposé selon son taux de croissance en volume et en prix, il est rapporté aux taux de croissance du marché ou du secteur ;
- la production : elle engendre une réflexion sur le niveau d'invendus et l'évaluation comptable des stocks, la surproduction pouvant annoncer une crise grave ;
- les consommations de matières premières et consommations externes : elles doivent être regroupées selon les principaux postes (matières, transport, coûts de distribution, publicité...) et analysées en termes de quantité et de prix ;
- la valeur ajoutée qui est un indice d'intégration de l'entreprise dans son secteur d'activité ;
- les charges de personnel : elles permettent d'évaluer la productivité du personnel (CA/effectif moyen, valeur ajoutée/effectif moyen) et le contrôle des coûts de l'entreprise (charges de personnel/effectif moyen) ;
- les dotations aux amortissements : elles renvoient à la politique d'investissement.

Par la suite, le résultat d'exploitation est réparti en plusieurs composantes :

- le résultat financier : il renvoie à la politique de financement de l'entreprise. On retirera tous les éléments étrangers à l'endettement net et on analysera avec attention cet agrégat pour le cas de sociétés qui sont fortement impliquées dans la gestion de leur passif et de leur trésorerie. Des frais financiers importants ne sauraient expliquer les difficultés d'une entreprise, ils caractérisent un niveau de rentabilité insuffisant par rapport aux risques pris ;
- le résultat non récurrent et les éléments spécifiques aux comptes consolidés (quote-part de résultat des sociétés mises en équivalence, intérêts minoritaires...) ;
- l'impôt sur les bénéfices.

Des évolutions divergentes des produits et des charges constituent des effets ciseau qui s'expliquent par les imperfections du marché sur lequel évolue l'entreprise : rentes économiques, monopoles, « faits du prince », mécanismes d'anticipation, mécanismes d'inertie... Découvrir les causes des effets ciseau permet de comprendre la mécanique économique et la position stratégique de l'entreprise dans son secteur grâce auxquelles une entreprise réalise du profit, et donc d'estimer ses perspectives d'évolutions futures.

QUESTIONS

1/ Pourquoi le concept de production n'est-il pas satisfaisant ?

2/ Pourquoi le résultat d'exploitation est-il au centre de la lecture du compte de résultat ?

3/ Montrez les limites du concept de valeur ajoutée.

4/ Vous analysez les comptes sociaux d'un holding de participations industrielles. Quel résultat privilégiez-vous ? Quels sont les postes importants ? Les comptes consolidés de ce holding sont-ils intéressants ?

5/ L'entreprise industrielle Heems affiche un résultat net formé à 80 % du résultat exceptionnel. Qu'en pensez-vous ?

6/ L'entreprise industrielle Vandamme affiche un résultat net formé à 80 % du résultat financier. Qu'en pensez-vous ?

7/ L'entreprise industrielle Bonnefoy affiche un résultat net formé à 80 % de la quote-part de résultat des sociétés mises en équivalence. Qu'en pensez-vous ?

8/ Les charges d'intéressement et de participation doivent-elles être incluses dans l'EBE ?

9/ Pourquoi ne peut-on pas relier directement l'augmentation d'un coût de production et la diminution correspondante du bénéfice ?

10/ Quelles sont les mesures susceptibles de remédier à un effet ciseau négatif ?

11/ Parmi les entreprises suivantes, lesquelles définiriez-vous comme « une marge entre un marché final et un marché en amont » :

- une entreprise de travail intérimaire ;
- une entreprise de stockage (entrepôts) ;
- un abattoir ;
- une entreprise de fabrication de meubles ;
- un hypermarché ?

12/ De quoi dépend la stabilité du bénéfice net d'une entreprise ?

13/ L'entreprise Lecointre présente un EBE positif et en croissance, mais un résultat d'exploitation négatif. Qu'en pensez-vous ?

14/ Que pensez-vous d'une entreprise dont le chiffre d'affaires a beaucoup augmenté en raison d'une forte baisse de prix assortie d'un effet volume important ?

15/ Pourquoi étudier les intérêts minoritaires dans le compte de résultat consolidé ?

16/ Pourquoi ventiler la quote-part de résultat mis en équivalence entre exploitation, financier et non récurrent ?

D'autres questions vous attendent sur le site www.vernimmen.net.

EXERCICES

1/ Identifiez le secteur d'activité correspondant à chaque société : production d'électricité, grande distribution, travail temporaire, distribution spécialisée, bâtiment et travaux publics.

Société	1	2	3	4	5
Chiffre d'affaires	100	100	100	100	100
Production	100	100	104	99	0
Marge commerciale	23	24,8	0	0	0
Consommations de matières premières	0	0	46,6	23,6	0
Autres consommations externes	7,8	7,0		46,9	14,1
Frais de personnel	8,4	11,7	21,5	24,1	88,2
Excédent brut d'exploitation	6,8	6,7	28,1	3,7	4,6
Dotations aux amortissements	2,6	0,9	14,4	1,2	0,7
Résultat d'exploitation	4,2	5,8	7,1	2,9	3,1

2/ Identifiez le secteur d'activité correspondant à chaque société : production de ciment, produits de luxe, agences de voyages, biens de grande consommation, équipements télécoms.

Société	1	2	3	4	5
Chiffre d'affaires	100	100	100	100	100
Coût des ventes	35,9	84	67,7	44,3	52,2
Frais commerciaux	37	4,4	14	23,1	21,8
Frais administratifs	11	10	6,6	10,7	9,3
Frais de recherche et développement	0	0	20,1	6,6	2,1
Résultat d'exploitation	16	1,6	– 8,3	15,3	14,6

3/ Étudiez, à partir du compte de résultat pro forma, les conséquences d'un taux d'inflation élevé sur les résultats. Vous supposerez que les quantités vendues par l'entreprise ne progressent pas mais que les prix de vente et les charges externes croissent au taux d'inflation. Vous analyserez tout particulièrement les frais financiers et la dotation aux amortissements et, par voie de conséquence, l'excédent brut d'exploitation, le résultat d'exploitation, le résultat courant et le résultat net.

4/ La société agricole Masque publie le compte de résultat simplifié ci-après. La société précise dans les annexes à ses comptes les éléments suivants :

- les charges financières sont constituées à hauteur de 28,3 M€ de charges d'intérêt et à hauteur de 150 M€ d'escomptes sur ventes ;
- comme chaque année, les cessions d'actifs correspondent aux machines agricoles cédées, les machines étant renouvelées en moyenne tous les deux ans ;
- les loyers annuels de crédit-bail (inclus dans les autres charges externes) sont d'un montant de 10 M€. Pour l'année passée, ils peuvent être décomposés en :

– dotation théorique aux amortissements : 4 M€ ;

– frais financiers : 6 M€.

La société Masque fait appel à la sous-traitance et emploie des intérimaires, l'ensemble des charges s'y rapportant sont incluses dans les autres achats et charges externes pour un montant de 12,3 M€.

Présentez un compte de résultat simplifié et retraité pour la société Masque.

Compte de résultat de Masque	**2014**
Chiffre d'affaires	**1 917,9**
Production stockée	(2,0)
Production	1 915,9
Achats consommés	1 511,5
Marge brute	404,4
Autres consommations et charges externes	97,2
Valeur ajoutée	**307,2**
Frais de personnel	105,5
Impôts et taxes	9,8
Subventions d'exploitation	0,4
Soldes des autres produits et charges d'exploitation	22,0
Excédent brut d'exploitation	**214,3**
Dotations aux amortissements nettes des reprises	26,8
Résultat d'exploitation	**187,5**
Charges financières	178,3
Produits financiers	17,1
Résultat financier	(161,2)
Résultat courant	**26,3**
Charges exceptionnelles de gestion	50,8
Produits nets de cessions d'immobilisations	35,6
Résultat exceptionnel	(15,2)
Impôt sur les bénéfices	3,0
Participation des salariés	3,4
Résultat net	**4,7**

ÉLÉMENTS DE RÉPONSE

Questions

1. Il ajoute des produits évalués au prix de vente (chiffre d'affaires) et des produits évalués au prix de revient (production stockée et immobilisée).

2. Il mesure la richesse produite par l'actif économique.

3. C'est un concept plus macroéconomique que microéconomique qui établit une différence artificielle entre les charges internes et externes et qui perd son reste de pertinence à l'heure où l'externalisation est devenue très fréquente.

4. Le résultat financier. Les frais administratifs et l'impôt. Non, ils reflètent surtout le cumul de l'état de santé des différentes participations.

5. Bien comprendre la nature du résultat exceptionnel (récurrence éventuelle ?), car *a priori* une telle situation n'est pas durable.

6. Bien comprendre la nature du résultat financier. Est-ce un véritable résultat financier lié à une trésorerie pléthorique, des reprises de provisions, des gains de charge, etc. ?

7. Éclater la quote-part de résultat des sociétés mises en équivalence en résultat d'exploitation, résultat financier et résultat non récurrent.

8. Oui, elles font partie des frais de personnel.

9. En raison d'effets beaucoup plus compliqués, y compris secondaires, qu'il faut étudier.

10. Être flexible : sous-traiter, appel au travail intérimaire ; monter en gamme ; innover pour offrir des produits pour lesquels le prix ne sera pas le paramètre clef.

11. Entreprise de travail intérimaire : marge entre le marché du travail direct et le marché du travail intérimaire.

Entrepôt : frais fixes face à une marge liée à l'activité économique.
Abattoirs : marge entre l'aval et l'amont.
Entreprise de fabrication de meubles : marge entre la matière première, le bois et le prix de vente.
Hypermarchés : frais fixes face à une marge liée à un niveau d'activité.

12. Il dépend du caractère cyclique du chiffre d'affaires, de la flexibilité de l'entreprise (répartition frais fixes/frais variables) et de la marge en valeur absolue.

13. Analysez la politique d'investissement et d'amortissement ainsi que les provisions pour dépréciation d'actifs immobilisés.

14. Quelle est l'incidence sur le résultat d'exploitation ?

15. Pour comprendre dans quelle entité du groupe se fait son résultat.

16. Pour avoir une vision plus fine de l'ensemble du compte de résultat et notamment du résultat d'exploitation.

Exercices

Les corrigés détaillés des exercices sur excel sont disponibles sur le site www.vernimmen.net.

1. Production d'électricité : 3 (importance de la dotation aux amortissements). Grande distribution : 1 (marge commerciale la plus faible). Travail temporaire : 5 (importance des frais de personnel). Distribution spécialisée : 2 (marge commerciale la plus forte). Bâtiment et travaux publics : 4 (importance de la sous-traitance).

2. Agence de voyage : 2 (faiblesse de la marge d'exploitation, importance du coût des ventes, pas de R & D). Produits de luxe : 1 (importance de la marge d'exploitation et des frais commerciaux). Équipements télécoms : 3 (importance de la recherche et développement). Biens de grande consommation : 4 (importance des frais commerciaux et de la recherche et développement). Production de ciment : 5 (le dernier ! R & D limités).

3. L'excédent brut d'exploitation suit le rythme de l'inflation, le résultat d'exploitation va plus vite du fait de la sous-évaluation de la dotation aux amortissements qui est calculée sur des bases historiques, le résultat net, qui peut être fictif, profite des insuffisances de frais financiers si les taux d'intérêt réels sont négatifs.

4.

Compte de résultat	**2014**
Chiffre d'affaires	**1 917,9 – 150 = 1767,9**
Production stockée	(2,0)
Production (100 %)	1765,9
Achats consommés	1511,5
Marge brute	254,4
Autres consommations et charges externes (hors crédit-bail et sous-traitance)	97,2 – 10 –12,3 = 74,9
Valeur ajoutée	**179,5**
Frais de personnel (y compris sous-traitance et participation)	105,5 + 12,3 + 3,4 = 121,2
Impôts et taxes	9,8
Subventions d'exploitation	0,4
Soldes des autres produits et charges d'exploitation (y compris cessions d'exploitation)	22 + 35,6 = 57,6
Excédent brut d'exploitation	**106,5**
Dotations aux amortissements nettes des reprises	26,8 + 4 = 30,8
Résultat d'exploitation	**75,7**
Charges financières	178,3 + 6 – 150 = 34,3
Produits financiers	17,1
Résultat financier	(17,2)
Résultat courant	**58,5**
Charges exceptionnelles de gestion	50,8
Résultat exceptionnel	(15,2) – 35,6 = (50,8)
Impôt sur les bénéfices	3,0
Résultat net	**4,7**

Les escomptes accordés doivent être déduits du chiffre d'affaires.

BIBLIOGRAPHIE

Pour approfondir :

Askenazy Ph., Cette G., Sylvain A., *Le partage de la valeur ajoutée*, La Découverte, 2012.

Autorité des marchés financiers, « Information financière pro forma », Recommandation AMF n° 2013-08, 2013.

Bernet-Rollande L., *Pratique de l'analyse financière*, Dunod, 2009.

Conesa E., « Impôts : ce que paient vraiment les grandes entreprises », *Les Échos* 10 mars 2014, pages 4 et 5.

La Bruslerie (de) H., *Analyse financière. Information financière et diagnostic*, 5e édition, Dunod, 2014.

Le Fur Y., Quiry P., « Et si l'inflation repartait ? », *La Lettre Vernimmen.net* février 2011, n° 95, pages 1 à 4.

Marion A., *Analyse financière : concepts et méthodes*, 5e édition, Dunod, 2011.

Pricewaterhouse Coopers, *Mémento comptable*, Éditions Francis Lefebvre, 2014.

Chapitre 11

L'analyse des marges : risques

Passer au point mort pour mieux accélérer.

11.1 Dans le chapitre 10 précédent, nous avons comparé les taux de variation respectifs des charges et des produits. Dans ce chapitre, nous comparerons toutes les charges, tous les produits et tous les soldes intermédiaires par rapport à une base d'activité : les ventes de biens et services dans la plupart des cas, la production pour les entreprises ayant d'importantes variations de production stockée.

Le but de cette analyse est d'éviter les raisonnements qui extrapolent dans le futur le taux de croissance du résultat enregistré dans le passé. Ce n'est pas parce qu'en raison d'un certain nombre de causes le bénéfice a crû de 30 % par an pendant deux ans qu'il continuera à l'avenir de croître à ce taux.

Le décalage entre l'évolution du bénéfice et celle du chiffre d'affaires peut venir :

- d'une modification structurelle de la production ;
- de l'effet ciseau (voir chapitre 10 précédent) ;
- ou tout simplement d'un effet conjoncturel amplifié par la structure des coûts de l'entreprise. C'est ce que nous allons étudier dans ce chapitre sous le nom d'effet point mort.

Section 1 ▪ Le mécanisme simple de l'effet point mort

11.2 Pour simplifier, nous supposerons dans cette partie que le volume vendu est égal au volume produit. Dans une analyse plus fine, il serait bon de calculer le point mort en fonction du volume de production.

1 ■ Définition

11.3 **Le point mort est le niveau d'activité pour lequel l'ensemble des produits couvre l'ensemble des charges**. À ce niveau d'activité, le résultat est donc nul.

En d'autres termes :

- si l'entreprise n'a pas atteint son point mort (chiffre d'affaires insuffisant), elle dégage des pertes ;
- si le chiffre d'affaires correspond au point mort, le bénéfice est nul ;
- si l'entreprise a dépassé son point mort, elle réalise des bénéfices.

> Le niveau de point mort dépend de la structure des coûts de l'entreprise (répartition coûts fixes/coûts variables).

2 ■ Calcul

11.4 L'étape préalable et indispensable au calcul du point mort est la répartition des coûts entre coûts fixes et coûts variables. La distinction ainsi opérée dépend de la période considérée. On peut, dans cette optique, remarquer que :

- à long terme, tous les coûts sont variables, quelle que soit leur nature : il n'y a plus d'entreprise si elle ne peut agir sur ses coûts ;
- à très court terme (moins d'un trimestre), quasiment tous les coûts sont fixes, à l'exception sans doute des coûts de matières premières ou de marchandises ;
- sur une période intermédiaire, certains coûts deviennent variables : frais de personnel…

> Le niveau de point mort n'est pas un absolu : il dépend tout d'abord de la période considérée. Il diminue normalement avec l'allongement de la période d'analyse.

Il est donc judicieux, avant de se lancer dans un calcul de point mort, de s'interroger sur le type de point mort que l'on veut calculer. Cette évidence est trop souvent oubliée…

On peut ainsi, par exemple, désirer estimer :

- la variation prévisionnelle du résultat de l'entreprise en cas de récession partielle avec ou sans diminution du rythme de production ;
- la sensibilité du résultat à un niveau d'activité particulièrement exceptionnel en fin d'exercice ;
- le point mort induit dans un plan stratégique et, en particulier, celui du lancement d'une nouvelle activité.

Le point mort peut ainsi être représenté :

Le point mort

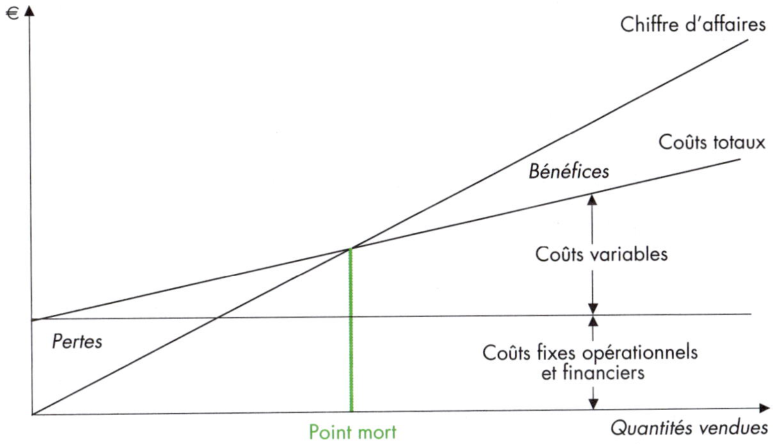

11.5 Le point mort est le montant de chiffre d'affaires pour lequel le montant des frais fixes est égal à la marge sur coûts variables, celle-ci étant égale à la différence entre le chiffre d'affaires et les frais variables. On a donc, au niveau du point mort, l'égalité suivante :

Marge sur coûts variables = coûts fixes

$$\text{Points morts} = \frac{\text{Coûts fixes}}{\text{Taux de marge sur coûts variables}}$$

où le taux de marge sur coûts variables correspond à la marge sur coûts variables en pourcentage du chiffre d'affaires.

Exemple : une entreprise réalise un chiffre d'affaires de 150 M€ et supporte 90 M€ de frais fixes et 50 M€ de frais variables.

La marge sur coûts variables est de 150 – 50 = 100, soit en pourcentage du chiffre d'affaires : 100/150 = 66,67 %.

Le point mort est donc de :

$$\frac{90}{66{,}67\ \%} = 135\ \text{M€}$$

Dans cet exemple, l'entreprise se situe à 11,1 % au-dessus de son point mort.

11.6 En 2014, Exane BNP Paribas estimait qu'un groupe européen coté moyen avec un chiffre d'affaires de 100 € avait 28,6 € de coûts fixes, 61,7 € de coûts variables et donc un résultat d'exploitation de 9,7 €. Dans ces conditions, une baisse du chiffre d'affaires de 1 % se traduirait par une baisse de 3,9 % du résultat d'exploitation. Le levier opérationnel (ou levier d'exploitation), qui rapporte la variation du résultat opérationnel (ou d'exploitation récurrent) en pourcentage à la variation du chiffre d'affaires en pourcentage, était donc de 3,9 % / 1 % = 3,9.

$$\text{Levier opérationnel} = \frac{\text{Marge sur coûts variables}}{\text{Marge sur coûts variables} - \text{coût fixes}}$$

soit dans notre exemple :

$$\text{Levier opérationnel} = \frac{100 - 61{,}7}{100 - 61{,}7 - 28{,}6} = 3{,}9$$

Notons que le graphique précédent est assez simpliste : en effet, les frais fixes ne sont pas fixes quel que soit le niveau d'activité, ils le sont plutôt par plages d'activité et croissent ou décroissent par paliers.

Certains appellent le point mort seuil de rentabilité, ce qui nous paraît être un abus de langage. Comme nous aurons l'occasion de le voir au chapitre 30, une entreprise est rentable, non quand elle commence à faire des profits, mais quand sa rentabilité devient supérieure à la rentabilité exigée par ses pourvoyeurs de fonds compte tenu de son risque. Le terme de point mort est alors utilisé pour mesurer le moment de l'année où une entreprise commence à faire des profits. Ainsi telle société avec un résultat net représentant 1,1 % de son chiffre d'affaires sera réputée commencer à travailler pour ses actionnaires à partir du 28 décembre seulement, soit 4 jours (1,1 % × 365) avant la fin de l'année. C'est tout au plus une façon imagée de parler, en particulier à des personnes n'ayant aucune compétence en gestion. En effet, le chiffre d'affaires réalisé ces 4 derniers jours de l'année dans notre exemple ne constitue pas du profit intégral car l'entreprise continue de supporter des charges.

3 ■ Les trois stades du point mort

11.7 Le point mort peut être calculé avant ou après rémunération des pourvoyeurs de fonds. On obtient alors trois points morts[1] :

- le **point mort d'exploitation** (ou point mort opérationnel), fonction des frais fixes et des frais variables de production, caractérisant la stabilité du résultat d'exploitation ;
- le **point mort financier**, tenant compte des frais financiers supportés par l'entreprise, caractérisant la stabilité du résultat courant ;
- le **point mort total** qui tient compte de la rémunération exigée par les prêteurs **et** par les actionnaires de l'entreprise.

Le point mort d'exploitation (ou opérationnel) est un concept dangereux car il exclut toute rémunération des capitaux investis. Quant au point mort financier, il sous-évalue le point mort véritable, car il ne comprend pas la rémunération des capitaux propres, fondement de la création de valeur.

Ainsi suggérons-nous à notre lecteur de calculer le point mort qui permet à l'entreprise de dégager, non un résultat nul, mais un résultat net positif correspondant à l'exigence de rentabilité des actionnaires. À cet effet, il convient de rajouter aux charges de l'entreprise le montant des capitaux propres multiplié par le taux de rentabilité exigé par l'actionnaire (voir chapitre 23), le tout divisé par 1 moins le taux de l'impôt sur les sociétés. En dessous de ce niveau de point mort, l'entreprise peut réaliser un profit, mais ne réussit pas à satisfaire (totalement) l'exigence de rentabilité de ses actionnaires.

1 L'analyste pourra également calculer un point mort « cash » en excluant les charges calculées (principalement les dotations aux amortissements).

Les charges financières constituent une charge fixe pour un niveau d'activité (donc de besoin en capitaux) donné. Une entreprise dont la volatilité du résultat d'exploitation est importante peut donc compenser partiellement cette instabilité par la faiblesse de ses charges financières, c'est-à-dire par le choix d'une politique de faible endettement. En tout état de cause, l'instabilité du résultat d'une entreprise fortement endettée s'accroît en raison de l'élévation des frais fixes que constituent les charges financières.

11.8 Concrètement, on pourra dresser le tableau suivant pour calculer le point mort que nous avons illustré avec le cas d'Indesit :

Tableau du point mort

Période		**2009**	**2010**	**2011**	**2012**	**2013**
Chiffre d'affaires	CA	2 613	2 879	2 825	2 886	2 671
Coûts fixes d'exploitation	CF	521	615	573	559	537
Coûts fixes financiers	Cfi	52	35	37	31	52
Coûts variables	CV	2 024	2 124	2 093	2 172	2 050
Taux de marge sur coûts variables	$m = \frac{CA - CV}{CA}$	22,6 %	26,2 %	25,9 %	24,7 %	23,2 %
Point mort d'exploitation :	$CA_{0e} = \frac{CF}{m}$	2 310	2 346	2 211	2 259	2 310
Position de l'entreprise par rapport au point mort d'exploitation en % :	$\frac{CA}{CA_{0e}} - 1$	13 %	23 %	28 %	28 %	16 %
Point mort financier :	$CA_{0f} = \frac{CF + Cfi}{m}$	2 540	2 477	2 354	2 385	2 533
Position de l'entreprise par rapport au point mort financier en % :	$\frac{CA}{CA_{0f}} - 1$	3 %	16 %	20 %	21 %	5 %
Point mort total[1] :	$CA_{0t} = \frac{CF + Cfi + k_{CP} \times CP/(1 - IS)}{m}$	3 215	3 058	2 926	3 078	3 067
Position de l'entreprise par rapport au point mort total en % :	$\frac{CA}{CA_{0t}} - 1$	– 19 %	– 6 %	– 3 %	– 6 %	– 13 %

1. Pour Indesit, il a été retenu l'hypothèse d'un coût des capitaux propres de 10 % sauf en 2009 (15 %) et un taux d'imposition de 50 % en 2009 puis de 40 % à partir de 2010.

11.9 Ces différentes considérations nous montrent, en définitive, que l'effet « point mort » dépend de quatre variables fondamentales :

- les trois paramètres déterminant la stabilité du résultat d'exploitation : stabilité du chiffre d'affaires, structure des coûts de production, position de l'entreprise par rapport à son point mort d'exploitation ;
- le niveau des frais financiers, c'est-à-dire la politique d'endettement pratiquée par l'entreprise.

Jusqu'en 2008, notre expérience nous permettait d'affirmer que, dans la pratique, une entreprise se trouve en situation instable dès lors que son chiffre d'affaires se situe à moins de 10 % au-dessus de son point mort financier ; un chiffre d'affaires de 20 % au-dessus du point mort financier traduit une situation relativement stable ; enfin, être distant du point mort de plus de 20 % pour une structure d'activité donnée constitue une situation exceptionnelle et « confortable ».

La crise économique commencée fin 2008 a montré que ces chiffres étaient insuffisants dans certains secteurs compte tenu des chutes d'activité enregistrées en 2009 (entre – 10 % et – 30 %).

Section 2 ■ Une utilisation plus complexe permet de prendre du recul

1 ■ Dans l'analyse des situations passées

11.10 Le concept de point mort peut faire l'objet de trois types d'utilisation dans le domaine de l'analyse financière :

- analyse de la stabilité du bénéfice compte tenu des caractéristiques du marché et de la structure des coûts de production ;
- appréciation de la capacité bénéficiaire réelle d'une entreprise ;
- analyse des écarts entre prévisions et réalisations.

a) Analyse de la stabilité du bénéfice

11.11 Ce qui compte ici est moins le niveau absolu du point mort que la position de l'entreprise par rapport à celui-ci.

> L'instabilité du bénéfice est d'autant plus importante que l'entreprise est proche de son point mort.

Lorsque l'entreprise est proche de son point mort, une faible variation du chiffre d'affaires entraîne une forte variation du résultat net. Dès lors, un fort taux de croissance du bénéfice net peut n'être que le révélateur de la proximité de l'entreprise par rapport à son point mort.

Considérons une société dont l'activité présente, dans le domaine de la fabrication et de la vente d'un produit, les caractéristiques suivantes :

- Coûts fixes totaux = 200 000 €
- Coût variable unitaire = 50 €
- Prix de vente unitaire = 100 €

Le point mort correspond à la vente de 4 000 unités produites. Pour être bénéficiaire, l'entreprise doit donc vendre plus de 4 000 unités.

Le tableau suivant présente l'accroissement (ou la réduction) comparé du chiffre d'affaires et du bénéfice pour cinq niveaux de ventes :

Ventes			Bénéfices			Sensibilité
Nombre d'unités vendues	% d'augmentation par rapport au niveau précédent (A)	% de réduction par rapport au niveau supérieur de production	Montant	% d'augmentation par rapport au niveau précédent (B)	% de réduction par rapport au niveau supérieur de production	(A)/(B)
4 000		20 %	0		100 %	
5 000	25 %	16,7 %	50 000	Infini	50 %	Infini
6 000	20 %	16,7 %	100 000	100 %	37,5 %	5
7 200	20 %	16,7 %	160 000	60 %	31 %	3
8 640	20 %		232 000	45 %		2,25

Il est clair que le paramètre de sensibilité des bénéfices aux variations des ventes est d'autant plus élevé que l'entreprise est proche de son point mort. Le mécanisme joue à la fois à la hausse et à la baisse.

> Méfions-nous donc d'un fort taux de croissance des résultats qui, par ailleurs, sont faibles par rapport au chiffre d'affaires. Cela peut résulter de l'effet point mort.

11.12 La réflexion en termes de point mort permet de relativiser un taux de croissance des bénéfices très important lors d'une bonne année. Loin de se laisser impressionner par ce « bon chiffre », l'analyste devra essayer de mesurer les risques de dérapages ultérieurs du bénéfice.

Ainsi, en 2013, Orange et Telefónica ont connu tous deux une baisse similaire de leurs résultats mais une évolution différente de leurs activités, témoin d'un niveau de proximité du point mort différent (le commentaire de ce tableau fait l'objet de la question 8).

	Chiffre d'affaires	Résultat d'exploitation
Orange	41,0 Md€ – 5,8 %	6,5 Md€ – 12,0 %
Telefónica	57,1 Md€ – 8,3 %	10,5 Md€ – 12,1 %

11.13 De la même façon, la sensibilité du résultat à une variation de l'activité dépend beaucoup de la structure des coûts de l'entreprise. Plus les coûts fixes sont élevés, plus le résultat est volatil. À titre d'exemple, en 2013, la croissance du résultat de Compass (restauration collective) était un peu plus élevée que celle de son chiffre d'affaires. Ceci paraît cohérent pour une industrie où les coûts sont principalement variables. En revanche, Titan Cement affichait un rebond violent de son résultat d'exploitation de 22 % pour une hausse de son chiffre d'affaires de 4 % ; les coûts fixes sont beaucoup plus importants dans la production de ciment. La situation de Faurecia (équipementier automobile) est intermédiaire entre les deux extrêmes que sont la restauration collective et la fabrication de pneus.

	Chiffre d'affaires	Résultat d'exploitation
Compass	17,8 Md£ + 4 %	1 255 M£ + 7 %
Faurecia	18,0 Md€ + 4 %	401 M€ + 13 %
Titan Cement	1 176 M€ + 4 %	79 M€ + 22 %

En cas de chute de l'activité, les résultats régresseront beaucoup plus vite chez Titan Cement que chez Compass, compte tenu de l'importance des coûts fixes pour le producteur de ciment. Titan Cement dispose donc d'un fort **levier d'exploitation** (ou **levier opérationnel**).

b) Appréciation de la capacité bénéficiaire normale

11.14 Le phénomène démultiplicateur lié au concept de point mort, qui accélère la hausse ou la baisse du bénéfice de l'entreprise selon l'évolution de son chiffre d'affaires, conduit à nuancer l'analyse des marges effectuée à partir du compte de résultat.

En effet, la réalisation de bénéfices très élevés peut s'expliquer par une conjoncture temporairement exceptionnelle, et non par un haut niveau structurel de rentabilité. Ce fut le cas pour bon nombre d'entreprises en 2000.

Il en résulte que l'appréciation de la capacité bénéficiaire d'une entreprise, liée aux facteurs structurels de rentabilité, doit tenir compte du mécanisme du point mort et de la situation conjoncturelle : sommes-nous en haut de cycle ou non ?

Nous sommes frappés par le fait que certains analystes appellent sociétés de croissance des entreprises dont le résultat est en très forte progression, moins du fait d'une croissance structurelle qu'en raison d'une conjoncture exceptionnelle.

c) Analyse d'écarts

11.15 L'utilisation du concept de point mort permet à l'analyste d'expliquer les décalages survenant entre les résultats prévus et les résultats obtenus par une entreprise sur une période d'activité donnée.

L'exemple suivant illustre ce phénomène :

	Prévisions	Réalisations (A)	Écart en volume	Écart en %	Structure de coûts théorique (B)	Écart (B) – (A)
Chiffre d'affaires	240	180	– 60	– 25 %	180	–
Coûts variables	200	156	– 44	– 22 %	150	**– 6**
Marge sur coûts variables	40	24	– 16	– 40 %	30	– 6
Taux de marge	16,7 %	13,3 %			16,7 %	
Coûts fixes	20	24	+ 4	+ 20 %	20	**+ 4**
Résultat	20	0	– 20	– 100 %	**10**	– 10

La colonne B applique la structure prévue des coûts au chiffre d'affaires réalisé.

Ce tableau nous montre que l'effondrement du bénéfice de l'entreprise est à la fois lié :

- à la baisse des ventes (qui est de 25 %) ;
- au « dérapage » des coûts fixes (en hausse de 20 %) ;
- au « dérapage » des coûts variables, dont la part dans le chiffre d'affaires passe de 83,3 % à 86,7 %.

L'effet structure explique ainsi 50 % de la baisse du résultat (4 pour les coûts fixes, 6 pour la marge sur coûts variables), **l'effet baisse des ventes** étant responsable de 50 % de cette baisse (10 de marge sur coûts variables en moins de ce fait : 30 contre 40).

2 ■ Dans l'analyse stratégique

a) En matière de choix industriel

11.16 Le point mort définit une stratégie industrielle.

Bon nombre d'entreprises se sont trompées en élevant leur point mort par des investissements lourds alors qu'elles se situaient dans un secteur cyclique. Elles doivent, au contraire, avoir un point mort le plus bas possible, et surtout une structure des coûts la plus flexible possible pour limiter les effets des variations importantes de l'activité sur leur rentabilité.

Ainsi, dans le secteur du bâtiment, l'industrialisation (l'intégration) a souvent constitué une erreur de gestion ; seules les entreprises qui ont maintenu une structure légère par recours à la sous-traitance ont pu survivre aux cycles d'expansion et de dépression qui se succèdent dans ce secteur.

Dans les secteurs cycliques à forte intensité capitalistique ou à coûts fixes élevés (pâte à papier, sidérurgie, ciment…), l'entreprise a intérêt à se financer principalement par capitaux propres afin de ne pas démultiplier, par l'effet de levier de l'endettement, les conséquences des variations de l'activité sur sa rentabilité, mais, au contraire, de les atténuer.

Le point mort relie la stratégie financière à la stratégie industrielle.

Lorsque l'entreprise est dans une situation difficile, la meilleure stratégie financière consiste à réduire le point mort financier en faisant appel à des capitaux propres et non à l'endettement qui, comme nous l'avons vu, augmente le niveau du point mort. C'est ainsi que Saint-Gobain et Lafarge ont augmenté leur capital en 2009 et Peugeot en 2014.

Si le marché laisse augurer une croissance forte et durable du chiffre d'affaires, l'entreprise peut faire le pari de l'investissement ; elle élève alors son point mort tout en conservant une marge de manœuvre importante. Elle peut recourir à l'endettement au titre de ressource complémentaire.

Comme nous le verrons ultérieurement (au chapitre 39), la seule véritable différence en matière de coûts entre l'endettement et les capitaux propres s'analyse en termes de point mort.

b) En matière de restructuration

11.17 Lorsque l'entreprise tombe en dessous de son point mort, elle est en perte. Elle ne peut retrouver des résultats positifs qu'en augmentant son chiffre d'affaires et/ou en abaissant le point mort (réduction des coûts fixes, hausse de la marge sur coûts variables).

L'augmentation du chiffre d'affaires n'est possible que si l'entreprise a une force stratégique réelle dans son marché, sinon c'est la fuite en avant : augmentation de l'activité au détriment de la rentabilité, permettant ainsi pendant quelque temps de faire illusion, puis précipitant les problèmes de trésorerie.

L'abaissement du point mort passe par une restructuration de l'outil industriel et commercial : modernisation, réduction de la capacité de production, délocalisation, sous-traitance, baisse des frais généraux. Là, le danger est de croire qu'en abaissant le niveau d'activité, on ne réduit que le point mort. En effet, on constate que, souvent, s'enclenche un **cercle vicieux, les mesures prises pour faire baisser le point mort conduisant à une diminution importante de l'activité, qui oblige de nouveau à une diminution du point mort entraînant une baisse d'activité...** C'est le cas d'Alcatel-Lucent depuis 2000.

c) Dans l'analyse du risque conjoncturel

11.18 Comme nous l'indiquons plus haut, il n'existe pas un point mort absolu mais autant de points morts que d'horizons de calcul. Mais surtout, le point mort n'est pas une notion statique mais une notion dynamique. Si le chiffre d'affaires baisse de 5 %, l'application mécanique des formules laisse présager un recul du résultat qui pourrait être, selon les cas, de 20 %, 30 %, voire plus. En fait, la réalité montre que le retrait du résultat est souvent plus marqué que les formules du point mort ne le laissaient croire.

En effet, d'un côté, une rétraction en volume du marché peut s'accompagner d'une guerre des prix se traduisant par une baisse de la marge sur coûts variables. D'un autre côté, les frais fixes augmenteront : les clients payeront avec retard, les stocks augmenteront d'où une augmentation des frais financiers, les dépréciations d'exploitation s'élèveront... D'où une baisse du profit plus forte que celle qui découle mécaniquement du point mort.

> En période de crise conjoncturelle, la marge sur coût variable tend à décliner, alors que les frais fixes sont souvent plus élevés que prévus.

On assiste alors à une hausse du point mort alors que le chiffre d'affaires diminue. Toute analyse prévisionnelle sérieuse exige des simulations qui relèvent d'une analyse systématique. Les exemples sont nombreux ces dernières années (Peugeot, Arcelor Mittal...).

Lors de la crise immobilière espagnole de 2008, un simple ralentissement de la croissance a arrêté les spéculateurs. Ceux-ci, pris à la gorge par les frais financiers, n'ont pu que baisser les prix, ce qui a entraîné une spéculation à la baisse (les achats sont différés en anticipation d'une baisse supplémentaire des prix).

Les activités comme les transports maritimes ou la production de pâte à papier qui nécessitent de fortes capacités de production, lentes à mettre en œuvre, conduisent périodiquement à des surproductions ou des sous-productions. Notre lecteur sait que lorsque l'offre est rigide, il suffit d'un excès ou d'un déficit de 2 % de volume pour conduire à des baisses ou à des hausses de prix sans commune mesure (30 %, 50 %, voire au-delà).

À nouveau, une analyse de la concurrence (sa force, son comportement, sa structure financière) est un élément essentiel dans l'analyse de l'ampleur d'une crise que subira l'entreprise.

Section 3 ▪ De l'analyse aux prévisions : la notion de marge normative

11.19 Bon nombre d'analyses financières des états passés ont pour but d'élaborer des prévisions financières. Ces prévisions sont la résultante du passé et des décisions prises. Voici quelques conseils.

Il ne suffit pas de prendre son tableur et de cliquer sur les principaux postes du compte de résultat aboutissant à l'excédent brut d'exploitation (ou au résultat d'exploitation si l'on inclut des prévisions d'amortissements) pour les faire croître suivant une tendance, en soi raisonnable, mais qui, reproduite de façon systématique, donne des hypothèses invraisemblables. Les arbres poussent mais ne montent pas jusqu'au ciel !

Notre lecteur doit d'abord :

- comprendre l'entreprise et en particulier les principaux facteurs et marges ;
- élaborer des scénarios de croissance mais également de réaction de la concurrence, de l'environnement, de la conjoncture internationale, etc. ;
- aboutir à des prévisions et faire une analyse de cohérence à la fois économique (investissements suffisants…) et stratégique.

Dans cette optique, les analystes financiers ont développé la notion de résultat normatif : telle entreprise dans tel secteur devrait réaliser une marge opérationnelle ou d'exploitation de x %.

Ceci est tout à fait conforme à la théorie financière qui indique que, dans chaque secteur d'activité, il doit y avoir un taux de rentabilité lié au risque du secteur et que, tôt ou tard, ce taux sera obtenu, même si les ajustements peuvent être longs (5 ans voire plus), en tout cas beaucoup plus longs que sur un marché financier.

11.20 De quoi dépend alors l'importance de cette marge ? La réponse à cette question ne peut être que qualitative et résulte de l'analyse des forces stratégiques qui relèvent toutes de la notion de barrières à l'entrée :

- maturité de l'activité ;
- niveau de concurrence et qualité des acteurs ;
- importance des données commerciales : part de marché, marque, réseau de distribution ;
- nature du process industriel et gains de productivité différentiels…

Cette démarche nous paraît bonne puisqu'elle exige une réflexion sur les fondements économiques de la marge. Son danger réside dans le fait que l'on oublie la marge réelle pour s'attacher à une marge théorique, future…

Nous ne saurions trop insister sur la nécessité d'« expliciter » et de vérifier le contenu de toute prévision.

Section 4 ■ Application à Indesit[1]

11.21 L'information diffusée par Indesit ne permet pas à l'analyste externe de répartir les charges précisément entre charges fixes et charges variables. À titre illustratif, nous avons pris l'hypothèse de travail pour construire le tableau du paragraphe 11.8 que les coûts des ventes étaient variables (ce qui est excessif pour une entreprise qui produit une part importante de ses ventes) et que les autres charges étaient fixes.

En 2009, face à la chute de 17 % de ses ventes, Indesit réussit à réduire vigoureusement ses coûts fixes ce qui, conjugué à la baisse du coût des matières premières, lui permet de rester au-dessus de son point mort d'exploitation. Après avoir retrouvé une situation plutôt saine (plus de 20 % au-dessus de son point mort d'exploitation), 2013 marque une nette dégradation avec seulement + 16 %. 2009 a montré que les ventes pouvaient brutalement baisser en deçà de cette marge de sécurité. Indesit est donc dans une position peu confortable.

Sur l'ensemble de la période, Indesit ne couvre pas son point mort total qui inclut la rémunération de la dette et une rentabilité normale sur ses capitaux propres. Il ne faut pas aller chercher plus loin la raison de l'annonce par Indesit fin 2013 d'une réflexion sur son avenir pouvant conduire à sa cession ou à sa fusion avec un concurrent.

1 Notre lecteur pourra utilement consulter les paragraphes 4.23, 5.19 et 10.34 où sont présentés les comptes 2008-2013 du groupe Indesit et le site www.vernimmen.net où sont disponibles les rapports annuels d'Indesit de 2008 à 2013.

RÉSUMÉ

Le résumé de ce chapitre est disponible sur le site www.vernimmen.net.

Le point mort est le niveau d'activité, mesuré par la production, le chiffre d'affaires ou la quantité de biens vendus, pour lequel l'ensemble des produits couvre l'ensemble des coûts. À ce niveau d'activité, le résultat est donc nul.

Le niveau du point mort n'est pas absolu : il dépend de la période considérée. En effet, la distinction entre coûts fixes et coûts variables ne se justifie qu'au travers d'un jeu d'hypothèses déterminées : tôt ou tard, un coût fixe peut devenir variable.

On distingue :

- le point mort d'exploitation : fonction des frais fixes et des frais variables de production. Il caractérise la stabilité de l'activité industrielle mais peut faire oublier les coûts de financement qu'il laisse de côté ;
- le point mort financier : il intègre les frais financiers supportés par l'entreprise mais ne tient pas compte du coût des capitaux propres ;
- le point mort total : il intègre à la fois les frais financiers nets et le niveau de résultat net exigé par les actionnaires. Il tient ainsi compte des exigences de rentabilité de l'ensemble des pourvoyeurs de fonds de l'entreprise.

Le point mort d'exploitation est calculé en rapportant les coûts fixes de l'entreprise à la marge sur coûts variables ((CA – Coûts variables)/CA). Le point mort financier s'obtient en ajoutant les frais financiers aux coûts fixes dans la formule précédente.

Le calcul d'un point mort et son étude statique permettent d'évaluer la stabilité des profits, la capacité bénéficiaire « normale » de l'entreprise et l'importance réelle des écarts entre les résultats réalisés et les prévisions. Le bénéfice est d'autant plus stable et son évolution d'autant plus significative que l'entreprise est éloignée de son point mort.

L'analyse de l'évolution du point mort au cours du temps révèle la stratégie industrielle de l'entreprise. La recherche d'économies d'échelle se traduira par une hausse du point mort et donc par une plus grande sensibilité de l'entreprise aux évolutions de la conjoncture économique. La recherche de flexibilité et de souplesse industrielle se traduira par une baisse du point mort, mais peut-être aussi par une moindre rentabilité potentielle.

QUESTIONS

1/ Le bénéfice net d'une entreprise, qui était de 0,2 % du CA en année 1 bondit de 40 % en année 2. Qu'en pensez-vous ?

2/ Une entreprise de raffinage pétrolier aura-t-elle plutôt intérêt à se financer par capitaux propres ou par endettement ?

3/ Une start-up Internet aura-t-elle plutôt intérêt à se financer par capitaux propres ou par endettement ?

4/ Vous êtes nommé directeur financier d'un groupe cimentier non endetté. Quelles sont vos préoccupations ?

5/ Vous êtes nommé directeur financier d'un groupe cimentier endetté. Quelles sont vos préoccupations ?

6/ Les frais de personnel sont-ils des coûts variables ou des coûts fixes ?

7/ Une grande banque d'affaires annonce les résultats semestriels les plus élevés de son histoire, qu'en pensez-vous ?

8/ Au paragraphe 11.12, est-ce Orange ou Telefónica qui est le plus proche de son point mort ? Pourquoi ?

9/ Qu'est-ce que le levier d'exploitation et de quoi dépend-il ? Au paragraphe 11.13, quel groupe a le plus faible levier d'exploitation ?

10/ Les bonus et les primes versés au personnel constituent-ils des coûts fixes ou des coûts variables ? Pourquoi ?

11/ Le dividende versé par une société est-il un coût fixe ou un coût variable ? Pourquoi ?

12/ Les dépenses publicitaires d'un nouveau produit sont-elles des coûts fixes ou des coûts variables ? Même question pour un produit à maturité. Pourquoi ?

13/ L'impôt sur les sociétés est-il un coût fixe ou un coût variable ? Pourquoi ?

D'autres questions vous attendent sur le site www.vernimmen.net.

EXERCICES

1/ Vous trouverez ci-dessous les comptes de résultat de quatre entreprises réalisant le même chiffre d'affaires, mais dont les coûts de production et la structure financière sont différents.

	A	B	C	D
Chiffre d'affaires	100	100	100	100
Frais variables	65	55	36	30
Frais fixes	25	29	50	55
Excédent brut d'exploitation	10	16	14	15
Dotation aux amortissements	2	8	4	6
Résultat d'exploitation	8	8	10	9
Frais financiers	2	6	1,5	6
Résultat courant avant impôt	6	2	8,5	3

Calculez, dans chaque cas, le point mort d'activité, avant et après frais financiers, ainsi que la position de l'entreprise par rapport à son point mort. Quelle est l'entreprise la plus solide ? la plus fragile ?

2/ La société Filao présente les comptes de résultat ci-joints.

a) Quel jugement global portez-vous sur l'entreprise ?

b) L'entreprise se rapproche-t-elle ou s'éloigne-t-elle de son point mort ?

c) L'entreprise est-elle, selon vous, en période d'investissement ?

d) Quels sont les choix opérés au niveau du contrôle des coûts ?

e) Comment peut-on expliquer la hausse des frais financiers ?

Société Filao	1	2	3
Chiffre d'affaires	82 000	92 000	97 000
Production stockée	500	1 400	2 800
Produits d'exploitation	82 500	93 400	99 800
Achats de marchandises et de matières premières	24 800	27 400	29 900
Variation de stocks de marchandises et de matières premières	– 1 700	– 500	– 1 600
Autres charges externes	20 200	23 000	23 500
Impôts et taxes	1 200	1 400	1 500
Charges de personnel	29 000	33 000	37 000
Dotations aux amortissements	5 200	4 900	4 800
Dotations aux provisions	100	200	0
Charges d'exploitation	78 800	89 400	95 100
Résultat d'exploitation	**3 700**	**4 000**	**4 700**
Produits financiers	300	400	300
Charges financières	2 300	2 900	3 900
Résultat financier	– 2 000	– 2 500	– 3 600
Résultat non récurrent	– 100	– 100	100
Impôt sur les sociétés	800	700	600
Résultat net	**800**	**700**	**600**

3/ La société Evezard dispose, en janvier de l'année 0, des données prévisionnelles suivantes :

Prévisionnel	0	1	2	3
Production	70,2	106,0	132,0	161,0
Consommation de matières	29,4	35,4	44,3	53,8
Charges de personnel	22,2	29,4	36,7	41,1
Impôts et taxes	0,5	0,7	0,7	0,8
Autres services externes	13,7	19,8	24,6	30,5
Sous-traitance	2,5	8,9	11,2	11,3
Dotation aux amortissements	1,4	2,7	3,6	5,0

a) Calculez le point mort d'exploitation pour chacune des années considérées, sachant que la structure des coûts se présente comme suit :

– coûts variables : consommation de matières, sous-traitance, 50 % des autres services externes ;

– coûts fixes : tous les autres coûts.

b) Evezard envisage la réalisation d'un programme d'investissements devant tripler sa capacité de production. Ce programme, qui s'étale sur les années 0 et 1, prévoit la création de 4 usines et le lancement de nouveaux produits. Les comptes de résultat fournis pour les années 1, 2 et 3 tiennent compte de ces investissements.

Qu'en pensez-vous ?

c) Ce programme d'investissements donne naissance à un besoin de financement de l'ordre de 30 M€ après autofinancement. Les frais financiers avant investissement s'élèvent à 1,6 M€ et Evezard entend assurer le financement de ce nouveau besoin par endettement exclusivement (coût moyen de l'endettement : 10 % avant impôt).

Que pensez-vous de la politique d'endettement envisagée ?

4/ En reprenant les chiffres du paragraphe 11.6, calculez le positionnement par rapport au point mort du groupe européen coté moyen. Qu'en pensez-vous ?

ÉLÉMENTS DE RÉPONSE

Questions

1. La faiblesse du bénéfice fait qu'une simple amélioration conjoncturelle peut le faire croître rapidement (entreprise proche de son point mort).

2. Une entreprise très cyclique : financement par capitaux propres.

3. Par capitaux propres car les sociétés Internet ont beaucoup de coûts fixes et peu de coûts variables.

4. « Variabiliser » le maximum de coûts et faire baisser les coûts fixes.

5. Les mêmes qu'en 4 et vous désendetter !

6. Cela dépend du type de personnel (permanent ou intérimaire) et du mode de rémunération (part fixe et part variable).

7. Quelle est la part de l'amélioration conjoncturelle et de l'amélioration structurelle ? Quels sont les risques pris ?

8. C'est Orange car il est le plus sensible à une variation donnée du chiffre d'affaires puisqu'il suffit d'une baisse de 5,8 % de son chiffre d'affaires pour enregistrer un recul de 12 % de son résultat d'exploitation alors que pour Telefónica, il faut que les ventes baissent de 8,3 % pour obtenir le même recul du résultat.

9. Le levier d'exploitation indique la sensibilité du résultat d'exploitation à une variation du chiffre d'affaires. Plus les coûts variables sont faibles, plus il est élevé. C'est donc Compass qui a le plus faible levier d'exploitation.

10. Des coûts variables car ils dépendent normalement des résultats. Ils sont sources de scandales quand ils deviennent des coûts fixes.

11. Ni l'un ni l'autre puisqu'il s'agit d'une répartition du profit et non d'un coût.

12. Des coûts fixes car il faut faire connaître le produit. Une fois que le produit est bien installé sur son marché, elles tendent à devenir de purs coûts variables.

13. Un coût variable car il est un pourcentage du résultat avant impôt donc fluctue avec l'activité.

Exercices

Les corrigés détaillés des exercices sur excel sont disponibles sur le site www.vernimmen.net.

1.

	A	B	C	D
Chiffre d'affaires	100	100	100	100
Marge sur coûts variables	35	45	64	70
Marge sur coûts variables par euro de chiffre d'affaires	0,35	0,45	0,64	0,7
Point mort avant frais financiers[1]	77	82	84	87
Chiffre d'affaires/Point mort	129 %	121 %	118 %	114 %
Point mort après frais financiers	83	96	87	96
Chiffre d'affaires/Point mort	120 %	104 %	115 %	104 %

1. Frais fixes totaux = frais fixes d'exploitation + dotations aux amortissements.

A est la société la plus solide car la plus éloignée de son point mort. D est la société la plus fragile car la plus proche de son point mort. Ce ne sont pas celles qui ont les meilleurs résultats ou les moins bons.

2. a) La valeur ajoutée est en légère augmentation (en poids relatif) mais les charges de personnel grèvent de plus en plus l'EBE. En raison de la forte augmentation des frais financiers, le résultat courant diminue en valeur absolue et en valeur relative. Cette société est de moins en moins rentable et s'endette de plus en plus. Un quart de l'augmentation de la production est factice puisque gelée en stocks de produits finis. L'entreprise produit plus mais ne peut écouler sa production.

b) Compte tenu de la stabilité de la marge sur achat et de la hausse des autres charges, l'entreprise se rapproche incontestablement de son point mort.

c) Les dotations aux amortissements diminuant en valeur absolue, on peut conclure que l'entreprise n'investit pas.

d) La direction de cette entreprise maîtrise bien la consommation de matière (elle a donc vraisemblablement une bonne politique d'achats). De même, les consommations externes sont bien contrôlées. Par contre, les frais de personnel dérapent fortement.

e) L'entreprise n'investissant pas (baisse de dotations aux amortissements), l'augmentation des frais financiers s'explique sûrement par la hausse du besoin en fonds de roulement (accroissement des stocks).

3. a) Point mort d'exploitation.

	0	1	2	3
Production	70,2	106,0	132,0	161,0
Coûts variables	38,7	54,2	67,8	80,3
Marge sur coûts variables	31,4	51,8	64,2	80,6
Marge sur coûts variables en pourcentage du chiffre d'affaires	44,8 %	48,8 %	48,6 %	50,1 %
Coûts fixes	30,9	42,7	53,3	62,1
Point mort	69,0	87,3	109,5	124,0

b) Investissement intéressant : amélioration de la rentabilité et progression des frais fixes moins rapide que l'augmentation de la production ; l'entreprise s'éloigne de son point mort. Le triplement de la capacité de production n'entraîne que le doublement des frais fixes. Amélioration de la productivité ou prévisions trop optimistes ?

c) Point mort après frais financiers avec l'endettement envisagé.

	1	**2**	**3**
Point mort après frais financiers	96,8	119,0	133,3

L'endettement augmente significativement le point mort et donc le risque.

4. Le point mort est à 28,6/(100 – 61,7) × 100 = 74,7. Le groupe européen moyen coté est à 100/74,7 – 1 = 34 % au-dessus de son point mort. C'est une très belle performance mais n'oublions pas que les groupes cotés sont les plus gros et les plus performants et qu'une moyenne cache de gros écarts entre le constructeur automobile sous son point mort et le distributeur alimentaire qui avec plus de 80 % de coûts variables aurait beaucoup de mal à tomber dessous !

BIBLIOGRAPHIE

Pour approfondir le point mort :

Bernet-Rollande L., *Pratique de l'analyse financière*, Dunod, 2009.

La Bruslerie (de) H., *Analyse financière. Information et diagnostic*, 5e édition, Dunod, 2014.

Marion A., *Analyse financière : concepts et méthodes*, 5e édition, Dunod, 2011.

Chapitre 12

L'analyse du besoin en fonds de roulement et des investissements

Lorsque le quotidien devient essentiel...

Comme nous l'avons vu dans notre plan type d'analyse financière, il n'existe pas de création de richesse sans investissement. En finance, l'investissement prend la forme soit d'achats d'immobilisations, soit de constitution du besoin en fonds de roulement (BFR).

Section 1 ■ Nature du besoin en fonds de roulement

12.1 La démarche spontanée de tout analyste consiste à rapporter le besoin en fonds de roulement à l'activité de l'entreprise, afin de l'exprimer en pourcentage de la base d'activité choisie (le plus souvent le chiffre d'affaires hors taxes).

Le ratio : $\dfrac{\text{Besoin en fonds de roulement}}{\text{Chiffre d'affaires}}$ traduit alors le fait que le cycle d'exploitation induit un solde net de besoins :

- des capitaux sont « gelés » en stocks (coûts d'achat et coûts de production n'ayant pas encore abouti à la vente des produits) ;
- des fonds sont « gelés » en créances sur la clientèle (ventes non encore réglées par les clients) ;
- des dettes vis-à-vis des fournisseurs ne sont pas encore réglées par l'entreprise.

Le solde de ces trois éléments représente le montant de « l'argent gelé » à un moment donné résultant de la structure du cycle d'exploitation. En d'autres termes, un ratio égal à 25 % (un besoin en fonds de roulement égal à 25 % du chiffre d'affaires est déjà très important) signifie que le quart du chiffre d'affaires de l'entreprise est « gelé », c'est-à-dire immobilisé en stocks et en créances clients non financés par le crédit fournisseurs. Cela signifie que l'entreprise doit avoir en permanence à sa disposition des fonds représentant le quart de son chiffre d'affaires qui lui servent à payer ce qui est dû à son personnel ou à ses fournisseurs pour le travail, les matières premières et les services incorporés dans les stocks de produits non encore transformés, fabriqués, vendus ou payés par ses clients.

Voici le BFR en jours de chiffre d'affaires des principaux groupes européens cotés. Depuis le début des années 2000, il est clairement orienté à la baisse pour ces groupes très puissants :

Besoin en fonds de roulement / Chiffre d'affaires

Secteur	2000	2005	2006	2007	2008	2009	2010	2011	2012	2013	2014e	2015e
Acier	26 %	10 %	21 %	21 %	20 %	20 %	23 %	19 %	18 %	18 %	18 %	18 %
Agroalimentaire	6 %	5 %	4 %	4 %	4 %	3 %	1 %	1 %	0 %	– 1 %	– 1 %	– 1 %
Automobile	4 %	2 %	2 %	2 %	8 %	6 %	1 %	0 %	– 1 %	– 1 %	– 1 %	– 1 %
Biens d'équipement	6 %	6 %	6 %	6 %	4 %	3 %	4 %	6 %	5 %	8 %	9 %	9 %
Biens de consommation	22 %	15 %	13 %	12 %	16 %	11 %	10 %	11 %	10 %	12 %	11 %	11 %
Boissons et spiritueux	13 %	12 %	10 %	7 %	2 %	– 4 %	– 6 %	– 6 %	– 6 %	– 6 %	– 6 %	– 5 %
Chimie	21 %	19 %	20 %	17 %	16 %	16 %	17 %	16 %	17 %	17 %	17 %	18 %
Défense et aéronautique	– 1 %	– 16 %	– 15 %	– 17 %	– 17 %	– 19 %	– 21 %	– 21 %	– 21 %	– 18 %	– 16 %	– 15 %
Distribution alimentaire	– 3 %	– 5 %	– 7 %	– 7 %	– 7 %	– 8 %	– 8 %	– 7 %	– 8 %	– 7 %	– 8 %	– 7 %
Loisirs et hôtellerie	– 4 %	– 15 %	– 13 %	– 15 %	– 15 %	– 13 %	– 15 %	– 15 %	– 15 %	– 15 %	– 15 %	– 15 %
Luxe	22 %	15 %	16 %	18 %	20 %	19 %	17 %	19 %	22 %	23 %	23 %	22 %
Matériaux de construction	13 %	12 %	10 %	7 %	2 %	– 4 %	– 6 %	– 6 %	– 6 %	– 6 %	– 6 %	– 5 %
Médias	– 10 %	– 18 %	– 13 %	– 15 %	– 18 %	– 18 %	– 16 %	– 16 %	– 14 %	– 10 %	– 11 %	– 11 %
Mines	10 %	11 %	11 %	13 %	8 %	15 %	10 %	9 %	12 %	12 %	11 %	11 %
Opérateurs télécom	– 10 %	– 12 %	– 11 %	– 12 %	– 11 %	– 11 %	– 13 %	– 11 %	– 12 %	– 5 %	– 5 %	– 4 %
Pétrole & gaz	2 %	2 %	2 %	4 %	3 %	3 %	4 %	4 %	4 %	5 %	5 %	5 %
Pharmacie	18 %	11 %	12 %	13 %	14 %	11 %	9 %	11 %	9 %	7 %	9 %	10 %
Services aux entreprises	6 %	4 %	3 %	1 %	1 %	– 1 %	0 %	1 %	1 %	1 %	1 %	1 %
Services informatiques	19 %	– 3 %	0 %	2 %	2 %	2 %	2 %	1 %	0 %	1 %	2 %	2 %
Services publiques	4 %	– 6 %	– 5 %	– 5 %	– 4 %	– 4 %	2 %	0 %	1 %	1 %	1 %	1 %

Source : Exane BNP Paribas.

Comme nous le verrons en section 2, on exprime souvent ce ratio en jours de chiffre d'affaires en le multipliant par 365. Ainsi dans l'exemple précédent, un ratio de 25 % signifie que le besoin en fonds de roulement représente environ 90 jours de chiffre d'affaires.

1 ■ À activité constante, besoin permanent

12.2 Calculé au bilan, le besoin en fonds de roulement se présente comme le solde des comptes directement rattachés au cycle d'exploitation courant qui, suivant l'analyse financière classique, sont particulièrement liquides ou exigibles. **Bien que liquide, le besoin en fonds de roulement est toujours là.**

Or, quelle que soit la date d'arrêté des comptes, le bilan laisse toujours apparaître un besoin en fonds de roulement plus ou moins important (à l'exception des sociétés, peu nombreuses, dont l'exploitation dégage en permanence des ressources).

> On peut donc relever une contradiction apparente entre les composantes essentiellement liquides du besoin en fonds de roulement et le caractère « immuable » de celui-ci.

Chaque élément du besoin en fonds de roulement est en effet destiné à disparaître dans le cadre de l'exploitation courante : les stocks de matières premières sont consommés dans le processus de fabrication ; les produits en cours sont progressivement transformés en produits finis ; les produits finis sont (normalement) vendus ; les créances détenues sur la clientèle se transforment (normalement) en recettes et aboutissent donc en compte de disponibilités : caisse, banque… Les dettes vis-à-vis des fournisseurs se transforment en dépenses lors de leur règlement.

Il en résulte que, si le cycle de production est inférieur à un an (ce qui est le cas le plus fréquent), tous les éléments constituant le besoin en fonds de roulement à la date d'arrêté des comptes disparaîtront au cours de l'année suivante. Mais ils seront remplacés par de nouveaux actifs d'exploitation à la date d'arrêté de l'exercice suivant : **d'où la notion de permanence du besoin en fonds de roulement**.

Même si chaque élément du besoin en fonds de roulement a une durée relativement courte, l'ensemble des cycles d'exploitation conduit à ce que, globalement, il soit remplacé par un nouvel élément. En d'autres termes, à activité constante, ces différents comptes conservent un niveau permanent.

Il en résulte que si, à un instant donné, le besoin en fonds de roulement se présente comme un solde entre des liquidités et des exigibilités, le concept de besoin en fonds de roulement permanent introduit une notion radicalement différente. Sans remettre en cause la liquidité et l'exigibilité de ses composants, il suggère que, si l'activité de l'entreprise est stable, les actifs liquides et les dettes exigibles seront renouvelés. Le décalage sera donc reconduit en volume et donnera ainsi naissance à un besoin permanent, véritable immobilisation de fonds.

> Le besoin en fonds de roulement présente une double caractéristique ; liquide dans une optique patrimoniale, essentiellement permanent dans une approche économique.

2 ■ À activité saisonnière, besoin partiellement saisonnier

12.3 Le caractère saisonnier d'une activité implique un décalage dans le processus de production entre les achats, la production et les ventes. Le besoin en fonds de roulement varie donc au cours de l'année, se gonflant puis se dégonflant.

Lorsque l'activité est fortement saisonnière, le besoin en fonds de roulement ne se dégonfle jamais totalement. Ainsi, dans la conserve de légumes, il y a toujours un niveau minimum de stocks à conserver pour assurer la soudure avec le cycle de production suivant (voir la question 11 de ce chapitre).

Notre expérience prouve que, pour une entreprise saisonnière, l'accent est trop souvent mis sur la saisonnalité du besoin en fonds de roulement, en oubliant qu'une partie souvent non négligeable de ce besoin est permanente.

Il nous est ainsi arrivé de constater que, dans des activités particulièrement saisonnières comme le jouet, le besoin en fonds de roulement maximum n'était que le double du besoin en fonds de roulement minimum ; c'est-à-dire que la nature du besoin en fonds de roulement était permanente pour une moitié, et saisonnière pour l'autre moitié. Ce n'était pas du tout ce que pensait le dirigeant !

3 ■ Conclusion : besoin en fonds de roulement permanent et bilan économique

> Un analyste externe risque de confondre le BFR apparaissant au bilan et le BFR permanent.

12.4 N'oublions pas, en effet, que les 30 % environ d'entreprises qui clôturent leur exercice à une date autre que le 31 décembre ont choisi cette date parce que le besoin en fonds de roulement qui apparaîtra au bilan est alors au plus bas de l'année. Ainsi le 30 septembre dans le vignoble bordelais, le 30 avril chez les loueurs automobiles antillais…

De la même façon, l'entreprise en difficulté tirera au maximum sur son crédit fournisseur qui aura alors un caractère atypique. Il faut donc redresser dans le calcul du BFR à partir du bilan tout le crédit fournisseur excédentaire par rapport à la normale. De même, il sera nécessaire d'éliminer du calcul du BFR permanent un stock spéculatif important constitué à la clôture d'un exercice pour profiter, par exemple, du bas prix d'une matière première. Enfin, nous avons vu des entreprises qui, en fin d'année, payaient d'avance leurs fournisseurs pour réduire le montant des disponibilités apparaissant au bilan de clôture selon le principe qu'il vaut mieux faire pitié qu'envie ! Dans ce cas, ce n'est plus du besoin en fonds de roulement mais un placement de trésorerie. D'où l'idée du **BFR normatif** que nous verrons plus loin.

> Le BFR calculé au bilan à la date d'arrêté des comptes représente rarement le besoin en fonds de roulement permanent de l'entreprise.

12.5 Si le BFR qui apparaît au bilan à l'arrêté des comptes ne peut pas être utilisé comme indicateur des besoins permanents de l'entreprise, il peut être en revanche intéressant d'en **analyser l'évolution** puisque, étant établi à la même période chaque année, l'élément saisonnier n'affecte pas *a priori* ses variations. Une analyse évolutive de ce besoin, par exemple en pourcentage du chiffre d'affaires, pourra ainsi permettre de conclure à une amélioration ou à une dégradation de la situation de l'exploitation.

Le BFR qui apparaît au bilan ne retrouve un intérêt que dans une perspective dynamique.

L'analyste peut donc être amené à raisonner selon deux cas de figure :

- dans un premier cas (extrêmement rare), il dispose des bilans mensuels de l'entreprise ; le besoin en fonds de roulement permanent est alors le plus faible de tous les besoins mensuels ;
- dans le second cas, il dispose seulement des bilans de fin d'exercice ; il est alors contraint de raisonner essentiellement en tendances (évolutions) et par comparaison avec les concurrents directs.

Section 2 ▪ Les ratios de rotation du besoin en fonds de roulement

12.6 L'analyse financière consistant à redécouvrir une réalité cachée, simulons cette réalité afin de comprendre les outils d'analyse.

Qu'y a-t-il dans les comptes du besoin en fonds de roulement ? Tout simplement du chiffre d'affaires non encaissé, de la production non vendue et des achats non payés ; en d'autres termes, y figure normalement l'activité des jours précédant l'arrêté des comptes. Ainsi :

- si les clients paient à 15 jours, le compte clients représente les 15 derniers jours de vente ;
- inversement, si les fournisseurs sont payés à 30 jours, et si les achats sont quotidiens, le compte fournisseurs représentera toujours les 30 derniers jours d'achats ;
- si l'entreprise s'approvisionne chaque jour en matières premières, et conserve celles-ci durant 3 semaines avant de les consommer dans le processus de production, le stock de matières au bilan représente les 3 dernières semaines d'achats.

Voilà pour les principes. Il va de soi que la réalité économique et industrielle est plus complexe :

- des délais peuvent évoluer ;
- l'activité est souvent saisonnière, le bilan de fin d'exercice peut ne pas refléter la réalité de la vie de l'entreprise ;
- les conditions de paiement ne sont pas les mêmes pour tous les clients ou les fournisseurs ;
- les conditions de production ne sont pas identiques d'un produit à l'autre.

Pourtant, le calcul des ratios de rotation à partir des informations comptables cherche à cerner cette réalité.

1 ■ Les différents ratios

a) Le ratio de rotation du crédit clients

12.7 Le ratio de rotation du crédit clients mesure le délai moyen de paiement des clients de l'entreprise (durée moyenne du crédit accordé par l'entreprise majorée des retards éventuels de paiements). Il se calcule en rapportant l'encours clients au chiffre d'affaires journalier moyen :

$$\frac{\text{Encours clients}}{\text{Chiffre d'affaires annuel TTC}} \times 365 = \text{Nombre de jours de chiffre d'affaires}$$[1]

Selon la Banque de France, la durée moyenne du crédit clients est en retrait régulier et s'établit en France à 44 jours de chiffre d'affaires compte tenu de l'entrée en vigueur de la loi LME qui plafonne les délais de paiement à 60 jours après la date de la facture ou à 45 jours fin de mois.

Délais clients en jours de chiffre d'affaires, ensemble des entreprises françaises

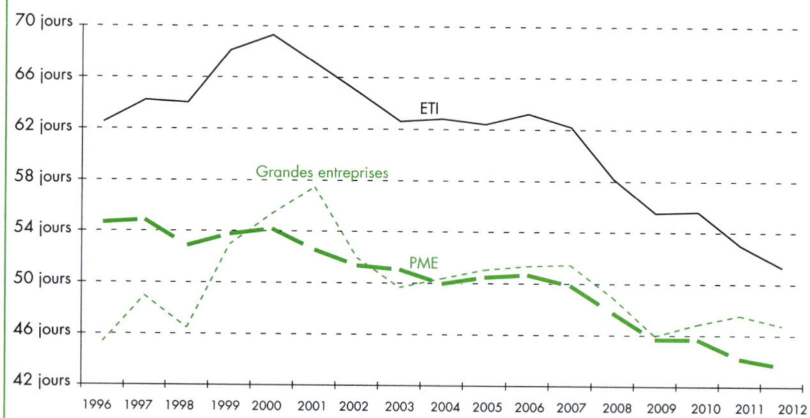

Source : Banque de France. PME : 0 à 249 salariés ; ETI (entreprises de taille intermédiaire) : 250 à 4 999 salariés ; grandes entreprises : plus de 4 999 salariés.

L'encours clients au bilan étant exprimé TTC, il faut être cohérent et prendre un chiffre d'affaires TTC. Nous rappelons que le chiffre d'affaires qui figure au compte de résultat est hors taxe. Il convient donc de le multiplier par 1 plus le taux de TVA qui s'applique aux produits vendus par l'entreprise, ou par un taux moyen lorsqu'elle vend des biens auxquels s'appliquent des taux de TVA différents. En France[2], la TVA ordinaire est de 20 % ; les restaurants et le transport des voyageurs sont taxés à 10 % ; l'eau, les livres, les produits alimentaires, les abonnements au gaz et à l'électricité sont taxés à 5,5 % ; les médicaments remboursables et la presse à 2,1 %. Il est de 0 % pour les biens et les services exportés.

L'encours clients se calcule ainsi :

Créances clients et comptes rattachés
\+ Effets escomptés non échus
– Avances et acomptes reçus sur commandes en cours
= Encours clients

1 Les Anglo-Saxons parlent de DSO, *days sales outstanding*.

2 Les départements d'outre-mer et la Corse bénéficient de taux plus faibles.

b) Le ratio de rotation du crédit fournisseurs

12.8 Le ratio de rotation du crédit fournisseurs mesure le délai moyen de paiement de l'entreprise (délais accordés par ses fournisseurs et retards éventuels), en rapportant l'encours fournisseurs aux achats journaliers moyens :

$$\frac{\text{Encours fournisseurs}}{\text{Achats annuels TTC}} \times 365 = \text{Nombre de jours d'achats}$$

En France, la durée moyenne du crédit fournisseurs continue de se réduire et s'établit à environ 60 jours d'achats pour les grandes entreprises et 51 jours pour les petites entreprises.

Délais fournisseurs en jours d'achats, ensemble des entreprises françaises

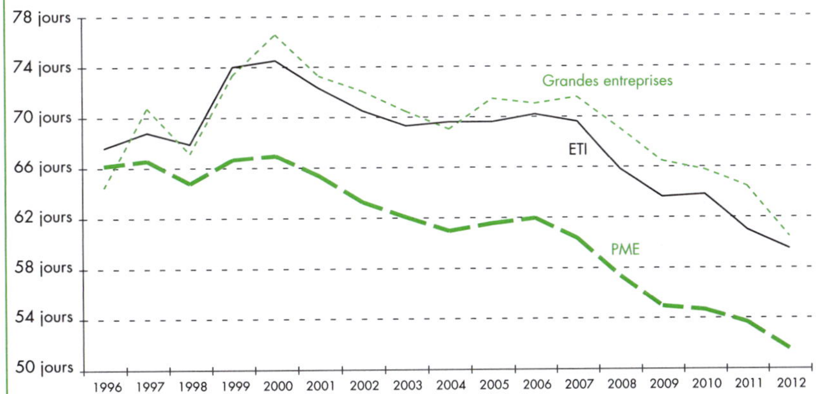

Source : Banque de France. PME : 0 à 249 salariés ; ETI (entreprises de taille intermédiaire) : 250 à 4 999 salariés ; grandes entreprises : plus de 4 999 salariés.

Dans une présentation par fonction du compte de résultat (voir paragraphe 3.16), le poste achat n'étant pas disponible, il sera remplacé par le coût des ventes. Mais ceci est un pis-aller car le coût des ventes inclut les frais de personnel de production, non compris dans l'encours fournisseurs, mais exclut les frais de marketing et administratif, compris dans l'encours fournisseurs. Les Anglo-Saxons parlent de *days sales outstanding*.

L'encours fournisseurs se calcule ainsi :

Dettes fournisseurs et comptes rattachés

– Avances et acomptes versés sur commandes

= Encours fournisseurs

Les achats sont évalués toutes taxes comprises afin d'assurer l'homogénéité du ratio. Ils se calculent comme suit :

Achats de marchandises (TTC)

+ Achats de matières premières (TTC)

+ Autres charges externes (TTC)

= Achats

Il est donc nécessaire de multiplier les données du compte de résultat par 1 plus le taux de TVA adéquat.

c) Les ratios de rotation des stocks

12.9 La précision de l'information comptable conditionne le calcul des ratios de rotation des stocks. En effet, selon les informations fournies, l'analyste pourra évaluer de véritables délais de rotation, ou se contenter de rapports approximatifs comparant des données non homogènes.

Il peut, en premier lieu, calculer un ratio de rotation global, non significatif en valeur absolue, mais utile dans le cadre d'une analyse de tendances :

$$\frac{\text{Stocks et travaux en cours}}{\text{Chiffre d'affaires annuel hors taxes}} \times 365 = \text{Nombre de jours apparent de chiffre d'affaires}$$

L'analyste peut en outre, s'il dispose des informations comptables très détaillées, calculer la rotation de chaque type de stocks (notamment de matières premières et de marchandises) et distinguer les ratios de rotation suivants :

- la **rotation des stocks de matières premières,** qui traduit le nombre de jours d'achats représentés par le stock, ou encore le délai d'écoulement des matières :

$$\frac{\text{Stocks de matières premières}}{\text{Achats annuels de matières premières (HT)}} \times 365 = \text{Nombre de jours d'achats}$$

- la **rotation des stocks de marchandises** qui traduit le délai d'écoulement des marchandises achetées puis revendues en l'état par l'entreprise :

$$\frac{\text{Stock de marchandises}}{\text{Achats annuels de marchandises (HT)}} \times 365 = \text{Nombre de jours d'achats}$$

- la **rotation** des stocks de produits finis, qui traduit le délai d'écoulement des produits finis, et se calcule par rapport au prix de revient :

$$\frac{\text{Stock de produits finis}}{\text{Prix de revient des ventes annuelles}} \times 365 = \text{Délai d'écoulement des produits finis}$$

ou (à défaut) par rapport au prix de vente :

$$\frac{\text{Stocks de produits finis}}{\text{Chiffre d'affaires annuel hors taxes}} \times 365$$

- la **rotation des produits et travaux en cours,** qui traduit le délai d'écoulement des stocks de produits en cours, produits semi-finis et travaux en cours, c'est-à-dire la durée du cycle de production :

$$\frac{\text{Stocks de produits en cours + Produits semi-finis et travaux en cours}}{\text{Production annuelle (au prix de revient)}} \times 365 = \text{Durée du cycle}$$

Cette dernière information revêt en général un caractère strictement interne à l'entreprise : le prix de revient de la production n'apparaît pas, en effet, au compte de résultat, sauf dans la présentation du compte de résultat par fonction.

Dans la présentation du compte de résultat par fonction (voir paragraphe 3.16), le poste achat n'étant pas disponible, il sera remplacé par le poste coût des ventes.

2 ■ La limite de ces ratios

12.10 Rappelons que le calcul des ratios précédents exige le respect de deux règles importantes :

- comparer des données homogènes en harmonisant leur système d'évaluation (prix de vente, prix de revient, comptabilisation toutes taxes comprises ou hors taxes) ;
- rapporter les encours aux flux réels correspondants.

Les ratios de rotation présentent des limites essentielles :

- ils peuvent être complètement faussés si l'activité de l'entreprise est saisonnière. Dans ce cas, en effet, les délais calculés seront aberrants (par exemple, une entreprise dont l'activité est limitée à 1 mois et dont le crédit clients est de 1 mois, ferait apparaître à la fin de ce mois un ratio de crédit clients égal à l'année !) ;
- leur caractère ne permet pas de détailler (faute d'information financière plus précise) la rotation des différentes composantes de chaque poste d'actif lié au cycle d'exploitation (par exemple, au sein du compte clients : créances sur la clientèle privée française, créances à l'exportation, créances sur les administrations dont le recouvrement est souvent long).

L'analyste doit alors s'interroger sur le degré de précision qu'il entend apporter à son diagnostic. Si celui-ci est grossier, il pourra se contenter des ratios moyens calculés précédemment, en vérifiant :

- que l'activité n'est pas trop saisonnière ;
- ou, si elle est saisonnière, que les données correspondent à un même moment du cycle de l'entreprise. Dans ce cas, nous conseillons de calculer de préférence des ratios de rotation en pourcentage (comptes clients/CA), qui n'impliquent pas un lien direct avec les conditions réelles.

Si l'analyse doit être plus fine, il faudra alors se rapporter à l'activité réelle ayant précédé l'arrêté des comptes : ainsi, le chiffre d'affaires journalier n'est plus le chiffre d'affaires annuel divisé par 365, mais peut être le chiffre d'affaires du dernier trimestre divisé par 90 ou des 2 derniers mois divisé par 60, etc.

3 ■ Le concept de besoin en fonds de roulement d'exploitation « normatif »

12.11 Le calcul du besoin en fonds de roulement permanent à partir des ratios de rotation nécessite :

- de connaître les délais de paiement et de détention des stocks ;
- de connaître la structure des coûts de l'entreprise. Il est clair que le crédit fournisseurs ne peut avoir la même importance pour une entreprise dont les achats représentent 10 % du chiffre d'affaires, et pour une entreprise dont ils constituent 80 % des ventes. À chiffre d'affaires identique, le crédit fournisseurs est plus important pour Auchan que pour Arcelor-Mittal.

Considérons le cas d'une entreprise caractérisée par les éléments économiques suivants :

- le stock de matières représente 10 jours d'achats ;
- la durée du cycle de fabrication est de 30 jours ;
- les produits finis sont stockés 10 jours avant d'être vendus ;
- les clients paient à 45 jours ;
- les fournisseurs sont réglés à 60 jours ;
- la TVA est appliquée aux achats et aux ventes au taux de 20 % ;
- les matières premières représentent 40 % du prix de vente ;
- les frais de fabrication représentent 30 % du prix de vente.

Ces délais qui, rappelons-le, correspondent à une réalité vécue par l'entreprise, doivent être transformés en données financières abstraites par l'intermédiaire de coefficients de pondération représentant l'importance de chaque charge dans le prix de vente des produits.

12.12 Il est ainsi possible de dresser le tableau suivant de calcul du besoin en fonds de roulement :

	Délai de paiement ou d'écoulement	Part dans le prix de vente HT	Rotation en jours de chiffre d'affaires
Stocks de matières premières	10 j	40 %	4 j
+ Stocks de produits et d'encours	30 j	55 %	+ 16,5 j
+ Stocks de produits finis	10 j	70 %	+ 7 j
+ Encours clients TTC	45 j	100 % × 1,2	+ 54 j
– TVA facturée à reverser	35 j de vente	100 % × 20 %	– 7 j
– Encours fournisseurs TTC	60 j	40 % × 1,2	– 28,8 j
+ TVA déductible à récupérer	35 j d'achat	40 % × 20 %	+ 2,8 j
= Besoin en fonds de roulement			48,5 j

La construction de ce tableau exige :

- l'étude de la durée réelle du cycle de production et de ses différentes étapes (rotation de chaque type de stock, importance de chaque type de charge) ;
- la connaissance des coefficients de pondération des différents stades de la production (2e colonne) ;
- la connaissance des délais réels de règlement (clients et fournisseurs).

L'analyste doit si possible obtenir cette connaissance précise du cycle de production et de commercialisation de l'entreprise auprès du management ; un compte d'exploitation analytique constitue, à l'évidence, la meilleure base d'analyse.

12.13 Le besoin en fonds de roulement ainsi calculé est un besoin « normatif » permanent pour une activité donnée.

En fin de compte, quelle que soit la technique utilisée, la prévision du paiement des clients repose sur une analyse précise des habitudes de paiement de ces derniers. Cette analyse peut aboutir :

▪ soit à des prévisions client par client, si le chiffre d'affaires est réparti entre des clients importants et peu nombreux, ou si l'activité se trouve caractérisée par des commandes unitaires volumineuses (grands travaux, construction aéronautique, etc.) ;

▪ soit à des lois de probabilités relatives à la répartition des ventes, lorsque le nombre des clients est élevé (une analyse « au coup par coup » pouvant être réalisée pour les quelques clients importants de l'entreprise).

Section 3 ■ Diagnostic financier du besoin en fonds de roulement

Le diagnostic sur le besoin en fonds de roulement est une partie importante du travail de l'analyste financier en Europe continentale compte tenu de l'importance du financement interentreprises dans l'économie. *A contrario*, la littérature anglo-saxonne accorde une faible place au BFR, compte tenu de pratiques commerciales plus restrictives.

1 ■ La croissance de l'entreprise

12.14 En principe, le ratio besoin en fonds de roulement en jours de chiffre d'affaires devrait être stable.

Si le besoin en fonds de roulement permanent représente 25 % du chiffre d'affaires et celui-ci croît de 100 à 140 M€, le besoin en fonds de roulement s'accroîtra de 10 M€ dans le même temps (40 M€ × 25 %).

La croissance de l'activité entraîne une croissance du besoin en fonds de roulement. C'est cet accroissement qui apparaît implicitement ou clairement dans un tableau de flux.

> En d'autres termes, la croissance de l'entreprise tend à augmenter le montant du besoin en fonds de roulement : cette variation constitue un besoin de fonds supplémentaire dont tout plan de développement doit tenir compte.

On pourrait penser que le besoin en fonds de roulement ne croît pas à un rythme aussi rapide que le chiffre d'affaires, puisque certains de ses éléments (par exemple le stock minimum de sécurité) ne sont pas forcément proportionnels au niveau de l'activité. L'expérience révèle, hélas, qu'une politique de croissance entraîne fréquemment une progression très rapide (parfois mal maîtrisée) du besoin en fonds de roulement, au moins égale à la croissance de l'activité de l'entreprise.

En fait, une entreprise en forte croissance se trouve très souvent confrontée au fait que **le besoin en fonds de roulement progresse plus vite que le chiffre d'affaires** pour différentes raisons :

▪ l'entrepreneur oublie parfois les impératifs d'une bonne gestion du besoin en fonds de roulement et se préoccupe essentiellement de sa stratégie et de sa dynamique commerciale ;

▪ l'entrepreneur a souvent tendance à s'intégrer en amont et en aval dans le cadre d'une dynamique de croissance ; il provoque dès lors un « alourdissement du bilan » et une modification structurelle du besoin en fonds de roulement, dont la croissance devient beaucoup plus rapide que la progression du chiffre d'affaires.

12.15 Dans le cadre d'une politique de développement, l'accroissement du besoin en fonds de roulement constitue donc un véritable emploi de fonds, au même titre que les programmes d'investissements. Il doit, de ce fait, être analysé et prévu avec la plus grande précision.

Les entreprises performantes se caractérisent par la maîtrise de la croissance de leur besoin en fonds de roulement. La réussite de l'expansion d'une entreprise réside donc souvent dans le respect des deux conditions suivantes :

▪ assurer une croissance homothétique de l'activité et du besoin en fonds de roulement, sans « déraper » au niveau du second ;

▪ définir un concept d'entreprise caractérisée par un besoin en fonds de roulement limité : un besoin trop élevé posera en effet tôt ou tard des problèmes financiers graves à l'entreprise et remettra en cause son indépendance.

12.16 Dans un contexte de croissance ralentie du chiffre d'affaires, la réduction du besoin en fonds de roulement (production en flux tendus, appel à la sous-traitance, réorganisation des circuits internes de traitement des factures, incitation financière des commerciaux à la vitesse de paiement des clients…) tant en montant absolu qu'en montant relatif est devenue un objectif majeur de bon nombre de directeurs financiers (voir chapitre 52).

2 ■ Les situations de récession

12.17 L'analyse du besoin en fonds de roulement d'une entreprise confrontée à une récession brutale de ses ventes montre qu'elle réagit en plusieurs étapes.

Dans une première étape, elle ne réajuste pas immédiatement sa production et vit d'expédients en cherchant à forcer la vente. La récession se traduit également par une évolution difficilement contrôlable de l'encours clients, le délai moyen de règlement des clients augmente pendant la période d'ajustement du fait des difficultés financières rencontrées par ces derniers. En outre, sa situation de trésorerie se dégradant, l'entreprise éprouve des difficultés croissantes à respecter ses échéances commerciales, et obtient de ses fournisseurs des délais supplémentaires. Au terme de cette première étape, le besoin en fonds de roulement, solde de différents éléments affectés de mouvements divergents, se stabilise à un niveau élevé. Ce phénomène a été illustré par les constructeurs automobiles fin 2008.

Dans une deuxième étape, l'entreprise adopte les premières mesures destinées à ajuster son activité aux ventes : elle réduit la production, puis ajuste le stock de matières premières, ramène le crédit clients à des conditions normales ; la limitation des achats diminue, quant à elle, l'encours fournisseurs. Ces mesures, saines à court terme, ont pour effet paradoxal de détériorer le besoin en fonds de roulement, qui augmente du fait de l'inertie de certains postes et de la chute de l'encours fournisseurs.

Par conséquent, le résultat se dégrade du fait de l'accroissement des coûts unitaires de production (l'entreprise souffre en effet d'une situation de surcapacité de production par rapport aux ventes).

Enfin, **dans une troisième étape**, l'entreprise assainit l'ensemble de sa situation :

- la production devient inférieure aux ventes ;
- l'arrêt des achats a stabilisé le stock de matières ; le flux d'achats normal qui réapparaît permet la reconstitution d'une ressource « fournisseurs » normale.

Dans de telles conditions, le besoin en fonds de roulement se stabilise à un niveau réduit qui redevient proportionnel au chiffre d'affaires mais ceci au terme d'une crise qui peut durer un an, voire plus.

12.18 Il convient d'insister sur le fait que toute stratégie de décroissance nécessite, quelle que soit la méthode choisie, un délai « psychologique » souvent important : il faut en effet convaincre l'encadrement que l'on passe d'une dynamique de croissance à une situation de récession. Une telle opération, qui peut prendre plusieurs semaines, aboutit :

- à réduire les achats ;
- à ajuster la production aux ventes ;
- à réduire le crédit fournisseurs sur lequel l'entreprise avait « tiré », ceci ne pouvant que freiner la diminution du besoin en fonds de roulement.

Notre expérience personnelle nous a permis de constater qu'une entreprise passe rarement en moins de 9 mois à une réduction significative du besoin en fonds de roulement (à moins de se livrer à une liquidation à perte très rapide des stocks).

> En période de récession, le besoin en fonds de roulement tend paradoxalement à croître, puis, en dépit des mesures de restructuration adoptées, il répugne à décroître. Ce n'est qu'en fin de crise qu'apparaît l'aisance de trésorerie due à son dégonflement.

3 ■ Les stratégies industrielles d'intégration

12.19 Les sociétés qui cherchent à s'intégrer dans leur filière en absorbant des fournisseurs ou des distributeurs augmentent mécaniquement leur valeur ajoutée mais aussi leurs besoins en fonds de roulement. En effet, plus la valeur ajoutée est forte (car elle résulte d'un long cycle de production), plus le besoin en fonds de roulement sera élevé car la différence entre le prix de vente (et donc les créances clients) et les achats (et donc les dettes fournisseurs) sera plus importante ; par ailleurs, le processus de production sera plus long et donc les stocks plus élevés.

4 ■ Le besoin en fonds de roulement négatif

12.20 Les sociétés à besoin en fonds de roulement négatif sont caractérisées par la perception du produit de leurs ventes avant d'avoir réglé la totalité de leurs charges de production (notamment leurs fournisseurs de matières premières ou marchandises). Il existe deux cas de figure :

- le crédit fournisseurs est très supérieur au rythme de rotation des stocks, alors que, corrélativement, le paiement des clients est très rapide, parfois comptant : grande distribution, sociétés de commerce en ligne, de restauration collective, d'autoroutes ou sociétés avec des cycles de production très courts (boulangerie industrielle, presse quotidienne...), sociétés dont les fournisseurs sont dans une situation de faiblesse telle (forte concurrence comme dans l'imprimerie...) que les délais qu'ils sont contraints d'accorder sont excessifs ;

- les clients paient par anticipation ; tel est le cas des sociétés traitant des marchés militaires, ou relevant des travaux publics, de l'aéronautique, des ventes par abonnement, etc. Toutefois, de telles entreprises sont parfois soumises à la nécessité de bloquer leurs excédents de trésorerie tant que le service n'a pas été « consommé par le client ». Le besoin en fonds de roulement négatif se présente, dans ce cas, comme un moyen de dégager des produits financiers (placements bancaires) et non pas comme un moyen de financement librement utilisable par l'entreprise.

Un besoin en fonds de roulement très faible ou négatif constitue un facteur stratégique très favorable au développement d'une politique de croissance financée sans recours à des capitaux extérieurs. Les entreprises performantes, notamment dans la grande distribution, ont toutes bénéficié de besoins en fonds de roulement faibles, voire négatifs.

La présence d'un besoin en fonds de roulement négatif peut néanmoins conduire à des erreurs de gestion. Ainsi, tel groupe industriel répugnait à céder une division déficitaire qui dégageait un besoin en fonds de roulement négatif. Cette cession, qui aurait reconstitué la rentabilité du groupe, le confrontait en effet à de graves problèmes de trésorerie. En effet, le besoin en fonds de roulement négatif de la division non rentable finançait les besoins en fonds de roulement positifs des autres divisions. Un raisonnement à court terme conduisait donc à n'envisager que la seule gravité des problèmes de trésorerie consécutifs à la cession et non celle des pertes récurrentes de cette division.

Nous avons vu également des sociétés à besoin en fonds de roulement négatif dont l'activité était structurellement en perte mais qui perdurait grâce à une forte croissance. En effet, les flux de trésorerie apportés par la variation du besoin en fonds de roulement permettaient de payer les dépenses courantes. Le réveil est alors difficile, en effet, lorsque la croissance s'estompe, les difficultés de paiement apparaissent et bien naturellement aucun banquier ne veut prêter...

5 ■ Le BFR comme l'expression des rapports de force

12.21 Pourquoi le crédit interentreprises, dont le besoin en fonds de roulement est l'expression, existe-t-il ? Il y a d'abord des délais techniques incompressibles : vérification de la conformité de livraison avec la commande, vérification de la facture, mise en œuvre de son règlement.

Mais ceci n'explique qu'une petite partie des crédits interentreprises dont le niveau est très variable selon les pays.

Délais effectifs de paiement (contractuels et retards observés) en Europe (en jours)

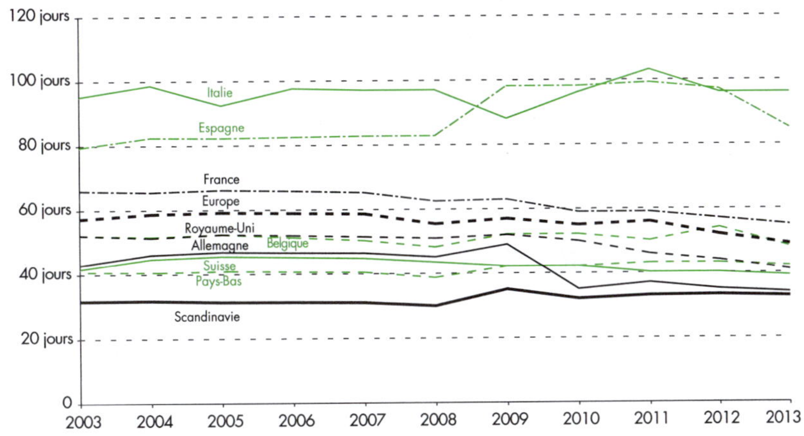

Source : Intrum Justitia.

F. Sauvage explique ces divergences par :

▪ des différences culturelles : dans les pays germaniques le droit subordonne le transfert de propriété au paiement et prévoit systématiquement une réserve de propriété (au profit du fournisseur tant que le paiement n'est pas effectué) qui enlève beaucoup d'intérêt aux délais de paiement puisque tant que l'entreprise n'a pas été payée, elle ne peut pas transformer la matière première ;

▪ des héritages du temps où, en France, en Italie, en Espagne, le crédit bancaire était encadré. Les entreprises qui n'étaient pas, du fait de leurs activités, rationnées en crédit bancaire (bâtiment, exportation…) les utilisaient pour soutenir leurs clients rationnés en crédits *via* de longs délais de paiement commerciaux. De la même façon, la modulation des délais de paiement était un moyen de contourner le contrôle administratif des prix dans les pays méditerranéens ;

▪ des facteurs techniques. Ainsi aux États-Unis, les fournisseurs ont l'habitude d'offrir une réduction de 2 % à leurs clients qui paient sous 10 jours. La plupart le font, ce qui explique la faiblesse des postes clients et fournisseurs dans ce pays. Accessoirement, un client qui ne saisit pas cette opportunité signale que sa situation financière est difficile.

12.22 A.-F. Delannay et M. Dietsch montrent que le crédit fournisseurs remplit une fonction d'amortisseur financier au profit d'entreprises qui subissent un choc. Les fournisseurs sont conduits ou contraints à soutenir des entreprises dont les garanties sont insuffisantes ou devenues insuffisantes pour accéder aux marchés du crédit. Toutefois ces fournisseurs, banquiers malgré eux, savent que pour des raisons commerciales, ils ne seront pas complètement maîtres de l'évolution de leurs concours et, dès lors, ils les limitent compte tenu des garanties que représentent les actifs et les capitaux propres de leurs clients.

Il est cependant malsain pour une entreprise d'accorder de longs délais de paiement à ses clients : elle prend alors un risque de crédit et même si la fonction de **crédit manager** se développe, y compris dans les PME, mieux vaut éviter le risque que d'avoir à le gérer (voir le paragraphe 52.15) ! Par ailleurs, le crédit interentreprises est l'un des vecteurs de la transmission des défaillances en chaîne qui fragilise l'ensemble des acteurs.

12.23 Au total, que notre lecteur n'oublie pas l'essentiel : le crédit interentreprises est l'une des manifestations les plus visibles des rapports de force entre clients et fournisseurs et son niveau plus ou moins élevé atteste de la qualité de la position stratégique de l'entreprise vis-à-vis de ses clients et de ses fournisseurs.

Comment expliquer autrement, par exemple, qu'en 2013, 11 des 35 groupes non financiers de l'Eurostoxx 50 aient un BFR négatif dont Orange, Volkswagen, Enel, Danone, SAP !

Section 4 ■ L'analyse des investissements

12.24 L'analyste peut se poser trois questions :

- quel est l'état actuel de l'outil industriel ?
- quelle est la politique d'investissement menée par l'entreprise ?
- quels flux ses investissements dégagent-ils ?

1 ■ Analyse de l'outil industriel actuel

12.25 L'état actuel de l'outil industriel et commercial se mesure par le ratio :

$$\frac{\text{Immobilisations corporelles nettes}}{\text{Immobilisations brutes}}$$

Un faible ratio (inférieur à 30 %) signifie que l'outil industriel a probablement vieilli. À court terme, l'entreprise pourra dégager de belles marges car la dotation aux amortissements sera faible. Mais que notre lecteur ne se leurre pas, ceci ne peut pas durer. L'entreprise risque très vite d'avoir de grosses difficultés sur son marché car, ses prix de revient étant plus élevés que ceux de ses concurrents qui ont investi pour moderniser leurs outils de production ou innover, elle perdra des parts de marché et sera de moins en moins rentable.

Un ratio proche de 1 signifie que l'effort d'investissement vient d'être fait et que l'entreprise peut probablement, pendant quelques années, réduire le volume de ses investissements.

2 ■ Analyse de la politique d'investissement menée

12.26 C'est en **comparant le montant des investissements** (le *capex* des Anglo-Saxons) **à la dotation aux amortissements** que l'on peut se rendre compte si l'entreprise :

- est dans une phase d'expansion de son outil industriel en accroissant les capacités de production (investissements supérieurs aux dotations aux amortissements) ;
- est dans une phase de maintien de son outil, par le biais d'investissements de remplacement (égalité approximative des investissements et des dotations aux amortissements) ;

- est dans une phase de sous-investissement, voire de désinvestissement (investissements inférieurs aux dotations aux amortissements) qui ne peut être que provisoire, sauf à mettre en péril l'avenir de l'entreprise ou entrer dans un processus de liquidation.

La comparaison des investissements à l'actif immobilisé net en début de période permet aussi d'estimer l'importance du programme engagé par rapport à l'outil industriel existant. L'entreprise qui a investi pour un montant égal à 50 % de ses immobilisations nettes a créé un outil égal à la moitié de celui qu'elle possédait au début de la période. Une telle politique présente alors différents risques :

- risque d'un retournement de conjoncture ;
- risque de non-maîtrise des coûts de production (détérioration de la productivité) ;
- risque technologique, etc.

3 ■ Analyse des flux générés par les investissements

12.27 La relation théorique entre les flux générés par l'exploitation et les investissements n'est pas simple. Les investissements nouveaux sont, en effet, venus s'ajouter aux investissements anciens (immobilisations) pour dégager ensemble les flux de l'exercice. Il n'y a donc pas de lien direct entre les flux de trésorerie provenant de l'exploitation et les investissements de l'exercice.

Soyons bien clairs : la comparaison des flux de trésorerie provenant de l'exploitation et des investissements doit se faire dans une optique de rentabilité et d'équilibre dynamique des emplois et des ressources sur plusieurs années.

En effet, le seul intérêt de l'investissement est de dégager une rentabilité, donc des flux de trésorerie positifs supérieurs à l'investissement initial. Lorsqu'il en est autrement, la finance « marche sur la tête ». Il est donc primordial d'étudier l'évolution comparée de l'investissement, de la capacité d'autofinancement et des flux de trésorerie provenant de l'exploitation, ce qui peut être mené à bien avec le tableau de flux de trésorerie.

> Toute stratégie d'investissement doit, tôt ou tard, se traduire par une augmentation des flux de trésorerie provenant de l'exploitation. Lorsqu'il n'en est pas ainsi, c'est que les investissements réalisés ne sont pas suffisamment rentables. L'entreprise fera face à des problèmes, si elle n'en a pas déjà, ce qui est le plus probable.

Le comportement à craindre en matière d'investissement est celui de l'entrepreneur, qui, pour des raisons de puissance, va investir à outrance, sans que les flux de trésorerie provenant de l'exploitation progressent au moins dans les mêmes proportions. Il oublie alors l'ardente contrainte que constitue la rentabilité.

12.28 Loin de nous l'idée de vouloir restreindre systématiquement le montant de l'investissement au montant des ressources internes de l'entreprise. Au contraire, ce que nous voulons mettre en évidence, c'est la bonne politique d'investissement. Celle qui, permettant une croissance homothétique de la capacité d'autofinancement et des investissements (quand ils sont rentables), débouche sur une spirale vertueuse de croissance, indispensable à l'équilibre financier de l'entreprise comme on le voit sur le cas A du graphique suivant.

Exemple d'analyse de politiques d'investissement

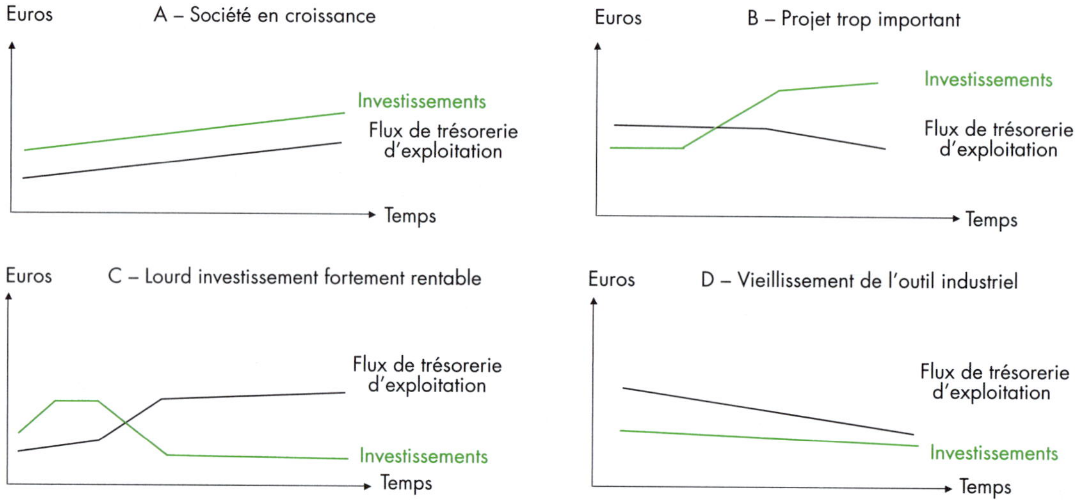

Les cas B, C, D illustrent d'autres situations d'entreprises. Dans le schéma D, l'investissement est largement inférieur aux flux générés par l'exploitation. Il doit alors être apprécié par rapport aux dotations aux amortissements, pour répondre aux questions suivantes :

- l'entreprise vit-elle sur un acquis (rentabilisation d'investissements déjà réalisés) ?
- l'équipement est-il en train de vieillir ?
- les investissements réalisés sont-ils adaptés au rythme d'innovation technologique du secteur ?

Le risque d'une telle situation est, bien sûr, que l'entreprise vive sur un acquis, accusant un retard technologique certain. Sa rentabilité, et donc les flux générés par l'exploitation, seront alors pénalisés au moment même où elle en aurait le plus besoin afin de financer les investissements nécessaires pour combler ce retard.

> Le rapprochement du montant des investissements du niveau des flux de trésorerie provenant de l'exploitation et des taux de croissance respectifs de ces deux paramètres est l'élément le plus intéressant que l'on puisse retirer d'un tableau de flux.

D'une manière générale, il apparaît nécessaire de comprendre la logique des investissements réalisés. En effet, si leur montant est très important, l'entreprise se trouve engagée dans un véritable processus de création (et non de simple croissance). Les flux de trésorerie provenant de l'exploitation ultérieure dépendent donc essentiellement de la rentabilité dégagée par les nouveaux investissements ; ils sont, dès lors, éminemment incertains.

12.29 Enfin il convient de s'interroger sur les cessions d'actifs. Concernent-elles des éléments récurrents (cas du remplacement du parc automobile pour les entreprises de location de voitures) ou de caractère tout à fait exceptionnel ? Dans ce cas, est-ce une nécessité liée à la faiblesse de la capacité d'autofinancement ? Ou bien les cessions traduisent-elles la volonté de transformer une entreprise vieillissante ayant des actifs usés en une entreprise dynamique d'un point de vue stratégique ? Telles sont les questions qu'il est nécessaire de se poser à ce niveau.

4 ■ Le cas particulier des investissements de croissance externe

12.30 Parallèlement aux investissements de croissance interne (acquisitions de machines, d'immeubles, de bureaux, constructions d'usines...), l'entreprise peut acquérir des outils existant déjà, c'est-à-dire d'autres entreprises.

Une politique de croissance externe importante fait naître trois risques :

- celui de l'intégration des actifs acquis et des personnels, toujours plus facile sur le papier que dans la réalité et cause première de l'échec de nombreux rapprochements (voir le paragraphe 48.5) ;
- celui des changements réguliers du périmètre d'activité de l'entreprise qui rend difficile son analyse et peut cacher des difficultés réelles ;
- celui d'avoir surpayé les entreprises acquises. Seule l'analyse du prix d'acquisition (voir le chapitre 35) permet d'en juger, ce qui n'est pas toujours simple pour l'analyste externe si l'entreprise donne peu de détails sur ses acquisitions.

Le niveau de la politique de croissance externe renseigne enfin sur le degré de concentration du secteur : s'il est élevé, elle sera faible et inversement.

Section 5 ■ Application à Indesit[1]

1 ■ Analyse du besoin en fonds de roulement

12.31 Indesit ne communique pas son taux de TVA moyen et ayant des activités dans plusieurs pays avec des taux différents, il est difficile de faire une estimation fiable. Aussi les ratios qui suivent sont-ils calculés sans taux de TVA :

	2008	**2009**	**2010**	**2011**	**2012**	**2013**
$\frac{\text{BFR d'exploitation}^{1}}{\text{CA}} \times 365\ \text{j}$	2	– 20	– 13	– 10	– 10	– 15
$\frac{\text{Stocks}}{\text{CA}} \times 365\ \text{j}$	43	39	41	42	42	41
$\frac{\text{Clients}}{\text{CA}} \times 365\ \text{j}$	53	55	63	64	59	58
$\frac{\text{Fournisseurs}}{\text{Coût des ventes}} \times 365\ \text{j}$	116	119	142	138	115	101
	63	**64**	**79**	**73**	**57**	**43**

1. *y. c. : autres dettes et créances d'exploitation.*

1 Notre lecteur pourra utilement consulter les paragraphes 4.23, 5.19 et 10.34 où sont présentés les comptes 2008-2013 du groupe Indesit et le site www.vernimmen.net où sont disponibles les rapports annuels d'Indesit de 2008 à 2013.

Bien qu'étant un groupe industriel, Indesit réussit à avoir un BFR négatif alors que ses concurrents ont un BFR légèrement positif (5 jours pour Electrolux, 11 jours pour Whirpool). En particulier, Indesit semble avoir un pouvoir de négociation avec ses fournisseurs en sa faveur vue les durées de paiement dont il bénéficie et vue sa capacité chaque fois qu'il devait consentir des délais plus longs à ses clients à les financer par des délais accrus de ses fournisseurs.

En 2009, Indesit a été capable de réduire significativement son BFR (de 3 semaines) pour générer de la trésorerie, même s'il a dû en rendre une partie une fois le gros de la crise passé. D'un point de vue financier, la gestion de son besoin en fonds de roulement apparaît donc saine.

2 ■ Analyse des investissements

12.32 En 2009 et 2010, les investissements d'Indesit sont tombés à 75 M€, soit la moitié des dotations aux amortissements. Il est vrai que lorsque la demande s'effondre, l'entreprise a mieux à faire que d'accroître ses capacités de production. Cette situation n'était cependant pas durable et les investissements sont remontés à 120 % des dotations aux amortissements avant de revenir à parité en 2013 en raison des difficultés rencontrées par Indesit : ventes en baisse de 8 %, quasi-division par 2 du résultat d'exploitation.

RÉSUMÉ

Le résumé de ce chapitre est disponible sur le site www.vernimmen.net.

Le besoin en fonds de roulement (BFR) est le solde des comptes de bilan directement rattachés au cycle d'exploitation (essentiellement les postes clients, fournisseurs et stocks). Calculé à la date d'arrêté des comptes, il n'est pas forcément représentatif du besoin permanent de l'entreprise et ne doit donc s'analyser que dans une perspective évolutive.

Tous les éléments constituant le BFR à un instant donné disparaissent rapidement : les stocks sont consommés, les fournisseurs sont réglés, les créances clients sont encaissées. Cependant, ces créances clients, ces dettes fournisseurs et ces stocks sont immédiatement remplacés par d'autres. Le BFR est donc à la fois liquide et permanent.

Les ratios de rotation du BFR permettent d'analyser en tendance la proportion de fonds « gelés ». Les principaux ratios sont :

- ratio de rotation du crédit clients : encours clients/CA TTC × 365 ;
- ratio de rotation du crédit fournisseurs : encours fournisseurs/achats TTC × 365 ;
- ratio de rotation des stocks : stocks et travaux en cours/CA HT × 365 ;
- ratio de rotation du BFR : BFR/CA HT × 365.

Pour l'entreprise en croissance, le BFR devrait évoluer parallèlement à l'activité, en pratique, il croît souvent plus vite que le chiffre d'affaires. En revanche, en période de récession, le BFR continue paradoxalement à croître car les mesures de restrictions ne sont pas immédiatement suivies d'effets. Ce n'est qu'en fin de crise qu'apparaît l'aisance de trésorerie liée à sa réduction.

Un besoin en fonds de roulement très faible ou négatif constitue un facteur stratégique très favorable au développement d'une politique de croissance.

Au total, le niveau du BFR témoigne de la qualité de la position stratégique de l'entreprise car il est le reflet des relations de force qu'elle entretient avec ses clients et ses fournisseurs.

La politique d'investissement d'une entreprise va se juger à l'aune de trois critères :

- le degré d'usure de l'outil industriel mesuré par le ratio immobilisations nettes/immobilisations brutes ;
- la nature des investissements : de capacité, de maintien, ou de retrait selon que les investissements sont supérieurs, égaux ou inférieurs aux dotations aux amortissements ;
- l'analyse des flux générés par les investissements. Toute politique d'investissement doit, tôt ou tard, se traduire par une augmentation des flux de trésorerie provenant de l'exploitation. À défaut, l'entreprise fera face à des problèmes.

QUESTIONS

1/ Peut-on affirmer que le besoin en fonds de roulement calculé au bilan de clôture est le besoin permanent de l'entreprise ?

2/ Si la comptabilité enregistrait les produits à leur date de perception et les charges à leur décaissement (et non à la date de facturation) pourrait-on dégager un besoin en fonds de roulement ? Si oui, en quoi ce besoin différerait-il du besoin actuellement calculé ?

3/ La partie permanente du besoin en fonds de roulement est-elle liquide ?

4/ Expliquez pourquoi, en période de récession, le besoin en fonds de roulement diminue avec retard par rapport au chiffre d'affaires.

5/ Quel est le comportement du besoin en fonds de roulement en période d'inflation ?

6/ Le directeur financier d'une société vous communique les quelques remarques suivantes : « Notre société a réalisé cette année une performance remarquable. Jugez-en plutôt : notre politique d'amortissement nous a permis de sécréter un excédent brut d'exploitation de 50 % supérieur à celui de l'année dernière. Notre besoin en fonds de roulement s'est fortement accru du fait d'une politique de crédit aux clients plus libérale (3 mois au lieu de 2 en moyenne) et d'une augmentation sensible de nos stocks ».

Quelles réflexions vous suggère ce discours ? Que conseillez-vous ?

7/ Un groupe de parfumerie décide de lancer un nouveau parfum. Les premières semaines d'exploitation se traduisent par des ventes importantes aux distributeurs. Peut-on parler de succès ?

8/ Un groupe aéronautique a des stocks considérables. Quelle en est la conséquence ? Quelles mesures concrètes envisagez-vous pour améliorer cette situation ?

9/ Est-il intéressant de calculer le ratio BFR hors exploitation/chiffre d'affaires ?

10/ Le commerce de détail électronique est-il un métier à BFR élevé ?

11/ Expliquez le graphique suivant du BFR d'un fabricant de conserves de légumes :

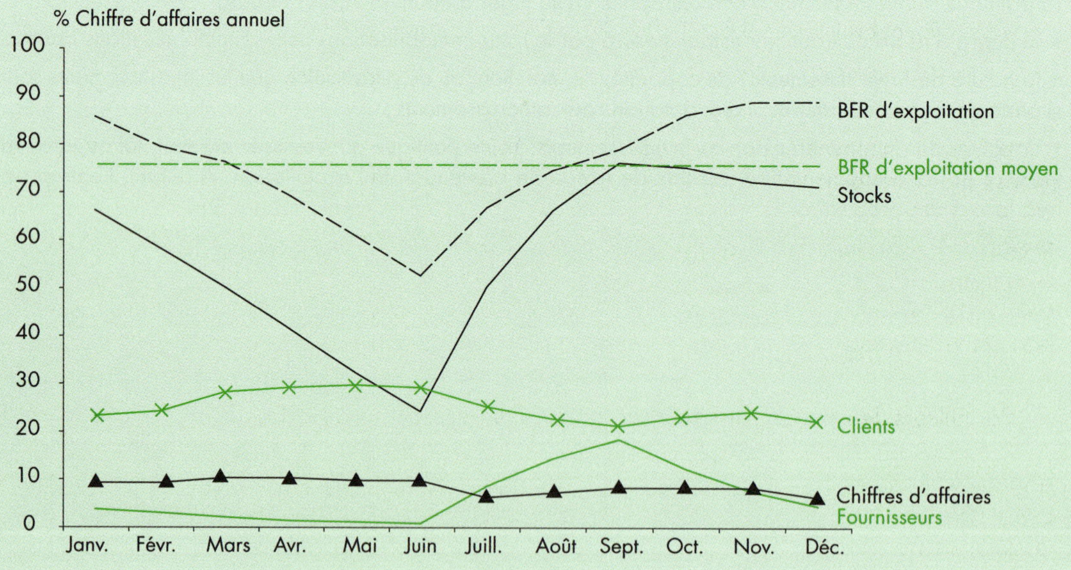

12/ L'investissement prend-il toujours la forme d'acquisitions d'actifs immobilisés ?

13/ Dans quel type de secteurs l'investissement est-il structurellement faible ? Pourquoi ?

14/ Dans quel secteur l'investissement le plus important est-il la variation du BFR ?

15/ Dans quel cas une entreprise pourrait-elle durablement avoir des investissements proches chaque année des dotations aux amortissements ?

D'autres questions vous attendent sur le site www.vernimmen.net.

EXERCICES

1/ La société Daniel Lucot présente la structure d'exploitation suivante :

- chiffre d'affaires = 100 ;
- consommation de matières premières = 30 ;
- frais directs de production = 40 ;
- frais généraux = 20 ;
- stocks de matières premières : 15 jours ;
- durée du cycle de production : 1 mois ;
- stocks de produits finis : 15 jours ;
- termes de paiement : fournisseurs 2 mois, clients 1 mois, autres charges payées comptant.

En supposant l'absence de TVA, calculez le besoin en fonds de roulement en jours de chiffre d'affaires, sachant que, si le cycle de production dure 1 mois, cela signifie que le stock de produits en cours représente 1 mois de matières premières et 15 jours de frais de production.

2/ La société Jean-Michel Palaric présente les caractéristiques d'exploitation suivantes :

- besoin en fonds de roulement permanent égal à 25 % du chiffre d'affaires ;
- de 100 millions, le chiffre d'affaires passe à 120 millions en année 2 ;
- l'excédent brut d'exploitation s'élève à 15 % du chiffre d'affaires en année 2.

Calculez le flux de trésorerie d'exploitation avant frais financiers et impôts en année 2.

3/ Calcul des ratios de rotation.

Le besoin en fonds de roulement de la société Moretti se présente comme suit sur les 5 dernières années d'activité (au 31 décembre).

En M€	**1**	**2**	**3**	**4**	**5**
Stocks (produits finis)	6,1	7,4	9,1	13	15,4
Clients et effets à recevoir	6,4	8,9	10,5	11,1	11,6
Fournisseurs et effets à payer	2,1	3,5	3,5	3,8	3,4

Par ailleurs, le compte de résultat fait apparaître les données suivantes :

En M€	**1**	**2**	**3**	**4**	**5**
Chiffre d'affaires HT	32,8	44,7	49,4	48,9	50
Chiffre d'affaires TTC	38,9	52,6	58,1	57,4	57,2
Achats TTC	12,5	19,2	19,6	20,9	20,4

Calculez les différents ratios de rotation caractérisant le besoin en fonds de roulement. Qu'en pensez-vous ?

4/ Les conditions d'exploitation d'une société de négoce présentent les caractéristiques suivantes :

– les stocks de marchandises tournent 4 fois dans l'année ;

– le prix de revient des marchandises vendues s'élève à 60 % du chiffre d'affaires HT ;

– les clients payent à 45 jours fin de mois ;

– les fournisseurs sont payés à 30 jours ;

– les salaires, qui représentent 10 % du chiffre d'affaires HT, sont réglés à la fin de chaque mois ;

– les charges sociales, qui s'élèvent à 50 % des salaires, sont réglées le 15 du mois suivant ;

– les charges d'exploitation autres que les achats de marchandises et les frais de personnel sont payées comptant ;

– les ventes et les achats sont assujettis à la TVA au taux normal de 20 %. Par ailleurs, la TVA due au titre du mois n, égale au solde entre la TVA collectée sur les ventes du mois n et la TVA récupérable sur les achats du mois n, est payable au plus tard le 25 du mois (n+1).

À l'aide de ces informations, déterminez le montant du BFR de cette société exprimé en jours de chiffre d'affaires HT.

5/ Une entreprise de distribution présente les caractéristiques suivantes :

– rotation des stocks de marchandises : 15 fois dans l'année ;

– crédit fournisseurs : 90 jours ;

– crédit clients : 10 jours ;

– achats : 75 % du chiffre d'affaires ;

– absence de TVA.

Calculez le besoin en fonds de roulement normatif en pourcentage du chiffre d'affaires.

6/ Appréciez la politique d'investissement d'Air Liquide depuis 1992 (chiffres en M€) :

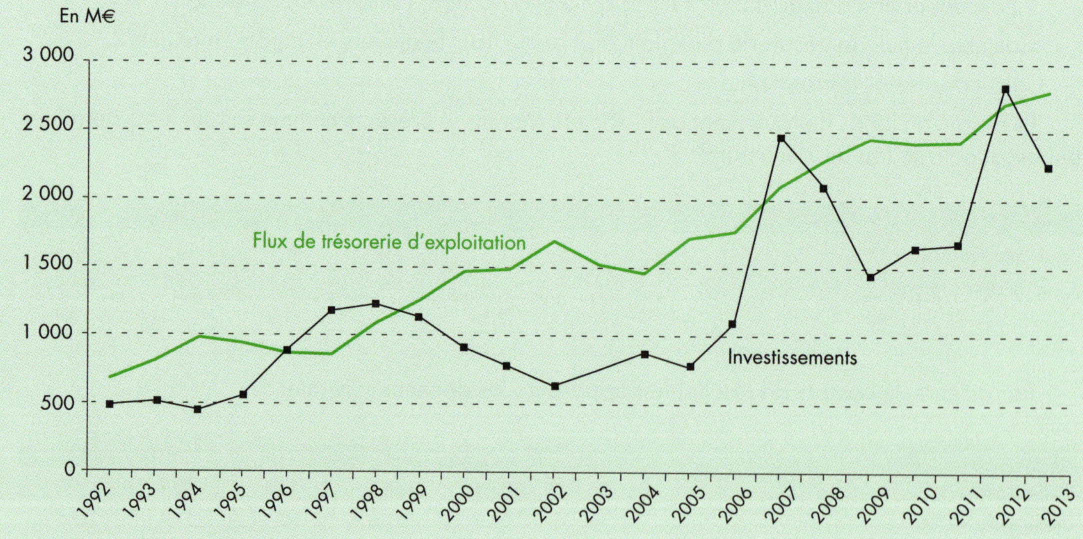

Source : Rapports annuels.

ÉLÉMENTS DE RÉPONSE

Questions

1. Non, car il peut être soumis à saisonnalité.

2. Oui, car il y aurait toujours un décalage de trésorerie entre le moment où l'on paie ses fournisseurs et celui où l'on est payé par ses clients, quel que soit l'enregistrement comptable. Le besoin de financement existerait toujours même si au bilan seul les stocks apparaîtraient. Les capitaux propres seraient plus faibles car les résultats apparaîtraient au paiement et non à la facturation.

3. Oui, mais elle doit être renouvelée en permanence, ce qui rend illusoire sa liquidité.

4. À cause de l'inertie propre aux organisations.

5. Il a tendance à s'accroître d'au moins le taux d'inflation.

6. Tous les raisonnements sont à l'envers. Un amortissement n'a pas d'impact sur l'excédent brut d'exploitation. Si le besoin en fonds de roulement s'est considérablement accru, il ne devrait pas s'en vanter. Observez l'évolution de l'endettement net. Changez de directeur financier ou offrez-lui un *Vernimmen*.

7. Non, les distributeurs garnissent leurs stocks, mais ne vendent pas forcément !

8. BFR très élevé. Avances sur commandes, préfinancement des séries par les pouvoirs publics, report sur les sous-traitants, etc.

9. Pas véritablement compte tenu de la nature de fourre-tout du BFR hors exploitation.

10. Non, car le client commence par payer, puis est livré 3 semaines plus tard !

11. Dans le secteur de la conserve de légumes, l'essentiel de la production est fait durant les 3 mois d'été puis est écoulé le reste de l'année, surtout en hiver. Le niveau des stocks, des crédits clients et fournisseurs s'adaptent sur cette donnée de base naturelle.

12. Non, il peut prendre la forme de pertes d'exploitation (lancement d'une nouvelle télévision), de R&D passé en compte de résultat (pharmacie), de campagnes publicitaires (luxe)…

13. Les pures prestations intellectuelles : avocats, comptables, agences de publicité, architectes, banquiers d'affaires. Les principaux besoins sont en bureaux qui peuvent être loués.

14. Le cognac compte tenu de la durée nécessaire des stocks (7 ans).

15. Lorsqu'elle n'est plus en croissance.

Exercices

Les corrigés détaillés des exercices sur excel sont disponibles sur le site www.vernimmen.net.

1.

Composant du BFR	Poids relatif au CA	Délai d'écoulement ou de règlement	Valeur en jours de CA
Stock matières premières	30 %	15 j	4,5 j
+ Encours de production		30 % × 30 j + 40 % × 15 j	15 j
+ Stocks de produits finis	90 %	15 j	13,5 j
+ Créances clients	100 %	30 j	30 j
– Dettes fournisseurs	30 %	60 j	– 18 j
= Total			45 j

2. Flux de trésorerie d'exploitation avant impôts et avant frais financiers = EBE – Δ BFR = 15 % × 120 – 25 % × (120 – 100) = 13 M€.

3.

	1	2	3	4	5
BFR	10,4	12,8	16,1	20,3	23,6
BFR en jours de CA HT	116	105	119	152	172
Encours client en jours de CA TTC	60	62	66	71	74
Jours de stocks	68	60	67	97	112
Fournisseurs en jours d'achat TTC	61	67	65	66	61

L'entreprise, en récession, n'a pas encore ajusté sa production et maintient ses ventes en proposant aux clients des conditions de règlement plus avantageuses.

4.

Composant du BFR	Poids relatif au CA	Délai d'écoulement ou de règlement	Valeur en jours de CA
Stock marchandises	60 %	90 j	54 j
+ Créances clients	120 %	30/2 + 45 = 60 j	72 j
– Dettes fournisseurs	72 %	30 j	21,6 j
– Dettes de personnel	10 %	15 j	1,5 j
– Dettes sociales	5 %	30/2 + 15 = 30 j	1,5 j
– Dettes TVA	20 – 20 × 60 % = 8 %	30/2 + 25 = 40 j	3,2 j
= Total			98,2 j

5.

Composant du BFR	Poids relatif au CA	Délai d'écoulement ou de règlement	Valeur en jours de CA
Stock marchandises	75 %	24,3 j	18,2 j
+ Créances clients	100 %	10 j	10 j
– Dettes fournisseurs	75 %	90 j	67,5 j
= Total			39,2 j

6. Jusqu'en 1995 Air Liquide profite d'investissements antérieurs à 1990 et dégage un flux de trésorerie d'exploitation stable mais largement supérieur à ses investissements. De 1996 à 1999, afin de retrouver une croissance, Air Liquide fait un gros effort d'investissement qui est payant puisqu'il entraîne une forte progression de ses flux de trésorerie d'exploitation. Cet effort fait, le groupe peut alors réduire pour quelques années (2000 à 2005) son volume d'investissements. Les flux de trésorerie d'exploitation stagnant à nouveau en 2002-2005, le groupe entreprend un nouveau grand programme d'investissement (investissements annuels plus que doublés) en 2006-2007 qui se traduit par une poursuite de la croissance des flux de trésorerie d'exploitation. Air Liquide peut alors réduire ses investissements en 2008 et 2011, avant de les relancer dans un nouveau cycle en 2012.

BIBLIOGRAPHIE

Pour approfondir l'analyse du besoin en fonds de roulement :

Bobot L., Voyenne D., *Le besoin en fonds de roulement*, Economica, 2007.

Delannay A.-F., Dietsch M., « Le crédit interentreprises joue un rôle d'amortisseur des tensions conjoncturelles », *Revue d'économie financière* octobre 1999, n° 54, pages 121 à 136.

Dietsch E., Kremp E., « Le crédit interentreprises bénéficie plus aux grandes entreprises qu'aux PME », *Économie et Statistique* juin 1998, n° 314, pages 25 à 37.

Miam S., Smith C., « Accounts receivable management policy : theory and evidence », *Journal of Finance* mars 1992, vol. 47, n° 1, pages 169 à 200.

Ng C., Smith J., Smith R., « Evidence on the determinants of credit terms used in interfirm trade », *Journal of Finance* juin 1999, vol. 54, n° 3, pages 1109 à 1129.

Petersen M., Rajan R., « Trade credit : theories and evidence », *Review of Financial Studies* automne 1997, vol. 10, n° 3, pages 661 à 691.

Sauvage F., « Les délais de paiement : observation, réflexion et action », *Revue d'économie financière* octobre 1999, n° 54, pages 105 à 119.

Shin H.-H., Soenen L., « Efficiency of working capital management and corporate profitability », *Financial Practice and Education* automne/hiver 1998, vol. 8, n° 2, pages 37 à 45.

Pour mesurer le niveau du besoin en fonds de roulement :

Altares, *Comportements de paiement des entreprises en Europe, Bilan 2013*, février 2014.

Commission d'examen des pratiques commerciales, *Rapport annuel 2011-2012.*

Direction des entreprises de la Banque de France, « Délais de paiement et solde du crédit interentreprises de 1990 à 2008 », *Bulletin de la Banque de France* 3e trimestre 2009, n° 177, pages 33 à 48.

KPMG, *Étude comparée des dates de clôture en France et à l'international*, décembre 2009.

Observatoire des délais de paiements, *Rapport annuel 2013 de l'observatoire des délais de paiement*, 2014.

Rougemont Ph., « Les stocks dans la crise », *Bulletin de la Banque de France* 1er trimestre 2011, n° 183, pages 27 à 46.

Servant F., « Les délais de paiement en 2012 : le mouvement de réduction du crédit interentreprises s'interrompt », *Bulletin de la Banque de France* 4e trimestre 2013, n° 194, pages 63 à 80.

Pour approfondir l'analyse financière des investissements :

Julio B., Youngsuk Y., « Political uncertainty and corporate investment cycles », *Journal of Finance* février 2012, vol. 67, n° 1, pages 45 à 83.

Steiners D., Huhn W., Legrand O., Vahlenkamp Th., Hansen M., *Capex excellence : optimizing fixed asset investments*, Wiley, 2009.

U.S. Census Bureau, *Annual capital expenditures survey*, 2014.

Warusawitharana M., « Corporate asset purchases and sales : theory and evidence », *Journal of Financial Economics* février 2008, vol. 87, n° 2, pages 471 à 497.

Chapitre 13

L'analyse du financement

Dis-moi comment tu finances ton actif économique et je te dirai qui tu es.

L'analyse du financement de l'entreprise doit se faire avec une approche à la fois dynamique et statique.

13.1 ▪ **L'approche dynamique** s'inscrit dans la durée. À sa création, l'entreprise réalise deux types d'investissements : d'une part, des investissements en matériel, terrains, bâtiments..., d'autre part, des investissements « en exploitation » : pertes initiales et constitution du besoin en fonds de roulement.

> Pour financer ces investissements, l'entreprise fait appel à des capitaux propres ou à des emprunts. Les investissements, flux négatifs dans un premier temps, doivent progressivement générer des flux positifs qui, diminués des charges de répartition (charges financières et impôt), doivent au moins permettre de rembourser les capitaux d'endettement, voire de verser un dividende.

Si cette spirale est vertueuse, c'est-à-dire si les flux générés permettent la rémunération et le remboursement des dettes, l'entreprise peut progressivement s'agrandir, le désendettement lui permettant de contracter de nouvelles dettes (ceci donnant alors l'illusion que l'entreprise ne rembourse jamais ses dettes).

Au contraire, cette spirale devient un cercle vicieux si les ressources d'exploitation sont accaparées en permanence par les investissements nécessaires, ou si les ressources d'exploitation sont durablement trop faibles, nécessitant le recours à l'endettement pour financer les investissements. Alors l'entreprise ne pourra jamais rembourser ses dettes, quant à payer des dividendes, n'en parlons pas !

13.2 ▪ Notre lecteur s'intéressera ensuite à **l'approche statique**, c'est-à-dire à la situation actuelle des financements de l'entreprise avec deux préoccupations :

- Compte tenu de la part de l'endettement bancaire et financier dans le financement de l'actif économique et des flux générés normalement par celui-ci, l'entreprise pourra-t-elle rembourser sa dette ?

- Compte tenu de la structure des échéances de remboursement de la dette, l'entreprise prend-elle des risques d'illiquidité ?

Section 1 ▪ L'analyse dynamique des financements

Cette analyse est menée en s'appuyant sur le tableau des flux de trésorerie qui met en évidence deux soldes fondamentaux pour l'analyse dynamique des financements :

- le flux de trésorerie provenant de l'exploitation ;
- et le flux de trésorerie disponible après frais financiers.

1 ▪ Le concept fondamental des flux de trésorerie provenant de l'exploitation

13.3 La logique d'un tableau de flux de trésorerie (voir chapitre 5) est de distinguer l'économique du financier, avec d'un côté les flux de trésorerie provenant de l'exploitation et les investissements et de l'autre les flux de financement. Ceci sera également très utile dans l'évaluation de l'entreprise ou dans les choix d'investissement.

Dissociant les caractéristiques de l'outil industriel d'une part, et la politique financière d'autre part, le tableau de flux met l'accent sur la trésorerie dégagée par l'exploitation. Les flux de trésorerie provenant de l'exploitation constituent un élément fondamental de la rentabilité de l'entreprise d'autant que celle-ci évolue dans une économie caractérisée par la faiblesse des valeurs patrimoniales. Or, il n'y a pas de mystère à ce niveau : toute entreprise rentable doit tôt ou tard dégager des recettes de trésorerie supérieures aux dépenses, en d'autres termes des flux de trésorerie provenant de l'exploitation positifs.

Le concept de flux de trésorerie provenant de l'exploitation revêt une importance capitale dans la mesure où il dépend de trois paramètres fondamentaux de la gestion de l'entreprise :

- le taux de croissance de l'activité ;
- l'importance et les caractéristiques des marges d'exploitation ;
- l'importance et les caractéristiques du besoin en fonds de roulement.

Il constitue donc une synthèse de l'analyse des marges et de celle du besoin en fonds de roulement.

Nous avons pu ainsi analyser une entreprise à croissance rapide, à fort besoin en fonds de roulement, dont les flux de trésorerie provenant de l'exploitation étaient insuffisants, mais dont le stock se valorisait chaque année. Le diagnostic de l'entreprise faisait apparaître une excellente rentabilité patrimoniale, mais des flux de trésorerie inquiétants, le bénéfice découlant principalement de plus-values sur stocks ; l'entreprise devenait de ce fait très vulnérable à toute récession affectant son marché.

Le tableau de flux de trésorerie a permis dans ce cas de montrer à l'entrepreneur que son activité industrielle n'était pas rentable et que les plus-values dégagées compensaient à peine les déficits de l'exploitation. Par ailleurs, il apparaissait clairement que le processus de croissance entraînait des besoins d'endettement considérables, augmentant de ce fait la vulnérabilité de l'entreprise à toute récession.

2 ▪ Le flux de trésorerie disponible après frais financiers

13.4 Il résulte de la différence entre le flux de trésorerie provenant de l'exploitation et les flux liés aux investissements. Il intègre donc l'effet de la politique d'investissement étudiée au chapitre 12 précédent.

Le flux de trésorerie disponible après frais financiers mesure, s'il est négatif, les ressources financières que l'entreprise devra trouver à l'extérieur auprès de ses actionnaires ou de ses prêteurs pour faire face aux besoins de trésorerie générés par l'exploitation et la politique d'investissement suivie. Si le flux de trésorerie disponible après frais financiers est positif, l'entreprise pourra se désendetter, verser un dividende sans devoir s'endetter à cet effet, voire se constituer un trésor de guerre. Ce solde donne donc le « la » de la politique de financement.

3 ▪ Le financement de l'entreprise

13.5 L'analyste doit comprendre quel a été le financement de l'entreprise sur la période : nouveaux capitaux propres, nouvelles dettes ou autofinancement, c'est-à-dire en finançant l'essentiel de ses investissements par les flux de trésorerie provenant de l'exploitation. Les cessions d'actifs peuvent également apporter des ressources financières complémentaires.

Trois points sont donc à approfondir : la politique d'augmentation de capital, la politique d'endettement, la politique de dividende.

- **Le financement par augmentation de capital :** l'entreprise a-t-elle fait appel à ses actionnaires sur la période et dans quel but ? Se désendetter ou financer un programme d'investissements importants ? On trouvera des situations où l'entreprise procède à des rachats d'actions, qui sont un moyen de rendre des liquidités à l'actionnaire (voir chapitre 41). L'entreprise veut-elle alors modifier sa structure financière ? N'arrive-t-elle plus à trouver des opportunités d'investissements intéressantes ?

- **Le financement par endettement :** l'analyse du désendettement net de l'entreprise renvoie aux problèmes de structure financière :
  - Si l'entreprise se désendette : est-ce pour améliorer sa structure financière ? N'a-t-elle plus d'opportunités de croissance ? Est-ce pour rembourser une dette contractée à une époque où les taux d'intérêt étaient élevés ?
  - Si l'entreprise s'endette : utilise-t-elle alors une capacité d'endettement inutilisée, ou est-elle au contraire en train de déséquilibrer sa structure financière pour financer un programme d'investissements lourds ou réduire ses capitaux propres ?

13.6 • **La politique de distribution** est, comme nous le verrons aux chapitres 40 et 41, un paramètre important de la politique financière d'une société. Elle constitue aussi un élément essentiel permettant de caractériser la logique financière d'une entreprise en période de croissance ou de récession :

- La politique de distribution est-elle cohérente avec sa croissance ?
- L'entreprise pratique-t-elle une politique de rétention des flux de trésorerie adaptée aux programmes d'investissements engagés ?

Aussi est-il nécessaire de comparer le montant des dividendes mis en distribution, au volume des investissements et aux flux de trésorerie provenant de l'exploitation sur la période.

13.7 Les troisième et quatrième parties de cet ouvrage nous permettront d'exposer les raisonnements conduisant à la détermination des stratégies d'investissement et de financement. La simple analyse des états financiers, quant à elle, ne pourra conduire qu'à des règles rudimentaires dictées par le bon sens.

Permettons-nous dès maintenant de nous élever **contre** les affirmations suivantes :

• le montant des investissements est dicté par la trésorerie dégagée par l'exploitation. **Non !** Après la lecture de la troisième partie de cet ouvrage, le lecteur saura que l'entreprise doit investir jusqu'à ce que la rentabilité marginale de l'investissement soit égale au taux de rentabilité exigé. En deçà de ce seuil elle sous-investit ; au-delà, elle surinvestit, et ce, même si elle dispose de la trésorerie pour le faire ;

• les divisions « vache à lait » permettent de financer les divisions « stars » et il y a ainsi équilibre. **Non !** Avec l'essor des marchés de capitaux, toute division qui a une rentabilité suffisante pour son risque doit pouvoir trouver ses propres moyens de financement. Une division « vache à lait » doit reverser la trésorerie dégagée à ses pourvoyeurs de fonds.

Étudier l'équilibre des flux de trésorerie dans le but de fixer des normes conduit à considérer l'entreprise comme un monde clos. Ceci va totalement à l'encontre du fondement de la finance. Par contre, il va de soi qu'il faut étudier le cycle d'investissement que permet de satisfaire le cycle de financement. En particulier le remboursement des dettes reste primordial ; nous l'annoncions déjà dans le chapitre 2 !

Section 2 ■ L'analyse statique des financements

Après avoir étudié sur plusieurs exercices la mécanique des différents flux de trésorerie de l'entreprise induits par ses niveaux de marges, de besoin en fonds de roulement et d'investissements, voici le moment de s'interroger sur le niveau absolu d'endettement à un moment donné et sur la capacité de l'entreprise à faire face aux échéances prévues en évitant toute crise de liquidité.

1 ■ L'entreprise pourra-t-elle rembourser ses dettes ?

13.8 La meilleure façon de répondre à cette question simple et fondamentale est de construire, à partir du plan d'affaires de l'entreprise, les tableaux de flux de trésorerie prévisionnels. Ceux-ci montreront si les flux générés par l'exploitation sont suffisamment importants pour que, après paiement des investissements, les échéances de la dette puissent être honorées sans que l'entreprise ait besoin de procéder à une augmentation de capital ou à un refinancement de sa dette existante. Et si l'entreprise doit procéder à une augmentation de capital, notre lecteur devra estimer l'appétence des actionnaires pour y participer. Elle dépendra de la composition de l'actionnariat (plus difficile si l'actionnariat est totalement éclaté, plus probable avec un actionnaire de contrôle…), de la valeur des capitaux propres (si elle est proche de zéro, seul un **fonds vautour**[1] ou un fonds de retournement pourra s'y intéresser) et de la conjoncture boursière qui peut être plus ou moins propice à des augmentations de capital.

Ceci suppose bien sûr d'avoir accès au plan d'affaires de l'entreprise, ou d'être capable d'en bâtir un à partir d'hypothèses de croissance de l'activité, de niveau des marges et du besoin en fonds de roulement, du montant des investissements probables… C'est une approche que nous retrouverons au chapitre 35.

13.9 Dans un raccourci nécessairement rapide, les analystes ont pris l'habitude d'apprécier la capacité de remboursement de l'entreprise en examinant le ratio endettement net/excédent brut d'exploitation (*net debt / EBITDA* en anglais). Inspiré du monde anglo-saxon dans lequel l'EBE est très proche du flux de trésorerie d'exploitation compte tenu de la faiblesse du besoin en fonds de roulement (et donc de ses variations), ce ratio très empirique est critique autour de 3. En deçà, on estime que l'entreprise devrait être capable de rembourser sa dette.

Pour caricaturer, un ratio de 3 signifie que la dette pourrait être remboursée si l'entreprise arrêtait tout investissement pendant 3 ans et en négligeant les variations du besoin en fonds de roulement et l'impôt sur les sociétés. Certes personne ne lui demande d'être totalement désendettée au bout de 3 ans, ni d'arrêter totalement d'investir, mais si elle devait le faire, elle ne devrait pas en mourir !

À l'inverse, un endettement bancaire et financier net représentant plus de 3 fois l'EBE est jugé lourd, et il y a un doute sérieux sur la capacité de l'entreprise à faire face aux échéances normales de la dette. Ainsi une entreprise qui devrait arrêter tout investissement pendant cinq ans pour consacrer ses flux à son désendettement serait en piteux état en fin de période. Nous verrons au chapitre 50 que les LBO peuvent présenter ce type de ratio. Au-delà de 5 à 6 fois, la dette devient un produit à haut rendement, mais aussi à hauts risques ! Ce sont les emprunts *high yield* (voir paragraphe 24.27).

Naturellement, ces niveaux de ratios doivent être pris pour ce qu'ils sont : des indications et non des références absolues. Ainsi, les banquiers sont plus disposés à prêter des montants importants par rapport à l'EBE quand les flux de trésorerie sont prévisibles et stables (infrastructures, distribution, agro-alimentaire…) que lorsque les flux sont sensibles à la conjoncture (agences de publicité, biens d'équipement, parapétrolier…). De plus, le prêteur sera sensible à la capacité de génération effective de trésorerie : ainsi si les tableaux de flux passés montrent constamment des flux de trésorerie disponibles après frais financiers négatifs, les banques auront beaucoup de mal à prêter, et ce même si l'EBE est confortable.

Ainsi lorsque les variations du BFR ne sont pas négligeables par rapport au montant de l'EBE, le ratio dette nette/EBE perd de sa pertinence.

[1] Fonds d'investissement qui rachète la dette d'entreprises en difficulté ou souscrit à des augmentations de capital pour en prendre le contrôle profitant de prix très bas.

Les services publics et les infrastructures sont les secteurs les plus endettés parmi les grands groupes cotés européens en raison de leur forte intensité capitalistique. Les groupes de pharmacie, de services informatiques... ont, en moyenne, un endettement négligeable.

Dette nette / EBE

Secteur	2000	2005	2006	2007	2008	2009	2010	2011	2012	2013	2014e	2015e
Acier	1,7	0,9	0,8	1,0	1,1	2,6	2,1	2,1	3,4	2,9	2,2	1,8
Agro-alimentaire	1,8	1,3	1,1	1,4	1,3	1,0	0,8	1,0	0,9	0,8	0,8	0,7
Automobile	0,7	0,3	0,1	0,1	0,9	1,4	NS	NS	NS	NS	NS	NS
Biens d'équipement	1,2	0,7	0,6	0,6	0,8	0,8	0,6	1,0	1,1	1,1	0,9	0,6
Biens de consommation	1,7	0,1	0,9	0,7	1,0	0,4	NS	0,1	NS	0,1	NS	NS
Boissons et spiritueux	1,9	2,2	1,9	1,9	4,5	3,1	2,6	2,6	2,4	2,4	2,2	1,8
Chimie	1,9	0,9	1,4	1,0	1,6	1,8	1,0	1,0	1,2	1,2	1,2	1,0
Défense et aéronautique	1,2	0,8	0,5	0,4	0,5	0,4	0,2	0,6	0,2	0,4	0,4	0,2
Distribution alimentaire	3,2	2,9	2,5	2,2	2,3	2,1	1,9	2,1	2,0	1,9	1,9	1,7
Loisirs et hôtellerie	3,6	1,9	2,0	1,7	1,8	1,9	1,7	1,5	1,5	1,5	1,4	1,1
Luxe	2,9	1,1	0,7	1,0	1,1	0,7	0,3	0,3	0,2	0,2	NS	NS
Matériaux de construction	1,9	2,2	1,9	1,9	4,5	3,1	2,6	2,6	2,4	2,4	2,2	1,8
Médias	2,3	1,0	1,2	1,2	1,9	1,7	1,3	1,3	1,4	1,5	0,6	0,3
Mines	1,3	0,4	0,4	1,1	0,9	0,9	0,4	0,7	1,4	1,4	1,1	0,8
Opérateurs télécom	3,4	1,9	2,0	2,1	2,2	2,1	2,2	2,2	2,2	2,3	2,3	2,3
Pétrole & gaz	0,6	0,4	0,4	0,5	0,4	0,9	0,8	0,8	0,6	0,8	0,8	0,8
Pharmacie	NS	0,1	0,2	0,3	0,4	0,6	0,6	0,7	0,6	0,5	0,3	0,1
Services aux entreprises	1,8	1,6	1,2	2,2	2,2	2,1	1,7	1,6	1,6	1,6	1,3	0,9
Services informatiques	NS	NS	NS	0,2	0,2	NS	0,0	0,4	0,1	NS	NS	NS
Services publics	2,5	2,0	1,9	2,4	2,7	3,0	2,8	2,8	2,8	2,8	2,9	2,7

Source : Exane BNP Paribas.

13.10 Une autre explication est l'appétence des prêteurs pour les secteurs riches en actifs immobiliers dont la valeur est indépendante de l'exploitation (hôtels, salles de cinéma) ou avec un marché secondaire actif (véhicules), ce qui diminue le risque du prêteur si l'exploitation actuelle tourne mal. En effet, l'actif pourra être saisi et redéployé dans une nouvelle activité sans perdre trop de sa valeur.

13.11 De la même façon, les analystes regardent aussi le ratio de couverture des frais financiers par le résultat d'exploitation (*Interest Cover Ratio*, ICR en anglais) et considèrent qu'un ratio résultat d'exploitation/frais financiers nets des produits financiers de 3 environ est critique. En deçà, il y a de sérieux doutes quant à la capacité de l'entreprise à rembourser normalement ses dettes, au-delà les soucis sont moindres !

13.12 Les agences de notation préfèrent analyser le ratio capacité d'autofinancement/endettement net (elles nomment la CAF, FFO : *Funds From Operations*). Il est vrai qu'il se rapproche un peu plus que l'EBE du flux de trésorerie que la société pourra utiliser pour rembourser sa dette.

13.13 Il y a une vingtaine d'années la capacité de remboursement de la dette était appréciée à l'aune du ratio endettement net/capitaux propres (le levier financier) avec une zone critique autour de 1.

Certaines entreprises supportent un endettement bancaire et financier net supérieur aux capitaux propres comptables dès lors que les flux de trésorerie d'exploitation générés sont importants. Ainsi EDF grâce aux *cash flows* générés par les centrales nucléaires. À l'inverse, d'autres seraient totalement incapables de faire face même à un endettement net de 30 % de leurs capitaux propres tant leurs marges sont faibles. Ainsi, Kuoni dont le résultat d'exploitation ne représente au mieux que 3 % du chiffre d'affaires.

Les capitaux propres ne servant à rembourser les dettes qu'en cas de faillite, nous déconseillons à notre lecteur d'apprécier la capacité de remboursement d'une entreprise à partir du ratio endettement net/capitaux propres.

Ce ratio est malgré tout encore calculé par certains, preuve de l'inertie des concepts en finance.

13.14 Quitte à faire référence aux capitaux propres, nous préférons le ratio endettement net/capitalisation boursière, parfois utilisé et qui a le mérite de considérer les capitaux propres à leur valeur aujourd'hui et non à une valeur comptable souvent déconnectée de la réalité économique. Le ratio a néanmoins l'inconvénient d'être volatil.

2 ■ L'entreprise prend-elle un risque d'illiquidité ?

13.15 Pour bien comprendre la notion de liquidité, il faut raisonner ainsi : à un moment donné, le bilan recense les avoirs et les engagements de l'entreprise, c'est l'héritage du passé. Sans retenir une optique de liquidation, on tente cependant de classer ces avoirs et ces échéances dans une optique de trésorerie : dans quel délai tel engagement devra-t-il se traduire par une sortie d'argent, tel avoir par des ressources ?

Une entreprise est en situation d'illiquidité lorsqu'elle ne peut plus faire face à ses échéances à payer avec ses ressources disponibles.

Pour faire face à ses échéances, soit une entreprise dispose de ressources existantes (actifs liquides), soit elle doit obtenir de nouveaux crédits. L'obtention de ces crédits dépendra de la situation de l'entreprise et de la conjoncture, elle est donc par définition incertaine.

L'illiquidité naît du fait que la durée des actifs est supérieure à celle des dettes. Supposez que vous vous endettiez à 6 mois pour financer une machine d'une durée de vie de 3 ans. Il est évident que la durée de vie de la machine est déconnectée des flux de remboursement et d'intérêts. Il y a donc là un risque d'illiquidité si l'investissement n'est pas très rentable et génère peu de flux de liquidités. Au niveau de l'actif circulant, vous supportez le même risque si vous financez par des dettes à 3 mois des stocks dont la rotation est plus longue.

Le risque d'illiquidité s'explique par une liquéfaction des actifs inférieure à l'exigibilité de l'endettement, conséquence d'une durée des emplois supérieure à celle des ressources. La liquidité est une sorte de mesure de la vitesse de rotation de l'actif par rapport à celle des dettes.

L'entreprise illiquide ne dépose pas obligatoirement son bilan mais elle est obligée de trouver de nouvelles ressources « pour faire la soudure ». Elle perd ainsi une partie de sa liberté, en étant contrainte d'affecter une partie des nouvelles ressources au financement d'emplois passés. En période difficile, cela peut être impossible et conduire l'entreprise au dépôt de bilan.

L'analyse de la liquidité consiste donc à cerner le risque de fuite en avant et à comparer, pour chaque échéance, les besoins de l'entreprise et les ressources mises en jeu.

On dira qu'**un bilan est liquide quand, pour chaque échéance, il y a plus d'actifs devenant liquides (stocks vendus, créances clients payées...) que de dettes devenant exigibles.**

Le graphique ci-contre représente, pour chaque échéance, le montant cumulé de l'ensemble des actifs et des dettes d'une durée inférieure ou égale à cette échéance.

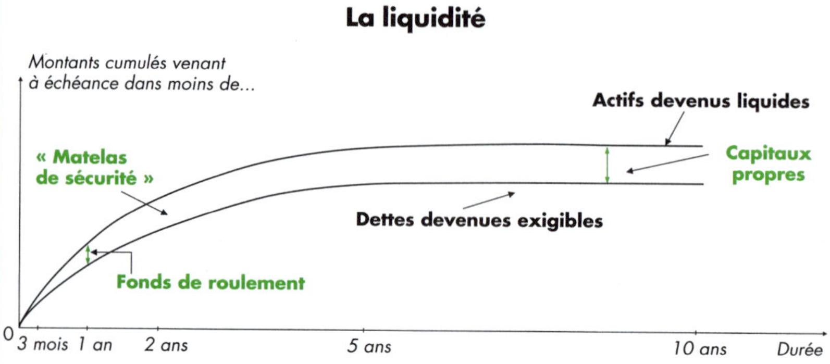

Si, pour une échéance donnée, il y a moins d'actifs cumulés que de dettes cumulées, cela signifie que l'entreprise ne pourra pas faire face à ses engagements sauf à se procurer de nouvelles ressources, si elle en a la possibilité. Ce n'est pas le cas dans ce graphique.

13.16 C'est en fait la **transformation de l'entreprise** que l'on mesure, tout comme on étudie le risque de transformation d'un établissement de crédit qui emprunte à court terme pour financer des actifs à long terme.

Cependant la réalité est souvent plus complexe que les courbes lissées du graphique précédent. Ainsi on aura pour une entreprise faisant face à une échéance de dettes importantes à l'horizon de 5 ans un graphique comme celui-ci :

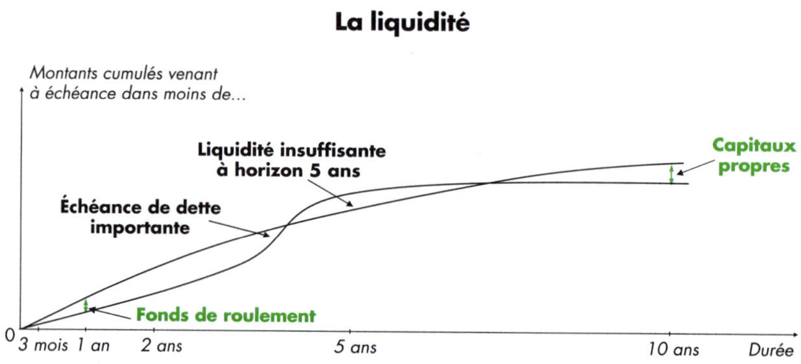

L'entreprise devra dans quelques années gérer sa dette, voire la restructurer (voir le paragraphe 43.16).

a) Les ratios de liquidité

13.17 Les règles de liquidité imposent donc de comparer la durée des actifs à celle des dettes. De ces règles découlent les ratios de liquidité suivants généralement utilisés dans les *covenants* des conventions de crédit (voir paragraphe 43.10) afin de permettre aux banquiers prêteurs de suivre leur risque de contrepartie.

On calculera ainsi :

13.18 • **le ratio de liquidité générale** ou le *current ratio* anglo-saxon :

$$\frac{\text{Actif circulant (à moins d'un an)}}{\text{Passif exigible à court terme}}$$

Ce rapport permet de vérifier que les actifs à moins d'un an sont plus importants que les dettes à moins d'un an et permettent donc de les rembourser ;

13.19 • **le ratio de liquidité réduite,** ou ratio de trésorerie, exprime la liquidité de l'entreprise en excluant les stocks de l'analyse effectuée. Ce faisant, il considère qu'une partie des stocks, correspondant à la valeur minimum du stock indispensable à l'activité normale de l'entreprise, représente une véritable immobilisation. Il traduit par ailleurs le fait que le volant de stocks conservé par l'entreprise peut se révéler insuffisamment liquide en cas de besoin urgent de réalisation (certaines marchandises n'ayant de valeur que si elles s'intègrent dans le processus de production). C'est le *quick ratio* des Anglo-Saxons (aussi appelé *acid test ratio*).

Aussi ce ratio se présente-t-il sous la forme :

$$\frac{\text{Actif circulant (à moins d'un an) hors stocks}}{\text{Passif exigible à court terme}}$$

13.20 • **le ratio de liquidité immédiate** se présente sous la forme :

$$\frac{\text{Disponible et valeurs mobilières de placement}}{\text{Passif exigible à court terme}}$$

Généralement très faible, il connaît des fluctuations dont l'interprétation est souvent très incertaine. Il est appelé *cash ratio* dans le monde anglo-saxon.

b) La liquidité à un an ou le fonds de roulement

13.21 L'analyse financière classique avait développé la règle suivante :

> L'entreprise doit maintenir un « matelas de sécurité » entre les ressources et les emplois à un an, afin de tenir compte des risques inhérents à son activité (dépréciation d'un stock, non-paiement d'un client, baisse des ventes, perte d'exploitation réduisant brutalement les capitaux propres) alors que l'endettement n'est pas susceptible de réductions de valeur.

Une première étape consiste donc à établir une liquidité cumulée à moins d'un an par différence entre les actifs à moins d'un an et le passif exigible à moins d'un an, qu'on appelle **le fonds de roulement** (ou encore fonds de roulement financier). Le maintien d'un fonds de roulement positif a donc pour rôle de protéger les créanciers de tout aléa dans la « liquidation progressive » de l'actif circulant (vente de stocks, paiement des clients), aléa qui pourrait empêcher l'entreprise d'honorer ses dettes (crédits bancaires, dettes à l'égard des fournisseurs de marchandises, à l'égard de l'État, etc.).

Vu par le « haut de bilan », le fonds de roulement est le solde entre les ressources à plus d'un an dites « stables » ou capitaux permanents et les immobilisations (emplois stables à plus d'un an).

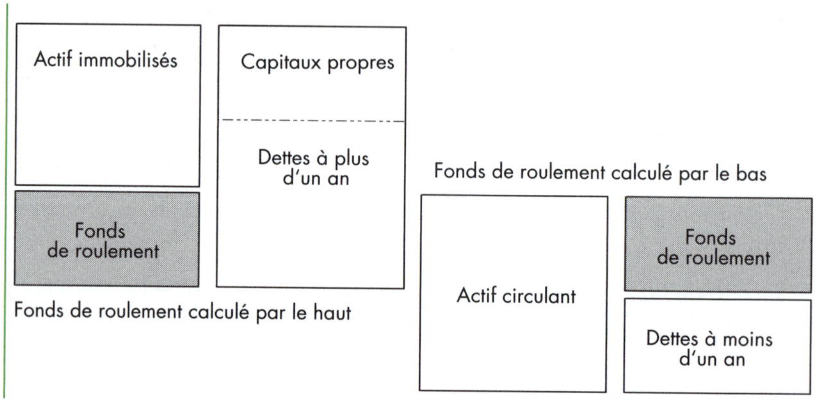

Positif, il traduit un excédent des ressources stables sur les immobilisations. Négatif, il permet de constater que les immobilisations sont financées par des crédits court terme ou par un besoin en fonds de roulement négatif. Ceci peut être dangereux car ces ressources sont exigibles à tout moment alors que les immobilisations se liquéfient progressivement.

Pour être francs, autant le besoin en fonds de roulement est un élément central de l'analyse financière, **autant le fonds de roulement nous paraît être aujourd'hui un concept dépassé pour les groupes.** Le fonds de roulement, ou le problème du choix entre le financement à long terme et le financement à court terme, nous paraît être typique d'une économie d'endettement telle que nous la connaissions dans les années 1970. Aujourd'hui, le problème s'est déplacé vers le choix entre financement par capitaux propres et financement par endettement quel que soit son terme et à l'obtention de lignes de financement non tirées qui, à ce titre, n'apparaissent pas au bilan ni dans le fonds de roulement. Elles ont néanmoins permis à bon nombre de groupes de passer sans dommage majeur la crise de liquidité de l'automne 2008 grâce à la flexibilité financière qu'elles apportent. Cela dit, **il n'en demeure pas moins aberrant de financer par des ressources à très court terme un besoin en fonds de roulement permanent. L'entreprise est alors à la merci d'une crise de liquidité qui peut la précipiter dans la faillite,** en particulier quand sa taille (PME) fait qu'elle ne dispose pas de lignes de financement non tirées.

c) Le financement du besoin en fonds de roulement

13.22 Dans la mesure où il revêt un caractère permanent, le besoin en fonds de roulement devrait être, en toute logique, financé au moyen de capitaux permanents. À la limite, son caractère constant pour un niveau d'activité donné devrait même aboutir à lui attribuer un financement par capitaux propres. Il est vrai que les capitaux propres des entreprises à fort besoin en fonds de roulement sont très élevés.

Toutefois, la plupart des entreprises seraient dans une situation très pénalisante si elles devaient financer strictement leur besoin en fonds de roulement par des dettes à plus d'un an ou des capitaux propres qui ne se trouvent pas en quantité infinie. Elles utilisent en fait le mécanisme classique des crédits *revolving* que nous verrons au paragraphe 25.7. L'utilisation de ces lignes de crédit est encouragée par le caractère essentiellement renouvelable des différentes composantes du besoin en fonds de roulement : créances sur la clientèle (servant de garantie aux crédits accordés) et stocks.

Autrement dit, ce sont des lignes de crédit fonctionnant en permanence, souvent étroitement liées au risque des opérations engagées et à leurs garanties spécifiques (escompte, affacturage, Dailly...).

L'utilisation totale et permanente des lignes de crédit à court terme *revolving* présente de réels dangers : saturation de la capacité d'endettement, sensibilité à une crise de liquidité dans l'économie conduisant l'entreprise à avoir le plus grand mal à renouveler ces lignes, voire la précipitant dans la faillite.

13.23 Le besoin en fonds de roulement ne se présente pas, en effet, comme un simple problème de financement. Il relève d'un risque industriel très important nécessitant une analyse stratégique de l'évolution industrielle de l'entreprise, préalable indispensable à la définition d'une politique de financement.

Les PME fortement exportatrices et les sociétés spécialisées dans le bâtiment et les travaux publics peuvent présenter ainsi un risque important lié au fait que leurs capitaux propres sont souvent très insuffisants par rapport au volume global du besoin en fonds de roulement (la différence étant financée par des ressources « automatiques » jusqu'au jour où, suite à une difficulté imprévue...).

L'analyse développée ici permet seulement d'intégrer la véritable nature du besoin en fonds de roulement à l'analyse globale de la structure financière, et de comprendre qu'un crédit à court terme finançant un besoin en fonds de roulement permanent ne peut être remboursé par le cycle d'exploitation qu'en comprimant celui-ci, c'est-à-dire en entamant un processus de liquidation.

d) Le cas des entreprises à besoin en fonds de roulement négatif

13.24 Les sociétés à besoin en fonds de roulement négatif posent un problème fondamental à l'analyste financier : peuvent-elles réduire leurs capitaux propres dans la mesure où leur situation de trésorerie demeure largement positive ?

Une entreprise dont le besoin en fonds de roulement est négatif peut-elle conserver une structure financière faiblement capitalisée ? Si une telle situation apparaît comme une aberration au plan de l'orthodoxie financière, qu'en est-il dans la pratique ? Deux constatations s'imposent à ce niveau.

En premier lieu, dans une dynamique d'exploitation normale, la structure de financement de l'actif économique est beaucoup plus révélatrice (et importante) que la valeur absolue du besoin en fonds de roulement négatif.

Si en effet, les sociétés A et B se caractérisent par :

Société A		**Société B**	
Immobilisations 900	Capitaux propres 800	Immobilisations 825	Capitaux propres 800
BFR 1000	Endettement net 1100	Trésorerie nette 105	BFR négatif 130

On voit que A qui finance l'essentiel de son actif économique (et notamment son BFR) par de la dette est beaucoup plus vulnérable que B, dont le besoin en fonds de roulement est fortement négatif et dont l'essentiel des immobilisations est financé par des capitaux propres.

En second lieu, une entreprise dont le besoin en fonds de roulement est négatif réagit, en cas de crise (récession, par exemple) plus rapidement qu'une entreprise dont le besoin en fonds de roulement est positif, les facteurs d'inertie jouant moins.

Toutefois, deux risques peuvent caractériser son évolution :

- d'une part, une modification brutale des conditions de règlement accordées par les fournisseurs, qui s'analysent en termes de rapports de force avec ces derniers. En dehors du « fait du prince », un tel risque ne semble pas réel, les sociétés à besoin en fonds de roulement négatif ayant généralement, par leur dynamique de croissance, tendance à améliorer leur position face à leurs fournisseurs. Notons cependant que les avancées réglementaires pour réduire la durée des crédits interentreprises ont un effet mécanique et négatif sur de nombreuses sociétés à BFR négatif ;

- d'autre part, une réduction de l'activité, qui peut entraîner des conséquences graves au niveau de la structure financière. En effet, le besoin en fonds de roulement négatif se contracte, pouvant entraîner des difficultés de trésorerie si l'entreprise n'a pas de liquidités à mobiliser ou si elle ne réussit pas à accroître son endettement.

Section 3 ■ Application à Indesit[1]

13.25 La très vigoureuse restructuration de 2009 a porté les flux de trésorerie générés par l'exploitation à un niveau historiquement élevé (332 M€) alors que les résultats comptables étaient au quasi plus bas. Ceci a permis de limiter l'endettement à un niveau modéré (1,1 fois l'EBE). Depuis les flux de trésorerie d'exploitation se sont réduits (total de 504 M€ de 2010 à 2013) couvrant les investissements (453 M€ sur la même période) et une partie des dividendes payés (92 M€). Le solde de 41 M€ (92 M€ – 51 M€) a été financé par un endettement accru qui ne serait pas inquiétant si l'excédent brut d'exploitation n'avait pas dévissé de 26 % en 2013. En effet, avec un ratio dette nette/EBE de 2,3 fin 2013, Indesit atteint la limite de ce qui semble possible dans un secteur qui peut être soumis à des sauts significatifs de la demande.

L'analyse de la position de liquidité du groupe ne révèle rien d'inquiétant avec des dettes financières à court terme (307 M€) plus que couvertes par les disponibilités et les valeurs de placement (349 M€), d'autant qu'Indesit disposait de 400 M€ de ligne de crédit non tirées fin 2013.

1 Notre lecteur pourra utilement consulter les paragraphes 4.23, 5.19 et 10.34 où sont présentés les comptes 2008-2013 du groupe Indesit et le site www.vernimmen.net où sont disponibles les rapports annuels d'Indesit de 2008 à 2013.

RÉSUMÉ

Le résumé de ce chapitre est disponible sur le site www.vernimmen.net.

L'analyse des financements de l'entreprise doit être menée en dynamique sur plusieurs exercices, et en statique sur le dernier exercice disponible.

Dans une approche dynamique, l'outil de travail essentiel est le tableau de flux de trésorerie ; les flux provenant de l'exploitation en sont la pierre angulaire. Les flux de trésorerie disponibles après frais financiers montrent l'ampleur des besoins ou des excès de financement de l'entreprise.

Les flux provenant de l'exploitation dépendent du taux de croissance de l'activité, de l'importance et des caractéristiques du besoin en fonds de roulement, et de l'importance et des caractéristiques des marges d'exploitation. Ils doivent couvrir les investissements, les remboursements d'emprunts et la distribution de dividendes. Dans le cas contraire, l'entreprise devra s'endetter ou réaliser une augmentation de capital pour assumer les conséquences d'une politique passée.

L'entreprise fait appel à des capitaux propres et aux capitaux d'emprunt pour financer des investissements. Ces investissements doivent progressivement générer des flux positifs permettant de rembourser les capitaux d'endettement et de rémunérer les actionnaires.

L'analyse statique des financements vise à répondre à deux questions :

- l'entreprise pourra-t-elle rembourser normalement ses dettes ? La réponse à cette question passe par la construction de tableaux de flux prévisionnels à partir d'hypothèses sur les taux de croissance de l'activité, les marges, les niveaux de besoins en fonds de roulement et d'investissement. De façon plus simpliste, l'analyste pourra utiliser le ratio endettement net/EBE qui, pour lui donner une certaine sécurité, ne devrait pas dépasser 3 environ ; ou le ratio résultat d'exploitation/frais financiers qui devrait au moins être égal à 3 ;
- l'entreprise prend-elle un risque d'illiquidité ? La réponse à cette question passe par l'étude comparative des dates d'exigibilité des dettes et de liquéfaction des actifs pour vérifier que la durée des actifs est inférieure à celle des dettes. L'entreprise évitera alors l'illiquidité.

QUESTIONS

1/ Quelle est la contribution essentielle de l'analyse du tableau de flux ?

2/ Le flux de trésorerie provenant de l'exploitation est-il un facteur limitant des investissements ?

3/ Votre directeur marketing vous suggère d'accentuer l'effort commercial en accordant des rabais à certains types de clients et des facilités de paiement. Qu'en pensez-vous ?

4/ Les frais financiers sont-ils inclus dans le flux de trésorerie provenant de l'exploitation ?

5/ À quelles conditions un banquier peut-il prêter à une entreprise 7 fois son EBE ?

6/ Une entreprise au fonds de roulement négatif est-elle illiquide ?

7/ Faut-il, à votre avis, faire une distinction entre l'endettement à court terme et l'endettement à moyen long terme dans les tableaux de flux financiers ? Pourquoi ?

8/ Les taux à court terme étant actuellement très bas, on vous propose de vous prêter à 3 mois. Qu'en pensez-vous ?

9/ Le ratio endettement net/capitaux propres des Autoroutes de Paris-Rhin-Rhône (APRR) était de – 139 fin 2013. Qu'en pensez-vous ?

D'autres questions vous attendent sur le site www.vernimmen.net.

EXERCICES

1/ Une entreprise présente les caractéristiques suivantes au cours des 5 dernières années :

	1	2	3	4	5
Actif immobilisé net	100	110	120	130	140
Besoin en fonds de roulement	200	225	250	280	315
Excédent brut d'exploitation	nd	40	44	48	52
Dotation aux amortissements	nd	10	11	12	13
Frais financiers	nd	15	17	19	22
Impôt sur les sociétés	nd	7,5	8	8	8,5
Dividendes	5	5	5	6	6

Établissez le tableau de flux des années 2 à 5. Qu'en pensez-vous ?

2/ Analysez et comparez les tableaux de flux simplifiés d'Orpéa (maisons de retraite), de Carrefour et d'Alstom pour 2012 et 2013 :

En M€	Orpéa		Carrefour		Alstom	
	2012	2013	2012	2013	2012	2013
Flux de trésorerie provenant de l'exploitation	139	237	1 827	1 731	1 146	2
Investissements nets	280	235	– 977	1 228	1 212	686
Augmentations de capital	0	100	0	0	351	0
Dividendes versés	26	32	252	209	243	259
Désendettement net	– 193	70	2 591	204	194	– 1 052

3/ Que pensez-vous de l'entreprise Séraphin ?

Entreprise Séraphin	1	2	3
Flux de trésorerie provenant de l'exploitation	400	700	1600
Investissements	1 000	1 300	1 400
Cessions d'actifs	0	0	0
Augmentation de capital	300	300	0
Dividendes	0	100	200
Désendettement net	– 300	– 400	0

4/ Que pensez-vous de l'entreprise Lampion ?

Entreprise Lampion	1	2	3
Flux de trésorerie provenant de l'exploitation	400	300	– 200
Investissements	1 000	1 100	300
Cessions d'actifs	0	0	300
Augmentation de capital	300	0	600
Dividendes	0	0	0
Désendettement net	– 300	– 800	400

5/ Que pensez-vous de la liquidité de l'entreprise RG ?

Immobilisations à 7 ans	200	Capitaux propres	100
Immobilisations à 3 ans	200	Dettes à 5 ans	200
Stocks à 3 mois	300	Dettes à 1 an	300
Clients à 2 mois	100	Dettes à 1 mois	400
Liquidités à 1 jour	200		
TOTAL	1 000	TOTAL	1 000

ÉLÉMENTS DE RÉPONSE

Questions

1. Mettre l'accent sur la dynamique de rentabilité des investissements.

2. Non, car un investissement rentable pourra toujours être financé mais sa rentabilité devra se traduire tôt ou tard en flux de trésorerie.

3. Le flux de trésorerie provenant de l'exploitation sera doublement réduit (baisse de la marge et augmentation du BFR).

4. Oui, voir le paragraphe 5.16.

5. Excellente visibilité sur l'EBE, marge d'intérêts élevée, contexte de bulle de crédit, contrat de crédit très restrictif de la liberté de gestion de l'emprunteur.

6. Oui à une date comprise entre aujourd'hui et un an.

7. Non, le désendettement net est plus riche en informations, voir le paragraphe 5.21.

8. Comment remboursez-vous le crédit dans 3 mois ?

9. Ce niveau d'endettement ne peut s'apprécier que par rapport à la capacité de APRR de générer des flux de trésorerie d'exploitation importants, ce qui est le cas dans ce secteur d'infrastructure car l'essentiel des investissements a déjà été réalisé. Le ratio dette nette/EBE était de 4,7 x.

Exercices

Les corrigés détaillés des exercices sur excel sont disponibles sur le site www.vernimmen.net.

1. Tableau des flux de trésorerie

	2	3	4	5
Capacité d'autofinancement	17,5	19	21	21,5
Variation du BFR	25	25	30	35
Flux de trésorerie provenant de l'exploitation	– 7,5	– 6	– 9	– 13,5
Investissements	20	21	22	23
Dividendes versés	5	5	5	6
Désendettement net	– 32,5	– 32	– 36	– 42,5

L'entreprise en forte croissance, et en période d'investissement, ne peut maîtriser son besoin en fonds de roulement, ce qui génère un fort déficit de trésorerie. Celui-ci est comblé par de l'endettement ; les frais financiers augmentent donc fortement.

2. Orpéa est une société en croissance, elle a des flux de trésorerie provenant de l'exploitation inférieurs à ses importants investissements ; elle se finance par endettement et par augmentation de capital.

Carrefour est une société arrivée à maturité, les flux de trésorerie provenant de l'exploitation suffisent à couvrir les investissements. La société se désendette, y compris en cédant des actifs.

Alstom subit une chute importante de ses flux de trésorerie d'exploitation en raison d'une moindre demande sur son principal marché (centrales thermiques), réduit ses investissements, mais ne peut empêcher une hausse importante de son endettement.

3. L'entreprise Séraphin génère une spirale vertueuse : Séraphin investit, les investissements dégagent des flux positifs, les flux de trésorerie provenant de l'exploitation croissent chaque année, la société fait ainsi peu appel à l'endettement. En 3, les flux de trésorerie provenant de l'exploitation sont tels que Séraphin peut autofinancer ses investissements, verser quelques dividendes et stabiliser son endettement.

4. L'entreprise Lampion est prise dans un cercle vicieux : les flux de trésorerie provenant de l'exploitation diminuent de période en période. Lampion fait donc appel massivement à l'endettement en période 2 pour financer ses investissements. En période 3, l'entreprise a de graves difficultés de trésorerie, les flux de trésorerie provenant de l'exploitation étant négatifs. La société fait donc appel à ses actionnaires d'une part, et entreprend un programme de recentrage de l'activité et donc de cession d'immobilisations d'autre part. Ses investissements nets sont donc nuls. Lampion doit se désendetter.

5. Sa liquidité à 1 mois n'est pas assurée (impasse de 400 – 200 = 200) ni à 1 an (impasse de 700 – 600 = 100) ni à 5 ans (impasse de 900 – 800 = 100). Elle devra donc très rapidement restructurer sa dette pour en reporter des échéances.

BIBLIOGRAPHIE

Leutenegger M.-A., *Les tableaux d'analyse des flux*, Economica, 1999.

Morellec E., « Asset Liquidity, capital structure and secured debt », *Journal of Financial Economics* août 2001, vol. 61, n° 2, pages 173 à 206.

Chapitre 14

L'analyse de la rentabilité comptable

L'effet de levier, beaucoup de bruit pour rien.

14.1 Nous avons jusqu'à présent étudié la formation des marges de l'entreprise, tout en sachant que celles-ci nécessitent la réalisation d'investissements prenant la forme de variations du besoin en fonds de roulement ou d'acquisitions d'immobilisations, et qui naturellement doivent être financées par capitaux propres ou par endettement. Nous avons maintenant en main tous les éléments pour porter un diagnostic sur l'efficacité de l'entreprise, c'est-à-dire sur sa rentabilité.

Une entreprise qui dégage une rentabilité au moins égale à celle demandée par ses actionnaires et ses créanciers n'aura pas durablement de problèmes de financement, elle remboursera ses dettes et créera de la valeur pour ses actionnaires.

C'est dire l'importance de ce chapitre qui s'attache à mesurer la rentabilité **comptable** de l'entreprise.

Section 1 ▪ L'analyse de la rentabilité de l'entreprise

14.2 On ne peut parler de rentabilité qu'en rapportant à des capitaux investis, le résultat produit par l'investissement de ces capitaux. S'il n'y a pas de capitaux investis, il n'y a pas de rentabilité.

La rentabilité comptable est le rapport entre l'accroissement de richesse (le résultat) et les capitaux investis. **Il ne faut pas confondre marge et rentabilité** : la marge est le rapport d'un résultat à un volume d'activité (le chiffre d'affaires) ; la rentabilité est le rapport d'un résultat aux capitaux investis nécessaires pour dégager ce résultat.

14.3 L'analyste doit s'intéresser en priorité à la rentabilité de l'actif économique mesurée par le rapport du résultat d'exploitation après impôt sur les sociétés (IS) sur l'actif économique.

On l'appellera taux de rentabilité économique ou taux de rentabilité opérationnelle (R_e) ou *return on capital employed*, ROCE en anglais[1].

$$\text{Taux de rentabilité économique} = \frac{\text{Résultat d'exploitation} \times (1 - \text{Taux IS})}{\text{Actif économique}}$$

On peut également considérer le taux de rentabilité économique comme le taux de rentabilité des capitaux propres si l'endettement net était nul.

Le plus souvent, par convention, l'actif économique retenu dans le calcul est l'actif économique qui apparaît dans le bilan de fin d'exercice. On pourrait penser que l'actif économique de début de période est plus approprié pour ce calcul en estimant que les investissements de l'exercice n'ont pas contribué à la création de richesse de la période[2]. Certains font une moyenne entre l'actif économique de début et de fin d'exercice. Peu importe. La seule chose que nous recommandons au lecteur est de ne pas changer de méthode en cours de route pour ne pas fausser les comparaisons sur l'horizon d'analyse.

Le résultat d'exploitation à considérer est celui que nous avons vu au paragraphe 10.22 : il inclut la participation des salariés, l'intéressement et l'ensemble des autres produits et charges que l'analyste aura rattachés au cycle d'exploitation.

Les calculs sont faits après impôt ce qui signifie que l'on calcule une rentabilité économique après impôt au taux normal (38 % en France en 2013 pour les grandes entreprises et 33,3 % pour les PME) et non pas en retranchant l'impôt réel qui tient compte de la structure financière puisque les frais financiers sont déductibles de la base imposable.

> L'analyste devra donc choisir s'il raisonne avant ou, comme il est proposé ici, après impôt. Si c'est après impôt, il devra calculer des résultats déduction faite d'un impôt théorique (calculé au taux d'imposition normatif de l'entreprise).

14.4 La rentabilité économique peut s'expliquer par la combinaison d'une marge et d'un taux de rotation. En effet :

$$\frac{\text{Résultat d'exploitation} \times (1 - \text{Taux IS})}{\text{Actif économique}} = \frac{\text{Résultat d'exploitation} \times (1 - \text{Taux IS})}{\text{Chiffre d'affaires}} \times \frac{\text{Chiffre d'affaires}}{\text{Actif économique}}$$

Le premier ratio, résultat d'exploitation/chiffre d'affaires est la marge d'exploitation dégagée par l'entreprise. Le second, chiffre d'affaires/actif économique est un ratio de rotation de l'actif économique (c'est l'inverse de l'intensité capitalistique) qui indique le montant des capitaux engagés (actif économique) pour un chiffre d'affaires donné. Une rentabilité économique « normale » peut donc résulter de faibles marges, mais d'un fort taux de rotation (donc une faible intensité capitalistique) ; c'est l'exemple de la grande distribution comme WallMart. Elle peut aussi résulter de fortes marges mais d'un faible taux de rotation (donc d'une forte intensité capitalistique) ; c'est l'exemple des producteurs de Cognac ou des opérateurs de satellites comme Eutelsat :

1 Notre lecteur pourra également trouver les termes *Return On Invested Capital* (ROIC) ou *Return On Net Assets* (RONA).

2 C'est d'ailleurs ce que nous indiquons au chapitre 20 consacré au taux de rentabilité actuariel.

Décomposition des rentabilités économiques 2014 de quelques groupes

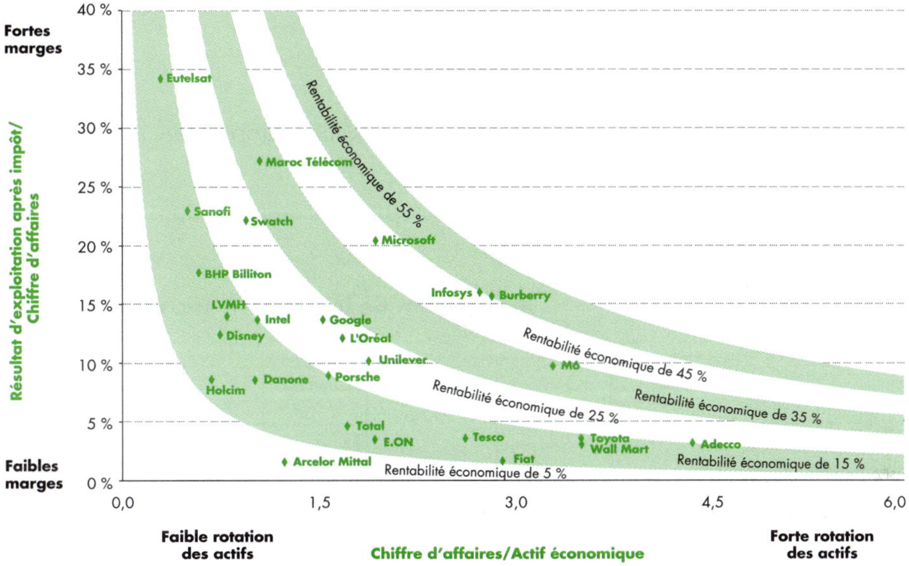

Source : Exane BNP Paribas, Rapports annuels.

On remarque que si Adecco et Eutelsat ont une rentabilité économique proche, elle se décompose très différemment pour ces deux sociétés : Eutelsat a une très bonne marge économique, mais a une rotation de l'actif économique faible (forts investissements de départ) ; alors qu'Adecco a une marge économique plus faible, mais une rotation de l'actif économique plus forte (pas de stocks ni d'immobilisations significatives, donc l'intensité capitalistique est plus faible).

14.5 Dans un second temps, on calcule la **rentabilité des capitaux propres** qui se mesure par le rapport résultat net/capitaux propres, parfois appelé rentabilité financière ou *return on equity*, ROE en anglais.

$$\text{Rentabilité des capitaux propres} = \frac{\text{Résultat net}}{\text{Capitaux propres}}$$

En pratique, la plupart des analystes financiers extournent du résultat net des éléments jugés non récurrents [1] avant de calculer la rentabilité des capitaux propres.

1 En particulier l'amortissement des survaleurs en normes françaises, ou leur dépréciation en normes IFRS.

Section 2 ■ L'effet de levier

1 ■ Le principe

14.6 L'effet de levier explique le taux de rentabilité des capitaux propres en fonction du taux de rentabilité de l'actif économique et du coût de la dette.

Nous avons, dans notre démarche, considéré les capitaux engagés dans leur ensemble, qu'ils prennent la forme de capitaux propres ou d'endettement.

Ces capitaux sont investis dans des actifs qui forment l'actif économique et qui sont appelés à dégager un résultat, comme le montre le schéma ci-contre :

Répartition de la richesse sécrétée

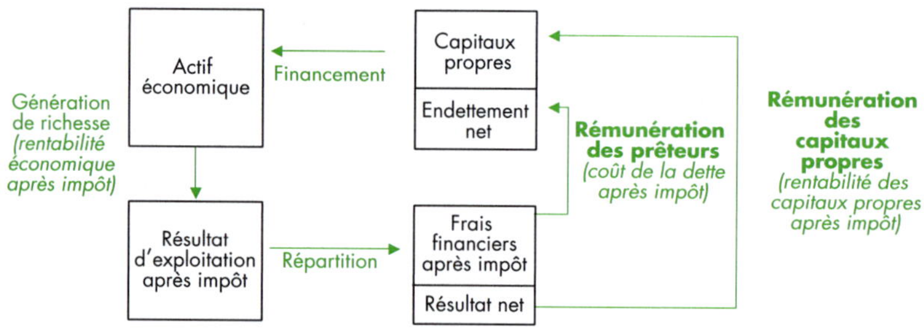

L'ensemble des capitaux apportés par les prêteurs et les actionnaires finance **l'ensemble des emplois, c'est-à-dire l'actif économique** ; ces emplois dégagent un résultat d'exploitation qui se répartit ensuite entre les frais financiers (rémunération des prêteurs) et le résultat net revenant aux actionnaires.

En fait, lorsque l'on compare la rentabilité des capitaux propres et la rentabilité économique (après impôt pour être homogène), on s'aperçoit qu'elles ne sont séparées que par l'impact de la structure financière[1].

Par définition, on appelle effet de levier la différence entre la rentabilité des capitaux propres et la rentabilité économique.

L'effet de levier explique comment il est possible de réaliser une rentabilité des capitaux propres supérieure à la rentabilité économique. Que le lecteur s'arrête un instant sur ce rêve qui consiste à obtenir une meilleure rentabilité que celle dégagée par l'outil industriel et commercial !

Mais attention, l'effet de levier peut jouer dans les deux sens : s'il peut accroître la rentabilité des capitaux propres par rapport à la rentabilité économique, il peut aussi, dans certains cas, la minorer. Le rêve devient alors cauchemar.

14.7 Le principe de l'effet de levier est le suivant : lorsqu'une entreprise s'endette et investit les fonds empruntés dans son outil industriel et commercial, elle obtient sur ce montant un certain résultat d'exploitation normalement supérieur aux frais financiers de l'endettement. Dans le cas inverse, ce n'est pas la

1 Mis à part les éléments non récurrents et les spécificités des comptes consolidés que nous traiterons plus loin.

peine d'investir, comme nous le verrons au début de la troisième partie de cet ouvrage. L'entreprise réalise donc un surplus, différence entre la rentabilité économique et le coût de l'emprunt sur la somme empruntée. Ce surplus revient aux actionnaires et majore la rentabilité des capitaux propres. L'effet de levier de l'endettement augmente donc la rentabilité des capitaux propres. D'où son nom.

Soit ainsi une entreprise dont l'actif économique est de 100, qui rapporte du 10 % après impôt, et qui est entièrement financé par capitaux propres. La rentabilité économique et la rentabilité des capitaux propres sont donc égales à 10 %.

Si, maintenant, l'entreprise finance son actif économique par 30 de dettes à 4 % après impôt et le solde de 70 par capitaux propres, la rentabilité des capitaux propres devient :

Résultat d'exploitation après impôt :	10 % × 100 = 10
– Charges financières après impôt :	4 % × 30 = 1,2
= Résultat net après impôt :	= 8,8

Rapporté à des capitaux propres de 70, cela donne une rentabilité après impôt de 12,6 % (8,8/70), alors que la rentabilité économique après impôt est de 10 %.

Dans ce cas, les 30 empruntés et investis dans l'actif économique permettent de dégager un résultat d'exploitation après impôt de 3 qui, après le paiement des charges financières (1,2), revient aux actionnaires. Le surplus ainsi réalisé (1,8) s'ajoute au résultat d'exploitation que dégagent les investissements financés par les capitaux propres (70 × 10 % = 7) pour former le résultat net : 7 + 1,8 = 8,8. La rentabilité des capitaux propres est de 8,8/70, soit 12,6 %.

L'effet de levier de l'endettement majore la rentabilité des capitaux propres de 2,6 %[1], qui correspond au rapport du surplus (1,8) sur les capitaux propres (1,8/70 = 2,6 %).

> L'endettement peut donc permettre d'augmenter la rentabilité des capitaux propres de l'entreprise sans modifier, par définition, la rentabilité économique.

14.8 Mais le lecteur a sûrement déjà perçu l'hypothèse fondamentale nécessaire pour que la rentabilité des capitaux propres augmente lorsque l'entreprise s'endette. **Il faut que la rentabilité économique soit supérieure au coût de l'endettement**. Sinon, l'entreprise emprunte à un taux supérieur à la rentabilité qu'elle peut obtenir de l'investissement dans son actif économique des fonds empruntés. Il y a dès lors un déficit qui vient s'imputer sur la rentabilité économique dégagée par les capitaux propres. Le résultat s'amoindrit et la rentabilité des capitaux propres devient **inférieure** à la rentabilité économique.

Reprenons notre exemple, et supposons que la rentabilité économique tombe à 2 % après impôt. La rentabilité des capitaux propres devient alors :

Résultat d'exploitation après impôt :	100 × 2 % = 2
– Charges financières après impôt :	30 × 4 % = 1,2
= Résultat net après impôt :	= 0,8

Rapporté aux capitaux propres de 70, cela donne une rentabilité après impôt de 1,1 % (0,8/70).

1 De 10 % à 12,6 %.

Ici les 30 empruntés dégagent un résultat d'exploitation après impôt de 0,6 qui, après paiement des 1,2 de charges financières, produisent un déficit de 0,6 sur les fonds empruntés. Celui-ci s'impute sur le résultat net, qui ne sera plus que de 70 × 2 % – 0,6 = 0,8.

La rentabilité économique de 2 % est minorée de 0,6/70 = 0,9 % pour donner une rentabilité des capitaux propres de 1,1 % après impôt.

> Lorsque la rentabilité économique devient inférieure au coût de l'endettement, l'effet de levier de l'endettement s'inverse et abaisse la rentabilité des capitaux propres qui devient alors inférieure à la rentabilité économique[1].

2 ■ La formulation

14.9 Tout d'abord, il faut préciser l'impact de la fiscalité sur le raisonnement que nous venons de faire.

L'impôt est un prélèvement sur le résultat. Chaque produit est générateur d'impôt et chaque charge diminue l'impôt (dans la limite où l'entreprise est bénéficiaire). À chaque poste du compte de résultat correspond donc un impôt ou un crédit d'impôt théorique, l'impôt final étant la somme de tous ces impôts et crédits d'impôt. On peut donc calculer un résultat d'exploitation net d'impôt : il suffit de multiplier le résultat d'exploitation par le facteur : 1 – taux d'imposition.

Ceci nous permet d'homogénéiser notre calcul ; en effet, **nous raisonnons** tout au long de ce chapitre **après impôt,** et ce pour chacun des résultats utilisés : résultat d'exploitation, résultat financier et résultat net (notons que les raisonnements seraient les mêmes si l'on se plaçait à chaque étape avant prélèvement de l'État).

14.10 Formulons maintenant notre constatation : le résultat net est égal à la rentabilité économique multipliée par les capitaux propres plus un surplus (ou un déficit) de résultat obtenu sur les fonds empruntés, égal au produit de la dette par la différence entre le taux de rentabilité économique après impôt et le coût de la dette après impôt.

En transposant au niveau des rentabilités et non plus des résultats, on a :

$$R_{CP} = R_e + (R_e - i) \times \frac{D}{CP}$$

où : R_{CP} est la rentabilité des capitaux propres, R_e la rentabilité économique après impôt, i le coût de l'endettement net après impôt, D le montant de l'endettement net et CP le montant des capitaux propres[2].

> Que le lecteur ne se laisse pas abuser par cette formule, elle repose sur une tautologie comptable. L'effet de levier ne constitue qu'un simple facteur explicatif de la rentabilité des capitaux propres, et rien de plus.

---

1 Certains parleront alors d'effet massue.

2 Le lecteur trouvera en exercice 2 la démonstration de la formule de l'effet de levier.

14.11 On a donc :

$$\text{Rentabilité des capitaux propres} = \text{Rentabilité économique} + \left(\text{Rentabilité économique} - \text{Coût de l'endettement net}\right) \times \frac{\text{Endettement net}}{\text{Capitaux propres}}$$

Le rapport endettement net/capitaux propres est appelé levier financier ou *leverage* ou *gearing* en anglais.

L'effet de levier est lui égal à :

$$\left(\text{Rentabilité économique} - \text{Coût de l'endettement net}\right) \times \frac{\text{Endettement net}}{\text{Capitaux propres}}$$

> La rentabilité des capitaux propres est donc égale à la rentabilité économique majorée de l'effet de levier.

14.12 L'effet de levier est d'autant plus important :

- que la rentabilité économique de l'entreprise est forte par rapport au coût de l'endettement (si la rentabilité économique passe à 16 % dans notre exemple, la rentabilité des capitaux propres devient : 16 % + 5,1 % = 21,1 %) ;
- que l'entreprise est très endettée.

Bien sûr l'effet de levier s'inverse dès :

- que la rentabilité économique devient inférieure au coût de l'endettement ;
- que le coût de l'endettement a été mal prévu ou se trouve brusquement élevé parce que l'endettement est à taux variable et que les taux d'intérêt s'élèvent dans l'économie.

14.13 L'effet de levier, reposant sur une tautologie comptable, s'applique à toutes les situations même lorsque l'entreprise a un endettement net négatif, c'est-à-dire lorsque ses placements sont supérieurs à ses dettes. Dans ce cas, la rentabilité des capitaux propres est simplement la moyenne, pondérée par l'importance relative de l'actif économique et des placements, de la rentabilité économique et de la rentabilité des placements financiers. Il suffit d'appliquer mécaniquement la formule de l'effet de levier, i correspondant cette fois au taux de rentabilité après impôts des placements et D prenant une valeur négative puisque l'endettement net est négatif.

Considérons ainsi Bic en 2013. Les capitaux propres sont de 1 471 M€ et l'endettement net est négatif de 197 M€ : il s'agit de placements qui rapportent du 3,4 % avant impôts. La rentabilité économique après un impôt normatif de 30,6 % est de 18,5 %[1] compte tenu d'un résultat d'exploitation de 339 M€. La rentabilité de ses capitaux propres est de :

$$R_{cp} = \frac{(339 + 3,4\ \% \times 197) \times (1 - 30,6\ \%)}{1\ 471} = 18,5\ \% + (18,5\ \% - 3,4\ \%) \times \frac{-197}{1\ 475} = 16,4\ \%$$

1 $\frac{339 \times (1 - 30,6\ \%)}{1\ 471 - 197} = 18,5\ \%.$

L'explication ne vient pas d'un coût de l'endettement supérieur à la rentabilité économique ! Non, plus simplement, Bic ne peut pas trouver sur les marchés financiers une rentabilité comparable à celle de son outil industriel pour ses excédents de trésorerie. Il est obligé de placer à un taux inférieur à la rentabilité de son actif économique, ce qui réduit sa rentabilité des capitaux propres.

14.14 Voici la rentabilité des capitaux propres et la rentabilité économique pour les principaux groupes cotés européens :

Rentabilité économique après impôt

Secteur	2000	2005	2006	2007	2008	2009	2010	2011	2012	2013	2014e	2015e
Acier	6 %	12 %	14 %	13 %	11 %	0 %	4 %	5 %	3 %	3 %	4 %	6 %
Agroalimentaire	12 %	13 %	14 %	14 %	14 %	14 %	15 %	14 %	14 %	15 %	15 %	16 %
Automobile	7 %	8 %	9 %	11 %	8 %	1 %	11 %	12 %	10 %	9 %	10 %	11 %
Biens d'équipement	8 %	10 %	12 %	14 %	13 %	10 %	11 %	11 %	11 %	11 %	12 %	13 %
Biens de consommation	11 %	17 %	14 %	15 %	14 %	11 %	14 %	14 %	13 %	12 %	13 %	15 %
Boissons et spiritueux	11 %	11 %	11 %	12 %	8 %	9 %	10 %	10 %	11 %	11 %	11 %	12 %
Chimie	8 %	10 %	9 %	10 %	9 %	7 %	11 %	12 %	11 %	10 %	10 %	11 %
Défense et aéronautique	7 %	10 %	9 %	11 %	12 %	12 %	10 %	9 %	14 %	10 %	13 %	15 %
Distribution alimentaire	7 %	8 %	9 %	10 %	9 %	9 %	10 %	9 %	9 %	9 %	9 %	9 %
Loisirs et hôtellerie	7 %	9 %	9 %	11 %	10 %	9 %	10	10 %	10 %	10 %	11 %	12 %
Luxe	10 %	10 %	12 %	12 %	11 %	10 %	13 %	15 %	15 %	15 %	16 %	17 %
Matériaux de construction	11 %	11 %	11 %	12 %	8 %	9 %	10 %	10 %	11 %	11 %	11 %	12 %
Médias	6 %	12 %	12 %	13 %	10 %	11 %	12 %	12 %	11 %	11 %	14 %	16 %
Mines	12 %	19 %	25 %	18 %	18 %	12 %	19 %	16 %	9 %	9 %	9 %	11 %
Opérateurs télécom	4 %	9 %	8 %	9 %	9 %	10 %	9 %	10 %	9 %	8 %	8 %	8 %
Pétrole & gaz	14 %	18 %	17 %	15 %	17 %	8 %	11 %	10 %	9 %	7 %	8 %	8 %
Pharmacie	16 %	16 %	17 %	17 %	19 %	21 %	20 %	20 %	20 %	19 %	19 %	21 %
Services aux entreprises	13 %	11 %	15 %	15 %	14 %	13 %	14 %	14 %	14 %	15 %	16 %	17 %
Services informatiques	12 %	9 %	11 %	11 %	12 %	11 %	11 %	12 %	13 %	13 %	15 %	15 %
Services publics	5 %	7 %	9 %	8 %	8 %	7 %	6 %	6 %	6 %	6 %	5 %	5 %

Source : Exane BNP Paribas.

Rentabilité des capitaux propres

Secteur	2000	2005	2006	2007	2008	2009	2010	2011	2012	2013	2014e	2015e
Acier	9 %	21 %	21 %	20 %	19 %	2 %	7 %	4 %	– 1 %	– 1 %	4 %	6 %
Agroalimentaire	25 %	19 %	19 %	21 %	23 %	21 %	19 %	19 %	20 %	20 %	20 %	20 %
Automobile	9 %	13 %	14 %	12 %	8 %	– 4 %	12 %	14 %	11 %	10 %	12 %	12 %
Biens d'équipement	23 %	11 %	12 %	16 %	16 %	13 %	13 %	15 %	14 %	14 %	15 %	15 %
Biens de consommation	19 %	17 %	17 %	18 %	17 %	11 %	14 %	14 %	13 %	12 %	12 %	13 %
Boissons et spiritueux	20 %	15 %	16 %	17 %	15 %	14 %	14 %	16 %	16 %	15 %	15 %	15 %
Chimie	15 %	16 %	16 %	16 %	17 %	11 %	16 %	17 %	16 %	14 %	15 %	16 %
Défense et aéronautique	8 %	13 %	16 %	13 %	16 %	16 %	13 %	10 %	15 %	17 %	17 %	18 %
Distribution alimentaire	15 %	13 %	13 %	14 %	14 %	13 %	13 %	13 %	13 %	12 %	12 %	12 %
Loisirs et hôtellerie	13 %	12 %	13 %	15 %	15 %	11 %	12 %	12 %	12 %	11 %	13 %	14 %
Luxe	13 %	12 %	14 %	16 %	13 %	11 %	14 %	16 %	18 %	17 %	16 %	16 %
Matériaux de construction	20 %	15 %	16 %	17 %	15 %	14 %	14 %	16 %	16 %	15 %	15 %	15 %
Médias	5 %	18 %	18 %	18 %	19 %	17 %	18 %	20 %	20 %	19 %	20 %	21 %
Mines	17 %	29 %	34 %	32 %	27 %	17 %	25 %	21 %	13 %	13 %	14 %	15 %
Opérateurs télécom	3 %	13 %	14 %	13 %	15 %	15 %	15 %	15 %	16 %	11 %	10 %	11 %
Pétrole & gaz	21 %	25 %	25 %	21 %	24 %	12 %	15 %	15 %	14 %	11 %	11 %	11 %
Pharmacie	23 %	22 %	23 %	22 %	23 %	27 %	27 %	27 %	27 %	24 %	23 %	23 %
Services aux entreprises	59 %	22 %	29 %	32 %	31 %	23 %	22 %	23 %	22 %	23 %	23 %	23 %
Services informatiques	14 %	11 %	15 %	14 %	17 %	11 %	11 %	12 %	12 %	12 %	14 %	14 %
Services publics	11 %	15 %	17 %	15 %	16 %	13 %	12 %	10 %	11 %	10 %	9 %	9 %

Source : Exane BNP Paribas.

Le lecteur ne manquera pas de remarquer l'amélioration globale des rentabilités économiques de 2000 à 2007 avant un début de correction en 2008. Les secteurs luxe et chimie ont des rentabilités de leurs capitaux propres identiques (16 %), mais des rentabilités économiques différentes (17 % et 12 % respectivement). L'endettement explique cette différence : modéré dans la chimie, inexistant dans le luxe. La qualité de la rentabilité des capitaux propres dans le secteur du luxe est donc meilleure que dans la chimie.

3 ■ Le calcul de l'effet de levier

a) Présentation

14.15 Pour effectuer le calcul de l'effet de levier et de la rentabilité des capitaux propres, nous suggérons au lecteur de remplir le tableau de la page suivante. Quels sont les éléments nécessaires pour établir ces calculs ? Nous conseillons vivement à notre lecteur de reprendre les données établies dans les tableaux des paragraphes 4.23 et 10.34 ou 10.36.

- Au compte de résultat :
  - le chiffre d'affaires (CA) ;
  - le résultat courant (RC) ;
  - les charges financières nettes (CF), rappelons qu'elles sont nettes des produits financiers ;
  - le résultat d'exploitation (RE).
- Au bilan :
  - les immobilisations (Immo) ;
  - le besoin en fonds de roulement (d'exploitation et hors exploitation) (BFR) ;
  - l'actif économique (AE), somme des deux précédentes lignes, mais aussi, par construction, somme des deux lignes suivantes puisque l'actif économique est financé par les capitaux propres et l'endettement ;
  - les capitaux propres (CP) ;
  - l'endettement net (D) qui, rappelons-le, comprend l'ensemble des dettes bancaires et financières à court, moyen ou long termes et les dettes assimilées (engagements nets de retraite, etc.) après déduction des valeurs mobilières de placement et des disponibilités.

Le taux d'impôt sur les sociétés est symbolisé par IS.

L'effet de levier (exemple d'Indesit)

Données de base

	2008	2009	2010	2011	2012	2013
Chiffre d'affaires (CA)	3 155	2 613	2 879	2 825	2 886	2 671
Résultat courant (RC)	95	67	150	113	102	17
+ Frais financiers nets (Ffi)	46	52	35	37	31	52
= Résultat d'exploitation (RE)	141	118	184	150	133	69
Immobilisations nettes (Immo)	1 080	1 035	1 046	1 037	1 118	1 069
+ Besoin en fonds de roulement (BFR)	13	– 160	– 115	– 84	– 78	– 165
= ACTIF ÉCONOMIQUE (AE)	1 093	876	931	953	1 040	904
Capitaux propres (CP)	469	508	609	593	686	496
+ Endettement net (D)	625	368	322	360	354	408
= ACTIF ÉCONOMIQUE (AE)	1 093	875	931	953	1 040	904
Taux d'impôt sur les sociétés (IS)[1]	41 %	50 %	40 %	48 %	39 %	82 %

Calcul

		2008	2009	2010	2011	2012	2013
i	Coût net de l'endettement = $\frac{CF \times (1 - IS)}{D}$	4,3 %	7,0 %	6,4 %	5,4 %	5,3 %	2,2 %
R_e	Rentabilité économique après impôt = $\frac{RE \times (1 - IS)}{AE}$	7,6 %	6,7 %	11,9 %	8,2 %	7,8 %	1,3 %
$R_e - i$	Rentabilité économique après impôt – Coût net de l'endettement	3,3 %	– 0,3 %	5,4 %	2,9 %	2,5 %	– 0,9 %
D/CP	Levier financier	1,3	0,7	0,5	0,6	0,5	0,8
	Effet de levier = $(R_e - i) \times \frac{D}{CP}$	4,4 %	– 0,2 %	2,9 %	1,7 %	1,3 %	– 0,7 %
R_{CP}	Rentabilité des capitaux propres = $\frac{RC \times (1 - IS)}{CP}$ ou $R_e + \frac{D}{CP} \times (R_e - i)$	12,0 %	6,5 %	14,8 %	10,0 %	9,1 %	0,6 %

Résultats

	2008	2009	2010	2011	2012	2013
Marge d'exploitation après impôt (RE × (1 – IS)/CA)	2,6 %	2,3 %	3,8 %	2,8 %	2,8 %	0,5 %
× Taux de rotation de l'actif économique (CA/AE)	2,9	3,0	3,1	3,0	2,8	3,0
= Rentabilité économique (A)	7,6 %	6,7 %	11,9 %	8,2 %	7,8 %	1,3 %
Rentabilité économique – Coût net de la dette ($R_e - i$)	3,3 %	– 0,3 %	5,4 %	2,9 %	2,5 %	– 0,9 %
× Levier financier (D/CP)	1,3	0,7	0,5	0,6	0,5	0,8
= Effet de levier (B)	4,4 %	– 0,2 %	2,9 %	1,7 %	1,3 %	– 0,7 %
= Rentabilité des capitaux propres (A + B)	12,0 %	6,5 %	14,8 %	10,0 %	9,1 %	0,6 %

1. En pratique, nous conseillons à notre lecteur de retenir le taux moyen d'imposition de l'entreprise.

b) Les problèmes pratiques

14.16 De même que nous avons conseillé à notre lecteur de partir des bilans et du compte de résultat qu'il a établis aux chapitres 4 et 10 pour aboutir à des tableaux de flux équilibrés, nous conseillons encore à notre lecteur de partir de ces mêmes états financiers pour remplir le tableau précédent.

> Nous ne saurions trop insister sur les deux identités comptables fondamentales :
> Actif économique = Capitaux propres + Endettement net.
> Résultat d'exploitation après impôt = Résultat net + Charges financières nettes après impôt.

Ainsi, aboutira-t-il à la même rentabilité des capitaux propres quelle que soit la façon de la calculer. Notre lecteur aura remarqué que le recours au résultat courant plutôt qu'au résultat net permet d'éliminer l'impact des éléments non récurrents.

Partant de tableaux où les problèmes ont déjà été résolus au moment de leur établissement (*quid* des provisions pour risques, des provisions pour charges ?...), seuls deux problèmes concrets se posent lorsque l'on calcule l'effet de levier en comptes consolidés : les écarts d'acquisition (la survaleur) et les sociétés mises en équivalence.

14.17 **Le traitement de l'écart d'acquisition** (ou *goodwill*, ou survaleur, voir paragraphes 7.18 et suivants) modifie sensiblement les résultats obtenus. En effet, déprécier l'écart d'acquisition et réduire d'autant le résultat net et donc les capitaux propres fait disparaître des pans entiers d'actif économique et de capitaux propres. De ce fait, la rentabilité apparente des capitaux propres et de l'actif économique paraît très bonne, mais c'est se leurrer. Ce n'est pas parce qu'en toute légalité des pans entiers de capitaux propres se sont volatilisés que les actionnaires n'en continuent pas moins à avoir une exigence normale de rentabilité sur ces capitaux propres portés disparus dans le bilan !

Aussi, dans la mesure du possible, conseillons-nous à notre lecteur de raisonner sur des montants **bruts** d'écarts d'acquisition et d'ajouter aux capitaux propres l'écart entre les montants bruts et nets de ces écarts d'acquisition afin de garder un bilan équilibré. Dans le même esprit, nous lui conseillons de raisonner sur un résultat net hors dépréciations des écarts d'acquisition. Il obtiendra ainsi une appréciation rigoureuse de la rentabilité de l'entreprise.

Le même raisonnement peut être tenu pour les pertes accumulées. Ainsi celles-ci ne correspondent pas à des sommes récupérées par les actionnaires bien qu'elles diminuent les capitaux propres. Ainsi il conviendrait théoriquement de gonfler les capitaux propres des pertes passées cumulées. Ce redressement est malheureusement souvent difficile à mener.

14.18 Les comptes consolidés posent un second problème qui est celui du traitement à réserver à **la quote-part de résultat dans les sociétés mises en équivalence**. Faut-il la considérer comme un produit financier puisqu'elle serait égale à un dividende si l'entreprise mise en équivalence distribuait 100 % de son résultat ? Ou faut-il la considérer comme faisant partie du résultat d'exploitation car provenant des participations incluses dans l'actif économique, sachant que ce faisant, on ajoute à un résultat d'exploitation, c'est-à-dire avant charges financières et impôt, une quote part de résultat net. La première optique nous paraît correspondre à celle d'un groupe financier qui pourra céder telle ou telle participation pour se désendetter. Dans ce cas, le montant de cette participation doit être retranché de l'endettement pour ce calcul de rentabilité. La seconde optique correspond à celle d'un groupe industriel pour qui, cette situation doit être exceptionnelle et temporaire car, sauf exception, un groupe industriel a vocation à contrôler à plus de 50 % ses filiales. Dans ce cas, le montant de cette participation est inclus dans l'actif économique.

4 ■ Les sociétés à l'actif économique négatif

14.19 Les sociétés à l'actif économique négatif sont caractérisées par un besoin en fonds de roulement très fortement négatif couvrant l'ensemble des immobilisations nettes. Relevant de secteurs particuliers (restauration collective, distribution, etc.), elles dégagent généralement une rentabilité sur capitaux propres très élevée.

> La double fonction des capitaux propres – assurer le financement des investissements et servir de garantie aux créanciers – se trouve donc amputée du premier aspect : dans ce type d'entreprise, seule la seconde fonction demeure.

La rentabilité économique doit être, dès lors, calculée compte tenu du produit des placements financiers (intégré au résultat) et du volume de ces placements (intégré à l'actif économique) :

$$\text{Rentabilité économique} = \frac{(\text{Résultat d'exploitation} + \text{Produits financiers}) \times (1 - \text{IS})}{\text{Actif économique} + \text{Placements}}$$

Au demeurant, ces entreprises tiennent compte de leurs produits financiers dans la détermination des prix de vente de leurs articles ou de leurs prestations de services. Par conséquent, il est illusoire de calculer un actif économique n'intégrant pas les placements financiers ; la morale financière est sauve…

Section 3 ■ Intérêt et limites de l'effet de levier

1 ■ Les limites des taux de rentabilité comptables

14.20 Partant d'une tautologie comptable, la formule de l'effet de levier est nécessairement juste, même si certains chiffres sont manifestement des aberrations. Ainsi, le coût de la dette calculé comme le rapport des charges financières nettes des produits financiers sur l'endettement net au bilan pourra être de façon évidente trop élevé (ou trop faible). Cela indique simplement que l'endettement net figurant au bilan ne correspond pas à l'endettement moyen, que l'entreprise est beaucoup plus endettée que cela (ou beaucoup moins) ou qu'il y a un phénomène de saisonnalité.

On pourra essayer de circonvenir ces problèmes de transcription en prenant des bilans moyens, retenant le niveau moyen de BFR et d'endettement net. Ne nous cachons pas qu'il s'agit là d'une tâche quasiment réservée à l'analyste interne qui dispose des données suffisantes pour y parvenir.

> Il faut donc se méfier des taux d'intérêt apparents lorsqu'ils sont visiblement aberrants et de l'effet de levier ainsi calculé.

14.21 Dans la gestion de l'entreprise ou d'un centre de profit, la rentabilité économique constitue l'un des principaux indicateurs d'efficacité et de rentabilité, notamment avec le développement des indicateurs de profits économiques qui comparent la rentabilité économique et le coût moyen pondéré du capital (voir chapitre 31).

Mais d'un point de vue financier, l'intérêt des taux comptables de rentabilité économique et des capitaux propres est particulièrement limité. Établis sur une base comptable, ils n'intègrent pas le risque et ne peuvent en aucun cas servir, seuls, d'objectif à l'entreprise, sous peine d'aboutir à des décisions totalement erronées.

Il est ainsi facile, comme nous l'avons vu, d'améliorer le taux comptable de rentabilité des capitaux propres en s'endettant et en jouant sur l'effet de levier. Mais le risque de l'entreprise s'accroît… et de cela le taux comptable ne rend pas compte.

> La rentabilité économique ou la rentabilité des capitaux propres sont des taux de rentabilité comptable *ex-post* ; en aucune manière ils ne peuvent correspondre aux exigences de rentabilité *ex-ante* des actionnaires ou de l'ensemble des pourvoyeurs de fonds.

Nous verrons que si la rentabilité est très élevée, l'actionnaire exige beaucoup moins, et a déjà ajusté la valorisation des capitaux propres dont la valeur marchande est de ce fait très largement supérieure à la valeur comptable (voir le paragraphe 30.2). Si la rentabilité est très faible, l'actionnaire exige beaucoup plus et a déjà ajusté la valorisation des capitaux propres dont la valeur marchande est alors bien inférieure à la valeur comptable.

Donc, en aucune manière, les taux comptables de rentabilité des capitaux propres, de rentabilité économique ou le coût comptable de l'endettement ne correspondent à ce qu'exigent les actionnaires, les pourvoyeurs de fonds ou les créanciers. Ce sont des taux qui ne relèvent pas du domaine de la finance car ils ne prennent pas en compte les deux paramètres fondamentaux que sont le risque et la valorisation. Ils relèvent de l'analyse et du contrôle de gestion.

2 ■ Intérêt de l'effet de levier

14.22 Stratégie caricaturale des années 1960, ou actuellement en Chine, la stratégie de fuite en avant est particulièrement bien adaptée dans un contexte de forte croissance. Cette stratégie a une double caractéristique : forts investissements pour augmenter la taille de l'outil industriel et faibles marges pour conquérir des parts de marché et faire tourner l'outil de production. Bien évidemment, la rentabilité économique est faible (faibles marges et forts investissements), mais le recours inévitable à l'endettement (la faiblesse des marges entraîne des flux sécrétés par l'exploitation insuffisants pour couvrir les investissements importants) permet de gonfler la rentabilité des capitaux propres par le mécanisme de l'effet de levier. Ce d'autant plus que le coût réel de la dette est faible ou négatif en raison de l'inflation. Cependant, la rentabilité des capitaux propres est très instable, elle peut brutalement chuter lorsque le taux de croissance de l'activité se ralentit. Ce fut typiquement la stratégie de Suntech, le leader mondial chinois des panneaux solaires, qui lui a permis de s'imposer sur son marché, de « descendre sa courbe d'expérience » diraient les consultants, mais qui fut aussi la source de sa faillite en 2013.

En conclusion, le mérite de l'effet de levier est de montrer à l'analyste l'origine de la rentabilité des capitaux propres : est-ce la performance opérationnelle (bonne rentabilité économique) ou une structure de financement favorable qui permet de bénéficier d'un effet de levier ? Notre expérience est que **sur la durée, seule une rentabilité économique croissante est le gage d'une progression régulière de la rentabilité des capitaux propres**.

14.23 L'intérêt de l'effet de levier est donc essentiellement pédagogique : comprendre comment se partage la rentabilité des capitaux propres entre la rentabilité de l'outil industriel et commercial et une pure construction financière (l'effet de levier).

Comme nous le verrons dans la quatrième partie de cet ouvrage, l'effet de levier n'a qu'un intérêt limité en finance car il ne crée pas de valeur sauf dans deux cas très particuliers :

- dans un contexte d'inflation croissante, le taux d'intérêt réel (inflation déduite) est négatif et conduit à la spoliation des créanciers remboursés en monnaie de singe pour le plus grand bonheur des actionnaires !

- dans le cadre d'un endettement très lourd (cas des sociétés en LBO, voir chapitre 50) qui pousse les dirigeants à être particulièrement performants pour que l'entreprise soit à même, par ses flux de trésorerie, de faire face au lourd poids de son endettement qui a alors à peu près le rôle du fouet dans les mines et les villas de l'Antiquité !

Section 4 ■ Application à Indesit

14.24 Depuis 2008, la rentabilité moyenne des capitaux propres d'Indesit est de 9 %, ce qui est médiocre, dont un sixième dû à l'effet de levier.

Après deux années de rentabilité économique en dessous de ce que les investisseurs attendent – mais rappelez-vous, 2008 et 2009 ne furent pas des années ordinaires –, Indesit réussit à la porter à un niveau très correct en 2010 (12 %), avant qu'elle ne glisse en 2011 et 2012, puis ne chute en 2013 à 1 %. D'où la recherche lancée par l'actionnaire majoritaire d'un partenaire pouvant améliorer la situation d'Indesit.

RÉSUMÉ

Le résumé de ce chapitre est disponible sur le site www.vernimmen.net.

La rentabilité économique est la rentabilité comptable de l'outil industriel : elle est égale au rapport du résultat d'exploitation après impôt normatif à l'actif économique, ou au produit de la marge économique (résultat d'exploitation après impôt/chiffre d'affaires) par le ratio de rotation de l'actif économique (chiffre d'affaires/actif économique). Le taux de rentabilité comptable des capitaux propres est égal au rapport du résultat net sur les capitaux propres.

L'effet de levier de l'endettement est la différence entre la rentabilité des capitaux propres et la rentabilité économique. Il résulte de la différence entre la rentabilité économique et le coût de la dette et dépend aussi de la proportion de dette par rapport aux capitaux propres. Mathématiquement, l'effet de levier se traduit par la tautologie comptable suivante :

$$R_{CP} = R_e + (R_e - i) \times \frac{D}{CP}$$

L'effet de levier peut jouer dans les deux sens : s'il peut accroître la rentabilité des capitaux propres par rapport à la rentabilité économique, il peut aussi la minorer quand la rentabilité économique devient inférieure au coût de l'endettement.

Les taux de rentabilité économique ou des capitaux propres, ou le coût comptable de l'endettement, ne correspondent pas à ce qu'exigent les actionnaires, les pourvoyeurs de fonds ou les créanciers. Ce sont des taux qui ne relèvent pas du domaine de la finance car ils ne prennent pas en compte les deux paramètres fondamentaux que sont le risque et la valorisation. Ils correspondent aux taux de rentabilité obtenus, mesurés de façon comptable ; ils relèvent de l'analyse et du contrôle financiers.

L'effet de levier permet de connaître l'origine d'une bonne rentabilité des capitaux propres qui provient de la rentabilité de l'actif économique et/ou de la pure construction financière qu'est l'effet de levier. C'est son seul intérêt.

Dans la durée, seule une bonne rentabilité économique est le gage d'un niveau de rentabilité des capitaux propres satisfaisant. Comme nous le verrons, l'effet de levier ne crée pas de valeur. S'il peut augmenter la rentabilité des capitaux propres, il augmente immanquablement leur risque.

QUESTIONS

1/ Pourquoi l'actif économique est-il égal aux capitaux investis ?

2/ Qu'est-ce que l'effet de levier ?

3/ Comment calculer l'effet de levier ?

4/ Pourquoi la formule de l'effet de levier est-elle une tautologie comptable ?

5/ Selon la formule de l'effet de levier, pour un même niveau de rentabilité économique de 10 % après impôt, un accroissement de l'endettement (dont le coût ressort à 4 % après impôt) permet d'améliorer la rentabilité des capitaux propres. Qu'en pensez-vous ?

6/ Pourquoi les dépréciations des survaleurs posent-elles un problème dans le calcul de la rentabilité économique ?

7/ Au fond, quel est l'intérêt de l'effet de levier ?

8/ Votre directeur financier vous propose de vous endetter pour augmenter la rentabilité des capitaux propres. Qu'en pensez-vous ?

9/ Quel est le principal problème des taux de rentabilité comptables ?

10/ Dans une période caractérisée par des taux d'intérêt bas et une bonne conjoncture, comment la structure financière des entreprises devrait-elle évoluer ?

11/ Que pensez-vous des secteurs caractérisés par de fortes marges et une faible intensité capitalistique ?

12/ Que pensez-vous des secteurs caractérisés par de faibles marges et une forte intensité capitalistique ?

D'autres questions vous attendent sur le site www.vernimmen.net.

EXERCICES

1/ Calculez la rentabilité économique et la rentabilité des capitaux propres de Carlsberg et de L'Oréal en 2013. Vous intégrerez les engagements de retraite dans l'endettement net, les impôts différés passifs en plus des capitaux propres et les autres passifs non courants dans le BFR. Il n'y a pas eu dans le passé d'amortissement ou de dépréciation du *goodwill*. Le taux d'imposition est de 26 % et 24 % respectivement.

En Md€ et en MdDKR	**L'Oréal**	**Carlsberg**
Goodwill	6,4	54,7
Autres immobilisations incorporelles	2,5	37,2
Immobilisations corporelles	3,1	33,5
Sociétés mises en équivalence et participations	9,2	5,6
Autres actifs non courants	0,7	0,0
Actifs non courants (immobilisations)	**21,9**	**131,0**
Stocks	2,2	4,6
Créances clients	3,2	8,0
Autres créances d'exploitation	1,3	3,8
Dettes fournisseurs	3,3	12,9
Autres dettes d'exploitation	2,9	11,9
Besoin en fonds de roulement d'exploitation (1)	**0,5**	**– 8,4**
Besoin en fonds de roulement hors exploitation (2)	0,0	0,0
Besoin en fonds de roulement (1 + 2)	**0,5**	**– 8,4**
Capitaux propres part du groupe	**22,6**	**67,8**
Intérêts minoritaires	**0,0**	**3,7**
Engagements de retraite	1,0	2,5
Impôts différés passifs	0,8	9,7
Autres passifs non courants	0,2	2,4
Passifs non courants (hors dettes financières)	**2,0**	**14,6**
Dettes financières et bancaires à moyen et long termes	0,1	30,7
Découverts et dettes financières à court terme	0,3	9,5
Trésorerie et équivalent trésorerie	2,6	3,7
Endettement net	**– 2,2**	**36,5**

	L'Oréal en Md€	Carlsberg en MdDKR
Chiffre d'affaires	**23,0**	**66,6**
– Coût des ventes	6,6	33,6
= Marge brute	16,4	33,0
– Coût de distribution et de marketing	6,9	18,7
– Frais généraux et administratifs	4,8	4,5
– Frais de recherche et développement	0,8	0
+ Autres produits et charges d'exploitation	– 0,1	0
+ Résultat des sociétés mises en équivalence ou dividendes touchés	+ 0,3	0,1
= **Résultat d'exploitation récurrent**	**4,1**	**9,8**
+ Éléments non récurrents	0	– 0,5
= **Résultat d'exploitation total**	**4,1**	**9,3**
– Frais financiers	0	2,2
+ Produits financiers	0	0,7
= Résultat courant	4,1	7,8
– Impôt sur les sociétés	1,1	1,9
– Intérêts minoritaires	0	0,5
= **Résultat net part du groupe**	**3,0**	**5,4**

2/ Un entrepreneur entend dégager une rentabilité de 20 % après impôt sur ses capitaux propres. L'activité de l'entreprise dégage une marge d'exploitation sur chiffre d'affaires (après impôt) de 3 %. Donnez deux combinaisons possibles de structure financière et de rentabilité d'actif économique pouvant conduire à dégager une rentabilité sur capitaux propres de 20 % (le coût de l'endettement est de 5 % avant impôt, le taux d'imposition de 40 % et l'actif économique de l'entreprise de 1 000).

3/ Calculez l'effet de levier pour chaque année. Qu'en concluez-vous ?

En M€	**1**	**2**	**3**	**4**	**5**
Capitaux propres	100	115	320	300	240
Endettement net	123	180	540	640	680
Frais financiers avant impôts	11	18,5	29	63	83
Résultat net	14	16	(20)	(60)	(40)
Taux d'imposition	35 %	35 %	35 %	35 %	35 %

4/ Que pensez-vous des performances des groupes A, B et C ?

Rentabilité des capitaux propres

	2010	**2011**	**2012**	**2013**
Groupe A	15 %	16 %	18 %	20 %
Groupe B	15 %	15 %	15 %	15 %
Groupe C	40 %	40 %	40 %	40 %

Rentabilité économique après impôt

	2010	**2011**	**2012**	**2013**
Groupe A	10 %	8 %	7 %	7 %
Groupe B	15 %	15 %	15 %	15 %
Groupe C	10 %	10 %	10 %	10 %

5/ Démontrez la formule de l'effet de levier.

ÉLÉMENTS DE RÉPONSE

Questions

1. Par construction comptable, l'actif économique étant financé par les capitaux investis, c'est-à-dire les capitaux propres et l'endettement net.

2. C'est l'écart entre la rentabilité des capitaux propres et la rentabilité après impôt de l'actif économique.

3. Effet de levier = $(R_e - i) \times \frac{D}{CP}$ ou $R_{CP} - R_e$.

4. Car elle repose sur l'égalité total actif = total passif qui est toujours vraie !

5. Et le risque de l'actionnaire ?

6. Car les dépréciations, qui réduisent le montant comptable des capitaux propres et de l'actif immobilisé (voir paragraphe 7.24), augmentent artificiellement les rentabilités comptables. Aussi, conseillons-nous à notre lecteur de raisonner en brut et non en net (des dépréciations des survaleurs).

7. Il permet de connaître l'origine d'une bonne rentabilité des capitaux propres.

8. La rentabilité économique est-elle supérieure au coût de la dette ? Quel est le niveau de risque que les actionnaires sont prêts à courir ?

9. Ils ne prennent pas en compte le risque.

10. Un accroissement de l'effet de levier mais… voir quatrième partie de cet ouvrage !

11. C'est le nirvana, le paradis sur terre en raison de leur très forte rentabilité ! Les concurrents vont essayer d'entrer à tout prix dans ce secteur, ce qui fera baisser les rentabilités.

12. Ils sont mûrs pour une restructuration car cette situation n'est pas viable : très faible rentabilité.

Exercices

Les corrigés détaillés des exercices sur excel sont disponibles sur le site www.vernimmen.net.

1. Il n'existe pas ici une unique solution exacte. Il s'agit pourtant d'être cohérent dans le calcul, en particulier :

- dans le calcul de la rentabilité d'exploitation :
  - notre conseil est de raisonner avant éléments non récurrents (mais il convient alors de retraiter le résultat avant impôt) ;
  - si l'actif économique inclut les immobilisations financières et en particulier les sociétés mises en équivalence, le résultat d'exploitation devra être retraité pour inclure les produits de ces actifs. Dans le cas de Carlsberg et de L'Oréal, le résultat d'exploitation inclut le résultat des sociétés mises en équivalence, l'actif économique devra donc intégrer les sociétés mises en équivalence ;
  - quel taux d'imposition utiliser ? Nous utilisons généralement le taux d'imposition apparent s'il n'est pas influencé par des éléments conjoncturels (reports fiscaux déficitaires…). En effet, dans les grands groupes, le taux d'imposition dépendra de la répartition géographique des profits.

– dans le calcul de la rentabilité des capitaux propres, on pourra calculer une rentabilité des capitaux propres part du groupe en rapportant le résultat part du groupe aux capitaux propres part du groupe. Cependant, si l'on prend au numérateur le résultat courant imposé, il faudra le rapporter aux capitaux propres totaux (y compris intérêts minoritaires).

	L'Oréal	Carlsberg
Actif économique	21,9 + 0,5 – 0,2 = 22,2	131,0 – 8,4 – 2,4 = 120,2
Résultat d'exploitation	4,1	9,8
IS à 26 % et 24 % respectivement	1,1	2,4
Rentabilité économique après impôt	(4,1 – 1,1)/22,2 = 13,5 %	(9,8 – 2,4)/120,2 = 6,2 %
Capitaux propres totaux	22,6 + 0,8 = 23,4	67,8 + 3,7 + 9,7 = 81,2
Résultat net	3,0	5,4 + 0,5 = 5,9
Rentabilité des capitaux propres	3,0/23,4 = 12,8 %	5,9/81,2 = 7,3 %

Carlsberg a une rentabilité économique modeste (6,2 %) vraisemblablement proche du coût du capital (voir chapitre 33) et une rentabilité des capitaux légèrement supérieure grâce à l'effet de levier de la dette.

L'Oréal a une rentabilité économique pénalisée par sa participation dans Sanofi-Aventis (9,2 Md€ qui rapportent 0,3 Md€). Hors cela, elle serait de 22 %. L'effet de levier est nul, compte tenu de la dette proche de zéro.

2. Grâce à la formule de l'effet de levier, on peut trouver par exemple :

	Solution 1	Solution 2
Actif économique	1 000	1 000
Endettement net	750	0
Capitaux propres	250	1 000
Chiffre d'affaires	2 416	6 666
Résultat d'exploitation	120,8	333
Frais financiers	37,5	0
Impôt sur les bénéfices	33,3	133
Résultat net	50	200
Rentabilité économique	7,25 %	20 %
Rentabilité des capitaux propres	20 %	20 %

3. Un bel exemple de renversement de l'effet de levier :

	1	2	3	4	5
Rentabilité économique	9,5 %	9,5 %	0,7 %	0,2 %	3,0 %
Levier financier	1,23	1,57	1,69	2,13	2,83
Coût net de l'endettement[1]	5,8 %	6,7 %	4,8 %	9,7 %	10,0 %
Effet de levier	4,5 %	4,4 %	– 6,9 %	– 20,2 %	– 19,7 %
Rentabilité des capitaux propres	14,0 %	13,9 %	– 6,2 %	– 20 %	– 16,7 %

1. L'économie d'impôt ne joue que partiellement les trois dernières années.

4. Une étude superficielle pourrait laisser croire que le groupe C est une véritable star de par l'exceptionnelle rentabilité de ses capitaux propres (40 % !), que A s'améliore alors que B est bien décevant en comparaison. En fait il n'en est rien ! C n'obtient son très haut niveau de rentabilité que grâce à un effet de levier massif qui le fragilise alors que sa rentabilité économique est moyenne. B n'a aucune dette et est le moins risqué de tous avec la meilleure rentabilité économique. A fait totalement illusion car la progression de la rentabilité de ses capitaux propres est entièrement due à un effet de levier croissant, alors même que sa rentabilité économique ne cesse de se dégrader, il est donc le plus risqué des trois.

5. Avec :

R.Net = résultat net ; RE = résultat d'exploitation ; IS = taux d'imposition ; i = coût de la dette après impôt.

$$R_{CP} = \frac{R.Net}{CP} = \frac{RE \times (1-IS) - i \times D}{CP} = \frac{RE \times (1-IS)}{CP} - \frac{i \times D}{CP}$$

$$= \frac{RE \times (1-IS) \times (CP+D)}{CP \times (CP+D)} - \frac{i \times D}{CP} = \frac{RE \times (1-IS)}{CP+D} + \frac{RE \times (1-IS)}{CP+D} \times \frac{D}{CP} - i \times \frac{D}{CP}$$

or $R_e = \frac{RE \times (1-IS)}{CP+D}$ d'où $R_{CP} = R_e + (R_e - i) \times \frac{D}{CP}$

BIBLIOGRAPHIE

Pour approfondir l'analyse de la rentabilité comptable de l'entreprise :

Damodaran A., « Return on Capital (ROC), Return on Invested Capital (ROIC) and Return on Equity (ROE) : Measurement and implications », *NYU working paper*, 2007.

Pour une approche macroéconomique :

Andersson T., Haslam C., Lee E., « Financialized account : restructuring and return on capital employed in the S & P 500 », *Accounting Forum*, vol. 30, pages 21 à 41, juin 2006.

Bataille E., Durand D., « Mesures de la rentabilité des entreprises », *Bulletin de la Banque de France* février 2005, n° 134, pages 27 à 51.

Ricaud C., « Évaluer la rentabilité des sociétés non financières », *Économie et Statistiques* février 2005, n° 372, pages 89 à 116.

Pour les taux d'impôt sur les sociétés :

Le Fur Y., Quiry P., « Les taux d'impôt en France en 2014 », *La Lettre Vernimmen.net* février 2014, n° 122, pages 5 et 6.

www.kpmg.com/global/en/services/tax/tax-tools-and-resources/pages/corporate-tax-rates-table.aspx.

Chapitre 15

Conclusion du diagnostic financier

Enfin l'arrivée..., ou plus probablement un nouveau départ !

15.1 À l'issue de son travail d'analyse financière, notre lecteur doit être capable de répondre aux deux questions principales qui ont pu justifier son enquête :

- l'entreprise sera-t-elle solvable ? C'est-à-dire capable, même dans le cas extrême d'une faillite, de rembourser les crédits qui lui ont été accordés ;
- l'entreprise dégagera-t-elle un taux de rentabilité supérieur à celui requis par ses pourvoyeurs de fonds, c'est-à-dire sera-t-elle capable de créer de la valeur ?

Solvabilité et création de valeur ne sont naturellement pas sans relation : le plus souvent l'entreprise qui crée de la valeur sera solvable, et l'entreprise insolvable le sera le plus souvent devenue parce qu'elle n'arrive pas à créer de la valeur.

Section 1 ▪ La solvabilité

15.2 Nous retrouvons ici la notion présentée au paragraphe 4.21.

> Une entreprise est solvable lorsqu'elle peut faire face à l'ensemble de ses engagements en liquidant l'ensemble de ses actifs, c'est-à-dire en cas d'arrêt de l'exploitation et de mise en vente de tous ses actifs.

Comme, par définition, l'entreprise n'a pas d'engagement de rembourser ses actionnaires, les capitaux propres constituent en quelque sorte le matelas de sécurité qui va permettre d'amortir les moins-values sur actifs et les pertes exceptionnelles en cas de liquidation.

La solvabilité dépend donc :

- de la valeur liquidative des actifs ;
- de l'importance des dettes.

Les actifs ont-ils une valeur indépendante de l'exploitation de l'entreprise ? Oui, pour le *show-room* d'un constructeur automobile avenue des Champs-Élysées à Paris ; probablement non pour l'outillage et les machines d'une usine de mécanique lourde.

Existe-t-il un marché secondaire pour ces actifs ? Oui pour le parc d'automobiles d'une entreprise de location de voitures ; probablement pas pour les installations techniques d'une fonderie. Bref, pourra-t-on céder les actifs de l'entreprise à leur valeur comptable ou en dessous de celle-ci ? La seconde situation est la plus fréquente : elle implique des moins-values qui viennent s'ajouter au coût de la liquidation (indemnités de licenciements...) pour réduire les capitaux propres, et souvent les rendre négatifs. Dans ce cas, les créanciers ne pourront récupérer qu'une fraction de leurs créances. Ils subissent une perte en capital.

La solvabilité d'une entreprise dépend donc de l'importance des capitaux propres, réévalués dans une optique liquidative, à comparer aux engagements de l'entreprise et à la nature de ses risques industriels.

15.3 En cas de pertes, la solvabilité d'une entreprise se dégrade considérablement à cause de la réduction de ses capitaux propres et des effets cumulatifs qui en résultent.

Une entreprise déficitaire ne bénéficie plus de l'économie fiscale liée à la dette[1]. Les frais financiers sont alors supportés à plein, et aggravent de ce fait les pertes ; le montant des capitaux propres s'en trouve réduit. Très souvent, l'entreprise a recours à l'endettement pour compenser cette diminution des capitaux propres, ce qui accroît les frais financiers et aggrave les pertes ; d'où les effets cumulatifs évoqués.

Si l'on mesure la solvabilité par le ratio endettement net/capitaux propres, on s'aperçoit qu'en cas de crise, la solvabilité d'une entreprise se dégrade très rapidement.

Considérons ainsi une société dont les dettes sont égales aux capitaux propres. La valeur de ses dettes et de ses capitaux propres correspond à leur montant comptable car la rentabilité de l'actif économique est égale au coût du capital qui est de 10% (nous verrons ce raisonnement au paragraphe 30.2) .

Une crise survient qui se traduit par une chute du taux de rentabilité économique. On observe alors :

Année	0	1	2	3	4	5
Actif économique comptable	100	100	100	100	100	100
= Capitaux propres comptables	= 50	= 50	= 47	= 34	= 25	= 25
+ Endettement net	+ 50	+ 50	+ 53	+ 66	+ 75	+ 75
Taux de rentabilité économique	10 %	0 %	– 10 %	– 5 %	5 %	10 %
Résultat d'exploitation après IS	10	0	– 10	– 5	5	10
– Frais financiers après IS (à 6 %)	– 2[1]	– 3	– 3	– 4	– 5	– 5
= Résultat net	= 8	= – 3	= – 13	= – 9	= 0	= 5
Valeur de l'actif économique[2]	100	85	55	68	85	100
= Valeur des capitaux propres	= 50	= 38	= 15	= 18	= 25	= 30
+ Valeur de la dette nette	+ 50	+ 47	+ 40	+ 50	+ 60	+ 70

1. *L'année 0, l'entreprise étant bénéficiaire, les frais financiers ne sont que de 2, compte tenu d'un impôt sur les bénéfices de 35 % (calculs arrondis). Par ailleurs, pour simplification, le résultat net est supposé entièrement distribué.*
2. *Les valeurs sont observées sur le marché et non calculées.*

1 Nous négligeons ici l'impact du *carry-back* et du *carry forward*, c'est-à-dire du report en arrière ou en avant des résultats déficitaires.

C'est une évolution sans surprise. La valeur de l'actif économique chute de 45 % au plus bas, puisque la rentabilité économique qui était normale devient négative. La valeur de la dette baisse (de 100 % à 75 % du nominal) puisque le risque de non-remboursement s'accroît avec la baisse de la rentabilité économique et la hausse du montant des dettes. Enfin, la valeur des capitaux propres s'effondre (– 70 %).

Chaque année, l'entreprise, pour maintenir au même niveau son actif économique, doit accroître son endettement du montant de la perte de l'exercice précédent. Si au début de notre simulation le levier était de 1, en fin de l'année 5, il s'établit à 3 ! Les capitaux propres sont une véritable peau de chagrin et les créanciers ont peu de chance de retrouver leurs capitaux investis si la crise ne s'estompe pas rapidement. Voici la mécanique effroyable de l'endettement en cas de crise ! Il y aura obligatoirement restructuration du passif ou, pire, dépôt de bilan avec les pertes supplémentaires liées à la faillite (voir chapitre 51).

15.4 Une seconde entreprise, économiquement comparable en tout point à la première, sans endettement au début de crise aurait eu une évolution financière tout autre comme l'indique le tableau suivant :

Année	**0**	**1**	**2**	**3**	**4**	**5**
Actif économique comptable	100	100	100	100	100	100
= Capitaux propres comptables	= 100	= 100	= 100	= 90	= 84	= 84
+ Endettement net	+ 0	+ 0	+ 0	+ 10	+ 16	+ 16
Taux de rentabilité économique	10 %	0 %	– 10 %	– 5 %	5 %	10 %
Résultat d'exploitation après IS	10	0	– 10	– 5	5	10
Frais financiers (à 6 %)	0	0	0	– 1	– 1	– 1
= Résultat net	= 10[1]	= 0	= – 10	= – 6	= 4	= 9
Valeur de l'actif économique[2]	100	85	55	68	85	100
= Valeur des capitaux propres	= 100	= 85	= 55	= 58	= 69	= 84
+ Valeur de la dette nette	+ 0	+ 0	+ 0	+ 10	+ 16	+ 16

1. *Par simplification, le résultat net est supposé distribué en totalité.*
2. *Les valeurs sont observées sur le marché et non calculées.*

En fin d'année 4, l'entreprise retrouve un résultat positif et ses capitaux propres ont été peu « entamés » par la crise.

Ainsi la première entreprise, économiquement comparable en tout point à la seconde, pourrait ne pas obtenir de financement et disparaîtra sans doute en tant qu'acteur économique.

15.5 Pendant longtemps, « **l'actif net** » c'est-à-dire la différence entre l'actif et le passif exigible total, soit l'actif net des dettes, a été le pivot de l'analyse financière. Il s'agit là, vu sous un angle différent, des capitaux propres, qui sont comparés avec l'ensemble des engagements.

Certains analystes financiers établissent l'actif net en soustrayant les écarts d'acquisition (voire l'ensemble des actifs incorporels), en réintégrant les plus-values latentes (non comptabilisées d'après la règle de prudence), en réévaluant le cas échéant les stocks au coût de remplacement…

De façon générale, le calcul de « l'actif net » pose encore plus de problèmes en consolidé notamment en raison des intérêts minoritaires (que détiennent-ils des actifs du groupe ?) et du *goodwill* (à quels actifs se rattache-t-il et que vaut-il ?). Dans ces conditions, nous conseillons à notre lecteur de raisonner sur la base des comptes sociaux des différentes entités qui constituent le groupe, puis de consolider les « actifs nets » sociaux en utilisant la méthode proportionnelle.

Section 2 ■ La création de valeur

15.6 L'entreprise sera capable pendant une période donnée de créer de la valeur lorsqu'elle dégagera sur son actif économique un taux de rentabilité économique (après impôt) supérieur au coût de l'argent (capitaux propres et endettement net) qu'elle a mobilisé pour le financer.

Que notre lecteur soit patient car il nous reste à lui expliquer comment se mesure le taux de rentabilité exigé par les actionnaires et les créanciers. C'est l'objet de la deuxième partie de cet ouvrage. Puis, au chapitre 30, il approfondira la notion de création de valeur et, au chapitre 31, il verra comment la mesurer.

Section 3 ■ L'analyse financière en l'absence de documents comptables

15.7 Dans nos pays, lorsque les documents comptables ne sont pas normalement disponibles, c'est que l'entreprise est en difficulté. Souvent le rôle de l'analyste sera alors d'apprécier l'ampleur des pertes du dernier exercice pour vérifier si l'entreprise peut être redressée ou si l'importance des déficits la condamne sans appel.

Dans ce cas, il cherchera à mesurer quelle fraction de leurs engagements les créanciers peuvent espérer récupérer. Nous avons vu au chapitre 5 que les tableaux de flux établissent un lien fondamental entre le résultat net et le désendettement net.

Or, nos lecteurs en seront peut-être surpris, nous avons souvent utilisé dans la pratique le tableau de flux dans « l'autre sens », c'est-à-dire pour apprécier le résultat à partir du désendettement net !

Il faut, en effet, avoir conscience du retard considérable avec lequel l'information comptable est disponible dans les entreprises en difficulté : outre l'inertie normale de la production des informations comptables, le système d'information est alors déficient et met beaucoup de temps à sortir des documents comptables, obsolètes dès leur publication, en raison de l'aggravation des difficultés de l'entreprise.

15.8 Dès lors, le tableau de flux est un outil d'analyse particulièrement puissant pour porter un jugement rapide et d'actualité sur l'ampleur des pertes, car c'est bien de cela dont il s'agit.

Il est en effet très facile de reconstituer l'endettement net de l'entreprise : les éléments du besoin en fonds de roulement sont simples à déterminer (les encours clients et fournisseurs sont estimés à partir des balances clients et fournisseurs ; les stocks sont évalués avec un inventaire physique) ; les investissements réalisés, les augmentations de capital en numéraire et les cessions d'actifs sont autant d'éléments qui peuvent être sortis très rapidement, même par une comptabilité déficiente. On reconstruit ainsi le tableau à l'envers, pour déboucher sur le résultat.

Le tableau de flux de trésorerie « lu à l'envers » permet de ce fait d'estimer très grossièrement le résultat d'une entreprise avant même qu'il ne soit disponible.

Dans certains secteurs, l'indicateur trésorerie est sans aucun doute un meilleur indicateur de rentabilité que le résultat.

Lorsque la trésorerie se dégrade et que l'explication de cette baisse ne réside ni dans de forts investissements non financés par des capitaux d'emprunt ou une augmentation de capital, ni dans les remboursements d'emprunts ou une distribution exceptionnelle de dividendes, ni dans une modification des conditions d'exploitation, c'est que l'entreprise réalise des pertes, qu'elles soient apparentes ou occultées par des stocks surévalués, par une accélération de la facturation, etc.

Si aucun flux d'investissement ou de financement n'explique la dégradation de la trésorerie, c'est que celle-ci provient d'une dégradation de la profitabilité de l'entreprise.

Section 4 ■ Application à Indesit[1]

15.9 Indesit est-il solvable fin 2013 ? Oui, il a des capitaux propres pour 496 M€ et des actifs incorporels pour 339 M€ qui ne sont sûrement pas dénués de valeur dans le secteur des biens de consommation où les marques jouent un rôle important.

Indesit crée-t-il de la valeur ? Non, car avec une rentabilité économique moyenne sur les 3 dernières années de moins de 6 %, Indesit ne satisfait pas l'exigence de rentabilité de ses investisseurs. La rentabilité des capitaux propres (0,6 %) est aussi largement inférieure en 2013 au coût des capitaux propres, de l'ordre de 10 %.

La destruction de valeur pour 2013 n'est pas reflétée dans la capitalisation boursière d'Indesit (1 100 M€) bien supérieure au montant comptable des capitaux propres (496 M€). La raison en est l'annonce par l'actionnaire majoritaire de sa recherche d'un partenaire pour Indesit qui laisse espérer une vente avec prime ou une fusion qui améliorerait la situation du groupe. La destruction de valeur de 2013 est donc vue comme ponctuelle.

1 Notre lecteur pourra utilement consulter les paragraphes 4.23, 5.19 et 10.34 où sont présentés les comptes 2008-2013 du groupe Indesit et le site www.vernimmen.net où sont disponibles les rapports annuels d'Indesit de 2008 à 2013.

RÉSUMÉ

Le résumé de ce chapitre est disponible sur le site www.vernimmen.net.

À l'issue de son diagnostic financier, notre lecteur doit être capable de répondre aux deux questions qui ont pu motiver son enquête :

- l'entreprise est-elle solvable, pourra-t-elle rembourser intégralement ses créanciers même en cas de faillite ?
- l'entreprise crée-t-elle de la valeur pour ses actionnaires ?

Une entreprise est solvable lorsqu'elle peut faire face à l'ensemble de ses engagements en liquidant l'ensemble de ses actifs, c'est-à-dire en cas d'arrêt de l'activité et de mise en vente de tous ses biens. L'actif net (c'est-à-dire les capitaux propres), différence entre le montant de l'actif et la totalité des dettes, mesure traditionnellement la solvabilité d'une entreprise.

Une entreprise crée de la valeur lorsqu'elle dégage sur son actif économique un taux de rentabilité économique supérieur au coût des ressources (dettes et capitaux propres) qui ont servi à financer cet actif économique.

Nous conseillons enfin à notre lecteur, qui doit porter rapidement un diagnostic sur une entreprise en difficulté et dont les comptes ne sont pas encore disponibles, de bâtir un tableau de flux à l'envers, partant du désendettement net et remontant ainsi jusqu'au résultat net, afin de mesurer l'ampleur des pertes qui menacent la survie de l'entreprise et sa solvabilité.

QUESTIONS

1/ Quel est le risque du créancier ? Comment s'en protège-t-il ?

2/ Quelle est la garantie ultime du remboursement du créancier ?

3/ Qu'est-ce que la solvabilité ?

4/ Une entreprise insolvable fait-elle nécessairement faillite ?

5/ Une entreprise s'endette au jour le jour pour acheter des obligations à taux fixe. Court-elle un risque de liquidité ? de solvabilité ? Comment ce(s) risque(s) se matérialise(nt)-t-il(s) ? Quelle est l'anticipation de taux de cette société ?

6/ Une entreprise à l'actif net négatif est-elle illiquide ? Insolvable ?

7/ On a pu dire qu'une bonne structure financière était, pour l'entreprise, un gage de liberté et d'autonomie. Est-ce vrai ?

8/ Pourquoi l'actif net est-il difficile à établir en comptes consolidés ?

9/ Quel est l'intérêt du concept d'actif net comptable ?

10/ La solvabilité d'un groupe s'apprécie-t-elle en comptes consolidés ou en comptes sociaux ? Pourquoi ?

11/ La liquidité d'un groupe s'apprécie-t-elle en comptes sociaux ou en comptes consolidés ? Pourquoi ?

D'autres questions vous attendent sur le site www.vernimmen.net.

EXERCICES

1/ Analyse de la société A 1980.

a) Établissez les bilans en lecture économique sur les 5 exercices.

b) Analysez le compte de résultat et particulièrement la politique de l'entreprise en termes de croissance, de marges et d'efficacité des moyens humains et financiers. L'indice des prix entre 1985 et 1989 a crû de 12,6 %.

c) Comment cette politique de l'entreprise se traduit-elle dans le bilan économique en termes de besoins de financement (vous calculerez en particulier les ratios de rotation des éléments constitutifs du besoin en fonds de roulement)? Négligez l'incidence de la TVA. Le chiffre d'affaires sera assimilé à la production.

d) Analysez le tableau de flux.

e) L'entreprise sous-investit-elle ? Vous argumenterez votre raisonnement à partir de quelques paramètres-clés.

f) Calculez l'effet de levier pour les années 1985 et 1989 ainsi que les ratios de rotation des éléments de l'actif économique.

g) Portez un diagnostic synthétique sur l'entreprise.

h) De quelle société les états qui vous ont été présentés sont-ils inspirés ?

Compte de résultat (en Md€)	**1985**	**1986**	**1987**	**1988**	**1989**
Production	15,3	16	18	21,1	23,4
– Coût d'achat des marchandises vendues	10,1	10,6	11,8	13,6	15,5
= Valeur ajoutée	5,2	5,4	6,2	7,5	7,9
– Frais de personnel	4	3,9	3,9	4,1	4,4
+ Subventions d'exploitation	0,2	0,3	0,4	0,1	0,4
= Excédent brut d'exploitation	1,4	1,8	2,7	3,5	3,9
– Dotation nette aux amortissements	0,6	0,7	0,9	1	1,2
= Résultat d'exploitation	0,8	1,1	1,8	2,5	2,7
+ Résultat financier	– 0,7	– 0,5	– 0,4	– 0,2	– 0,1
= Résultat courant	0,1	0,6	1,4	2,3	2,6
– Impôt sur les bénéfices	0	0,2	0,5	0,9	1
= Résultat net	0,1	0,4	0,9	1,4	1,6

Bilan actif (en Md€)	**1985**	**1986**	**1987**	**1988**	**1989**
Immobilisations corporelles	4	4,5	5,1	6,1	6,9
Autres immobilisations	1,2	1,3	1,1	1,3	1,3
Stocks	2,7	2,7	2,7	2,6	3
Clients	1,6	1,4	1,4	1,6	1,7
Autres débiteurs hors exploitation	0,7	0,7	0,8	0,7	0,9
Valeurs mobilières de placement	0,3	0,2	0,4	2,5	2,2
Disponibilités	0,3	0,2	0,2	0,2	0,3
Total	10,8	11	11,7	15	16,3

Bilan passif (en Md€)	1985	1986	1987	1988	1989
Capitaux propres[1]	1,1	1,7	3,2	4,7	6,0
Emprunts bancaires à plus d'un an	3,6	3,5	2,6	2,5	1,5
Provisions d'exploitation	0,3	0,3	0,4	0,7	1
Fournisseurs	2,4	2,5	2,8	3,2	3,7
Autres créanciers hors exploitation	1,6	1,6	1,8	2,6	2,5
Concours bancaires courants	1,8	1,4	0,9	1,3	1,6
Total	10,8	11	1,7	15	16,3

1. Les dividendes sont supposés être distribués dans l'année de réalisation du résultat.

Tableau de flux de trésorerie (en Md€)	1985	1986	1987	1988	1989
Résultat net	0,1	0,4	0,9	1,4	1,6
+ Dotation aux amortissements et variation de provisions pour risques et pour charges	0,6	0,7	0,9	1	1,2
= Capacité d'autofinancement	0,7	1,1	1,8	2,4	2,8
– Variation du besoin en fonds de roulement d'exploitation et hors exploitation	– 0,3	– 0,3	– 0,3	– 1,2	0,3
= Flux de trésorerie provenant de l'exploitation	1	1,4	2,1	3,6	2,5
Acquisitions d'immobilisations corporelles, incorporelles et financières	1,1	1,4	1,5	2,3	2,3
– Cessions d'immobilisations corporelles, incorporelles et financières	0,1	0,1	0,2	0,2	0,2
= Flux de trésorerie liés aux opérations d'investissement	1	1,3	1,3	2,1	2,1
Flux de trésorerie disponible (après frais financiers)	0	0,1	0,8	1,5	– 0,4
– Dividendes versés	0	0	0	0	0,2
+ Augmentation de capital en numéraire	0,1	0,2	0,8	0	0
= Désendettement net	0,1	0,3	1,6	1,5	0,2

2/ Analyse de la société B 2000.

a) Analysez le compte de résultat et particulièrement la politique de l'entreprise en termes de croissance, de marges et d'efficacité des moyens humains et financiers.

b) Comment cette politique de l'entreprise se traduit-elle dans le bilan économique en terme de besoins de financement (vous calculerez en particulier les ratios de rotation des éléments constitutifs du besoin en fonds de roulement)? L'incidence de la TVA sera négligée.

c) Analysez le tableau de flux.

d) L'entreprise sous-investit-elle ? Vous argumenterez votre raisonnement à partir de quelques paramètres-clés.

e) Calculez l'effet de levier pour les années 2004 à 2010 ainsi que le ratio de rotation de l'actif économique.

f) Portez un diagnostic synthétique sur l'entreprise.

g) De quelle société les états qui vous ont été présentés sont-ils inspirés ?

Compte de résultat (en M€)	2004	2005	2006	2007	2008	2009	2010
Chiffre d'affaires	9 428	10 435	10 949	11 801	13 103	11 976	13 488
– Consommations	– 3 366	– 3 946	– 4 241	– 4 548	– 5 547	– 4 563	– 5 240
– Charges de personnel	– 1 730	– 1 856	– 1 940	– 2 038	– 2 177	– 2 236	– 2 378
– Autres produits et charges d'exploitation	– 2 254	– 2 263	– 2 199	– 2 491	– 2 468	– 2 198	– 2 493
= **EBE**	2 079	2 370	2 570	2 725	2 912	2 979	3 377
– Dotations aux amortissements	– 855	– 897	– 908	– 936	– 993	– 1 020	– 1 122
= Résultat d'exploitation	1 224	1 473	1 662	1 789	1 919	1 959	2 255
– Résultat financier	– 199	– 212	– 198	– 234	– 270	– 275	– 311
= Résultat courant	1 025	1 261	1 464	1 555	1 649	1 684	1 944
– Impôt sur les bénéfices	– 250	– 371	– 420	– 412	– 402	– 419	– 513
+ Résultat sur activités abandonnées ou en cession	32	81	0	0	0	0	0
+ Résultat des sociétés mises en équivalence	37	37	28	27	25	20	28
= Résultat net	844	1 007	1 072	1 170	1 272	1 285	1 459
– Intérêts minoritaires	– 64	– 74	– 70	– 47	– 52	– 55	– 55
= Résultat net part du groupe	780	933	1 002	1 123	1 220	1 230	1 404

Bilan au 31 décembre (en M€) – Actif	2004	2005	2006	2007	2008	2009	2010
Immobilisations corporelles	7 551	8 169	7 992	8 392	9 520	9 921	11 037
+ Immobilisations incorporelles	2 851	3 032	2 982	4 349	4 672	4 679	5 061
+ Autres immobilisations	863	872	814	719	712	940	973
= **Immobilisations**	11 265	12 073	11 788	13 459	14 905	15 540	17 071
Stocks	652	654	694	796	818	710	742
+ Clients	2 649	2 898	2 883	3 240	3 388	2 932	3 150
– Fournisseurs	– 2 297	– 2 639	– 2 562	– 3 474	– 3 799	– 3 420	– 3 515
= **BFR**	1 004	912	1016	562	408	222	377
Actif économique	12 269	12 985	12 804	14 022	15 312	15 761	17 448

Bilan au 31 décembre (en M€) – Passif	2004	2005	2006	2007	2008	2009	2010
Capitaux propres	6 348	7 358	7 697	7 513	8 018	8 751	10 239
Dettes bancaires et financières et provisions assimilables à LMT	6 362	5 795	5 340	6 874	8 023	7 569	7 811
+ Dettes bancaires et financières à CT	414	497	696	430	765	826	921
– Disponibilités et prêts à moins d'un an	– 856	– 664	– 930	– 796	– 1 494	– 1 385	– 1 523
= Endettement financier net	5 921	5 627	5 106	6 508	7 295	7 010	7 209
Capitaux investis	12 269	12 985	12 804	14 022	15 312	15 761	17 448

Tableau des flux de trésorerie (en M€)	2004	2005	2006	2007	2008	2009	2010
Résultat net	844	1 007	1 072	1 170	1 272	1 285	1 459
+ Dotations aux amortissements	855	897	908	936	993	1 020	1 122
– Plus ou moins-value de cessions	– 13	– 115	– 39	– 61	– 14	– 30	– 25
+ Autres éléments sans incidence sur la trésorerie (provisions, ...)	5	– 367	232	– 511	– 387	– 1	– 42
= **CAF**	1 692	1 423	2 174	1 534	1 864	2 274	2 514
– Variation du BFR	– 240	92	– 104	454	154	186	– 156
= **Flux d'exploitation**	1 452	1 515	2 070	1 988	2 018	2 461	2 358
Flux d'investissement	– 3 007	– 771	– 1 096	– 2 468	– 2 093	– 1 440	– 1 646
+ Augmentation/Réduction de capital	– 31	19	– 23	– 443	– 122	174	113
– Dividendes versés	– 490	– 476	– 479	– 530	– 590	– 631	– 647
= **Désendettement net**	– 2 076	287	472	– 1 453	– 787	564	179

3/ Que pensez-vous de la solvabilité des sociétés suivantes ?

Société (en M)	Y	N	P
Immobilisations incorporelles	2 549	43 712	5 593
Immobilisations corporelles	151	26 895	10 915
Besoin en fonds de roulement	– 254	1 445	– 5 974
Capitaux propres	1 530	64 139	7 791
Endettement bancaire et financier net	4 404	15 071	3 181
Chiffre d'affaires	1 739	92 158	54 090
Excédent brut d'exploitation	475	16 490	2 140
Résultat d'exploitation	415	13 068	– 1 346

Lesquelles créent, à votre avis, de la valeur ? Pourquoi ?

ÉLÉMENTS DE RÉPONSE

Questions

1. Le risque de défaut de l'emprunteur. Prendre des garanties ou une assurance-crédit, vérifier la solvabilité mesurée par l'analyse financière.
2. La valeur des capitaux propres.
3. La capacité à rembourser intégralement ses dettes en cas de faillite.
4. Tôt ou tard sans doute à moins qu'elle ne réussisse à restructurer son bilan.
5. Oui ; oui ; impossibilité de renouveler l'endettement, moins-value sur ses obligations ; baisse des taux.
6. Peut-être mais cela n'a rien d'automatique ; oui par définition.
7. Oui ; sauf à avoir un cours sous-évalué et dans ce cas courir un risque d'OPA (voir chapitre 48).
8. En raison des intérêts minoritaires dont on ne sait pas à quels actifs ils ont droit.
9. C'est l'évaluation comptable de l'ensemble des actifs et des engagements.

10. En comptes consolidés pour apprécier la totalité des actifs et la totalité des dettes du groupe, une attention particulière doit être portée aux filiales mises en équivalence et fortement endettées puisque leurs dettes n'apparaissent pas au bilan consolidé.

11. Les deux ! Il faut éviter la situation d'une maison mère endettée avec des filiales qui ne le sont pas et qui ne peuvent pas verser des dividendes importants. La maison mère ne peut faire face au service de la dette qu'en cédant des actifs dans des conditions de valorisation qui peuvent être non optimisées (voir Vivendi Universal en 2002 qui était illiquide mais pas insolvable).

Exercices

Les corrigés détaillés des exercices sur excel sont disponibles sur le site www.vernimmen.net.

1. Cas A 1980

Cette entreprise a connu une croissance modérée et a eu, d'une part, comme stratégie de réduire son besoin en fonds de roulement et en particulier le BFR hors exploitation. Elle semble, d'autre part, investir de manière importante par rapport à son actif immobilisé. Il faudrait comparer ces investissements à ceux de la concurrence. L'entreprise a une stratégie de désendettement et d'amélioration de la marge par rapport à l'actif économique qui se réduit. On reconnaît, là, typiquement la saine gestion des années 1980. L'entreprise A 1980 est inspirée de Peugeot.

Bilan économique (en M€)	1985	1986	1987	1988	1989
Immobilisations	5,2	5,8	6,2	7,4	8,2
+ BFR d'exploitation	1,6	1,3	0,9	0,3	0,0
+ BFR hors d'exploitation	– 0,9	– 0,9	– 1,0	– 1,9	– 1,6
= Actif économique	5,9	6,2	6,1	5,8	6,6
Capitaux propres	1,1	1,7	3,2	4,7	6,0
+ Endettement bancaire et financier	4,8	4,5	2,9	1,1	0,6
= Actif économique	5,9	6,2	6,1	5,8	6,6

Analyse de l'effet de levier (fin de période)	1985	1986	1987	1988	1989
Rentabilité économique nette (après IS)	6,5 %	10,9 %	17,1 %	24,4 %	23,3 %
Rentabilité des capitaux propres	4,3 %	22,0 %	24,7 %	30,5 %	26,8 %
Effet de levier	2,3 %	11,1 %	7,7 %	6,1 %	3,5 %
Coût net de l'endettement estimé	7,0 %	6,9 %	8,9 %	6,1 %	4,9 %
Levier financier	4,57	2,77	0,94	0,33	0,19
(1) Marge nette corrigée	0,3 %	2,3 %	4,4 %	6,7 %	6,9 %
(2) Rotation de l'actif économique	2,57	2,55	2,88	3,43	3,25
(3) 1 + Levier financier	5,57	3,77	1,94	1,33	1,19
Rentabilité nette des capitaux propres	4,3 %	22,0 %	24,7 %	30,5 %	26,8 %

2. Cas B 2000

La rentabilité économique croît sensiblement de 2004 à 2006 aussi bien grâce à l'amélioration de la marge que de par une meilleure rotation de l'actif économique (celui-ci restant stable alors que l'activité augmente). Puis la rentabilité économique se stabilise.

La rentabilité des capitaux propres croît sur l'ensemble de la période tout d'abord (2005-2006) grâce à l'amélioration de la rentabilité économique et malgré un levier se réduisant puis (2007-2008) par accroissement de l'effet de levier dans un contexte de fort investissement. Après 2009, le désendettement opéré réduit la rentabilité des capitaux propres.

	2004	2005	2006	2007	2008	2009	2010
Marge économique (RE / CA)	13,0 %	14,1 %	15,2 %	15,2 %	14,6 %	16,4 %	16,7 %
x (1– taux IS)	76 %	71 %	71 %	74 %	76 %	75 %	74 %
x Taux de rotation de l'actif économique (CA / AE)	0,77	0,80	0,86	0,84	0,86	0,76	0,77
= Rentabilité de l'actif économique après IS	7,5 %	8,0 %	9,3 %	9,4 %	9,5 %	9,4 %	9,5 %
Rentabilité actif économique après IS – coût net de la dette	5,0 %	5,3 %	6,5 %	6,7 %	6,7 %	6,4 %	6,3 %
x levier financier (D / C)	0,93	0,76	0,66	0,87	0,91	0,78	0,70
= Effet de levier	4,7 %	4,1 %	4,3 %	5,8 %	6,1 %	5,0 %	4,5 %
Rentabilité des capitaux propres	12,2 %	12,1 %	13,6 %	15,2 %	15,6 %	14,4 %	14,0 %

L'entreprise B 2000 est inspirée d'Air Liquide.

3. Y : déplorable, l'endettement net est trop élevé par rapport à l'EBE avec un ratio intenable de 9,3. Avec un résultat d'exploitation de 415 M£, l'actif économique a clairement une valeur mais insuffisante par rapport au montant des dettes. Les capitaux propres ne valent plus rien (9 M£). C'est Yell qui a fait faillite en 2014.

N : excellente, le niveau d'endettement est faible (0,9 × l'EBE). La rentabilité économique avant impôt de 16,5 % est excellente (la société crée de la valeur). Même après déduction de l'intégralité des immobilisations incorporelles, les capitaux propres restent positifs. C'est Nestlé en 2013 qui dispose d'une notation AA (une des plus élevées).

P : dégradée par le résultat d'exploitation négatif qui, s'il ne peut être corrigé, va réduire fortement les capitaux propres. L'endettement à 1,5 fois l'EBE est en apparence soutenable. C'est Peugeot en 2013.

BIBLIOGRAPHIE

Le Fur Y., Quiry P., « L'évolution historique de l'analyse financière en guise de postface », disponible sur les versions numériques du *Vernimmen*.

PARTIE 2

Chapitre **16** Les marchés financiers 323

Titre **1** La mécanique financière 347

Titre **2** Le risque en finance 397

Titre **3** Les principaux titres financiers 455

Partie 2

Les investisseurs et la logique des marchés financiers

Chapitre 16

Les marchés financiers

Entrons dans la « sphère financière »...

16.1 Dans le chapitre d'introduction, nous avons mis en évidence le rôle du titre financier dans une économie de marché. L'objet de cette partie est de comprendre la logique de celui qui acquiert ce titre (l'investisseur) puisqu'il est le client du financier d'entreprise. L'investisseur est en effet libre d'acheter ou non ce titre financier, libre de le conserver ou de le revendre grâce au marché secondaire.

La logique de l'investisseur financier est d'avoir une double rémunération : la rémunération du taux de l'argent sans risque d'une part, que nous appellerons, pour simplifier, la rémunération du temps, et celle du risque d'autre part. Nous proposons au lecteur d'examiner successivement ces deux aspects dans les titres 1 et 2. Mais, au préalable, voici quelques réflexions de base sur les marchés financiers.

Section 1 ▪ L'essor du marché des capitaux

16.2 Le rôle premier du système financier est de mettre les agents économiques excédentaires en ressources (par exemple les ménages) en relation avec ceux qui sont déficitaires (par exemple les entreprises, les collectivités locales ou l'État), comme l'illustre le schéma suivant :

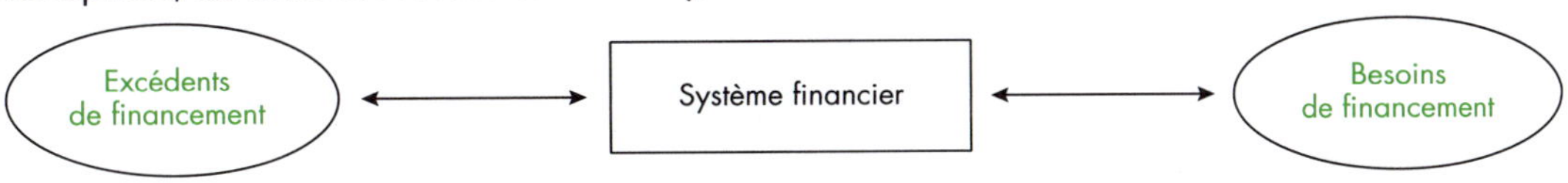

Cette mise en relation peut se faire directement ou indirectement ; on parlera alors de **finance directe** ou de **finance indirecte**, pour reprendre une typologie établie en 1960 par J. Gurley et E. Shaw.

Dans le premier cas (**finance directe**), les agents économiques ayant des excédents de capitaux financent directement les agents ayant des besoins de financement.

Le système financier sert alors d'**intermédiaire**, de courtier mettant en rapport demandeurs et pourvoyeurs de capitaux. Entrent dans ce cadre la souscription à une augmentation de capital d'une entreprise cotée par un actionnaire individuel, ou la souscription à un emprunt obligataire émis par une entreprise, et placé par une banque auprès de sa clientèle de particuliers.

16.3 Dans le second cas (**finance indirecte**), les établissements financiers achètent les titres émis par les entreprises et, pour se financer, émettent eux-mêmes des titres placés auprès des épargnants ou collectent des fonds sous forme de dépôts ou de livrets. Le monde financier sert alors d'**écran** entre demandeurs et pourvoyeurs de capitaux. C'est l'effet de « transmutation ».

Ainsi, lorsque vous déposez des fonds sur votre compte en banque, ceux-ci serviront à octroyer des crédits à des entreprises. De même, lorsque vous souscrivez à un emprunt d'une institution financière, les fonds collectés permettront de financer des entreprises industrielles ou commerciales sous la forme de prêts. Enfin, lorsque vous souscrivez à un contrat d'assurance-vie, sachez que la compagnie d'assurance placera les fonds ainsi collectés sur le marché obligataire, sur le marché immobilier, etc.

On parle alors d'**intermédiation financière**, ce qui est très différent du simple rôle d'**intermédiaire financier** évoqué pour la finance directe.

L'activité d'intermédiaire n'apparaît nulle part au bilan de celui qui la pratique puisqu'il n'a qu'un rôle de courtier. Seules des commissions apparaîtront à son compte de résultat.

La situation est radicalement différente pour celui qui se livre à l'intermédiation. Il a au passif des ressources : les fonds collectés (quelle que soit leur forme : dépôts, obligations…, les capitaux propres servant d'ultime garantie), et dispose à l'actif d'emplois (quelle que soit leur forme : dépôts, prêts…). Ses ressources lui coûtent un taux d'intérêt et ses emplois rapportent un taux de rentabilité. Ces taux se reflètent tous deux au compte de résultat, en charges et en produits respectivement. Sa rémunération est donc la différence, la marge, entre les deux taux.

Son bilan et son compte de résultat font donc écran entre les agents à excédents de financement et ceux qui ont des besoins de financement :

Bilan et compte de résultat de l'intermédiaire financier

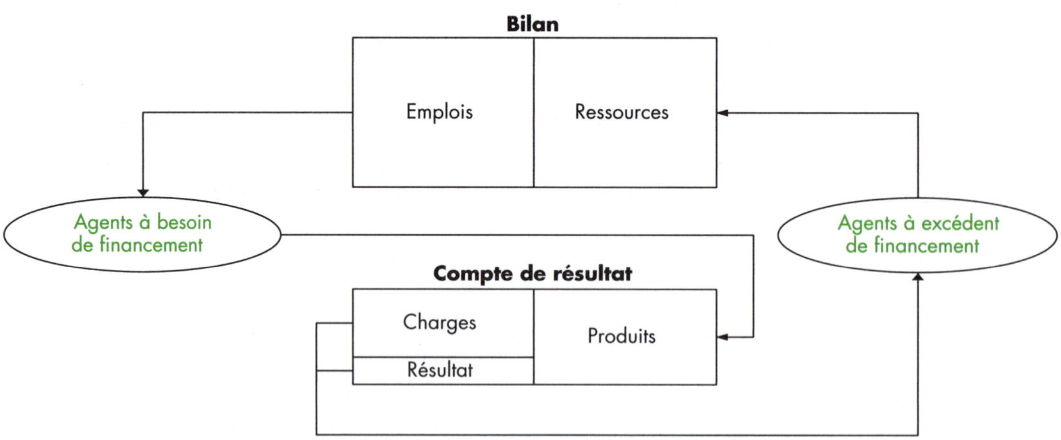

16.4 Nous sommes aujourd'hui dans une économie caractérisée par la **désintermédiation**, ce qui se traduit par une part importante :

- des financements obtenus par les entreprises directement sur les marchés de capitaux ;
- des placements réalisés directement par les entreprises ou les particuliers sur les marchés financiers.

Lorsque les marchés financiers sont peu développés, le mode de financement privilégié est l'endettement. À l'inverse, lorsque les marchés financiers sont suffisamment développés, le choix n'est plus restreint à l'endettement mais s'étend aussi aux capitaux propres. On parlera alors, à la suite de J. Hicks, **d'économie d'endettement** et **d'économie de marchés financiers**.

Dans une économie d'endettement, le marché financier est peu développé et, dès lors, une faible part des besoins des entreprises est financée par émission de titres financiers. Une économie d'endettement est une économie dans laquelle prédomine le financement par crédit bancaire. Les entreprises sont donc fortement endettées auprès des banques qui se refinancent auprès de la Banque centrale.

Les banques étant étroitement liées à la Banque centrale, celle-ci aura la tentation d'agir sur le niveau d'investissement et donc le niveau d'activité de l'économie. Les taux d'intérêt sur le marché ne reflètent alors pas l'équilibre de l'offre et de la demande de crédits, mais un niveau souhaité pour des raisons de politique économique par les pouvoirs publics. Il n'était pas difficile de démontrer qu'avant 1990, l'économie française présentait les caractéristiques d'une économie d'endettement. Le crédit bancaire représentait environ 70 % de l'endettement des entreprises, alors que les obligations n'en représentaient que 10 %. Les banques accordaient plus de 80 % des crédits octroyés aux entreprises. L'épargne des ménages était placée à court terme auprès des établissements financiers.

Une économie d'endettement n'est supportable que dans un contexte inflationniste qui permet aux entreprises nécessairement fortement endettées de ne payer que des taux d'intérêt réels (après prise en compte de l'inflation) nuls ou négatifs et de rembourser leurs créances en monnaie dévalorisée. L'inflation vient ainsi atténuer le risque considérable pris par les entreprises qui n'ont d'autres ressources de financement que l'endettement. Économie d'endettement et inflation sont donc nécessairement liées, mais le système est pervers car les taux d'intérêt réels servis aux investisseurs sont nuls ou négatifs. Il y a donc spoliation de l'épargne.

Dans ces conditions, le niveau d'épargne est souvent faible ; celle qui se constitue se dirige, non vers le financement des entreprises, mais s'investit « dans la pierre » (achats d'appartements, de terrains...), censée offrir une protection contre l'inflation. Faute d'offre suffisante, les marchés financiers restent embryonnaires. Dès lors, les entreprises ne peuvent se financer que par endettement auprès du système bancaire qui se refinance lui-même auprès de la Banque centrale, procédé qui entretient l'inflation nécessaire à la pérennité d'une économie d'endettement.

Dans un tel environnement, il serait déraisonnable pour les entreprises de ne pas s'endetter, partant du principe qu'il est difficile d'être sage, lorsque tout le monde est fou.

16.5 Le risque du prêteur est bien sûr celui que l'entreprise ne dégage pas suffisamment de flux pour pouvoir payer les intérêts dus et assurer le remboursement du capital. Mais tant que les flux sont normalement versés, et même si la situation de l'emprunteur est par ailleurs précaire, la banque n'aura pas à passer de provision.

> Dans une économie sans marché secondaire, le risque financier des pourvoyeurs de fonds porte essentiellement sur les flux.

Dans une économie de marchés financiers, l'essentiel des besoins de financement est couvert par l'émission de titres financiers par les entreprises (actions, obligations, billets de trésorerie...) souscrits directement par les investisseurs. Une économie de marchés financiers est caractérisée par l'appel direct à l'épargne. Une part très importante des placements des agents excédentaires se fait directement sur les marchés financiers par souscriptions ou achats d'actions, d'obligations, de billets de trésorerie, de certificats de dépôts, d'actions de sociétés d'investissement à capital variable (SICAV), de parts de fonds communs de placement (FCP). L'intermédiation cède le pas à l'intermédiaire, les établissements financiers faisant évoluer leur rôle vers le placement des titres émis par les entreprises auprès des investisseurs.

Les crédits bancaires sont alors essentiellement destinés aux ménages (crédits à la consommation, crédits immobiliers...) et aux petites entreprises qui n'ont pas accès aux marchés financiers.

De là, la part croissante des titres négociables dans le financement de l'économie mondiale qui est passée au stade d'une économie de marchés de capitaux. La crise de 2007-2009 n'y a pas changé grand-chose.

Financement par marchés de capitaux et par endettement bancaire dans le monde

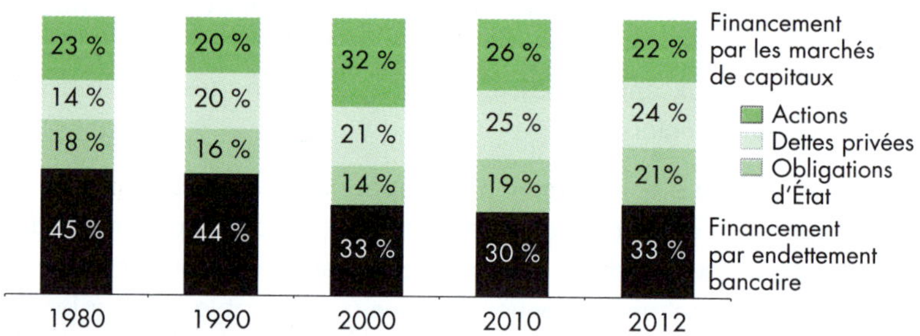

Source : McKinsey & Company 2013.

16.6 La désintermédiation de l'économie contraint les intermédiaires financiers à proposer des crédits ou des placements dont les taux sont calculés en fonction des taux du marché ; c'est la « **marchéisation** » des placements et des investissements.

Ainsi, l'essor des billets de trésorerie a conduit les banques à généraliser les clauses d'indexation sur les taux du marché monétaire pour les crédits à court terme. La même évolution s'est faite pour les crédits à moyen et à long termes. Par ailleurs, du côté des ressources, les intermédiaires financiers ont enregistré une décroissance de la part des liquidités traditionnelles à taux réglementés (livret A, PEL...) et ont dû augmenter celle des ressources à taux de marché (certificats de dépôt...), naturellement plus coûteuses.

Lorsque nous présentions au chapitre 1 le financier d'entreprise comme un vendeur de titres financiers, nous ne faisions somme toute que constater que les économies française et européenne sont devenues des économies de marchés financiers.

Dans une économie de marchés financiers, le risque est totalement différent de celui d'une économie d'endettement : il porte moins sur la perception des flux que **sur la valeur du titre**.

Les quelques graphiques qui suivent illustrent mieux que de longs discours l'importance prise par les marchés financiers...

... tant par le nombre de groupes cotés...

Nombre de sociétés cotées au 31 décembre 2013

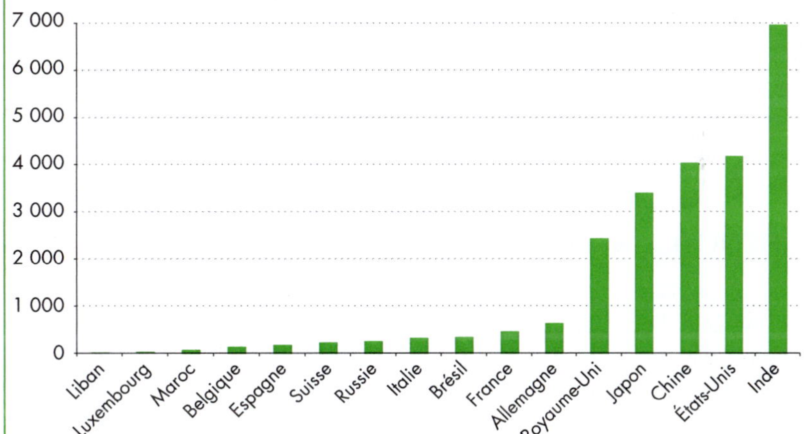

Note : Sociétés domestiques uniquement.
Source : World Federation of Exchanges, NYSE Euronext, Bourse de Casablanca, Bolsa Madrid, Beirut Stock Exchange, Borsa Italiana.

... que par la valeur totale des sociétés qui y sont cotées.

Capitalisations boursières au 31 décembre 2013 (Md€)

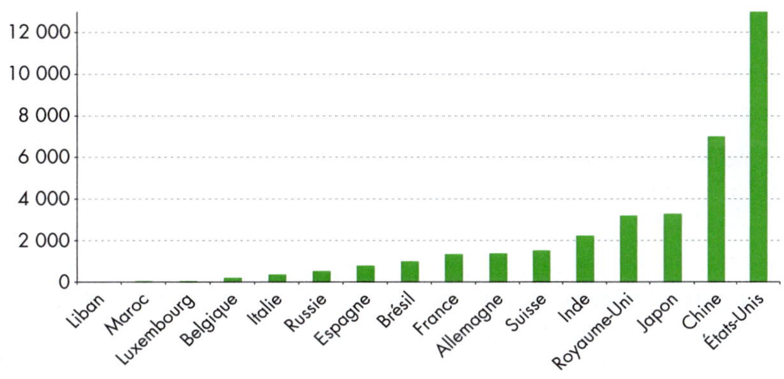

Source : World Federation of Exchanges, NYSE Euronext, Beirut Stock Exchange, Borsa Italiana, London Stock Exchange.

Les volumes d'échanges sont, eux, très liés à la conjoncture boursière, même si la tendance à la hausse est très nette.

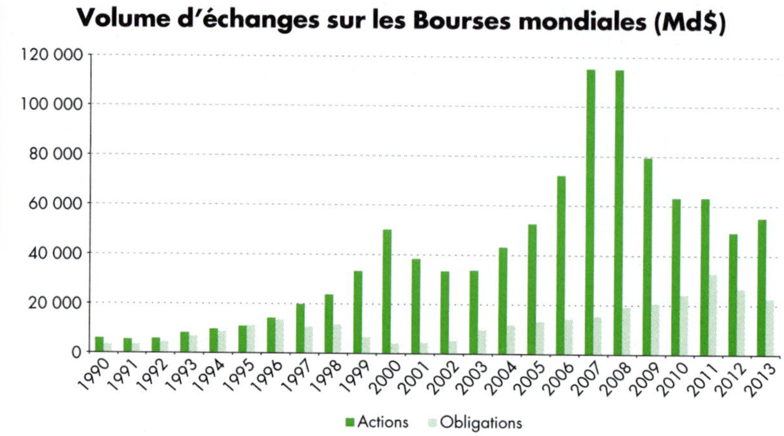

Source : World Federation of Exchanges.

Section 2 ▪ Les fonctions d'un système financier

16.7 Un système financier réunit des marchés financiers et des intermédiaires autour d'un objectif simple : allouer les liquidités à placer aux projets d'investissements qui apparaissent les plus rentables, compte tenu des contraintes de risques, et qui sont porteurs de la plus grande utilité collective.

Mais la finance fait plus qu'assurer l'équilibre entre l'offre et la demande comme le font tous les marchés. Elle permet, en particulier, aux investisseurs de transformer un revenu d'aujourd'hui en consommations de demain ou de créer pour l'emprunteur une ressource aujourd'hui au prix de dépenses futures.

R. Merton et Z. Bodie distinguent ainsi six fonctions essentielles pour un système financier :

- fonction de règlement ;
- fonction de financement ;
- fonction d'épargne et d'endettement ;
- fonction de gestion des risques ;
- fonction d'information ;
- fonction de réduction des conflits.

▪ **Un système financier fournit des mécanismes de règlement et de compensation pour faciliter les transactions** : les chéquiers, les cartes de paiement ou de crédit, les virements, le paiement mobile, les *bitcoins*… sont autant de moyens mis à la disposition des individus et des entreprises pour faciliter le règlement de leurs transactions de biens et de services. Imaginez si tout devait être payé en pièces et en billets !

- **Un système financier fournit un moyen de mettre en commun des fonds permettant d'entreprendre des projets de grande taille, ou un mécanisme de subdivision du capital des entreprises permettant aux investisseurs de diversifier leurs investissements.** Si le propriétaire d'une usine devait compter sur sa seule épargne, il lui serait très vite impossible d'investir. Nestlé ou Peugeot n'existeraient pas non plus. Un système financier permet à l'entrepreneur d'avoir accès à l'épargne de millions d'individus, de diversifier et d'élargir ainsi ses sources de financement pour accélérer son développement. En contrepartie, l'entrepreneur est incité à présenter des résultats performants. De même, si vous avez investi dans l'usine de votre voisin, vous aurez du mal à récupérer vos fonds en cas de nécessité. Un système financier permet aux épargnants de détenir leurs actifs sous forme beaucoup plus liquide : actions, comptes bancaires...

- **Un système financier fournit un moyen de répartir les ressources disponibles dans le temps, dans l'espace et entre les différents secteurs économiques.** Les jeunes ménages peuvent ainsi emprunter pour acheter un logement ; ceux qui sont proches de la retraite peuvent épargner pour compenser une future baisse des revenus. Un pays peut ainsi se procurer des ressources pour financer son développement auprès d'un autre pays qui génère trop d'épargne par rapport à ses besoins. Les secteurs à maturité peuvent financer les secteurs en fort développement grâce à leurs surplus...

- **Un système financier fournit des outils de gestion du risque.** Il n'est pas prudent pour un individu d'investir tous ses fonds dans une même entreprise car si elle fait faillite, il perd tout. En concevant des produits d'épargne collective (SICAV...), les intermédiaires permettent à l'individu de réduire ses risques puisqu'il peut ainsi diversifier ses investissements. De la même façon, une compagnie d'assurance, en réunissant les risques de millions d'individus, peut les assurer efficacement contre des risques non supportables au niveau individuel. Elle joue sur la loi faible des grands nombres et transforme une probabilité (au niveau individuel) en une certitude (c'est-à-dire un coût au niveau collectif).

- **Un système financier fournit une information sur les prix au plus bas coût possible, ce qui aide la prise de décisions décentralisée.** Les taux d'intérêt, le prix des actifs sont des informations utilisées par les individus dans leur décision d'épargner, d'investir, de consommer, de répartir des richesses entre différents actifs. Mais la recherche et l'analyse d'informations sur la solvabilité d'un emprunteur sont souvent longues, coûteuses et inaccessibles pour le quidam. Si un intermédiaire financier ou une agence de *rating* le fait pour le compte de milliers d'investisseurs, les coûts sont fortement réduits. Encore faut-il qu'il le fasse correctement...

- **Un système financier fournit les moyens d'atténuer les conflits entre les parties à un contrat.** Ces problèmes apparaissent parce qu'il n'est pas toujours facile pour les parties à un contrat de s'observer et de se contrôler mutuellement, d'autant que le niveau d'information des uns et des autres, ainsi que la nature du lien contractuel, diffèrent suivant les situations. L'investisseur confie des fonds à des gestionnaires en espérant que ceux-ci les gèrent au mieux de ses intérêts et non des leurs. Si tel n'est pas le cas, la sanction sur un marché sera tôt ou tard le remplacement de l'équipe défaillante par de nouveaux gestionnaires.

Section 3 ■ Le rôle des banques auprès des entreprises

16.8 Il fut un temps où les banques se répartissaient entre :

• les **banques commerciales** qui, schématiquement, collectaient les ressources du public et prêtaient aux entreprises ;

• les **banques d'affaires** qui apportaient des conseils (en fusions-acquisitions, en gestion de fortune) et jouaient le rôle d'intermédiaire (pour le placement d'obligations ou d'actions), mais sans « utiliser leur bilan ».

Au cours des quinze dernières années, on a pu observer l'émergence de grandes banques universelles, à la fois aux États-Unis et en Europe, résultant notamment des opérations de rapprochement entre des banques commerciales et des banques d'affaires : BNP/Paribas, Chase Manhattan/JP Morgan ou encore Merrill Lynch/Bank of America.

Favorisée par les changements de réglementation (en particulier aux États-Unis avec la réforme du *Glass Steagall Act* en 1999), cette tendance a traduit avant tout la volonté des grands groupes bancaires de mettre en œuvre un *business model* de banque universelle (parfois appelé *one-stop shopping*) dans un contexte d'internationalisation et de complexification croissantes. Ceci est particulièrement vrai pour certaines lignes de métier globales comme la banque de financement et d'investissement ou la gestion et la conservation d'actifs pour lesquelles la taille constitue un véritable avantage compétitif.

À la suite de la crise financière, a émergé une certaine volonté politique de scinder à nouveau les grands groupes bancaires afin de séparer, notamment, les activités de dépôt et les activités de marché. Cette idée, qui n'est pas uniquement portée par le souci de protection des épargnants, s'est partiellement matérialisée par des réglementations nationales (États-Unis, France...) visant principalement à cantonner les activités spéculatives et à éviter que les prises de risque des banques sur les marchés puissent impacter négativement les dépôts.

La grande majorité des groupes bancaires présentent aujourd'hui les segments d'activités suivants :

16.9 • la **banque de détail**[1] qui s'adresse aux particuliers et aux petites et moyennes entreprises. Elle a une fonction d'intermédiation entre les agents à excédent de financement dont elle collecte les ressources et les agents à besoin de financement à qui elle prête ces ressources. Elle a des millions de clients et de ce fait une dimension de nature industrielle. Un portefeuille important de prêts permettra d'éliminer une partie du risque par diversification (voir chapitre 22). La banque de détail est une activité fortement concurrentielle où les marges après prise en compte des frais généraux et du coût du risque sont peu élevées. En effet, le prêt bancaire est un produit standardisé qui permet ainsi aux entrepreneurs de faire jouer aisément la concurrence. Certains services annexes ont été développés par les banques de détail pour compléter leur offre aux entreprises et renforcer leur valeur ajoutée. Ainsi, ces banques pourront assister les entreprises dans la gestion de leurs flux (chèques, virements...) ou de leur trésorerie (voir chapitres 52 et 54). Enfin, on trouve

1 *Retail banking* en anglais.

également au sein de la banque de détail l'ensemble des activités de services financiers spécialisés pour la clientèle des particuliers (crédit à la consommation, assurance, etc.). Les services financiers spécialisés pour les entreprises (affacturage, crédit-bail, etc.) sont généralement inclus dans cette division car très tournés vers les PME ;

16.10 ▪ la **banque d'investissement et de financement**[1] qui apporte des services sophistiqués à des grandes entreprises dans une logique d'un sur-mesure partiel ou total. Elle a quelques milliers de clients tout au plus. Elle offre principalement les services suivants :

- **accès au marché actions** (*equity capital markets*, ECM) : la banque assiste l'entreprise pour son introduction en Bourse, puis dans les opérations d'augmentation de capital qui suivent. Elle peut également conseiller l'entreprise dans l'émission de produits qui deviendront à terme des actions (bons de souscription d'actions, obligations convertibles ; voir chapitre 28) ;
- **accès au marché obligataire** (*debt capital markets*, DCM) : de même, la banque pourra assister les moyennes et grandes entreprises à lever de la dette directement auprès d'investisseurs grâce à l'émission d'obligations. Nous développons les techniques de placement de titres et, en particulier, le rôle de la banque dans ce type d'opération, au chapitre 29 ;
- **accès aux financements bancaires** : crédits syndiqués, lignes bilatérales, financements structurés... que nous verrons au chapitre 25 ;
- **conseil en fusions et acquisitions** (M&A) : ce service fourni par les banques d'affaires n'est pas directement lié au financement d'entreprise ni aux marchés financiers (même si l'appel au marché est parfois le corollaire d'une opération d'acquisition ; voir chapitre 48) ;
- **accès au marché des changes, des taux d'intérêt, des matières premières** pour la couverture des risques, la gestion des opérations de change et les opérations pour compte propre de la banque (d'arbitrage, de couverture ou de spéculation).

16.11 ▪ la **gestion d'actifs**[2] qui a ses propres clients – les investisseurs institutionnels, les particuliers fortunés – mais travaille aussi par le biais de SICAV ou de fonds communs de placement (FCP) pour les clients de la banque de détail. Elle peut avoir besoin de produits de la banque d'investissement (couverture, exécution des ordres...). Cette dernière activité est de plus en plus assurée par des acteurs indépendants (totalement ou partiellement) des grandes banques.

À côté des groupes bancaires globaux présents sur l'ensemble des métiers de la banque, certains acteurs ont privilégié une spécialisation sur un nombre réduit d'activités comme les fusions-acquisitions et la gestion d'actifs (Lazard, Rothschild...), la banque de détail, ou des géographies plus ciblées (Mediobanca, Caja de Madrid...).

La crise de 2008 a montré le rôle central joué par les banques dans l'économie. Elles sont un fournisseur de liquidités mais elles sont également un baromètre de l'aversion au risque des investisseurs. Le métier de base des banques étant d'apprécier le risque et de le « repackager » en éliminant le risque diversifiable. Quels que soient leurs modèles, ce sont les plus mal gérées qui ont été les plus atteintes : Northern Rock, Fortis, Wachovia en banques de détail ; Bearn Stearns, Lehman Brothers en banque d'investissement ; Citi en banque universelle. Il n'y a donc pas de modèle meilleur qu'un autre, il n'y a que des banques mieux gérées que les autres.

1 *Corporate and investment bank*, CIB en anglais.

2 *Asset management* en anglais.

Section 4 ▪ Un cadre théorique : les marchés efficients

16.12 Un marché efficient est un marché dans lequel le prix des titres financiers reflète à tout moment toute l'information pertinente disponible. On parle aussi de marchés à l'équilibre et de marchés parfaits qui sont des termes synonymes.

Dans un tel marché, le prix intègre donc instantanément les conséquences des événements passés et reflète toutes les anticipations sur les événements futurs. Il est alors totalement impossible de prévoir les variations futures d'un titre financier puisque tous les éléments connus ou anticipés sont déjà intégrés dans les prix actuels. Seule une nouvelle information peut venir modifier la valeur du titre financier. Comme l'apparition d'une nouvelle information est imprévisible, les changements de prix d'une action sont donc aléatoires et l'on parle alors de **marche au hasard** des taux de rentabilité.

Le niveau de concurrence est tel entre les différents investisseurs financiers que l'ajustement du prix d'un titre à une nouvelle information est quasi instantané. À tout moment, un titre financier est coté à un prix qui dépend de sa rentabilité et de son risque.

16.13 À la suite d'Eugène Fama, on peut tester de trois degrés d'efficience des marchés, selon :

- la capacité à prévoir les cours ;
- la réponse des marchés à des événements ponctuels ;
- l'influence des informations privilégiées sur le marché.

▪ **Sur les marchés efficients, il n'est pas possible de prévoir les rentabilités futures : les prix observés reflètent toute l'information que l'on peut tirer de l'étude des cours ou des volumes passés. Les marchés efficients dénient toute portée pratique à l'analyse chartiste** (que nous traitons paragraphe 22.19) ou aux martingales (au sens commun et non mathématique) du genre « si une action monte trois fois de suite, l'acheter et la vendre après deux baisses successives ». De la même façon, il n'est pas possible de prévoir les rentabilités futures à partir de modèles liant les rentabilités à des paramètres comme les taux d'intérêt, les taux de rendement, l'écart entre les taux court terme et les taux long terme…

▪ **Les marchés sont dits « efficients » lorsque les prix observés reflètent toute l'information publiquement disponible** (rapport annuel, articles de presse, prospectus d'émission, annonce d'un nouveau contrat, d'une augmentation du dividende…). Cette hypothèse peut être vérifiée empiriquement par l'étude de la réaction des cours de Bourse à certains événements : annonce d'une fusion, d'un dividende en forte hausse ou tout simplement de résultats supérieurs aux attentes… Le prix d'une action doit réagir immédiatement et ponctuellement à l'annonce d'une information significative pour l'entreprise ; aucun effet sur le prix ne doit être visible avant l'annonce, ni le lendemain de celle-ci. Autrement dit, les prix s'ajustent immédiatement à l'annonce de toute information nouvelle. En voici un exemple de fin 2013 :

Un exemple d'efficience des marchés :
le report de la sortie du jeu *Watch Dogs* par Ubisoft

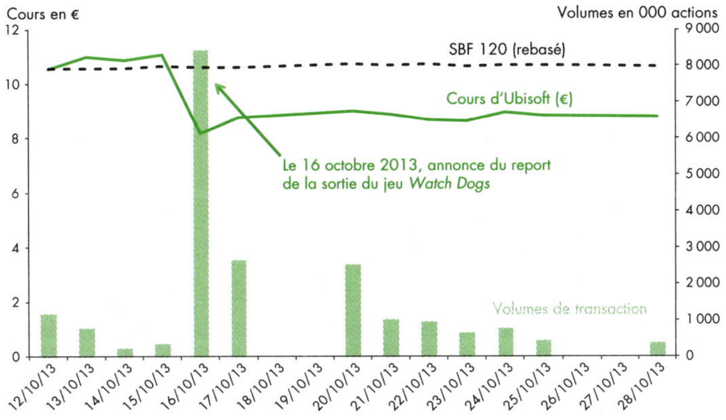

Source : Datastream.

Pour éviter que les investisseurs ayant un accès plus rapide à l'information utilisent cet avantage au détriment des autres investisseurs, les autorités boursières incitent les entreprises à communiquer avant l'ouverture ou après la clôture, ou imposent une suspension de cours avant l'annonce, en cours de séance, d'une information susceptible d'avoir un impact important sur le cours. La cotation ne reprend que quelques heures plus tard, voire le lendemain. Ce délai durant lequel le cours est suspendu permet à l'information de se diffuser auprès de l'ensemble des investisseurs. Lorsque la cotation reprend, aucun investisseur ne peut donc être spolié.

▪ **Les marchés sont efficients quand des investisseurs possédant une information privilégiée ou un monopole sur certaines informations sont incapables d'avoir une influence sur le prix des titres.** Ceci est vrai pour autant que les organismes de surveillance des marchés financiers (l'Autorité des marchés financiers en France) peuvent empêcher et réprimer les délits d'initiés.

On range aussi dans cette catégorie l'analyse des performances des gestionnaires professionnels qui, sans utiliser des informations privilégiées, ont une compétence professionnelle qui devrait leur permettre d'enregistrer de meilleures performances que le marché. Dans des marchés efficients, il n'en est rien. Ils ont même plutôt tendance à avoir des performances légèrement moins bonnes que celles du marché, d'un pourcentage sensiblement égal à leur coût de gestion… !

16.14 Le concept d'efficience des marchés est d'autant plus proche de la réalité que :

- l'accès à l'information est libre pour tous et peu onéreux ;
- le coût des transactions est faible ;
- le marché est liquide ;
- et les investisseurs sont rationnels.

Prenons l'exemple d'un titre dont le prix est supposé devoir augmenter de 10 % le lendemain. Dans un marché efficient, son prix sera fixé aujourd'hui à un niveau tenant compte de cette espérance de gain. Le prix attendu pour « demain » est actualisé et la valeur d'aujourd'hui devient une estimation de la valeur du jour suivant.

▪ **Un marché est d'autant plus efficient que le coût des transactions est faible**. Un marché efficient doit essentiellement permettre la réalisation très rapide de l'équilibre entre l'offre et la demande. Il est clair que le montant des commissions de courtage intervient dans l'établissement de l'équilibre du marché. En situation de marché efficient, l'équilibre est réalisé lorsque les transactions ne supportent aucun coût : ni frais de souscription (supportés lors de l'émission), ni coûts de transaction (supportés lors de l'achat ou de la vente d'un actif).

▪ **Un marché est d'autant plus efficient qu'il est liquide**. L'information pourra d'autant mieux être intégrée dans le cours d'un actif si celui-ci est fréquemment négocié, permettant ainsi un ajustement rapide. *A contrario*, les titres peu négociés reflètent avec retard l'information disponible, mais aucun investisseur ne peut en profiter, vu les faibles volumes de transactions.

Des études ont démontré que plus la liquidité d'un actif financier est faible, plus le taux de rentabilité exigé par les investisseurs est élevé. Il existe donc une prime de risque liée à la liquidité du titre, et qui lui est inversement proportionnelle. Cette prime rémunère l'illiquidité lorsque les mécanismes d'un marché ne fonctionnent pas d'une manière normale. Nous mesurerons l'importance de cette prime au chapitre 23.

▪ **Un marché est d'autant plus efficient que les investisseurs sont rationnels**. Les individus sont rationnels lorsqu'ils agissent de manière cohérente par rapport aux informations qu'ils reçoivent : ils doivent acheter un titre lorsqu'une bonne nouvelle inattendue est annoncée et non le vendre. Pour être plus précis, les investisseurs rationnels agissent de façon cohérente pour maximiser leur satisfaction, c'est-à-dire en finance, maximiser leur rentabilité pour un niveau de risque donné.

Section 5 ■ Un autre cadre théorique en construction : la finance comportementale

16.15 Tout un pan de recherche en finance depuis la fin des années 1960 a consisté à tester l'efficience des marchés, c'est même probablement l'hypothèse la plus testée en finance. Depuis le début des années 1980, des chercheurs ont mis au jour des « anomalies » qui tendent à contredire l'efficience des marchés. Citons par exemple :

▪ La volatilité excessive. Le premier accroc à la théorie des marchés efficients découle du bon sens : comment les marchés peuvent-ils être si volatils ? Les informations sur Alcatel-Lucent n'arrivent pas à chaque seconde, et pourtant son cours évolue à chaque instant… Il semble donc qu'il y ait un « bruit » autour de la valeur fondamentale. Comme l'explique B. Mandelbrot, inventeur des fractales, les variations de prix des actifs sont plus marquées par la discontinuité que par la continuité.

▪ Les actions à *dual listing* et fonds fermés. Les *dual listing* sont des actions d'entreprises jumelles cotées sur deux marchés distincts. Leurs flux de dividendes sont identiques et pourtant, le cours des deux titres peut diverger sur longue période. De même, les titres de fonds fermés (constitués uniquement de titres cotés) peuvent coter sur longue période avec une décote ou une prime par rapport à la valeur d'actif net réévalué. Les justifications classiques pour la décote de conglomérat (voir chapitre 45) ne permettent pas d'expliquer l'ampleur de la décote constatée sur certains fonds et certainement pas la prime existant sur d'autres ! Il est intéressant de constater que ces primes ou décotes par rapport à la valeur intrinsèque peuvent perdurer sur longue période ce qui explique qu'un arbitrage (pourtant simple à concevoir) devient impossible pour tout investisseur n'ayant pas un horizon de très long terme.

- Les anomalies calendaires. Les titres semblent moins bien performer le lundi que les autres jours de la semaine et avoir une rentabilité supérieure en janvier par rapport aux autres mois de l'année (ce phénomène étant en particulier vrai pour les entreprises de petite taille). Il apparaît néanmoins que les anomalies sont trop peu marquées pour permettre la réalisation systématique d'arbitrages profitables, compte tenu des coûts de transaction. Pour chacune de ces observations, des raisons conformes à la rationalité des investisseurs sont avancées[1].

- Les anomalies météorologiques. On constate que la rentabilité des actions est meilleure quand il fait beau que lorsqu'il pleut[2]. Mais là encore, les observations, bien que statistiquement significatives, ne permettent pas d'arbitrages.

Il existe donc un faisceau d'indices laissant supposer que la théorie des marchés efficients n'est pas valable. Eugène Fama, apôtre de l'efficience des marchés, défend cependant cette théorie contre vents et marées. Pour lui, l'observation d'anomalies est très largement due à la méthodologie utilisée. Il conteste en particulier les constats de sur ou sous-réactions systématiques des marchés avancés par certains auteurs qui concluent à l'inefficience (même partielle) des marchés.

La finance comportementale remet en cause le postulat de départ qu'est la rationalité des investisseurs. La finance et l'économie s'appuient sur d'autres matières afin d'apporter des explications nouvelles. Ainsi, les économistes ont fait appel aux neurosciences pour comprendre les choix économiques individuels. Les financiers font appel aux psychologues pour réaliser des expériences afin de déterminer le comportement réel des investisseurs face à des choix. Certaines démontrent que les décisions des investisseurs ne sont pas rationnelles, étant notamment influencées par l'environnement et les circonstances.

16.16 Afin d'apprécier l'attitude des individus vis-à-vis de produits financiers, on étudie fréquemment leurs choix face à plusieurs loteries (des gains auxquels sont associées des probabilités). On note alors les comportements suivants :

- Les investisseurs n'effectuent pas les mêmes choix lorsqu'il s'agit de gains ou de pertes. Ils préfèrent prendre des risques lorsque la probabilité de perte est forte (avoir une probabilité de 50 % de perdre 100 plutôt que d'être sûr de perdre 50) alors qu'ils préféreront assurer un gain plus faible si la probabilité est forte (être sûr de gagner 50 plutôt que d'avoir une chance sur 2 de gagner 100).

- Si l'écart de probabilité est faible, l'individu choisira la loterie offrant la possibilité de gain la plus élevée alors que s'il y a un fort écart de probabilité, il regardera plus l'espérance de gain. Ce constat génère certains paradoxes : préférer BNP Paribas à UBS, UBS à Mediobanca mais Mediobanca à BNP Paribas ! Ce constat peut rendre fou un gestionnaire d'actifs !

---

1 Voir *La Lettre Vernimmen.net* septembre 2003, n° 22.

2 *Ibid.*

L'irrationalité de certains investisseurs ne poserait pas réellement de problème si l'arbitrage permettait de corriger rapidement les anomalies et si l'on pouvait revenir rapidement à l'efficience (par arbitrage des investisseurs rationnels ou si les anomalies se compensent). Néanmoins, certaines des anomalies perdurent sur le long terme.

16.17 La théorie du mimétisme, popularisée notamment par A. Orléan, est une illustration de la finance comportementale. Cet auteur distingue trois comportements mimétiques :

- le mimétisme normatif, dont le rôle financier est limité, s'apparente au conformisme ;
- le mimétisme informationnel consiste à imiter les autres parce qu'on les suppose mieux informés ; il constitue une réponse rationnelle à un problème de diffusion de l'information si la proportion d'imitateurs au sein du groupe n'est pas trop élevée. Dans le cas contraire, l'imitation renforce le choix majoritaire qui n'est pas nécessairement conforme aux données objectives de l'économie ; elle ne permet plus une diffusion efficiente de l'information ;
- le mimétisme autoréférentiel tente de prévoir le comportement majoritaire pour l'imiter ; la « bonne » décision dépend donc de l'action collective des intervenants. Ce comportement peut conduire à une « prophétie autoréalisatrice », à savoir un équilibre qui existe uniquement parce que chacun croit qu'il va émerger : ceci rompt avec les analyses économiques traditionnelles selon lesquelles les grandeurs financières résultent des grandeurs économiques réelles.

> Le mimétisme explique en particulier le phénomène de bulle spéculative.

Les phénomènes de mimétisme peuvent être accentués par des décisions préprogrammées dans les logiciels d'achat/cession automatique de titres de certains opérateurs. Ces *program trading* peuvent prévoir de solder une position (c'est-à-dire de céder un investissement) lorsque la perte potentielle excède un certain seuil. Le risque de ces pratiques a été de nouveau illustré le 6 mai 2010 par le « *flash crash* » de l'indice Dow Jones qui a perdu en 5 minutes 9 % avant de les reprendre 20 minutes plus tard.

La critique est aisée mais l'art est difficile. Le tout n'est pas de faire voler en éclat la théorie des marchés en équilibre (plus de MEDAF, impossibilité de valoriser les produits financiers...), il convient alors de proposer un nouveau cadre pour la finance. Les modèles aujourd'hui créés par les chercheurs en finance comportementale sont peu utilisables en l'état (en particulier en matière de finance d'entreprise). Ils se concentrent sur la première étape du raisonnement : modéliser le comportement des investisseurs afin de déterminer l'utilité qu'ils perçoivent et la manière dont ils appréhendent les produits financiers. Nous restons donc encore sur notre faim en attendant les applications directes en finance d'entreprise...

> On peut toutefois présumer qu'à l'avenir le cadre théorique de la finance combinera la rigueur des analyses des théories néoclassiques (que nous développerons au chapitre 31) dont fait partie la théorie des marchés efficients avec des hypothèses plus réalistes du comportement des investisseurs tirées de la finance comportementale.

Section 6 ▪ Les comportements des investisseurs

Un investisseur peut, à un moment donné, adopter l'un des trois comportements suivants :

- la couverture ;
- la spéculation ;
- l'arbitrage.

1 ▪ La couverture

16.18 L'investisseur qui pratique la couverture (*hedger* en anglais) sur un marché financier cherche à se protéger d'un risque qu'il ne souhaite pas prendre. La couverture est un concept général qui explique, par exemple, le choix d'un financement long terme pour un investissement long terme, de financer par capitaux propres le risque de l'aventure industrielle...

C'est un comportement simple, naturel et sain pour ceux qui ne sont pas des financiers. La marge de l'industriel, fondée sur une compétence technique, humaine, commerciale, entre des produits et des consommations est protégée. La rentabilité économique d'un projet, d'une activité, est assurée indépendamment des fluctuations des marchés de capitaux.

Ainsi l'industriel européen qui exporte aux États-Unis vendra à terme des dollars contre euros, ce qui lui garantit un taux de change certain pour ses recettes futures en dollars. Il est couvert. De même, un organisme de crédit à moyen terme qui se refinance par des ressources de même durée est couvert.

> Se couvrir, c'est vouloir ne pas prendre le risque considéré.

Nous renvoyons notre lecteur au chapitre 54 où nous détaillons les techniques de couverture pour les entreprises.

2 ▪ La spéculation

16.19 Contrairement à la couverture qui élimine le risque, la spéculation se caractérise par l'acceptation d'un risque. Le spéculateur est celui qui prend position. Il fait un pari sur l'évolution future d'une valeur. S'il pense que la valeur va monter, il l'achète. Si elle s'élève effectivement, il aura gagné. Dans le cas inverse, il aura enregistré une perte. S'il doit recevoir des dollars dans un mois, il ne fait rien pensant que le cours du dollar va s'élever. S'il a des investissements à long terme à réaliser, il les finance par des emprunts à court terme pensant que les taux vont baisser et qu'il pourra se refinancer à moindre coût ultérieurement. C'est un comportement qui est donc radicalement opposé à celui de la couverture :

- c'est celui du *trader* sur le marché : terme qui désigne souvent le spéculateur professionnel. *Trading* signifie négoce et les négociants (*traders*) passent leur journée à acheter à bas prix une devise, une obligation, une action, une option, etc., dont ils anticipent la hausse, et à les vendre lorsqu'ils anticipent leur baisse ;

▪ c'est celui de l'**investisseur** en général. **Tout investisseur est un spéculateur** dans la mesure où, cherchant à prévoir des flux futurs, il spécule sur l'avenir. Ce point doit être bien compris : tout investisseur spécule en investissant. Cette spéculation n'est pas gratuite : elle est fondée sur une conviction, une compétence, une analyse du risque. Certains spéculent plus que d'autres et prennent plus de risques, c'est tout.

Revenons aux marchés financiers. On reproche souvent aux marchés de permettre la spéculation or il faut bien comprendre que les spéculateurs ont un rôle fondamental à jouer, un rôle **économiquement sain** : assumer des risques que les autres intervenants ne veulent pas supporter. Tout spéculateur minimise ainsi le risque des autres intervenants.

Sans spéculation, il n'y a plus de marché !

C'est ainsi qu'un industriel européen, endetté en dollars, qui souhaite se protéger contre le risque de change (celui d'une augmentation du cours du dollar contre l'euro) pourra transmettre ce risque, par le biais d'un achat à terme de dollars, au spéculateur qui le supportera. L'industriel, en achetant aujourd'hui des dollars à terme, connaît le cours dollar/euro auquel il remboursera son prêt ; il a donc éliminé son risque. À l'inverse, le spéculateur prend le risque d'une fluctuation du dollar entre le moment où il conclut l'opération avec l'industriel, et celui de la livraison effective des dollars à la date de remboursement du prêt.

De même si, dans un marché, les besoins de ressources à long terme ne sont pas satisfaits alors qu'il y a un surplus d'épargne à court terme, il faudra bien qu'à un moment donné quelqu'un prenne le risque de s'endetter à court terme pour placer à long terme. Le spéculateur fait alors de la transformation dont il assume les risques.

> Les excès spéculatifs sont des épiphénomènes qui ne doivent pas remettre en cause l'utilité et le fonctionnement normal des marchés financiers.

Qu'entend-on, dès lors, par « marché spéculatif » ? Il s'agit d'un marché uniquement entre des spéculateurs qui oublie, dès lors, la réalité économique. Il s'auto-entretient par un comportement mimétique et d'intoxication collective qui amplifie tous les mouvements. Ainsi, si un nombre suffisant de spéculateurs pense qu'un titre va monter, leur demande de titres suffira à faire progresser le cours de celui-ci. Cet exemple incitera les autres spéculateurs à suivre le mouvement et la demande s'auto-entretiendra, provoquant une hausse sur la valorisation future du titre, et ainsi de suite. Or, à la première révision des anticipations[1], le mécanisme s'inversera et le cours du titre s'effondrera brutalement. Cette chute sera d'autant plus violente que, la plupart du temps, les spéculateurs voudront liquider leur position afin d'assurer le remboursement des dettes qu'ils avaient contractées pour financer leurs achats de titres.

1 Lorsque l'on s'aperçoit que le roi est nu !

3 ■ L'arbitrage

6.20 À la différence du spéculateur, l'arbitragiste ne prend pas de risque mais essaie de dégager un bénéfice en tirant partie des seules imperfections susceptibles d'apparaître entre différents marchés.

On réalisera ainsi une opération d'arbitrage après avoir observé qu'à Francfort l'action Solvay vaut moins cher qu'à Bruxelles. On achètera alors des actions Solvay à Francfort en les revendant simultanément à Bruxelles à un prix plus élevé. Achetant à Francfort, l'arbitragiste fait monter le cours à Francfort; vendant à Bruxelles, il fait baisser le cours à Bruxelles, jusqu'à obtenir une égalité des cours entre ces deux places.

> L'arbitrage est donc une combinaison de plusieurs opérations ne nécessitant globalement aucune mise de fonds ni aucune prise de risque et permettant de réaliser un profit certain.

L'arbitragiste ne prend en principe aucun risque même si, considérée isolément, chacune des opérations participant à l'arbitrage en comporte un. En pratique, les arbitrageurs (ou arbitragistes) prennent souvent une certaine dose de risque ; leur comportement est donc souvent à la limite de la spéculation et de l'arbitrage. Soulignons également que la pratique de l'arbitrage nécessite que les titres sous-jacents soient suffisamment liquides pour que l'ensemble des opérations composant l'arbitrage puissent être nouées et dénouées simultanément au moindre coût.

Le terme arbitrage est parfois utilisé dans le cas d'un investisseur échangeant dans son portefeuille un titre pour un autre titre présentant de fortes similitudes (arbitrer entre France Télécom et Deutsche Telekom...). Ces imprécisions de langage ne sont pas de nature à remettre en cause la définition plus stricte de l'arbitrage que nous retenons dans le reste de cet ouvrage.

L'utilité de l'arbitrage est primordiale car **l'arbitrage tuant l'arbitrage**, il participe au développement des marchés nouveaux en créant de la liquidité et il élimine les imperfections momentanées qui peuvent apparaître çà et là. En effet dès qu'un déséquilibre apparaît, les arbitragistes vont acheter et vendre différents actifs, accroissant la liquidité du marché et réduisant ainsi, par leurs opérations, le déséquilibre jusqu'à le faire disparaître. À ce moment-là, ils cessent d'intervenir.

> L'arbitrage permet donc d'assurer l'égalité des prix entre les différents marchés à un même moment. Il assure la fluidité entre les marchés et contribue à leur liquidité. C'est l'opération de base qui permet de garantir l'efficience des marchés.

Nous verrons tout au long de cet ouvrage qu'il ne peut y avoir de miracle en finance à cause des opérations d'arbitrage qui égalisent entre elles les valeurs qui ont le même niveau de risque.

La liquidité des marchés et les progrès de la technologie rendent de plus en plus rares et complexes les opportunités d'arbitrage. En particulier l'exemple donné plus haut de l'action Solvay est pédagogique mais ne s'observe plus.

Que le lecteur nous comprenne bien, ces trois types de comportements conceptuels ne correspondent pas à trois catégories rigides et hermétiques d'investisseurs. Un spéculateur pourra se livrer à des opérations d'arbitrage ou couvrir partiellement sa position ; un *hedger* pourra accepter de ne couvrir que partiellement sa position et donc de spéculer sur la fraction non couverte, etc.

Par ailleurs, ces trois types de comportements s'observent simultanément sur un marché. Un marché ne peut pas vivre avec uniquement des *hedgers*, tout simplement parce qu'ils n'auront pas de contreparties qui accepteront de prendre le risque qu'ils ne veulent pas supporter. Comme nous l'avons vu, un marché ne peut pas non plus vivre avec uniquement des spéculateurs ; enfin, un marché peut encore moins fonctionner avec la seule présence d'arbitragistes.

> Un marché est fluide, liquide et affiche « de bons prix » lorsqu'il réunit des *hedgers*, des spéculateurs et des arbitragistes.

16.21 Que notre lecteur ne se laisse pas abuser par certaines impostures sémantiques. Les *hedge funds*, qui prétendent faire des opérations d'arbitrage, alors que leur nom signifie couverture, font surtout de la spéculation ! Sinon comment expliquer les centaines de millions de dollars qu'ils peuvent gagner ou perdre en quelques jours (pour plus de détails sur les *hedge funds*, voir paragraphe 22.22).

RÉSUMÉ

Le résumé de ce chapitre est disponible sur le site www.vernimmen.net.

Le système financier a pour vocation de mettre en relation les demandeurs et les pourvoyeurs de fonds :

- soit indirectement au travers d'institutions financières : on parle alors d'intermédiation financière et de finance indirecte ;
- soit directement sur les marchés financiers : on parle dans ce cas de finance directe et les banques jouent alors le simple rôle de courtier.

Mais un système financier fournit aussi des mécanismes de paiement et de règlement pour faciliter les transactions :

- de mise en commun des fonds pour entreprendre des projets de grande taille ;
- de subdivision du capital des entreprises permettant aux investisseurs de diversifier leurs investissements.

Il permet aussi de répartir dans le temps, l'espace ou les secteurs les ressources disponibles. Il fournit des outils de gestion des risques, une information à bas coût sur les prix, ce qui permet une prise de décision décentralisée, et il atténue les conflits entre les parties à un contrat.

L'essor des marchés financiers est une réalité de long terme, elle va de pair avec leur internationalisation. L'économie dans laquelle nous vivons n'est plus une économie d'endettement (où le financement par crédits bancaires prédominait), mais une économie de marchés financiers caractérisée par l'appel direct des groupes à l'épargne par émission d'actions ou d'obligations.

Les banques se sont adaptées à ce nouveau système en développant, au-delà de leur rôle de prêteur, des services de conseil facilitant l'accès direct des entreprises aux marchés financiers, qu'ils soient des marchés actions ou obligataires.

D'un point de vue conceptuel, les marchés financiers ne sont efficients que si le prix des titres reflète à tout moment toute l'information pertinente disponible. Un marché est d'autant plus efficient qu'il est liquide, que l'accès à l'information est libre pour tous, que le coût des transactions est faible et que les individus sont rationnels. C'est probablement sur ce dernier point que l'efficience est la plus contestable car l'être humain ne se résume pas à une série d'équations. D'où l'existence d'anomalies, de comportements mimétiques conduisant à l'apparition de bulles spéculatives que la finance comportementale tente d'analyser et d'expliquer.

Un marché financier réunit trois types de comportements :

- le *hedger* qui refuse de prendre des risques et se couvre au contraire ;
- le spéculateur qui prend un risque plus ou moins important ;
- et enfin, l'arbitragiste qui, en exploitant les déséquilibres du marché, contribue à les faire disparaître et assure ainsi la liquidité et l'efficience du marché.

Ces trois rôles sont indispensables pour offrir aux entreprises qui utilisent les marchés financiers les produits de financement et de couverture dont elles ont besoin à des prix normaux.

QUESTIONS

1/ Jérôme Kerviel exploitait pour le compte de sa banque des petites différences de prix entre des indices boursiers et des portefeuilles d'actions les dupliquant. Spéculait-il, se couvrait-il ou faisait-il de l'arbitrage ? Il a causé une perte de 4,9 Md€ pour la Société Générale. Spéculait-il, se couvrait-il ou faisait-il de l'arbitrage ?

2/ Quelle est la fonction économique de la spéculation ?

3/ Pouvez-vous expliquer pourquoi un financier « excessif » et un entrepreneur à l'esprit étroit ne peuvent pas se comprendre ?

4/ Comment un petit épargnant peut-il diviser ses risques ?

5/ Quelle est la caractéristique du titre financier qui permet au marché d'occasion (dit « secondaire ») et au marché de création (dit « primaire ») de s'interpénétrer ?

6/ À quelles conditions un arbitrage peut-il fonctionner ?

7/ Quelle est la fonction économique de l'arbitrage ?

8/ Un marché entre spéculateurs uniquement est-il durable ?

9/ Spéculez-vous en achetant des obligations d'État dites « sans risque » ? Au fait, sans quel risque ?

10/ Il a été dit à des investisseurs détenant des actions immobilières espagnoles achetées au plus haut de la bulle que, tant qu'ils n'ont pas vendu, ils n'ont pas perdu. Qu'en pensez-vous ?

11/ Qu'est-ce qu'un marché spéculatif ?

12/ Quels sont les mécanismes régulateurs qui existent pour éviter les excès de la spéculation :

– sur les marchés dérivés,

– sur les marchés secondaires de titres de créance,

– sur les marchés actions ?

13/ À travers le monde, les intermédiaires sur le marché des actions peuvent être répartis en deux catégories :

– les *brokers* : ils mettent en rapport un acheteur et un vendeur, la transaction ne peut se faire que s'ils ont trouvé un acheteur ou des acheteurs pour chaque vendeur et réciproquement. Ils sont rémunérés par une commission ;

– les *market makers* : lorsqu'un investisseur est vendeur de titres, les *market makers* les achètent à un certain prix et essaient simultanément ou ultérieurement de les revendre à un prix supérieur au prix d'achat. Ils se rémunèrent donc par la différence entre le prix de vente et le prix d'achat.

À votre avis, en toute logique, la différence de prix pratiquée par les *market makers* est-elle égale, supérieure, ou inférieure à la commission des *brokers* ? Pourquoi ?

14/ Vrai ou faux ?

	Vrai	Faux
Pourvu qu'on satisfasse les exigences des investisseurs, la quantité des fonds pour une entreprise est illimitée		
L'annonce de pertes déjà anticipées par le marché modifie le cours boursier		
La manipulation des critères comptables est sans impact sur la valeur		

15/ Des affirmations qui suivent, lesquelles vous semblent caractériser une inefficience du marché ? Expliquez le type de test à mener pour les mettre en évidence.

a) Les obligations municipales américaines exonérées d'impôt offrent un taux de rentabilité à l'investisseur plus faible que celui des obligations d'État qui sont fiscalement imposables.

b) Les dirigeants réalisent des profits supérieurs à la moyenne en effectuant des achats et des ventes sur les actions de la société à laquelle ils appartiennent.

c) Il y a une certaine corrélation entre le taux de rentabilité du marché un certain trimestre et la variation espérée des bénéfices des sociétés le trimestre suivant.

d) Des observateurs du marché ont constaté que les actions qui ont connu une forte hausse dans le passé récent verront leur cours augmenter dans le futur.

e) La valeur en Bourse d'une société tend à s'apprécier avant l'annonce d'une OPA sur ses titres.

f) Les actions d'une société venant de connaître des bénéfices en forte hausse offrent des taux de rentabilité élevés dans les mois qui suivent.

g) En moyenne, les actions risquées offrent des taux de rentabilité plus élevés que les actions peu risquées.

16/ Quel est l'intérêt de la finance comportementale ?

17/ Si les marchés financiers ne sont pas ponctuellement efficients, pensez-vous qu'il y a plus de chances que cela concerne les petites sociétés ou les grandes ? Pourquoi ?

D'autres questions vous attendent sur le site www.vernimmen.net.

ÉLÉMENTS DE RÉPONSE

1. En théorie, pour son management, il faisait de l'arbitrage ; en réalité il spéculait sans que son management ne s'en rende compte.

2. Prendre des risques que des agents ne veulent pas supporter.

3. Le financier diversifie son risque ; l'entrepreneur ne peut souvent pas se le permettre.

4. Il diversifie son portefeuille en achetant des parts de fonds de placement (SICAV, FCP...).

5. C'est un produit fongible : une action nouvellement émise est en tout point identique aux actions déjà existantes émises par la même entreprise.

6. Frais de transaction très faibles, accès de tous les intervenants à tous les marchés, liberté d'investissement.

7. Assurer l'équilibre et la liquidité des marchés.

8. Non, car déconnecté de la réalité économique.

9. Oui, sur l'évolution des taux. Sans risque de faillite de l'émetteur. Mais quel État peut encore se vanter d'être sans risque de défaut !

10. Faux, car un marché donne à tout moment le prix d'un actif et, si le cours a baissé, le patrimoine de l'investisseur s'est amoindri.

11. Entre les mains uniquement des spéculateurs (il est déconnecté de la réalité économique).

12. Livraison de l'actif sous-jacent à l'échéance qui force à cette date le prix du contrat à être égal au prix de l'actif sous-jacent ; remboursement qui fait qu'à l'échéance le titre de créance ne peut pas avoir une autre valeur que le montant du remboursement ; valeur économique de l'entreprise.

13. Supérieure, car ils prennent un risque supérieur en détenant le titre avant de trouver un acheteur.

14. Vrai (théoriquement). Faux. Vrai.

15. b, c, d, e, f : inefficience.

16. La prise en compte de la dimension non rationnelle de l'individu.

17. Les petites sociétés ; en effet le nombre limité d'investisseurs s'intéressant à leurs titres implique que leur liquidité est faible et que leur cours peut s'éloigner durablement d'une valeur d'équilibre.

BIBLIOGRAPHIE

Pour les aspects plus macroéconomiques de ce chapitre :

Aglietta M., *Macroéconomie financière*, 5e édition, La Découverte, 2008.

Bodie Z., Merton C. *et al.*, *La finance sans frontière*, Economica, 1998.

Boissieu (de) Ch., Couppey-Soubeyran J., *Les systèmes financiers*, 4e édition, Economica, 2013.

CEPII, *L'économie mondiale 2014*, La Découverte, 2013 (parution annuelle).

Chardoillet E., Salvat M., Tournyol du Clos H., *L'essentiel des marchés financiers : Front office, post-marché et gestion des risques*, Eyrolles, 2011.

Deschamps M.-P., *Les marchés font-ils la loi ?*, Eyrolles, 2012.

Giraud P.-N., *Le commerce des promesses, petit traité sur la finance moderne*, Points, 2009.

Gurley J., Shaw E., *Money in a theory of finance*, The Brookings Institution, 1960.

Levine R., « Bank-based and market-based financial systems : Which is better ? », *Journal of Financial Intermediation* octobre 2002, vol. 11, pages 398 à 428.

Le Fur Y., Quiry P., « La Bourse joue-t-elle son rôle de financier de l'économie ? », *La Lettre Vernimmen.net* janvier 2013, n° 112, pages 1 à 4.

McKinsey, *QE and ultra-low interest rates : Distributional effects and risks*, McKinsey Global Institute, novembre 2013.

McKinsey, *Financial globalization : Retreat or reset*, McKinsey Global Institute, mars 2013.

Soros G., *The new paradigm for financial markets : the credit crisis of 2008 and what it means*, Public affairs, 2008.

Villeneuve (de) J.-F., *Le dictionnaire technique de la Bourse et des marchés financiers 2010-2011*, 8e édition, Soficom Éditions, 2010.

Pour approfondir les marchés efficients :

Fairchild R., « From behavioral to emotional corporate finance : A new research direction », *working paper Bath University*, septembre 2009.

Fama E., « Efficient capital markets : a review of theory and empirical work », *Journal of Finance* mai 1970, vol. 25, n° 2, pages 383 à 417.

Fama E., « Efficient capital market II », *Journal of Finance* décembre 1991, vol. 46, n° 5, pages 1575 à 1617.

Fama E., « Market efficiency, long-term returns and behavioral finance », *Journal of Financial Economics* septembre 1998, vol. 49, n° 3, pages 283 à 306.

Ferguson M., Shockley R., « Equilibrium Anomalies », *Journal of Finance* décembre 2003, vol. 58, n° 6, pages 2549 à 2580.

Gillet Ph., *L'efficience des marchés financiers*, 2e édition, Economica, 2006.

Meunier F., « La finance "normale" reste bien vivante », *Blog de la DFCG*, 21 mars 2011.

Rubinstein M., « Rational markets : yes or no ? The affirmative case », *Financial Analysts Journal* mai-juin 2001, vol. 57, n° 3, pages 15 à 29.

Sangare A., « Efficience des Marchés : un siècle après Bachelier », *Revue d'économie financière* décembre 2005, n° 8, pages 107 à 132.

Pour aller au-delà de la théorie des marchés efficients :

Baker M., Ruback R., Wurgler J., « Behavioral corporate finance : A survey », *in* Handbook in Corporate Finance, *Empirical Corporate Finance*, Elsevier/North Holland, 2007.

Béjaoui A., Karaa A., *Hypothèse des marchés adaptatifs : un essai de réconciliation de l'hypothèse des marchés efficients avec la finance comportementale*, Éditions universitaires européennes, 2013.

Broihanne M.-H., Merli M., Roger P., *Finance comportementale*, Economica, 2004.

Chalmin Ph., *Compte rendu de la commission d'enquête sur les mécanismes de spéculation affectant le fonctionnement des économies*, 27 octobre 2010, Assemblée nationale.

Fairchild R., « Behavioural corporate finance : Existing research and future directions », *International Journal of Behavioral Accounting and Finance* avril 2010, vol. 1, n° 4, pages 277 à 293.

Fox J., *The myth of the rational market*, Harper Business, 2009.

Herlin Ph., Marois B., *Finance : le nouveau paradigme*, Eyrolles, 2010.

Hirshleifer D., « Investor psychology and asset princing », *The Journal of Finance* août 2001, vol. 56, n° 4, pages 1533 à 1597.

Lepetit J.-F., *Dysfonctionnement des marchés financiers*, Economica, 2013.

Mandelbrot B., *Une approche fractale des marchés*, Odile Jacob, 2005.

Mangot M., *Psychologie de l'investisseur et des marchés financiers*, Dunod, 2008.

Orléan A., *Le pouvoir de la finance*, Odile Jacob, 1999.

Schmidt Ch., « Vers une neurofinance », *Analyse financière* 4e trimestre 2011, n° 41, pages 68 à 71.

Shefrin H., *Behavioral corporate finance*, McGraw-Hill, 2005.

Singal V., *Beyond the random walk : A guide to stock market anomalies and low risk investing*, Oxford University Press, 2006.

Taleb N.N., *Le cygne noir. La puissance de l'imprévisible*, Les Belles Lettres, 2008.

Walter Ch., *Le modèle de marché au hasard en finance*, Economica, 2013.

Sur le rôle des banques et ses métiers :

Fleuriet M., *Banques d'investissement et de marché, Les métiers de la banque d'affaires*, 2e édition, Revue Banque Édition, 2011.

Lobez F., Vilanova L., *Microéconomie bancaire*, PUF, 2006.

TITRE 1

Chapitre **17** La rémunération du temps 349
Chapitre **18** Capitalisation et actualisation. 361
Chapitre **19** Valeur actuelle et valeur actuelle nette 371
Chapitre **20** Le taux de rentabilité actuariel 381

Titre 1

La mécanique financière

Les quelques courts chapitres qui suivent vont nous familiariser avec les outils financiers de base : taux d'intérêt, valeur, capitalisation, actualisation ; tout d'abord en l'absence de risque puis, dans le titre 2 suivant, en présence de cet élément de base de la finance. Ces outils sont fondamentaux et nous ne cesserons de les utiliser dans toute la suite de cet ouvrage.

Chapitre 17

La rémunération du temps

Le temps, c'est de l'argent !

L'objectif de ce chapitre est de comprendre le fondement théorique de l'exigence de rémunération d'un investisseur que le financier d'entreprise ne doit jamais oublier. Ce n'est pas un chapitre simple, surtout pour notre lecteur qui aurait oublié les raisonnements de base de microéconomie. Aussi lui conseillons-nous de lire ce chapitre deux fois plutôt qu'une !

Section 1 ■ La mécanique inexorable de la finance

17.1 La finance découle d'un certain nombre de préoccupations primaires des agents économiques.

Certains démontreront qu'un attachement sentimental peut exister pour une famille vis-à-vis d'une entreprise... De même, on pourra considérer, comme certains responsables régionaux, qu'il est nécessaire de créer des opportunités permettant à l'épargne régionale de s'investir localement.

Nous ne nous étendrons pas sur ces aspects psychologiques : sans en contester l'importance, le financier doit travailler avec comme postulat de départ un univers caractérisé par la rationalité [1].

> Au risque de choquer, il faut avoir conscience que le monde financier est d'abord un monde désincarné, caractérisé par la primauté du comportement rationnel fondé sur la défense et la promotion des intérêts personnels.

Un agent économique totalement rationnel a pour objectif financier de maximiser son utilité, c'est-à-dire sa « jouissance » immédiate ou potentielle. Dès lors, son comportement se caractérise par une exigence de rentabilité qui se situe au cœur de la finance.

1 Tout un courant de recherche en finance vise à prendre en compte les aspects psychologiques de l'investisseur, c'est la finance comportementale (voir paragraphe 16.15). Mais les avancées dans ce domaine ne peuvent pas encore servir de référent.

Personne ne contestera que l'achat d'un titre financier est un acte intéressé qui s'analyse comme la renonciation à une jouissance immédiate au profit d'une jouissance ultérieure que l'on espère supérieure.

17.2 Nous traduirons cela par une exigence de rentabilité.

Cette notion de rentabilité est simple et évidente : si un flux de 110 est promis dans un an en contrepartie d'une renonciation à une consommation immédiate de 100, la rentabilité sur la période considérée est de (110 – 100)/100 = 10 %.

Ne pas rémunérer ce retard dans la consommation revient à privilégier la consommation immédiate et à supprimer toute utilité à l'investissement (et, de là, à annuler tout progrès...).

La finance et l'industrie marchent sur la tête lorsque l'investisseur n'est pas rémunéré, même en l'absence de tout risque.

Le financier d'entreprise doit d'abord et avant tout se préoccuper du taux de rentabilité exigé par les investisseurs. Intuitivement, on comprend qu'investir, c'est-à-dire renoncer à une consommation immédiate, n'est pas passionnant. Il est donc normal qu'un investisseur soit remercié de son effort par une rémunération qu'il juge satisfaisante.

Nous verrons dans la section 2 suivante le fondement théorique de ce loyer de l'argent, mais le lecteur a compris que l'existence de cette rémunération implique qu'**un euro aujourd'hui n'est pas égal à un euro demain : il lui est supérieur.** Le temps c'est de l'argent : différer une dépense, c'est réduire cette dépense ; accélérer une recette, c'est accroître cette recette ; et réciproquement.

Il existe une rémunération des capitaux (loyer de l'argent), même lorsque l'investisseur ne prend aucun risque.

L'inflation crée seulement des distorsions et tend à brouiller le taux de rentabilité réellement servi à l'investisseur qui exige une rémunération indépendamment du niveau d'inflation.

Section 2 ■ Le fondement théorique du taux de l'argent sans risque

17.3 Pourquoi rémunérer les capitaux ? Quel est le fondement du loyer de l'argent ? C'est à cette question que cette section entend répondre.

Les théoriciens nous proposent le modèle suivant, caractérisé par la comparaison de deux périodes successives pendant lesquelles l'individu perçoit respectivement un revenu de R_1 et de R_2.

1 ▪ Première décision : consommer, épargner (ou s'endetter)

17.4 En l'absence de finance, on ne peut ni placer, ni emprunter ; l'individu n'a pas le choix. Il perçoit un revenu de R_1 en période 1 qu'il doit consommer immédiatement et de R_2 en période 2. Il consomme donc $[O, R_1]$ en période 1 et $[O, R_2]$ en période 2 :

En l'absence de marchés financiers, l'individu n'a pas le choix : il doit consommer à chaque période son revenu du moment sans pouvoir ni le reporter, ni l'anticiper.

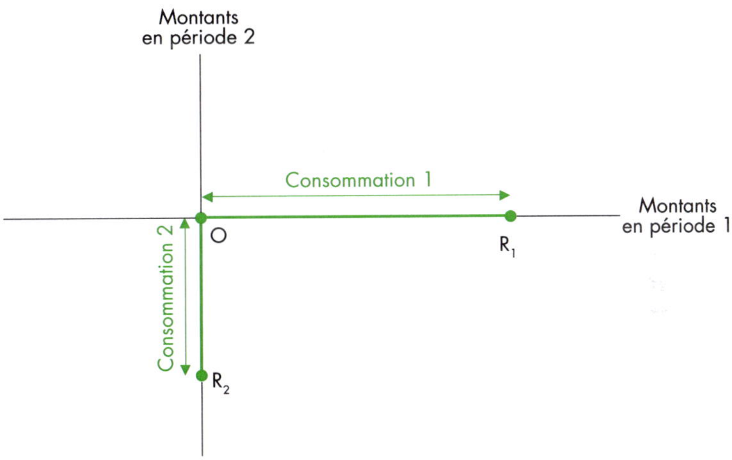

17.5 Maintenant, la finance fait son apparition : on peut placer ou emprunter en période 1 pour différer ou accélérer la consommation, en supposant pour le moment que le taux d'intérêt est nul. Sur la figure suivante, l'individu reporte une partie de sa consommation possible de la période 1 sur la période 2. Au total sur les deux périodes, elle sera égale à $R_1 + R_2$ puisque le placement (ou l'emprunt) ne rapporte (coûte) rien, le taux d'intérêt étant nul. Notre individu consomme $[C_1, R_1]$ en période 1 et $[C_2, R_2]$ en période 2.

Grâce à la finance, l'individu n'a plus un seul choix pour la répartition de sa consommation mais une multitude : il peut ainsi consommer jusqu'à [$C_{1\ Max}$, R_1] en période 1 s'il s'endette au maximum sur son revenu de période 2 et [$C_{2\ Max}$, R_2] en période 2 s'il place l'ensemble de ses revenus de période 1.

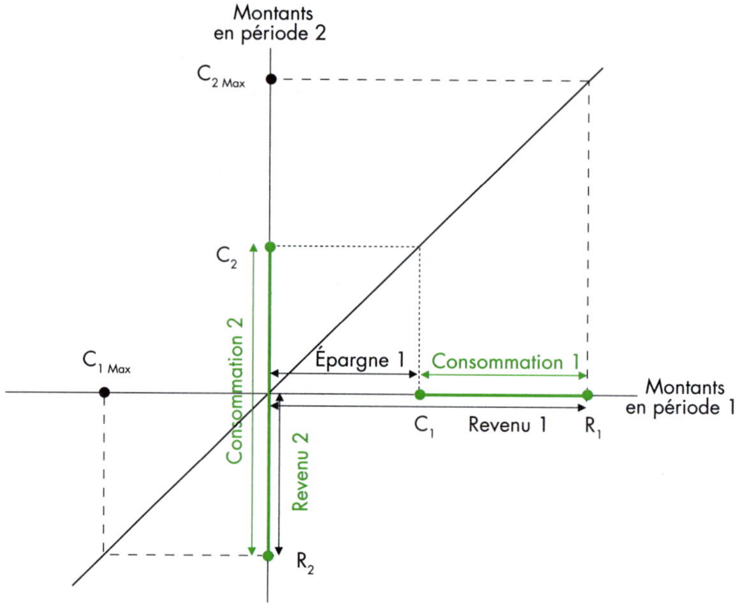

17.6 Enfin, le taux d'intérêt fait son apparition. On constate que, suivant les individus, le niveau de consommation se déplace le long de la droite représentée, puisqu'il y a un marché financier où s'échangent, au taux de l'argent sans risque, r_F, les excédents et les déficits de financement sans limitation de montant. Cette droite a en effet pour pente $1 + r_F$.

Notre individu est économe : il ne consomme pas la totalité de son revenu de la période 1 afin d'en épargner une partie et d'obtenir ainsi en période 2 un revenu égal à R_2 majoré de son épargne, intérêts compris, soit [R_2, C_2*].

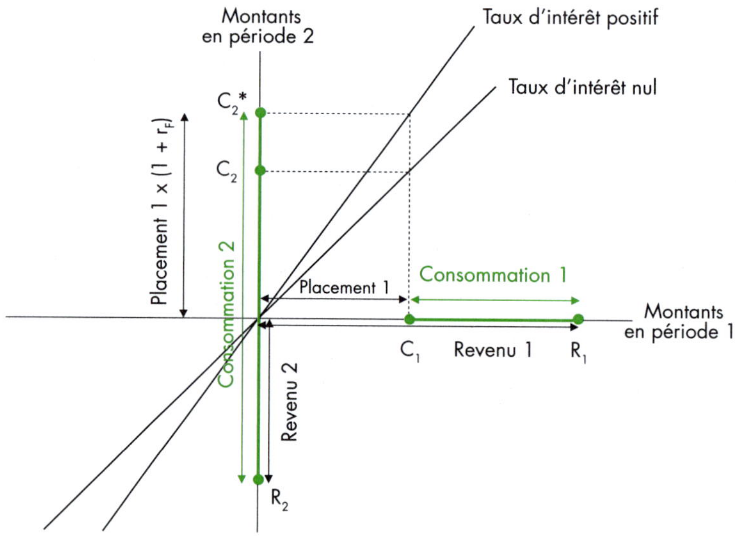

Concrètement, l'individu économe n'acceptera de renoncer, en période 1, à une consommation immédiate que s'il peut consommer, de ce fait, en période 2, un montant supérieur à sa renonciation en période 1. C_2* est « au-dessus » de C_2 (son niveau de consommation en l'absence de taux d'intérêt) et ce, grâce aux intérêts de son placement de la période 1.

Il faut donc, pour cela, qu'il existe un taux qui rémunère de façon satisfaisante tout placement ou investissement, c'est-à-dire toute renonciation à une consommation immédiate.

Notre individu est un jouisseur. Il a tendance à maximiser son revenu disponible en période 1 (au-delà de R_1) en s'endettant pour consommer davantage tout de suite au détriment de sa consommation future. Celle-ci sera inférieure à R_2 puisque l'emprunt de la période 1 devra être remboursé et les intérêts payés.

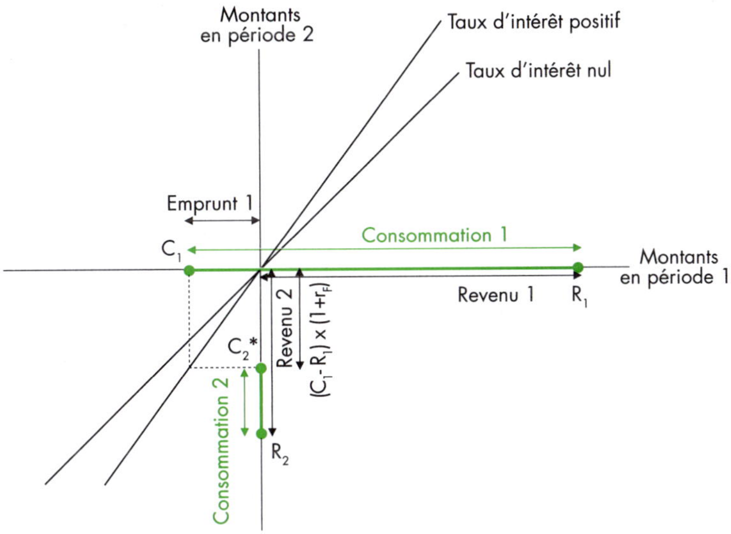

Tel est le fondement théorique du taux de l'argent sans risque : la rémunération suffisante d'une renonciation à une consommation immédiate.

2 ■ Seconde décision : investir

17.7 Intéressons-nous maintenant au raisonnement de l'industriel face à la décision d'investissement. Il examine une série d'investissements A, B, C... de montants I_a, I_b, I_c... en période 1 dont les revenus (R_a, R_b, R_c...) en période 2, et donc les rentabilités, sont différents. Supposons que notre industriel soit en mesure de classer les différents projets par taux de rentabilité décroissant, la rentabilité du projet A est supérieure à celle du projet B, elle-même supérieure à celle du projet C...

On obtient alors la courbe suivante des investissements possibles, cumulés du plus rentable au moins rentable, construite à partir du point d'origine :

C est peu rentable puisque $R_c < I_c$, mais A l'est fortement : $R_a >> I_a$.

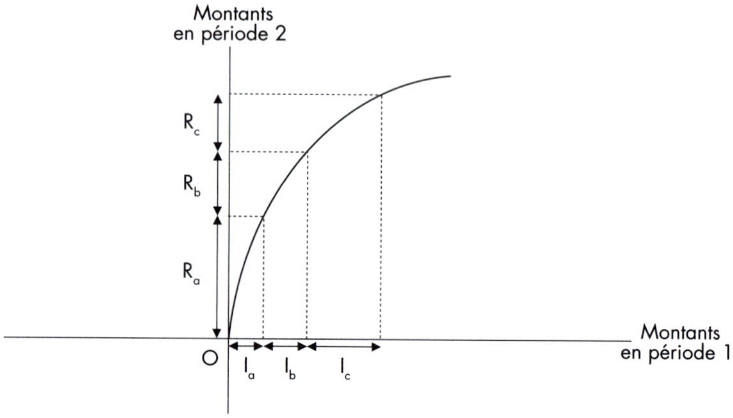

17.8 On introduit le taux d'intérêt du marché financier (placement ou endettement) par le biais de la droite vue aux graphiques précédents que l'on positionne de sorte à être tangente à la courbe des rentabilités des investissements. On obtient alors le schéma suivant :

Les investissements situés entre O et I sont plus rentables que le taux du marché ; à l'inverse ceux situés à droite de I sont moins rentables que le taux du marché.

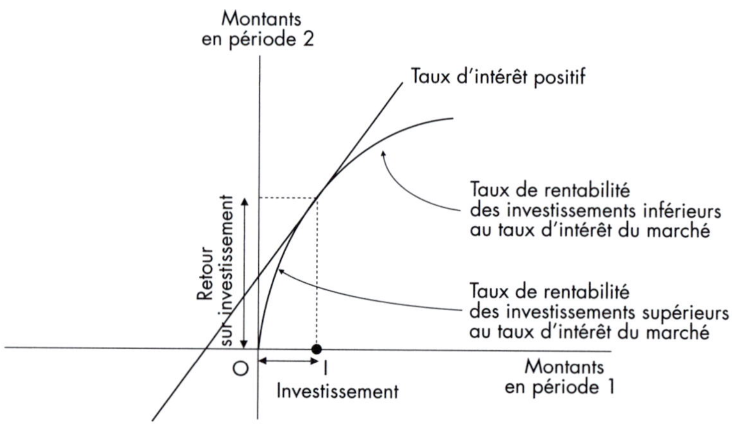

Notre entrepreneur a de toute manière intérêt[1] à réaliser les investissements les plus rentables qui s'offrent à lui, c'est-à-dire ceux situés entre O et I qui maximisent R/I, R étant le revenu en période 2 et I l'investissement en période 1. En effet, ces investissements rapportent plus que le taux du marché. Il convient de rappeler ici que nous sommes dans un univers sans risque et qu'il est donc parfaitement comparable d'investir ou de placer au taux sans risque. L'investisseur peut investir à un taux supérieur à celui auquel il emprunte, il peut donc gagner de l'argent de manière certaine[2] !

1 Il est même de son devoir…

2 C'est une possibilité d'arbitrage tel que nous l'avons défini au chapitre 16 précédent.

17.9 Et là, de deux choses l'une :

▪ soit l'entrepreneur a des ressources financières propres suffisantes après sa consommation en période 1 pour réaliser tous les investissements situés entre O et I :

L'entrepreneur place le surplus de ses disponibilités au taux d'intérêt du marché qui lui rapporte plus que les derniers investissements industriels qui s'offraient à lui, mais moins que les investissements qu'il a réalisés (entre O et I).

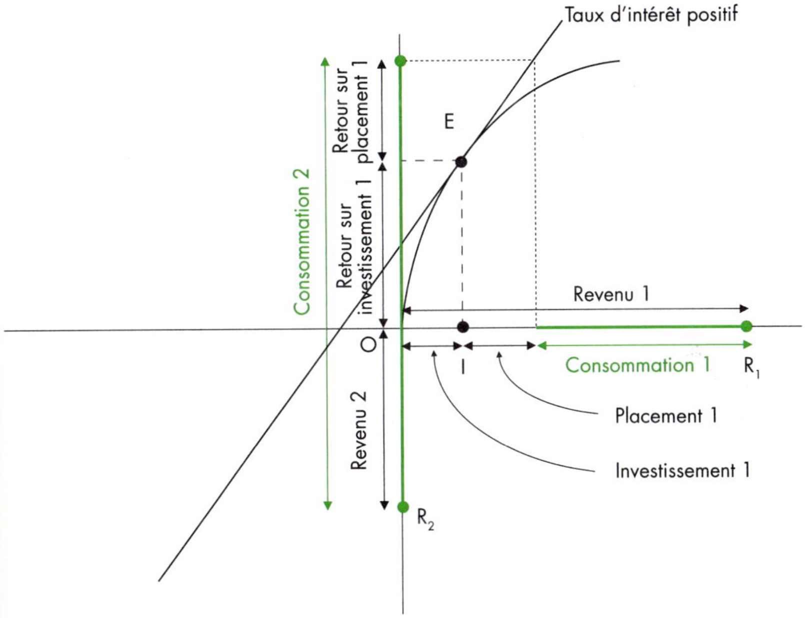

▪ soit l'entrepreneur n'a pas les ressources financières propres pour réaliser tous les investissements rentables situés entre O et I : il veut, par exemple, également beaucoup consommer en période 1 :

Dans ce cas, l'entrepreneur collecte les fonds sur le marché pour réaliser ces investissements. Et tant qu'il disposera d'investissements suffisamment rentables, c'est-à-dire dont le taux de rentabilité est supérieur au taux exigé par les pourvoyeurs de fonds, il n'aura, en théorie, aucune difficulté à trouver des fonds pour financer ses projets.

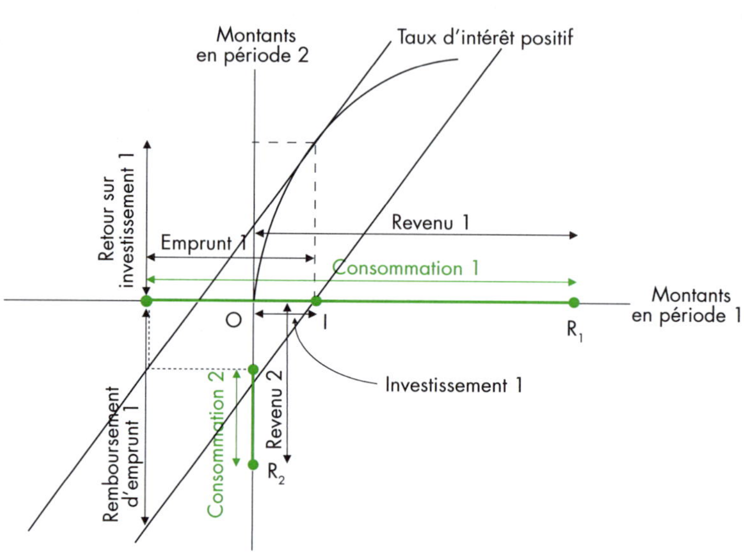

17.10 En conclusion, on constate donc que le taux de l'argent sans risque se situe à l'intersection d'une exigence de rentabilité liée au renoncement à la consommation immédiate et de la possibilité de rémunération grâce aux investissements productifs.

Le lecteur s'interrogera peut-être pour savoir si ce taux est effectivement perçu parce que les financiers l'exigent ou s'il est versé parce que les investissements industriels seront productifs et permettront de rémunérer l'épargne investie. Ce problème relève à notre avis de « la poule et de l'œuf » et ce taux doit être considéré comme un prix d'équilibre entre les opportunités d'investissement et l'exigence de rentabilité.

17.11 Grâce au marché financier, **il y a dissociation entre les différentes décisions** : il ne s'agit pas, comme dans les économies de troc, de décider si l'on doit consommer plus et investir moins aujourd'hui (ou l'inverse), mais de choisir entre une consommation aujourd'hui et une consommation demain, entre investir ou non, entre lever des fonds ou non. Le taux de l'argent a pour effet de dissocier la décision de consommer de celle d'investir en permettant à l'individu de s'ajuster, soit en levant des ressources supplémentaires, soit en plaçant les ressources excédentaires.

Autrement dit, l'entrepreneur qui a beaucoup de projets d'investissements dégageant un taux de rentabilité supérieur au taux d'intérêt du marché peut tous les réaliser, quelles que soient ses ressources. Il lui suffit pour cela de lever des fonds sur le marché financier, y compris éventuellement au-delà du montant de ses investissements pour financer sa consommation courante. Ces fonds lui seront avancés par les individus qui ont trop peu de projets d'investissements plus rentables que le taux du marché pour épuiser totalement leurs liquidités. Grâce aux marchés financiers, ces derniers trouvent ainsi pour leurs excédents de liquidité une rémunération (le taux d'intérêt) supérieure à celle qu'ils peuvent trouver par eux-mêmes. Grâce aux marchés financiers, la préférence de l'entrepreneur pour une consommation immédiate ou différée n'interfère donc absolument pas avec ses décisions d'investissement. Tous les investissements plus rentables que le taux du marché peuvent donc être réalisés, que l'entrepreneur ait ou non les liquidités nécessaires, c'est d'ailleurs ce qui s'observe chaque jour avec les créations d'entreprises.

17.12 Le lecteur comprendra que, **sans l'existence de marchés financiers, le risque de se trouver en situation de sous-optimisation est élevé** : l'individu investit dans des projets à rentabilité médiocre au lieu de placer son argent dans de meilleures conditions sur les marchés financiers. Nous verrons que c'est le grand danger de l'autofinancement qui favorise la constitution de poches de trésorerie dans les entreprises, investies à des taux de rentabilité souvent médiocres.

Le marché financier permet de placer ou de lever des fonds, d'allouer les ressources vers les investissements les plus productifs et donc de contribuer à la croissance et à la richesse d'un pays.

Enfin, on notera que le taux du marché s'impose à tous et sert de référence même si, dans la pratique, on doit distinguer un taux emprunteur et un taux prêteur. Le lecteur qui voudra approfondir ou manier les démonstrations précédentes se tournera vers des manuels de microéconomie, domaine qui échappe aux ambitions de cet ouvrage.

RÉSUMÉ

Le résumé de ce chapitre est disponible sur le site www.vernimmen.net.

Un individu n'acceptera de renoncer à une consommation immédiate que s'il peut obtenir, en contrepartie, une consommation ultérieure plus importante. Autrement dit, il n'acceptera d'épargner ou d'investir, ce qui est la forme concrète de la renonciation à une consommation immédiate, que si son épargne ou son investissement lui procure un certain taux de rentabilité.

Un euro aujourd'hui n'est donc pas égal à un euro demain, il lui est supérieur. Le temps, c'est de l'argent !

L'existence de marchés financiers permet aux individus d'anticiper ou de retarder leur consommation en s'endettant ou en plaçant au taux d'intérêt. Il leur permet aussi et surtout de dissocier les décisions d'investissement et de consommation.

Un individu qui a trop de projets d'investissements (dont la rentabilité est supérieure à celle du marché) par rapport à ses revenus, peut néanmoins tous les réaliser. Il se procure des fonds sur les marchés financiers auprès des investisseurs qui ne trouvent pas par eux-mêmes suffisamment d'investissements dont la rentabilité est supérieure à celle du marché pour épuiser toutes leurs liquidités. Ces derniers obtiennent ainsi une rémunération (le taux d'intérêt) supérieure à celle des investissements qu'ils avaient pu trouver par eux-mêmes. Notre entrepreneur peut réaliser tous ses investissements qui rapportent plus que le taux du marché en se procurant des ressources à ce taux, y compris pour anticiper une consommation future.

Le taux d'intérêt correspond donc à la rentabilité du dernier investissement qui peut être réalisé compte tenu de la totalité des liquidités disponibles, elles-mêmes déterminées par les revenus moins la consommation des individus, sachant bien sûr que les investissements sont réalisés par ordre de rentabilité décroissante.

Les marchés financiers permettent ainsi de placer ou de lever des fonds, d'allouer des ressources vers les investissements les plus productifs (rentables) et donc de contribuer à la croissance et à la richesse d'un pays.

Le financier d'entreprise doit donc, d'abord et avant tout, se préoccuper du taux de rentabilité exigé par les investisseurs.

QUESTIONS

1/ Quelle est l'innovation majeure apportée par les marchés financiers ?

2/ En l'absence de tout risque, l'épargne mérite-t-elle d'être rémunérée ?

3/ Le choix d'investissement est-il le même pour un entrepreneur jouisseur et un entrepreneur ascète ?

4/ Démontrez graphiquement à partir de la figure du paragraphe 17.8, que lorsque les taux d'intérêt augmentent, l'investissement baisse. Cela correspond-il au bon sens ?

5/ Démontrez à partir de la figure du paragraphe 17.8 que lorsque les taux d'intérêt baissent, l'investissement s'accroît. Cela correspond-il au bon sens ?

6/ Pourquoi l'angle formé entre la pente du taux d'intérêt et une horizontale est-il supérieur à 45° ?

7/ Un entrepreneur peut-il toujours réinvestir ses revenus à un taux au moins égal à celui du marché ?

8/ Les taux d'intérêt sont-ils positifs à cause de l'inflation ?

9/ Un taux d'intérêt peut-il être négatif ? Dans quel cas ? Est-ce alors durable ?

10/ Si le taux d'intérêt est le même pour tout le monde, pourquoi existe-t-il au même instant des individus qui placent et des individus qui empruntent ?

11/ Pourquoi le taux d'emprunt et le taux de placement peuvent-ils différer ?

12/ Comment pourriez-vous représenter sur la troisième figure un taux de placement et un taux d'emprunt différents ?

13/ Accroître les liquidités augmente-t-il ou réduit-il les taux d'intérêt ? Les investissements ?

14/ L'arrivée soudaine sur le marché d'une masse d'investissements très rentables a-t-elle pour effet de faire monter ou baisser les taux d'intérêt ? Pourquoi ?

15/ À quoi le taux d'intérêt d'équilibre est-il égal ?

D'autres questions vous attendent sur le site www.vernimmen.net.

ÉLÉMENTS DE RÉPONSE

1. La séparation des décisions d'investissement et de consommation.

2. Oui, car celui qui épargne accepte de différer une consommation qui aurait pu être immédiate.

3. Oui, grâce au marché financier, tous les deux peuvent consommer selon leurs souhaits et investir parallèlement dans les projets plus rentables que le taux du marché, le marché leur fournissant les ressources nécessaires.

4. Lorsque le taux d'intérêt augmente, la droite du taux d'intérêt devient plus pentue et le point E de tangence de la courbe des investissements à la droite du taux d'intérêt se déplace à gauche, réduisant ainsi l'écart entre O et I et donc le nombre d'investissements réalisés. Ceci correspond au bon sens car si le taux du marché augmente, le nombre d'investissements qui rapportent plus que ce taux diminue.

5. *Idem* que question 4 mais inversé.

6. Car le taux d'intérêt est positif.

7. Oui, grâce à l'existence du marché qui lui permet de placer ses revenus au taux du marché.

8. Non, cela n'a rien à voir, même si *a priori* en période d'inflation, les taux d'intérêt sont plus élevés. Ils sont positifs pour rémunérer la renonciation à la consommation immédiate.

9. Oui, lorsqu'interviennent certaines crises de change et qu'un État veut faire baisser ou freiner la progression du cours de sa monnaie : c'est exceptionnel et malsain. C'est également le cas lorsque les investisseurs acceptent une rentabilité négative en échange de la garantie de retrouver leur fonds (lorsque presque tous les actifs sont risqués). L'Allemagne et la France en 2012 ont pu emprunter à un taux négatif.

10. Chaque individu a des opportunités d'investissements réels et des souhaits/besoins de consommation différents.

11. À cause du coût d'intermédiation (voir chapitre 16 précédent).

12. La droite est « cassée » en deux demi-droites à l'origine O.

13. Réduit les taux d'intérêt car ces liquidités devront être investies, rendant acceptables des projets qui ne l'étaient pas auparavant. Accroît les investissements.

14. Monter les taux d'intérêt car le volume de liquidités étant constant, des investissements auparavant assez rentables ne seront plus réalisés au profit des nouveaux qui sont plus rentables.

15. Au taux de rentabilité du dernier investissement qui peut être réalisé compte tenu de liquidités existantes sur un même marché.

BIBLIOGRAPHIE

La règle de séparation entre choix d'investissement et choix de niveau de consommation est due à Irving Fisher :

Fisher I., *The theory of interest*, Augustus M. Kelley Publishers, 1965 (réédition de l'ouvrage de 1930) (voir également http://www.econlib.org/library/YPDBooks/Fisher/fshToi.html).

Pour approfondir le chapitre :

Arrondel L., Masson A., « Mesurer les préférences individuelles pour le présent », *Économie et Statistiques* 2004, n° 374-375, pages 87 à 125.

Arrondel L., Masson A., « Des goûts et des richesses : préférences des épargnants face au risque et au temps », *Échanges* février 2008, n° 251, pages 18 à 29.

Fama E., Miller M., *The theory of finance*, Holt, Rinehart and Winston, 1972.

Puri M., Robinson D., « Optimism and economic choice », *Journal of Financial Economics* 2007, vol. 86, n° 1, pages 71 à 99.

Pour réviser vos connaissances en microéconomie :

Krugman P., Wells R., *Microéconomie*, 2e édition, De Boeck, 2013.

Wasmer E., *Principes de microéconomie*, Pearson, 2010.

Chapitre 18

Capitalisation et actualisation

Un tien vaut autant que deux tu l'auras !

Nous avons démontré qu'il doit exister un taux de l'argent, même en l'absence de risque, accessible à tous pour qu'il y ait progrès économique. Dès lors, il s'agit seulement de décrire les techniques découlant de cette constatation fondamentale. Le lecteur se rendra compte que **les techniques qui vont être proposées ne sont pas seulement des outils mais des réflexes à acquérir**.

Section 1 ▪ La capitalisation

18.1 Prenons l'exemple d'un entrepreneur qui a investi 100 000 € fin 2003 dans son affaire et qui la revend 10 ans après pour 1 800 000 €. Entre-temps, il n'a touché aucun revenu ni apporté aucun fonds nouveau à son entreprise. Le processus est donc simple : il y a une mise initiale de 100 000 € qui, 10 ans après, est devenue 1 800 000 €, sans qu'aucun autre flux de trésorerie n'apparaisse.

Quelle a été la rentabilité de cet investissement pour l'entrepreneur ?

Son bénéfice a été de 1 700 000 € (1 800 000 € – 100 000 €) au bout de 10 ans pour un capital initial de 100 000 €. Par définition, la rentabilité a été de (1 700 000/100 000) soit 1 700 % pour une période de 10 ans.

Est-ce un taux fabuleux ?

Notre première réaction serait de diviser ce taux par le nombre d'années, 10 en l'occurrence, et de dire qu'en moyenne le taux est de 170 % par an.

Ce raisonnement apparemment juste est en fait profondément inexact. Pourquoi ? Parce que le taux de 170 % n'est aucunement analogue à un taux de rentabilité sur un an qui compare les fonds investis et les fonds récupérés sur une année. Ici, il n'y a aucun flux pendant dix ans, alors que la notion habituelle de taux d'intérêt suppose des flux de revenus chaque année qui peuvent être placés et devenir productifs d'intérêts à leur tour.

> Pour calculer le taux de rentabilité lorsque la période n'est pas annuelle, il ne faut surtout pas rapporter les revenus perçus au capital initial et diviser par le nombre d'années. Ceci est profondément erroné.

18.2 Le seul raisonnement juste est le suivant : il faut chercher le taux de rentabilité d'un placement dont les revenus sont versés à la fin de chaque année et qui, au bout de la même période, aurait transformé cette même somme initiale en une même somme finale. Pour qu'il y ait équivalence, les flux de revenus versés dans ce placement ne doivent pas être perçus, mais réinvestis. **On dit qu'ils sont capitalisés.**

> Capitaliser un revenu, c'est renoncer à le percevoir. Il devient alors capital et productif à son tour de revenus pour les périodes suivantes.

Nous cherchons donc maintenant le taux de rentabilité d'un placement qui transforme 100 000 € en 1 800 000 € au bout de 10 ans en réinvestissant chaque année les flux de revenus.

Essayons avec 10 %. On place donc, fin 2004, 100 000 € qui vont produire 10 % × 100 000 soit 10 000 € d'intérêts en 2005.

Ces 10 000 € vont alors être ajoutés au capital et vont devenir à leur tour productifs d'intérêts (d'où le terme capitalisé qui veut dire ajouté au capital). Le capital devient donc 110 000 € et sécrète 10 % × 110 000 € d'intérêts en 2006, soit 10 000 € du capital initial plus 1 000 € sur les intérêts de 2005 (10 % × 10 000 €). Les intérêts étant réinvestis, le capital devient 110 000 + 11 000 soit 121 000 € qui produiront 12 100 € d'intérêts en 2007…

Poursuivant le même raisonnement jusqu'en 2014, on obtient un capital final de 259 374 €, comme l'indique le tableau.

Année	Capital en début de période en euros (1)	Revenus en euros = 10 % × (1) = (2)	Capital en fin de période en euros = (1) + (2)
2005	100 000	10 000	110 000
2006	110 000	11 000	121 000
2007	121 000	12 100	133 100
2008	133 100	13 310	146 410
2009	146 410	14 641	161 051
2010	161 051	16 105	177 156
2011	177 156	17 716	194 872
2012	194 872	19 487	214 359
2013	214 359	21 436	235 795
2014	235 795	23 579	259 374

18.3 Chaque année, les intérêts sont capitalisés et produisent à leur tour des intérêts. La technique utilisée est celle des **intérêts composés**. Mathématiquement, on obtient la formule très simple :

$V_{2005} = V_{2004} + 10\ \% \times V_{2004} = V_{2004} \times (1 + 10\ \%)$

que l'on peut généraliser en :

$V_n = V_{n-1} \times (1 + t)$

où V est une valeur et t le taux du placement.

On a $V_{2005} = V_{2004} \times (1 + 10\,\%)$, mais on a aussi, suivant le même principe :

$V_{2006} = V_{2005} \times (1 + 10\,\%)$

$V_{2007} = V_{2006} \times (1 + 10\,\%)$...

$V_{2014} = V_{2013} \times (1 + 10\,\%)$

On peut simplifier et réunir toutes ces égalités en une seule :

$V_{2014} = V_{2004} \times (1 + 10\,\%)^{10}$

soit, en généralisant, la formule de la capitalisation :

$$V_n = V_0 \times (1 + t)^n$$

où V_0 est la valeur initiale du placement, t le taux de placement, n la durée du placement en années. On l'appelle aussi formule des intérêts capitalisés ou composés.

18.4 Nous aboutissons donc à une relation simple qui lie le capital initial au capital final, et qui est bien sûr fonction du taux t et de la durée n.

On détermine alors le taux qui est dans notre exemple de 33,5 %[1]. Le taux pour notre entrepreneur a donc été, non de 170 %, mais de 33,5 % par an (ce qui n'est déjà pas si mal !).

33,5 % est le taux d'un placement qui transforme 100 000 € en 1 800 000 € en 10 ans avec des revenus annuels supposés réinvestis systématiquement au même taux.

Pour calculer le taux de rentabilité d'un placement qui ne distribue pas de revenus, on est donc passé par le cas connu d'un placement qui transforme, sur la même durée, le même capital initial en même capital final et qui dégage des revenus annuels alors réinvestis au même taux. Au taux de 33,5 %, il est donc exactement équivalent de recevoir 33 500 € par an pendant 10 ans et être remboursé de 100 000 € la dixième année, ou de ne percevoir aucun revenu pendant 10 ans et de toucher 1 800 000 € la dixième année.

1 $33{,}5\,\% = \left(\frac{1\,800\,000}{100\,000}\right)^{\frac{1}{10}} - 1.$

L'absence de revenus implique une forte croissance de la valeur finale, multipliée, par exemple, par 4 sur 10 ans au taux de 15 %, mais par 16,4 sur 20 ans au même taux, comme l'illustre ce graphique.

Capitalisation à 15 %

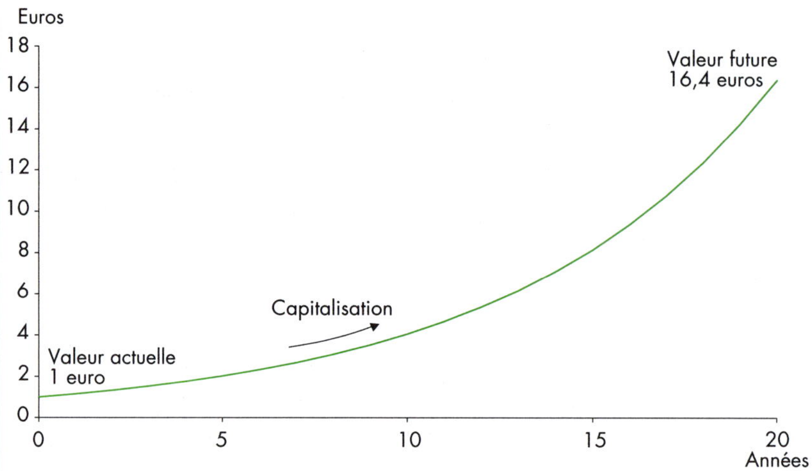

18.5 On notera également l'incidence sur la valeur finale d'un changement du taux de capitalisation, surtout sur une longue période :

En effet, au bout de 20 ans une somme capitalisée à 15 % est 6 fois supérieure à ce qu'elle aurait été si elle avait été capitalisée à un taux d'intérêt 3 fois inférieur (5 %).

Valeur de 1 euro capitalisé à différents taux

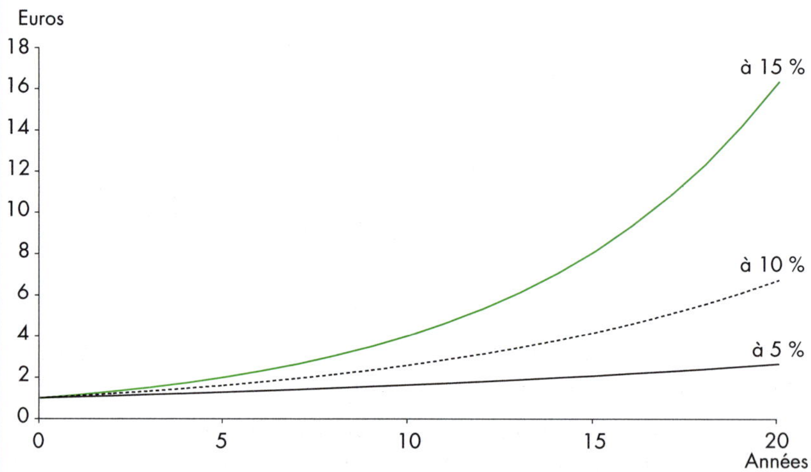

Cette croissance de la valeur finale est tout particulièrement importante pour la valorisation des capitaux propres. Très souvent, comme dans notre exemple, l'entrepreneur voudra vendre son entreprise à la fin de sa vie à une valeur d'autant plus élevée qu'il n'aura auparavant touché quasiment aucun revenu de son capital. Seule une valeur élevée lui permettra alors d'obtenir un taux de rentabilité correct.

18.6 Une valeur finale élevée doit donc compenser l'absence de revenus intermédiaires. C'est le même raisonnement pour un investissement industriel qui ne dégage aucun flux les premières années. Les premiers flux doivent alors être d'autant plus importants qu'ils sont éloignés dans le temps pour assurer une rentabilité satisfaisante.

Vouloir tripler son capital en 16 ans, doubler son capital sur 10 ans, ou demander annuellement 7,177 centimes par euro investi sont trois propositions équivalentes car elles ont le même taux de rentabilité.

Dans ce chapitre, nous avons jusqu'alors assimilé revenu, remboursement et flux de trésorerie effectif. Le lecteur aura compris que le moindre décalage entre le droit au revenu et l'encaissement de ce revenu va modifier le taux de rentabilité.

En caricaturant, considérons un investissement de 100 qui doit être remboursé en fin d'année 1 avec un intérêt de 10. Supposons que, par négligence, le remboursement et le revenu soient versés avec 1 an de retard ! Le taux d'un placement bien géré équivalent au taux de 10 % de ce placement est alors égal à :

$$V = V_0 \times (1 + t)^2$$

soit $110 = 100 \times (1 + t)^2$ d'où t = 4,88 %
soit une rentabilité inférieure de plus de la moitié à la rentabilité initialement prévue !

Ce qui importe, ce ne sont donc pas les apparences comptables et juridiques, mais les flux de trésorerie effectifs.

> Tout calcul financier précis exige de tenir compte des flux exactement au moment où ils sont effectivement touchés, et non pas au moment où ils sont acquis ou dus.

Section 2 ■ L'actualisation

1 ■ Définition

18.7 **Actualiser, c'est chercher la valeur d'aujourd'hui d'une somme future.**

L'actualisation est la technique qui permet de comparer **aujourd'hui** des flux qui ne se produisent pas à la même date dans le temps.

Actualiser, c'est déprécier le futur, c'est être plus exigeant vis-à-vis des flux futurs que vis-à-vis des flux actuels parce que les flux futurs ne peuvent pas être consommés, placés, ou investis immédiatement, contrairement à un flux actuel. On appliquera au flux de demain un coefficient multiplicateur inférieur à 1. Ce coefficient est appelé **coefficient d'actualisation**. Il permet de ramener une valeur future à une valeur actuelle compte tenu de la dépréciation propre au temps.

Supposons qu'un individu propose de vous verser 1 000 dans 5 ans. Puisque vous ne recevrez cette somme que dans 5 ans, vous appliquerez à cette somme un coefficient multiplicateur de 0,6 par exemple. La valeur actuelle, ou d'aujourd'hui, de cette somme future est alors de 600. L'ayant ramenée à une valeur actuelle, on peut la comparer à d'autres valeurs et dire, par exemple, qu'il est préférable de recevoir aujourd'hui 650 plutôt que 1 000 dans 5 ans, la valeur actuelle de 1 000 dans 5 ans, 600, étant inférieure à 650.

Des valeurs actualisées sont directement comparables entre elles. Quand elles sont égales, il y a une totale indifférence et ce, quel que soit le taux d'actualisation.

> L'actualisation permet donc la comparaison de sommes reçues ou versées à des dates différentes.

Le fondement de l'actualisation est la valeur donnée au temps : le temps, c'est de l'argent. Toute somme reçue en retard vaut moins, toute somme perçue en avance vaut plus.

18.8 Notre lecteur doit bien comprendre que tout investisseur actualise parce qu'il a **une exigence de taux de rentabilité.** Si un titre vous verse dans un an 110 et que vous souhaitez obtenir sur votre investissement un taux de rentabilité de 10 %, le prix maximum auquel vous êtes prêt à acheter ce titre aujourd'hui (c'est-à-dire sa valeur actuelle) est de 100. À ce prix, vous obtiendrez donc sur votre investissement de 100 un taux de rentabilité de 10 % puisque vous toucherez 110 dans un an. Si vous aviez souhaité avoir un taux de rentabilité de 11 % sur ce même investissement, il aurait fallu l'acheter 99,1. Le gain aurait alors été de 10,9, soit 11 % de 99,1.

> Le mécanisme de l'actualisation traduit l'exigence de rentabilité de tout investisseur qui ne renonce à une consommation immédiate que s'il obtient sur son investissement un certain taux de rentabilité.

L'actualisation, qui convertit une valeur future en une valeur d'aujourd'hui, est l'inverse de la capitalisation.

L'actualisation ramène des valeurs futures à des valeurs d'aujourd'hui. La capitalisation projette des valeurs d'aujourd'hui en des valeurs futures. Ainsi, si l'on reprend l'exemple de la section précédente, 1 800 000 € dans 10 ans actualisés à 33,5 % valent aujourd'hui 100 000 €. 100 000 € aujourd'hui vaudront, dans 10 ans, capitalisés à 33,5 %, 1 800 000 €.

Actualisation et capitalisation sont donc les deux faces d'un même phénomène : le prix du temps.

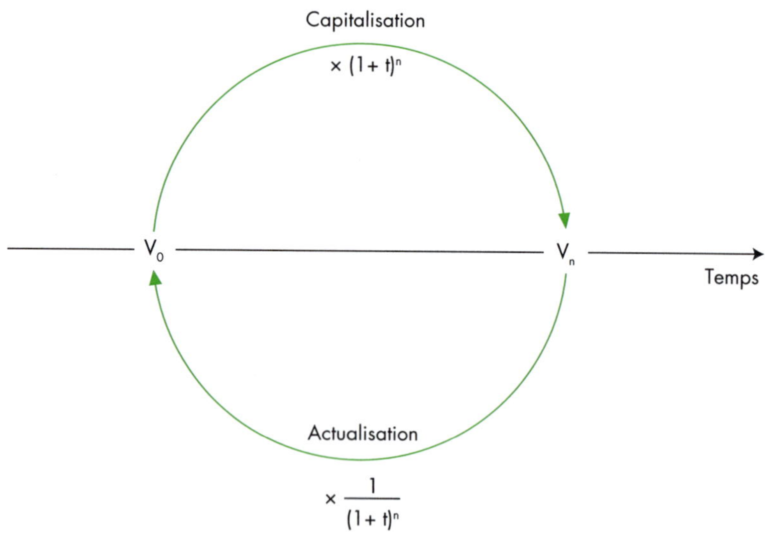

2 ■ Le coefficient d'actualisation et le coefficient de capitalisation

8.9 Pour actualiser, on utilise les mêmes formules mathématiques que pour capitaliser, mais dans le sens inverse.

Pour passer de 100 000 € aujourd'hui à 1 800 000 € dans 10 ans, on multipliait 100 000 € par $(1 + 0{,}335)^{10}$, soit 18 ; 18 est le **coefficient de capitalisation**.

Pour passer maintenant de 1 800 000 € dans 10 ans à sa valeur actuelle, il faut multiplier 1 800 000 € par $1/(1 + 0{,}335)^{10}$, soit 0,056.

0,056 est le **coefficient d'actualisation** ; c'est l'inverse du coefficient de capitalisation. La valeur actuelle de 1 800 000 € dans 10 ans au taux de 33,5 % est de 100 000 €.

Plus généralement, on a :

$$V_0 = \frac{V_n}{(1 + t)^n}$$

C'est la formule de l'actualisation.

C'est exactement l'inverse de la formule de capitalisation.

$1/(1 + t)^n$ est le **coefficient d'actualisation** qui déprécie V_n et la transforme en valeur d'aujourd'hui V_0. Il est toujours inférieur à 1 car les taux d'actualisation sont toujours positifs.

RÉSUMÉ

Le résumé de ce chapitre est disponible sur le site www.vernimmen.net.

Capitaliser une somme, c'est renoncer à la consommer immédiatement et la projeter en une valeur future supérieure compte tenu du taux d'intérêt auquel elle est placée. La capitalisation permet de déterminer la valeur future d'une somme.

Actualiser une somme future, c'est déterminer sa valeur d'aujourd'hui, que l'on appelle valeur actuelle, compte tenu de l'exigence de rentabilité de l'investisseur. L'actualisation, en calculant la valeur actuelle d'une somme future, permet de rendre comparables des flux qui ne sont pas perçus à la même date.

Actualisation et capitalisation sont les deux faces d'un même phénomène : le prix du temps.

La capitalisation repose sur la technique des intérêts composés : $V_n = V_0 \times (1 + t)^n$ où V_0 est la valeur initiale du placement, t le taux de placement, n la durée du placement en années. $(1 + t)^n$ est le coefficient de capitalisation.

L'actualisation est l'inverse de la capitalisation :

$$V_0 = \frac{V_n}{(1+t)^n}$$

et $1/(1 + t)^n$ est le coefficient d'actualisation.

Que notre lecteur n'oublie pas que tout calcul financier précis exige de tenir compte des flux au moment où ils sont effectivement touchés, et non pas au moment où ils sont acquis ou dus.

QUESTIONS

1/ Pourquoi actualiser ?

2/ À quoi est égal le coefficient d'actualisation ?

3/ Comment choisir entre deux valeurs actuelles égales ?

4/ Quelle est la relation simple qui lie le coefficient d'actualisation et le coefficient de capitalisation ?

5/ Pourquoi les coefficients de capitalisation sont-ils toujours supérieurs à 1 ?

6/ Pourquoi les coefficients d'actualisation sont-ils toujours inférieurs à 1 ?

7/ Actualise-t-on même en l'absence d'inflation et de risque ? Pourquoi ?

8/ Pourquoi le graphique du paragraphe 18.5 montre-t-il des courbes et non des droites ?

9/ Le cours de l'action M6 qui verse d'importants dividendes doit-il progresser plus vite ou moins vite que celui de l'action SEB qui n'en verse que peu ? Pourquoi ? Dans ces conditions, mieux vaut-il avoir des stock-options sur M6 ou sur SEB ? Pourquoi ?

D'autres questions vous attendent sur le site www.vernimmen.net.

EXERCICES

1/ Quelle est la valeur actuelle de 100 € perçus dans 3 ans à 5 %, 10 % et 20 % ?

2/ Quelle est la valeur actuelle à 10 % de 100 € perçus dans 3 ans, 5 ans, 10 ans ? Quels sont les coefficients d'actualisation ?

3/ Combien vaudront dans 5 ans 1 000 € placés à 5 %, 10 % et 20 % ? Pourquoi la dernière somme n'est-elle pas égale au double de la précédente ?

4/ Combien vaudront 1 000 € placés à 8 % dans 5, 10 et 20 ans ? Pourquoi cette dernière somme n'est-elle pas le double de la précédente ?

5/ Vous souhaitez passer votre permis hélicoptère. Un club vous propose des cours dans ce but pendant 2 ans avec l'alternative suivante : soit payer tout de suite la totalité des heures de cours (10 000 €) minorée de 5 %; soit payer en deux annuités égales, la première annuité étant à payer immédiatement, la seconde dans un an. Pour quel taux d'actualisation êtes-vous indifférent ?

6/ Combien vaut aujourd'hui actualisée à 8 % une somme de 100 € perçue dans 3 ans, 5 mois et 17 jours ?

7/ Combien faut-il placer aujourd'hui pour avoir 100 dans 8 ans si le taux d'intérêt est de 5 % ? Quel est le coefficient de capitalisation ?

8/ À 7 %, préférez-vous recevoir 100 € aujourd'hui ou 131,08 € dans 4 ans ?

9/ Vérifiez que le taux d'intérêt qui fait doubler une somme au bout de n années est d'environ 75 %/n.

10/ Vérifiez que le taux d'intérêt qui fait tripler une somme au bout de n années est d'environ 125 %/n.

11/ Vous n'êtes prêt à renoncer à une consommation immédiate que si vous obtenez sur votre investissement une rentabilité de 9 %. À quel prix maximum, dans ces conditions, êtes-vous prêt à acheter aujourd'hui un titre qui vous versera 121 dans 2 ans ? Si les autres investisseurs demandent du 8 %, que se passera-t-il ?

12/ Si Judas, au lieu de jeter ses 30 pièces d'argent en 33 après J.-C., les avait placées à 3 % l'an, à intérêts composés, quel serait le patrimoine de ses descendants en 2014 ? Qu'en pensez-vous ? Et à 1 % ? Qu'est-ce que cela illustre ?

13/ Vous pouvez soit acheter un petit tableau de Dubuffet pour 100 000 € qui en vaudra 125 000 € dans 4 ans, soit investir dans des obligations d'État à 6 %. Que préférez-vous ? Pourquoi ?

14/ Compte tenu de leur risque, vous exigez un taux de rentabilité de 12 % sur les actions Google. Sachant qu'il n'est pas prévu de dividende d'ici 5 ans, à quel prix minimum devez-vous les vendre dans 4 ans sachant qu'elles valent aujourd'hui 545 $?

ÉLÉMENTS DE RÉPONSE

Questions

1. Pour pouvoir comparer des flux ou des valeurs se produisant à des dates différentes.

2. $1/(1 + t)^n$.

3. Si les valeurs actuelles sont égales, on est indifférent.

4. L'un est l'inverse de l'autre.

5. Car les taux d'intérêt sont positifs.

6. Car les taux d'intérêt sont positifs.

7. Oui, car on actualise pour tenir compte d'un taux d'intérêt qui rémunère la renonciation à une consommation immédiate. L'inflation et le risque ne font qu'accroître potentiellement un taux d'actualisation déjà positif.

8. À cause de la capitalisation qui ajoute chaque année les intérêts de l'année écoulée au capital et leur fait produire à l'avenir des intérêts. C'est la technique de l'intérêt composé.

9. Le cours de SEB doit croître plus que celui de M6 afin de compenser l'absence de dividendes. Les stock-options étant des options d'achat à prix d'exercice fixe, elles ont d'autant plus de valeur que le cours de l'action progresse. Donc il faut mieux avoir des stock-options sur SEB.

Exercices

Les corrigés détaillés des exercices sur excel sont disponibles sur le site www.vernimmen.net.

1. $100/1{,}05^3 = 86{,}4$ € ; $100/1{,}1^3 = 75{,}1$ € ; $100/1{,}2^3 = 57{,}9$ €.

2. 75,1 € ; 62,1 € ; 38,6 € ; 0,751 ; 0,621 ; 0,386.

3. 1 276 €, 1 611 €, 2 488 €. Car le capital (1 000 €) est toujours le même et que les intérêts sont plus que doublés compte tenu du processus des intérêts composés.

4. 1 469 €, 2 159 € et 4 661 €. Car le capital (1 000 €) est toujours le même et que les intérêts sont plus que doublés compte tenu des intérêts composés.

5. 11,1 % par an.

6. 76,6 €. 3 ans, 5 mois et 17 jours = 3 + 5/12 + 17/365 = 3,463. $100/1{,}08^{3{,}463} = 76{,}6$ €.

7. 67,7 €; 1,48 €.

8. Totale indifférence car 100 € capitalisés à 7 % l'an valent dans 4 ans 131,08 €.

9. C'est une bonne approximation. Ainsi sur 5 ans une somme double à 14,87 % et 75 %/5 = 15 %.

10. C'est une bonne approximation. Ainsi sur 5 ans une somme triple à 24,57 % et 125 %/5 = 25 %.

11. À 101,8. Les autres investisseurs seront prêts à payer 103,7 et vous ne pourrez pas acheter ce titre.

12. $8{,}08\ 10^{26}$ pièces d'argent (808 millions de milliards de milliards de pièces d'argent !). Ce chiffre est mathématiquement juste mais historiquement impossible compte tenu des guerres, révolutions, des périodes d'inflation, des faillites des États ! 10,9 milliards de pièces d'argent, soit $7{,}4\ 10^{16}$ fois moins pour un taux d'intérêt 3 fois plus faible. Sur de longues périodes, de petits écarts peuvent produire de très grandes différences.

13. 100 000 € à 6 % valent dans 4 ans 126 248 €, c'est donc préférable à 125 000 € ; mais si vous appréciez Dubuffet, perdre 1 248 € pour bénéficier d'un Dubuffet chez soi pendant 4 ans, c'est vraiment intéressant ; il n'y a pas que la finance dans la vie !

14. $545 \times 1{,}12^4 = 858$ \$.

BIBLIOGRAPHIE

Pour vous familiariser avec les calculs d'actualisation, vous pouvez consulter et mettre en pratique les manuels d'utilisation des calculatrices financières. Par ailleurs vous pouvez lire :

Ginglinger E., Hasquenoph J.-M., *Mathématiques financières*, 2e édition, Economica, 2006.

Neuberg G., *Mathématiques financières et actuarielles*, Dunod, 2012.

Chapitre 19

Valeur actuelle et valeur actuelle nette

Le premier « bijou » de la finance.

Ce chapitre est court cependant, il est essentiel. Nous conseillons au lecteur de le lire et de le relire jusqu'à ce qu'il ait parfaitement assimilé son contenu.

Comme nous l'avons vu au chapitre d'introduction, un titre financier n'est autre qu'un échéancier de flux de trésorerie. Nous pouvons appliquer à cette suite de flux le concept d'actualisation. Sans le savoir, le lecteur savait déjà calculer la valeur d'un titre financier !

Section 1 ■ Valeur actuelle et valeur actuelle nette d'un titre financier

1 ■ De la valeur actuelle d'un titre financier…

19.1 **On appelle valeur actuelle (VA) d'un titre financier la valeur résultant de l'actualisation des flux de trésorerie qu'il génère.**

$$VA = \sum_{i=1}^{n} \frac{F_i}{(1+t)^i}$$

où F_i sont les flux de trésorerie générés par le titre, t le taux d'actualisation requis et i les années.

En outre, tout titre financier a une **valeur de marché**, en particulier sur le marché secondaire : c'est le prix auquel il peut être acheté ou vendu.

On appelle valeur actuelle nette (VAN) la différence entre la valeur actuelle et la valeur de marché (V_0).

Soit :

$$VAN = \sum_{i=1}^{n} \frac{F_i}{(1+t)^i} - V_0$$

Si la valeur actuelle **nette** d'un titre financier est positive, ce titre vaut plus par ses anticipations et notre lecteur, qui sent en lui poindre le financier, décidera d'acheter ce titre, donc d'investir et de parier sur la hausse potentielle du titre.

Si, en revanche, la valeur de marché d'un titre financier est supérieure à sa valeur actuelle, il convient alors de vendre ce titre sans délai. La sanction de la finance est **la diminution, tôt ou tard, de la valeur de marché**.

2 ■ … à sa valeur d'équilibre

19.2 Si un déséquilibre entre la valeur de marché et la valeur actuelle d'un titre financier se produit, les marchés vont s'employer à rétablir l'équilibre et à rendre nulle la valeur actuelle nette de ce titre. Tels de modernes Sisyphe, les financiers opérant sur des marchés recherchent des investissements dont la valeur actuelle nette est positive, les réalisent, en sachant qu'en agissant ainsi ils font tendre cette même valeur vers 0.

On parle alors de valeur d'équilibre d'un titre financier.

> Sur les marchés efficients à l'équilibre, les valeurs actuelles nettes sont nulles : la valeur de marché est égale à la valeur actuelle.

3 ■ Généralisation et portée de la valeur actuelle nette

19.3 Nous avons raisonné, jusqu'à présent, sur les titres financiers, mais sans aucune difficulté nous pouvons généraliser ce qui précède à tout type d'investissement : construction d'une nouvelle usine, lancement d'un nouveau produit, achat d'un concurrent… bref à tout actif qui, quelle que soit sa forme, va générer une série de flux de trésorerie positifs et/ou négatifs.

Dans ce cadre, la valeur actuelle nette peut s'interpréter de trois façons différentes :

- c'est d'abord le montant de la valeur créée par un investissement. En effet, si celui-ci coûte 100 à réaliser et que la valeur actuelle de ses flux futurs est de 110, l'investisseur qui le réalise s'enrichit de 10 ;

- c'est ensuite le montant supplémentaire maximal que l'investisseur est prêt à payer pour réaliser cet investissement. En payant jusqu'à 10 de plus, l'investisseur ne fait pas une mauvaise affaire, il achète au maximum 110 un actif qui vaut 110 ;

- c'est enfin l'écart entre la valeur actuelle de l'investissement (110) et sa valeur de marché (100).

Comme nous aurons l'occasion de le voir au chapitre 30 l'objectif financier de tout dirigeant est de créer de la valeur. Celle-ci se mesure par la valeur actuelle nette. C'est dire son importance.

Section 2 ■ De quoi ces valeurs dépendent-elles ?

19.4 Si la valeur actuelle nette dépend bien sûr du montant des différents flux de trésorerie et de leur échéancier (ceci est une évidence), il est plus intéressant d'étudier son comportement lorsque le taux d'actualisation varie.

Plus le taux d'actualisation est élevé, plus les flux futurs sont dépréciés et plus leur valeur actuelle est faible. **La valeur actuelle nette diminue lorsque le taux d'actualisation augmente** reflétant une exigence supérieure de rentabilité (c'est-à-dire un prix plus élevé accordé au temps).

Soit un actif (un titre financier, un investissement industriel…) dont la valeur de marché est de 2 et dont les flux sont les suivants :

Année	**1**	**2**	**3**	**4**	**5**
Flux	0,8	0,8	0,8	0,8	0,8

Si l'on choisit comme taux d'actualisation 20 %, on obtient les coefficients d'actualisation suivants :

Année	**1**	**2**	**3**	**4**	**5**
Coefficient d'actualisation	0,833	0,694	0,579	0,482	0,402
Valeur actuelle du flux de 0,8	0,67	0,56	0,46	0,39	0,32

Par conséquent, la valeur actuelle de ce titre est d'environ 2,39. Compte tenu d'une valeur de marché de 2, sa valeur actuelle nette est donc positive d'environ 0,39.

Si l'on fait varier le taux d'actualisation, on obtient les valeurs suivantes :

Taux d'actualisation	**0 %**	**10 %**	**20 %**	**25 %**	**30 %**	**35 %**
Valeur actuelle du titre	4	3,03	2,39	2,15	1,95	1,78
Valeur de marché	2	2	2	2	2	2
Valeur actuelle nette	2	1,03	0,39	0,15	– 0,05	– 0,22

Graphiquement, on obtient le schéma suivant :

Plus le taux d'actualisation est élevé, c'est-à-dire plus le taux de rentabilité exigé est fort, plus la valeur actuelle nette est faible.

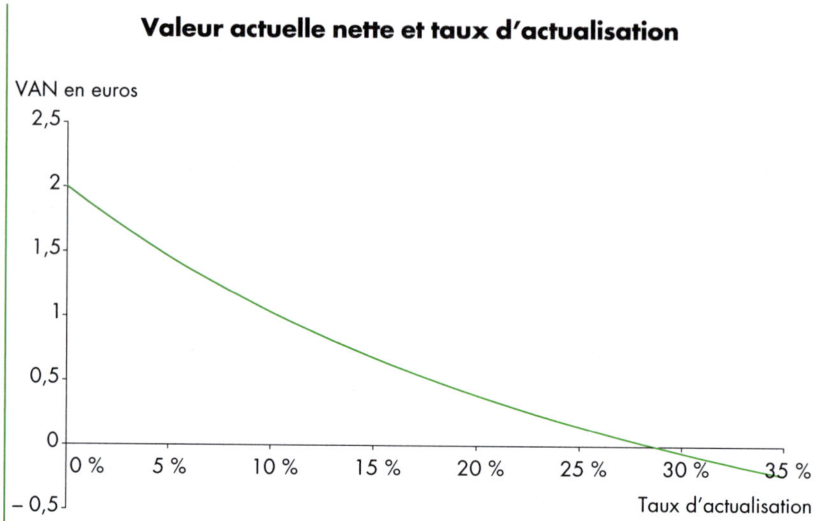

La valeur actuelle et la valeur actuelle nette d'un actif varient en sens inverse du taux d'actualisation.

Section 3 ■ Quelques exemples de simplification des calculs de valeur actuelle

Le lecteur sans tableur sous la main aura intérêt à utiliser les formules suivantes pour calculer des valeurs actuelles.

1 ■ Un flux identique F chaque année pendant n années à compter de l'année 1

19.5 On a :

$$VA = \frac{F}{(1+t)} + \frac{F}{(1+t)^2} + \dots + \frac{F}{(1+t)^n}$$

soit :

$$VA = F \times \left(\frac{1}{(1+t)} + \frac{1}{(1+t)^2} + \dots + \frac{1}{(1+t)^n}\right)$$

On reconnaît la somme des n premiers termes d'une suite géométrique qui se simplifie en :

$$VA = \frac{F}{t} \times \left(1 - \frac{1}{(1+t)^n}\right)$$

Le lecteur pourra vérifier qu'avec F = 0,8, t = 20 % et n = 5, on trouve bien une valeur actuelle de 2,39.

La quantité $\frac{1}{t} \times \left(1 - \frac{1}{(1+t)^n}\right)$ est égale à la somme des n premiers coefficients d'actualisation.

2 ■ Un flux identique à l'infini : la rente perpétuelle

19.6 On a alors :

$$VA = \frac{F}{(1+t)} + \frac{F}{(1+t)^2} + \ldots + \frac{F}{(1+t)^n} + \ldots + \ldots$$

En faisant tendre n vers l'infini dans la formule du paragraphe 19.5, on trouve :

$$V = \frac{F}{t}$$

La valeur actuelle à 10 % d'un flux annuel infini de 100 € est donc de :

VA = 100/10 % = 1 000 €.

Une rente de 100 € à 10 % vaut 1 000 € en valeur d'aujourd'hui. Si le taux exigé par l'investisseur est de 20 %, cette même rente vaut 500 €.

3 ■ Un flux croissant chaque année de g pendant n années

19.7 Dans ce cas, on suppose que le flux de référence F_0 croît de g par an pendant n années.

On a alors :

$$VA = \frac{F_0 \times (1+g)}{(1+t)} + \ldots + \frac{F_0 \times (1+g)^n}{(1+t)^n}$$

soit :

$$VA = \frac{F_0 \times (1+g)}{(t-g)} \times \left(1 - \frac{(1+g)^n}{(1+t)^n}\right)$$

NB : le premier flux touché effectivement est $F_0 \times (1 + g) = F_1$, touché dans un an.

Ainsi, un titre financier qui vient de verser un flux de 0,8, sachant que ce flux devrait croître de 10 % par an pendant les quatre années suivantes, a une valeur actuelle au taux de 20 % de :

$$VA = (0,8 \times (1 + 10\%)/(20\% - 10\%)) \times \left(1 - (1,10/1,20)^4\right) = 2,59$$

4 ■ Un flux croissant chaque année de g à l'infini

19.8 En reprenant la formule précédente et en faisant tendre n vers l'infini, on trouve :

$$VA = \frac{F_0 \times (1+g)}{t-g} = \frac{F_1}{t-g} \text{ avec la condition } t > g$$

La valeur actuelle est donc égale au flux futur divisé par l'écart entre le taux d'actualisation et le taux de croissance perpétuel. C'est la **formule de Gordon-Shapiro**.

Par exemple, un titre financier rapportant un flux annuel de 0,8 croissant à l'infini de 10 % par an a une valeur actuelle au taux de 20 % de : VA = 0,8/(0,2 – 0,1) = 8,0.

RÉSUMÉ

Le résumé de ce chapitre est disponible sur le site www.vernimmen.net.

Ce chapitre est fondamental car il introduit la notion de valeur actuelle que, très souvent dorénavant, nous appellerons valeur. La valeur actuelle correspond à la somme des flux de trésorerie générés par un titre financier ou un actif, actualisés au taux de rentabilité exigé.

La valeur actuelle nette (VAN) correspond, quant à elle, à l'écart entre la valeur actuelle et la valeur à laquelle ce titre ou cet actif peut être acquis. La valeur actuelle nette mesure donc la création ou la destruction de valeur que l'achat d'un titre ou la réalisation d'un investissement peut entraîner. Sur les marchés à l'équilibre, les valeurs actuelles nettes sont normalement nulles.

Valeur actuelle et valeur actuelle nette varient en sens inverse des taux d'actualisation. Plus le taux d'actualisation est élevé, plus les valeurs sont faibles et *vice versa*.

Enfin, les calculs de valeur actuelle et de valeur actuelle nette peuvent être grandement simplifiés dans bon nombre de cas :

Flux annuel identique F pendant n années :

$$VA = \frac{F}{t} \times \left(1 - \frac{1}{(1+t)^n}\right)$$

Flux annuel identique F à l'infini :

$$VA = \frac{F}{t}$$

Flux croissant de g par an pendant n années :

$$VA = \frac{F_1}{t-g} \times \left(1 - \left(\frac{1+g}{1+t}\right)^n\right)$$

Flux croissant de g par an à l'infini :

$$VA = \frac{F_1}{t-g} \text{ avec } t > g$$

QUESTIONS

1/ À quoi est égale la valeur actuelle nette ?

2/ Plus les taux de rentabilité sont élevés, plus les valeurs actuelles sont fortes. Vrai ou faux ?

3/ Quel est le mécanisme qui fait tendre la valeur de marché vers la valeur actuelle ?

4/ Une valeur actuelle nette peut-elle être négative ? Que cela signifie-t-il ?

5/ À quoi correspond le taux d'actualisation dans les formules de la valeur actuelle et de la valeur actuelle nette ?

6/ Le flux initial d'un investissement est-il plus souvent positif ou négatif ? Même question pour le flux final.

7/ Un marché est à l'équilibre lorsque les valeurs actuelles sont nulles et les valeurs actuelles nettes sont positives. Vrai ou faux ?

8/ Quel est l'ordre de grandeur du taux d'actualisation maximum au-delà duquel l'investissement du paragraphe 19.4 n'a plus d'intérêt pour l'investisseur ?

9/ Le taux de croissance à l'infini d'un flux peut-il être supérieur au taux d'actualisation ? Pourquoi ?

10/ La réalisation d'un investissement à la valeur actuelle nette négative peut-elle conduire à créer de la valeur ?

11/ A-t-on plus de chance de trouver des investissements à la valeur actuelle nette positive sur les marchés financiers ou sur les marchés industriels ? Pourquoi ?

12/ Quelle est, parmi les formules du résumé, la mieux adaptée pour valoriser un immeuble de rapport, l'action M6 dont les flux croissent peu, une obligation à taux fixe ? Pourquoi ?

D'autres questions vous attendent sur le site www.vernimmen.net.

EXERCICES

1/ Soit le titre Le Furibard d'une valeur de marché de 897, à la chronique de flux suivante :

Année	**1**	**2**	**3**	**4**	**5**
Flux	300	300	300	300	300

Calculez sa VAN à 5 %, 10 %, 15 %, 20 % et 25 %. Portez vos résultats sur un graphique.

2/ Quelle est la valeur actuelle à 10 % d'une rente perpétuelle de 100 ? et d'une rente perpétuelle de 100 revalorisée de 3 % chaque année ? Le premier flux de 100 intervient dans un an.

3/ Quelle est la valeur actuelle à 10 % de 100 € versés chaque année pendant 3 ans ? Même question s'il s'agit d'une rente perpétuelle.

4/ Un investissement promet 4 flux annuels de 52 € sur les 4 prochaines années. Sachant que vous exigez un taux de rentabilité de 8 %, jusqu'à quel prix êtes-vous prêt à payer cet actif ? Sachant qu'il cote 165 €, êtes-vous prêt à l'acheter ou à le vendre ? Pourquoi ? Si vous l'achetez à ce prix quel sera votre enrichissement ? Aurez-vous gagné un taux de rentabilité sur votre investissement supérieur ou inférieur à 8 % ? Pourquoi ? Si vous l'achetez finalement pour 172 €, quel sera votre taux de rentabilité sur cet investissement ? Pourquoi ?

5/ Montrez qu'avec un taux de 8 %, il y a peu de différence entre la valeur d'une rente perpétuelle et celle d'un titre offrant pendant seulement 40 ans un flux annuel constant identique à celui de la rente. Montrez que cela est encore plus vrai avec un taux de 15 %.

6/ On vous propose d'acheter le droit de stationner sur une place de parking pendant 75 ans pour 30 000 €. Par ailleurs, vous pouvez louer une place annuelle à 2 000 € l'an, revalorisés de 2 % tous les ans. Si votre coût d'opportunité est de 5 %, que choisissez-vous ? Les premiers flux sont dans un an.

7/ Vous êtes (l'heureux) détenteur du film *La Grande Vadrouille* dont vous vendez le droit de passage télévisuel pour un soir à TF1 tous les 2 ans pour 0,8 M€. Quelle est la valeur de votre actif, le film venant juste d'être diffusé, si vous estimez que ceci peut encore durer 30 ans ou à l'infini ? Le taux d'actualisation est de 6 %.

8/ Vous avez trouvé l'appartement de vos rêves et vous avez le choix entre le louer avec un bail à l'infini de 12 000 € par an ou l'acheter. À partir de quel prix d'achat préférez-vous louer si l'argent vous coûte du 7 % et que le loyer devrait croître de 3 % par an ? Le premier loyer est dans un an.

9/ Votre prochain revenu annuel net d'impôt devrait être de 50 000 € et devrait croître de 4 %/an d'ici votre retraite. Vous pensez que si vous interrompez votre carrière professionnelle pendant 2 ans pour suivre un MBA, vous devriez avoir, à l'issue de vos nouvelles études, un revenu annuel net d'impôt de 65 000 € qui devrait croître de 5 % par an d'ici votre retraite. Quelle est votre valeur actuelle si vous pensez travailler encore 40 ans et que le taux d'actualisation est de 4 % ? Si le coût total du MBA est de 50 000 € payables tout de suite, quelle est la valeur actuelle nette de cet investissement ? Vaut-il la peine d'être réalisé ?

10/ Vous placez chaque année 1 200 € en assurance-vie pour votre retraite. Vous avez commencé à le faire à 25 ans. De quelle somme disposerez-vous à 65 ans si votre assureur place les fonds à 4 % ? Si vous souhaitez disposer de 200 000 €, quel devra être le taux du placement ou votre effort d'épargne si le taux du placement est de 4 % ?

11/ À quel prix devez-vous vendre dans 10 ans l'action Mondass, qui verse un dividende annuel constant de 1 € pour obtenir un taux actuariel de rentabilité de 6,67 % sachant que le cours actuel de l'action Mondas est de 15 € ? On peut résoudre cet exercice en ne faisant aucun calcul.

ÉLÉMENTS DE RÉPONSE

Questions

1. À l'écart entre la valeur actuelle et la valeur de marché d'un actif.
2. Faux, plus elles sont faibles car le futur est plus déprécié.
3. L'arbitrage.
4. Oui ; que l'actif est surévalué.
5. Au taux de rentabilité exigé sur cet actif.
6. Négatif car on investit d'abord pour avoir des fruits ; positif.
7. Non, c'est l'inverse : VAN = 0 et VA > 0.
8. Environ 28 %.
9. Non car les arbres ne montent pas au ciel !
10. Non, sauf si on s'est trompé dans le calcul des flux en les sous-estimant.
11. Sur les marchés industriels car les arbitrages étant plus longs à réaliser que sur les marchés financiers (construire une usine prend plus de temps que d'acheter une action !), les déséquilibres y sont plus fréquents et durent plus longtemps.
12. La 2e du résumé car l'immeuble est une rente, la 4e car faible taux constant de croissance, la 1re car le flux est fixe sur une période de temps limitée.

Exercices

Les corrigés détaillés des exercices sur excel sont disponibles sur le site www.vernimmen.net.

1. 402 ; 240 ; 109 ; 0 ; – 90.
2. 1 000 ; 1 429.
3. 248,7 € ; 1 000 €.
4. 172 €. À l'acheter car sa valeur actuelle est plus élevée que sa valeur de marché. 7 €. Supérieure à 8 % car à 8 % il vaut 172 €, or je l'achète à 165 € donc il me rapporte plus. 8 %.
5. Avec un flux de 100 on a : 1 250 et 1 192 soit un écart de 5 %. À 15 % : 666,7 et 664,2 € soit un écart de 0,4 %. Sauf exception, les flux au-delà de 40 ans n'ont plus beaucoup d'impact sur la valeur actuelle.
6. 2 000 € pendant 75 ans avec un taux de croissance de 2 % valent 59 086 €, il vaut donc mieux acheter.
7. 5,34 M€ ; 6,47 M€.
8. 300 000 €.
9. 1 923 077 € ; 662 470 € ; oui.
10. 119 791 € ; 6,04 % ; 2003 €/an.
11. 15 €, soit le prix d'achat puisque le dividende annuel de 1 € donne une rentabilité de 6,67 % (1/15 €). Pour obtenir la rentabilité souhaitée, il n'est donc pas besoin d'une plus-value sur le prix d'achat.

BIBLIOGRAPHIE

Pour vous familiariser avec les calculs de valeur actuelle, reportez-vous aux manuels d'utilisation des calculatrices financières. Vous pouvez aussi consulter avec profit :

Ginglinger E., Hasquenoph J.-M., *Mathématiques financières*, 2e édition, Economica, 2006.

Neuberg G., *Mathématiques financières et actuarielles*, Dunod, 2012.

Chapitre 20

Le taux de rentabilité actuariel

Un autre « bijou » un peu plus fantaisie.

20.1 L'évolution de la valeur actuelle nette en fonction du taux d'actualisation nous montre qu'il existe en général un taux d'actualisation qui annule la VAN.

> On appelle taux de rentabilité actuariel [1] le taux d'actualisation qui annule la valeur actuelle nette.

Le lecteur qui voudra adopter ces raisonnements pour l'analyse de l'investissement industriel remplacera systématiquement taux de rentabilité actuariel par TRI (taux de rentabilité interne), ces deux termes recouvrant le même concept, l'un s'adressant aux titres financiers, l'autre aux investissements industriels (voir chapitre 32).

Section 1 ▪ Comment déterminer le taux de rentabilité actuariel ?

20.2 On utilise la formule de calcul de la VAN en en changeant l'inconnue : on cherche en effet le taux t tel que :

$$\text{VAN} = 0, \text{ soit } \sum_{i=1}^{n} \frac{F_i}{(1+t)^i} = V_0$$

1 Notre lecteur pourra lire dans les prospectus obligataires le terme taux de rendement actuariel qui est équivalent.

Reprenant l'exemple du chapitre précédent, il faut donc essayer de résoudre l'équation :

$$\frac{0,8}{(1+t)} + \frac{0,8}{(1+t)^2} + ... + \frac{0,8}{(1+t)^5} = 2$$

Autrement dit, le taux de rentabilité actuariel d'un titre est le taux d'intérêt pour lequel la valeur de marché de ce titre est égale à la valeur actuelle de ses flux futurs.

Il faut alors procéder par approximations successives en trouvant par tâtonnement un taux d'intérêt qui donne une valeur actuelle nette négative et un autre une valeur actuelle nette positive. Puis, il convient de réduire cette fourchette pour trouver finalement le taux de rentabilité actuariel qui est d'environ 28,6 % (voir figure paragraphe 19.4).

Plus simplement, notre lecteur pourra utiliser une calculatrice ou un tableur avec une fonction préprogrammée de détermination du taux de rentabilité actuariel.

Section 2 ■ Le taux de rentabilité actuariel comme critère de choix d'investissement

20.3 L'utilisation du taux de rentabilité actuariel est fréquente sur les marchés financiers car l'investisseur connaît alors immédiatement sa rémunération et peut la comparer au taux de rentabilité qu'il exige. La décision est alors relativement aisée.

Si le taux de rentabilité actuariel du titre est supérieur au taux de rentabilité exigé par l'investisseur, ce dernier se portera acquéreur du titre. Dans le cas contraire, la vente s'impose.

Dans notre exemple, puisque le taux de rentabilité actuariel (28,6 %) est supérieur au taux de rentabilité exigé par l'investisseur (20 %), l'acquisition du titre peut être réalisée. Si la valeur de marché du même titre était de 3 (et non de 2), le taux de rentabilité actuariel serait alors de 10,4 %, et l'investissement ne devrait pas être réalisé.

> Un investissement dans un titre financier est rentable lorsque son taux de rentabilité actuariel est supérieur ou égal au taux de rentabilité exigé par l'investisseur. Il n'est pas assez rentable lorsque son taux de rentabilité actuariel est inférieur au taux exigé par l'investisseur.

Par conséquent, à l'équilibre, le taux de rentabilité actuariel est identique au taux de rentabilité exigé (qui est le taux du marché), ce qui équivaut à dire que la valeur actuelle nette est nulle (ceci sera approfondi au chapitre 30).

Section 3 ▪ Les limites du taux de rentabilité actuariel

20.4 Nous venons de voir un nouveau critère de décision pour investir : le taux de rentabilité actuariel. Comment doit-on l'utiliser par rapport à la valeur actuelle nette ? Ces deux critères peuvent-ils conduire à des choix contradictoires ?

Lorsque le problème se résume à la décision d'acheter ou non un titre précis ou d'investir ou non dans un projet déterminé, les deux critères donnent exactement le même résultat, comme dans notre exemple.

En effet, en utilisant le même échéancier de flux, calculer une VAN en choisissant le taux d'actualisation ou calculer un taux de rentabilité actuariel et comparer ce dernier avec le taux d'actualisation sont deux aspects équivalents d'une même réalité mathématique.

> VAN et taux de rentabilité actuariel conduisent aux mêmes décisions lorsqu'il s'agit simplement de savoir si un investissement peut être entrepris ou non.

20.5 En revanche, le problème est différent lorsqu'il faut choisir entre plusieurs titres financiers, ce qui est souvent le cas dans la pratique. On analyse des titres avec des échéanciers de flux différents et la décision à prendre n'est pas d'acheter ou de ne pas acheter le titre, mais de comparer plusieurs titres entre eux et de choisir le plus intéressant.

Considérons ainsi les deux titres A et B avec les flux suivants :

Année	**1**	**2**	**3**	**4**	**5**	**6**	**7**
Titre A	6	0,5					
Titre B	2	3	0	0	2,1	0	5,1

Avec un taux d'actualisation de 5 %, la valeur actuelle du titre A est de 6,17 et celle du titre B est de 9,90. Si la valeur de marché du titre A est de 5, sa valeur actuelle nette est donc de 1,17 et si la valeur de marché du titre B est de 7,5, sa valeur actuelle nette est de 2,40.

Calculons maintenant leur taux de rentabilité actuariel. Il est de 27,8 % pour le titre A et de 12,7 % pour le titre B. Soit pour résumer :

	VAN à 5%	**Taux de rentabilité actuariel**
Titre A	1,17	27,8 %
Titre B	2,40	12,7 %

Le titre A permet d'obtenir un taux de rentabilité très élevé par rapport au taux exigé (27,8 % contre 5 %) pendant une courte période de temps, alors que le titre B permet d'obtenir un taux de rentabilité bien moindre (12,7 % contre 27,8 %), mais supérieur au taux de rentabilité exigé (5 %)

pendant une période beaucoup plus longue (7 ans contre 2 ans). Comment choisir entre A et B alors que les critères de VAN et de taux de rentabilité actuariel donnent des résultats contradictoires ?

Notre première réflexion est que le titre B est le plus intéressant des deux puisque c'est celui qui permet de créer la valeur la plus importante : 2,40 contre 1,17. Sa VAN est la plus élevée.

On pourrait cependant considérer que le titre A est plus intéressant car les flux étant perçus plus rapidement qu'avec le titre B, ils sont disponibles très vite pour être réinvestis de nouveau dans des projets de type A, très fortement rentables. Ceci est cependant une hypothèse extrêmement forte. En effet, comme nous l'avons vu, la concurrence des investisseurs entre eux et les mécanismes d'arbitrage conduisent à faire tendre les valeurs actuelles nettes vers zéro et à faire converger les taux de rentabilité exceptionnelle vers le taux d'actualisation requis. Il est plus raisonnable et conforme à la réalité de postuler que les flux du titre A seront plutôt réinvestis au taux de rentabilité requis, ici 5 %, qu'à un taux exceptionnel, 27,8 %, que l'on aura selon toute vraisemblance beaucoup de mal à retrouver.

En capitalisant ainsi les flux de A et de B au taux de rentabilité requis (5 %) jusqu'en période 7, on obtient une valeur, en période 7, du titre A de : $6 \times 1{,}05^6 + 0{,}5 \times 1{,}05^5$ soit 8,68, et de $2 \times 1{,}05^6 + 3 \times 1{,}05^5 + 2{,}1 \times 1{,}05^2 + 5{,}1$ soit 13,9 pour le titre B. Le taux de rentabilité actuariel, parfois alors appelé taux de rentabilité actuariel modifié ou TRI modifié (ou encore taux de rentabilité interne global, TRIG), est de 8,20 % pour le titre A et de 9,24 % pour le titre B qui apparaît bien comme le plus intéressant des deux.

Les critères de VAN et du taux de rentabilité actuariel sont alors réconciliés.

De même, on pourrait considérer que le titre A est pénalisé puisque le montant initial investi (5) est plus faible : il est injuste de lui demander de créer plus de valeur que le titre B pour lequel est investi 7,5. Même si l'on pouvait acheter un « demi-titre » A en plus, de sorte à égaliser les prix d'achat, la VAN de ce nouveau titre ne serait que de $1{,}17 \times 1{,}5 = 1{,}76$ soit moins que la VAN de B de 2,40. Le plus probable est que l'on aurait du mal à trouver un investissement supplémentaire avec une rentabilité identique à celle de A pour les raisons exposées précédemment. Il convient plutôt de considérer que les 2,5 d'investissements supplémentaires rapporteront le taux de rentabilité requis (5 %) pendant 7 ans. Dans ce cas, la VAN reste par définition à 1,17 alors que le taux de rentabilité actuariel de cet investissement tombe à 11 %. VAN et taux de rentabilité actuariel convergent de nouveau pour désigner le titre B comme le plus intéressant d'un point de vue financier.

20.6 En fait, le critère de la VAN est un meilleur critère de choix que le taux de rentabilité actuariel car elle suppose que les flux intermédiaires de l'investissement sont reinvestis au taux de rentabilité exigé (le taux d'actualisation), alors que dans le calcul du taux de rentabilité actuariel ils sont supposés réinvestis à ce taux. Cette dernière hypothèse est très forte car, dans le cas où le taux actuariel est supérieur au taux de rentabilité exigé, elle suppose que l'entreprise trouvera toujours des projets rapportant plus que le taux de rentabilité exigé.

De surcroît, même si le cas le plus fréquent est celui de l'actualisation de tous les flux au même taux d'intérêt, il peut y avoir des situations où il convient d'utiliser des taux d'actualisation différents. Par exemple, quand le risque pesant sur les flux varie au cours du temps. La VAN le permet, mais non le taux de rentabilité actuariel, taux d'intérêt unique comparé à un unique taux de rentabilité exigé sur toute la période.

Enfin, il existe un certain nombre de cas assez particuliers où l'usage du taux de rentabilité actuariel conduit à une impasse. Considérons ainsi les investissements suivants :

Année	**0**	**1**	**2**
Projet A	4	– 7	4
Projet B	– 1	7,2	– 7,2

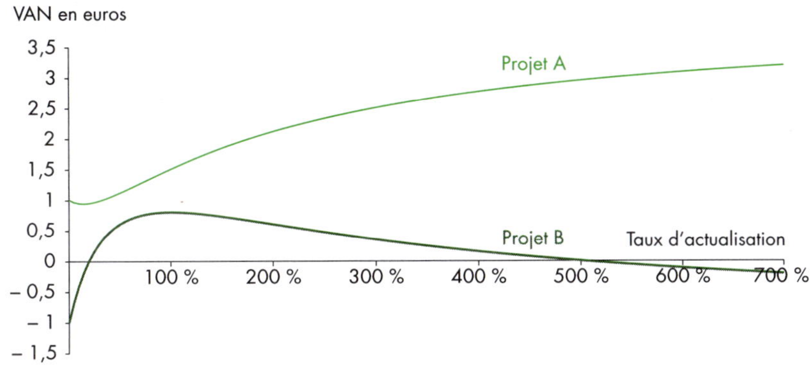

Pour le projet A, il n'existe pas de taux de rentabilité actuariel ! Mais on constate qu'à 10 %, la VAN de ce titre est de 0,94. Il vaut donc la peine d'être acquis.

Pour le projet B, il existe plusieurs taux de rentabilité actuariels (20 % et 500 %) ! Lequel choisir ? À 10 %, la VAN de ce titre est de – 0,40. Il ne vaut donc pas la peine d'être réalisé et pourtant ses taux de rentabilité actuariels sont supérieurs au taux de rentabilité exigé.

> En conclusion, ce n'est pas parce qu'un investissement a un taux de rentabilité actuariel supérieur à celui d'un autre investissement qu'il doit être préféré.

Le critère du taux de rentabilité actuariel ne permet pas de classer des projets d'investissement entre eux, mais simplement de dire si tel investissement a une rentabilité au moins égale à l'exigence de rentabilité. Lorsque le critère du taux de rentabilité actuariel ne permet pas de porter un jugement sur l'investissement (existence de plusieurs taux ou d'aucun), la valeur actuelle nette doit être retenue comme critère de choix d'investissement.

Section 4 ■ Un peu plus de mathématiques financières : taux d'intérêt et taux de rentabilité actuariels

1 ■ Taux facial et taux actuariel

20.7 Nous venons de découvrir le taux de rentabilité actuariel, mais le lecteur a toujours entendu parler du taux d'intérêt, en particulier pour un emprunt qu'il souhaite contracter. Qu'en est-il ?

Si l'on vous propose de vous prêter aujourd'hui 1 000 € à 10 % sur 5 ans, 10 % sous-entend 10 % **par an** et constitue le **taux facial** de votre emprunt qui sera utilisé pour le calcul des intérêts, proportionnellement au temps écoulé et au capital emprunté. On suppose également que vous paierez les intérêts annuellement.

Le problème immédiat est de savoir quand et comment vous allez rembourser le capital emprunté. **Les conditions de remboursement du capital sont appelées amortissement.** Elles peuvent être les suivantes :

a) Remboursement *in fine*[1]

20.8 La totalité du capital emprunté sera remboursée à l'échéance. L'échéancier des flux est alors le suivant :

Période	Capital restant dû	Intérêts	Amortissement du capital	Annuité
1	1 000	100	0	100
2	1 000	100	0	100
3	1 000	100	0	100
4	1 000	100	0	100
5	1 000	100	1 000	1 100

On appelle **annuité** la somme annuelle des intérêts et du capital remboursé. C'est le service de la dette à chaque échéance.

b) Remboursement par séries constantes ou amortissement constant

20.9 Chaque année, l'emprunteur rembourse une proportion constante du capital correspondant à 1/n, où n est la durée de vie totale de l'emprunt. L'échéancier des flux est alors le suivant :

Période	Capital restant dû	Intérêts	Amortissement du capital	Annuité
1	1 000	100	200	300
2	800	80	200	280
3	600	60	200	260
4	400	40	200	240
5	200	20	200	220

c) Remboursement par annuités constantes

20.10 L'emprunteur peut souhaiter rembourser son emprunt par annuités constantes, c'est-à-dire allouer une somme constante aux intérêts et aux amortissements.

En utilisant la technique d'actualisation décrite précédemment, on cherche l'annuité constante A telle que la somme des 5 annuités actualisées soit égale à la valeur actuelle du capital, soit 1 000 € :

$$1\,000 = \frac{A}{1,10} + \frac{A}{(1,10)^2} + \ldots + \frac{A}{(1,10)^5}$$

1 Les amateurs de termes anglo-saxons parleront de remboursement « *bullet* ».

ce qui revient à dire que **la VAN de l'opération au taux de 10 % est nulle ou encore que le taux facial de 10 % est également le taux de rentabilité actuariel de l'opération**.

En utilisant la formule du chapitre 19, on a :

$$1\,000 = \frac{A}{0,10} \times \left(1 - \frac{1}{(1,10)^5}\right)$$

On trouve A = 263,80 €, ce qui permet d'établir le tableau suivant :

Période	Capital restant dû	Intérêts	Amortissement du capital	Annuité
1	1 000	100	163,80	263,80
2	836,20	83,62	180,18	263,80
3	656,02	65,60	198,20	263,80
4	457,82	45,78	218,02	263,80
5	239,80	23,98	239,80	263,80

On constate que les intérêts de chaque période représentent bien 10 % du capital restant dû (taux facial) et que le prêt est totalement remboursé l'année 5.

Taux de rentabilité actuariel et taux facial sont identiques dans tous les exemples précédents car la base de calcul utilisée est annuelle et il n'y a pas de différé dans le remboursement du capital ou dans le paiement des intérêts.

Le processus est toujours le même. Au départ, il y a un capital investi (ou emprunté) qui procure des revenus (ou coûte des intérêts) à la fin de chaque période. Il est alors soit remboursé, induisant ainsi à l'avenir une diminution de revenus (ou des intérêts payés), soit maintenu, procurant alors des revenus constants (ou coûtant des intérêts constants).

d) Intérêts et capital versés en fin de période

20.11 Dans cette hypothèse, le débiteur ne paie rien jusqu'à l'échéance de son emprunt. Le montant qu'il devra payer à l'échéance n'est autre que la valeur future de la somme empruntée, capitalisée au taux du prêt.

$V = 1\,000 \times (1 + 10\,\%)^5$, soit V = 1 610,5

On a donc l'échéancier suivant :

Période	Capital et intérêts restants dus	Amortissement du capital	Paiement des intérêts
1	1 100	0	0
2	1 210	0	0
3	1 331	0	0
4	1 464,1	0	0
5	1 610,51	1 000	610,51

C'est l'emprunt coupon zéro ou *zero-coupon* en anglais, aussi appelé **à coupon unique** car il n'y a qu'un seul flux de revenus.

2 ■ Les taux équivalents actuariels, taux faciaux et taux proportionnels

Nous allons maintenant voir que l'actualisation est une technique beaucoup plus puissante que la simple mathématique financière exposée précédemment.

a) La notion de taux équivalent

20.12 Que se passe-t-il maintenant lorsque les intérêts ne sont plus payés une fois l'an, mais en plusieurs fois dans l'année ?

Ainsi, on propose de vous prêter à 10 %, mais il est précisé (parfois en petits caractères et au bas de la page...) que les intérêts devront être versés semestriellement. Par exemple, vous empruntez 100 € le 1er janvier, vous devez alors payer 5 € d'intérêts le 1er juillet, et 5 € le 1er janvier de l'année suivante, ainsi que 100 € de remboursement du prêt à cette même date.

Ce n'est pas la même chose que d'emprunter 100 € et de payer 110 € un an après. Certes, le montant nominal des intérêts versés est le même (5 + 5 = 10), mais pas leur échéancier. Dans le premier cas, vous devez verser 5 € le 1er juillet (la veille de votre départ en vacances...), que vous n'avez pas à verser dans le second cas avant le 1er janvier de l'année suivante. Vous payez donc 5 € plus tôt, alors que vous auriez pu placer cette somme pendant six mois dans le second cas.

Le prêt qui vous est proposé vous coûte donc plus cher que le prêt à 10 % à intérêts payables annuellement. Son taux effectif n'est pas de 10 %, car les intérêts sont versés avec une périodicité autre qu'annuelle qui est la base de référence.

Pour comparer ce qui est comparable, le financier doit donc tenir compte de la date effective des flux de trésorerie. Il ne revient pas au même de recevoir 1 € aujourd'hui et 1 € demain comme nous l'avons vu. Il est évident que l'intérêt du financier est de retarder les dépenses et d'accélérer les recettes. Il est donc normal que le taux tienne compte de l'échéancier des flux.

Comment raisonner alors ? Dire que le taux d'intérêt est de 10 % avec intérêts payables semestriellement revient à dire que le taux d'intérêt est de 5 % **pour 6 mois**. Il nous reste maintenant à calculer un **taux équivalent actuariel** sur une base annuelle (et non plus sur 6 mois) qui est notre période de référence, notre préoccupation constante.

> Deux taux se rapportant à des périodes différentes sont dits « équivalents » si la valeur future d'une même somme à une même date est la même avec chacun des deux taux.

Dans notre exemple, le prêteur reçoit, le 1er juillet, 5 € qui, capitalisés sur six mois, deviendront $5 + (10\,\% \times 5) / 2 = 5{,}25$ € le 1er janvier suivant, date à laquelle il recevra alors le deuxième versement des intérêts, soit 5 €. Au total, sur un an, il aura touché 10,25 € d'intérêts sur un placement de 100 €.

Le taux d'intérêt actuariel annuel équivalent est donc de 10,25 %. C'est le coût véritable du prêt proposé, puisque la rentabilité pour le prêteur est égale au coût pour l'emprunteur.

20.13 Si le taux apparent (ou taux facial) (t_a) implique le versement d'intérêts n fois dans l'année, le taux actuariel équivalent (t) s'obtient en capitalisant n fois ce taux apparent :

$$(1 + t) = (1 + t_a/n)^n$$

où n est le nombre de périodes de versements des intérêts dans l'année, et donc t_a/n le taux proportionnel sur une période, soit $t = (1 + t_a/n)^n - 1$. C'est la formule de conversion d'un taux apparent en taux actuariel.

Dans notre exemple, on a :

$t = (1 + 10\%/2)^2 - 1 = 10{,}25\%$.

Le taux d'intérêt effectif est donc de 10,25 %, alors que le taux apparent était de 10 %.

Il est en effet normal qu'un placement au taux de 10 % dont les intérêts sont versés semestriellement permette d'obtenir en fin d'année une somme supérieure à celle d'un placement dont les intérêts sont versés annuellement. En effet, dans le premier cas, les intérêts sont intégrés au capital au bout de six mois, et produisent donc eux-mêmes des intérêts pour les six mois restants.

Le calcul du taux actuariel équivalent est donc le préalable indispensable à la comparaison de placements (ou de prêts) avec des périodicités de flux de revenus différentes. Rapportant en effet les rentabilités à une base commune, qui est l'année, le taux actuariel permet alors des comparaisons entre investissements, ce qui n'est pas le cas si l'on compare des taux faciaux.

Le tableau ci-dessous indique le taux d'un placement (d'un prêt) à 10 % dont les intérêts sont versés avec des fréquences différentes :

Fréquence de capitalisation des intérêts	Somme au bout d'1 an	Taux de rentabilité actuariel
Annuelle	110	10 %
Semestrielle	110,250	10,250 %
Trimestrielle	110,381	10,381 %
Mensuelle	110,471	10,471 %
Bimensuelle	110,494	10,494 %
Hebdomadaire	110,506	10,506 %
Quotidienne	110,516	10,516 %
Instantanée[1]	110,517	10,517 %

1. Dans le cas où la capitalisation des flux de revenus est instantanée, la formule devient : $t = e^i - 1$.

Nous avons cherché un taux équivalent sur une base annuelle car cela est notre référence, mais on pourrait très bien théoriquement calculer des taux actuariels sur une autre base que l'année[1]. Tant que le financier sera familier d'un taux correspondant à des revenus versés une fois l'an, il gardera ce taux comme taux de référence.

1 On pourrait imaginer que le financier raisonne en taux continus : un taux de 10 % signifierait recevoir 100 € répartis sur toute l'année pour un capital de 1 000 € immobilisé pendant toute l'année, par exemple.

b) La notion de taux proportionnel

20.14 Dans notre exemple du prêt à 10 %, on dira que le taux de 5 % sur six mois est **proportionnel** au taux de 10 % sur un an. Plus généralement, deux taux sont proportionnels s'ils sont dans le même rapport que les périodes auxquelles ils s'appliquent.

10 % par an est proportionnel à 5 % par semestre ou 2,5 % par trimestre, mais 5 % par semestre n'est pas équivalent à 10 % l'an. **Taux équivalents et taux proportionnels sont donc deux notions totalement différentes à ne pas confondre**.

Les taux proportionnels n'ont pas d'autre intérêt que de permettre de calculer les intérêts effectivement versés. En aucune manière ils ne peuvent être comparés entre eux.

Les taux proportionnels n'ont pour but que de simplifier les calculs, mais ils cachent le coût véritable d'un crédit qui n'est pas le taux proportionnel (10 % l'an), mais le taux équivalent (10,25 % l'an).

Lorsque la durée séparant deux versements d'intérêts est inférieure à un an, le taux proportionnel sous-estime le taux effectif (10 % est inférieur à 10,25 %). Lorsque la durée est supérieure à un an, le taux proportionnel surestime le taux effectif. Mais cette situation est rare alors que la précédente est fréquente sur les marchés monétaires où l'argent s'emprunte et se prête pour de courtes durées.

> Pour éviter toute erreur, il faut donc raisonner en taux actuariels équivalents.

Comme on le verra, la pratique du marché obligataire peut être trompeuse pour l'investisseur qui se base sur le taux facial : le papier est vendu au-dessus ou en dessous du pair, le nombre de jours pour le calcul des intérêts peut être variable, des primes de remboursement peuvent exister… Enfin et surtout, sur le marché secondaire, la valeur actuelle d'une obligation dépend des fluctuations de taux d'intérêt.

Par conséquent, dans la suite de cet ouvrage, chaque fois qu'il ne sera pas précisé le contraire, un taux d'intérêt ou de rentabilité sera un taux actuariel.

RÉSUMÉ

Le résumé de ce chapitre est disponible sur le site www.vernimmen.net.

Nous avons mis en évidence au cours de ce titre l'existence d'un loyer de l'argent qui impose au financier d'actualiser des flux, c'est-à-dire de les déprécier pour tenir compte de l'écoulement du temps.

Cette exigence nous a conduits à définir la valeur actuelle, notion fondamentale de valorisation d'un titre financier, qui doit être comparée à sa valeur de marché, l'écart entre les deux constituant la valeur actuelle nette.

Dans un marché en équilibre, la valeur d'un titre financier étant égale à sa valeur actuelle, sa valeur actuelle nette est nulle.

Valeur d'un titre et taux d'actualisation étant liés par une relation fondamentale, nous avons abouti à la notion de taux de rentabilité actuariel (qui annule la VAN). Un investissement dans un titre financier n'est rentable que lorsque son taux de rentabilité actuariel est supérieur ou égal au taux de rentabilité exigé par l'investisseur. À l'équilibre, le taux de rentabilité actuariel est identique au taux du marché, ce qui revient à dire que la valeur actuelle nette est nulle.

Le taux de rentabilité actuariel doit être manipulé avec précaution car il repose sur l'hypothèse implicite de réinvestissement des flux au même taux. Son utilisation doit se limiter à la décision d'investissement concernant un actif et non au choix entre plusieurs actifs, qu'ils soient financiers (un titre) ou industriels (une mine, une machine…). La VAN doit dans ce cas être préférée.

Enfin, un peu de mathématiques financières nous ont permis de faire le lien entre le taux d'intérêt facial et le taux de rentabilité actuariel. Le taux apparent (annuel) d'un emprunt est le taux utilisé pour le calcul des intérêts proportionnellement au temps écoulé et au capital emprunté. Cependant il faut raisonner en taux actuariel équivalent, qui peut différer du taux facial apparent lorsque la périodicité de versements des intérêts n'est pas l'année.

Nous avons vu que deux taux se rapportant à des périodes différentes sont équivalents si la valeur future d'une même somme à une même date est la même avec chaque taux. Enfin deux taux sont proportionnels s'ils sont dans le même rapport que les périodes auxquelles ils s'appliquent. Les taux proportionnels ne sont qu'un moyen de calculer les intérêts effectivement versés. Ils n'ont pas d'autre utilité.

QUESTIONS

1/ Pourquoi le critère du taux de rentabilité actuariel ne peut-il pas être utilisé pour choisir entre deux investissements ?

2/ Le taux de rentabilité actuariel dépend-il du mode de remboursement d'un prêt ou d'un placement ?

3/ Le taux de rentabilité actuariel dépend-il de l'échéancier des flux ?

4/ Que sont les taux proportionnels ?

5/ Que sont les taux équivalents ?

6/ Quelle est l'utilité des taux proportionnels ? Des taux équivalents ?

7/ Pour un même emprunt, le montant total des intérêts est-il plus important si l'emprunt est remboursé par annuité constante, par amortissement constant ou *in fine* ?

8/ Si vous pensez que les taux d'intérêt vont monter, avez-vous intérêt à choisir des emprunts remboursables *in fine* ou par annuités constantes ?

9/ Montrer que si le prix d'achat d'un titre est positif et que les flux ultérieurs de trésorerie sont tous positifs, il ne peut y avoir au maximum qu'un seul taux de rentabilité actuariel.

10/ Vaut-il mieux gagner un petit pourcentage sur une très grosse masse ou un gros pourcentage sur une petite masse ? Cela vous rappelle-t-il une règle de ce chapitre ?

11/ Un taux de rentabilité actuariel très élevé pendant une très courte durée est préférable à un taux de rentabilité actuariel supérieur de 2 % au taux de rentabilité exigé pendant 10 ans. Vrai ou faux ?

D'autres questions vous attendent sur le site www.vernimmen.net.

EXERCICES

1/ Quel est le taux d'intérêt d'un investissement qui transforme 120 en 172,8 sur 2 ans ? Quel est le taux actuariel équivalent ? Donnez le taux proportionnel sur 3 mois.

2/ Quelle doit être la valeur finale d'un investissement initial de 100 si l'investisseur veut obtenir au bout de 7 ans une rentabilité actuarielle de 14 % ?

3/ Pendant combien d'années doit-on placer 100 pour obtenir une somme de 174,9 et une rentabilité actuarielle de 15 % ?

4/ Vous placez aujourd'hui 1 000 € à 6 % avec intérêts versés semestriellement pour une durée de 4 ans. Quel est le taux actuariel de ce placement ? De quel montant disposerez-vous à l'issue de votre placement ?

5/ Un premier titre peut être acheté pour 4 et rapportera 1 par an pendant 6 ans. Quel est son taux de rentabilité actuariel ? Un second coûte 6 et rapporte 2 pendant 2 ans puis 1,5 pendant 3 ans. Quel est son taux de rentabilité actuariel ? Quel titre préférez-vous ? Pourquoi ? Pour prendre une décision avez-vous besoin de connaître le taux de rentabilité minimum exigé ?

6/ Un trésorier doit placer 100 pendant 18 mois. Son premier banquier lui propose de réinvestir les fonds à 0,8 % par trimestre et le second à 1,6 % par semestre. Sans faire de calcul montrez que le trésorier a intérêt à retenir la proposition de son premier banquier. Quels sont les 2 taux actuariels équivalents ?

7/ Un trésorier place 10 000 000 € sur le marché monétaire pendant 24 jours. Il reçoit alors 10 019 745 €. Quel a été le taux de rentabilité sur 24 jours ? Quel est le taux actuariel équivalent ?

8/ Construisez le tableau d'amortissement d'un emprunt de 100, contracté à un taux actuariel de 7 % sur une période de 4 ans selon que l'emprunt est remboursé par annuités constantes ou par amortissement constant.

9/ Construisez le tableau d'amortissement d'un emprunt de 400, contracté à un taux actuariel de 6,5 % sur une période de 7 ans avec 2 ans de différé de remboursement (les intérêts étant alors capitalisés) selon que l'emprunt est par annuités constantes ou par amortissement constant.

10/ Un emprunt obligataire émis à 98 % du nominal est remboursé *in fine* à 108 % au bout de 10 ans, l'intérêt annuel versé aux souscripteurs est de 7 % du nominal. Quel est le taux de rentabilité actuariel de cet emprunt ? Et s'il était émis à 101 % ? Quelle règle retrouvez-vous alors ?

11/ Quel est le coût actuariel pour l'émetteur de l'emprunt de la question précédente si l'on tient compte d'une commission de placement de 0,35 %, d'un coût de gestion annuelle de 2,5 % du montant du coupon, d'un coût final de 0,6 % du montant remboursé et d'un prix d'émission de 98 % ?

12/ Vous vendez votre appartement évalué à 300 000 € contre un acompte de 100 000 € suivi de 20 mensualités de 11 000 €. Quel est le taux d'intérêt mensuel de cette opération ? Quel est son équivalent actuariel ?

13/ Calculez le taux de rentabilité actuariel du titre suivant qui peut être acquis aujourd'hui pour 1 000 :

Année	**1**	**2**	**3**	**4**	**5**
Flux	232	2 088	232	– 232	– 927

14/ Calculez le taux de rentabilité actuariel et le taux de rentabilité actuariel modifié compte tenu d'un taux de réinvestissement de 10 % pour le titre ENS qui peut être acquis aujourd'hui pour 1 000 :

Année	**1**	**2**	**3**	**4**	**5**
Flux	300	400	100	200	500

ÉLÉMENTS DE RÉPONSE

Questions

1. Car il ne mesure pas la valeur créée.
2. Non car il s'applique à tout moment au capital restant à rembourser.
3. Oui car si les flux sont repoussés dans le temps, le taux de rentabilité actuariel baisse.
4. Ce sont des taux qui sont dans le même rapport de proportionnalité que les périodes auxquelles ils se rapportent.
5. Ce sont des taux qui s'appliquent à des périodes différentes mais qui transforment identiquement la même somme sur une même période.
6. Calculer les intérêts à verser/recevoir. Calculer le taux actuariel.
7. *In fine* car le capital est intégralement prêté sur toute la période.
8. *In fine* pour bénéficier le plus longtemps possible d'un taux bas sur un capital non remboursé maximum.
9. Au taux d'actualisation égal au taux de rentabilité actuariel, la valeur actuelle des flux futurs est égale au prix d'achat du titre. Si l'on augmente le taux d'actualisation, cette valeur actuelle va diminuer et n'égalera plus jamais le prix du titre. Si l'on réduit le taux d'actualisation, elle va croître et n'égalera plus jamais le prix du titre. Donc il n'y a, dans ce cas, qu'un seul taux de rentabilité actuariel.
10. Un petit pourcentage sur une très grosse somme. VAN préférable au taux de rentabilité actuariel.
11. Faux car un titre avec un taux de rentabilité actuariel correct sur une longue durée crée plus de valeur qu'un titre avec un très fort taux de rentabilité actuariel mais qui est peu significatif compte tenu de la faible durée de vie de ce titre.

Exercices

Les corrigés détaillés des exercices sur excel sont disponibles sur le site www.vernimmen.net.

1. 44 % sur 2 ans. 20 %. 5 % sur 3 mois.
2. 250.
3. 4 ans.
4. 6,09 %, 1 266,8 €.
5. 13 %, 13,8 %, le critère du taux de rentabilité actuariel ne permet pas de choisir entre ces deux titres ; seul celui de la VAN le permet, il nécessite de connaître le taux de rentabilité exigé.
6. Les taux étant proportionnels (0,8 % sur 3 mois et 1,6 % sur 6 mois), la première proposition est plus intéressante car les intérêts sont capitalisés au bout de 3 mois et non de 6 mois. 3,24 % et 3,23 %.
7. 0,1975 % sur 24 jours, 3,05 %.
8. Annuités constantes de 29,52, amortissement constant de 25/an et intérêts de 7 ; 5,25 ; 3,50 et 1,75.
9. Annuités constantes de 109,17, amortissement constant de 90,74/an et intérêts de 29,49 ; 23,59 ; 17,69 ; 11,80 et 5,90.
10. 7,85 % (ne pas oublier les intérêts de l'année 10) ; 7,42 % ; valeur et taux varient en sens inverse.
11. 8,12 %.
12. 0,925 % ; 11,7 %.
13. Il y en a 2 : – 15,1 % et 48,3 %.
14. 14,67 % ; 12,63 %.

BIBLIOGRAPHIE

Si vous souhaitez approfondir vos connaissances en mathématiques financières, vous pouvez consulter :

Ginglinger E., Hasquenoph J.-M., *Mathématiques financières*, 2e édition, Economica, 2006.

Harvard Business School, *Net present value and internal rate of return: Accounting for time*, Harvard Business School Press, 2009.

Neuberg G., *Mathématiques financières et actuarielles*, Dunod, 2012.

TITRE 2

Chapitre **21** ▪ Le risque d'un titre financier 399
Chapitre **22** ▪ Risque et portefeuille 415
Chapitre **23** ▪ Taux de rentabilité exigé et marchés en équilibre 433

Titre 2

Le risque en finance

Maintenant que les outils de base de la finance (actualisation, capitalisation, valeur, taux d'intérêt) ont été exposés, nous pouvons introduire la notion fondamentale en finance : le risque, c'est-à-dire l'incertitude sur les valeurs futures et sur les taux de rentabilité futurs. Comme notre lecteur va bientôt s'en rendre compte, sans le risque la finance serait bien ennuyeuse !

Le risque correspond assez naturellement à l'incertitude qui existe aujourd'hui sur le montant des flux futurs et donc sur la valeur demain d'un titre. Bien sûr, on peut essayer de répertorier tous les facteurs qui peuvent peser négativement ou positivement sur un actif, chiffrer leurs effets et mesurer leur impact total sur sa valeur. Mais nous verrons que le raisonnement peut considérablement se simplifier et les différents risques se réduire à un risque global que synthétise un seul chiffre !

Chapitre 21

Le risque d'un titre financier

Le revers de la médaille.

L'investisseur qui achète un titre financier prend un certain risque. Il ne connaît avec certitude ni le prix auquel il pourra le céder à l'avenir ni les flux qu'il percevra dans l'intervalle. Le but de ce chapitre est de comprendre et mesurer ce risque ainsi que d'examiner ses conséquences.

Section 1 ▪ Analyse des différents risques

21.1 Derrière le mot risque se cachent des types de risques différents. Citons :

- **Les risques industriels, commerciaux, sociaux…** Ils sont de nature si diverse qu'il est impossible de les énumérer exhaustivement. Citons le manque de compétitivité, l'arrivée de nouveaux concurrents, la percée technologique, l'inadaptation du réseau commercial, le risque de grève… Ils conduisent à une réduction des flux attendus. Ils ont une conséquence immédiate sur la valeur de l'action.

- **Le risque de liquidité.** C'est le risque de ne pas pouvoir vendre à son prix un titre financier. Il peut se traduire soit par une impossibilité effective de le vendre (absence de marché, pas d'acheteur), soit par une décote de liquidité qu'il faut consentir pour vendre le titre.

- **Le risque de solvabilité.** C'est le risque pour un créancier de perdre définitivement sa créance dans la mesure où l'emprunteur ne peut pas, même en liquidant l'ensemble de ses avoirs, rembourser la totalité de ses engagements. Les *traders* parlent de « risque de contrepartie ».

- **Le risque de change.** Une hausse de l'euro contre le dollar entraîne une perte de valeur d'avoirs libellés en dollars. De même, une hausse de l'euro contre le franc suisse entraîne une baisse en euros de la valeur des dettes libellées en francs suisses.

- **Le risque de taux d'intérêt.** Les fluctuations des taux d'intérêt exposent le détenteur de titres financiers au risque de moins-value en capital. C'est paradoxalement un risque de taux dans la mesure où il se traduit pour l'investisseur par un coût effectif ou un manque à gagner en dépit du respect scrupuleux des engagements par l'émetteur.

- **Le risque systémique.** C'est le risque d'effondrement du système financier dans son ensemble par faillites en cascades et effet domino lié à l'interconnection des acteurs du marché.

- **Le risque politique.** Il traduit le risque lié à une situation politique ou une décision du pouvoir politique : nationalisation sans indemnité suffisante, révolution, exclusion de certains marchés, fiscalité discriminatoire, impossibilité de rapatrier les capitaux...

- **Le risque réglementaire.** Le changement de loi ou de réglementation peut influer directement sur la rentabilité d'un secteur économique (produits pharmaceutiques, banque, assurance, énergie...).

- **Le risque d'inflation.** Il s'agit du risque d'être remboursé dans une monnaie dépréciée, d'obtenir un taux de rentabilité inférieur au taux d'inflation. Il a, entre autres, causé la ruine des petits-enfants des rentiers de Balzac.

- **Le risque d'escroquerie.** Elle peut être interne ou externe à l'entreprise.

- **Les risques naturels.** Ce sont par exemple ceux d'une tempête, d'un tremblement de terre, d'une éruption volcanique, d'un cyclone, d'un raz-de-marée qui détruit des actifs (bâtiments, machines...). La période récente nous a démontré que ceux-ci ne pouvaient pas être négligés.

- **Le risque conjoncturel.** Enthousiasme ou « déprime » en Bourse, anticipation de baisse ou de hausse de l'activité.

- **Etc.**

21.2 La liste est sans fin. Nous voudrions seulement exprimer les deux idées suivantes :

- la plupart des modèles que nous allons développer dans cet ouvrage tendent à globaliser le risque plus qu'à l'analyser ;

- il existe toujours un risque : le taux de l'argent sans risque qui sera développé est une vue de l'esprit. **Dire qu'il n'y a pas de risque, c'est faire preuve soit d'une confiance excessive en soi, soit d'une incapacité à penser l'avenir... deux défauts très graves pour un financier.**

Il va de soi que toute étude financière sérieuse commence par une analyse fine des différents risques.

Si nous analysons tous ces risques, le bon sens ou l'expérience des anciens tendraient à les classer en deux catégories :

- les risques économiques (risques liés à l'activité de l'entreprise, risques politiques, naturels, d'inflation et d'escroquerie...) : ce sont les risques qui menacent les flux liés au titre financier et qui relèvent du monde économique ou du monde réel ;

- les risques financiers (risques de liquidité, de change, de taux...) qui ne portent souvent pas directement sur les flux et qui sont propres à la sphère financière. Ces risques ne sont pas imputables à l'entreprise mais à des événements financiers externes (nous les verrons en détail au chapitre 54).

Nous proposons cependant au lecteur dans les pages qui suivent une autre approche.

Section 2 ■ Risque et fluctuation de valeur d'un titre financier

21.3 Tous ces risques peuvent peser sur les résultats et les flux de trésorerie futurs des entreprises. Bien évidemment, si les flux d'une entreprise sont dégradés du fait de la matérialisation d'un risque, les investisseurs chercheront à vendre leurs titres, et la valeur baissera.

Mais le simple fait de savoir qu'une entreprise est soumise à des risques importants conduira certains investisseurs à être peu disposés à acquérir ses titres. Avant même la matérialisation du risque, la perception par les investisseurs que les flux futurs d'une entreprise sont incertains (c'est-à-dire volatils) réduira la valeur.

La finance repose sur le postulat que les investisseurs cherchent à réduire le caractère aléatoire de leurs flux futurs. Par nature, un risque va rendre incertains les flux futurs que doit générer un actif : cet élément sera donc pris en compte dans l'appréciation de la valeur.

Le financier ne considère un risque que dans la mesure où celui-ci a une influence sur la valeur. Cette variation de valeur peut résulter d'un changement d'anticipation des flux de l'actif ou du taux d'actualisation de ces flux.

Soulignons dès maintenant, qu'en finance[1], le risque de hausse de la valeur (*upside* en anglais) n'est pas distingué du risque de baisse de la valeur d'un actif (*downside*). En effet, les évolutions sont supposées symétriques (autour de la rentabilité espérée).

> Quelle que soit sa nature, tout risque se traduit en finance par une fluctuation de la valeur du titre financier.

21.4 Considérons ainsi, à titre d'exemple, les flux suivants d'un titre coté :

Année	**n + 1**	**n + 2**	**n + 3**	**n + 4**
Flux (en €)	100	120	150	190

On estime, par ailleurs, que ce titre devrait valoir 2 000 € dans cinq ans. Sur la base d'un taux d'actualisation de 9 %, sa valeur en n s'élève à :

$$\frac{100}{1{,}09} + \frac{120}{1{,}09^2} + \frac{150}{1{,}09^3} + \frac{190}{1{,}09^4} + \frac{2\,000}{1{,}09^5} = 1\,743\ €$$

Instantanément, une forte hausse des taux d'intérêt porte le taux d'actualisation à 13 %. La valeur du titre devient :

$$\frac{100}{1{,}13} + \frac{120}{1{,}13^2} + \frac{150}{1{,}13^3} + \frac{190}{1{,}13^4} + \frac{2\,000}{1{,}13^5} = 1\,488\ €$$

1 Ou tout du moins telle qu'elle est appliquée par la très vaste majorité des acteurs.

Alors que les flux n'ont pas été modifiés, la valeur a fondu de 15 %.

La création d'un nouveau produit modifie les flux prévisibles (20 % de hausse) sans changer le taux d'actualisation. La valeur devient :

$$\frac{100 \times 1{,}20}{1{,}13} + \frac{120 \times 1{,}20}{1{,}13^2} + \frac{150 \times 1{,}20}{1{,}13^3} + \frac{190 \times 1{,}20}{1{,}13^4} + \frac{2\,000 \times 1{,}20}{1{,}13^5} = 1\,786\text{ €}$$

La valeur du titre augmente, non à cause d'une hausse du marché, mais en raison de ses caractéristiques propres.

Une baisse des taux d'intérêt dans l'économie réduit le taux d'actualisation à 10 %. Les flux prévisionnels n'ayant pas été modifiés, la valeur du titre s'établit à :

$$\frac{120}{1{,}10} + \frac{144}{1{,}10^2} + \frac{180}{1{,}10^3} + \frac{228}{1{,}10^4} + \frac{2\,400}{1{,}10^5} = 2\,009\text{ €}$$

Les caractéristiques intrinsèques du titre n'ont pas été modifiées, pourtant sa valeur s'est élevée de 12 %.

À la suite d'une forte concurrence sur les prix, les flux prévisionnels précédents doivent être corrigés à la baisse de 10 %. Tous les flux diminuant du même pourcentage et le taux d'actualisation restant constant, la valeur de l'entreprise s'établit à :

$$2\,009\text{ €} \times (1 - 10\,\%) = 1\,808\text{ €}$$

La valeur du titre diminue, non à cause d'une baisse du marché, mais en raison de ses caractéristiques propres.

Sur la dernière période, l'investisseur français aura perdu 10 % de son investissement (baisse de la valeur de 2 009 € à 1 808 €). Si, dans l'intervalle, l'euro est passé de 1,30 $ à 1,55 $, l'investisseur américain aura gagné, lui, 7 % (la valeur étant passée de 2 612 $ à 2 802 $).

21.5 Si on affine l'analyse, on peut constater que certains titres sont plus volatils que d'autres, c'est-à-dire que leurs cours varient plus fortement : ils sont plus risqués. **Plus un titre financier est risqué, plus son cours est volatil, et réciproquement.** À l'inverse, moins un titre financier est risqué, moins son cours est volatil, et réciproquement.

> Concrètement, dans une économie de marché, le risque d'un titre se mesure par la volatilité de sa valeur (ou de son taux de rentabilité). Plus cette volatilité est élevée, plus le risque est élevé et inversement.

Cette volatilité se mesurera mathématiquement par une variance ou un écart type comme nous le verrons à la section 3 suivante. Mais nous n'avons pas besoin de l'outil mathématique pour comprendre intuitivement l'identification du risque et de la volatilité pourvu qu'il y ait un marché secondaire où l'on puisse vendre à tout moment.

L'évolution des cours de quelques actifs financiers depuis 1996 montre des niveaux de volatilité bien différents !

Évolution de la valeur de quelques actifs financiers depuis 18 ans (échelle logarithmique)

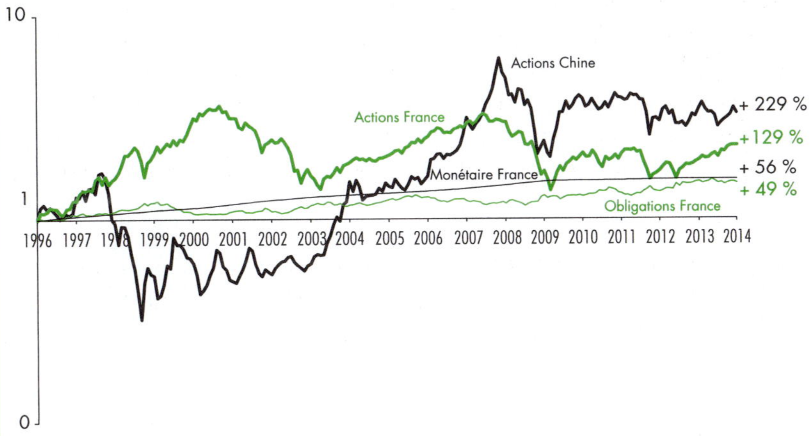

Source : Datastream.

21.6 Notre lecteur pourrait penser qu'à long terme toutes ces fluctuations erratiques disparaissent pour laisser place à une tendance nette à une progression du cours des actions supérieure à celle des obligations, elle-même supérieure à celle des actifs monétaires. Bref à long terme, le risque disparaîtrait : depuis 1854, le cours des principales actions françaises (dividendes réinvestis) a été multiplié par 15 000, soit une rentabilité moyenne de 6,2 % contre 5,4 % pour les obligations, alors que l'inflation moyenne a été de 5,1 %.

Cela n'est pas faux, mais que notre lecteur, séduit par l'idée d'une disparition du risque, n'oublie pas pour autant l'hypothèse de base : **le long terme**. Autrement dit, il faut impérativement qu'il n'ait pas besoin dans cette longue période de placement (au moins 20 ans...) de vendre ses actifs et qu'il ait des nerfs suffisamment solides pour ne pas céder à la tentation de vendre quand il voit des cours s'effondrer comme en 1929, 1974, en septembre 2001 ou en 2008.

Si depuis 1854, la rentabilité moyenne des actions françaises a été de 6,2 % par an, celle-ci a été négative sur 64 années, en particulier en 2008 où les investisseurs ont perdu 44 % de la valeur réelle de leur portefeuille d'actions françaises.

Enfin le graphique ci-après ne doit pas nous faire oublier que certains marchés financiers ont pu très vite totalement disparaître : le marché des actions russes avec la Première Guerre mondiale et la révolution de 1917, celui des obligations en Allemagne avec l'hyperinflation de 1921-1923, celui des actions japonaises et allemandes en 1945. Sur un siècle, ces événements sont exceptionnels, mais plus fréquents qu'une loi normale ne le laisse présager et quand ils se produisent...

Certes, le risque est fonction de la durée de l'investissement et sur le long terme, il donne l'impression de se réduire. Mais il est rare que nous ayons les moyens ou le courage de ne penser qu'au long terme sans avoir des besoins à court ou moyen termes. L'homme est humain ! À court ou moyen termes, le risque est là !

Notre lecteur féru de statistiques retrouvera une forme proche d'une loi de Gauss-Laplace, ou loi normale, correspondant à l'hypothèse de marche au hasard des cours de Bourse propre à la théorie de l'efficience des marchés. Toutefois, la fréquence des variations extrêmes est plus élevée que dans la loi de Gauss-Laplace.

Rentabilités réelles des actions françaises depuis 1802

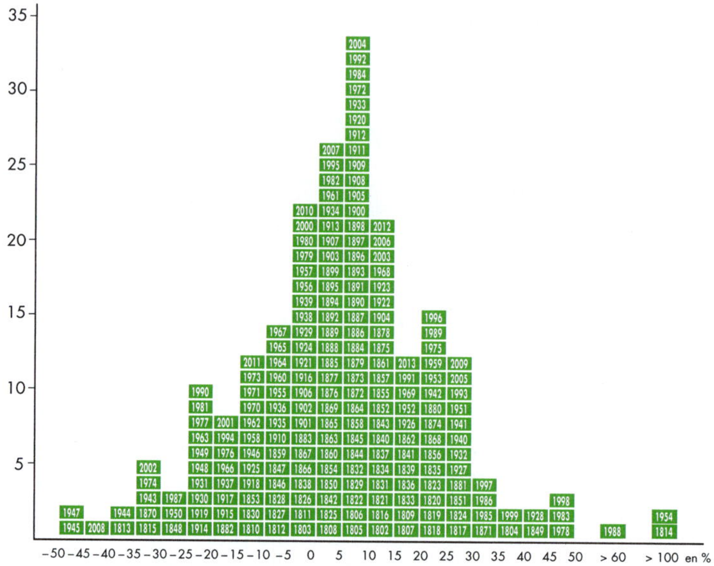

Sources : Avant 1854 : Arbulu P., « Le marché parisien des actions au XIXe siècle », in Gallais-Hamonno G., Le marché financier français au XIXe siècle*, vol. 2, Publications de la Sorbonne, 2007.*
1854-2007 : Le Bris D. et Hautcœur P.-C., « A Challenge to the Triomphant Optimists, A Blue Chips Index for the Paris Stock Exchange (1854-2007) », Financial History Review*, 27 février 2010.*
2008-2013 : NYSE Euronext.

Il nous faut maintenant formaliser les principales idées que nous venons de voir.

Section 3 ▪ Les outils de mesure de la rentabilité et du risque

1 ▪ L'espérance mathématique, mesure de la rentabilité espérée

21.7 On privilégiera ici l'approche en taux de rentabilité par rapport à l'approche en valeur d'un titre financier, mais notre lecteur a bien compris qu'il s'agit des deux faces d'une même réalité.

Par l'expression **taux de rentabilité**, nous nous référons aux flux de revenus liés à un investissement donné : rémunération des fonds investis (intérêts ou dividendes) et plus ou moins-value éventuelle sur la cession du titre.

Si l'on raisonne sur une seule période, la rentabilité de l'investissement (achat de titres) sera donc définie par :

$F_1/V_0 + (V_1 - V_0)/V_0$ = rendement + plus ou moins-value

où F_1 est le flux reçu par l'investisseur sur la période, V_0 la valeur du titre en début de période et V_1 la valeur du titre en fin de période.

Placé dans un univers incertain, l'investisseur ne peut pas calculer d'avance la rentabilité, car la valeur du titre en fin de période est aléatoire ainsi que, dans certains cas, la rémunération perçue durant la période.

21.8 L'investisseur a alors recours à la notion de **rentabilité espérée** qui est la moyenne des rentabilités possibles, pondérées par leur probabilité d'occurrence. Le lecteur familier de l'outil statistique aura reconnu la notion d'espérance mathématique.

Ainsi, soit un titre financier A ayant 12 chances sur 100 d'avoir une rentabilité de – 22 %, 74 chances sur 100 d'avoir une rentabilité de 6 % et 14 chances sur 100 d'avoir une rentabilité de 16 %. Son espérance de rentabilité sera alors de :

$$-22\,\% \times \frac{12}{100} + 6\,\% \times \frac{74}{100} + 16\,\% \times \frac{14}{100}\text{, soit environ } 4\,\%$$

Plus généralement, la rentabilité espérée, ou espérance mathématique de rentabilité, est égale à :

$$E(r) = \sum_{i=1}^{n} r_i \times p_i = \bar{r}$$

où r_i est une rentabilité possible et p_i la probabilité de son occurrence.

2 ▪ La variance, outil statistique d'analyse du risque

21.9 Intuitivement, on conçoit que, plus le risque d'un titre financier est élevé, plus son taux de rentabilité varie et plus il est incertain. Si le détenteur d'obligations d'État est assuré de toujours percevoir ses coupons (à moins que l'État ne fasse faillite !), il est loin d'en être de même pour l'actionnaire d'une société de forage pétrolier en mer : il pourra tout perdre, gagner un taux décent ou faire fortune !

On peut donc assimiler le risque d'un titre à la dispersion de ses rentabilités possibles autour de la rentabilité moyenne. Mathématiquement, le risque est alors mesuré :

- soit par la variance de sa rentabilité, c'est-à-dire par la somme des carrés des écarts entre les rentabilités et l'espérance mathématique des rentabilités, pondérée par la probabilité d'occurrence de chacune des rentabilités possibles :

Formule du risque

$$V(r) = \sum_{i=1}^{n} p_i \times (r_i - \bar{r})^2$$

▪ soit par l'écart type des rentabilités qui est plus souvent utilisé pour mesurer le risque d'un investissement[1]. L'écart type se définit comme la racine carrée de la variance :

$$\sigma(r) = \sqrt{V(r)}$$

La variance de l'investissement A précédent est donc de :

$$\frac{12}{100} \times (-22\,\% - 4\,\%)^2 + \frac{74}{100} \times (6\,\% - 4\,\%)^2 + \frac{14}{100} \times (16\,\% - 4\,\%)^2$$

soit V(r) = 1 %, ce qui correspond à un écart type de 10 %.

> En résumé :
> ▪ l'espérance mathématique E(r), ou $\bar{r}$, mesure la rentabilité espérée ;
> ▪ l'écart type σ(r) mesure la dispersion moyenne des rentabilités autour de l'espérance mathématique, donc le risque.

Section 4 ■ Risque de marché et risque spécifique

21.10 Le risque en finance correspond, comme nous l'avons vu à la section 2, aux fluctuations de la valeur ou, ce qui revient au même, aux fluctuations du taux de rentabilité. Se trouve ainsi synthétisé en une seule série de données un grand nombre de risques dont la connaissance exacte importe peu : seul compte leur impact total sur la valeur.

L'analyse des fluctuations de la valeur d'un titre montre que celles-ci peuvent s'expliquer soit :

▪ par la fluctuation de l'ensemble du marché financier : le marché progresse à la suite d'une baisse inattendue des taux d'intérêt, d'une croissance de l'économie plus forte que prévue... L'ensemble des titres va alors monter, certains plus que d'autres, d'autres moins, nous le verrons plus loin. Le raisonnement est identique à la baisse ;

▪ par des facteurs propres au titre qui n'affectent pas le marché dans son ensemble : la signature d'une importante commande, la faillite d'un concurrent, une nouvelle réglementation pesant sur les produits du groupe...

Ces deux sources de fluctuations donnent naissance à deux types de risque : le risque de marché et le risque spécifique.

21.11 ▪ **Le risque de marché ou risque systématique** (dont nous verrons au chapitre 22 suivant qu'il n'est pas éliminable par la diversification) est dû à l'évolution de l'ensemble de l'économie, de la fiscalité, des taux d'intérêt, de l'inflation... Il affecte l'ensemble des titres financiers. Entendons-nous bien, c'est le risque du titre **corrélé** à celui du marché. Ce risque affecte plus ou moins tous

1 Car il est de même ordre, 1, que la rentabilité (espérance mathématique) contrairement à la variance qui d'ordre 2.

les titres financiers. Ainsi, la hausse des coûts de l'énergie affecte toutes les entreprises, mais plus une compagnie aérienne qu'un groupe de média.

▪ **Le risque spécifique ou risque intrinsèque ou risque idiosyncratique** (dont nous verrons au chapitre 22 suivant qu'il est éliminable par la diversification) est indépendant des phénomènes qui affectent l'ensemble des titres, il résulte uniquement d'éléments particuliers qui affectent tel ou tel titre : c'est la mauvaise gestion de l'entreprise, l'incendie qui détruit son usine ou l'invention technologique qui rend obsolète sa principale gamme de produits, etc.

La volatilité liée au marché peut être d'origine économique et financière ; elle peut aussi provenir des anticipations de flux (dividendes, plus-value…) ou de la variation du taux de rentabilité exigé. Par exemple, une surchauffe de l'économie peut tendre à faire croître les taux exigés (réaction de la Banque centrale qui élève le loyer de l'argent) et réduire les flux anticipés en raison d'une réduction de la demande, conduisant alors à favoriser doublement la baisse des titres financiers.

Le risque de marché et le risque spécifique étant totalement indépendants, leurs mesures sont indépendantes, ce qui permet de leur appliquer le théorème de Pythagore[1] :

$$(\text{Risque total})^2 = (\text{Risque de marché})^2 + (\text{Risque spécifique})^2 \quad (1)$$

21.12 La sensibilité d'un titre financier aux fluctuations du marché est un outil fréquemment utilisé pour caractériser le risque systématique d'un titre. Pour cela, il suffit de réaliser une régression linéaire entre les rentabilités périodiques du marché (r_{M_t}) et les rentabilités périodiques de chaque titre J (r_{J_t}). On obtient ainsi la droite de régression dont l'équation est la suivante :

$$r_{J_t} = \alpha_J + \beta_J \times r_{M_t} + \varepsilon_{J_t}$$

β_J est un paramètre propre à chaque titre J ; il indique la relation existant entre les fluctuations de la valeur de celui-ci et les fluctuations du marché : c'est donc un coefficient de volatilité ou de sensibilité. **On l'appelle le bêta ou le coefficient bêta.**

Nous savons que le risque total d'un titre financier J se traduit par l'écart type de sa rentabilité $\sigma(r_J)$.

21.13 Le **risque de marché** d'un titre est donc égal à $\beta_J \times \sigma(r_M)$, $\sigma(r_M)$ étant l'écart type de la rentabilité du marché. Il est donc proportionnel au coefficient bêta, c'est-à-dire à la volatilité du titre due au marché : plus celle-ci est élevée ($\beta > 1$), plus le risque de marché du titre est fort car ce titre démultiplie les fluctuations du marché, et inversement pour un titre dont le bêta est inférieur à 1 : il atténue les fluctuations du marché.

Ainsi la lecture du graphique montre que le β de l'action Renault est supérieur à 1 alors que celui d'Air Liquide est inférieur à l'unité.

1 Pour les « matheux », les deux vecteurs mesurant le risque sont orthogonaux.

Évolution comparée de l'indice CAC 40 et des cours d'Air Liquide et Renault

Source : Datastream.

21.14 Le **risque spécifique** du titre J est égal à l'écart type des différents résidus ε_J de la droite de régression, noté $\sigma(\varepsilon_J)$, c'est-à-dire les variations du titre qui ne sont pas liées aux variations de marché.

En définitive, la traduction mathématique de la proposition (1) est :

$$\sigma^2(r_J) = \beta_J^2 \times \sigma^2(r_M) + \sigma^2(\varepsilon_J)$$

Section 5 ▪ Le coefficient β

1 ▪ Le calcul du β

21.15 Bêta est la mesure de sensibilité d'un titre au risque du marché. Mathématiquement pour un titre J, il s'obtient, comme nous venons de le voir, en régressant la rentabilité de ce titre sur la rentabilité de l'ensemble du marché. On a donc :

$$\beta_J = \frac{Cov(r_J, r_M)}{V(r_M)}$$

$Cov(r_J, r_M)$ étant la covariance de la rentabilité du titre J avec celle du marché et $V(r_M)$ étant la variance de la rentabilité du marché, soit :

$$\beta_J = \frac{\sum_{i=1}^{n} \sum_{k=1}^{n} p_{i,k} \times (r_{J_i} - \overline{r_J}) \times (r_{M_k} - \overline{r_M})}{\sum_{i=1}^{n} p_i \times (r_{M_i} - \overline{r_M})^2}$$

Plus intuitivement, β correspond à la pente de la régression des rentabilités du titre contre celles du marché.

À titre d'exemple, le β de l'action Renault a été calculé. Il ressort à 1,66 confirmant la conclusion qui se dégageait d'une observation rapide du graphique précédent. Le β peut évoluer au cours du temps comme l'illustre l'exemple de France Télécom.

Bêta d'Orange (France Télécom) en 1999-2000

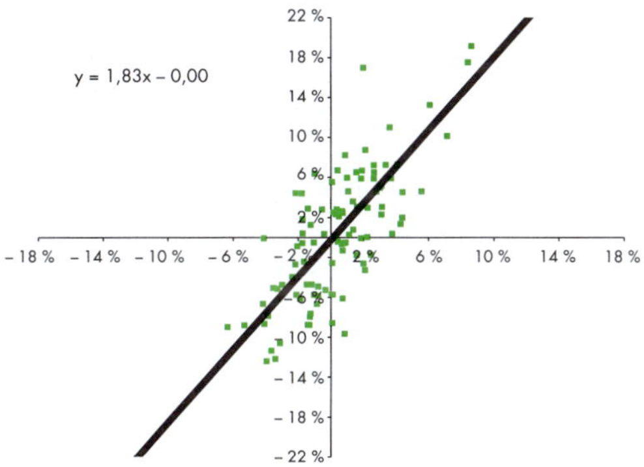

Bêta d'Orange (France Télécom) en 2011-2014

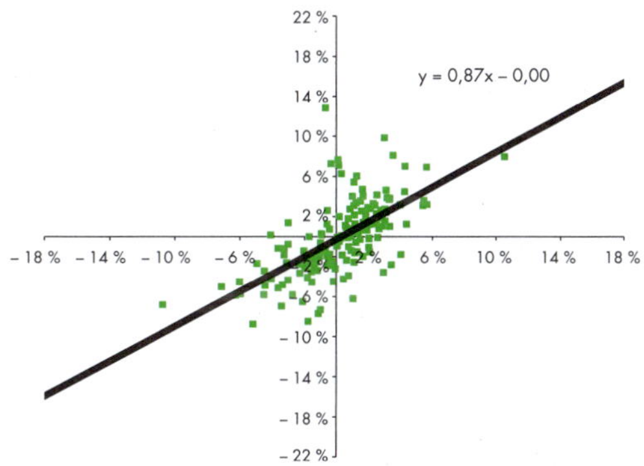

Source : Datastream.

Le β de l'action France Télécom était supérieur à 1 à la fin des années 1990, l'action était plus volatile que le marché, son risque était fort. Avec l'arrivée à maturité du marché de la téléphonie mobile et d'Internet, l'industrie devient moins risquée : le β de France Télécom est maintenant inférieur à 1.

2 ■ Les paramètres qui expliquent le bêta

21.16 Le β du marché est par définition égal à 1. Le β des titres de dette est de l'ordre de 0 à 0,5. Le β des actions est le plus souvent supérieur à 0,5. Nous ne connaissons pas de β négatifs et des β supérieurs à 2 nous paraissent exceptionnels.

À titre illustratif, le tableau ci-après présente les bêtas, mi-2014, des actions des sociétés composant l'indice Eurostoxx 50 :

Bêta de l'Eurostoxx 50

Essilor	0,45	LMVH	0,75	Telefónica	0,92	Repsol	1,10	Deutsche Bank	1,32
Unilever	0,48	ENI	0,78	Enel	0,92	BASF	1,11	Daimler	1,35
Danone	0,52	Muenchener Re	0,79	ASML Holding	0,96	Carrefour	1,12	BBVA	1,36
ING	0,62	Vivendi	0,82	Airbus	0,97	Philips	1,14	CRH	1,45
Intesa Sanpaolo	0,63	Total	0,86	L'Oréal	0,97	AB INBEV	1,14	AXA	1,65
Arcelor Mittal	0,63	Deutsche Telekom	0,86	RWE	1,03	BMW	1,22	Inditex	1,68
E.ON	0,68	Orange	0,90	Bayer	1,03	Santander	1,25	BNP Paribas	1,70
Sanofi	0,70	Unibail - Rodamco	0,91	Generali	1,03	Schneider Electric	1,26	Unicrédit	1,96
Air Liquide	0,71	Siemens	0,91	Société Générale	1,04	Volkswagen	1,28	GDF Suez	2,01
SAP	0,73	Allianz	0,91	Vinci	1,06	Saint-Gobain	1,30	Iberdrola	2,02

Source : Datastream, 15 avril 2014.

Pour un titre donné, les paramètres suivants expliquent le niveau du coefficient β :

a) La sensibilité du secteur de l'entreprise à la conjoncture économique

21.17 Plus un secteur est sensible à la conjoncture économique (comme le travail temporaire par exemple), plus le β du titre est élevé. Ainsi, si l'aphorisme populaire « quand le bâtiment va, tout va » est exact, ce secteur reflétant en quelque sorte la conjoncture, les firmes qui en font partie devraient avoir un β proche de 1, ce qui est en général vrai.

b) La structure des coûts

21.18 Plus la part des coûts fixes est importante dans le total des coûts, plus le point mort est élevé et plus les flux de trésorerie de l'entreprise seront volatils. Les entreprises à forts coûts fixes (comme les cimenteries) ont de forts β et celles à faibles coûts fixes (comme la grande distribution) ont de faibles β.

c) La structure financière

21.19 Plus une société est endettée plus elle doit payer de frais financiers. Or, les frais financiers sont des charges fixes. La dette élève donc le point mort et de ce fait la volatilité des bénéfices nets d'un groupe. Plus la société est endettée, plus le β de ses actions est élevé. On retrouve ici l'effet de levier.

d) La visibilité des performances de l'entreprise

21.20 La qualité de la gestion et, plus particulièrement, la lisibilité et la quantité d'informations que reçoit le marché sur une entreprise ont une influence directe sur le β. Toutes choses égales par ailleurs, moins nombreuses et moins bonnes sont les informations que donne une entreprise sur son évolution, plus le β de ses titres est élevé, car le marché tiendra compte d'un risque de « non-visibilité ».

e) Le taux de croissance des résultats

21.21 Plus le taux de croissance des résultats est élevé, plus le β sera élevé. En effet, dans ce cas, l'essentiel de la valeur de l'entreprise s'explique par des flux éloignés dans le temps, donc très sensibles à toute révision de la conjoncture.

RÉSUMÉ

Le résumé de ce chapitre est disponible sur le site www.vernimmen.net.

Le risque d'un titre financier peut avoir différentes origines : les risques économiques (risques politiques, naturels, d'inflation…) qui menacent les flux liés au titre et relèvent du monde économique ou du monde réel ; et les risques financiers (risques de liquidité, de change, de taux…) qui ne portent pas directement sur les flux et qui sont propres à la sphère financière.

Mais, cette distinction est peu utile en finance. En effet, quelle que soit sa nature, tout risque se traduit par une fluctuation de la valeur du titre.

Dans une économie de marché, le risque d'un titre se mesure par la volatilité de sa valeur (ou de son taux de rentabilité). Plus cette volatilité est élevée, plus le risque est élevé et inversement.

On peut décomposer le risque total d'un titre financier en un risque lié au marché (risque de marché ou risque systématique) et en un risque spécifique indépendant du marché (risque intrinsèque ou risque diversifiable). Ces deux risques sont totalement indépendants.

Le coefficient β d'un titre mesure la corrélation de la rentabilité du titre avec celle du marché, c'est-à-dire son risque de marché. C'est mathématiquement la pente de la droite de régression des rentabilités du titre contre celles du marché.

Le coefficient β dépend de la sensibilité du secteur de l'entreprise à la conjoncture économique, de la structure des coûts d'exploitation (plus les coûts fixes sont importants, plus le β est élevé), de la structure financière (plus le groupe est endetté, plus le β est élevé), de la qualité ou de la quantité d'informations fournies au marché (plus la visibilité sur les résultats futurs est bonne, moins le β est élevé) et du taux de croissance des résultats (plus le taux est fort, plus le β est élevé).

QUESTIONS

1/ Quelle est la mesure du risque en économie de marché ?

2/ Que mesure le coefficient β ?

3/ Dans le graphique du paragraphe 21.5, quel est l'actif le plus volatil ? Quelle est la motivation des investisseurs pour ce marché ?

4/ Le coefficient β mesure le risque spécifique d'un titre. Vrai ou faux ?

5/ L'action Carrefour est-elle plus ou moins risquée que l'ensemble du marché ? Pourquoi ?

6/ De quoi dépend le coefficient β ?

7/ Pourquoi risque de marché et risque spécifique sont-ils totalement indépendants ?

8/ L'augmentation de l'endettement d'une société a-t-il pour effet de réduire ou d'accroître la volatilité des cours de son action ?

9/ Compte tenu d'une évolution de la nature de son activité, la part des coûts fixes d'un groupe dans le total des coûts s'élève relativement. Cela a-t-il une influence sur le risque de son action ? Si oui, laquelle ?

10/ Expliquez pourquoi il n'est pas sain qu'une entreprise investisse sa trésorerie dans un placement actions.

11/ Le β d'un conglomérat diversifié est-il proche de 1 ? Pourquoi ?

12/ Les sociétés Internet ont peu de coûts fixes, peu de dettes et pourtant leurs coefficients β sont élevés. Pourquoi ?

13/ Le coefficient β d'un groupe est-il nécessairement stable au cours du temps ? Pourquoi ?

14/ Vous achetez pour 100 € un ticket de loterie qui vous permet de gagner 1 000 000 € avec une probabilité de 0,008 %. Est-ce un investissement risqué ? Peut-on trouver plus risqué ? Comment réduire totalement le risque ? Est-ce alors un bon investissement ?

15/ Pourquoi l'écart type est-il préféré à la variance ?

16/ Quelle loi statistique explique qu'à long terme le risque disparaisse ? Qu'en pensez-vous ?

17/ Vous recevez 100 000 € que vous décidez d'épargner pour vos vieux jours. Vous avez 20 ans. Quel type d'investissement allez-vous privilégier ? Même question si vous avez 55 ans, 80 ans.

18/ Les actions des sociétés de biotechnologie sont-elles plus ou moins risquées que les actions des grands groupes de distribution ? Pourquoi ?

19/ Insidieusement, il est dit que l'analyse financière est inutile. Pourquoi ? Qu'en pensez-vous ?

20/ Pourquoi des coefficients β négatifs sont-ils exceptionnels ?

21/ Que peut-on dire d'une action ayant un écart type de la rentabilité élevé et un faible β ?

D'autres questions vous attendent sur le site www.vernimmen.net.

EXERCICES

1/ Calculez la rentabilité de l'action Alstom et du CAC 40 sur 12 mois jusqu'à avril 2013. Vous disposez pour cela d'un relevé de cours (en €) et d'un indice général. Quel est le risque total de l'action Alstom ? Quel est le coefficient β d'Alstom ? Quelle part du risque total de l'action Alstom est expliquée par le risque de marché ?

	Avr-13	Mai-13	Juin-13	Juil-13	Août-13	Sept-13	Oct-13	Nov-13	Déc-13	Janv-14	Févr-14	Mars-14	Avr-14
Alstom	31,16	29,13	25,16	25,42	26,63	26,33	27,40	27,03	26,48	21,05	19,56	19,80	22,59
CAC 40	3 856	3 949	3 739	3 992	3 934	4 143	4 300	4 295	4 296	4 166	4 408	4 391	4 432

2/ Les fonds Objectif Syldavie et Syldavie Diversification investis en actions européennes ont connu les évolutions suivantes, à comparer à celle de l'indice syldave Klow 300 :

Valeur au 1er janvier	2002	2003	2004	2005	2006	2007	2008	2009	2010	2011	2012
Fonds Objectif Syldavie	155	255	211	139	94	117	139	145	179	181	109
Fonds Syldavie Diversification	61	81	79	75	71	73	77	84	95	103	82
Klow 300	299	412	392	315	206	243	269	329	396	415	223

Calculez la rentabilité annuelle et l'écart type des fonds et de l'indice Klow 300. Le gestionnaire du fonds Objectif Syldavie a-t-il réussi à battre le marché ? Que pensez-vous de sa performance ? Et de celle du gestionnaire du fonds Syldavie Diversification ?

ÉLÉMENTS DE RÉPONSE

Questions

1. La volatilité de la valeur de l'actif mesurée par l'écart type de son taux de rentabilité.

2. La corrélation de la rentabilité du titre avec celle du marché, le risque de marché du titre, la pente de la droite de régression de la rentabilité du titre contre celle du marché.

3. Les actions chinoises présentent un risque fort mais c'est également l'actif qui présente la rentabilité la plus élevée.

4. Faux, il mesure le risque de marché d'un titre.

5. On ne peut pas totalement répondre puisque l'on ne connaît pas son risque spécifique. En négligeant celui-ci, l'action est moins risquée que le marché puisque son coefficient β est inférieur à 1.

6. De la structure des coûts d'exploitation, de la structure financière, de la politique d'information de l'entreprise et du taux de croissance des résultats.

7. Par construction, l'un affecte tous les titres, l'autre un titre donné.

8. Accroît la volatilité à cause de l'effet de levier, voir chapitre 14.

9. Accroît la volatilité à cause de l'effet point mort, voir chapitre 11.

10. Car une trésorerie doit, par définition, pouvoir être mobilisée à tout moment et que le cours des actions étant très volatil, si la trésorerie était investie en action on pourrait ne pas la récupérer en totalité au moment où on en a besoin.

11. Normalement oui, car s'il est très diversifié, il correspond à un « mini-marché » en lui-même.

12. Car elles sont en forte croissance.

13. Non car l'activité, la structure financière du groupe peuvent se modifier au cours du temps, modifiant ainsi le β.

14. Oui très risqué car à 99,992 % vous perdez vos 100 €. Oui si les 100 € sont financés par endettement. En achetant tous les billets de cette loterie, vous êtes alors sûr de gagner 1 000 000 €, mais cela vous coûtera 100 €/0,008 % = 1 250 000 €, ce n'est donc pas un bon placement.

15. Car il est d'ordre 1 comme la rentabilité, contrairement à la variance qui est d'ordre 2.

16. La loi faible des grands nombres. Le risque n'est jamais totalement éliminé et il faut être capable de tenir sur une longue durée.

17. Les actions, les obligations, les actifs monétaires car avec l'âge votre aversion au risque s'accroît puisque le moment où vous aller avoir besoin des fonds se rapproche (retraite).

18. Plus risquées car les perspectives sont très incertaines alors que la visibilité des résultats des grands groupes de distribution est très bonne.

19. La contribution marginale de toute analyse financière est nulle car son résultat doit être immédiatement traduit dans les cours ; l'analyse financière tue l'analyse financière. L'analyse financière est nécessaire à l'équilibre des marchés (rationalité) mais ne peut être que « gratuite ».

20. Car s'ils ne l'étaient pas, quand le marché monterait, la plupart des titres qui le composent baisseraient, ce qui est absurde.

21. C'est qu'elle présente un risque spécifique très fort.

Exercices

Les corrigés détaillés des exercices sur excel sont disponibles sur le site www.vernimmen.net.

1. Rentabilité Alstom : – 27,5 %.
Rentabilité du CAC 40 : 14,9 %.
Risque Alstom σ = 8,97 %.
β Alstom : 0,89.
Risque du CAC 40 σ : 3,70 %.
Part du risque expliquée par le risque de marché : seulement 36,5 %.

2. Rentabilités : – 3,46 %, 3,00 %, – 2,89 %. Écart type : 33 %, 14 %, 27 %. Oui mais très faiblement et au prix d'une prise de risque bien supérieure (33 % contre 27 %). Syldavie Diversification réussit le tour de force d'avoir la meilleure rentabilité et le risque le plus faible. Il est sûrement géré par un lecteur fidèle du *Vernimmen* !

BIBLIOGRAPHIE

Pour approfondir une analyse historique du risque :

Dimson E., Marsh P., Staunton M., *The triumph of the optimists, 101 years of global investment returns*, Princeton University Press, 2002.

Dimson E., Marsh P., Staunton M., *Credit Suisse Global investment returns yearbook 2014*, Credit Suisse Research Institute, 2014.

Kritzman M., « What practitioners need to know... about time diversification », *Financial Analysts Journal* janvier-février 1994, vol. 50, n° 6, pages 14 à 18.

Pastor L., Stambaugh R., « Are stocks really less volatile in the long run », *Journal of Finance* avril 2012 vol. 67, n° 2, pages 431 à 478.

Pour approfondir l'analyse théorique du risque :

Barberis N., « Investing for the long run when returns are predictable », *Journal of Finance* février 2000, vol. 55, n° 1, pages 225 à 264.

Buss A., Vilkov G., « Measuring equity risk with option-implied correlations », *The Review of Financial Studies* août 2012, vol. 25, n° 10, pages 3113 à 3140.

Engle R., « Risk and volatility : econometric models and financial practice », *The American Economic Review* juin 2004, vol. 94, pages 405 à 429.

Hirshleifer D., « Investor psychology and asset pricing », *Journal of Finance* août 2001, vol 56, n° 4, pages 1 533 à 1 597.

Portait R., Poncet P., *Finance de marché*, 4e édition, Dalloz, 2014.

Pour calculer le bêta :

Groenewold N., Fraser P., « Forecasting beta : how does the "five-year rule of thumb" do ? », *Journal of Business & Accounting* septembre-octobre 2000, vol. 27, nos 7-8, pages 953 à 982.

Et pour approfondir l'analyse des rentabilités :

Aftalion Fl., « La rentabilité des actifs financiers », *Banque et Marchés* mai 2000, n° 46, pages 57 à 62.

Garnier O., Thesmar D., *Épargner à long terme et maîtriser les risques financiers*, La Documentation française, 2009.

Chapitre 22

Risque et portefeuille

Ne pas mettre tous ses œufs dans le même panier.

22.1 Nous avons vu au chapitre 21 précédent comment calculer les deux paramètres fondamentaux de tout titre financier : le risque matérialisé par l'écart type et la rentabilité matérialisée par l'espérance mathématique. Nous allons maintenant comparer plusieurs actifs entre eux.

Cette comparaison est fondamentale car la finance est fondée sur le postulat que tout investisseur est rationnel[1], c'est-à-dire qu'il cherche à maximiser sa rentabilité et à diminuer son risque. À rentabilité égale, l'investisseur choisira le titre le moins risqué ; à risque équivalent, il choisira le titre le plus rentable.

Section 1 ▪ Le risque d'un portefeuille

22.2 Considérons à titre d'exemple les actions Heineken (H) et Ericsson (E) dont les caractéristiques financières sont les suivantes :

	Heineken	**Ericsson**
Rentabilité espérée : E(r)	6 %	13 %
Risque : σ(r)	10 %	17 %

Ce tableau fait clairement apparaître que l'action Ericsson présente la rentabilité la plus forte et le risque le plus élevé tandis que l'action Heineken se caractérise par une rentabilité plus faible pour un risque plus faible.

1 Hormis la finance comportementale qui remet en cause cette hypothèse de base.

Il est donc clair que **ces deux placements ne peuvent pas être comparés directement**. En effet, choisir Heineken revient à jouer la sécurité tandis que le choix d'Ericsson revient à jouer le risque pour une rentabilité supérieure.

22.3 Aucun raisonnement simple[1] ne permet de choisir directement entre Heineken et Ericsson. Dès lors, on peut aborder le problème sous un angle différent : **une combinaison des actions Heineken et Ericsson serait-elle préférable à l'achat exclusif de titres de l'un ou de l'autre ?**

Dans cette hypothèse, **le portefeuille** de notre investisseur est composé d'actions Heineken (en proportion X_H) et d'actions Ericsson (en proportion X_E) et a donc une espérance de rentabilité égale à la moyenne pondérée des espérances de rentabilité de chacun des titres qui le composent.

On a ainsi :

$$E(r_{H,E}) = X_H \times E(r_H) + X_E \times E(r_E)$$

avec $X_H + X_E = 1$

Ainsi, selon la proportion d'actions Ericsson dans le portefeuille (X_E), on aura :

X_E	0 %	25 %	33,3 %	50 %	66,7 %	75 %	100 %
$E(r_{H,E})$	6 %	7,8 %	8,3 %	9,5 %	10,7 %	11,3 %	13 %

22.4 De même, la variance de ce portefeuille sera déterminée comme suit :

$$\sigma^2(r_{H,E}) = X_H^2 \times \sigma^2(r_H) + X_E^2 \times \sigma^2(r_E) + 2X_H \times X_E \times Cov(r_H, r_E)$$

$Cov(r_H, r_E)$ est la covariance mathématique et mesure du degré de dépendance des fluctuations des cours des deux titres Heineken et Ericsson. Elle est égale à :

$$Cov(r_H, r_E) = E[(r_H - E(r_H)) \times (r_E - E(r_E))] = \sum_{i=1}^{n}\sum_{j=1}^{m} p_{i,j} \times (r_{H_i} - \overline{r_H}) \times (r_{E_j} - \overline{r_E})$$

$$= \rho_{H,E} \times \sigma(r_H) \times \sigma(r_E)$$

22.5 Les $p_{i,j}$ sont les probabilités conjointes d'occurrence et $\rho_{H,E}$ est le coefficient de corrélation des rentabilités des titres Heineken et Ericsson. C'est un nombre compris entre – 1 (évolution strictement inverse des rentabilités) et 1 (évolution strictement parallèle). La plupart du temps, les coefficients de corrélation sont positifs car, par définition, la plupart des titres montent dans un marché haussier et baissent dans un marché baissier.

D'où :

$$\sigma^2(r_{H,E}) = X_H^2 \times \sigma^2(r_H) + X_E^2 \times \sigma^2(r_E) + 2X_H \times X_E \times \rho_{H,E} \times \sigma(r_H) \times \sigma(r_E)$$

Puisque :

$$-1 \leq \rho_{H,E} \leq 1$$

1 Et en particulier pas le ratio de Sharpe qui est le quotient de l'excès de rentabilité par rapport au taux sans risque divisé par le risque (mesuré par l'écart type des rentabilités) et qui est utilisé pour comparer la performance des portefeuilles.

on obtient :

$$\sigma^2(r_{H,E}) \leq X_H^2 \times \sigma^2(r_H) + X_E^2 \times \sigma^2(r_E) + 2X_H \times X_E \times \sigma(r_H) \times \sigma(r_E)$$

soit :

$$\sigma^2(r_{H,E}) \leq (X_H \times \sigma(r_H) + X_E \times \sigma(r_E))^2$$

22.6 Comme le montre le calcul ci-dessus, le risque d'un portefeuille composé de titres Heineken et Ericsson est inférieur à la moyenne pondérée des risques de l'action Heineken et de l'action Ericsson.

En supposant que $\rho_{H,E}$ soit égal à 0,5 et en reprenant les chiffres de l'exemple précédent, on obtient en fonction de la part de titres Ericsson dans le portefeuille :

X_E	0 %	25 %	33,3 %	50 %	66,7 %	75 %	100 %
$\sigma(r_{H,E})$	10,0 %	10,3 %	10,7 %	11,8 %	13,3 %	14,2 %	17,0 %

Ainsi, le portefeuille composé à 50 % de titres Heineken et à 50 % de titres Ericsson a un niveau de risque de 11,8 %, soit moins que la moyenne des risques des titres Heineken et des titres Ericsson qui est de (50 % × 10 %) + (50 % × 17 %) = 13,5 %.

Soit graphiquement :

Ce n'est que si le coefficient de corrélation est égal à 1 que le risque du portefeuille est égal à la moyenne des risques le composant. Le portefeuille est alors situé sur la droite Ericsson-Heineken.

Réduction du risque grâce à la diversification

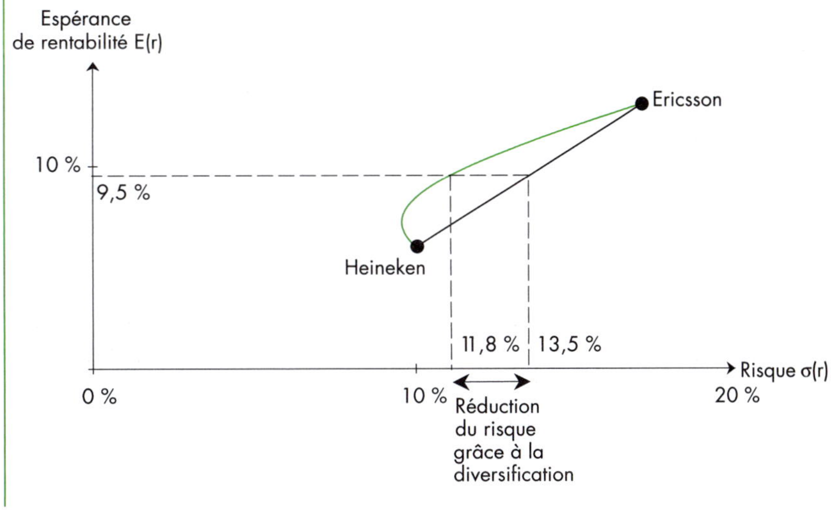

Bien que les titres Heineken et Ericsson aient des fluctuations positivement corrélées entre elles, le choix d'un portefeuille composé d'actions Heineken et Ericsson a permis, pour un niveau de rentabilité donné, de réduire le risque.

Compte tenu de la mondialisation, la corrélation entre les principaux pays développés est supérieure à 50 %, mais les pays émergents comme le Maroc, la Chine ou le Brésil apportent encore une certaine diversification.

Corrélation entre les marchés actions de différents pays (2009-2014)

	Allemagne	Belgique	Chine	États-Unis	France	Brésil	Maroc	Royaume-Uni	Suisse
Allemagne	1,00	0,79	– 0,57	0,96	0,71	– 0,29	– 0,58	0,95	0,90
Belgique	0,79	1,00	– 0,07	0,66	0,97	0,11	– 0,24	0,77	0,85
Chine	– 0,57	– 0,07	1,00	– 0,67	0,06	0,59	0,58	– 0,50	– 0,40
États-Unis	0,96	0,66	– 0,67	1,00	0,57	– 0,40	– 0,69	0,94	0,87
France	0,71	0,97	0,06	0,57	1,00	0,13	– 0,19	0,69	0,80
Brésil	– 0,29	0,11	0,59	– 0,40	0,13	1,00	0,64	– 0,11	– 0,26
Maroc	– 0,58	– 0,24	0,58	– 0,69	– 0,19	0,64	1,00	– 0,52	– 0,66
Royaume-Uni	0,95	0,77	– 0,50	0,94	0,69	– 0,11	– 0,52	1,00	0,87
Suisse	0,90	0,85	– 0,40	0,87	0,80	– 0,26	– 0,66	0,87	1,00

Source : Datastream, mars 2014.

En revanche la diversification sectorielle reste efficace :

Corrélation entre les secteurs économiques au niveau mondial (2009-2014)

Secteur	Banque	Automobile	Pharmacie	Pétrole et gaz	Construction	Internet	Services publics	Distribution alimentaire	Tourisme	Acier	Défense
Banque	1,00	0,59	0,45	0,56	0,86	0,51	0,51	0,65	0,47	0,40	0,61
Automobile	0,59	1,00	0,90	0,61	0,45	0,89	– 0,26	0,92	0,91	– 0,33	0,81
Pharmacie	0,45	0,90	1,00	0,48	0,22	0,95	– 0,46	0,88	0,98	– 0,55	0,83
Pétrole et gaz	0,56	0,61	0,48	1,00	0,63	0,43	0,12	0,65	0,44	0,17	0,38
Construction	0,86	0,45	0,22	0,63	1,00	0,34	0,70	0,44	0,21	0,61	0,48
Internet	0,51	0,89	0,95	0,43	0,34	1,00	– 0,34	0,82	0,94	– 0,45	0,93
Services publics	0,51	– 0,26	– 0,46	0,12	0,70	– 0,34	1,00	– 0,19	– 0,45	0,93	– 0,12
Distribution alimentaire	0,65	0,92	0,88	0,65	0,44	0,82	– 0,19	1,00	0,89	– 0,23	0,70
Tourisme	0,47	0,91	0,98	0,44	0,21	0,94	– 0,45	0,89	1,00	– 0,55	0,82
Acier	0,40	– 0,33	– 0,55	0,17	0,61	– 0,45	0,93	– 0,23	– 0,55	1,00	– 0,27
Défense	0,61	0,81	0,83	0,38	0,48	0,93	– 0,12	0,70	0,82	– 0,27	1,00

Source : Datastream, avril 2014.

En étudiant les corrélations sectorielles, on remarque que le secteur Internet est peu corrélé avec les industries plus à maturité (construction, acier), ce qui n'est pas une grande surprise !

La diversification permet :

- soit de réduire le risque pour un niveau de rentabilité donné ;
- soit d'améliorer la rentabilité pour un niveau de risque donné.

Section 2 ■ Le choix entre plusieurs actifs risqués et la frontière efficiente

22.7 Si maintenant on étudie l'influence du coefficient de corrélation sur la diversification, en faisant varier $\rho_{H,E}$ entre – 1 et + 1, on obtient :

Proportion d'actions E en portefeuille (X_E)		0 %	25 %	33,3 %	50 %	66,7 %	75 %	100 %
Rentabilité du portefeuille E ($r_{H,E}$)		6 %	7,8 %	8,3 %	9,5 %	10,7 %	11,3 %	13 %
Risque du portefeuille σ ($r_{H,E}$)	$\rho_{H,E} = -1$	10 %	3,3 %	1 %	3,5 %	8 %	10,3 %	17 %
	$\rho_{H,E} = -0,5$	10 %	6,5 %	6,2 %	7,4 %	10,1 %	11,7 %	17 %
	$\rho_{H,E} = 0$	10 %	8,6 %	8,7 %	9,9 %	11,8 %	13 %	17 %
	$\rho_{H,E} = 0,3$	10 %	9,7 %	10 %	11,1 %	12,7 %	13,7 %	17 %
	$\rho_{H,E} = 0,5$	10 %	10,3 %	10,7 %	11,8 %	13,3 %	14,2 %	17 %
	$\rho_{H,E} = 1$	10 %	11,8 %	12,3 %	13,5 %	14,7 %	15,3 %	17 %

Notons les règles suivantes :

- si les deux titres Heineken et Ericsson étaient parfaitement corrélés (coefficient de corrélation égal à 1), la diversification n'apporterait rien : tous les portefeuilles possibles se situeraient sur la droite (Heineken, Ericsson) ;
- si les deux titres Heineken et Ericsson étaient parfaitement inversement corrélés (coefficient de corrélation égal à – 1), la diversification pourrait être totale et il serait possible de réduire le risque à 0. Mais l'hypothèse est illusoire car nous participons tous plus ou moins aux mêmes évolutions économiques ;
- dans le cas général, les titres Heineken et Ericsson sont corrélés positivement, mais d'une manière imparfaite, et la diversification répond alors à des choix en termes de niveau de risque.

22.8 Prenons un coefficient de corrélation de 0,3, fixe. On constate qu'il existe des portefeuilles qui, pour un même risque, ont des rentabilités différentes. Ainsi le portefeuille composé de deux tiers d'actions Heineken et d'un tiers d'actions Ericsson présente le même risque (10 %) que le portefeuille réduit au seul titre Heineken, mais rapporte du 8,3 % contre seulement du 6 % pour le titre Heineken.

Impact du coefficient de corrélation sur le risque et la rentabilité

Il suffit que le coefficient de corrélation soit strictement inférieur à 1 pour que la diversification produise ses effets.

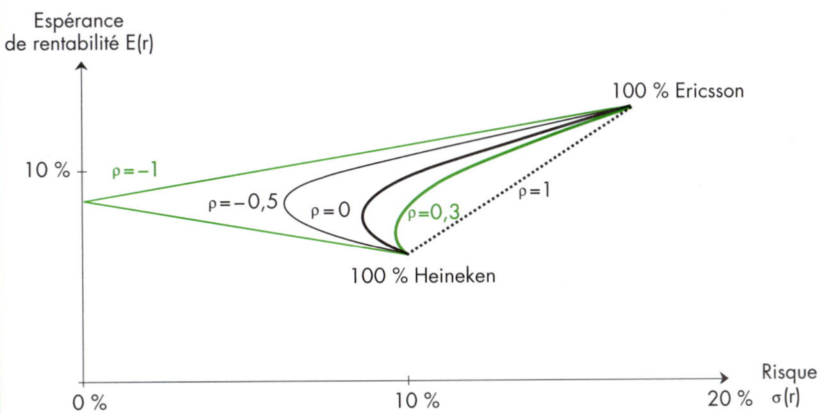

On ne voit pas alors pourquoi un investisseur choisirait une combinaison donnée alors qu'une autre lui procure, pour un même risque, une meilleure rentabilité.

22.9 **On appellera portefeuilles efficients, les portefeuilles (combinaisons de titres Heineken et Ericsson) qui présentent le couple risque/rentabilité le plus efficace pour un investisseur (risque minimum pour une rentabilité donnée).**

Graphiquement, ces portefeuilles sont compris entre le point Z et Ericsson. La portion de courbe entre Z et Ericsson est appelée frontière efficiente. La portion de la courbe entre Z et Heineken contient des portefeuilles non efficients, car on peut en trouver d'autres qui, pour un même niveau de risque, offrent une meilleure rentabilité.

Frontière efficiente

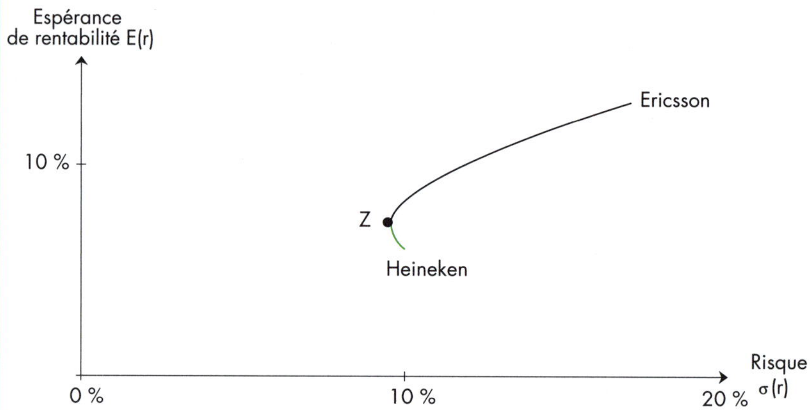

En effet, pour tout portefeuille qui ne figure pas sur la **frontière efficiente**, il est possible de trouver un autre portefeuille qui, pour un risque identique, a une plus grande rentabilité, ou qui, pour une même rentabilité, présente un risque moindre.

Sans faire entrer d'élément subjectif, il est impossible de choisir entre des portefeuilles de risques différents. Il n'y a donc pas de portefeuille optimal dans l'absolu. C'est à l'investisseur de choisir en fonction de son appétence pour le risque. Mais pour un même risque donné, il y a des portefeuilles meilleurs que d'autres : ce sont les portefeuilles efficients.

22.10 Avec un grand nombre de titres différents, l'investisseur pourra « repousser » sa frontière efficiente plus loin qu'avec deux titres, comme l'illustre le graphique suivant :

Plus on inclut de titres dans les portefeuilles, plus ceux-ci s'éloignent des portefeuilles Ericsson-Heineken et plus ils sont efficients : pour un même niveau de rentabilité, leur risque est moindre.

Frontière efficiente

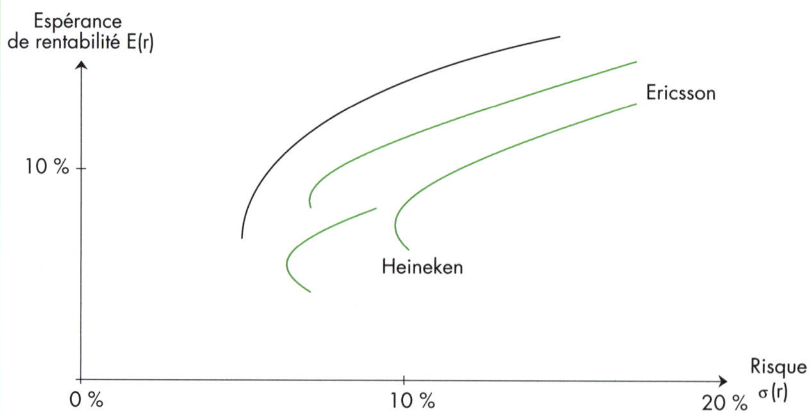

Section 3 ■ Le choix entre plusieurs actifs risqués et un actif sans risque

1 ■ L'actif sans risque

22.11 Par définition, **l'actif sans risque est caractérisé par une rentabilité certaine** : le taux de l'argent sans risque (r_F). L'écart type de sa rentabilité est donc égal à zéro. On l'illustre traditionnellement par les emprunts d'État, même si l'on peut de moins en moins dire qu'ils soient sans risque de défaut ce qui nous conduit dorénavant à retenir comme actif sans risque le bon du Trésor allemand à 1 mois[1].

Introduisons dans un portefeuille que nous supposerons, pour simplifier, composé uniquement d'actions Heineken, un actif sans risque F en proportion $(1 - X_H)$ et examinons les caractéristiques de ce portefeuille.

La rentabilité du portefeuille $E(r_{H,F})$ est égale à :

$$E(r_{H,F}) = (1 - X_H) \times r_F + X_H \times E(r_H) = r_F + (E(r_H) - r_F) \times X_H \qquad (1)$$

L'espérance de rentabilité de ce portefeuille est donc égale au taux de rentabilité de l'actif sans risque, auquel s'ajoute une prime de risque, égale au différentiel de rentabilité entre l'action Heineken et l'actif sans risque, multiplié par la part des actions Heineken dans le portefeuille.

22.12 Quel est le risque de ce portefeuille ?

Le risque de ce portefeuille proviendra uniquement du risque des actions Heineken à hauteur de leur quote-part dans ce portefeuille puisque le risque de l'actif sans risque est nul par définition.

On a l'équation :

$$\sigma\,(r_{H,F}) = X_H \times \sigma\,(r_H) \qquad (2)$$

Si l'investisseur veut augmenter son espérance de rentabilité, il augmentera X_H. Il pourra même s'endetter au taux sans risque et utiliser les fonds ainsi recueillis pour acheter des actions Heineken. Mais le risque de son portefeuille s'élèvera corrélativement.

En combinant les relations (1) et (2), il est possible d'éliminer X_H, ce qui permet d'obtenir l'égalité suivante :

$$E(r_{H,F}) = r_F + \frac{\sigma(r_{H,F})}{\sigma(r_H)} \times [E(r_H) - r_F]$$

C'est-à-dire que :

> L'espérance de rentabilité de ce portefeuille est égale au taux sans risque majoré de la différence entre la rentabilité de l'action Heineken et le taux sans risque, cette différence étant pondérée par le rapport de l'écart type du portefeuille sur l'écart type de l'action Heineken.

Ainsi, si nous poursuivons avec l'action Heineken et si nous supposons que r_F est de 3 %, on obtient, avec un portefeuille composé à 50 % de l'actif sans risque :

$$E(r_{H,F}) = 3\,\% + (6\,\% - 3\,\%) \times 0{,}5 = 4{,}5\,\%$$

1 Voir *La Lettre Vernimmen.net* décembre 2012, n° 111, pages 1 à 5.

$\sigma(r_{H,\ F}) = 0{,}50 \times 10\,\% = 5\,\%$

On a bien :

$E(r_{H,\ F}) = 3\,\% + (5\,\%/10\,\%) \times (6\,\% - 3\,\%) = 4{,}5\,\%$

Il existe donc une relation de linéarité entre la rentabilité espérée et le risque pour un portefeuille comprenant un actif sans risque. **Il suffit en conséquence de placer des liquidités pour diminuer le risque d'un portefeuille et d'en emprunter pour l'accroître.**

2 ■ Actif sans risque et frontière efficiente

22.13 On peut choisir son couple risque/rentabilité en combinant l'actif sans risque et un portefeuille efficient de titres (par exemple le portefeuille Q sur le graphique ci-dessous). Ce nouveau portefeuille se situera sur une droite joignant le taux sans risque au portefeuille efficient choisi, à savoir Q. Mais comme on peut le constater sur le graphique, ce nouveau portefeuille n'est pas le meilleur. En effet, il en existe un autre, P, qui, pour le même risque, offre une rentabilité supérieure. Le portefeuille P se situe sur une droite passant par l'actif sans risque et tangente à la frontière efficiente. Il n'existe pas d'autre portefeuille que le portefeuille P qui offre un même risque et une rentabilité supérieure. De quoi est composé ce portefeuille P ? Du portefeuille M, situé sur la frontière efficiente au point de tangence avec la droite tirée de l'actif sans risque, et de l'actif sans risque.

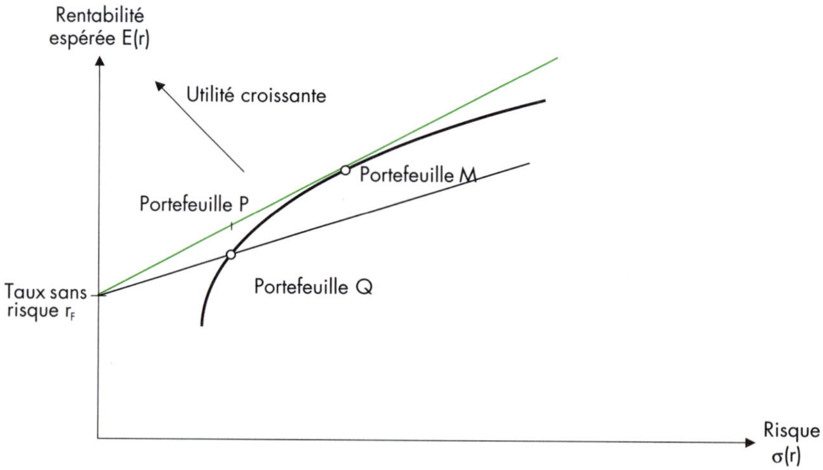

Le goût des investisseurs pour le risque peut varier d'un investisseur à l'autre. Cependant, ils ont tous intérêt à investir dans le même portefeuille M. Ils modulent ensuite leur risque en ajoutant dans leur portefeuille plus ou moins d'actif sans risque.

Si tous les investisseurs acquièrent le même portefeuille, celui-ci doit nécessairement contenir tous les titres existants. En effet, si un titre i n'est pas dans ce portefeuille M, personne ne souhaite l'acheter car tous les investisseurs n'investissent que dans M, le prix de i baisse alors jusqu'à ce que le titre i intéresse les investisseurs et intègre alors le portefeuille M.

On appelle portefeuille de marché, le portefeuille regroupant tous ces titres à leur prix d'équilibre. C'est l'ensemble des titres cotés sur le marché à un instant donné.

3 ■ Droite de marché des capitaux

22.14 En considérant un portefeuille composé de l'actif sans risque d'une part, et du portefeuille de marché d'autre part, nous obtenons l'équation suivante :

$$E(r_P) = r_F + \frac{\sigma_P}{\sigma_M} \times [E(r_M) - r_F]$$

$E(r_P)$ étant la rentabilité attendue du portefeuille ;

r_F, le taux de l'argent sans risque ;

$E(r_M)$, la rentabilité des titres du marché ;

σ_P, le risque du portefeuille ;

σ_M, le risque des titres du marché.

Cette équation est celle de la *capital market line*.

La frontière des portefeuilles efficients est la *capital market line* reliant le portefeuille M, ou portefeuille de marché, à l'actif sans risque. Il n'existe pas de meilleurs portefeuilles que ceux situés sur cette droite pour un risque donné.

Seuls les portefeuilles situés sur la droite passant à M et tangente à la frontière efficiente sont intéressants, les autres sont sous-optimaux. C'est le cas du portefeuille Z.

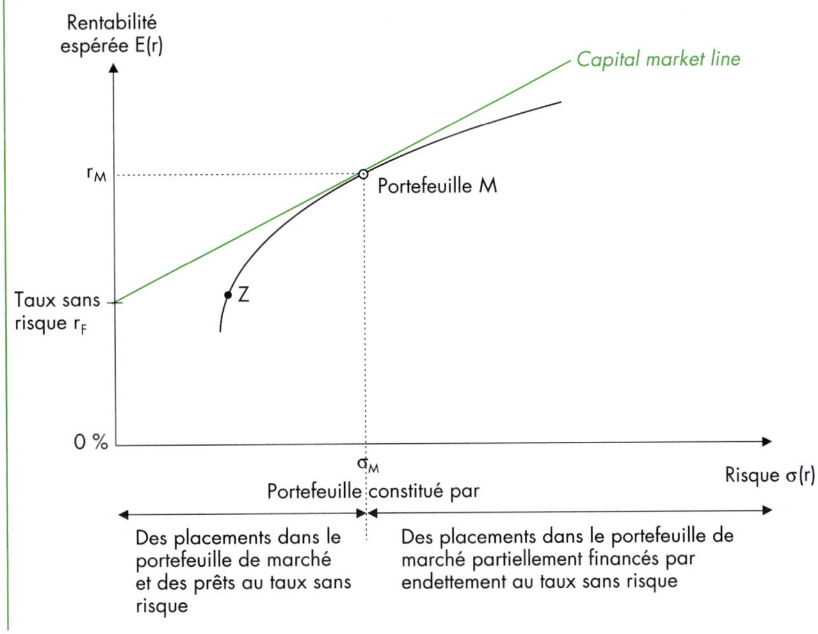

La théorie enseigne que l'investisseur n'a pas intérêt à jouer tel ou tel titre pour obtenir une forte rentabilité, mais le marché dans son ensemble ; puis il choisira le niveau de son risque en s'endettant plus ou moins ou en plaçant au taux de l'argent sans risque. C'est le théorème de la séparation.

Section 4 ■ La gestion d'actifs en pratique

22.15 La théorie est claire : tout investisseur ne devrait investir que dans des OPCVM (SICAV, FCP) très diversifiés et dans des bons du Trésor ou des obligations d'État.

L'industrie de la gestion de fonds est l'une des plus importantes de la finance moderne : elle gère mondialement plus de 23 000 Md€ dont 40 % sont investis en actions. Les gestionnaires travaillent soit dans des banques, des compagnies d'assurance ou sont indépendants.

Actifs sous gestion dans le monde (en MD€)

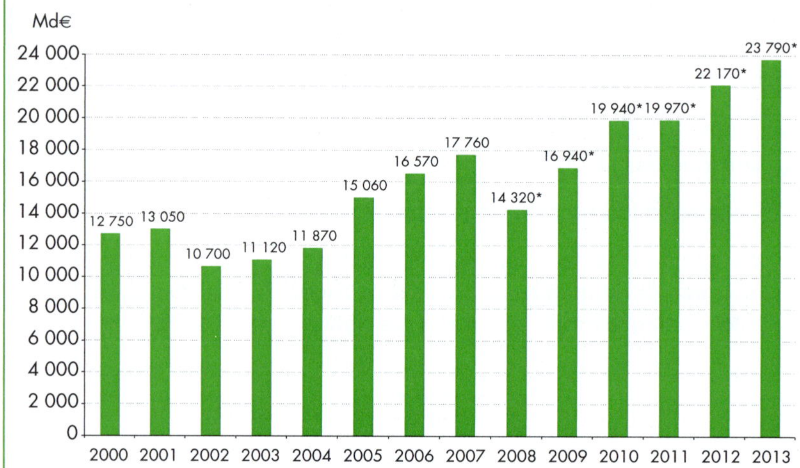

** Incluant les fonds de fonds.*
Source : Efama.

Cependant, notre lecteur doit être conscient que les investisseurs peuvent avoir des stratégies d'investissement qui ne correspondent pas toujours à cette théorie. On peut distinguer les approches suivantes de la gestion d'actifs, lesquelles parfois se mêlent.

22.16 La stratégie se rapprochant le plus de la théorie du portefeuille est clairement la gestion indicielle. Elle vise à réaliser une performance égale à celle d'un indice boursier. Les **fonds indiciels** (*index trackers* en anglais) cherchent à répliquer au plus juste un indice. Ils représentent le véhicule d'investissement privilégié de celui qui croit en l'efficience des marchés. Ils présentent l'avantage de jouer les économies d'échelle et donc d'avoir des frais très réduits. On peut remarquer que leur développement a suivi la diffusion auprès d'un large public de la théorie du portefeuille. Les fonds indiciels peuvent être cotés en Bourse ; s'ils s'appellent alors *Exchange Traded Funds* ou ETF. Toutes les Bourses disposent désormais d'un compartiment spécifique pour la cotation des *trackers* (NextTrack pour Euronext). Sur les Bourses mondiales, près de 5 000 *trackers* sont aujourd'hui disponibles et ils gèrent près de 2 400 Md$ d'actifs (274 Md€ pour 1 300 fonds en Europe).

22.17 En matière de choix de portefeuille d'investissement, il convient de distinguer l'approche *Top Down* par laquelle certains investisseurs sélectionnent, avant tout, les types de titres (actions, obligations, marché monétaire) et les zones géographiques sur lesquels ils veulent investir (le choix des actions particulières importe alors peu), de l'approche *Bottom up*, plus connue sous le nom de *stock picking* sur le marché action. Selon cette seconde approche, les investisseurs choisissent les titres en fonction de leurs caractéristiques propres et non du secteur ou du pays dans lesquels l'entreprise intervient. Le but du jeu est alors de trouver les perles rares, c'est-à-dire des titres sous-évalués.

Lorsqu'il s'agit de sélectionner un titre spécifique, deux types de comportements s'opposent :

2.18 ▪ **Un investisseur partisan de l'analyse fondamentale cherche à déterminer la valeur fondamentale ou intrinsèque d'un titre car il croit que, tôt ou tard, le prix finira par converger vers la valeur.** Elle est la vérité, le reste n'est qu'apparence et épiphénomène éphémère ! C'est elle que les analystes financiers cherchent à mesurer. Un investisseur fondamentaliste investit donc sur le moyen/long terme à l'instar du plus fameux d'entre eux, Warren Buffet, puis attend patiemment que le prix rejoigne la valeur, c'est-à-dire que le marché lui donne raison.

2.19 Parmi les partisans de l'analyse fondamentale, s'opposent les investisseurs à la recherche de **valeurs de croissance** (*growth stocks* en anglais), c'est-à-dire d'entreprises actives dans un marché en croissance soutenue ; et ceux à la recherche de *value stocks*, c'est-à-dire des valeurs présentes dans des secteurs plus matures mais assurant une performance sur le long terme. À l'extrême, on trouvera les **valeurs de rendement**, dont l'essentiel de la rentabilité provient du dividende et dont le cours est assez stable. Les gestionnaires d'actifs ont bien évidemment développé des fonds spécifiques pour ces types d'investisseurs, les *growth funds* et les *value funds*, les fonds mixtes regroupant des actifs du type croissance et des actifs du type valeur.

2.20 ▪ **Un investisseur partisan de l'analyse technique ou chartiste ne cherche pas à connaître la valeur d'un titre mais étudie en détail l'évolution de son prix et des volumes de transactions dans l'espoir d'y déceler des indices de son évolution à très court terme.** Pour lui, le plus important n'est pas de connaître la valeur intrinsèque mais la façon dont les marchés perçoivent cette réalité.

Un chartiste pense que l'évolution des cours à très court terme obéit à des lois que l'analyse détaillée des cours et des volumes peut mettre en évidence. C'est souvent l'attitude des *traders* des salles de marché qui prennent des positions sur des périodes très courtes, de quelques heures à quelques jours.

2.21 Les méthodes d'analyse technique ne reposent pas directement sur une théorie. Elles s'appuient davantage sur la psychologie que sur les mathématiques. Ainsi, si les intervenants de marché ne sont pas parfaitement rationnels, peut-être ont-ils au moins des modes de raisonnement figés, des réactions types face à certaines situations. Les analystes techniques cherchent à identifier ces comportements dans les historiques de cours afin d'en tirer parti.

Une première méthode consiste à calculer une moyenne mobile du prix sur un certain nombre de périodes (généralement 20 jours). L'analyste obtiendra une information lorsque la courbe représentant les cours coupera sa moyenne mobile à la hausse ou à la baisse.

Une seconde méthode se fonde sur la comparaison du cours avec ses extrêmes sur une période donnée. Ce type de méthode permet d'identifier des supports et des résistances :

- un support est une valeur que le prix a très peu de chance de franchir à la baisse ;
- une résistance est une valeur que le prix a très peu de chance de dépasser à la hausse.

> Au total, l'investisseur fondamentaliste croit que les marchés sont prédictibles à moyen/long termes, mais certainement pas à court terme ; le chartiste pense qu'ils le sont à court terme, mais pas à moyen ou long termes ; le tenant de l'efficience des marchés croit enfin qu'ils ne le sont jamais.

2.22 La **gestion alternative**, qui s'est beaucoup développée depuis le milieu des années 1990, se donne une totale liberté d'outils d'investissement cotés ou non : actions, obligations, devises, matières premières..., et de styles d'investissement : achat, vente à découvert, produits dérivés (voir chapitre 27), recours fort à l'endettement. Son objectif n'est pas de dupliquer la performance d'un indice quel qu'il soit, mais d'obtenir des rentabilités positives quel que soit l'état du marché. On parle alors de **décorrélation** et d'*absolute return*. La gestion alternative a donné lieu au développement des *hedge funds* qui sont des fonds spéculatifs recherchant des rentabilités élevées et déconnectées des variations du marché. Les *hedge funds* utilisent abondamment les produits dérivés, en particulier les options et l'effet de levier, c'est-à-dire la capacité à engager un volume de capitaux qui soit un multiple plus ou moins grand de la valeur de leurs capitaux propres. Les *hedge funds* présentent l'intérêt d'offrir une diversification supplémentaire aux portefeuilles « classiques » car leurs résultats sont en théorie déconnectés des performances des marchés d'actions et d'obligations. Ainsi, un fonds *short-seller* (spécialisé dans la vente à découvert) parie que le prix d'une action va baisser, emprunte ce titre contre le versement d'un intérêt, le vend puis attend la baisse effective pour le racheter et le rendre à son prêteur.

Près de 8 100 *hedge funds* étaient en activité dans le monde à fin 2013, ils géraient de l'ordre de 2 600 Md$ d'actifs.

Ces dernières années, la performance ajustée du risque des *hedge funds* était supérieure à celle de la gestion traditionnelle[1], et ce même en période de marché baissier, avec une corrélaction relativement faible avec les autres opportunités d'investissement.

22.23 Compte tenu des contraintes d'investissements dans les *hedge funds* (taille, durée de l'investissement), les **fonds de fonds,** dont le savoir-faire consiste à détecter les meilleurs gérants et à investir dans leurs fonds, offrent un accès indirect à leurs performances à une plus grande masse d'investisseurs qui ne peuvent pas y accéder en direct. Ils jouent aussi sur la diversification dans l'univers de la gestion alternative.

22.24 Terminons en évoquant les fonds de *private equity* qui investissent principalement dans des sociétés non cotées à différents stades de maturité.

1 Néanmoins, retraitée des biais d'analyse (notamment en tenant compte des fonds ayant disparu), la surperformance n'est plus aussi nette.

RÉSUMÉ

Le résumé de ce chapitre est disponible sur le site www.vernimmen.net.

La diversification permet pour un niveau de rentabilité donné de réduire le risque ; ou pour un niveau de risque donné, d'améliorer la rentabilité. En effet, si la rentabilité d'un portefeuille est égale à la moyenne des rentabilités des titres qui le composent, en revanche, le risque d'un portefeuille est inférieur à la moyenne des risques des titres qui le composent. Ceci est juste dès lors que les rentabilités des titres ne varient pas de manière parfaitement parallèle, ce qui est vrai puisque les coefficients de corrélation ne sont jamais égaux à 1.

Dès lors, dans l'univers de tous les portefeuilles possibles, certains sont plus intéressants que d'autres. Ils sont situés sur une portion de courbe appelée frontière efficiente. Mais à ce stade, il n'est pas possible de choisir objectivement parmi les portefeuilles de la frontière efficiente, un portefeuille optimal. Le choix est individuel, chaque investisseur choisissant parmi ces portefeuilles celui qui lui convient compte tenu de son appétence (ou de son aversion !) personnelle au risque.

L'introduction dans le raisonnement d'un actif sans risque, c'est-à-dire dont la rentabilité est certaine, permet d'obtenir des portefeuilles encore plus efficients que les précédents.

En effet, l'adjonction d'un actif sans risque dans un portefeuille permet de créer une nouvelle frontière efficiente qui est la droite reliant l'actif sans risque au portefeuille de marché dans l'espace risque/rentabilité : c'est la *capital market line*. L'investisseur a alors tout intérêt à détenir une fraction de ce portefeuille de marché et à choisir le niveau de risque qui lui convient en plaçant dans l'actif sans risque ou en s'endettant. Aucun portefeuille n'est alors plus intéressant, c'est-à-dire offrant pour un niveau de risque donné une meilleure rentabilité, ou pour une rentabilité donnée un risque plus faible.

La théorie du portefeuille est appliquée à différents degrés comme le montre l'existence de stratégies d'investissement favorisant certains titres plutôt que le portefeuille de marché.

QUESTIONS

1/ Est-il indispensable que les valeurs de deux actifs financiers fluctuent en sens inverse pour que le risque soit réduit ? Pourquoi ?

2/ À quelle autre relation vous fait songer l'équation de la *capital market line* ?

3/ Pourquoi le portefeuille de marché est-il composé de tous les actifs risqués ?

4/ Entre deux titres A et B, l'un peu risqué, l'autre très risqué, quels titres choisissez-vous si vous souhaitez prendre le minimum de risque ?

5/ Le coefficient de corrélation entre les actions françaises et les actions européennes a évolué ainsi :

Années	**1970-1979**	**1980-1989**	**1990-1999**	**2000-2009**
Coefficient	0,43	0,42	0,73	0,996

Cette évolution vous étonne-t-elle ? Condamne-t-elle la diversification géographique ? La réduit-elle ? Comment pensez-vous que le coefficient de corrélation a évolué depuis 2009 ?

6/ En vous aidant du tableau du paragraphe 22.6, quel est le marché boursier qui contribue le mieux à réduire le risque d'un portefeuille ?

7/ Quel est le seul actif qui permette de doser très précisément le niveau de risque d'un portefeuille ?

8/ À quelles conditions un actif sans risque est-il sans risque ? Donnez un exemple. Est-il vraiment sans risque ?

9/ Montrez que le portefeuille de marché est nécessairement sur la *capital market line* et sur la portion de courbe appelée frontière efficiente de la section 2.

10/ Pourquoi les enseignements de ce chapitre expliquent-ils le développement de la gestion collective (SICAV, FCP…) ?

11/ Le risque d'un portefeuille peut-il être supérieur au risque unitaire de chaque titre qui le compose ? Dans quel cas ?

12/ Dans quel cas le risque d'un portefeuille peut-il être inférieur au risque unitaire de chaque actif qui le compose sauf un ?

13/ Plus le nombre d'actions dans un portefeuille est important, plus la contribution marginale d'un titre supplémentaire à la diversification est faible. Vrai ou faux ?

14/ Une diversification très poussée permet-elle d'éliminer le risque spécifique ? Le risque de marché ?

D'autres questions vous attendent sur le site www.vernimmen.net.

EXERCICES

1/ Un portefeuille rapporte un taux de rentabilité de 10 % pour un écart type de 18 %. Vous souhaitez que l'écart type tombe à 14 %. Que devez-vous faire ? Même question si vous souhaitez que l'écart type passe à 23 %.

2/ Calculez les coordonnées (risque, rentabilité) du portefeuille Z de la section 2. Quelle est la proportion d'actions Heineken et d'actions Ericsson dans ce portefeuille ?

3/ Les actions des sociétés C et D sont assorties des rentabilités et des écarts types suivants :

	C	D
Rentabilité attendue	10 %	20 %
Écart type	15 %	30 %

La corrélation entre les rentabilités des deux titres est de 25 %.

a) Calculez la rentabilité attendue et l'écart type pour chacun des portefeuilles suivants :

P_1 : 100 % C ; P_2 : 75 % C + 25 % D ; P_3 : 50 % C + 50 % D ; P_4 : 25 % C + 75 % D ; P_5 : 100 % D

b) Représentez les résultats sur un graphique. Qu'en concluez-vous ?

4/ Démontrez que β_H est aussi égal à :

$$\rho_{H,M} \times \frac{\sigma_H}{\sigma_M}$$

Reliez ceci à la question 21 du chapitre 21 précédent.

ÉLÉMENTS DE RÉPONSE

Questions

1. Non, il suffit que la corrélation ne soit pas égale à 1.

2. À la notion d'effet de levier.

3. Par définition puisque le portefeuille de marché englobe tous les titres existants.

4. Une combinaison de A et de B et non pas uniquement le titre A tant que $\rho \neq 1$.

5. Non, car elle correspond aux progressions de l'intégration européenne et à celle de la mondialisation qui accroît la synchronisation des économies. Non, tant que les coefficients de corrélation restent inférieurs à 1 mais ils en sont très proches en 2009. Oui, il faut alors se tourner vers des marchés plus « exotiques » (voir paragraphe 22.6). Ils ont baissé depuis à cause des corrélations divergentes au sein de l'Europe entre l'Europe du Sud, l'Europe du Nord et la France.

6. Le Maroc car les coefficients de corrélation avec les autres pays sont les plus faibles. Cela dit, la faible taille du marché financier marocain rend ceci un peu théorique. La Chine est alors le second meilleur choix.

7. L'actif sans risque.

8. Pas de doutes sur la solvabilité de l'émetteur, pas de risque quant au taux auquel les coupons peuvent être réinvestis, protection contre l'inflation. Une obligation d'État à coupon zéro indexée sur l'inflation. Non, car il reste le risque de fluctuation du cours avant l'échéance. Un bon du Trésor à très court terme élimine ce risque.

9. Il est par construction sur la *capital market line* car celle-ci est construite à partir de 2 points : lui et l'actif sans risque. Il est sur la frontière efficiente de la section 2 car étant très diversifié, le risque est réduit au minimum.

10. Parce qu'une SICAV est un modèle réduit de portefeuille de marché, difficile à constituer au niveau d'un individu.

11. Oui, s'il est financé par endettement.

12. S'il inclut une fraction importante d'actifs sans risque.

13. Vrai, car le portefeuille est déjà très diversifié.

14. Oui par définition. Non c'est impossible, sauf à sortir du marché et à n'investir que dans l'actif sans risque !

Exercices

Les corrigés détaillés des exercices sur excel sont disponibles sur le site www.vernimmen.net.

1. Ajouter de l'actif sans risque jusqu'à ce qu'il représente 4/18 du portefeuille. S'endetter pour financer un accroissement de la taille de ce portefeuille de 5/18.

2. 83 % d'actions Heineken et 17 % d'actions Ericsson. E (r) = 7,19 % et σ (r) = 9,57 %.

3.

	Rentabilité espérée	Écart type
P_1	10,00 %	15,00 %
P_2	12,50 %	15,00 %
P_3	15,00 %	18,37 %
P_4	17,50 %	23,72 %
P_5	20,00 %	30,00 %

Le portefeuille α n'est pas un portefeuille efficient, en effet le portefeuille β présente une rentabilité supérieure pour un même risque.

4.

$$\beta_H = \frac{Cov(r_H, r_M)}{V(r_M)} \text{ or } V(r_M) = \sigma_M^2 \text{ et } Cov(r_H, r_M) = \sigma_H \times \sigma_M \times \rho_{H,M}$$

$$\text{d'où } \beta_H = \frac{\sigma_H}{\sigma_M} \times \rho_{H,M}$$

Une action peut donc avoir un β faible avec un risque spécifique (σ_H) élevé.

BIBLIOGRAPHIE

Pour approfondir l'analyse du risque :

Jacquillat B., Solnik B., Pérignon Ch., *Les marchés financiers*, 6e édition, Dunod, 2014.

Leutenegger M.-A., *Gestion de portefeuille et théorie des marchés financiers*, 3e édition, Economica, 2010.

Portait R., Poncet P., *Finance de marché*, 4e édition, Dalloz, 2014.

Pour estimer votre aversion au risque :

www.riskdynametrics.com

Pour aller plus loin sur le taux sans risque :

Damodaran A., « What is risk free rate ? A search for the basic building block », *working paper*, 2008.

Le Fur Y., Quiry P., « Le taux de l'argent sans risque : le changement c'est maintenant ! », *La Lettre Vernimmen.net* décembre 2012, n° 111, pages 1 à 5.

Pour approfondir l'analyse technique :

Clément Th., *Guide complet de l'analyse technique*, 6e édition, Maxima, 2011.

Pour approfondir l'analyse fondamentale :

Constanty H., *Warren Buffet, l'investisseur intelligent*, Eyrolles, 2005.

Flecchia Th., « À propos de la gestion contrariante », *Analyse financière* 3e trimestre 2003, n° 8, pages 29 à 30.

Le Menestrel D., Verdickt M.-A., « Le *stock picking*, une gestion pertinente… et durable », *Analyse financière* 3e trimestre 2003, n° 8, pages 25 à 28.

Pour approfondir la gestion indicielle :

Boulier J.-F., Coignard Y., « La gestion indicielle mise à l'index », *Analyse financière* 3e trimestre 2003, n° 8.

Deville L., « Le point sur les Exchange Traded Funds », *Banque & Marchés* janvier-février 2007, n° 86, pages 48 à 58.

Goltz F., Tang L., « The state of development of the European ETF industry after a decade: Evidence from the demande side », *Barkers, Markets & Investors* novembre-décembre 2010, n° 109, pages 57-69.

Le Fur Y., Quiry P., « Qu'est-ce qu'un ETF ? », *La Lettre Vernimmen.net* avril 2010, n° 86, pages 9 et 10.

Pour approfondir l'analyse des *hedge funds* :

Amin G., Kat H., « Hedge fund performance 1990-2000 : do the "money machines" really add value ? », *Journal of Financial and Quantitative Analysis* juin 2003, vol. 38, n° 2, pages 251 à 274.

Capocci D., *Introduction aux* hedge funds, 2e édition, Economica, 2010.

Dichev I., Gwen Y., « Higher risk, lower returns : what hedge fond investors really earn », *Journal of Financial Economics* mai 2011, vol. 100, n° 2, pages 248 à 263.

Jacquillat B., Lorenzi J.-H., Trainar Ph., Cohen E., Hedge funds, private equity, *marchés financiers : les frères ennemis ?*, PUF, 2008.

Malkiel B., Saha A., « Hedge funds : risk and return », *Financial Analysts Journal* novembre-décembre 2005, vol. 61, n° 6, pages 80 à 88.

Monarcha G., Teïletche J., *Les* hedge funds, 2e édition, La Découverte, 2013.

Naik N., Ramadorai T., Stromqvist M., « Capacity constraints and hedge fund strategy returns », *European Financial Management* 2007, vol. 13, n° 2, pages 239 à 256.

Stulz R., « Hedge funds : past, present and futur », *Journal of Economic Perspectives* printemps 2007, vol. 21, n° 2, pages 175 à 194.

www.hedgeindex.com.

www.hedgeworld.com.

Pour une compréhension globale de la gestion d'actifs et des stratégies d'investissement :

AMF, « La gestion d'actifs pour compte de tiers en 2012 », *Autorité des marchés* 2013.

Fama E., French K., « Luck versus skill in the cross-section of mutual fund returns », *Journal of Finance* octobre 2010, vol. 65, n° 5, pages 1915 à 1947.

Sauvage G., *Les marchés financiers, entre hasard et raison : le facteur humain*, éd. du Seuil, 1999.

Sejourné B., « Pourquoi le comportement des épargnants français est-il si peu conforme à la théorie traditionnelle du portefeuille ? », *Les cahiers scientifiques de l'AMF* septembre 2006, n° 1, pages 1 à 40.

www.efama.org.

Chapitre 23

Taux de rentabilité exigé et marchés en équilibre

Bon sang, mais c'est bien sûr !

23.1 Nous avons vu dans le chapitre 22 précédent l'importance du concept du portefeuille de marché et entrevu la notion de prime de risque (écart entre le taux de l'argent sans risque et la rentabilité du portefeuille de marché) que nous allons maintenant approfondir.

> Nous allons maintenant essayer de déterminer, dans une situation de marché à l'équilibre, la prime de risque qu'il convient d'ajouter au taux de l'argent sans risque pour déterminer le taux de rentabilité exigé par l'investisseur.

Comme nous venons de le voir, l'investisseur doit raisonner globalement : investir dans le portefeuille de marché, puis doser le niveau de risque choisi en s'endettant ou en plaçant plus ou moins dans l'actif sans risque. Dès lors, pour évaluer un investissement proposé, l'investisseur s'interrogera seulement sur la rentabilité marginale et le risque marginal de cet investissement au sein du portefeuille de marché.

> On retrouve ici la décomposition du risque d'un investissement, non en risque économique et risque financier, mais en volatilité propre au titre financier et volatilité liée au marché.

Notre problématique est donc ici de trouver comment passer de t (taux utilisé dans les calculs d'actualisation) à k (rentabilité exigée par un investisseur sur un titre spécifique).

Mais attention ! Ce raisonnement ne s'applique théoriquement que si l'investisseur possède un portefeuille parfaitement diversifié.

En effet, on conçoit intuitivement que, plus le risque pris par l'investisseur financier est élevé, plus le taux de rentabilité qu'il exige est élevé. Cependant, si un projet d'investissement **unique** est mauvais, peu importe la prime de risque qu'il exige car, de toute façon, son capital sera perdu lors de l'échec du projet.

23.2 En généralisant ce raisonnement, on ne peut parler de prime de risque que dans la mesure où l'investisseur financier gère, non pas un seul investissement, mais un véritable portefeuille d'investissements. En ce cas, en effet, un accident sur un placement doit être couvert par les revenus dégagés par les autres placements, tout en offrant une rentabilité convenable pour l'ensemble du portefeuille.

> La notion de prime de risque n'a donc de sens que parce que le financier diversifie ses risques. Les concepts de portefeuille et de marché global se trouvent au cœur de la finance. Ils sont clés pour comprendre le fonctionnement d'une banque commerciale ou d'une compagnie d'assurances.

C'est là la grande distinction entre l'industriel et le financier.

L'industriel qui crée son entreprise n'adopte pas un comportement de financier car il ne possède qu'un investissement : ses actifs n'étant pas diversifiés, c'est donc pour lui du « tout ou rien » ; la loi statistique de division des risques ne peut pas jouer à son niveau [1].

Le financier a donc besoin d'outils pour gérer son portefeuille et évaluer le couple rentabilité-risque propre à chaque titre financier. Nous n'avons pas ici la prétention de faire au lecteur un cours sur les théories du portefeuille, mais nous pensons qu'il convient de présenter les notions fondamentales dans ce domaine, notions qui doivent être connues du financier d'entreprise.

Section 1 ■ La rentabilité exigée par un investisseur : le MEDAF

23.3 Développé à la fin des années 1950 et au cours des années 1960 à partir des travaux de Harry Markowitz, William Sharpe, John Lintner et Jack Treynor, le MEDAF (modèle d'évaluation des actifs financiers) ou CAPM (*Capital Asset Pricing Model*, en anglais) est aujourd'hui universellement appliqué.

Il part de l'hypothèse que les investisseurs sont rationnels et bénéficient tous de la même information sur les titres (voir les marchés efficients du chapitre 16). Ceux-ci se comportent comme l'investisseur du chapitre 22 précédent, cherchant pour un niveau de risque donné à maximiser leur rentabilité. Ils détiennent tous le même portefeuille, le portefeuille de marché, qui contient chaque titre en proportion de sa capitalisation boursière.

La *capital market line* du chapitre 22 précédent nous indique la relation entre la rentabilité d'un portefeuille et son risque. Le MEDAF a pour objectif de transposer cette relation au niveau d'un titre individuel, et non plus d'un portefeuille, afin de connaître la rémunération qui doit être exigée sur ce titre en fonction de son risque.

Comme nous l'avons vu précédemment, pour minimiser son risque total, chaque investisseur cherchera à réduire la composante qui peut être réduite, c'est-à-dire le risque spécifique. Pour cela, l'investisseur diversifiera son portefeuille.

1 Cela étant, le fait même qu'il n'ait pas diversifié son portefeuille l'oblige à être performant dans la gestion de l'entreprise car il a tout à perdre. Ceci compense cela…

L'effet de la diversification

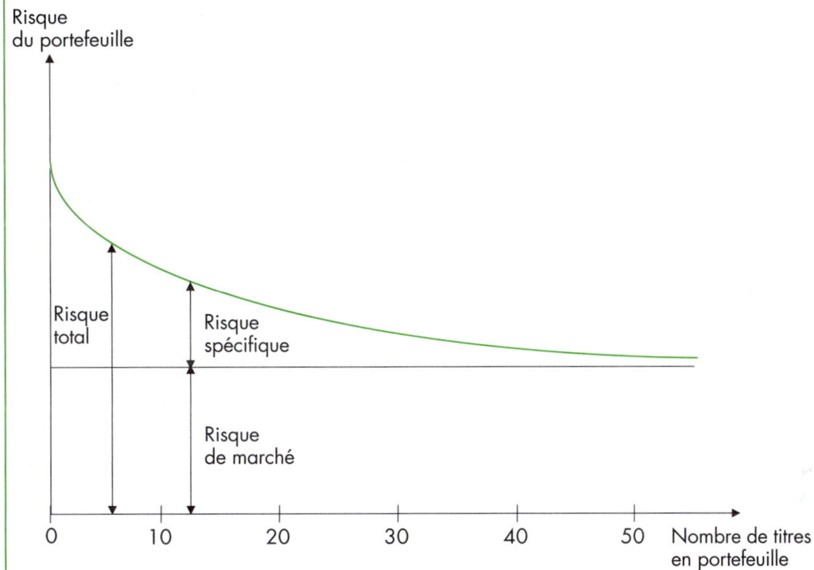

On observe que la diversification réduit assez rapidement le risque spécifique.

23.4 En conséquence, à l'équilibre, l'investisseur ne sera rémunéré que pour la partie de risque qu'il ne peut pas éliminer, c'est-à-dire le risque de marché de son portefeuille, ou risque non diversifiable. En effet, dans un marché où des opérations d'arbitrage sont théoriquement possibles, il ne pourra pas être durablement rémunéré pour un risque qu'il a la possibilité d'éliminer lui-même en diversifiant tout simplement son portefeuille.

> L'apport essentiel de la théorie du portefeuille est de démontrer que la rémunération exigée par un investisseur n'est pas liée au risque total, mais uniquement au risque de marché. Corrélativement, dans un marché à l'équilibre, le risque intrinsèque ou diversifiable n'est pas rémunéré.

Ceci signifie que la rentabilité exigée par un investisseur (k) est égale au taux de l'argent sans risque r_F [1] majoré d'une prime de risque uniquement liée au risque non diversifiable, c'est-à-dire au risque de marché.

23.5 On montre que cette proposition se traduit par :

> Taux de rentabilité exigé = Taux de l'argent sans risque + β × Prime de risque du marché, soit :
> $k = r_F + \beta \times (k_M - r_F)$

k_M étant la rentabilité exigée pour le marché dans son ensemble [2] et β le coefficient de sensibilité décrit précédemment.

1 Pour le taux de l'argent sans risque, k_F est égal à r_F. La rentabilité exigée est celle reçue car l'actif ne présente aucun risque.

2 C'est la moyenne pondérée des rentabilités exigées sur tous les titres qui composent le marché.

Rappelons que le coefficient β mesure le risque non diversifiable d'un actif et non son risque total. On peut donc avoir une action globalement très risquée mais avec un faible β si sa corrélation avec le marché est faible[1].

On parlera de la prime de risque du marché pour mesurer l'écart de rentabilité attendue entre le marché dans sa totalité et l'actif sans risque. Historiquement, la prime de risque en Europe et aux États-Unis évoluait entre 3 et 6 %. La crise financière de 2008 l'a fait bondir à 10 %, niveau duquel elle est lentement redescendue et se situe actuellement à environ 6-7 %.

**Primes de risque
en Europe et aux États-Unis**

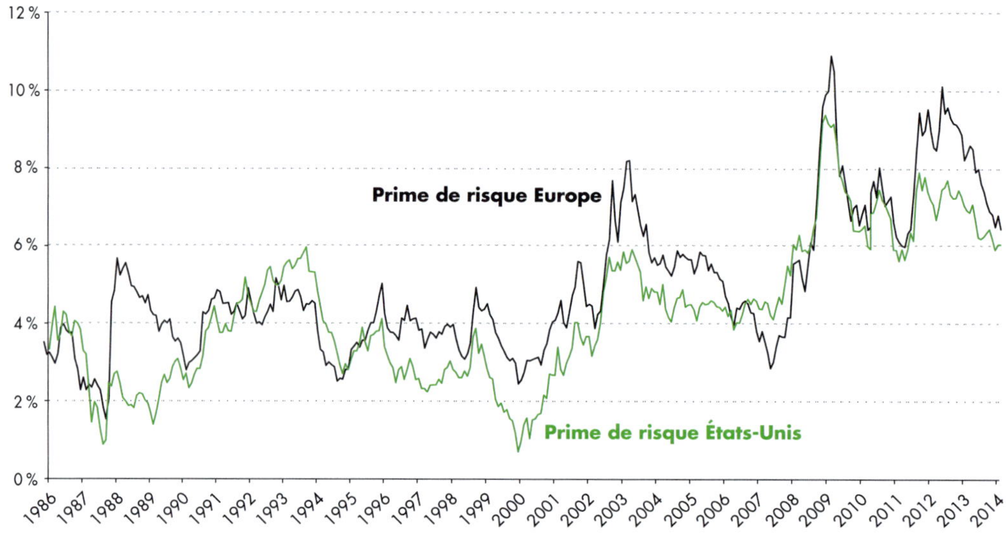

Source : Associés en Finance (Europe), Arbitrage BNP Paribas (États-Unis).

La prime de risque est traditionnellement plus élevée dans les pays émergents.

Sur une longue durée (114 ans !), la prime de risque historique s'établit ainsi :

Afrique du Sud	6,3 %	France	6,1 %
Allemagne	6,1 %	Italie	5,7 %
Belgique	2,9 %	Japon	6,1 %
Espagne	3,3 %	Monde	4,3 %
États-Unis	5,5 %	Royaume-Uni	4,4 %
Europe	3,5 %	Suisse	3,6 %

Source : Crédit Suisse Global Investment Returns Yearbook 2014.
Prime de risque par rapport aux taux court terme.

1 Voir exercice 4 du chapitre 22 précédent pour la démonstration. Une telle action aurait un grand pouvoir de diversification si bien que l'investisseur serait prêt à la payer à un prix élevé et donc à exiger un taux de rentabilité moins élevé que celui d'une action ayant le même risque total mais une corrélation au marché plus importante.

On distingue la prime de risque historique et la prime de risque anticipée. La prime de risque historique est issue de la comparaison de la performance annuelle observée sur le marché action (en incluant les paiements de dividendes) par rapport au taux d'intérêt sans risque à long terme. La prime de risque anticipée n'est pas observable directement ; elle peut être calculée en estimant les flux futurs des sociétés et en trouvant le taux d'actualisation qui permet de passer des flux aux cours de Bourse actuellement observés. C'est cette prime de risque anticipée qui est utilisée dans le MEDAF.

Pour déterminer la prime de risque propre à chaque titre, il suffit de multiplier la prime de risque du marché par le coefficient β du titre en question.

Ainsi, si le taux de l'argent sans risque est de 0,31 % et la prime de risque anticipée de 7,89 %, l'actionnaire de Valeo exigera un taux de rentabilité sur ses actions de 0,31 % + 1,07 × 7,89 % = 8,75 %, si le β de ce groupe est de 1,07. L'actionnaire d'Essilor demandera lui : 0,31 % + 0,50 × 7,89 % = 4,26 %, compte tenu d'un β de l'action Essilor de 0,50.

Notre lecteur sait maintenant calculer le taux de rentabilité à exiger de tout titre !

Section 2 ■ La droite de marché

23.6 Associés en Finance publie une droite de marché calculée sur l'ensemble de la zone euro. Elle se calcule à partir du couple rentabilité attendue en ordonnée et coefficient β de chaque action en abscisse. C'est la *securities market line* des Anglo-Saxons[1].

Exemple de mars 2014 avec un taux de l'argent sans risque de 0,31 % et une rentabilité du marché de 7,89 %.

La droite de marché en mars 2014

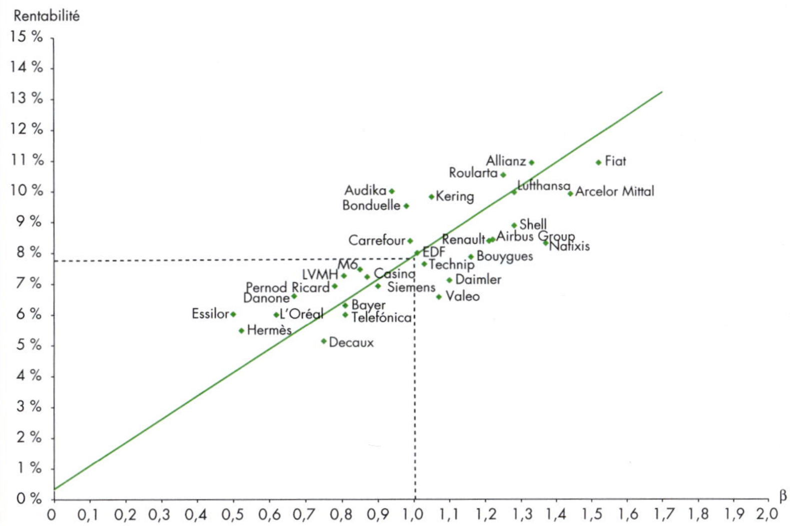

Source : Associés en Finance, 2014.

1 Elle diffère de la *capital market line* pour laquelle figure en abscisse, non le coefficient β, mais la totalité du risque du titre σ.

Le modèle de la droite de marché est extrêmement riche. Il permet bien sûr de déterminer le taux de rentabilité à exiger d'un titre compte tenu du seul risque qui est rémunéré, c'est-à-dire le risque de marché.

Les déplacements de la droite elle-même caractérisent la nature des évolutions du marché et en facilitent la compréhension :

- un déplacement parallèle, sans variation de la pente (prime de risque), traduit une évolution du marché en fonction des taux d'intérêt. Une baisse des taux doit entraîner le glissement de la droite vers le bas, donc une appréciation générale de toutes les actions ;
- un déplacement non parallèle (ou pivotement de la droite) traduit une variation de la prime de risque, donc de la rémunération du risque. En cas de hausse de la prime, les titres les plus risqués subissent les évolutions les plus sensibles, alors que les actions les moins risquées peuvent ne pas être significativement affectées.

Par ailleurs, la position des points par rapport à la droite constitue un critère d'aide à la décision. Ainsi la lecture du graphique précédent permet d'observer que l'action Audika présente un taux de rentabilité exigé trop élevé par rapport à son risque. Des investisseurs vont s'en rendre compte, l'acheter, faisant ainsi baisser son taux de rentabilité exigé et donc monter son cours. Un titre « au-dessus » de la droite de marché est donc sous-évalué. À l'inverse un titre « en dessous » de la droite de marché (comme l'action Valéo) apparaît comme surévalué dans le modèle.

Mais que notre lecteur ne se précipite pas pour passer un ordre de Bourse. Depuis que ce graphique a été établi, les cours ont amplement eu le temps de s'ajuster !

Section 3 ■ Les limites du MEDAF

Le MEDAF, reposant sur la théorie d'efficience des marchés, est, sans conteste, le modèle le plus utilisé en finance moderne. Mais si nous voulions être facétieux, nous dirions que chaque élément du MEDAF pose un problème pratique !

1 ■ Les limites de la diversification

23.7 Le MEDAF est un développement de la théorie du portefeuille et repose donc sur le fait que la diversification permet de réduire le risque (de ne le limiter qu'au risque non diversifiable). Une étude[1] montre que la diversification est de plus en plus complexe et que si, dans les années 1970, un portefeuille de vingt titres permettait de réduire significativement le risque, il en faut maintenant au minimum cinquante pour aboutir au même résultat.

Ce phénomène s'explique notamment par une plus grande volatilité individuelle des titres, alors même que les marchés ne sont pas plus volatils[2]. L'arrivée sur le marché d'entreprises plus risquées

1 De Campbell, Lettau et Malkiel.

2 Si l'on excepte 2008 et 2009 !

(biotechnologies, Internet, énergies nouvelles), la quasi-disparition des conglomérats qui, par nature, assuraient une partie du travail de diversification, constituent des éléments explicatifs.

En outre, la corrélation entre la rentabilité du marché et la rentabilité individuelle des titres décroît, ce qui permet de s'interroger sur la pertinence du MEDAF. Le β a de moins en moins de sens statistique.

2 ■ Les difficultés de l'application pratique du MEDAF

23.8 La première difficulté que rencontrera le lecteur lors de la mise en pratique du MEDAF est la détermination du taux sans risque, qui reste une notion théorique.

Les praticiens utilisent souvent pour taux sans risque le taux des obligations d'État à long terme, faisant ainsi un parallèle avec la durée moyenne des flux des actifs à évaluer qui est nécessairement, elle aussi, sur le long terme. Mais un titre de dette d'État à 10 ou 30 ans n'est pas un actif sans risque : sa valeur peut fluctuer au cours du temps en fonction de changements de taux d'intérêt et comme il a été émis pour une longue période, ceux-ci sont inévitables. Même l'investisseur qui a l'intention de garder son obligation d'État jusqu'à son terme est concerné par ces fluctuations de taux d'intérêt. En effet, il demeure soumis au risque de réinvestissement des coupons. Par ailleurs des variations non anticipées de l'inflation peuvent venir réduire ce qui paraissait être un placement sans risque. Enfin il existe un risque de solvabilité de l'émetteur, que la montée de l'endettement de la plupart des pays occidentaux ne rend pas totalement théorique comme l'actualité n'a fait que le démontrer depuis 2 ans.

Il nous semble donc maintenant pertinent de retenir pour l'application du MEDAF comme taux sans risque un taux de l'argent à court terme, car sur le court terme les fluctuations de taux d'intérêt et d'inflation sont beaucoup plus faibles, voire négligeables, que le risque de réinvestissement des coupons n'existe pas.

Les trois principaux fournisseurs mondiaux de primes de risque du marché actions, Ibbotson, Marsh Dimson et Associés en Finance proposent aux utilisateurs des primes de risque du marché actions calculées par rapport à des taux à long terme, et par rapport à des taux à court terme. L'essentiel bien sûr est de ne pas ajouter à un taux à court terme une prime de risque calculée avec un taux à long terme ou *vice versa*.

23.9 Par ailleurs, R. Roll a fait remarquer que la détermination du portefeuille de marché n'est pas aussi aisée qu'on voudrait le croire. En théorie, le portefeuille de marché n'est pas uniquement constitué d'actions, ni même d'actifs financiers mais de tous les actifs que l'on peut acquérir, ce qui rend sa détermination en pratique impossible, en particulier lorsqu'on raisonne d'un point de vue international.

Pour autant, tous les problèmes ne seraient pas résolus car il faut également déterminer la rentabilité espérée du portefeuille de marché. Le MEDAF étant un modèle prévisionnel, il permet de calculer la rentabilité espérée d'un titre à partir de la rentabilité anticipée du portefeuille de marché et du risque anticipé du titre (son β). Or, les données « anticipées » ne sont pas observables de manière simple sur le marché : il faut réaliser des prévisions à partir des données historiques et des données macroéconomiques. Pour certains pays, comme les pays émergents, ceci est loin d'être simple !

3 ■ L'instabilité du β

23.10 La principale critique que l'on peut adresser au bêta est son instabilité dans le temps [1]. Il synthétise en une seule donnée un grand nombre d'informations ; or, cette force devient sa faiblesse.

Le MEDAF est un modèle prévisionnel, il permet de calculer des espérances de rentabilité à partir d'anticipations de risque. Pour l'utiliser, il faudrait donc, en théorie, utiliser un β prévisionnel et non historique, d'autant plus que ce coefficient n'est pas stable dans le temps…

Certaines études [2] cherchent à démontrer une convergence du β de chaque action vers 1. Ceci nous semble contre-intuitif : certains secteurs resteront toujours plus risqués que le marché. La période récente démontre qu'en temps de crise l'écart type entre les β élevés et les β faibles s'accroît.

4 ■ Les limites théoriques du MEDAF et des marchés en équilibre

23.11 Le MEDAF repose sur la théorie des marchés en équilibre. Or, comme nous le verrons à la section 5, cette théorie peut être remise en cause : l'utilisation de l'analyse technique en salle de marché et le développement de la finance comportementale illustrent les doutes des intervenants sur l'efficience des marchés (voir chapitre 16).

De plus, la théorie d'efficience des marchés et le MEDAF reposent sur le postulat que les intervenants des marchés ont des anticipations rationnelles. Aussi, pour être applicable, le modèle doit être accepté par tous comme universellement exact. Le développement de théories alternatives est la preuve que cet axiome n'est pas entièrement vérifié.

Les biais évoqués ci-dessus ont conduit à ne plus considérer le MEDAF comme l'unique théorie explicative du fonctionnement des marchés financiers. D'autres théories ou méthodes se sont donc développées. Elles n'ont pas (encore ?) atteint la puissance conceptuelle du MEDAF, fondée sur sa simplicité. Il ne faut pas perdre espoir puisqu'une étude [3] montre que la plupart des faiblesses du MEDAF seraient dues à une mauvaise estimation du portefeuille de marché et qu'elles disparaîtraient dès lors que celui-ci inclurait non seulement les actions, mais aussi les obligations conformément à la théorie.

Section 4 ■ Les modèles multifacteurs

1 ■ Le modèle APT

23.12 D'une certaine façon, le modèle APT (*Arbitrage Pricing Theory*) est une généralisation du MEDAF. Le MEDAF suppose que le taux de rentabilité d'un titre est fonction du risque de marché de ce titre et qu'il dépend donc d'un seul facteur : l'évolution du marché en général. L'APT, tel que le propose

1 Voir paragraphe 21.15 pour l'exemple de France Télécom et paragraphe 33.24 pour l'exemple de Bouygues.

2 Notamment celles de M. Blume.

3 De M. Ferguson et R. Shockley.

S. Ross, fait l'hypothèse que la prime de risque est fonction de plusieurs variables (et non plus d'une seule). Le titre est alors plus ou moins sensible à ces variables macroéconomiques (V1, V2, ...,Vn), et il subsiste un « bruit » propre à l'entreprise.

On a donc pour un titre J :

$r_J = a + b_1 \times r_{V1} + b_2 \times r_{V2} + \ldots + b_n \times r_{Vn} + \text{bruit}$

Le modèle ne donne pas une liste définie des facteurs V. S. Ross retient sur la base d'analyses quantitatives les critères suivants : l'inflation, la production industrielle, la prime de risque, l'évolution de la courbe des taux.

Si l'on souhaite faire le lien avec le portefeuille de marché, on constate que le modèle APT a remplacé la notion (délicate à mesurer dans la pratique) de rentabilité exigée par le marché en faveur d'une série de variables qui restent malheureusement à déterminer... C'est ce qui explique que l'APT soit un outil de gestion de portefeuille et non d'évaluation des actions.

2 ■ Le modèle multifacteurs de Fama-French

23.13 En parenté intellectuelle avec l'APT, certains travaux cherchent à expliquer la rentabilité obtenue par des caractéristiques spécifiques au titre, et non plus globales et propres à l'économie en général comme dans l'APT.

C'est ainsi que E. Fama et K. French ont isolé trois facteurs explicatifs : la rentabilité du marché (comme pour le MEDAF), le ratio capitalisation boursière/capitaux propres comptables (le PBR du chapitre 26), et l'écart de rentabilité entre les grosses capitalisations et les petites, témoin d'un effet liquidité.

D'autres auteurs ont ajouté à cette liste de facteurs, le PER, la capitalisation boursière, le rendement, ou même la performance passée du titre (ce qui s'oppose directement à l'hypothèse d'efficience des marchés). Il faut noter cependant que ces travaux sont fondés sur des approches purement empiriques et non théoriques. S'ils cherchent à remettre en cause le MEDAF, ils ne proposent pas de modèle d'équilibre alternatif.

3 ■ Taux de rentabilité exigé et liquidité

23.14 Parmi les facteurs explicatifs, les données permettant de mesurer la liquidité du titre (taille, flottant, volume de transactions, écart entre le cours d'achat et le cours de vente) apparaissent souvent comme statistiquement significatives. Il semble donc que la rentabilité exigée sur un titre soit fonction de la liquidité de ce titre.

Ainsi, J. Hamon et B. Jacquillat ont démontré l'existence d'une prime de liquidité, nulle pour les grosses capitalisations et significative pour les petites, qui s'ajoute aux taux de rentabilité déterminés à partir du MEDAF pour former la rentabilité totale exigée par l'actionnaire. On peut alors construire un plan de marché (au lieu d'une droite de marché) ; la rentabilité exigée sur un titre est alors une équation linéaire avec deux paramètres : la prime de marché et la prime de liquidité.

$$k = r_F + \beta \times (\text{prime de risque}) + \lambda \times \text{prime de liquidité}$$

Au mois de mars 2014, les paramètres du plan de marché pour les valeurs euros tels qu'estimés par Associés en Finance étaient les suivants :

$k = 1{,}02\,\% + \beta \times 4{,}96\,\% + \lambda \times 1{,}91\,\%$

Le λ mesure l'illiquidité du titre ; dans le modèle d'Associés en Finance il dépend du flottant, des capitaux échangés et de l'écart entre le cours le plus haut et le plus bas sur 24 heures.

La prime de liquidité, qui s'ajoute au taux de rentabilité exigé, trouve sa matérialisation au niveau de la valeur dans la décote de liquidité que nous retrouverons au chapitre 35.

Une étude de la rentabilité de plusieurs centaines de valeurs européennes permet de déterminer le niveau de la prime de liquidité.

Prime d'illiquidité en Europe

Source : Associés en Finance.

Section 5 ■ Fractales et autres pistes

23.15 La théorie des marchés en équilibre se fonde, comme son nom l'indique, sur le concept d'équilibre des prix. Le postulat est qu'il existe un équilibre des prix issu de la confrontation de l'offre et de la demande et que cet équilibre est à chaque instant trouvé dans un marché (grâce au principe d'arbitrage). À partir de cet équilibre, personne ne peut prévoir comment le prix des titres va évoluer : ils suivent une marche aléatoire.

Mais certains chercheurs ont constaté que les cours de Bourse ne suivaient pas une marche au hasard comme la théorie des marchés en équilibre le prévoyait. En particulier, les événements extrêmes (très fortes hausses ou baisses des cours) interviennent de manière beaucoup plus fréquente que la théorie classique ne le laisse prévoir.

Différentes théories se sont développées pour modéliser l'évolution des cours de manière à mieux refléter la réalité et intégrer ainsi la possibilité de variations extrêmes et en particulier de krach.

23.16 Certains chercheurs veulent modéliser l'évolution des cours de Bourse par des fonctions chaotiques. Chaotique ne signifie pas ici illogique, ni même aléatoire. Ce terme décrit des mécanismes parfaitement déterminés qui provoquent des mouvements apparemment sans suite logique. Ces modèles sont utilisés dans de nombreuses sciences, notamment en économie.

B. Mandelbrot a ainsi mis en avant que les fractales (ou pour être plus précis les multi-fractales) pouvaient être des formes représentatives de l'évolution des cours. Cette hypothèse va à rencontre de la théorie des marchés efficients non seulement car la loi statistique de modélisation des cours est différente mais surtout car l'hypothèse de B. Mandelbrot implique que les cours ont une mémoire, c'est-à-dire qu'ils ne sont pas indépendants des cours passés.

Section 6 ▪ La structure des taux d'intérêt

23.17 Le MEDAF est un modèle monopériodique, il ne permet donc pas de distinguer de taux court terme et long terme. Comme notre lecteur le sait, une SICAV monétaire n'offre pas le même taux de rentabilité actuariel qu'une obligation à 10 ans ni n'expose naturellement aux mêmes risques. Toute une partie de la recherche s'est attachée à comprendre comment les taux d'intérêt évoluaient et surtout comment étaient liés les taux d'intérêt sur des produits de maturités différentes, autrement dit, comment se formait la « courbe des taux », courbe qui met en relation le taux actuariel des titres de dette avec leur maturité (ou leur duration).

1 ▪ Les différentes courbes des taux

23.18 L'existence d'une prime permet d'expliquer la relation positive qui s'observe en général entre le taux d'intérêt de tout actif financier et la durée de vie de celui-ci.

Courbes de taux d'intérêt dans le monde

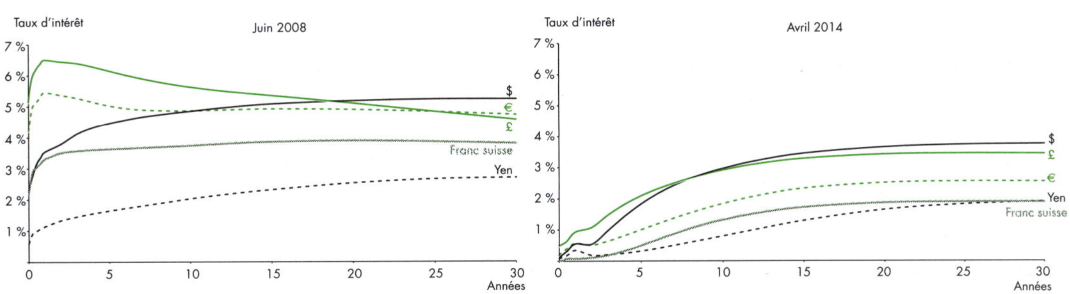

Source : Datastream, Bloomberg.

D'une manière générale, la courbe des taux est fortement tributaire des anticipations du marché concernant :

- le niveau d'inflation à court, moyen et long termes ;
- la politique monétaire menée par la Banque centrale ;
- la politique d'émission du pays.

Ainsi, en période de reprise économique, la courbe des taux a tendance à être « normale » (taux longs supérieurs aux taux courts), la pente étant plus ou moins forte selon que :

- la reprise anticipée est forte ;
- le marché considère le risque d'un dérapage de l'inflation comme important ;
- l'on attend un resserrement rapide du taux d'intervention de la Banque centrale (pour juguler les risques d'inflation).

23.19 La pente ascendante de la courbe des taux en 2014 pour l'ensemble des devises est due au niveau extrêmement bas atteint par les taux courts, conséquence des interventions des Banques centrales afin de soutenir l'économie.

En période d'anticipation de récession et avant que les banques centrales n'aient réagi, la courbe des taux a tendance à s'inverser (taux longs inférieurs aux taux courts), la pente négative étant plus ou moins forte selon que :

- la récession anticipée est forte ;
- la politique de la Banque centrale est crédible (fermeté face à l'inflation) ;
- les tensions inflationnistes paraissent se réduire.

C'est ce que l'on pouvait observer au premier semestre 2008, où la liquidité s'asséchant, les taux à court terme sur l'euro et la livre étaient supérieurs à ceux à long terme.

La courbe des taux quasi plate reflète les anticipations d'inflation conjuguées avec un ralentissement de l'économie ; les taux longs ont tendance à demeurer stables, et la courbe est plate. La courbe ne peut théoriquement demeurer durablement plate lorsque les taux sont bas. En effet, les investisseurs achètent des obligations à taux fixe tant que l'espoir de réaliser un gain en capital, lié à la baisse des taux longs, compense largement le coût du financement à court terme. En revanche, lorsque cette espérance de plus-value disparaît – les taux longs ayant apparemment atteint un plancher – les investisseurs exigeront un différentiel de rentabilité (la prime) sur leur placement, entre taux longs et taux courts. Ceci se traduit :

- soit par la remontée des taux longs ;
- soit par leur stabilité si les taux courts s'abaissent du fait des politiques des banques centrales ;

Donc on observe, de toute manière, par une « repentification » de la courbe. C'est ce que l'on a pu constater fin 2008 sur le franc suisse par exemple.

2 ■ Relation entre les taux d'intérêt et les diverses échéances en avenir incertain et en l'absence d'aversion au risque

23.20 Les taux à court terme et les taux à long terme sont liés les uns aux autres par un lien direct.

Un investisseur qui souhaite placer des fonds à 2 ans, par exemple, a deux possibilités :

- soit, il place ses fonds pendant 2 ans à un taux fixé dès aujourd'hui, qui est le taux d'intérêt pour tout placement à 2 ans ;
- soit, il place ses fonds pendant 1 an et perçoit le taux d'intérêt pour un même placement à 1 an. Puis, il renouvelle cette opération à la fin de la première année pour un placement de même durée.

23.21 L'investisseur ne connaît pas avec certitude le taux court terme qui lui sera proposé dans 1 an. Il choisira donc entre les deux possibilités en fonction de ses anticipations de taux. On parle alors de la **théorie des anticipations**.

S'il pense, par exemple, que les taux à court terme vont baisser très fortement, il choisira la première solution pour bénéficier pendant 2 ans d'une rémunération élevée.

Si, au contraire, il estime que les taux à court terme vont augmenter, il choisira la seconde solution, afin de profiter d'une rémunération supérieure à partir de la seconde année.

Cependant, grâce à des phénomènes d'arbitrage, l'espérance de gain actuelle de l'investisseur est la même pour les deux possibilités[1]. S'il n'en était pas ainsi, tous les investisseurs choisiraient le placement qui rapporte le plus, ce qui ferait croître son prix et donc diminuer son rendement, jusqu'à ce que l'égalité entre les deux placements soit rétablie.

On a donc, à l'équilibre :

$$(1 + {}_0t_2)^2 = (1 + {}_0t_1) \times (1 + E({}_1t_1))$$

où ${}_0t_2$ désigne le taux à 2 ans aujourd'hui et $E\,({}_1t_1)$ le taux à 1 an dans 1 an qui est anticipé aujourd'hui.

D'où :

$$(1 + {}_0t_2) = \sqrt{(1 + {}_0t_1) \times (1 + E\,({}_1t_1))}$$

Si aujourd'hui le taux à 1 an est de 3 % et celui à 2 ans est de 4 %, le marché anticipe un taux à 1 an dans 1 an de 5 %. En effet, on a alors :

$$1{,}04 = \sqrt{1{,}03 \times (1 + E\,({}_1t_1))} \quad \text{d'où} \quad E\,({}_1t_1) = \frac{1{,}04^2}{1{,}03} - 1 \approx 5\ \%$$

23.22 Une augmentation des taux à court terme est donc anticipée par le marché. Ce taux implicite est appelé **taux terme contre terme**. Cette formule se généralise lorsqu'il y a n périodes :

> Le taux à long terme est une moyenne géométrique des taux à court terme anticipés pour les périodes futures.

1 Ce qui ne veut pas dire que le gain effectif de l'investisseur sera le même au bout de 2 ans quelle que soit la possibilité retenue.

Dans cet univers, la forme de la courbe des taux donne des informations précieuses. Ainsi si les taux longs sont supérieurs aux taux courts, cela signifie nécessairement que les investisseurs anticipent une hausse des taux d'intérêt.

Dans le cadre de cette théorie, l'investisseur doit être neutre au risque, autrement dit, il n'a pas de préférence pour un investissement long terme ou un investissement court terme renouvelé. C'est faire fi des préoccupations de liquidité dont l'actualité récente démontre qu'elles sont fondamentales.

3 ■ La prise en compte du risque de liquidité

23.23 Au milieu des années 1960, F. Modigliani et R. Sutch mirent en avant la **théorie de l'habitat préféré** selon laquelle les investisseurs ont des préférences pour certains horizons de placement. Les entreprises qui souhaitent émettre des titres à un horizon non désiré par ces mêmes investisseurs devront donc ajouter une prime à la rentabilité proposée pour les attirer hors de leurs échéances préférées.

La **théorie de la préférence pour la liquidité** repose sur la même hypothèse de base mais va plus loin en supposant que l'habitat préféré de l'ensemble des investisseurs est le court terme. Les investisseurs favorisant la liquidité de leur investissement demanderont une prime de liquidité pour investir à plus long terme.

> Au total, le taux à long terme est une moyenne géométrique des taux à court terme anticipés pour les périodes futures, chacun étant majoré d'une prime de liquidité probablement croissante avec l'échéance.

De ce fait il est difficile de lire avec certitude dans la courbe des taux les anticipations futures. Même si les investisseurs anticipent des taux courts fixes, la courbe des taux sera croissante du fait des primes de liquidité.

4 ■ Courbe des taux et valorisation des titres

23.24 Maintenant que notre lecteur connaît la courbe des taux, il comprendra que l'actualisation de tous les flux d'un titre à un taux unique, quelle que soit la période où ils sont versés, est une simplification. Nous la maintiendrons dans les décisions relatives à l'action et à l'investissement industriel car l'incertitude affectant les flux de trésorerie est bien supérieure à la précision que l'on pourrait obtenir si l'on actualisait chaque échéance avec un taux différent. Elle est en revanche excessive pour les titres de créance.

Avec plus de rigueur, il conviendrait d'actualiser chaque flux avec le taux d'intérêt de la courbe des taux correspondant à son échéance : le taux à 1 an pour le flux de l'an prochain, celui du taux à 3 ans pour le flux versé dans 3 ans, etc. Au total, le taux de rentabilité actuariel est une sorte de moyenne de ces différents taux.

RÉSUMÉ

Le résumé de ce chapitre est disponible sur le site www.vernimmen.net.

La rémunération exigée par un investisseur n'est pas liée au risque total, mais uniquement au risque du marché. Corrélativement, dans un marché à l'équilibre, le risque diversifiable n'est pas rémunéré.

Le MEDAF (modèle d'évaluation des actifs financiers) ou CAPM en anglais permet de déterminer le taux de rentabilité exigé par un investisseur :

taux de l'argent sans risque + β × prime de risque du marché, soit :

$k = r_F + \beta \times (k_M - r_F)$

Si le MEDAF est universellement utilisé, il n'est pas exempt de défauts à la fois pratiques (pour déterminer les β avec fiabilité) et fondamentaux (puisqu'il postule que les marchés sont à l'équilibre). Ces critiques ont conduit à développer de nouveaux modèles comme l'*Arbitrage Pricing Theory* (APT) ou à mettre en évidence la notion de prime de liquidité pour les groupes à faible flottant. L'APT fait l'hypothèse que le taux de rentabilité exigé ne dépend plus, comme dans le MEDAF, que du seul taux de marché mais d'un certain nombre d'autres variables, comme l'écart entre la rentabilité des obligations d'État et celle des bons du Trésor, les variations non anticipées du taux de croissance de l'économie ou du taux d'inflation…

Son intérêt pratique réside cependant plus dans le domaine de la gestion de portefeuille que dans celui de la finance d'entreprise.

Enfin, après chaque crise financière grave, des théories qui cherchent à rationaliser l'irrationnel connaissent un regain d'intérêt, telle que la théorie du chaos ou l'analyse fractale.

Les taux de rentabilité des titres de créance ayant des échéances différentes peuvent être portés sur un graphique que l'on nomme courbe des taux. Pour éviter des distorsions liées au taux de coupon des obligations, il est préférable d'analyser les courbes des taux des obligations coupon zéro que l'on peut reconstituer à partir de la courbe des rentabilités.

La forme de la courbe des taux dépend de l'anticipation d'évolution des taux courts et d'une prime de liquidité qu'exigent les investisseurs pour investir sur le long terme. On observe en général une relation positive entre le taux d'intérêt de tout actif financier et sa durée, d'où une courbe des taux ascendante. Mais la courbe des taux peut aussi s'inverser, notamment en période de récession.

QUESTIONS

1/ Pourquoi le risque diversifiable ne peut-il être rémunéré dans les marchés en équilibre ?

2/ Puisque le risque diversifiable n'est pas rémunéré, est-il utile de diversifier son investissement ?

3/ À quoi est égal le taux de rentabilité exigé par l'actionnaire ?

4/ Quel est le défaut du coefficient β ?

5/ L'actionnaire exige un taux de rentabilité deux fois plus élevé sur une action dont le β est deux fois plus élevé que celui d'une autre. Vrai ou faux ?

6/ Qu'indique une prime de risque faible ?

7/ Sur le graphique du paragraphe 23.6, l'action Natixis vous paraît-elle sous-évaluée ou surévaluée ? Et l'action EDF ?

8/ Quel est le point fort de l'APT par rapport au MEDAF ? Quel est son point faible ?

9/ En période de krach, les primes de liquidité ont-elles tendance à se réduire ou à augmenter ? Pourquoi ?

10/ Qu'indique une prime de liquidité très faible ?

11/ L'écart type de la rentabilité quotidienne de l'action Eurotunnel est de 3,7 % et celui de l'action Publicis n'est que de 1,5 % alors que le β d'Eurotunnel est de 0,7 et celui de Publicis est de 1,9. Comment est-ce possible ?

12/ Expliquez pourquoi l'investisseur est prêt à exiger un taux de rentabilité inférieur au taux sans risque pour une action au β négatif.

13/ Comment expliquer que les taux de rentabilité exigés par les actionnaires peuvent être identiques pour deux groupes aux activités totalement différentes (pétrole et services informatiques par exemple) dès lors que leur β est le même ?

14/ Une expérience a été menée : un capital de 10 000 € a été confié à une enfant, un astrologue et un financier, ceux-ci devaient placer ce capital pendant huit jours. À votre avis, qui a gagné ? Qu'en concluez-vous ?

15/ On pouvait observer mi-2014 que les actions des grands groupes agroalimentaires (Danone, Nestlé, Unilever) étaient évaluées sur la base de 14,3 fois leurs résultats d'exploitation 2014 anticipés. Pour les entreprises moyennes du même secteur (LDC, Ebro, Bonduelle), le même ratio était de 11,6. Qu'en pensez-vous ?

16/ Quelle est la différence entre la courbe des taux coupon zéro et la courbe des taux de rentabilité ?

17/ Pourquoi une courbe des taux faisant apparaître des taux longs plus élevés que les taux courts (courbe croissante) est-elle dite « normale » ?

18/ Lorsque l'on dit que les obligations d'État sont sans risque, de quel risque parle-t-on ?

19/ Quels risques subsistent ?

20/ Comment, connaissant le taux à un an, connaître le taux à deux ans sur un marché où il n'existe pas d'obligations à coupon zéro ? Puis le taux à 3 ans ?

21/ Même chose si l'on ne connaît pas le taux à un an ?

D'autres questions vous attendent sur le site www.vernimmen.net.

EXERCICES

1/ Quel est le taux de rentabilité à exiger sur l'action Shell dont le β est de 0,7 si l'action Deutsche Telekom dont le β est de 1,1 rapporte du 10 % et qu'elle est correctement évaluée, alors que le taux de l'actif sans risque est de 5 % ?

2/ Indiquez si les actions suivantes sont sous-évaluées, correctement évaluées ou surévaluées, sachant que le taux de l'actif sans risque est de 4 % et la prime de risque du marché de 5,5 %.

Action	Air Liquide	Carrefour	Volkswagen	ING	ABB
β	0,34	0,77	0,93	1,47	2,1
Taux de rentabilité observé	9 %	8,2 %	8 %	10 %	18 %

3/ Vous pensez que l'action Lapparent.com vaudra 40 € dans un an. Quel prix êtes-vous prêt à la payer aujourd'hui si le taux de l'argent sans risque est de 5 %, le taux de rentabilité du marché de 9 % et que son β est de 2,7 ?

4/ Votre portefeuille a un β de 1,2, le taux de l'argent sans risque est de 5,6 % et la prime de risque est de 3 %. Venant de lire ce chapitre, vous avez découvert l'APT dont on vous dit que les deux facteurs V sont la croissance du PNB et l'inflation non anticipée. L'équation du modèle est : $r_j = 5{,}6\,\% + b_{j1} \times 2\,\% + b_{j2} \times 5\,\%$. En supposant que la sensibilité de votre portefeuille au premier facteur soit de – 0,4, quelle est sa sensibilité à l'inflation non anticipée ? Si vous souhaitez annuler totalement la sensibilité de votre portefeuille au premier facteur craignant une récession tout en gardant la même rentabilité espérée, que devient la sensibilité au second facteur ?

5/ Vous observez les prix suivants pour différentes obligations (notez qu'elles viennent toutes de verser leur coupon) de nominal 100 :

Obligation	Échéance	Coupon annuel	Prix
1	1 an	7 %	99
2	2 ans	9 %	99
3	3 ans	8 %	95
4	4 ans	7 %	89
5	5 ans	10 %	97

a) Calculez le taux de rentabilité de chacune de ces obligations.

b) Reconstituez la courbe des taux coupon zéro à 5 ans.

ÉLÉMENTS DE RÉPONSE

Questions

1. Parce que s'il était rémunéré, on aurait un enrichissement « sans cause » puisqu'il est possible d'éliminer ce risque sans coût.

2. Oui justement, pour l'éliminer puisqu'il n'est pas rémunéré.

3. Au taux de l'argent sans risque plus une prime de risque.

4. Son instabilité au cours du temps.

5. Non, car c'est oublier la constante (le taux de l'argent sans risque) dans la formule du taux de rentabilité exigé.

6. Que le marché est peut-être à la veille d'une forte baisse car le risque n'est plus assez rémunéré.

7. Surévaluée car le taux de rentabilité exigé, compte tenu de son risque, est trop faible. Il va donc s'élever, entraînant l'action à la baisse. EDF étant « sur la droite de marché » est correctement évaluée.

8. Analyse la rentabilité du marché en différentes composantes. Son degré de précision lui nuit car les primes de risques par facteur et les b associés sont difficiles à estimer.

9. Augmenter, car les investisseurs ne veulent plus investir que dans des actions très liquides qu'ils pourraient vendre à tout moment.

10. Une faveur pour de petites sociétés, en général en forte croissance, qui sont alors à la mode.

11. L'écart type s'explique à la fois par le risque de marché et par le risque spécifique de l'action alors que le β ne traduit que le risque de marché de l'action. Eurotunnel a donc un fort risque spécifique et un faible risque de marché.

12. Car ce type d'actions est très rare et très précieux puisqu'elles montent quand le marché baisse ! Leur contribution marginale à la réduction du risque d'un portefeuille est donc forte.

13. Parce que ce qui compte dans le MEDAF n'est pas le risque spécifique mais le risque de marché de chaque titre.

14. L'enfant. Si les marchés sont réellement efficients la réponse est totalement aléatoire.

15. C'est la matérialisation de la prime de liquidité qui, étant plus forte pour les entreprises de petite taille, conduit à des taux de rentabilité exigée plus élevés et donc une moindre valorisation en termes de multiple du résultat net (voir chapitre 35).

16. La courbe des taux de rentabilité est dessinée directement en prenant en compte la maturité mais sans corriger du coupon de chaque obligation qui réduit le risque de l'investisseur. La courbe coupon zéro est calculée en éliminant ce biais dû aux coupons versés. Un emprunt coupon zéro sur 3 ans fait courir un risque sur 3 ans alors qu'une obligation avec remboursement dans 3 ans et versement de coupons intermédiaires est moins risquée, sa duration est plus faible.

17. La préférence pour la liquidité implique en temps normal (c'est-à-dire quand les anticipations d'évolution de l'inflation n'interfèrent pas) que les taux longs sont supérieurs aux taux courts.

18. Sans risque de faillite de l'émetteur.

19. Le risque de réinvestissement des coupons et d'évolution de l'inflation (risque de perte de pouvoir d'achat).

20. Si on connaît le cours et le taux à un an, on a une équation du premier degré avec comme seule inconnue le taux à 2 ans. Une fois que l'on connaît le taux à 2 ans, on prend une obligation à 3 ans et il y a une seule inconnue, le taux à 3 ans.

21. On prend alors deux obligations à 2 ans et on forme un système de 2 équations à deux inconnues (le taux à un an et à 2 ans).

Exercices

Les corrigés détaillés des exercices sur excel sont disponibles sur le site www.vernimmen.net.

1. Prime de risque : (10 % – 5 %) / 1,1 = 4,54 %. k = 5 % + 0,7 × 4,54 % = 8,2 %.
2. Sous-évaluées : Air Liquide, ABB. Correctement évaluée : Carrefour. Surévaluées : Volkswagen, ING.
3. 40 € / (5 % + 2,7 × (9 % – 5 %) + 1) = 34,54 €.
4. r = 5,6 % + 1,2 × 3 % = 9,2 %. (9,2 % – 5,6 % + 2 % × 0,4)/5 % = 0,88. (9,2 % – 5,6 %)/5 % = 0,72.
5. a) 8,08 %; 9,57 %; 10,01 %; 10,51 %; 10,81 %.
   b) 8,08 %; 9,64 %; 10,09 %; 10,62 %; 11,01 %.

BIBLIOGRAPHIE

Pour une vue d'ensemble des modèles d'évaluation des titres :

Leutenegger M.-A., *Gestion de portefeuille et théorie des marchés financiers*, 3e édition, Economica, 2010.

Portait R., Poncet P., *Finance de marché*, 4e édition, Dalloz, 2014.

Pour une vue d'ensemble du MEDAF :

Fama E., Miller M., *The theory of finance*, Holt, Rinehart Winston, 1972.

Jacquillat B., Solnik B., Pérignon Ch., *Les marchés financiers*, 6e édition, Dunod, 2014.

Perold A., « The capital asset pricing model », *Journal of Economic Perspectives* été 2004, vol. 18, n° 3, pages 3 à 24.

Walter Ch., « Les martingales sur les marchés financiers – Une convention stochastique ? », *Revue de synthèse*, 5e série 2006/2, pages 379 à 391.

Pour découvrir les articles fondateurs du MEDAF :

Lintner J., « The valuation of risk assets and the selection of risky investments in stock portfolios and capital budgets », *Review of Economics and Statistics* février 1965, vol. 47, n° 1, pages 13 à 37.

Markowitz H., « Portfolio selection », *Journal of Finance* mars 1952, vol. 7, n° 1, pages 77 à 91.

Sharpe W., « Capital asset prices : a theory of market equilibrium under conditions of risk », *Journal of Finance* septembre 1964, vol. 19, n° 3, pages 425 à 442.

Pour les critiques et les limites du MEDAF :

Aftalion F., « Le MEDAF après quarante ans », *Banques & Marchés* novembre-décembre 2004, n° 73, pages 56 à 62.

Blume M., « Betas and their regression tendencies », *Journal of Finance* juin 1975, vol. 30, n° 3, pages 785 à 795.

Campbell J., Lettau M., Malkiel B., Xu Y., « Have individual stocks become more volatile ? An empirical exploration of idiosyncratic risk », *Journal of Finance* février 2001, vol. 56, n° 1, pages 1 à 43.

Markowitz H., « Market efficiency : a theoretical distinction and so what ? », *Financial Analysts Journal* septembre-octobre 2005, vol. 61, n° 5, pages 17 à 30.

Roll R., « A critique of the asset pricing theory's tests Part I : on past and potential testability of the theory », *Journal of Financial Economics* mars 1977, vol. 4, n° 2, pages 129 à 179.

Roll R., Ross S., « On the cross-sectional relation between expected returns and betas », *Journal of Finance* mars 1994, vol. 49, n° 1, pages 101 à 121.

Pour une réhabilitation du MEDAF :

Ferguson M., Shockley R., « Equilibrium "Anomalies" », *Journal of Finance* décembre 2003, vol. 58, n° 6, pages 2549 à 2580.

Pour approfondir l'APT :

Roll S., Ross S., « An empirical investigation of the Arbitrage Pricing Theory », *Journal of Finance* décembre 1980, vol. 35, n° 5, pages 1073 à 1103.

Roll R., Ross S., « The Arbitrage Pricing Theory approach to strategic portfolio planning », *Financial Analysts Journal* mai-juin 1984, vol. 40, n° 3, pages 14 à 26.

Ross S., « The arbitrage theory of capital asset pricing », *Journal of Economic Theory* décembre 1976, vol. 13, n° 3, pages 341 à 360.

Pour les travaux dérivés de l'APT :

Brennan M., Chordia T., Subrahmanyam A., « Alternative factor specifications, security characteristics, and the cross section of expected stock returns », *Journal of Financial Economics* septembre 1998, vol. 49, n° 3, pages 345 à 373.

Fama E., French K., « The cross section of expected stock returns », *Journal of Finance* juin 1992, vol. 47, n° 2, pages 427 à 465.

Petkova R., « Do the Fama-French factors proxy for innovations in predicitve variables ? », *Journal of Finance* avril 2006, vol. 61, n° 2, pages 581 à 612.

http://mba.tuck.dartmouth.edu/pages/faculty/ken.french/data_library.html, le site où sont disponibles les paramètres du modèle Fama-French.

Sur la prime de liquidité :

El Bied A., « Comment définir la liquidité des titres ? », *Revue Banque* octobre 2010, n° 728, pages 54 à 56.

Hamon J., Jacquillat B., « Is there value-added information in liquidity and risk premiums ? », *European Financial Management* octobre 1999, vol. 5, pages 369 à 393.

Idier J., Jardet C., Le Fol G., « How liquid are markets : an application to stock markets », *Bankers, Markets and Investors* novembre-décembre 2009, n° 103, pages 50 à 58.

Mendelson H., Amihud Y., « Asset pricing and the bid-ask spread », *Journal of Financial Economics* décembre 1986, vol. 17, n° 2, pages 223 à 249.

Pour les fractales et la théorie du chaos :

Calvet L., Fisher A., *Multifractal volatility : Theory, forecasting, and pricing*, Academic Press, 2008.

Herlin Ph., *Finance : le nouveau paradigme*, Éditions d'Organisation, 2010.

Mandelbrot B., Hudson R., *Une approche fractale des marchés : risquer, perdre et gagner*, Odile Jacob, 2009.

Ruelle D., *Hasard et chaos*, Odile Jacob, 2000.

Pour un modèle d'évaluation type finance comportementale :

Shefrin H., Statman M., « Behavioral portfolio theory », *Journal of Financial and Quantitative Analysis* juin 2000, vol. 35, n° 2, pages 127 à 151.

Sur la prime de risque :

Claus J., Thomas J., « Equity premia as low as three percent ? Evidence from analysts'earnings forecasts for domestic and international stock markets », *Journal of Finance* octobre 2001, vol. 56, n° 5, pages 1629 à 1666.

Cornell B., *The equity risk premium : the long-run future of the stock market*, Wiley, 1999.

Credit Suisse, *Global Investement Returns Yearbook*, 2013.

Damodoran A., « Equity Risk Premiums (ERP) : Determinants, estimation and implication ? », www.damodaran.com, 2008.

Fama F., French K., « The equity premium », *Journal of Finance* avril 2002, vol. 57, n° 3, pages 637 à 659.

Fernandez P., « The equity premium in 150 textbooks », *IESE working paper*, septembre 2009.

Fernandez P., « Market risk premium used in 2010 by professors: a survey with 1 500 answers », *IESE working paper*, mai 2010.

Le Fur Y., Quiry P., « Quelques réflexions sur la prime de risque », *La Lettre Vernimmen.net* mars 2007, n° 56, pages 1 à 4.

Le Fur Y., Quiry P., « La prime de risque à 10 % », *La Lettre Vernimmen.net* décembre 2008, n° 71, pages 1 à 4.

Mehra R., *Handbook of the Equity Risk Premium*, Elsevier, 2007.

Pour approfondir vos connaissances sur la courbe des taux :

Ang A., Bekaert G., Wei M., « The term structure of real interest rates and expected inflation », *The Journal of Finance* avril 2008, vol. 63, n° 2, pages 797 à 850.

Cherif M., *Les taux d'intérêt*, 2e édition, Revue Banque Édition, 2008.

Choudhry M., *Analysing and interpreting the yield curve*, Wiley, 2004.

Collin-Dufresne P., Solnik B., « On the term structure of default premia in the swap and LIBOR markets », *The Journal of Finance* juin 2001, vol. 56, n° 3, pages 1095 à 1115.

Fabozzi F., *Interest rate, term structure and valuation modeling*, Wiley, 2002.

Fama E., « The information in the term structure », *Journal of Financial Economics* décembre 1984, vol. 4, n° 13, pages 509 à 528.

Fama E., « The behaviour of interest rates », *Review of Financial Studies* été 2006, vol. 19, n° 2, pages 359 à 379.

Gourlaouen J.-P., Sévérac (de) B., « Structure par terme des taux d'intérêt, les nouvelles théories », in *Encyclopédie des marchés financiers*, Economica, 1999.

Kalev P., Inder B., « The information content of the term structure of interest rates », *Applied Economics* 2006, n° 38, pages 33 à 45.

Et enfin, pour lire sur la plage, l'histoire des idées développées dans ce titre et des hommes qui les ont conceptualisées :

Bernstein P., *Des idées capitales*, PUF, 2008.

TITRE 3

Chapitre **24** L'obligation 457
Chapitre **25** Les autres produits de dette 481
Chapitre **26** L'action 501
Chapitre **27** L'option 529
Chapitre **28** Les titres hybrides 555
Chapitre **29** Le placement des titres financiers 575

Titre 3

Les principaux titres financiers

Chapitre 24

L'obligation

Fixer l'intérêt.

24.1 Un titre de dette[1] est un titre financier qui matérialise l'engagement d'un emprunteur envers un prêteur qui, en contrepartie, met des fonds à sa disposition. Si la durée du prêt est à plus d'un an, on appellera ce titre **une obligation**.

Cet engagement prévoit un échéancier de flux financiers qui définit **les modalités de remboursement** des fonds et un **mode de rémunération** du prêteur dans l'intervalle. La rémunération peut être fondée sur un taux d'intérêt fixe pendant toute la durée de la dette ou sur un taux d'intérêt variable en fonction d'un indice.

Un titre de dette est négociable sur un marché secondaire (Bourse, marché monétaire, marché hypothécaire, marché interbancaire ou non...) à la différence d'un prêt bancaire classique[2], mais leur logique est la même et tous les raisonnements que nous présentons ici sont applicables aux prêts comme aux obligations. La plupart des obligations, billets de trésorerie, bons du Trésor, certificats de dépôts, obligations foncières, etc. sont ainsi régulièrement négociés sur les marchés financiers. La titrisation (voir paragraphe 25.23) ou les clauses de transfert de propriété permettent de rendre négociables des prêts qui ne le sont pas spontanément.

24.2 Outre la désintermédiation déjà mentionnée, l'essor des marchés obligataires s'explique notamment par la volonté pour les entreprises de diversifier leurs sources de financement. De plus, les marchés obligataires permettent aux entreprises d'obtenir des financements à plus long terme que ceux octroyés par les banques et souvent avec moins de contraintes. Le renforcement des contraintes réglementaires pesant sur les banques (Bâle III) devrait ainsi accroître la part du financement par dette assuré par le marché obligataire.

1 Ou titre de créance selon que l'on prend le point de vue de l'emprunteur ou du prêteur.

2 Notons cependant que les crédits syndiqués s'échangent entre banques ou fonds spécialisés, il existe donc parfois un marché secondaire (généralement relativement peu liquide) pour les crédits.

6 % des titres de dette en euros en décembre 2013 avaient été émis par des entreprises non financières, pour un montant total de plus de 878 milliards d'euros (5 fois le montant d'il y a 25 ans).

Répartition des encours d'obligations en euros en décembre 2013

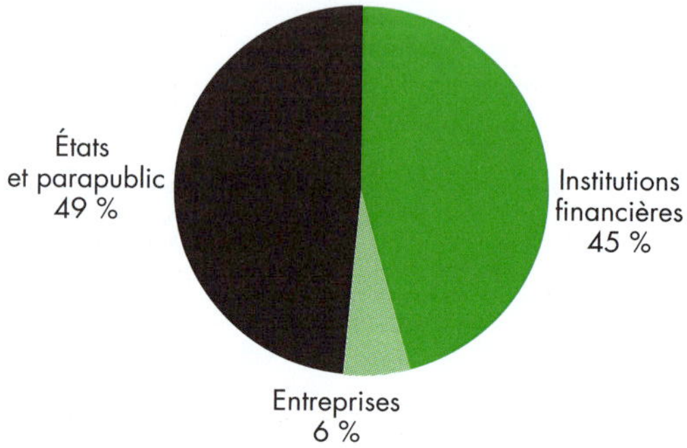

Source : Banque centrale européenne.

Enfin, compte tenu de la baisse des taux d'intérêt qui a amoindri leurs revenus, les investisseurs ont vu d'un bon œil l'arrivée des entreprises sur le marché obligataire, car ces obligations peuvent leur offrir une meilleure rentabilité que celle des obligations d'État (au prix, normalement, d'un risque plus élevé).

Dans ce chapitre, de nombreux développements ou illustrations concerneront les obligations. Ils sont généralisables sans difficulté à l'ensemble des titres de dette. Dans nos développements, nous utiliserons l'exemple de l'emprunt obligataire Areva 2023 dont les caractéristiques principales sont résumées ci-après.

Areva 3,125 % mars 2023

Émetteur : Areva

Montant : 750 000 000 €

Coupures : 100 000 €

Prix d'émission : 99,491 % soit 99 491 € par obligation, payable en une fois à la date de règlement

Date de jouissance : 20 mars 2014

Date de règlement : 20 mars 2014

Durée : 9 ans

Intérêt annuel : 3,125 % soit 3 125 € par titre payable le 20 mars de chaque année et pour la première fois le 20 mars 2015

Taux de rendement actuariel pour le souscripteur : 3,191 % au jour du règlement

Vie moyenne : 9 ans

Amortissement normal : ces obligations seront amorties en totalité le 20 mars 2023 par remboursement au pair

Garantie : pas de garantie

Rating : BBB – (Standard & Poor's)

Place de cotation : Euronext Paris

Section 1 ■ Les notions de base

1 ■ Le capital emprunté

a) Valeur nominale ou valeur faciale ou pair

24.3 Les emprunts qui sont négociables sur un marché sont divisés en un certain nombre de **coupures**[1] conférant les mêmes droits de dette pour une même fraction de l'emprunt : la valeur nominale ou valeur faciale ou pair (100 000 € dans le cas de l'obligation Areva).

C'est une valeur relativement formelle qui sert au calcul des intérêts versés. Dans les cas simples, elle est égale à ce que l'emprunteur perçoit et à ce qu'il rembourse par obligation.

b) Prix d'émission

24.4 Le prix d'émission est le prix auquel un emprunt est émis, c'est-à-dire le prix que les souscripteurs (investisseurs) paient pour obtenir une coupure. *L'obligation Areva a été émise le 20 mars 2014 à un prix de 99 491 €, soit 99,491 % du nominal.*

Le prix d'émission pourra être supérieur à la valeur nominale (émission « au-dessus du pair »), inférieur (émission « en dessous du pair », *c'est le cas de l'emprunt Areva*) ou encore à la valeur nominale (émission « au pair »).

c) Amortissement de l'emprunt

24.5 On appelle « amortissement d'un emprunt » son remboursement. Nous avons vu au chapitre 20 les principales modalités de remboursement d'un emprunt, c'est-à-dire :

- le remboursement *in fine. C'est le cas de l'emprunt Areva, et de la plupart des émissions obligataires* ;
- le remboursement par tranches (ou séries) égales ou amortissement constant ;
- le remboursement par annuités constantes.

D'autres modalités sont envisageables comme le tirage au sort… Il n'y a pas de limite à l'imagination !

On parle de **différé de remboursement** pour qualifier une période, généralement au début de l'emprunt, pendant laquelle l'emprunteur n'a pas à rembourser de capital.

Une **clause de remboursement anticipé** est une disposition par laquelle l'emprunteur (ou le prêteur) se réserve le droit d'effectuer (de demander) le remboursement de l'emprunt par anticipation. Si ce type de clause existe, l'option offerte à l'emprunteur sera appelée *call*, l'option réservée à l'investisseur, *put*.

d) Durée de l'emprunt

24.6 La durée d'un emprunt est la période qui sépare son émission de son remboursement. Lorsque celui-ci s'effectue en plusieurs fois, on parle de **durée de vie moyenne** qui correspond à la moyenne des durées de vie de chacune des tranches de l'emprunt.

---

1 Dans la plupart des pays, les obligations ont été dématérialisées et n'existent plus que sous forme d'inscriptions informatiques sur le compte de l'investisseur.

$$\text{Vie moyenne} = \frac{\sum_{i=1}^{n} i \times (\text{Nombre de titres remboursés pendant l'année i})}{\text{Nombre total de titres à rembourser}}$$

i étant la variable année et n le nombre total de périodes. La date de remboursement est appelée maturité.

La durée de vie des obligations Areva est de 9 ans.

e) Garanties

24.7 Le remboursement (et le paiement des intérêts) de l'emprunt pourra être garanti par la maison mère (certains groupes réalisent notamment leurs émissions obligataires au travers d'une filiale dédiée au financement), plus rarement par une hypothèque, un nantissement, une caution... On parlera alors d'obligation collateralisée ou *covered bond*, mais ce produit est largement réservé aux établissements financiers.

Les obligations émises par Areva ne sont pas garanties.

2 ■ Les revenus

a) Date de jouissance

24.8 La date de jouissance est la date à partir de laquelle les intérêts commencent à courir. Elle peut coïncider ou ne pas coïncider avec **la date de règlement** qui est le jour où les prêteurs versent les fonds prêtés.

Dans le cas de l'emprunt Areva, ces deux dates coïncident.

b) Taux d'intérêt

24.9 Le taux du coupon, ou **taux facial**, ou encore taux nominal, permet de calculer les intérêts (on parle de coupon pour une obligation) qui sont dus aux prêteurs. Il suffit de multiplier le taux facial par la valeur nominale de l'emprunt pour obtenir le montant des intérêts.

Pour l'emprunt Areva, le taux facial est de 3,125 % et le coupon annuel est de 3 125 €.

Outre les coupons, la rémunération des prêteurs peut aussi prendre la forme d'une différence entre le prix d'émission et la valeur nominale de l'emprunt (émission en dessous du pair). On parle alors couramment de **prime d'émission**.

Lorsque le montant remboursé ne correspond pas au montant nominal, on parle alors de **prime de remboursement**.

c) Périodicité

24.10 La périodicité correspond à la fréquence de versement des intérêts : annuelle (généralement sur le marché de l'euro), semestrielle (sur les marchés anglais et américains et parfois sur le marché euro), trimestrielle, mensuelle, voire plus courte. Certains emprunts ont une périodicité beaucoup plus longue, puisque les intérêts ne sont versés qu'au moment du remboursement de l'emprunt après avoir été capitalisés. C'est ce qu'on appelle **les obligations à coupon zéro** ou *zero-coupon* (avec l'accent anglais !).

Dans certains cas, les intérêts sont **précomptés**, c'est-à-dire versés par l'emprunteur au prêteur au début de la période sur laquelle ils sont calculés. Plus généralement, les intérêts sont **postcomptés**, c'est-à-dire versés par l'emprunteur à l'issue de la période sur laquelle ils sont calculés.

Pour l'emprunt Areva, la périodicité est annuelle et les intérêts sont postcomptés.

Section 2 ■ Le taux de rentabilité actuariel d'une obligation

24.11 Le décalage date de règlement/date de jouissance, la prime d'émission, la prime de remboursement, le différé d'amortissement, la périodicité sont autant de facteurs qui affectent la rentabilité effective du placement pour l'investisseur (ou le coût du prêt pour l'émetteur) et qui rendent le taux facial peu significatif.

Nous avons vu la notion de **taux de rentabilité actuariel** (voir chapitre 20) qui annule la valeur actuelle nette de l'obligation, c'est-à-dire la différence entre le prix d'émission et la valeur actuelle des flux futurs liés à l'obligation. Notons que, dans le cas des obligations, le taux de rendement actuariel et le taux de rentabilité actuariel sont synonymes. Ce taux, calculé au jour du règlement (versement des fonds par l'investisseur), permet de tenir compte de l'ensemble des décalages dans le temps entre le droit au revenu et sa perception en trésorerie.

Dans le cas de l'emprunt Areva, on a :

$$99{,}491\ \% - \left(\sum_{i=1}^{9} \frac{3,125\ \%}{(1+t)^i} + \frac{100\ \%}{(1+t)^9}\right) = 0 \text{ soit } t = 3,191\ \%$$

Avant coûts d'intermédiaires et fiscalité, le taux actuariel brut représente :

- **pour l'acheteur de l'obligation**, le taux de rentabilité qu'il obtiendrait en gardant l'obligation jusqu'à son remboursement. Cela suppose, comme nous l'avons vu, que les intérêts versés soient réinvestis à ce même taux actuariel, ce qui constitue une hypothèse très forte ;

- **pour l'émetteur**, le coût actuariel.

Pour les souscripteurs, l'échéancier doit tenir compte des frais d'intermédiaires et du traitement fiscal des revenus. Pour l'émetteur, le coût actuariel brut de l'emprunt est supérieur du fait des commissions perçues par les intermédiaires. Enfin, il doit être tenu compte de la fiscalité : les intérêts versés par l'émetteur sont déductibles de l'impôt sur les sociétés, ce qui en réduit le coût effectif pour l'emprunteur.

1 ■ La marge actuarielle ou le *spread*

24.12 Le *spread* ou marge actuarielle est calculé comme l'écart entre le taux de rentabilité actuariel d'un emprunt donné et le taux de rentabilité de référence de maturité identique. Pour les obligations dans la zone euro, la référence est plus généralement la courbe de taux *swap*[1], parfois est mentionné également le *spread* par rapport à l'obligation d'État française (OAT, obligation assimilable du Trésor), ou l'obligation d'État allemande (le *Bund* ou *Bobl*). Pour les crédits bancaires, ceux-ci étant généralement à taux variable, c'est l'Euribor 3 mois dans la zone euro.

1 Plus précisément à *mid-swap*, c'est-à-dire à mi-chemin entre les taux prêteurs et les taux emprunteurs.

L'obligation Areva a été émise avec une marge de 162 points de base (1,62 %) par rapport au bond, c'est-à-dire qu'Areva a dû payer 1,62 % par an de plus que l'État allemand pour s'endetter.

La marge est un paramètre fondamental de l'évaluation des obligations, en particulier à leur émission. Elle dépend logiquement de la qualité de la solvabilité perçue de l'émetteur que reflète la note attribuée à l'emprunt, de l'échéance du titre émis et des garanties offertes. Ce *spread* est bien sûr une notion relative, les emprunts se positionnant les uns par rapport aux autres. La marge est d'autant plus faible que la solvabilité est bonne et que l'appétence du marché pour le risque est forte. Notons également que le secteur d'appartenance de la société et la taille de l'opération influent sur le *spread*.

En période de crise, comme fin 2007-début 2008, les *spreads* ont une tendance très nette à augmenter dans l'absolu et relativement les uns par rapport aux autres. On remarquera qu'aux États-Unis, l'éventail des notes et donc des *spreads* est plus large qu'en Europe.
La situation des États européens durant la crise de l'euro crée des situations anormales où l'Allemagne a pu bénéficier très fugitivement de taux négatifs.

Spreads en Europe selon les notations (inclus les gouvernements et entreprises privées)

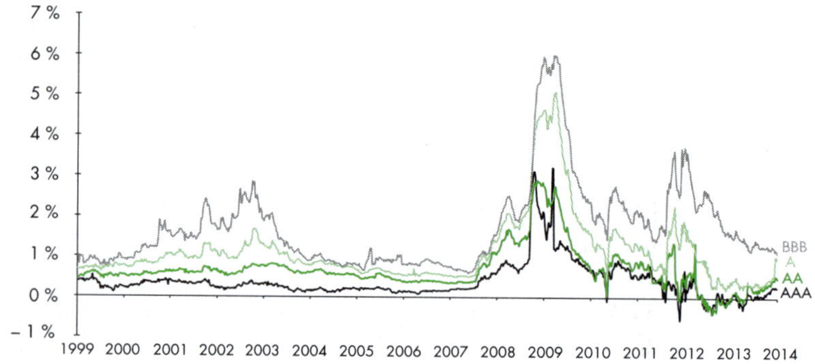

Spreads aux États-Unis selon les notations (inclus les gouvernements, entreprises privées et actifs titrisés)

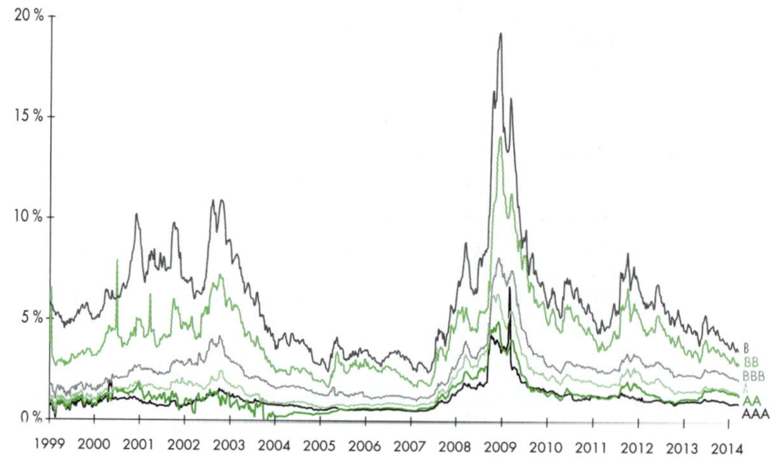

Source : Datastream.

2 ■ Le marché secondaire

24.13 Dès la fin de la souscription, le prix d'émission auquel a été vendu le titre de dette devient une valeur passée et le titre acquiert une valeur fluctuante sur le marché secondaire. Par conséquent, le taux actuariel calculé à la date d'émission ne vaut qu'à ce moment ; ensuite, il évolue en même temps que la valeur de l'obligation.

L'emprunteur n'est théoriquement pas directement concerné par les variations du taux actuariel sur le marché secondaire puisque le coût de l'endettement est fixé au moment où il est contracté.

Le taux actuariel sur le marché secondaire ne représente pour l'emprunteur qu'**un coût d'opportunité**, c'est-à-dire le coût auquel il pourrait se réendetter. Il n'apparaît pas dans les comptes de la société où la dette reste comptabilisée à sa valeur historique (d'origine), nonobstant les fluctuations de sa valeur sur le marché secondaire.

3 ■ Les techniques de cotation

24.14 Lorsqu'il y a cotation en Bourse (cas de la plupart des obligations en Europe), les cours sont exprimés en pourcentage du nominal. Tout se passe donc comme si le nominal de toutes les obligations était ramené à 100 €. Ainsi, une obligation de nominal 50 000 € ne cotera pas par exemple 49 500 €, mais 99 % (49 500/50 000 × 100). De même, une obligation de 10 000 € de nominal cotera 99 % et non 9 900 €.

La comparaison entre le cours des diverses obligations est donc simplifiée.

Pour que cette comparaison soit correcte, il faut que les cours n'incluent pas la fraction de l'intérêt annuel écoulé, appelé le **coupon couru**. Sinon, une obligation avec un intérêt de 15 % coterait ainsi environ 15 % de plus, dès lors qu'à la veille du détachement de coupon, sa valeur serait grossie de presque tout l'intérêt à recevoir. Pour éviter cet écueil, la cotation des obligations fait abstraction de l'intérêt couru. D'où le nom de **cotation au pied du coupon**. La cote des obligations indique ainsi, à côté du cours exprimé en pourcentage du nominal, la portion de coupon couru, ramenée elle aussi en pourcentage du nominal.

Le 1er mai 2014, l'obligation Areva cotait 100,31 % avec 0,36 % de portion du coupon couru comme l'indique le tableau suivant. L'achat de l'obligation Areva coûtait alors, frais de courtage et impôts mis à part, 100 670 €, c'est-à-dire : 100 000 × (100,31 % + 0,36 %).

Cours	Taux actuariel brut	Vie moyenne	Échéance finale	Sensibilité	Duration	Coupon couru	Date du prochain coupon
100,31 %	3,039 %	8,88 ans	20 mars 2023	7,665	7,898	0,36 %	20 mars 2015

Certains titres de dette sont cotés en taux de rendement actuariel, il s'agit principalement des bons du Trésor annualisés (BTAN).

Les deux méthodes de cotation sont rigoureusement équivalentes et une simple calculatrice permet de passer de l'une à l'autre.

Cependant, le lecteur aura compris **que le prix d'une obligation ne traduit pas sa cherté**. Une obligation cotant 105 % peut être aussi bien moins chère que plus chère qu'une obligation qui vaut 96 %. **Seul le taux de rentabilité actuariel permet de classer les différentes opportunités offertes à l'investisseur, en fonction du degré de risque qu'il souhaite prendre et de sa durée d'investissement.** Cependant, il s'agit d'un classement instantané qui ne présage en rien la performance effective qui sera réalisée.

4 ■ L'assimilation

24.15 Une fois qu'un emprunt est émis, le même émetteur pourra émettre ultérieurement sans l'autorisation des premiers investisseurs, d'autres emprunts qui présenteront les mêmes caractéristiques que le premier (même durée résiduelle, même coupon, même échéancier, même prix de remboursement, mêmes garanties…) de sorte qu'ils pourront lui être assimilés. Au lieu d'avoir plusieurs emprunts, il n'y en aura plus qu'un seul, pour un montant global plus élevé. L'assimilation permet de simplifier la gestion et d'améliorer la liquidité sur le marché secondaire.

Elle présente toutefois l'inconvénient pour l'émetteur de concentrer les échéances de remboursement sur une seule date ce qui n'est pas de bonne gestion financière.

Techniquement, les emprunts assimilables sont émis avec les mêmes caractéristiques que celles de l'emprunt auquel ils s'assimilent ; seul le prix d'émission est différent[1] afin de s'ajuster aux conditions du moment du marché qui se sont modifiées depuis l'émission du premier emprunt.

Section 3 ■ Les titres de dette à taux variable

24.16 Nous avons décrit jusqu'à présent les titres de dette à revenu fixe. Pour ces titres, l'échéancier de flux est parfaitement connu à l'émission. Les titres que nous allons décrire dans cette section génèrent des flux qui ne sont pas totalement déterminés à l'émission mais qui suivent une règle prédéterminée.

1 Parfois le premier coupon versé est différent et le prix d'émission identique ; ce n'est qu'après le détachement de ce premier coupon que les emprunts sont assimilés.

En 2013, les emprunts à taux variable ont représenté 17 % des émissions en euros. Il est vrai que la faiblesse des taux d'intérêts a poussé les émetteurs à émettre à taux fixe (83 % des émissions).

Répartition des émissions obligataires en euros en 2013 selon le taux d'intérêt

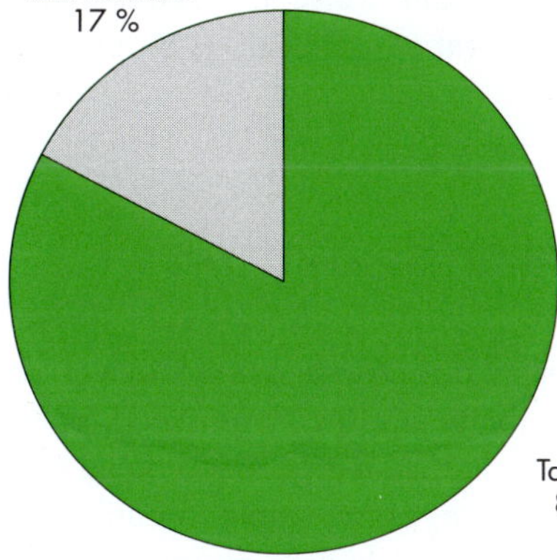

Source : Dealogic.

1 ■ Les titres à taux variable

24.17 Le coupon d'une obligation à taux variable n'est pas fixe mais indexé sur un taux observable sur le marché (généralement un taux court terme, l'Euribor 6 mois par exemple). À chaque échéance de coupon, la valeur de celui-ci sera calculée en fonction de ce taux de marché. On a donc :

$\text{Coupon}_i = t_i \times \text{nominal}$

Ceci permet d'annuler le risque de taux. En effet, l'émetteur de ce titre est sûr qu'à tout instant, il est endetté au taux du marché, ni plus ni moins. De son côté, l'investisseur est sûr d'être rémunéré à tout instant au taux de marché. Donc la valeur d'une obligation à taux variable n'a pas de raison de s'écarter significativement du nominal tant que la solvabilité de l'émetteur n'est pas en doute ou que les *spreads* pour un niveau de risque donné n'évoluent pas significativement.

Prenons l'exemple simple d'une obligation à taux variable, indexée sur le taux à un an et qui verse des intérêts annuellement. Cette obligation (en pourcentage du nominal) vaut le lendemain de la date de versement du coupon et l'année précédant son remboursement :

$$V = \frac{100 + t_1 \times 100}{1 + t_1} = 100$$

t_1 étant le taux à un an.

En effet, le taux d'actualisation étant le même que le taux de calcul du coupon, la valeur de l'obligation est de 100 %. On pourrait démontrer que la valeur de l'obligation à chaque date de versement de coupon est de 100 %. Entre les dates de versement de coupon, la valeur de l'obligation évoluera comme celle d'un titre court terme.

Si le taux de référence n'a pas la même durée que l'intervalle séparant deux versements de coupon, le problème est un peu plus compliqué. Cependant, les taux à court terme étant généralement peu différents, le lecteur aura deviné que la valeur de l'obligation ne sera que peu modifiée dans le temps.

> Ainsi, les obligations à taux variable sont des titres très peu volatils, même si leur valeur n'est pas toujours parfaitement égale à 100 % du nominal.

2 ■ La rémunération du risque

24.18 Les entreprises qui émettent des obligations à taux variable doivent, comme celles qui émettent des obligations à taux fixe, rémunérer les investisseurs pour le risque de contrepartie (de solvabilité). C'est pourquoi, une partie fixe, la marge, est ajoutée à la partie variable dans le calcul du coupon. Une entreprise pourra émettre, par exemple, à Euribor 3 mois + 1,45 %, on dira d'ailleurs souvent à 145 points de base. Le niveau de cette marge dépend de la santé financière de l'entreprise.

La marge est la plupart du temps fixée de manière définitive à l'émission de l'obligation ; or le risque que représente la société peut varier dans le temps. Cette donnée, qui ne dépend pas de l'évolution des taux d'intérêt, augmente légèrement la volatilité des titres à taux variable.

La problématique du risque de solvabilité est la même pour un titre à revenu fixe que pour un titre à revenu variable.

3 ■ Les titres à taux indexé

24.19 Le taux variable, tel que nous l'avons décrit au paragraphe 24.17, est indexé sur un taux d'intérêt de marché. De manière plus générale, le coupon d'une obligation peut être indexé sur n'importe quel indice ou prix, à condition qu'il soit clairement défini contractuellement. On parlera alors de titre indexé.

Ainsi, la plupart des États européens ont émis des obligations indexées sur l'inflation (appelées **OATi** en France) dont le coupon et le prix de remboursement sont réévalués pour tenir compte de la hausse de l'indice des prix depuis le lancement de l'emprunt. L'investisseur est ainsi complètement protégé contre l'inflation. L'État français émet également depuis 2001 des obligations indexées sur le taux d'inflation moyen de la zone euro (**OAT €i**). De la même façon, des entreprises mexicaines ont proposé des obligations indexées sur le prix du pétrole, des entreprises des obligations indexées sur leur propre cours de Bourse...

La valorisation de ce type de titres nécessite avant tout de réaliser des projections sur l'évolution de la valeur de l'indice sous-jacent... opération souvent complexe.

24.20 Le tableau suivant présente les principaux taux de référence en France et en Europe.

Indices de référence en Europe et en France

Marché de référence	Taux	Définition	Niveau en avril-mai 2014
Marché monétaire	EONIA (*Euro Overnight Index Average*)[1]	Taux du marché monétaire européen au jour le jour. C'est un taux moyen pondéré par les transactions des opérations déclarées par un échantillon représentatif d'établissements (les mêmes que pour l'EURIBOR). Il est calculé par la Banque centrale européenne et publié sur Reuters et Bloomberg.	0,46 %
	EURIBOR (*Euro Interbank Offered Rate*)[1]	Taux du marché monétaire européen, il est égal à la moyenne arithmétique des taux offerts sur le marché bancaire européen pour une échéance déterminée (entre 1 semaine et 12 mois). Il est sponsorisé par la Fédération bancaire européenne et publié sur Reuters à partir de cotations fournies quotidiennement par 43 banques européennes.	0,34 % (3 mois)
	LIBOR (*London Interbank Offered Rate*)	Taux du marché monétaire observé à Londres, il est égal à la moyenne arithmétique des taux offerts sur le marché bancaire à Londres pour une échéance déterminée (entre 1 et 12 mois) et une devise donnée (euro, livre, dollar…).	0,31 % (euro 3 mois)
	TMM (ou T4M)	Taux moyen mensuel du marché monétaire. Il est égal à la moyenne arithmétique des taux journaliers EONIA observés sur un mois. Il est calculé par la Fédération bancaire française.	0,19 %
	TAG (/ TAM)	Taux annuel glissant : rendement d'un placement sur 1 mois à TMM renouvelé sur une période de 1 à 12 mois (intérêts capitalisés). Le TAG 12 mois est également appelé TAM (taux annuel monétaire).	0,07 % (TAG 3 mois)
Bons du Trésor à taux fixe	THB (taux hebdomadaire des bons du Trésor)	Taux du marché monétaire. Il est égal au taux de rendement actuariel annuel correspondant au taux d'escompte pondéré constaté lors des adjudications hebdomadaires de bons du Trésor à taux fixe et à intérêts précomptés à 13 semaines. Il est publié par la Caisse des dépôts et consignations.	0,18 %
	TMB (taux moyen mensuel des bons du Trésor)[2]	Taux du marché monétaire, mensuel. Il est égal à la moyenne arithmétique des THB du mois considéré. Il est publié par la Caisse des dépôts et consignations.	0,18 %
Marché secondaire des emprunts d'État	TEC10 (taux de l'échéance constante 10 ans)[2]	Indice quotidien des rendements des emprunts d'État à long terme correspondant au taux de rendement actuariel d'une obligation du Trésor fictive dont la durée serait de 10 ans. Il est calculé par interpolation linéaire entre les taux de rendement actuariel des deux OAT encadrant le plus près la maturité théorique de 10 ans. Il est publié par l'Agence France Trésor.	1,99 %
	TECn[2]	Identique au TEC10 mais pour une durée de n années.	
	THE (taux hebdomadaire des emprunts d'État de plus de 7 ans)[2]	Calculé maintenant comme TEC 10 + 0,05 %.	2,05 %
	TME (taux mensuel des emprunts d'État)[2]	Il est égal à la moyenne arithmétique des THE sur un mois donné. Il est publié par la Caisse des dépôts et consignations.	2,06 %
Marché primaire des émissions	THO [2]	Taux hebdomadaire du marché primaire des émissions à plus de 7 ans. Il est calculé comme TEC 10 + 0,25 %	2,25 %
	TMO[2]	Moyenne arithmétique des THO du mois	2,26 %

1. *Disponibles sur la page www.banque-france.fr/economie-et-statistiques/change-et-taux/les-taux-interbancaires.html.*
2. *Disponibles sur la page www.banque-france.fr/economie-et-statistiques/change-et-taux/les-indices-obligataires.html.*

Section 4 ■ La volatilité des titres de dette

24.21 Trois risques menacent le détenteur d'un titre de dette qui se croyait pourtant à l'abri en ayant choisi un tel titre :

- le **risque de taux** et le **risque de réinvestissement des coupons**, qui affectent essentiellement les dettes à taux fixe ;
- le **risque de solvabilité** qui affecte les dettes à taux fixe comme celles à taux variable. Nous le développerons à la section 5 suivante.

Ajoutons qu'il peut avoir un risque de liquidité sur son titre. Cependant ce risque peut être éliminé si l'investisseur est prêt à conserver le titre jusqu'à son échéance.

1 ■ La fluctuation de la valeur de l'obligation à taux fixe du fait des variations de taux d'intérêt

a) Définition

24.22 Que se passerait-il si, dès la clôture de la souscription de l'emprunt Areva, le taux d'intérêt du marché passait à 3,691 % (première hypothèse) ou à 2,691 % (seconde hypothèse) ? Dans le premier cas, le détenteur du titre va, à l'évidence, s'efforcer de vendre l'obligation Areva qui ne rapporte que 3,191 % pour acheter des titres rapportant du 3,691 %. Le cours de l'obligation baissera donc de manière à ce que cette obligation offre à son acheteur un taux actuariel de 3,691 %. Inversement, dans le second cas, si le taux du marché passe à 2,691 %, les détenteurs de l'obligation Areva conserveront leurs titres. Les autres investisseurs s'efforceront de les acquérir et le cours de l'obligation s'élèvera de manière à ce que cette obligation offre à son acheteur un taux actuariel de 2,691 %.

Une variation en hausse (ou en baisse) des taux entraîne donc une baisse (respectivement une hausse) de la valeur actuelle d'une obligation à taux fixe et ce, indépendamment de la situation économique de l'émetteur.

> La valeur d'un titre de dette à taux fixe n'est pas fixe. Elle varie en fonction du taux du marché. Si les taux d'intérêt montent, la valeur baisse. Si les taux d'intérêt baissent, la valeur monte.

Nous avons vu que, pour un taux actuariel de 3,191 %, le prix de notre obligation Areva s'établit à 99,491 % (le prix d'émission).

Si le taux actuariel de marché passe à 3,691 % (+ 0,5 % ou 100 « points de base »), le nouveau cours devient :

$$V = \sum_{i=1}^{9} \frac{3,125\ \%}{(1 + 3,691\ \%)^i} + \frac{100\ \%}{(1 + 3,691\ \%)^8} = 95,732\ \%,\ \text{soit une baisse de } 3,78\ \%.$$

On constate que le détenteur d'obligations à taux fixe court un risque en capital et ce risque est loin d'être théorique compte tenu des fluctuations des taux d'intérêt sur moyenne période :

Évolution des taux d'intérêt français

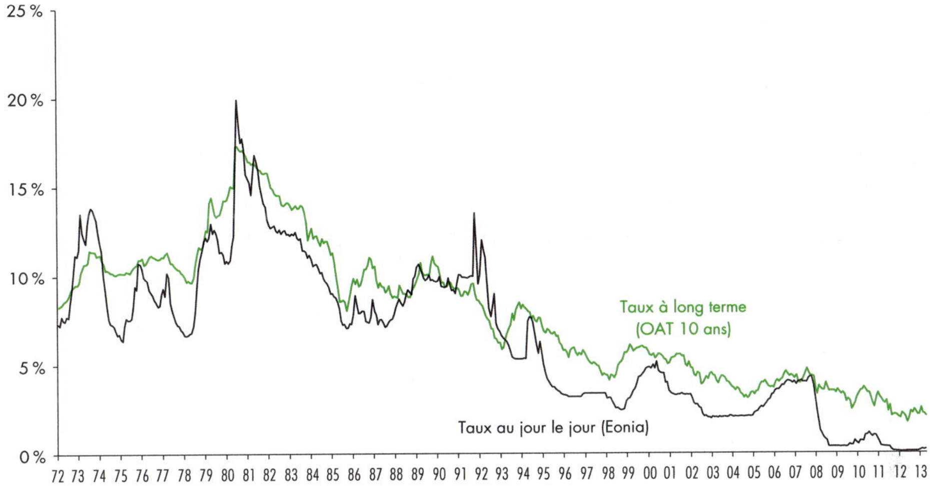

Source : Datastream.

b) Mesure : sensibilité et convexité

24.23 La sensibilité d'une obligation (*modified duration* en anglais) mesure la variation de sa valeur en pourcentage induite par une variation donnée du taux d'intérêt. Le cours d'une obligation de sensibilité 4 progressera de 4 % lorsque le taux d'intérêt baissera de 7 % à 6 %, alors qu'une autre de sensibilité 3 ne verra son cours progresser que de 3 %.

Mathématiquement, la sensibilité est égale à la valeur absolue de la dérivée de la valeur de l'obligation par rapport au taux d'intérêt, divisée par la valeur de l'obligation :

$$\text{Sensibilité} = \frac{1}{V} \times \sum_{i=1}^{n} \frac{i \times F_i}{(1+t)^{i+1}}$$

où t est le taux du marché et F_i représente les flux de l'obligation.

En reprenant l'exemple de l'emprunt Areva, on obtient à la date d'émission une sensibilité de 7,733.

La sensibilité permet donc de calculer, pour une variation de taux donnée, la variation en pourcentage du cours de l'obligation qui en résultera. Pour cela, il suffit de multiplier la variation du taux par la sensibilité. Une hausse des taux de 3,191 % à 3,691 % entraîne ainsi une baisse du cours de 0,5 % × 7, 733 = 3,866 % qui passe donc de 99,491 à 99,491 × (1 – 3,866) = 95,644 %.

On constate une différence de 0,088 % avec le prix calculé précédemment (95,732 %). La sensibilité est juste au point où celle-ci est calculée (ici 3,191 %). Au fur et à mesure que l'on s'éloigne de ce point, elle va se déformer de plus en plus. Ainsi, avec un taux de 3,691 %, elle n'est plus de 7,733 mais 7,693. Elle va donc biaiser le calcul de la nouvelle valeur de l'obliga tion, mais ce biais sera d'autant plus faible que la variation de taux d'intérêt l'est aussi.

Géométriquement, la sensibilité étant la dérivée du cours de l'obligation par rapport au taux d'intérêt, elle correspond à la pente de la tangente à la courbe des valeurs de l'obligation en fonction du taux d'intérêt. Comme celle-ci est une branche d'hyperbole, la pente de cette tangente n'est pas constante et évolue avec les taux d'intérêt.

c) Paramètres affectant la sensibilité

24.24 Considérons les trois obligations suivantes :

Obligation	**A**	**B**	**C**
Coupon	5 %	5 %	0 %
Prix	100	100	100
Taux actuariel	5 %	5 %	5 %
Prix de remboursement	100	100	432,2
Durée de vie résiduelle	5 ans	15 ans	30 ans

Quel est le prix de ces obligations en cas de fluctuation des taux d'intérêt ?

Taux d'intérêt du marché	**A**	**B**	**C**
1 %	119,4	155,5	320,7
5 %	100	100	100
10 %	81	62	24,8
15 %	66,5	41,5	6,5

On constate que **plus l'échéance de l'obligation est éloignée, plus sa valeur est sensible à une variation du taux d'intérêt**.

La sensibilité est d'abord fonction de la date d'échéance : **plus une obligation se rapproche de la date d'échéance, plus son cours se rapproche de la valeur de remboursement et plus sa sensibilité diminue**. À l'inverse, plus l'échéance de l'obligation est lointaine, plus sa sensibilité est forte.

La sensibilité dépend aussi de deux autres paramètres toutefois secondaires au regard de l'effet durée :

- **le taux facial de l'obligation** : plus le taux facial de l'obligation est faible, plus sa sensibilité est élevée ;
- **le taux du marché** : plus le taux du marché est faible, plus la sensibilité d'une obligation est élevée.

La sensibilité constitue un outil de gestion systématiquement utilisé par les gérants de portefeuilles obligataires. S'ils prévoient une baisse des taux, ils choisiront des obligations à forte sensibilité, c'est-à-dire à longue maturité et avec un coupon très faible, voire un coupon zéro, pour maximiser leurs gains en capital.

Inversement, si les gérants de portefeuilles obligataires anticipent une hausse des taux, ils préféreront des obligations avec une faible sensibilité (c'est-à-dire avec une échéance rapprochée et un coupon élevé), afin de minimiser leurs pertes en capital.

On appelle **convexité** la dérivée seconde du cours par rapport au taux d'intérêt. **Elle mesure la variation relative de la sensibilité d'une obligation pour une petite fluctuation des taux d'intérêt.** La convexité exprime la rapidité de l'appréciation ou de la dépréciation du cours de l'obligation si les taux baissent ou montent.

2 ■ Le risque de réinvestissement des coupons

24.25 Nous avons vu que le détenteur d'une obligation ne sait pas à quel taux ses coupons seront réinvestis et ce, sur toute la durée de détention de son titre. Seule l'obligation à coupon zéro lui permet d'être protégé contre ce risque puisqu'il n'y a pas de coupon !

Remarquons tout d'abord que ce risque est opposé au risque précédent. En effet, en cas de hausse des taux, l'investisseur subit une perte en capital, mais il réinvestit les coupons à un taux supérieur au taux actuariel initial. À l'inverse, une baisse des taux d'intérêt se traduit pour lui par une perte sur le réinvestissement des coupons et par un gain en capital.

Intuitivement, on conçoit que pour tout portefeuille ou titre de dette à revenu fixe, il existe un horizon pour lequel :

- en cas de baisse des taux, la perte sur le réinvestissement des coupons sera compensée par la plus-value réalisée sur la vente de l'obligation ;

- en cas de hausse des taux, le gain sur le réinvestissement des coupons sera compensé par la moins-value enregistrée sur la vente de l'obligation.

Au total, au terme de cet horizon, quelle que soit l'évolution des taux d'intérêt, la valeur globale du portefeuille (obligations + coupons réinvestis) est la même. L'investisseur aura alors dégagé sur son investissement un taux de rentabilité égal au taux actuariel annoncé au moment de l'émission.

On dit alors que le portefeuille est **immunisé** à cet horizon. Il est en effet protégé contre le risque de fluctuation des taux d'intérêt (risque en capital et risque de réinvestissement des coupons). Cet horizon s'appelle la **duration** d'un emprunt. Elle peut être calculée à tout moment, à l'émission et pendant toute la durée de vie de l'emprunt.

Ainsi, un investisseur qui veut s'assurer d'un taux de rentabilité certain sur une période de 3 ans choisira un portefeuille de titres de dette dont la duration est de 3 ans.

Mathématiquement, la duration se calcule ainsi :

$$\text{Duration} = \frac{\sum_{i=1}^{n} \frac{i \times F_i}{(1+t)^i}}{\sum_{i=1}^{n} \frac{F_i}{(1+t)^i}}$$

La duration est une sorte de durée de vie moyenne actualisée de tous les flux (intérêt et capital). En effet, au numérateur on trouve les flux actualisés et pondérés par le nombre d'années tandis qu'au dénominateur figure la valeur actuelle du titre de dette. Notons que la duration d'une obligation à coupon zéro est égale à sa durée de vie.

L'obligation Areva présente une duration à l'émission de 7,98 années.

La duration est très simplement liée à la sensibilité puisque :
Duration = (1 + t) × Sensibilité.

On vérifie que 7,733 × (1 + 3,191 %) = 7,98 années.

Faisant un retour en arrière sur la sensibilité, on peut dire qu'elle s'explique par la duration de l'emprunt qui synthétise en un seul concept les déterminants contraires de la sensibilité : la durée, le taux facial et le taux de marché.

Section 5 ■ Le risque de solvabilité et le rôle de la notation financière

24.26 Le risque de solvabilité peut être mesuré à partir d'une analyse financière classique de la situation de l'emprunteur, ou de la mise en œuvre de techniques de *credit scoring* comme nous l'avons vu au chapitre 9. Il existe des organismes spécialisés dans l'analyse du risque de défaut qui délivrent une note (le *rating*) reflétant la qualité de la signature de l'emprunteur. Trois agences de notation dominent le marché : Moody's, Standard & Poor's et Fitch, mais le développement d'un marché obligataire pour les entreprises moyennes permet à de nouvelles agences d'émerger (Scope Credit Rating par exemple).

Les agences notent aussi bien les entreprises que les banques, les États ou les collectivités locales. Elles peuvent attribuer une note pour un emprunt particulier ou une note absolue pour un émetteur (note attribuée à une dette de premier rang). Par ailleurs, les agences distinguent les perspectives court terme et long terme.

Pour l'endettement à court terme, on a ainsi :

Note Moody's	Note Standard & Poor's	Signification	Exemples (avril 2014)
Prime 1	A-1	Forte capacité à faire face aux obligations	Air Liquide, Nestlé, France
Prime 2	A-2	Bonne capacité de remboursement	Telefónica, Barclays
Prime 3	A-3	Capacité acceptable de remboursement	Pernod Ricard, Maroc
Not Prime	B	Spéculatif	Lafarge, Peugeot, Attijariwafa Bank
	C	Vulnérable	
	D ou SD	En défaut de paiement ou en faillite	

Et pour l'endettement à long terme :

Note Moody's	Note Standard & Poor's et Fitch	Signification	Exemples (avril 2014)
Aaa	AAA	Meilleure qualité, risque le plus faible. Capacité à faire face à ses obligations extrêmement forte sur le très long terme	Allemagne, Australie
Aa	AA	Haute qualité. Très forte capacité à faire face à ses obligations	Total, Nestlé, la ville de Lyon, Sanofi, France
A	A	Catégorie supérieure des obligations de qualité moyenne. Capacité forte de l'emprunteur à faire face à ses obligations	Barclays, LVMH, BASF, Mexique, Pologne, Air liquide
Baa	BBB	Qualité moyenne. Capacité satisfaisante de l'emprunteur à faire face à ses obligations	Michelin, Vivendi, Maroc, Pernod Ricard, Telefónica
Ba	BB	De nature spéculative. Capacité incertaine à terme de l'emprunteur à faire face à ses obligations	Piaggio, Lafarge, Attijariwafa Bank, Tereos, Portugal
B	B	Faible capacité de l'emprunteur à faire face à ses obligations	Sri Lanka, Alcatel Lucent, CMA CGM, Grèce, Peugeot, Technicolor
Caa	CCC	Qualité médiocre. Danger quant au paiement des intérêts et au remboursement du capital	Metrogas, Sears, Ukraine
Ca	CC	Hautement spéculatif. Proche de la défaillance	
C	C	Proche du dépôt de bilan	
	D ou SD	En défaut de paiement ou en faillite !	Seat Pagine Gialle

La notation à court terme n'est pas indépendante de la notation à long terme comme le montre le graphique suivant :

L'écart entre chaque note long terme sur la gauche du tableau est appelé un *notch*. Ainsi, par exemple, 2 notches séparent BBB + de A.

Corrélation notation long terme/notation court terme

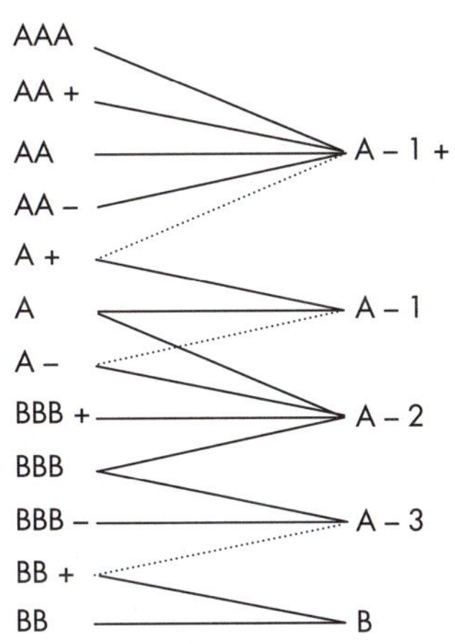

Source : Standard & Poor's.

24.27 Les notations de référence sont assorties d'une perspective qui peut être stable, positive ou négative et qui indique la tendance probable de ces notes dans les 2 ou 3 ans à venir. En outre, les notes à court et moyen termes peuvent être complétées par un signe + ou – ou un chiffre qui permet d'affiner le positionnement de l'entreprise au sein d'une catégorie. La **mise sous surveillance** signale aux investisseurs qu'un événement (acquisition, cession, fusion…) est susceptible d'entraîner, après analyse, une modification de la note : amélioration dans le cas de mise sous surveillance avec implication positive, abaissement dans le cas d'une mise sous surveillance avec implication négative, ou indéterminée lorsque l'agence n'est pas en mesure de se prononcer immédiatement.

Globalement, on appelle en anglais *investment grade* ou *high grade* les notes situées entre AAA et BBB –, tandis que les notes situées entre BB + et D sont appelées *non investment grade* (ou *below investment grade* ou *speculative grade* ou encore haut rendement ou *high yield*). Ce sont deux classes de risque importantes aux yeux des investisseurs, notamment institutionnels, qui n'ont souvent pas le droit d'acheter des obligations de la catégorie *non investment grade* car elles sont beaucoup plus risquées !

Ainsi, au sein de l'échantillon international suivi par Standard & Poor's et au bout de 15 ans, 1 % des émetteurs notés AAA n'ont pas honoré une échéance sur un emprunt tandis que 32,5 % des émetteurs notés B ont fait défaut.

Risque de défaut au bout de n années en fonction du *rating*

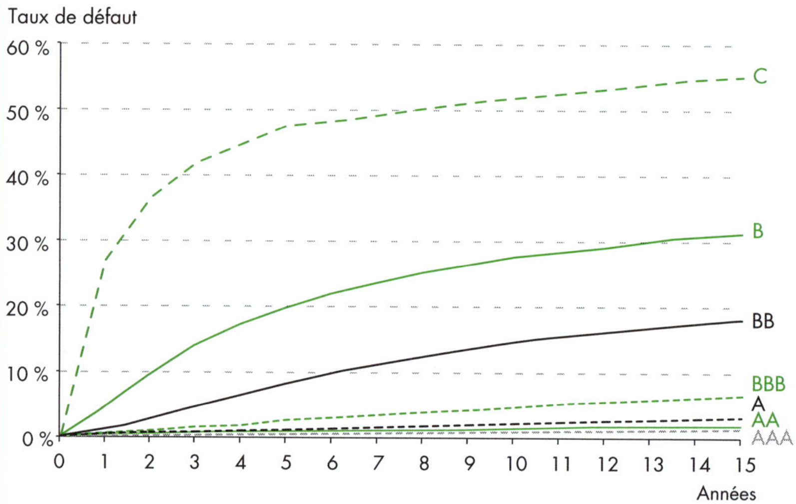

Source : Standard & Poor's 2014.

24.28 Les agences de notation financière notent en général les entreprises à leur demande, ce qui leur permet d'accéder à de l'information privilégiée (plan à moyen terme, contacts avec le management). L'attribution d'une note sans collaboration avec l'entreprise est assez rare et tributaire de la qualité de l'information disponible dans le marché sur l'entreprise. Si l'entreprise n'en a pas un besoin immédiat (ou si le résultat du processus de notation n'est pas de son goût !), la notation peut rester confidentielle, on parlera alors de *shadow rating*. Le coût pour un groupe d'obtenir un premier *rating* est très élevé (plus de 500 000 euros en moyenne, auxquels il faut ajouter un coût annuel supérieur à 100 000 euros).

Processus d'obtention d'un *rating*

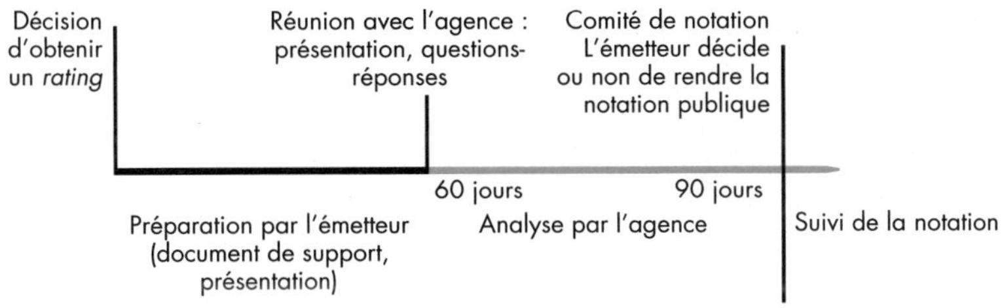

Le processus de notation diffère du *scoring* dans la mesure où il ne s'agit pas d'une seule analyse quantitative. L'analyste de l'agence tiendra ainsi compte :

- du positionnement de la société dans son secteur ;
- de l'analyse des données financières ;
- de la structure financière actuelle mais également de la stratégie de financement de l'entreprise (souvent appréhendée au travers de rencontre avec le management).

RÉSUMÉ

Le résumé de ce chapitre est disponible sur le site www.vernimmen.net.

Un titre de dette est un titre financier qui matérialise l'engagement d'un emprunteur envers un prêteur qui, en contrepartie, met des fonds à sa disposition. Cet engagement prévoit un échéancier de flux financiers qui définit les modalités de remboursement des fonds et un mode de rémunération du prêteur dans l'intervalle.

Le prix d'une obligation ne traduit pas sa cherté ; seul le taux de rentabilité actuariel de l'obligation (qui annule sa VAN, c'est-à-dire la différence entre son prix et la valeur actuelle des flux futurs) permet de classer les différentes opportunités offertes à l'investisseur (en fonction du risque et de la durée). Sur le marché secondaire, le taux de rentabilité actuariel ne représente qu'un coût d'opportunité pour l'émetteur : c'est le coût auquel il pourrait se réendetter aujourd'hui.

Les paramètres de base des obligations sont les suivants :

- valeur nominale ou valeur faciale ou pair ;
- prix d'émission assorti éventuellement d'une prime (ou d'une décote) par rapport à la valeur nominale ;
- amortissement : remboursement *in fine*, par amortissement constant, par annuités constantes. Il est également parfois possible de rembourser une partie du capital par anticipation ;
- durée de vie moyenne : lorsque le remboursement de l'emprunt s'effectue en plusieurs tranches, elle correspond à la moyenne des durées de vie de chacune des tranches de l'emprunt ;
- date de jouissance : c'est la date à partir de laquelle les intérêts commencent à courir ;
- taux facial : c'est le taux du coupon ;
- prime d'émission/de remboursement : c'est la différence entre le prix d'émission et la valeur nominale/entre le prix de remboursement et la valeur nominale ;
- périodicité : c'est la fréquence de versement des intérêts. Lorsque les intérêts ne sont versés qu'au moment du remboursement de l'emprunt après avoir été capitalisés, on parle d'emprunts coupon zéro ;
- les intérêts sont soit précomptés (versés au début de la période sur laquelle ils sont calculés), soit postcomptés.

La diversité de ces paramètres explique pourquoi le taux de rentabilité actuariel peut différer du taux du coupon.

Les titres de dette à taux fixe sont exposés à un risque de taux : la valeur d'un titre de dette à taux fixe monte quand les taux baissent et *vice versa*. Cette fluctuation se mesure par :

- la sensibilité, qui mesure la variation en pourcentage de la valeur d'une obligation induite par une petite variation du taux d'intérêt. La sensibilité est fonction de la date d'échéance de l'obligation, de son taux facial et du taux du marché ;
- la convexité, dérivée seconde du cours par rapport au taux d'intérêt, qui exprime la rapidité de son appréciation ou de sa dépréciation si les taux baissent ou montent ;
- un risque de réinvestissement des coupons : il existe un horizon pour lequel un portefeuille est immunisé, c'est-à-dire protégé contre le risque de fluctuation des taux d'intérêt (risque en capital et risque de réinvestissement des coupons) : c'est la duration, égale au rapport des flux actualisés et pondérés par le nombre d'années à la valeur actuelle du titre de dette.

Les titres de dette à taux variable ont un coupon qui n'est pas fixe mais indexé sur un taux de marché (avec une marge fixe ajoutée au taux variable dans la détermination du coupon). Les obligations à taux variable sont des titres très peu volatils, même si leur valeur n'est pas toujours égale à 100 % du nominal.

Tous les titres de dette sont exposés à un risque de solvabilité apprécié par les agences de *rating* (Standard & Poor's, Moody's…) *via* des notes (AAA, AA, A, BBB…) qui dépendent de la volatilité de l'actif économique et de la structure financière de l'émetteur. La conséquence en est la marge ou *spread*, écart entre le taux de rentabilité actuariel de l'obligation et celui d'un emprunt sans risque de durée identique. Le *spread* est naturellement d'autant plus faible que la solvabilité de l'émetteur est perçue comme bonne.

QUESTIONS

1/ Qu'est-ce que la valeur faciale d'un titre à revenu fixe ? À quoi sert-elle ?

2/ Quelle différence existe-t-il entre durée de vie et duration d'une obligation ? Pour quel type de titre ces deux notions sont-elles équivalentes ?

3/ Qu'est-ce que le taux de rentabilité actuariel d'une obligation ? Comment le calcule-t-on ?

4/ Un titre de dette est-il plus volatil le jour de son émission ou le jour de son remboursement ?

5/ La valeur d'un titre de dette à taux variable est-elle à tout moment égale à 100 % du nominal ? Pourquoi ?

6/ Qu'est-ce qu'un taux variable ? Un taux indexé ?

7/ Vous êtes un investisseur qui anticipe une baisse des taux. Classez par ordre décroissant de préférence les obligations suivantes :

a) une obligation à taux variable remboursable *in fine* dans 10 ans ;

b) une obligation à taux variable remboursable *in fine* dans 7 ans ;

c) une obligation perpétuelle à taux fixe ;

d) une obligation à taux fixe remboursable *in fine* dans 5 ans ;

e) une obligation à taux fixe remboursable par annuités constantes en capital et intérêts d'une durée de 5 ans ;

f) une obligation à taux fixe remboursable par annuités constantes en capital d'une durée de 5 ans.

8/ Pourquoi le taux de rendement actuariel d'un emprunt émis à 99 % du pair est-il supérieur au taux facial ?

9/ Vrai ou faux ?

a) Si les taux d'intérêt montent, le cours des obligations à taux fixe baisse.

b) Si le taux du coupon est plus fort que le taux de rentabilité actuariel, l'obligation cote moins de 100 % du nominal.

c) Une obligation à fort coupon vaut moins cher qu'une obligation à faible coupon.

d) Plus la duration d'une obligation est forte, plus son cours est élevé.

10/ Le taux de rentabilité requis d'une dette augmente-t-il avec :

a) le taux d'inflation ;

b) la part des dettes dans la structure financière ;

c) l'échéance de l'emprunt ;

d) le taux des obligations d'État ;

e) le risque de l'actif économique ?

11/ L'écart entre le prix d'une obligation d'État et celle d'une entreprise privée correspond à la valeur d'une option. Quelles sont ses caractéristiques ?

12/ Dans quelle condition un emprunt à taux variable peut-il coter largement moins que 100 % ?

D'autres questions vous attendent sur le site www.vernimmen.net.

EXERCICES

1/ La société Boucherie Sanzot a émis l'emprunt ci-dessous :

Boucherie Sanzot **Emprunt 5,5 % février 2014**
Montant : 125 M€
Prix d'émission : 99,731 %
Date de jouissance : 20 février 2014
Date de règlement : 20 février 2014
Durée : 7 ans
Intérêt annuel : 5,5 % payable en une seule fois le 20 février de chaque année et pour la première fois le 20 février 2015
Amortissement normal : ces obligations seront amorties en totalité le 20 février 2021 par remboursement au pair

a) Calculez le taux de rendement actuariel de l'obligation à l'émission, sa sensibilité et sa duration.

b) Le 21 février 2015, le taux de rendement actuariel offert par les obligations comparables à l'obligation Boucherie Sanzot est de 5 %. Calculez la valeur, la sensibilité et la duration, à cette date, de l'obligation Boucherie Sanzot et commentez par rapport aux résultats précédents.

2/ En août 2014, la société Eaux Minérales Syldaves lance un emprunt composé de deux tranches de même taille :

	Tranche A	**Tranche B**
Remboursement	*In fine* dans 10 ans	*In fine* dans 10 ans
Taux d'intérêt	8 % + 1,5 × (TMO – 8,3 %)	8 % – 1,5 × (TMO – 8,3 %)
Plancher/Plafond du taux d'intérêt	0 % – 16 %	0 % – 16 %

TMO est le taux moyen des obligations sur le marché syldave. À la date du lancement de l'emprunt, il était de 8,3 %.

a) Analysez le comportement de ces deux emprunts pour différents niveaux de TMO.

b) Si vous pensez que les taux d'intérêt vont monter, quelle tranche choisirez-vous ?

c) Les Eaux Minérales Syldaves ont-elles emprunté à taux fixe ou à taux variable ? Quelles étaient leurs anticipations de taux d'intérêt ?

d) Quel est l'intérêt de cet emprunt pour les Eaux Minérales Syldaves ?

3/ Le 21 février 2014, vous observez dans le quotidien *Les Échos de Moulinsart*, les cotations suivantes des emprunts d'État belges à coupon zéro (qui ne versent qu'un seul coupon avec le principal à l'échéance d'un montant total de 100) :

Date d'échéance	Cours
20 février 2015	96,25
20 février 2016	91,92
20 février 2017	87,38
20 février 2018	82,90
20 février 2019	78,35
20 février 2020	74,20
20 février 2021	70,13

a) Calculez les taux actuariels pour chaque emprunt coupon zéro.

b) Vous estimez que le risque Boucherie Sanzot nécessite un *spead* de 58 points de base (0,58 %) par rapport aux emprunts d'État. Calculez alors la valeur de l'obligation Boucherie Sanzot de l'exercice 1.

ÉLÉMENTS DE RÉPONSE

Questions

1. C'est la valeur nominale. À calculer le montant des intérêts et le montant qui sera remboursé.
2. La duration est une sorte de durée de vie actualisée (intérêts financiers inclus). Coupon zéro.
3. Taux qui égalise la valeur actuelle des flux (intérêts et remboursement) avec la valeur de marché.
4. Le jour de son émission car le jour de son remboursement il vaut le prix de son remboursement et la volatilité est devenue nulle.
5. Non. Entre deux versements d'intérêts, elle se comporte comme une obligation à taux fixe court terme.
6. Voir ce chapitre.
7. c) d) e) f), a) et b) *ex aequo*.
8. Car le prix d'émission est inférieur au nominal.
9. Vrai : a). Faux : b) c) d).
10. Vrai : a) b) c) d) e).
11. C'est la valeur d'une option de vente de l'actif économique aux créanciers que les actionnaires exercent si, à l'échéance, la valeur de l'actif économique est inférieure au moment des dettes à rembourser (voir chapitre 38).
12. Si la solvabilité de l'émetteur est fortement dégradée.

Exercices

Les corrigés détaillés des exercices sur excel sont disponibles sur le site www.vernimmen.net.

1. a) Taux de rendement actuariel = 5,547 % ; sensibilité 5,68 ; duration : 6,0 années.

b) La sensibilité et la duration seront réduites puisque la durée de l'emprunt est plus courte et ce bien que le taux du marché ait baissé, ce qui illustre le fait que le facteur durée affecte plus la sensibilité que le facteur taux du marché. Valeur = 102,6 ; sensibilité = 5,03 ; duration = 5,28 années.

2. a) Le cours des obligations tranche A monte quand le taux d'intérêt monte, c'est l'inverse pour la tranche B.
 b) La tranche A.
 c) À un taux fixe de 8 %, plutôt à la hausse.
 d) Pouvoir émettre à un taux inférieur à celui du marché (8 % contre 8,3 %).
3. a) 3,90 %; 4,30 %; 4,60 %; 4,80 %; 5 %; 5,10 %; 5,20 %.
 b) V = 98,79.

BIBLIOGRAPHIE

Pour approfondir vos connaissances sur le marché des dettes :

Bierwag G., Fooladi I., « Duration analysis : An historical perspective », *Journal of Applied Finance* février 2006, vol. 16, n° 2, pages 144 à 160.

Fabozzi F., *The handbook of fixed income securities*, 8e édition, McGraw-Hill, 2011.

Kopprasch B., « Duration : A practitioner's view », *Journal of Applied Finance* février 2006, vol. 16, n° 2, pages 138 à 143.

Maina E., *La gestion obligataire*, 2e édition, Revue Banque Édition, 2006.

Pour approfondir l'évaluation des titres de dettes :

Chen L., Lesmond D., Wei J., « Corporate yield spreads and bond liquidity », *Journal of Finance* février 2007, vol. 62, n° 1, pages 119 à 149.

Gebhardt W., Hvidkjaer S., Swaminathan B., « The cross-section of expected corporate bond returns : Betas or characteristics? », *Journal of Financial Economics* janvier 2005, vol. 75, n° 1, pages 85 à 114.

La Grandville (de) O., *Bond pricing and portfolio analysis : protecting investors in the long run*, The MIT Press, 2003.

Longstaff F. Mithal S., Neis E., « Corporate yield spreads : Default risk or liquidity ? New evidence from the credit default swap market », *Journal of Finance* octobre 2005, vol. 60, n° 5, pages 2213 à 2247.

Van Loye G., « La duration : réexamen théorique », *Analyse financière* mars 1993, pages 85 à 93.

Pour les notations financières :

AMF, « Rapport 2011 de l'autorité des marchés financiers sur les agences de notations », 2012.

www.aboutcreditratings.com.

www.cofacerating.fr.

www.fitchratings.com.

www.moodys.com.

www.standardandpoors.com.

Et enfin, pour tout découvrir sur les différents taux :

www.banque-france.fr/economie-et-statistiques/changes-et-taux.html.

www.cnofrance.org.

www.euribor.org.

Chapitre 25

Les autres produits de dette

Quel choix…

Nous avons présenté l'obligation comme premier produit de dette afin de simplifier la découverte de leurs caractéristiques. Avec ce chapitre, notre lecteur va se rendre compte qu'il existe une foison de produits de dette suivant la même logique que celle de l'obligation : une rémunération indépendante de la performance de l'entreprise et un engagement de remboursement.

Section 1 ■ Les produits d'endettement de marché

1 ■ Les produits de marché à court terme

25.1 Le terme « obligation » est utilisé pour les produits de dette cotés à plus d'un an, mais les entreprises peuvent également émettre sur les marchés financiers des instruments de dette à court terme. Les grandes entreprises, mais aussi les ETI depuis peu, peuvent ainsi se financer en émettant des titres cotés à moins d'un an, parfois appelés papier commercial, traduction du *Commercial Paper* américain. L'émission peut se faire en euros ou en devises. Deux marchés de taille équivalente coexistent pour l'émission de tels titres :

- sur le marché français, **les billets de trésorerie**[1] sont des titres de créance négociables émis par les entreprises sur le marché monétaire pour une durée pouvant s'étendre de un jour à un an. Dans la pratique, la durée de vie de la moitié des billets de trésorerie est comprise entre un et trois mois ;

- sur le marché *offshore*, à Londres, est émis le même type de produits, *Euro Commercial Paper* (ECP).

1 Pour le même type de titres, on parlera de certificats de dépôt (CD) pour les établissements financiers.

Le label STEP (*Short Term European Paper*), adopté en 2006, a permis d'homogénéiser les documentations nationales pour l'émission de titres à court terme.

Le papier commercial permet aux entreprises d'emprunter à court terme directement auprès d'investisseurs ou d'autres entreprises sans passer par le système bancaire, en obtenant des conditions très proches de celles du marché monétaire, tout en diversifiant leurs sources de financement.

25.2 Pour une émission de billets de trésorerie, l'obtention d'un *rating* court terme par une agence de notation financière est facultative, même si elle est implicitement recommandée puisque les entreprises sont « tenues de faire connaître si elles ont demandé une notation d'une agence spécialisée, et le cas échéant, la notation obtenue ». En outre, tout émetteur qui le souhaite peut négocier avec sa banque un engagement de substitution spécifique lui garantissant qu'un concours lui sera consenti au cas où la situation du marché ne lui permettrait pas de procéder au renouvellement du billet. L'utilité d'une telle ligne est de nouveau apparue évidente à l'été 2007 et surtout fin 2008 après la défaillance de Lehman Brothers qui a eu pour conséquence de refermer presque totalement ce marché pour plusieurs semaines. Ces lignes dites de « *back-up* » sont imposées par les agences de *rating* pour obtenir une notation de qualité au programme d'émission de billets de trésorerie. Ainsi, telle agence de *rating* souhaite avoir une ligne de *back-up* de 70 % de l'encours de billets de trésorerie pour maintenir le *rating* à court terme A1 + de l'entreprise.

Outre un coût plus faible qu'un découvert bancaire, le billet de trésorerie donne à l'entreprise une certaine autonomie à l'égard de ses banques. C'est un instrument très flexible en matière de durée, moins en matière de montant.

En France, les émetteurs sont une centaine de grandes entreprises privées et publiques.

Encours de billets de trésorerie (en Md€)

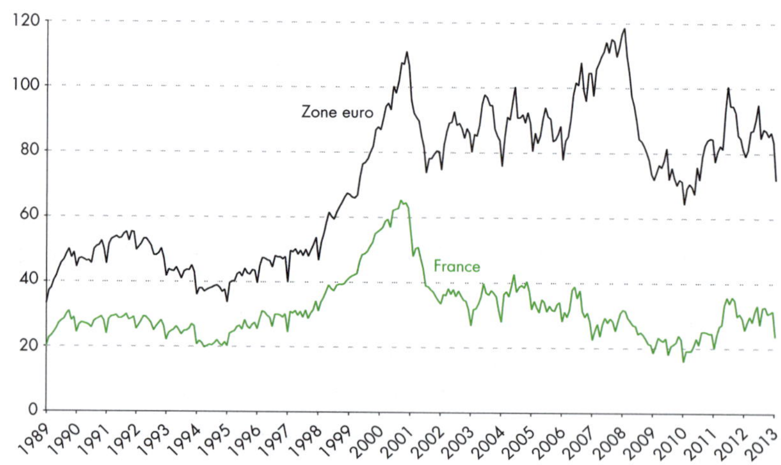

Source : Banque de France.

Enfin, les entreprises de tout pays peuvent émettre des *commercial papers* américains. Ils sont émis exclusivement en dollars et placés sous l'égide de la réglementation 144 A qui définit les conditions d'émission de titres aux États-Unis pour une entreprise étrangère (voir paragraphe 29.8).

2 ■ Les produits de marché long terme

25.3 L'obligation que nous avons présentée au chapitre 24 précédent est par excellence le produit d'endettement de marché à long terme.

Bien qu'il revête en pratique la forme d'une obligation, il convient de faire une place à part aux placements privés obligataires (*private placement*). En effet ceux-ci sont à cheval entre une dette obligataire classique et un emprunt bancaire. Ce sont des placements d'obligations à un nombre limité d'investisseurs institutionnels (« investisseurs qualifiés »).

Il existe un marché en Allemagne (les *Schuldschein*), en Belgique (placements auprès de personnes physiques) et en France depuis 2012. Les réglementations européennes sont généralement peu souples pour la mise en place de telles opérations. En revanche, la réglementation américaine rend ce type de transaction simple à mettre en œuvre (*US Private Placement* ou USPP).

Les placements privés sont devenus une alternative réelle de financement pour les entreprises françaises qu'elles soient grandes (Veolia, Bolloré) ou moyennes (Lactalis, Bonduelle, Nexity). L'opération consiste généralement en un prêt immédiat à taux fixe en euros. Comme elles ne doivent pas répondre à des contraintes de liquidité, les émissions (et au sein de chaque émission, les différentes tranches) peuvent être de taille modeste (et inférieure à ce que serait souvent une émission obligataire classique). Ces financements permettent généralement une maturité longue (7 à 15 ans et une majorité entre 6 et 7 ans).

Ils sont attractifs pour un groupe qui veut diversifier ses financements, avoir accès à des financements longs, et ce sans nécessiter de *rating*. Mais la documentation est généralement contraignante (des *covenants* sont fréquents) et les investisseurs beaucoup moins flexibles lors d'une éventuelle renégociation des termes du placement privé que ne le sont les banques proches de l'entreprise.

Le renforcement des contraintes de solvabilité des banques les contraint dans leur offre de crédit, particulièrement en dehors de leurs marchés domestiques. La nature ayant horreur du vide, les prêts aux entreprises hors circuit bancaire (le *shadow banking*) se développent et le marché du placement privé en est une illustration.

Section 2 ■ Les produits d'endettement bancaire

25.4 Les dettes bancaires, lorsqu'elles ne sont pas adossées à un actif particulier, sont fondées sur une logique de taux et prennent en compte l'ensemble du risque de l'entreprise.

L'emprunt peut être négocié directement entre l'entreprise et la banque, on parlera alors de ligne **bilatérale** ; ou, si l'entreprise souhaite lever un montant important et donc faire appel à un pool (ou syndicat) de banques, elle s'orientera alors vers un « *club deal* » ou un financement **syndiqué** accordé par un groupe de banques.

Quelle que soit la modalité retenue il s'agit souvent pour l'entreprise d'une ligne de sécurité qui lui permet de faire face à l'ensemble de ses besoins de trésorerie existants et futurs.

Les crédits financiers sont fondés sur une **logique de taux**, c'est-à-dire une logique de prix : que le moins cher gagne ! Ils ne sont généralement pas assortis de services annexes et sont définis principalement par un échéancier de flux et une marge par rapport au taux du marché.

Ces crédits supposent la prise en compte du **risque de l'entreprise**. Dans cette optique, le banquier pourvoyeur de crédits financiers accepte de courir le risque global de l'entreprise, qu'il analyse en termes de surface financière : une entreprise peut toujours être financée dès lors qu'elle est rentable, pourvu qu'elle respecte une certaine prudence dans le choix de sa structure financière. Le crédit financier est ainsi encadré par des engagements précis de l'entrepreneur (respect de certains ratios...). Si le crédit est assorti d'une *pricing* ou *rating grid*, la marge de taux d'intérêt facturée évolue au cours du crédit en fonction de l'évolution de la situation économique et financière de l'entreprise mesurée par des ratios ou par son *rating*. Si elle/il s'améliore, la marge du crédit baissera ; si elle se détériore, elle montera.

1 ■ Les différents types de lignes et crédits bancaires

25.5 Destinés à pallier des décalages de trésorerie à court terme, la **facilité de caisse** et **le découvert** en compte courant sont des outils d'ajustement essentiels des trésoriers d'entreprise. Ils ne doivent cependant pas devenir une source de financement habituelle et durable. Leur coût pénalise une utilisation excessive. Pour les petites entreprises, ils ne sont souvent accordés que contre des garanties (caution du dirigeant).

25.6 Le crédit **« spot »** est un crédit à court terme dont la mise en place est facile, ce qui explique qu'il soit très courant.

L'entreprise émet un billet financier à l'ordre de sa banque, qui l'escompte sur la totalité de sa durée en avançant les fonds correspondants ou procède à un tirage auprès de sa banque (sans émission de billets) qui lui avance les fonds correspondants sur la durée prévue entre les deux parties. Le taux du crédit est égal à un indice de marché (généralement Euribor sur la période de tirage) auquel s'ajoute une marge négociée au coup par coup (intégrant le coût d'accès de la banque à la liquidité), généralement comprise, en fonction de la qualité de la signature de l'emprunteur (puisqu'il n'y a souvent pas d'autre garantie), entre 0,20 % et 2 % l'an. On parle de **crédit de campagne** quand ce crédit est monté pour faire face à des décalages de trésorerie de nature saisonnière (industrie agroalimentaire).

Notons enfin que le crédit spot peut être fait en devises selon les besoins de l'entreprise.

Facilités de caisse, découvert, crédit spot, crédit de campagne, crédits relais, sont des **crédits de trésorerie** car ils sont remboursables à court terme (quelques mois).

25.7 Alternativement, une **ligne de crédit confirmée à court terme et à moyen terme** peut être mise en place. Elle permet à la société de s'assurer durant une période déterminée de la disponibilité de fonds sans nécessairement avoir à s'endetter et garder les liquidités sur son bilan. On parlera en anglais de *revolving credit facility* (RCF). Sur le montant « non tiré » de la ligne, la société paie simplement une commission dite **« commission d'engagement » ou « de confirmation »** comprise entre 0,1 % et 1,5 % (selon la qualité de l'emprunteur et la durée du crédit). La commission d'engagement est souvent remplacée par une commission de non-utilisation (*commitment fee*) dont le coût est compris entre 20 % et 40 % de la marge de crédit.

Si l'entreprise souhaite lever un montant important pour financer un investissement clairement identifié à moyen terme, elle mettra en place un **prêt à terme** ou *term loan*. Contrairement à une RCF, le prêt à terme offre une flexibilité réduite, il peut généralement être remboursé partiellement par anticipation, mais les montants remboursés ne peuvent alors plus être réempruntés.

25.8 Le **crédit relais** est un crédit mis en place dans l'attente d'une recette future qui assurera son remboursement : augmentation de capital, emprunt obligataire, cession d'une filiale... Les Anglo-Saxons l'appellent *bridge loan*. Nécessairement à court terme, onéreux, souvent utilisé pour des montants importants, il connaît une évolution parallèle à celui des opérations financières et notamment les opérations de fusions-acquisitions. Sa marge est fortement croissante avec la durée afin d'inciter l'emprunteur à réaliser l'émission obligataire ou la cession d'actifs prévues.

25.9 Une **syndication** est généralement mise en place pour des crédits (généralement RCF ou *term loan*) d'un montant supérieur à 50 M€ qu'une banque ne souhaite pas assumer seule (pour plus de détails, voir chapitre 29). Une banque **arrangeuse** (*Mandated Lead Arranger*) (ou plusieurs) prend ferme (prise ferme ou *underwritting*) la totalité du crédit, et donc de son risque, jusqu'à sa mise en place (un *underwritting fee* rémunérera alors son risque spécifique de portage du crédit), puis procède ultérieurement à sa distribution auprès de banques participantes. La banque arrangeuse sera rémunérée spécifiquement pour ce service (*arrangement fee*). Les banques participant à l'opération toucheront, au-delà de l'intérêt annuel, une commission à la mise en place du crédit (*participation fee*). Par ailleurs, si la ligne de crédit n'est pas utilisée, les banques toucheront une commission pour rémunérer l'engagement qu'elles prennent de fournir les fonds si l'entreprise en avait besoin (*commitment fee*).

La prise ferme permet à l'entreprise de conserver une plus grande confidentialité à l'opération à financer (notamment lors d'opération d'acquisition en présence de groupes cotés) en confiant l'étude et le montage à une seule banque arrangeuse qui portera la totalité du risque de crédit.

Dans ce cas la banque arrangeuse encourra donc, jusqu'à sa phase de syndication, les aléas du marché de la dette ou ceux endogènes à l'opération à financer.

Crédits syndiqués octroyés (en Md$)

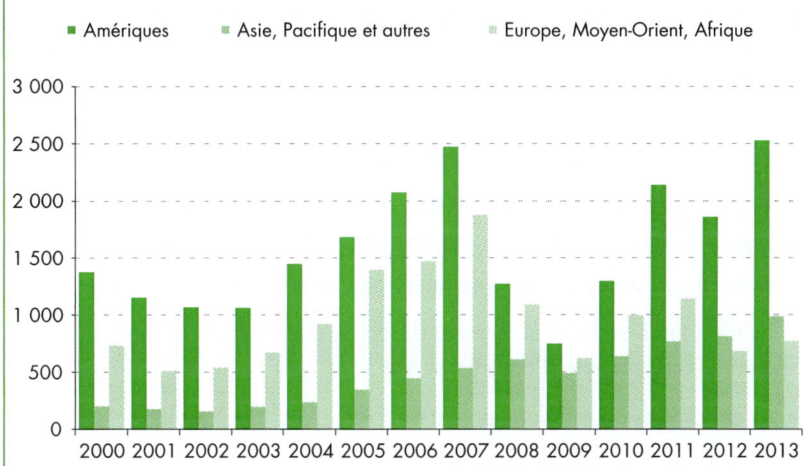

Source : Dealogic.

Si le crédit est mis en place avec les banques habituelles de la société sans que l'engagement ne soit réellement syndiqué ultérieurement, on parlera de *club deal*.

25.10 Un **accord-cadre de crédit** est un crédit confirmé entre plusieurs banques offrant à un groupe une batterie de facilités qu'il peut utiliser à sa guise pour l'ensemble de ses filiales : ligne de découvert, ligne de crédit spot, ligne de substitution, avances en devises, garantie d'un programme de billets de trésorerie (voir *supra*). Ces accords-cadres sont formalisés par un contrat et donnent lieu à une commission d'engagement sur la totalité des autorisations de crédit, indépendamment de la rémunération contractuelle propre à chaque tirage. Les grands groupes utilisent souvent ces accords-cadres comme des lignes de sécurité multidevises et multisociétés, dites « *lignes umbrella* » en anglais, et se financent auprès de leurs banquiers habituels en fonction des conditions du marché. Ces lignes de crédit font en général l'objet d'une commission d'engagement.

L'accord-cadre tient compte de la structure de l'emprunteur en organisant et en réglementant l'accès aux lignes de crédit de ses différentes filiales. Au niveau local, les relations commerciales entre les représentants de l'entreprise et les agences bancaires peuvent s'appuyer sur des conditions de crédit mises en place à l'échelle du groupe. Des filiales de différents pays peuvent aussi bénéficier des mêmes lignes, aux mêmes conditions. Cette structure offre de nombreux avantages aux entreprises :

- mise en place de « ponts de liquidités » entre les trésoreries (ou les *poolings*) des différentes filiales de différents pays, minimisant d'autant les écarts de trésorerie (voir chapitre 53) ;
- harmonisation des coûts de financement des filiales ou des divisions ;
- centralisation des coûts administratifs et des coûts de négociation permettant de réelles économies de structure.

Les accords-cadres s'appuient sur un réseau de garanties liant les filiales du groupe bénéficiant du contrat et la maison mère. En particulier, une lettre de confort est demandée à cette dernière pour le compte de chaque filiale.

2 ■ Les éléments clés de la documentation d'un crédit

25.11 Un contrat de crédit prévoit :

- le montant, la durée ainsi que l'objet du crédit (c'est-à-dire, à quoi vont servir les fonds) ;
- les conditions de décaissement en une fois ou plusieurs fois échelonnées sur une période ;
- le taux d'intérêt fixe ou variable, la période d'intérêts, les règles de décompte et perception des intérêts ainsi que les diverses commissions, assurance et frais ;
- les modalités de remboursement du crédit avec éventuellement une période de différé d'amortissement et une période d'amortissement ;
- les conditions de remboursement anticipé ;
- l'exigibilité anticipée du crédit ;
- les garanties par des organismes ou par nantissement du fonds de commerce ou d'un autre actif.

Les banques ont imposé, dans les conventions de crédit, le respect de certaines conditions (*covenants* en anglais) dont les principales concernent les ratios comptables, les décisions financières et la structure du contrôle. On peut distinguer quatre grandes catégories d'engagements :

- **l'engagement de faire**. Il s'agit de respecter certains ratios de structure financière ou de résultat (*financial covenants*), d'adopter ou de conserver une structure juridique donnée ou même de réaliser une restructuration ;

- **l'engagement de ne pas faire**. Il peut limiter la distribution de dividendes, la cession d'actifs, la politique d'investissement, la constitution de garantie de certains actifs au profit de tiers (*negative pledge* en anglais), le recours à de nouveaux emprunts ou certaines opérations en capital (telles que les rachats d'actions, les réductions de capital) ;

- **le *pari passu***. Cette clause oblige l'entreprise à faire bénéficier le prêteur de toutes les garanties supplémentaires qu'elle sera amenée à donner lors de crédits futurs de même rang ;

- **le *cross default***. Cette clause prévoit que si l'entreprise fait défaut sur un autre crédit, la ligne de crédit devient exigible. Un seuil de déclenchement est généralement prévu.

L'accord peut également inclure une clause permettant aux banques de résilier le contrat dans le cas où un événement négatif majeur surviendrait (*Material Adverse Change,* MAC). L'exécution de telles clauses ou de clauses « d'interruption de marché » qui en sont proches est extrêmement compliquée d'un point de vue formel mais surtout commercial.

Une documentation relativement standardisée des crédits s'est développée en Europe, en particulier pour les crédits syndiqués, les crédits LBO (voir chapitre 50) et les RCF sous l'impulsion de la Loan Market Association (LMA) de Londres.

On peut noter une certaine cyclicité dans le marché de la dette. Ainsi, après une période de forte liquidité (de 2004 à mi-2007) caractérisée par un assouplissement généralisé des conditions d'emprunt des entreprises (aussi bien en termes de documentation de prêt beaucoup plus favorables aux emprunteurs que de marges), les banques ont, fin 2008, drastiquement resserré les conditions dans lesquelles elles étaient disposées à consentir des prêts en raison de la détérioration globale des portefeuilles de crédits, et d'une liquidité beaucoup plus rare et donc avec un coût plus élevé. À partir de fin 2009-début 2010, un retour à une situation plus normale est observé. En 2013-2014, les conditions s'assouplissent à nouveau sans toutefois (encore) retrouver le niveau de 2007.

Section 3 ▪ Les financements assis sur des actifs de l'entreprise

1 ▪ L'escompte

25.12 L'escompte est une opération de crédit par laquelle le banquier met à la disposition de l'entreprise, contre remise d'un effet de commerce non échu, le montant de l'effet diminué des intérêts et commissions.

La banque ayant escompté un effet en devient propriétaire et est normalement remboursée par l'encaissement de cet effet auprès du débiteur de l'opération commerciale, c'est-à-dire le client de son client. Si l'effet est impayé à l'échéance, la banque se retourne contre l'entreprise qui a escompté la créance qui supporte donc le risque de défaillance de son client.

> L'escompte a donc *a priori* pour objet de financer une entreprise à partir du crédit commercial qu'elle accorde à d'autres entreprises mieux connues du système bancaire. L'entreprise peut donc espérer y trouver un coût de financement plus faible que sur un prêt classique.

Pour la banque, le risque est limité par la double garantie constituée par la qualité du client de son client, et par la qualité de son propre client.

En comptabilité sociale, les effets escomptés font partie du hors-bilan de l'entreprise. Ils sont le plus souvent réintégrés au poste clients et en dettes bancaires en comptabilité consolidée.

C'est pour cela que les banques proposent également la technique de l'**escompte sans recours,** qui est une cession pure et simple de créances commerciales sans possibilité de recours ultérieur de la banque contre son client si l'effet est impayé. Cette technique permet de sortir complètement les créances cédées du bilan et du hors-bilan de l'entreprise.

25.13 La **« procédure Dailly »** est une procédure proche de l'escompte mais dont les modalités pratiques sont plus simples (mais aussi plus risquées pour la banque). Le créancier remet à la banque un bordereau qui récapitule des créances commerciales (factures, marchés et états d'avancement de travaux, reconnaissances de dette…). Sa remise permet la cession ou le nantissement des créances au profit de l'établissement qui consent le crédit sous forme d'avance ou de découvert autorisé à hauteur du montant des créances cédées.

Selon la procédure prévue, la banque doit notifier au débiteur principal l'existence d'une procédure Dailly et ce dernier est tenu de lui adresser directement les règlements correspondants. En pratique, la notification se fait très rarement, pour des raisons commerciales, et l'entreprise mentionne par un tampon sur ses factures l'existence d'une mobilisation Dailly. La banque demande en général à l'entreprise de lui faire suivre les règlements « daillysés » qui lui parviendraient. Si l'entreprise ne le fait pas, il peut y avoir double financement ce qui représente un risque important pour le système bancaire.

Les caractéristiques du bordereau indiquent la nature de l'acte (cession ou nantissement), le nom de la banque qui accorde le crédit, la désignation des créances cédées ou nanties (nom des tirés, lieu de paiement, montants, échéances). Le bordereau peut être stipulé à ordre, mais il n'est transmissible qu'à une autre banque.

Dans la pratique, une certaine lourdeur de gestion, tant du côté banque que du côté client, réserve de fait le Dailly à une clientèle spécifique. La banque pourra renforcer la gestion de la ligne de mobilisation Dailly (obtention des copies de factures à l'appui du bordereau de cessions, notification au débiteur cédé, suivi et relance des encaissements sur les factures cédées…) au fur et à mesure de la dégradation éventuelle de la situation financière du client.

Bpifrance (établissement public de soutien et de financement des PME) propose également la mise en place de procédure Dailly.

2 ■ L'affacturage

25.14 L'affacturage (ou *factoring*) est une technique de gestion financière par laquelle, dans le cadre d'un contrat, une société d'affacturage gère les comptes clients d'entreprises en acquérant leurs créances, en en assurant le recouvrement pour son propre compte et en supportant les pertes éventuelles sur des débiteurs insolvables. L'affacturage recouvre en réalité quatre types de services offerts à l'entreprise, vendus seuls ou combinés :

- un financement avec un coût compétitif ;
- l'externalisation de la fonction recouvrement ;
- une assurance contre les impayés ;
- une déconsolidation.

> L'affacturage, c'est de l'escompte avec des services en plus !

En normes IFRS, la créance client ne sortira pas du bilan de l'entreprise s'il s'agit d'un affacturage avec recours. En effet, la déconsolidation n'est possible que si l'ensemble des risques et avantages liés à la créance sont transférés (le fait que l'affacturage soit sans recours n'est donc pas une condition suffisante).

L'affacturage connaît depuis des années une très forte progression de ses encours auprès de toutes catégories d'entreprises, progression qui marque à peine une pause en 2009.

Volume annuel des opérations d'affacturage en France (en Md€)

Source : Association française des sociétés financières.

Un contrat d'affacturage précise :

- le champ d'application du contrat (nature du produit ou du service, type de débiteurs, portée territoriale…) ;
- la retenue de garantie (entre 8 et 15 % du montant des créances cédées), quotité indisponible pour l'obtention de financement qui permettra de couvrir les impayés enregistrés pour défaut de paiement, litiges commerciaux de toutes natures ;
- le plafond de financement, et ses modalités ;

• la commission de financement, qui rémunère la mise à disposition anticipée des fonds. Elle évolue en fonction d'un indice du marché monétaire (Eonia ou Euribor 3 mois) majoré d'une marge qui peut aller jusqu'à 2,5 % ;

• la commission d'affacturage, qui rémunère les services de gestion et de garantie du factor. Elle correspond à un pourcentage du montant des factures cédées (entre 0,2 % et 2 %). Son niveau dépend d'un certain nombre de facteurs : nature et importance des risques pris sur la clientèle, volume des impayés et des incidents de paiement au cours des derniers exercices, dispersion géographique de la clientèle, délai moyen des crédits accordés, nombre de clients gérés, nombre de factures et d'avoirs remis, et taille moyenne des factures remises ;

• l'exercice ou non du droit de recours du factor avec un définancement et/ou une contre-passation des créances selon un délai fixé après l'échéance des factures (c'est-à-dire la constatation de la dette par l'entreprise envers le factor car la facture n'aura pas été honorée par le client).

L'affacturage inversé (ou *reverse factoring*) permet à un client (généralement une grande entreprise) de proposer une solution de financement de sa créance à son fournisseur. La logique est la même que le *factoring* mais l'initiative vient du client.

3 ■ Le crédit-bail

25.15 Si les banques proposent rarement des prêts à long terme (plus de 7 ans) sur la base des seules qualités intrinsèques d'une entreprise, il en va différemment des crédits adossés, par l'intermédiaire d'une structure juridique adaptée, à une garantie distincte du patrimoine de l'entreprise. Un tel actif limite considérablement les risques d'insolvabilité et permet de fixer le prix du crédit pour une longue durée. Le crédit-bail met en valeur la garantie apportée par l'emprunteur et est structuré autour de cette garantie.

Le crédit-bail est un contrat de location d'un actif sur une durée déterminée, passé entre une entreprise (industrielle ou commerciale) et une banque ou un établissement spécialisé propriétaire de cet actif, et assorti d'une promesse de vente (option d'achat) de cet actif à l'échéance du contrat.

L'intérêt du crédit-bail pour le « prêteur » est d'avoir un prêt garanti par un bien distinct juridiquement du patrimoine de l'entreprise. Cette technique peut aussi être utilisée dans des montages complexes pour jouer sur la variable fiscale.

Une entreprise peut ainsi utiliser une partie de ses immobilisations d'exploitation (terrains, constructions et autres actifs immobilisés) dans un système de location lui permettant, le cas échéant, de racheter l'actif à échéance pour une valeur fixée contractuellement.

Deux types principaux de crédit-bail peuvent être distingués :

• Le **crédit-bail mobilier** concerne les biens d'équipement, de matériel et d'outillage. L'entreprise choisit généralement son matériel auprès du fournisseur. Elle s'adresse ensuite à une société de crédit-bail qui achète au fournisseur ce bien en lieu et place de l'entreprise et le loue à cette dernière dans le cadre d'un engagement irrévocable sur une période déterminée. Au terme de cette période, l'entreprise a la faculté de renoncer à la location, de renouveler le contrat, ou d'acquérir le matériel pour un prix qui tient compte des versements effectués durant la période de location.

▪ Le **crédit-bail immobilier** concerne les opérations par lesquelles une entreprise prend en location des biens immobiliers à usage professionnel (bureaux, usines, hangars...) propriété d'une société de crédit-bail avec la possibilité de devenir propriétaire de tout ou partie des biens loués, au plus tard à l'expiration du bail. Liée à la durée d'amortissement de l'actif loué, la durée du contrat de crédit-bail immobilier s'étale généralement entre 10 et 20 ans.

Le bailleur et le locataire sont liés par un contrat qui prévoit les conditions dans lesquelles l'une des parties pourrait résilier son engagement.

Si dans les comptes sociaux le crédit-bail est hors bilan puisque l'entreprise n'est pas juridiquement propriétaire du bien, en comptes consolidés la réalité économique prévaut sur l'analyse juridique. Dans l'immense majorité des cas[1], l'actif est immobilisé et une dette correspondante figure en dettes financières.

5.16 Mentionnons enfin la **location financière longue durée sans option d'achat** (***operating lease*** en anglais), très utilisée dans certains secteurs (informatique, transports...). Il s'agit d'une véritable location du bien sans que l'entreprise dispose de la faculté de l'acquérir à partir d'une certaine période d'utilisation[2]. Cela n'a donc rien à voir avec le crédit-bail où l'intention initiale de l'emprunteur est bien *in fine* de pouvoir acquérir le bien ainsi financé.

4 ■ Les opérations de cessions-bail (*sale and lease back*)

5.17 Le *sale and lease back* est une procédure par laquelle une société propriétaire d'une usine, d'un immeuble de bureaux, d'une machine, le cède à une société de crédit-bail ou à un investisseur immobilier (une société foncière) qui le remet immédiatement à sa disposition par une opération de location pure ou de crédit-bail mobilier ou immobilier selon la nature du bien cédé.

En comptes consolidés, les actifs loués en crédit-bail apparaissent à l'actif du bilan tandis que le financement correspondant figure au passif. En revanche, si la cession permet bien le transfert des risques du propriétaire à l'acquéreur, les actifs et la dette n'apparaissent plus au bilan (voir paragraphe 8.67).

Les opérations de cession-bail peuvent poursuivre plusieurs objectifs. Les opérations aboutissant à la mise en place d'un crédit-bail visent souvent à un allongement de l'endettement moyen et éventuellement à une réduction du coût de l'endettement. Lorsque la cession est suivie par une location simple, l'objectif recherché est généralement de réduire l'endettement au bilan et de dégager des liquidités pour financer de nouveaux développements.

Les cessions-bail portent le plus souvent sur des biens immobiliers : les actifs immobiliers opérationnels ou les sièges sociaux d'entreprises industrielles ou de services sont cédés et pris en location par l'entreprise. Ainsi, la plupart des grands distributeurs (Carrefour, Casino...), des chaînes hôtelières (Accor...), des chaînes de restaurants (Buffalo Grill...) ou opérateurs de cliniques (Générale de Santé) ont cédé une partie de leurs murs.

L'entreprise réalisant un *sale and lease back* dans le but de restructurer son bilan ou allonger la maturité de ses dettes devra analyser préalablement l'impact fiscal de l'opération (droits de

1 Systématiquement en normes IFRS. Voir paragraphe 8.66 pour le traitement comptable et financier.

2 Elle ne fait pas actuellement l'objet d'un retraitement au bilan en normes IFRS mais un projet avancé prévoit de les intégrer au bilan.

mutation, impôt sur les plus-values), comptable (moins-value ou plus-value éventuelle) et ses répercussions sur la rentabilité et la capacité de génération de trésorerie future (transformation de dotations aux amortissements en loyers).

5 ■ Les garanties bancaires et le crédit export

25.18 Les **crédits par signature** (émission de garanties, de lettres de crédit *stand-by* ou de crédits documentaires) doivent être distingués des crédits de trésorerie, car dans le premier cas, le banquier ne fait pas d'avance de fonds sauf si son client est défaillant, ce qui l'oblige alors à honorer son engagement. Il s'agit donc d'engagements hors bilan pour les établissements financiers.

Pour l'entreprise, la garantie de son banquier soulage sa trésorerie lorsqu'il lui permet de retarder le paiement de sommes exigibles, d'encaisser immédiatement des acomptes ou d'éviter un paiement (caution de loyer, ou garantie de restitution d'acompte par exemple).

25.19 Les **garanties de soumission** (*bid bonds*) sont émises par la banque d'une entreprise qui répond à un appel d'offres afin d'assurer qu'elle honorera bien ses engagements commerciaux si elle est sélectionnée. Les **garanties de bonne exécution** (*performance bonds*) sont émises par une banque pour garantir la bonne exécution de travaux que son client s'est engagé à exécuter dans un délai limité. Enfin, les **garanties de bonne fin** (ou garanties pour défaut, *warranty bonds*) sont émises à partir de la mise en service d'une installation pour couvrir les éventuels défauts constatés après la livraison. Elles sont utilisées dans le secteur de la promotion immobilière ou encore dans les biens d'équipement (construction d'usines, de centrales).

Les garanties dites financières permettent aussi d'obtenir plus aisément ou à de meilleures conditions un concours d'une autre banque, d'un autre organisme, ou encore la conclusion d'un contrat qui, sans la garantie apportée par le garant, n'aurait pu être envisagé.

25.20 Le **crédit documentaire**, ou crédoc pour les intimes, permet d'assurer la bonne fin et le règlement d'un contrat commercial, le plus souvent entre un exportateur et un importateur de nationalités différentes. Les banques des deux partenaires commerciaux cautionnent leur client respectif, ce qui limite le risque de livraison non payée ou de marchandise payée mais non livrée.

Après la signature du contrat commercial entre un acheteur importateur et un vendeur exportateur, c'est à l'acheteur qu'il revient d'initier l'émission du crédit documentaire en prenant contact avec sa banque (banque émettrice) qui répercute à une banque correspondante l'ouverture d'un crédit documentaire payable sur ses caisses contre la présentation d'une liste de documents prédéfinie par l'acheteur. Le vendeur aura l'assurance d'être payé lorsque la banque aura réceptionné et reconnu conformes les documents exigés.

Il existe plusieurs types de procédures de paiement (à vue, par paiement différé, par négociation ou escompte ou par acceptation d'une traite), mais leur fondement reste le même : établir une relation de confiance entre des partenaires commerciaux qui ne se connaissent pas.

Le crédit documentaire est un mode de paiement, de garantie de paiement, mais aussi souvent facilitant le financement (car permettant l'escompte) dont les modalités précises sont définies par les « Règles et Usances » de la Chambre de commerce internationale (CCI).

25.21 La **lettre de crédit *stand-by*** (ou *stand-by letter of credit* – SBLC) relève des mêmes règles de fonctionnement que le crédit documentaire, définies par les « Règles et Usances » éditées par la CCI. Elle permet non plus de couvrir une seule opération commerciale isolée mais un flux courant d'opérations entre un client et son fournisseur pour un encours aux limites prédéfinies dans la lettre d'ouverture de crédit.

25.22 Le **crédit acheteur** ou **crédit export** est destiné à financer un contrat d'exportation de biens d'équipement et/ou services signé entre un exportateur et un acheteur importateur de biens et/ou services.

Au titre d'un crédit acheteur, les banques s'engagent à mettre à la disposition de l'emprunteur les fonds nécessaires pour régler directement le fournisseur selon les termes prévus dans le contrat commercial.

De son côté, l'emprunteur donne un mandat irrévocable aux banques de verser les fonds au fournisseur et à lui seul. La convention prévoit les conditions de taux, la durée et les modalités de remboursement du crédit, les commissions bancaires et les sanctions éventuelles en cas de manquement à ses obligations.

La convention précise, en outre, qu'il s'agit bien d'une opération à caractère uniquement financier, puisqu'elle prévoit toujours que l'emprunteur doit rembourser les fonds quels que soient les griefs qui pourraient naître de ses relations commerciales avec l'exportateur. Le crédit export présente de nombreux avantages pour le fournisseur :

- il sécurise le paiement de son contrat ;
- aucune charge financière au titre du crédit ne vient grever le montant de son contrat commercial si l'environnement de risque est acceptable pour la banque ;
- son bilan ne sera pas alourdi par la fraction du contrat payable à terme.

Le risque de crédit pris par la banque qui met en place un crédit acheteur français est couvert partiellement par la COFACE dans certaines conditions de durée, de taux… qui ont été acceptées par les États signataires des **accords de « consensus »** (pays de l'OCDE). Ces accords précisent les règles de financement des contrats d'exportation de biens d'équipement et/ou services bénéficiant d'un soutien public afin de neutraliser le critère du financement dans l'évaluation des offres commerciales. Outre la garantie d'une agence de crédit-export, le soutien public s'applique aux conditions du financement export, et notamment sur la durée et le taux du crédit, ce qui le rend très attractif par rapport à des financements de marché.

Certains crédits acheteurs peuvent également avoir pour vocation de financer un grand projet et rejoignent à ce titre le financement de projets.

6 ■ La titrisation

25.23 Initialement la titrisation a été utilisée par les établissements de crédit dans le but de refinancer une partie de leurs encours, c'est-à-dire transformer en titres négociables des prêts à la clientèle.

Des encours de crédits immobiliers ou à la consommation, mais aussi des encours de carte de crédit, sont sélectionnés en fonction de la qualité de leurs garanties. Pour diminuer encore le risque, ils sont groupés (on joue donc la division des risques et la loi des grands nombres) dans une société *ad hoc* qui en fait l'acquisition en se finançant par l'émission de titres souscrits par des investisseurs. L'entité ainsi créée, qui peut être un **fonds commun de titrisation**, perçoit les flux d'intérêts et de remboursement sur les créances qu'elle a achetées aux banques (ou aux entreprises) et les reverse aux investisseurs *via* le paiement d'intérêts et le remboursement de leurs titres.

Pour obtenir une meilleure notation financière des titres émis, un volume de créances plus important que nécessaire peut être proposé aux investisseurs, une fraction de ceux-ci servant alors de garantie (technique de l'*enhancement* en anglais), ou une police d'assurance peut être souscrite auprès d'une compagnie d'assurances. Une ligne de liquidité est également envisageable pour garantir les paiements d'intérêts en cas d'interruption temporaire du service de la dette.

La plupart du temps, l'entité de titrisation sous-traite la gestion administrative et le recouvrement à un gestionnaire et confie la gestion de la trésorerie des opérations à un autre établissement. Des montages financiers plus complexes, fondés notamment sur des *swaps* (voir paragraphe 54.18), peuvent être mis en place pour ne pas se borner à reproduire les flux financiers générés par les créances. On peut ainsi les réorganiser pour satisfaire les différents types de besoins et les contraintes des investisseurs : pas de revenu, revenu régulier, croissant...

La titrisation d'actifs

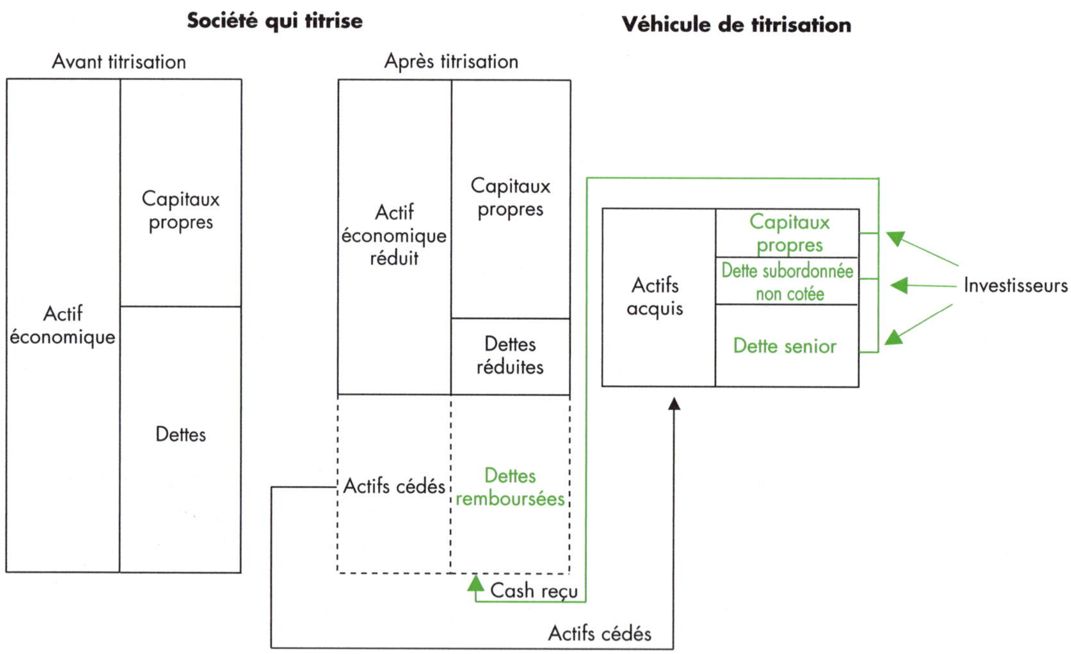

Certains éléments d'actifs, une fois isolés, sont de meilleure qualité que le bilan total, ce qui donne accès à des conditions de crédit plus favorables. Cependant, le coût de ces montages demeure plus élevé que la dette classique, surtout pour un emprunteur de bonne qualité qui profite de bonnes conditions bancaires.

L'introduction de prêts *subprime* dans certaines titrisations pour en doper les performances a jeté le discrédit sur bon nombre des véhicules de titrisation et, par ricochet, sur cette technique. Toutefois, les véhicules de titrisation purs sont moins affectés. Aux États-Unis, les monteurs d'opérations de titrisation doivent maintenant garder pour leur propre compte 5 % du risque de crédit des actifs titrisés. Ils sont ainsi incités à regarder de près la qualité des actifs et à ne pas s'en laver les mains une fois l'opération montée et distribuée, au détriment des investisseurs finaux, et de la crédibilité même de la titrisation.

7 ■ Le financement de projets

a) Principe et techniques

25.24 Le financement des grands projets, ou ***project finance***, s'applique à des projets d'une envergure considérable dont le coût est souvent supérieur à 500 M€ : extraction pétrolière ou minière, raffinerie de pétrole, achat de méthaniers, construction de centrales électriques, d'ouvrages d'art, etc.

Il s'agit d'un financement centré sur un projet dont les flux de trésorerie provenant de l'exploitation assureront le remboursement, et dont les actifs pourront constituer les garanties.

Ce mode de financement fut appliqué au début des années 1930 par certaines banques américaines pour prêter à des prospecteurs pétroliers qui n'offraient pas de garanties suffisantes pour des crédits classiques. Les banques mirent alors au point des contrats de prêts avec prise en garantie d'une fraction du pétrole contenu dans le sol et avec des dispositions réservant une partie des ventes au remboursement du prêt accordé.

Cette innovation a ainsi permis d'élargir le champ d'intervention du banquier au-delà du financement classique et de l'associer, certes avec beaucoup de précautions mais d'une manière très réelle, au risque du projet.

Il s'agit en effet d'être lucide et de ne pas se laisser griser par la sophistication, l'envergure et la rentabilité de tels montages. La banque prend en effet un risque plus important que lors d'un crédit classique, et pourra fort bien se retrouver à la tête d'une flotte de superpétroliers à la valeur marchande incertaine ou de parcs de loisirs… Enfin, la maison mère ne pourra pas s'affranchir complètement des risques financiers inhérents au projet et les banques feront leur possible pour obtenir sa garantie financière au cas où…

25.25 Dans toute opération de financement de projet, il convient d'analyser avec soin la compétence professionnelle, l'expertise et les références du constructeur : la rentabilité du projet, et donc le remboursement des prêts, dépendent en effet souvent de la capacité de celui-ci à maîtriser un processus de fabrication fréquemment long et complexe, où les dépassements de coût et de durée ne sont pas rares. Le financement de projet n'est donc pas une technique standard, mais une analyse individuelle de chaque projet pour déterminer la structure optimale de financement.

Le financement de projet nécessite la constitution d'un tour de table (sous la forme d'une société créée pour le projet) associant généralement des financiers, le futur exploitant du projet et le ou les constructeurs. Cette société sera le support du financement bancaire.

Il est clair que le financement de projet ne peut pas concerner l'application d'une nouvelle technologie. Les flux de trésorerie d'exploitation seraient alors aléatoires, ce qui est bien sûr rédhibitoire puisqu'ils doivent assurer le remboursement des prêts. De même, l'opérateur doit disposer de compétences reconnues pour assurer l'exploitation du projet qui doit se situer dans un environnement politique calme et stable pour sauvegarder la marche normale de l'exploitation, garante du remboursement normal des prêts.

Notons qu'outre les investisseurs et les banques, deux autres acteurs peuvent être importants en *project finance* à savoir :

- les organisations financières internationales (Banque mondiale et les banques régionales de développement comme la BERD), en particulier si le projet doit prendre place dans un pays émergent. Elles pourront alors prêter directement de l'argent pour le projet ou garantir les prêts d'autres banques ;

- les organismes d'aide à l'exportation du type Coface qui garantissent aussi bien les risques financiers que les risques commerciaux du projet.

b) Les risques et leur couverture

25.26 Les risques d'un grand projet apparaissent à trois stades distincts :

- pendant la phase d'étude du projet ;
- pendant la construction ;
- pendant l'exploitation.

Contrairement à ce que l'on pourrait penser, les risques pendant la constitution du dossier ne sont pas négligeables. En effet, l'étude d'un projet important est une opération longue (souvent plusieurs années) nécessitant une expertise importante, c'est donc une opération coûteuse. Or, la mise en œuvre définitive du projet est très incertaine et dépend de nombreuses études de faisabilité techniques et financières. Dans le cas de projets alloués par un système d'appel d'offres, les investisseurs potentiels prennent, dès la constitution du dossier, le risque de ne pas être retenus.

25.27 Mais c'est pendant la construction que les risques sont les plus grands, puisqu'ils ne peuvent pas être couverts par les installations qui n'ont de valeur que si elles sont achevées et produisent !

Les principaux risques encourus pendant la construction sont les suivants :

- dépassement de coût ou retard de programme ; ils sont assez fréquents. Ce type de risque peut être couvert par des assurances tous risques chantiers qui peuvent compenser le manque de recettes, sous réserve d'un surcroît de prime. Le bénéfice de ces contrats d'assurance est délégué automatiquement aux prêteurs, ou conjointement à l'emprunteur et aux prêteurs. Une autre solution consiste à faire prendre ce risque au constructeur lui-même, qui s'engage à prendre à sa charge tout ou partie des coûts de dépassement et à verser une indemnité pour les retards de livraison (*Late Delivery indemnity* ou « LDs »). Cet accord peut, en contrepartie, prévoir des primes pour le constructeur s'il finit plus tôt ;

- non-achèvement des travaux, risque couvert par des garanties de bonne fin et d'exécution qui conduisent à une garantie inconditionnelle selon laquelle une unité industrielle capable de produire les quantités et les qualités requises sera installée dans les délais impartis ;

- « révisions économiques déchirantes » imposées par la puissance gouvernementale (usines automobiles en Indonésie, barrages au Nigéria…) et « fait du prince » (modifications dans les réglementations) ;

- catastrophes naturelles, non habituellement couvertes par des polices d'assurance classiques ;

- etc.

Les crédits sont donc débloqués en fonction de l'état d'avancement des travaux, constaté par voie d'expertise.

Le risque du projet culmine entre la fin de la construction et le début de l'exploitation. Tous les crédits ont été débloqués mais l'activité qui permettra leur remboursement n'a pas encore commencé et son évolution est très incertaine. De plus, un risque nouveau apparaît dans cette phase de réception des travaux, puisque ceux-ci doivent être conformes aux conditions du contrat et aux exigences du client. En général un arbitre autonome des parties, un cabinet international spécialisé, s'assure de la conformité des travaux livrés.

25.28 Durant l'exploitation, la rentabilité prévisionnelle du projet peut être affectée par :

- **le risque d'exploitation** proprement dit : conception inadéquate des installations, augmentation des coûts de fonctionnement, du coût des approvisionnements. Ceci se concrétise par un dérapage du compte de résultat par rapport au plan d'affaires qui a servi de base aux créanciers pour accorder leur financement. Le prêteur pourra s'en couvrir en exigeant des contrats de vente à long terme dont les principaux types sont :
  - *take or pay :* ce type de contrat lie le propriétaire des installations (généralement extraction et/ou transformation de produits énergétiques) et les futurs utilisateurs qui en ont un besoin plus ou moins impérieux. Que le service ou le produit soit livré ou non, cas de force majeure ou pas, les utilisateurs s'engagent à verser une somme qui permettra de payer les intérêts de la dette, et de la rembourser ;
  - *take and pay :* cette clause est beaucoup moins contraignante que la précédente, puisque les clients ne s'engagent à prendre livraison des produits, ou à utiliser les installations, que si ceux-ci sont parfaitement utilisables et mis à leur disposition ;
- **le risque du marché**. Il peut être dû à des erreurs d'appréciation de l'importance du marché, à l'obsolescence du produit ou à la remise en cause des conditions d'écoulement de la production. Une analyse approfondie des contrats de vente et en particulier des clauses de révision et d'annulation, clef de voûte du *project financing*, et des études de marché détaillées doivent permettre de réduire ce risque sans pour autant l'éliminer totalement ;
- **le risque de change** est en général éliminé en libellant les prêts dans la même devise que les flux sécrétés par le projet ou en contractant un *swap* ;
- **le risque d'abandon** du projet naît de la divergence entre les intérêts de l'industriel et ceux du banquier. Le premier voudra par exemple arrêter l'exploitation dès que la rentabilité des capitaux investis lui semblera insuffisante ; le second ne partagera cet avis que lorsque les *cash flows* deviendront négatifs. Là encore, il convient, dans un contrat de *project financing*, de prévoir des règles claires en matière de prise de décision sur l'avenir du projet ;
- **le risque politique**, contre lequel aucune parade efficace n'existe mais qui peut être assuré en partie par la Coface.

RÉSUMÉ

Le résumé de ce chapitre est disponible sur le site www.vernimmen.net.

Les principaux produits d'endettement auxquels fait appel le trésorier sont :

- les lignes bancaires (découverts, crédits spot, lignes de crédit confirmées, prêts à terme) qui restent la source principale, voire l'unique source, de financement pour une très large part des sociétés ;
- les obligations, les billets de trésorerie (titre de dette à court terme) qui sont des produits de marché en général réservés aux grandes entreprises ;
- l'escompte, l'affacturage, la titrisation, produits plus ou moins complexes pour lever des financements sur la base de l'actif circulant de l'entreprise ;
- de même, le crédit-bail et les cessions-bail sont des financements fondés sur les immobilisations de l'entreprise ;
- voire pour certains grands groupes, le financement de projet.

La caution et le crédit export ne sont pas techniquement un moyen de financement (car il n'y a pas apport de fonds) mais permettent de sécuriser les relations commerciales.

La documentation d'un prêt impose à l'entreprise le respect de certaines conditions (*covenants*) dont les principales concernent les ratios comptables (*financial covenants*), les décisions financières (restriction sur les nouveaux emprunts, sur l'octroi de nouvelles garanties, sur les rachats d'actions...) et la structure du contrôle de l'entreprise.

QUESTIONS

1/ Les banques prennent-elles un risque lors de l'émission de billets de trésorerie ?

2/ À quel autre type de produit financier le crédit documentaire peut-il être assimilé ?

3/ Quel est le risque de l'escompte ?

4/ Quel facteur essentiel limite l'accès des PME aux marchés obligataires ou des billets de trésorerie ?

5/ Comment les banques financent-elles les prêts qu'elles accordent aux clients ?

6/ Quel est l'intérêt des lignes de crédit confirmées non tirées pour un groupe ?

7/ En dehors de tout coût de structure ou d'information, les banques peuvent-elles proposer des crédits moins chers que les marchés ? Comment ?

8/ Quelle est la différence entre l'escompte et l'affacturage ?

9/ Quels sont les services qui peuvent être proposés dans une prestation d'affacturage ?

10/ Quelle est la principale différence entre le crédit-bail immobilier et le crédit-bail mobilier ?

11/ Dans une opération de titrisation, l'entreprise qui a cédé des actifs à une entité *ad hoc* est-elle en risque si ces actifs sont insuffisants pour faire face à la dette de l'entité *ad hoc* ?

12/ Pourquoi les agences de notation demandent-elles une ligne de *back-up* minimum pour une notation de qualité d'un programme d'émission de billets de trésorerie ?

D'autres questions vous attendent sur le site www.vernimmen.net.

ÉLÉMENTS DE RÉPONSE

1. Oui, elles accordent souvent des lignes de crédit de substitution.
2. Contrat d'assurance.
3. Non-paiement du débiteur final.
4. Besoin de financement trop faible pour assurer la liquidité du titre émis.
5. Dépôts, marchés interbancaires, marché obligataire, capitaux propres.
6. Sécuriser la disponibilité de fonds si les marchés ou les crédits non confirmés font défaut.
7. Oui. Prise de garanties et *covenants*. Rémunération sur d'autres services vendus en même temps que le crédit.
8. Principalement la nature du prêteur (banque/établissement spécialisé).
9. Le financement, le recouvrement, l'assurance contre l'impayé, la déconsolidation.
10. La nature du bien immobilier ou non et la durée du contrat naturellement plus longue pour un crédit-bail immobilier.
11. Normalement non, c'est le risque que l'entité *ad hoc* supporte et dont elle se protège par une assurance, par un surdimensionnement des actifs transférés.
12. Car les billets de trésorerie étant à court terme, ils sont le plus souvent remboursés par une autre émission de billets de trésorerie. Si pour une raison ou une autre, le marché se bloque, la ligne de *back-up* permet d'assurer le remboursement, ce qui renforce la solvabilité de l'entreprise.

BIBLIOGRAPHIE

Pour approfondir le thème des produits de marchés :

Villeneuve (de) J.-F., *Le dictionnaire technique de la Bourse et des marchés financiers*, 8e édition, Soficom, 2010.

Pour approfondir le thème des techniques de financement spécifiques :

Beacco J.-M., Hubaud B., *Titrisation. Maillon clé du financement de l'économie*, Revue Banque Édition, 2013.

Cain L., « L'affacturage est-il sorti du ghetto ? », *La Lettre Vernimmen.net* mai 2005, n° 38, pages 1 à 3.

Chomentowski E., Leimbach M., *Le crédit acheteur international*, Revue Banque Édition, 2012.

Garrido E., *Le crédit-bail, outil de financement structurel et d'ingénierie commerciale*, Revue Banque Édition, 2002.

Godlewski Ch., « Les déterminants de la décision de syndication bancaire en France », *Banques & Marchés* novembre-décembre 2007, n° 91, pages 6 à 18.

Gatti S., *Project finance in theory and practice*, 2e édition, Academic Press, 2012.

Granier Th., Jaffeux C., *La titrisation*, 2e édition, Economica, 2004.

Haubert-McGetrick V., Ansaloni G., *Financement de projet. Enjeux juridiques et bancabilité d'une opération*, Revue Banque Édition, 2011.

Le Fur Y., Quiry P., « Qu'est-ce que les USPP ? », *La Lettre Vernimmen.net* avril 2012, n° 107, pages 10 et 11.

Lyonnet du Moutier M., *Financement sur projet et partenariats publics-privés*, 2e édition, EMS, 2012.

Martini H., Deprée D., Klein-Cornede J., *Crédits documentaires*, 2e édition, Revue Banque Édition, 2010.

Revue Banque, « Titriser plus pour financer plus », mai 2010, n° 724, pages 22 à 38.

Santos I., « Is the secondary loan market valuable for borrowers ? », *The Quarterly Review of Economics and Finance* novembre 2009, vol. 49, n° 4, pages 1410 à 1428.

Ziane Y., *Financement et relations de clientèle banques-entreprises*, Presses universitaires de Nancy, 2009.

www.afme.eu/securitisation.aspx (site de la titrisation en Europe).

www.loanradar.co.uk (un site des crédits syndiqués en Europe).

Chapitre 26

L'action

Moteurs... action !

26.1 L'action est un titre financier dont le remboursement n'est pas prévu (la « sortie » ne peut se faire que par cession ou liquidation) et dont les flux de revenus sont incertains. En contrepartie, l'actionnaire participe au contrôle de l'entreprise par le droit de vote attaché à l'action.

Ce chapitre a pour but de définir les paramètres clés utiles à l'étude d'une action, et de présenter le fonctionnement institutionnel du marché action. Nous renvoyons notre lecteur au chapitre 35, consacré à l'évaluation de l'entreprise, pour l'étude de la valorisation de l'action, et au chapitre 38 pour présenter l'action comme une option d'achat sur des actifs réels.

Section 1 ■ Les notions de base

26.2 Ces notions sont fondamentales pour analyser la valeur d'une action, qu'elle soit cotée ou non. Cependant certaines opérations financières, passées ou futures, peuvent affecter de façon artificielle la valeur d'une action sans modifier la valeur totale des capitaux propres. Dans ce cas, il convient de procéder, au préalable, à des ajustements techniques comme cela est expliqué en section 6 de ce chapitre. Nous supposerons par la suite qu'ils ont été faits.

1 ■ Le droit de vote

26.3 En principe à chaque action est attaché un droit de vote. Il s'agit pour nous plus d'une contrepartie du risque pris par l'actionnaire que d'une caractéristique de base du titre. En effet, certaines actions peuvent être privées de droit de vote (action de préférence).

Aux Pays-Bas, en Suède, aux États-Unis, dans les SAS en France..., certaines sociétés ont plusieurs types d'actions (actions A, actions B...) qui disposent d'un nombre de droits de vote différent. Ceci peut permettre de renforcer le contrôle d'une partie des actionnaires sur la société comme nous le verrons au chapitre 43.

2 ■ Le bénéfice net par action (BPA)

26.4 Il est égal au résultat net part du groupe divisé par le nombre total d'actions en circulation. Le bénéfice par action (en anglais, EPS, *Earnings Per Share*) traduit l'enrichissement théorique pendant l'année de l'actionnaire, rapporté à une action, puisque le bénéfice net revient en totalité aux actionnaires.

Il n'existe pas de règle absolue pour la présentation du BPA ; cependant, les analystes financiers redressent généralement le bénéfice afin de présenter un BPA retraité. Ainsi, le résultat net de référence pour calculer le BPA sera égal à :

Résultat net part du groupe

– Résultat non récurrent (après impôt)

+ Dépréciations de la survaleur (*impairment* du *goodwill*) [1]

Le BPA 2014 d'Indesit est estimé mi-2014 à 0,33 € contre 0,03 € en 2013.

S'il existe des instruments pouvant donner accès au capital (obligations convertibles, bons de souscription, stock-options...), les analystes calculeront en plus du BPA standard, un BPA dilué (*fully diluted* en anglais). Nous décrivons les méthodes de calcul du BPA dilué en section 6.

3 ■ Le dividende par action (DPA)

26.5 En général, les dividendes constituent une répartition du bénéfice net de l'exercice clos, mais ils peuvent également être distribués par prélèvement sur les bénéfices passés mis en report à nouveau ou en réserves. Un acompte sur le prochain dividende peut également être versé en fin d'année (voir chapitre 41).

En 2014, Indesit a décidé de verser un dividende de 0,045 € (contre 0,20 € en 2013).

Certains types d'actions peuvent verser à leur détenteur un dividende plus important ou garanti par rapport aux actions normales, on parlera d'action de préférence (voir chapitre 28). Ces actions sont alors généralement privées du droit de vote.

1 En normes IFRS et aux dotations aux amortissements de la survaleur en normes françaises.

4 ■ Le rendement de l'action

26.6 Le rendement d'une action (*dividend yield* en anglais) est le rapport du dernier dividende versé au cours de l'action :

$$\text{Taux de rendement} = \frac{\text{Dividende}}{\text{Cours}} = \frac{DPA_0}{V_0}$$

Le rendement net de l'action Indesit est de 0,5 %.

Le rendement se calcule par rapport à une valeur financière (un cours), et en aucun cas par rapport à une valeur comptable (les capitaux propres au bilan).

Actuellement, les rendements des actions cotées sur les Bourses occidentales sont de l'ordre de 4 %.

Taux de rendement net - Secteurs paneuropéens (au 1er janvier)

Année	Automobile	Biotechno-logies	Chimie	Défense	Institutions financières	Immobilier	Télécoms	Services publics	Agro-alimentaire	Prétole et gaz
1990	2,4%	1,1%	4,0%	6,6%	2,7%	3,3%	4,4%	4,7%	3,1%	4,6%
1995	0,8%	0,4%	3,1%	0,3%	3,1%	4,7%	4,1%	4,3%	3,5%	4,0%
2000	2,4%	0,1%	2,6%	2,7%	2,1%	2,8%	1,0%	2,8%	2,7%	2,5%
2005	2,9%	0,1%	2,7%	3,0%	3,0%	3,1%	2,3%	3,6%	2,7%	3,2%
2006	2,5%	0,1%	2,2%	2,3%	2,8%	2,6%	3,8%	2,8%	2,5%	3,0%
2007	2,1%	0,2%	2,2%	2,2%	2,7%	1,7%	4,8%	2,9%	2,3%	3,4%
2008	2,0%	0,3%	2,0%	2,2%	3,6%	3,2%	4,4%	2,6%	2,3%	3,3%
2009	4,0%	0,6%	4,5%	3,4%	8,0%	6,9%	6,5%	4,7%	3,8%	5,2%
2010	2,2%	0,8%	3,2%	3,6%	2,9%	4,5%	6,1%	5,2%	2,9%	4,9%
2011	1,2%	0,6%	2,2%	3,9%	2,8%	3,5%	6,9%	5,2%	2,7%	3,4%
2012	2,9%	0,4%	3,0%	5,3%	4,1%	4,4%	10,0%	6,1%	3,0%	3,8%
2013	2,8%	0,5%	2,6%	4,1%	3,4%	4,1%	6,3%	6,5%	2,8%	4,3%
2014	2,5%	0,8%	2,4%	3,1%	2,9%	3,7%	3,7%	5,5%	2,7%	4,3%

Source : Datastream.

5 ■ Le taux de distribution (*pay-out* ratio)

26.7 Il représente le pourcentage du bénéfice de l'exercice distribué aux actionnaires sous forme de dividendes. Il se calcule en rapportant le montant des dividendes au bénéfice net, au titre duquel ils sont versés :

$$d = \text{Taux de distribution} = \frac{\text{Dividende}}{\text{Bénéfice net}}$$

Au-delà de 100 %, une entreprise distribue plus que son bénéfice, elle puise donc le solde dans ses réserves. Au contraire, un taux de distribution proche de 0 % indique que l'entreprise réinvestit l'ensemble de ses bénéfices pour assurer son autofinancement. En 2011, le taux moyen de distribution des sociétés européennes cotées a été de l'ordre de 42 % (voir paragraphe 41.2).

Plus le taux de distribution des bénéfices est élevé, plus la croissance future des résultats sera faible. En effet, l'entreprise a alors moins de fonds pour investir. Ainsi les sociétés en forte croissance distribuent peu, voire pas du tout (c'est le cas de Google), alors qu'une société qui arrive à maturité distribuera une fraction de plus en plus importante de ses bénéfices. Elle passe ainsi du statut de **valeur de croissance** à celui de **valeur de rendement** (comme Telefónica qui distribue l'essentiel de son résultat net en dividendes) [1].

Le dividende versé par un groupe est juridiquement prélevé sur le bénéfice social. Cependant, il est à rapprocher du bénéfice net consolidé (part du groupe), seul significatif de la réalité économique du groupe car le résultat social dépend généralement de la politique de remontée des dividendes des filiales (voir chapitre 45).

Le taux de distribution d'Indesit était supérieur à 100 % mais peu significatif compte tenu de la faiblesse du BPA et du DPA.

6 ■ Les capitaux propres par action [2]

26.8 Il s'agit ici du montant comptable des capitaux propres divisé par le nombre d'actions. C'est l'estimation comptable de la valeur d'une action. *A priori* directement comparables à la valeur financière, ils résultent d'une logique profondément différente. Les capitaux propres par action sont en effet le résultat des politiques menées jusqu'à la date de l'analyse et correspondent au montant investi par les actionnaires (augmentation de capital et bénéfices nets réinvestis) dans l'entreprise.

Suivant la nature des actifs de l'entreprise, les capitaux propres par action peuvent être ou non réévalués. En général, ils ne le sont que pour les institutions financières ou les sociétés holdings.

7 ■ Le taux de rentabilité exigé par l'actionnaire

26.9 Le taux de rentabilité exigé par l'actionnaire est égal au taux de l'argent sans risque majoré d'une prime de risque qui dépend du risque de marché (ou systématique) de l'action. C'est l'enseignement du MEDAF (voir chapitre 23) :

$$k_{CP} = r_F + \beta \times (r_m - r_F)$$

8 ■ Le taux de rentabilité obtenu par l'actionnaire

26.10 Sur une année, l'actionnaire obtient concrètement son taux de rentabilité grâce au dividende (taux de rendement) et grâce à la progression de la valeur de l'action (plus-value rapportée au cours initial) :

1 Certaines sociétés immobilières du fait de leur statut SIIC, sont tenues de distribuer au moins 85 % de leur résultat net en contrepartie d'exonérations fiscales et sont donc des valeurs de rendement.

2 Parfois appelés l'actif net par action.

$$\frac{V_1 - V_0}{V_0} + \frac{DPA_1}{V_0}$$

Sur une plus longue période, on calcule de la même façon le *Total Shareholder Return* (TSR) qui est le taux d'actualisation qui égalise la valeur actuelle de l'action à la valeur capitalisée pendant n années des dividendes perçus et de la valeur initiale de l'action (voir paragraphe 31.14). C'est le TRI de l'action.

9 ■ La liquidité

26.11 On dit qu'un titre est liquide s'il est possible d'acquérir ou de céder sur le marché un nombre important d'actions sans influer sur le cours de Bourse. La liquidité d'un titre sera utile pour déterminer la pertinence d'un cours de Bourse. En effet, analyser le cours de Bourse d'une action qui ne donne lieu qu'à un échange par semaine n'aura pas beaucoup de sens !

> Un cours de Bourse n'est pertinent que si le titre est relativement liquide.

La liquidité d'un titre s'apprécie notamment au travers du flottant, des volumes échangés, de la qualité du suivi par les analystes financiers (nombre d'analystes suivant la valeur, fréquence de publication des notes…) ; mais aussi par l'écart entre le prix à l'achat et à la vente des faiseurs de marché (*market makers*) quand le marché est organisé ainsi (USA mais pas Paris.)

a) Le flottant

26.12 C'est la part des actions qui appartient à des investisseurs obéissant à une pure logique financière : acheter quand le cours paraît bas, vendre quand il semble élevé. N'appartiennent pas au flottant les actions d'investisseurs qui les gardent pour des raisons autres que financières : contrôle, attachement familial et qui ont tendance ni à vendre, ni à acheter, mais à conserver.

Mais que notre lecteur ne se méprenne pas, la fidélité n'est (malheureusement) pas une notion financière ! Un cours qui s'envole va donner des idées à des actionnaires fidèles ; certains d'entre eux vendront, élargissant ainsi le flottant.

Il est nécessaire d'apprécier le flottant en montant (en millions d'euros) et en pourcentage (nombre d'actions dans le flottant/nombre total d'actions émises).

b) Les volumes

26.13 Les volumes de titres échangés quotidiennement définissent également la liquidité d'un titre. Les volumes doivent là encore s'analyser en valeur absolue. En effet un investisseur institutionnel important étudiera avant de devenir actionnaire d'une société, le temps qu'il lui faudra pour investir et désinvestir la somme qu'il souhaite placer. Mais les volumes doivent également être exprimés en pourcentage du nombre total de titres ; voire en pourcentage des titres composant le flottant.

10 ■ La capitalisation boursière

26.14 La capitalisation boursière est la valeur boursière des capitaux propres d'une entreprise. Elle résulte de la multiplication du nombre total d'actions en circulation par le cours de Bourse. À ce prix, il est cependant rare de pouvoir acheter d'un seul coup la majorité des actions de telle sorte à en détenir le contrôle et à choisir l'équipe de direction. Il est le plus souvent nécessaire de payer une prime de contrôle (voir chapitres 35 et 48).

Notre lecteur sera assez alerte pour ne pas tomber dans l'erreur consistant à limiter le nombre d'actions aux actions constituant le flottant ! Il faut bien prendre le nombre total d'actions, la capitalisation boursière représentant la valeur de marché des capitaux propres et non celle du flottant.

À titre d'illustration, vous trouverez en annexe à cet ouvrage les vingt premières capitalisations boursières des principales économies mondiales.

Le 2 mai 2014, la capitalisation boursière d'Indesit était de 1 130 M€.

Section 2 ■ Les multiples

26.15 Pour apprécier le cours d'une action, les investisseurs doivent faire des comparaisons avec des investissements qu'ils jugent comparables. Ils peuvent ainsi arbitrer entre les différents titres en fonction de leur appréciation des qualités des sociétés et de leur niveau de valorisation. Ainsi, ils calculeront des multiples en rapportant la valeur à un solde financier.

Comme nous le reverrons au chapitre 35, il existe fondamentalement 2 types de multiples :

- les multiples permettant d'apprécier la valeur des capitaux propres (la capitalisation boursière). Il s'agira principalement du multiple de résultat net appelé PER ;
- les multiples de soldes indépendants de la structure financière de la société, qui permettent alors de mesurer le niveau de valorisation de l'actif économique dans son ensemble. Les principaux sont les multiples du résultat d'exploitation ou de l'EBE. Puisque l'actif économique est financé par les capitaux propres et l'endettement net, la valeur de marché de l'actif économique de l'entreprise (aussi appelée valeur d'entreprise) va se répartir entre la valeur de marché de l'endettement net et la valeur de marché des capitaux propres. La formule suivante nous permet de passer de la valeur de l'actif économique (valeur d'entreprise) à la valeur des capitaux propres :

> Valeur d'entreprise = Valeur de l'endettement net + Valeur des capitaux propres.
> Ou encore :
> Valeur des capitaux propres = Valeur d'entreprise – Valeur de l'endettement net.

1 ▪ Le multiple du résultat d'exploitation et taux de croissance

a) Le principe

26.16 Notre lecteur voulant évaluer l'actif économique d'une entreprise trouvera une ou plusieurs entreprises comparables pour lesquelles il constatera que le marché valorise l'actif économique de ces entreprises sur la base, par exemple, de 8 fois leur résultat d'exploitation.

Avec beaucoup de bon sens, il décidera d'appliquer ce même ratio de 8 au résultat d'exploitation dégagé par l'actif économique qu'il cherche à évaluer. Nous appelons ce ratio le multiple du résultat d'exploitation :

$$\text{Multiple de résultat d'exploitation} = \frac{\text{Valeur de l'actif économique}}{\text{Résultat d'exploitation}}$$

La valeur de l'actif économique sera calculée comme la capitalisation boursière de la société à laquelle il faut ajouter la valeur de l'endettement net (on retient alors généralement la valeur comptable de l'endettement net).

En cas de comparaison de sociétés avec des taux d'impôt sur les sociétés très différents, il pourra s'avérer plus pertinent de calculer un multiple du résultat d'exploitation après impôt. Pour obtenir le résultat d'exploitation **après impôt**, il suffit de multiplier le résultat d'exploitation par (1 – taux d'impôt sur les sociétés observé).

Le multiple du résultat d'exploitation exprime la valeur de l'actif économique sur la base du nombre d'années de bénéfices d'exploitation. Ainsi, une société dont l'actif économique vaut 100 et dont le résultat d'exploitation est de 12,5, sera achetée 8 fois son résultat d'exploitation. On dira que son multiple du résultat d'exploitation est de 8. Si le résultat d'exploitation reste constant, cela veut dire que l'investisseur devra attendre 8 ans pour récupérer son investissement sachant que l'on a négligé l'impôt et que l'on a omis d'actualiser. Si le résultat d'exploitation après impôt de cette société augmente, l'investisseur devra attendre moins de 8 ans. S'il diminue, il devra attendre plus longtemps.

L'interprétation suivante est aussi possible : le multiple du résultat d'exploitation correspond en fait au prix d'achat ou de vente d'un euro de résultat d'exploitation.

Dans la pratique, on retient généralement dans le calcul du multiple du résultat d'exploitation une estimation du résultat d'exploitation de l'exercice en cours ou de l'exercice à venir.

b) Analyse comparative et explicative du multiple résultat d'exploitation

26.17 Le multiple du résultat d'exploitation est en fait un indicateur global qui synthétise en un seul chiffre un grand nombre d'informations. Il dépend principalement du taux de croissance attendu du résultat d'exploitation, du risque de l'entreprise et du niveau des taux d'intérêt :

- **Le taux de croissance anticipé du résultat d'exploitation**

26.18 Il existe une corrélation entre le taux de croissance future des résultats d'exploitation et le multiple du résultat d'exploitation. En effet, un investisseur sera d'autant plus prêt à acheter une entreprise sur la base d'un multiple du résultat d'exploitation élevé que les résultats d'exploitation vont croître fortement[1]. Il l'achète aujourd'hui avec un multiple du résultat d'exploitation élevé sur la base du

1 À condition bien sûr que la société crée de la valeur, c'est-à-dire que ses investissements génèrent un taux de rentabilité suffisant.

résultat d'exploitation actuel, mais avec un multiple du résultat d'exploitation correct sur la base d'un résultat d'exploitation futur beaucoup plus élevé.

À l'inverse, un investisseur ne sera pas prêt à payer une entreprise sur la base d'un multiple du résultat d'exploitation fort dans la mesure où le résultat d'exploitation devrait rester stable ou croître faiblement ; d'où des multiples faibles pour des entreprises aux perspectives de croissance modestes.

Notons que la croissance du résultat d'exploitation dépendra de la croissance de l'activité (du chiffre d'affaires) et de l'évolution de la marge d'exploitation.

Toutes choses égales par ailleurs, de fortes perspectives de croissance du résultat d'exploitation se traduisent par un multiple du résultat d'exploitation élevé ; de faibles perspectives de croissance par un multiple du résultat d'exploitation faible.

Cette relation peut être illustrée par le graphique suivant en avril 2014 :

Plus la croissance des résultats est forte, plus les investisseurs seront prêts à valoriser le groupe avec un multiple élevé.

Multiple du résultat d'exploitation et taux de croissance

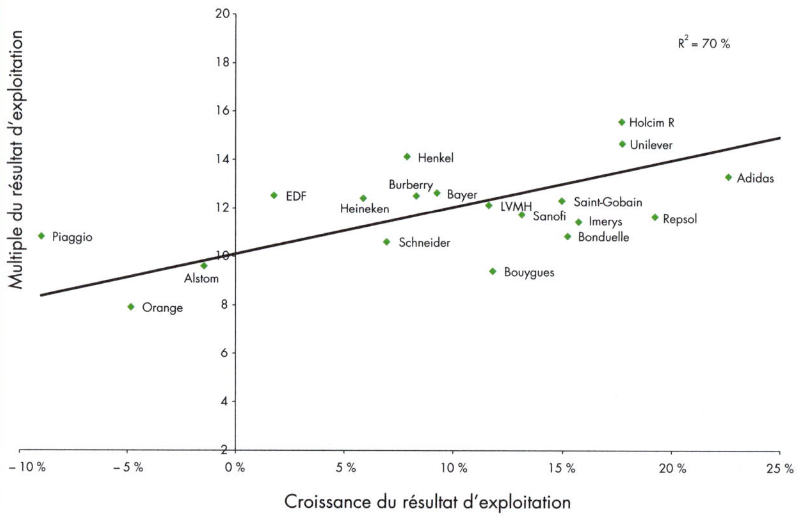

Source : Exane BNP Paribas.

▪ Le risque de l'actif économique

26.19 Les réflexions précédentes ne sont pas systématiquement vérifiées et l'on peut observer que certaines sociétés présentent simultanément un taux de croissance espéré du résultat d'exploitation élevé et un multiple du résultat d'exploitation faible.

Cette « curiosité » constatée entre multiple du résultat d'exploitation et taux de croissance des résultats d'exploitation disparaît lorsqu'une appréciation du risque économique est introduite. En effet, la prévision du taux de croissance des résultats d'exploitation n'est pas prise pour argent comptant par les investisseurs. Ils pondèrent en effet le taux de croissance estimé du résultat d'exploitation par la fiabilité de cette prévision afin de déterminer le multiple du résultat d'exploitation qu'ils souhaitent utiliser.

> Toutes choses égales par ailleurs, plus le risque économique est important, plus le multiple du résultat d'exploitation est faible ; plus le risque est faible, plus le multiple du résultat d'exploitation est fort.

- **Les taux d'intérêt**

26.20 Il existe une corrélation inverse entre les taux d'intérêt et le multiple du résultat d'exploitation.

> Toutes choses égales par ailleurs, des taux d'intérêt élevés correspondent à de faibles multiples du résultat d'exploitation ; des taux d'intérêt bas à des multiples du résultat d'exploitation élevés.

Cette constatation est tout à fait normale : des taux d'intérêt élevés augmentent le taux de rentabilité exigé par l'investisseur comme nous l'avons vu lors de l'étude de la droite de marché (voir paragraphe 23.5) et, par là, diminuent la valeur de l'actif économique.

> De façon globale et à un moment donné, le niveau moyen du multiple du résultat d'exploitation est principalement expliqué par le niveau des taux d'intérêt dans l'économie. Plus spécifiquement, le multiple du résultat d'exploitation d'une entreprise sera plus ou moins fort en fonction de ses perspectives de croissance et de son risque par rapport à ceux d'autres sociétés comparables (même secteur d'activité).

Le multiple du résultat d'exploitation permet de comprendre l'évaluation d'une entreprise par rapport au marché.

2 ■ Le PER

a) Le principe

26.21 Même si le multiple du résultat d'exploitation est très populaire auprès des investisseurs et des analystes, un ratio plus simple à calculer est utilisé depuis des dizaines d'années pour apprécier la valeur d'une action. C'est le PER (*Price Earning Ratio*), coefficient multiplicateur qui, multiplié par le bénéfice net par action (BPA), donne une estimation de la valeur de l'action.

Le PER est donc égal à :

$$\text{PER} = \frac{\text{Valeur ou cours de l'action}}{\text{Bénéfice net par action}}$$

mais aussi en raisonnant, non plus pour une action, mais globalement à :

$$\text{PER} = \frac{\text{Valeur des capitaux propres ou capitalisation boursière}}{\text{Bénéfice net part du groupe}}$$

Il est également appelé coefficient de capitalisation (des bénéfices), P/E (« *pi-i* », prononciation en anglais). Le bénéfice par action traduit l'enrichissement théorique de l'actionnaire pendant l'année rapporté à une action.

À titre d'illustration, voici les PER moyens européens depuis 1990. On y observe, en particulier, l'impact de la bulle en 2000 sur les PER des sociétés de télécoms et celui de la crise économique de 2010 en particulier sur l'automobile et l'immobilier dont les résultats ont très fortement chuté.

PER historiques - Secteurs paneuropéens (au 1er janvier)

Année	Automobile	Biotechnologies	Chimie	Défense	Institutions financières	Immobilier	Télécoms	Services publics	Agro-alimentaire	Pétrole et gaz
1990	6,7	21,7	8,3	6,9	16,1	24,8	12,8	11,1	14,1	11,2
1995	13,4	30,4	13,5	14,3	14,1	20,4	12,7	13,4	12,9	17,3
2000	13,2	180,5	18,4	19,0	19,3	21,2	51,7	17,3	17,1	38,5
2005	10,1	66,3	15,7	15,9	13,5	22,8	15,4	14,6	15,1	13,1
2006	10,7	321,8	14,5	15,9	14,7	24,4	16,1	17,2	17,7	12,3
2007	14,0	40,7	13,4	15,0	13,9	20,4	15,2	20,7	17,3	10,4
2008	12,7	68,6	15,5	15,4	9,5	6,7	19,0	18,5	19,5	11,9
2009	6,5	36,7	9,9	10,5	5,8	9,8	9,8	10,4	8,4	6,4
2010	52,5	37,4	32,1	11,7	16,0	43,8	12,9	12,4	16,0	19,3
2011	17,5	43,3	19,3	10,8	11,8	19,5	7,5	10,8	16,0	15,8
2012	3,9	44,1	12,0	11,7	8,4	8,1	11,8	11,4	16,0	8,9
2013	4,9	37,2	17,6	9,2	13,0	21,0	9,3	11,3	16,7	9,3
2014	9,3	42,3	18,6	14,2	12,9	16,3	18,8	15,1	18,9	10,0

Source : Datastream.

Dans la pratique boursière, on retient généralement dans le calcul du PER une estimation du bénéfice par action de l'exercice en cours (l'année N). On calcule cependant parfois le PER $_{N+1}$ qui rapporte à la valeur d'aujourd'hui de l'action le bénéfice par action de l'année N + 1 tel qu'il est estimé à ce jour. Pour les sociétés en très forte croissance ou actuellement en perte, on calcule parfois le PER $_{N+2}$ ou même PER $_{N+3}$. On veut ainsi, soit afficher un chiffre plus normatif et pertinent que le PER_N (et éviter ainsi de se faire peur !), soit rendre possible un calcul, l'entreprise étant en pertes l'année N.

L'utilisation intensive du PER pour évaluer les capitaux propres d'une société a conduit au mythe du bénéfice par action comme critère financier pour juger la politique financière de l'entreprise. Telle décision sera ou ne sera pas prise selon qu'elle a une influence positive ou négative sur le bénéfice par action (voir troisième partie). De là son importance, mais nous en montrerons également les limites (voir chapitre 30).

Le PER est conceptuellement proche du multiple du résultat d'exploitation. Cependant, alors que le multiple du résultat d'exploitation résulte de la division de la valeur de l'actif économique par le montant du résultat d'exploitation, le PER résulte de la division de la valeur des capitaux propres par le bénéfice net.

26.22 En conséquence, bon nombre de remarques que nous avions faites pour le multiple du résultat d'exploitation sont aussi applicables au PER :

- une autre manière de comprendre le PER est de souligner qu'il exprime la valeur des capitaux propres sur la base du nombre d'années de bénéfices achetés. Ainsi, les capitaux propres qui valent 120 et avec un bénéfice de 12 seront achetés 10 fois ces bénéfices. On dira que le PER est de 10. Cela implique que, si le BPA reste constant, l'investisseur devra attendre 10 ans pour récupérer son investissement, ceci en négligeant la valeur résiduelle de cet investissement au bout de 10 ans, en omettant d'actualiser et en supposant que le BPA est intégralement touché par l'investisseur. Si le BPA de cette société augmente (diminue), l'investisseur devra attendre moins (plus) de 10 ans ;

- le PER est d'autant plus élevé que le taux de croissance des bénéfices par action est élevé[1], *a contrario* plus celui-ci est faible, plus le PER est faible ;

- le PER est d'autant plus faible que le risque perçu est fort ; moins le risque est fort, plus le PER est élevé ;

- le PER varie en sens inverse des taux d'intérêt : toutes choses égales par ailleurs, des taux d'intérêt hauts correspondent à des faibles PER, des taux d'intérêt bas à des PER élevés.

Le mode d'utilisation du PER est le même que celui du multiple du résultat d'exploitation. Notre lecteur qui doit évaluer une société donnée essayera de trouver une ou plusieurs entreprises aussi comparables que possible en termes d'activités, de croissance, de risque. Il appliquera alors leur PER au BPA de l'action qu'il doit évaluer.

Le PER dépend des mêmes paramètres que le multiple du résultat d'exploitation (risque, croissance, taux d'intérêt) mais il tient compte en plus du risque de la structure financière alors que le multiple du résultat d'exploitation n'intégrait que le risque de l'actif économique.

> Le PER ne peut être utilisé comme méthode de valorisation que si les sociétés comparables affichent les mêmes taux de croissance de leur BPA et présentent les mêmes risques aussi bien sur l'actif économique que sur la structure financière.

b) PER et taux de rentabilité exigé par l'actionnaire

26.23 Il est souvent fait une confusion entre le taux de rentabilité exigé par l'actionnaire et l'inverse du PER qui est alors utilisé comme une approximation du taux de rentabilité exigé par l'actionnaire.

Ceci est erroné, sauf dans le cas très rare où la croissance des bénéfices est nulle et où l'entreprise a un taux de distribution de ses bénéfices de 100 %. On peut en effet démontrer que si :

$$V = \frac{DPA}{k_{CP}} = \frac{BPA}{k_{CP}}$$

alors :

$$PER = \frac{V}{BPA} = \frac{1}{k_{CP}} \text{ et donc } \frac{1}{PER} = k_{CP}$$

[1] À condition toujours que la société crée de la valeur, c'est-à-dire génère pour ses actionnaires un taux de rentabilité supérieur au taux de rentabilité exigé.

> Dans le cas le plus fréquent d'une société en croissance, l'inverse du PER est inférieur au taux de rentabilité exigé. Utiliser l'inverse du PER comme une approximation du taux de rentabilité exigé par l'actionnaire conduit à sous-évaluer ce taux. C'est donc une erreur grave.

Considérons ainsi une société avec un BPA de 12. La valeur de son action est, mettons, de 240. Son PER est alors de :

$$\frac{240}{12} = 20$$

L'inverse de son PER n'est que de 5 % alors que l'actionnaire demande probablement de nos jours un taux de rentabilité de l'ordre de 10 %.

> Enfin, pour une société en décroissance, l'inverse du PER est supérieur au taux de rentabilité exigé par l'actionnaire. Utiliser l'inverse du PER comme une approximation du taux de rentabilité exigé par l'actionnaire conduit à surévaluer ce taux. C'est aussi une grave erreur.

En définitive, l'inverse du PER ne correspond qu'à une rentabilité comptable immédiate pour le nouvel actionnaire qui a acheté l'action pour V et à qui revient le BPA :

$$\text{Taux de rentabilité immédiate} = \frac{\text{BPA}}{\text{V}} = \frac{1}{\text{PER}}$$

- si ce taux est très faible, c'est que l'actionnaire attend une forte croissance du BPA afin d'obtenir un taux de rentabilité sur son investissement qui correspond au taux de rentabilité qu'il exige ;
- si ce taux est très fort, c'est que cette rentabilité immédiate est éphémère et que l'actionnaire s'attend à une baisse du BPA pour ramener, sur la durée, la rentabilité comptable à des niveaux plus en rapport avec son exigence de rentabilité ;
- si ce taux est normal et correspondant au taux de rentabilité exigé, c'est que la croissance future du BPA devrait être nulle (« la rente perpétuelle »).

3 ■ Les autres multiples

Outre le multiple du résultat d'exploitation (ou du résultat d'exploitation après impôt) et le PER, il est parfois fait usage d'autres multiples :

a) Le multiple du chiffre d'affaires

26.24 Il s'agit d'évaluer l'entreprise sur la base d'un coefficient multiplicateur des ventes, appelé *EV/sales* en anglais. On dira ainsi qu'une entreprise agroalimentaire s'achète une fois son chiffre d'affaires, une société du secteur de la communication deux fois son chiffre d'affaires.

Bien sûr, le multiple du chiffre d'affaires est d'autant plus fort que le sont les marges d'exploitation de l'activité considérée.

C'est la généralisation de la méthode du « boutiquier ». Appliquée aux petits commerces, cette méthode peut se comprendre :

- la multiplicité des transactions permet d'établir une sorte de norme ;
- le chiffre d'affaires est une donnée beaucoup plus fiable que le bénéfice déclaré...

> Exprimer la valeur de l'entreprise en pourcentage du chiffre d'affaires introduit l'idée d'une rentabilité normative. On n'achète pas l'entreprise à partir de sa capacité bénéficiaire, mais à partir d'une capacité normative, elle-même calculée en pourcentage du chiffre d'affaires.

Appliquée aux moyennes et grandes entreprises, cette méthode nous paraît complètement stupide. En effet, avec ces méthodes, que l'entreprise soit bien ou mal gérée, peu importe, la valeur est la même. Ce type de méthode prospère dans des climats d'euphorie boursière et stratégique : elle fut souvent utilisée pour valoriser des sociétés Internet, pour lesquelles le chiffre d'affaires était le seul solde positif... Nous déconseillons vigoureusement son emploi.

Il en est de même pour des multiples encore en amont des multiples de chiffre d'affaires comme les multiples du nombre d'abonnés (téléphonie mobile, câble, télévision par satellite...), du nombre de visiteurs ou de clics pour les sociétés Internet. Ces multiples fondés sur des volumes ou des nombres de clients sont encore plus imprécis que les multiples de chiffres d'affaires. Ils supposent non seulement une rentabilité normative, mais aussi des chiffres d'affaires unitaires (ARPU, *average revenue per user* dans le jargon des télécoms) identiques entre les sociétés comparables.

b) Le multiple de l'excédent brut d'exploitation

26.25 Dans certains secteurs, la notion de dotation aux amortissements peut être équivoque ou trop aléatoire. Dans la production cinématographique, elle correspond en effet à des charges qui ont été activées et qui reviennent en compte de résultat. Dans d'autres secteurs (les télécommunications par exemple), l'importance des dotations aux amortissements est telle (15 % du chiffre d'affaires d'Orange) et les pratiques utilisées pour constater l'usure des immobilisations sont tellement variées, qu'il vaut mieux raisonner avant dotation aux amortissements pour pouvoir faire des comparaisons pertinentes. On se focalise alors sur l'excédent brut d'exploitation (EBITDA en anglais). En effet, malgré la mise en place de normes communes (IFRS) et la convergence des normes nationales et internationales, le choix de la méthode et de la durée d'amortissement laisse encore place à la subjectivité.

Nous pensons que cette particularité propre à certains secteurs ne doit pas être généralisée. En effet, l'utilisation du multiple d'excédent brut d'exploitation (EV/EBITDA) aura tendance à survaloriser les entreprises à faible marge (voir paragraphe 35.25).

c) Le multiple du flux de trésorerie disponible

26.26 Le ratio valeur de l'actif économique/flux de trésorerie disponible, ou EV/FCF, *Entreprise Value/ Free Cash Flow*, est une notion similaire au multiple du résultat d'exploitation *mutatis mutandis*. Il représente le nombre de fois où le flux de trésorerie disponible est capitalisé par la valeur de l'actif économique.

Ce ratio devrait être un bien meilleur indicateur que le multiple du résultat d'exploitation dont la nature comptable du dénominateur le rend susceptible de manipulations. En effet le flux de trésorerie disponible est le flux de trésorerie que l'entreprise peut redistribuer à ses pourvoyeurs de fonds, actionnaires et prêteurs, après avoir financé ses investissements. Ce serait oublier qu'il est bien peu significatif pour les entreprises aux flux de trésorerie faibles ou négatifs car en phase de forte croissance ou en bas de cycle.

Autrement dit, ce ratio n'a de sens que pour des groupes arrivés à maturité, dont les investissements sont stables, ce qui rend très significatifs les flux de trésorerie disponibles. L'inverse de ce ratio est appelé *Free Cash Flow Yield*.

d) Le PBR ou le multiple des capitaux propres

26.27 On appelle **PBR** (*Price to Book Ratio*) le coefficient qui mesure le rapport entre la valeur de marché et le montant comptable des capitaux propres :

$$\text{PBR} = \frac{\text{Cours de Bourse}}{\text{Capitaux propres par action}} = \frac{\text{Capitalisation boursière}}{\text{Capitaux propres comptables}}$$

Le PBR peut se calculer soit au niveau d'une action, soit globalement, ce qui conduit bien sûr au même résultat[1].

Le lecteur pourra s'étonner du rapprochement entre le montant comptable des capitaux propres et leur valeur.

> Il n'y a pas de lien direct entre le montant des capitaux propres comptables et leur valeur.

Le montant des capitaux propres comptables est le fruit de la gestion et des résultats passés. La valeur des capitaux propres dépend des anticipations de flux de trésorerie futurs.

Il y a pourtant un lien économique entre ces deux grandeurs pourvu que les capitaux propres comptables reflètent bien les valeurs de marché des actifs et passifs.

Une action aura un PBR supérieur à 1, la valeur financière des capitaux propres étant supérieure à leur montant comptable, lorsque la rentabilité des capitaux propres (R_{CP}) est supérieure à la rentabilité exigée par les actionnaires (k_{CP}). En effet, si une entreprise dégage perpétuellement un taux de rentabilité de ses capitaux propres de 13 % alors que les actionnaires demandent du 10 %, les capitaux propres d'un montant comptable de 100 vaudront alors en finance 130. L'actionnaire aura alors le taux de rentabilité qu'il souhaite :

$$\frac{13\,\% \times 100}{130} = 10\,\%,$$ et le PBR sera de 1,3.

Au contraire, le PBR sera inférieur à 1 si la rentabilité des capitaux propres (R_{CP}) est inférieure à la rentabilité exigée (k_{CP}). Nous aurons l'occasion de revenir sur ce thème au chapitre 30.

Un secteur ne peut durablement avoir une valeur de ses capitaux propres inférieure au montant comptable de ses capitaux propres : en effet, des restructurations interviendront rétablissant ainsi l'équilibre des marchés. De même un secteur ne peut durablement avoir une valeur de ses capitaux propres supérieure au montant comptable de ses capitaux propres. En effet de nouveaux entrants seront attirés qui feront chuter ces rentabilités anormalement élevées, et l'équilibre des marchés sera ainsi rétabli.

1 C'est un concept proche du Q de Tobin qui se calcule comme valeur de marché des actifs / valeur de remplacement des actifs (souvent assimilée à la valeur nette comptable).

À titre d'illustration, voici les PBR constatés par secteur en Europe depuis 1990.

PBR - Secteurs paneuropéens (au 1er janvier)

Année	Automobile	Biotechno-logies	Chimie	Défense	Institutions financières	Immobilier	Télécoms	Services publics	Agro-alimentaire	Pétrole et gaz
1990	1,3	NA	1,5	0,9	1,5	1,1	1,5	1,3	2,8	1,0
1995	1,2	NA	1,5	1,3	1,1	1,0	1,7	1,5	2,3	1,3
2000	1,8	5,2	2,2	2,2	2,0	0,8	4,3	2,2	3,5	2,6
2005	0,9	3,4	1,7	2,2	1,4	1,1	2,8	1,8	2,9	2,0
2006	1,0	3,8	1,9	2,4	1,5	1,0	2,8	2,2	2,8	3,0
2007	1,2	4,1	1,8	2,2	1,6	1,3	2,8	2,7	2,7	2,8
2008	1,6	4,3	2,4	2,3	1,7	1,1	3,2	3,1	3,1	2,6
2009	1,1	3,0	1,4	1,8	0,7	0,8	2,2	1,7	2,0	1,7
2010	0,8	2,8	1,7	1,7	0,9	1,0	2,2	1,5	2,2	2,2
2011	1,1	2,7	2,0	1,8	0,9	1,0	2,2	1,4	2,4	1,7
2012	0,7	2,7	1,8	1,5	0,7	0,7	2,1	1,2	2,5	1,6
2013	0,9	3,6	2,3	1,8	0,8	0,8	1,7	1,1	3,1	1,5
2014	1,2	4,7	2,6	2,4	1,1	0,6	2,1	1,2	3,5	1,6

Source : Datastream.

Section 3 ■ Le tableau de bord boursier

26.28 Notre lecteur est maintenant tout à fait équipé pour dresser le tableau de bord suivant, qui n'a de sens que s'il a préalablement établi un diagnostic stratégique et financier de l'entreprise étudiée, à l'instar de celui développé au chapitre 9.

À titre d'exemple, nous l'avons bâti pour le groupe Indesit. Indesit dégage en 2013 une rentabilité sur ses capitaux propres (1 %) sensiblement inférieure à l'exigence de ses actionnaires (environ 10 % à mi-2014). Mais cette rentabilité est anticipée fortement se redresser dès 2014 et certainement la dépasser car les capitaux propres valent sensiblement plus (1 130 M€) que leur montant comptable (465 M€).

Le fort risque de la société explique le niveau faible du PER. La société était en situation financière difficile, il est logique qu'elle ne verse pas de dividendes.

Le flottant d'Indesit est relativement important (30 %) et les volumes moyen échangés (0,2 % du capital en moyenne quotidienne) ne sont pas négligeables, le titre est correctement suivi par les analystes. Les commentaires de cette section semblent donc relativement pertinents.

Le tableau de bord boursier d'Indesit

En €	Passé 2012	Passé 2013	Actuel 2014	Futur 2015	Futur 2016
Les cours de Bourse ajustés					
+ haut	5,90	9,60	11,26		
+ bas	2,58	5,28	9,39		
Dernier	5,78	9,60	9,90		
Les valeurs					
Nombre d'actions *fully diluted*[1] (en M)	114,2	114,2	114,2		
Capitalisation boursière (en M)	660	1 096	1 130		
Capitaux propres part du groupe (en M)	686	496	524	575	646
Valeur de l'endettement net (en M)	354	408	320		
Valeur de l'actif économique (en M)	516	1 504	1 538		
Les multiples					
Bénéfice par action *fully diluted* (BPA)	0,60	0,03	0,45	0,73	0,92
Taux de croissance du BPA	– 78 %	– 95 %	1 400 %	62 %	26 %
PER	9,6	320	22,0	13,6	10,8
Résultat d'exploitation (en M)	155	84	101	135	150
Multiple du résultat d'exploitation	3,3	17,9	15,2	11,4	10,3
Price Book Ratio (PBR)	1,0	2,2	2,2	2,0	
Le dividende					
Dividende par action (DPA)	0,22	0,05	0,20	0,28	0,30
Taux de croissance du DPA	0 %	– 80 %	353 %	38 %	6 %
Taux de rendement	4 %	0 %	2 %		
Taux de distribution	37 %	150 %	45 %	39 %	33 %
Les taux de rentabilité					
Coefficient bêta : β	1,25	1,12	1,23		
Prime de risque : $r_M - r_F$	10,3 %	9,5 %	7,9 %		
Taux de l'argent sans risque : r_F	0,7 %	0,2 %	0,3 %		
Taux de rentabilité exigé : k_{CP}	13,6 %	10,8 %	10,0 %		
Rentabilité des capitaux propres : r_{CP}	10,0 %	0,7 %	9,8 %		
Taux de rentabilité obtenu (plus-value et dividende)	23,0 %	38,9 %	8,9 %		
Le flottant	30 %	30 %	30 %		

1. *Voir paragraphe 26.39.*

Section 4 ■ Le plan type de l'analyse de la valeur d'une action

26.29 Afin de procéder à une analyse boursière, notre lecteur pourra suivre le plan suivant conçu par Marc Vermeulen :

Comment conduire une analyse boursière

Un cours de Bourse représentatif de la valeur...

- Actionnariat / flottant
- Liquidité / volumes
- Évolution du capital (actions émises / en circulation)

↓

... doit permettre de retracer un historique boursier...

Évolution cours ou capitalisation boursière :
- en absolu (amplitude des variations ; cycles éventuels)
- en relatif (par rapport à des indices boursiers ; par rapport à des valeurs comparables)

↓

... cohérent avec l'évolution financière de l'entreprise...

- Évolution BPA et autres agrégats pertinents (EBE, résultat d'exploitation...)
- Évolution des multiples correspondants :
  - PER
  - V_{AE} / résultat d'exploitation, V_{AE} / EBE, PBR
- Cohérence évolution boursière / multiples boursiers avec l'analyse financière (évolution rentabilité / structure financière)

↓

... et sa politique de distribution aux actionnaires...

Évolution de :
- DPA
- taux de distribution
- taux de rendement

↓

... permettant de « qualifier » le type de valeur boursière concernée...

- Volatilité (bêta) ; corrélation aux indices
- Typologie éventuelle de valeur boursière :
  - valeur de croissance ?
  - valeur de rendement / défensive ?
  - valeur cyclique ?

↓

... et d'apprécier sa valorisation actuelle en fonction des perspectives futures de l'entreprise

- Prévisions BPA ; EBE ; résultat d'exploitation... (par exemple consensus analystes financiers)
- Positionnement / signification des multiples actuels par rapport à ces prévisions
- Relation rentabilité attendue par le marché (k_{CP}) / rentabilité des capitaux propres et impact sur PBR actuel
- Éventuellement, valorisation boursière plus complète (DCF, comparables...)

Nous conseillons au lecteur qui ne découvre pas pour la première fois la finance d'entreprise de poursuivre la lecture de ce chapitre par celle du chapitre 35 qui en est la suite logique.

Section 5 ▪ L'organisation des marchés d'actions et les ordres de Bourse en France

26.30 La Bourse française est organisée par Euronext Paris SA filiale de NYSE Euronext, groupe qui organise également le New York Stock Exchange (principale Bourse américaine), la Bourse aux Pays-Bas, en Belgique et au Portugal. À ce titre, la société Euronext Paris SA :

- établit les règles du marché et les soumet à l'approbation de l'Autorité des marchés financiers (AMF) ;
- prononce l'admission des valeurs à la cote ;
- assure la publicité des négociations et la diffusion des cours ;
- enregistre les négociations entre les membres du marché grâce à la chambre de compensation LCH Clearnet SA ;
- offre aux émetteurs les services du marché pour la cotation de leurs titres et la réalisation de leurs opérations financières.

Le marché boursier français étant un **marché réglementé**[1], il se caractérise par des règles d'admission, un contrôle des autorités de tutelle — en France principalement l'**AMF** — sur le fonctionnement du marché et sur les intervenants, et un suivi de l'information communiquée au marché.

26.31 Le collège de l'AMF (renouvelé par moitié tous les 30 mois) est composé de 16 membres désignés pour 5 ans tous nommés par des autorités publiques (ministère de l'Économie et des Finances, Conseil d'État, Cour de cassation, Cour des comptes, Banque de France, Autorité des normes comptables…). Le président est nommé par le président de la République. Ses compétences s'étendent à toutes les opérations, qu'elles soient effectuées sur un marché réglementé ou de gré à gré. Ses principales attributions sont :

- l'adoption du règlement général de l'AMF qui définit des principes généraux d'organisation et de fonctionnement des marchés réglementés et notamment les règles (voir chapitre 48) régissant les offres publiques d'achat (OPA) ou d'échange (OPE) ;
- le contrôle de la régularité des opérations effectuées sur un marché réglementé (en donnant pour les opérations qui le requièrent un avis de conformité et un visa sur les notes d'information) ;
- l'agrément des intermédiaires ;
- l'initiation des procédures de sanction (transmise alors à la commission des sanctions) ;
- le fonctionnement interne de l'AMF (budget, règlement intérieur…).

La Commission des sanctions de l'AMF, qui comprend 12 membres, est totalement distincte du Collège et joue le rôle de gendarme de la Bourse et peut sanctionner les opérateurs ou transmettre les rapports de contrôle et d'enquête au procureur de la République.

1 Pour être plus précis, Eurolist est un marché réglementé, Alternext est un marché régulé, aux exigences réglementaires assouplies, mais non réglementé et le Marché libre n'est pas réglementé et est faiblement régulé (voir chapitre 46).

1 ■ Les ordres de Bourse

26.32 Les ordres de Bourse sont en général transmis par des prestataires de services d'investissement (PSI) qui peuvent ou pas être membres du marché. Les ordres sont définis par les caractéristiques suivantes :

- le nom du titre à traiter et son code (que l'on appelle code ISIN) ;
- le nombre de titres à traiter ;
- le sens de l'opération à réaliser (achat ou vente) ;
- la durée de validité de l'ordre ;
- le prix ;
- éventuellement la modalité de règlement si l'ordre est passé pour les titres éligibles au service règlement différé (SRD).

Si les trois premières caractéristiques sont évidentes, l'investisseur pourra choisir différentes options pour la durée de validité de son ordre et le prix auquel son ordre pourra être exécuté.

Lorsqu'un investisseur donne un ordre de Bourse, il doit préciser si son ordre est valable :

- « jour » : soit uniquement durant la journée de Bourse au cours de laquelle il est passé ;
- « à date déterminée » : autrement dit l'investisseur fixe une durée de vie pour son ordre (généralement quelques jours). Si l'ordre n'a pas pu être exécuté durant cette période, il sera annulé ;
- « à révocation » : l'ordre (sauf contre-ordre de l'investisseur) restera valable pendant toute la durée du mois (mois boursier[1] pour les actions négociées avec le Service de règlement différé, mois calendaire pour les autres actions).

26.33 Suivant que l'investisseur veuille vendre ou acheter immédiatement et à n'importe quel prix, ou se soit fixé des objectifs de prix minimum ou maximum, il utilisera différents types d'ordre de Bourse :

- « l'ordre à cours limité » : un ordre de vente limité à 100 € ne pourra être exécuté que si le cours de l'action dépasse 100 €. Il pourra n'être exécuté que partiellement (si les quantités dans le livre d'ordre sont insuffisantes) ;
- « l'ordre à la meilleure limite » : l'ordre se transforme immédiatement en cours limité au prix actuel de l'action (ou au prix d'ouverture s'il est passé avant l'ouverture de marché). Si la liquidité est faible ou la quantité à traiter importante, cet ordre peut ne pas être exécuté totalement (si peu de personnes souhaitent traiter au prix actuel) ;
- « l'ordre au marché » est un ordre prioritaire, il est exécuté à n'importe quel prix. Ainsi, si l'investisseur souhaite acquérir 100 titres et que le carnet d'ordres fait apparaître un vendeur à 50 € pour 50 titres, un vendeur à 51 € pour 20 titres et un vendeur à 52 € pour 30 titres, l'investisseur va se porter contrepartie pour tous et obtiendra un prix moyen de 50,80 € pour ses 100 titres ;

1 Les transactions boursières qui doivent être liquidées en fin de mois le sont en réalité 5 jours avant la fin du mois calendaire.

▪ « l'ordre à seuil de déclenchement » ne commence à être valable que si le cours de l'action franchit à la hausse ou à la baisse (« *stop loss* ») un certain seuil, il devient alors un ordre au marché. Il permet notamment aux investisseurs de se protéger contre un krach ;

▪ « l'ordre à plage de déclenchement » (« *stop limit* ») ne s'active, tout comme le précédent, qu'à partir d'un certain seuil, mais il devient alors un ordre limite. Il permet donc de fixer une fourchette de prix pour l'exécution ;

▪ depuis l'ouverture à la concurrence en matière d'exécution d'ordre de bourse (conséquence de la directive « Marchés d'instruments financiers », MIF), un nouveau type d'ordre est apparu : « ordre meilleure place », qui doit permettre de diriger l'ordre vers la place de négociation offrant le meilleur prix.

2 ■ La formation des cours

26.34 L'application à partir de novembre 2007 de la directive MIF a singulièrement changé les possibilités d'exécution des ordres de bourse. En effet, jusqu'à cette date, tous les ordres de bourse devaient transiter par Euronext qui disposait d'un monopole. Désormais la concurrence est ouverte, un ordre de bourse peut donc être exécuté :

▪ par Euronext ;

▪ par une plate-forme électronique alternative (BATS-Chi-X, Turquoise, Equiduct, Smartpool, Tradegate…) ;

▪ par un « internalisateur systématique », terme barbare pour désigner un établissement financier qui se porte contrepartie directement des ordres de ses clients. L'internalisateur systématique est soumis à des contraintes fortes en termes de solvabilité et d'engagement d'information et doit d'offrir une certaine liquidité sur les titres traités. C'est l'équivalent d'un teneur de marché ou *market maker* que l'on trouvait déjà sur le Nasdaq par exemple.

L'ouverture à la concurrence vise à rendre plus flexible le fonctionnement des marchés (extension des horaires) et à baisser les coûts d'intermédiation. Néanmoins la dispersion des ordres pourrait également réduire l'efficience des marchés, en particulier pour les investisseurs les moins sophistiqués.

Malgré la concurrence, Euronext est resté dominant pour l'exécution des ordres en France. Le système de négociation d'Euronext est celui d'un marché centralisé gouverné par les ordres. Les transactions sont effectuées à partir des terminaux installés chez les PSI et reliés aux ordinateurs centraux d'Euronext.

26.35 Une séance de Bourse se déroule par étapes :

▪ de 7 h 15 à 9 heures les ordres s'accumulent sur la feuille de marché ;

▪ à 9 heures le système calcule le prix d'ouverture du titre à partir des ordres recensés qui permet l'échange du plus grand nombre de titres (*fixing*) ;

▪ de 9 heures à 17 h 30, le marché fonctionne en continu et l'introduction d'un nouvel ordre provoque immédiatement une ou plusieurs transactions dès lors qu'il existe un ou plusieurs ordres en sens contraires en carnet sur la feuille de marché ;

▪ à la préclôture de 17 h 30 à 17 h 35, comme à la préouverture, les ordres s'accumulent sans transaction ;

▪ à la clôture à 17 h 35 : un *fixing* comme à l'ouverture permet de déterminer le dernier cours.

▪ 17 h 35 – 17 h 40 : des transactions peuvent encore être exécutées au dernier cours tant qu'il existe une contrepartie en attente.

Soit ainsi la feuille de marché ou carnet d'ordre pour l'action Danone suivante :

Demande				Offre	
Cumul	Quantité	Prix en €	Prix en €	Quantité	Cumul
300	300	À tout prix	À tout prix	400	400
1 400	1 100	57,95	57,75	200	600
2 100	700	57,90	57,80	250	850
3 100	1 000	57,85	57,85	500	1 350
4 000	900	57,80	57,90	850	2 200
6 000	2 000	57,75	57,95	2 000	4 200

Le cours d'équilibre sera de 57,90 €, c'est en effet le niveau de prix qui maximise le nombre de transactions : à 57,90 € il y a 2 200 actions offertes à ce prix au moins et 2 100 demandées au plus à ce prix. 100 actions offertes à 57,90 € ne trouveront donc pas preneur, ce seront les dernières arrivées sur le marché.

Pour les titres les moins liquides (c'est-à-dire pour lesquels il y a moins de 2 500 transactions par an), la cotation n'est pas réalisée en continu, mais 2 *fixings* sont réalisés par jour : à 10 h 30 et 16 h 00 (15 h 00 pour le Marché libre).

Section 6 ■ L'ajustement technique des données par action

1 ■ Ajuster le passé, si nécessaire

26.36 « On ne peut comparer que ce qui est comparable » dit l'adage.

En finance, les distributions d'actions gratuites et les augmentations de capital en numéraire entraînent le détachement de droits d'attribution ou de souscription qui modifient **pour des raisons techniques** la valeur d'une action.

> On ne pourra étudier une série de cours que s'ils sont homogènes, c'est-à-dire s'ils ont été ajustés pour éliminer les variations uniquement dues à des raisons techniques. Pour ce faire, toutes les valeurs avant le détachement d'un droit seront multipliées par un coefficient, appelé coefficient d'ajustement.

a) La distribution d'actions gratuites

26.37 Si par exemple, une entreprise décide de doubler son capital social par incorporation de réserves, elle crée une action nouvelle pour une action ancienne. Dès lors, chaque actionnaire se trouve détenteur de 2 fois plus d'actions sans apporter de nouveaux capitaux propres et sans que la structure de l'entreprise ait été modifiée. La valeur unitaire de l'action a donc simplement été divisée par 2.

Il va de soi que la valeur des capitaux propres de l'entreprise n'est pas modifiée par cette opération ; le fait de détenir 2 actions nouvelles équivaut donc à détenir une action ancienne. Or, il est nécessaire de comparer les valeurs du titre avant et après une telle opération et d'ajuster les valeurs pour obtenir une série statistique homogène.

Dans ce cas particulier, il suffit, pour comparer les cours antérieurs à ceux postérieurs à cette opération financière, de diviser les premiers par 2 ; on dit alors que le coefficient d'ajustement est de 1/2.

En généralisant, si l'on crée N' actions nouvelles pour N actions anciennes, le coefficient d'ajustement est égal à :

$$\frac{N}{N + N'}$$

On peut noter que la division du nominal représente la même opération que l'émission d'actions gratuites. Ainsi, si le nominal est divisé par 2, chaque actionnaire verra le nombre d'actions qu'il détient multiplié par 2 comme s'il avait reçu une action gratuite pour une action détenue.

b) L'augmentation de capital en numéraire avec droit préférentiel de souscription

26.38 Elle constitue la seconde cause d'ajustement des données relatives à l'action. Nous étudierons plus particulièrement ce problème dans le chapitre consacré au placement des titres (voir paragraphe 29.29).

L'investisseur devra, pour souscrire à ces nouvelles actions, acheter un ou plusieurs droits de souscription détachés des actions anciennes. Leur cours théorique sera tel qu'il est indifférent d'acheter des actions anciennes après détachement des droits ou d'acheter des actions nouvelles grâce à des droits de souscription. Le détachement du droit préférentiel de souscription de l'action ancienne rend nécessaire un ajustement.

Dans le cadre d'une émission d'actions en numéraire, le coefficient d'ajustement est égal à :

$$\frac{\text{Valeur de l'action après détachement}}{\text{Valeur de l'action avant détachement}} =$$

$$\frac{\text{Cours de l'action avant détachement} - \text{Droit de souscription}}{\text{Cours de l'action avant détachement}}$$

Si l'on appelle V_a le prix de l'action ancienne, E le prix d'émission, N' le nombre d'actions nouvelles et N le nombre d'actions anciennes, le coefficient d'ajustement est alors égal à :

$$\frac{N \times V_a + N' \times E}{(N' + N) \times V_a}$$

D'une manière plus générale, le coefficient d'ajustement est égal au rapport de la valeur après détachement du droit (d'attribution ou de souscription) sur la valeur avant détachement de ce même droit. Cette règle s'appliquera par exemple à l'attribution gratuite de BSA.

Pour réaliser cet ajustement, il suffit alors de multiplier par ce coefficient tous les paramètres de l'action (cours, bénéfice, dividende, capitaux propres par action) avant l'opération.

Le lecteur aura sans problème compris que l'ajustement consiste à modifier le passé pour le comparer à aujourd'hui et à demain et non pas l'inverse.

Dorénavant, nous raisonnerons toujours sur des valeurs ajustées.

2 ■ Tenir compte des opérations futures

26.39 Les émissions de valeurs mobilières composées donnant accès au capital (obligations convertibles en actions, obligations remboursables en actions, obligations à bons de souscription d'actions, stock-options…) obligent le financier à tenir compte de ce potentiel d'actions futures dans le calcul des données par action. Il faut là encore ajuster pour obtenir un nombre moyen d'actions en circulation.

Puisqu'il y a dilution, au moins potentielle, il est nécessaire de calculer les paramètres de l'entreprise (bénéfice net par action, capitaux propres par action), après émission de toutes les actions qui pourraient l'être, en anglais *fully diluted*.

Pour les obligations convertibles, la méthode est simple, elle suppose que les obligations sont converties. Le nombre d'actions est alors accru, mais en contrepartie, les frais financiers sont diminués des intérêts comptabilisés [1] sur ces obligations convertibles.

Pour le traitement des bons de souscription (ou des stock-options), deux méthodes peuvent être utilisées par l'analyste financier.

La **première méthode**, couramment utilisée, suppose que les investisseurs exercent leurs bons lorsqu'ils sont dans la monnaie et que l'entreprise utilise les fonds ainsi recueillis pour racheter sur le marché une partie de ses propres actions. L'entreprise annule ainsi une partie de la création d'actions due à l'exercice des bons. C'est la méthode recommandée par l'ANC et l'IASB et que les Anglo-Saxons appellent *treasury method*.

L'exemple suivant l'illustrera. Le 1er septembre 2011, l'entreprise Loch Lomond avait émis 100 000 bons de souscription d'actions, exerçables du 1er janvier 2012 au 1er janvier 2016 et permettant d'acquérir chacun une action nouvelle au prix de 240 €.

Le BPA 2014 est de 10 M€ (bénéfice net 2014) divisé par 1 000 000 (nombre d'actions avant dilution), soit 10 €.

Puisqu'au 31 décembre 2014, le cours de l'action Loch Lomond est de 300 €, la totalité des bons est supposée, pour le calcul, être exercée : 100 000 nouvelles actions sont donc créées. L'exercice des bons apporte à l'entreprise la somme de : 100 000 × 240 € = 24 000 000 €.

1 En normes IFRS le montant d'intérêts comptabilisés est supérieur au montant payé, voir chapitre 8.

Avec cette somme, Loch Lomond pourra racheter 80 000 de ses propres actions au cours de 300 €. Le BPA *fully diluted* sera de :

BPA 2014 = 10 000 000/(1 000 000 + 100 000 – 80 000) = 9,80 €

Seuls les instruments dilutifs dans la monnaie sont ainsi retraités dans cette méthode. Ceux qui sont en dehors de la monnaie ne sont pas pris en compte.

26.40 La **seconde méthode**, dite de « **placement des fonds** », suppose que tous les investisseurs exercent leurs bons et que les fonds générés par cette opération sont placés par l'entreprise. Reprenons l'exemple précédent en appliquant cette méthode.

Dans cette méthode on suppose que tous les bons sont exercés d'un coup et que l'argent ainsi levé est placé à 2 % après impôt dans l'attente d'investissements industriels. Le BPA *fully diluted* est alors le suivant :

$$\text{BPA } 2014 = \frac{100\,000 \times 240 \times 2\,\% + 10\,000\,000}{1\,000\,000 + 100\,000} = 9,27\,€$$

On observe que ces deux méthodes donnent des résultats différents ce qui est logique puisque l'utilisation des fonds levés grâce à l'exercice des bons l'est aussi.

On peut remarquer que la méthode du rachat d'actions est plus proche des marchés financiers car la donnée principale nécessaire pour l'utiliser est le cours de Bourse de l'entreprise.

RÉSUMÉ

Le résumé de ce chapitre est disponible sur le site www.vernimmen.net.

L'analyse d'une action est centrée sur l'évolution du cours de Bourse, des multiples et notamment de son multiple de résultat d'exploitation et de son PER, du dividende et de la rentabilité servie comparée à la rentabilité exigée.

Le dividende s'analyse notamment au regard du rendement (dividende rapporté au cours) et du taux de distribution (dividende rapporté au résultat net).

Le multiple de résultat d'exploitation rapporte la valeur de l'actif économique (capitalisation boursière et endettement net) au résultat d'exploitation de la société. Ce multiple varie dans le même sens que le taux de croissance des résultats d'exploitation futurs et dans le sens opposé des taux d'intérêt et du risque opérationnel.

Le PER (*Price Earnings Ratio*) est le rapport de la valeur de l'action sur le bénéfice par action. Le PER est influencé par les mêmes paramètres que le multiple de résultat d'exploitation auxquels il convient d'ajouter le risque financier lié à la structure financière de la société.

Ce n'est que lorsque l'entreprise distribue tous ses bénéfices et lorsque les marchés financiers et industriels sont à l'équilibre, que l'inverse du PER représente la rentabilité attendue par les actionnaires. Dans le cas général, le critère de l'inverse du PER aboutit à sous-estimer la rentabilité exigée par les actionnaires.

La comparaison au cours du temps des paramètres de l'action (BPA, cours, dividendes, etc.) n'est possible que si les données sont homogènes, c'est-à-dire qu'elles ont été ajustées pour éliminer les variations uniquement techniques dues au détachement d'un droit. Il devra aussi être tenu compte d'opérations futures pouvant modifier le nombre d'actions en circulation.

QUESTIONS

1/ Pourquoi faut-il ajuster les paramètres en cas d'augmentation de capital avec DPS ?

2/ Définissez valeur de croissance et valeur de rendement.

3/ Quelles sont les perspectives de croissance d'une entreprise qui distribue l'intégralité de ses bénéfices ?

4/ Un PER « élevé » implique-t-il nécessairement que la société est en forte croissance ?

5/ Quelles sont les hypothèses nécessaires pour que l'inverse du PER donne une estimation approximative du taux de rentabilité exigé ?

6/ Une modification des taux de rentabilité exigés affecte-t-elle plus une société qui distribue 75 % de ses bénéfices qu'une société dont le taux de distribution est de 5 %, mais qui devrait atteindre 75 % d'ici 25 ans ?

7/ Une action dont la rentabilité exigée est plus importante que la moyenne pour un même risque est-elle sous-évaluée ou surévaluée ?

8/ Qu'indique un taux de croissance du dividende par action plus important que celui du montant total des dividendes distribués ? Même question quand la relation est inversée.

9/ Que signifie un PBR largement supérieur à 1 ?

10/ Quels sont les 3 paramètres qui expliquent le niveau du multiple du résultat d'exploitation après impôt ?

11/ Plus les taux d'intérêt sont élevés, plus le multiple du résultat d'exploitation est élevé. Vrai ou faux ?

D'autres questions vous attendent sur le site www.vernimmen.net.

EXERCICES

1/ Vous faites l'acquisition d'une action aux caractéristiques suivantes :

– cours : 500 € ;

– BPA : 33,30 € ;

– taux de distribution : 25 % ;

– taux de croissance prévu du BPA : 15 %.

Quelle devra être la valeur de l'action l'année 3 pour que vous réalisiez sur votre investissement une rentabilité de 12 % ? Quel sera alors le PER ?

2/ Que pensez-vous des sociétés suivantes ?

Société	Cours de Bourse en euros	BPA en euros (réel et estimé)			Taux de distribution 2014e	Taux de rendement 2014e	Taux de croissance du BPA 2013-2015	Capitaux propres par action	PER 2013	Bêta
		2013	2014	2015						
Arcelor Mittal	11,8	– 1,51	0,82	1,23	NS	0,8 %	NS	28,80	NS	1,86
TF1	13,0	0,65	0,56	0,78	92 %	4,6 %	20 %	11,16	20,0	1,68
L'Oréal	124,1	4,95	5,4	5,92	51 %	2,0 %	20 %	37,67	25,1	0,58

NS : Non significatif.

Le taux de l'argent sans risque est de 0,31 %. La prime du marché est de 7,89 %.

3/ Donnez pour chacune de ces actions une approximation de l'élément manquant (indiqué par un « ? ») et caractérisez alors chaque action :

	Action A	Action B	Action C	Action D
PER	10	25	7	50
Taux de distribution : d	95	20	20	?
Taux de croissance annuelle du BPA à l'horizon de 5 ans : g	?	30 %	5 %	30 %
Dettes financières/Capitaux propres	0,15	0,20	0,25	8
R_{CP}	10 %	30 %	?	90 %
PBR	1	?	0,4	45

4/ Vous avez à évaluer une clinique. Vous obtenez pour 3 groupes de santé européens cotés :

En millions d'euros	Valeur des capitaux propres	Valeur de l'endettement net	Résultat d'exploitation
Korian	2 122	721	228
Rhoen Klinikum	3 265	746	219
Orpéa	2 680	1 864	280

Votre clinique réalise un résultat d'exploitation de 10 M€. Quelle est la fourchette de la valeur de son actif économique ? Si l'on vous dit que le taux de croissance des BPA à 3 ans est de 10 %/an, 15 %/an et 20 %/an pour Korian, Orpéa et Rhoen Klinikum alors qu'il est de 9 % pour votre clinique, pouvez-vous affiner votre analyse ?

ÉLÉMENTS DE RÉPONSE

Questions

1. Car une action après détachement d'un droit n'est plus la même qu'avant et ne vaut plus la même chose, faussant ainsi les comparaisons dans le temps.

2. Valeur de croissance : valeur distribuant peu de dividendes mais qui connaitra une forte croissance de ses résultats dans l'avenir (forte espérance de plus-values).

Valeur de rendement : valeur à taux de distribution élevé du fait de l'absence d'opportunités d'investissement (faible espérance de plus-values).

3. Nulles sauf amélioration de la productivité ou du cycle conjoncturel.

4. Oui, en général. Non, si l'entreprise est en difficulté (chute du bénéfice, redressement anticipé).

5. Que la société verse l'intégralité de son résultat en dividendes, que le résultat soit constant et que les marchés soient à l'équilibre. Ce qui fait beaucoup ! C'est donc un cas rare.

6. Non, au contraire plus grande sensibilité du fait de l'éloignement des flux.

7. Sous-évaluée.

8. Des rachats d'actions ou/et des réductions de capital. Des augmentations de capital.

9. Que le taux de rentabilité des capitaux propres est largement supérieur à celui exigé par les actionnaires.

10. Le taux de croissance, les risques, les taux d'intérêt.

11. Faux, c'est l'inverse, voir ce chapitre.

Exercices

Les corrigés détaillés des exercices sur excel sont disponibles sur le site www.vernimmen.net.

1. V = 665 € ; PER = 13,1.

2. Arcelor Mittal est une entreprise cyclique en perte en 2013. La société continue de verser des dividendes anticipant le redressement des résultats.

TF1 est une entreprise arrivée à maturité : son résultat est relativement stable. Son risque est néanmoins supérieur à la moyenne des sociétés (β de 1,7) car les recettes publicitaires sont volatiles. Son PER reflète un certain mieux sur le marché publicitaire. La politique de distribution est généreuse car la société n'a pas de besoin d'investissements forts.

L'Oréal est une société en forte croissance (+ 20 %/an), comme son PER élevé (25) le montre. Le risque est relativement faible (0,58 de bêta). La société verse un dividende moyen.

3. g de A très faible puisque d est d'environ 100 %. PBR de B = PER × R_{CP} = 7,5.
R_{CP} de C = PBR/PER = 5,7 %. d de D : probablement très faible vu le poids de l'endettement et le très fort taux de croissance.

A est une action proche d'une rente, sans croissance. B est en forte croissance et fortement rentable. C est trop peu rentable par rapport à l'exigence de ses actionnaires et devrait distribuer beaucoup plus (voir chapitre 40). D a une rentabilité des capitaux propres exceptionnelle qui s'explique par un très fort effet de levier.

4. Entre 125 et 183 M€. Valeur dans le bas de la fourchette car le taux de croissance du résultat d'exploitation est dans le bas de la fourchette.

BIBLIOGRAPHIE

Byun J., Rezoff M., « Long-run performance after stock splits 1927 to 1996 », *Journal of Finance* juin 2003, vol. 58, n° 3, pages 1063 à 1086.

Le Fur Y., Quiry P., « Les transactions de haute fréquence », *La Lettre Vernimmen.net* avril 2012, n° 107, pages 1 à 6.

Pour les aspects institutionnels des marches actions :

Cherbonnier F., Vandelanoite S., « L'impact de la directive MIF sur la liquidité des marchés financiers », *Revue de la stabilité financière de la Banque de France* février 2008, n° 11, numéro spécial liquidité.

Desbarrières N., *La Bourse et ses Back-offices*, 4e édition, Economica, 2006.

Hamon J., Jacquillat B., *La Bourse*, 6e édition, PUF, coll. « Que sais-je ? », 2011.

Meunier F., « Valorisation des entreprises et croissance de leurs résultats », *La Lettre Vernimmen.net* décembre 2013, n° 120, pages 7 à 10.

Pilverdier J., *Le Marché boursier. Des agents de change à Nyse Euronext*, 3e édition, Economica, 2008.

Consultez les sites Internet des Bourses, par exemple www.nyx.com, ainsi que celui de l'AMF, www.amf-france.org.

Chapitre 27

L'option

Ou payer pour se faire peur !

27.1 Dans les chapitres précédents nous avons vu que, lors du calcul d'une valeur actuelle nette, le taux de rentabilité exigé intègre une prime de risque qui vient s'ajouter à la rémunération du temps qui passe. La technique de l'option permet de privilégier cette notion de rémunération du risque, ce qui constitue son principal intérêt.

Certes, l'option est un produit plus complexe que l'action ou l'obligation, et qui relève, dans son emploi quotidien, de techniques de gestion de portefeuille plus que de finance d'entreprise. Cependant, nous verrons que bon nombre de produits financiers peuvent s'analyser comme une option (bons de souscription, stock-options, voire l'action) ou comme la composition d'une option et d'un actif moins risqué (obligations convertibles). Notre lecteur pourra s'amuser à découvrir les options cachées dans tout produit financier.

Ainsi, une obligation convertible est composée d'une obligation classique et d'une option d'achat. Une ligne de crédit revolver non tirée peut être analysée comme une option sur un crédit.

Nous examinerons également comment la théorie de l'option peut s'appliquer aux grandes décisions de politique financière d'une entreprise.

> L'option est un outil d'analyse puissant aux modalités d'application qui n'ont d'autres limites que celles de l'imagination des financiers qui l'utilisent.

L'objet de ce chapitre n'est pas de faire de notre lecteur un virtuose de la manipulation des options, ni de lui apprendre les multiples techniques de spéculation ou de couverture fondées sur ce produit, mais de lui faire comprendre les mécanismes de l'option.

Section 1 ■ Définitions et fondement de l'option

27.2 L'option est le droit d'acheter ou de vendre un actif à un prix convenu et pendant une période définie au préalable.

1 ■ Quelques définitions de base

27.3 Il existe donc des **options d'achat** (*call* en anglais) et des **options de vente** (*put*). L'actif qui peut donc être acheté ou vendu est appelé **actif sous-jacent** : cela peut être un actif financier (action, obligation, bon du Trésor, contrat à terme, devise, indice boursier…) ou un actif physique (matière première agricole ou minérale…).

Le prix auquel peut être acheté ou vendu l'actif sous-jacent s'appelle **prix d'exercice** (*strike* en anglais). Le détenteur de l'option peut exercer son option (c'est-à-dire acheter l'actif sous-jacent s'il détient une option d'achat ou le vendre s'il détient une option de vente) soit à une date, appelée **date d'exercice**, soit pendant une période, appelée **période d'exercice**.

En effet, d'un point de vue technique, on distingue les options « **américaines** » (le détenteur de l'option peut exercer son droit à tout moment durant la période d'exercice) des options « **européennes** » (le détenteur ne peut exercer son droit qu'un jour bien précis, appelé date d'exercice). La grande majorité des options cotées en Bourse sont des options « américaines » que l'on trouve des deux côtés de l'Atlantique, alors que les options de gré à gré sont majoritairement « européennes ».

27.4 L'option d'achat s'analyse juridiquement comme une promesse de vente (un engagement de vendre), accordée par le vendeur de l'option d'achat à l'acheteur de cette option.

Deux exemples :

- Si Pierre vend à Philippe une option d'achat sur l'action AXA à 19 € à échéance 9 mois, Philippe aura le droit durant 9 mois (option américaine) ou à l'issue de cette période (option européenne) d'acheter à Pierre une action AXA au prix de 19 €, quel que soit le cours en Bourse de l'action AXA à ce moment-là. Philippe n'est pas obligé d'acheter à Pierre une action AXA, mais si Philippe le lui demande, Pierre est obligé de lui vendre cette action au prix de 19 €. Bien évidemment, Philippe n'exercera son option que si le cours d'AXA en Bourse dépasse 19 €. Dans le cas contraire, Philippe préférera acheter l'action AXA en Bourse à un prix inférieur à 19 €.

- Si Paul achète à Claire une option de vente à 6 mois d'un million de francs suisses sur la base de 1 FS = 0,8 € et 6 mois, Paul pourra dans 6 mois (option européenne) vendre à Claire un million de francs suisses au prix de 0,8 € par franc suisse quel que soit le cours du franc suisse à ce moment-là. Paul n'est pas obligé de vendre les francs suisses à Claire, mais si Paul le lui demande, Claire est obligée de les lui acheter au prix convenu. Bien évidemment, Paul n'exercera son option que si le cours du franc suisse est inférieur à 0,8 €.

27.5 L'option de vente s'analyse comme une promesse d'achat (un engagement d'acheter), accordée par le vendeur de l'option de vente à l'acheteur de cette option.

Les exemples précédents soulignent le caractère **fondamentalement asymétrique** de l'option : on aura remarqué, en effet, que chacune des parties d'un contrat d'option n'a pas les mêmes droits ni les mêmes devoirs. **L'acheteur de toute option a le droit de faire mais non l'obligation, alors que le vendeur de toute option est obligé de faire si l'acheteur le lui demande**.

27.6 La valeur à laquelle une option s'achète ou se vend s'appelle parfois la **prime** ou *premium* en anglais[1]. Elle est bien sûr payée par l'acheteur au vendeur qui trouve ainsi une compensation financière à une situation dans laquelle il a toutes les obligations et aucun droit.

Nous pouvons ainsi préciser notre définition de l'option.

> L'option est un contrat entre deux parties par lequel l'une accorde à l'autre le droit (mais non l'obligation) de lui acheter (option d'achat) ou de lui vendre (option de vente) un actif, moyennant le versement d'une prime. L'achat (ou la vente) de cet actif se fera à un prix déterminé (prix d'exercice), durant une période (période d'exercice pour les options « américaines »), ou à une date précise (date d'exercice pour les options « européennes »).

À l'échéance de l'option, on peut schématiser les pertes et profits (*payoff* en anglais) de l'acheteur de l'option d'achat de la façon suivante :

Option d'achat

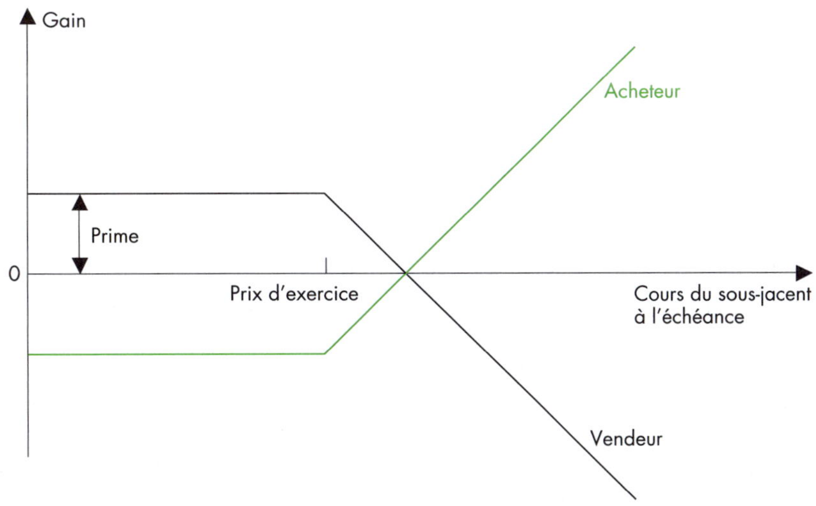

Dans notre exemple, à l'échéance, si l'action AXA vaut 26 €, Philippe exercera son option, achètera son action AXA 19 € et pourra la revendre 26 €. Il aura gagné 7 € (auxquels il faut retrancher la prime qu'il a payée pour acquérir l'option).

1 Notre lecteur aura peut-être noté le parallèle avec la prime d'assurance. Nous développons les similitudes entre assurance et options au chapitre 54.

Et de la même façon on a pour l'option de vente :

Option de vente

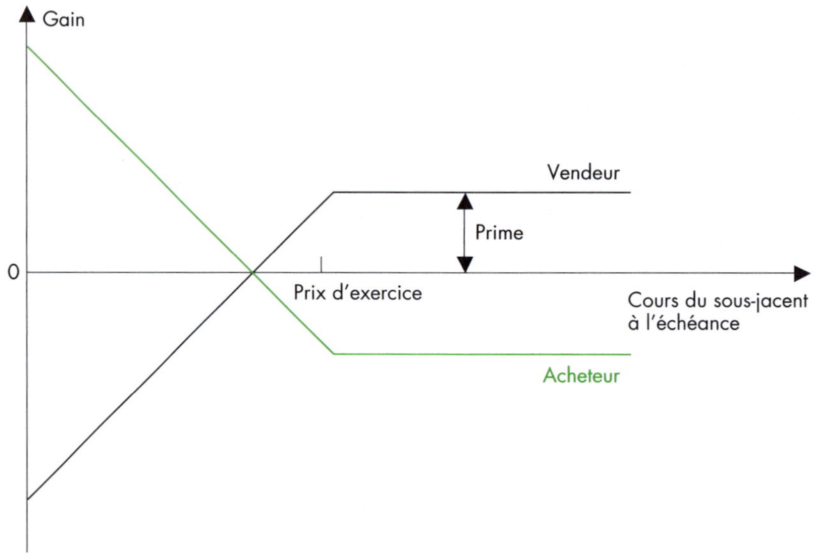

Ce schéma met en évidence **l'asymétrie du risque** : l'acheteur de l'option enregistrera une perte limitée au montant de la prime ou un profit quasi illimité tandis que le vendeur enregistrera un gain limité ou potentiellement une perte quasi illimitée.

2 ■ Le fondement de l'option

27.7 Dans un univers certain, où il serait possible de connaître aujourd'hui avec certitude ce qui se passera demain, l'option ne pourrait exister, car elle paraîtrait toujours inutile.

En effet, si l'avenir était connu avec certitude, il n'y aurait donc aucun risque et tous les actifs financiers rapporteraient le même taux, c'est-à-dire le taux de l'argent sans risque. À quoi alors servirait une option, c'est-à-dire le droit d'acheter (ou de vendre) si l'on savait déjà d'avance que l'on serait en mesure à l'échéance d'acheter ou de ne pas acheter ? À quoi servirait une option d'achat sur l'action Bayer avec un prix d'exercice de 100 € si l'on savait déjà que le cours de Bayer ne dépassera pas, d'ici l'échéance, 95 € et que l'option ne sera donc pas exercée ? Et si l'on sait qu'à l'échéance le cours de Bayer sera de 150 €, le prix de cette option serait tel qu'elle rapporterait le taux de l'argent sans risque, comme l'action Bayer au demeurant puisque l'avenir est connu avec certitude.

L'option n'existe pas lorsque l'avenir est connu avec certitude. En avenir incertain, l'option a donc pour fonction de rémunérer le risque lié à l'incertitude de l'avenir. Le fondement de l'option est donc la rémunération du risque.

L'option peut donc être qualifiée de pur produit financier, dans la mesure où elle est uniquement rémunération du risque : il n'y a pas d'autre fondement à la valeur d'une option.

Plus généralement, toute prime de risque est en quelque sorte une option.

Section 2 ■ Les mécanismes d'équilibre de la valeur des options

27.8 Supposons qu'Aymeric achète une option d'achat sur l'action EDF à 20 € et à 9 mois et vende simultanément une option de vente sur le même titre à 30 € et à 9 mois. Que se passera-t-il à l'échéance ?

Si l'action EDF est à plus de 30 €, Aymeric exercera son option d'achat et paiera l'action 30 €. Il ne sera pas exercé sur son option de vente car sa contrepartie préférera vendre l'action EDF au prix de marché plutôt qu'à 30 €.

Si l'action EDF est à moins de 30 €, Aymeric n'exercera pas son option d'achat. Mais l'option de vente qu'il a vendue sera exercée et Aymeric devra donc acheter l'action EDF à 30 €.

Par conséquent, quel que soit le niveau du prix de l'actif sous-jacent : acheter une option d'achat et vendre une option de vente sur le même sous-jacent, à la même échéance et avec le même prix d'exercice, est équivalent à acheter le sous-jacent à la date d'échéance (« à terme ») au prix d'exercice.

Ce que l'on peut résumer par :

> Acheter une option d'achat et vendre une option de vente, c'est acheter à terme le sous-jacent (c'est la *put-call parity* pour les Anglo-Saxons).

En termes de valeur, sur des marchés en équilibre, on peut donc déduire qu'à l'échéance de la période d'exercice :

> Valeur à l'échéance d'une option d'achat – Valeur à l'échéance d'une option de vente = Valeur à l'échéance du sous-jacent – Prix d'exercice.

Graphiquement, on retrouve ce résultat :

Achat d'une option d'achat + Vente d'une option de vente = Achat à terme

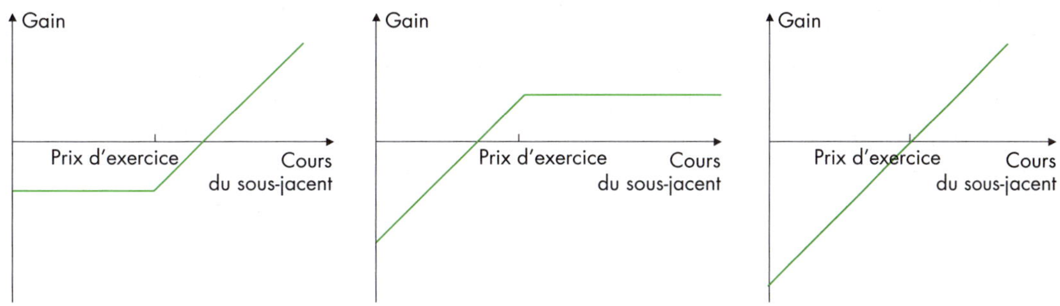

On vérifie que le profit (ou la perte) de cette combinaison est bien égal à la différence entre le prix du sous-jacent à l'échéance et le prix d'exercice.

27.9 Considérons maintenant l'opération suivante : Soazic souhaite acheter des actions EDF, mais ne dispose pas immédiatement des liquidités correspondantes. Elle recevra cependant dans 9 mois la somme de 30 € qui lui permettra de faire cet achat. Soazic peut alors emprunter la valeur actuelle de 30 € dans 9 mois et faire maintenant l'acquisition d'actions EDF.

À l'échéance, le profit (ou la perte) de cette opération sera donc égal à la différence entre la valeur des actions EDF et le remboursement du capital emprunté (30 €).

Nous sommes donc ramenés au cas précédent, ce qui nous permet d'affirmer, compte tenu de l'arbitrage en termes de valeur :

> Acheter une option d'achat et vendre une option de vente sur le même sous-jacent, au même prix d'exercice, à la même échéance, revient à acheter le sous-jacent en empruntant la valeur actuelle du prix d'exercice, à la condition que les deux options soient de type européen et en l'absence de paiement d'un dividende.

Nous avons choisi l'exemple d'une action en guise de sous-jacent, mais cette équivalence est valable pour n'importe quel sous-jacent (devises, obligations, matières premières…).

Cela peut s'écrire des huit façons suivantes qui sont toutes équivalentes :

1° Acheter une option d'achat et vendre une option de vente revient à acheter le sous-jacent et s'endetter.

2° Acheter une option d'achat et vendre le sous-jacent revient à acheter une option de vente et s'endetter.

3° Acheter une option d'achat et placer revient à acheter le sous-jacent et acheter une option de vente.

4° Acheter une option de vente et vendre une option d'achat revient à placer et vendre le sous-jacent.

5° Acheter une option de vente et acheter le sous-jacent revient à acheter une option d'achat et placer et l'on retrouve 3°.

6° Acheter une option de vente et s'endetter revient à acheter une option d'achat et vendre le sous-jacent et l'on retrouve 2°.

On a également :

7° Acheter une option de vente revient à acheter une option d'achat et vendre le sous-jacent et placer.

8° Acheter une option d'achat revient à acheter une option de vente et acheter le sous-jacent et s'endetter.

Ces deux dernières égalités signifient que l'on peut « fabriquer » une option d'achat synthétique à partir d'une option de vente et *vice versa*.

Lorsque l'on dispose de trois opportunités d'investissement sur un sous-jacent, on peut toujours reconstituer la quatrième du moment que l'on peut s'endetter et placer dans l'actif sans risque !

Section 3 ■ L'analyse de l'option

1 ■ La valeur intrinsèque

27.10 On appelle **valeur intrinsèque** la différence, si elle est positive, entre le cours de l'actif sous-jacent et le prix d'exercice de l'option d'achat. Pour une option de vente, c'est l'opposé : la valeur intrinsèque est la différence, si elle est positive, entre le prix d'exercice de l'option de vente et le cours du sous-jacent.

Dans la suite de ce chapitre, sauf mention contraire, nous prendrons comme exemple les options d'achat.

Par définition, la valeur intrinsèque n'est jamais négative.

Considérons une option d'achat sur la livre sterling avec un prix d'exercice de 1 € par livre et une échéance fin décembre. Supposons que nous soyons au mois de juin et que la livre sterling cote 1,1 €.

Quelle est alors la valeur de l'option ? Le détenteur de l'option a la possibilité d'acheter à 1 € des livres sterling qui cotent 1,1 €.

Ce gain immédiat possible, qui n'est autre que la valeur intrinsèque de l'option, sera facturé par le vendeur de l'option à l'acheteur : l'option vaudra donc au moins 0,1 €.

Techniquement, on dit qu'une option d'achat est :

- **en dehors de la monnaie** lorsque le cours de l'actif sous-jacent est inférieur au prix d'exercice (valeur intrinsèque nulle) ;
- **à la monnaie** lorsque le cours de l'actif sous-jacent est égal au prix d'exercice (valeur intrinsèque nulle) ;
- **dans la monnaie** lorsque le cours de l'actif sous-jacent est supérieur au prix d'exercice (valeur intrinsèque positive).

Notre lecteur aura compris qu'on dira qu'une option de vente est :

- **en dehors de la monnaie** lorsque le cours de l'actif sous-jacent est supérieur au prix d'exercice (valeur intrinsèque nulle) ;
- **à la monnaie** lorsque le cours de l'actif sous-jacent est égal au prix d'exercice (valeur intrinsèque nulle) ;
- **dans la monnaie** lorsque le cours de l'actif sous-jacent est inférieur au prix d'exercice (valeur intrinsèque positive).

2 ■ La valeur temps

27.11 Si maintenant la livre sterling vaut en octobre 0,9 €, l'option est en dehors de la monnaie (le cours de 0,9 € est inférieur au prix d'exercice de 1 €) et le détenteur de notre option n'a pas intérêt à l'exercer. Cela veut-il dire pour autant que cette option est sans valeur ? Non, car il y a toujours une probabilité, aussi infime soit-elle, pour que le cours de la livre sterling dépasse 1 € avant fin décembre, ce qui rendrait intéressant l'exercice de cette option. L'option a donc une valeur, bien qu'il n'y ait aucun intérêt à l'exercer actuellement : c'est la **valeur temps**.

Pour une option dans la monnaie, c'est-à-dire dont le prix d'exercice (1 €) est inférieur à la valeur de l'actif sous-jacent (mettons maintenant 1 £ = 1,2 €), la valeur intrinsèque est de 0,2 €. Mais cette valeur intrinsèque ne constitue pas la totalité de la valeur de l'option. En effet, à cette valeur intrinsèque se rajoute une valeur temps qui n'est finalement qu'une anticipation d'une valeur intrinsèque encore plus forte qu'actuellement. Il existe, en effet, toujours une probabilité que le cours de l'actif sous-jacent s'élève rendant l'exercice de l'option encore plus intéressant qu'il ne l'est actuellement. La valeur intrinsèque représente donc une valeur plancher à laquelle s'ajoute la valeur temps.

On appelle valeur temps d'une option l'anticipation d'une valeur intrinsèque plus forte encore.

En termes plus concrets, la valeur temps représente « tout ce qui peut arriver » jusqu'à l'échéance de l'option.

On a :

Valeur de l'option = Valeur intrinsèque + Valeur temps.

Valeur d'une option d'achat (*call*)

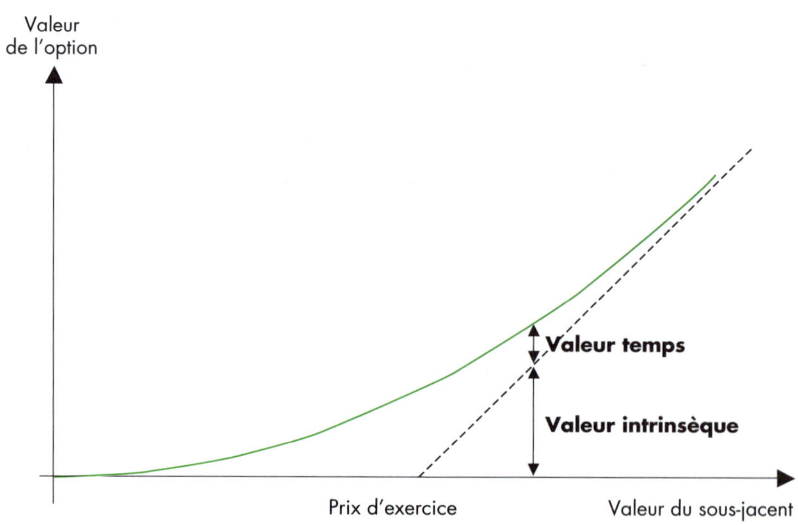

Valeur d'une option de vente (*put*)

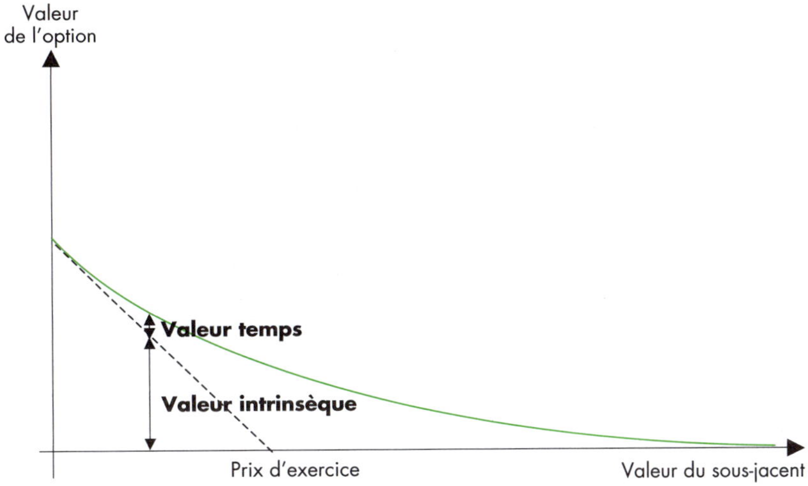

La valeur temps décroît avec le passage du temps, puisque la probabilité que le cours de l'actif sous-jacent dépasse le prix d'exercice avant la date d'expiration devient de plus en plus faible au fur et à mesure que l'on se rapproche de cette date. Elle devient nulle à la date d'expiration de l'option.

Ceci signifie qu'une option vaut au moins sa valeur intrinsèque, mais existe-t-il une limite supérieure à la valeur de l'option ?

Dans notre exemple, la valeur **à l'échéance** de l'option d'achat sur la livre sterling est la suivante :

- si le cours de la livre sterling est supérieur à 1 €, l'option vaudra le cours de la livre sterling moins 1 €, c'est-à-dire sa valeur intrinsèque, qui est inférieure au prix de l'actif sous-jacent ;
- si le cours de la livre sterling est inférieur ou égal à 1 €, la valeur de l'option sera nulle (pas de valeur intrinsèque), et donc *a fortiori* inférieure au prix de l'actif sous-jacent.

La valeur d'une option d'achat aujourd'hui est donc toujours supérieure à sa valeur intrinsèque en raison de l'existence de la valeur temps, mais elle est toujours inférieure à la valeur de l'actif sous-jacent.

Section 4 ■ Les déterminants de la valeur d'une option

27.12 Les déterminants de la valeur d'une option sont au nombre de six :

- le cours du sous-jacent ;
- le prix d'exercice ;
- la volatilité du sous-jacent ;

- la durée de vie de l'option ;
- le taux d'intérêt sans risque ;
- le dividende ou le coupon si l'actif sous-jacent en verse un.

1 ■ Le cours du sous-jacent

27.13 Comme nous l'avons vu précédemment, toutes choses égales par ailleurs, **la valeur d'une option d'achat est d'autant plus élevée que le cours du sous-jacent est élevé.**

De façon symétrique, la valeur d'une option de vente est d'autant plus faible que le cours du sous-jacent est élevé.

2 ■ Le prix d'exercice

27.14 **Pour une même valeur de l'actif sous-jacent, la valeur d'une option d'achat est d'autant plus faible que le prix d'exercice est élevé.**

De façon symétrique, pour une même valeur de l'actif sous-jacent, la valeur d'une option de vente est d'autant plus forte que le prix d'exercice est élevé.

Ces propriétés relèvent du bon sens : plus le prix d'exercice d'une option d'achat est élevé, moins il y a de chance que le cours de l'actif sous-jacent le dépasse. Il est donc normal que la valeur de cette option d'achat soit moindre car l'espérance de gain devient plus faible. En revanche, le prix de l'option de vente augmente, car il est toujours plus avantageux de pouvoir vendre un actif sous-jacent à un prix plus élevé.

Pour une même valeur du sous-jacent, la valeur d'une option d'achat (*call*) varie en sens inverse du prix d'exercice

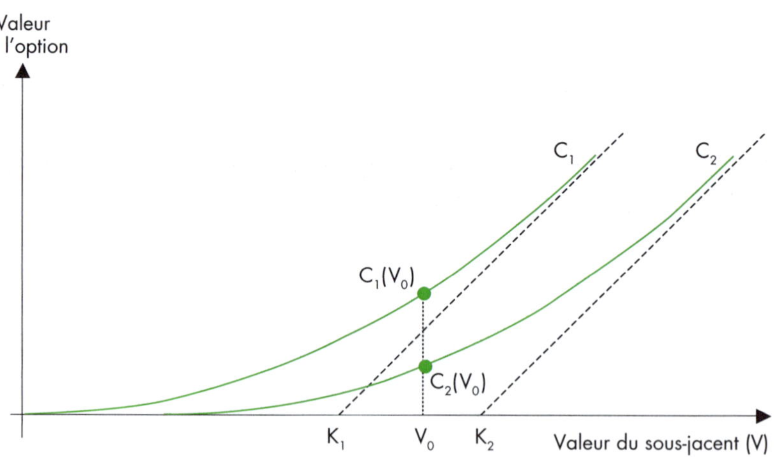

3 ■ La volatilité de la valeur de l'action

27.15 **La valeur d'une option d'achat croît avec la volatilité de la valeur de l'action. De même, la valeur d'une option de vente croît avec la volatilité de la valeur de l'action.**

Là encore, ces propriétés sont simples à comprendre : plus l'actif sous-jacent est volatil, plus importante est la probabilité qu'il enregistre de fortes hausses ou de fortes baisses. Dans le premier cas, le profit sera donc plus important pour le détenteur d'une option d'achat ; dans le second cas, il le sera aussi pour le détenteur d'une option de vente. Dans la mesure où l'option n'est que pure rémunération du risque, plus celui-ci est élevé, plus forte doit être la rémunération et donc la valeur de l'option.

La valeur temps s'accroît avec la volatilité des actifs.

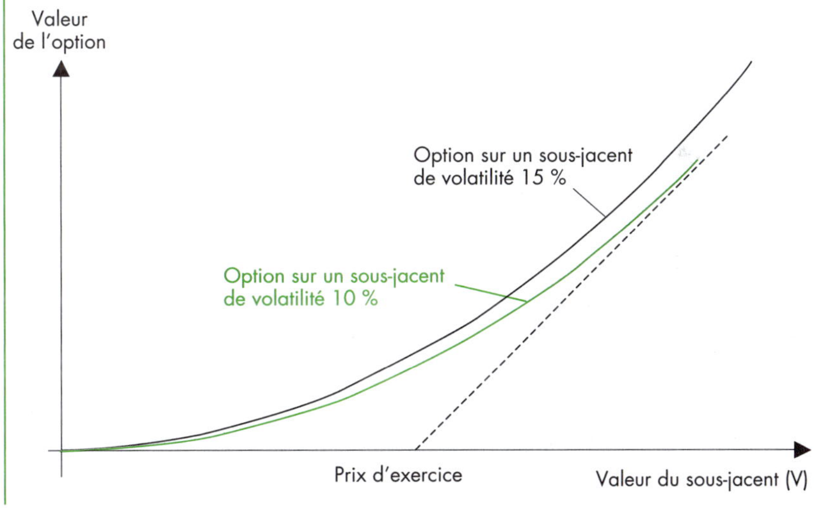

4 ■ La durée de vie de l'option

27.16 **La valeur d'une option d'achat croît avec la durée de vie de l'option. La valeur d'une option de vente croît également avec la durée de vie de l'option.**

Le lecteur comprendra aisément que plus la date d'échéance de l'option est éloignée, plus les possibilités de fluctuation des cours de l'actif sous-jacent sont grandes. La valeur de l'option est donc plus forte.

La valeur temps s'accroît avec la maturité de l'option.

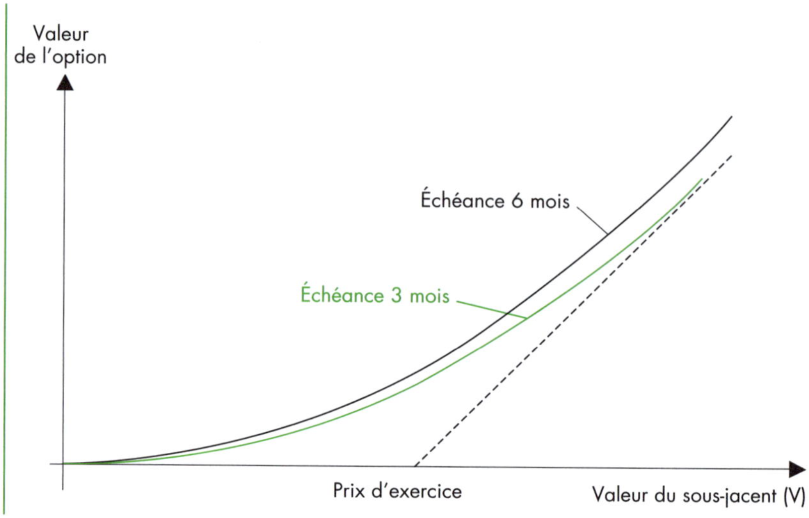

5 ■ Le taux d'intérêt sans risque

27.17 L'acheteur de l'option d'achat paie la prime, mais ne paie le prix d'exercice qu'au moment où il exerce l'option. Tout se passe comme s'il achetait à crédit jusqu'au moment de la « livraison ». Le montant emprunté est en fait la valeur actuelle du prix d'exercice au taux sans risque, comme nous l'avons vu précédemment.

Par conséquent, plus la date d'échéance de l'option est lointaine, plus le paiement du prix est éloigné. Le détenteur d'une option d'achat (de vente) bénéficie donc d'un avantage (désavantage) de trésorerie qui est fonction du niveau du taux d'intérêt sans risque.

La valeur d'une option d'achat croît avec le taux d'intérêt sans risque. Inversement, la valeur d'une option de vente décroît avec le taux d'intérêt sans risque.

Il convient de noter que le taux d'intérêt a une influence beaucoup plus faible sur la valeur d'une option que les cinq autres déterminants.

6 ■ Le dividende ou le coupon

27.18 Par ailleurs, lorsque le sous-jacent est une action ou une obligation, le détachement d'un dividende ou d'un coupon fait baisser le cours de ce sous-jacent. **Le détachement d'un dividende ou d'un coupon a donc un impact négatif sur la valeur de l'option d'achat et un impact positif sur la valeur de l'option de vente.** Ceci explique l'intérêt que peuvent avoir certains investisseurs à exercer leurs options d'achat (options de type américain) avant le détachement du dividende ou du coupon.

Au total, on peut résumer dans le tableau suivant l'évolution de la valeur de l'option en fonction de l'évolution de l'un des six paramètres.

Évolution du paramètre		Option d'achat *(call)*	Option de vente *(put)*
Cours sous-jacent	↗	↗	↘
	↘	↘	↗
Prix d'exercice de l'option	↗	↘	↗
	↘	↗	↘
Volatilité du sous-jacent	↗	↗	↗
	↘	↘	↘
Durée de vie de l'ption	↗	↗	↗
	↘	↘	↘
Taux d'intérêt	↗	↗	↘
	↘	↘	↗
Dividende ou coupon du sous-jacent	↗	↘	↗
	↘	↗	↘

Section 5 ■ Les méthodes d'évaluation des options

1 ■ Le raisonnement par arbitrage (binomial)

27.19 La modélisation de la valeur d'une option ne peut se fonder sur la traditionnelle actualisation de flux futurs au taux de rentabilité exigé compte tenu du risque, comme nous l'avons vu pour les autres titres financiers. En effet, les flux sont liés à l'exercice ou non de l'option et le risque varie en permanence : ainsi, plus l'option est dans la monnaie, plus sa valeur intrinsèque est grande et moins l'option est risquée.

L'idée de J. Cox, S. Ross et M. Rubinstein fut de raisonner par arbitrage en comparant le profit réalisé en utilisant la technique de l'option, d'une part, et en prenant position directement sur l'actif sous-jacent, d'autre part.

Soit ainsi une option d'achat avec un prix d'exercice de 105 € sur un titre donné (cours actuel 100 €) et pour une période donnée.

On suppose en outre que **seuls deux états de la nature sont possibles à l'issue de cette période** : soit l'action vaut 90 €, soit elle vaut 110 €. À l'échéance, notre option vaudra sa valeur intrinsèque, c'est-à-dire soit 0, soit 5 € ; et si nous raisonnons sur quatre options, 0 ou 20 €.

Il est possible d'obtenir le même résultat (0 ou 20) dans les mêmes conditions par une autre combinaison de titres. Dans ce cas, les quatre options d'achat et cette autre combinaison de titres doivent avoir la même valeur. Si nous pouvons déterminer la valeur de cette autre combinaison de titres, nous aurons alors réussi à valoriser l'option d'achat.

Pour ce faire, notre lecteur doit emprunter (à 5 % par exemple) une somme dont la valeur (intérêt et capital) sera de 90 € à l'issue de la période et acheter aujourd'hui l'action à 100 €.

À l'issue de la période :

- soit l'action vaut 110 €, auquel cas la combinaison achat de l'action et emprunt vaut 110 – 90 = 20 € ;
- soit l'action vaut 90 €, auquel cas la combinaison vaut 90 – 90 = 0.

Puisque les deux combinaisons, achat de quatre options d'achat d'un côté et endettement et achat de l'action de l'autre, produisent quelle que soit l'évolution du cours de l'action les mêmes flux, leurs valeurs doivent être identiques. Sinon, des arbitrages interviendraient qui auraient tôt fait de rétablir l'équilibre. Quelle est donc la valeur d'origine de cette combinaison ? On a :

Achat d'une action : 100 €

– Emprunt d'une somme telle que l'échéance soit de 90 €, soit à 5 %, 90/1,05 = 85,7 €

= Valeur : 14,3 €

14,3 € correspondent aussi à la valeur des quatre options d'achat. Nous en déduisons que l'option d'achat avec un prix d'exercice de 105 € vaut 3,58 €. Par la théorie de l'arbitrage nous avons ainsi déterminé la valeur de l'option.

27.20 **On appelle delta (δ) le nombre d'actions qu'il faut acheter pour dupliquer une option**. Dans notre exemple, quatre options d'achat permettent d'obtenir un profit équivalent à l'achat d'une action. Le delta de l'option est donc de 1/4, soit 0,25.

Plus généralement le delta se définit comme le rapport entre la variation de la valeur de l'option, d'une part, et la variation du cours de l'actif sous-jacent, d'autre part.

On a bien :

$$\delta = \frac{5 - 0}{110 - 90} = 0,25$$

On peut donc conclure que :

> Valeur de l'option d'achat = Delta × (Cours de l'actif sous-jacent – Capital emprunté).

L'exemple précédent se trouve vite limité par le fait que l'actif sous-jacent ne peut prendre que deux valeurs à l'issue d'une période. Mais rien ne nous empêche, maintenant que nous avons compris le mécanisme, de le reproduire en reculant de deux périodes (et non plus une) avant l'échéance de l'option. C'est ce qu'on appelle la méthode binomiale car à chaque étape il n'y a que deux états possibles. Mais en multipliant le nombre de périodes par subdivision de chaque période en sous-périodes, nous pouvons obtenir des sous-périodes très petites et un nombre de sous-périodes très grand et donc un très grand ensemble de valeurs de l'action à l'échéance de l'option. Ceci est plus réaliste que le schéma simplifié que nous avons développé initialement.

On a alors construit l'arbre suivant[1] :

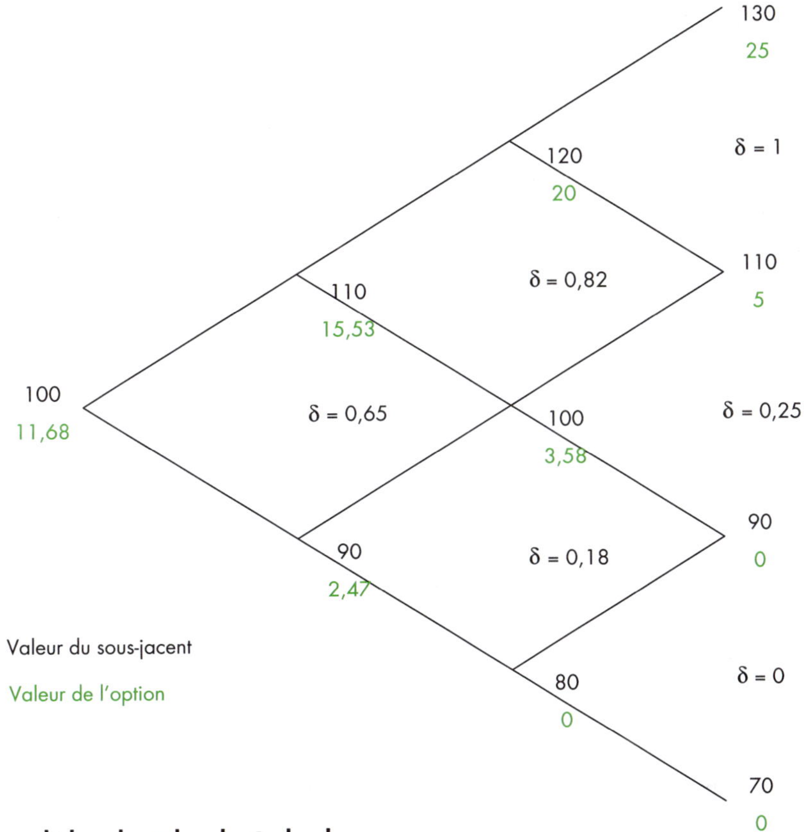

2 ■ Le modèle de Black-Scholes

27.21 Dans un article désormais célèbre, Fisher Black et Myron Scholes ont exposé en 1972 un modèle d'évaluation des options européennes qui est depuis très largement utilisé. Son fondement est la construction d'un portefeuille composé de l'actif sous-jacent et d'un certain nombre d'options de sorte que ce portefeuille soit insensible aux fluctuations du cours de l'actif sous-jacent. Dès lors, il ne peut que rapporter le taux de l'actif sans risque.

Le modèle de Black-Scholes se situe à la limite infinitésimale du modèle binomial lorsque la durée d'une période tend vers 0. Le modèle calcule les cours possibles de l'actif sous-jacent à l'échéance ainsi que leur probabilité respective d'occurrence en partant de l'hypothèse fondamentale qu'il s'agit d'une variable aléatoire dont la loi de distribution est une loi log-normale.

Pour une option d'achat, la formule de Black-Scholes est la suivante :

$$\text{Valeur de l'option d'achat} = N\left(d_1\right) \times V - N\left(d_2\right) \times K \times e^{-T \times r_F}$$

1 Notre lecteur aura pu remarquer que pour faciliter les calculs et la compréhension du modèle, on suppose ici une variation de + ou – 10 quel que soit le cours. Il est donc fait l'hypothèse d'une volatilité non constante.

avec :

$$d_1 = \frac{\ln\left(\frac{V}{K}\right) + \left(r_F + \frac{\sigma^2}{2}\right) \times T}{\sigma \times \sqrt{T}} \quad \text{et} \quad d_2 = d_1 - \sigma \times \sqrt{T}$$

où :

V = cours actuel du sous-jacent ;

N(d) représente une loi normale cumulée centrée réduite (moyenne = 0, écart type = 1) ;

K = prix d'exercice de l'option ;

e désigne la fonction exponentielle ;

r_F = taux annuel continu de l'argent sans risque ;

σ = écart type instantané du taux de rentabilité du sous-jacent ;

T = durée restant à courir jusqu'à l'échéance (en années) ;

et ln est le logarithme népérien.

En pratique le taux de rentabilité instantanée est égal à la différence entre le logarithme du cours d'aujourd'hui du sous-jacent et celui du cours d'hier.

$r = \ln V_1 - \ln V_o$

Ainsi à titre d'exemple, la valeur d'une option d'achat européenne à 9 mois, avec un prix d'exercice de 100 € alors que le cours de l'action est aujourd'hui de 90 €, compte tenu d'un taux de l'argent sans risque de 1 %, et d'un écart type de la rentabilité instantanée de 20 %, est de 2,9 €.

En rapprochant la formule du paragraphe 27.20 de l'équation du modèle, le lecteur constatera que $N(d_1)$ est le delta de l'option tandis que $K \times e^{-T \times r_F}$ représente la valeur actuelle du prix d'exercice.

On a donc :

Valeur de l'option d'achat = V × Delta – $N(d_2)$ × Valeur actuelle du prix d'exercice

Le modèle permet de retrouver les déterminants de la valeur d'une option : on constate, en effet, que la valeur de l'option d'achat :

- augmente avec le cours actuel du sous-jacent (V) ;
- diminue avec la valeur actuelle du prix d'exercice qui dépend du taux de l'argent sans risque (r_f) et de la durée restant à courir ;
- augmente avec la volatilité σ multipliée par la durée restant à courir.

Ce modèle a été initialement conçu pour des options européennes sur actions. Les hypothèses utilisées par les auteurs du modèle étaient les suivantes :

- pas de paiement de dividende pendant toute la durée de vie de l'option ;
- la volatilité de l'actif sous-jacent est supposée constante sur cette durée ainsi que le niveau de taux d'intérêt ;

- les transactions sur le sous-jacent sont supposées continues et sans coût d'intermédiation ;
- et… le comportement des individus est rationnel !

27.22 Toutefois, des modèles dérivés de celui de Black-Scholes, mais plus complexes, ont été mis au point pour surmonter ces conditions restrictives d'application. Il s'agit principalement des modèles de M. Garman et S. Kohlhagen pour les options sur devise et de R. Merton qui tient compte du versement d'un coupon pendant la durée de vie de l'option européenne.

Si l'option est de type américain, l'analyse est plus complexe et dépend du fait que l'action sous-jacente verse un dividende ou non :

- si l'action ne verse pas de dividende, le détenteur de l'option n'aura jamais intérêt à l'exercer avant échéance. En effet, il vaut mieux pour lui vendre son option que de l'exercer, car s'il l'exerce, il perd la valeur temps. Dans ce cas, la valeur de l'option d'achat américaine est donc identique à la valeur de l'option d'achat européenne ;
- si l'action sous-jacente verse un dividende, le détenteur du *call* peut avoir intérêt à exercer son option la veille du paiement du dividende. La détermination de la valeur exacte d'une telle option nécessite quelques calculs… mis au point par R. Roll. Pour simplifier cependant et dans le cas d'une option d'achat de type européen qui verse un dividende, le modèle de Black-Scholes pourra être appliqué au cours de l'action moins le dividende actualisé.

27.23 La formule d'évaluation de l'option de vente est la suivante :

$$\text{Valeur de l'option de vente} = N\left(-d_2\right) \times K \times e^{-T \times r_F} - N\left(-d_1\right) \times V$$

27.24 Des six déterminants de la valeur de l'option, cinq sont des « données » (prix de l'actif sous-jacent, prix d'exercice, date d'échéance, taux d'intérêt sans risque et éventuellement le dividende) et un seul est inconnu : la volatilité.

D'un point de vue théorique, celle-ci doit être constante pour que la formule de Black-Scholes puisse en toute rigueur être appliquée, et elle concerne l'évolution future des cours de l'actif sous-jacent.

Dans la pratique les intervenants ajustent à la hausse ou à la baisse une volatilité historique qu'ils ont pu calculer (sur 20 jours, 1 mois, 6 mois…), en fonction de leurs anticipations sur la stabilité ou l'instabilité future de l'actif sous-jacent. Parfois, plusieurs classes d'options (même sous-jacent mais maturité ou prix d'exercice différent) sont cotées pour le même actif sous-jacent. Cela permet de déduire de ces cotations grâce au modèle de Black-Scholes une volatilité implicite, qui peut alors être utilisée pour évaluer des options d'une autre classe.

L'intervenant pourra également prendre position en achetant les options dont la volatilité implicite lui semble trop faible et vendre celles dont la volatilité implicite lui semble trop forte.

Ce phénomène est tel que les *traders* sur les marchés d'options s'échangent directement leurs seules anticipations de volatilité. La « vol » (volatilité) anticipée est alors introduite dans les modèles pour calculer la valeur de la prime.

Section 6 ▪ Les outils de gestion d'une position optionnelle

27.25 La gestion d'un portefeuille d'options (qui peut aussi être composé d'actifs sous-jacents ou de l'actif sans risque) nécessite de connaître quatre paramètres de sensibilité qui permettent de mesurer précisément les risques assumés et d'établir des stratégies de spéculation, de couverture et d'arbitrage. Les professionnels appellent ces paramètres les « grecques » bien que le dernier ne le soit pas.

1 ▪ L'impact des fluctuations du sous-jacent : le delta et le gamma

27.26 Nous avons vu précédemment le delta : il mesure la sensibilité de la valeur de l'option aux fluctuations du sous-jacent.

Mathématiquement, le delta est la dérivée de la valeur théorique de l'option par rapport à la valeur de l'actif sous-jacent. Il est donc toujours compris entre 0 et 1 en valeur absolue. Son signe dépend du type d'option.

Le delta d'une option d'achat est positif puisqu'une augmentation du cours de l'actif sous-jacent entraîne une augmentation de la valeur de l'option.

Le delta d'une option de vente est négatif puisqu'une augmentation du cours de l'actif sous-jacent entraîne une baisse de la valeur de l'option.

Nous avons vu que le delta d'une option d'achat est égal à $N(d_1)$ de la formule de Black-Scholes. Le delta d'une option de vente est égal à $N(d_1) - 1$. Cet indice relie directement valeur de l'option et valeur du sous-jacent. En effet, nous avons vu que le delta est avant tout un équivalent sous-jacent : un delta de 0,25 nous indiquait qu'une action équivalait à quatre options. Mais les gestionnaires de portefeuilles d'options utilisent surtout le delta comme un indicateur de sensibilité : de combien d'euros varie la valeur de l'option lorsque l'actif sous-jacent varie d'un euro ?

Une option d'achat fortement dans la monnaie a un delta très proche de 1. En effet, toute variation de l'actif sous-jacent se répercutera directement sur la valeur de l'option qui est essentiellement constituée de valeur intrinsèque.

Une option d'achat fortement hors de la monnaie est uniquement constituée de valeur temps et une variation de l'actif sous-jacent n'a que peu d'influence sur sa valeur. Son delta est par conséquent proche de 0.

Une option d'achat à la monnaie a un delta proche de 0,5. L'option a quasiment autant de chances d'être exercée que de ne pas l'être. C'est à ce point que la valeur temps de l'option est la plus sensible à la valeur du sous-jacent.

On a donc le tableau suivant :

	Hors de la monnaie	**À la monnaie**	**Dans la monnaie**
Option d'achat	$0 < \text{delta} < 0{,}5$	$\text{delta} = 0{,}5$	$0{,}5 < \text{delta} < 1$
Option de vente	$-0{,}5 < \text{delta} < 0$	$\text{delta} = -0{,}5$	$-1 < \text{delta} < -0{,}5$

Le delta représente également une bonne estimation de la probabilité d'expiration dans la monnaie d'une option proche de son échéance et pour laquelle la volatilité du sous-jacent n'est pas très forte : un delta de 0,80 indique qu'il y a une probabilité de 80 % que l'option expire dans la monnaie.

Malheureusement, le delta varie lui-même avec les fluctuations du sous-jacent et avec le temps qui passe.

D'où l'idée de mesurer la sensibilité du delta aux variations de la valeur de l'actif sous-jacent : **c'est l'objet du gamma**. Mathématiquement, il n'est autre que la dérivée du delta par rapport à l'actif sous-jacent, et est souvent appelé le delta du delta !

La position optionnelle qui évite de réajuster en permanence le niveau de couverture par rapport à l'actif sous-jacent est caractérisée par un gamma nul.

2 ■ L'impact du temps : le thêta

27.27 L'option est comme l'homme : elle ne résiste pas au temps qui passe… Même si la valeur de l'actif sous-jacent ne variait pas, le seul écoulement du temps ferait apparaître des pertes pour le détenteur de l'option.

Mathématiquement, le thêta est égal à l'opposé de la dérivée de la valeur théorique de l'option par rapport au temps.

3 ■ L'impact de la volatilité : le véga

27.28 On peut définir le véga comme la dérivée de la valeur théorique de l'option par rapport à la volatilité implicite. Cette dérivée est toujours positive pour une option d'achat comme pour une option de vente puisque nous avons vu que la valeur temps d'une option était une fonction croissante de la volatilité.

Toutes choses étant égales par ailleurs, l'impact d'une hausse de la volatilité sur la valeur temps d'une option est d'autant plus important que l'option est proche de la monnaie (valeur temps maximale).

Si chacun des outils présentés ici est fort utile en lui-même, leur combinaison est tout à fait riche d'enseignements. Dans la pratique, il est impossible de créer une position qui soit neutre sur tous les critères à la fois. On ne peut avoir de rentabilité sans prendre aucun risque !

4 ■ La volatilité implicite

27.29 Le CBOE (Bourse de Chicago) calcule depuis le début des années 1990, le VIX, un indice de volatilité implicite de l'indice boursier Standard & Poor's, à partir des options cotées à la monnaie, avec une durée de vie de 30 jours. Les options sur le S & P 500 sont suffisamment liquides pour que cet indice puisse être considéré comme la volatilité implicite du marché.

Le graphe ci-dessous présente l'évolution de l'indice VIX depuis sa création.

La volatilité est loin d'être constante au cours du temps !

Volatilité des actions américaines (VIX sur S & P 500)

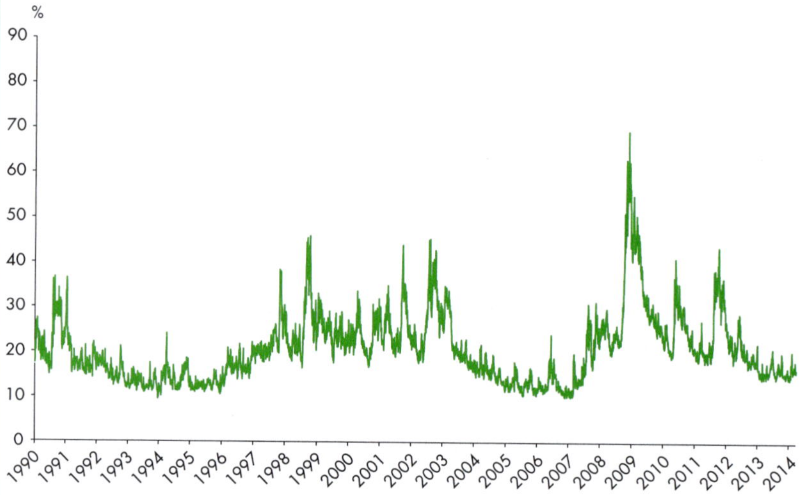

Source : Datastream (CBOE Volatility Index sur S & P 100 jusqu'au 31 décembre 2006 puis sur le S & P 500).

5 ■ La notion de risque de modèle

27.30 Les marchés d'options, qu'ils soient organisés (Bourse) ou non (de gré à gré), ont connu un développement considérable depuis le milieu des années 1970.

Cette explosion s'explique par des besoins de couverture (risque de change, de taux d'intérêt, de cours des actions), par un appétit pour la spéculation (une option permet de prendre une position sans mise de fonds importante) et l'arbitrage croissants.

Dans ces conditions, un nouveau type d'approche du risque s'est développé dans les salles de marché. La notion de risque de modèle a été créée lorsque certains chercheurs se sont aperçus que le modèle de Black-Scholes que nous avons vu ci-dessus était biaisé. En effet, dans ce modèle (comme dans beaucoup d'autres), l'évolution du cours de l'action est modélisée par une loi log-normale. On a démontré empiriquement que ce type de loi minorait très largement les mouvements extrêmes des cours, d'où la correction en pointillés sur le graphique suivant :

En effet, si les rentabilités suivaient une loi normale, l'indice Dow Jones ne devrait varier de plus de 7 % par jour qu'une fois tous les 300 000 ans. Au XXe siècle, on a enregistré 48 variations supérieures à 7 %... et 2 depuis 2000 !

Des travaux récents tendent à montrer que la distribution des taux de rentabilité a plutôt cette configuration :

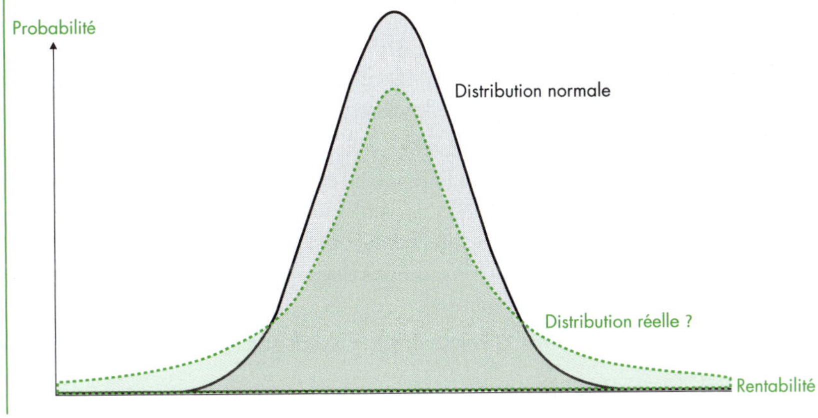

En simplifiant, on peut dire que le modèle de Black-Scholes ne prend pas en compte le risque de krach boursier.

On voit alors apparaître la notion de risque de modèle car la quasi-totalité des intervenants utilise le modèle de Black-Scholes (ou un modèle dérivé). L'évolution de la recherche en finance dévoile des risques jusqu'alors ignorés !

27.31 Une anomalie du marché des options permet de mettre en évidence les problèmes du modèle de Black-Scholes. Lorsque l'on détermine la volatilité implicite du sous-jacent (seule donnée non susceptible d'être observée directement) à partir du prix de différentes options ayant le même sous-jacent, on peut s'apercevoir que l'on ne trouve pas une donnée unique. Ainsi, la volatilité implicite aux options fortement hors de la monnaie ou largement dans la monnaie est plus élevée que la volatilité implicite recalculée à partir des options à la monnaie. On appelle ce phénomène, le *smile* de volatilité (en effet, lorsque l'on dessine un graphe de la volatilité en fonction du prix d'exercice, on peut deviner un sourire).

Nous aurons l'occasion de voir dans les chapitres suivants les multiples applications de l'option en finance d'entreprise :

- pour se financer (voir chapitre 28) ;
- pour résoudre des conflits entre actionnaires et dirigeants ou actionnaires et créanciers (voir chapitre 30) ;
- pour couvrir des risques (voir chapitre 54) ;
- pour choisir des investissements (voir chapitre 34) ;
- pour évaluer des actifs (voir chapitre 34) ;
- pour prendre le contrôle d'une entreprise (voir chapitre 48).

C'est dire son importance.

RÉSUMÉ

Le résumé de ce chapitre est disponible sur le site www.vernimmen.net.

L'option est à la fois un outil d'analyse et un outil pratique dont les utilisations en finance d'entreprise sont multiples et croissantes comme notre lecteur ne tardera pas à le constater ! C'est dire l'importance de ce chapitre.

L'option est un contrat entre deux parties par lequel l'une accorde à l'autre le droit (mais non l'obligation) de lui acheter (option d'achat) ou de lui vendre (option de vente) un actif, moyennant le versement d'une prime. L'achat (ou la vente) de cet actif se fera à un prix déterminé (prix d'exercice), durant une période (période d'exercice pour les options dites « américaines ») ou à une date précise (date d'exercice pour les options dites « européennes »).

Le fondement de l'option est la rémunération du risque, elle ne peut exister en l'absence de risque, elle prospère avec lui.

La valeur d'une option (d'achat ou de vente) peut être décomposée en une valeur intrinsèque et en une valeur temps. La valeur intrinsèque est la différence entre le cours de l'actif sous-jacent et le prix d'exercice de l'option : elle ne peut être que nulle ou positive. La valeur temps est la prime par rapport à la valeur intrinsèque qui rémunère le temps qui reste à courir avant maturité de l'option.

Les déterminants de la valeur d'une option sont au nombre de six :

- le cours de l'actif sous-jacent ;
- le prix d'exercice ;
- la volatilité de l'actif sous-jacent ;
- la durée de vie de l'option ;
- le taux d'intérêt sans risque ;
- et éventuellement le dividende ou le coupon si l'actif sous-jacent est une action ou une obligation qui en verse un pendant la durée de vie de l'option.

Des modèles ont été développés pour valoriser les options dont les principaux sont celui de Black-Scholes et les modèles binomiaux qui ont pu être adaptés au cours du temps afin d'être moins restrictifs ou d'intégrer des particularités.

Enfin nous avons vu les outils de gestion d'une position optionnelle.

QUESTIONS

1/ Comment définir une option d'achat ou une option de vente ?

2/ Quels sont les six paramètres qui déterminent la valeur d'une option ?

3/ Quelles sont les deux significations du delta d'une option ?

4/ Quel est l'impact sur la valeur d'une option d'achat d'une hausse de la volatilité ? d'une baisse des taux d'intérêt ? du versement d'un dividende ? d'une extension de la durée de vie de l'option ? d'une révision à la hausse du prix d'exercice ? et sur une option de vente ?

5/ Peut-on compenser la vente d'une option d'achat par l'achat d'une option de vente sur le même sous-jacent et à la même échéance ?

6/ Comment l'investisseur de la question précédente peut-il trouver des contreparties ?

7/ Démontrez qu'après coup, l'option a toujours été payée trop cher. Qu'y a-t-il d'absurde dans cette affirmation ?

8/ Quelle est, de ces quatre opérations, la plus risquée :

- achat d'une option d'achat ;
- vente d'une option d'achat ;
- achat d'une option de vente ;
- vente d'une option de vente ?

Pourquoi ?

9/ La valeur temps est une anticipation de valeur intrinsèque encore plus forte qu'actuellement. Mais cette dernière peut baisser. Pourquoi alors la valeur temps ne serait-elle pas négative ?

10/ À quoi, concrètement, se résume la difficulté de la valorisation d'une option ?

11/ Pourquoi les options se prêtent-elles particulièrement aux stratégies d'arbitrage ? de spéculation ?

12/ Montrez comment l'achat d'une option et la vente d'une autre option peuvent vous protéger contre le risque de baisse de l'actif sous-jacent sans rien vous coûter si vous abandonnez le profit d'une hausse éventuelle de l'actif sous-jacent au-delà d'un certain seuil.

13/ En tant que détenteur de stock-options sur les actions de votre société, voyez-vous d'un bon œil le versement d'importants dividendes par celle-ci ? Pourquoi ?

14/ Quel est, selon vous, le grand apport du modèle de Black-Scholes ?

D'autres questions vous attendent sur le site www.vernimmen.net.

EXERCICES

1/ La salle de concert Konzerthaus de Berlin met en vente, trente minutes avant le début de chaque interprétation pour laquelle tous les billets ordinaires sont déjà vendus, des tickets appelés Nacheinlasskarten.

Ces tickets permettent à leurs possesseurs d'occuper une place libre de la salle de concert trente secondes avant le début de l'interprétation. Techniquement, les acheteurs de ces tickets se postent devant les portes donnant accès à chaque série de sièges. Trente secondes avant le début du concert, ils entrent dans la salle et peuvent occuper toute place libre. S'il n'y en a aucune, ils doivent quitter la salle et n'ont pas droit à un second essai pour une autre catégorie de places (de toute façon, le chef a déjà brandi sa baguette). Si le légitime propriétaire de la place finit par arriver avant le début du concert, le possesseur de la Nacheinlasskarte doit lui céder sa place et quitter la salle.

Que pensez-vous de ce type de ticket ? Soyez aussi précis que possible et sachez que cela est plus compliqué que vous ne le pensez peut-être.

2/ Vous voulez valoriser une option d'achat sur l'action Peugeot (qui ne verse pas de dividendes) à échéance 6 mois avec un prix d'exercice de 9 €. Vous ne savez pas quelle volatilité retenir. Heureusement des options à 4 mois sont cotées à 0,28 € pour un prix d'exercice de 10 €. Quelle est la volatilité implicite de ces options ? Le taux d'intérêt est de 1 % et l'action Peugeot cote 9 €.

Quelle est alors la valeur de cette première option ?

3/ Reprenez l'exercice précédent et supposez dans le premier cas que le cours de Peugeot passe à 13,5 € ou chute à 4,5 €. Quel est l'impact sur la valeur de l'option ? Quelle caractéristique de base de l'option avez-vous mise en évidence ?

D'autres questions vous attendent sur le site www.vernimmen.net.

ÉLÉMENTS DE RÉPONSE

Questions

1. C'est une promesse de vente ou d'achat.
2. Le prix d'exercice, la valeur du sous-jacent, la volatilité, le taux d'intérêt, l'échéance de l'option, et l'éventuel dividende ou coupon.
3. Le ratio de couverture et la probabilité que l'option expire dans la monnaie.
4. Hausse, baisse, baisse, hausse, baisse. Hausse, hausse, hausse, hausse, hausse.
5. Non, cela n'a rien à voir, la position ainsi obtenue correspond à la vente, à l'échéance de l'option, de l'actif sous-jacent.
6. En intervenant sur le marché à terme.
7. La prime intègre une valeur temps qui devient nulle lorsque l'option est exercée ou arrive à échéance.
8. Vente d'une option d'achat (perte illimitée car la valeur d'un actif n'est pas limitée). La vente d'une option de vente est également très risquée (mais la perte est limitée à la valeur du sous-jacent moins le prix d'exercice).
9. Parce que dans ce cas, la valeur de l'option serait inférieure à la valeur intrinsèque et qu'il y aurait aussitôt arbitrage (achat de l'option, exercice de l'option, revente du sous-jacent ainsi obtenu).
10. À déterminer la volatilité à utiliser.
11. Car en les combinant, on reconstitue un actif sous-jacent, à cause de leur fort effet de levier.
12. Vente d'une option d'achat à 120 par exemple et avec le prix de cette option, achat d'une option de vente à par exemple 100. Je suis alors protégé d'une baisse en deçà de 100 mais ne profite pas de la hausse au-delà de 120.
13. D'un mauvais œil car cela réduit la valeur de vos stock-options.
14. Méthode de calcul des actifs conditionnels, il a permis « l'industrialisation » des options.

Exercices

Les corrigés détaillés des exercices sur excel sont disponibles sur le site www.vernimmen.net.

1. Il s'agit d'une option d'achat à prix d'exercice nul avec vente d'une option d'achat à prix d'exercice nul au profit du détenteur du siège en retard et dont la valeur dépend de l'affluence réelle au concert.
2. 30 %, 0,78 €.
3. 7,53 €, 0,05 €, le risque ! Car la hausse de l'action Peugeot de 50 % entraîne une hausse de 864 % de la valeur de l'option et une baisse de l'action de 50 %, une chute de la valeur de l'option de 94 %.

BIBLIOGRAPHIE

Pour lire les articles fondateurs de l'évaluation des options :

Black F., Scholes M., « The valuation of option contracts and a test of market efficiency », *Journal of Finance* mai 1972, vol. 27, n° 2, pages 399 à 417.

Black F., Scholes M., « The pricing of options and corporate liabilities », *Journal of Political Economy* mai-juin 1973, vol. 81, n° 3, pages 637 à 654.

Cox J., Ross S., Rubinstein M., « Option pricing : a simplified approach », *Journal of Financial Economics* septembre 1979, vol. 7, n° 3, pages 229 à 263.

Garman M., Kolhagen S., « Foreign currency option values », *Journal of International Money and Finance* décembre 1983, vol. 2, n° 3, pages 231 à 237.

Merton R., « Theory of rational option pricing », *Bell Journal of Economics and Management Services* été 1973, vol. 4, n° 1, pages 637 à 654.

Merton R., « Options pricing when underlying stock returns are discontinuous », *Journal of Financial Economics* janvier-mars 1976, vol. 3, n°s 1-2, pages 125 à 144.

Roll R., « An analytic valuation formula for unprotected American call options on stocks with known dividends », *Journal of Financial Economics* novembre 1977, vol. 5, n° 2, pages 251 à 258.

Pour des ouvrages d'approfondissement sur les options :

Gaussel N., Legras J., « Quel modèle sinon Black-Scholes ? », *Quants* septembre 1999, n° 35.

Hull J., *Options, futures and other derivatives*, 9e édition, Prentice Hall, 2014.

Vizzavona P., *La pratique moderne des options et* futures, Lextenso, 2013.

Pour apprendre à acheter et vendre des options :

Bossu S., Henrotte Ph., *An introduction to equity derivatives*, 2e édition, Wiley, 2012.

McMillan L., *McMillan on Options*, 2e édition, John Wiley & Sons, 2004.

Pichet E., *Guide pratique des options et du Monep*, 7e édition, Séfi, 2011.

Pour approfondir la volatilité :

Aboura S., *Les modèles de volatilité et d'options*, Publibook, 2006.

Calvet L., Fisher A., *Multifractal volatility, theory, forecasting, and pricing*, Academic Press, 2008.

Chauveau Th. *et al.*, « La volatilité des marchés financiers », *Revue d'économie financière* mai 2004, n° 74.

Gatheral J., *The volatility surface*, Wiley, 2006.

Gerlach S., Ramaswamy S., Scatigna M., « 150 years of financial markets volatility », *BIS Quaterly Review* septembre 2006, pages 77 à 91.

Sur la valorisation des stock-options :

Bouvet Th., Grivillers O., Leclerc Ch., Philippe H., Raimbourg Ph., *Motivation financière des dirigeants : options et autres instruments*, Economica, 2009.

Hull J., White A., « How to value employee stock options ? », *Financial Analyst Journal* janvier-février 2004, vol. 60, n° 1, pages 114 à 119.

Pour des réflexions critiques sur les modèles d'évaluation des options :

Herlin Ph., *Finance : le nouveau paradigme*, Eyrolles, 2010.

Taleb N.N., *Le cygne noir. La puissance de l'imprévisible*, Les Belles Lettres, 2008.

Walter Ch., Pracontal (de) M., *Le virus B*, éd. du Seuil, 2009.

Chapitre 28

Les titres hybrides

Un peu de magie, Garcimore au pays des titres financiers :
« on voit un peu le truc… mais c'est quand même pas mal ».

28.1 Au début des années 1980, de nouveaux et nombreux produits financiers sont apparus en Europe, témoignant ainsi d'une imagination fertile qui puise ses sources sur les marchés financiers américains et internationaux.

Avant d'aborder l'étude de ces différents produits hybrides, que le lecteur nous permettre de rappeler les points suivants :

- certains titres donnent l'impression de baisser le coût du financement de l'entreprise (taux d'intérêt plus faible en contrepartie d'avantages). C'est une grande erreur de raisonner ainsi. **Dans des marchés en équilibre, toutes les sources de financement ont le même coût si on les ajuste en fonction du risque pris par l'investisseur.** Par conséquent, pour savoir si une source de financement est bon marché, il ne faut pas seulement regarder son coût apparent, il faut aussi tenir compte de l'évaluation globale du financement. **Ce n'est que si des titres ont été émis à un prix supérieur à leur valeur que l'on peut affirmer que le coût de cette source de financement est alors plus faible ;**

- à l'exception des produits correspondant parfaitement à la demande du marché, ces titres hybrides sophistiqués et coûteux sont autant de signaux aux investisseurs sur les difficultés du placement ou celles de l'entreprise ou de son actionnaire majoritaire. Ils doivent donc être utilisés avec précaution ;

- les théories de l'agence et du signal (voir chapitre 30) sont très utiles pour expliquer l'intérêt de ces produits en soulignant l'asymétrie d'information fondamentale qui existe entre un émetteur et un investisseur ;

- enfin, il faut se rappeler que la finance d'entreprise n'échappe pas aux modes et que les investisseurs ont un grand appétit pour la nouveauté, surtout si celle-ci leur donne l'impression de faire de la haute finance !

Section 1 ■ Le bon de souscription

1 ■ Définition

28.2 Un **bon de souscription** (BSA) est un titre financier permettant de souscrire pendant une période donnée, dans une proportion et à un prix fixés à l'avance, à un autre titre financier (action, obligation, voire un autre bon…). Les BSA ne sont autres que des options d'achat (voir chapitre 27).

Des bons de souscription peuvent être émis seuls, attribués gratuitement ou encore être attachés à une émission d'actions ou d'obligations. Selon les cas, on parle alors **d'actions à bons de souscription d'actions (ABSA)** ou **d'obligations à bons de souscription d'actions (OBSA)** mais également d'obligations à bons de souscription d'obligations (OBSO) ou d'actions à bons de souscription d'obligations (ABSO). Dès l'émission de ces valeurs composées, le tout se scinde en parties : les actions ou les obligations redeviennent des titres classiques et les bons acquièrent une vie propre. **Ils sont cotés séparément après l'émission**. Les BSA peuvent également être émis et attribués gratuitement aux actionnaires.

À titre d'exemple, Octo Technology a attribué gratuitement en juillet 2012 des BSA. 9 BSA permettent du 17 juillet 2012 au 15 juin 2017 de souscrire à une action nouvelle au prix de 7 € l'action. En mai 2014, le BSA cotait 0,16 € alors que l'action cotait 6,13 €.

Les BSA sont également utilisés comme alternative aux droits préférentiels de souscription dans le cadre d'une augmentation de capital. Les BSA ont alors des caractéristiques proches de DPS : ils sont attribués gratuitement et ont une durée de vie courte (quelques jours) (voir chapitre 29).

28.3 Le développement de la liquidité sur les marchés d'actions et d'obligations a incité les établissements financiers à émettre des **bons d'acquisition** permettant de faire l'achat de titres financiers existants, indépendamment des opérations financières de la société concernée. Sauf exception, ceux-ci ne visent que les investisseurs entre eux et ne permettent donc pas le financement de l'entreprise. Ces bons (également cotés) sont fréquemment appelés **warrants** (prononcer à la française « varan ») ou, plus précisément en anglais, *covered warrants* (warrants couverts) car, dès l'émission, l'établissement financier se couvre en achetant des titres sur le marché. L'imagination est sans limite, certains n'ayant pas hésité à lancer des warrants sur un panier de valeurs mobilières existantes : ainsi, un warrant sur panier d'actions permet de faire l'acquisition durant une période donnée d'un lot d'actions différentes dans une proportion et à un prix fixés d'avance.

2 ■ Valeur

28.4 D'un point de vue conceptuel, **un bon est assimilable à une option d'achat** (*call*) vendue par une société sur des actions à émettre ou existantes. Le prix d'exercice de cette option est le prix auquel le détenteur du bon peut acheter le titre financier correspondant et l'échéance de l'option est celle du bon.

La valeur d'un bon est donc la somme d'une valeur intrinsèque (différence entre le prix actuel du titre financier pouvant être acquis et le prix d'exercice du bon) et d'une valeur temps, comme nous l'avons vu au chapitre 27 précédent.

28.5 Cependant, l'évaluation d'un bon présente quelques particularités :

- un bon peut avoir une durée de vie longue (2-3 ans, voire beaucoup plus, 5 ans dans le cas d'Octo), ce qui accroît sa valeur temps et rend difficilement acceptable l'hypothèse de constance des taux d'intérêt et de la volatilité utilisée dans le modèle de Black-Scholes ;
- si l'actif sous-jacent est une action, le versement de dividendes fait baisser la valeur de l'action et réduit la valeur du bon. Plus généralement, toute opération qui modifie la valeur du titre affecte la valeur du bon ;
- si l'actif sous-jacent est une obligation, son prix mais surtout sa volatilité évoluent dans le temps et nous avons vu (au chapitre 24) que plus une obligation se rapproche de son échéance, plus sa valeur tend vers son prix de remboursement. Sa volatilité se réduit progressivement, ce qui rend inapplicable le modèle de Black-Scholes qui postule la constance de la volatilité dans le temps ;
- enfin, la dilution liée à l'exercice de bons de souscription entraîne progressivement une modification de la valeur du titre. Si la dilution est importante, il est impératif d'en tenir compte dans la valorisation du bon.

Les opérateurs utilisent notamment des modèles dérivés du modèle binomial et de celui de Black-Scholes pour remédier à ces difficultés.

3 ■ Analyse institutionnelle du bon

La théorie de l'agence propose une approche presque « psychologique » de ces titres hybrides. Ils constituent en effet un moyen privilégié pour résoudre les conflits actionnaires/créanciers/dirigeants.

28.6 Prenons ainsi l'exemple de l'OBSA. Cet actif financier hybride peut apparaître contre-nature puisqu'il est l'union d'un produit peu risqué (l'obligation) avec un produit très risqué (l'option). Cependant, chacun y trouve son compte.

28.7 **Les dirigeants** profitent de la souplesse d'utilisation des bons puisque l'entreprise peut déterminer la date de l'augmentation de capital (par l'intermédiaire de la période de souscription) et le montant des fonds recueillis (en fixant le nombre de bons par obligation et le prix d'exercice à un niveau idoine). Les montants des fonds levés, d'abord sous forme d'obligations, puis éventuellement sous forme d'actions, peuvent être totalement différents. Par ailleurs, l'entreprise peut conserver simultanément, pendant plusieurs années, ces fonds. Les bons peuvent en effet être exercés avant le remboursement des obligations.

Ainsi l'entreprise qui désire réaliser rapidement la partie augmentation de capital, fixera un prix d'exercice très légèrement supérieur, voire inférieur, à la valeur de l'action. Elle pourra par ailleurs avancer le début de la période de souscription. Si elle désire recueillir plus de fonds, elle accroîtra le nombre de bons par obligation (qui auront alors une rentabilité actuarielle plus faible afin de maintenir l'équilibre), et (ou) augmentera le prix d'exercice des bons.

Cependant, puisqu'il s'agit de la vente d'une option, le coût d'opportunité d'un bon peut être important. Prenez le cas d'une entreprise qui a vendu pour 10 € le droit d'acheter son action à 100 €. Au moment où ce bon devient exerçable, l'action cote 210 €. Une augmentation de capital sans droit de souscription réalisée avec une très légère décote par rapport au cours de Bourse lui aurait rapporté, par exemple, 205 € par action, alors que les BSA exercés lui rapporteront 110 € par action en tout et pour tout. La perte d'opportunité est de 95 € par action.

Enfin, l'histoire boursière a montré que l'exercice des bons n'est jamais acquis d'avance : après la forte baisse des marchés en 2007/2009, les sociétés ayant émis des BSA avant cette période voient la probabilité d'une augmentation de capital se réduire telle une peau de chagrin.

28.8 **Le titulaire de l'OBSA** qui a conservé les deux titres (obligation et bon) a la double qualité de créancier obligataire et d'actionnaire potentiel. En tant que créancier obligataire, il bénéficie d'un rendement minimal ; en tant qu'actionnaire potentiel, il a l'espérance de réaliser une plus-value.

Cependant, dans un contexte de hausse des taux d'intérêt et de baisse du cours des actions, le porteur d'OBSA cumule alors les risques de l'obligation et de l'action, au lieu d'additionner leurs avantages.

Inversement, les porteurs du bon et de l'obligation peuvent être différents, les premiers cherchant un produit volatil, les seconds un titre à taux fixe.

28.9 **L'ancien actionnaire** conserve, en apparence seulement, sa part dans le capital. Le système des bons organise une dilution progressive dans le temps. L'OBSA permet cependant aux anciens actionnaires ayant souscrit à l'émission de maintenir leur contrôle sur l'entreprise avec une mise de fonds réduite puisque limitée au montant des bons, les obligations pouvant être revendues. Dans cette hypothèse, le produit qu'ils détiendront sera alors beaucoup plus risqué car la partie obligation ne sera plus là pour amortir les fluctuations de la valeur du bon.

Le problème de la dilution est repoussé dans le temps mais, lors de leur exercice, les bons auront peut-être une valeur telle que l'ancien actionnaire pourra suivre pour partie l'augmentation de capital en cédant une partie de ses bons.

4 ■ Utilisation pratique du bon de souscription

28.10 Le bon est un produit fréquemment utilisé en finance d'entreprise :

- **une entreprise en difficulté veut faire une augmentation de capital**. Avant de réaliser cette opération, elle décide de faire une distribution gratuite de bons aux anciens actionnaires. En pratique, les anciens actionnaires s'attribuent à eux-mêmes ces bons. Ils pourront ainsi être intéressés spécifiquement au redressement de l'entreprise ;
- **dans le cas d'un abandon de créance, les actionnaires pourront donner aux créanciers des bons**. La valeur des bons est au départ quasiment nulle, mais si l'entreprise se rétablit, la valeur de ces bons viendra compenser tout ou partie de la valeur des créances abandonnées. Cette opération permet de réconcilier les intérêts normalement divergents des créanciers et des actionnaires. Cette technique remplace en finance moderne la clause de retour à meilleure fortune ;
- **dans une offre publique d'échange** entre les actions d'une société A et d'une société B, on pourra inciter les actionnaires de A à venir à l'échange en leur proposant non seulement des actions B, mais aussi des bons de souscriptions d'actions B ;

- **dans une opération de LBO** (voir chapitre 50), les bons de souscription pourront être utilisés pour offrir une rémunération complémentaire aux porteurs de dette mezzanine, voire au management (on parlera « d'*equity kicker* ») ;
- **comme outil de motivation du management**, les bons de souscription peuvent être utilisés comme alternative aux stock-options. La différence principale réside dans le fait que les BSA sont, dans ce cas, achetés par les dirigeants et non attribués gratuitement comme les stocks-options.

Il faut cependant se méfier du fétichisme autour du bon gratuit qui semble être un remède miracle pour s'assurer de la réussite d'une opération. Il ne faut pas oublier que la création de bons de souscription engendre une dilution potentielle et qu'en finance, rien n'est gratuit !

5 ■ Le BSAR ou le BSAAR[1]

28.11 Le BSAR est une variante du BSA. Il s'agit d'un bon de souscription avec faculté de rachat du bon par l'émetteur. La société peut racheter pour une valeur symbolique les bons de souscription si son cours de Bourse dépasse un certain seuil. En pratique, cela signifie que la société peut « forcer » l'exercice des bons après une certaine période si les conditions d'exercice sont réunies. En effet, le porteur de BSAR préférera exercer son bon plutôt que de se le faire racheter à vil prix.

Il s'agit là de l'équivalent d'une clause de « *soft call* » pour les obligations convertibles (voir ci-dessous).

Ce produit est généralement utilisé attaché à une obligation (on parle alors d'OBSAR) pour refinancer la dette bancaire de société de taille moyenne. Il leur permet notamment d'accéder au marché obligataire autrement réservé, *de facto,* aux grandes entreprises.

Certains groupes (Havas, Bonduelle…) ont réalisé des émissions d'OBSAR auprès de banques qui conservaient les obligations et cédaient les BSAR au management répliquant ainsi partiellement les *management packages* des LBOs.

Lorsque la société a le choix soit d'émettre des titres nouveaux soit de livrer des actions d'autocontrôle, on parle de bons de souscription ou d'acquisition d'actions remboursables (BSAAR).

Section 2 ■ L'obligation convertible

1 ■ Définition

28.12 L'obligation convertible est une obligation classique, en général à taux fixe, qui donne au souscripteur, pendant la période de conversion, la possibilité de l'échanger contre une ou plusieurs actions de la société émettrice.

1 Bon de souscription et/ou d'acquisition d'actions remboursable.

La grande souplesse offerte par l'obligation convertible explique son grand succès en Europe, en particulier dans les périodes où le marché est déprimé comme en 2001-2003. Il a un peu repris des couleurs en 2007-2009.

Émission d'obligations convertibles en Europe (en Md€)

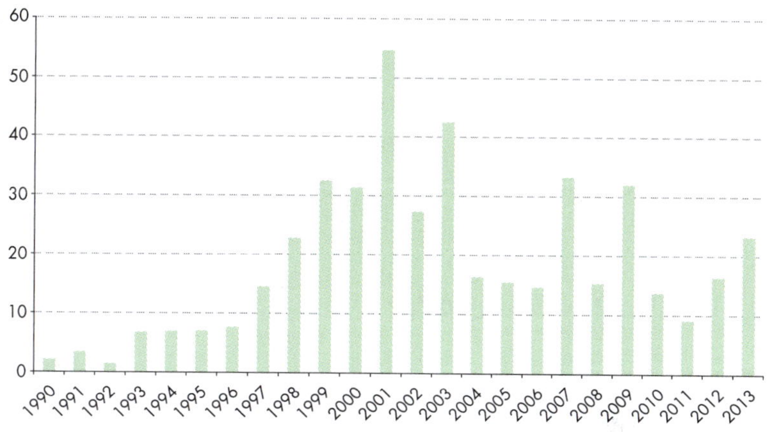

Source : Dealogic.

À titre d'exemple, Pierre et Vacances a émis en février 2014 une obligation convertible aux caractéristiques suivantes :

Obligation convertible Pierre et Vacances (février 2014, 115 M€)
Prix d'émission de l'obligation convertible : 36,42 €
Nominal de l'obligation convertible : 36,42 €
Date d'émission : 12 février 2014
Échéance : 1er octobre 2019
Taux d'intérêt annuel : 3,50 % soit un coupon de 1,2747 €
Prix de remboursement : 36,42 €
Parité de conversion : 1 action pour 1 obligation convertible
Période de conversion : du 12 février 2014 au 21 août 2019
Prix de l'action Pierre et Vacances au lancement de l'opération : 28,0139 €

28.13 La **période de conversion** est définie dans le contrat d'émission : elle peut débuter dès l'émission ou à une date ultérieure pour s'achever au remboursement (ou plus généralement quelques jours ouvrés avant). Dans certains cas, enfin, elle peut être forcée si l'entreprise procède à un remboursement anticipé des obligations. Les investisseurs doivent alors choisir entre le remboursement de l'obligation ou sa conversion.

28.14 L'obligation peut être convertie en une ou plusieurs actions (1 action pour 1 obligation dans notre exemple). Ce rapport, appelé **base de conversion**, est déterminé au moment de l'émission. La base de conversion est ajustée lors d'augmentations ou de réductions de capital, de fusions, de distributions d'actifs, de dividendes exceptionnels, de distributions d'actions gratuites afin de maintenir les droits des porteurs d'obligations convertibles comme s'ils étaient, dès l'émission, actionnaires de la société.

28.15 La **prime de conversion** représente le surcoût d'une action obtenue par achat d'une obligation convertible immédiatement convertie en action. Dans l'exemple de Pierre et Vacances, la prime de conversion est de 30 %[1]. Compte tenu de l'absence de prime de remboursement pour l'obligation Pierre et Vacances, le cours de l'action Pierre et Vacances doit progresser d'ici l'échéance de l'obligation de 30 % pour que l'investisseur demande la conversion de l'obligation en une action Pierre et Vacances et non le remboursement en liquidités. Le calcul est légèrement différent lorsqu'une prime de remboursement est intégrée dans l'opération.

28.16 Certaines émissions d'obligations convertibles sont assorties d'une clause de rappel permettant à l'émetteur de racheter les obligations à un prix fixé d'avance. L'investisseur doit alors choisir entre se faire rembourser en liquide ou convertir son obligation en actions. On parlera alors de *soft call*. L'émission peut prévoir une durée minimum durant laquelle la clause de rappel ne pourra être exercée (période de *hard non-call*), et/ou une condition pour que la clause soit exerçable (par exemple que le cours de l'action dépasse le prix de conversion d'un certain pourcentage, le plus souvent 30 %, pendant plus de 20 ou 30 jours). L'obligation convertible Pierre et Vacances a une clause de *soft call* avec une période de *hard non-call* d'environ 3 ans et demi.

28.17 Dans certains cas, l'émetteur peut, au moment de la conversion de l'obligation, remettre soit de nouvelles actions qui sont alors émises, soit des actions déjà émises qu'il détient en portefeuille, par exemple à la suite d'un rachat d'actions (voir chapitre 41). On parle alors d'**OCEANE** (obligation convertible en actions nouvelles ou existantes).

28.18 Parfois l'émetteur se réserve à la conversion le droit de remettre, non des actions selon la parité convenue, mais leur exacte contre-valeur en numéraire. Parfois encore certaines obligations convertibles prévoient que la société peut choisir la part à rembourser en cash et la part à payer en actions. On parle d'ORNANE (obligation remboursable en numéraire et en actions nouvelles et/ou existantes). L'objectif dans les deux cas est de limiter l'émission d'actions nouvelles et donc la dilution des actionnaires actuels. C'est le cas de l'obligation Pierre et Vacances.

L'obligation convertible ne doit pas être confondue avec l'**obligation échangeable** qui est un pur titre de dette (voir paragraphe 28.37).

2 ■ Valeur

28.19 La valeur d'une obligation convertible s'analyse comme la somme de la valeur d'une obligation classique et de la valeur d'une option d'achat d'actions dont le prix d'exercice est le prix de conversion et la durée celle de l'emprunt obligataire.

> Obligation convertible = Obligation classique + Option d'achat d'actions.

28.20 On appelle **valeur nue de l'obligation convertible** ou **plancher actuariel**, la valeur de cette obligation classique. Elle se calcule en actualisant les flux futurs liés à l'obligation au taux du marché. La valeur nue constitue la valeur minimale de l'obligation convertible en cas de baisse sensible du cours de l'action. C'est aussi un amortisseur de la valeur de l'obligation convertible en cas de forte baisse de la valeur de l'action. Il convient cependant de ne pas oublier que la valeur nue n'est pas fixe et qu'elle varie en fonction de l'évolution des taux d'intérêt et du risque de la société. À cette

1 Par rapport au cours de Bourse de Pierre et Vacances (28,0139 €) : 36,4/28,0139 – 1 = 30 %.

valeur nue se rajoute la valeur de l'option de conversion qui est d'autant plus forte que la valeur de l'action dépasse le prix de remboursement de l'obligation convertible, et qui est d'autant plus faible que la valeur de l'action est inférieure au prix de remboursement de l'obligation convertible.

La valeur d'une obligation convertible est donc la somme de la valeur nue et de l'option d'achat.

Valeur d'une obligation convertible

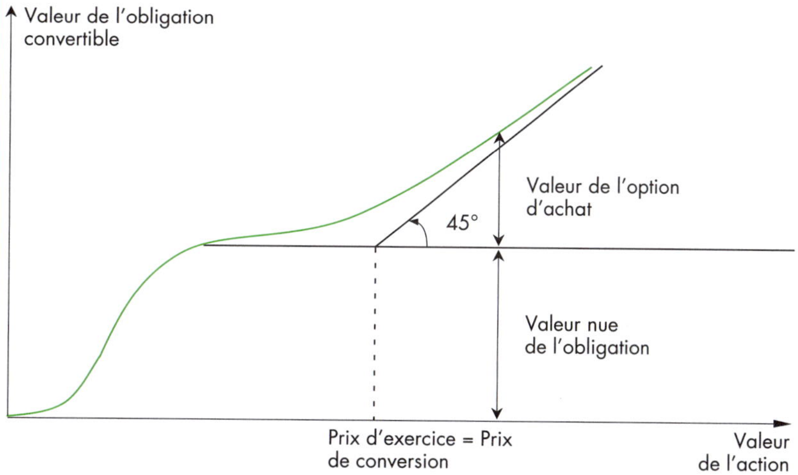

Lorsque la valeur de l'action a largement dépassé la valeur de remboursement, l'obligation convertible se comporte de plus en plus comme une action puisque la probabilité qu'elle soit convertie en action est désormais très forte.

Dans la zone obligataire, l'obligation convertible se comporte essentiellement comme une obligation car, compte tenu de l'évolution du cours de l'action, la probabilité que l'obligation soit convertie en action est faible. La valeur de l'obligation convertible est proche du plancher actuariel.

Dans la zone mixte, la valeur de l'obligation convertible est influencée à la fois par les taux d'intérêt et par la valeur de l'actif sous-jacent.

L'obligation convertible Air France KLM émise en avril 2005 de nature principalement obligataire à son émission est presque devenue une action d'octobre 2006 à octobre 2007 avant de reprendre des caractéristiques mixtes puis d'obligation (risquée) avec la baisse du cours de l'action.

Exemple de l'obligation convertible Air France KLM 2,75 % – 2020 (en €)

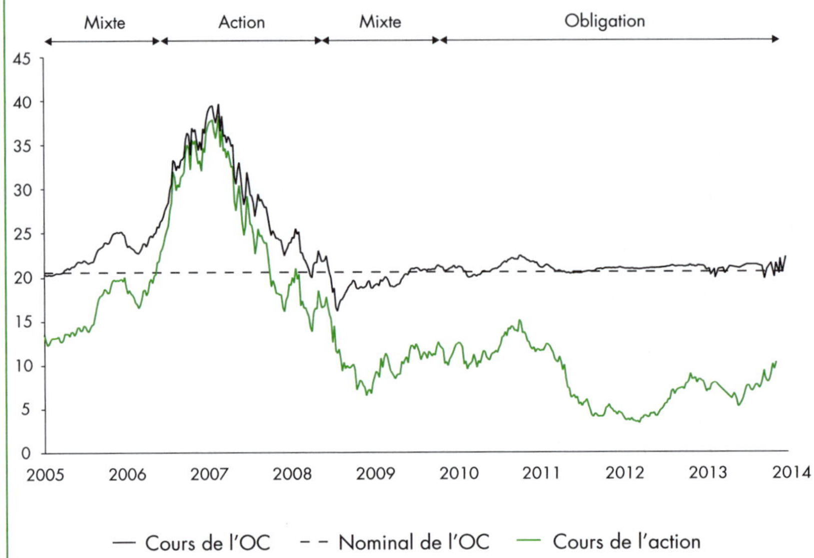

Source : Bloomberg.

Il existe enfin une zone de haut rendement lorsque la valeur de l'action a fortement baissé. Des doutes sérieux apparaissent quant à la capacité de remboursement des obligations convertibles dont le cours s'est fortement ajusté à la baisse pour offrir un taux actuariel de rentabilité correspondant au risque de faillite de l'émetteur.

28.21 À l'émission, la valeur de l'obligation nue représente le plus souvent entre 85 à 95 % de la valeur de l'obligation convertible et l'option d'achat de 5 à 15 %. Plus la prime de conversion sera faible, plus l'obligation convertible se rapprochera d'une action puisque la conversion en action sera très probable. Le coupon de l'obligation convertible pourra dès lors être bas. À l'inverse, plus la prime de conversion sera élevée, plus l'obligation convertible se rapprochera d'une obligation nécessitant un taux de rendement plus élevé. En dosant ces caractéristiques de l'obligation convertible, le directeur financier pourra adapter l'obligation convertible au profil de flux de trésorerie de son entreprise et à l'appétit pour la dilution de ses actionnaires. Derrière l'unité de façade des obligations convertibles, il existe tout un monde de modalités.

3 ■ Analyse théorique de l'obligation convertible

28.22 À la différence de l'OBSA, l'obligation convertible est un produit insécable : on ne peut vendre d'un côté l'obligation nue et de l'autre l'option d'achat.

Pour l'investisseur, l'obligation convertible est souvent présentée comme un produit miracle car elle le protège à la baisse compte tenu de la composante obligataire tout en lui permettant de bénéficier de la hausse de l'actif sous-jacent.

De la même façon, certains présentent l'obligation convertible comme la panacée pour les financiers d'entreprise. Elle permet en effet dans un premier temps d'émettre de la dette à un taux d'intérêt inférieur au taux normal compte tenu du risque et d'émettre ultérieurement, le cas échéant, des capitaux propres à un prix supérieur à leur valeur d'aujourd'hui.

Non, les miracles n'existent pas en finance ; au mieux peut-on trouver des mirages ! En effet si l'entreprise s'endette à un taux inférieur au coût normal de sa dette, c'est qu'en contrepartie, elle accepte d'émettre dans l'avenir des capitaux propres à un prix inférieur à la valeur de l'action d'alors puisqu'il y a conversion. Les actionnaires actuels seront donc dilués dans de mauvaises conditions de prix. De plus, l'argument du coût réduit a pris du plomb dans l'aile avec l'adoption des normes IFRS qui imposent la comptabilisation du coût total théorique au compte de résultat et non des seuls intérêts payés (voir paragraphe 8.71).

28.23 De la même façon, l'investisseur achète une option d'achat sur l'action sous-jacente dont il paie le prix en acceptant un taux de rendement sur l'obligation plus faible que ne le justifie le risque de l'émetteur.

Le coût apparent de l'obligation convertible n'est bas que parce que son véritable coût est en partie occulté. L'entreprise vend une option d'achat aux investisseurs qui la paient en acceptant un taux de rentabilité sur l'obligation plus bas que ne le justifie le risque de l'entreprise.

De façon intuitive, F. Bancel propose de calculer le coût d'une obligation convertible comme une moyenne pondérée du coût des capitaux propres et du coût de l'endettement. La pondération correspond à la probabilité que l'obligation convertible soit effectivement convertie. Cette probabilité n'est pas difficile à estimer dès lors que l'on prend comme hypothèse que la rentabilité de l'action suit une loi normale centrée sur le coût des capitaux propres moins le rendement.

28.24 La théorie des marchés à l'équilibre ne nous aide pas beaucoup à comprendre l'existence de l'obligation convertible qui n'est que l'addition de deux produits déjà existants. La théorie de l'agence et la théorie du signal sont, sans surprise, beaucoup plus utiles pour comprendre l'utilité des obligations convertibles.

28.25 Selon la théorie de l'agence, **l'obligation convertible est un mode de résolution des conflits entre actionnaires et créanciers**. Comme nous le verrons au chapitre 38, la tentation des dirigeants de groupes endettés est d'entreprendre des investissements risqués qui accroissent la richesse des actionnaires au détriment de celle des créanciers. Face à cette crainte, ceux-ci refusent alors de financer l'entreprise endettée sauf *via* des obligations convertibles. En effet, le créancier est alors protégé car il a la faculté que lui offre l'obligation convertible de devenir actionnaire si des transferts de valeur devaient s'opérer à ses dépens.

Par ailleurs, une entreprise fortement endettée peut devoir renoncer à des projets d'investissements très rentables faute de trouver des financements bancaires qui ne pèsent pas trop dans un premier temps sur ses flux de trésorerie. Compte tenu de son faible taux d'intérêt facial, l'obligation convertible est attractive, d'autant qu'elle peut être placée dans le marché même en absence de notation de l'entreprise.

28.26 **L'obligation convertible aide aussi à résoudre les conflits entre actionnaires-dirigeants et actionnaires externes**. Un actionnaire-dirigeant hésitera à effectuer des prélèvements privés dans l'entreprise au détriment des autres actionnaires puisqu'il sait que cela accroît la probabilité que les obligations soient remboursées, non en actions, mais en liquidités. Si l'entreprise est déjà assez

endettée, ce remboursement peut la mettre en difficulté et menacer la position du dirigeant qui, dès lors, s'abstiendra de tels comportements.

28.27 **La théorie du signal apporte aussi sa contribution à l'explication de l'existence des obligations convertibles**. En effet, une entreprise en forte croissance ou avec des moyens financiers limités évitera de trop s'endetter compte tenu d'une variabilité encore importante de ses flux de trésorerie d'autant que le coût de l'endettement sera probablement élevé compte tenu de son faible historique. Par ailleurs, elle sera peu encline à émettre des capitaux propres, soit parce qu'elle croit leur valeur sous-évaluée, soit parce qu'elle craint d'émettre un signal négatif (voir chapitre 42). Il ne lui reste plus que l'obligation convertible dont l'émission sera bien accueillie par des investisseurs qui seront soulagés que le signal d'une augmentation de capital ne soit pas émis.

Au total, les théories de l'agence et du signal justifient l'émission d'obligations convertibles pour des entreprises moyennes, en forte croissance, assez fortement endettées ou aux actifs assez risqués. Mais le marché est aussi alimenté par des émissions de grands groupes (Air France KLM, Arcelor Mittal...) qui lèvent ainsi des fonds auprès d'investisseurs spécialisés en obligations convertibles qui n'investissent que dans ce produit. Pour ces grands groupes, c'est une façon de diversifier leur base d'investisseurs et de lever plus facilement des fonds en grandes quantités. Enfin, des groupes en difficulté financière utiliseront ce produit lorsque le marché action leur est fermé.

Section 3 ■ Les actions de préférence

28.28 Les actions de préférence ont des caractéristiques très largement laissées à la liberté de l'émetteur.

1 ■ Définition

28.29 Les statuts ou le contrat d'émission fixent les caractéristiques des titres :

- ce sont des actions mais elles peuvent être privées totalement[1], partiellement ou encore temporairement du droit de vote ;
- elles peuvent donner droit à des avantages pécuniaires : dividendes majorés, dividendes cumulatifs ou dividendes fixés par formule, droit prioritaire au boni de liquidation... ;
- ... ou des droits « politiques » : information renforcée, représentation au conseil d'administration, droits de contrôle spécifiques ;
- le contrat d'émission ou les statuts peuvent encore fixer des règles de rachat des titres par la société ou de conversion des actions de préférence en actions ordinaires ou en autres titres ;
- enfin, les actions de préférence peuvent donner des droits dans une filiale. Le législateur a ainsi voulu donner un cadre juridique aux *tracking stocks* (actions traçantes).

1 On retrouvera alors un produit similaire au certificat d'investissement du temps jadis.

Le cadre juridique français et la souplesse qu'il offre à l'émetteur rapprochent donc ce produit des *preferred shares* anglo-saxonnes.

2 ■ Valeur

28.30 Il est complexe de généraliser sur la valorisation de ces instruments car leurs caractéristiques sont susceptibles d'être extrêmement variées.

Notons que l'évaluation d'une action de préférence est opérée selon les mêmes principes que l'évaluation d'une action ordinaire (voir chapitre 26), en tenant compte éventuellement d'un flux de dividendes plus sûr et plus important. La valeur de l'action de préférence est donc égale à la valeur de l'action ordinaire à laquelle il convient :

- d'ajouter la valeur des éventuels privilèges ;
- de retrancher une décote de liquidité. En effet, les actions de préférences étant moins liquides sur le marché que les actions ordinaires, on observe généralement une décote entre le cours de l'action de préférence et sa valeur théorique ;
- de retrancher (éventuellement) la valeur du droit de vote.

Chacun de ces éléments étant difficiles à apprécier, la valeur de l'action de préférence sera très complexe à déterminer avec précision. Ainsi, on a pu observer en mai 2014 que l'action à dividende prioritaire Telecom Italia cotait avec une décote de 23 % par rapport à l'action ordinaire alors qu'elle versait en 2012 un dividende 55 % supérieur à celui de l'action ordinaire !

3 ■ Analyse théorique

a) Pour l'entreprise

28.31 L'action de préférence peut permettre à l'entreprise en difficulté, mais disposant de chances réelles de redressement, d'attirer des souscripteurs par l'octroi d'avantages particuliers.

Face à cet avantage, ce produit présente cependant plusieurs inconvénients : son coût est supérieur à celui d'une augmentation de capital classique, puisqu'il existe une décote entre le prix de ces actions de préférence et leur valeur théorique. Par ailleurs, le débouclage de telles émissions peut s'avérer un casse-tête, voire un vrai cauchemar. En effet, la valeur des actions de préférence étant souvent largement décotée par rapport à une valeur théorique, les porteurs exigent une prime très importante par rapport à la valeur de marché pour échanger ou céder leurs titres. Sagem et Legrand se sont heurtés à ce type de problèmes.

b) Pour l'actionnaire actuel

28.32 Pour l'actionnaire actuel, l'émission d'actions de préférence n'a de sens que lorsqu'elles sont privées de droit de vote. Il est alors possible de réaliser une augmentation de capital sans diluer le contrôle de l'entreprise. Une entreprise dont l'actionnariat est familial peut ainsi faire appel à des investisseurs financiers extérieurs sans risquer une remise en cause du pouvoir de la famille. Pour l'actionnaire minoritaire, cela nous paraît être un pis-aller : seule façon de renforcer les capitaux propres

lorsque le majoritaire ne veut pas suivre une augmentation de capital ni être dilué ; mais cet apport de capital a alors un coût élevé qui augmente le coût du capital de l'entreprise.

La souplesse offerte par les actions de préférence a sans aucun doute un intérêt pour les sociétés non cotées. En effet elles permettent d'organiser la gouvernance d'entreprise entre les actionnaires impliqués dans la gestion et les actionnaires financiers. On les voit donc fleurir dans le cas de capital investissement (pour financer le démarrage, le développement, la transmission ou l'acquisition d'une entreprise), et en particulier les LBO. Cependant, pour les sociétés cotées, ces produits ne nous semblent pas aller dans le sens de l'histoire. Aujourd'hui, cette formule a quasiment disparu du marché boursier français qui préfère une ligne unique de cotation par société avec un volume large de transactions et une égalité des actionnaires. Il en est de même sur les autres marchés européens (Fiat a ainsi imposé la fusion de ses 3 types d'action en 2012).

Section 4 ▪ D'autres titres hybrides

1 ▪ Les titres super-subordonnés (TSS)

28.33 On a pu observer, en Europe, en 2005-2007 puis à nouveau en 2013, le développement d'émissions par des entreprises (Suez Environnement, Michelin, Vinci, Henkel, Weinerberger, plus récemment Veolia et EDF…) d'obligations aux caractéristiques suivantes :

- durée très longue (supérieure à 50 ans) ou indéterminée, l'émetteur (la société) peut donc choisir de rembourser ou non les obligations. Certaines émissions (comme pour les obligations convertibles) contiennent des clauses de *hard non-call* c'est-à-dire que la société ne peut pas rembourser les titres avant une date donnée. Par ailleurs, dans un certain nombre de cas, l'intérêt payé augmente dans le temps (*step-up*), ce qui incite l'entreprise à rembourser les obligations lorsque leur coût devient prohibitif. Notons cependant que rien ne l'y oblige ;

- rang super-subordonné, ces titres sont donc les derniers (avant les capitaux propres) à être remboursés en cas de liquidation ;

- certaines émissions offrent à l'émetteur la possibilité de suspendre le paiement de l'intérêt, à condition toutefois que la société ne verse pas de dividende. Dans certains cas, l'émetteur s'engage contractuellement à le faire si certains ratios ne sont pas respectés ;

- aucun droit de vote n'y est associé ;

- l'émetteur peut s'engager à ne rembourser cet emprunt qu'en émettant d'autres titres subordonnés ou grâce à une augmentation de capital ;

- suivant leurs caractéristiques précises, certains de ces titres peuvent être classés en capitaux propres en normes IFRS dans la mesure où il n'y a aucune obligation de remboursement et que le paiement de l'intérêt peut être suspendu. Notons que le traitement de ces produits en IFRS pourrait être révisé.

28.34 Conceptuellement, il ne s'agit rien d'autre que de titres de dette à très long terme dont le caractère extrêmement subordonné peut les faire assimiler comptablement à des capitaux propres, mais de façon abusive à notre avis.

Les agences de notation adoptent un traitement hybride et retraitent ces émissions en une part de dette et une part de capitaux propres (l'*equity content*). Ainsi, par exemple, Moody's mène une analyse précise des termes et conditions de l'émission (suivant une grille préétablie) et classe l'émission dans un *basket* (B, C ou D) auquel est attaché un *equity content* (25 %, 50 % ou 75 %).

Les titres super-subordonnés sont utilisés par les institutions financières pour renforcer leurs capitaux propres. C'est ainsi un produit qui avait été souscrit par l'État français pour venir en aide aux établissements financiers fragilisés par la crise.

2 ■ Les prêts participatifs

28.35 Le principe du prêt participatif est proche de celui des titres super-subordonnés, c'est un emprunt subordonné de dernier rang dont la rémunération est composée d'une partie fixe et éventuellement d'une partie variable qui peut dépendre des performances opérationnelles de l'emprunteur.

Le prêt participatif a été créé dans les années 1980 par l'État français qui souhaitait renforcer les capitaux propres des entreprises récemment nationalisées sans céder de droit de vote. Après être passé de mode dans les années 1990, il a retrouvé une seconde jeunesse avec la crise de 2008 où il a servi de support aux prêts de l'État aux entreprises en difficulté (constructeurs automobiles), puis aux interventions de Bpifrance et d'Isodev en faveur des PME.

3 ■ Les obligations remboursables en actions (ORA)

28.36 Contrairement aux obligations convertibles pour lesquelles subsiste toujours un risque de non-conversion, les obligations remboursables en actions se transforment obligatoirement en capitaux propres. En effet elles sont remboursées (sauf faillite dans l'intervalle !) par remise d'actions de la société émettrice. Il n'y a donc pas de flux financiers de remboursement.

La valeur d'une ORA est la valeur actuelle des intérêts financiers et de l'action lors du remboursement. En pure théorie, elle est égale à la valeur de l'action augmentée de la valeur actuelle des intérêts et diminuée de la valeur actuelle des dividendes qui seront versés jusqu'au remboursement en actions. Le taux d'actualisation des intérêts est celui d'une dette risquée, celui des dividendes est égal au coût des capitaux propres.

28.37 En normes françaises, les ORA figurent sur la ligne « Autres fonds propres » du bilan et les intérêts qu'elles versent font partie des charges financières. En normes IFRS, leur valeur à l'émission est ventilée entre la valeur actuelle des intérêts qui figure en dettes et le solde en capitaux propres.

Les ORA sont fiscalement considérées comme des obligations jusqu'à leur remboursement, puis ultérieurement comme des actions.

L'ORA n'est pas un produit très attractif sur les marchés financiers (il n'y a pas de suspense contrairement à l'obligation convertible !), elle y est donc peu fréquente. Elle est plutôt utilisée dans

des montages très spécifiques pour des entreprises non cotées, souvent avec une préoccupation fiscale ou juridique.

Axa a utilisé, en 2004, un produit proche de l'ORA, l'ORANE (obligation remboursable en action ou en numéraire) à l'occasion de son acquisition de Mony. Ce produit était en réalité une augmentation de capital conditionnelle au succès de son offre sur Mony (juridiquement en France les augmentations de capital ne peuvent pas être conditionnelles).

Des ORA pourront également être émises avec un remboursement en titres d'une filiale cotée. Ce produit s'analyse alors comme une cession à terme de la participation. Dans les produits les plus complexes (obligations remboursables en actions à parité ajustable, ORAPA), la parité de remboursement pourra varier avec le cours du titre sous-jacent redonnant alors un peu de suspens !

4 ■ Les obligations échangeables

28.38 Une obligation échangeable est une obligation émise par une société et remboursable en actions d'une autre entreprise dans laquelle elle détient une participation. À l'échéance de l'emprunt, soit le cours de l'action sous-jacente a suffisamment monté pour que les investisseurs demandent le remboursement de l'obligation échangeable en actions sous-jacentes : la dette disparaît alors du bilan de la société ainsi que les actions sous-jacentes ; soit le cours n'a pas suffisamment monté, l'emprunt est alors remboursé en liquidités, et la société garde les actions sous-jacentes. En aucun cas il n'y apport de capitaux propres. L'obligation échangeable s'assimile donc à un prêt sur gages avec une option d'achat consentie à l'investisseur sur les titres détenus en portefeuille.

À titre d'exemple, le groupe espagnol ACS a émis en mars 2014 une obligation échangeable en actions Iberdrola (pour 1 % du capital), ACS détenant une participation d'environ 5 % dans Iberdrola. Les obligations sont échangeables pendant 5 ans en actions avec une prime d'environ 33 % par rapport au cours au moment de l'émission. Cette émission a permis de lever 400 millions d'euros avec un taux d'intérêt apparent de 1,625 %, inférieur au taux d'emprunt d'ACS sur la même période. Bien évidemment, la contrepartie est double : d'une part, ACS n'est pas sûr de réduire sa participation dans Iberdrola, d'autre part, s'il le fait, ce sera forcément à un prix inférieur au prix du marché de l'action du moment.

Mais pour l'investisseur, une obligation émise par ACS échangeable en titres Iberdrola et une obligation convertible émise par Iberdrola sont des instruments financiers très proches ; seul le risque de défaut les différencie (ACS ou Iberdrola).

RÉSUMÉ

Le résumé de ce chapitre est disponible sur le site www.vernimmen.net.

Les produits hybrides semblent souvent être des capitaux propres alors qu'ils ne le sont pas le plus souvent : une obligation convertible non convertie restera de la dette, une obligation à bon de souscription est une dette...

Bon nombre d'entre eux donnent l'impression de baisser le coût de financement de l'entreprise. C'est une grande erreur de le croire ! Dans des marchés en équilibre, toutes les sources de financement ont le même coût compte tenu du risque pris par l'investisseur. Il ne faut pas se limiter au coût apparent d'une source de financement mais comprendre son coût global.

De la même façon, ces produits donnent l'impression de faire de la haute finance ; souvent leur utilisation n'est que le témoin des difficultés de l'entreprise ou de celles de placement d'un produit ordinaire.

La théorie de l'agence explique l'existence de ces produits utiles pour résoudre des conflits potentiels entre actionnaires et créanciers ou entre actionnaires-dirigeants et actionnaires externes. La théorie du signal y voit la marque d'une sous-valorisation de l'entreprise fortement endettée qui ne lui permet pas de se financer par augmentation de capital classique.

Le bon de souscription est un titre financier permettant de souscrire pendant une période donnée, dans une proportion et à un prix fixés à l'avance, à un autre titre financier. Un bon de souscription peut être attaché à l'émission d'une action (ABSA) ou d'une obligation (OBSA) ou être distribué « gratuitement ». D'un point de vue conceptuel, un bon est assimilable à une option d'achat (*call*) vendue par une société sur des actions à émettre. Le bon permet de réaliser une augmentation de capital en organisant une dilution progressive.

L'obligation convertible est une obligation classique, en général à taux fixe, qui donne au souscripteur, pendant la période de conversion, la possibilité de l'échanger contre une ou plusieurs actions de la société émettrice. Sa valeur s'analyse comme la somme de la valeur d'une obligation classique et de la valeur d'une option d'achat d'actions dont le prix d'exercice est le prix de remboursement.

L'obligation convertible est émise avec un taux facial apparent moins élevé que celui d'une dette classique. Cela ne constitue pas un avantage pour l'entreprise mais la simple contrepartie de l'option d'achat consentie « gratuitement » à l'investisseur.

Les actions de préférence, les titres super-subordonnés, les obligations remboursables en actions sont d'autres catégories de titres hybrides.

QUESTIONS

1/ Un produit financier peut-il permettre d'obtenir des ressources à un coût inférieur à celui du marché ?

2/ Définissez l'obligation convertible, l'obligation à bons de souscription d'actions, l'action de préférence et l'obligation remboursable en actions.

3/ Le taux du marché obligataire est de 7 %. Une entreprise émet une OBSA de taux de rentabilité actuariel brut égal à 3 % en cas de non-exercice des bons. Quel est le coût de ce produit ? Comment se décompose-t-il ?

4/ Une obligation convertible est-elle plus coûteuse pour l'entreprise qu'une OBSA ?

5/ Quel(s) est(sont) le(les) produit(s) financier(s) le(s) plus idoine(s) pour les entreprises suivantes ?

a) Une entreprise qui veut collecter des capitaux propres immédiatement et dont le contrôle est mal assuré.

b) Une entreprise au cours boursier très volatil et qui veut élargir progressivement son actionnariat.

c) Une entreprise qui sort d'une période de difficultés mais dont l'avenir paraît encore risqué aux yeux des investisseurs.

6/ Classez les obligations convertibles, OBSA et actions de préférence et l'augmentation de capital classique en fonction :

a) de la dilution entraînée ;

b) du rendement obtenu ;

c) de la plus-value possible ;

d) du coût pour l'entreprise.

7/ Quel produit, en apparence, répond à la définition suivante : « pile je gagne, face tu perds » ?

8/ Montrez que, si les dirigeants pensent que l'action de leur entreprise est sous-évaluée, il existe un meilleur produit à émettre que l'obligation convertible.

9/ Montrez que, si les dirigeants pensent que l'action de leur entreprise est surévaluée, il existe un meilleur produit à émettre que l'obligation convertible.

10/ Compte tenu de vos réponses aux questions 8 et 9, comment expliquez-vous alors l'existence des obligations convertibles ?

11/ Vrai ou faux ?

a) Plus la prime de conversion est forte, plus le taux de rendement de l'obligation convertible est fort.

b) Plus la volatilité de l'actif sous-jacent est forte, plus la prime de conversion est forte.

c) La hausse du taux de distribution de l'action sous-jacente accroît la probabilité de conversion de l'obligation convertible à son échéance.

d) L'obligation convertible n'offre pas le même pourcentage de participation à la hausse de l'action que l'action elle-même mais offre en contrepartie une protection à la baisse.

12/ Pourquoi l'ORA n'est-elle pas un produit très attractif pour des investisseurs financiers ?

13/ Pourquoi les actions privilégiées ont-elles de bonnes chances de valoir moins que les actions ordinaires malgré leurs privilèges ?

D'autres questions vous attendent sur le site www.vernimmen.net.

EXERCICE

La société Castafiore Spa, dont le capital est divisé en 2 millions d'actions cotant actuellement 2 000 € en Bourse, dispose à son passif d'un emprunt obligataire convertible dont les caractéristiques sont les suivantes :

– nominal : 500 M€ (500 000 obligations convertibles de nominal 1 000 €) ;

– taux d'intérêt : 5 % ;

– base de conversion : 1 pour 1.

La société Castafiore Spa prévoit un bénéfice net de 300 M€ pour l'année prochaine.

a) Calculez le BPA de Castafiore Spa *fully diluted*. Le taux de l'impôt sur les sociétés est de 36,7 %.

b) Refaites le même exercice en remplaçant l'obligation convertible par une OBSA dont les bons permettent chacun de souscrire à une action Castafiore Spa au prix de 2 100 € (on supposera que le taux de placement des fonds avant impôts est de 8 %). Utilisez deux méthodes différentes pour effectuer vos calculs.

c) Quel serait le résultat du calcul du b) si Castafiore Spa émettait l'OBSA pour rembourser un emprunt dont le taux d'intérêt est de 8 % avant impôt ? On supposera que le bénéfice a été prévu en tenant compte des frais financiers qui auraient été payés sur la dette antérieure.

ÉLÉMENTS DE RÉPONSE

Questions

1. Normalement non, c'est généralement l'inverse du fait de la décote de liquidité qu'ils subissent.

2. Voir paragraphes 28.12, 28.2, 28.29 et 28.36.

3. On ne peut pas répondre au niveau du coût du produit ; on peut simplement dire qu'il y a un taux minimum plus une option.

4. En aucune manière il n'est possible d'affirmer cela ou son contraire.

5. a) Action de préférence sans droit de vote (mais cela ne trompe personne). b) Obligations convertibles. c) Obligations convertibles.

6. a) De la dilution la plus forte à la plus faible : action de préférence, action ordinaire, OC, OBSA. b) Du rendement le plus fort au plus faible : OC, OBSA, action de préférence, action ordinaire. c) De la plus-value possible la plus forte à la plus faible : action ordinaire, action de préférence, OBSA, OC. d) Le coût pour l'entreprise dépend du *pricing* !

7. L'obligation convertible car en cas de non-conversion elle aura été un crédit à un taux particulièrement bas et en cas de conversion des actions seront émises à un prix supérieur au cours actuel.

8. Des dettes qui seront remboursées ultérieurement par une augmentation de capital lorsque le prix de l'action aura monté.

9. Des capitaux propres qui n'auront jamais à être remboursés.

10. Par les théories de l'agence et du signal.

11. Vrai : a) b) d). Faux : c).

12. Car c'est simplement un achat à terme d'une action, en payant immédiatement.

13. À cause de leur faible liquidité car leur nombre est très inférieur à celui des actions ordinaires.

Exercice

Les corrigés détaillés des exercices sur excel sont disponibles sur le site www.vernimmen.net.

a) Économie de frais financiers (après impôt à 36,7 %) : 15,83 M€. BPA *fully diluted* = 126,3 €.
b) Placement des fonds : BPA *fully diluted* = 141,3 €.
Rachat d'actions : BPA *fully diluted* = 151,9 €.
c) Gain de frais financiers : (8 % – 5 %) × 0,6333 × 500 = 9,50 M€ ; par la méthode du placement des fonds : BPA *fully diluted* = 145,1 € ; méthode du rachat d'actions : BPA *fully diluted* = 156,7 €.

BIBLIOGRAPHIE

Sur l'ensemble des produits hybrides :

Black F., Scholes M., « The pricing of options and corporate liabilities », *Journal of Political Economy* mai-juin 1973, vol. 81, n° 3, pages 637 à 654.

Jensen M., Meckling W., « The theory of the firm : managerial behavior, agency costs, and capital structure », *Journal of Financial Economics* octobre 1976, vol. 3, n° 4, pages 305 à 360.

Myers S., Majluf N., « Corporate financing and investment decisions when firms have information that investors do not have », *Journal of Financial Economics* juin 1984, vol. 13, n° 2, pages 187 à 221.

Raimbourg Ph., Boizard M. (dir.), *Ingénierie financière, fiscale et juridique 2009-2010*, 2e édition, Dalloz, coll. « Dalloz Action », 2009.

Sur le bon de souscription :

Bouvet Th. *et al.*, *Motivation financière des dirigeants. Options et autres instruments*, Economica, 2009.

Cotillard N., « L'impact informationnel suscité par l'émission de bons de souscription d'actions », *Banque & Marchés* juillet-août 1998, n° 35, pages 41 à 48.

Sur l'obligation convertible :

Bancel F., Mittoo U., « Why European firms issue convertible debt ? », *European Financial Management Journal* juin 2004, vol. 10, n° 2, pages 339 à 374.

Cazaubieilh F., *Théories et pratiques des obligations convertibles en actions et de leurs produits assimilés*, Maxima, 2003.

Chemmanur Th., Simonyan K., « What drives the issuance of putable convertibles », *Financial Management* automne 2010, vol. 39, n° 3, pages 1027 à 1067.

Daves Ph., Ehrhardt M., « Convertible securities, employee stock options and the cost of equity », *The Financial Review* mai 2007, vol. 42, n° 2, pages 267 à 288.

Ginglinger E., « Le financement par obligations convertibles », *Banque & Marchés* janvier-février 2000, n° 44, pages 53 à 58.

Jen F., Choi D., Lee S.H., « Some new evidence on why companies use convertible bonds », *Journal of Applied Corporate Finance* été 1997, vol. 10, n° 1, pages 44 à 53.

Lewis C., Rogalski R., Seward J., « Understanding the design of convertible debt », *Journal of Applied Corporate Finance* été 1998, vol. 11, n° 1, pages 45 à 53.

Mayers D., « Why firms issue convertible bonds : the matching of financial and real investment options », *Journal of Financial Economics* janvier 1998, vol. 47, n° 1, pages 83 à 102.

Rai A., « Changes in risk characteristics of firms issuing hybrid securities : case of convertible bonds », *Accounting and Finance* décembre 2005, vol. 45, n° 4, pages 635 à 651.

Sur les actions de préférence :

Avner K., Karakas O., Pant S., « The market value of corporate votes : Theory and evidence from option prices », *Journal of Finance* juin 2014, vol. 69, n° 3, pages 1235 à 1271.

Le Fur Y., Quiry P., « Les actions de préférences : une fausse révolution ? », *La Lettre Vernimmen.net* décembre 2004, n° 34, pages 2 à 5.

Sur les titres supersubordonnés :

Galland M., « Titres super-subordonnés », *in* Raimbourg Ph., Boizard M. (dir.), *Ingénierie financière, fiscale et juridique 2009-2010*, 2e édition, Dalloz, coll. « Dalloz Action », 2009, pages 507 à 522.

Tandeau de Marsac V., « La dette mezzanine : une ressource pour financer le développement des entreprises patrimoniales et familiales », *Option Finance* 19 juillet 2010, n° 1086, page 24.

Chapitre 29

Le placement des titres financiers

Allez-y, c'est une affaire !

Après avoir étudié les caractéristiques des différents titres financiers, voyons maintenant comment ces titres sont, en pratique, vendus aux investisseurs. La finance bancaire avait le mérite de la simplicité : lorsque l'entreprise avait besoin de fonds, elle s'adressait à sa banque. Avec le développement de la finance directe, l'entreprise peut s'adresser, pour lever des fonds, à une multitude d'investisseurs qui ne la connaissent pas nécessairement. L'entreprise doit donc faire un effort de marketing financier !

Section 1 ■ Principes généraux du placement des titres

1 ■ Objectif des méthodes de placement

29.1 Placer des titres consiste avant tout pour l'entreprise à vendre un produit financier à des investisseurs au meilleur prix possible.

Pour que le placement soit un succès, il doit néanmoins offrir aux investisseurs un potentiel de plus-value ou de rendement sur les titres achetés, sans quoi l'entreprise obérerait ses possibilités d'accéder au marché à l'avenir.

Le prix d'un titre est égal à sa valeur actuelle à condition que toute l'information publique soit correctement intégrée par les investisseurs : c'est le fondement même de l'efficience des marchés. Ainsi, le manque ou l'asymétrie d'information est l'élément principal qui peut empêcher de vendre au juste prix un actif.

Par conséquent, les techniques de placement ont pour objectif de donner aux investisseurs l'information nécessaire et suffisante afin qu'ils puissent réaliser leur choix d'investissement. L'entreprise émettrice et la ou les banques en charge du placement doivent, durant l'opération, diffuser de l'information aux investisseurs. Suivant le type d'opération, celle-ci peut prendre la forme :

- d'une documentation écrite officielle, un prospectus (regroupant un document descriptif de l'entreprise : document de référence ou document de base et note d'opération) ;

- de présentations par les dirigeants (réunions avec les investisseurs, présentations enregistrées et diffusées électroniquement) ;

- d'appréciations ou de commentaires de professionnels de la finance sur l'opération et sur la société émettrice (notes d'analystes financiers, présentation aux vendeurs de la banque).

En outre, la garantie de l'opération éventuellement donnée par les banques en charge de l'opération peut constituer un élément de confort supplémentaire pour les investisseurs. En effet, si la banque est prête à diriger et à garantir le placement, c'est qu'elle estime que l'opération se fera très probablement et que, compte tenu de sa connaissance de l'entreprise, le prix est « juste » pour les investisseurs qui sont également ses clients et à qui elle propose régulièrement des titres.

> Dans une opération de placement, il y a toujours une ambiguïté sur le positionnement exact de la banque. En théorie, elle est mandatée (et rémunérée) par l'entreprise qui veut émettre des titres et doit donc défendre au mieux ses intérêts. Mais pour cela, elle doit convaincre des investisseurs qui sont ses clients réguliers d'acheter ou de souscrire les titres ; elle ne peut donc pas se permettre de les induire en erreur. En fait, elle défend les intérêts des deux, pour fondamentalement sauvegarder le sien !

29.2 Le besoin d'information des investisseurs, ainsi que la complexité de l'opération, varient selon les éléments suivants :

- le niveau d'information concernant l'entreprise déjà disponible. Une introduction en Bourse nécessite une « éducation » importante des investisseurs sur la stratégie, les métiers, les caractéristiques financières et éventuellement le secteur de l'entreprise qui ne sont pas forcément connus du marché. En revanche, le cours de Bourse de l'entreprise déjà cotée contient en lui-même de l'information (il indique quelles sont les anticipations des investisseurs sur la société) ;

- le risque supporté par l'investisseur. Pour un produit risqué comme l'action, l'investisseur a besoin d'un niveau d'information plus important que pour une obligation pour laquelle son risque est plus faible ;

- le type et le nombre d'investisseurs visés. Au-delà des contraintes réglementaires, il est en général plus difficile pour une entreprise européenne de placer des titres aux États-Unis qu'en Europe, et ce d'autant plus si l'entreprise et son industrie ne sont pas connues au-delà de ses frontières. En outre, un placement privé auprès de quelques investisseurs « professionnels » sera plus simple à effectuer qu'un placement auprès du public, les autorités de marché imposant un niveau d'information supérieur pour les opérations ouvertes au public.

2 ■ Le rôle des banques

29.3 La banque ou les banques en charge d'un placement de titres remplissent quatre fonctions plus ou moins développées selon le produit et la technique de placement retenue :

- **le montage de l'opération**, c'est-à-dire l'étude de la problématique, le choix d'une technique de placement et des principaux paramètres : volume de titres à placer, produits proposés aux investisseurs, définition du calendrier de l'opération, choix de la place de cotation, contacts avec les autorités boursières, suivi de la rédaction par des avocats spécialisés de la documentation juridique ;

- **la diffusion de l'information** : un placement de titres est souvent l'occasion pour un émetteur de diffuser des informations sur son activité récente, ses perspectives, sa stratégie. La cohérence de ces informations est vérifiée par la banque et les avocats en charge de l'opération au travers de la collecte et de l'analyse d'une documentation complète sur l'entreprise ainsi que d'entretiens préalables avec les dirigeants de l'entreprise (*due diligence* en anglais). Les informations sont ensuite relayées oralement ou par des notes de recherche rédigées notamment par les analystes financiers de la banque. Celle-ci organise également des rencontres entre l'émetteur et les investisseurs sur une ou plusieurs places financières (réunions plénières, *roadshows* ; ou entretiens individuels, *one on one*) ;

- **la distribution des titres** : les équipes de vendeurs de la banque approchent leurs clients habituels, les investisseurs, pour leur proposer les titres à placer, en développant un argumentaire marketing et en recueillant leurs ordres. À l'issue de ce processus, le prix de vente des titres est fixé par la banque en liaison avec l'émetteur ou le vendeur de titres et les titres sont alloués aux investisseurs qui en règlent alors le prix. Dans les jours suivant le placement, la banque peut intervenir sur le marché de sorte à faciliter des reclassements éventuels de titres entre investisseurs ;

- **la garantie du placement** : dans certains cas, la banque pourra être amenée à donner à l'émetteur (ou au vendeur des titres) une garantie à un moment plus ou moins avancé de l'opération sur le placement effectif des titres et sur le prix qui sera obtenu. La banque prend alors un risque de marché. L'importance de ce risque dépendra du type de garantie donnée et de la durée de l'engagement.

29.4 La majorité des placements de titres, et notamment les émissions réalisées par le biais d'une offre au public, nécessitent l'intervention de plusieurs établissements, réunis alors au sein d'un syndicat bancaire. Selon son degré d'implication dans l'opération, et en particulier le niveau de garantie qu'elle donnera, une banque occupera la position de :

- **coordinateur global** (*global coordinator*) : il coordonne l'ensemble d'une opération de placement (notamment lorsqu'il y a plusieurs tranches destinées à différents types d'investisseurs), il est également chef de file et en général **teneur du livre** (*bookrunner*) qui enregistre les ordres des investisseurs. On parle d'**arrangeur** pour les titres de dette et de *mandated lead arranger* (MLA) pour les crédits syndiqués ;

- **chef de file** (*lead manager*) : celui-ci est responsable de la préparation et de l'exécution de l'opération. Il participe au choix du syndicat. L'un (ou plus) des chefs de file tient le rôle de teneur de livre. Il participe également au choix des investisseurs lors de l'allocation des titres ;

- **chef de file associé** (*joint-lead manager*) : il joue un rôle important mais ne dispose en général pas du rôle de teneur de livre ;

- **co-chef de file** (*co-lead manager*) : il a la charge de garantir le placement d'une part non négligeable des titres – mais n'a pas de rôle de structuration de l'opération ;
- ***co-manager*** : il joue un rôle plus limité dans la transaction : essentiellement garantir le placement d'une portion limitée de titres.

29.5 Pour certaines opérations (placement de blocs d'actions déjà cotées, placement d'obligations), les banques en charge de l'opération peuvent acheter les titres à l'émetteur puis les placer auprès des investisseurs. L'engagement ferme de la banque est alors dénommé **prise ferme** ou *bought deal*. Si la banque n'arrive pas à replacer l'ensemble des titres, elle sera contrainte d'en conserver une partie sur son bilan, on parlera de façon familière de « colle ».

La **garantie** est un engagement légèrement moins fort que la prise ferme. Dans ce cas, la banque ne s'engage à acheter les titres que si le placement est un échec mais peut ne pas remplir son engagement en cas de force majeure.

Pour des opérations plus complexes, les banques souhaitent, avant de garantir à l'entreprise la bonne fin de l'opération, avoir une indication sur les intentions des investisseurs. La technique utilisée est alors dite « de construction » d'un livre d'ordres (*bookbuilding*). Concomitamment à la diffusion de l'information et au marketing auprès des investisseurs potentiels, un livre d'ordres est constitué. Il enregistre les intentions d'achat (volume de titres demandés et prix) des investisseurs potentiels et permet ainsi d'établir la faisabilité et le prix de l'opération en fonction de la demande effective. Ce n'est qu'à l'issue de cette phase que les banques prennent un engagement de bonne fin. Ainsi, la technique du *bookbuilding* permet aux banques en charge de l'opération de limiter leur risque. En effet, elles ne signent leur engagement de garantie qu'une fois le livre d'ordres constitué, c'est-à-dire lorsqu'elles savent que les investisseurs sont prêts à acheter les titres.

> Le *bookbuilding* permet de déterminer à un moment donné le meilleur prix pour le vendeur et/ou pour la société et d'allouer les titres de façon plus ou moins discrétionnaire.

Pour les opérations plus simples comme le reclassement de bloc d'actions ou l'émission d'obligations convertibles, la banque pratique quasiment systématiquement avant de lancer l'opération un sondage auprès d'un nombre limité d'investisseurs afin de tester leur intérêt pour l'opération et son niveau de prix.

Dans certains cas, la banque ne prend à aucun moment d'engagement sur la réussite de l'opération, elle ne s'engage qu'à prodiguer ses meilleurs efforts (placement pour compte ou *best efforts* en anglais). Cela est rare dans le cadre d'une offre documentée car la confiance des investisseurs peut être atténuée dès lors qu'aucun engagement sur la réalisation effective de l'opération n'est pris. Ce type d'engagement ne subsiste donc que dans des opérations réalisées par des entreprises de petite taille ou dans des cas très particuliers (entreprises en difficulté par exemple). Il est alors fréquent de faire garantir tout ou partie de l'opération par l'actionnaire majoritaire ou des fonds d'investissement avant de la lancer.

Enfin, pour certaines opérations, l'engagement de la banque est à mi-chemin entre la prise ferme initiale et la prise ferme après constitution d'un livre d'ordres. Dans une opération de cession de bloc de titres existants, elle peut prendre un engagement de *back-stop* ou de *floor underwriting* : un livre d'ordres est constitué mais la banque garantit au vendeur un prix minimum.

29.6 Trois techniques permettent d'ajuster l'offre en fonction du comportement effectif des investisseurs pendant l'opération (ou juste après) : l'option d'extension (ou faculté d'extension), l'option de surallocation ou *greenshoe* (du nom de la première entreprise l'ayant utilisée) et la clause de *claw back*.

L'**option d'extension** est une flexibilité que peuvent se donner les actionnaires cédant plus de titres qu'initialement prévu si la demande enregistrée lors du placement est forte, ou le conseil d'administration pour l'émission d'actions nouvelles (dans la limite des autorisations données par les actionnaires). Cette option, annoncée dans le prospectus, est exerçable au moment de l'allocation des titres et peut accroître la taille du placement jusqu'à 25 % en cas de cession de titres, et 15 % en cas d'augmentation de capital.

Afin de stabiliser le cours du titre après la clôture de l'opération (dans l'*after-market*), l'entreprise ou le vendeur peut donner à la banque l'option d'acheter[1] une quantité de titres supérieure à celle qui est à placer (jusqu'à 15 % supplémentaires) : c'est l'option de surallocation ou ***greenshoe***. Cette option est exerçable durant les 30 jours suivant le placement. Lors du placement, la banque va vendre aux investisseurs l'ensemble des titres y compris les titres de la *greenshoe*, c'est-à-dire plus de titres qu'il n'y a au minimum à placer. Pour ce faire, la banque emprunte à un actionnaire les titres supplémentaires de la *greenshoe* :

- si le cours baisse après l'opération, la banque achète des titres sur le marché, jusqu'à hauteur de la *greenshoe*, ce qui soutient le cours et limite sa baisse. Elle rembourse à l'actionnaire prêteur les titres empruntés avec ceux qu'elle a achetés après le placement afin de soutenir les cours. L'option de surallocation n'est donc pas exercée ;
- si le cours monte, elle n'aura pas à intervenir sur le marché et n'aura donc plus les titres qu'elle doit rembourser à l'actionnaire prêteur. Elle le remboursera en exerçant l'option de surallocation, obtenant ainsi les titres nécessaires. Plus de titres que prévu initialement auront alors été vendus (ou émis). Il en sera de même si le cours baisse puis remonte, la banque pouvant ainsi acheter des titres pour soutenir le cours puis les revendre ; la banque exercera également son option de surallocation auprès de l'émetteur.

Cette technique est utilisée aussi bien pour les placements secondaires (cession d'actions existantes) que pour les émissions d'actions (augmentation de capital).

Une offre visant plusieurs catégories d'investisseurs (institutionnels, particuliers, salariés...) sera divisée en plusieurs tranches qui leur seront réservées. La clause de ***claw back*** permet à l'entreprise de ne pas figer la taille de chacune des tranches. Si la demande des institutionnels est très élevée et celle des particuliers faible, la clause de *claw back* permet de réallouer des titres initialement prévus pour les particuliers vers la tranche des investisseurs institutionnels.

29.7 Lorsqu'un actionnaire important cède dans le placement une partie de ses titres, le placement sera facilité si cet actionnaire s'engage formellement, vis-à-vis de la banque placeuse et du marché, à ne pas vendre de nouveau des titres immédiatement après le placement (sauf accord préalable de la banque qui coordonne le placement). En effet, si un actionnaire important a l'intention de vendre des titres dans le marché, cela peut peser sur le cours (on parlera d'effet *overhang*). On appelle cet engagement de ne pas vendre un ***lock-up*** ou engagement de conservation. L'engagement est généralement pris sur une période allant de quelques mois à un an.

1 Ou de souscrire à une augmentation de capital complémentaire dans le cas d'une augmentation de capital sans droit préférentiel de souscription.

29.8 Pour simplifier l'opération de placement, l'entreprise, conseillée par la banque, pourra décider de ne s'adresser qu'à un nombre limité d'investisseurs. Elle échappera ainsi aux règles contraignantes de l'offre au public (contrôle des autorités de marché, obligations de diffusion d'information...). Elle réalisera alors un **placement privé** auprès d'investisseurs ciblés. Les placements privés peuvent être pratiqués pour tous types de produits. Ils sont en particulier souvent retenus pour les placements de titres aux États-Unis (le placement se fait en général sous les règles 144-A ou 4(2), c'est-à-dire exclusivement à des investisseurs qualifiés) qui, sinon, sont des opérations extrêmement contraignantes. Ils sont également utilisés en Europe, en particulier pour certains placements obligataires.

3 ■ Les décotes de placement

29.9 L'introduction en Bourse d'une société est généralement suivie par une hausse du cours de l'action par rapport à son prix d'introduction de l'ordre de 10 à 15 % en moyenne selon les pays, et les périodes (et les méthodes de calcul !) si l'on en croit les études statistiques. De la même façon, le placement sur le marché d'actions déjà cotées se fait avec une décote pouvant aller de 2 % à 5 %[1].

La théorie explique notamment cette décote par l'asymétrie d'information existant entre le vendeur et les investisseurs ou intermédiaires : les uns ont des informations sur les perspectives de l'entreprise tandis que les autres ont une bonne idée de la demande du marché. L'échange est donc possible, mais tout est question de prix ! La vente étant un signal négatif, le vendeur est obligé de consentir un sacrifice sur le prix (par rapport à la valeur) pour s'assurer de la bonne fin du placement et de la satisfaction des investisseurs.

Certains chercheurs expliquent cette décote par l'existence d'investisseurs informés et d'investisseurs non informés. La décote moyenne existerait alors pour ne pas décourager les investisseurs non informés d'être bien servis sur les « mauvaises affaires » et mal servis sur les « bonnes affaires ». D'autres mettent en avant qu'il s'agit là d'une forme de rémunération des banques garantissant l'opération : la décote facilite leur travail de marketing, diminue leur risque et leur permet de satisfaire leurs clients institutionnels.

Retenons que cette décote est une manière supplémentaire de convaincre les investisseurs d'investir dans une opération *a priori* risquée.

> La décote de placement est d'autant plus importante que l'asymétrie d'information entre un émetteur et des investisseurs est forte et que la liquidité du titre est faible. Elle sera donc élevée pour une introduction en Bourse, moindre pour un reclassement d'actions déjà cotées et négligeable pour des obligations.

Voici pour les grands principes, voyons maintenant le placement des principaux titres. Notre lecteur ne manquera pas d'être frappé par leur convergence vers deux principales techniques que sont la prise ferme et la constitution d'un livre d'ordres.

1 Dans des conditions normales de marché. On a vu des décotes de 10 à 20 % en 2009.

Section 2 ■ L'introduction en Bourse

Cette section n'a pas pour objectif d'analyser les motivations ou les aspects stratégiques d'une introduction en Bourse (ce que nous verrons au chapitre 46), mais d'en décrire la technique.

1 ■ Structure de l'opération

29.10 L'introduction en Bourse est très certainement l'opération la plus complexe à mener à bien. Elle consiste à vendre des titres, pour lesquels l'information est extrêmement limitée avant le lancement de l'opération, à un grand nombre d'investisseurs différents (institutionnels, particuliers, salariés).

Il convient de noter que l'introduction en Bourse peut comprendre une tranche primaire (c'est-à-dire la cession de titres nouvellement créés par l'entreprise) et/ou une tranche secondaire (c'est-à-dire la cession de titres existants). Pour autant, les techniques de placements seront identiques qu'il s'agisse de la tranche primaire ou de la tranche secondaire. En fait, les titres existants et les titres nouveaux sont intégrés dans le même lot des titres à placer.

En revanche, les techniques de placement varient selon que les titres sont placés auprès des investisseurs institutionnels, des particuliers ou des salariés.

2 ■ Les méthodes

29.11 Il existe réglementairement en France un nombre important de techniques pour aboutir à la première cotation d'une entreprise. Depuis quelques années, les introductions en Bourse sur un marché réglementé prennent cependant quasiment toutes la même forme : celle d'un **placement garanti** (ou **placement global**) auprès des investisseurs institutionnels et d'une **offre à prix ouvert** auprès des particuliers.

a) Le placement global

29.12 Le placement global est la technique utilisée pour placer des titres auprès des investisseurs institutionnels. Il représente la tranche principale de la très large majorité des introductions en Bourse. Ainsi, une (ou plusieurs) banque organise le marketing et la vente des titres auprès de ces investisseurs grâce à la technique du ***bookbuilding***. Le prix fixé à l'issue de la constitution du livre d'ordres servira de référence pour la fixation du prix de l'offre à prix ouvert.

29.13 L'opération commence par une première phase d'étude réalisée par la ou les banques. Elle consiste à évaluer et préparer le cadre juridique ou réglementaire de l'opération (choix de la place ou des places de cotation, placement ou non aux États-Unis…), à structurer l'opération, à superviser l'élaboration de la documentation (*due diligence*, rédaction du prospectus incluant un document de base et une note d'opération) et des contrats de garantie et de placement, à préparer des notes d'analyse financière, à concevoir le marketing (nature et contenu des présentations du management, programme des rencontres du management avec les investisseurs).

Débute ensuite la phase d'exécution avec la publication des notes d'analyse financière par les banques du syndicat. C'est une période de **prémarketing** ou de sensibilisation des investisseurs, d'une durée d'une à deux semaines. Les notes sont commentées par les analystes aux investisseurs à l'occasion de réunions (appelées *warm-up* en anglais) qui permettent de « prendre la température » du marché. On peut noter que les notes d'analystes ne peuvent pas être publiées à une date trop proche du lancement (période de *black-out*). Les termes de la transaction et en particulier la fourchette de prix sont fixés sur la base des conclusions issues de cet exercice de prémarketing.

La campagne de marketing proprement dite commence avec le lancement de l'offre. Durant cette période, une information complète est diffusée à partir du prospectus français, visé par l'AMF, et éventuellement du prospectus international. Ces prospectus comportent toutes les informations sur la société et sur l'opération. En termes de prix, les investisseurs sont sollicités sur la base d'une fourchette ne pouvant dépasser 20 %. Les dirigeants de la société sont mobilisés durant cette période par de nombreuses réunions avec des investisseurs (les *roadshows*) ou par des entretiens en tête-à-tête (*one on one*) : l'information porte principalement sur les résultats, les marchés, la stratégie et répond aux attentes des investisseurs.

Simultanément, un **livre d'ordres** est constitué afin de recueillir les intentions de souscription en volume et en prix des investisseurs sur la base d'une fourchette de prix.

À l'issue de cette période, qui peut durer de 5 à 15 jours, le prix des actions est fixé. Il tient compte à la fois des conditions de marché, de la demande globale recueillie dans le livre d'ordres et de la sensibilité au prix éventuellement exprimée par les investisseurs.

29.14 Ce n'est qu'à l'issue de cette phase que les banques contractent effectivement un engagement de garantie (*underwriting* en anglais). Les titres sont alors immédiatement alloués et le risque de la banque est limité[1]. Après allocation, les investisseurs sont théoriquement engagés. Par conséquent, le risque pris par les banques jusqu'au règlement-livraison des titres (c'est-à-dire 3 jours après la transaction) est un risque de contrepartie ou un risque commercial si finalement l'investisseur ne souhaite plus recevoir les titres (il y a alors un arrangement trouvé entre la banque et l'institutionnel). Par la suite, lors de la stabilisation des cours pendant une durée d'un mois après l'opération, le syndicat peut être amené à acheter des titres sur le marché.

En outre, cette garantie, donnée par la banque à l'entreprise, est également une garantie donnée au marché. La banque détermine une valeur **après analyse de l'information interne**. Aussi, cette méthode de placement résout-elle en partie le problème d'asymétrie d'information. Le signal n'est plus négatif puisqu'une banque, qui a eu accès à l'information interne, prend le risque d'acheter les titres au prix fixé si, *in fine*, le marché ne le fait pas.

29.15 Un communiqué normé est diffusé après fixation du prix puis la clôture du placement est annoncée. La banque chef de file connaît la quantité et la qualité de la demande. Le teneur de livre (*bookrunner*), en concertation avec l'émetteur et/ou le vendeur qui peut ainsi « choisir », dans une certaine mesure, une partie de son actionnariat, procède alors à l'allocation des actions auprès des investisseurs.

L'**allocation** est réalisée selon certains critères établis par avance, elle est discrétionnaire mais pas arbitraire. Ainsi, l'allocation peut avoir comme objectif de favoriser les investisseurs américains, européens ou nationaux. Généralement, l'objectif premier de l'allocation est de réaliser un placement équilibré auprès d'investisseurs ayant des objectifs et des horizons de placement

1 Ceci d'autant plus que la garantie ne s'applique généralement pas en cas de force majeure (on parlera de clause de *Material Adverse Change* ou MAC).

différents afin d'encourager un développement harmonieux du marché après la clôture de l'opération. La connaissance des investisseurs par la banque guide ce choix. Une bonne allocation permet d'éviter le phénomène de *flow-back*, c'est-à-dire de vente massive du titre immédiatement après l'opération.

Déroulement d'un *bookbuilding*

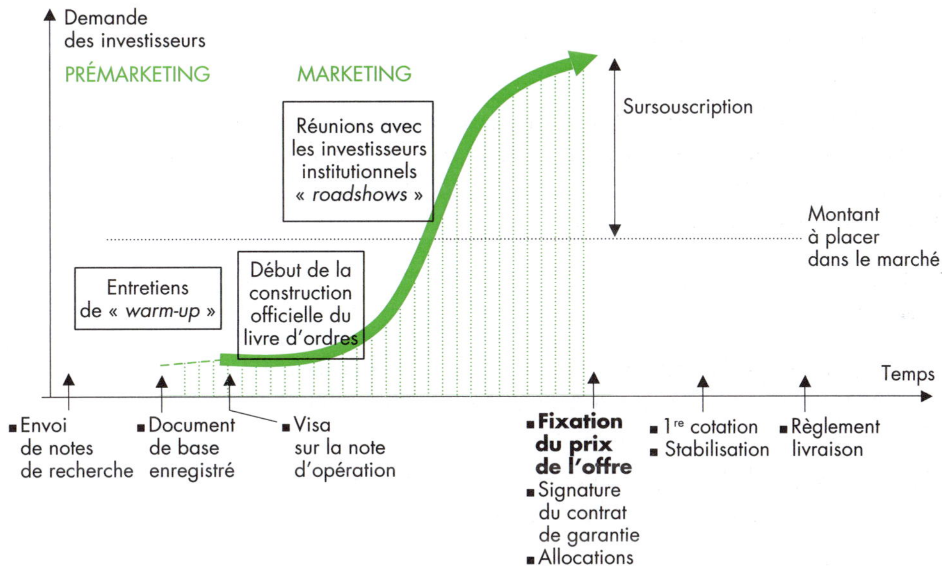

29.16 Le pouvoir discrétionnaire dont bénéficie la banque dans l'allocation des actions et la fixation du prix d'introduction a été interprété de trois manières différentes par les chercheurs en finance :

- la première interprétation, la plus ancienne, repose sur l'idée de L. Benveniste et P. Spindt, selon laquelle les investisseurs, qui ont une vue très claire sur la valeur de l'entreprise introduite, doivent être incités à révéler cette information pour permettre une introduction en Bourse au prix le plus efficace. Les investisseurs qui fournissent l'information la plus détaillée sont récompensés en se voyant allouer une part plus importante de leur demande, et le prix d'introduction est fixé en dessous de sa véritable valeur pour les remercier de l'information qu'ils ont fournie ;

- la deuxième interprétation repose sur l'idée que les banquiers souhaitent favoriser la détention des actions émises par des actionnaires de long terme qui ne revendront pas immédiatement après l'introduction en Bourse. Dans le cas contraire, cela pourrait avoir pour effet de déprimer le cours à court terme. Par ailleurs, la création d'un actionnariat de long terme peut être souhaitée par l'entreprise introduite ;

- enfin, la dernière interprétation considère que les banquiers utilisent leur pouvoir discrétionnaire afin de maximiser leurs profits au détriment de l'entreprise introduite en Bourse. Les banquiers génèrent des profits importants auprès de leurs grands clients investisseurs institutionnels à travers, notamment, les commissions de *trading*. Ils vont donc favoriser ces clients en leur faisant bénéficier d'allocations importantes dans des introductions en Bourse dont la sous-évaluation initiale est élevée.

Par ailleurs, ils peuvent également faire bénéficier d'allocations généreuses les dirigeants d'entreprise avec lesquels ils souhaitent nouer une relation commerciale. Ces comportements, observés aux États-Unis, ont été sanctionnés par la justice.

29.17 La technique du *bookbuilding* présente néanmoins plusieurs avantages et offre notamment une grande souplesse. D'une part, elle permet de modifier le prix si le marché l'impose durant la phase de marketing, laquelle peut parfois s'étendre sur plusieurs semaines. D'autre part, le choix de l'actionnariat reste ouvert dès lors que l'allocation des titres à l'issue de la constitution du livre d'ordres est libre.

b) Le placement auprès des particuliers ou la mise à disposition du marché

29.18 Dans le placement garanti, l'attribution des titres, en fonction du livre d'ordres, est à la discrétion du chef de file, selon néanmoins des critères annoncés à l'avance. En revanche, lorsqu'il s'agit de placer les titres auprès du public, la réception des ordres est centralisée par la Bourse (Euronext en France).

Les techniques de mise à disposition du marché sont au nombre de quatre : l'offre à prix ouvert, l'offre à prix ferme, l'offre à prix minimal (très peu utilisée) et la cotation directe (pour les transferts de marchés et les placements privés sur Alternext et le Marché professionnel). Aussi, ne les décrirons-nous que brièvement. L'offre à prix ferme et l'offre à prix ouvert sont identiques, comme nous le verrons, aux procédures d'offres de vente pour les titres déjà admis aux négociations.

Réglementairement, au moins 10 % des titres à placer doivent être proposés aux particuliers. Les titres sont parfois cédés à des conditions légèrement plus attractives que pour les investisseurs institutionnels, c'était le cas généralement pour les privatisations.

- **L'offre à prix ouvert**

29.19 Dans le cas d'une offre à prix ouvert (OPO), la fourchette de prix et le prix définitif sont fixés parallèlement au placement garanti[1] effectué auprès des institutionnels.

Le prix peut être modifié, si les introducteurs s'en sont réservé la faculté, mais il doit être soumis à une nouvelle période d'offre s'il est en dehors de la fourchette de prix initiale. Les résultats de l'offre sont centralisés par Euronext. Les demandes sont allouées en fonction des ordres passés si la demande est en ligne avec l'offre et peuvent être réduites selon des critères prédéterminés.

Les demandes centralisées par Euronext sont servies arithmétiquement selon un pourcentage résultant du rapprochement de l'offre et de la demande. Le taux d'allocation minimum des demandes est généralement de 1 %. Cependant, afin d'éviter de « laminer » les petits ordres, il peut être prévu, par exemple, que les ordres seront servis en priorité jusqu'à hauteur d'un certain nombre de titres. De la sorte, un taux de service préférentiel est appliqué à une catégorie d'ordres et évite ainsi que le nombre de titres acquis par chaque investisseur soit trop faible compte tenu d'une demande élevée.

- **L'offre à prix ferme**

29.20 L'offre à prix ferme (OPF) consiste à mettre à la disposition du public une quantité de titres à un prix fixé *a priori*, lequel est généralement identique au prix du placement global auprès des investisseurs institutionnels. En pratique, le prix est fixé à la suite de la constitution du livre d'ordres et ne dépend donc nullement de la demande des particuliers. Il sera appliqué quel que soit le nombre de titres

1 Une décote est parfois accordée aux particuliers ou une prise en charge de certains frais.

demandés. S'il est très inférieur à ce que le marché était prêt à payer, le cours montera fortement dans les jours suivant l'introduction : les acheteurs du premier jour s'approprieront la plus-value.

L'OPF ne diffère de l'OPO que pour les modalités de fixation du prix.

- **L'offre à prix minimal**

29.21 Une certaine quantité de titres est mise à la disposition du public à un prix en dessous duquel les actions ne seront pas vendues. Euronext centralise les ordres d'achat libellés obligatoirement à des cours limités et essaie de trouver une plage de cours suffisamment large pour laquelle les demandes, si elles sont fortes, pourront être servies dans une certaine proportion (environ 6 %).

Dans l'offre à prix minimal, seule une partie des acheteurs est servie. En pratique, les ordres d'achat à des prix très élevés sont paradoxalement éliminés (pour éviter une surenchère à des prix absurdes), ce qui explique que, très souvent, le premier cours coté soit supérieur au prix minimum fixé initialement. S'il n'est pas possible de coter par suite d'une demande trop forte (+ 10 % sur prix d'offre), l'introduction est reportée avec un prix plus élevé ou en adoptant une autre technique.

- **La cotation directe**

29.22 Le principe de la cotation directe est simple : l'introduction des actions est réalisée selon les conditions de négociation et de cotation habituellement pratiquées sur le marché secondaire. Un prix minimum de vente est fixé, mais les ordres d'achat ne sont pas centralisés par Euronext. La cotation est possible avec un cours en principe au maximum égal à 110 % du prix minimum ; les ordres d'achat sont servis au minimum à hauteur de 6 % (4 % exceptionnellement). Si l'opération est impossible à réaliser, elle est, comme précédemment, reportée avec un prix minimum plus élevé et en bloquant éventuellement les fonds (ce qui décourage les spéculateurs).

Ces deux derniers types d'offre n'ont pas été mis en œuvre depuis l'entrée en vigueur en 2005 de la directive européenne dite « Prospectus ». Celle-ci exige en effet la mention d'un prix unique dans le prospectus, ce qui est antinomique avec ces techniques de placement.

3 ■ La cotation des sociétés étrangères aux États-Unis

29.23 Le placement de titres d'une société se fait généralement sur son marché domestique, là où elle est le plus connue. Cependant elle pourra souhaiter accéder à des investisseurs étrangers pour élargir sa base actionnariale et pourra ainsi envisager de se faire coter sur le marché américain.

> Une entreprise peut placer ses titres sur le marché américain soit sous forme d'un placement privé d'*American Depositary Receipts* (ADR) soit par cotation directe (*full listing*).

a) Le placement privé

29.24 La société peut opter pour un placement privé (régi par les règles 144A ou 4(2)) de ses titres. Ce placement n'est alors effectué qu'auprès d'investisseurs institutionnels américains (*US Qualified Institutional Buyers* ou QIB). Les investisseurs ayant souscrit ne peuvent revendre leurs titres au public avant deux ans. Ils peuvent toutefois se les échanger entre QIB grâce au système PORTAL. Cette solution est simplement un moyen d'accéder aux investisseurs américains et évite à la société d'enregistrer ses titres auprès de la SEC[1], titres qui ne sont alors pas directement cotés aux États-Unis. La société bénéficie de la dérogation 12g3-2 (b) et peut se contenter de traduire l'information fournie à son marché domestique.

Il s'agit du moyen le moins contraignant pour lever des capitaux sur le marché américain.

b) Les programmes d'*American Depositary Receipts* (ADR) : la cotation indirecte

29.25 Les ADR sont des certificats négociables, émis par la banque dépositaire américaine choisie, représentant les actions d'une société étrangère cotée sur un marché non américain qu'elle a acquises. Ce sont donc des titres miroirs des actions de la société. Les ADR sont négociés soit sur un marché organisé, soit sur un marché hors cote (*Over The Counter* – OTC).

Il existe plusieurs types d'ADR :

- les ADR de niveau 1 ne sont pas échangés sur un marché organisé mais uniquement de gré à gré. Ils ne permettent pas à la société de lever des fonds sur le marché américain, mais en contrepartie, ils ne nécessitent pas une diffusion d'information particulière ;

- les ADR de niveau 2 sont cotés sur un marché organisé, ce qui attire notamment certains fonds de pension américains, mais ils requièrent la publication tous les ans d'un formulaire 20-F, qui est un document plus complet que le rapport annuel français. Une société ne peut pas lever de fonds par le biais d'ADR de niveau 2 ;

- les ADR de niveau 3 permettent à la société d'être cotée (*via* son ADR) sur un marché organisé mais également de lever des fonds par offre au public. Le niveau 3 requiert par conséquent un enregistrement complet auprès de la SEC (formulaire F-1). De plus, la société est assujettie à des obligations strictes en matière de diffusion d'information (selon les formulaires 20-F et 6-K). Les documents publiés doivent notamment mentionner les projets d'acquisitions ou de réorganisations. Typiquement, les sociétés utilisant ce type de placement sont des sociétés ayant des intérêts commerciaux importants sur le continent américain.

Plus de 3 650 ADR sont ainsi cotés, provenant de plus de 80 pays différents dont ceux d'Alcatel-Lucent, Telefónica, Korea Electric Power, Nokia, BP…

c) La cotation directe (*full listing*)

29.26 Il est également possible pour une société de coter des actions ordinaires à la fois dans son pays d'origine et aux USA. L'entreprise a ainsi accès à des investisseurs dont le statut ne permet pas d'acheter des actions en dehors des États-Unis.

La principale différence entre les actions ordinaires enregistrées et les ADR réside dans des coûts de transactions plus faibles puisqu'il n'y a pas de dépositaire. Par ailleurs, la liquidité du titre est accrue et celui-ci subit moins les arbitrages entre les actions domestiques et les ADR.

Le *full listing* est une opération relativement longue et complexe qui la réserve de fait aux groupes qui ne possèdent pas un marché actions national suffisamment développé.

1 Securities and Exchange Commission.

Section 3 ▪ L'augmentation de capital

Les aspects financiers de l'augmentation de capital sont traités au chapitre 43.

1 ▪ Le choix d'une technique de placement

Le choix d'une technique de placement d'une augmentation de capital dépend d'abord du statut coté ou non de l'entreprise, puis de l'appétence des actionnaires existants à souscrire à l'opération.

a) L'entreprise cotée

29.27 Lorsque l'on estime que les actionnaires existants vont souscrire très majoritairement à l'augmentation de capital envisagée et que l'entrée de nouveaux investisseurs n'est pas recherchée ou nécessaire, on utilise la technique de l'augmentation de capital avec droits préférentiels de souscription (DPS). Le prix d'émission des actions nouvelles, qui est fixe, est annoncé à l'avance et le placement se déroule ensuite sur plusieurs jours. Le prix est fixé avec une forte décote par rapport au cours de Bourse afin d'éviter l'échec de l'augmentation de capital si une baisse des cours se produisait pendant le déroulement de l'opération. Pour ne pas léser les anciens actionnaires, l'émission est assortie d'un droit préférentiel de souscription qui est négociable pendant la durée de l'opération.

En revanche, lorsqu'on estime que les actionnaires actuels vont peu souscrire à l'augmentation de capital ou lorsque la société souhaite élargir son actionnariat à cette occasion, on réalise une opération sans DPS. Le prix d'émission n'est alors généralement fixé qu'à l'issue d'une période de marketing et de préplacement avec une très légère décote par rapport au cours de Bourse atteint à l'issue de cette période. Il n'y a pas de droit préférentiel de souscription, mais éventuellement une période de priorité au profit des actionnaires actuels.

b) L'entreprise non cotée

29.28 Dans ce cas, la fixation du prix d'émission par rapport à la valeur de l'action ne sera pas dictée par la crainte que le cours de l'action fluctue pendant la durée de l'opération (puisque l'entreprise n'est pas cotée !). La volonté des actionnaires actuels d'obtenir ou non des liquidités à cette occasion en cédant éventuellement leurs droits de souscription sera le critère déterminant.

Si les actionnaires actuels ne souhaitent pas recevoir de liquidités, l'entreprise utilisera :

- soit la technique de l'augmentation de capital avec droit préférentiel de souscription avec un prix approximativement égal à la valeur de l'action ;

- soit la technique d'augmentation de capital sans droit de souscription, réservée à des investisseurs identifiés dans le cadre d'un placement privé.

Paramètres de choix d'une technique d'augmentation de capital

Augmentation de capital principalement souscrite par	Société cotée	Société non cotée
Les actionnaires existants	Droit préférentiel de souscription (DPS) Forte décote par rapport au cours de Bourse	DPS avec forte décote si certains actionnaires actuels souhaitent des liquidités DPS sans décote ou pas de DPS si les actionnaires actuels ne veulent pas de liquidité
De nouveaux investisseurs	Offre sans DPS (avec une faible décote par rapport au cours de Bourse actuel) Dans certains cas particuliers, augmentation de capital réservée	DPS avec forte décote si les actionnaires veulent des liquidités Augmentation de capital réservée si les actionnaires ne veulent pas de liquidité

Notons que les actions ne peuvent pas être émises en dessous de leur valeur nominale. Si le prix de l'action est inférieur au nominal il sera nécessaire de réduire le nominal par imputation des pertes (réduction de capital comptable) avant de procéder à l'augmentation de capital. On parlera de coup d'accordéon.

2 ■ L'augmentation de capital à prix fixe avec droit préférentiel de souscription (DPS)

29.29 L'augmentation de capital à prix fixe avec DPS est le type d'émission classique à laquelle est très attaché le petit actionnaire (ou les représentants de leurs associations). Elle permet de témoigner d'une certaine fidélité de l'actionnaire à l'entreprise ou, au contraire, de la volonté de recevoir graduellement un peu de « cash » par la vente du droit de souscription.

Cette opération dure au minimum 5 jours de Bourse (même si l'entreprise n'est pas cotée). Dans ce contexte, les banques qui garantissent l'augmentation de capital le font à un niveau de prix bien inférieur au cours de Bourse, en général avec une décote d'environ 15 % à 30 %, mais en 2009 on a vu de nombreuses décotes entre 40 et 50 %, voire plus. En effet, aucune banque n'accepterait d'apporter sa garantie de placement des titres à un prix très proche du cours de Bourse car le risque d'une baisse des cours est très élevé sur une longue période !

En France, la banque prend un risque de baisse du titre à partir de la publication des caractéristiques de l'opération, et en particulier du prix, soit 14 jours calendaires avant la clôture de la souscription.

Une telle situation serait une injustice considérable pour les anciens actionnaires car les nouveaux actionnaires pourraient se procurer des actions à un prix inférieur à la valeur de l'action. Aussi, les **droits préférentiels de souscription** résolvent-ils ce problème : ils permettent aux anciens actionnaires de souscrire des titres nouveaux proportionnellement au nombre d'actions déjà détenues. Si les anciens actionnaires utilisent intégralement leurs droits préférentiels, c'est-à-dire suivent entièrement l'augmentation de capital au prorata de leurs participations respectives, ils sont alors indifférents au prix auquel se réalise l'augmentation de capital.

Une augmentation de capital avec droits de souscription se fait à la valeur marchande de l'action (cours de Bourse si elle est cotée) même si le prix d'émission est inférieur à celle-ci.

Lorsque les anciens actionnaires ne souhaitent pas souscrire à l'augmentation de capital, le droit préférentiel de souscription permet également d'éviter de les défavoriser : ces actionnaires vendent le droit, détaché des actions anciennes, aux investisseurs désirant devenir actionnaires à l'occasion de cette opération.

L'augmentation de capital avec droits de souscription s'analyse comme une double opération :
– une augmentation de capital à la valeur marchande ;
– une vente d'une fraction des actions anciennes *via* le droit de souscription.

De cette analyse résulte la complexité technique de l'augmentation de capital avec droits de souscription.

a) Définition

29.30 Le droit de souscription est un droit attaché à chaque action ancienne qui permet à son détenteur de souscrire à l'émission d'actions nouvelles.

L'existence du droit de souscription offre à l'actionnaire ancien :

- la certitude de pouvoir participer à l'augmentation de capital à hauteur de sa participation actuelle ;
- la possibilité de vendre ce droit (qui est coté pour les sociétés cotées) pendant toute la durée de l'opération. C'est donc un droit cessible qui permet implicitement d'ajuster le prix d'émission à la valeur marchande de l'action.

L'actionnaire peut, grâce à ses droits, souscrire à titre irréductible à l'augmentation de capital à hauteur de sa participation actuelle. S'il veut souscrire plus que sa part, il peut le faire à titre réductible mais il ne sera satisfait pour cette part supplémentaire que si certains actionnaires n'exercent pas leurs droits de souscription.

Le droit de souscription s'apparente à une option d'achat dont le sous-jacent est l'action, le prix d'exercice est le prix d'émission des nouvelles actions, et dont la période d'exercice est celle de l'augmentation de capital. Par conséquent, la valeur théorique d'un droit de souscription est celle d'une option d'achat dont la valeur temps est très faible compte tenu de la courte durée de vie de ce droit et du fait que l'option est normalement largement dans la monnaie.

En toute logique, si le prix d'émission et la valeur de l'action sont égaux, la valeur vénale du droit de souscription est quasi nulle, et ce droit se réduit à un simple droit de priorité.

Si la valeur de l'action devient inférieure au prix d'émission, l'augmentation de capital est un échec, car personne n'achètera une action à un prix supérieur à sa valeur marchande. Le droit de souscription sera alors sans valeur. Le cas inverse est heureusement le plus fréquent.

b) Valeur mathématique du droit de souscription

29.31 Prenons l'exemple d'une société dont le capital est composé de 1 000 000 d'actions qui valent aujourd'hui 50 € par action. Cette société réalise une augmentation de capital de 100 000 actions au prix de 40 € par action. Une action nouvelle est donc émise pour 10 actions existantes. Chaque action existante va détacher un droit de souscription. Pour souscrire une action nouvelle à 40 €, il faudra produire 10 droits de souscription et verser 40 €.

Après opération, un actionnaire qui détenait une action et a cédé son droit préférentiel de souscription doit être dans la même situation patrimoniale qu'un investisseur qui achète 10 droits préférentiels de souscription et souscrit à une action dans le cadre de l'augmentation de capital. Sinon des arbitrages interviendraient qui établiraient l'égalité. Ainsi, le cours après opération doit être égal à :

- cours avant opération – 1 DPS ;
- mais aussi, à prix de souscription + 10 DPS.

Dans notre exemple :

50 € – 1 DPS = 40 € + 10 DPS, soit, 1 DPS = 0,91 €.

Le cours théorique de l'action après opération doit être de :

50 € – 0,91 € = 40 € + 10 × 0,91 = 49,09 €[1].

Le calcul de la valeur théorique du droit de souscription est simple :

$$\text{Droit de souscription} = \frac{\text{Valeur de l'action avant émission} - \text{Prix d'émission des nouvelles actions}}{1 + \dfrac{\text{Nombre d'actions anciennes}}{\text{Nombre d'actions nouvelles émises}}}$$

puisqu'il doit être indifférent pour tout investisseur d'acheter une action ancienne après détachement du droit ou d'acheter le nombre de droits nécessaires et de souscrire ainsi une action nouvelle.

Le détachement de droits de souscription s'analyse comme une distribution d'actions gratuites. Ainsi l'actionnaire peut, s'il le souhaite, réaliser ce que l'on appelle une opération blanche, c'est-à-dire céder une partie de ses DPS et, avec le solde des DPS et le cash obtenu, souscrire à des actions nouvelles (voir l'exercice en fin de chapitre).

c) Avantages et inconvénients de la technique du droit préférentiel de souscription

29.32 Le droit de souscription impose une offre qui s'étale sur une période relativement longue (5 jours de Bourse au minimum de cotation mais au total 14 jours calendaires au minimum entre l'avis au BALO[2] indiquant le prix et l'avis de souscription). Cette période est nécessaire afin de permettre aux actionnaires particuliers de prendre connaissance de l'opération et de faire connaître leur choix à leur intermédiaire. Dès lors, il est indispensable que le prix d'émission soit sensiblement

1 Il est appelé TERP pour *Theoretical ex-rights price*.

2 *Bulletin d'annonces légales obligatoires* (BALO).

inférieur au cours de Bourse, afin qu'une éventuelle baisse de ce dernier durant l'opération ne la remette pas en cause. La valeur du droit de souscription chute fortement mais reste positive tant que la valeur de l'action (droit détaché) est supérieure au prix d'émission.

Ce phénomène est à double tranchant car, une fois l'opération lancée et les droits émis, rien ne pourra retarder l'augmentation de capital : peu importe que le cours de Bourse chute durant l'opération du moment où il reste supérieur au prix d'émission. D'où l'importance de la décote initiale.

De plus, l'opération est assez lourde à mener car les actionnaires qui ne détiennent pas un nombre d'actions multiple de la parité de souscription doivent acheter ou vendre des droits sur le marché afin de s'ajuster. Elle peut s'avérer complexe sur les marchés internationaux.

Par ailleurs, elle peut être rendue complexe par la forte présence d'investisseurs américains au capital car ceux-ci ne peuvent parfois pas exercer leurs DPS[1].

d) L'attribution gratuite de bons de souscription d'actions

29.33 Certaines entreprises réalisent des augmentations de capital en attribuant gratuitement des BSA à leurs actionnaires. Ces BSA ont les mêmes caractéristiques que des DPS, mais les conditions juridiques de leur attribution permettent en pratique un reclassement des bons non exercés (le *rump*) en fin d'opération par l'intermédiaire du syndicat bancaire.

3 ■ L'augmentation de capital sans DPS

29.34 Dans le cadre d'une augmentation de capital sans droit préférentiel de souscription, l'entreprise fait également appel à une banque ou à un syndicat de banques mené par un chef de file pour réaliser l'émission. Cependant, leur rôle est dans ce cas plus important car un effort de marketing doit être déployé pour convaincre des investisseurs de devenir actionnaires de l'entreprise. La technique généralement utilisée est celle du placement garanti, tel que décrit pour l'introduction en Bourse. Exceptionnellement, une offre à prix ouvert peut être lancée concomitamment. Alternativement, la banque peut simplement lancer l'opération et centraliser les ordres sans qu'un livre d'ordres n'ait été constitué. L'entreprise peut émettre de 10 % à 15 % de titres de plus que prévu, par la technique de la *greenshoe* qui prend alors la forme d'une augmentation de capital complémentaire (voir section 1).

En France, la réalisation d'une telle opération implique que les anciens actionnaires renoncent à leur droit préférentiel de souscription par une décision d'assemblée générale extraordinaire. Ils ne sont pas pour autant lésés car le placement des actions nouvelles est effectué à un prix très proche du cours de Bourse du moment (avec une décote de l'ordre de 3 % à 5 %).

En France, légalement, le prix de l'augmentation de capital doit être au moins égal à la moyenne pondérée des cours des trois dernières séances de Bourse précédant sa fixation, éventuellement diminuée d'une décote maximale de 5 % dès que l'augmentation de capital porte sur plus de 10 % du capital. En deçà de ce seuil, des décotes plus importantes peuvent être autorisées.

Il est possible d'inclure dans une opération à prix ouvert un délai de priorité destiné aux actionnaires actuels. Dans la pratique, les émissions sans DPS comportent souvent ce délai de priorité qui n'est pas négociable. Cette possibilité rallonge le calendrier puisque le délai de priorité

1 S'ils ne sont pas enregistrés et cotés aux États-Unis.

est généralement consenti aux actionnaires pour une durée de 3 jours de Bourse (durée minimum légale pour laisser le temps aux actionnaires individuels de souscrire).

Légalement l'augmentation de capital avec offre au public, avec ou sans droit de souscription, est réputée réalisée dès la signature d'un contrat de garantie irrévocable de la bonne fin de l'opération.

Une augmentation de capital sans DPS peut être réalisée auprès d'investisseurs qualifiés, sous forme d'un placement privé. Si elle représente moins de 10 % du capital, il n'est pas nécessaire de publier un prospectus, ce qui allège très sensiblement les contraintes d'une opération. Entre 10 et 20 % du capital, l'opération peut être lancée sans prospectus, celui-ci n'étant nécessaire que pour la cotation ultérieure des titres.

4 ■ Les lignes d'actions (*equity lines*)

29.35 La technique des programmes d'augmentations de capital par exercice d'options (PACEO), appelés plus familièrement les **lignes d'actions** (*equity lines* en anglais), a été utilisée en France pour la première fois début 2002, et son cadre juridique a été précisé en 2004. Une entreprise émet des bons de souscription au profit d'une banque qui va les exercer à la demande de l'entreprise au fur et à mesure de ses besoins en capitaux propres afin de lisser l'augmentation de capital dans le temps. Ce qui revient à dire que l'entreprise dispose d'une option de vente d'actions nouvelles à la banque. Les actions émises par exercice des bons de souscription ont vocation à être recédées au plus vite par la banque à des investisseurs.

Cette technique est adaptée pour de jeunes entreprises dont la performance boursière interdit les augmentations de capital classiques ou qui n'ont pas un besoin de liquidité important à court terme, qui ont un programme d'investissement étalé dans le temps et qui souhaitent profiter d'une hausse graduelle (éventuelle) du cours de Bourse pour réaliser l'augmentation de capital. Leur utilisation reste rare sur le marché français et son développement devrait rester limité. En effet, en 2012, l'AMF a restreint ces opérations aux sociétés cotées sur Eurolist (Alternext en est donc privé).

Section 4 ■ Les reclassements de blocs d'actions

29.36 Un bloc représente un nombre important d'actions qu'un actionnaire souhaite céder sur le marché. Or, on constate généralement que seulement quelques fractions de pourcentage du capital d'une société sont échangées sur le marché chaque jour. Par conséquent, un actionnaire qui souhaite céder par exemple 5 % du capital d'une société ne peut pas le faire directement au fil de l'eau sur le marché. S'il le fait, ce ne pourra être que sur une longue période et au risque de peser fortement sur le cours de Bourse. Les techniques du *bookbuilding* et ou du *bought deal*, déjà décrites, sont donc utilisées pour reclasser cette participation[1].

1 De telles pratiques sont peu fréquentes sur les valeurs moyennes pour lesquelles la faible liquidité et la base d'investisseurs étroite ne permettent pas aux banques de reclasser des blocs.

1 ▪ *Bookbuilding* et *accelerated bookbuilding* (ABB)

29.37 La cession d'un bloc sur le marché (*block trade* en anglais) est réalisée, comme pour une augmentation de capital, grâce à la constitution d'un livre d'ordres. Toutefois, il convient de noter que, lors d'une augmentation de capital, la société lève des fonds importants et que, par conséquent, son activité future est modifiée par les investissements qu'elle va entreprendre. En revanche, par un placement de bloc, l'entreprise ne lève pas de fonds et son activité reste inchangée.

En outre, le pourcentage du capital à placer est généralement plus faible dans un *block trade* que dans une augmentation de capital. Aussi, le *block trade* est-il une opération plus simple que l'augmentation de capital : elle nécessite un effort de communication moindre. La constitution du livre d'ordres est réalisée plus rapidement ; le management est moins impliqué, voire pas du tout : en pratique, l'opération peut ne durer que quelques heures, on parlera alors d'*accelerated bookbuilding* (ABB).

Lorsque les opérations sont plus importantes et impliquent une réorientation stratégique (sortie de l'actionnaire de contrôle...), un véritable effort de marketing peut s'avérer nécessaire. L'opération sera alors menée comme s'il s'agissait d'une augmentation de capital, c'est alors un *bookbuilding* à proprement parler.

29.38 Le *bookbuilding* peut être accompagné d'une offre publique de vente lorsque l'entreprise souhaite laisser la possibilité aux particuliers d'acquérir des titres (cette possibilité n'est utilisée que pour les opérations les plus importantes). Sauf dérogation d'Euronext Paris, l'offre publique de vente ne peut être mise en œuvre que si elle porte sur 10 % au moins du nombre de titres de capital de même nature ou si elle représente 20 fois au moins la moyenne quotidienne des échanges constatés sur le marché au cours des 6 mois précédant l'offre.

Les offres de vente font écho aux techniques utilisées lors d'une introduction de titres non encore admis aux négociations : les règles de fixation du prix ne sont pas sans similitude. Ainsi, le prix peut être ferme (à rapprocher des offres à prix ferme) ou seulement déterminable selon des modalités fixées lors de l'ouverture de l'offre (à rapprocher des offres à prix ouvert). Cependant, dans ce cas, la fixation d'une fourchette de prix n'est pas requise (mais les modalités de fixation du prix et le prix maximum doivent être explicités). Lors du dépôt obligatoire du projet d'offre auprès d'Euronext, l'initiateur peut se réserver la faculté de retirer l'offre si la quantité de titres cédés est insuffisante, ou d'augmenter le nombre de titres cédés, dans la limite de 25 % des titres offerts, si la demande est plus importante.

2 ▪ Prise ferme (*bought deal*) et opérations avec *back-stop*

29.39 Lorsque le cédant s'engage dans une opération de *bookbuilding* ou d'*accelerated bookbuilding*, il n'a aucune garantie que l'opération sera menée à son terme. De plus, il ignore le prix auquel il va céder son bloc. Pour remédier à cette situation, il peut demander à une banque d'acquérir les titres, charge à elle de les replacer auprès d'investisseurs : il s'agit de la technique de la prise ferme (*bought deal* en anglais).

La banque prend alors un risque important et n'accepte d'acheter les titres qu'avec une décote par rapport au cours de Bourse. Dans des conditions normales de marché sur des titres liquides, cette décote se situait entre 2 % et 5 % du cours de Bourse, elle était de 10 à 20 % mi-2009.

En pratique, le cédant convoque quelques banques un soir après la clôture du marché. Il se peut que celui-ci ait évoqué à certaines banques, quelques jours ou semaines avant, la possibilité d'effectuer un placement, ce qui permet d'obtenir des réponses de meilleure qualité. Le cédant demande à chacune d'entre elles le prix auquel elle est disposée à acquérir les titres ; la proposition doit être faite en quelques heures. Le choix par l'établissement placeur se fait donc exclusivement sur la base du prix proposé. Les titres sont effectivement cédés à la banque le soir même. La banque doit alors organiser sa force de vente pour revendre les titres dans la nuit en Amérique ou en Asie en profitant du décalage horaire et, dès le lendemain matin, en Europe.

Le *bought deal* offre l'avantage pour l'actionnaire cédant d'être certain que l'opération va effectivement aboutir et du montant qu'il va obtenir au moment de prendre sa décision de vendre. Cependant, cette technique présente quelques inconvénients :

- le prix obtenu *in fine* fait apparaître une décote plus importante en moyenne que dans un *accelerated bookbuilding* ;
- la performance du titre peut souffrir de l'opération. En effet, la banque qui a acquis des titres voudra s'en défaire aussi rapidement que possible, quitte à faire chuter le cours.

Lorsque le marché des blocs est très compétitif pour les banques, les vendeurs peuvent avoir à la fois le beurre et l'argent du beurre :

- un livre d'ordres est constitué qui permet au vendeur de bénéficier de la hausse éventuelle des titres pendant la période de placement ;
- le (ou les) établissement placeur garantit un prix minimum pour le placement (*back-stop*). Si ce prix ne permet pas de céder l'intégralité des titres à l'issue de l'opération, la banque doit se substituer aux investisseurs manquants et donc acheter les titres à ce prix.

Les banques peuvent ainsi se montrer extrêmement agressives sur ce type d'opérations poursuivant plus un objectif de part de marché et de *credentials*[1] ou de *league table*[2] que de profitabilité. Un certain nombre d'opérations d'envergure (reclassement de titres France Télécom ou Safran par l'État français…) se sont soldées par des pertes importantes pour les banques impliquées.

Section 5 ■ Les obligations

29.40 Le marché obligataire s'étant internationalisé, les investisseurs ont besoin de références pour mesurer le risque de défaut des émetteurs qu'ils ne connaissent pas toujours très bien. La notation revêt donc une importance cruciale pour le placement d'obligations. Il devient difficile de placer une émission obligataire si l'émetteur ne dispose pas d'un *rating* d'au moins une des grandes agences de notation.

Comme nous l'avons mentionné au chapitre 24, le marché des obligations émises par les entreprises peut être séparé entre les entreprises disposant d'une notation d'au moins BBB–, on parle d'*investment grade*, et les entreprises d'un *rating* BB+ ou inférieur, que l'on dénomme *speculative grade* ou *non investment grade*. Ces dernières, lorsqu'elles voudront émettre des obligations, devront offrir un taux d'intérêt élevé : ces obligations seront « à haut rendement » (*high yield* en anglais). Les marchés *investment grade* et *high yield* sont bien évidemment distincts pour les émetteurs, mais aussi pour les investisseurs et pour les équipes des banques d'affaires structurant le placement.

1 Constitution de références que la banque peut présenter aux clients qu'elle prospecte.

2 Classement des banques d'affaires dans les différents métiers.

1 ■ Placement d'obligations *investment grade*

29.41 Dans un contexte de marché largement supranational et pour des émissions dont le montant est généralement de plusieurs centaines de millions d'euros voire plusieurs milliards, le *competitive bidding* a progressivement laissé la place au *bookbuilding*.

> Les émissions obligataires des entreprises sont placées généralement par constitution d'un livre d'ordres.

La première technique (*competitive bidding*) consiste pour une entreprise à lancer un appel d'offres auprès de la communauté bancaire pour une émission obligataire. L'émetteur choisit l'établissement qui dirige l'opération en fonction des conditions qui lui sont présentées (et donc principalement du prix). Ainsi, il prend le risque de confier le mandat de chef de file à une banque trop agressive en termes de prix. Cette situation se traduit alors par une dégradation du cours des obligations sur le marché secondaire après le lancement de l'opération car les titres ont été émis à un prix trop élevé (soit à un taux actuariel trop faible). Les souscripteurs apprécieront peu et exigeront un taux d'intérêt plus élevé la prochaine fois que l'émetteur viendra sur le marché primaire. Cette technique de placement qui s'apparente à un *bought deal* est souvent utilisée par les établissements publics soumis au Code des marchés publics (La Poste…), mais également par les entreprises qui ont déjà émis des emprunts obligataires.

Il existe d'autres techniques d'enchères pour les placements obligataires (mais utilisées généralement par les émetteurs souverains *i.e.* pour les obligations d'État) : les *Dutch Auctions* (enchères « à l'envers ») en sont un exemple.

29.42 La technique du *bookbuilding* permet d'éviter la dégradation du prix après le lancement car le prix d'émission (ou le *spread*) n'est pas préfixé. La banque chef de file propose une fourchette de prix et sonde les investisseurs afin de déterminer à quel prix ils sont prêts à acquérir les titres. Des réunions avec les investisseurs, des entretiens en tête-à-tête et des présentations diffusées par Internet ou par Bloomberg (*electronic roadshows*) permettent aux dirigeants d'exposer leur stratégie.

Le chef de file constitue alors un carnet d'ordres qui répertorie les montants et les prix (taux ou *spread*) proposés par chaque investisseur intéressé par l'émission. Le risque d'erreur d'appréciation est réduit dès lors que le prix d'émission est établi par le marché. La période entre l'ouverture du livre d'ordres et la fixation du prix se nomme le marché gris ; les titres s'y échangent même s'ils n'existent pas encore techniquement : les opérations nouées sur le marché gris sont débouclées à la date du règlement-livraison.

Les entreprises qui souhaitent réaliser un large effort de communication vers les investisseurs (notamment pour pouvoir revenir rapidement sur le marché lorsqu'elles le souhaitent), utiliseront donc la technique du *bookbuilding*.

29.43 Les placements d'actions et d'obligations présentent donc des similitudes ; cependant, le processus de placement obligataire est sensiblement plus court. La durée pourra être extrêmement réduite, en particulier si l'entreprise est un émetteur fréquent et si elle vise son marché local. Le calendrier sera plus long pour une première émission ou si l'entreprise veut cibler une forte proportion d'investisseurs internationaux.

Un calendrier type pour un émetteur ayant déjà émis dans le passé.

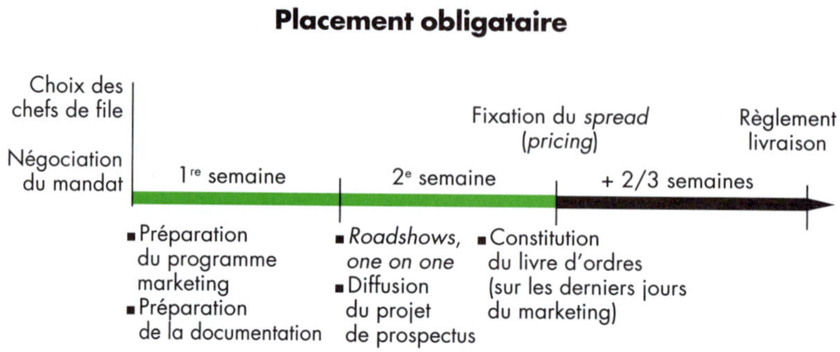

Le rôle du chef de file ne se limite pas uniquement au placement du papier. Il conseille son client sur la stratégie de communication, la structuration de l'opération et, le cas échéant, pour l'obtention d'une notation. Il détermine la fourchette de *spread* possible grâce à des comparaisons effectuées avec des opérations de même nature (type d'émetteur, *rating*, durée, taille, devise...). Enfin, l'émetteur désigne généralement d'autres chefs de file (membres du syndicat de placement) afin de favoriser la distribution du papier auprès du plus grand nombre d'investisseurs.

29.44 Lorsque l'entreprise prévoit à moyen terme un certain nombre d'émissions, elle pourra faire paraître une documentation (un prospectus) « chapeau » qui couvrira l'ensemble des émissions qu'elle mettra sur le marché. On parlera alors de **programme EMTN** (*Euro Medium Term Notes*) et donc de MTN hors d'Europe. Ce type de documentation permet à l'entreprise de venir très rapidement sur le marché, lorsqu'elle en a besoin, ou lorsque le marché est attractif.

Il convient de mentionner que les émissions sont généralement réservées à des investisseurs « qualifiés » (c'est-à-dire institutionnels). En effet, les émissions ouvertes aux particuliers nécessitent de suivre une procédure plus contraignante.

Les particuliers sont en France souvent orientés par les réseaux bancaires vers des Sicav obligataires (plus rémunératrices pour les banques). Le placement auprès du public nécessite la rédaction d'une documentation en français[1] qui doit être visée par l'AMF. Lorsque l'émission ne vise pas les particuliers, la documentation est rédigée généralement en anglais et est soumise au contrôle des autorités de marché (AMF en France, CSSF au Luxembourg...). On a pu voir néanmoins fin 2012 une tentative de revitaliser le marché des obligations pour les particuliers avec des opérations qualifiées (de manière un peu marketing) d'*Initial Bond Offering* (IBO). Seules quelques PME y ont fait appel depuis son lancement.

2 ■ Placement sur le marché du *high yield*

29.45 Le marché des obligations risquées, *high yield,* s'est développé en Europe depuis la fin des années 1990. Les besoins de financement des entreprises risquées étaient jusqu'à présent exclusivement couverts par des capitaux propres ou de la dette bancaire. Le développement des opérations de LBO (voir chapitre 49) a contribué à la croissance de ce marché.

1 Une traduction en anglais (« *prospectus international* ») est généralement alors requise pour les investisseurs internationaux.

Par définition, les obligations émises par des entreprises *non investment grade* sont des produits risqués nécessitant donc une préparation plus longue et un marketing plus intensif qu'un placement obligataire standard d'autant que le nombre de souscripteurs potentiels est plus réduit.

Placement *high yield*

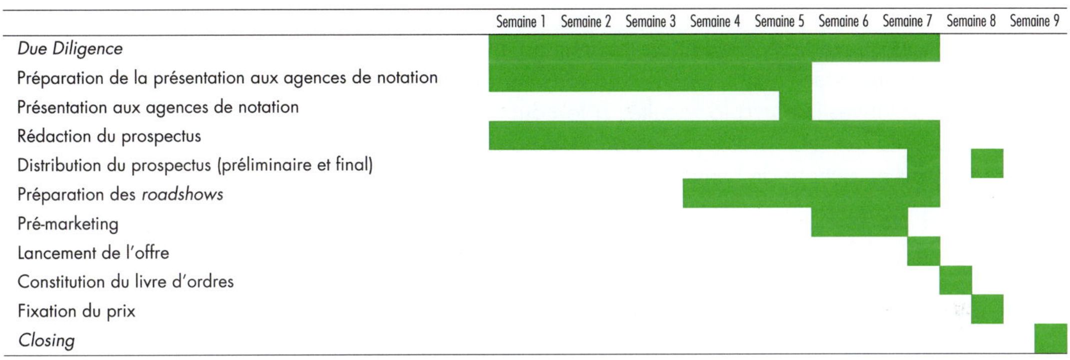

3 ■ Les placements privés obligataires

29.46 Nous avons présenté ces émissions particulière au paragraphe 25.3. Elles représentent une alternative au marché obligataire classique et permettent d'émettre des montants plus réduits.

Leur placement se rapproche beaucoup plus de celui d'un crédit syndiqué (voir paragraphe 29.48) que de celui d'une obligation classique. Ainsi, les investisseurs sont généralement contactés en amont de toute opération pour sonder leur appétit pour une opération et le type d'émetteur qu'ils recherchent. Ce type d'opération est alors proposé aux entreprises remplissant les critères requis. Les investisseurs sont généralement des compagnies d'assurances ou des fonds de pension recherchant des produits à long terme et acceptant une absence de liquidité de leur investissement.

Le placement nécessite la rédaction d'un prospectus comme dans une opération classique. Mais contrairement à une obligation diffusée largement, ce marché est accessible aux émetteurs ne disposant pas d'une notation financière.

Notons que chacun des marchés locaux (USPP aux États-Unis, *Schuldschein* en Allemagne, Euro PP pour les tous nouveaux placements européens) ont leurs particularités.

Section 6 ■ Les obligations convertibles ou échangeables

29.47 Les techniques utilisées pour le placement des obligations convertibles ou échangeables sont celles de l'*accelerated bookbuilding* ou du *back-stop*.

L'obligation convertible (voir chapitre 28) est un produit très spécifique. C'est d'abord une obligation avec un versement d'intérêt et un remboursement en espèce à l'échéance. Elle s'appelle convertible car l'investisseur a la faculté, si le cours de l'action de l'émetteur a suffisamment progressé pendant la durée de vie de cet emprunt, de demander le remboursement de l'obligation, non en espèce, mais en actions de l'émetteur selon une parité fixée à l'émission.

Du point de vue du placement, le souscripteur d'une obligation convertible dispose de l'ensemble de l'information diffusée par l'émetteur à destination de ses actionnaires. Par ailleurs, le cours de Bourse de l'action permet au souscripteur de l'obligation convertible de valoriser avec précision l'option incluse dans l'obligation qu'il va acquérir.

Le problème d'asymétrie d'information entre l'investisseur et l'émetteur est faible dans le cas d'une obligation convertible car la composante obligataire de l'obligation convertible protège l'investisseur.

Le seul élément qui pourrait différer la décision d'investissement dans une obligation convertible est la complexité du produit. Cependant, d'une part ce produit est bien connu des investisseurs professionnels, d'autre part le placement des convertibles se fait principalement auprès d'investisseurs spécialisés dans ce type de placement ou de *hedge funds* (voir paragraphe 22.22).

Section 7 ■ Les crédits syndiqués

29.48 Les crédits syndiqués ne sont pas en tant que tels des titres, mais simplement un emprunt émis par une entreprise et souscrit par plusieurs banques.

Le placement d'un crédit syndiqué se rapproche néanmoins de celui d'une obligation. L'entreprise reçoit des sollicitations de différents établissements pour mettre en place (ou refinancer) un crédit syndiqué. Sur la base de ces propositions, l'entreprise choisit une (ou plusieurs) banque(s) qui va structurer l'opération (on parlera de « *Mandated Lead Arranger* » ou MLA). Ces banques réaliseront généralement une prise ferme de l'intégralité du crédit qu'elles syndiqueront par la suite. Les MLA seront rémunérés spécifiquement pour leur rôle de conseil et de placement. Lorsqu'un nombre important de MLA est retenu, certains auront le rôle particulier de coordonner la syndication du crédit, ce seront les « *bookrunners* » de l'opération.

Les principaux termes du crédit seront négociés entre la banque arrangeuse et l'entreprise pour aboutir à un *term sheet*. Concomitamment, la banque et l'entreprise choisiront une stratégie de syndication, c'est-à-dire notamment le choix des banques (ou des institutions financières) qui seront invitées à composer le syndicat bancaire.

Sur la base de réunions avec l'entreprise et d'un mémorandum d'information, les banques contactées se déterminent sur leur participation ou non au crédit syndiqué. Une fois le syndicat formé, la documentation juridique est finalisée.

L'opération de placement peut durer 1 à 2 mois depuis le choix de l'établissement arrangeur jusqu'à la livraison des fonds.

Il convient de noter que le placement d'un crédit syndiqué repose notamment sur les relations que l'entreprise entretient avec ses banques. La participation à un crédit syndiqué (sans autre rôle que celui d'arrangeur) est souvent une opération peu rémunératrice pour les banques. Elles ne participent donc à ce type de crédit que dans la mesure où elles souhaitent développer ou entretenir des relations avec un client leur permettant de lui vendre d'autres opérations plus lucratives. Il arrive même parfois que ce « service rendu » soit rémunéré par un engagement implicite ou explicite de l'entreprise de retenir la banque comme chef de file dans une prochaine opération de marché ou en tant que conseil dans une opération de fusion-acquisition.

RÉSUMÉ

Le résumé de ce chapitre est disponible sur le site www.vernimmen.net.

L'objectif de toute technique de placement de titres est de vendre ces titres à des investisseurs au meilleur prix à un moment donné.

Pour ce faire, l'asymétrie d'information entre l'émetteur et l'investisseur devra être réduite et l'un des rôles des banques dans les opérations de placement de titres est d'éduquer les investisseurs en diffusant des informations obtenues de l'émetteur. Ses trois autres rôles sont de structurer l'opération, de distribuer les titres et généralement de donner un certain niveau de garantie à l'émetteur.

Il existe deux principales formes de placement :

- la construction d'un livre d'ordres (*bookbuilding*) ;
- la prise ferme (*bought deal*).

Le *bookbuilding* consiste pour la banque, ou les banques réunies au sein d'un syndicat, à ne s'engager à procéder à l'opération qu'en sachant que des investisseurs veulent acquérir des titres. Après une phase de diffusion de l'information, un livre d'ordres enregistrant les intentions d'achat est constitué. Ce n'est qu'alors que les banques signent leur engagement de garantie et limitent ainsi le risque pris. En revanche, par la technique du *bought deal* ou prise ferme, les banques en charge de l'opération achètent les titres à l'émetteur, à charge pour elles de les placer ensuite auprès des investisseurs le plus vite possible pour limiter leur risque.

L'introduction en Bourse, opération très complexe, implique de diffuser une information suffisante auprès d'investisseurs variés. Deux techniques de placement cohabitent généralement. Le placement garanti, qui veut que les banques du syndicat placent les titres auprès d'investisseurs institutionnels, se fait grâce à la construction d'un livre d'ordres. Il est le plus souvent assorti d'une offre à prix ouvert auprès des particuliers : dans ce cas, une fourchette de prix est fixée *a priori*, mais le prix définitif l'est à l'issue de l'offre et tient ainsi compte de la demande exprimée par le marché. Lorsque l'offre aux particuliers est à prix ferme, le prix d'émission est fixé *a priori* et généralement identique au prix du placement global. L'offre à prix minimal ou la cotation directe sont d'autres procédures existantes mais qui ne sont plus guère utilisées.

L'augmentation de capital de sociétés déjà cotées peut se faire selon deux techniques. Le choix dépend alors du souhait ou non des actionnaires actuels de souscrire de nouveaux titres : le placement avec droit préférentiel de souscription ou le placement sans droit préférentiel de souscription.

Dans le premier cas, le prix d'émission est fixé avec une forte décote (de 20 à 50 %) par rapport au cours de Bourse. Aussi pour ne pas léser les anciens actionnaires, le droit de souscription préférentiel leur confère une priorité de souscription. De plus, ce droit est cessible. Ainsi, l'augmentation de capital se fait à la valeur marchande de l'action même si le prix d'émission est inférieur au cours de Bourse. Un droit préférentiel de souscription peut être assimilé à une option d'achat.

L'augmentation de capital sans droit préférentiel de souscription se fait selon la technique du placement garanti. Le prix d'émission est proche du cours de Bourse : en France, si l'augmentation de capital porte sur plus de 10 % du capital, il doit être au moins égal à la moyenne pondérée des cours des trois dernières séances de Bourse précédant sa fixation, éventuellement diminuée d'une décote maximale de 5 %.

Pour la société non cotée, l'augmentation de capital se fait avec ou sans droit préférentiel de souscription à des investisseurs définis qui ont été trouvés à l'issue d'un placement privé.

Les cessions d'un bloc de titres sont réalisées par les techniques du *bookbuilding* (qui peut être rapide, *accelerated bookbuilding*), de la prise ferme ou du *back-stop*.

Les techniques de placement d'obligations par une entreprise dépendent avant tout de la notation de l'entreprise (soit supérieure ou égale à BBB– (*investment grade*), soit inférieure à BBB– (*non investment grade*)). Une entreprise notée *investment grade* peut faire un appel d'offres auprès de banques pour une prise ferme, ou opter pour la constitution d'un livre d'ordres. Quelle que soit la modalité choisie, l'opération est réalisée dans un calendrier réduit.

Pour les entreprises *non investment grade*, la technique de placement est plus proche de celle d'une augmentation de capital avec constitution d'un livre d'ordres.

Les obligations convertibles, malgré leur complexité apparente, sont des produits dont le placement est relativement simple car l'asymétrie d'information est faible. Le placement d'obligations convertibles peut donc être réalisé sur une période courte.

Le placement d'un crédit syndiqué est proche de celui d'un emprunt obligataire auprès d'un nombre limité d'investisseurs : les banques qui y participent souhaitent généralement développer des relations d'affaires avec l'emprunteur.

QUESTIONS

1/ À quoi sert un prospectus ?

2/ Pourquoi une émission d'actions est-elle plus longue à mettre en place qu'une émission obligataire ?

3/ À quel produit peut-être associé la *greenshoe* ?

4/ Pourquoi le calendrier d'une première émission pour une entreprise émettant un emprunt *high yield* est-il beaucoup plus long que celui d'une première émission obligataire standard ?

5/ Quelle est la technique de placement la plus risquée pour une banque ? Pourquoi ?

6/ Donnez deux méthodes différentes pour calculer la valeur d'un droit de souscription.

7/ L'actionnaire qui suit une augmentation de capital avec droit préférentiel de souscription s'appauvrit-il du fait de la baisse du cours de Bourse après opération ? Pourquoi ?

8/ Pour qui travaille la banque qui place les titres : l'émetteur ou l'investisseur qui les souscrit ?

9/ Qu'est-ce qui est le plus coûteux pour un émetteur : le placement garanti ou la prise ferme ? Pourquoi ?

10/ Pourquoi le placement d'obligations convertibles peut-il être particulièrement rapide ?

11/ Immédiatement après le placement d'obligations sur le marché, le cours monte. Quelle est la bonne nouvelle pour l'émetteur ? Quelle est la mauvaise pour lui ? Laquelle est la plus importante ?

D'autres questions vous attendent sur le site www.vernimmen.net.

EXERCICE

En mars 2014, la société Lefuribard a réalisé une augmentation de capital avec droits de souscription. 131 250 000 actions nouvelles ont été émises au prix de 38 €, le capital de la société étant composé avant opération de 175 000 000 actions (soit l'émission de 3 actions nouvelles pour 4 anciennes).

Avant opération, l'action Lefuribard cotait 56 €.

a) Calculez la valeur théorique du droit préférentiel de souscription.

b) Calculez le cours théorique de l'action après opération.

c) Si vous disposez de 169 actions Lefuribard, quelle opération pouvez-vous réaliser sans débourser un euro de cash ou recevoir un euro de cash?

ÉLÉMENTS DE RÉPONSE

Questions

1. À décrire l'entreprise et l'opération aux investisseurs afin que ceux-ci puissent prendre leur décision d'investissement.
2. Parce que les investisseurs prennent plus de risques en investissant dans une action qu'en investissant dans une obligation. Ce risque, pour être pris, nécessite une information plus complète.
3. À une option d'achat (*call*) détenue par les banques et cédée par l'entreprise.
4. Parce qu'une obligation émise par une entreprise *non investment grade* est beaucoup plus risquée qu'une obligation classique. L'investisseur a donc besoin de beaucoup plus d'informations pour prendre sa décision d'investissement.
5. La prise ferme car elle prend le risque que le marché évolue avant de pouvoir replacer les titres.
6. Formule du chapitre et application de la formule de Black-Scholes que nous avons vue au chapitre 27.
7. Non parce qu'il a pu en contrepartie acquérir des titres avec une décote.
8. L'émetteur, mais la banque doit s'assurer que les investisseurs sont satisfaits de l'opération car sinon elle perd sa clientèle !
9. Normalement la prise ferme car elle transfère le risque d'échec de l'opération à la banque et cela a un coût.
10. Parce que l'obligation convertible offre les garanties d'une obligation tout en offrant les perspectives de gains d'une action. L'investisseur prend donc un risque limité en l'achetant.
11. Ses investisseurs vont être contents. L'émetteur aurait pu payer un taux d'intérêt inférieur. Si la hausse reste raisonnable, la première car cela lui permet de conserver un marché de financement ouvert.

Exercice

Les corrigés détaillés des exercices sur excel sont disponibles sur le site www.vernimmen.net.

a) (56 – 38) / (1 + 4/3) = 7,71 €.

b) 56 – 7,71 € = 48,29 €.

c) Je cède 133 DPS pour 1 026 €, j'achète 27 actions nouvelles avec les 36 DPS qu'il me reste et 1 026 €. Je serai alors propriétaire de 169 + 27 = 196 actions à 48,29 € (soit 9 464 €) contre 9 464 € pour 169 actions avant.

BIBLIOGRAPHIE

Pour une vue globale des aspects théoriques :

Eckbo E., Masulis R., Norli O., *Handbook of corporate finance : Empirical corporate finance*, vol. 1, chapter 6 « Security offerings », Elsevier, 2007.

Sur la technique de *bookbuilding* :

Cornelli F., Goldreich D., « Bookbuilding and strategic allocation », *Journal of Finance* décembre 2001, vol. 56, n° 6, pages 2337 à 2370.

Cornelli F., Goldreich D., « Bookbuilding : How informative is the order book ? », *Journal of Finance* août 2003, vol. 58, n° 4, pages 1415 à 1443.

Derrien F., Womack K., « Auctions vs. bookbuilding and the control of underpricing in hot IPO markets », *Review of Financial Studies* printemps 2003, vol. 16, n° 1, pages 31 à 62.

Sur l'augmentation de capital :

Balachandran B., Faff R., Theobold M., « Rights offerings, takeup, renounceability and underwriting status », *Journal of Financial Economics* août 2008, vol. 89, n° 2, pages 328 à 346.

Chollet P., Ginglinger E., « The pricing of French unit seasoned equity offerings », *European Financial Management* mars 2001, vol. 7, n° 1, pages 23 à 38.

Ducassy I., « Déterminants de la réaction du marché français aux émissions de titres à caractère action », *Banque & Marchés* mai-juin 2003, n° 64, pages 46 à 58.

Le Fur Y., Quiry P., « Le B.A BA du DPS », *La Lettre Vernimmen.net* septembre 2012, n° 109, pages 4 à 8.

Sur les aspects juridiques des placements en France :

Bonneau T., Drummond F., *Droit des marchés financiers*, 3e édition, Economica, 2010.

Goldberg-Darmon M., *L'introduction en Bourse : Les nouvelles règles d'admission et d'information Euronext, Alternext, Marché libre*, 3e édition, Revue Banque Édition, 2012.

Sur les introductions en Bourse :

Aggrawal R., « Stabilization activities by underwriters after initial public offerings », *Journal of Finance* juin 2000, vol. 55, n° 3, pages 1075 à 1103.

Benveniste L., Spindt P., « How investment bankers determine the offer price and allocation of new issues », *Journal of Financial Economics* octobre 1989, vol. 24, n° 2, pages 343 à 361.

Brau J., Fawcett S., « Initial public offerings : An analysis of theory and practice », *Journal of Finance* février 2006, vol. 61, n° 1, pages 399 à 436.

Degeorge F., Derrien F., Womack K., « Analyst hype in IPOs : Explaining the popularity of bookbuilding », *Review of Financial Studies* 2007, vol. 20, n° 4, pages 1021 à 1058.

Degeorge F., Derrien F., Womack K., « Auctioned IPOs : The US evidence », *Journal of Financial Economics* novembre 2010, vol. 98, n° 2, pages 177 à 194.

Ellis K., Michaely R., O'Hara M., « When the underwriter is the market maker : An examination of trading in the IPO aftermarket », *Journal of Finance* juin 2000, vol. 55, n° 3, pages 1034 à 1074.

Gondat-Larralde C., James K., « IPO Pricing and share allocation : The importance of being ignorant », *Journal of Finance* janvier 2008, vol. 63, n° 1, pages 449 à 478.

Jenkinson T., Jones H., « Bids and allocations in European IPO bookbuilding », *Journal of Finance* octobre 2004, vol. 59, n° 5, pages 2309 à 2338.

Jenkinson T., Jones H., « IPO pricing and allocation : A survey of the view of constitutional Investors », *Review of Financial Studies* avril 2009, vol. 22, n° 4, pages 1477 à 1504.

Jenkinson T., Jones H., « Competitive IPOs », *European Financial Management* septembre 2009, vol. 15, n° 4, pages 733 à 756.

Kim D., Palia D., Saunders A., « Are initial returns and underwriting spreads in equity issues complements or substitutes ? », *Financial Management* hiver 2010, vol. 39, n° 4, pages 1403 à 1423.

Ljungqvist A., Wilhelm W., « Does prospect theory explain IPO market behavior ? » *Journal of Finance* août 2005, vol. 60, n° 4, pages 1759 à 1790.

Lowry M., Schwert W., « IPO market cycles : bubbles or sequential learning ? », *Journal of Finance* juin 2002, vol. 67, n° 3, pages 1171 à 1198.

Lowry M., Schwert W., « Is the IPO pricing process efficient ? », *Journal of Financial Economics* janvier 2004, vol. 71, n° 1, pages 3 à 26.

Lowry M., Officer M., Schwert G., « The variability of IPO initial returns », *Journal of Finance* avril 2010, vol. 65, n° 2, pages 425 à 465.

Sentis P., *L'introduction en Bourse : une approche internationale*, Economica, 2004.

www.adr.com.

Sur le placement des crédits syndiqués :

Gatev E., Strahan P., « Liquidity risk and syndicate structure », *Journal of Financial Economics* septembre 2009, vol. 93, n° 3, pages 490 à 504.

Godlewski Ch., « How to get a syndicated loan fast ? The role of syndicate composition and organization », *Finance* décembre 2010, vol. 31, n° 2, pages 51 à 92.

Lee S., Mullineaux D., « Monitoring, financial distress, and the structure of commercial lending syndicates », *Financial Management* automne 2004, vol. 33, n° 3, pages 107 à 130.

Pichler P., Wilhelm W., « A theory of the syndicate : Form follows function », *Journal of Finance* décembre 2001, n° 56, vol. 6, pages 2237 à 2264.

Rhodes T., *Syndicated lending practice and document*, 6e édition, Euromoney Books, 2013.

PARTIE 3

Chapitre **30** Valeur et finance d'entreprise. 609

Chapitre **31** Les mesures de la création de valeur 631

Chapitre **32** Le choix d'investissement 649

Chapitre **33** Le coût du capital. 667

Chapitre **34** Le risque dans l'investissement 687

Chapitre **35** La pratique de l'évaluation de l'entreprise. . . . 701

Partie 3

La valeur

Chapitre 30

Valeur et finance d'entreprise

Non, Sire, c'est une révolution !

30.1 En abordant cette partie, le lecteur quitte définitivement l'univers du solfège qu'est la comptabilité pour s'enfoncer plus avant dans la musique de la finance d'entreprise, dont nous avons déjà entendu les premières gammes lors de la partie précédente.

L'objet de ce chapitre est de développer les concepts et les théories qui président aux décisions financières majeures et en particulier de comprendre leurs conséquences sur la valeur, tout en gardant à l'esprit que maximiser une valeur, c'est minimiser un coût.

Section 1 ▪ L'objectif de la finance : la création de valeur

1 ▪ L'investissement et la valeur

30.2 La comptabilité nous a appris, dès le chapitre 3, qu'investir constitue un emploi de fonds mais non un appauvrissement. Demandons à notre lecteur d'aller plus loin et d'adopter le point de vue du financier pour qui **un investissement rentable est un investissement qui accroît la valeur**.

En effet, nous verrons que l'élément essentiel dans la théorie des marchés en équilibre est la valeur. Cette théorie souligne le lien direct qui existe entre la rentabilité des investissements de l'entreprise et la rentabilité exigée par les investisseurs (à travers les titres financiers émis).

La conséquence directe de la politique d'investissement d'une entreprise est donc la variation de la valeur de ses capitaux propres.

La décision d'investissement est de ce fait une décision cruciale. Elle peut avoir trois types de conséquences :

- si la rentabilité anticipée de l'investissement est supérieure à la rentabilité exigée par les investisseurs, la valeur des capitaux propres augmente instantanément. Un investissement de 100 rapportant 13 % éternellement alors que le marché exige 10 % vaut 130 (100 × 13 %/10 %). La valeur s'accroît immédiatement de 30 ;
- si la rentabilité anticipée de l'investissement est égale à la rentabilité exigée par les investisseurs, il n'y a ni enrichissement ni appauvrissement. Les pourvoyeurs de fonds ont investi 100, l'investissement vaut 100 ; il n'y a pas de création de valeur instantanée ;
- si, enfin, la rentabilité anticipée de l'investissement est inférieure à la rentabilité exigée par les investisseurs, il y a appauvrissement. Ces derniers ont en effet investi 100 dans un projet qui rapporte, par exemple, 6 %, sa valeur est de 60 (100 × 6 %/10 %) ; la perte de valeur (40) est alors instantanée.

Il y a création de valeur (valeur de l'actif économique supérieure au montant comptable de l'actif économique) quand la rentabilité économique est supérieure au coût moyen pondéré du capital, c'est-à-dire au taux de rentabilité exigé par l'ensemble des pourvoyeurs de fonds de l'entreprise.

Création de valeur pour les plus grands groupes européens de télécom (2013)

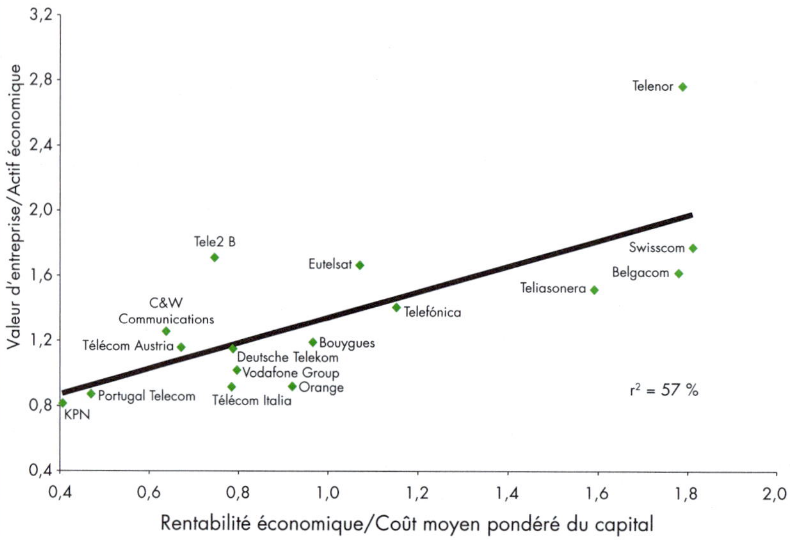

Source : Exane BNP Paribas.

Il y a équilibre si le taux de rentabilité anticipé des investissements est égal au taux de rentabilité exigé par le marché.
Il y a perte de valeur immédiate lorsque le taux de rentabilité anticipé des investissements est inférieur au taux de rentabilité exigé par le marché.
Il y a enfin une véritable création de valeur instantanée lorsque le taux de rentabilité anticipé des investissements est supérieur au taux de rentabilité exigé par le marché.

L'enrichissement ou l'appauvrissement n'est autre que la valeur actuelle nette positive ou négative que l'on doit calculer pour apprécier tout investissement.

Que le lecteur ne soit pas surpris par ces formulations et garde tout son bon sens. Si un investissement se fait à son prix, rien ne change pour l'investisseur ; si celui-ci « achète » trop cher, il s'appauvrit ; s'il fait une bonne affaire, il s'enrichit.

2 ■ La relation entre l'entreprise et le monde financier

30.3 Nous avons abordé dans les chapitres précédents les différents titres financiers qui constituent le passif émis par l'entreprise et nous les avons étudiés dans l'optique de l'investisseur qui les achète. Nous allons maintenant nous placer de l'autre côté du miroir pour étudier ces mêmes titres du point de vue de l'entreprise qui les émet.

Ainsi :

- aux sommes investies par les investisseurs correspondent des ressources pour l'entreprise ;
- aux titres financiers détenus par les investisseurs (donc leurs actifs) correspondent des passifs dans le bilan de l'entreprise ;
- et surtout, au taux de rentabilité exigé par les investisseurs correspond un coût financier pour l'entreprise.

D'un point de vue financier, l'entreprise est constituée d'un portefeuille d'actifs financés par un ensemble de titres émis sur le marché des capitaux au sens large (cotés ou non). Le passif de l'entreprise n'est donc qu'un écran — que le financier d'entreprise doit rendre le moins opaque possible — entre les actifs industriels et leur transformation en actifs financiers que sont les titres émis et placés auprès des investisseurs.

30.4 Quel rôle joue alors l'investisseur financier ?

L'investisseur joue un rôle actif au moment de l'émission des titres financiers : il peut en effet tout simplement refuser l'achat des titres créés, c'est-à-dire refuser de financer. Concrètement si le directeur financier, quelle que soit son imagination, ne peut pas trouver un produit dont le couple rentabilité/risque satisfait le marché financier, l'entreprise est contrainte dans son développement puis, plus ou moins rapidement, conduite à la faillite en raison de l'absence de ressources financières nécessaires à sa survie.

Comme nous le verrons, cette sanction ultime est souvent trop tardive. Mais le système financier dispose d'une sanction beaucoup plus immédiate et beaucoup plus efficace : la valorisation des titres déjà émis par l'entreprise.

> Le pouvoir de l'investisseur réside non seulement dans l'octroi de fonds mais surtout dans l'évaluation de l'actif économique de l'entreprise à travers les titres déjà émis.

Le monde financier apprécie en effet la valeur des titres émis, et ce à tout moment. Dans le cas des titres de dette, les agences de notation financière notent l'entreprise et affectent ainsi la valeur de la dette actuelle et les conditions de ses prêts futurs (voir paragraphe 24.26). De même, le marché estime les actions émises, et par là même, la valeur des capitaux propres.

30.5 Quel est alors le mécanisme de la sanction ?

Si l'industriel ne satisfait pas les exigences de rentabilité/risque des investisseurs, il sera sanctionné par une moindre valorisation de l'actif économique et donc des capitaux propres de son entreprise. Supposons qu'une entreprise propose à des investisseurs un investissement de 100 devant rapporter annuellement 10 sur une période suffisamment longue pour être assimilée à l'éternité[1]. Le résultat réel n'est que de 6. Déçus, les investisseurs qui exigent une rentabilité de 10 % s'efforceront de vendre l'investissement. Le prix d'équilibre s'établira alors à 60. En effet, à ce prix, l'investisseur recevra bien une rentabilité de 10 % (6/60) et n'aura plus aucun avantage à chercher à le vendre. Mais il est trop tard…

Concrètement, l'investisseur non satisfait par le couple rentabilité/risque proposé vend ses titres. Ce faisant, il fait donc baisser la valeur des titres émis et donc celle de l'actif économique, ce qui est normal puisque cet actif n'est pas assez rentable compte tenu de son risque. Sans doute l'investisseur s'autosanctionne-t-il, mais il faut savoir parfois se couper un doigt…

Cette sanction constitue « la réponse du berger à la bergère », de l'investisseur à l'industriel : si le premier est mécontent, il vend ses titres et fait donc baisser les cours, induisant à court terme une dilution plus importante des actionnaires en cas de financement par émission d'actions et, potentiellement, à terme, des difficultés de financement pour l'entreprise.

La sanction de la finance s'exerce d'abord et avant tout par la valorisation de l'entreprise à travers la valorisation de ses actions et de ses dettes.

Tant que l'entreprise est en situation normale, ses différents créanciers sont relativement protégés[2]. La valeur de leurs prêts fluctue essentiellement en fonction du niveau général des taux d'intérêt et les variations de la valeur de l'actif économique se répercutent quasiment intégralement sur la valeur des capitaux propres (à la hausse ou à la baisse). On comprend mieux l'importance de la valorisation des capitaux propres pour toute entreprise en situation normale de développement. Cette règle ne concerne pas seulement les sociétés cotées en Bourse : nous verrons que cette sanction par la valorisation s'applique tôt ou tard aux entreprises non cotées lors d'une cession, d'un rapprochement, d'une succession ou d'une augmentation de capital.

Ce n'est que lorsque l'entreprise connaît des difficultés sérieuses que le rôle des créanciers devient important. La société « appartient » alors à ses créanciers[3] et l'ajustement se fait par la valeur de l'endettement net, qui est alors généralement inférieure à son montant nominal.

> La valorisation de l'actif économique, et donc la valorisation des capitaux propres, sont les variables clés de toute politique financière, que l'entreprise soit cotée ou non.

3 ■ La portée de cette optique

30.6 Il en résulte, puisque nous considérons la création de valeur comme l'objectif financier premier :

- qu'une décision financière coûte à l'entreprise lorsqu'elle réduit la valeur de ses capitaux propres ;
- qu'une décision financière est bonne pour l'entreprise lorsqu'elle accroît la valeur de ses capitaux propres.

1 Cette hypothèse forte a pour objectif de simplifier les calculs et ne modifie en rien le raisonnement.

2 Comme il existe toujours un risque, le taux de rentabilité qu'ils exigent incorpore une prime de risque.

3 Financièrement parlant car juridiquement c'est souvent un peu différent, voir le chapitre 51.

On pourrait penser qu'il reviendrait au même de dire que toute bonne décision financière tend à faire croître les bénéfices ou à réduire les coûts. Mais, attention, ce n'est pas nécessairement le cas !

> La myopie en finance consiste à confondre coût et appauvrissement, produit et accroissement de valeur.

Nous ne sommes plus dans le domaine de la comptabilité mais dans celui de la finance, c'est-à-dire celui des valeurs : tel investissement financé par autofinancement accroîtra le bénéfice mais pourra être jugé comme insuffisant comparé aux exigences de rentabilité de l'investisseur qui, de ce fait, s'appauvrira globalement.

Telle décision juridique (limitation du droit de vote d'un actionnaire par exemple) n'aura aucune conséquence en trésorerie sur l'entreprise et pourtant diminuera la valeur du titre financier correspondant et sera par conséquent coûteuse pour celui qui le possède.

Nous ne saurions trop insister sur cet aspect et invitons notre lecteur à s'arrêter un instant afin d'adopter définitivement cette approche avant de se plonger dans les délices des théories financières.

Section 2 ■ La création de valeur et les marchés en équilibre

30.7 La politique financière de l'entreprise consiste d'abord à mettre en œuvre des décisions visant à maximiser la création de valeur pour les pourvoyeurs de fonds et, tout particulièrement, pour les actionnaires.

1 ■ Un apport théorique clair

30.8 Nous venons de rappeler que l'entreprise était un portefeuille d'actifs et de passifs, et que les notions de coûts et de revenus devaient se traduire par un raisonnement global en termes de valeur. Le financier doit alors se poser les questions suivantes : la valeur globale de l'entreprise peut-elle résulter d'un choix optimal d'actifs et de passifs ? Comment alors prendre une bonne décision pour créer de la valeur ?

- La valeur d'un actif économique peut-elle augmenter **du seul fait d'un choix de financement** ? Un actif économique financé à 50 % par capitaux propres et à 50 % par endettement vaut-il plus cher que s'il était financé uniquement par capitaux propres ?

- L'entrepreneur peut-il, soit par la juxtaposition d'investissements industriels et commerciaux indépendants, soit par une politique de financement astucieuse, augmenter la valeur de l'actif économique, c'est-à-dire influer sur l'estimation de celle-ci par le marché ?

Si vous répondez par l'affirmative à ces questions, vous attribuez au financier d'entreprise une puissance considérable. Vous le jugez capable de créer de la valeur indépendamment de l'outil industriel et commercial.

Pourtant, l'apport de la théorie des marchés en équilibre est clair :

> Dans le domaine de l'évaluation, tout investisseur financier est indifférent à toute construction financière, car il pourrait réaliser lui-même cette opération. C'est la règle de l'additivité.

30.9 Esquissons, pour le lecteur épris de mathématiques, un raisonnement plus formel démontrant la règle que nous avons énoncée ci-dessus et qui repose sur **l'arbitrage**.

Pour ce raisonnement, nous allons simplifier le monde en supposant que l'avenir ne peut s'envisager que de deux façons : soit les choses vont bien pour l'entreprise, soit elles vont mal. À chacun de ces « états du monde » est associée une probabilité d'occurrence.

Considérons trois entreprises dont les flux de trésorerie disponibles pour l'investisseur, selon les deux états du monde possibles, sont les suivants :

Entreprise	Flux de trésorerie disponibles	
	État du monde : mauvais	État du monde : bon
A	200	1 000
B	400	500
G	600	1 500

Remarquons que la somme des flux de trésorerie disponibles des sociétés A et B est égale au flux de trésorerie disponible de la société G. Nous allons démontrer que le prix de l'action G est égal à la somme de la valeur de l'action B et de la valeur de l'action A[1]. À cet effet, supposons que cela ne soit pas le cas et que $V_A + V_B > V_G$ (avec V_A, V_B, et V_G respectivement les valeurs des actions A, B et G).

Notre lecteur n'aura pas besoin de spéculer pour gagner de l'argent. Il le fera sans risque en vendant (à découvert) une action A et une action B et en achetant une action G. Il touchera ainsi immédiatement $V_A + V_B - V_G > 0$; alors que, quel que soit l'état de la nature, les flux futurs négatifs des actions A et B (vendues) et positifs de l'action G (achetée) s'annuleront. Il aura ainsi réalisé un arbitrage.

Avec la même méthode, on démontrerait que l'on ne peut pas avoir dans un marché en équilibre $V_A + V_B < V_G$. On en déduit donc que $V_A + V_B = V_G$.

Le lecteur aura compris qu'une entreprise diversifiée (G dans notre exemple) ne vaut pas plus cher que la somme de ses deux divisions (A et B).

Considérons maintenant les trois titres suivants :

Entreprise	Flux de trésorerie disponibles	
	État du monde : mauvais	État du monde : bon
C	100	1 000
D	500	500
E	600	1 500

1 On supposera pour simplifier les calculs que A, B et G ont le même nombre d'actions.

D'après la règle que nous avons démontrée ci-dessus $V_C + V_D = V_E$. Remarquons que le titre D pourrait être de l'endettement et le titre C des capitaux propres, E serait alors l'actif économique.

La valeur de l'actif économique d'une entreprise endettée ($V_{(C + D)}$) ne peut ni être inférieure ni être supérieure à la valeur de l'actif économique de la même entreprise non endettée (V_E).

La règle de l'additivité est vérifiée en termes de risque : ainsi, si l'entreprise s'endette, l'investisseur financier pourra stabiliser son portefeuille en y ajoutant des titres moins risqués ; il pourra, à l'inverse, s'endetter lui-même pour acquérir des titres peu risqués. Pourquoi, dès lors, paierait-il ce qu'il peut réaliser lui-même sans frais ?

Ce raisonnement s'applique aussi au cas de la diversification. Si celle-ci ne vise qu'à valoriser l'entreprise au plan financier et ne recherche pas des effets de synergies industrielles et commerciales, l'investisseur n'a nul besoin de confier à l'industriel la diversification de son portefeuille.

2 ■ Une illustration

30.10 Existe-t-il des combinaisons d'actifs dont la valeur globale est supérieure à la valeur de chacun d'eux pris séparément, **indépendamment des cas de synergies industrielles** où une partie des processus d'exploitation est commune à plusieurs investissements ? Autrement dit, le tout vaut-il plus que la somme de ses parties (2 + 2 = 5) ?

Ou encore, le taux de rentabilité exigé est-il plus faible simplement parce que deux investissements sont réalisés conjointement ?

La position des praticiens est souvent peu claire. En effet, ils répondent en général par la négative, alors que leurs décisions laissent supposer implicitement le contraire. Prenons ainsi l'exemple de l'hôtel Vendôme dont le contrôle a été acquis en 2014 par l'horloger-bijoutier suisse Chopard. S'il y avait des synergies financières, il faudrait en déduire que le taux de rentabilité exigé de l'activité hôtelière est différent selon que l'entreprise est indépendante ou qu'elle fait partie d'un groupe. La valeur de l'hôtel Vendôme serait donc plus importante au sein du groupe Chopard que lorsque cette entreprise était indépendante.

La question n'est pas aussi spécieuse qu'elle en a l'air et soulève en fait un problème de fond.

Si la rentabilité exigée sur l'hôtel Vendôme est plus faible depuis que cette société est intégrée au groupe Chopard, le coût de son financement est alors plus faible. Ceci peut constituer un avantage concurrentiel important, voire décisif et irrémédiable.

30.11 La diversification de l'entreprise réduit son risque ; abaisse-t-elle alors aussi le taux de rentabilité exigé par ses pourvoyeurs de fonds ?

Une entreprise monoproduit dont on exige du 10 % se diversifie en rachetant une entreprise de même taille dont on exige du 8 %. Le taux de rentabilité exigé du nouveau groupe sera-t-il inférieur à 9 % (moyenne de 10 % et de 8 %) sous prétexte que son risque est plus faible que celui de l'entreprise monoproduit ?

Le lecteur avisé ne se laissera pas tenter par l'idée qu'à un plus faible niveau de risque doit correspondre un plus faible taux de rentabilité exigé.

En effet, ceci est faux car **le marché ne rémunère que le risque non diversifiable (le risque de marché)**. Nous avons vu que sur un marché, le risque diversifiable ou spécifique que chaque investisseur peut éliminer en diversifiant son portefeuille, n'est pas rémunéré. Seul est rémunéré le risque non diversifiable lié aux fluctuations du marché. Que le lecteur nous permette de le renvoyer au chapitre 21 où ce point a été traité.

Dès lors que le risque diversifiable n'est pas rémunéré, **la valeur d'une entreprise est la même qu'elle reste indépendante ou qu'elle soit intégrée dans un groupe**. L'hôtel Vendôme ne vaut pas plus cher maintenant qu'il est une division de Chopard qu'auparavant ; le taux de rentabilité exigé dans le secteur de l'hôtellerie est le même, toutes choses égales par ailleurs, que l'entreprise soit indépendante ou qu'elle soit une division du groupe.

En revanche, l'hôtel Vendôme vaudra plus cher au sein de Chopard si, et seulement si, toutes choses égales par ailleurs, l'appartenance au groupe Chopard lui permet d'améliorer sa rentabilité économique.

La diversification purement financière n'a donc aucun intérêt puisqu'elle ne crée pas de valeur.

Il ne peut y avoir création de valeur que si la somme des flux des deux investissements est supérieure parce que ces deux investissements sont entrepris conjointement. C'est le résultat d'un **processus de synergies industrielles** (2 + 2 = 5). En revanche, **la synergie financière n'existe pas** !

Les grands groupes qui, dans les années 1960, s'étaient livrés à une véritable boulimie de diversifications financières, se sont rendu compte que ces opérations étaient vaines, souvent sources de pertes, et que la diversification est un art difficile qui n'a d'intérêt que si l'on possède déjà une compétence certaine dans le nouveau métier. Il n'y a pas de combinaison d'investissements qui maximise leurs valeurs, mis à part les cas de synergies industrielles. Il n'y a que des bons et des mauvais investissements en fonction des taux de rentabilité exigés.

> L'exigence de rentabilité de tout investissement est indépendante du portefeuille dans lequel il se situe.
> En l'absence de synergies industrielles, une entreprise conserve la même valeur, qu'elle soit indépendante ou division d'un grand groupe. Ici encore, l'investisseur financier n'acceptera pas de payer plus cher, sous forme d'un taux de rentabilité exigé plus faible, ce qu'il peut faire lui-même sans coût en diversifiant son portefeuille.

3 ■ Une morale

30.12 La valeur des titres émis par l'entreprise ne résulte donc pas de constructions financières ; elle traduit simplement la sanction, par le marché, de la rentabilité et du risque de l'activité industrielle et commerciale de l'entreprise perçus par l'investisseur.

La théorie des marchés en équilibre conduit à la règle simple et évidente, mais très souvent oubliée dans la pratique, de l'additivité des valeurs. Quelle que soit l'évolution des critères financiers, en particulier le bénéfice par action, il ne peut y avoir création de valeur lorsqu'on se contente d'ajouter des valeurs (diversification) ou de soustraire des valeurs (endettement) qui sont elles-mêmes à l'équilibre.

Le financier d'entreprise doit, pour assurer le financement de l'entreprise, transformer des actifs industriels et commerciaux en actifs financiers, c'est-à-dire vendre, sous un habillage financier, la substance de l'entreprise (espérance de rentabilité et risque).
Les investisseurs financiers évaluent les titres proposés, ou déjà émis, en fonction de leurs exigences de rentabilité ; c'est là leur sanction. Ils valorisent ainsi directement l'actif économique de l'entreprise à travers la valeur de l'action.
Cette valorisation des différents titres ne résulte pas d'une manipulation financière ; elle repose sur l'estimation de l'outil industriel et commercial de l'entreprise.

Nous voudrions insister sur le fait que cette règle s'applique également aux entreprises non cotées ; celles-ci doivent, tôt ou tard, faire face à cette évidence. La valeur d'un actif économique est dictée par sa valeur à l'équilibre, et cette dernière finit par s'imposer à l'entrepreneur comme le glas qui sonne.

Sur un plan méthodologique, il faut donc intégrer cette approche lors d'une décision financière. Les stratégies financières qui ont pour but de maximiser une valeur autre que financière (valeur de nuisance par exemple) existent. Elles sont particulièrement risquées et ne peuvent en aucun cas s'inscrire dans le cadre conceptuel de la finance d'entreprise.

Le premier réflexe sera, dans toute décision financière, d'analyser ses conséquences sur la valeur (création ou destruction) sachant que si les valeurs sont à l'équilibre, il est totalement indifférent de faire ou de ne pas faire.

À l'issue de cette section, doit-on devenir nihiliste parce que, selon la théorie des marchés à l'équilibre, la politique de financement ou de diversification n'a aucune influence sur la valeur ?

Loin d'être nihiliste, la théorie des marchés en équilibre est une sorte de morale qui est très utile pour le praticien des affaires mais, comme toute morale, elle n'est jamais acquise. Sorte de paradis pour un financier, celui-ci doit œuvrer pour l'atteindre… tout en espérant ne jamais pouvoir achever ce temple de l'ennui…

Il ne faut pas être nihiliste mais modeste. Un financier d'entreprise ne crée pas de valeur, il la partage.

Section 3 ■ La valeur et les théories de l'organisation

1 ■ Les limites de la théorie des marchés en équilibre

30.13 La théorie des marchés en équilibre permet de raisonner globalement. Toutefois elle élude complètement l'intérêt particulier des différentes parties prenantes dans l'entreprise, même si globalement leur intérêt est commun à moyen terme.

Paradoxalement, la théorie néoclassique fait la part belle à l'intérêt général en oubliant les intérêts particuliers. On ne peut donc pas se contenter de la théorie des marchés en équilibre pour expliquer la finance d'entreprise.

Comme la théorie des marchés en équilibre démontre que la finance ne peut pas modifier la taille du gâteau (la valeur de l'actif économique), mais ne statue pas sur son partage, il en résulte que bon nombre de problèmes financiers naissent de la lutte entre les différentes parties prenantes[1] de la sphère financière.

Ces parties prenantes sont d'abord les différents pourvoyeurs de fonds de l'entreprise. Nous les classerons pour simplifier en deux types : actionnaires et créanciers, mais le lecteur comprendra très vite que, dans la pratique, il y a autant d'intérêts que de types de titres émis : actionnaires, créanciers privilégiés, créanciers ordinaires, investisseurs en produits hybrides... Nous verrons même dans ce chapitre que les intérêts peuvent diverger dans une même catégorie de pourvoyeurs de fonds.

Un exemple suffira à nous convaincre. Selon la théorie des marchés en équilibre, investir des fonds au taux de rentabilité exigé ne modifie pas la valeur de l'actif économique. Mais si cet investissement est très risqué (et donc potentiellement très rentable), les créanciers dont la rémunération est fixe ne verront que l'accroissement du risque alors que leur rentabilité sera identique. La valeur de leurs créances diminuera donc au profit des actionnaires qui verront la valeur de leurs actions augmenter du même montant (la valeur de l'actif économique n'ayant pas changé) ; et pourtant cet investissement a été réalisé à son prix d'équilibre.

Nous retrouvons ici un rôle pour le directeur financier ! Celui de répartir la valeur entre les différents pourvoyeurs de fonds. **C'est un négociateur dans l'âme.**

Parmi les parties prenantes, il ne faut pas oublier les dirigeants d'entreprises. En effet, comme la finance de marché suppose des portefeuilles bien diversifiés, il y a une distinction entre les investisseurs et les dirigeants, et donc par là même, des intérêts divergents auxquels s'ajoutent des informations différentes (informations internes et informations externes). Ce dernier point remet en cause l'une des bases de la théorie des marchés en équilibre : une information partagée par tous (voir chapitre 16).

2 ■ La théorie des signaux et l'asymétrie de l'information

30.14 Deux idées simples sont à la base de la théorie des signaux :

- la même information n'est pas partagée par tous : ainsi, les dirigeants d'une société disposent d'informations bien plus poussées que les investisseurs ;
- même si elle était partagée par tous, la même information ne serait pas perçue de la même manière, ce que la vie courante confirme fréquemment.

Il n'est donc pas raisonnable de croire que l'information est à tout instant équitablement partagée, c'est-à-dire symétrique, comme nous l'avons vu lors de la présentation des marchés efficients. Bien au contraire, l'**asymétrie de l'information** est une règle générale.

> En somme, l'information parfaite et équitablement partagée est au plus un objectif, très souvent un leurre.

1 Que les Anglo-Saxons appellent *stakeholders*.

Ceci n'est pas sans poser problème. L'asymétrie d'information peut en effet conduire à ce que les investisseurs sous-évaluent une entreprise qui, de ce fait, hésitera à faire une augmentation de capital car les dirigeants percevront son cours comme trop faible. Dès lors, des opportunités d'investissements très rentables seront peut-être perdues faute de financement, ou les actionnaires actuels seront dilués dans de mauvaises conditions financières si l'entreprise procède malgré tout à l'augmentation de capital.

Le lecteur comprend alors la nécessité d'une **politique de communication** : aucune décision ne doit être prise en fonction des seuls critères financiers, mais les dirigeants doivent se préoccuper également de convaincre les marchés que c'est une bonne décision.

> Par conséquent, le seul savoir-faire ne suffit plus s'il n'est pas accompagné d'un faire savoir et d'un faire percevoir.

30.15 L'unité élémentaire d'une politique de communication financière est **le signal** envoyé par les dirigeants d'une entreprise aux investisseurs.

Le signal n'est pas une déclaration ou une confidence comme le croient de nombreux directeurs financiers ou présidents d'entreprise mais **une véritable décision financière, librement prise, porteuse de conséquences négatives pour son initiateur au cas où le signal se révélerait faux**.

En effet, l'investisseur est loin d'être naïf et accueille tout signal avec le degré de scepticisme qui convient.

Trois points méritent d'être soulignés :

- L'investisseur s'interrogera immédiatement sur l'intérêt de celui qui émet ce signal, sachant qu'en finance il n'y a pas de cadeau ! Si l'intérêt de l'émetteur du signal est contraire à l'intérêt de l'investisseur, le signal sera perçu négativement. Ainsi, la cession d'une entreprise par son actionnaire majoritaire sera *a priori* un signal négatif sur les perspectives de croissance de l'entreprise. Il faudra donc en avoir conscience et essayer de démontrer le contraire ou convaincre l'acquéreur d'une autre explication pour la vente.

De même, vanter les mérites d'une augmentation de capital sans y participer ne trompe pas les investisseurs !

En revanche, si le marché est convaincu que l'intérêt de l'émetteur du signal est que ce dernier soit effectivement exact, il le considérera comme tel. Citons par exemple le réinvestissement de son propre patrimoine dans son entreprise…

- L'image de l'équipe dirigeante et sa politique de communication : ceci est évident mais ne surestimons ni son importance ni sa pérennité !

- Le contrôle et les sanctions par les autorités boursières en cas de diffusion de fausse information ou de délits d'initiés : si l'investisseur (en particulier l'investisseur international) sait que ce contrôle est efficace, il l'intégrera dans sa perception. Néanmoins, certains dirigeants peuvent être tentés d'envoyer des signaux erronés afin d'obtenir à bon compte des avantages indus (par exemple en étant exagérément optimistes sur les perspectives de leur société afin de pouvoir vendre leurs actions à un prix artificiellement élevé). Mais le marché financier rattrape plus vite un menteur qu'un boiteux et la valeur de l'action sera durement pénalisée par ces signaux erronés !

Dans un tel contexte, le rôle de « gendarme » des autorités boursières est naturellement crucial. Des contentieux récents soulignent la permanence de leur vigilance et leur intransigeance qui sont nécessaires si l'on veut avoir les meilleurs marchés de capitaux possibles et les coûts de financement les plus bas.

30.16 Le financier d'entreprise devra donc s'interroger sur la perception par les investisseurs d'une décision financière. Il ne devra pas se contenter de propos lénifiants mais devra faire une analyse fine et rationnelle de la situation afin d'établir une politique de communication argumentée.

La théorie des signaux analyse les décisions financières de l'entreprise (politique de financement, de distribution…) comme autant de signaux envoyés par les dirigeants aux investisseurs. Elle étudie les systèmes d'incitation qui poussent les bons dirigeants à communiquer les vrais signaux et qui dissuadent les dirigeants des mauvaises entreprises à utiliser ces mêmes signaux pour travestir la santé réelle de leur firme.

> Retenons que l'asymétrie de l'information peut conduire à une sous-évaluation d'un titre par rapport à sa valeur objective, ce qui peut avoir deux conséquences :
> - une sous-optimisation des investissements du fait d'un coût du financement trop élevé ;
> - un choix de sources de financement biaisé favorisant les ressources pour lesquelles l'asymétrie d'information est réduite (l'endettement).

C'est Stephen Ross qui a initié en 1977 les principaux travaux dans ce domaine.

3 ■ La théorie des mandats ou de l'agence

30.17 La théorie de l'agence (également appelée théorie des mandats) remet en cause la représentation de la firme comme un acteur unique. Elle considère l'entreprise comme une fiction légale qui sert de point final à un processus complexe dans lequel les conflits entre les objectifs des individus (dont certains peuvent représenter d'autres organisations) sont résolus par la mise en place d'un réseau de relations contractuelles.

Le comportement de la firme est dès lors comparable à celui d'un marché, en ce sens qu'il est la résultante d'un processus complexe d'équilibrage, ou, comme l'écrit A. Quintard : « La théorie de l'agence est bâtie sur une réflexion réaliste. Les différents partenaires de la vie de l'entreprise (en l'occurrence, les dirigeants, les actionnaires et les créanciers "financiers"), pris séparément, ont des objectifs et des intérêts spécifiques qui ne sont pas nécessairement conciliables d'une manière spontanée ; il y a en conséquence des occasions de conflits entre eux, d'autant plus que le fonctionnement de l'entreprise moderne, fondé sur la séparation entre la propriété et le pouvoir, requiert que la gestion soit confiée aux dirigeants par les fournisseurs de fonds ».

La théorie de l'agence analyse les conséquences de certaines décisions financières en termes de risque, de rentabilité et, d'une manière plus générale, en termes d'intérêt pour les différentes parties. Elle permet de mettre en évidence que certaines décisions peuvent être prises à l'encontre des critères simples de maximisation de richesse des différentes parties, au profit d'un seul des pourvoyeurs de fonds.

De façon plus schématique, on parlera de relation de mandat (ou d'agence) entre deux personnes dès lors que l'une d'entre elles, appelée mandataire (ou agent) exerce une activité pour le compte du mandant (*principle* en anglais). Le mandataire détenant un mandat ou une procuration pour agir au nom du mandant, toute relation d'agence implique donc nécessairement une délégation de la prise de décision au mandataire.

30.18 Cette définition très générale permet d'inclure des domaines aussi variés que la résolution des conflits entre :

- actionnaires dirigeants/actionnaires non dirigeants ;
- dirigeants non actionnaires/actionnaires ;
- créanciers/actionnaires.

Ainsi, les actionnaires mandatent les dirigeants pour gérer au mieux les fonds qu'ils leur ont confiés. Or, la crainte des actionnaires est que ces gestionnaires aient d'autres objectifs que la maximisation de la valeur des capitaux propres qui leur ont été confiés : accroître la taille du groupe au détriment de sa rentabilité, minimiser le risque de l'actif économique en refusant certains investissements créateurs de valeur mais qui pourraient mettre en difficulté l'entreprise s'ils échouaient, etc.

La résolution de ce type de conflits passe notamment par l'octroi de **stock-options**, d'actions de performance (actions offertes au management en fonction de l'atteinte de certains objectifs) ou de rémunérations indexées sur la valeur de l'action aux cadres de l'entreprise (voir chapitre 47).

L'endettement joue aussi un rôle puisqu'il agit comme une contrainte sur les dirigeants, les poussant à maximiser les flux de trésorerie de l'entreprise afin de lui permettre de faire face aux intérêts à payer et aux échéances de remboursement, faute de quoi l'entreprise fait faillite et les dirigeants perdent leur travail. Cette maximisation des flux de trésorerie est tout à fait dans l'intérêt des actionnaires puisqu'elle conduit à des valeurs élevées des capitaux propres. L'intérêt des dirigeants et celui des actionnaires sont ainsi convergents. D'une certaine façon, l'endettement est la version moderne du fouet des mines et des fermes de l'Antiquité !

30.19 La divergence d'intérêt entre les différentes parties fait naître un certain nombre de coûts appelés **coûts d'agence** qui recouvrent :

- des coûts de surveillance correspondant aux dépenses de contrôle engagées par le mandant pour s'assurer de l'adéquation entre ses objectifs et la gestion du mandataire (mise en place de procédures de contrôle, de systèmes d'audit, rémunération du mandataire…). Cela inclut le coût des stock-options qui, lorsqu'elles sont exercées, conduisent à l'émission d'actions à un prix inférieur à la valeur de l'action du moment ;
- des coûts de « dédouanement » engagés par le mandataire et supportés par le mandant dans le but de rassurer ce dernier sur la qualité de la gestion (édition de rapports annuels…) ;
- des coûts résiduels (incluant notamment des coûts d'opportunité).

Les principaux travaux dans ce domaine sont à attribuer à M. Jensen et W. Meckling, S. Grossman et O. Hart, et E. Fama. L'intérêt de leurs recherches réside dans le fait qu'elles tentent d'expliquer scientifiquement la nature des liens entre dirigeants et actionnaires et leur incidence sur la valeur de la firme.

> Leur apport principal réside donc dans une tentative de mise en parallèle de la théorie financière et de la théorie des organisations.

Ces travaux ont servi de fondement intellectuel au développement de la *corporate governance* ou **gouvernance d'entreprise** (voir chapitre 47).

4 ■ Le passager clandestin

30.20 Cette fois, nous ne considérons plus les intérêts divergents entre différents types de pourvoyeurs de fonds mais les intérêts divergents au sein d'une même classe.

> On qualifie de passager clandestin l'investisseur dont l'intérêt est que les autres investisseurs de la même catégorie réalisent une opération à laquelle il ne participe pas mais dont il profite pleinement.

Il faut donc, d'une part, que pour une même catégorie de titres, il existe plusieurs investisseurs et le plus souvent un grand nombre (c'est vrai pour les titres cotés et certains crédits syndiqués) et, d'autre part, qu'une opération précise soit faite en impliquant en quelque sorte un sacrifice (au moins en termes d'opportunités) de la part des investisseurs de cette catégorie de titres.

Il conviendra, lors d'une décision financière, d'examiner s'il y a des passagers clandestins et quel est leur intérêt.

Illustrons ceci avec deux exemples :

- la réponse à une offre publique d'achat (voir paragraphe 48.22) : si l'OPA est fondée sur un effet de synergies entre l'acquéreur et la cible, il y aura création de valeur en cas de rapprochement. L'intérêt général est que l'OPA soit un succès et donc que les actionnaires de la cible acceptent de vendre. Mais l'intérêt individuel de ces mêmes actionnaires est de ne pas apporter leurs titres à l'offre et de profiter pleinement des synergies ultérieures ;

- un banquier ayant un petit crédit au sein d'un groupe de banques sur une entreprise en difficulté : l'intérêt bien compris des créanciers peut être d'accorder des crédits supplémentaires pour sauver les crédits actuels. L'intérêt individuel de notre banquier est que les autres banques acceptent seules de faire cet effort en raison de leur forte exposition. Il aura ainsi des anciens crédits mieux valorisés sans subir de décote sur les crédits nouveaux qu'il n'aura pas accordés.

Section 4 ■ Comment créer de la valeur ?

30.21 Le lecteur devra bien avoir à l'esprit, avant de faire toutes les simulations de taux de rentabilité que nous proposerons, qu'un projet, un investissement, une entreprise ne peuvent avoir une rentabilité extraordinaire que si celle-ci est fondée sur un avantage stratégique. La théorie des marchés en équilibre nous dit que, normalement, la valeur actuelle d'un projet doit être nulle si tous les mécanismes de la concurrence jouent. Si un financier veut donner des conseils en matière de choix d'investissements, il doit sans doute « pousser le crayon » et traduire en termes prévisionnels la véritable rentabilité de l'investissement. Mais il doit également se faire stratège et appliquer tous les raisonnements économiques qu'il a appris.

La rentabilité véritable d'un projet ne s'explique que par une rente économique, c'est-à-dire une position qui permet **d'obtenir un taux de rentabilité des investissements supérieur au taux de rentabilité exigé compte tenu du risque**. La rente économique est l'essence de la stratégie de l'entreprise : créer des imperfections dans les marchés de produits et/ou des facteurs de production et constituer ainsi des barrières à l'entrée que tout dirigeant d'entreprise doit s'efforcer d'exploiter et de défendre.

D'un point de vue de financier, avoir une stratégie c'est essayer de « gripper » les mécanismes de marché pour se constituer une rente économique.

30.22 Mais que notre lecteur ne se leurre pas. Une rente économique est faite pour s'éroder. Un taux de rentabilité plus fort que le taux de rentabilité exigé compte tenu du risque va naturellement attirer des concurrents (Apple) ou l'attention des autorités de la concurrence (voir Orange, SFR...). Tôt ou tard, la déréglementation et les progrès technologiques aidant, la rente économique disparaît. Ou, comme le dit l'adage populaire, « il n'y a pas de forteresse imprenable, il n'y a que des forteresses mal assiégées ! ».

L'analyse stratégique de l'entreprise est donc essentielle pour resituer les chiffres dans leur contexte économique et industriel et nous renvoyons sur ce point notre lecteur au chapitre 9.

La corrélation est frappante entre l'évolution de la rente économique des entreprises mesurée par l'écart entre rentabilité économique et coût du capital et les cours de Bourse ; frappante mais logique.

Rentabilité économique, coût du capital des grands groupes européens cotés (échelle gauche) et évolution des cours boursiers (échelle droite)

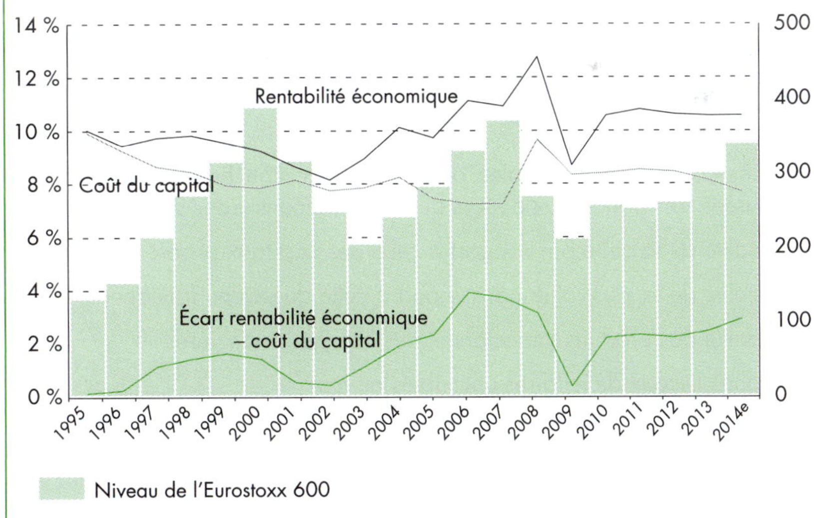

Source : Compilation données Exane BNP Paribas.

Enfin insistons bien sur la conséquence d'une bonne stratégie. Correctement anticipée, elle se traduit immédiatement dans la valeur des capitaux propres. Elle explique ainsi l'écart entre le montant comptable de l'actif économique et sa valeur, qui peut aller du simple au triple, voire plus.

La rentabilité dégagée ensuite progressivement par l'investissement ne se traduit pas par une croissance régulière parallèle du cours de Bourse si l'entreprise est cotée. Celui-ci s'ajustera immédiatement afin que l'investisseur obtienne, sur cette nouvelle valeur, le taux de rentabilité exigé compte tenu du risque, ni plus ni moins. Par la suite, si tout va bien, l'investissement permettra de dégager la rentabilité exigée jusqu'à ce que les anticipations s'avèrent trop optimistes ou trop pessimistes.

Nous renvoyons à l'exemple du paragraphe 30.2 ou à l'analyse du cours boursier du chapitre 26, qui, indirectement, traitent de ce sujet en établissant un lien entre les multiples des capitaux propres (PBR) et les taux de rentabilité exigés (k) et anticipés (r).

Section 5 ■ La valeur et la fiscalité

30.23 Suivant la situation de l'entreprise, il existe des avantages fiscaux liés à tel ou tel titre financier. Le lecteur comprendra très vite que certains montages fiscaux permettent d'économiser de l'impôt et en quelque sorte de créer de la valeur ou de moins s'appauvrir. La réduction d'impôt est une forme de création de valeur pour les pourvoyeurs de fonds. Toutes choses égales par ailleurs, un bien dont les flux ne sont pas imposés vaut plus cher qu'un bien identique mais dont les flux sont imposés.

Un passif dont les flux (négatifs cette fois) sont déductibles est plus intéressant qu'un même passif dont les flux ne sont pas déductibles.

Ceci est une évidence et tout financier qui se respecte fera alors ses meilleurs efforts pour réduire l'impact fiscal.

> Nous voulons cependant faire remarquer au lecteur que l'optimisation fiscale ne peut consister uniquement en une réduction des coûts si, de ce fait, le risque s'en trouve accru. Rappelons-nous que le financier doit raisonner en valeur.

Les conséquences fiscales de chaque décision financière devront donc être soigneusement analysées. Les principaux débats que nous rencontrerons sont les suivants :

- fiscalité de la dette par rapport à celle des capitaux propres ;
- fiscalité de la plus-value par rapport à celle du revenu (dividende ou coupon) ;
- fiscalité des produits financiers et des charges financières ;
- reports fiscaux déficitaires utilisables ou non ;
- problématique d'intégration fiscale ;
- crédit d'impôt (recherche, compétitivité, création d'entreprises, etc.) ;
- organisation internationale d'un groupe : taux de fiscalité nationaux, capacité à rapatrier les dividendes en franchise d'impôts.

Notre expérience nous a montré qu'en finance, prendre une décision fondée d'abord sur des considérations fiscales est rarement le gage d'une bonne décision. Ainsi, attendre quelques mois avant de vendre un titre que vous souhaitez vendre pour bénéficier d'un taux d'impôt plus bas, vous expose au risque de la baisse de son cours dans l'intervalle, baisse qui peut aller bien au-delà de l'économie d'impôt que vous escomptiez.

RÉSUMÉ

Le résumé de ce chapitre est disponible sur le site www.vernimmen.net.

D'un point de vue financier, l'objectif d'une entreprise est de créer de la valeur, c'est-à-dire d'être capable de réaliser des investissements dont le taux de rentabilité dégagé est supérieur au taux de rentabilité exigé compte tenu du risque. Si cette condition est remplie, la valeur de l'action progressera ; dans le cas contraire, elle baissera.

La théorie des marchés à l'équilibre nous enseigne qu'il est très difficile de créer durablement de la valeur. En effet, les taux de rentabilité dégagés tendent sur le long terme vers les taux de rentabilité exigés compte tenu des progrès technologiques et de la déréglementation qui réduisent les barrières à l'entrée et les rentes économiques que tout manager doit s'efforcer de bâtir et de défendre même si, tôt ou tard, elles seront laminées. De la même façon, la diversification ou l'endettement ne peuvent créer de valeur pour l'investisseur qui peut, sans coût à son niveau individuel, diversifier son portefeuille ou s'endetter. Enfin, l'exigence de rentabilité de tout investissement est indépendante du portefeuille dans lequel il se situe : la création de valeur ne peut résulter que de synergies industrielles ; les synergies financières n'existent pas.

Notre lecteur doit donc comprendre que la création de valeur n'est pas la simple conséquence d'un calcul de rentabilité. Elle a un fondement économique : une rente en quelque sorte, résultant d'une stratégie qui n'a de sens que pour « gripper » les mécanismes de marché. Le cadre conceptuel de la théorie des marchés à l'équilibre est donc insuffisant pour expliquer le financement d'entreprise.

La théorie du signal et celle de l'agence (ou des mandats) ont été développées pour pallier les insuffisances de la théorie des marchés à l'équilibre.

La théorie du signal part du constat que l'information n'est pas partagée par tous au même moment et que l'asymétrie d'information est la règle. Celle-ci peut avoir des conséquences néfastes conduisant à des valorisations trop basses ou à une politique d'investissement sous-optimale. Dès lors, certaines décisions financières seront prises pour rompre cette asymétrie d'information et seront qualifiées de signal. Mais pour être qualifiées comme telles, elles devront être porteuses de conséquences financièrement négatives pour son initiateur au cas où ce signal se révélerait faux.

La théorie de l'agence remet en cause l'unicité des objectifs des acteurs de l'entreprise (actionnaires, dirigeants, créanciers) : créer de la valeur. Elle montre au contraire que leurs intérêts peuvent diverger et que certaines décisions (l'endettement par exemple) ou certains produits (les stock-options) ne trouvent les raisons de leur existence que dans l'objectif de faire converger les intérêts des dirigeants vers ceux des actionnaires ou de protéger ceux des créanciers. La théorie de l'agence constitue le fondement théorique de la *corporate governance*.

QUESTIONS

1/ Dans l'exemple du paragraphe 30.9, donnez une probabilité de 50 % aux deux états du monde. Calculez la valeur de A, B, G, d'une part, de C, D, E, d'autre part en supposant que les flux de trésorerie interviennent demain. Qu'en concluez-vous ?

2/ Vous proposez à des investisseurs un investissement de 100 financé uniquement par des actions. Dans un monde sans fiscalité, il est prévu 25 de bénéfices annuels constants à l'infini (on supposera que les investissements de remplacement sont égaux à la dotation aux amortissements, que la variation du BFR est nulle et que les bénéfices sont totalement distribués).

a) Quel est le taux de rentabilité exigé par le marché de cet investissement ?

b) Il s'avère que cet investissement ne rapporte que 10 par an ; si le taux exigé par le marché n'est pas modifié, quelle sera la valeur de cet investissement sur le marché secondaire ?

c) Même question si l'investissement rapporte 50 par an. Si le bénéfice est nul.

d) Quelle est la conséquence de tous ces schémas sur la trésorerie de l'entreprise ?

e) Peut-on établir une règle simple sur la création ou la destruction de valeur ?

3/ Que signifie qu'une source de financement est bon marché ?

4/ Quand crée-t-on de la valeur :

– dans le choix d'investissement,

– dans le choix du financement ?

5/ Vous analyserez les différentes décisions devant conduire ou non à la création de valeur. Vous vous demanderez, dans un second temps, s'il y a eu effectivement création de valeur ou transfert de valeur au niveau global et, le cas échéant, vous identifierez les bénéficiaires et les perdants.

	Création de valeur	Transfert de valeur
Créer un oligopole		
Innover		
Obtenir des crédits à un taux inférieur au taux du marché		
Améliorer la productivité		
Réduire le taux d'impôt		

6/ Analysez les décisions financières suivantes. Constituent-elles, *a priori*, un signal positif, négatif ou neutre ?

Signal	+	=	–
Vente de l'entreprise par l'actionnaire dirigeant			
Vente de l'entreprise par l'actionnaire non dirigeant			
Ne pas participer à une augmentation de capital pour un actionnaire dirigeant ayant l'essentiel de sa fortune dans l'entreprise			
Ne pas participer à une augmentation de capital pour un investisseur fortuné et administrateur de la société			
Accroître le dividende par action			
S'endetter au-delà des normes financières pour une entreprise familiale			
Distribuer des actions gratuites pour maintenir le dividende par action			
Distribuer des bons de souscription à tous les actionnaires à un prix d'exercice double du cours actuel			

7/ Qu'est-ce que la synergie ?

8/ Peut-on parler de synergie financière ?

9/ Qu'est-ce que la décote de conglomérat ? Comment l'éviter ?

10/ Montrez qu'une entreprise très rentable et qui réalise ses investissements à un taux de rentabilité supérieur au taux de rentabilité exigé peut voir cependant son cours baisser.

11/ Relisez le chapitre 26 à la lumière de la politique d'investissement, en particulier les liens entre le PER et le PBR et le taux de rentabilité de l'investissement.

12/ Est-il normal qu'un investissement ait un taux de rentabilité espéré supérieur au taux de rentabilité exigé ? Globalement, y a-t-il toujours création de valeur ?

13/ Montrez que la décote de conglomérat conduit à renchérir le coût des capitaux propres.

14/ Peut-il y avoir signal sans flux de cash ?

15/ Qu'est ce qu'une rente économique ? Quel est son fondement ?

16/ Une entreprise au bord du dépôt de bilan procède à une augmentation de capital. Est-ce un signal ? Pourquoi ? Quelle idée retrouvez-vous qui est nécessaire pour qualifier une décision de signal ?

17/ De plus en plus les grands groupes demandent à leurs plus hauts dirigeants de consacrer une part importante de leur patrimoine (souvent plus de 40 %) à l'achat de leurs actions. Quelle théorie explique ce type de comportement ? Pourquoi ?

18/ Pouvez-vous expliquer pourquoi le comportement décrit à la question 17 pourrait avoir pour effet secondaire d'inciter ces dirigeants à diversifier les activités de leurs groupes ?

D'autres questions vous attendent sur le site www.vernimmen.net.

EXERCICE

Soit une entreprise ayant deux divisions A et B aux caractéristiques suivantes :

	Division A	Division B
Actif économique	1 000	1 000
Taux de rentabilité exigé par le marché	15 %	15 %
Résultat d'exploitation après impôt	50	300

a) Quelles sont les valeurs des divisions A et B si vous supposez pour simplifier les calculs que les résultats d'exploitation après impôt sont égaux aux flux générés et sont constants à l'infini ?

b) L'entreprise distribue 50 et autofinance ses investissements pour 300. L'entreprise investit tout dans la division B avec un taux de rentabilité économique après impôt de 30 %. Quelle est la création de valeur ?

c) Même question si les 300 sont investis dans la division A au taux de rentabilité moyen de A (5 %).

d) Même question si les 300 sont répartis également entre A et B.

e) Qu'en concluez-vous ?

ÉLÉMENTS DE RÉPONSE

Questions

1. $V_A = 600$, $V_B = 450$, $V_G = 1\,050$; $V_C = 550$, $V_D = 500$, $V_E = 1\,050$; $V_A + V_B = V_G$, $V_E - V_D = V_C$.

2. a) 25 %. b) 40. c) 200 ; 0. d) Aucune. e) Il y a création de valeur lorsque la rentabilité dégagée est supérieure à la rentabilité exigée ; et *vice versa*.

3. Quand le risque est sous-estimé par les pourvoyeurs de fonds.

4. Dans le choix d'investissement : quand on investit à un taux de rentabilité supérieur au taux exigé ; dans le choix de financement : quand on parvient à se financer à un taux inférieur au taux normalement exigé par le marché pour le même risque.

5. Transfert de valeur des clients vers les actionnaires. Création de valeur. Transfert de valeur des créanciers vers les actionnaires. Création de valeur. Création de valeur.

6. Signal : Négatif. Neutre. Neutre. Négatif. Positif. Positif. Positif. Neutre.

7. La synergie est une réduction des charges ou une progression du chiffre d'affaires liée au rapprochement de deux entreprises qui fait que la valeur du tout est supérieure à la somme des valeurs des parties.

8. Non. Voir paragraphe 30.10.

9. Le fait qu'un conglomérat vaille moins que les parties qui le composent. En démantelant les conglomérats.

10. S'il y a eu une erreur d'anticipations qui, à l'origine, étaient trop fortes.

11. Voir chapitre 26.

12. C'est la force d'une bonne stratégie d'entreprise, mais il est évident que, si les marchés industriels sont efficients, cela est impossible. Macroéconomiquement cela peut-être un simple transfert de valeur entre, par exemple, les clients et les actionnaires.

13. Si un conglomérat lève des fonds de 100 pour les investir dans différents actifs, et qu'une décote de 25 % s'applique, les 100 ne valent plus alors que 75 et c'est à ce prix que de nouvelles actions seront émises et non à 100. D'où un coût des capitaux propres plus élevé puisque la valeur est plus faible sans que les flux ne soient moindres pour autant.

14. Non car une décision de politique financière n'est un signal que si elle est porteuse de conséquences financières négatives pour son initiateur au cas où le signal se révélerait faux.

15. Une rente économique est une position dans laquelle il est possible d'obtenir un taux de rentabilité économique supérieur au taux de rentabilité exigé compte tenu du risque grâce à un avantage stratégique particulier. Son fondement est un déséquilibre (provisoire) du marché.

16. Ceci ne peut pas être qualifié de signal car l'entreprise n'a pas le choix si elle veut échapper à la faillite que de faire une augmentation de capital. Une décision ne peut être qualifiée de signal que si elle est prise librement avec une vraie alternative.

17. La théorie de l'agence, afin que les critères financiers des dirigeants soient réconciliés avec ceux des actionnaires qui les ont mandatés dans leur rôle de manager.

18. Car cela limite fortement la diversification du portefeuille personnel des dirigeants qui peuvent vouloir trouver une parade en diversifiant l'activité de leur groupe.

Exercice

Les corrigés détaillés des exercices sur excel sont disponibles sur le site www.vernimmen.net.

a) $V_A = 50/0,15 = 333,3$; $V_B = 300/0,15 = 2\,000$.

b) V_A reste inchangée ; $V_B = (300 + 30\ \% \times 300)/0,15 = 2\,600$; pour 300 réinvestis, création de valeur = 300.

c) V_B reste inchangé ; $V_A = 65/0,15 = 433,33$; pour 300 réinvestis, destruction de valeur = 200.

d) $V_A = 57,5/0,15 = 383,33$; $V_B = 345/0,15 = 2\,300$; pour 300 réinvestis, création de valeur = 50.

e) Tendance au sein d'un conglomérat à répartir le budget d'investissement entre les divisions et non pas à concentrer les investissements dans la division la plus performante. Ce qui fait que la rentabilité du groupe n'est pas optimisée.

BIBLIOGRAPHIE

Pour approfondir les travaux sur la théorie du signal et de l'agence :

Alchian A., Demsetz H., « Production, information costs and economic organization », *American Economic Review* décembre 1972, vol. 62, n° 5, pages 777 à 795.

Ang J., Cole R., Wuhkin J., « Agency costs and ownership structure », *Journal of Finance* février 2000, vol. 55, n° 1, pages 81 à 106.

Coles J., Daniel N., Naveen L., « Managerial incentives and risk-taking », *Journal of Financial Economics* février 2006, vol. 79, n° 2, pages 431 à 468.

Fama E., « Agency problems and the theory of the firm », *Journal of Political Economy* avril 1980, vol. 88, n° 2, pages 288 à 307.

Jensen M., Meckling W., « Theory of the firm : managerial behavior, agency costs and ownership structure », *Journal of Financial Economics* octobre 1976, vol. 3, n° 4, pages 305 à 360.

Jensen M., « Value maximization, stakeholder theory, and the corporate objective function », *Journal of Applied Corporate Finance* automne 2001, vol. 14, n° 3, pages 8 à 21.

Kim H., Ouimet P., « Broad-based employee stock ownership : motives and outcomes », *Journal of Finance* juin 2014, vol. 69, n° 3, pages 1273 à 1319.

Meunier F., « Synergies financières : où ? quand ? comment ? », *Échanges* décembre 2007, n° 249, pages 113 à 115.

Quintard A., « La théorie financière néoclassique : application de la théorie des signaux et de la théorie de l'agence au problème de la structure financière de l'entreprise », article non publié.

Ross S., « The determination of financial structure : incentive signalling approach », *The Bell Journal of Economics* été 1977, vol. 8, n° 1, pages 23 à 40.

Ross S., « Some notes on financial incentive signalling models, activity choice and risk preferences », *Journal of Finance* juin 1978, vol. 33, n° 3, pages 777 à 792.

Pour approfondir la rémunération des dirigeants :

Armstrong C., Vashishtha R., « Executive stock options, differential risk taking incentives, and firm value », *Journal of Financial Economics* avril 2012, vol. 104, n° 1, pages 70 à 88.

Bebchuk L., Fried J., « Paying for long term performance », *University of Pennsylvania Law Review* juin 2010, vol. 158, n° 7, pages 1915 à 1959.

Bouvet Th., Grivilliers O., Leclerc Ch., Philippe H., Raimbourg Ph., *Motivation financière des dirigeants, options et autres instruments*, Economica, 2009.

Edmans A., Gabaix X., Sadzik T., Sannikov Y., « Dynamic CEO compensation », *Journal of Finance* octobre 2012, vol. 67, n° 5, pages 1603 à 1647.

Le Fur Y., Quiry P., « Quelques réflexions sur la rémunération des dirigeants », *La Lettre Vernimmen.net* mars 2012, n° 106, pages 1 à 4.

Von Lilienfeld-Toal U., Ruenzi S., « CEO ownership, stock market performance, and managerial discretion », *Journal of Finance* juin 2014, vol. 69, n° 3, pages 1013 à 1050.

Pour la communication financière :
Vidal J.-Ch., Mudet P., *Communication financière*, Éditions Francis Lefebvre, 2011.

Pour approfondir l'ensemble du chapitre :
La Bruslerie (de) H., *L'entreprise et le contrat : jeux et enjeux*, Economica, 2010.

Chapitre 31

Les mesures de la création de valeur

Comment séparer le bon grain de l'ivraie !

31.1 La place centrale de la création de valeur en finance a conduit au développement d'une batterie d'indicateurs qui tentent de la mesurer : TSR, MVA, EVA, CFROI, ROCE-WACC… dont les sigles anglo-saxons sont parfois ésotériques. Certains sont sur le déclin et seuls quelques indicateurs de création de valeur survivront.

Certaines entreprises profitent du flou actuel et de l'absence de normalisation des calculs pour choisir l'indicateur ou la méthode de calcul qui sert le mieux leurs intérêts du moment, quitte à en changer l'année suivante…

Pour aider notre lecteur à s'y retrouver, le tableau suivant positionne l'apparition chronologique des indicateurs de création de valeur selon trois critères : leur caractère manipulable, l'influence des marchés financiers qu'ils subissent et leur nature, soit financière, comptable, hybride (c'est-à-dire mi-comptable, mi-financière) ou boursière.

Sans surprise, les indicateurs sont alignés sur une diagonale entre le coin supérieur gauche et le coin inférieur droit, la capacité de l'entreprise à manipuler ces indicateurs diminuant avec l'expérience des investisseurs et l'influence des marchés financiers étant croissante.

Évolution des indicateurs financiers

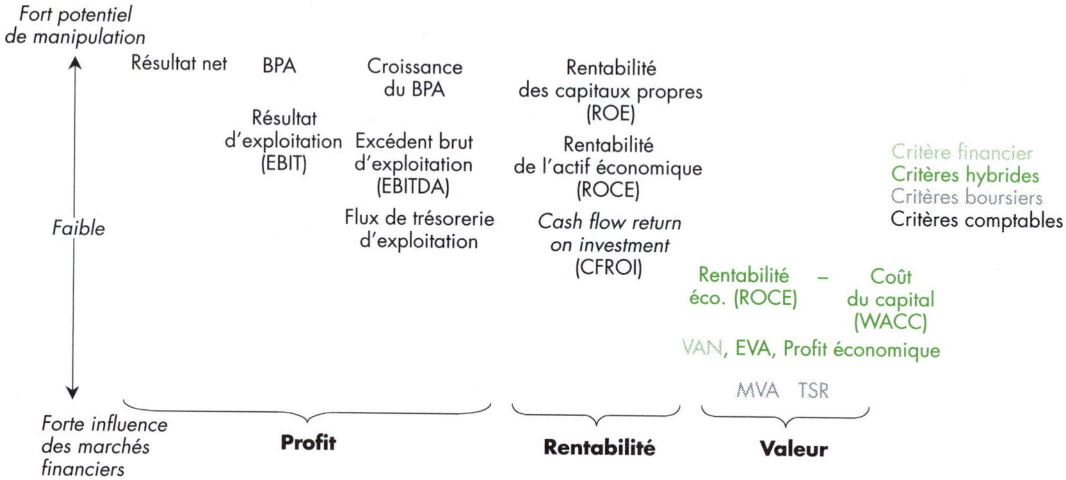

Section 1 ■ Panorama d'ensemble

Les indicateurs de création de valeur peuvent être de quatre natures :

31.2 ▪ **Les indicateurs de nature comptable :** jusqu'au milieu des années 1980, l'entreprise communiquait essentiellement sur le résultat net ou le bénéfice par action (BPA), paramètres éminents de la comptabilité mais aussi éminemment sujet à manipulations (*window dressing* en anglais) : éléments exceptionnels, provisions… L'accent progressivement mis sur le résultat d'exploitation ou l'excédent brut d'exploitation représente un progrès en réduisant très fortement l'impact de l'exceptionnel ou des charges calculées.

Une seconde génération d'indicateurs comptables est devenue populaire (même si les concepts existaient auparavant) lorsque le raisonnement s'est focalisé sur la rentabilité, c'est-à-dire l'efficacité, qui rapporte les résultats dégagés aux capitaux mobilisés pour les atteindre. On parle alors de rentabilité des capitaux propres (*return on equity*, **ROE**), critère soumis néanmoins à l'effet de levier : une hausse judicieuse de l'endettement accroît le plus souvent cet indicateur sans que la valeur soit pour autant augmentée, l'accroissement du risque compensant celui de la rentabilité.

La rentabilité économique (ou des capitaux investis ou employés, ou encore *return on capital employed*, **ROCE**) évite ce biais, ce qui explique que, mis à part certains secteurs dans lesquels elle n'a pas de sens (banque, assurance… où prédomine la rentabilité des capitaux propres), elle tend à s'imposer comme indicateur de performance économique.

31.3 ▪ **Les indicateurs de nature hybride mi-comptables, mi-financiers :** ils sont apparus avec la prise de conscience que la rentabilité dégagée est, en tant que telle, un critère insuffisant en matière de valeur puisqu'elle ne prend pas en compte la notion de risque. La rentabilité dégagée reste à comparer au coût des capitaux employés. Ainsi la rentabilité économique doit être mise en regard du coût moyen pondéré du capital[1] (ou coût du capital, le *WACC* des Anglo-Saxons) pour mesurer si de la valeur a été créée ou détruite.

La communication peut se limiter à cet écart. Elle peut aller au-delà en l'appliquant aux capitaux employés en début d'exercice pour mesurer la création de valeur **sur l'exercice** : celle-ci est alors exprimée en euro et non plus en pourcentage. Cette mesure de la création de valeur a été popularisée sous le nom d'**EVA** (*Economic Value Added*) par le cabinet Stern Stewart & Co ou de **profit économique** par d'autres.

31.4 ▪ **Les indicateurs de nature financière :** le meilleur des indicateurs de création de valeur est indiscutablement la valeur actuelle nette (la VAN du chapitre 19) puisque, par construction, elle mesure exactement la valeur créée. Mais son calcul, qui s'étend nécessairement sur plusieurs périodes, la rend souvent complexe pour l'analyste externe qui ne dispose pas de toutes les informations nécessaires. D'où le recours à des indicateurs plus simples comme ceux que nous venons de voir, mais aussi plus approximatifs et qui peuvent parfois induire en erreur si l'on n'y prend garde.

31.5 ▪ **Les indicateurs de nature boursière :** la *Market Value Added* (**MVA** pour les intimes) et le *Total Shareholder Return* (**TSR**) sont, eux, fortement influencés par la conjoncture boursière. La MVA correspond à l'écart entre la somme de la valeur boursière des capitaux propres et de l'endettement net d'une part, et le montant comptable de l'actif économique d'autre part ; elle s'exprime en euro. Le TSR s'exprime en pourcentage et correspond conceptuellement à l'addition du taux de rendement de l'action (dividende/valeur de l'action) et du taux de plus-value (plus-value sur la période/valeur initiale de l'action). C'est le taux de rentabilité pour l'actionnaire qui achète ses actions en début de période, touche des dividendes qu'il réinvestit en actions de la même société et revend le tout en fin de période.

Dès lors, et c'est là leur principale faiblesse, ces deux indicateurs peuvent faire apparaître une destruction de valeur (qui résulte de la baisse des anticipations de profits futurs) alors même que l'entreprise a dégagé sur son actif économique une rentabilité supérieure au coût du capital. C'est le cas de Total dont le cours de Bourse a été stable de 2005 à 2013 alors que la rentabilité de son actif économique a été comprise entre 9 et 32 % par an sur la période, pour un coût du capital de l'ordre de 8 %. À l'inverse, en cas d'euphorie boursière, une société aux performances économiques médiocres peut afficher des TSR et une MVA flatteurs. Certes, sur longue période, les hauts et les bas sont lissés et une société aux performances modestes aura un TSR et une MVA en rapport ; mais dans l'intervalle il peut y avoir des écarts considérables.

31.6 C'est d'ailleurs cette considération qui a conduit l'Autorité des marchés financiers (AMF) à préconiser l'établissement d'une distinction claire entre indicateurs de performance économique et indicateurs de création de valeur boursière (TSR et MVA). En effet, les premiers mesurent une performance passée sur un exercice alors que les seconds reflètent beaucoup plus une anticipation de création de valeur dans l'avenir à travers la prise en compte du cours de l'action qui reflète ces anticipations. Ils sont donc plus complémentaires qu'antinomiques.

1 Voir le chapitre 33. Le coût du capital est le coût moyen des ressources financières (capitaux propres et endettement) mises à la disposition de l'entreprise par les actionnaires et les prêteurs. C'est donc le taux de rentabilité minimum qu'elle doit dégager sur son actif économique pour satisfaire les exigences de rentabilité de ses pourvoyeurs de fonds.

Section 2 ■ La VAN : le seul critère financier

31.7 Le lecteur aura bien compris qu'à la notion de valeur telle que nous l'avons définie correspondait parfaitement l'outil de la **valeur actuelle nette**. On verra que faire de la finance d'entreprise c'est être perpétuellement à la recherche de la valeur actuelle nette d'un investissement, d'un projet, d'une entreprise, d'une source de financement... Il va de soi qu'en matière d'allocation des ressources on n'investira que lorsque la valeur actuelle nette sera positive, donc lorsque la valeur de marché sera inférieure à la valeur actuelle. **La valeur actuelle nette traduit la création ou la destruction de valeur dégagée par l'allocation de ressources de l'entreprise**. On aura donc une recherche permanente, d'une part, des flux financiers que l'on essaiera de prévoir (tout en appréhendant le risque de ces prévisions) et, d'autre part, du taux de rentabilité exigé (k) par les pourvoyeurs de fonds de l'entreprise.

La création de valeur est donc égale à la différence entre la valeur de l'actif économique et le montant comptable de l'actif économique, ce dernier correspondant au montant des fonds investis dans l'entreprise.

> Création/destruction de valeur = Valeur de l'actif économique – Montant comptable de l'actif économique.

Cet indicateur évolue au gré des anticipations des investisseurs qui cherchent à déterminer la rente qui, perdurant sur une certaine durée, permet à l'actif économique de l'entreprise de valoir plus que son montant comptable.

> Voici défini et reprécisé le seul critère financier valable : la valeur actuelle nette.

Si la VAN est très utilisée à l'intérieur des entreprises pour faire des choix d'investissement (voir le chapitre suivant), elle n'est en revanche quasiment pas utilisée par l'entreprise dans sa communication extérieure sur sa création de valeur.

Si elle devait le faire, elle serait conduite à donner publiquement des éléments précis sur son plan d'affaires, sur ses flux de trésorerie futurs. Aucune entreprise n'est prête à le faire pour ne pas donner des informations confidentielles à ses concurrents, ni donner l'impression de prendre des engagements de performance qu'elle pourrait ne pas respecter car dépendants d'une conjoncture économique et financière qu'elle ne maîtrise pas.

D'où le développement d'indicateurs de création de valeur, beaucoup moins impudiques, mais aussi souvent beaucoup moins efficaces et beaucoup plus manipulables !

Section 3 ■ Les critères hybrides mi-comptables/mi-financiers

1 ■ Le profit économique ou l'*Economic Value Added* (EVA)

31.8 Moins ambitieux que la valeur actuelle nette, le profit économique[1] mesure l'enrichissement de l'entreprise sur un exercice et tient compte, non seulement du coût de la dette comme le fait le résultat net, mais aussi du coût des capitaux propres.

> L'innovation de l'approche du profit économique ou de l'*Economic Value Added* (EVA) consiste à dégager un niveau de résultat à partir duquel de la valeur est créée puisque ce dernier est calculé après rémunération des créanciers et celle des actionnaires sur les fonds qu'ils ont apportés à l'entreprise.

Le calcul du profit économique nécessite d'abord d'estimer quel a été le taux de rentabilité économique gagné en surplus du coût moyen pondéré du capital. Cet écart est ensuite multiplié par le montant comptable de l'actif économique de début de période pour donner la création de valeur de la période. Ainsi une entreprise qui dispose en début d'année d'un actif économique d'un montant comptable de 100, rapportant un taux de rentabilité économique (après impôts) de 12 % alors que le coût moyen pondéré du capital n'est que de 10 % aura donc gagné 2 % de plus que le taux requis. Sur des fonds de 100, elle aura donc créé de la valeur pour 2 sur l'exercice.

> Profit économique = Actif économique × (R_e – k) ou en anglais EVA = *Capital employed* × (ROCE – WACC).

où R_e est le taux de rentabilité économique comptable après impôt, k est le coût moyen pondéré du capital.

Le profit économique est lié simplement à la valeur actuelle nette puisque la VAN est la somme des différents profits économiques actualisés au coût moyen pondéré du capital.

$$\text{VAN} = \sum_{i=0}^{n} \frac{\text{Profit économique de l'année i}}{(1 + \text{Coût moyen pondéré du capital})^i} = \sum_{i=0}^{n} \frac{EVA_i}{(1+k)^i}$$

Voici, à titre d'exemple, les EVA de quelques groupes européens en 2013. Les secteurs industriels traditionnels (automobiles, sidérurgie, construction) portent les stigmates de la crise.

Société	EVA 2013 (en M€)	Société	EVA 2013 (en M€)
Roche	8 500	NRJ	(21)
Nestlé	4 872	Bonduelle	(55)
AstraZeneca	3 798	Carrefour	(140)
L'Oréal	1 794	Carlsberg	(157)
BASF	1 730	Italcementi	(629)
Telefónica	1 099	Heidelberg Cement	(755)
E.ON	525	Lafarge	(959)
Adidas	409	Deutsche Telekom	(1 510)
Belgacom	337	ENI	(1 607)
Heineken	310	Peugeot	(1 618)
Michelin	155	Shell	(2 974)
BIC	133	ArcelorMittal	(3 686)

Source : Exane BNP Paribas, Datastream.

1 Certains auteurs utilisent le terme *economic profit* (EP) pour désigner la création de valeur annuelle pour l'actionnaire, soit résultat net – capitaux propres × coût des capitaux propres. Nous ne ferons pas cette distinction ici. Notons également que le BCG a cherché à affiner l'EVA en corrigeant le résultat d'exploitation de la différence qu'il peut exister entre les dotations aux amortissements comptables et l'usure économique du bien. L'agrégat a alors été renommé CVA (*cash value added*).

31.9 Pour calculer l'EVA, certains éléments de l'actif économique comptable de début de période doivent être retraités afin de passer d'une lecture comptable à une lecture économique de l'entreprise. Ainsi :

- dans la mesure où elles réduisent artificiellement le capital d'une société, les pertes exceptionnelles des années passées doivent être retraitées et ajoutées à l'actif économique ;
- le montant des *goodwills* au bilan doit être retenu en brut et donc corrigé des dépréciations ou amortissements cumulés et les survaleurs négatives (*badwill*) retranchées de l'actif ;
- les autres retraitements majeurs concernent les provisions pour impôts différés, les amortissements afin d'assurer leur cohérence avec la valeur économique des immobilisations et l'évaluation des stocks à leur valeur de remplacement.

Bien évidemment, le compte de résultat (résultat d'exploitation et impôt) doit également être retraité afin de rester cohérent avec l'actif économique obtenu précédemment.

Les cabinets qui développent pour les entreprises les outils de profits économiques ont en général une longue liste de redressements qui constitue à la fois un brevet de respectabilité et une barrière à l'entrée !

31.10 La nouveauté de l'EVA a résidé dans ses utilisations puisqu'elle permet à tous les niveaux de l'entreprise de mesurer la performance d'une unité en lui appliquant un taux de rentabilité exigé individuel. Elle constitue un outil de gestion financière décentralisée.

> L'EVA est avant tout une réussite de marketing et de communication. Elle reformule un concept que les financiers utilisaient depuis longtemps, mais l'explique en termes simples et compréhensibles à tous les niveaux d'une organisation.

Enfin, une entreprise peut être tentée de maximiser son EVA une année au détriment des EVA futures en sous-investissant ou en réduisant artificiellement son BFR. De façon générale, il est très difficile de trouver un indicateur annuel qui soit le garant de la création de la valeur d'une entreprise : seule la valeur actuelle de l'ensemble des flux futurs peut rendre compte de la capacité de l'entreprise à créer de la valeur dans la durée.

2 ■ Le *Cash Flow Return On Investment*

31.11 Le *Cash Flow Return On Investment* (**CFROI**) correspond dans sa version originale à la moyenne des taux de rentabilité interne des investissements actuels de l'entreprise.

Le **CFROI** est le taux de rentabilité interne qui égalise l'actif économique de l'entreprise (calculé avant dotations aux amortissements et réévalué du taux d'inflation) et la série des excédents bruts d'exploitation après impôt, calculée sur la durée de vie des actifs immobilisés en place. Cette dernière s'estime en divisant la valeur brute des immobilisations par la dotation aux amortissements de l'année. Le CFROI est alors comparé au coût moyen pondéré du capital : supérieur, l'entreprise crée de la valeur ; inférieur, elle en détruit.

Tout comme l'EVA, la détermination du CFROI s'accompagne de nombreux redressements dont la fonction première semble de convaincre les éventuels utilisateurs de recourir à son inventeur, le cabinet Holt, pour les mettre en œuvre. Aussi est-il parfois utilisé dans une version très simplifiée qui le ramène à un indicateur comptable (voir paragraphe 31.20).

Section 4 ■ Les critères boursiers

1 ■ La création de valeur boursière (ou la *Market Value Added*)

31.12 Pour l'entreprise cotée, la création de valeur boursière (*Market Value Added* ou **MVA** en anglais), correspond à :

Création de valeur boursière = Capitalisation boursière + Valeur de l'endettement net – Montant comptable de l'actif économique.

En l'absence d'information sur la valeur de la dette, on suppose généralement que celle-ci est égale à son montant comptable, l'équation se simplifie alors et devient :

Création de valeur = Capitalisation boursière + Montant comptable de la dette – (Montant comptable des capitaux propres + Montant comptable de la dette) = Capitalisation boursière – Montant comptable des capitaux propres.

La création de valeur boursière est donc souvent approximée par la différence entre la capitalisation boursière et le montant comptable des capitaux propres. On retrouve implicitement le multiple des capitaux propres (PBR) vu au chapitre 26.

À titre d'illustration, voici le MVA de quelques grands groupes européens cotés en Bourse en avril 2014.

Société	MVA 2014 (en M€)	Société	MVA 2014 (en M€)
Sanofi	44 531	Club Méditerranée	57
ABB	22 885	Bonduelle	40
Telefónica	22 276	NRJ	(9)
Deutsche Telekom	19 180	Heidelberg Cement	(1 413)
Total	15 425	Orange	(2 381)
Ericsson	12 986	Natixis	(2 939)
ENI	12 108	Fiat	(3 517)
Adidas	11 368	Peugeot	(3 646)
Nokia	5 975	Renault	(7 750)
Michelin	4 079	Porsche	(10 632)
Cap Gemini	1 978	Vodafone	(16 524)
M6	1 140	ArcelorMittal	(17 747)
Saint-Gobain	865	Crédit Agricole	(18 197)
Boursorama	458	Royal Bank of Scotland	(18 746)

Source : Exane BNP Paribas, Datastream.

31.13 La MVA, ou plutôt la variation de MVA, est un critère plus pertinent que la seule évolution du cours de Bourse puisqu'il met en regard l'augmentation de valeur et les capitaux investis pour y parvenir.

Il n'est pas difficile de démontrer, si la valeur de la dette est proche de son montant comptable, le lien entre création de valeur boursière et profit économique :

$$\text{Création de valeur boursière (MVA)} = \sum_{i=0}^{\infty} \frac{\text{Profit économique de l'année i}}{(1 + \text{Coût moyen pondéré du capital})^{i}}$$

Ou, ce qui revient au même :

Valeur de l'actif économique =

$$\sum_{i=0}^{\infty} \frac{\text{Profit économique de l'année i}}{(1 + \text{Coût moyen pondéré du capital})^{i}} \,{}^{1} + \text{Montant comptable de l'actif économique de début de période}$$

Cependant la MVA présente la faiblesse, aux yeux de ceux qui ne croient pas à l'efficience des marchés, de reposer sur des valeurs boursières souvent volatiles. Mais c'est le prix du marché à un moment donné !

2 ■ Le *Total Shareholder Return*

31.14 Le *Total Shareholder Return* (TSR) se calcule comme le taux de rentabilité de l'actionnaire qui a acheté l'action en début de période, a touché des dividendes, que le plus souvent on suppose réinvestis dans l'achat de nouvelles actions, et qui valorise, en fin de période, son portefeuille sur la base du dernier cours de l'action.

Il s'agit ni plus, ni moins, du taux de rentabilité actuariel que nous avons vu au chapitre 20.

Pour être significatif, ce calcul doit être effectué sur une assez longue période (5 à 10 ans) afin de lisser l'impact de variations boursières erratiques (bulle « Internet », crise de 2007-2013).

À titre d'illustration, voici le TSR de quelques grands groupes européens sur la période 1991-2012.

Société	TSR	Société	TSR
Nokia	31 %	BNP Paribas	12 %
HSBC	20 %	Royal Dutch Shell	11 %
Telefonica	17 %	ING	11 %
Vodafone	16 %	GlaxoSmithKline	11 %
Ericsson	16 %	BP	10 %
ENI	15 %	Novartis	9 %
Roche	15 %	EON	9 %
Total	13 %	Deutsche Telekom	8 %
Nestlé	13 %	Crédit Suisse	8 %
Siemens	13 %	UBS	6 %

Source : Exane BNP Paribas, Datastream.

Les marchés n'étant pas toujours à l'équilibre, il n'y a pas de liens automatiques entre création de valeur intrinsèque et création de valeur boursière, en particulier en période de krach (ou de boom) quand une entreprise peut gagner plus (moins) que son coût du capital et pourtant avoir une valeur boursière de son actif économique qui s'effondre (explose).

Section 5 ■ Les critères comptables

31.15 Nous négligerons les critères globaux qui s'apparentent à des critères de puissance : le bénéfice net, le montant des capitaux propres, la capacité d'autofinancement... Leur critique est si facile que nous laissons au lecteur le soin de la faire !

1 Certains retrouveront ici « la rente du *goodwill* » de nos grand-parents.

Une critique peut également être faite des critères que nous allons présenter ci-dessous bien que ceux-ci soient systématiquement utilisés comme critères d'analyse de toute décision financière, même au niveau du conseil d'administration. En effet, étant de nature comptable, ils négligent largement le risque.

Notre lecteur comprendra très vite qu'il n'est pas possible de s'arrêter à la maximisation de ces critères pour maximiser la valeur, même s'ils sont apparemment liés par un coefficient à la valeur ou au taux de rentabilité exigé et qu'il n'existe pas de rapport constant et automatique entre l'amélioration de ces critères et la création de valeur.

1 ■ Le bénéfice par action

31.16 Le bénéfice par action (BPA) reste le favori de beaucoup de financiers d'entreprise : malgré ses limites, il reste le plus utilisé aujourd'hui en raison du lien direct qui l'unit à la valeur de l'action par le multiple du résultat net (PER). L'utilisation du bénéfice par action est fondée sur trois méprises :

- croire que le bénéfice par action prend en compte le coût des capitaux propres et donc le risque ;
- croire que les données comptables ont une influence mécanique sur la valeur de l'entreprise. Ce n'est pas en changeant de méthode comptable (stocks, amortissements, traitement de la survaleur…) que l'on peut modifier la valeur de l'entreprise et ce, même si l'on modifie le bénéfice par action ;
- croire que toute décision financière qui tend à faire croître le bénéfice par action fait croître la valeur. Ceci suppose que le PER reste constant avant et après la décision financière, alors que, dans bien des cas, cette hypothèse est erronée. La valeur n'est donc pas un multiple constant du bénéfice par action car la décision prise peut affecter l'appréciation par les investisseurs du risque et du potentiel de croissance de l'entreprise, et donc le niveau de PER de l'entreprise.

31.17 Considérons ainsi l'entreprise A dont le PER, compte tenu de son risque, de ses perspectives de rentabilité et de croissance, est de 20 ; son bénéfice net est de 50. Soit l'entreprise B dont la valeur des capitaux propres est de 450 avec un bénéfice net de 30, d'où un PER de 15. A décide d'acheter le contrôle de B en payant une prime de 33 % par rapport à la valeur de B, soit 600 au total. A se finance entièrement par endettement à un coût de 3 % après impôt. A et B sont correctement évaluées compte tenu de leur risque. Les synergies industrielles et commerciales permettant d'augmenter le bénéfice du nouveau groupe sont inexistantes et il n'y a pas d'amortissement/dépréciation du *goodwill* (voir paragraphe 7.20).

Dès lors, le résultat net de A devient :

Résultat net de A (avant) :	50
+ Résultat net de B :	30
– Coût de financement :	18 = 600 × 3 %
= Nouveau résultat net de A :	62, soit + 24 %

A ayant intégralement financé l'acquisition de B par endettement, le nombre d'actions de A est inchangé. La progression du bénéfice par action est donc égale à celle du bénéfice net, soit 24 %. Époustouflant, n'est-ce pas ? Mais A a-t-elle créé de la valeur en acquérant B ? Non, puisqu'il n'y a aucune synergie entre A et B, et que A a payé B 33 % de plus que son prix d'équilibre. Au contraire, A a détruit de la valeur à hauteur de cette prime de contrôle, soit ici 150 qui n'a aucune contre-partie en synergies.

En fait l'explication de ce paradoxe (apparent) d'une progression de 24 % du bénéfice par action et d'une destruction simultanée de valeur tient au fait **qu'il y a progression mécanique du BPA de l'acquéreur tant que l'inverse du PER de la société achetée par endettement est supérieur au coût de l'endettement après impôt**. Ici, B a un PER de 20 compte tenu de la prime de 33 % payée par A pour l'acquérir. L'inverse de 20 (5 %) est bien supérieur à 3 % (le coût de la dette après impôt pour A).

Dans les conditions actuelles de faible taux d'intérêt (5 % avant impôt soit 3 % après impôt), il faut qu'un achat payé en cash se fasse sur la base d'un PER de plus de 33 pour qu'il ait un impact négatif sur le BPA de l'acquéreur, ce qui laisse de la marge…

31.18 Considérons maintenant C dont la valeur des capitaux propres est de 1 400 pour un bénéfice net de 140, soit un PER de 10. Elle fusionne sur la base des valeurs d'équilibre, sans prime de contrôle, avec D, présentant le même niveau de risque, dont les capitaux propres valent 990 et dont le PER est de 18 (bénéfice net de 55). Grâce à de très fortes synergies industrielles, C est capable d'améliorer le résultat net de D de moitié. Il y a donc incontestablement création de valeur. Et pourtant, il n'est pas difficile de démontrer (voir exercice 1) que le BPA de C baisse de 7 % après la fusion. Ceci est mécanique et s'explique simplement par le fait que le PER de D (18) est plus élevé que celui de C (10) car les perspectives de résultats de D sont supérieures à celles de C.

Nous ne saurions trop insister auprès de notre lecteur pour le mettre en garde contre la fréquente assimilation de la croissance du bénéfice par action à la création de valeur et parallèlement de la dilution du BPA avec la destruction de valeur. Ceci est abusif, le BPA est un critère comptable et non un critère de valeur.

Le problème n'est pas de savoir s'il y a dilution ou croissance du BPA de C mais de savoir si D n'a pas été payée trop cher. Dans ce cas particulier, non, compte tenu de l'absence de prime de contrôle par rapport aux valeurs d'équilibre et du dégagement de synergies industrielles. Après cette opération, l'action C pourra être payée sur la base d'un PER plus élevé car le taux de croissance de ses résultats devrait être plus fort grâce à l'apport des activités de D qui ont un taux de croissance plus élevé. Au total, le PER plus élevé devrait compenser, et au-delà, l'effet dilution du BPA, entraînant une progression du cours de Bourse, ce qui est logique compte tenu de la création de valeur réalisée grâce aux synergies industrielles.

31.19 En fait le critère du BPA n'est un indicateur pertinent de création de valeur que si trois conditions sont respectées :

– le risque de l'actif économique est le même d'un exercice sur l'autre, ou avant et après une opération (fusion, acquisition, augmentation ou réduction de capital, investissement…) ;
– le taux de croissance des résultats est le même avant et après cette opération ;
– la structure financière de l'entreprise est la même d'un exercice sur l'autre, ou avant et après cette opération.

Si ces trois conditions sont respectées, alors notre lecteur est en droit d'assimiler croissance du BPA et création de valeur, dilution du BPA et destruction de valeur.

Si l'une d'entre elles au moins n'est pas respectée, il n'est absolument pas possible de comparer les BPA avant et après une opération et de dire que leur croissance témoigne d'une création de valeur et leur baisse d'une destruction de valeur. Dans l'exemple plus haut du rapprochement entre A et B financé entièrement par endettement, si le BPA de A a crû de 24 %, la qualité de ce BPA au sens de son risque s'est fortement dégradée à cause du supplément d'endettement. Il ne peut donc plus être comparé directement à ce qu'il était préalablement au rapprochement avec B.

De la même façon, le BPA de C après la fusion avec D ne peut pas être comparé avec son BPA avant car si le rapprochement ne modifie pas la structure financière, le taux de croissance de C après le rapprochement avec D est différent de celui d'avant le rapprochement.

2 ■ Les taux de rentabilité comptables

31.20 Les taux de rentabilité comptables recoupent :

- le taux de rentabilité des capitaux propres : R_{CP} ou ROE ;
- le taux de rentabilité économique R_e ou ROCE, dont, tout comme le précédent, nous avons fait la connaissance au chapitre 14 ;
- le *Cash Flow Return on Investment* (CFROI) qui, dans sa version simplifiée, rapporte l'excédent brut d'exploitation[1] à l'actif économique pris en valeur brute, c'est-à-dire avant amortissement de l'actif immobilisé.

$$\textit{Cash Flow Return on Investment} = \frac{\text{Excédent brut d'exploitation}}{\text{Actif immobilisé brut + BFR}}$$

Il est en particulier utilisé dans des secteurs où la dotation aux amortissements ne traduit pas nécessairement une usure des immobilisations, comme dans l'hôtellerie.

Les taux de rentabilité comptables des capitaux propres ou de l'actif économique ont le défaut d'être comptables et leur utilisation est dangereuse comme nous allons le démontrer.

31.21 Considérons la société Archibald, monoproduit, qui dégage[2] une rentabilité économique de 20 % sur un actif économique de 100. Située dans un secteur hautement profitable, elle s'interroge sur ses opportunités de diversification : doit-elle exiger de tout projet le taux de rentabilité actuel, soit 20 % ? Dans l'affirmative, elle ne trouvera quasiment aucun investissement acceptable, et ne se diversifiera jamais.

Comment raisonner ? Cette société dégage une rentabilité comptable de 20 %. Supposons que ses pourvoyeurs de fonds exigent une rentabilité de 10 %, sa valeur de marché est alors de 20/10 %, soit 200.

1 L'EBITDA des Anglo-Saxons.

2 Nous supposons que les investissements projetés dégagent une rentabilité à l'infini, afin de simplifier les calculs d'actualisation.

L'investissement proposé s'élève à 100 et dégage, pour un risque identique, une rentabilité de 15 %, le taux de rentabilité exigé demeurant constant à 10 % ; on constate alors que :

Résultat d'exploitation actuel :	20 % × 100 = 20
+ Résultat d'exploitation sur le nouvel investissement :	15 % × 100 = 15
= Total :	35

soit une valeur de l'entreprise de 35/10 % = 350 (+ 150), pour une rentabilité économique de 35/200 = 17,5 %.

La valeur de l'actif économique s'est accrue d'un montant supérieur aux fonds engagés (150 contre 100) car l'entreprise a investi dans un projet dont la rentabilité est supérieure au taux exigé par les pourvoyeurs de fonds. De la valeur a été créée. Il fallait donc investir. Cependant la rentabilité économique a baissé de 20 % à 17,5 %, ce qui prouve que ce critère n'est pas pertinent.

> Plus généralement, la valeur d'une entreprise s'accroît d'un montant supérieur aux fonds engagés tant que la rentabilité de l'investissement est supérieure au taux de rentabilité exigé.

Considérons à l'inverse la société Haddock qui dégage une rentabilité économique de 5 % sur un actif économique de 100. Si l'exigence des pourvoyeurs de fonds est toujours de 10 %, la valeur de l'actif économique de Y est de 5/10 % = 50.

L'investissement proposé s'élève à 25 et dégage une rentabilité de 8 %. L'exigence de rentabilité des pourvoyeurs de fonds de l'entreprise demeurant constante (10 %), on a :

Résultat d'exploitation actuel :	5 % × 100 = 5
+ Résultat d'exploitation sur nouvel investissement :	8 % × 25 = 2
= Total :	7

soit une valeur de l'actif économique de 7/10 % = 70 (+ 20), pour une rentabilité économique de 7/125 = 5,6 %.

La valeur de l'actif économique de Haddock a certes progressé (+ 20) mais dans des proportions moindres que les fonds investis (25). De la valeur a été détruite. En effet, la rentabilité de l'investissement réalisé n'est que de 8 % alors que les investisseurs exigent du 10 %. Il y a donc appauvrissement. Il ne fallait donc pas réaliser cet investissement. Pourtant la rentabilité économique s'est améliorée de 5 % à 5,6 %...

31.22 De la même façon, on peut démontrer qu'il y a croissance de la rentabilité des capitaux propres suite à une acquisition financée par émission d'actions quand l'inverse du PER de la cible est supérieur au taux de rentabilité actuel des capitaux propres de l'acheteur.

> Les taux de rentabilité comptables sont dangereux pour le financier d'entreprise. Il s'agit de références comptables et en aucune manière externes : tout se passe comme si l'entreprise était dans un système clos ! Seule la rentabilité exigée par le système financier doit être utilisée comme minimum requis.

Oublions les « R » (notion comptable) pour ne conserver que les « k » (notion financière).

Malheureusement, nous constatons que les investisseurs et les dirigeants d'entreprises continuent à analyser l'impact de leurs décisions sur les critères comptables que nous venons de voir alors même que ceux-ci n'ont qu'un lointain rapport avec la création de valeur. Certes, la comptabilité est le système d'information majeur de l'entreprise, mais nous ne saurions trop conseiller à notre lecteur de s'intéresser d'abord et avant tout à l'impact sur la valeur.

Section 6 ■ Un peu de recul

1 ■ Un essai de synthèse

31.23 Nous conseillons à notre lecteur de bien comprendre les faiblesses de chacun de ces indicateurs de création de valeur car tant que les pratiques restent diversifiées et les usages non encore normalisés, le choix pour une entreprise de tel ou tel critère pour présenter ses performances ou une opération n'est pas neutre…

Elle pourra en effet être tentée de choisir le critère le plus flatteur afin de faire apparaître une création de valeur en lieu et place d'une destruction de valeur.

	Critère financier	Critères comptables/ financiers		Critères comptables		Critères boursiers	
Français	VAN	Profit économique	Taux de rentabilité interne	BPA	Taux de rentabilité comptable	Création de valeur boursière	Taux de rentabilité total de l'actionnaire
Anglais	NPV	EVA	IRR, CFROI	EPS	ROE, ROCE	MVA	TSR
Points forts	Le meilleur critère.	Indicateur simple qui fait prendre conscience de la notion de coût moyen pondéré du capital.	N'est pas limité aux résultats de l'année.	Son antériorité historique. Sa simplicité.	Concepts simples.	Simplicité frappante. Reflète la création de valeur totale et non annuelle.	Sur le moyen/ long terme, représente la rentabilité de l'actionnaire.
Points faibles	Difficile à calculer pour l'analyste externe.	Limité à l'année. Évolutions au cours du temps difficiles à apprécier.	Complexes à calculer.	Ne tient pas compte du risque. Fort potentiel de manipulation. Ne tient pas compte du coût des capitaux propres.	Comptables et donc ne tiennent pas compte du risque. Limités à un exercice. Doivent être comparés avec des taux exigés pour avoir un sens.	Soumis à la volatilité des marchés boursiers. Difficile à appliquer à une société non cotée.	Calculé sur une trop courte période, est soumis à la volatilité des marchés boursiers.

2 ■ Création de valeur ou création de valeurs ?

31.24 Le concept de création de valeur s'est propagé très rapidement depuis une vingtaine d'années, au point de devenir un passage obligé du discours de la plupart des dirigeants de sociétés. On observe, par ailleurs, une tendance à ne plus seulement apprécier la création de valeur pour les actionnaires mais pour l'ensemble des partenaires (*stakeholders* en anglais) de l'entreprise : actionnaires, salariés, clients.

On parle alors de valeur partenariale, de capital client, de capital humain, au même titre que le capital financier.

Nous pensons pour notre part que ces réflexions sympathiques reposent sur un double malentendu :

▪ La création de valeur n'est pas synonyme, comme elle en est parfois accusée à la va-vite, de licenciements, de fermetures d'usines, de compression à tout-va des coûts, de négligence en matière de respect de l'environnement, du droit du travail, de la dignité humaine. Bien au contraire ! Lorsque l'on regarde la liste des groupes qui ont durablement créé de la valeur pour leurs actionnaires, souvent sur de très longues périodes, on s'aperçoit immédiatement qu'il s'agit d'entreprises qui n'ont eu de cesse d'innover, de croître, de créer des marchés, de répondre à de nouveaux besoins, d'embaucher et de former, de fidéliser leur personnel, de créer des liens forts avec leurs clients... Ainsi L'Oréal, General Electric, Essilor, Nestlé, BMW...

Une stratégie de compression des coûts ne peut être que temporaire. Elle ne peut créer durablement de la valeur pour l'actionnaire si elle ne débouche pas rapidement sur une stratégie de croissance rentable.

▪ Les actionnaires confient leurs fonds à des dirigeants, à charge pour eux de les faire fructifier au cours du temps dans le cadre d'un objet social donné et dans l'intérêt des actionnaires. Pour un dirigeant, chercher à atteindre d'autres objectifs, c'est trahir le pacte social fondateur ; c'est surtout le plus sûr moyen de n'en atteindre aucun.

Seule l'entreprise qui crée durablement de la valeur aura les moyens nécessaires pour financer son développement, bien rémunérer et former ses salariés, produire des biens ou des services de qualité, respecter l'environnement.

> Heureusement il n'y a pas que la finance dans la vie. Mais en finance il n'y a qu'un seul objectif, et en le remplissant, on est alors en mesure d'atteindre tous les autres.

RÉSUMÉ

Le résumé de ce chapitre est disponible sur le site www.vernimmen.net.

Les outils de mesure de la création de valeur peuvent être rangés dans quatre compartiments :

- la valeur actuelle nette qui est le seul outil purement financier ;
- les outils hybrides comptables/financiers qui prennent en compte l'exigence de rentabilité des investisseurs (le coût moyen pondéré du capital) et ne dépendent pas directement des mouvements parfois erratiques des marchés. Le profit économique, popularisé sous le terme EVA, mesure de combien l'actionnaire s'est enrichi au-delà de sa rémunération normale. Il présente l'inconvénient de se limiter à l'année et donc de pouvoir subir des manipulations conduisant à le maximiser sur un exercice au détriment des années suivantes ;
- les outils boursiers qui mesurent soit l'écart entre la valeur de l'actif économique et son montant comptable (la MVA des Anglo-Saxons), soit le taux de rentabilité de l'actionnaire compte tenu de la progression de la valeur de l'action et des dividendes versés (*Total Shareholder Return*, TSR). Ils n'ont de sens que sur une moyenne période pour leur permettre d'échapper aux fluctuations boursières qui peuvent les déconnecter de la réalité économique ;
- les outils comptables qui ont justement le grand défaut d'être comptables, c'est-à-dire de n'intégrer ni le risque, ni la rémunération des capitaux propres : bénéfice par action (BPA) relié à la valeur de l'action par le PER, capitaux propres par action reliés à la valeur de l'action par le PBR, les taux de rentabilité comptable (des capitaux propres, ROE, ou de l'actif économique, ROCE) à comparer au coût des capitaux propres (ou au coût moyen pondéré du capital, WACC).

Il est important de bien comprendre leurs faiblesses car en l'absence de norme acceptée par tous en matière de mesure de création de valeur, les entreprises ont naturellement tendance à choisir le critère qui les met le mieux en valeur.

QUESTIONS

1/ Quel est le défaut des taux de rentabilité comptable ?

2/ Pourquoi Félix Bogliolo (introducteur de l'EVA en France) a-t-il écrit que l'EVA était un coup de marketing génial ?

3/ Qu'est-ce qu'un TSR calculé sur 1 an ?

4/ Une entreprise en perte fait-elle un profit économique (EVA) positif ?

5/ Une entreprise avec un résultat net positif peut-elle faire apparaître un profit économique négatif ?

6/ À quoi la somme des EVA futures actualisées au coût du capital est-elle égale ?

7/ À quelles conditions peut-on comparer le bénéfice par action avant et après une opération ?

8/ Que pensez-vous de cette citation de A. Mandron : « une série d'EVA positives ne peut signaler que deux choses : ou bien une situation de monopole plus ou moins temporaire (par exemple une haute technologie) ou bien une mauvaise estimation du coût du capital » ?

9/ La baisse du taux de rentabilité des capitaux propres est-elle synonyme de destruction de valeur ? Pourquoi ?

10/ La baisse du taux de rentabilité de l'actif économique (ROCE) est-elle synonyme de destruction de valeur ? Pourquoi ?

11/ Une entreprise peut-elle créer de la valeur et avoir un TSR négatif sur 1 an ? Sur 10 ans ?

12/ À quoi correspond le TSR en matière de choix d'investissement ?

13/ Si vous alliez sur une île déserte en compagnie d'un seul critère de mesure de création de valeur, lequel prendriez-vous ? Pourquoi ?

14/ Un BPA en baisse après une opération est-il synonyme de destruction de valeur ?

15/ Un BPA en hausse après une opération est-il synonyme de création de valeur ?

16/ Pourquoi un calcul précis d'EVA ou de rentabilité implique-t-il de procéder à des retraitements bilantiels ?

17/ Quel est le défaut des classements d'entreprises fondés sur l'EVA ?

18/ Création de valeur et licenciements sont-ils systématiquement synonymes ?

19/ Peut-on créer plus de valeur en développant de nouveaux produits et de nouveaux marchés ou en réduisant les coûts ?

20/ Le groupe hôtelier Accor communique sur la création de valeur mesurée par un ROCE calculé comme le rapport de l'EBE sur la valeur historique (c'est-à-dire brute avant dotation aux amortissements) de l'actif économique. Qu'en pensez-vous ?

D'autres questions vous attendent sur le site www.vernimmen.net.

EXERCICES

1/ Démontrez que, dans l'exemple du paragraphe 31.18, le BPA de C après sa fusion avec D baisse de 7 %.

2/ En reprenant les données de la première partie de cet ouvrage (chapitres 4 et 10), calculez l'EVA et la MVA d'Indesit en 2013 sachant que le coût moyen pondéré de son capital est de 8,7 % et que sa capitalisation boursière est de 1 130 M€. Prenez par hypothèse un taux d'impôt sur les sociétés de 31 %. Pourquoi, alors que l'EVA est négative, la MVA est-elle positive en 2013 ?

ÉLÉMENTS DE RÉPONSE

Questions

1. Ils sont comptables justement et n'appartiennent donc pas au monde de la valeur puisqu'ils ne tiennent compte ni du risque ni de la rentabilité exigée par les pourvoyeurs de fonds.

2. Prenez un concept ancien, donnez-lui un nom nouveau dans le vent, faites un battage médiatique et vous avez l'EVA !

3. Une imposture intellectuelle ! Le TSR n'a de sens que calculé sur au moins 5 ans pour éliminer les variations boursières brutales. Sur 1 an, il s'agit de la rentabilité annuelle du titre.

4. Non, car étant en perte, elle ne couvre pas le coût de ses capitaux propres et donc pas le coût de ses capitaux.

5. Oui, si le résultat net est insuffisant pour couvrir le coût des capitaux propres.

6. À la VAN.

7. Que le risque de l'actif économique, que la structure financière et que le taux de croissance soient les mêmes avant et après cette opération.

8. Elle est totalement juste ! Compte tenu de la pression concurrentielle.

9. Pas nécessairement si elle s'accompagne d'une baisse du risque (actif économique, structure financière) ou d'une hausse des perspectives de croissance, ou si la rentabilité marginale des capitaux propres reste supérieure au coût des capitaux propres. Sinon, oui.

10. Même réponse que précédemment en remplaçant « des capitaux propres » d'abord par « de l'actif économique » puis par « du capital ».

11. Sur 1 an oui, sur 10 ans c'est plus rare car les fluctuations brutales des cours sans lien avec les performances économiques de l'entreprise se compensent.

12. C'est le taux de rentabilité interne TRI.

13. La valeur actuelle nette, c'est le meilleur critère.

14. Pas nécessairement si le taux de croissance après l'opération est plus fort qu'avant ou si le risque de la structure financière ou de l'actif économique est réduit. Sinon, oui.

15. Pas nécessairement, si le taux de croissance après l'opération est plus faible qu'avant ou si le risque de la structure financière ou de l'actif économique s'est accru. Sinon, oui.

16. Pour quitter le formalisme comptable empreint du principe de prudence et se rapprocher d'une logique économique de valeur.

17. De se focaliser sur un indicateur annuel qui ne tient pas compte d'une politique d'investissement qui peut mettre plus d'un an à porter ses fruits.

18. Non, la création de valeur passe souvent par le développement de nouveaux produits et de nouveaux marchés, donc par la croissance des effectifs.

19. *A priori* en créant de nouveaux produits ou marchés car là le ciel est la limite ! Contrairement aux réductions de coûts qui trouvent souvent vite leurs limites.

20. Le ROCE se calcule habituellement sur la base résultat d'exploitation/actif économique, (en montant comptable net, c'est-à-dire après dotations aux amortissements). Ici le calcul est celui du CFROI simplifié que nous avons présenté. Accor le calcule avant dotations aux amortissements, au numérateur comme au dénominateur, ce qui s'explique par le caractère très patrimonial de son activité : un hôtel bien entretenu ne perd pas en valeur, malgré l'amortissement, en raison de sa composante immobilière. L'amortissement ne correspond pas à une déperdition de valeur, d'où le recours à l'EBE.

Exercices

Les corrigés détaillés des exercices sur excel sont disponibles sur le site www.vernimmen.net.

1. Le bénéfice passe de 140 à 140 + 55 + 27,5 = 222,5, soit une multiplication par 222,5/140 = 1,59. Le nombre d'actions de C augmente de 990/1 400 = 70,7 % puisque D est payée en actions C, soit une multiplication par 1,707. Le BPA est multiplié par 1,59/1,707 = 93 %, soit une baisse de 7 %.

2. EVA 2013 = résultat d'exploitation 2013 × (1 – IS) – actif économique × 8,7 % = 84 × (1 – 31 %) – 904 × 8,7 % = – 21 M€.

MVA 2013 = 1 130 – 496 = 634 M€. Car les investisseurs pensent que l'EVA va redevenir positive à l'avenir.

BIBLIOGRAPHIE

Pour une vue générale des indicateurs de création de valeur :

Autorité des marchés financiers, *Étude portant sur les indicateurs publiés dans les communiqués au titre de la période 2009 et leurs liens avec les comptes*, 17 novembre 2010.

Boston Consulting Group, *Shareholder value metrics, shareholder value management*, Boston Consulting Group, 1996.

Caby J., Hirigoyen G., *Création de valeur et gouvernance de l'entreprise*, 4e édition, Economica, 2013.

Commission des opérations de Bourse, « Création de valeur actionnariale et communication financière », *Bulletin COB* mai 2000, n° 346, pages 43 à 94.

Charreaux G., Desbrières Ph., « Décision d'investissement et création de valeur », *Banque & Marchés* mai-juin 2004, n° 70, pages 37 à 45.

Damodaran A., « Value creation and enhancement: back to the future », *Contemporary Finance Digest* hiver 1998, vol. 2, pages 5 à 51.

Dobbs R., Koller T., *Measuring long-term performance*, The McKinsey Quaterly, 2005, special edition value and performance, pages 17 à 27.

Fernandez P., *Valuation methods and shareholder value creation*, Academic Press, 2002.

Kaiser K., Young S., « Blue line management : What value creation really means », *working paper INSEAD*, n° 2009/37/FIN/AC, 2009.

Pour se familiariser avec l'EVA et le profit économique...

Bogliolo F., *La création de valeur*, Éditions d'Organisation, 2000.

Ehrbar A., *EVA (Economic Value Added) : les défis de la création de la valeur*, Village Mondial, 2000.

Meunier F., « L'EVA et la bonne mesure du profit », *La Lettre Vernimmen.net* octobre 2010, n° 91, pages 6 à 12.

Stewart G., *The quest for value*, Harper Business, 1991.

... l'historique des taux de rentabilité et du coût du capital aux États-Unis...

Fama E., French K., « The corporate cost of capital and the return on corporate investment », *Journal of Finance* décembre 1999, vol. 54, n° 6, pages 1939 à 1967.

Fernandez P., Aguirreamalloa J., Corres L., « Shareholder value creators in the S&P 500 : 1991-2010 », *working paper IESE*, février 2011.

... approfondir le TSR...

Deelder B., Goedhart M., Agrawal A., « A better way to understand TSR », *The McKinsey Quarterly* été 2008, n° 28, pages 26 à 30.

... l'impact des dilutions/relutions du BPA sur les cours de Bourse...

Andrade G., « Do appearances matter ? The impact of EPS accretion and dilution on stock prices », *Harvard Business School working paper*, 1999.

... et enfin découvrir des approches plus globales :

Martory B., « La valeur ajoutée sociale : principes et évaluations », *in* Casta J.-F. et Colasse B. (dir.), *Juste valeur*, Economica, 2001.

Porter M., Kramer M., « Creating shared value », *Harvard Business Review* janvier-février 2011, vol. 89, n° 112, pages 62 à 77.

Chapitre 32

Le choix d'investissement

Où l'on retrouve les flux et l'analyse financière.

32.1 La « mathématique » que nous avons rencontrée aux chapitres 19 et 20 sur la valeur actuelle et le taux de rentabilité actuariel s'applique au choix des investissements. Nous n'y reviendrons pas en détail car la seule nouveauté est d'ordre sémantique. Tout comme on calculait un taux de rentabilité actuariel pour un titre financier, on calcule de la même façon pour un investissement industriel un taux qui rend la valeur actuelle nette nulle. On l'appelle le **taux de rentabilité interne** (TRI). Taux de rentabilité interne et taux de rentabilité actuariel sont donc synonymes.

Rappelons que le critère de la valeur actuelle nette (VAN) est le meilleur critère pour choisir ou refuser un investissement, qu'il soit industriel ou financier, puisque la VAN mesure la création de valeur induite par l'investissement. La VAN et le TRI conduisent aux mêmes décisions lorsqu'il s'agit de savoir si un investissement peut être entrepris ou non. Ce n'est que lorsqu'il faut choisir entre deux investissements mutuellement exclusifs que le critère du TRI est moins bon que celui de la VAN.

Dans ce chapitre, nous traiterons :

- des flux de trésorerie à prendre en compte dans les calculs de choix d'investissement ;
- des autres critères de choix d'investissement, moins pertinents que la VAN et le TRI, témoins d'une pratique un peu décevante que le financier d'entreprise peut rencontrer ; il lui faut donc les connaître.

Section 1 ■ Prééminence de la VAN et importance du TRI

32.2 Chaque investissement est caractérisé par une **valeur actuelle nette (VAN) qui est égale au montant de la valeur créée**. Rappelons que la valeur actuelle nette d'un investissement est la valeur des flux de trésorerie (positifs ou négatifs) liés à l'investissement, actualisés au taux de rentabilité exigé par le marché compte tenu du risque de cet investissement.

D'un point de vue financier, un investissement dont la VAN est positive mérite d'être réalisé, puisqu'il créera normalement de la valeur si la réalité est conforme aux prévisions faites. À l'inverse, et toujours d'un point de vue financier, un investissement dont la VAN est négative ne doit pas être réalisé puisqu'il va normalement détruire de la valeur. Pourtant, parfois, des investissements à la VAN négative sont réalisés car ils apparaissent comme stratégiques pour protéger une position, ouvrir de nouveaux marchés à forts potentiels difficiles à quantifier aujourd'hui, etc.

Cependant, ne nous leurrons pas, si leur VAN est effectivement négative, il faudra que tôt ou tard d'autres investissements ayant une VAN positive viennent compenser la destruction de valeur qu'ils auront causée ; sinon l'entreprise court à sa perte.

> Un investissement dont la VAN est nulle ne créera pas de valeur, il n'en détruira pas non plus ; il pourra ou non être réalisé.

32.3 Le TRI est tout simplement, comme son nom l'indique, le taux de rentabilité de l'investissement. Si le TRI est supérieur au taux de rentabilité à exiger de l'investissement compte tenu de son risque, alors cet investissement vaut la peine, d'un point de vue financier, d'être réalisé. Au contraire, si son TRI est inférieur au taux de rentabilité à exiger compte tenu de son risque, alors cet investissement ne mérite pas, d'un point de vue financier, d'être réalisé.

32.4 J. Graham et C. Harvey ont mené, à la fin des années 1990, une large enquête auprès des dirigeants et directeurs financiers américains afin de déterminer quels sont les outils qu'ils utilisaient et quels critères ils retenaient pour prendre une décision financière. Il en ressort qu'en matière de choix d'investissement, la valeur actuelle nette et le taux de rentabilité interne sont, à juste titre, les critères les plus regardés. Ainsi 75 % des directeurs financiers retiennent systématiquement ces deux critères pour évaluer un investissement.

Utilisation des critères de choix d'investissement

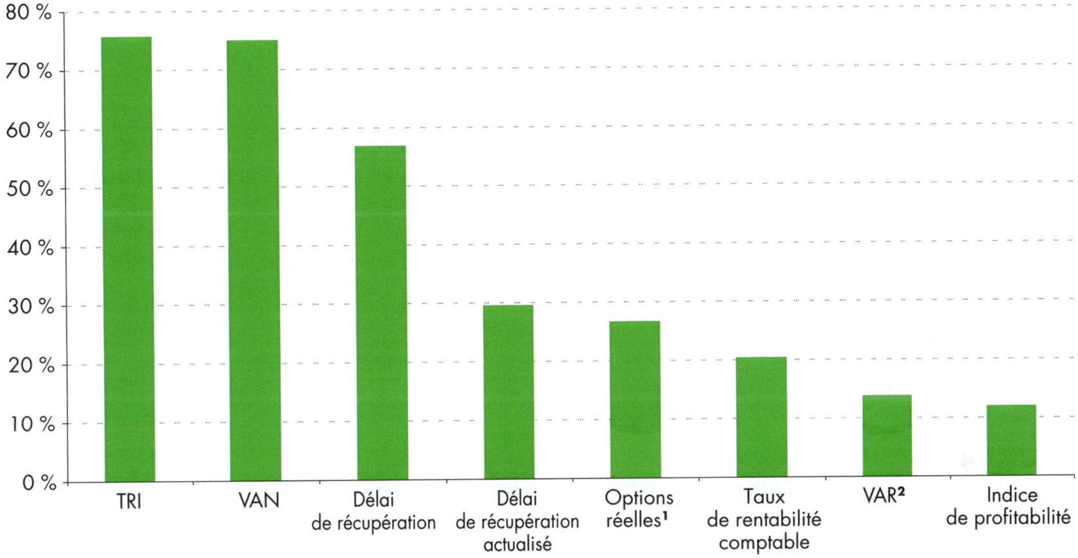

1. *Voir chapitre 34.*
2. *Voir chapitre 54.*

Source : Graham & Harvey.

Il est intéressant de noter que les grands groupes utilisent plus souvent les critères de la VAN et du TRI que les PME et que les dirigeants diplômés d'un MBA les retiennent systématiquement, alors que les dirigeants les plus âgés ont souvent recours au délai de récupération.

Une étude menée en 2009 auprès de grandes entreprises françaises aboutit à des conclusions similaires : TRI, VAN et délai de récupération sont utilisés. Le TRI a la faveur des entreprises françaises au sein desquelles un TRI cible ou minimum est parfois diffusé. Notons que le délai de récupération, malgré ses nombreux défauts, demeure très utilisé (de par sa simplicité).

La situation est très différente dans les PME où, selon M. Danielson et J. Scott, l'intuition arrive en tête (26 %), suivie du délai de récupération (19 %), du taux de rentabilité économique (14 %) et enfin de la VAN (12 %).

D'un point de vue conceptuel et méthodologique, le critère de la VAN est supérieur aux autres critères car il prend en compte le risque (contrairement au délai de récupération), la totalité des flux de trésorerie générés (*idem*), et suppose que les flux intermédiaires sont réinvestis à un taux de rentabilité égal au coût de capital, ce qui est plus réaliste que dans le calcul du TRI (où ils sont supposés l'être aux taux du TRI qui peut être supérieur au coût du capital).

Cependant, le calcul de la VAN n'est pas toujours parfaitement bien appliqué. En effet, les dirigeants actualisent en majorité les flux liés au projet au coût moyen pondéré global de leur entreprise, et non pas à un taux reflétant le risque propre du projet. **Or, il faut garder en tête que les flux d'un projet très risqué viendront accroître le risque global de l'entreprise et doivent donc être actualisés à un taux plus élevé** (et *vice versa*) comme nous le verrons au chapitre suivant.

Section 2 ■ Les principaux raisonnements

32.5 La décision d'investissement s'appuie sur six grands principes dont le non-respect conduit à des décisions erronées :

- il faut raisonner en flux de trésorerie et non pas en résultats comptables ;
- il faut raisonner marginalement en tenant compte de tous les flux induits par le projet et uniquement des flux induits par le projet ;
- il faut raisonner en termes d'opportunités ;
- il faut raisonner indépendamment du mode de financement ;
- il faut prendre en compte la fiscalité ;
- et, enfin, il faut toujours rester cohérent.

1 ■ Raisonner en termes de flux de trésorerie

32.6 Comme nous l'avons vu au chapitre 18, la rentabilité d'un investissement s'apprécie en fonction des flux de trésorerie dégagés. En effet, seuls les flux de trésorerie peuvent être placés et rapporter un intérêt ou utilisés pour rembourser une dette et arrêter le décompte des frais financiers. Il faut donc analyser les flux de trésorerie négatifs et positifs, et non les produits et les charges comptables. Ces derniers ne sont en effet pas pertinents puisqu'ils ne tiennent pas compte des variations du besoin en fonds de roulement impliquées par l'investissement. En outre, l'amortissement physique des biens est calculé selon des règles fiscales et comptables qui ne correspondent pas toujours à la réalité économique.

> Concrètement, il ne faut donc tenir compte que des flux de trésorerie.

Insistons en redisant qu'en finance une somme ne coûte qu'à partir du moment où elle est décaissée et ne rapporte qu'à partir du moment où elle est encaissée, peu importe le traitement comptable qui lui est appliqué.

2 ■ Raisonner en différentiel

32.7 **Il faut tenir compte de tous les flux induits par l'investissement étudié et d'eux seuls.** Ce qu'il importe en effet de mesurer, ce sont toutes les conséquences de l'investissement sur la trésorerie de l'entreprise. Certaines sont évidentes et sont facilement mesurées, d'autres le sont moins.

Un groupe de salles de cinéma s'interroge sur le lancement d'un nouveau complexe qui a nécessité des frais importants de conception. Doit-il les intégrer dans les flux du programme d'investissement envisagé ? Non, que ce complexe soit construit ou non, les dépenses ont été faites. L'investissement envisagé n'implique pas ces dépenses de conception et ne doit donc pas les inclure.

Réaliser un investissement parce que d'importantes dépenses de recherche ou de développement préalables ont été engagées est absurde. On ne réalise un investissement que parce qu'il paraît créer de la valeur et non pour essayer de récupérer des sommes qui, de toute façon, ont déjà été dépensées.

Si le service des ressources humaines doit maintenant assurer la gestion des vingt personnes supplémentaires recrutées pour le nouveau complexe (soit par exemple 5 % des effectifs totaux du groupe), doit-on affecter 5 % des coûts du service ressources humaines au nouveau projet ? Non, car les coûts du service des ressources humaines existeront, que ce nouveau complexe soit construit ou non. En règle générale, les coûts de structure ne peuvent être attribués, même pour partie, à un investissement, car ils sont indépendants de ce dernier. Les coûts de structure ne seront affectés que si le nouvel investissement engendre un accroissement de ces coûts (par exemple recrutements pour le service du personnel) et dans ce cas-là, il est pertinent de prendre en compte ces coûts de structure supplémentaires.

En revanche, le prix du billet d'entrée dans le nouveau complexe sera fixé en tenant compte de ces coûts de conception et de structure.

La finance diffère ici assez largement du contrôle de gestion.

Une société de parfum s'apprête à lancer une nouvelle ligne de produits qui risque de réduire de moitié les ventes de ses anciens parfums. Faut-il tenir compte, dans le calcul de la rentabilité de l'investissement, de cette baisse des ventes ? Oui, car il y a transfert de clientèle créé par l'apparition de cette nouvelle ligne de produits.

> Raisonner en différentiel conduit à ne retenir que les flux de trésorerie futurs qui seront induits par l'investissement, et eux seuls. Il s'agit de calculer la contribution marginale de l'investissement aux flux de l'entreprise.

Tout autre raisonnement conduit à une sous-optimisation. Cependant, dans les secteurs à coûts marginaux très faibles, ce raisonnement, bien que théoriquement juste, peut conduire à des surinvestissements, entraînant des surcapacités et des guerres de prix.

3 ■ Raisonner en opportunité

32.8 Pour un financier, la valeur d'un actif est une valeur marchande représentant le prix auquel il pourrait l'acquérir (décision d'investissement) ou le prix qu'il pourrait en tirer (décision de désinvestissement). Dans cette optique, la valeur comptable, ou coût historique, ne présente aucun intérêt, si ce n'est en ce qui concerne ses implications fiscales (impôt payé sur plus-values comptables, crédit d'impôt obtenu sur moins-values comptables).

À titre d'exemple, si un projet est réalisé sur un terrain qui appartient à l'entreprise mais est inutilisé, la valeur de revente après impôt de ce terrain doit être prise en compte dans cet investissement. En effet, l'entreprise a le choix entre céder ce terrain (et récupérer le prix de vente après impôt) ou l'utiliser pour le nouveau projet. Notons que le montant comptable pour lequel le terrain est inscrit dans les comptes de la société, c'est-à-dire le plus souvent son prix d'acquisition historique, n'entre pas en compte dans le raisonnement.

Ce principe de gestion peut alors se réduire à quelques idées simples :

- décider de conserver une activité signifie que l'entreprise devrait l'acheter, dans des conditions d'exploitation identiques ;
- en d'autres termes, ne pas vendre un titre en Bourse revient à vouloir acheter ce même titre au même prix, au cas où l'on ne le posséderait pas encore.

Le financier est donc, par nature, un « marchand d'actifs » : il doit introduire cette approche au sein de l'entreprise et s'opposer, par là, aux autres responsables, pour lesquels les activités qui les concernent directement sont nécessaires et pérennes. Cet esprit de confrontation systématique entre deux points de vue aussi opposés peut, seul, établir l'équilibre du processus de décision et de gestion de l'entreprise.

D'un point de vue théorique, aucune activité n'est, pour le financier, fondamentalement nécessaire, qu'il s'agisse des fonctions traditionnelles « historiques » de l'entreprise ou d'un programme nouvellement entrepris. Le financier remet en cause à tout moment l'activité de l'entreprise, et raisonne en termes :

- d'achats et de ventes d'actifs ;
- d'entrée dans un secteur économique ou de sortie d'un secteur.

> À la limite, aucun investissement n'est nécessaire pour un financier. Il n'y a pour lui que des opportunités.

La notion de nécessité s'interprète en effet par rapport à la stratégie de l'entreprise, l'investissement étant alors considéré comme un moyen de mise en œuvre de la stratégie, moyen indispensable, donc très rentable.

4 ■ Raisonner indépendamment du mode de financement

32.9 Si l'on veut pouvoir comparer la rentabilité de l'investissement au coût du financement (coût moyen pondéré du capital), il ne faut pas les mélanger, mais au contraire les séparer. Ceci relève du simple bon sens.

Pratiquement, puisque le taux d'actualisation (le coût moyen pondéré du capital) est le coût du financement du projet d'investissement, il ne faut pas retenir dans les flux les charges financières, remboursements ou dividendes. **Il ne faut tenir compte que des flux d'exploitation et d'investissement et jamais des flux de financement.** Nous retrouvons ici la grande distinction introduite dès le chapitre 2. Sinon, la valeur actuelle nette du projet est biaisée et le TRI est surestimé car l'impact du financement est doublement compté :

- au niveau du coût moyen pondéré du capital ;
- au niveau des flux de trésorerie.

Considérons par exemple un investissement avec les flux suivants :

Année	0	1	2	3
Flux de l'investissement	– 100	15	15	115

La VAN de cet investissement à 12 % est 7,2, et son TRI est de 15 %.

Supposons maintenant qu'il soit financé à hauteur de 20 % par de l'endettement au coût après impôt de 6 % l'an. Déduisons des flux de l'investissement les flux de financement par endettement et calculons la VAN et le TRI. On a alors :

Année	0	1	2	3
Flux de l'investissement	– 100	15	15	115
Flux de financement par endettement	20	– 1,2	– 1,2	– 21,2
Flux net	– 80	13,8	13,8	93,8

Avec un taux de 12 %, la VAN est de 10,1 et le TRI est de 17,2 %. Si maintenant la part de l'endettement n'est plus de 20 % mais de 50 %, la VAN passe à 14,4 et le TRI est de 24 %. Avec 80 % d'endettement, on a respectivement 18,7 et 51 %.

On a donc manipulé la VAN et le TRI en s'endettant plus ou moins, c'est-à-dire en agissant sur le levier financier comme nous l'avons étudié lors du chapitre 14. Il est clair que ce raisonnement est pervers. Il peut conduire l'entreprise qui n'y prend garde à investir dans des projets dont la faible rentabilité économique est compensée par un fort endettement qui augmente considérablement son risque.

> Seule compte la rentabilité de l'investissement en tant que tel. Un investissement à VAN positive devra être entrepris et devrait trouver un financement.

À la lecture du chapitre 36, notre lecteur comprendra que lorsque l'endettement augmente, le taux de rentabilité exigé sur les capitaux propres s'élève aussi. Il est donc erroné de continuer à calculer une VAN avec un taux d'actualisation constant à 12 %. Au fur et à mesure que l'endettement s'élève, le coût des capitaux propres doit être revu à la hausse. L'erreur de raisonnement est alors corrigée, la VAN est constante, le TRI est certes plus élevé mais le taux de rentabilité minimum requis l'est aussi pour faire face au risque accru de cet investissement financé par endettement.

Il est enfin absurde de dire que l'on peut entreprendre un investissement parce que celui-ci génère un TRI de 10 % et que l'on peut le financer par de la dette à 7 %. En effet, l'investissement ne peut être financé avec cette dette que parce que l'entreprise dispose de capitaux propres qui fournissent conceptuellement une garantie aux créanciers, capitaux propres qu'il faut rémunérer. Et le 7 % n'en tient pas compte. Aucune entreprise ne peut être financée avec 100 % de dette. Il n'est donc pas possible de comparer directement le coût de l'endettement et la rentabilité du projet comme nous l'approfondirons au chapitre suivant.

5 ■ Raisonner en tenant compte de la fiscalité

32.10 Comme nous l'avons vu, il faut bien sûr raisonner en tenant compte de l'impact de la fiscalité car l'entrepreneur cherche à maximiser les flux **après impôt** :

- les amortissements supplémentaires entraînent une économie d'impôt dont il faut tenir compte ;
- les résultats dégagés par l'investissement entraînent une imposition qu'il faut intégrer au calcul ;
- en raison de certaines dispositions fiscales, la réalisation de l'investissement peut faire bénéficier l'entreprise de crédits d'impôt, d'abattements divers, de subventions, de primes, d'aides...

Dès lors, il convient de traduire l'exigence de rentabilité des pourvoyeurs de fonds en un taux après impôt.

> Il faut raisonner en tenant compte des conséquences fiscales de l'investissement envisagé.

6 ■ Rester cohérent !

32.11 Qu'enfin, notre lecteur n'oublie pas d'être cohérent, c'est le meilleur conseil que nous puissions lui donner !

Raisonne-t-il en euros constants (c'est-à-dire hors inflation) ? Le taux d'actualisation doit être hors inflation (ce qui ne sera pas le cas si le taux est calculé directement à partir d'un taux de marché).

Raisonne-t-il avec des flux dans une devise donnée ? Le taux d'actualisation doit correspondre au taux de rentabilité exigé dans cette devise.

Section 3 ■ Les différents types de flux de trésorerie à retenir

32.12 Concrètement, les flux de trésorerie à retenir lors d'un choix d'investissement sont de trois types : **les flux d'exploitation**, **les flux d'investissement**, **les flux exceptionnels**. Le financier d'entreprise doit s'efforcer de les planifier à la fois dans leur montant et dans leur date d'occurrence. Bref, il s'agit de faire un tableau des flux prévisionnels liés à l'investissement.

L'investissement pouvant avoir une durée de vie limitée, il est alors possible de prévoir les flux sur l'ensemble de cette période. Mais généralement, la durée de l'investissement n'est pas définie, il y aura donc, à une date éloignée dans le temps, une sortie, que l'investissement soit liquidé ou vendu. Le financier doit alors prévoir l'ensemble des flux de trésorerie sur une période, l'horizon explicite, et raisonner en valeur résiduelle de l'investissement au-delà. Cette valeur résiduelle, bien que souvent éloignée dans le temps et donc faible une fois actualisée, n'est pas à négliger.

Comptablement, la valeur résiduelle est parfois nulle. Économiquement, elle peut être significative, car nous savons bien que l'amortissement comptable peut différer de la durée de vie économique. La valeur résiduelle résume l'ensemble des flux qui s'étendent au-delà de l'horizon explicite jusqu'à l'infini. Il faut éventuellement tenir compte de l'imposition de la plus-value si une cession de certains actifs est envisagée.

1 ■ Les flux d'exploitation

32.13 Il faut calculer l'excédent brut d'exploitation (EBE, EBITDA en anglais) marginal lié à l'investissement ou, autrement dit, la contribution de l'investissement à l'EBE total. C'est la différence entre les produits d'exploitation supplémentaires et les charges d'exploitation supplémentaires (à l'exception de la dotation aux amortissements).

Il convient de déduire de cet EBE marginal l'impôt théorique sur le résultat d'exploitation marginal. L'impôt résulte de la multiplication du taux d'impôt effectif et du résultat d'exploitation marginal compte tenu d'éventuels reports fiscaux déficitaires.

À l'EBE marginal après impôt, il convient de retrancher les variations du besoin en fonds de roulement induites par l'investissement. Ce point, absolument fondamental, est parfois omis. Dans la grande majorité des cas, le BFR n'est qu'un décalage dans le temps. Il se constitue progressivement, croît avec l'activité de l'entreprise et est récupéré lors de la cession de l'activité. Un euro d'aujourd'hui immobilisé dans le BFR se retrouvera dans 10 ans, mais n'aura pas alors la même valeur. Le BFR n'est pas une perte, mais une immobilisation d'argent que l'on retrouve normalement à l'issue de l'investissement. Mais cette immobilisation a un coût dont tient compte l'actualisation.

2 ■ Les flux d'investissement

32.14 Les investissements comprennent les investissements de capacité et les investissements de productivité, qu'ils prennent la forme d'acquisitions d'immobilisations corporelles (machines, terrains, bâtiments...) ou incorporelles (dépenses de R&D capitalisées, brevets, licences...). Ce calcul doit être effectué pour chaque période, l'investissement n'étant pas obligatoirement concentré sur la première année ou à l'inverse étalé sur la période du plan d'affaires. Rappelons qu'il faut raisonner avec l'optique trésorerie et non l'optique comptable : les flux d'investissement ne sont donc à prendre en compte qu'au moment du paiement et non à celui de l'engagement. Enfin, que notre lecteur n'oublie pas de raisonner en investissements nets des cessions et des subventions d'investissements et autres crédits d'impôt qui peuvent être accordés.

3 ■ Les flux exceptionnels

32.15 Il peut paraître étonnant d'évoquer des flux à caractère exceptionnel alors que nous nous projetons dans l'avenir. Cependant, lors de la réalisation du tableau de flux prévisionnels, le financier peut constater que certaines charges devront être décaissées dans un avenir proche sans qu'elles soient comptabilisées dans l'excédent brut d'exploitation (indemnités de résiliation d'un bail, issue d'un litige...). Il est impératif de tenir compte de l'ensemble de ces flux, **après impôt**, dans le calcul des flux de trésorerie disponible.

Les flux exceptionnels sont généralement prévisibles en début de période car ils correspondent à des éléments déjà connus. Au-delà de 2 ans, il est généralement raisonnable de supposer que les éléments exceptionnels seront nuls.

32.16 Au total, on est conduit à établir un tableau de flux du type suivant :

Année	**0**	**1**	**...**	**n**
EBE marginal	+	+	+	+ +
– Impôt marginal sur le résultat d'exploitation	–	–	–	– –
– Variation du BFR marginal	– –	– –	–	+
– Investissements	– – –	–	–	
+ Désinvestissements après coût fiscal	+	+	+	+ +
– Flux exceptionnels		–		
= Flux de trésorerie à actualiser	– –	+	+	+ +

On retrouve sans surprise comme flux de trésorerie à actualiser le **flux de trésorerie disponible** que nous avons vu au chapitre 2 et que nous reverrons au chapitre 35. C'est en effet la pierre angulaire de la finance.

Section 4 ■ Les autres critères de choix d'investissement

1 ■ Le délai de récupération

32.17 Le délai de récupération (ou *pay-back ratio*) indique le temps nécessaire à la récupération du montant de l'investissement. Lorsque les flux de trésorerie annuels sont identiques, le délai de récupération est égal à :

$$\frac{\text{Investissement}}{\text{Flux de trésorerie annuel}}$$

Pour l'investissement suivant :

Année	**0**	**1**	**2**	**3**	**4**	**5**
Flux de trésorerie	– 2,1	0,8	0,8	0,8	0,8	0,8

le délai de récupération est de 2,1/0,8 = 2,6 ans.

Lorsque les flux annuels ne sont pas égaux, il convient de cumuler les flux de trésorerie jusqu'à obtenir une somme nulle, comme dans l'exemple suivant :

Année	**0**	**1**	**2**	**3**	**4**	**5**
Flux de trésorerie	– 1	0,3	0,4	0,4	0,5	0,2
Flux de trésorerie cumulés		– 0,7	– 0,3	0,1	0,6	0,8

Le cumul des flux pour la période 2 est de – 0,3 ; il est de 0,1 pour la période 3. Le délai de récupération est donc compris entre 2 et 3 ans. Par interpolation linéaire, on trouve un délai de récupération égal à 2,75 ans.

Une fois le délai de récupération calculé, il suffit de le comparer à un délai fixé arbitrairement comme délai maximum. S'il lui est inférieur, l'investissement peut être réalisé, sinon il doit être rejeté. Bien évidemment, plus le risque perçu de l'investissement sera élevé, plus le délai de récupération devra être court, l'entreprise voulant rapidement récupérer sa mise avant qu'il ne soit trop tard !

Le délai de récupération peut conduire à faire de mauvais choix comme l'illustre l'exemple suivant de deux investissements A et B :

	Flux en année 0	**Flux en année 1**	**Flux en année 2**	**Flux en année 3**	**Récupération en**	**VAN à 20 %**
Investissement A	– 1 000	500	400	600	2 ans et 2 mois	42
Investissement B	– 1 000	500	500	100	2 ans	– 178

Le critère du délai de récupération conduit à retenir l'investissement B de préférence à l'investissement A, alors que ce dernier a une valeur actuelle nette positive contrairement à B. Le délai de récupération, en ne tenant pas compte de tous les flux, peut donc conduire à des choix de gestion erronés.

> Le délai de récupération conduit à favoriser la liquidité de l'investissement et non sa valeur.

Par ailleurs, attribuant la même valeur à un euro d'aujourd'hui et à un euro de demain, il ne tient pas compte du prix du temps, ni du risque des flux. Pour corriger ces défauts, on calcule parfois un délai de récupération actualisé qui est la période au bout de laquelle la VAN du projet devient positive. En reprenant notre exemple initial avec un taux d'actualisation de 20 %, on a :

Année	**0**	**1**	**2**	**3**	**4**	**5**
Valeurs actuelles cumulées	– 2,1	– 1,43	– 0,88	– 0,41	– 0,03	0,29

Le délai de récupération actualisé est donc de 4 ans. Non actualisé, il était de 2,6 ans. Ceci nous paraît être une sophistication inutilement compliquée qui remet en cause l'atout principal du délai de récupération : sa simplicité conceptuelle. Tant qu'à actualiser, autant calculer une VAN ou un TRI !

Le délai de récupération est cependant tout à fait adapté aux investissements de productivité qui ne modifient ni le niveau d'activité de l'entreprise ni sa stratégie. Étant un critère simple, il permet de susciter, de la part de ceux qui travaillent, des propositions d'amélioration de la productivité, dont la rentabilité est évidente sans avoir à faire de longs calculs. Il s'agit en fait d'une règle de bon sens. Par ailleurs, dans les secteurs à innovations importantes, les calculs de flux sur une longue période sont bien aléatoires.

Notons que certaines entreprises calculent la VAN de leurs investissements potentiels sur une période limitée (5 ans par exemple), les flux au-delà de cette période jugés trop incertains sont négligés. On retrouve alors une pratique équivalente au délai de récupération actualisé.

2 ■ Le taux de rentabilité économique

32.18 Après bien des détours, nous voici revenus au taux de rentabilité économique (R_e) qui est égal, sur une période, à l'accroissement de richesse divisé par l'actif économique. L'accroissement de richesse est égal au résultat d'exploitation après impôt engendré par cet investissement ; et l'actif économique est la somme des investissements et du BFR engendré par cet investissement :

Il se réduit souvent à une comparaison entre le résultat d'exploitation du projet et les valeurs comptables moyennes des immobilisations et du besoin en fonds de roulement.

$$R_e = \frac{\text{Résultat d'exploitation après impôt moyen}}{\text{Investissement moyen sur la période + BFR moyen sur la période}}$$

On peut également calculer un taux moyen de rentabilité comptable qui est la moyenne, sur la durée de vie de l'investissement, des taux de rentabilité comptable annuels. À chaque période, le taux de rentabilité économique est calculé en tenant compte du résultat d'exploitation après impôt et de l'actif économique (BFR + le montant de l'investissement résiduel après amortissement).

En ne tenant pas compte de la date des flux, les taux de rentabilité comptable aboutissent à généralement surévaluer les taux de rentabilité (les rentabilités élevées étant plus éloignées dans le temps). De surcroît, les taux de rentabilité comptable ne peuvent constituer des critères pertinents de choix d'investissement puisqu'ils conduisent à maximiser un taux sans mettre en regard le risque associé.

A priori, on pourrait croire que le taux de rentabilité économique n'a aucun rapport avec le TRI. L'un actualise des flux, l'autre établit des ratios d'enrichissement comptable. Pourtant, sur une année, il y a totale identité entre le TRI et le taux de rentabilité économique. Une somme de 100 qui devient 110 un an plus tard a un TRI de 100 = 110/(1 + t), d'où t = 10 % et un taux de rentabilité économique de 10/100 soit 10 %.

Pour un investissement ne durant qu'une année, le taux de rentabilité économique et le TRI sont égaux. Le taux de rentabilité économique s'applique donc période par période, contrairement au TRI ou à la VAN qui s'intéressent à la durée de vie entière de l'investissement.

Si les taux de rentabilité comptable ne peuvent pas être utilisés comme critères de choix d'investissement ou de financement, ils constituent en revanche des outils de contrôle financier.

En effet, tôt ou tard, un taux de rentabilité actuariel doit se traduire par un taux de rentabilité comptable. Dans le cas contraire, l'investissement n'a pas dégagé ex-post la rentabilité anticipée, et il y a donc eu dérapage. Ainsi, nous conseillons à notre lecteur de s'interroger sur toute différence entre le TRI et les taux de rentabilité économique afin de la comprendre : hypothèse sur le réinvestissement des flux non distribués, sécrétion des bénéfices inégale sur la période (faible ou négative au départ, forte ultérieurement), importance de la valeur finale, erreur de calcul...

3 ■ L'indice de profitabilité

32.19 L'indice de profitabilité est fondé sur la valeur actuelle nette, mais il distingue les flux positifs et les flux négatifs (investissements) du projet. Ainsi il est égal à :

$$IP = \frac{\text{Valeur actuelle nette des flux de trésorerie d'exploitation}}{\text{Valeur actuelle nette des flux d'investissement}}$$

Il est souvent ramené (pour le projet qui ne demande qu'un investissement initial) à :

$$IP = \frac{\text{Valeur actuelle nette des flux de trésorerie d'exploitation}}{\text{Investissement initial}}$$

Le projet doit être entrepris si l'indice de profitabilité est supérieur à 1.

Notre lecteur aura remarqué que tout comme le TRI, l'indice de profitabilité ne permet pas de tenir compte de la taille du projet, et deux projets avec le même IP pourront générer des VAN très différentes !

L'indice de profitabilité est généralement utilisé lorsque la société a des ressources limitées à investir et qu'elle ne peut pas faire appel à des ressources externes, même pour financer des projets rentables. Le bon critère d'investissement consistera alors, dans l'enveloppe de la somme disponible pour l'investissement, à retenir les investissements avec le plus fort indice de profitabilité.

RÉSUMÉ

Le résumé de ce chapitre est disponible sur le site www.vernimmen.net.

Les critères de choix d'investissement sont :

- d'abord et avant tout la valeur actuelle nette (VAN) qui est le meilleur critère puisqu'elle mesure la création de valeur engendrée par l'investissement ;
- le taux de rentabilité interne (TRI) qui mesure le taux de rentabilité actuariel de l'investissement ;
- accessoirement, et pour simplifier les calculs, le délai de récupération (*pay-back ratio*) qui mesure le temps nécessaire à la récupération du montant de l'investissement et le taux de rentabilité économique (rapport du résultat d'exploitation après impôt de la période sur l'actif économique de la période) qui est surtout un outil de contrôle financier.

Les flux à prendre en compte dans le calcul d'une VAN, d'un TRI ou du délai de récupération correspondent aux flux de trésorerie disponibles :

Excédent brut d'exploitation de l'investissement
– Impôt sur les sociétés théorique, calculé sur le résultat d'exploitation de l'investissement
– Variation du besoin en fonds de roulement de l'investissement
– Investissements nets des désinvestissements éventuels
= Flux de trésorerie disponible

Pour être sûr de ne pas faire d'erreur de raisonnement, notre lecteur devra raisonner :

- uniquement en termes de flux de trésorerie et non de charges ou de produits ;
- en différentiel, c'est-à-dire ne prendre que les flux de trésorerie liés à l'investissement, tous les flux de trésorerie liés à l'investissement et uniquement les flux de trésorerie liés à l'investissement. Il s'agit de calculer la contribution marginale de l'investissement aux flux de l'entreprise ;
- en opportunité, c'est-à-dire en valeurs financières et non en montants comptables ;
- raisonner indépendamment du mode de financement de l'investissement, les flux retenus dans le calcul ne comprenant jamais les frais et produits financiers, nouveaux emprunts et remboursements d'emprunts, augmentations de capital et réductions de capital, dividendes ;
- enfin, en tenant compte de la fiscalité courante (sur le résultat d'exploitation) ou exceptionnelle (sur les plus-values, les subventions…).

Que notre lecteur n'oublie pas de rester toujours cohérent, c'est le meilleur conseil que nous puissions lui donner !

La pratique du choix d'investissement rejoint peu à peu la théorie, puisque les critères de la valeur actuelle nette et du taux de rentabilité interne sont les critères les plus utilisés par les directeurs financiers des entreprises de moyenne et grande taille.

QUESTIONS

1/ Pourquoi, dans la décision d'investissement, faut-il raisonner :
– en termes de flux de trésorerie ;
– marginalement ;
– indépendamment des sources de financement ;
– en tenant compte de la fiscalité ?

2/ Définissez le délai de récupération.

3/ Quels sont les inconvénients du délai de récupération ?

4/ Définissez le taux de rentabilité économique.

5/ Le taux de rentabilité économique peut-il être un critère de choix d'investissement ?

6/ Quel est l'intérêt du taux de rentabilité économique ?

7/ Quel est le rôle de la dotation aux amortissements dans le calcul des flux à actualiser ?

8/ Quel est le système d'amortissement optimal pour une firme non imposée ? Même question lorsqu'elle est normalement imposée.

9/ Une entreprise projette de construire une nouvelle usine en lieu et place d'une ancienne qui devra être détruite. Quels sont les flux pertinents :

a) la valeur de marché du terrain et de l'usine ancienne ;

b) les coûts de démolition ;

c) les coûts d'une voie d'accès aménagée il y a 1 an ;

d) la perte de production pendant la démolition de l'ancienne usine et l'édification de la nouvelle ;

e) l'amortissement de l'usine ;

f) les crédits d'impôt dus à l'investissement ;

g) une partie du salaire du directeur général ;

h) la constitution du BFR ?

10/ Dans quel cas peut-on négliger l'investissement en BFR ?

11/ Donnez des exemples d'investissements pour lesquels il ne faut surtout pas négliger la valeur résiduelle.

12/ Comment faut-il raisonner dans un contexte inflationniste ?

13/ Lorsque le flux de trésorerie d'exploitation est négatif, faut-il calculer le TRI et la VAN en incluant les frais financiers des crédits qui servent à le financer ?

14/ Une subvention d'investissement doit-elle être prise en compte dans les flux d'investissement ou en diminution du taux d'actualisation ?

D'autres questions vous attendent sur le site www.vernimmen.net.

EXERCICES

1/ Le projet d'investissement suivant vous est proposé : extension d'une usine nécessitant un achat de matériel pour 20 M€ et des frais d'installation pour 1,5 M€. La durée d'utilisation est de 8 ans, l'augmentation du BFR est de 2,5 M€ (uniquement la première année), la valeur résiduelle est de 0.

Le projet permet d'accroître l'excédent brut d'exploitation de 3 M€ par an durant les 8 années d'utilisation du nouvel actif. Le matériel est amorti sur 5 ans. Le taux de l'impôt sur les sociétés est de 40 %.

a) Élaborez l'échéancier des flux du projet sur la base d'un amortissement linéaire.

b) Calculez la valeur actuelle nette au taux de 10 % et le taux de rentabilité interne du projet.

2/ Une entreprise envisage l'achat d'une machine destinée à remplacer la machine actuellement utilisée, moins performante. Les caractéristiques de l'investissement se présentent comme suit :

– achat d'une nouvelle machine pour 2 M€, d'une durée de vie de 5 ans, valeur résiduelle nulle. L'amortissement est linéaire sur 5 ans. Des économies de charges sont réalisées pour 0,8 M€ par an ;

– cession de la machine actuellement utilisée qui avait été achetée 1,5 M€ (achat réalisé l'année précédente) et amortie linéairement sur 5 ans (valeur résiduelle nulle). La valeur nette comptable est aujourd'hui de 1,2 M€. Son prix de cession possible est de 1,0 M€.

Compte tenu du taux d'imposition sur les bénéfices et sur les plus/moins-values de 40 %, quelle est pour l'entreprise la « valeur » de la nouvelle machine dont l'achat est envisagé (le taux de rentabilité exigé pour les investissements de cette nature est de 12 %) ?

Calculez la valeur actuelle nette et le taux de rentabilité interne de l'investissement envisagé.

3/ Soit le projet suivant :

Année	**0**	**1**	**2**	**3**	**4**	**5**
Flux	– 100	110	– 30	25	50	100

Quel problème rencontrez-vous dans le calcul du délai de récupération ? Quelle est la VAN de ce projet à 10 % ? Quel est son taux de rentabilité interne ?

4/ La région Rhône-Alpes est prête à verser une somme de 2 M€ à une société privée qui accepte de desservir en car 3 fois par jour Annonay à partir de Lyon pour une durée de 10 ans. On estime que l'investissement initial est de 0,8 M€ mais que la perte d'exploitation annuelle (hors amortissement) est de 0,2 M€. Si la société privée exigeait un taux de rentabilité de 10 %, accepterait-elle le contrat ? Et à 15 % ?

5/ La société Électronique Industrielle a estimé ses besoins d'une certaine pièce utilisée dans ses fabrications à 7 000 unités par an, pendant les 10 prochaines années. Un sous-traitant propose de lui fournir cette pièce au prix de 5 € l'unité.

Électronique Industrielle peut fabriquer cette pièce dans ses ateliers à un coût de 3 € l'unité si elle achète une nouvelle machine. Celle-ci coûte 78 000 €, pourra servir 10 ans et aura alors une valeur résiduelle nulle. La société requiert en général une rentabilité de 10 % après impôt de ses investissements industriels. Elle les amortit linéairement et son taux d'imposition est de 35 %.

La société doit-elle accepter l'offre du sous-traitant ?

6/ La société Somme, importante société pétrolière, a été sollicitée pour participer à un projet de parking en plein centre de Tours. Ce projet comprend un parking public de 450 places, un garage de 200 places et une station-service de 1 000 m^2. La durée de construction est de 1 an et la concession accordée par la municipalité durerait 30 ans (à l'issue de la construction). Les investissements totaux sont de 8 400 000 €, le besoin en fonds de roulement est nul et le compte de résultat annuel du projet après la construction s'établit ainsi :

Charges		**Produits**	
Frais d'exploitation	670 000	Parking	1 680 000
Dotation aux amortissements	280 000	Garage	770 000
Impôt sur les sociétés	1 000 000	Station-service	800 000
Bénéfice net	1 300 000		

Calculez la moyenne des taux de rentabilité comptable du projet, le délai de récupération actualisé, la valeur actuelle nette à 10 %, le taux de rentabilité interne. Pourquoi le taux de rentabilité interne moyen n'est-il pas égal à la moyenne des taux de rentabilité comptable annuelle du projet ?

7/ Après avoir investi, il y a 1 an, dans l'achat d'une machine destinée à améliorer la fabrication d'un de ses produits, la société Roblin apprend qu'une nouvelle machine vient d'apparaître sur le marché et permet de réaliser des performances encore plus satisfaisantes que la précédente. Cette dernière avait coûté 8 000 € il y a 1 an, et s'amortissait linéairement en 8 ans (ceci correspondait aussi à sa durée de vie, à l'issue de laquelle elle serait mise à la ferraille). Si elle était vendue maintenant, on en retirerait 5 000 € environ (le crédit d'impôt sur les moins-values se fait au taux de 40 %).

La nouvelle machine coûterait 11 000 € et serait amortie, pour 10 500 € linéairement sur sa période de vie utile estimée à 7 ans. Elle pourrait être vendue, à la fin de sa vie utile, pour environ 500 € ce qui correspondrait à sa valeur comptable.

La société espère produire annuellement 100 000 unités de son produit pendant les 7 prochaines années. Le matériel actuellement en service entraîne un prix de revient unitaire se décomposant ainsi : 0,14 € par unité pour la main-d'œuvre directe, 0,10 € pour les matières premières et 0,14 € de frais généraux répartis. La nouvelle machine permettrait de réduire le coût de la main-d'œuvre directe à 0,12 € par unité produite ; le coût des matières premières tomberait à 0,09 € par unité, car les déchets de fabrication diminueraient ; les frais généraux seraient inchangés à 0,14 € par unité. Toutes choses resteraient égales par ailleurs, en particulier les fournitures, l'énergie consommée et les dépenses d'entretien. Le taux d'imposition des bénéfices est de 40 %.

a) Déterminez l'échéancier des flux de liquidités liés à l'investissement envisagé.

b) Calculez le délai de récupération actualisé de cet investissement.

8/ Un investissement initial de 500 dans une machine amortie sur 5 ans génère un excédent brut d'exploitation de 433 pendant 5 ans. Un BFR induit de 500 est à prévoir. L'impôt est de 40 % et la valeur résiduelle est nulle.

Quel est son TRI, et son taux de rentabilité économique après impôt selon que l'investissement est amorti linéairement sur 5 ans ou dégressivement sur cette durée (40 %, 30 %, 20 %, 5 %, 5 %) ? Qu'en pensez-vous ?

9/ Voir aussi l'exercice 6 du chapitre 52.

ÉLÉMENTS DE RÉPONSE

Questions

1. 2. 3. 4. 5. et 6. Voir ce chapitre.

7. Elle sert uniquement pour le calcul de l'impôt.

8. Peu importe. L'amortissement le plus rapide afin de reporter dans le temps le paiement de l'impôt et donc en réduire sa valeur actuelle.

9. a) oui ; b) oui ; c) non ; d) oui ; e) uniquement pour le calcul de l'impôt ; f) oui ; g) non car il est payé que l'investissement soit fait ou non ; h) oui.

10. Uniquement lorsque celui-ci est négligeable !

11. Investissement immobilier, centrale nucléaire (coût du démantèlement).

12. En euros courants et avec un taux d'actualisation qui reflète l'inflation.

13. Non, jamais. Le flux de trésorerie d'exploitation négatif fait partie de l'investissement en finance au même titre que l'achat d'une immobilisation.

14. Dans les flux d'investissement car ils viennent en diminution des flux à investir et non en diminution du risque qui reste le même.

Exercices

Les corrigés détaillés des exercices sur excel sont disponibles sur le site www.vernimmen.net.

1.

Année	0	1	2	3	4	5	6	7	8
Flux investissement	– 21,5								
+ Δ EBE		3,0	3,0	3,0	3,0	3,0	3,0	3,0	3,0
– Δ BFR		2,5							– 2,5
– Δ impôt sur les sociétés		– 0,4	– 0,4	– 0,4	– 0,4	– 0,4	1,2	1,2	1,2
= Flux de trésorerie	– 21,5	0,9	3,4	3,4	3,4	3,4	1,8	1,8	4,3

VAN = – 6,9 ; TRI = 0,9 %.

2.

Année	0	1	2	3	4	5
Achat nouvelle machine	– 2					
+ Vente ancienne machine	1					
+ Crédit d'impôt sur moins-value	0,2 × 40 %					
+ Économie de coûts après IS		0,8 × 60 %	0,48	0,48	0,48	0,48
+ Économie d'IS sur différentiel de dotation aux amortissements		0,1 × 40 %	0,04	0,04	0,04	0,16
= Flux à actualiser	– 0,92	0,52	0,52	0,52	0,52	0,64

VAN = 1 ; TRI = 50 %.

3. Délai de récupération difficilement calculable car l'investissement se fait en deux temps. VAN = 90,23. TRI = 42,64 %.

4. À 10 %, non car la VAN est négative ; à 15 %, oui car la VAN est alors positive.

5. Oui car la VAN de l'investissement est de – 5 310 €.

6. 60 %, 7 ans et 9 mois. VAN à 10 % = 6,5 M€ ; TRI = 18,7 %. La moyenne des taux de rentabilité comptable est fortement influencée par le taux de la dernière année qui est très élevé (464 %) car l'actif est quasiment totalement amorti et car la rentabilité de chaque année a le même poids, même celles loin dans le temps.

7. Flux de l'année 0 : 5 000 (vente de la machine ancienne) – 11 000 (achat de la nouvelle machine) + 800 (crédit d'impôt à 40 % sur la moins-value liée à la vente de la vieille machine) = – 5 200.
Années 1 à 7 : (100 000 × 0,03 – (8 000 / 8 – 10 500 / 7)) × 60 % + (8 000 / 8 – 10 500 / 7) = 2 000.
Année 8 : 500. Délai de récupération : 3 ans environ.

8. TRI de 23,7 % avec un amortissement linéaire et 24,7 % avec un amortissement dégressif.

Année	1	2	3	4	5
Résultat d'exploitation après impôt[1]	200	200	200	200	200
Valeur nette comptable moyenne des immobilisations	450	350	250	150	50
BFR moyen	500	500	500	500	500
Taux de rentabilité économique	21 %	24 %	27 %	31 %	36 %

1. 433 – 100 – 40 % x (433 – 100) = 200

Année	1	2	3	4	5
Résultat d'exploitation après impôt	140	170	200	245	245
Valeur nette comptable moyenne des immobilisations	400	225	100	37,5	12,5
BFR moyen	500	500	500	500	500
Taux de rentabilité économique	16 %	23 %	33 %	46 %	48 %

Taux de rentabilité économique de 27,8 % en moyenne avec un amortissement linéaire et de 33 % avec un amortissement dégressif. Les taux de rentabilité comptable sont plus élevés que les taux actuariels car le même poids est donné à chaque année même si elles sont éloignées dans le temps.

BIBLIOGRAPHIE

Pour approfondir vos connaissances en techniques de choix d'investissement :

Bancel F., Richard A., *Les choix d'investissement*, Economica, 1995.

Bellalah M., *Gestion financière : diagnostic, évaluation et choix des projets et des investissements*, 2e édition, Economica, 2004.

Brounen D., Jong (de) A., Koedijk K., « Corporate finance in Europe : confronting theory with practice », *Financial Management* hiver 2004, vol. 33, n° 4, pages 71 à 101.

Carr Ch., Kolehmainen K., Mitchell F., « Strategic investment decision making practices: A contextual approach », *Management Accounting Research* septembre 2000, vol. 21, n° 3, pages 167 à 184.

Danielson M., Scott A., « The capital budgeting decisions of small businesses », *Journal of Applied Finance* automne-hiver 2006, vol. 16, n° 2, pages 45 à 56.

Franc M., Paepegaey G., « Le risque dans la décision d'investissement industriel », *La Lettre Vernimmen.net* novembre 2009, n° 81, pages 1 à 6.

Ginglinger E., *Les décisions d'investissement*, Armand Colin, 2005.

Graham J., Harvey C., « The theory and practice of corporate finance: evidence from the field », *Journal of Financial Economics* mai-juin 2001, vol. 60, n° 2-3, pages 187 à 243.

Le Fur Y., Quiry P., « Pourquoi les fonds d'investissement utilisent-ils plus volontiers le TRI et le multiple de l'investissement initial que la VAN ? », *La Lettre Vernimmen.net* septembre 2013, n° 117, pages 11-12.

Mukherjee T., Baker H., D'Mello R., « Capital rationing decisions of "Fortune 500" firms – Part II », *Financial Practice and Education* automne-hiver 2000, vol. 9, n° 1, pages 7 à 15.

Pilotte E., « Evaluating mutually exclusive projects of unequal lives and differing risks », *Financial Practice and Education* automne-hiver 2000, vol. 10, n° 2, pages 101 à 105.

Taverdet-Popiolek N., *Le guide du choix des investissements*, Éditions d'Organisation, 2006.

Weingartner H.M., « Capital rationing: *n* authors in search of a plot », *Journal of Finance* décembre 1977, vol. 32, n° 5, pages 1403 à 1432.

Chapitre 33

Le coût du capital

Connais-toi toi-même.

33.1 La détermination du coût du capital, aussi appelé coût moyen pondéré du capital, n'est certainement pas toujours simple mais elle est fondamentale en finance. Le coût du capital sert en effet au choix d'investissement (c'est le taux auquel les flux sont actualisés dans le calcul de la VAN ou celui auquel est comparé le TRI) et à la détermination de la valeur de l'actif économique (voir chapitre 35) et donc de l'action. C'est dire son importance !

Avant de pénétrer plus avant dans ce chapitre, que notre lecteur fasse attention à ne pas confondre le coût du capital, c'est-à-dire le coût moyen pondéré des capitaux apportés à l'entreprise, et le coût des capitaux propres qui n'en est qu'une composante… et qu'il se méfie d'un usage immodéré de son tableur sans réflexion préalable !

Section 1 ■ Le coût du capital et le risque de l'actif économique

33.2 Le coût du capital est le taux de rentabilité minimum que doivent dégager les investissements de l'entreprise afin que celle-ci puisse satisfaire à la fois l'exigence de rentabilité des actionnaires (soit le coût des capitaux propres) et l'exigence de rentabilité des créanciers (soit le coût de l'endettement net). Le coût du capital est donc le coût de financement global de l'entreprise.

Dans le cadre des marchés à l'équilibre, tout investisseur au portefeuille parfaitement diversifié détient une fraction des capitaux propres de l'entreprise et une fraction de sa dette, c'est l'enseignement du MEDAF (voir chapitre 23). Autrement dit, tout investisseur détient à travers les capitaux propres et les dettes de l'entreprise une fraction de son actif économique puisque celui-ci est égal à la somme des capitaux propres et de l'endettement net. L'investisseur court donc le risque de cet actif économique.

Le taux de rentabilité qu'il va alors exiger de cet actif économique ne dépend que d'une seule chose : du risque de cet actif économique. Autrement dit, le coût des ressources financières de l'entreprise, c'est-à-dire son coût du capital, n'est autre que le taux de rentabilité exigé par l'investisseur sur cet actif économique.

> Le coût du capital ne dépend que du risque de l'actif économique, et plus précisément de son risque systématique puisque le risque spécifique, étant diversifiable, n'est pas rémunéré.

33.3 Le coût du capital est donc fonction des caractéristiques économiques d'un secteur d'activité :

- la structure des coûts, entre coûts fixes et coûts variables : plus les coûts fixes sont élevés (le ciment ou le transport maritime par exemple), plus l'entreprise est sensible à la conjoncture et plus son coût du capital est élevé ;
- la sensibilité à la conjoncture économique : certains secteurs démultiplient structurellement les variations de l'activité économique générale comme le transport, le bâtiment (risque de l'actif économique et donc coût du capital élevé) ; d'autres, au contraire, les atténuent comme la fabrication de fromages (coût du capital faible) ;
- la visibilité de l'activité : entre un propriétaire d'immeubles loués dans le cadre de baux 3-6-9 et un fabricant d'avions de combat, il y a tout un monde en matière de prévisibilité de l'activité et donc des coûts du capital très différents, faibles pour l'immobilier, forts pour l'avionneur ;
- le taux de croissance des résultats : plus le taux de croissance des résultats est élevé, plus son coût du capital sera élevé. En effet, dans ce cas, l'essentiel de la valeur de l'entreprise s'explique par des flux éloignés dans le temps, donc très sensibles à toute variation du marché.

33.4 F. Modigliani et M. Miller (1958 et 1977) théoriseront ces idées aux chapitres 36 et 37 en montrant que le coût du capital d'une entreprise est indépendant de sa structure financière.

Si un actif économique présente des caractéristiques de risque telles que l'on doit exiger de lui un taux de rentabilité de 12 %, et s'il est financé entièrement par capitaux propres, les actionnaires demandent alors un taux de rentabilité de 12 %. S'il est maintenant financé quasi intégralement par endettement, les créanciers demandent sur leurs dettes le même taux de rentabilité, à savoir 12 %, puisqu'ils courent le même risque que les actionnaires précédemment, c'est-à-dire celui de l'actif économique. Si enfin il est financé pour moitié par endettement à 10 % et pour moitié par capitaux propres, les actionnaires demandent nécessairement un taux de 14 %, de sorte qu'en moyenne pondérée, on retrouve la rémunération justifiée par le risque de l'actif économique de 12 %, c'est-à-dire le coût du capital.

Soit dans le cadre des marchés à l'équilibre, un investisseur au portefeuille parfaitement diversifié qui détient 1 % des capitaux propres et 1 % des dettes d'une entreprise, et donc 1 % de son actif économique. La société modifie sa structure financière, rachetant par exemple une partie de ses capitaux propres en émettant de nouvelles dettes. Cet investisseur détiendra toujours après l'opération 1 % des capitaux propres (pour un montant plus faible du fait du rachat d'actions) et 1 % de l'endettement net (pour un montant plus fort du même fait) et donc 1 % de l'actif économique. L'opération est donc globalement totalement neutre pour lui. Elle n'a pas de raison d'affecter le coût du capital puisque le risque de l'actif économique n'a pas varié, même si elle affecte à la fois le coût de l'endettement et le coût des capitaux propres.

Comme nous l'avons déjà vu, et allons l'approfondir à la prochaine section, le coût du capital est égal à la moyenne pondérée du coût de l'endettement net et du coût des capitaux propres.

> Mais que notre lecteur comprenne bien que le coût du capital n'est pas une moyenne pondérée de deux coûts indépendants ; il préexiste à ces coûts. Le coût du capital détermine le coût des capitaux propres et le coût de l'endettement en fonction de leur pondération, et non l'inverse.

Ceci est fondamental. Nous verrons que ce n'est que dans un but pratique que l'on reconstitue le coût du capital à partir des coûts respectifs de l'endettement net et des capitaux propres.

Section 2 ■ Le calcul du coût du capital

33.5 Le coût du capital peut se calculer de trois façons différentes : soit par une méthode directe, soit par une méthode indirecte, soit enfin grâce à la valeur de l'actif économique.

1 ■ Le calcul direct par le β de l'actif économique

33.6 Le passif d'une entreprise n'étant, en définitive, qu'un écran entre le marché financier et l'entreprise elle-même, le taux de rentabilité à exiger de tout investissement pour satisfaire les investisseurs est égal au loyer de l'argent sans risque, plus une prime de risque liée à l'activité de l'entreprise.

Par application du MEDAF, on a donc :

$$k = r_F + \beta_e \times (r_M - r_F)$$

où k, r_F, r_M et β_e sont respectivement le coût moyen pondéré du capital, le taux de l'argent sans risque, le taux de rentabilité du marché et le β de l'actif économique, c'est-à-dire le β de l'entreprise à dette nulle, aussi appelé β désendetté.

À l'image du β d'un titre qui mesure la sensibilité de sa rentabilité par rapport à celle du marché, le β d'un actif économique mesure la dispersion des flux de trésorerie futurs de cet actif par rapport à ceux du marché. Ces deux β ne sont pas indépendants : une firme qui investit dans des projets caractérisés par un β_e élevé (c'est-à-dire risqués) aura un β de ses actions élevé (c'est-à-dire dont la rentabilité sera très fluctuante).

En moyenne, les β de l'actif économique sont inférieurs à 1 puisqu'il s'agit, non de β d'actions dont la moyenne est de 1 par construction, mais de β hors influence de l'endettement net (qui a pour effet d'augmenter les β).

Voici quelques exemples de β de l'actif économique :

Les entreprises très liées à la conjoncture, comme le travail temporaire, ou les équipementiers automobiles se caractérisent par un β_e élevé.

	β de l'actif économique		β de l'actif économique
		Tous secteurs	**0,70**
Spiritueux	0,45	Services informatiques	0,73
Services publics	0,47	Sidérurgie	0,85
Autoroutes	0,51	Hôtellerie	0,90
Casino	0,52	Pneumatiques	0,96
Bière	0,52	Équipementiers automobiles	1,15
Télécoms	0,64	Construction automobile	1,15
Médias / publicité	0,64	Banques	1,21
Tourisme	0,65	Compagnies aériennes	1,27
Logiciels	0,70	Assurance-vie	1,41
Pharmacie	0,70	Construction	1,45

Source : BNP Paribas Corporate Finance, équipe BVT, avril 2014.

33.7 Le β de l'actif économique peut être calculé en sachant qu'il est égal à la moyenne pondérée par les valeurs du β des capitaux propres et du β de l'endettement net :

$$\beta \text{ actif économique} = \beta \text{ capitaux propres} \times \frac{V_{CP}}{V_{CP}+V_D} + \beta \text{ dette} \times \frac{V_D}{V_D+V_{CP}}$$

Soit :

$$\beta_e = \frac{\left[\beta_{CP} + \beta_D \times \frac{V_D}{V_{CP}}\right]}{\left[1+\frac{V_D}{V_{CP}}\right]}$$

33.8 β_D correspond au β de l'endettement net et se calcule de la même façon que le β d'une action en régressant les rentabilités de la dette cotée contre les rentabilités du marché. Pour des groupes faiblement endettés, l'approximation $\beta_D = 0$ est fréquemment faite, ce qui simplifie la formule précédente qui devient alors :

$$\beta_e = \frac{\beta_{CP}}{\left[1+\frac{V_D}{V_{CP}}\right]}$$

Dans le cas où l'endettement net de l'entreprise n'est pas négligeable, il nous paraît abusif de considérer que $\beta_D = 0$. En effet, plus un groupe est endetté, moins sa dette dépend du niveau des taux d'intérêt. Elle est plus liée aux caractéristiques propres de la société (coûts fixes/coûts variables) et du secteur (visibilité/cyclicité), et sa volatilité se rapproche de celui d'une action.

33.9 Mais le plus souvent notre lecteur verra utiliser la formule :

$$\beta_e = \frac{\beta_{CP}}{\left[1 + (1 - IS) \times \frac{V_D}{V_{CP}}\right]}$$

Notre lecteur aura noté que cette dernière formule diffère de celle du paragraphe 33.7, non seulement du fait d'un β_D supposé nul mais également par l'introduction de l'imposition sur les sociétés. La relation qui existe entre le β de l'actif économique et le β des capitaux propres ne fait pas l'unanimité et dépend des hypothèses retenues pour l'évolution de la structure financière[1].

Ce mode de calcul du β de l'actif économique repose sur deux hypothèses très fortes, posées par F. Modigliani et M. Miller dans leur article de 1963 (voir chapitre 37) :

- l'entreprise s'endette au taux de l'argent sans risque, et ce quelle que soit sa structure financière ;
- la valeur de l'actif économique de l'entreprise endettée est égale à celle de l'entreprise non endettée plus la valeur de l'économie d'impôt (due à la déductibilité fiscale des intérêts) calculée comme le montant de l'endettement net multiplié par le taux d'impôt.

Ces deux hypothèses simplifient l'équation de détermination du β de l'actif économique mais ne correspondent pas à la réalité économique.

La première parce qu'une entreprise, même notée AAA, ne s'endette pas au taux de l'argent sans risque : Microsoft, notée AAA, a un coût de la dette supérieur de 0,5 % au taux sans risque. VW, noté A –, s'endette à 0,8 % au-dessus du taux de l'argent sans risque et Nokia, noté BB, à plus de 6 % au-dessus[2].

La seconde parce que le coût de la faillite est négligé bien qu'il soit du même ordre de grandeur pour les entreprises assez endettées que la valeur de l'économie d'impôt due à la dette (voir chapitre 37).

2 ■ Le calcul par la méthode indirecte

33.10 Puisque l'on cherche la rentabilité exigée par l'ensemble des pourvoyeurs de fonds de l'entreprise, il est possible de **reconstituer le coût du capital à partir de l'évaluation des différents titres financiers émis par l'entreprise**.

Lié à la valeur des titres, le coût du capital représente le coût que l'entreprise aurait à payer pour s'approvisionner en capitaux et reconstituer ainsi l'ensemble de son passif, ceci quels que soient les coûts de ses ressources actuellement utilisées. Il représente, par là même, l'introduction de la logique du marché financier au sein de l'entreprise.

Dès lors, il est possible de reconstituer le coût du capital d'une entreprise en cherchant quel taux de rentabilité est exigé pour chaque type de titres financiers et en pondérant chaque taux par sa part relative en valeur dans le financement de l'entreprise. On obtient la formule du coût moyen pondéré du capital :

1 Voir l'article de Péter Harbula pour une revue de la littérature à ce sujet.

2 Chiffres de mai 2014 pour des dettes à long terme.

Le coût moyen pondéré du capital

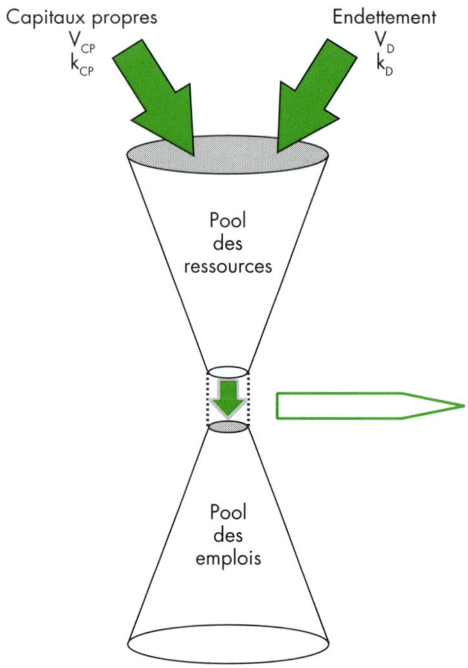

Coût du capital (k) :

$$k = k_{CP} \times \frac{V_{CP}}{V_{CP} + V_D} + k_D \times (1 - IS) \times \frac{V_D}{V_{CP} + V_D}$$

Ainsi, une entreprise financée par 100 de capitaux propres coûtant 10 % et par 50 de dettes coûtant, avant impôt, 5 % a un coût du capital de 7,75 % (avec un impôt de 35 %).

33.11 C'est le mode de calcul du coût du capital le plus fréquemment utilisé. Cependant, nous mettons en garde notre lecteur sur les dangers d'un usage abusif des tableurs pour calculer ainsi le coût du capital.

En effet, dans des simulations, le risque est grand de modifier la structure financière de l'entreprise en oubliant que le coût des capitaux propres et que le coût de l'endettement net dépendent de cette structure et que ce ne sont pas des constantes. Il n'est alors pas difficile de faire baisser en théorie le coût du capital en augmentant la part relative de l'endettement net dont le coût est toujours inférieur à celui des capitaux propres !

Si nous reprenons notre exemple précédent et faisons passer la part de la dette à 80 % sans modifier le coût de l'endettement ni le coût des capitaux propres, le calcul du coût du capital donne un chiffre de 4,6 %. **C'est arithmétiquement juste, mais financièrement totalement faux.**

Notre lecteur n'oubliera pas en effet que la hausse de l'endettement se traduit par un coût des capitaux propres plus élevé :

Le β des capitaux propres augmente avec le poids de l'endettement net.

Influence du niveau d'endettement sur le β des actions automobiles

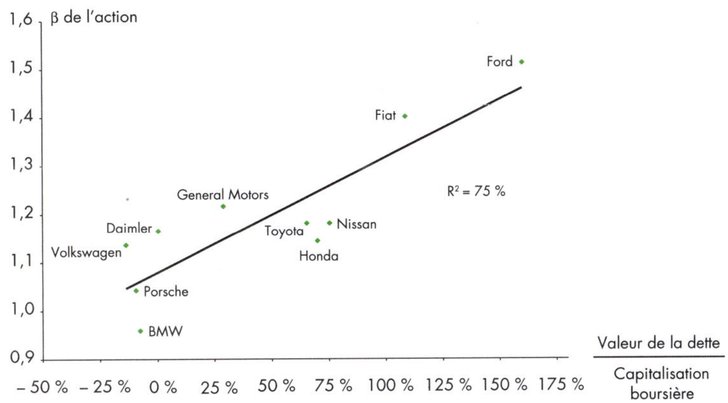

Source : Exane, Datastream, données sociétés.

et par un coût de l'endettement net plus élevé comme la consultation du graphique du paragraphe 24.12 le rappelle.

3 ■ Le calcul implicite à partir de la valeur de l'actif économique

33.12 Enfin le coût du capital peut être estimé à partir de l'observation de la valeur de l'actif économique de l'entreprise et de la projection des flux de trésorerie disponible anticipés puisque :

$$V = V_{CP} + V_D = \sum_{i=0}^{\infty} \frac{FTD_i}{(1 + k)^i}$$

Il faut alors résoudre cette équation avec k comme inconnue. Cela dit, la difficulté d'établir un consensus de marché des flux de trésorerie disponibles fait que ce calcul est rarement mené.

4 ■ Les pièges du calcul du coût du capital par la méthode indirecte

a) Taux de rentabilité exigé ou taux de rentabilité obtenu ?

33.13 Le coût du capital est une notion financière qui exprime à un moment donné le taux de rentabilité **exigé** par les investisseurs ; ce n'est donc pas une notion comptable. Il ne faut donc pas le confondre avec la rentabilité de l'actif économique qui mesure la rentabilité **obtenue**.

Nous n'apprendrons pas à notre lecteur qu'il y a souvent une différence entre ce que l'on souhaite et ce que l'on obtient !

N'étant pas un concept comptable, le calcul du coût du capital repose non sur des données comptables, mais sur des données de marché.

Le coût des capitaux propres n'est ni l'inverse du PER, ni la rentabilité des capitaux propres (R_{CP}), ni le taux de rendement, mais le taux de rentabilité exigé actuellement par l'actionnaire tel que mesuré par le MEDAF (voir chapitre 23) :

$$k_{CP} = r_F + \beta \times (r_M - r_F)$$

Le coût de l'endettement n'est pas le coût de l'endettement contracté il y a 10 ans, 1 an ou 3 mois ou encore le taux moyen d'endettement de l'entreprise, ni encore le rapport des frais financiers à l'endettement moyen de l'année comme nous l'avons vu au chapitre 14 lors de l'étude du coût apparent de la dette.

Le coût de l'endettement net est le taux auquel l'entreprise pourrait refinancer aujourd'hui sa dette existante compte tenu de sa situation économique. Il ne saurait être inférieur au taux sans risque.

b) Montants comptables ou valeurs de marché des capitaux propres et de l'endettement ?

33.14 Un actionnaire demande son taux de rentabilité non sur un montant comptable et historique des capitaux propres, mais sur la valeur de ces capitaux propres à laquelle il peut les acheter ou à laquelle il peut les vendre. Le raisonnement est le même pour le créancier.

Le choix de la pondération s'effectue en valeur de marché et non en valeur comptable.

Ceci est cohérent avec le choix du taux de rentabilité exigé et non du taux de rentabilité comptable obtenu.

Utiliser les valeurs comptables du passif est source d'erreurs puisqu'il existe souvent une différence non négligeable entre les montants comptables et la valeur des capitaux propres ou de la dette.

Ainsi l'actionnaire de Nestlé ne demande pas du 16 %[1] de rentabilité sur les capitaux propres comptables de 62,6 MdFS, mais du 5,4 % sur la capitalisation boursière de 187,5 MdFS. De la même façon, l'investisseur qui achète de la dette d'EDF rapportant nominalement du 8,75 %, pour un prix de 139 % du nominal, ne demande pas du 8,75 % mais du 3,24 %[2].

1 Taux de rentabilité comptable des capitaux propres 2013.

2 Taux de rentabilité actuariel de l'emprunt cotant 139 %.

Section 3 ■ Quelques applications pratiques

1 ■ En matière de choix d'investissement

33.15 Le calcul du coût du capital d'une entreprise ne pose pas de problème particulier pour autant que l'on suive les indications de la section précédente. Soit l'entreprise est cotée et l'observation des données publiques permet d'établir le coût du capital. Le calcul est parfois mené sur des moyennes de cours afin de gommer les sautes d'humeur boursières. Soit l'entreprise n'est pas cotée et l'on cherchera à trouver des entreprises cotées exerçant la même activité dans le même secteur, aux caractéristiques de taille et de risque similaires, dont on calculera le coût du capital. Si l'échantillon est bien choisi, le coût du capital ainsi trouvé sera aussi le coût du capital de notre entreprise non cotée.

La difficulté en matière de choix d'investissement réside à un autre niveau. Il faut éviter de confondre coût du capital de l'entreprise et coût du capital d'un projet. Si le projet présente un niveau de risque similaire à celui de l'actif économique actuel de l'entreprise, le coût du capital de l'entreprise sera utilisé à bon droit comme le taux de rentabilité à exiger du projet puisque le risque est le même.

Si maintenant l'entreprise entreprend dans son secteur un projet tout à fait nouveau, comme forer de nouveaux puits de pétrole pour une compagnie pétrolière, elle pourra de bon droit ajouter à son coût du capital une prime[1] de l'ordre de 2 %.

Notons également que pour un projet, le niveau de risque peut évoluer avec le temps. Généralement, on retiendra un WACC moyen sur la durée du projet mais il peut être plus fin de déterminer un WACC par période suivant la maturité et donc le risque de l'investissement.

Si le risque du projet est différent du risque de l'actif économique de l'entreprise parce qu'elle se diversifie géographiquement ou sectoriellement à cette occasion, le coût du capital de l'entreprise ne pourra pas servir de taux de rentabilité à exiger du projet. Il devra être adapté pour tenir compte du risque différent du projet. Comme nous le verrons plus bas, le coût du capital à prendre dans ce cas est celui d'une entreprise présente dans l'activité et la zone géographique du projet.

33.16 Enfin, en aucun cas, le coût du capital d'un projet ne peut être le coût de la source de financement qui le finance.

Si le financement se fait par endettement, le taux de rentabilité à exiger est certainement plus élevé que le coût de l'endettement puisque les capitaux propres, qui servent à garantir les prêteurs, doivent être rémunérés.

Si le financement se fait par capitaux propres, le taux de rentabilité à exiger est certainement plus bas que le coût des capitaux propres puisque le renforcement des capitaux propres réduit le risque des prêteurs qui acceptent, en conséquence, une moindre rémunération.

> L'entreprise dispose d'un pool de ressources dont les coûts sont interdépendants et avec lequel elle finance un pool d'emplois. Toute liaison directe entre le coût d'une source de financement et la rentabilité à exiger d'un investissement ainsi financé est à bannir.

1 Appelée *greenfield*, voir M. Atias et F. Bancel.

Prendre directement le coût de la source de financement qui sera mobilisée au lieu et place du coût du capital en matière de choix d'investissement conduit à de mauvais choix comme l'illustre l'exemple suivant.

Soit un premier investissement avec un TRI de 8 % financé par capitaux propres coûtant du 10 %. Comme cet investissement ne couvre pas son coût du financement, il est rejeté.

Soit un second investissement, de niveau de risque identique, avec un TRI de 6 % financé par de la dette coûtant du 4 %. Comme cet investissement fait plus que couvrir son coût du financement, il est accepté.

Au total, ce raisonnement conduit à choisir l'investissement le moins rentable des deux (6 % contre 8 %) à niveau de risque identique, ce qui montre bien que ce raisonnement est erroné !

2 ■ En matière d'évaluation

33.17 En matière d'évaluation, l'utilisation de la méthode indirecte est moins aisée puisque la détermination de la valeur des capitaux propres utilise le coût du capital (voir chapitre 35) ; or le calcul de celui-ci requiert la valeur des capitaux propres que l'on cherche justement à estimer ! Trois possibilités existent pour résoudre ce problème :

- raisonner avec une structure financière cible, mais dans ce cas, il faut faire attention à bien prendre pour coût des capitaux propres et pour coût de l'endettement net des coûts **qui correspondent à cette structure financière cible** et non pas les coûts actuels ;
- poser l'équation de la valeur des capitaux propres avec V_{CP}, une inconnue dans l'équation de détermination de sa propre valeur. Un calcul en boucle est alors nécessaire, que les tableurs rendent possible. Au bout de plusieurs itérations, il y a convergence vers une valeur unique des capitaux propres ;
- abandonner la méthode indirecte et ne retenir que la méthode directe, ce que nous recommandons. Elle évite l'erreur fréquente de prendre des coûts de la dette et des capitaux propres qui ne correspondent pas à la structure financière cible, et la situation où le calcul en boucle est lourd.

3 ■ Le cas de l'entreprise diversifiée

33.18 L'entreprise diversifiée a un coût du capital global qui peut être calculé comme pour l'entreprise monoactivité. Ce coût du capital global ne doit cependant pas être appliqué à toutes les divisions si celles-ci n'ont pas le même risque. Une réflexion par division doit alors être menée. Chaque division a son propre coût du capital en fonction de son risque.

Ainsi le coût du capital de Bolloré n'a en soi que peu de sens, il n'est qu'une moyenne *a posteriori* du coût du capital d'un groupe média (journaux gratuits), d'un distributeur de fuel, d'un commissionnaire de transport, d'un groupe de publicité (Havas), d'un logisticien en Afrique, d'un fabricant de batteries électriques et opérateur de voitures électriques…

Comme nous l'avons vu au chapitre 30, le coût du capital n'est pas réduit par la diversification car le seul risque pris en compte par l'investisseur est le risque systématique. Le risque spécifique qui peut être éliminé par la diversification n'a pas d'influence sur le taux de rentabilité exigé.

4 ■ Le cas de l'entreprise multinationale

33.19 Le même raisonnement vaut pour l'entreprise implantée dans plusieurs pays qui doit, dans chaque pays ou dans chaque zone géographique, utiliser un coût du capital différent.

Ainsi, une entreprise britannique qui investit en Russie ne doit pas utiliser un taux d'actualisation calculé en se fondant sur des données anglaises sous prétexte que ses pourvoyeurs de fonds sont anglais.

En effet, les flux du projet sont affectés par le risque systématique russe (inflation, fiscalité, taux de change...), et non le risque systématique anglais. Il faut donc prendre un taux sans risque russe, retenir le β de l'actif économique auquel on applique une prime de risque russe, tenir compte du coût de la dette russe et en aucun cas des paramètres anglais. Cette approche permet d'éviter l'erreur fréquente d'actualiser des flux libellés dans une devise donnée en utilisant un taux d'actualisation exprimé dans une autre devise.

Une entreprise française, américaine ou chinoise a le même coût du capital que notre entreprise anglaise pour cet investissement russe puisque celui-ci dépend uniquement des caractéristiques russes de ce projet et non de celles de la France, des États-Unis ou de la Chine.

Une fois que notre entreprise anglaise aura investi en Russie, son coût du capital sera plus élevé. Mais il se composera simplement de deux coûts, l'un pour l'Angleterre plus faible et l'autre pour la Russie plus fort ; ils ne font que refléter des niveaux de risques systématiques (politique et macroéconomique) différents.

5 ■ Le cas des pays émergents

33.20 Le calcul du coût du capital pour un investissement dans un pays émergent pose des problèmes pratiques : le taux de l'argent sans risque représenté par les emprunts d'État locaux peut être une vue de l'esprit compte tenu de la faible solvabilité de certains de ces États dont certains peuvent s'endetter à un taux d'intérêt plus élevé que celui des groupes nationaux de première qualité. La prime de risque locale et les coefficients β pour les groupes locaux sont rarement mesurés ou significatifs compte tenu de la petite taille des marchés financiers de ces pays.

À la suite de F. Bancel et de Th. Perrotin, nous conseillons alors à notre lecteur de calculer ainsi le coût du capital (euros) :

Taux des obligations de l'Allemagne

\+ *Spread* souverain

\+ β_e × Prime de risque européenne (calculée par rapport au taux sans risque de l'Allemagne)

= Coût du capital dans un pays émergent

Le *spread* souverain correspond à l'écart entre la rémunération des obligations en euros émises sur le marché international par cet État et celle offerte par les obligations allemandes pour une maturité équivalente. Cet écart rémunère le risque politique du pays émergent. Lorsque cet État n'a pas émis d'emprunt sur le marché international, il conviendra de choisir comme référence un emprunt émis par un autre État au *rating* identique en prenant soin de garder une cohérence des devises.

Lorsque le *spread souverain* est tel que l'État ne peut plus être considéré comme un emprunteur sans risque (comme l'Ukraine), nous conseillons de retenir comme un pis-aller celui de l'emprunteur national le mieux noté.

β_e correspond au coefficient β du secteur d'activité. Ce paramètre est le même dans un secteur donné quel que soit le pays où il s'applique. En effet, β_e mesure la sensibilité des flux d'une industrie par rapport à la conjoncture économique générale. Il ne dépend pas des caractéristiques d'un pays, mais de celles du secteur.

Bien sûr, le coût du capital ainsi calculé doit s'appliquer à des flux qui ont été convertis de la monnaie locale en euro. S'ils sont libellés en dollar, au lieu de prendre une référence euro pour le taux des obligations et la prime de risque, on prendra alors une référence américaine.

À titre d'exemple et avec les hypothèses suivantes : β_e = 0,82, r_F aux États-Unis = 2,1 %, taux des obligations en dollars de l'État sud-africain 3,9 %, prime de risque US = 6,9 %, le coût du capital pour un projet sud-africain peut ainsi être estimé :

2,1 %

\+ 3,9 % – 2,1 %

\+ 0,82 × 6,9 %

= 9,6 % pour des flux libellés en dollars.

Si les flux des projets sont exprimés en rands sud-africains, il faudra convertir le coût du capital de l'euro au rand en raisonnant ainsi :

$$\text{Coût du capital en rands} = \frac{1 + \text{Coût du capital en dollars}}{\dfrac{1 + \text{Taux inflation dollars}}{1 + \text{Taux inflation Afrique du Sud}}} - 1$$

Ceci suppose alors que le rand se dévalue régulièrement en ligne avec le différentiel d'inflation Afrique du Sud-États-Unis (théorie de la parité des pouvoirs d'achat).

6 ■ Le cas de l'entreprise à endettement net négatif

33.21 Éliminons d'abord le cas des sociétés pour lesquelles l'endettement net négatif n'est que provisoire, parce qu'il résulte de la cession d'un actif important dont le produit va être réemployé dans un nouvel investissement, dans un rachat d'actions...

Prenons donc un groupe qui a structurellement une trésorerie nette de toute dette bancaire et financière de 2 et des capitaux propres valant 9.

Nous pensons que l'actionnaire a intégré dans son raisonnement le fait que, lorsqu'il achète des actions de cette société, il achète à la fois un actif économique avec un niveau de risque donné et un niveau de trésorerie avec un niveau de risque quasi nul. Autrement dit, le risque de l'action est inférieur au risque de l'actif économique compte tenu de la présence structurelle d'une trésorerie nette positive.

Le coût du capital de cette société peut alors être estimé en utilisant la méthode indirecte et en prenant pour V_D une valeur négative. Ainsi, dans notre exemple, si le coût des capitaux propres est de 7 % et la trésorerie nette rapporte du 2 % après impôt :

$$k = 7\ \% \times \frac{9}{9-2} + 2\ \% \times \frac{-2}{9-2} = 8,4\ \%$$

Pour satisfaire l'exigence de rentabilité de l'actionnaire (7 %), l'entreprise devra donc investir non dans des projets qui rapportent simplement ce taux, mais dans des investissements à la rentabilité au moins égale à 8,4 %. En effet, le coût des capitaux propres de 7 % est une moyenne pondérée entre la rentabilité exigée de l'actif économique (8,4 %) et celle attendue de la trésorerie nette (2 %).

Le coût du capital de l'entreprise est donc de 8,4 %.

> Ce n'est pas parce qu'une entreprise dispose d'une trésorerie structurelle que son coût du capital diffère de celui de l'entreprise qui aurait le même actif économique mais qui n'aurait pas de liquidités. Le coût du capital est le même, seul le coût des capitaux propres diffère.

Les praticiens retiennent souvent un coût du capital égal au coût des capitaux propres pour les sociétés disposant de cash. C'est une erreur, sauf à supposer que les actionnaires négligent la sécurité offerte par une trésorerie excédentaire ou que celle-ci est transitoire.

7 ■ Le cas de l'entreprise en grandes difficultés financières

33.22 Il est souvent considéré que parce qu'elle est au bord de la faillite, son coût du capital est très élevé. Rien de plus faux ! Le risque de faillite est un risque spécifique, et non un risque systématique, il n'a donc pas à être pris en compte dans le coût du capital. S'il en était différemment, l'entreprise en grandes difficultés ne pourrait réaliser aucun investissement, demandant un taux de rentabilité systématiquement plus élevé que les autres entreprises du secteur qui rafleraient alors toutes les opportunités disponibles. Celle-ci ne pourrait donc jamais se redresser.

> Le coût du capital d'une entreprise en grandes difficultés financières est le même que celui d'une autre entreprise du même secteur qui ne connaît pas de difficulté de financement.

En revanche, son coût des capitaux propres peut être très élevé (des bêtas des capitaux propres de 3 à 10 pouvant se rencontrer), car la valeur des capitaux propres est devenue négligeable au regard de celle de l'endettement et donc leur risque est considérable. Mais comme ils comptent peu dans la structure financière, leur influence sur le coût du capital est très faible.

Section 4 ▪ Les entrepreneurs peuvent-ils agir sur le coût du capital ?

33.23 Comme la lecture des chapitres 36 et 37 en convaincra notre lecteur, il y a peu à attendre du recours à l'endettement et à sa fiscalité privilégiée pour abaisser le coût du capital.

En guise de bande-annonce des chapitres initiaux de la quatrième partie, si l'endettement net coûte moins cher que les capitaux propres, son utilisation croissante conduit à augmenter le risque supporté par l'actionnaire, donc le taux de rentabilité qu'il exige et donc le coût des capitaux propres. Si la fiscalité avantage la dette au niveau de l'entreprise puisque les intérêts de l'endettement net sont déductibles de la base imposable, alors que les dividendes ne le sont pas, l'inverse est plutôt vrai au niveau de la fiscalité des investisseurs.

Au total, dans un monde à l'équilibre, dans lequel les investisseurs ont des portefeuilles diversifiés, ce qui est gagné d'un côté est reperdu de l'autre.

Au demeurant, si la dette permettait de réduire le coût du capital, pourquoi des groupes très efficaces opérationnellement et qui ne craignent pas la faillite comme L'Oréal, Nestlé, Toyota, Google, Dassault, SAP… ne sont-ils pas significativement endettés ?

33.24 Le coût du capital ne dépendant que du risque de l'actif économique, seules des mesures qui abaissent ce risque peuvent le réduire. Ainsi :

- abaisser le point mort en réduisant la part des charges fixes : recours à la sous-traitance, externalisation… Mais il est probable que les marges baissent corrélativement ;

- améliorer la visibilité et réduire la cyclicité de l'activité : signature de contrats sur le moyen terme avec des clients importants, sécurisation des approvisionnements. Là encore, l'impact sur les marges risque d'être négatif, lesdits clients demandant alors de meilleurs prix d'achat en contrepartie ;

- diversifier les activités est une fausse réponse puisque la diversification ne réduit que le risque spécifique et non le risque de marché qui, lui seul, est rémunéré ;

- passer d'une activité très risquée (start-up biotechnologique) dans un pays à haut risque (le Pakistan par exemple) à une activité nettement moins risquée dans un pays lui aussi moins risqué (fabriquer des fromages en Suisse), réduit indéniablement le coût du capital mais aussi la rentabilité. Au total, son impact sur la valeur est nulle. On « se déplace » simplement sur la droite de marché !

De la même façon, accroître le risque de l'actif économique accroît le coût du capital, mais si la rentabilité augmente parallèlement, il n'y a pas de raison que de la valeur soit détruite.

Ainsi le coût du capital et le β de l'actif économique de Bouygues ont-ils fortement augmenté depuis le développement de ses activités dans les télécoms et les médias, activités plus risquées que la construction sans que de la valeur soit détruite, au contraire. Puis ils se sont réduits avec l'arrivée à maturité de Bouygues Télécom et de TF1.

Impact de l'évolution des activités de Bouygues sur son β économique

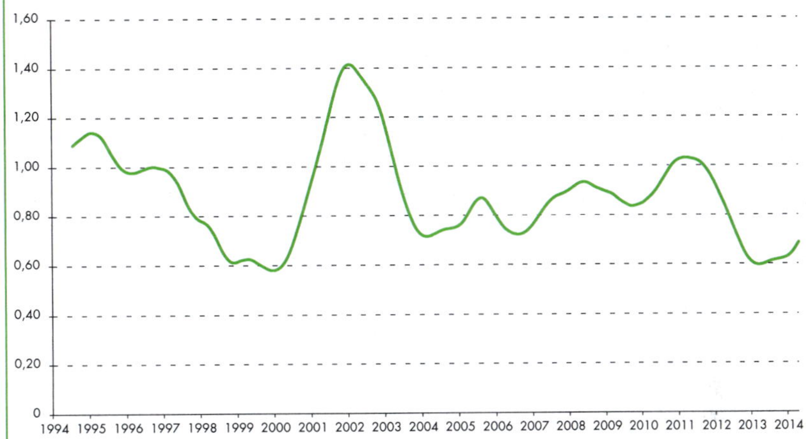

Source : Datastream. Moyenne mobile sur 6 mois.

Au total, la capacité des dirigeants à abaisser le coût du capital tout en créant de la valeur est à peu près inexistante. Leur levier principal dans ce domaine est au niveau de la qualité de l'information donnée au marché dont plusieurs études ont démontré qu'elle pouvait abaisser le coût du capital[1].

Ceci ne veut pas dire que les directeurs financiers ne doivent pas s'acharner à profiter des déséquilibres et imperfections des marchés lorsqu'ils se produisent pour vendre le plus cher possible les titres de l'entreprise. Ils auront ainsi introduit en Bourse en 2006/2007 des filiales chinoises ou d'énergies renouvelables en pleine bulle et négocié des crédits syndiqués en 2014 à un moment où les banques sacrifient leurs marges. Ils participent ainsi à l'équilibre général et peuvent, à risque constant, faire baisser à la marge et ponctuellement le coût du capital de leur entreprise.

1 Voir D. Easley et M. O'Hara.

RÉSUMÉ

Le résumé de ce chapitre est disponible sur le site www.vernimmen.net.

Le coût du capital ou coût moyen pondéré des capitaux, est une notion fondamentale en finance puisqu'il sert à la fois pour la sélection des investissements et l'évaluation de l'entreprise.

Le coût du capital ne dépend que du risque de l'actif économique et il préexiste à la structure financière. En effet, c'est en fonction du risque de cet actif économique et de la structure financière que les créanciers et les actionnaires vont déterminer le taux de rentabilité qu'ils exigent sur les dettes et les capitaux propres de l'entreprise.

Ce n'est que pour des raisons de commodités de calcul que le coût du capital est souvent calculé comme la moyenne pondérée du coût des capitaux propres et du coût de l'endettement net.

Le coût du capital peut en effet se calculer :

- soit par une méthode directe à partir du β de l'actif économique ;
- soit par une méthode indirecte où il est égal à la moyenne pondérée du coût des capitaux propres et du coût de l'endettement net ;
- soit à travers l'observation, quand elle est disponible, de la valeur de l'actif économique.

Le coût du capital est une notion globale. Il ne peut être utilisé en matière de choix d'investissement que pour des projets présentant le même risque que celui de l'actif économique de l'entreprise. À défaut, un coût du capital spécifique au projet doit être calculé en évitant l'erreur de l'assimiler au coût de la source de financement qui le finance.

Pour l'entreprise diversifiée, il existe autant de coûts du capital que de secteurs dans lesquels elle est présente. De la même façon, chaque pays ou chaque zone économique a son coût du capital qui dépend du risque politique et macroéconomique.

Pour les pays émergents, la méthodologie doit être adaptée compte tenu de l'absence de certaines données (taux d'intérêt sans risque) qui nécessitent de recourir à des paramètres mondiaux (le β sectoriel).

Enfin, l'endettement net structurellement négatif d'une entreprise abaisse son coût des capitaux propres mais n'affecte pas son coût du capital qui est le même que si la société n'avait pas de trésorerie.

Les dirigeants n'ont quasiment aucun levier pour créer de la valeur en réduisant le coût du capital car ils réduisent parallèlement la rentabilité espérée ; leur seule action est d'améliorer la qualité de l'information donnée au marché.

QUESTIONS

1/ Dans quel cas le coût du capital est-il égal au coût des capitaux propres ? Le coût du capital peut-il être égal au coût de l'endettement ?

2/ Pourquoi le coût du capital constitue-t-il le lien direct entre la rentabilité des investissements industriels et la rentabilité exigée par les investisseurs financiers ?

3/ Pourquoi le coût du capital n'est-il pas un concept comptable ?

4/ À quoi est égal le coût du capital ?

5/ Le coût des capitaux propres est-il égal au rendement de l'action ?

6/ Combien y a-t-il de coût(s) du capital dans une entreprise diversifiée sectoriellement mais non géographiquement ? Même question au sein de chacune de ses divisions ?

7/ Une entreprise qui investit dans des projets à la rentabilité inférieure à son coût du capital pourra-t-elle continuer à se procurer des ressources par autofinancement ? Par endettement ? Par augmentation de capital ?

8/ Une entreprise cotée lance une offre publique d'achat sur une autre entreprise à un prix excessif. Selon la théorie du coût du capital, quelle doit être la sanction ?

9/ La diversification permet-elle de réduire le coût du capital ? Pourquoi ?

10/ Est-ce parce qu'une entreprise s'endette qu'elle a un faible coût du capital, ou est-ce parce qu'elle a un faible coût du capital qu'elle s'endette ?

11/ Est-ce parce qu'une entreprise se finance par capitaux propres qu'elle a un fort coût du capital ou est-ce parce qu'elle a un fort coût du capital qu'elle se finance par capitaux propres ?

12/ Une entreprise française qui a un coût du capital de 9 % envisage un nouvel investissement dans son métier aux Pays-Bas qu'elle financera par un emprunt à 4 %. Quel coût du capital doit-elle utiliser pour apprécier ce projet ? Quelle est la conséquence de choisir 4 % ?

13/ Les Éditions de Moulinsart (en Belgique) envisagent d'utiliser une partie de leur trésorerie pour créer une affaire de conserves de crabe au Maroc. Quel coût du capital est utilisé pour apprécier cet investissement : 2 % (taux d'intérêt des placements de trésorerie), 4 % à savoir le double pour tenir compte du risque, 8 % le coût actuel du capital des Éditions de Moulinsart, ou 13 % ? Pourquoi ?

14/ Un premier investissement au TRI de 8 % devrait être financé par capitaux propres coûtant du 9 %. L'acceptez-vous ? Un second investissement au TRI de 4 % devrait être financé par endettement coûtant de 3 % après impôt. L'acceptez-vous ? Si vous avez répondu non puis oui, quelle est la conséquence de deux décisions ? Concluez.

D'autres questions vous attendent sur le site www.vernimmen.net.

EXERCICES

1/ Quel est le coût des capitaux propres d'une entreprise dont l'action cote 30,2 et qui verse un dividende de 5 pendant 5 ans et de 6 au-delà ?

2/ Quel est le coût avant impôt de la dette pour une société dont l'endettement d'une valeur nominale de 1 000 cote 1 037,9 et a une durée de vie de 5 ans (remboursement *in fine*) et un taux d'intérêt nominal de 11 % ?

3/ En utilisant les réponses aux questions 1 et 2, calculez le coût du capital de cette société, sachant qu'elle a émis 1 000 actions et que le taux d'impôt sur les sociétés est de 34 %.

4/ Calculez le coût du capital de l'entreprise aux caractéristiques suivantes :

	Capitaux propres	Endettement
Montant comptable	10 000	1 000
Valeur	12 000	1 000
Rémunération perpétuelle après impôt sur les sociétés	1 800	100

5/ Quelle est la valeur actuelle nette de l'investissement perpétuel suivant avant et après impôt ?

Coût : 100

Flux avant impôt : 26

Taux d'imposition : 50 %

Structure de financement :

	Proportion	Coût avant l'impôt	Coût après impôt
Capitaux propres	60 %	24 %	24 %
Endettement	40 %	16 %	8 %

6/ Cas Cyclone :

Le groupe Cyclone intervient dans trois secteurs : la vente d'équipement pour bateaux de commerce, le transport de marchandises par voie de mer entre la métropole et l'île de La Réunion (le groupe dispose à cet effet de 2 porte-conteneurs) et un petit chantier naval qui gère les travaux de carénage de la plupart des bateaux basés à La Réunion. Les trois divisions sont cotées sur le marché Alternext d'Euronext Paris.

En milliers d'euros	Division vente d'équipement	Division transport maritime	Division chantier naval
Capitalisation boursière	2 160	18 520	632
Capitaux propres	1 580	10 512	824
Endettement net (valeur estimée)	812	– 12	1 356
Chiffre d'affaires	22 210	23 724	701
Résultat économique avant impôt	405	1 625	82
Résultat net	226	1 057	– 24
β_{CP} observé	0,8	0,5	1,2
β_D estimé	0,1	0	0,3
Taux d'imposition	35 %	35 %	35 %

a) Que pensez-vous de la situation financière de ce groupe (analyse financière très simple) ?

b) Sachant que le taux exigé pour un placement sans risque est environ de 6,5 % (avant impôt) et que le taux moyen de rentabilité exigé pour le portefeuille de marché est de 11 % (avant impôt), calculez le coût du capital global de ce groupe.

ÉLÉMENTS DE RÉPONSE

Questions

1. Lorsque l'endettement est nul. Oui dans les cas rarissimes où l'entreprise est très endettée et qu'elle n'a quasi plus de capitaux propres.

2. Car le coût du capital est utilisé comme le taux de rentabilité minimum que doivent dégager les projets d'investissement pour être approuvés.

3. Car c'est le coût auquel l'entreprise pourrait reconstituer son passif aujourd'hui, ce qui n'a rien à voir avec des coûts comptables qui sont historiques.

4. Au taux de rentabilité exigé sur l'actif économique.

5. Non, il lui est très généralement bien supérieur sauf si l'entreprise verse la totalité de ses résultats en dividendes.

6. Autant que de divisions. Un seul puisqu'il n'y a pas d'hétérogénéité géographique.

7. Oui, malheureusement par autofinancement ; oui, par endettement, si elle est encore très peu endettée ; difficilement par augmentation de capital car les actionnaires n'auront pas envie de réinvestir.

8. Sa valeur baisse car elle vient de réaliser un investissement à la rentabilité insuffisante.

9. Non, car seul le risque de marché est rémunéré et non le risque diversifiable qui peut être éliminé par la diversification.

10. Si elle a un faible coût du capital, c'est que le risque de son actif économique est faible, donc elle peut s'endetter beaucoup.

11. Si elle a un fort coût du capital, c'est que le risque de son actif économique est fort, donc elle a du mal à s'endetter beaucoup, d'où des capitaux propres importants.

12. 9 % car le coût du capital de ce projet n'a pas de raison d'être différent de l'actuel. Choisir 4 %, c'est-à-dire le coût du financement mis en place est erroné. On oublie que ce taux n'est obtenu que parce que l'entreprise dispose de capitaux propres (qui sécurisent les prêteurs) et qui doivent être rémunérés. L'entreprise fera un investissement qui lui rapportera moins que ne le justifie le risque, d'où une destruction de valeur.

13. 13 % car le risque du Maroc est plus élevé que celui de la Belgique.

14. Vous ne pouvez pas répondre aux deux premières questions car on ne doit pas associer la rentabilité d'un investissement au coût du financement mis en place pour le financer. Si vous avez répondu, vous avez probablement répondu Non (8 % étant inférieur à 9 %) et Oui (4 % étant supérieur à 3 %). Ce faisant vous avez choisi de réaliser l'investissement le moins rentable des deux, ce qui montre bien qu'il s'agit d'un raisonnement erroné.

Exercices

Les corrigés détaillés des exercices sur excel sont disponibles sur le site www.vernimmen.net.

1. 18,00 %.
2. 10,00 %.
3. 17,62 %.
4. 14,62 %.
5. Avant impôt : k = 20,8 % ; VAN = 25. Après impôt : k = 17,6 % ; VAN = – 26.
6. Cas Cyclone :

a) Groupe cohérent économiquement (ce n'est pas un conglomérat). Les divisions transport et vente d'équipement sont rentables, la division chantier naval ne l'est pas, mais cette division est petite par rapport aux autres. Globalement le groupe est rentable et très peu endetté. On peut craindre une sous-allocation du capital du fait de la coexistence de divisions rentables avec une division qui ne l'est pas.

b)

	Division vente d'équipement	Division transport maritime	Division chantier naval	Groupe
k_{CP}	10,10 %	8,75 %	11,90 %	8,98 %
k_D après impôt	4,52 %	4,23 %	5,10 %	4,89 %
k	8,57 %	8,75 %	7,26 %	8,60 %

BIBLIOGRAPHIE

Pour approfondir le chapitre :

Amihud Y., Mendelson H., « The liquidity route to a lower cost of capital », *Journal of Applied Corporate Finance* hiver 2000, vol. 12, n° 4, pages 8 à 25.

Atias M., Bancel F., « La prime de risque *greenfield* », *La Lettre Vernimmen.net* mars 2009, pages 1 à 2.

Bancel F., Perrotin Th., « Le coût du capital dans les pays émergents », *Analyse financière* juin 1999, n° 119, pages 76 à 88.

Bernardo A., Chowdhry B., Goyal A., « Growth options, betas and the cost of capital », *Financial Management* été 2007, vol. 36, n° 2, pages 5 à 17.

Botosan Ch., « Disclosure and the cost of capital: what do we know ? », *Accounting and Business Research, International Accounting Policy Forum* juin 2006, pages 31 à 40.

Brounen D., Jong (de) A., Koedijk K., « Corporate finance in Europe, confronting theory with practice », *Financial Management* hiver 2004, vol. 33, n° 4, pages 71 à 101.

Easley D., O'Hara M., « Information and the cost of capital », *Journal of Finance* août 2004, vol. 59, n° 4, pages 1553 à 1583.

Fama E., French K., « The corporate cost of capital and the return on corporate investment », *Journal of Finance* décembre 1999, vol. 54, n° 6, pages 1939 à 1967.

Fernandez P., « Levered and unlevered beta », *IESE research papers* janvier 2003, n° WP 488.

Graham J., Harvey C., « The theory and practice of corporate finance: evidence from the field », *Journal of Financial Economics* mai 2001, vol. 60, n°s 2-3, pages 187 à 243.

Harbula P., « Le coût moyen pondéré du capital : un champ de mines à traverser », *Analyse financière* 1er trimestre 2010, n° 34, pages 63 à 66.

Jui L., Merton R., Bodie Z., « Do a firm's equity returns reflect the risk of its pension plan? », *Journal of Financial Economics* juillet 2006, vol. 81, n° 1, pages 1 à 16.

Le Fur Y., Quiry P., « ß des capitaux propres, ß de l'endettement, ß de l'actif économique », *La Lettre Vernimmen.net* octobre 2003, n° 23, pages 1 à 4.

Le Fur Y., Quiry P., « Quelques réflexions sur la prime de risque », *La Lettre Vernimmen.net* mars 2007, n° 56, pages 1 à 4.

Mézerac (de) E., *Cost of Capital in Investment Decisions. From Theory to Practice*, VDM Verlag, 2009.

Myers S., « Interactions of corporate financing and investment decisions – Implication for capital budgeting », *Journal of Finance* mars 1974, vol. 29, n° 1, pages 1 à 25.

Saintot D., *Bêta de la dette et coût du capital*, thèse professionnelle, Mastère de Finance HEC, janvier 2003.

Schramm R., Wang H., « Measuring the cost of capital in an international CAPM framework », *Journal of Applied Corporate Finance* automne 1999, vol. 12, n° 3, pages 63 à 72.

Stulz R., « Globalisation, corporate finance and the cost of capital », *Journal of Applied Corporate Finance* automne 1999, vol. 12, n° 3, pages 8 à 25.

Pour obtenir des données sur le coût du capital :

Europe : www.associes-finance.com.

États-Unis : www.ibbotson.com, www.damodaran.com.

Chapitre 34

Le risque dans l'investissement

Qui ne risque rien n'a rien.

34.1 L'évaluation d'un investissement grâce à l'actualisation des flux futurs au coût moyen pondéré du capital reflète mal le risque auquel l'investisseur est confronté. La simple application de cette technique ne tient pas compte des nombreux facteurs d'incertitude auxquels les investissements industriels sont soumis. L'information sur l'avenir ne peut être réduite au seul critère d'espérance mathématique.

Aussi de nombreuses méthodes d'analyse du risque ont-elles été développées. Ces tentatives connaissent néanmoins des limites que seule une approche radicalement différente essaie de surmonter. Nous verrons que l'application de la théorie des options au choix d'investissement offre théoriquement cette possibilité en apportant des concepts déterminants dans l'analyse du risque dans l'investissement mais qu'elle est loin d'être fréquemment appliquée, et souvent pour de bonnes raisons.

Section 1 ■ L'analyse du risque au travers du plan d'affaires

1 ■ La construction du plan d'affaires

34.2 L'appréhension des risques liés à l'investissement se fait, avant tout, au travers de la construction du plan d'affaires (ou *business plan*). Cette étape doit avoir pour but de modéliser l'avenir le plus probable pour l'entreprise, mais elle permet également de pointer les paramètres qui sont susceptibles de faire varier significativement la valeur du projet (les *value drivers*).

Ainsi, dans certaines industries de négoce, le prix de vente est une donnée de faible importance ; la donnée de base du modèle sera la marge brute, qui sera beaucoup plus stable que le chiffre d'affaires.

La construction du *business plan* permet également de déterminer la dépendance du projet aux éléments sur lesquels l'investisseur aura une influence (généralement les coûts, parfois le prix de vente) et ceux qui s'imposeront à lui (cours des matières premières, taux de change...). Bien évidemment, le projet sera d'autant plus risqué que le plan d'affaires dépendra de données exogènes.

2 ■ L'analyse de sensibilité

34.3 La première mesure du risque consistera à réaliser des analyses de sensibilité sur les différentes hypothèses économiques du modèle et à appliquer le critère de valeur actuelle à chaque scénario. On montre ainsi les conséquences d'une évolution des prix, des volumes, du dérapage des coûts ou des investissements complémentaires sur la valeur. Cette étude est facilitée par une bonne connaissance du secteur et de ses contraintes.

Les entreprises construisent en général 3 scénarios (pessimiste, réaliste, optimiste). Dans certains secteurs très dépendants de certaines matières premières ou données exogènes (prix de l'électricité...) les scénarios d'investissements sont déduits de scénarios macroéconomiques préétablis.

L'analyse industrielle doit être complétée par une analyse plus financière de la sensibilité de la valeur de l'investissement aux paramètres techniques du modèle : taux d'actualisation et valeur terminale du projet (croissance à l'infini, voir chapitre 35).

Les praticiens aboutissent en général à une « matrice de sensibilité » grâce à laquelle le lecteur peut embrasser d'un coup d'œil la sensibilité de la valeur de l'investissement aux différentes hypothèses.

D'autres entreprises préfèrent se focaliser sur un scénario, étudié à fond, afin de ne pas déresponsabiliser les opérationnels.

3 ■ L'estimation du risque maximal

34.4 L'investisseur, en particulier s'il n'est pas parfaitement familier du secteur (ce qui est le cas en particulier des investisseurs financiers), pourra être tenté de simuler un scénario particulièrement pessimiste (*worst case scenario* ou *crash test*). Ce scénario devra néanmoins rester réaliste et ne coïncidera donc pas avec une analyse de sensibilité cumulée.

Cet exercice n'aura pas tant pour but de calculer une valeur, que de déterminer quel est le risque d'échec (éventuellement de faillite) du projet ou d'estimer quels investissements complémentaires seront éventuellement nécessaires. Ce scénario servira également à déterminer le montant maximum de dette que pourra supporter le projet.

Section 2 ▪ Les mesures mathématiques du risque

1 ▪ La méthode de Monte Carlo

34.5 Une approche plus détaillée s'appuie sur des outils mathématiques moins rudimentaires ainsi que sur des logiciels plus élaborés. Elle consiste à isoler un certain nombre de variables clés (*value-drivers* en anglais) du projet telles que le chiffre d'affaires ou la marge… et à leur affecter une distribution de probabilités. Pour chacun de ces facteurs, on effectue un grand nombre de tirages aléatoires dans les distributions de probabilités choisies préalablement afin de déterminer la probabilité d'occurrence de chacun des résultats.

On identifie dans un premier temps des « facteurs d'influence » déterminant la variation des variables clés. Pour le chiffre d'affaires, on prendra par exemple le prix de vente, la taille du marché, la part de marché… Dans un second temps, on détermine à partir des renseignements disponibles (tendances longues, analyse statistique…) le « profil d'incertitude » de chacune des variables clés à l'aide des valeurs prises par les facteurs d'influence.

Les variables clés sont de plusieurs types : des variables simples (les coûts fixes par exemple), des variables composées (comme le chiffre d'affaires = marché × part de marché) ou des variables résultant de relations économétriques plus complexes.

La valeur actuelle nette de l'investissement se présente sous la forme d'un profil d'incertitude résultant de la détermination de la distribution de probabilités des variables clés, de la sélection au hasard de groupes de ces variables et du calcul de la valeur actuelle nette (VAN) dans cette configuration.

La répétition de ce processus un grand nombre de fois permet d'arriver à une représentation claire du profil d'incertitude de la VAN.

Compte tenu de ce profil d'incertitude, faut-il alors accepter ou rejeter ce projet ? La méthode de Monte Carlo est moins tranchée que celle de la valeur actuelle et tout dépendra du couple (risque, rentabilité) acceptable par l'investisseur. Les limites de cette méthode proviennent de l'interdépendance des variables clés : l'évolution des coûts est liée à celle du chiffre d'affaires, de sa complexité qui ne la rend appréhendable que par peu de professionnels et de son côté « boîte noire » (agrégation de milliers de scénarios) qui ne facilite pas la négociation…

2 ▪ L'équivalent certain

34.6 L'équivalent certain d'un flux financier futur est le montant que l'on serait prêt à accepter aujourd'hui en comparaison du flux futur attendu. Ainsi, tel entrepreneur attend un flux de 1 000 dans 1 an dans le cadre d'un projet d'investissement. Compte tenu de son risque, il serait prêt à l'échanger pour 600 certain dans 1 an.

La méthode de l'équivalent certain actualise des flux équivalents certains au taux sans risque. La valeur actuelle nette d'un investissement peut alors être définie de la manière suivante :

$$VAN = F_o + \sum_{i=1}^{n} \frac{e_i \times F_i}{(1 + r_F)^i}$$

Dans cette formule, e_i est le coefficient d'équivalent certain du flux futur F_i et r_F le taux sans risque.

Soyons honnêtes : cette méthode est peu utilisée dans la pratique.

Section 3 ■ L'apport des options réelles

1 ■ Les limites de l'analyse traditionnelle

34.7 La variété des méthodes d'analyse du risque présentées dans la section précédente ne doit pas illusionner notre lecteur. La diversité des techniques masque une unité de principe. Au fond, la simulation, la méthode de Monte Carlo ou la méthode de l'équivalent certain ne sont que des développements du critère de la VAN que nous avons présenté au chapitre 19.

Comme la VAN, les analyses traditionnelles du risque d'investissement sont fondées sur deux hypothèses fondamentales :

- le choix d'un scénario de flux espérés ;
- le caractère irréversible de la décision d'investissement.

La seconde hypothèse constitue la limite de ce type d'analyse. En effet, l'hypothèse d'irréversibilité des investissements oublie les recours qui s'offrent souvent aux cadres d'une entreprise lorsqu'ils bénéficient de nouvelles informations : abandon à mi-parcours lorsque les premiers résultats sont trop défavorables, report d'une partie du projet, possibilités d'extension si des perspectives de développement sont offertes, utilisation d'innovations technologiques. Les équipes qui dirigent les projets ou qui les réalisent bénéficient en continu d'informations nouvelles et peuvent adapter leurs réalisations à ces nouvelles données. En d'autres termes, **l'approche traditionnelle du choix d'investissement ignore une caractéristique essentielle de nombreux projets d'investissement : la flexibilité**.

Le lecteur attentif pourrait faire remarquer que la prise en compte du caractère aléatoire des flux futurs grâce au critère d'espérance mathématique et au taux d'actualisation suffit à évaluer les opportunités éventuelles de transformation d'un projet. Il n'en est rien.

> Le taux d'actualisation et la notion d'espérance mathématique quantifient les conséquences directes des événements aléatoires, mais non pas la capacité des gestionnaires à mettre en œuvre de nouvelles orientations une fois ces événements survenus.

2 ■ La notion d'option réelle

34.8 L'industriel ne se contente donc pas de subir le risque, dans de nombreux cas il est en mesure de réagir au cours des événements. Dans ces circonstances, il bénéficie du droit d'accroître ou de limiter le montant de son investissement et il utilise ou non ce droit selon l'évolution de ses perspectives de rentabilité.

L'industriel est alors tout à fait comparable au financier qui possède le droit de renforcer ou d'alléger sa position vis-à-vis d'un titre financier, à des conditions fixées d'avance. Ayant lu le chapitre 27, le lecteur aura compris de lui-même que **l'industriel qui bénéficie de la flexibilité dans la gestion d'un projet d'investissement est parfaitement comparable au financier qui détient une option**.

Cette flexibilité d'un investissement a donc bien une valeur, dont l'analyse traditionnelle ne rend pas compte, et c'est tout simplement la **valeur de l'option qui lui est attachée**. Bien entendu, cette option ne se matérialise pas par un titre financier avec lequel notre lecteur s'est familiarisé. Elle n'a pas d'existence juridique mais porte sur des actifs industriels : on parle d'**option réelle**.

> Les options réelles sont propres aux investissements industriels. Elles offrent le droit, mais non l'obligation, de modifier un projet d'investissement, en intégrant notamment l'information supplémentaire acquise sur ses perspectives de rentabilité.

La flexibilité potentielle d'un investissement, et donc les options réelles qui lui sont attachées, ne sont pas nécessairement faciles à déceler. L'investisseur industriel dispose souvent d'une marge de manœuvre qu'il ne soupçonne pas, ou qu'il ne désire pas prendre en compte (en particulier lorsqu'il utilise un critère d'investissement classique). On parle également d'**options cachées** d'un investissement.

3 ■ Les différentes catégories d'options réelles

34.9

> Le monde des options réelles est complexe, mais comme tout univers conceptuel, il nous aide à réfléchir et à analyser un problème.

Notre lecteur ayant compris la valeur potentielle d'une option cachée sera peut-être tenté de considérer tous les aléas d'un investissement comme autant de gisements potentiels de valeur. Ce serait oublier les traits caractéristiques d'un contrat optionnel. Certains éléments doivent être réunis pour qu'un projet d'investissement comporte effectivement des options réelles :

- le projet comporte une **part d'incertitude**. Rappelons en effet que la valeur d'une option est d'autant plus importante que la volatilité du sous-jacent est grande. Ainsi, la valeur des options sera négligeable si l'écart type des flux dégagés par un projet demeure faible. Les investisseurs acquièrent un **surcroît d'information** au cours du temps qui doit être suffisamment précis pour être exploitable ;
- une fois que de nouvelles informations ont été obtenues, il est possible d'engager une **modification significative et irréversible** du projet. Si l'industriel ne peut pas utiliser le surcroît d'information disponible pour modifier son projet, il n'est pas détenteur d'options : il est plus simplement en train de prendre un pari. De plus, la décision d'investissement initial prise doit comporter une part d'irréversibilité car si cette dernière est modifiable sans coût, l'option offerte est sans valeur. Notons enfin que si la valeur d'une option réelle provient de la capacité d'action de l'investisseur, l'accroissement de **la flexibilité d'un investissement est créateur de valeur** : elle fait apparaître de nouvelles options ou accroît la valeur des options existantes.

Si les décisions d'investissement ou de désinvestissement sont les principaux champs d'application des options réelles, elles peuvent apparaître à toutes les phases du développement de l'entreprise. Notre étude des différentes catégories d'options réelles ne saurait donc prétendre à l'exhaustivité.

34.10 **L'option de lancer un nouveau projet** correspond à une option d'achat d'une nouvelle activité dont le prix d'exercice est constitué par les investissements de lancement. Cette composante prend une grande importance dans la valorisation de nombreuses entreprises. Dans ce cas, elles ne sont pas tant considérées pour elles-mêmes que pour leur capacité à générer de nouvelles opportunités d'investissement, dont la nature ou la rentabilité est encore incertaine.

En achetant des licences Wimax en 2006, le groupe Bolloré a en réalité acheté une option sur le développement de cette technologie de télécommunication en France. Il semble que cette option n'ait jamais été dans la monnaie et Bolloré n'a jamais réalisé les investissements pour l'exploiter.

Selon une logique comparable, les services de recherche et développement peuvent être considérés comme des « usines à options réelles » placées au sein même de l'entreprise. En effet, toute innovation contient une option de lancement d'un nouveau projet ou d'un nouveau produit, notamment dans l'industrie pharmaceutique. Le défaut de rentabilité de tels projets signifie que l'option est hors de la monnaie, non que la découverte est sans valeur : des travaux ultérieurs pourraient faire évoluer cette situation.

34.11 **L'option de développer l'activité** est comparable au lancement d'un nouveau projet. Lors de la phase initiale d'un investissement, il amène cependant des problématiques assimilables à la question suivante : faut-il construire une grande usine pour faire face à l'éventualité d'une demande forte ou construire une petite usine ?

Une solution tenant compte des options réelles consiste à construire une petite usine avec une option d'extension en cas de supplément de demande. La flexibilité doit être considérée aussi bien dans le fonctionnement courant de l'activité que lors des grandes orientations d'un projet. Aussi les investissements doivent-ils être jugés en tenant compte de leur capacité à développer des options récurrentes tout au long de leur fonctionnement. Aussi, certaines centrales électriques peuvent-elles être alimentées, sans grande modification, soit par du charbon, soit par du fuel. Puisque le prix des matières premières peut changer, même si le charbon est actuellement meilleur marché, ces centrales ont plus de valeur que celles qui ne peuvent être alimentées qu'au charbon. De même, certaines usines automobiles peuvent produire des modèles différents, moyennant quelques adaptations.

34.12 **L'option de réduire l'activité** est la symétrique de la précédente : si les débouchés ont été surestimés, l'investisseur a l'option de produire moins. Il économisera ainsi les coûts variables correspondants. Il pourra également ne pas entreprendre la réalisation d'une partie du projet initialement programmée (une seconde usine par exemple). Cette option peut être analysée comme une option de vente sur une fraction du projet et ce, même si physiquement ces investissements n'ont jamais vu le jour. Le prix de vente implicite de cette partie du projet (non réalisée) est l'économie d'investissements supplémentaires.

34.13 **L'option de différer l'exécution d'un projet n'est pas sans intérêt** : l'acquisition de droits sur un champ pétrolifère ne représente qu'un investissement minime par rapport aux coûts de prospection et d'extraction. La possibilité de retarder la mise en chantier est donc appréciable : elle permet d'attendre une évolution favorable de l'environnement (prix du pétrole, taux de change, coûts d'exploitation...) avant d'entreprendre la prospection. Dans une certaine mesure, la détention d'une marque peu exploitée mais à notoriété forte relève du même concept.

> Il existe une sorte de valeur temps qui rémunère l'attente pour concrétiser un projet. On peut donc alors disposer de meilleures informations sur les recettes et les dépenses liées au projet et donc mieux cerner la création de valeur.

Néanmoins, l'option de différer « la mise en chantier » n'existe que si l'investisseur peut, dès le départ, se garantir la propriété du projet pour une durée donnée. Dans le cas contraire, le projet risquerait d'être entrepris par des concurrents. L'avantage de différer l'investissement serait alors contrebalancé par le risque d'entrée de nouveaux intervenants sur le marché.

Au-delà de la simple décision d'investissement, **l'utilisation des modèles optionnels permet de déterminer la date optimale de mise en œuvre d'un projet**, en assimilant la situation d'attente à la détention d'une option américaine sur le projet. La valeur de cette option correspond au prix qu'il faut payer pour se garantir la future propriété du projet (terrain, brevet, licence…).

34.14 **L'option permettant de différer l'avancement de travaux qui s'assimile à la précédente** : on peut remarquer que certains projets ne se constituent pas grâce à un unique investissement initial mais par une succession d'investissements. L'investisseur peut donc arrêter provisoirement ses investissements s'il reçoit des informations lui faisant douter de la viabilité du projet. Il diffère alors non pas la mise en chantier mais l'avancement des travaux.

On peut alors considérer qu'à chaque nouveau financement du projet, l'investisseur dispose d'une option sur la prochaine étape du projet.

34.15 **L'option d'abandon est un dernier exemple** : un industriel peut souhaiter à tout moment interrompre un projet mais ne pas abandonner un projet aujourd'hui permet de l'abandonner plus tard, alors que l'inverse n'est pas vrai. Cette asymétrie est reflétée par la théorie optionnelle : tout se passe comme si l'industriel pouvait revendre le projet à tout moment.

Ce type de situation présente une analogie avec la théorie des options appliquée à la valorisation des capitaux propres que nous verrons au chapitre 38. En effet, si le projet est organisé en une entreprise endettée, l'option d'abandon correspond au droit de défaut des actionnaires. Sa valeur est égale à la valeur des capitaux propres et elle est exercée lorsque le montant de la dette à rembourser est supérieur à la valeur du projet.

Dans l'exemple suivant, le projet intègre une option de différer le lancement du projet (attendre), une option d'étendre le projet si le succès est important (expansion) et une option d'abandonner définitivement le projet (abandon).

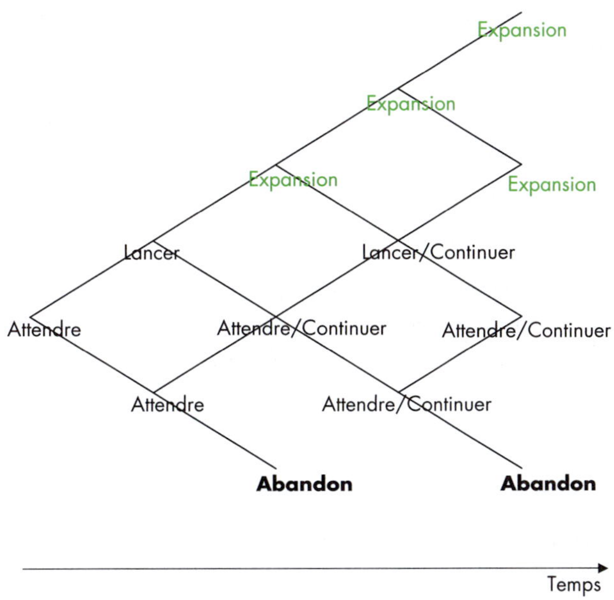

4 ■ L'évaluation des options réelles

34.16 La théorie apporte un éclairage séduisant à la valorisation des options réelles : l'incertitude liée à la flexibilité ajoute de la valeur à un projet industriel ! En effet, elle nous enseigne que la valeur d'une option est d'autant plus grande que la volatilité du sous-jacent, et donc le risque, sont élevés ; ce qui est contre-intuitif, par rapport à l'approche de la valeur actuelle nette. Mais attention ! Cette valeur est très instable car la valeur temps d'une option diminue avec l'écoulement du temps, puisqu'elle réduit l'incertitude grâce à l'accumulation d'informations sur l'environnement qu'elle apporte.

> L'incertitude inhérente à la flexibilité d'un projet industriel est donc créatrice de valeur, mais l'écoulement du temps réduit cette incertitude pour laisser la place à la valeur intrinsèque issue de l'actualisation des flux ajustés de l'information nouvellement acquise.

34.17 Prenons l'exemple d'une entreprise éditrice de logiciels. Une licence qui lui permettrait de commercialiser un logiciel destiné aux téléphones portables lui est proposée à un prix de 5 M€ et sera vendue à un concurrent si l'entreprise ne se décide pas à l'acheter immédiatement. Le logiciel peut être réalisé de façon instantanée, à n'importe quelle date, avec un coût de 50 M€.

Si le logiciel est réalisé immédiatement, les flux espérés pour l'année en cours s'élèveront à 2 M€. L'année suivante est la source d'une lourde incertitude : l'un des principaux opérateurs téléphoniques européen doit choisir un nouveau standard technologique. Si le standard élu est conforme à celui de la licence proposée à notre entreprise, les flux qu'elle peut espérer du logiciel s'élèveront à 9 M€ par an. En revanche si un autre standard est choisi, les flux chuteront à 1 M€ par an. Notre entreprise estime que la probabilité pour que l'opérateur réalise le « bon » choix est de 50 %. À partir de la deuxième année, les flux sont supposés constants jusqu'à l'infini.

Avec un taux d'actualisation de 10 %, la valeur actuelle du lancement immédiat du projet peut être évaluée sans difficulté. L'espérance de flux est de $0{,}5 \times 9 + 0{,}5 \times 1 = 5$ M€ à partir de la deuxième année et jusqu'à l'infini. En supposant que les flux de la première année sont décaissés (ou encaissés) immédiatement, la valeur actuelle atteint $5/0{,}1 + 2 = 52$ M€ pour un coût total $50 + 5 = 55$ M€. Selon le critère de la VAN, le projet détruit 3 M€ de valeur : l'entreprise devrait refuser d'acheter la licence.

Ce serait pourtant une grave erreur !

Si elle achète la licence, l'entreprise a la capacité de réaliser le logiciel à tout moment, elle peut donc attendre une année avant d'engager l'investissement. Dans ce cas, elle se privera du revenu de la première année d'exploitation (2 M€) mais elle bénéficiera d'une information supplémentaire : le choix de l'opérateur de téléphonie. Si celui-ci est favorable, elle réalisera le logiciel ; dans le cas contraire, elle n'engagera pas les coûts de développement et abandonnera simplement le projet ! La licence proposée à l'entreprise contient une option réelle : tout fonctionne comme si l'industriel a le droit de percevoir les flux du projet moyennant l'investissement pour réaliser le logiciel.

L'utilisation du critère traditionnel de la VAN suppose une hypothèse de lancement immédiat du projet. Elle correspond à l'exercice immédiat de l'option d'achat du sous-jacent, et donc à la perte de sa valeur temps. Pour connaître la véritable valeur de la licence, il nous faut donc évaluer l'option réelle qui lui est attachée (la possibilité de retarder le développement du logiciel).

Lorsque l'entreprise dispose d'une option réelle, utiliser le critère de VAN ou un autre critère d'investissement classique revient à considérer que l'on exerce immédiatement l'option, ce qui n'est pas optimal puisque la valeur temps de l'option est perdue.

La valeur de l'option peut être déterminée selon la méthode binomiale. Nous nous plaçons donc dans le cas où l'entreprise, après avoir acheté la licence, retarde d'un an le développement du logiciel. Dès lors, elle connaît le choix de l'opérateur de téléphonie. Si ce dernier est favorable, elle lance immédiatement le projet pour une VAN à cette date de 9 × (1 + 1/0,1) – 50 = 49 M€[1]. En revanche, si le choix de l'opérateur est défavorable, elle constate que la VAN du développement du logiciel est passée à 1 × (1 + 1/0,1) – 50 = – 39 M€ et elle y renonce définitivement (cet investissement est irréversible et ne contient donc pas d'options cachées). La valeur de l'option réelle attachée à la licence est donc de 49 M€ dans le cas favorable et de 0 € dans le cas défavorable. Avec un taux d'actualisation sans risque de 5 %, et la méthodologie exposée au chapitre 27, on peut déterminer que la valeur initiale de l'option s'élève à 20,7 M€. En effet :

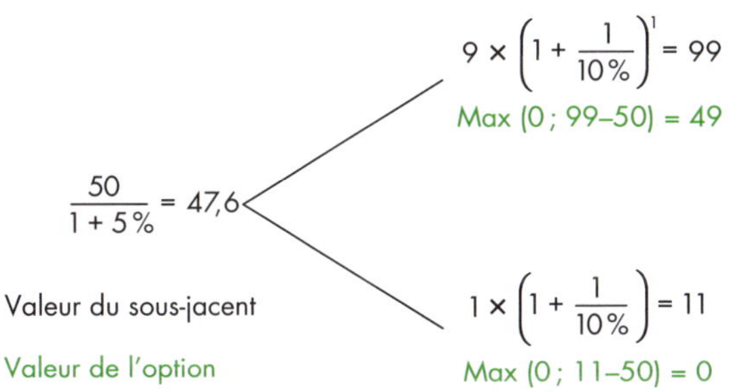

$$\delta = \frac{49 - 0}{99 - 11} = 0{,}56$$

$$\text{Valeur de l'option aujourd'hui} = 0{,}56 \times \left(47{,}6 - \frac{11}{1 + 5\,\%}\right) = 20{,}7$$

Revenons maintenant sur la proposition qui est faite à notre entreprise. La licence lui est vendue à 5 M€ et fait apparaître une option réelle d'une valeur de 20,7 M€, pour peu que le développement du logiciel soit retardé d'un an. À cette condition, elle se voit donc offrir l'équivalent d'un bénéfice immédiat de 20,7 – 5 = 15,7 M€.

Dans notre exemple, la différence d'ordre de grandeur entre les deux méthodes est considérable. Ainsi, selon la légende, lors de la vente aux enchères d'une concession pétrolière, l'un des candidats proposa, avec la plus grande candeur, un prix n'atteignant pas le dixième de l'offre de son concurrent. Il aurait tout simplement « oublié » d'intégrer les options réelles dans son calcul !

34.18 En pratique, lorsque l'on essaie de quantifier la valeur d'options réelles dans un projet d'investissement, il n'y a pas qu'une seule alternative à caractère binomial (comme dans notre exemple) mais une continuité d'alternatives qui nécessite le recours à des outils mathématiques assez sophistiqués. En effet, la réplication des flux de l'option par un portefeuille d'actifs financiers qui est le fondement du modèle binomial n'est souvent pas applicable aux actifs réels. Outre l'estimation de la volatilité qui est toujours problématique, la quantification des options réelles nécessite l'estimation d'un **taux de convenance** qui représente l'intérêt de détenir un actif à un instant donné (un peu comme une devise) compte tenu de sa rentabilité anticipée.

1 9 × (1 + 1/0,1) et non 9/0,1 car 9 est touché dès le lancement de l'exploitation.

Notre expérience est que dans la majorité des cas, la quantification des options réelles apporte souvent une information peu significative ou décevante au regard des enjeux représentés par la valeur actuelle nette dans le scénario initial. Face à une VAN négative, le recours aux options réelles oblige néanmoins à s'interroger sur la flexibilité du projet envisagé.

5 ■ La valorisation d'un projet d'investissement

34.19 Puisque les options permettent d'analyser les différents risques et les différentes opportunités d'un projet d'investissement, il est possible de l'évaluer globalement, en prenant en compte ses deux composantes (espérances de flux et options réelles). Certains auteurs parlent de **VANA** (valeur actuelle nette augmentée ou *expanded net present value* en anglais). Elle s'oppose à la VAN « statique » d'un projet sans option. Elle est égale à la VAN majorée de la valeur des options réelles de l'investissement.

Dans un projet complexe, où plusieurs options réelles existent, les différentes options ne peuvent pas être valorisées indépendamment. En effet, les options d'un projet sont le plus souvent des options conditionnelles : si l'option d'abandon d'un projet est exercée, l'option de réduction du projet n'existe plus et sa valeur devient nulle. Ainsi, il n'existe pas d'additivité des valeurs d'options dépendantes les unes des autres.

6 ■ Conclusion

34.20 Les options réelles permettent avant tout de prendre en compte et donc de valoriser la notion de flexibilité, que l'approche traditionnelle néglige totalement. Le critère classique de la valeur actuelle nette nécessite de figer l'avenir aujourd'hui et ne dote pas les dirigeants de la société d'une capacité d'adaptation. L'émergence des options réelles remédie à cette lacune.

Cependant, ne nous leurrons pas, l'application de cette méthode est souvent délicate :

- les modèles mathématiques qu'elle exploite ne sont pas maîtrisés par tous, ce qui peut engendrer des enjeux de communication de leurs résultats ;
- l'estimation de certains paramètres nécessaires à sa mise en œuvre (volatilité, coût d'opportunité) est difficile, et ce contrairement aux options cotées sur les marchés financiers.

> Les options réelles peuvent, mal utilisées, aboutir à des valeurs particulièrement élevées qui ont déjà servi à justifier l'injustifiable : le cours des sociétés Internet lors de la bulle spéculative de 2000 ou les prix proposés pour les licences UMTS en 2001. Leur grand avantage est de forcer leurs utilisateurs à raisonner en dehors du cadre habituel relativement statique et à avoir ainsi de nouvelles idées.

Nous espérons que notre lecteur ne nous en voudra pas de lui dire que le recours dans la pratique aux outils d'appréciation du risque est inversement proportionnel à la place qu'ils occupent dans ce chapitre ! Quasi systématique pour les scénarios, peu fréquent pour la méthode de Monte Carlo et très rare pour les options réelles.

RÉSUMÉ

Le résumé de ce chapitre est disponible sur le site www.vernimmen.net.

Les méthodes traditionnelles d'analyse du risque reposent toutes sur le principe de la valeur actuelle nette. Elles sont applicables lorsque l'ensemble des décisions d'investissement est irréversible.

La simulation est une décomposition des flux futurs selon différents scénarios. La méthode de Monte Carlo permet d'approfondir les perspectives de flux en affectant une distribution de probabilité à chacun d'entre eux. Enfin, la méthode de l'équivalent certain s'appuie sur une actualisation au taux sans risque de flux certains jugés équivalents aux flux que l'investissement devrait générer.

Ces différentes méthodes trouvent leur limite lorsque les gestionnaires d'un projet ont les moyens d'utiliser de nouvelles informations pour modifier le projet en cours d'exécution, c'est-à-dire lorsque le projet est doté d'une certaine flexibilité.

Dans ce cas, l'industriel est comparable au financier qui possède le droit de renforcer ou d'alléger sa position vis-à-vis d'un titre financier, à des conditions déterminées d'avance. Il peut ainsi être assimilé au financier qui détient une option. La flexibilité d'un investissement a une valeur : la valeur de l'option qui lui est attachée. Cette caractéristique concrète d'un investissement flexible est une option réelle.

Trois éléments doivent être réunis pour qu'un projet d'investissement comporte effectivement des options réelles :

- une part d'incertitude ;
- un surcroît d'information acquis au cours du temps ;
- la possibilité de transformer significativement le projet selon ces informations.

Les projets d'investissement peuvent contenir de nombreux types d'options réelles :

- une option de lancement d'un nouveau projet ;
- une option d'expansion, de réduction du projet ou d'abandon ;
- la possibilité de différer le projet ou de retarder l'avancement des travaux.

L'étude des investissements selon leur valeur actuelle nette peut être généralisée grâce au concept d'option réelle. On parle alors de valeur actuelle nette augmentée (ou VANA). Cette dernière est la somme de la valeur actuelle nette du projet et des options réelles qui lui sont attachées. L'incertitude inhérente au caractère flexible d'un projet industriel est donc créatrice de valeur, mais l'écoulement du temps réduit cette incertitude pour laisser la place à la valeur intrinsèque issue de l'actualisation des flux ajustés de l'information nouvellement acquise.

Les options réelles sont d'un apport intellectuel indubitable ; elles permettent de sortir du cadre de la simple valeur actuelle nette, de penser autrement et donc d'avoir de nouvelles idées. Cependant l'application concrète du concept est souvent délicate et peut mener à des hérésies.

QUESTIONS

1/ En quoi l'utilisation de scénarios diffère-t-elle de la simple actualisation des flux ?

2/ Sous une forme simplifiée, la méthode de Monte Carlo peut-elle être mise en œuvre sans ordinateur ?

3/ Quel est l'intérêt de la méthode de l'équivalent certain ?

4/ Qu'est-ce que la théorie des options apporte à la valorisation d'un investissement ?

5/ La théorie des options réelles s'oppose-t-elle à la théorie des marchés en équilibre ?

6/ Un projet comportant des options réelles significatives peut-il être évalué correctement grâce au critère de VAN ? Grâce à la construction de scénarios ? Grâce à l'utilisation de la méthode de Monte Carlo ? Grâce à l'équivalent certain ?

7/ Donnez un exemple de projet dans lequel on trouve une option d'abandon.

8/ Donnez un exemple de projet dans lequel on trouve une option d'expansion.

9/ En pratique, quelle est la plus grande difficulté occasionnée par les options réelles ?

10/ En quoi l'apport des options réelles est-il intéressant pour les dirigeants opérationnels ?

11/ Que pensez-vous de l'achat par EDF de terrains jouxtant les centrales nucléaires de British Energy quelques mois avant la mise en vente de cette société par l'État britannique ? Ces terrains étaient nécessaires à la modernisation du parc anglais.

D'autres questions vous attendent sur le site www.vernimmen.net.

EXERCICES

1/ Un portail Internet destiné aux animaux vient de mettre au point une machine à coudre nucléaire et propose de vous associer à son industrialisation. Ce projet est d'une durée de 5 ans ; pendant 4 ans vous ne toucherez pas de dividendes mais si l'usine est introduite en Bourse au bout de 5 ans (comme prévu), vous devriez toucher 5 M€. Les fondateurs du portail estiment que votre investissement initial devrait s'élever à 2,5 M€.

Quel taux de rentabilité ce projet vous offre-t-il ?

Étant donné le risque du projet, vous décidez d'exiger un taux de rentabilité de 20 %. Quel investissement proposez-vous ?

Les fondateurs, souhaitant obtenir les 2,5 M€ en question et croyant fermement en la réussite de leur projet, vous proposent l'arrangement suivant : vous apportez tout d'abord 2,5 M€ ; si tout se passe bien, vous touchez 5 M€ après 5 ans ; mais si l'affaire tourne mal, ils vous remboursent 1 M€ au bout de 5 ans sur les 2,5 M€ que vous aviez investis. Ils pensent réduire ainsi considérablement votre risque. Comment proposez-vous d'aborder le problème (sans faire de calculs) ?

2/ La société Enron mettait en avant en 1999 qu'elle construisait des centrales électriques dans le Mississippi produisant une électricité 50 % à 70 % au-dessus du prix moyen du marché. Ils justifiaient leur choix d'investissement par les options réelles. Quel pouvait bien être leur raisonnement ? Quelles sont les limites de ce raisonnement ?

ÉLÉMENTS DE RÉPONSE

Questions

1. Les hypothèses sont apparentes.

2. Non, ou alors bon courage ! Il faut faire des milliers de calculs.

3. Les coefficients d'équivalents certains (c'est-à-dire les taux d'actualisation effectifs) varient selon l'échéance des flux.

4. La valorisation de la marge de manœuvre du management qui peut modifier un projet en cours de route.

5. Non, elle permet simplement une analyse plus fine et plus flexible de la réalité en tenant compte de la flexibilité possible dans le futur.

6. Non, non, non, non.

7. Désserte d'une ville par autocar avec résiliation de contrat et reprise du personnel et du matériel par la ville si le nombre de clients n'est pas au moins de x au bout de y années.

8. Acheter un terrain surdimensionné pour l'usine à construire en prévision d'un marché grandissant.

9. Évaluation des alternatives.

10. Il permet de mettre en avant la flexibilité et la capacité d'adaptation à un nouvel environnement.

11. C'est une option réelle gagnante à tous les coups ! Même si EDF ne peut pas acheter British Energy, il sera en bonne position de négociation avec l'acquéreur pour obtenir des contreparties. Et cela renchérit le coût d'acquisition pour ses concurrents, l'avantageant donc dans la compétition.

Exercices

Les corrigés détaillés des exercices sur excel sont disponibles sur le site www.vernimmen.net.

1. TRI = 14,87 %. Environ 2 M€. L'offre des fondateurs peut s'apparenter à une option de vente sur le projet avec un prix d'exercice de 1 M€. Tout le problème réside dans la valorisation de cette option (cela nécessite d'apprécier la volatilité de la valeur du projet). Les fondateurs la valorisent 0,5 M€. L'option qu'ils vous « offrent » réduit effectivement votre risque puisque votre perte est maintenant limitée à 1,5 M€ contre 2,5 M€ précédemment.

2. Le coût de l'électricité varie dans l'année et il peut ne pas être économiquement viable de faire fonctionner la centrale à tout moment. Le management d'Enron se fondait sur des données historiques montrant que ponctuellement le prix de l'électricité pouvait grimper de 40 $ à 7 000 $ certains jours de très forte consommation. La centrale pouvait alors être rentable en ne fonctionnant que quelques jours par an. Les limites de ce raisonnement sont la capacité de n'opérer que quelques jours par an (nécessité d'avoir la centrale parfaitement disponible, difficulté de gestion des ressources humaines, capacité de mettre en œuvre la production suffisamment rapidement…), la très forte dépendance à la volatilité de la consommation d'électricité (et donc un très fort risque pris : si deux années de suite l'hiver est très doux !), la capacité à maintenir réduits les coûts de maintenance lorsque la centrale ne fonctionne pas… Rien d'évident !

BIBLIOGRAPHIE

Pour un ouvrage général sur le risque :

Malleret Th., Cleary S., *Risques, perception, évaluation, gestion*, Maxima, 2006.

Pour aller plus loin sur la méthode de Monte Carlo :

McCarthy E., « Monte Carlo simulation: Still stuck in low gear », *Journal of Financial Planning* janvier 2000, vol. 13, n° 1, pages 54 à 60.

Mun J., *Modeling risk applying Monte Carlo simulation, strategic real option, stochastic forecasting, and portfolio optimization*, 2e édition, Wiley, 2010.

Nawrocki D., « The problems with Monte Carlo simulation », *Journal of Financial Planning* novembre 2001, vol. 14, n° 11, pages 92 à 106.

Thiriez H., *La Modélisation du risque. Simulations de Monte Carlo*, Economica, 2004.

Pour aller plus loin sur les options réelles :

Antikarov V., Copland T., *Real options: a practitioner's guide*, Thomson, 2003.

Braouezec Y., *Les options réelles : investissement, structure du capital et risque de crédit*, Economica, 2003.

Coën A., Théoret R., « Vers une vision probabiliste du choix d'investissement », *Banque & Marchés* septembre-octobre 2004, n° 72, pages 32 à 43.

Dixit A., Pindyck R., *Investment under uncertainty*, University Press, 1994.

Guthrie G., *Real options in theory and practice*, Oxford University Press, 2009.

Kodukula P., Papudesu C., *Project valuation using real options: a practitioner's guide*, J. Ross Publishing, 2006.

Krychowski Ch., Quelin B., « Real options and strategic decisions. Can they be of use to scholars ? », *Academy of Management Perspectives* mai 2010, vol. 24, n° 2, pages 65 à 78.

Mun J., *Real options analysis: tools and techniques for valuing strategic investment decisions*, 2e édition, Wiley, 2005.

Myers S., Turnbull S., « Capital budgeting and the capital asset pricing model: good news and bad news », *Journal of Finance* mai 1997, vol. 32, n° 2, pages 321 à 333.

Smit H., Trigeorgis L., *Strategic investment: real options and games*, Princeton University Press, 2004.

Trigeorgis L., Schwartz E. (eds.), *Real options and investment under uncertainty: classical readings and recent contributions*, MIT Press, septembre 2004.

marcoagd.usuarios.rdc.puc-rio.br (site d'un ingénieur pétrolier consacré aux options réelles).

Pour une vue d'ensemble des outils d'appréciation du risque :

Franc M., Paepegaey G., « L'appréciation du risque par les entreprises en matière de choix d'investissements industriels », *La Lettre Vernimmen.net* novembre 2009, n° 81, pages 1 à 6.

Chapitre 35

La pratique de l'évaluation de l'entreprise

L'avenir est-il toujours rose ?

35.1 Sans s'en apercevoir, notre lecteur a déjà acquis l'ensemble des outils financiers qui lui seront nécessaires pour mener à bien une valorisation. Il a appris les bases de la méthode d'actualisation des flux de trésorerie aux chapitres 19 et 23 et a découvert la méthode des multiples au chapitre 26. Dans ce chapitre, nous mettrons en forme ces connaissances et aborderons des problèmes concrets auxquels il sera probablement confronté. Toutefois, il nous faut souligner que l'évaluation est un « sport complet » et qu'un bon évaluateur devra maîtriser, au-delà des outils financiers que nous présentons, une culture comptable, juridique, fiscale. Il devra également comprendre suffisamment l'activité de la société à évaluer pour être en mesure de porter un jugement sur les projections financières. La compréhension de ce chapitre ne sera donc qu'une première étape dans un savoir-faire qui ne peut s'acquérir qu'à force de pratique.

Section 1 ▪ Aperçu des différentes méthodes

35.2 La pratique de l'évaluation a généralement pour ambition d'aboutir à une valorisation des actions et/ou à une valeur des capitaux propres de l'entreprise.

Les capitaux propres peuvent être évalués de façon indirecte, c'est-à-dire en évaluant d'abord la valeur de l'actif économique puis en retranchant la valeur de l'endettement net[1]. Ils peuvent l'être aussi de façon directe, sans passer par l'intermédiaire de la valeur de l'actif économique.

1 Après ajustements que nous verrons aux paragraphes 35.12 à 35.16 et que nous laissons de côté pour l'instant.

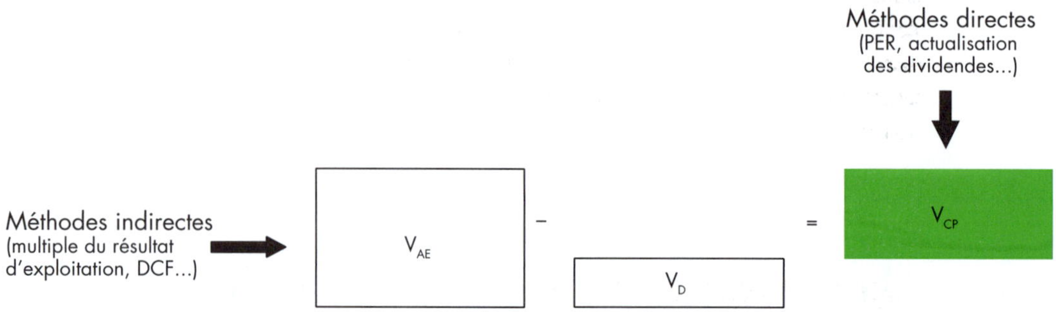

Par ailleurs, deux types d'approches sont généralement utilisés :

- une démarche fondamentale d'actualisation des flux qui se déclinera en actualisation des dividendes et en actualisation des flux de trésorerie disponibles, dite « **méthode DCF** » (*discounted cash flows* en anglais). C'est la recherche, en quelque sorte, de la valeur intrinsèque cohérente avec la théorie financière (actualisation des flux de trésorerie au taux de rentabilité exigé) ;
- une approche analogique fondée sur la comparaison de l'entreprise avec des actifs ou des entreprises de même nature (**méthode des comparables**). Les marchés étant à l'équilibre, on doit pouvoir situer la valeur d'une entreprise par rapport aux autres.

Valeur des capitaux propres	Approche indirecte	Approche directe
Méthode intrinsèque (actualisation des flux de trésorerie)	Actualisation des flux de trésorerie disponibles au coût moyen pondéré du capital (k) – Valeur de l'endettement net	Actualisation des dividendes au taux de rentabilité exigé par l'actionnaire (k_{CP})
Méthode comparative (multiples des sociétés comparables)	Multiple du résultat d'exploitation × Résultat d'exploitation – Valeur de l'endettement net	Multiple du résultat net (PER) × Résultat net

35.3 Nous verrons que la **méthode patrimoniale** qui consiste à évaluer l'entreprise comme une somme d'actifs sous déduction de l'endettement net est, moins une méthode en tant que telle, qu'une synthèse des deux méthodes précédentes auxquelles elle fait largement appel pour évaluer chacun des actifs.

Mentionnons enfin la méthode optionnelle que nous avons vue au chapitre 34 et que nous reverrons au chapitre 38. La valorisation directe des capitaux propres par analogie à une option d'achat sur l'actif économique est très rarement utilisée en pratique. La méthode des options réelles eut son heure de gloire lorsqu'il s'agissait de justifier les valorisations observées en Bourse pour les sociétés dites « de la nouvelle économie » en 1999-2000. Elle est aujourd'hui passée de mode…

Notre lecteur, sensible à la théorie des marchés en équilibre, se demandera alors pourquoi valeur de marché et valeur actuelle ne sont pas les mêmes. Nous lui conseillons d'essayer de comprendre l'origine de cette différence (si elle existe) et d'apprécier la raison et la durée de cette divergence car (il a raison !), tôt ou tard, toutes les valeurs devraient être les mêmes.

Section 2 ■ L'évaluation par actualisation des flux de trésorerie disponibles (méthode DCF)

35.4 La méthode DCF consiste à appliquer, pour le calcul de la valeur de l'actif économique, les techniques de choix des investissements (chapitre 32). C'est **la méthode d'évaluation fondamentale**. Elle permet d'évaluer la valeur de l'actif économique. Déduction faite de la valeur de l'endettement net, l'évaluateur obtiendra la valeur des capitaux propres.

Globalement, la valeur de marché de l'entreprise, ou valeur de l'actif économique, est égale à la somme des flux de trésorerie disponibles après impôt (FTD) actualisés au taux de rentabilité exigé en moyenne par l'ensemble des pourvoyeurs de fonds (le coût moyen pondéré du capital, k) :

$$V = \sum_{i=0}^{\infty} \frac{FTD_i}{(1+k)^i}$$

Cette formule suppose la détermination des flux de trésorerie disponibles chaque année jusqu'à l'infini. Ceci est une tâche surhumaine et l'évaluateur sera donc amené à faire des hypothèses simplificatrices. Plus précisément, on procède à la prévision de flux de trésorerie que l'on actualise pendant un certain nombre d'années appelé **horizon explicite** variable selon les secteurs (5 à 7 ans pour les biens de consommation, 20 à 30 ans dans les services aux collectivités...) et on borne l'horizon par une **valeur terminale**[1].

> La valeur de l'actif économique est la somme de la valeur actuelle des flux de trésorerie après impôt sur l'horizon explicite et de la valeur actuelle de la valeur terminale retenue à la fin de l'horizon explicite.

1 ■ L'estimation des flux de trésorerie disponibles

35.5 Les flux de trésorerie disponibles mesurent les flux dégagés par l'actif économique. Ils se calculent de la façon suivante :

	Explications
Résultat d'exploitation	On raisonne au niveau de l'exploitation uniquement
+ Dotations aux amortissements	Car les dotations aux amortissements ne génèrent pas de sortie de cash
– Impôt sur les sociétés théorique calculé sur le résultat d'exploitation	Égal au résultat d'exploitation multiplié par le taux moyen de l'impôt sur les sociétés
– Variation du besoin en fonds de roulement	Pour pouvoir passer d'agrégats comptables à un flux de trésorerie
– Investissements nets des désinvestissements	L'entreprise vit et se développe...
= Flux de trésorerie disponible	

Une entreprise s'achète pour son avenir, et non pour son passé, aussi glorieux soit-il. La prise en compte de ces flux se fait donc sur la base de projections. Ces flux étant différents selon les hypothèses de croissance retenues, il est prudent de construire plusieurs scénarios qui, sans surprise, seront différents selon l'acheteur et le vendeur ! L'objet de la négociation sur le prix de vente

1 Aussi appelée valeur finale.

est, à l'évidence, de rapprocher ces deux points de vue ; notre expérience est que la méthode « DCF » peut être un bon outil de dialogue en aidant le vendeur à se faire à l'idée de vendre et l'acheteur à mieux comprendre l'entreprise en vente.

Notre lecteur a-t-il déjà rencontré un plan d'affaires pessimiste ? Quoi qu'il en soit, la prévision doit être cohérente : l'évolution de la concurrence pèse sur les marges et la croissance de la rentabilité ne peut être assurée durablement sans investir ou sans embaucher… L'évaluateur entre donc dans l'intimité stratégique de l'entreprise en essayant de quantifier les grandes évolutions à venir.

a) L'horizon des prévisions du plan d'affaires ou l'horizon explicite

35.6 La durée du plan d'affaires[1] dépendra de la « visibilité » de l'entreprise, c'est-à-dire de l'horizon raisonnable de prévision (l'horizon explicite). En effet, dans 10 ans, les résultats dégagés par l'entreprise ne résulteront probablement qu'en faible partie de l'outil actuel. L'entreprise sera devenue un mélange hétérogène de ses caractéristiques actuelles et de ce qu'en aura fait l'acquéreur.

La durée doit donc correspondre au temps durant lequel l'entreprise vivra sur sa lancée actuelle. Trop courte (2 à 3 ans), cette durée accorde une importance considérable à la valeur terminale et ne fait que repousser le problème posé. C'est malheureusement le cas le plus fréquent. Trop longue (au-delà de 10 ans dans la plupart des secteurs), elle se ramène à une simple extrapolation théorique sans grand intérêt. Confrontés à un plan d'affaires court (2 à 3 ans), certains l'extrapoleront sur quelques années supplémentaires, prolongeant les tendances qui se dessinaient.

Reprenons l'exemple d'Indesit dont nous avons fait l'analyse financière (chapitres 4, 5, 9 à 15) et le tableau de bord boursier (chapitre 26). À titre illustratif, nous utilisons ici certaines données prévues par des analystes boursiers[2] :

En M€	2013	2014e	2015e	2016e	2017e	2018e
Chiffre d'affaires	2 671	2 705	2 809	2 912	3 000	3 090
Excédent brut d'exploitation	178	259	306	333	340	348
– Dotations aux amortissements	110	109	109	109	110	111
= Résultat d'exploitation	68	150	197	224	230	237
Immobilisations	955	997	988	980	972	966
+ Besoin en fonds de roulement	43	121	134	147	156	166
= Actif économique	998	1 118	1 122	1 127	1 128	1 132
Marge d'exploitation après impôt de 40 %	1,5 %	3,3 %	4,2 %	4,6 %	4,6 %	4,6 %
Rentabilité économique après impôt de 40 %	4,1 %	8,1 %	10,5 %	11,9 %	12,2 %	12,6 %

e : estimation.

Notre lecteur remarquera que les projections sont relativement agressives. Elles parient sur un redressement assez rapide avec un triplement de la marge d'exploitation en 3 ans depuis le point bas de 2013. La rentabilité économique après impôt dépasse le coût du capital (8,7 %) dès 2015.

1 Le *business plan* des Anglo-Saxons.

2 Extraites principalement d'une note publiée par Kepler Cheuvreux. Il ne s'agit donc pas du plan d'affaires d'Indesit.

Le calcul des flux de trésorerie prévisionnels après impôt s'établit de la façon suivante :

En M€	2013	2014e	2015e	2016e	2017e	2018e
Résultat d'exploitation	68	150	197	224	230	237
– Impôt sur les société à 40 %	27	60	79	90	92	95
+ Dotations aux amortissements	110	109	109	109	110	111
– Investissements	45	151	100	101	102	105
– Variation du besoin en fonds de roulement	12	78	13	13	9	10
= Flux de trésorerie disponible	94	– 30	114	129	137	138

e : estimation.

Sur la base d'un coût moyen pondéré du capital de 8,7 %, la valeur actuelle à fin 2013 des flux de trésorerie après impôt de l'horizon prévisionnel explicite ressort à 359 M€.

Notons que certains praticiens actualisent les flux sur des demi-années, la formule devenant alors :

$$V = \sum_{i=1}^{\infty} \frac{FTD_i}{(1+k)^{i-0,5}}$$

Ceci suppose que le flux est « en moyenne » touché à mi-année et que l'évaluation est conduite en début ou en fin d'année.

b) La valeur terminale à retenir

35.7 Il est très difficile d'estimer la valeur terminale car elle est définie à la date où les prévisions de développement ne sont plus pertinentes. Aussi l'analyste considère-t-il souvent que l'entreprise entre en phase de maturité au terme de l'horizon explicite.

La valeur terminale la plus couramment utilisée est fondée sur un taux (g) de croissance à l'infini d'un flux normatif (formule de Gordon-Shapiro, voir chapitre 19) :

$$\text{Valeur de l'entreprise en fin d'horizon explicite} = \frac{\text{Flux normatif}}{k - g}$$

Toute la difficulté se concentre donc sur le choix du flux terminal et du taux de croissance à l'infini. Le **flux normatif** doit être cohérent avec les hypothèses retenues lors de l'étude du plan d'affaires. Il dépend de la croissance à long terme, de la politique d'investissements et de l'évolution du BFR de l'entreprise. Enfin, il peut ne pas être identique au dernier flux du plan d'affaires en particulier (i) dans des secteurs cycliques car il représente alors le flux moyen que l'entreprise devrait générer de l'horizon explicite jusqu'à l'infini, (ii) si la croissance prévue pour la dernière année de l'horizon explicite diffère sensiblement de la croissance à l'infini.

35.8 Concernant le **taux de croissance à l'infini**, il faut garder la tête froide :

- au-delà de la croissance à l'infini du flux de trésorerie normatif, c'est la croissance à long terme de la rentabilité économique et de l'activité sur laquelle il convient de s'interroger. Quelle est la pérennité de la rente ? La croissance du marché est-elle durable ?

- mais surtout, le taux moyen de croissance à l'infini d'une entreprise ne peut pas être significativement supérieur au taux de croissance à long terme de l'économie. Ainsi, si le taux d'inflation anticipé à long terme est de 2 % et que la croissance réelle anticipée de l'économie à long terme est de 2 %, choisir un taux de croissance à l'infini supérieur à 4 % revient à dire que l'entreprise va prendre toujours plus de poids dans l'économie. Ceci est totalement irréaliste[1].

Dans le cas d'Indesit, le flux normatif doit être calculé en 2019 car on souhaite obtenir la valeur actuelle à fin d'année 2018, de la période 2019 à l'infini. À titre d'exemple et compte tenu de la nécessité d'investir pour continuer à croître, l'évaluateur pourrait retenir les hypothèses suivantes pour établir le flux normatif :

Résultat d'exploitation normatif 2019	244
– Impôt sur les sociétés à 40 %	– 98
+ Dotations aux amortissements	112
– Investissements	– 112
– Variation du besoin en fonds de roulements	– 5
= Flux de trésorerie disponible normatif 2019	141

En retenant un taux de croissance à l'infini de 1,5 %, on calcule une valeur finale de 1 964 M€ qui, actualisée sur 5 années[2], ressort à 1 294 M€. La valeur de l'actif économique d'Indesit s'établit donc à 359 + 1 294 soit 1 653 M€. Notons que la valeur finale de 1 964 M€ à fin 2018 correspond à un multiple de 8,3 fois le résultat d'exploitation 2018. Ceci signifie que choisir dans cet exemple un multiple de 8,3 ou retenir une croissance à l'infini du flux normatif de 1,5 % par an sont deux hypothèses équivalentes compte tenu du taux de rentabilité exigé (8,7 %).

Compte tenu d'un endettement bancaire et financier de 426 M€, la valeur des capitaux propres d'Indesit ressort, avec cette méthode, à 1 227 M€.

35.9 Nous voyons des évaluateurs calculer la valeur terminale sur la base de multiples de soldes de gestion : multiple du chiffre d'affaires, de l'excédent brut d'exploitation et du résultat d'exploitation. Généralement, ce « multiple de sortie » est inférieur au multiple équivalent constaté aujourd'hui sur le marché. En effet, il est fait l'hypothèse que, toutes choses égales par ailleurs, les perspectives de croissance devraient décroître au fil du temps, ce qui induit une diminution du multiple. **Nous déconseillons totalement cette méthode qui est par nature contradictoire avec la méthode intrinsèque et qui laisse une très large part d'arbitraire dans le choix du multiple à retenir.**

Calculer la valeur terminale comme l'actualisation d'un flux, et encore plus à partir d'un multiple, n'est pas sans danger car cela revient à faire l'impasse d'une réflexion sur le niveau de rentabilité économique atteint par l'entreprise à la fin de la période explicite et de la pérénité de cette rentabilité.

Notre lecteur doit savoir que si la valeur terminale qu'il a calculée est une valeur supérieure au montant comptable de l'actif économique comptable en dernière année de l'horizon explicite, cela signifie qu'il anticipe le maintien pendant une certaine période, voire à l'infini, d'une rentabilité économique supérieure au coût moyen pondéré du capital. S'il retient une valeur inférieure, cela signifie qu'il considère que l'entreprise entre dans une phase de déclin au-delà de l'horizon explicite et qu'il pense qu'elle ne pourra pas gagner son coût du capital. Enfin, lorsque la valeur terminale est égale à l'actif économique comptable, ceci revient à supposer que cette rente s'arrête net. C'est le cas notamment dans le secteur minier lorsqu'on estime une valeur de liquidation égale à la somme

1 D'autant que l'on observe dans les secteurs à maturité une inflation inférieure à celle de l'économie en général.

2 Pour nous ramener de 2018 à fin 2013.

des valeurs « à la casse » des différents actifs : bâtiments, terrains, matériels… diminuée des coûts de remise en état.

Dans l'exemple d'Indesit, le montant de l'actif économique à la fin de 2018 s'établit à 1 132 M€ ce qui, actualisé sur 5 années à 8,7 %, donne 746 M€. La valeur à fin 2013 de l'actif économique d'Indesit ressort donc, dans cette approche, à 359 + 746, soit 1 105 M€. Cette valeur, inférieure à la précédente (1 653 M€), reflète l'hypothèse qu'Indesit gagne en 2018 plus que son coût du capital.

35.10 Notre expérience est qu'aucune rente n'est durable à l'infini : la rentabilité économique anticipée de l'entreprise doit donc converger progressivement vers son coût du capital. C'est le cas de Coca-Cola, Michelin, Lafarge… Quel que soit son mode de calcul, la valeur finale doit donc tenir compte de cette contrainte. À cet égard, nous recommandons d'utiliser le modèle dit « de la rente décroissante »[1], qui crée entre la fin du plan d'affaires et le moment du calcul de la valeur terminale une période définie par l'évaluateur durant lequel la rentabilité économique de l'entreprise est dégradée (soit par le fait de la baisse des marges, soit par le fait de la baisse de la rotation de l'actif économique) jusqu'à devenir égale au coût moyen pondéré du capital. Au terme de cet horizon, la valeur terminale est égale au montant comptable de l'actif économique.

Exemple de *cash flow fade*

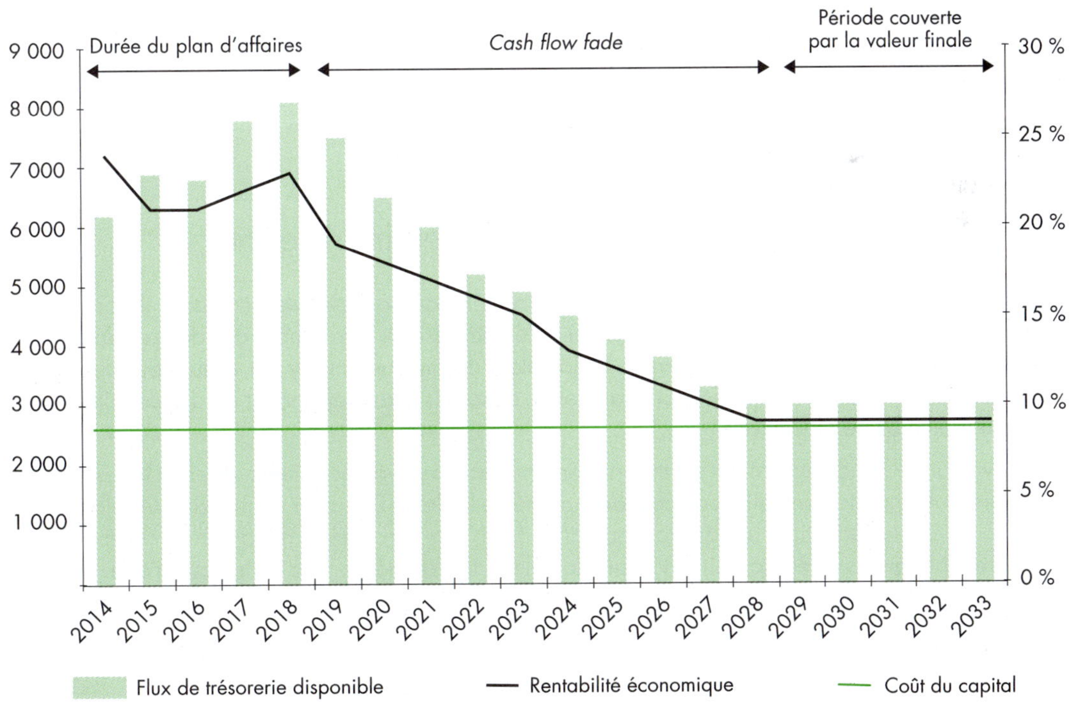

1 Le *cash flow fade* des Anglo-Saxons.

Notre lecteur devra faire plusieurs choix relativement arbitraires : durée de la période du *cash flow fade*, vitesse du retour de la rentabilité économique au niveau du coût du capital (forme de la courbe de rentabilité économique : convexe, concave, droite comme dans notre schéma). Il pourra aussi estimer, compte tenu de la position stratégique de l'entreprise, que celle-ci devrait être capable, à l'horizon de la valeur finale, de gagner 1 ou 2 points de plus que son coût du capital. Qu'il sache cependant qu'il n'a pas alors la théorie économique à ses côtés !

Notons enfin que ce modèle peut également être utilisé théoriquement pour une société qui, chroniquement, détruit de la valeur. Le raisonnement est alors de dire que le secteur ne peut durablement rester dans cette situation et qu'une modification structurelle aura lieu tôt ou tard (soit par la faillite des concurrents les moins performants, soit par une concentration du secteur). Mais avant d'appliquer la méthode du *cash flow fade* « à l'envers » pour cette société (c'est-à-dire en prévoyant une croissance des flux se fondant sur une croissance de la rentabilité économique qui finit par rejoindre le coût du capital), notre lecteur devra impérativement se demander si la société qu'il est en train de valoriser fera bien partie des survivantes !

2 ■ Le choix du taux d'actualisation

35.11 Comme nous l'avons vu, le taux d'actualisation est **le coût moyen pondéré du capital** (**CMPC** ou WACC en anglais), ou coût du capital. Son estimation est l'un des points les plus délicats de l'approche par les flux car les taux d'actualisation « analytiques » ou de convenance, utilisés par certains groupes industriels, ne permettent pas d'aboutir à une valeur de marché. Le coût moyen pondéré du capital est le taux de rentabilité minimal exigé par les pourvoyeurs de fonds (actionnaires, créanciers) pour financer les projets d'une entreprise.

Toute la difficulté réside dans l'estimation pratique de ce coût moyen pondéré du capital. Nous renvoyons notre lecteur au chapitre 33 consacré à ce sujet.

3 ■ La valeur de l'endettement bancaire et financier net

35.12 De la valeur de l'actif économique obtenu avec la méthodologie décrite ci-dessus, il convient de retrancher la valeur de l'endettement net. Celui-ci se compose de l'ensemble des dettes bancaires et financières (à court, moyen ou long terme), de la valeur des instruments de couverture éventuellement mis en place sur ces dettes bancaires et financières, auxquels il faut retrancher les disponibilités et les valeurs mobilières de placement.

La valeur de l'endettement net est théoriquement égale à la valeur actuelle des flux futurs à payer (les intérêts et le capital) actualisés au coût de marché de la dette. La valeur de marché des placements financiers vient en déduction. Lorsque tout ou partie de la dette est cotée ou échangée sur un marché de gré à gré (obligations cotées, crédit syndiqué), la valeur de marché de cette dette pourra être retenue [1].

Il est fréquent d'utiliser le montant comptable de l'endettement net comme première approximation de sa valeur financière. Cependant, dans certains cas, la valeur de la dette peut s'écarter significativement de son montant comptable :

- lorsque l'entreprise s'est endettée à taux fixe (directement ou après l'effet d'un *swap*) et que les taux d'intérêt ont varié depuis ;

1 Elle peut aussi être calculée si des dérivés de crédit (CDS) existent pour cette entreprise.

- lorsque la solvabilité de l'entreprise a significativement évolué à la hausse ou à la baisse depuis la levée de la dette sans qu'il y ait eu réajustement de la marge d'intérêt payée ;
- lorsque le taux facial de la dette a été artificiellement minoré par l'adjonction de bons de souscription ou d'autres produits détachables après l'émission de la dette (pour les comptes en normes françaises).

Aussi conseillons-nous au lecteur, lorsque l'endettement est significatif et que l'écart entre la valeur de la dette et son montant comptable l'est aussi, de raisonner en valeur et non en montant comptable de la dette.

Ainsi fin 2013, la dette de Solocal (ex-Pages Jaunes) était en montant comptable de 1 625 M€ pour une valeur financière de 1 186 M€, soit un écart de 439 M€ représentant deux fois sa capitalisation boursière, ce qui n'est pas une paille !

Lorsque l'activité de l'entreprise à évaluer est saisonnière, le montant du besoin en fonds de roulement en fin d'année peut ne pas refléter le montant moyen du besoin en fonds de roulement. L'endettement apparaissant au bilan de clôture ne reflétera donc pas le niveau moyen d'endettement tout au long de l'année. Le rapport entre les frais financiers affichés au compte de résultat et le montant de la dette fera apparaître un taux d'intérêt anormalement haut ou bas. L'évaluateur devra alors corriger le montant de la dette et retenir une moyenne (mensuelle par exemple).

Par ailleurs certains éléments peuvent venir compliquer l'appréciation du niveau réel d'endettement. Ainsi les actifs sortis du bilan par titrisation ou affacturage nécessitent d'être réintégrés dans l'endettement (voir chapitre 8). Enfin, certains vendeurs chercheront à « habiller le bilan » afin de faire apparaître un niveau très faible d'endettement net[1] !

4 ■ Les autres éléments de la valorisation

a) Les provisions

35.13 Le traitement des provisions pour risques et pour charges doit être cohérent avec celui des flux : si le plan d'affaires utilisé n'intègre pas les dépenses futures qui ont déjà été provisionnées (restructuration, fermeture d'un site...), le stock de provisions pour risques et pour charges correspondant doit être déduit de la valeur de l'actif économique pour leur valeur actuelle.

La prise en compte des engagements de retraite représente un problème épineux (traité au paragraphe 8.28). Leur traitement dépendra de leur mode de comptabilisation et il convient d'analyser si le plan d'affaires prend en compte ou non les charges de retraite futures. Par ailleurs, il ne faut pas oublier la situation actuelle résultant des engagements passés et des actifs de couverture dont le solde doit être traité comme de la dette et donc soustrait de la valeur de l'actif économique.

Sauf exception, les impôts différés sont généralement des montants relativement stables et ne sont en pratique jamais déboursés. Ils ne doivent pas être considérés comme de la dette ou comme un actif (voir paragraphe 8.54), modulo les reports fiscaux déficitaires traités au paragraphe 35.15.

b) Les participations non consolidées ou mises en équivalence

35.14 La valeur des participations financières ou des actifs non consolidés (ou mis en équivalence), dont les flux (dividendes) n'apparaissent pas dans les flux de trésorerie disponibles, s'ajoutera à la valeur de

1 Voir *La Lettre Vernimmen.net* avril 2003, n° 18.

l'actif économique. On retiendra alors la valeur de marché de ces biens tout en tenant compte, le cas échéant[1], de la fiscalité sur les plus et moins-values.

Pour les titres cotés, la valeur boursière est prise en compte. En revanche, pour les participations non cotées de faible importance, la valeur comptable est souvent retenue par souci de raccourci. Cependant, dans le cas où la société détient des participations importantes (ce sera notamment le cas pour certaines sociétés mises en équivalence), une analyse de valorisation spécifique devra être menée sur la filiale. Celle-ci pourra être simple, comme l'application d'un PER du secteur à la quote-part de résultat net, ou plus poussée avec une vraie analyse multicritères si l'information est disponible.

c) Les reports fiscaux déficitaires

35.15 La valeur des éventuels reports fiscaux déficitaires utilisables pourra être estimée séparément en actualisant les économies d'impôts au coût du capital jusqu'à son utilisation intégrale. Alternativement, leur utilisation pourra être simulée dans le calcul des flux de trésorerie disponibles en ne retenant l'impôt théorique que pour la période après que les reports fiscaux aient été épuisés.

d) Les intérêts minoritaires

35.16 Les flux de trésorerie disponibles calculés à partir du compte de résultat et du tableau de flux consolidés reviennent pour partie au groupe et pour partie aux intérêts minoritaires. La valeur ainsi calculée n'est donc pas seulement attribuable aux actionnaires de la maison mère.

Pour remédier à ce biais, il convient de déduire de la valeur d'entreprise la valeur des intérêts minoritaires. Si les intérêts minoritaires sont importants, notre lecteur devra évaluer à part la valeur des capitaux propres de la filiale concernée et la retrancher à la valeur du groupe à hauteur de la quote-part des minoritaires. Mais ceci nécessite bien sûr d'avoir une information détaillée sur cette filiale. Sinon, il devra pour le moins déduire la valeur comptable des intérêts minoritaires.

Une approche simple par multiples pourra aussi être retenue. En simplifiant à l'extrême, le PER implicite du groupe pourra être appliqué au résultat net revenant aux minoritaires pour avoir une première idée de la valeur des intérêts minoritaires. Alternativement, le PBR implicite du groupe pourra être appliqué aux intérêts minoritaires apparaissant au bilan. Nous ne conseillons pas de retenir pour valeur des intérêts minoritaires le montant comptable qui figure au bilan, sauf si les montants en question sont faibles ou que la rentabilité économique est égale au coût du capital.

e) Les instruments pouvant entraîner une dilution du capital

35.17 Le lecteur pourra s'interroger sur la façon de traiter les instruments donnant accès à terme au capital (obligations convertibles, BSA, stock-options...). Nous lui conseillons de les soustraire en valeur de marché de la valeur de l'actif économique, au même titre que l'endettement net, pour aboutir à la valeur des capitaux propres. Le nombre d'actions à prendre en compte pour déterminer la valeur de l'action est alors le nombre d'actions en circulation aujourd'hui.

L'évaluateur pourra utiliser la méthode des *treasury shares* (voir paragraphe 26.39) pour calculer le nombre d'actions qu'il utilise pour aboutir à la valeur par action. Elle présente l'inconvénient d'ignorer l'impact de ces instruments actuellement hors de la monnaie.

1 S'ils sont destinés à être vendus tôt ou tard.

5 ■ Intérêt et limites de l'approche par les flux

35.18 L'intérêt de cette méthode est de traduire concrètement en termes chiffrés les différentes hypothèses et prévisions, souvent implicites, des acheteurs et des vendeurs. Par ailleurs, elle permet de garder une grande sérénité face à des périodes d'euphorie, de surévaluations boursières et de fascination de multiples élevés. Elle ramène en effet à la réalité des performances économiques de l'entreprise.

Le lecteur pourrait penser que cette méthode ne concerne que l'évaluation majoritaire et qu'elle n'a rien à voir avec la valeur des flux actualisés des dividendes que perçoit l'actionnaire. Il pourrait même faire un pas supplémentaire et appliquer à la valeur actuelle des flux futurs, lorsqu'il évalue une participation minoritaire, une **décote de minoritaire**.

Ceci est erroné ! Appliquer une **décote de minoritaire** à la méthode des flux actualisés implique que l'on considère que **le majoritaire ne sera pas à même de gérer l'entreprise correctement**. On estime donc qu'il y aura des « pertes en ligne » entre les flux de trésorerie disponibles et les dividendes du fait d'une mauvaise politique de dividendes, d'autofinancement, d'investissement et d'endettement…

Si l'on utilise cette méthode, on ne peut appliquer de décote de minoritaire, ce serait incohérent. De même, une majoration de la valeur trouvée ne peut se justifier que si l'investisseur peut faire valoir des synergies susceptibles d'accroître les flux disponibles.

Pour conclure, soulignons que cette méthode théoriquement satisfaisante présente cependant trois inconvénients majeurs :

- elle est très sensible aux hypothèses retenues et à l'objectivité de celui qui les a établies. Dès lors, ses résultats sont très volatils. C'est une méthode rationnelle, mais ce problème peut la rendre biaisée ;
- elle dépend parfois trop de la valeur finale, sur laquelle le problème se trouve en définitive reporté. La valeur finale explique souvent plus de 50 % de la valeur de l'entreprise. Ceci peut remettre en cause la validité de la méthode, cependant c'est parfois la seule applicable (lorsque les résultats sont négatifs et que les multiples sont donc inapplicables) ;
- enfin, il n'est pas toujours aisé de réaliser un plan d'affaires sur une période suffisante : l'information fait souvent défaut pour l'analyste externe.

6 ■ Actualisation des flux de trésorerie disponibles pour l'actionnaire et actualisation des dividendes

35.19 Avant la généralisation de l'évaluation par les flux de trésorerie disponibles, l'entreprise était souvent évaluée par l'actualisation des dividendes[1] à un taux d'actualisation qui correspond au taux de rentabilité exigé par l'actionnaire qui reçoit le dividende, k_{cp} (le coût des capitaux propres).

Cette méthode est tombée en désuétude car elle est très difficile à mettre en œuvre si la structure financière, et donc le coût des capitaux propres, varient au cours du temps, ce qui est le

1 Technique que les Anglo-Saxons appellent *Discounted dividend model* (DDM).

cas le plus fréquent. C'est en revanche la méthode reine pour évaluer les banques dont la structure financière évolue peu compte tenu des contraintes réglementaires[1] qui pèsent sur elles[2].

Elle est aussi appliquée dans des cas très particuliers où l'entreprise à évaluer est dans un secteur mature et dispose d'une très bonne visibilité (secteur des services publics, concessions, sociétés foncières...) avec un taux de distribution des dividendes très élevé.

Dans cette même logique, on peut aussi calculer la valeur des capitaux propres d'une entreprise en actualisant le flux de trésorerie disponible qui revient à l'actionnaire[3]. Ce flux correspond aux flux de trésorerie disponibles du paragraphe 35.5, majorés de la variation de l'endettement bancaire et financier net et majorés de la différence entre les produits et les frais financiers après impôt.

Section 3 ■ La méthode des multiples

1 ■ Présentation

35.20 L'approche par les multiples est fondée sur trois grands principes :

- l'entreprise est évaluée globalement ;
- l'entreprise est évaluée pour un multiple de sa capacité bénéficiaire ;
- les marchés sont à l'équilibre et des comparaisons sont donc justifiées.

Cette approche est globale parce qu'elle s'attache, non à la valeur des actifs et des passifs d'exploitation, mais à la rentabilité qui découle de leur utilisation. Elle se fonde sur la capitalisation de différents paramètres de rentabilité de l'entreprise. Comme nous l'avons vu au chapitre 26, le multiple dépend de la croissance attendue, du risque et du niveau des taux d'intérêt.

> Le multiple est d'autant plus élevé que les perspectives de croissance sont fortes, que le secteur d'activité de l'entreprise est peu risqué et que le taux d'intérêt exigé est faible.

Cette approche est comparative : à un moment donné, et dans un pays donné, on achète une entreprise à un prix plus ou moins élevé (par exemple multiple du résultat d'exploitation plus ou moins élevé) en fonction de ses paramètres internes et de la conjoncture boursière générale. Les acquisitions d'entreprises ne se sont pas effectuées en Europe aux mêmes prix en 2014, période à laquelle les multiples boursiers du résultat d'exploitation étaient moyens (de l'ordre 10), qu'en 1980 où ils étaient très faibles (environ 4), ou en 2000, année caractérisée par des multiples élevés (12 à 15).

Les multiples calculés peuvent être issus d'un échantillon d'entreprises cotées comparables ou d'un échantillon d'entreprises ayant été cédées récemment, et pour lesquelles une valeur de capi-

1 Ratio de solvabilité.

2 Voir l'article de J.-P. Colle et R. Jacquemard disponible sur le site www.vernimmen.net.

3 *Free cash flow to equity*.

taux propres a donc été extériorisée. On parlera alors de **multiples boursiers** et de **multiples de transactions**. Les premiers sont à retenir pour évaluer les actions de l'entreprise sans changement de contrôle. Les seconds sont utiles pour déterminer la valeur des capitaux propres en cas de changement de contrôle.

2 ■ La constitution d'un échantillon d'entreprises comparables

35.21 L'approche comparative ou analogique repose avant tout sur la constitution d'un échantillon d'entreprises cotées comparables qui présentent les mêmes caractéristiques sectorielles, voire géographiques, mais surtout d'exploitation : niveau de rentabilité économique, croissance attendue... Étant donné que le multiple est généralement calculé sur des projections à court terme, les entreprises choisies devront en outre avoir des titres cotés liquides et être suivies par des analystes financiers de façon à pouvoir exploiter les prévisions disponibles.

3 ■ Les différents multiples

35.22 Deux grandes familles de multiples peuvent être distinguées : les multiples permettant d'établir la valeur de l'actif économique et ceux permettant d'établir directement la valeur des capitaux propres.

Les multiples permettant d'établir la valeur de l'actif économique sont des multiples d'agrégats **avant** frais financiers. Le multiple le plus pertinent est le multiple du résultat d'exploitation[1] (multiple d'EBIT en anglais), le multiple de l'excédent brut d'exploitation (multiple d'EBITDA en anglais) est aussi fréquemment utilisé.

Les multiples permettant d'établir la valeur des capitaux propres sont calculés sur des agrégats **après** frais financiers. Il s'agit principalement du multiple de résultat net (le PER), mais également le multiple de la capacité d'autofinancement, le multiple du résultat courant, et le multiple des capitaux propres (le PBR).

a) Les multiples permettant d'établir la valeur de l'actif économique

35.23 Quel que soit le multiple retenu, il convient de déterminer une valeur d'actif économique pour chaque société cotée comparable. Cette valeur se calcule comme la somme de la capitalisation boursière et de la valeur de l'endettement net à la date de l'évaluation et des autres ajustements présentés aux paragraphes 35.12 à 35.16.

En tout état de cause, il convient d'être cohérent : on ajoutera à la valeur de l'actif économique une participation minoritaire qui ne contribue pas au résultat d'exploitation ou à l'EBE. Si le déficit des plans de retraite est pris en compte dans le calcul de la valeur de l'actif économique, on s'assurera que ni l'EBE ni le résultat d'exploitation ne comprennent la fraction de la dotation aux provisions de retraite correspondant au passage du temps[2], etc.

---

1 Idéalement, il conviendrait de prendre un résultat d'exploitation **après** impôt. Ceci est rarement fait et ne porte pas à conséquence dès lors que les taux d'impôt sont à peu près les mêmes pour toutes les sociétés de l'échantillon.

2 L'*interest cost* des Anglo-Saxons.

Il s'agit alors de calculer les multiples des sociétés comparables cotées sur 3 exercices (dernier exercice clos, exercice en cours, prochain exercice). Notons que l'on garde la même valeur de l'actif économique pour les 3 exercices car la valeur de marché des entreprises comparables à la date de l'évaluation résulte de l'anticipation de l'évolution des soldes d'exploitation dans le futur[1].

Les multiples les plus souvent utilisés dans ce domaine sont :

- **Le multiple du résultat d'exploitation**

35.24 Le multiple du résultat d'exploitation rapporte la valeur de l'actif économique au résultat d'exploitation. Il permet de prendre en compte la capacité bénéficiaire d'exploitation des différentes entreprises.

> Ce qui est évalué, en effet, c'est la capacité bénéficiaire d'exploitation de l'entreprise, hors charges ou produits non récurrents, hors prélèvements. Il s'agit de définir une rentabilité normative récurrente d'exploitation.

Il peut s'avérer nécessaire de procéder à un ensemble de retraitements pour calculer ce résultat d'exploitation. Nous nous permettons de renvoyer notre lecteur au chapitre 10 où ces questions ont été étudiées.

Electrolux, Whirlpool, SEB, DeLonghi sont des entreprises cotées comparables à Indesit dont les caractéristiques 2014 sont les suivantes :

En M€	Electrolux	Whirlpool	SEB	DeLonghi
Capitalisation boursière (valeur des capitaux propres)	56 193	11 311	2 922	2 243
+ Valeur de la dette et intérêts minoritaires	13 664	1 193	412	81
= Valeur de l'actif économique (A)	69 857	12 504	3 334	2 324
Résultat d'exploitation 2014e (B)	4 990	1 575	356	208
Multiple du résultat d'exploitation (A/B)	11,3	7,9	9,4	11,2

e : estimation.

Le multiple moyen 2014 du résultat d'exploitation s'établit à 9,9 fois. Appliqué au résultat d'exploitation 2014 estimé d'Indesit qui est de 150 M€, on aboutit à une valeur de l'actif économique de 1 485 M€ et de 1 059 M€ pour la valeur des capitaux propres compte tenu d'un endettement net de 426 M€.

- **Le multiple de l'excédent brut d'exploitation**

35.25 Le multiple de l'excédent brut d'exploitation suit la même logique que le multiple du résultat d'exploitation. Il permet de gommer les différences parfois très significatives qui peuvent exister en termes de choix de méthode et de durée d'amortissement des actifs ou de cycle d'investissement. Il est très fréquemment utilisé par les analystes boursiers, en particulier dans les industries à forte intensité capitalistique.

Il convient cependant d'être précautionneux sur l'utilisation de ce multiple, en particulier lorsque l'échantillon et la cible présentent des niveaux de marges disparates. En effet, dans ce cas, il aboutit à sur-valoriser les entreprises à faibles marges et à sous-valoriser les entreprises à fortes marges et ce, indépendamment des choix de comptabilisation des amortissements. Prenons ainsi l'exemple suivant :

1 Pour approfondir ce point, voir *La Lettre Vernimmen.net* février 2007, n° 55.

	Groupe A	Groupe B
Chiffre d'affaires	100	100
EBE	20	10
Dotations aux amortissements	10	10
Résultat d'exploitation	10	0
Valeur de l'actif économique	60	?

Les données du groupe A font apparaître un multiple d'EBE de 3. Si l'on applique ce multiple au groupe B, on obtient une valeur de l'actif économique de B de 30 (3 × 10). Mais si la structure du compte de résultat de B est pérenne, notre lecteur aura saisi que l'actif économique de B ne génère aucun résultat et que sa valeur devrait donc être nulle ! C'est le résultat auquel on aurait abouti en utilisant un multiple du résultat d'exploitation.

- **Les autres multiples**

35.26 Il est possible de calculer d'autres multiples d'exploitation comme le multiple du chiffre d'affaires ou des multiples plus spécifiques comme le multiple du nombre d'abonnés, de la tonne de ciment… Ces multiples seront d'autant plus intéressants que l'échantillon présente une rentabilité économique normative, sinon la dispersion des résultats obtenus sera très forte. Ils ont beaucoup de sens pour les petits commerces (café-restaurant, blanchisserie…) pour lesquels les transactions sont nombreuses et où, de surcroît, le chiffre d'affaires est plus significatif de la profitabilité réelle que le résultat publié…

Ces multiples généralement utilisés pour valoriser des sociétés qui ne sont pas encore rentables conduisent, si les comparables sont rentables, à sur-valoriser très largement la société à évaluer. Nous recommandons donc de les éviter.

b) Les multiples permettant d'établir directement la valeur des capitaux propres

35.27 Les multiples fondés sur des soldes après frais financiers peuvent également être calculés : multiple des capitaux propres comptables (PBR), multiple de la capacité d'autofinancement et PER, comme nous l'avons vu au chapitre 26. Ces multiples rapportent respectivement la capitalisation boursière à la date de l'évaluation au montant des capitaux propres comptables, à la capacité d'autofinancement, ou au résultat net de l'entreprise. Le résultat net retenu par les analystes est un résultat retraité des éléments non récurrents et de la dépréciation[1] de la survaleur de façon à privilégier une capacité bénéficiaire récurrente.

En utilisant les mêmes comparables pour Indesit que ceux du paragraphe 35.24, on note que le PER 2014 mi-2014 est de 15,9 :

En M€	Electrolux	Whirlpool	SEB	DeLonghi
Capitalisation boursière (valeur des capitaux propres)	56 193	11 311	2 922	2 243
Résultat net 2014e	2 821	981	201	128
PER 2014	19,9	11,5	14,5	17,5

e : estimation.

1 Ou de l'amortissement quand il est pratiqué (normes françaises).

Appliqué à la prévision de résultat net 2014 d'Indesit (36 M€), la valeur des capitaux propres ressort à 571 M€.

Ces multiples valorisent indirectement la structure financière de l'entreprise ce qui crée des distorsions si les niveaux d'endettement sont différents. C'est exactement le cas d'Indesit dont la structure financière est bien différente de celle des sociétés qui lui sont comparables. Considérons ainsi deux sociétés de taille proche, Solène et Aymeric, dans le même secteur et ayant les mêmes perspectives, avec les caractéristiques suivantes :

Société	**Solène**	**Aymeric**
Résultat d'exploitation	150	177
– Frais financiers	30	120
– Impôt sur les sociétés (40 %)	48	23
= Résultat net	72	34
Valeur des capitaux propres	1 800	?
Valeur de la dette (à 10 % l'an)	300	1 200

Le PER de Solène est de 25 (1 800/72). Les deux sociétés étant comparables, on pourrait être tenté d'appliquer le PER de Solène aux bénéfices de Aymeric pour obtenir la valeur des capitaux propres de Aymeric, ici 25 × 34 = 850.

Ce raisonnement, qui a l'apparence de la justesse, est cependant erroné. En effet, en appliquant un PER de 25 au résultat net de Aymeric, c'est comme si l'on appliquait un PER de 25 au résultat d'exploitation après impôt de Aymeric (177 × (1 – 40 %) = 106), moins un PER de 25 appliqué aux frais financiers après impôt de Aymeric (120 × (1 – 40 %) = 72). En effet, le résultat net est bien égal au résultat d'exploitation après impôt moins les charges financières nettes après impôt.

Le premier terme (25 × le résultat d'exploitation après impôt) représenterait la valeur de l'actif économique de Aymeric, c'est-à-dire 25 × 106 = 2 650.

Le second terme (25 × les charges financières après impôt) devrait représenter la valeur de la dette qui vient en déduction de la valeur de l'actif économique pour donner la valeur des capitaux propres que nous cherchons. Or, 25 × les charges financières après impôt valent 1 800, ce qui n'est pas la valeur de la dette qui n'est que de 1 200.

Au cas présent, ce type de raisonnement aboutit à sur-valoriser la dette (1 800 contre 1 200) et, de là, à sous-évaluer la valeur des capitaux propres[1].

Le raisonnement correct est le suivant : on utilise le multiple du résultat d'exploitation de Solène pour valoriser l'actif économique de Aymeric. Si la valeur des capitaux propres de Solène est de 1 800 et la valeur de sa dette est de 300, l'actif économique de Solène vaut 1 800 + 300, soit 2 100. Puisque le résultat d'exploitation de Solène est de 150, le multiple du résultat d'exploitation de Solène est de 2 100/150 = 14. L'actif économique de Aymeric vaut donc 14 fois son résultat d'exploitation, soit 14 × 177 = 2 478. On retranche alors la valeur de la dette (1 200) pour obtenir la valeur des capitaux propres, soit 1 278. Et ce n'est pas la même chose que 850 !

1 Notons qu'appliquer un PER revient à surestimer la valeur de la société plus endettée si 1/PER > taux d'intérêt après impôt (ce qui est généralement le cas dans le contexte de taux d'intérêt faibles) et de sous-évaluer la société plus endettée dans le cas contraire.

Pour cette raison, les analystes financiers utilisent principalement le multiple de résultat d'exploitation, voire le multiple de l'excédent brut d'exploitation, pour s'affranchir des structures financières différentes des sociétés de l'échantillon.

4 ■ Les multiples de transactions

35.28 La logique est différente, mais le calcul des multiples est le même. En effet, l'échantillon retenu est établi à partir des informations disponibles sur les transactions récentes constatées dans le même secteur et portant sur la cession du contrôle d'entreprises.

L'utilisation du cours de Bourse pour calculer les multiples boursiers aboutit à une valeur dite « de minoritaire » (qui est en réalité une valeur *stand-alone*). En retenant le prix payé par l'acquéreur, le multiple intègre donc la **prime de contrôle** qu'il a payée pour obtenir le contrôle de la cible et valorise une quote-part des synergies anticipées. Les multiples de transactions sont donc issus de valeurs dites « de majoritaire » (c'est-à-dire intégrant une prime de contrôle). Pour une société cotée, on constate empiriquement que la moyenne des primes payées sur les cours de la cible précédant l'annonce de l'opération est de l'ordre de 25 % (voir paragraphe 35.47).

La mise en œuvre de cette méthode peut être limitée par la qualité de l'information disponible sur les transactions véritablement comparables.

À titre d'exemple, voici les multiples d'EBE pratiqués en Europe pour les cessions d'entreprises de taille moyenne :

Multiple valeur de l'actif économique/EBE pour des cessions de contrôle d'entreprises valant entre 15 M€ et 150 M€ et niveau de cours de Bourse

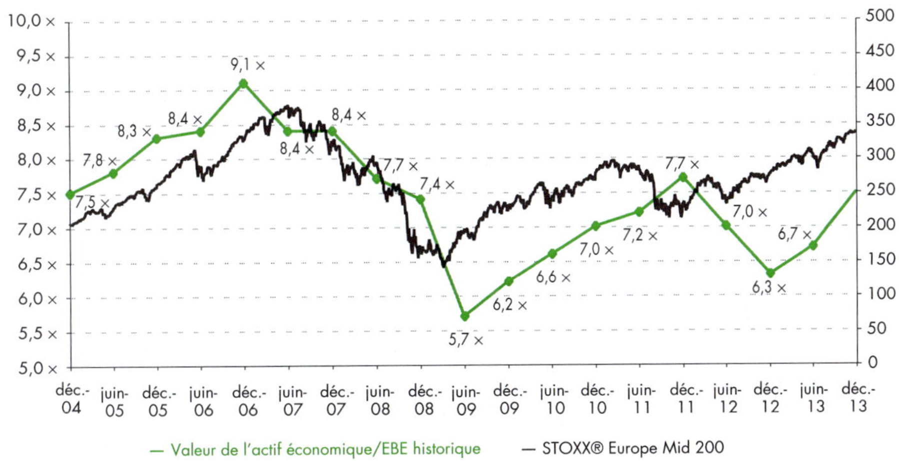

Source : Argos Soditic et Datastream.

5 ▪ Médianes, moyennes et régressions

35.29 Plutôt que d'utiliser une moyenne ou une médiane des multiples de l'échantillon de comparables que l'on appliquerait au solde représentatif de l'entreprise dont on cherche la valeur, nous engageons notre lecteur à comprendre l'origine des disparités éventuelles entre les multiples. Une analyse des multiples obtenus en fonction de la croissance attendue peut notamment être très utile pour positionner l'entreprise à évaluer au sein de l'échantillon.

On peut ainsi calculer les régressions linéaires mettant en regard par exemple : le multiple du résultat d'exploitation et le taux de croissance annuelle du résultat d'exploitation, le multiple du chiffre d'affaires et la marge d'exploitation, le PBR et la rentabilité des capitaux propres (pour évaluer les banques), etc.

Reste alors à trouver le critère le plus pertinent. Le R^2, c'est-à-dire le caractère significatif ou non de la droite de régression, permet de guider l'évaluateur sur les critères les plus pertinents dans l'industrie considérée. Il peut alors justifier un multiple de valorisation qui peut être dans le haut, le bas ou même en dehors de la fourchette des multiples des sociétés comparables si les paramètres de l'entreprise à évaluer le justifient.

Ainsi les societies comparables à Indesit ont des taux de croissance annuelle du résultat net compris entre 10 et 46 % contre 42 % pour Indesit. Il serait ainsi logique de prendre comme PER 2014 celui d'Electrolux qui présente le même taux de croissance de résultat net 2016/2014. On trouverait alors une valeur des capitaux propres de 19,9 × 36 = 717 M€ à comparer aux 571 M€ obtenus précédemment.

Section 4 ▪ La méthode patrimoniale ou la somme des parties

35.30 La méthode patrimoniale revient concrètement à évaluer séparément les différents actifs, ou divisions, ou filiales, sous déduction des engagements de l'entreprise. On parlera également d'actif net réévalué ou de somme des parties[1].

Elle est particulièrement adaptée pour les conglomérats ou les groupes diversifiés pour lesquels les comptes ou les projections financières agrégées ne peuvent pas être analysés en tant que tels.

La méthode patrimoniale est simple. Elle consiste à étudier systématiquement la valeur de chacun des actifs et des passifs inscrits au bilan d'une entreprise. En effet, les valeurs comptables sont souvent éloignées des valeurs « réelles » pour des raisons comptables, fiscales, historiques... Ces valeurs comptables doivent donc être corrigées, réévaluées, pour déterminer un actif net réévalué.

35.31 Pour les groupes aux activités multiples, les actifs évalués correspondent à des filiales entières pour leur quote-part de détention, ou à des branches d'activités, qui seront individuellement évaluées selon la méthode DCF ou la méthode des multiples. On retranchera de leur somme

1 *Sum of the parts* (SOP) en anglais.

l'endettement net de la maison mère[1] et la valeur actuelle des frais de siège. Grâce à ces groupes, la méthode patrimoniale connaît une nouvelle jeunesse !

À titre d'exemple, Exane BNP Paribas valorisait ainsi Vinci mi-2014 :

En M€	Valorisation	Méthode de valorisation
Vinci Construction	5 557	Multiple de comparables, multiple de transactions, actualisation de flux
Vinci Eurovia (routes)	2 386	Multiple de comparables
Vinci Energies	4 126	Multiple de comparables, multiple de transactions
Vinci Immobilier	494	Multiple de comparables
ASF/Escota (concession)	21 133	Actualisation de flux, actualisation de dividendes
Cofiroute (concession)	8 182	Actualisation de flux, actualisation de dividendes
A-19	749	Actualisation de flux, actualisation de dividendes
Aéroports	5 164	Multiple de comparables, actualisation de dividendes
Autres concessions consolidées	197	PBR, multiple de transactions
Concessions mises en équivalence	243	PBR
Holding	– 341	
Valeur d'entreprise	47 890	
Endettement net ajusté	– 10 760	
Intérêts minoritaires	– 261	
Valeur des capitaux propres	36 869	

35.32 C'est donc au niveau de chaque actif et de chaque passif exigible que se pose le problème de l'évaluation. Il s'agit d'être cohérent dans les estimations, même si les méthodes appliquées peuvent être différentes.

Sans vouloir philosopher, on peut dire qu'il existe plusieurs types de valeurs patrimoniales :

- **la valeur de marché :** c'est la valeur qu'on pourrait retirer d'un bien en le vendant. Si cette valeur peut paraître incontestable d'un point de vue théorique, elle suppose pratiquement que l'évaluateur se place dans une optique de cessation de l'activité ou de création d'une entreprise similaire *ex nihilo* ;

- **la valeur liquidative :** elle correspond à la valeur de marché minorée d'une décote pour tenir compte de l'impératif d'une réalisation rapide ;

- **la valeur d'usage :** elle représente la valeur d'un actif au sein du processus d'exploitation : une sorte de valeur de marché au coût de remplacement.

La méthode patrimoniale sera **d'autant plus facile à utiliser** et d'autant moins **contestable** que les actifs ont une valeur sur un marché **indépendamment de leur inclusion dans le processus d'exploitation d'une entreprise** (marché de l'immobilier, avions...). Que vaut en effet une usine dans une nouvelle zone industrielle ? En revanche, la valeur des stocks et des vignes d'une entreprise de champagne est facile à déterminer, et relativement incontestable.

Il existe donc toute une panoplie (non exhaustive) de valeurs, que l'on peut utiliser dans une approche patrimoniale. Puisque plusieurs optiques sont en effet possibles (cessation de l'activité

1 Puisque celui des filiales aura été pris en compte à leur niveau.

brutale ou en douceur, poursuite de l'exploitation...), il s'agit de faire preuve de cohérence, en conservant la même approche tout au long de l'évaluation.

1 ■ Les actifs corporels

35.33 Les actifs corporels peuvent, bien sûr, être évalués à partir de la valeur de remplacement, à partir de la valeur de liquidation, ou encore de toute autre valeur.

Notre propos n'est pas de nous étendre sur ce point, mais plutôt de souligner que ce qui importe dans l'approche patrimoniale est la valeur globale de l'outil industriel et commercial. Il ne s'agit donc pas de chercher à décomposer les actifs en somme d'actifs unitaires, mais de raisonner globalement en considérant des ensembles d'actifs suffisamment importants et qui ont une valeur intrinsèque.

S'interroger sur la valeur d'un terrain sur lequel est bâti un entrepôt n'a pas de sens. En revanche, il est beaucoup plus judicieux de s'intéresser à la valeur de l'ensemble du terrain et des constructions. Cet ensemble sera évalué par un expert compte tenu de son potentiel de production, et non à partir des valeurs individuelles des éléments qui le composent, sauf à déduire de la valeur du terrain le coût de la destruction des constructions.

2 ■ Les stocks

35.34 Dans le cas de sociétés industrielles, la valorisation des stocks ne pose en général pas de problème majeur, sauf s'ils contiennent des produits obsolètes ou en mauvais état, auquel cas il faudra appliquer une décote à leur valeur comptable, décote qu'un simple inventaire permettra d'estimer.

Toutefois, il convient parfois de réévaluer les stocks de certaines entreprises dont le cycle de production est long, ce qui peut entraîner des plus-values sur stocks : champagne, cognac, etc. voire des pertes à terminaison non encore comptabilisées. Ici encore, les réévaluations opérées devront tenir compte de l'impact de l'impôt sur les bénéfices. En faisant ceci, il faut avoir conscience que l'**on achète déjà les bénéfices des prochaines années**.

3 ■ Les actifs dits « incorporels »

35.35 Il peut paraître paradoxal de retenir une valeur patrimoniale pour l'évaluation des actifs incorporels. Mais peu contestent que le patrimoine de l'entreprise se compose aussi d'actifs incorporels dont la valeur est loin d'être nulle (marque, fonds commercial, brevets...).

> Une valeur patrimoniale n'a de sens que si elle intègre l'évaluation des actifs incorporels de l'entreprise.

On retiendra notamment :

- **le droit au bail :** il est égal à la somme actualisée des différences entre le loyer au prix du marché et le loyer effectivement payé ;

- **les marques :** il s'agit de valeurs particulièrement difficiles à évaluer, mais dont l'importance est croissante. Il existe principalement trois méthodes pour les estimer :
  - la première méthode considère une valeur de reconstitution égale au montant des dépenses publicitaires après impôt nécessaires pour reconstituer la marque. C'est une méthode très rudimentaire, au mieux applicable pour des marques de création récente, qui conduit à survaloriser les marques dont le lancement est un échec (les yaourts Essensis par exemple) et à sous valoriser celles dont le lancement est un succès (*Philosophie Magazine* par exemple) ;
  - la deuxième méthode consiste à actualiser les redevances touchées ou qui pourraient être touchées de l'exploitation de la marque par des tiers licenciés (souvent quelque pour-cent du chiffre d'affaires). Elle donne des résultats malheureusement très sensibles au taux de redevance choisi et au périmètre auquel il s'applique ;
  - la troisième méthode d'évaluation consiste à analyser le fondement même de la marque, dont l'utilité est principalement de faire vendre plus, et plus cher, moyennant des coûts supérieurs, notamment par rapport à un produit sans marque. La valeur actuelle de ce « super-bénéfice » sur une certaine durée permet d'approcher la valeur de la marque. Il ne faut pas cacher que cette approche, certes intellectuellement satisfaisante, est difficile à appliquer concrètement, notamment dès qu'on ne dispose pas de produit « sans marque » de référence. Les praticiens actualisent les flux différentiels de trésorerie imputables à l'existence d'une marque (marge d'exploitation supplémentaire moins coûts d'exploitation supplémentaires, BFR et investissements supplémentaires) pour isoler la valeur d'une marque ;
- **les brevets et les savoir-faire technologiques :** ils s'évaluent avec les mêmes méthodes que les marques et avec les mêmes difficultés ;
- **le fonds de commerce :** pour les petites entreprises, il est souvent évalué à partir des barèmes qu'utilisent les experts et les tribunaux[1] en pourcentage du chiffre d'affaires : 20 à 40 % du chiffre d'affaires annuel pour une épicerie, 70 à 110 % pour une laverie automatique, etc. Ces pourcentages s'entendent matériel compris mais stocks exclus. Pour les plus grandes entreprises, la clientèle est évaluée en actualisant le surprofit qu'elle dégage par rapport au taux de rentabilité exigé sur l'actif économique en place et ce sur sa durée de vie probable compte tenu d'un taux naturel d'attrition.

4 ■ L'influence de la fiscalité

35.36 La prise en compte de la fiscalité rend nécessaire de savoir dans quelle optique on se place en cas d'utilisation d'une méthode d'évaluation patrimoniale :

- dans une optique liquidative, les actifs théoriquement vendus font apparaître des plus-values ou des moins-values. Les impôts théoriques viennent donc abaisser la valeur et les crédits d'impôts viennent l'accroître ;
- dans une optique de continuité, l'entreprise achète indirectement des actifs à travers l'acquisition de titres. De ce fait, elle ne peut réévaluer fiscalement ces actifs et les amortira donc sur la base d'une valeur fiscale plus faible que si elle avait pu les acheter directement. D'où des amortissements plus

1 Que l'on peut trouver dans le *Mémento Transmission d'entreprise* ou les *Dossiers pratiques Évaluation* Francis Lefebvre.

faibles entraînant des impôts supplémentaires en termes d'opportunités. Concédons que, généralement, dans une optique de continuité, l'impact fiscal est négligé.

5 ■ Utilité des valeurs patrimoniales

35.37 Nous voudrions mettre en garde le lecteur sur la fausse protection des valeurs patrimoniales qui, dans l'esprit de bon nombre, signifient valeurs plancher. Lorsqu'une entreprise a une forte valeur patrimoniale, cela signifie que, suivant la méthode des flux de trésorerie disponibles, la valeur terminale est très importante par rapport aux flux intermédiaires. Par conséquent, plus une entreprise est « patrimoniale », plus sa valeur est spéculative et volatile. Sans doute, son risque industriel est limité, mais c'est une pure spéculation sur des valeurs de revente.

Pour cette raison, la valeur patrimoniale est utile pour évaluer des petites entreprises sans valeur stratégique ou des entreprises industrielles qui disposent d'actifs pour lesquels il existe un marché secondaire (avions, salles de cinéma...).

Section 5 ■ Comparaison des valorisations

35.38 F. Bancel et U. Mittoo ont réalisé en 2013 une étude à l'échelle européenne sur les méthodes de valorisation utilisées par les professionnels de la finance. Il ressort de cette étude que les deux méthodes les plus couramment mises en œuvre sont l'actualisation des flux de trésorerie et la méthode des multiples.

La mise en pratique de l'actualisation des flux est majoritairement cohérente avec les recommandations formulées dans ce chapitre tant sur le calcul du taux d'actualisation (utilisation du MEDAF, pondération en valeur, coût de marché de la dette...) que pour la valeur terminale (Gordon-Shapiro).

Notons que le multiple le plus utilisé est le multiple d'excédent brut d'exploitation (retenu par plus de 80 % des évaluateurs). Le PER reste très populaire et devance le multiple de résultat d'exploitation et le PBR.

1 ■ Réconciliation des méthodes de valorisation

35.39 Dans un marché en équilibre, toutes les méthodes d'évaluation devraient normalement conduire à la même valorisation. Or, dans la réalité, on constate fréquemment des différences entre valeur patrimoniale et valeur par la méthode DCF ou par la méthode des multiples. Il faut alors analyser l'origine de ces écarts et **renoncer à faire des moyennes** !

a) Analyse de l'écart entre valeurs patrimoniales et valeurs de rentabilité

35.40 Si la valeur patrimoniale est supérieure à la valeur DCF ou à celle issue des multiples, l'entreprise vaut plus par son passé (capitaux propres réévalués) que par ses perspectives futures de rentabilité. Il convient donc, dans ce cas, non pas d'investir, mais plutôt de commencer à désinvestir, à liquider les actifs pour obtenir une meilleure rentabilité et une meilleure allocation des ressources.

Ce genre de manœuvre a connu son heure de gloire, notamment dans les années 1980 et a fait réapparition en 2007-2008[1]. Les entreprises sont rachetées en Bourse (OPA) et revendues « par appartements », en pièces détachées en quelque sorte. L'acheteur réalise alors une plus-value puisque la somme des parties est supérieure à la valeur d'ensemble de l'entreprise. Loin de constituer une résurgence du capitalisme débridé et sauvage du XIXe siècle, ces opérations purement financières permettent une meilleure allocation des ressources et sanctionnent des gestions trop laxistes.

Si la valeur patrimoniale est inférieure à la valeur DCF ou celle issue des multiples (ce qui est le cas le plus fréquent dans une économie caractérisée par l'importance d'actifs incorporels), l'entreprise est alors fortement rentable et investit dans des projets dont la rentabilité est supérieure à son coût du capital. L'entreprise a un véritable savoir-faire, un positionnement stratégique fort avec des barrières à l'entrée. Pourra-t-elle résister longtemps à la pression de la concurrence ?

Le *goodwill* a été utilisé pendant longtemps comme moyen privilégié de corriger les valeurs patrimoniales afin de tenir compte de la rentabilité économique anticipée de l'entreprise, notamment par rapport à son coût moyen pondéré du capital et évaluer d'un coup l'ensemble du **capital immatériel** de l'entreprise.

Le point de départ de ces méthodes dites « mixtes » est la détermination de l'actif économique de l'entreprise comme nous l'avons vu au chapitre 4, corrigé d'éventuelles plus ou moins-values.

On calcule alors un résultat d'exploitation normatif, en appliquant un taux de rentabilité exigé sur l'actif économique. La différence entre le résultat d'exploitation anticipé dans le plan d'affaires et le résultat normatif fait apparaître, soit un « super-bénéfice », le *goodwill*, soit un déficit, le *badwill*. Conceptuellement, ce « super-bénéfice » correspond à une rente que l'acquéreur est prêt à acheter. Cette rente, appelée *rente du goodwill*, est alors actualisée sur une certaine durée. Notons que si l'on utilise comme taux de rentabilité cible et comme taux d'actualisation du « super-bénéfice » le coût moyen pondéré du capital de l'entreprise, on retrouve la notion de profit économique et donc la valeur actuelle des EVA. On rejoint alors le fondement conceptuel de la valeur par les flux qui provient de l'écart entre la rentabilité économique et le taux d'actualisation, en l'occurrence le coût moyen pondéré du capital de l'entreprise.

b) Valeurs issues des multiples et valeur DCF

35.41 Si la valeur obtenue par la méthode des multiples est supérieure à la valeur issue de la méthode DCF, le moment peut être bon pour introduire l'entreprise en Bourse car les investisseurs financiers ont une appréciation du risque et de la rentabilité plus favorable à l'entreprise que son actionnaire actuel ou son management. *A contrario* si la valeur issue des multiples est en retrait par rapport à la valeur DCF et si l'on croit à son plan d'affaires, il vaut mieux attendre que l'entreprise concrétise dans ses états financiers son potentiel de croissance reflété dans la méthode DCF.

1 Démantèlement d'ABN-Amro, de Scottish and Newcastle, de Hagemayer…

Si les multiples de transaction aboutissent à une valeur nettement plus élevée que les multiples boursiers ou la valeur issue du DCF, les actionnaires vendeurs auront trouvé une bonne fenêtre pour passer à l'acte.

c) Méthodes de valorisation « vendeurs » et « acheteurs »

35.42 Conceptuellement, il n'y a pas de raison qu'un investisseur préfère telle ou telle méthode de valorisation selon qu'il soit acheteur ou vendeur. On peut cependant observer dans la pratique une certaine hiérarchie des méthodes de valorisation.

Un vendeur préfère généralement la méthode d'actualisation des flux de trésorerie disponibles car cette méthode est fondée sur un plan d'affaires qui est rarement pessimiste… (et qui peut donc être sujet à caution). Le plan d'affaires a été établi par le management de la cible mais, le plus souvent, sur instruction de l'actionnaire vendeur dans l'unique but de « bien vendre » l'entreprise. Bien que le DCF soit mis en avant, le vendeur a en réalité toujours en tête la méthode des comparables (boursiers ou de transaction) car il acceptera difficilement de se vendre moins cher que son concurrent et une introduction en Bourse représentera parfois une alternative à la cession pure et simple[1].

L'acheteur fonde sa négociation sur les comparables pour justifier un prix plus bas que celui qui ressort du DCF. L'argument souvent avancé est que les autres acheteurs ont payé ce type de prix et non 130 ou 140 % de ce prix. Cependant il réfléchit à son DCF car c'est de son plan de bataille post-acquisition (synergies, nouveaux développements…) que dépend la rentabilisation future de son acquisition. Ainsi la valeur issue d'un DCF appliqué à un *business plan* qu'il jugera réaliste est effectivement le prix qu'il pourra payer sans détruire de la valeur pour ses actionnaires.

2 ■ Un « cycle de vie » de l'entreprise

35.43 Valeurs patrimoniales et valeurs de rentabilité peuvent différer tout au long du cycle de vie d'une entreprise qui a connu un certain succès.

Au moment de la création d'une entreprise, valeurs patrimoniales et valeurs de rentabilité sont identiques dans la mesure où l'entreprise n'a pas encore investi. Après une année ou deux d'exploitation, les valeurs patrimoniales peuvent diminuer en raison des pertes dues au démarrage de l'activité. Les valeurs de rentabilité, quant à elles, seront supérieures, car elles anticipent les flux futurs que l'on espère positifs.

En phase de croissance, la valeur patrimoniale va augmenter en raison du réinvestissement partiel ou total des bénéfices et de la constitution du fonds de commerce (qui n'apparaît pas comptablement). Les valeurs de rentabilité continueront à augmenter et resteront supérieures à la valeur patrimoniale. Le savoir-faire de l'entreprise n'est pas encore devenu un véritable actif, il reste lié aux hommes qui l'ont créé.

En phase de maturité, la croissance des valeurs de rentabilité va se réduire, voire s'arrêter, reflétant ainsi l'évolution normale des bénéfices. Par contre, la valeur patrimoniale continuera à croître, mais à un rythme plus ralenti, car l'entreprise augmentera son taux de distribution. Au total, valeurs de rentabilité et valeur patrimoniale pourront être confondues.

1 Au terme d'un *dual track process*.

Si l'entreprise entre dans une phase de déclin, ses bénéfices diminuent et les valeurs de rentabilité deviennent alors inférieures à sa valeur patrimoniale. Celle-ci continue à croître, mais à un taux très faible, jusqu'à l'apparition des premières pertes. La valeur patrimoniale diminue. Quant aux valeurs de rentabilité, elles sont alors très faibles. **La valeur patrimoniale apparaît donc comme une valeur particulièrement spéculative.**

Valeur de rentabilité et valeur patrimoniale évoluent différemment tout au long de la vie de l'entreprise.

Cycle de la valeur

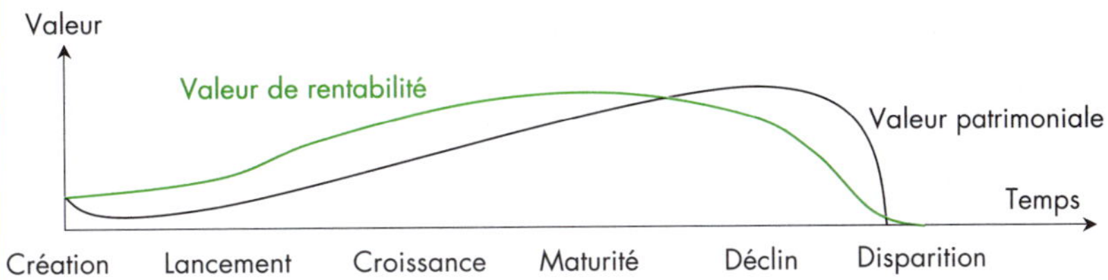

Il est indispensable de comprendre à tout moment les raisons de l'écart entre valeurs patrimoniales et valeurs de rentabilité. Cette réflexion est en effet nécessaire pour comprendre la logique de l'entreprise achetée et son évolution à terme.

35.44 En conclusion, un lecteur novice pourrait se laisser égarer par une grande quantité d'approches qui aboutissent à autant de **valeurs** :

- valeur patrimoniale ;
- valeur par les multiples ;
- valeur intrinsèque…

Pour notre part, nous déconseillons de calculer un grand nombre de valeurs si ce n'est pour démontrer que l'on peut tout dire en matière d'évaluation. Il ne faut pas faire du nihilisme. Essayons donc de comprendre à quelle situation de l'entreprise chaque catégorie de valeurs correspondent-elles, quelles sont leurs hypothèses implicites. En fait, il s'agit plus de déterminer des fourchettes que d'aboutir à des chiffres précis, tâche qui est du ressort de la négociation puisqu'elle aboutit à un **prix**.

Rappelons enfin qu'évaluer une entreprise :

- c'est spéculer fortement sur l'avenir de la société mais aussi sur les conditions de marché… Les méthodes de flux et de multiples le démontrent ;
- c'est effectuer implicitement des prévisions à très long terme fondées sur une extrapolation des résultats passés ou d'un futur proche. De là, les excès ;
- c'est parfois oublier que les valeurs patrimoniales sont de fausses protections.

Pour un financier, la décision de céder tout ou partie du capital d'une entreprise découle alors de la comparaison du prix que l'on peut en tirer par rapport aux valeurs obtenues.

Section 6 ■ Primes et décotes

35.45 Un lecteur novice pourrait croire que le marché de la vente et de l'achat d'entreprises est un marché spécifique, ayant sa propre logique de fonctionnement, ses propres équilibres, ses propres méthodes d'évaluation, ses propres intervenants.

En réalité, il n'en est rien : le marché des entreprises n'est qu'un compartiment d'un marché financier beaucoup plus global. **Et les méthodes d'évaluation utilisées ont le même fondement et la même logique que celles qui sont mises en œuvre pour l'évaluation d'un actif financier.** Notre expérience nous prouve qu'une entreprise se vendra à un prix d'autant plus élevé entre industriels que la Bourse affiche des niveaux de valorisation élevés (voir paragraphe 35.28).

Les intervenants sur ce marché ont la même logique que les investisseurs financiers en Bourse. Certes, plus la taille de la société est faible, plus ces règles s'estompent, la valeur d'un fonds de commerce (boucherie, boulangerie, tabac...) ayant peu à voir *a priori* avec les règles des marchés financiers. Mais seule l'apparence peut faire croire un instant qu'il s'agit d'un marché spécifique.

1 ■ Valeur stratégique et prime de contrôle

35.46 **Il n'existe pas de véritable valeur de contrôle autre que la valeur stratégique** que nous développerons ultérieurement. Les temps où la **prime de contrôle** était réservée à l'actionnaire majoritaire et où les actionnaires minoritaires en étaient privés sont révolus, au moins pour les sociétés cotées. Les marchés réglementés ont érigé l'égalité de traitement des actionnaires au rang de principe absolu : les actionnaires minoritaires ont droit au même prix de cession que celui obtenu par le majoritaire sur son bloc de contrôle.

Les pactes d'actionnaires et les clauses statutaires (en particulier dans les sociétés anonymes simplifiées) permettent de mettre en œuvre ce principe dans les sociétés non cotées.

> En cas de changement de contrôle d'une société cotée, l'actionnaire minoritaire touche la même prime que celle payée au majoritaire.

Nous avons souvent croisé des entrepreneurs ayant un tout autre raisonnement... Pour eux, les actionnaires minoritaires s'enrichissent en dormant alors que le dirigeant majoritaire donne toute son énergie à son entreprise. Il est alors très difficile de les convaincre qu'il faut dissocier direction et actionnariat en termes de rémunération et surtout que le risque pris par l'actionnaire minoritaire doit être rémunéré.

35.47 Si l'on fait l'hypothèse que les marchés sont à l'équilibre, l'existence de la prime de contrôle ne peut être justifiée que par le fait que le nouvel acquéreur obtiendra plus de valeur de la société que les anciens propriétaires. La prime de contrôle ne s'explique donc que par les **synergies industrielles, commerciales ou administratives** que le nouveau majoritaire espère mettre en place. Il espère améliorer les résultats de l'entreprise par sa propre gestion, par la mise en commun de ressources, d'activités, par le développement d'économies d'échelle, et a pris cela en compte dans son évaluation. L'investisseur dit « industriel » souhaite acquérir l'entreprise pour agir sur sa gestion et créer de la valeur.

La valeur d'un industriel diffère donc de celle d'un investisseur financier qui analyse l'acquisition d'une action comme une simple opportunité d'investissement parmi d'autres, et **indépendamment de telles synergies**. Les professionnels parlent alors d'une valeur *stand-alone*.

Les flux espérés par l'investisseur industriel ne sont donc pas les mêmes que pour l'investisseur financier et peuvent conduire à une valorisation différente de l'entreprise, que nous appellerons **valeur stratégique**.

La valeur stratégique est la valeur qu'un investisseur industriel est prêt à payer pour une entreprise. Elle résulte de la projection des flux de trésorerie disponibles, augmentés des gains dus aux synergies résultant du rapprochement de cette entreprise avec celle(s) de l'investisseur industriel ou des espoirs d'amélioration de rentabilité future.

Alors que nous avons démontré que la valeur d'un titre financier était indépendante du portefeuille auquel il appartenait, nous constatons ici l'inverse de cette règle puisqu'une entreprise n'a pas la même valeur selon qu'elle est incluse dans tel ou tel ensemble. Entendons-nous bien : cette différence de valeur provient de flux prévisionnels différents et non d'un taux d'actualisation qui, lui, est propre à l'entreprise, et donc le même pour tout acheteur. **Contrairement à la valeur qui est universelle, la valeur stratégique est propre à chaque investisseur industriel. Elle est fonction du niveau des synergies dont il espère tirer profit et de sa capacité à mieux gérer les actifs que les dirigeants en place.**

> De ce fait, la valeur stratégique d'une entreprise est généralement supérieure à sa valeur *stand-alone*.

Toute la négociation consistera donc à partager entre l'acheteur et le vendeur cette espérance de rentabilité supérieure imputable aux synergies, puisque le vendeur s'efforcera bien entendu d'obtenir le prix maximum.

Notre lecteur ne doit pas s'emballer pour autant et faire comme certains groupes industriels qui achètent chaque entreprise au double de sa valeur *stand-alone* sous prétexte que sa valeur stratégique est importante ou qu'une implantation dans telle zone géographique est stratégique ! Le réveil sera dur ! En effet, si une entreprise est déjà bien valorisée par le marché, il peut arriver que sa valeur *stand-alone* soit supérieure à sa valeur stratégique, même si toutes les synergies se réalisent, notamment lorsqu'elles sont anticipées par le marché (spéculation sur une opération). C'est le cas d'une entreprise déjà bien gérée où les synergies apportées par tout industriel sont faibles, voire négatives.

2 ■ Décote ou prime de minoritaire ?

35.48 Nous avons vu des valorisations de participations minoritaires agrémentées d'une décote de minoritaire. Comme notre lecteur l'aura compris, nous n'adhérons pas à cette pratique. L'application d'une décote sous-entendrait que, pour un pourcentage donné, le minoritaire a un droit sur les flux de trésorerie de l'entreprise plus faible que le majoritaire. Ceci est inexact !

> Ainsi, si la prime de contrôle observée *a posteriori* peut (et doit) être justifiée par des synergies, la décote de minoritaire n'a pas de fondement.

Pour pousser plus loin, on peut observer qu'un actionnaire détenant déjà la majorité d'une société cotée est obligé de payer une prime aux minoritaires pour racheter leurs actions. En moyenne, en Europe, cette prime payée pour « sortir » des minoritaires est de l'ordre de 10 à 20 %, un peu plus faible que celle payée lors d'une prise de contrôle. Notre lecteur pourra se demander ce qui justifie une telle prime. Elle s'explique par le fait que pour mettre des synergies en place, ou pour restructurer une entreprise, le majoritaire aura besoin d'avoir le contrôle plein et entier de l'entreprise. Dans certains cas, la capacité à mettre en place une intégration fiscale (pour laquelle la détention de 95 % du capital est nécessaire) peut justifier tout ou partie de la prime payée.

L'absence de liquidité attachée à certaines participations minoritaires (soit que l'entreprise ne soit pas cotée, soit que la liquidité du titre soit trop faible au regard de la taille de la participation) peut justifier une décote. Mais il ne s'agira pas réellement d'une décote de minoritaire, on parlera plutôt de décote d'illiquidité que subira l'actionnaire minoritaire qui veut vendre.

Nous avons connu des cas où elle dépassait 50 % pour un actionnaire minoritaire qui voulait céder ses titres pour lesquels le majoritaire n'a fait cette offre qu'au bout de 3 ans. Mais nous avons aussi connu des décotes nulles quand la cession d'une petite participation pouvait modifier l'équilibre du contrôle. En effet, un minoritaire, conscient de la valeur de la participation qu'il détient, ne pourra l'extérioriser que si le majoritaire décide également de vendre. On retrouve le même phénomène dans une société cotée au flottant réduit et dont le capital est verrouillé par un ou plusieurs investisseurs : la sortie ne pourra se faire qu'au cours de Bourse, qui dépend de la politique de communication du principal actionnaire... Des sociétés cotées peuvent ainsi souffrir d'une sous-valorisation chronique en raison d'une liquidité insuffisante du titre ; les analystes ne publient pas alors de recherches et le phénomène s'auto-alimente.

Dans une société cotée au capital dispersé, les choses sont différentes et le minoritaire est en quelque sorte secouru par les autorités boursières qui sont vigilantes sur la défense de ses intérêts.

> Le seul chiffrage rationnel de la décote de liquidité est la décote d'introduction en Bourse que le vendeur aurait à supporter. Mais le degré d'urgence de la cession et les rapports de force entre acheteur(s) et vendeur(s) peuvent affecter cette belle rationalité.

RÉSUMÉ

Le résumé de ce chapitre est disponible sur le site www.vernimmen.net.

La première méthode d'évaluation de l'entreprise, l'actualisation des flux de trésorerie disponible (dite « DCF »), est fondée sur l'idée que la valeur de l'actif économique est égale au montant des flux de trésorerie disponibles futurs de l'entreprise actualisés en fonction de son risque. Le taux d'actualisation utilisé est donc le coût moyen pondéré du capital. On calcule ainsi :

- les flux de trésorerie disponibles actualisés sur l'horizon des prévisions explicite (visibilité de l'entreprise) ;
- la valeur terminale actualisée à partir de l'estimation d'un taux de croissance à l'infini ;
- la valeur des capitaux propres, qui est la différence entre la valeur de l'actif économique ainsi obtenue et la valeur de la dette bancaire et financière nette et éventuellement d'autres éléments.

La deuxième méthode d'évaluation, la méthode des multiples, est une approche analogique par comparaison avec d'autres entreprises du même secteur. Dans cette approche, la valeur de l'actif économique d'une entreprise résulte d'un multiple de sa capacité bénéficiaire : multiple du résultat d'exploitation ou multiple de l'excédent brut d'exploitation. Le multiple considéré peut être un multiple de transaction ou un multiple boursier. Il provient de l'observation de la valorisation d'entreprises semblables. Pour obtenir la valeur des capitaux propres, on retranche la valeur de l'endettement bancaire et financier net retraitée. Alternativement, on valorisera directement les capitaux propres par un multiple comme le PER, le PBR ou le multiple de la capacité d'autofinancement.

L'actualisation des dividendes (DDM) se rapproche conceptuellement du DCF mais est la plupart du temps peu fiable.

L'évaluation selon la méthode patrimoniale revient à estimer séparément les différents actifs, divisions ou filiales de l'entreprise, et à en soustraire la valeur de l'endettement net. Il existe plusieurs types de valeurs patrimoniales (depuis la valeur de liquidation jusqu'à la valeur d'usage) et la fiscalité n'est pas neutre : impôt sur les plus ou moins-values. La valeur patrimoniale n'a de sens que si elle intègre les actifs incorporels de l'entreprise (marque, clientèle…), qui sont particulièrement difficiles à estimer.

Il est indispensable d'expliquer les écarts obtenus entre ces différentes méthodes qui sont souvent une source considérable d'ingénierie financière et qui évoluent tout au long du cycle de vie de l'entreprise.

Pour un financier, le marché des entreprises et de leur contrôle n'est qu'un compartiment du marché des capitaux. Il n'existe donc pas de véritable valeur de contrôle autre que la valeur stratégique liée à l'existence de synergies industrielles.

Du fait des synergies industrielles, la valeur stratégique d'une entreprise est généralement supérieure à sa valeur financière, souvent appelée valeur *stand-alone*. Toute la négociation consistera donc à partager ce surcroît de valeur entre l'acheteur et le vendeur. Chacun d'entre eux s'efforçant bien entendu d'en obtenir la plus grande part.

QUESTIONS

1/ Quel est le flux pertinent dans l'évaluation par les flux de trésorerie actualisés ?

2/ Dans quelle mesure un actionnaire minoritaire peut-il subir une décote par rapport à une valeur financière ? Distinguez le cas de la société cotée du cas de la société non cotée.

3/ Qu'est-ce qu'une synergie ?

4/ Un investisseur étranger connaissant mal le pays doit-il logiquement payer plus cher ou moins cher une entreprise ? Comment expliquer alors que ceux-ci proposent les meilleurs prix ? Quel est alors le rôle du banquier d'affaires ?

5/ Peut-on appliquer un PER à un résultat d'exploitation pour déterminer la valeur des capitaux propres ?

6/ Décrivez un type de société dont la valeur financière est supérieure à la valeur stratégique.

7/ Quelle est la méthode qui vous paraît la plus pertinente pour évaluer : un syndic immobilier ? une société de portefeuille ? un fonds commun de placement ? une entreprise du secteur aéronautique ? une usine de vélos ? un portefeuille de films ?

8/ Un actif peut-il avoir plusieurs valeurs ? Pourquoi ?

9/ L'évaluation d'une salle de cinéma ou d'une officine de pharmacie pour x semaines de chiffre d'affaires relève-t-elle d'une méthode patrimoniale ou de rentabilité ?

10/ Quels sont les deux éléments déterminants pour l'évaluation d'un vignoble ?

11/ Quelle méthode retenir pour estimer la valeur d'une entreprise en déclin ?

12/ Quel est le fondement de la prime de contrôle ?

13/ Citez des entreprises dont la valeur de rentabilité est sans commune mesure avec la valeur patrimoniale.

14/ Un achat d'entreprises réalisé par des financiers peut-il créer de la valeur ? Réalisé par des industriels ?

15/ Une diminution du BFR dans une proportion de 1 % du chiffre d'affaires a-t-elle le même impact sur la valorisation par les *cash flows* qu'une amélioration de 1 % de la marge ?

16/ Pourquoi peut-on dire que la médiane ou la moyenne sont la protection de l'indécis ?

17/ Quel est le dicton populaire fondement du *cash flow fade* ?

18/ Faut-il distinguer les coûts de l'acquéreur des coûts de l'entreprise acquise dans la réduction des coûts due au rapprochement de deux entreprises ?

19/ Quel enseignement peut-on tirer de l'étude du graphique paragraphe 35.28 ?

D'autres questions vous attendent sur le site www.vernimmen.net.

EXERCICES

1/ Soazic SA est une entreprise de haute technologie qui, en raison de difficultés passagères, va être recapitalisée de 120 M€. Dans 5 ans, elle devrait réaliser un bénéfice net de 21 M€, et être valorisée à 30 fois son bénéfice. On suppose que le taux d'actualisation est de 25 % et qu'aucun flux ne sera reçu d'ici 5 ans. Quelle est la valeur actuelle des capitaux propres ? Quelle est la valeur actuelle des capitaux propres si le bénéfice attendu dans 5 ans n'est que de 14 M€ ? Qu'en déduisez-vous ?

2/ Le tableau ci-dessous représente les prévisions de la société Nestor SA (en M€) :

Année	**1**	**2**	**3**	**4**	**5**
Chiffre d'affaires	3 960	4 080	4 200	4 326	4 458
Consommations	1 782	1 794	1 806	1 860	1 917
Frais de personnel	870	897	924	996	1 026
Autres charges d'exploitation	396	408	420	432	447
Excédent brut d'exploitation	912	981	1 050	1 038	1 068
Dotation aux amortissements	330	315	300	300	300
Résultat d'exploitation	582	666	750	738	768

La société anticipe des investissements annuels de 300 par an dans les 5 prochaines années. Le besoin en fonds de roulement devrait augmenter de 50 en année 1 et 2 et se stabiliser par la suite. Par ailleurs, on dispose des éléments suivants :

– l'endettement net de la société est aujourd'hui de 2 250 M€ ;

– le coût des capitaux propres de la société peut être estimé à 10 %, celui de la dette à 6 % (avant impôt à 37 %) ;

– le financement est constitué de 2/3 de capitaux propres pour 1/3 de dette ;

– on peut anticiper un flux en croissance à l'infini de 2 % à partir de l'année 6.

Déterminez la valeur de Nestor SA par la méthode d'actualisation des flux de trésorerie.

3/ Sachant que la moyenne des multiples du résultat d'exploitation 2014 des sociétés comparables s'établit à 10 et que la moyenne des PER 2014 des sociétés comparables s'établit à 15, calculez la valeur des capitaux propres de la société Picchi, dont les principales données financières sont présentées ci-dessous :

	M€
Endettement net au 31/12/2013	100
Résultat d'exploitation 2014e	60
Résultat net 2014e	32

4/ Vous devez évaluer Nestlé par la méthode des comparables. En 2013, Nestlé a dégagé un résultat d'exploitation de 13,0 MdFS et avait au 31 décembre 2013 un endettement bancaire et financier net de 12,0 MdFS. Nestlé détenait 29,7 % de L'Oréal, consolidé par mise en équivalence. Au 31 décembre 2013, la capitalisation boursière de L'Oréal était de 76,6 M€ (93,9 MdFS).

Sachant que le multiple du résultat d'exploitation 2013 des groupes de l'agroalimentaire était de 17, quelle est votre estimation de la valeur des capitaux propres de Nestlé ?

ÉLÉMENTS DE RÉPONSE

Questions

1. Le flux de trésorerie disponible.

2. Uniquement une décote de liquidité qui est peu probable pour une entreprise cotée.

3. Une amélioration des flux de trésorerie due au rapprochement de deux entreprises.

4. Il devrait payer moins cher car l'asymétrie d'information ne lui est pas favorable. Il y a un prix à payer pour des raisons stratégiques (pénétrer un nouveau marché). Il y a là un rôle à jouer pour les banques conseil pour réduire l'asymétrie d'information.

5. Non, car le PER ne s'applique qu'au résultat net et non au résultat d'exploitation.

6. Une société ayant une très belle part de marché, très bien gérée, qui est dans un créneau en très forte croissance et non stratégique (souvent une affaire sous LBO).

7. Valeur de rentabilité, valeur patrimoniale, valeur patrimoniale, valeur de rentabilité, valeur de rentabilité, valeur de flux actualisés.

8. Oui, parce qu'il peut avoir une valeur pour l'investisseur différente de la valeur qu'il a au sein de l'entreprise actuelle.

9. En apparence, méthode patrimoniale, en réalité, méthode de rentabilité normative, le résultat étant une fonction du chiffre d'affaires.

10. Les stocks et la surface plantée (qualité du terrain, superficie).

11. Valeur patrimoniale, c'est-à-dire celle des actifs.

12. Les effets de synergie dont bénéficiera l'acquéreur.

13. Publicis, Facebook, McKinsey.

14. Oui dans le cadre d'un LBO (voir chapitre 50) grâce à une gouvernance d'entreprise plus efficace. Oui : amélioration de la gestion, meilleure efficience dans l'allocation des ressources et dans le partage d'informations.

15. Si l'amélioration de la marge est ponctuelle, et qu'il y a un retour au niveau de marge initial l'année suivante, la réponse est positive. Mais si l'amélioration de la marge est structurelle, la contribution aux flux de trésorerie continuera année après année ; en revanche la baisse du BFR, même si le BFR se maintient à ce niveau, ne constituera un flux qu'une seule année.

16. Parce que dans la méthode des multiples, l'évaluateur devra choisir un niveau de multiples à appliquer en fonction des caractéristiques de l'entreprise à évaluer (risque, croissance) qui peuvent être différentes de celles de l'échantillon.

17. Les arbres ne montent pas au ciel ! Les rentabilités économiques ne peuvent pas durablement s'éloigner du coût du capital.

18. Non, un coût est un coût, peu importe la distinction.

19. Que l'on ne vend jamais mieux une entreprise non cotée que lorsque la Bourse est au plus haut !

Exercices

Les corrigés détaillés des exercices sur excel sont disponibles sur le site www.vernimmen.net.

1. Valeur actuelle avec un bénéfice de 21 : 86,4 M€. Valeur actuelle avec un bénéfice de 14 : 17,6 M€. Une baisse d'un tiers du bénéfice réduit la valeur de plus de 80 % : très forte volatilité de la valeur.

2. Coût du capital 7,9 % = 10 % × 2/3 + 6 % × (1 – 37 %) × 1/3. Valeur de l'actif économique 7 387 M€. Valeur des capitaux propres 5 137 M€ = 7 387 – 2 250.

Année	1	2	3	4	5	Valeur finale
EBE	912	981	1 050	1 038	1 068	
– Impôt sur les sociétés	216	246	279	273	285	
– Variation du BFR	50	50	0	0	0	
– Investissements	300	300	300	300	300	
= Flux de trésorerie disponible	346	385	471	465	483	8 307

3. Valeur des capitaux propres = 15 × 32 M€ = 480 M€ ou 10 × 60 M€ – 100 M€ = 500 M€.

4. Valeur des capitaux propres de Nestlé : 17 × 13,0 + 29,7 % × 93,9 – 12,0 = 236,9 MdFS.

BIBLIOGRAPHIE

Bancel F., Tierny J., « Valuing companies with cash flow @ risk », *Journal of Applied Corporate Finance* printemps 2011, vol. 23, n° 2, pages 85 à 93.

Bancel F., Mittoo U., « Théorie et pratique de l'évaluation d'entreprise », *Analyse financière* 3e trimestre 2013, n° 48, pages 80 à 83.

Batsch L., Faure-Jaurosson B., « Comment valoriser la trésorerie ? », *Analyse financière* 4e trimestre 2005, n° 17, pages 44 à 47.

Bonnet-Bernard S. (dir.), *Primes et décotes dans le cadre des évaluations financières*, SFEV, 2008.

Boucher Ch., « La valorisation des sociétés de la nouvelle économie par les options réelles : vestiges et controverses d'une analogie », *Revue d'économie financière* 2002, n° 3, pages 299 à 315.

Bouchikhi H., « Le *business plan* est aussi un vecteur d'apprentissage », *Les Échos* 5 juin 2008, L'art d'entreprendre, pages 10 et 11.

Camblain E., *Les pièges de l'évaluation d'entreprise*, Vuibert, 2009.

Claro M., « Endettement et prime de contrôle », *La Lettre Vernimmen.net* juin 2010, n° 88, pages 1 à 2.

Colle J.-P., Jacquemard R., « Comment évaluer une banque », *Banque Magazine* mai 2004, n° 658, pages 54 à 58.

Damodaran A., *Damodaran on valuation*, 2e édition, Wiley, 2006.

Damodaran A., *The dark side of valuation: Valuing young, distressed and complex businesses*, 2e édition, FT press, 2009.

Direction générale des impôts, *L'évaluation des entreprises et des titres de sociétés*, novembre 2006.

Ernst & Young, « L'évaluation des actifs incorporels », hors série d'*Option Finance* 2 juillet 2007, n° H22.

Fernandez P., « Company valuation methods. The most common errors in valuations », *Investment Management and Financial Innovations Journal* 2005, vol. 2, n° 2, pages 128 à 141.

Fernandez P., *Valuation and common sense*, à télécharger sur ssrn.com.

Francis Lefebvre, *Mémento Transmission d'entreprise 2013-2014*, Éditions Francis Lefebvre, 2013.

Francis Lefebvre, *Les dossiers pratiques. Évaluation*, 7e édition, Éditions Francis Lefebvre, 2012.

Grena E.-E., « Sait-on évaluer les entreprises de taille réduite ? » *Analyse financière* 4e trimestre 2002, pages 53 à 58.

Husson B., « La marque, un capital immatériel clé pour l'entreprise », *Option Finance* 6 et 13 novembre 2006, cahier central.

Koller T., Goedhart M., Wessels D., *Valuation: measuring and managing the value of companies*, 5e édition, McKinsey & Company, 2010.

Le Fur Y., Quiry P., « Besoin en fonds de roulement et endettement financier : où mettre la frontière ? », *La Lettre Vernimmen.net* avril 2003, n° 18, pages 1 à 5.

Le Fur Y., Quiry P., « Faut-il dans la valorisation des capitaux propres évaluer la dette en valeur de marché ? », *La Lettre Vernimmen.net* septembre 2004, n° 31, pages 1 à 3.

Le Fur Y., Quiry P., « Faut-il, dans la méthode des comparables, calculer les multiples sur la base des valeurs actuelles de l'actif économique ou de valeurs prévisionnelles ? », *La Lettre Vernimmen.net* février 2007, n° 55, pages 7 à 8.

Le Fur Y., Quiry P., « Quelques erreurs en évaluation à ne pas commettre dans le contexte actuel », *La Lettre Vernimmen.net* juin 2009, n° 77, pages 1 à 3.

Le Fur Y., Quiry P., « Comment valoriser une entreprise qui a un immobilier d'exploitation important », *La Lettre Vernimmen.net* janvier 2010, n° 83, pages 1 à 5.

Le Fur Y., Quiry P., « Un euro de trésorerie d'Apple peut-il raisonnablement être valorisé pour un euro ? », *La Lettre Vernimmen.net* mai-juin 2013, n° 115, pages 7 et 8.

Lecointre G., « Valeur d'une PME indépendante : un modèle d'évaluation », *Les Échos* 12 juin 2008, L'art d'entreprendre, pages 12 à 13.

Legros G., *L'évaluation des entreprises*, Dunod, 2011.

Lie E., Lie H., « Multiples used to estimate corporate value », *Financial Analysts Journal* mars 2002, vol. 58, n° 2, pages 44 à 54.

Madura J., Ngo T., Viale A., « Why do merger premiums vary across industries and over time ? », *The Quaterly Review of Economics and Finance* février 2012, vol. 52, n° 1, pages 49 à 62.

Ofek E., Richardson M., « Dotcom mania: The rise and fall of internet stock prices », *Journal of Finance* juin 2003, vol. 58, n° 3, pages 1113 à 1137.

Paul-Petit V., « Comment évaluer une entreprise en difficulté », *Option Finance* 18 février 2002, cahier central.

www.sfev.org (site de la Société française de l'évaluation).

PARTIE 4

Titre 1 ▪ La structure financière de l'entreprise 739

Titre 2 ▪ La politique des capitaux propres et celle de l'endettement 817

Partie 4

La politique financière

TITRE 1

Chapitre **36** Structure financière et théorie des marchés en équilibre 741

Chapitre **37** Structure financière, fiscalité et théorie des organisations. 755

Chapitre **38** Endettement, capitaux propres et théorie des options 773

Chapitre **39** Choisir sa structure financière. 795

Titre 1

La structure financière de l'entreprise

Les trois chapitres qui suivent présentent progressivement les nombreuses réflexions suscitées par le choix d'un mode de financement de l'actif économique entre les capitaux propres et l'endettement.

Notre lecteur pourra constater que nous sommes bien éloignés du monde de la comptabilité car, s'il est un paramètre qui ne doit avoir aucune influence en matière de choix de structure financière, c'est bien celui du coût.

C'est ce qu'il vérifiera dans le quatrième chapitre et en faisant des choix concrets de financement.

Chapitre 36

Structure financière et théorie des marchés en équilibre

Le paradis existerait-il en finance ?

36.1 **La question centrale de ce chapitre est la suivante : existe-t-il une structure financière optimale, c'est-à-dire une combinaison d'endettement net et de capitaux propres qui permette de maximiser la valeur de l'actif économique ? Ou, autrement dit, existe-t-il une structure financière telle que le coût moyen pondéré du capital soit le plus faible possible ?**

Le lecteur pourra être surpris de ces questions alors que le chapitre 14 montrait l'intérêt de l'effet de levier sur les paramètres comptables. À nouveau, nous nous permettons de lui rappeler que nous avons quitté l'univers de la comptabilité pour investir celui de la finance.

Nous pourrions donc intituler ce titre, si nous allions directement à la conclusion, « de l'inutilité en finance de l'effet de levier comptable ».

36.2 Rappelons que nous appelons coût moyen pondéré du capital (ou coût du capital), noté k, le taux de rentabilité exigé par l'ensemble des pourvoyeurs de fonds de l'entreprise pour accepter de la financer (acheter ses titres ou les conserver). **C'est le coût de financement de l'entreprise et c'est le taux de rentabilité minimum que doivent dégager ses actifs sur moyenne période, sinon elle court à sa perte !** (voir chapitre 33).

k_D est le taux de rentabilité exigé par les prêteurs pour une société donnée, k_{CP} est le taux de rentabilité exigé par les actionnaires de cette même société. k est la moyenne pondérée des taux des deux sources possibles de capitaux : les capitaux propres et l'endettement net (aussi appelé dette par souci de raccourci). La pondération est fonction du poids respectif des capitaux propres et de l'endettement net dans la valeur de l'actif économique. k est appelé « coût moyen pondéré du capital » ou « coût du capital ».

Avec V_D valeur de marché de l'endettement net, V_{CP} valeur de marché des capitaux propres, et IS le taux d'impôt sur les sociétés, on a :

$$k = k_D \times (1 - IS) \times \left(\frac{V_D}{V_D + V_{CP}}\right) + k_{CP} \times \left(\frac{V_{CP}}{V_D + V_{CP}}\right)$$

ou, comme la valeur de l'actif économique est égale à la valeur de la dette plus la valeur des capitaux propres ($V = V_{CP} + V_D$),

$$k = k_D \times (1 - IS) \times \left(\frac{V_D}{V}\right) + k_{CP} \times \left(\frac{V_{CP}}{V}\right)$$

Supposons que, par exemple, le taux de rentabilité exigé par les créanciers d'une entreprise soit de 6 %, que le taux d'impôt sur les sociétés soit de 33,3 %, que le taux de rentabilité exigé par ses actionnaires soit de 10 %, et que la valeur de la dette soit égale à la valeur des capitaux propres, le taux de rentabilité exigé par l'ensemble des pourvoyeurs de fonds de l'entreprise est alors de 7 %, autrement dit le coût moyen pondéré du capital de l'entreprise est de 7 %.

Dans ce chapitre, nous raisonnerons par ailleurs, pour simplifier les calculs et les démonstrations, sur des durées de vie infinies : l'endettement et les investissements seront supposés perpétuels, ce qui nous permettra d'appliquer les formules de valeur actuelle d'une rente, et surtout de ne pas modifier la structure financière tout au long du projet, les bénéfices étant totalement distribués. Cette dernière hypothèse d'un horizon infini n'est qu'une simple convention destinée à simplifier les calculs et les démonstrations, qui demeurent néanmoins exacts dans un horizon temporel limité.

Section 1 ■ La valeur de l'actif économique

36.3 Avant de s'interroger sur la valeur que peut (ou non) créer la structure de financement au niveau de l'actif économique, il convient de définir plus clairement la notion de valeur de l'actif économique.

Alors que la comptabilité appréhende l'entreprise en se fondant sur son passé et en centrant sa démarche sur les coûts, la finance est essentiellement une projection de l'entreprise dans l'avenir. Elle intègre non seulement le risque, mais aussi et surtout la valeur qui résulte de la perception du risque et de la rentabilité futurs.

> En finance, tout est avenir, rentabilité, risque et valeur !

Nous parlerons donc constamment de **valeur**. Comme nous l'avons vu précédemment, par valeur nous entendons **valeur actuelle des flux futurs espérés actualisés au taux de rentabilité exigé** :

- les capitaux propres (CP) seront remplacés par la **valeur des capitaux propres** (V_{CP}) ;
- l'endettement net ou la dette nette (D) sera remplacé par la valeur de l'endettement net ou valeur de la dette nette (V_D) ;
- l'actif économique (AE) sera remplacé par la valeur de l'actif économique (V).

Puisque l'actif économique est financé par les capitaux propres et l'endettement net (notions comptables), la valeur de marché de l'actif économique va se répartir entre la valeur de marché de l'endettement net et la valeur de marché des capitaux propres (notions financières), si bien que nous aurons **toujours** :

> La valeur de marché de l'actif économique est égale à la somme de la valeur de marché des capitaux propres (capitalisation boursière si l'entreprise est cotée) et de la valeur de marché de l'endettement net.

Valeur de l'actif économique ou Valeur d'entreprise V	Valeur des capitaux propres V_{CP}
	Valeur de l'endettement net V_D

36.4 En anglais, valeur de l'actif économique se traduit par *entreprise value* ou *firm value*, ce qui fait que parfois, en français, les termes valeur de l'entreprise ou valeur d'entreprise sont utilisés comme synonymes de valeur de l'actif économique. Nous préférons éviter ces termes car, pour beaucoup, valeur de l'entreprise signifie valeur des capitaux propres, d'où une source de confusions.

Le taux de rentabilité comptable sera remplacé par le taux de rentabilité exigé largement développé dans le chapitre 23 et uniquement par ce taux. Autrement dit, **R_e (taux de rentabilité de l'actif économique), R_{CP} (taux de rentabilité des capitaux propres) et i (coût de la dette)** qui sont des taux de rentabilité comptables, c'est-à-dire constatés et obtenus dans le passé, cèdent la place à **k (taux de rentabilité exigé de l'actif économique), k_{CP} (taux de rentabilité exigé par les actionnaires) et k_D (taux de rentabilité exigé par les créanciers)** qui sont des taux de rentabilité exigés par les pourvoyeurs de fonds qui espèrent bien les obtenir dans l'avenir.

Fi des taux comptables, faciaux ou apparents !

Section 2 ■ Des dettes et des capitaux propres

Que notre lecteur retienne bien les différences fondamentales entre dettes et capitaux propres :

36.5 - **Les dettes :**
  - ont une rémunération qui est indépendante des résultats de l'entreprise et qui est déterminée contractuellement d'avance. Sauf dans certains cas extrêmes (défaut de paiement d'une échéance, faillite !), le prêteur touchera l'intérêt qui lui est dû, ni plus, ni moins, que les résultats de l'entreprise soient excellents, moyens ou mauvais ;
  - ont toujours une échéance de remboursement, même lointaine, également définie contractuellement. On oubliera à ce stade le cas rarissime des dettes perpétuelles ou à durée indéterminée (qui en ont souvent plus le nom que la réalité économique) ;

- sont remboursées en priorité par rapport aux capitaux propres lorsque l'entreprise est liquidée : le produit de la vente des actifs va d'abord servir à rembourser les créanciers, et ce n'est que s'ils le sont totalement que le surplus éventuel sera alors versé aux actionnaires.

36.6 • **Les capitaux propres :**

- ont une rémunération qui est fonction des profits de l'entreprise. Il n'y aura pas de dividendes ou de plus-values si les résultats sont mauvais !
- ne bénéficient d'aucune garantie d'un quelconque remboursement à une échéance quelconque, proche ou lointaine. La seule « sortie » des capitaux propres s'effectue par la cession à un nouvel actionnaire qui accepte de prendre le relais ;
- sont, en cas de faillite, remboursés en dernier, après que les créanciers ont été désintéressés. Notre lecteur sait que, le plus souvent, la liquidation des actifs est insuffisante pour rembourser à 100 % les créanciers. Les actionnaires n'ont plus alors que leurs yeux pour pleurer puisque l'entreprise n'est plus solvable et que les capitaux propres ne valent plus rien !

Autrement dit, les actionnaires courent à plein le risque de l'entreprise puisque les flux générés par l'actif économique (flux de trésorerie disponibles) vont d'abord être attribués aux créanciers et ce n'est qu'après que ceux-ci auront prélevé ce qui leur est dû que le solde reviendra aux actionnaires.

36.7 Dans ces conditions, il est naturel que les droits de vote, et donc le pouvoir de choisir les dirigeants, reviennent aux actionnaires. En effet, les actionnaires ont un intérêt très direct à ce que l'actif économique soit géré au mieux par les dirigeants, que les flux générés soient les plus élevés possibles, afin qu'il reste pour eux un solde positif après que les créanciers ont touché ce qui leur revient (intérêt et capital).

L'attribution des droits de vote aux actions n'est pas une quatrième différence entre dette et capitaux propres ; c'est la conséquence logique des trois différences précédentes. **C'est parce que les actionnaires viennent après les créanciers dans l'appropriation des flux générés par l'actif économique qu'ils courent le risque de l'entreprise et qu'ils bénéficient donc des droits de vote**.

Ainsi, plus la valeur de l'actif économique est forte, plus la valeur des capitaux propres est elle aussi forte. En effet, puisque la dette ne court pas le risque de l'entreprise (sauf en cas de faillite), sa valeur est beaucoup moins sensible aux variations de la valeur de l'actif économique. On retrouve ici la notion d'effet de levier où une faible variation dans la valeur de l'actif économique peut avoir un impact important sur la valeur des capitaux propres :

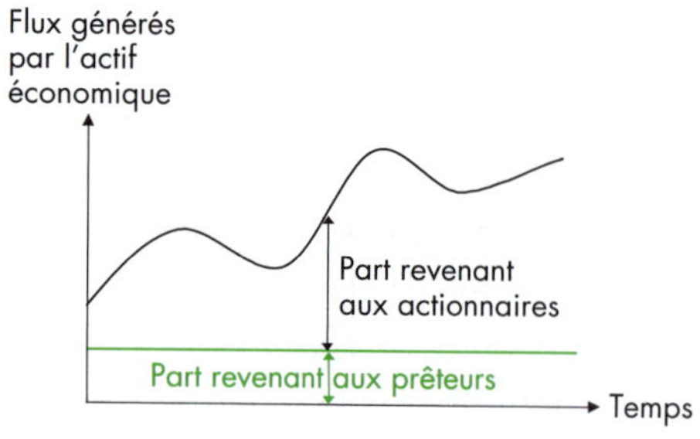

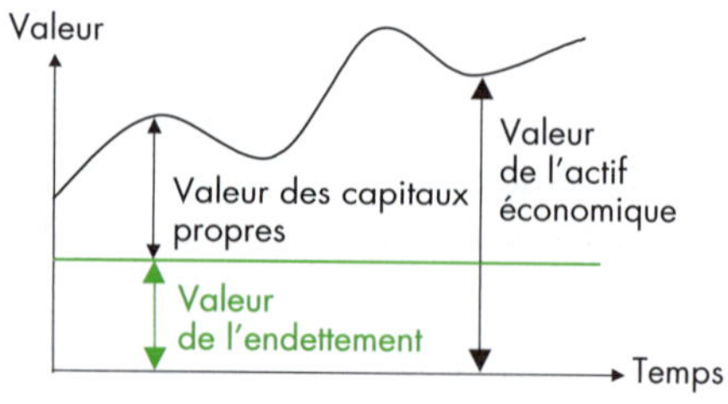

Notons que ces deux graphiques ne sont pas à la même échelle, le premier portant sur des flux annuels, le second sur des valeurs.

> Pour un investisseur, les capitaux propres sont naturellement plus risqués que l'endettement.

Section 3 ■ L'approche ancienne (pré-1958)

36.8 Pour commencer, nous supposerons qu'il n'existe aucun impôt, tant au niveau de l'entreprise (absence d'impôt sur les sociétés) qu'à celui de l'investisseur (pas d'impôt sur le revenu, ni d'impôt sur les plus-values) ; le paradis en quelque sorte ! Concrètement, la structure financière optimale est celle qui minimise k, le coût du capital, c'est-à-dire qui maximise la valeur de l'actif économique (V). En effet, la valeur de l'actif économique résulte de l'actualisation des flux de trésorerie disponibles au taux k ; et les flux de trésorerie disponibles sont indépendants du mode de financement. Les développements qui suivent vont donc mesurer et expliquer les variations de k en fonction de la structure financière du groupe.

> Selon l'approche ancienne, il existerait une structure financière optimale qui permettrait de maximiser la valeur de l'actif économique grâce à une utilisation judicieuse de l'endettement et de son effet de levier. L'entreprise minimiserait alors son coût moyen pondéré du capital, c'est-à-dire son coût de financement.

En effet, la dette coûte moins cher que les capitaux propres ($k_D < k_{CP}$) car elle est moins risquée. Dès lors, toute augmentation modérée de la dette permettrait de réduire k puisqu'il y a substitution d'une ressource moins chère, la dette, à une ressource plus chère, les capitaux propres. C'est l'application concrète de la formule du coût du capital et l'utilisation de l'effet de levier.

Cependant, tout accroissement de la dette augmente le risque de l'action pour l'actionnaire. Le marché exige alors un k_{CP} (et un k_D) plus élevé. Cette augmentation du taux de rentabilité exigé sur les capitaux propres annule donc une partie de la diminution de coût entraînée par le recours à la dette. Plus la part relative de l'endettement augmente, plus le risque couru par les actionnaires s'accroît, et plus les actionnaires exigent un taux de rentabilité des capitaux propres élevé, jusqu'à annuler l'effet positif du recours à la dette.

À ce niveau de levier financier, l'entreprise a atteint sa structure financière optimale qui lui donne le coût moyen pondéré du capital le plus faible et donc la valeur de l'actif économique la plus élevée. En effet, si l'entreprise continue à s'endetter, le gain qu'elle en retire ne suffit plus à compenser l'augmentation de la rentabilité exigée par les actionnaires.

Par ailleurs, à partir d'un certain niveau d'endettement, le coût de celui-ci augmente également, car il devient beaucoup plus risqué. À un coût des capitaux propres plus élevé vient donc s'ajouter un coût de l'endettement en augmentation.

D'après l'approche ancienne, il existerait donc une structure financière optimale où le coût moyen pondéré du capital est minimisé : un peu d'effet de levier, mais sans excès.

Approche ancienne de la structure financière

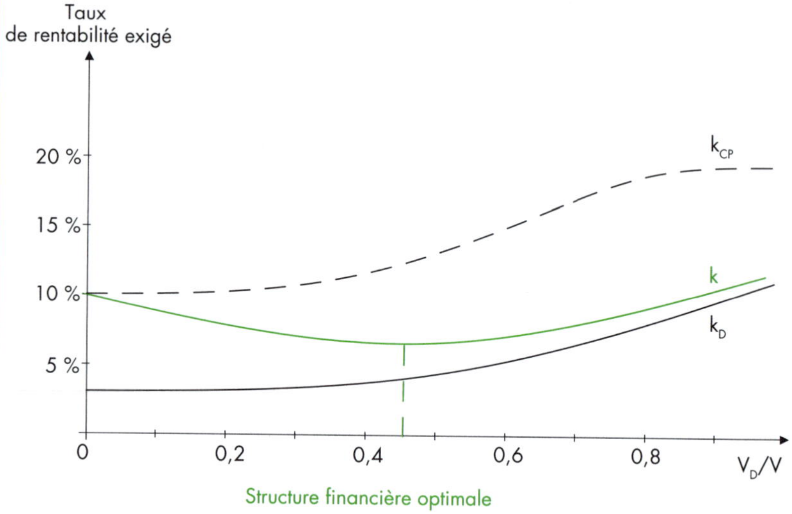

Dans cet exemple, le ratio dettes/valeur de l'actif économique qui minimise k est de 0,45. La structure financière optimale est donc, dans ce cas, assurée par un financement de 45 % par des prêteurs et de 55 % par des actionnaires.

Section 4 ■ L'éclairage de la théorie des marchés en équilibre

36.9 Contrairement à ce qui vient d'être dit, selon la théorie des marchés en équilibre, et en l'absence de distorsions fiscales, il n'existe pas de structure financière optimale.

Nous l'expliquerons à partir d'un arbitrage proposé en 1958 par Franco Modigliani et Merton Miller qui ont démontré qu'en l'absence d'impôt et sur un marché en équilibre[1], l'approche traditionnelle est inexacte. **Il n'existe pas de structure financière optimale, le taux de rentabilité global (k) exigé et donc la valeur de l'actif économique étant constants quel que soit le niveau de l'endettement de la firme.**

Selon F. Modigliani et M. Miller, les investisseurs peuvent s'endetter eux-mêmes comme les entreprises et n'accepteront pas de payer, *via* une valorisation supérieure des actions, ce qu'ils

1 F. Modigliani et M. Miller ont aussi fait l'hypothèse que l'entreprise ne pouvait pas faire faillite et qu'elle n'émettait donc que de la dette sans risque et que ses dirigeants agissaient dans l'intérêt des actionnaires.

peuvent réaliser eux-mêmes sans coût. Dans un marché en équilibre, les investisseurs ne paient pas pour ce qu'ils peuvent faire eux-mêmes.

Prenons ainsi deux entreprises en tous points identiques, mais de structures financières différentes. Les valeurs de leurs capitaux propres sont différentes, les valeurs de leurs dettes sont différentes mais les sommes des valeurs des capitaux propres et des dettes, c'est-à-dire les valeurs des actifs économiques, sont identiques. Dans le cas contraire, des arbitrages se produiraient pour rétablir l'équilibre.

Pour le montrer, prenons l'exemple de X non endettée et de Y, en tout point identique à X, mais endettée de façon optimale, par exemple à hauteur de 80 000 à 5 %. Si l'approche traditionnelle est exacte, le coût moyen pondéré du capital de Y est inférieur à celui de X et l'actif économique de Y vaut plus que celui de X :

	Société X	**Société Y**
Résultat d'exploitation : RE	20 000	20 000
Frais financiers (à 5 %) : FFi	0	4 000
Résultat net : RN	20 000	16 000
Dividende[1] : DIV = RN	20 000	16 000
Coût des capitaux propres : k_{CP}	10 %	12 %
Valeur des capitaux propres[2] : $V_{CP} = DIV/k_{CP}$	200 000	133 333
Valeur de la dette[2] : $V_D = FFi/k_D$	0	80 000
Valeur de l'actif économique : $V = V_{CP} + V_D$	200 000	213 333
Coût moyen pondéré du capital[2] : k = RE/V	10 %	9,4 %
Levier financier : V_D/V_{CP}	0 %	60 %

1. *Pour simplifier les calculs, le taux de distribution est fixé à 100 %.*
2. *Rappelons que pour simplifier les calculs, nous raisonnons à l'infini.*

L'actionnaire de Y court à la fois le risque de l'actif économique et celui de la structure financière (endettement), alors que celui de X ne court que le risque de l'actif économique. Puisque l'actionnaire de Y court plus de risques que l'actionnaire de X, il demande à Y un taux de rentabilité plus élevé sur les capitaux propres qu'il lui apporte. D'où un coût des capitaux propres de Y supérieur à celui de X.

F. Modigliani et M. Miller démontrent que tout investisseur en actions Y peut obtenir, pour une même mise de fonds, une rentabilité supérieure en achetant des actions X, **sans prendre de risque supplémentaire**.

Soit ainsi un actionnaire de Y qui possède par exemple 1 % des actions, soit 1 333. Pour obtenir une meilleure rentabilité de son investissement, il doit :

- vendre ses actions Y pour 1 333 ;
- reproduire à son niveau la structure financière de Y, c'est-à-dire emprunter 800 (1 333 × 60 %) à 5 % ;
- investir l'ensemble (800 + 1 333 = 2 133) dans des actions X.

Son niveau de risque avant et après l'opération est le même. Il court toujours le risque de l'actif économique (le même pour X ou Y) et a toujours un risque d'endettement : auparavant sur Y en tant qu'actionnaire, maintenant à titre personnel, mais le montant est le même (1 % de 80 000 ou 800). Les situations sont donc financièrement équivalentes. Auparavant l'actionnaire de Y n'était pas endetté à titre personnel et était actionnaire d'une société Y avec un levier financier de 60 %. Maintenant, il a un levier financier personnel de 60 % (800/1 333) mais est actionnaire d'une société X non endettée.

Auparavant, l'investisseur percevait chaque année 160 de dividendes de la société Y (12 % × 1 333 ou 1 % de 16 000). Maintenant, il a un revenu net, pour la même mise de fonds, de :

Dividendes (société X)	2 133 × 10 % =	213
– Frais financiers	800 × 5 % =	40
= Revenu net	=	173

Pour un même niveau de risque et une même mise de fonds, l'investisseur touche chaque année 173 contre 160.

Les actionnaires de Y vont donc vendre leurs actions Y pour acheter des actions X ; la valeur des capitaux propres de Y diminuera, alors que celle des capitaux propres de X augmentera. Cet arbitrage cessera dès que les valeurs de l'actif économique de X et Y seront devenues identiques.

36.10 La valeur de l'actif économique est donc indépendante de son mode de financement.

Et si la valeur de l'actif économique est la même quelle que soit la structure financière, alors le coût du capital est constant, comme le montre le graphique ci-contre.

Approche de F. Modigliani et M. Miller

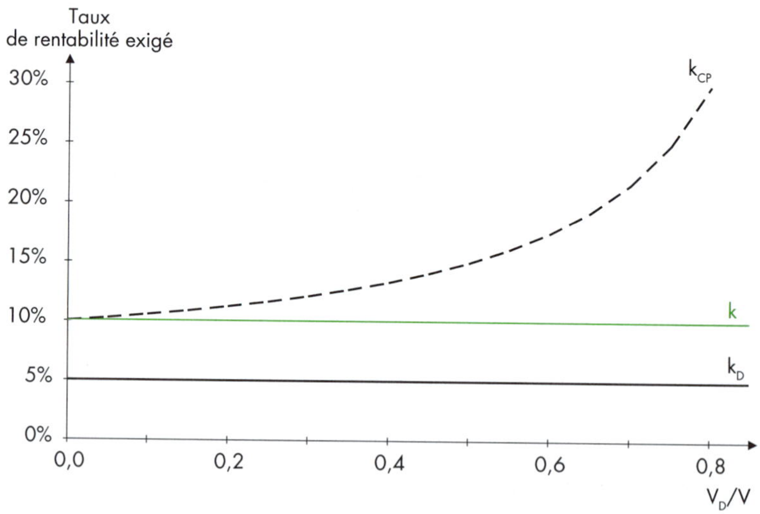

On peut à juste titre critiquer l'hypothèse d'une constance du coût de la dette quelle que soit la structure financière de l'entreprise. C'est en effet contraire à l'observation et au bon sens : une entreprise endettée s'endette à un taux plus élevé qu'une entreprise faiblement endettée.

On peut toutefois relâcher cette hypothèse ce qui permet d'établir le graphique suivant :

On remarque que lorsque k_D augmente, le rythme de progression de k_{CP} ralentit, de sorte que k reste constant.

Théorie moderne de la structure financière

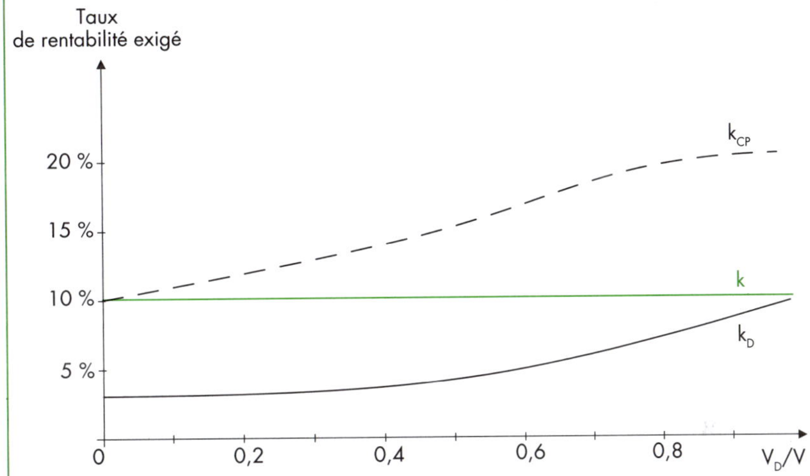

L'explication tient au fait que les actionnaires se déchargent d'une partie du risque de l'entreprise qui est transmis aux créanciers dès que le montant de la dette devient important (voir chapitre 38) :

V_D/V	0	0,1	0,2	0,3	0,4	0,5	0,6	0,7	0,8	0,9
k_D	3 %	3,1 %	3,2 %	3,4 %	3,7 %	4,2 %	5,0 %	6,2 %	7,5 %	8,8 %
k_{CP}	10 %	10,8 %	11,7 %	12,8 %	14,2 %	15,7 %	17,4 %	18,7 %	19,8 %	20,3 %
k	10 %	10,0 %	10,0 %	10,0 %	10,0 %	10,0 %	10,0 %	10,0 %	10,0 %	10,0 %

Dans un marché en équilibre, l'augmentation de la rentabilité prévisionnelle liée à l'effet de levier de l'endettement et l'augmentation du risque se compensent, de sorte que la valeur de l'action reste identique.

L'augmentation du niveau d'endettement d'une société accroît le risque de l'actionnaire mais aussi la rentabilité exigée par celui-ci, de sorte qu'au total, la richesse des actionnaires n'est pas modifiée.

On ne paiera ni plus cher, ni moins cher, une entreprise endettée ou, d'une manière plus triviale, on ne doit pas payer l'entreprise deux fois en achetant les actions au prix de l'actif économique puis en remboursant les dettes. La valeur des dettes vient diminuer exactement le prix qui doit être payé pour les capitaux propres.

Ceci est une évidence trop souvent oubliée. Elle est simple à se rappeler : la valeur d'un actif (une usine, un tableau, une filiale, une maison...) est la même qu'il soit financé par endettement, par capitaux propres ou par un mélange des deux. Comme l'avait expliqué Merton Miller lorsqu'il reçut le prix Nobel d'économie : « la taille d'une pizza ne dépend pas de la façon dont on la coupe ! ».

Ou, autre façon de présenter les choses : le coût moyen pondéré du capital de l'entreprise est indépendant des sources de financement. Il est, certes, la moyenne pondérée des taux de rentabilité exigés par les différents pourvoyeurs de fonds. Mais cette moyenne, au-delà de l'apparence, est en fait indépendante de ses différentes composantes : ce sont ces dernières qui s'ajustent à l'occasion de tout changement de structure financière. Accroître l'endettement (c'est-à-dire une ressource dont le coût est faible) semble *a priori* faire baisser le coût du capital. Mais c'est oublier que l'accroissement de la dette va augmenter son coût, induire automatiquement un levier supplémentaire et par conséquent un accroissement du risque pour les actionnaires. Cette hausse du risque qu'ils supportent se traduira mécaniquement par une augmentation du taux de rentabilité qu'ils exigent sur les capitaux propres et finalement par une constance du taux de rentabilité global exigé.

Ce raisonnement est schématisé dans le graphe ci-dessous :

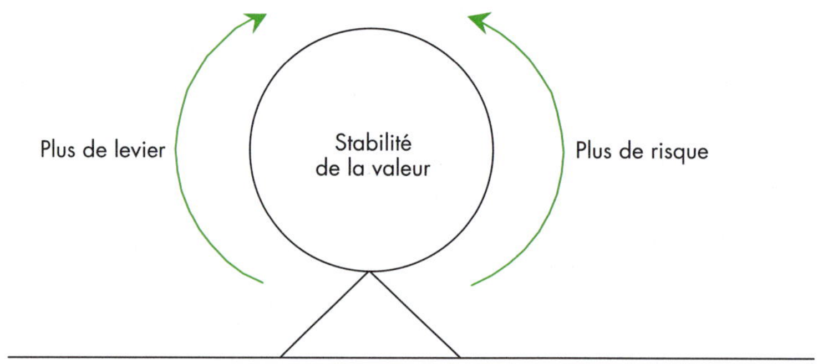

Le coût moyen pondéré du capital est constant quelle que soit la structure financière.

Dans le chapitre 37 nous allons approfondir cette analyse en intégrant au raisonnement des paramètres négligés jusqu'à présent (la fiscalité, les intérêts des uns et des autres, les coûts des faillites) qui montreront que le choix d'une structure financière est plus compliqué que ce que nous venons de voir, sans pour autant que la conclusion de ce chapitre soit remise en cause.

RÉSUMÉ

Le résumé de ce chapitre est disponible sur le site www.vernimmen.net.

Existe-t-il une structure financière optimale, c'est-à-dire un partage du financement de l'actif économique entre les dettes et les capitaux propres, qui permette d'augmenter la valeur de l'actif économique en minimisant le coût du capital de l'entreprise ? C'est la question centrale de ce chapitre.

Oui, répondent les anciens sans pouvoir toutefois le démontrer, ni fixer ce niveau optimum d'endettement net et de capitaux propres.

Non, répondent F. Modigliani et M. Miller en 1958 en démontrant que si cela était vrai, il y aurait aussitôt des arbitrages qui rétabliraient l'équilibre.

Pour un investisseur dont le portefeuille est parfaitement diversifié, et dans un monde sans fiscalité, il n'y a pas de structure financière optimale, d'où les règles suivantes :

- à politique d'investissement donnée et en l'absence de fiscalité, il ne peut y avoir de création de valeur instantanée par le choix d'une « bonne » structure financière ;
- que l'on vende une entreprise donnée au travers uniquement d'actions ou que l'on vende la même entreprise en émettant toute une panoplie de titres différents (actions, dettes, voire titres hybrides) ne changera pas la valeur de son actif économique (hors fiscalité) ;
- dans un monde sans fiscalité, l'effet de levier comptable est un leurre. Le coût du capital est propre aux actifs de l'entreprise et indépendant du mode de financement.

Mais un monde sans impôt est malheureusement un monde utopique. C'est pour cela que le chapitre 37 introduit l'impôt et d'autres facteurs dans le raisonnement.

QUESTIONS

1/ À quoi le coût du capital est-il égal ?

2/ Pourquoi le coût des capitaux propres à endettement nul est-il égal au coût moyen pondéré du capital ?

3/ Quels sont les deux risques d'un actionnaire d'une entreprise endettée ?

4/ Quelle est, de ces décisions, la plus importante : celle d'investissement ou celle de financement ? Pourquoi ?

5/ Expliquez l'impact d'un accroissement de l'endettement sur le β des actions.

6/ Quel est le fondement du raisonnement de F. Modigliani et M. Miller ?

7/ Pourquoi le fait que la rentabilité anticipée par les actionnaires augmente avec le niveau d'endettement n'est-il pas contradictoire avec l'approche de F. Modigliani et M. Miller ?

8/ Le coût du capital est-il une notion comptable ou financière ?

9/ Pourquoi peut-il être dangereux d'utiliser un tableur pour faire des simulations de coût du capital ?

10/ Peut-on créer de la valeur en s'endettant ?

11/ À quoi le coût de l'endettement net d'une société qui n'a plus de capitaux propres est-il égal ? Et son coût du capital ?

12/ Qu'oublie-t-on lorsque l'on affirme que l'effet de levier de l'endettement, en augmentant la rentabilité des capitaux propres, ne peut qu'augmenter leur valeur ?

13/ Vrai ou faux ? « En réduisant le levier financier on réduit le coût de la dette et le coût des capitaux propres, et donc le coût moyen pondéré des capitaux ». Pourquoi ?

14/ Vrai ou faux ? « Plus nous nous endettons, plus le taux d'intérêt qui nous est facturé est élevé. Par ailleurs, nos actionnaires demandent un taux de rentabilité plus élevé. Aussi, pour avoir un faible coût du capital, nous devons avoir un faible niveau d'endettement ». Pourquoi ?

D'autres questions vous attendent sur le site www.vernimmen.net.

EXERCICES

1/ Soit Nestor SARL financée à 60 % par des capitaux propres d'un coût de 9 % et à 40 % par de la dette à 5 %. En l'absence de fiscalité, quel est le coût moyen pondéré du capital de cette société ?

2/ Soient, dans un univers sans impôt, deux sociétés Tryphon et Tournesol similaires en tout point à l'exception de leurs structures financières. Alors que Tryphon est dépourvue de dettes, Tournesol est endettée à hauteur de 24 000 à 5 %. L'évaluation des deux sociétés est la suivante :

	Tryphon	Tournesol
Résultat d'exploitation	10 000	10 000
Frais financiers	0	1 200
Résultat net	10 000	8 800
k_{CP}	8 %	11 %
V_{CP}	125 000	80 000
V_D	0	24 000
V	125 000	104 000
k	8 %	9,62 %
$V_D/(V_{CP} + V_D)$	0 %	23 %
Taux de distribution	100 %	100 %

Vous possédez 1 % des actions de Tryphon. Quel flux percevrez-vous chaque année ? Montrez comment vous pouvez accroître ce flux sans modifier le montant de votre investissement, ni votre niveau de risque.

À quel moment cessera l'arbitrage ? Quels seront alors les PER de Tryphon et Tournesol ? Est-il alors logique que le PER de Tryphon soit supérieur à celui de Tournesol ? Pourquoi ?

3/ Une société non endettée a un coût moyen pondéré du capital de 8 %.

a) Quel est le coût de ses capitaux propres ?

b) Elle décide de s'endetter à un taux d'intérêt de 5 % à hauteur de 33,3 % de la valeur de son actif économique afin de financer une réduction de capital d'un montant similaire. Quel est maintenant le coût de ses capitaux propres ?

c) Si la prime de risque du marché est de 4 % et que le β des actions avant que la société ne s'endette était de 1,2, quel est le nouveau β des actions après la réduction de capital ?

d) Quel est le β de la dette sachant que le β de l'actif économique est égal à la moyenne des β des capitaux propres et de la dette pondérés par l'importance relative des dettes et des capitaux propres dans le financement de l'actif économique ?

$$\left(\beta = \beta_{CP} \times \frac{V_{CP}}{V_{CP} + V_D} + \beta_D \times \frac{V_D}{V_D + V_{CP}}\right)$$

4/ Telecom Italia et Orange ont un risque économique similaire. Le β de leur action est de 0,67 pour Orange et de 0,8 pour Telecom Italia. Si le taux de l'argent sans risque est de 3 % et la prime de risque de 9 %, quels sont les taux de rentabilité exigés par leurs actionnaires ? Si le rapport d'endettement net/capitaux propres en valeur est de 1 pour Orange, quel est-il pour Telecom Italia qui s'endette à 5,4 % contre 5 % pour France Télécom (vous vous téléporterez dans un monde sans impôt !) ?

ÉLÉMENTS DE RÉPONSE

Questions

1. À la moyenne du coût des capitaux propres et du coût de l'endettement net pondérés par leurs valeurs respectives.

2. Parce que les capitaux propres supportent seuls le risque de l'actif économique puisque l'entreprise n'est pas endettée.

3. Le risque de l'actif économique et le risque de la structure financière.

4. L'investissement car il est plus facile de créer de la valeur en faisant un bon investissement alors que ce chapitre a dû vous démontrer qu'il n'existe pas de bon ou de mauvais financement.

5. L'endettement, en augmentant le risque des actions, en augmente le β.

6. L'arbitrage car les investisseurs peuvent dupliquer à leur niveau personnel la structure financière des entreprises qui seraient incorrectement évaluées par le marché.

7. Le risque augmente aussi.

8. Financière, car seules les valeurs de marché (taux et valeurs) entrent dans son calcul.

9. Car en modifiant le poids relatif dettes/capitaux propres, on oublie souvent que le coût des capitaux propres et le coût de l'endettement dépendent de ce poids relatif, et qu'ils ne sont pas une constante, quelle que soit la structure financière. La formule est donc plus compliquée que la modélisation généralement faite sur excel.

10. Non, cela se saurait et toutes les entreprises seraient très endettées.

11. Au coût des capitaux propres d'une entreprise non endettée du même secteur. *Idem*, c'est-à-dire à son coût de l'endettement.

12. Le risque des capitaux propres augmente et donc le taux de rentabilité exigé sur les capitaux propres augmente en parallèle, ce qui compense la hausse de la valeur due à la hausse de la rentabilité.

13. Faux. En effet, on oublie que la pondération entre dettes et capitaux propres change. Certes, le coût de la dette se réduit et aussi celui des capitaux propres. Mais cet effet taux est exactement contrebalancé par un effet de pondération puisque l'on accroît au sein de la structure financière de l'entreprise la part des ressources qui coûtent chères (les capitaux propres) au détriment des ressources qui coûtent moins chères (la dette). Au total, le coût moyen pondéré du capital reste constant.

14. Faux. En effet, on oublie que la pondération entre dettes et capitaux propres change. Certes, le coût de la dette augmente et aussi celui des capitaux propres. Mais cet effet taux est exactement contrebalancé par un effet de pondération puisque l'on accroît au sein de la structure financière de l'entreprise la part des ressources qui coûtent moins chères (la dette) au détriment des ressources qui coûtent plus chères (les capitaux propres). Au total, le coût moyen pondéré du capital reste constant.

Exercices

Les corrigés détaillés des exercices sur excel sont disponibles sur le site www.vernimmen.net.

1. k = 7,4 %.

2. L'actionnaire à 1 % de Tryphon touche chaque année : 1 % × 125 000 × 8 % = 100. Il vend ses actions Tryphon et achète des actions Tournesol. Mais l'entreprise étant endettée, il court, en tant qu'actionnaire, un risque plus élevé qu'auparavant. Pour que le risque soit le même, il faut qu'il place une somme équivalente à la dette sous-jacente des actions Tournesol achetées. Soit pour un patrimoine de 1 250 : 23 % sont prêtés à 5 % et 77 % investis en actions Tournesol. D'où un revenu de 23 % × 1 250 × 5 % + 77 % × 1 250 × 11 % = 120 supérieur au revenu initial de 100. L'arbitrage cessera quand la valeur des actifs économiques de Tryphon et de Tournesol sera la même, par exemple 114 000, d'où une valeur des capitaux propres de Tournesol de 114 000 – 24 000 = 90 000 et un PER de 10,2 pour Tournesol et 11,4 pour Tryphon. Tryphon étant moins endettée que Tournesol, ses actions sont moins risquées et il est donc logique que leur PER soit plus élevé.

3. a) k_{CP} : 8 % ; b) k_{CP} = 9,5 % ; c) β = 1,57 ; d) β_D = 0,45.

4. Telecom Italia : k_{CP} = 3 % + 0,8 × 9 % = 10,2 ; Orange : k_{CP} = 9 % ; V_D/V_{CP} = 2.

BIBLIOGRAPHIE

Un exemple du point de vue ancien :

Graham B., Dodd L., *Security analysis*, 6e édition, Mc Graw-Hill, 2008.

Pour lire l'article fondateur de F. Modigliani et M. Miller :

Modigliani F., Miller M., « The cost of capital, corporation finance and the theory of investment », *The American Economic Review* juin 1958, vol. 48, n° 3, pages 261 à 297.

Pour généraliser l'approche :

Stiglitz J., « On the irrelevance of corporate financial policy », *The American Economic Review* décembre 1974, vol. 64, n° 6, pages 851 à 866.

Chapitre 37

Structure financière, fiscalité et théorie des organisations

Du paradis au purgatoire pour aboutir à l'enfer, c'est-à-dire les autres !

37.1 Dans le chapitre 36, nous avons vu que la valeur de l'actif économique d'une entreprise est la même que l'entreprise soit endettée ou non. Certes, l'acheteur des actions d'une entreprise endettée dépensera moins que si l'entreprise n'était pas endettée. Mais pour obtenir la libre disponibilité de l'actif économique, il devra d'abord rembourser les dettes ou les acheter, ce qui revient au même. Au total, il aura payé directement ou indirectement (valeur des capitaux propres, puis remboursement de l'endettement net[1]) le même montant : la valeur de l'actif économique.

Maintenant, mettons-nous du côté du financier d'entreprise qui doit émettre des titres pour financer la constitution de l'actif économique. Qu'il émette uniquement des actions ou un ensemble d'actions et de dettes, peu importe, le montant des fonds qu'il recueille sera le même, c'est la valeur de l'actif économique.

La valeur de l'actif économique dépend des flux futurs et du risque (non diversifiable) de ceux-ci, tels qu'ils sont perçus par le marché.

Mais alors, pourquoi cette diversité de sources de financement ? La théorie précédente est belle d'un point de vue normatif, mais elle n'explique pas totalement la réalité quotidienne.

Nous verrons dans ce chapitre deux types d'explications à cette réalité. Tout d'abord, en conservant la même logique des marchés, des biais apparaissent. Ceux-ci peuvent expliquer pourquoi une entreprise s'endette et pourquoi elle ne s'endette pas au-delà d'un certain seuil. Les paramètres fondamentaux sources de biais sont la fiscalité et les coûts de faillite liés à un endettement excessif.

1 Comme précédemment, endettement net et dette sont utilisés indifféremment.

Ensuite, il existe des interférences entre la structure financière et l'investissement qui s'expliquent surtout par les intérêts divergents des différents partenaires financiers et par les situations personnelles divergentes en matière d'accès à l'information. C'est ce que nous étudierons dans la relation dirigeant-actionnaire dans ce chapitre. Nous nous réservons le chapitre 38 pour analyser la structure financière comme résultante d'un compromis créancier-actionnaire.

Le choix d'un financement est beaucoup plus déterminé par la réduction des conflits d'intérêts entre actionnaires et dirigeants ou entre actionnaires et prêteurs, ou encore par la réduction de l'asymétrie d'information entre dirigeants et investisseurs qu'il entraînera, que par la recherche de création de valeur.

Après avoir démontré l'inutilité des constructions financières, nous allons maintenant voir comment elles s'expliquent et comment elles peuvent rétroagir sur la politique d'investissement de l'entreprise.

Section 1 ■ L'intérêt fiscal de l'endettement

1 ■ Présentation traditionnelle

37.2 Jusqu'à présent, nous avons raisonné dans un monde où la fiscalité est inexistante. Or un tel cadre est bien loin de la réalité. Entre les flux de trésorerie avant impôt d'un investissement industriel et le revenu net touché par l'investisseur financier, il y a une différence qui va du simple au double, voire plus.

Dans ce cadre, il est déraisonnable de faire abstraction de la fiscalité qui contraint le directeur financier à dépenser une bonne partie de son énergie à résoudre des problèmes d'optimisation fiscale.

Cette section consacrée à la fiscalité sera donc probablement un lieu commun pour le directeur financier. En répétant l'importance de la variable fiscale pour toute décision de structure financière, nous ne ferons qu'enfoncer des portes ouvertes pour lui.

Il s'agit toutefois de ne pas tomber dans le travers inverse consistant à se focaliser exclusivement sur les variables fiscales. Nous avons trop souvent vu prendre des décisions motivées uniquement par des considérations fiscales, et qui aboutissaient à des aberrations en raison, par exemple, d'une capacité bénéficiaire insuffisante. On n'achète pas une entreprise pour ses seuls reports déficitaires !

37.3 Dans un second article, F. Modigliani et M. Miller ont refait, en 1963, leur démonstration en tenant compte, cette fois-ci, de l'impôt sur les sociétés et de celui-ci seulement, dans une économie où les frais financiers payés par les entreprises sont déductibles du résultat imposable et où les dividendes ne le sont pas. Ce cadre s'approche de la réalité fiscale de la plupart des pays.

La conclusion est claire : la prise en compte de l'impôt sur les sociétés conduit à privilégier l'endettement par rapport aux capitaux propres.

En effet, les frais financiers sont (au moins partiellement) déductibles de l'assiette de l'impôt sur les sociétés ; les créanciers de l'entreprise les perçoivent donc sans qu'ils aient déjà été imposés. En revanche, les dividendes ne sont généralement pas déductibles de l'assiette de l'impôt sur les sociétés : les actionnaires les perçoivent donc après paiement de cet impôt.

Ainsi, une entreprise non endettée financée par 100 de capitaux propres, sur lesquels les actionnaires exigent un taux de 10 %, devra réaliser un bénéfice minimum avant impôt de 15,4 pour qu'après impôt de 35 %, elle dégage le résultat de 10 attendu.

En revanche, si elle est financée par 50 de capitaux propres et par 50 de dettes à 5 %, il lui suffira de réaliser un bénéfice de 13,6 avant impôt et frais financiers pour satisfaire l'exigence de rentabilité de ses actionnaires, exigence qui aura pourtant augmenté (à 14,4 % par exemple) puisque l'endettement rend leurs actions plus risquées. En effet :

Résultat d'exploitation	13,6
– Frais financiers	2,5 soit 5 % de 50
= Bénéfice avant impôt	11,1
– Impôt à 35 %	3,9
= Résultat net	7,2 soit 14,4 % de 50

La déductibilité des frais financiers de l'assiette de l'impôt sur les sociétés est en quelque sorte une subvention de l'État à l'entreprise endettée. Pour que celle-ci puisse en profiter, il suffit qu'elle soit imposable, **c'est-à-dire qu'elle soit bénéficiaire**.

37.4 Si l'entreprise utilise l'endettement de façon permanente, elle bénéficie d'une économie d'impôt qui doit être intégrée à la valeur de son actif économique.

> Lorsqu'il existe un impôt sur les sociétés, la valeur de l'actif économique d'une entreprise endettée est égale à la valeur de l'actif économique d'une entreprise non endettée plus la valeur actuelle de l'économie d'impôt liée à l'endettement.

Prenons par exemple une société dont l'actif économique vaut 100, financé par 50 de capitaux propres et 50 de dette perpétuelle à 5 %. Si le taux d'imposition est de 35 % et si la société réalise un résultat d'exploitation supérieur à 2,5 quel que soit l'exercice considéré, l'économie d'impôt est de 35 % × 2,5 soit 0,88 pour chaque exercice. La valeur actuelle de cette rente à l'infini augmente la richesse des actionnaires de 0,88/14,4 % = 6,1 si 14,4 % est le taux de rentabilité exigé par les actionnaires. La valeur des capitaux propres incluant cette économie d'impôt augmente alors de 12 % à 56,1 (50 + 6,1).

La valeur actuelle de cette économie d'impôt est d'autant plus importante que la maturité de la dette est éloignée et que l'endettement est important.

Valeur de l'économie d'impôt en % de la valeur des capitaux propres

V_D/V	k_{CP}	Maturité de la dette		
		5 ans	10 ans	Infinie
0 %	10,0 %[1]	0 %	0 %	0 %
25 %	11,5 %	2 %	3 %	4 %
33 %	12,2 %	3 %	5 %	5 %
50 %	14,4 %	6 %	9 %	12 %
66 %	18,8 %	10 %	15 %	18 %

Fixé sur la base d'un β de 1,1, d'une prime de risque de 4 % et d'un taux sans risque de 5,6 %. Les autres k_{CP} se déduisent de la formule du paragraphe 33.8.

37.5 C'est le fondement de la méthode APV (*Adjusted Present Value*) qui préconise de valoriser séparément l'actif économique par actualisation des flux de trésorerie et la valeur de l'économie d'impôt générée par les frais financiers.

À quel taux actualiser l'économie d'impôt due à la déductibilité fiscale des frais financiers : au coût de l'endettement (comme F. Modigliani et M. Miller dans leur article de 1963), au coût moyen pondéré du capital ou au coût des capitaux propres ?

Retenir le coût de la dette est justifié si l'on croît au caractère certain de ces économies d'impôts. Par ailleurs, cela permet d'aboutir à une formule particulièrement sympathique de par sa simplicité :

Valeur de l'économie d'impôt = Valeur de la dette × Taux d'impôt

Mais nous préférons les actualiser au coût des capitaux propres car n'oublions pas que la valeur de ces économies d'impôt suppose que l'entreprise soit perpétuellement endettée, bénéficiaire et imposée au même taux, ce qui n'a rien de certain ! De surcroît, cette économie d'impôt revient à l'actionnaire, il est donc normal qu'elle soit actualisée en utilisant le taux de rentabilité qu'il exige.

Le lecteur doit garder à l'esprit que cette économie d'impôt ne sera effective que si la capacité bénéficiaire de l'entreprise est suffisante et qu'elle ne bénéficie pas d'autres exonérations (reports fiscaux déficitaires, crédit d'impôt recherche, amortissement accéléré…).

2 ■ Le coût de la faillite ou une première limite au raisonnement

37.6 Comme nous l'avons vu, plus une société est endettée, plus le risque qu'elle ne puisse pas faire face à ses engagements est élevé. Dans cette hypothèse, l'entreprise dépose son bilan, ce qui, sur un plan théorique, s'analyse comme une simple réallocation d'actifs à des fins de productivité.

Pour un investisseur au portefeuille parfaitement diversifié, le coût de la faillite est théoriquement nul puisque, si une entreprise disparaît, ses actifs (part de marché, clients, usines…) seront repris par d'autres qui en bénéficieront et sauront mieux les gérer. Le malheur des uns fait le bonheur des autres ! Et l'investisseur au portefeuille diversifié enregistrera, certes, une moins-value sur cette action mais aussi des plus-values sur d'autres actions qui se compenseront globalement.

Cependant, en pratique, les marchés ne fonctionnent pas parfaitement et notre lecteur sait bien que, si la faillite est un mécanisme de réallocation de ressources, elle présente un coût bien réel en raison de la situation même de faillite. La mise en liquidation judiciaire d'une entreprise engendre :

- des coûts directs : indemnités de licenciement, honoraires des avocats, frais de procédures, efforts des actionnaires pour obtenir un boni de liquidation ;
- des coûts indirects : commandes annulées (par peur qu'elles ne soient pas honorées), décote sur les prix de vente (par peur du client de ne pas avoir de service après-vente), diminution des crédits fournisseurs (par peur de ne jamais être payés), effets sur la productivité (grèves, outil sous-utilisé…), impossibilité d'obtenir des financements (même pour des projets rentables), et des coûts humains inquantifiables.

Dans cette optique, le dépôt de bilan d'une entreprise peut s'analyser comme le refus des actionnaires de mettre des fonds supplémentaires. Ils considèrent comme perdues leurs mises antérieures. Les actionnaires remettent en fait l'entreprise entre les mains de ses créanciers, qui deviennent ainsi ses nouveaux actionnaires. Les créanciers supportent l'ensemble des coûts de dysfonctionnement, ce qui réduit d'autant les possibilités de remboursement de leurs créances.

Sans aller jusqu'à la faillite, l'entreprise fortement endettée fait face à certains coûts de dysfonctionnement qui pénalisent sa valeur : réduction des coûts de recherche et développement, de maintenance, de formation ou de marketing afin de faire face aux échéances de la dette, très grande difficulté à trouver de nouvelles ressources pour financer des projets d'investissements pourtant rentables, démotivation d'une partie du personnel, voire fuite des meilleurs éléments…

37.7 Au total, et compte tenu de ces coûts, on peut compléter la formule de l'APV que nous avons vue précédemment :

Valeur de la firme non endettée	+	Valeur actuelle de l'économie d'impôt liée à l'endettement	–	Valeur actuelle des coûts de faillite et de dysfonctionnement	=	Valeur de la firme endettée

Le graphique suivant traduit cette relation :

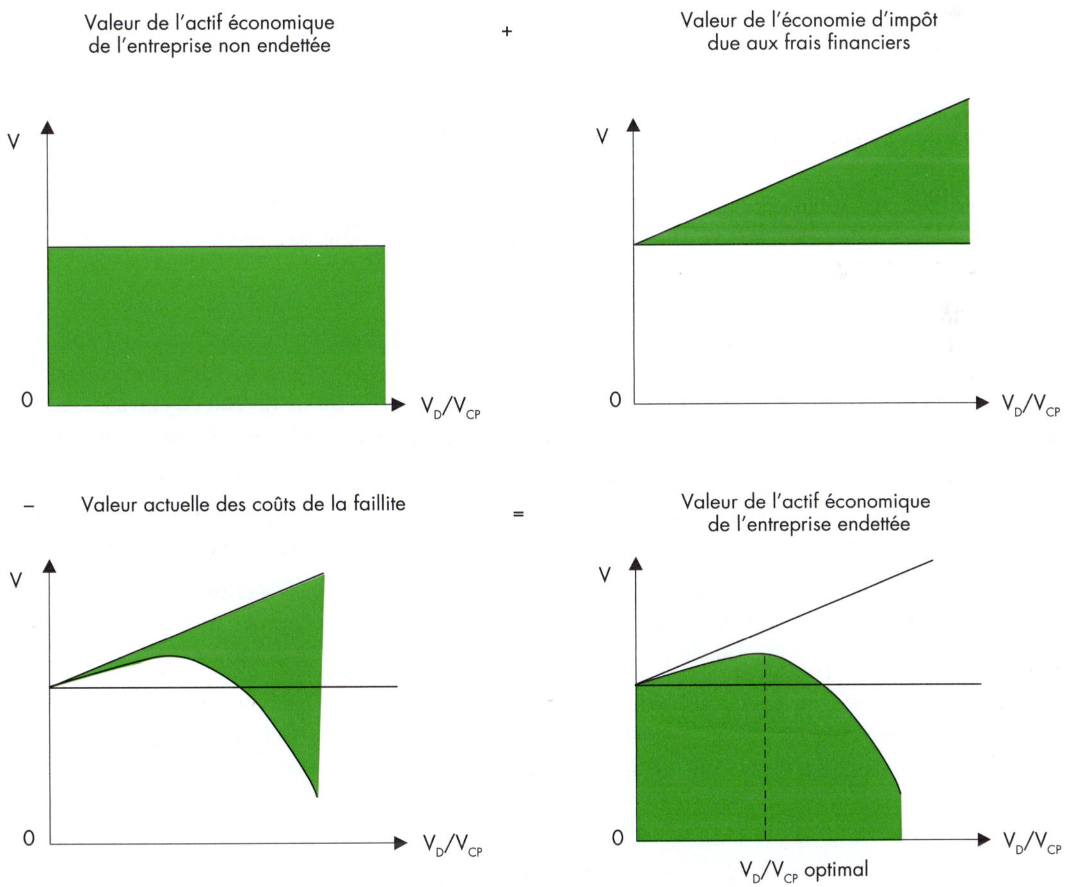

L'endettement, du fait de la déductibilité fiscale, peut créer de la valeur. Une entreprise endettée peut valoir plus cher que la même entreprise non endettée. Ce point ne peut cependant être exagéré et ce, pour deux raisons : d'une part un endettement excessif conduit, en période de crise, à ce que l'avantage fiscal disparaisse, l'entreprise ne faisant pas assez de bénéfices ; d'autre part, il peut conduire à des coûts de restructuration et à des pertes d'opportunités d'investissements rentables (faute de pouvoir les financer) qui font que l'endettement ne doit pas dépasser une certaine limite.

Le ratio théorique d'endettement optimal serait atteint quand la valeur actuelle de l'économie d'impôt due à un endettement supplémentaire est juste compensée par une augmentation de la valeur actuelle des coûts de dysfonctionnement et de faillite.

En 2000, J. Graham a estimé la valeur de l'avantage fiscal de l'économie d'impôt due à la déductibilité fiscale des frais financiers à 9,7 % de la valeur de l'actif économique avant prise en compte de la fiscalité de l'investisseur, et à 4,3 % après. H. Almeida et Th. Philippon (2007) ont, eux, estimé la valeur des coûts de la faillite à 4,5 %. Bref, l'un compense l'autre ! Des travaux plus récents (2010, 2012 et 2013), cités en bibliographie, vont dans le même sens.

En définitive, il faut retenir de cet ensemble de controverses que la fiscalité est un paramètre essentiel dans l'absolu mais qu'il est peu probable qu'elle explique les structures financières des entreprises.

La théorie enfonce une porte ouverte : tout acteur économique cherche à réduire sa charge d'impôt. Mais attention ! À trop vouloir réduire le coût fiscal, des décisions erronées peuvent être prises.

3 ■ La fiscalité des investisseurs ou une seconde limite au raisonnement

37.8 M. Miller, dans un nouvel article en 1977, reprend les conclusions qu'il avait obtenues en 1958 avec F. Modigliani concernant l'absence de structure financière optimale. Toutefois, à la différence de l'article de 1963, la fiscalité est prise en compte tant au niveau de l'entreprise **qu'au niveau de l'investisseur**. En effet si l'on prend en compte la fiscalité, autant le faire jusqu'au bout, en incluant celle des investisseurs.

M. Miller soutient, non sans esprit polémique, que l'effet de l'impôt sur le revenu des investisseurs annule celui des impôts sur les sociétés. De sorte que la valeur d'un actif économique est la même quelle que soit la structure financière qui le finance. Il n'existe donc pas de structure financière optimale.

M. Miller observe qu'en général les investisseurs sont imposés plus lourdement à leur niveau personnel sur les revenus de dettes que sur les revenus de capitaux propres. Autrement dit l'avantage fiscal de la dette au niveau de l'entreprise est contrecarré par l'avantage fiscal des capitaux propres au niveau de l'investisseur.

À qui profite la fiscalité ? Aucune recherche n'a démontré que l'avantage fiscal de la dette ne se partage pas équitablement entre créancier et débiteur. Au cours de ces dernières années, les réformes fiscales ont favorisé la disparition des frottements fiscaux et donc l'avantage de la dette a tendance à disparaître. Pour certains types d'investisseurs, il n'y a donc plus de frottement fiscal lors de la perception de leur revenu, ce qui est fondamental.

Supposons ainsi qu'une entreprise ait un actif économique de valeur 1 000 sur lequel, indépendamment du financement, l'investisseur demande un taux de rentabilité de 5,7 % après impôt sur les sociétés et **après** son impôt personnel sur le revenu. Précisons que ce taux n'est pas directement comparable avec celui déterminé par le MEDAF ($r_F + \beta \times (r_M - r_F)$) qui est un taux **avant** impôt personnel de l'investisseur.

37.9 En France, les principaux taux d'impôts applicables en 2014 sont les suivants :

- sur les sociétés : 34,43 % du résultat avant impôt (36,40 % si le résultat est distribué) dans le cas général ; 33,33 % (35,33 % si le résultat est distribué) pour les PME faisant moins de 7,6 M€ de ventes contrôlées à 75 % au moins par des personnes physiques, et 38 % (39,86 % si le résultat est distribué) lorsque le chiffre d'affaires est supérieur à 250 M€. Bonjour la simplicité !

- sur les particuliers : au taux marginal d'impôt sur le revenu pour les plus-values (avec un abattement de 50 % après 2 ans de détention et de 65 % au bout de 8 ans[1]), les dividendes (après abattement de 40 %) et les revenus de créances, voire 0 % si les actions sont détenues à l'intérieur d'un plan d'épargne en actions (PEA) ou d'une holding bénéficiant du régime mère-fille (participations supérieures à 5 % détenues depuis plus de 2 ans). Se rajoutent les prélèvements sociaux de 15,5 % (CSG, CRDS...) et, dans le cas de la holding, une quote-part de frais et charges égale à 12 % de la plus-value brute est imposée normalement (correspondant à une imposition à 4 % environ).

Même si en principe l'imposition est censée être identique, à l'extrême, l'investisseur français peut n'être imposé qu'à 15,5 % sur ses revenus (dividendes et plus-values) d'actions contre 60,5 % (45 % + 15,5 %) au maximum sur les revenus de titres de dettes. Mais dans le cas général, l'investisseur sera imposé à 42,5 % (60 % × 45 % + 15,5 %) sur les revenus d'actions et 60,5 % sur les revenus de dette. Nous retiendrons ces taux dans l'exemple suivant.

Supposons que l'entreprise dégage un résultat d'exploitation de 200, ce qui, lorsqu'elle est entièrement financée par capitaux propres, correspond à l'exigence de l'investisseur (7,3 %).

On peut alors déterminer le revenu net de l'investisseur, à la fois actionnaire et créancier de l'entreprise, selon que l'endettement net présente 0 %, 33,3 %, 100 % ou 3 fois les capitaux propres en valeur.

Valeur des capitaux propres	1 000	750	500	250
+ Dette	0	250	500	750
= Valeur de l'actif économique	1 000	1 000	1 000	1 000
Taux d'intérêt		4,5 %	5,5 %	8,0 %
Résultat d'exploitation	200	200	200	200
– Frais financiers	0	11	28	60
= Résultat avant impôt sur les sociétés	200	189	173	140
– Impôt sur les sociétés (à 36,40 %)	73	69	63	51
= Résultat net	127	120	110	89
Dividende	127	120	110	89
Impôt sur le revenu sur les dividendes à 42,5 %	54	51	47	38
Impôt sur le revenu sur les intérêts à 60,5 %	0	7	17	36
Revenu net pour l'actionnaire	73	69	63	51
Taux de rentabilité net pour l'actionnaire	7,3 %	9,2 %	12,6 %	20,5 %
Revenu net pour le créancier	0	4	11	24
Taux de rentabilité net pour le créancier		1,8 %	2,2 %	3,2 %
Revenu net pour les investisseurs	73	73	74	75
Impôts totaux	127	127	126	125

1 Un régime d'abattement plus favorable est prévu pour les PME de moins de 10 ans, les départs à la retraite et les entreprises innovantes.

La création de valeur induite par l'endettement doit alors être mesurée par l'accroissement du revenu net pour les investisseurs (actionnaires et créanciers). Le cas français fait apparaître un accroissement de seulement 2 % des revenus nets même lorsque le taux d'endettement devient très important (3 fois plus de dettes que de capitaux propres) et très nettement supérieur au taux d'endettement moyen en France (de l'ordre de 30 % en valeur de marché).

37.10 On comprend mieux alors le raisonnement de M. Miller.

À l'aide du tableau ci-après, on peut même constater que dans certains pays, comme les Pays-Bas ou le Royaume-Uni, l'économie d'impôt générée par l'endettement au niveau de l'entreprise est plus que compensée par l'impôt au niveau de l'individu.

Quelques taux d'imposition dans le monde
(pour les particuliers résidents pour les trois premières colonnes et les entreprises pour la quatrième)

Impôts / Pays	Sur les dividendes	Sur les plus-values d'actions	Sur les intérêts	Sur les bénéfices
Allemagne[1]	26,4 % à 28 %	26,4 % à 28 %	26,4 % à 28 %	29,58 %
Belgique	15 % ou 25 %	0 %	15 %	33,99 %
Espagne[1]	21 %	IR	21 %	30 %
États-Unis	15 %	20 %	39,6 %	≈ 40 %[6]
France[2]	**A**	**B**	**C**	34,43 %[3]
Italie[1]	20 %	20 %	12,5 % ou 27 %[5]	31,4 %
Liban	10 %	10 %	5 %	15 %
Maroc	10 %	15 % à 20 %	20 %	30 %
Pays-Bas	30 %[7]	30 %[7]	30 %	25 %
Royaume-Uni	42,5 %	28 %	50 %	21 %
Suisse[4]	22 % à 41 %	0 %	22 % à 41 %	11,5 % à 24,4 %
Tunisie	5 %	0 %	0 % à 35 %	25 %

1. Pas de déductibilité sur les frais financiers nets supérieurs à 30 % de l'EBE.
2. Déductibilité fiscale des charges financières nettes limitée au-delà de 3 M€ à 85 % en 2013 et 75 % en 2014.
3. 15 % sur les premiers 38 120 € de bénéfice imposable et 38 % si les ventes 2014 > 250 M€.
4. Dépend des cantons et des communes.
5. Sur les comptes bancaires.
6. 35 % sans les taxes locales et des États.
7. Calculé sur un revenu notionnel de 4 %/an.
A : Abattement de 40 % puis barème de l'IR, plus 15,5 % de prélèvements sociaux.
B : Barème de l'IR avec abattement de 50 % si détention entre deux et huit ans, 65 % au-delà, plus 15,5 % de prélèvements sociaux.
C : Barème de l'IR, plus 15,5 % de prélèvements sociaux.

4 ■ La limitation de déductibilité des intérêts et la création d'intérêts notionnels sur le capital ou la troisième limite pratique

37.11 Un certain nombre d'États ont introduit des mécanismes d'équilibrage de la fiscalité des capitaux propres et de la dette.

Ces mesures peuvent prendre la forme d'une limitation de la déductibilité des intérêts. Ainsi en France depuis 2013 seule une proportion des intérêts est déductible (85 % en 2013, 75 % à partir de 2014). En Allemagne, Espagne et Italie, les intérêts ne sont déductibles que dans la limite de 30 % de l'EBE.

Une mesure alternative pour promouvoir le financement en capitaux propres est de rendre déductible un intérêt notionnel (c'est-à-dire fictif) sur tout ou partie des capitaux propres. La Belgique, le Brésil, l'Italie sont allés dans cette voie.

Section 2 ▪ L'endettement comme contrôle interne des dirigeants

1 ▪ L'endettement, moyen de contrôle des dirigeants

37.12 Le dirigeant non actionnaire a plutôt naturellement tendance à éviter l'endettement qui élève le risque de l'entreprise : hausse du point mort, frais financiers et échéances de remboursement à respecter. Cette hausse du risque de l'entreprise augmente le risque propre du dirigeant. Il peut, en effet, difficilement diversifier son risque personnel car il tire l'essentiel de ses revenus, si ce n'est la totalité, de l'entreprise. Il aura même tendance, par précaution, à vouloir accumuler les liquidités dans l'entreprise plutôt que de les investir dans des projets risqués. Ce comportement ne fait pas l'affaire de l'actionnaire qui souhaite que les dirigeants des entreprises dans lesquelles il a investi maximisent la valeur, et n'a que faire de placements de trésorerie oisifs. Dans ces conditions, l'actionnaire verra dans l'endettement un aiguillon du dirigeant, ainsi incité à faire de son mieux pour dégager les flux de trésorerie disponibles nécessaires au paiement des frais financiers et des échéances de remboursement de cette dette. S'il n'y arrive pas, l'entreprise risque la faillite, et lui la perte de son statut, de sa rémunération, de ses avantages en nature.

Bref, les actionnaires ont intérêt à l'endettement pour mettre les dirigeants sous pression et résoudre ainsi des problèmes d'agence.

> Le coût explicite de la dette constitue un pouvoir de contrôle formidable et simple sur l'équipe dirigeante d'une entreprise.

37.13 Dans la mesure où les paramètres d'une dette se traduisent dans la trésorerie de l'entreprise alors que les financements par capitaux propres se traduisent par des plus ou moins-values au niveau de l'actionnaire, les dirigeants ont d'autant plus intérêt à la réussite de leurs investissements que ceux-ci sont financés par des dettes. De là, la remise en cause au deuxième degré de la théorie des marchés en équilibre : **le mode de financement a une influence sur le choix des investissements dans la mesure où les différentes formes de financement ne donnent pas les mêmes incitations aux dirigeants d'entreprise**.

Ceci aurait comme conséquence qu'une entreprise endettée serait plus flexible et réagirait plus vite qu'une entreprise non endettée. Cette hypothèse a été vérifiée empiriquement par E. Ofek qui expose que les entreprises cotées américaines réagissent (se mettent en faillite, réduisent leurs dividendes, effectuent des licenciements…) d'autant plus vite à une situation de crise qu'elles sont fortement endettées.

L'endettement est donc l'un des modes de contrôle interne que choisiraient les actionnaires à l'égard des dirigeants. Au chapitre 48 sera étudié un autre mode de contrôle des dirigeants, externe cette fois-ci : la menace de l'OPA.

Des limites ne doivent cependant pas être dépassées : dans certains groupes où la structure financière est totalement déséquilibrée, l'endettement ne représente plus une incitation pour les dirigeants. À l'impossible nul n'est tenu... Au contraire, dans ce cas, le dirigeant aura intérêt à continuer de croître par endettement, rendant ainsi son groupe trop gros pour faire faillite à l'instar des banques RBS ou Fortis, jusqu'au jour où le concept est remis en cause (Lehman Brothers). C'est ce que les Anglo-Saxons désignent par le terme de *moral hazard*.

2 ■ Les LBO, ou cette logique poussée à l'extrême

37.14 Certains secteurs se restructurent par le biais des *Leveraged Buy-Out* (LBO) auxquels nous consacrons le chapitre 50. Un LBO est l'achat d'une entreprise financé par endettement, par un fonds d'investissement spécialisé qui implique financièrement les dirigeants de l'entreprise. Le développement des LBO est une tendance de fond de ces trente dernières années.

Lorsque l'on parle des LBO, on a généralement l'impression que le but des fonds de LBO est d'obtenir une meilleure rentabilité en jouant sur l'effet de levier comptable. Ceci est un leurre : en aucune manière le succès du système des LBO ne peut s'expliquer par le seul effet de levier comptable qui ne crée pas de valeur comme nous l'avons vu.

Leur succès s'explique surtout par la plus grande motivation des dirigeants qui sont, par ce système, plus impliqués dans la réussite de l'entreprise. Ils réaliseront une meilleure allocation des ressources en faveur des actionnaires, dont ils font nécessairement partie. L'intérêt des dirigeants est alors double, un intérêt financier tout d'abord avec leur participation au capital immédiate ou potentielle et, ensuite, une volonté de garder leur emploi et leur réputation en s'assurant que la société ne fasse pas faillite. Et pour cela il faut qu'elle génère suffisamment de flux de trésorerie disponible pour faire face au remboursement de la dette du LBO. Il y a alors la carotte et le bâton !

Les sociétés à maturité, fortement rentables et sans beaucoup d'investissements à réaliser, sont particulièrement adaptées à des LBO. M. Jensen a en effet démontré qu'à défaut d'un endettement lourd, la tentation naturelle de leurs dirigeants était d'utiliser leurs importants flux de trésorerie disponibles pour accroître leur taille au détriment de leur rentabilité en surinvestissant ou en se diversifiant hors de leurs métiers, ce qui conduit le plus souvent à des destructions de valeur.

> La vraie création de valeur permise par l'endettement réside dans la contrainte forte qu'elle impose aux dirigeants de mieux gérer l'actif économique.

Section 3 ■ Le choix d'une structure financière : un signal fait au marché

37.15 Saisissons notre première étude financière, l'étude de l'endettement, pour approfondir les mécanismes liés à la théorie du signal. La théorie des signaux se fonde sur l'hypothèse que les dirigeants d'une entreprise disposent d'une information supérieure aux pourvoyeurs de fonds de cette entreprise. C'est-à-dire que les dirigeants sont mieux à même de prévoir les flux futurs de l'entreprise : ils savent, pour reprendre notre exemple du chapitre 30, dans quel état de la nature l'entreprise se trouve. Dans cette perspective, tout signal émis par les dirigeants tendant à faire comprendre que les flux seront meilleurs que prévus ou que le risque sera moindre permettra une création de valeur pour l'investisseur. L'investisseur sera donc toujours à la recherche d'un signal lui permettant d'espérer une rentabilité supérieure ou un risque moindre. Cependant, pour que la signalisation soit crédible, il faut que le signal comporte sa propre sanction s'il est erroné afin de décourager l'émission de faux signaux.

Dans l'optique d'une asymétrie d'information, on ne peut pas comprendre qu'un dirigeant, sachant qu'un projet est très risqué et peu rentable, s'endette pour le financer. Il perdrait son travail, voire plus si l'échec du projet entraînait la faillite de l'entreprise. L'endettement est donc un signal fort sur l'espérance de rentabilité et sur le risque.

S. Ross a mis en évidence que toute modification de la politique financière entraîne une modification de la perception de l'entreprise par les investisseurs et constitue donc un signal pour le marché.

Ainsi, l'augmentation de l'endettement accroît le risque des capitaux propres : ceci est une évidence. Les dirigeants d'une entreprise dont l'endettement s'accroît signalent au marché qu'ils croient que les performances futures de l'entreprise leur permettront de payer des charges financières supplémentaires et de rembourser cet endettement nouveau sans difficulté.

Ce signal comporte sa propre sanction s'il est erroné. Si le signal est faux, c'est-à-dire si les perspectives réelles de l'entreprise ne sont pas bonnes, ce surcroît d'endettement la conduira à de grandes difficultés qui ne manqueront pas de se traduire par le remplacement de ses dirigeants. Ces derniers sont donc, dans ce schéma, fortement incités à envoyer le bon signal en ajustant le niveau d'endettement de la firme compte tenu de leur connaissance de sa capacité de remboursement.

Si l'on suppose que les dirigeants possèdent des informations privilégiées sur leur propre entreprise, S. Ross démontre que ces dirigeants communiqueront un signal exact à condition que le gain marginal susceptible d'être retiré d'un faux signal soit inférieur à la sanction infligée en cas de liquidation de la société.

« *They put their money where their mouth is* ». On comprend mieux alors la disparité des politiques d'endettement des entreprises qui correspond en fait à une disparité de leurs perspectives.

> Ce n'est peut-être pas la structure financière d'une entreprise qui représente un signal, mais plutôt sa modification.

Ainsi, l'annonce d'une augmentation de capital conduit le plus souvent à une baisse des cours de l'action, chiffrée dans les travaux de recherche à en moyenne 3 %. En effet, les investisseurs se disent que les dirigeants ne procèdent pas à des augmentations de capital lorsque la valeur leur paraît sous-évaluée (compte tenu des informations internes qu'ils détiennent) afin de ne pas diluer leurs actionnaires actuels dans de mauvaises conditions. S'il y a augmentation de capital non justifiée par un besoin pressant, l'investisseur en déduira que les dirigeants pensent que le cours de Bourse est surévalué (compte tenu des informations internes qu'ils possèdent) et que c'est pour cela que les actionnaires actuels acceptent l'augmentation de capital. En revanche les études montrent que l'annonce d'une émission de dettes n'a pas d'impact notable sur la valeur de l'action.

De même, la vente par un dirigeant dans la force de l'âge de sa participation dans une entreprise constitue un signal négatif. Cela signifie qu'il possède une information interne qui lui indique que la valeur des flux futurs, compte tenu du risque, est inférieure au prix auquel il pourra négocier sa participation. Inversement, tout renforcement de sa participation, surtout s'il est financé par endettement, sera un signal très positif pour le marché.

On comprend mieux ainsi pourquoi les investisseurs financiers préfèrent prendre des participations par augmentation de capital plutôt que par des rachats aux actionnaires actuels, pourquoi dans de nombreux pays, les administrateurs et les dirigeants doivent rendre publics les achats et les ventes d'actions dans la société qui les emploie, etc.

Section 4 ▪ La théorie du *pecking order*

37.16 Si l'on considère que l'asymétrie d'information a un coût, quelles sont les sources de financement dont le coût, de ce point de vue, est le plus bas ?

C'est d'abord sans conteste l'autofinancement dont l'obtention ne nécessite pas le dépôt d'un dossier ni une quelconque négociation avec des tiers. L'inertie joue en sa faveur.

C'est ensuite la dette, mais la dette peu risquée, limitée dans son montant ou nécessitant peu d'efforts pour convaincre les créanciers qui limitent leur risque par la prise de garanties (nantissements, clauses de sauvegardes).

Puis, ce sont les dettes plus risquées et les titres hybrides.

Enfin, c'est l'augmentation de capital, qui engendre d'ailleurs spontanément un signal négatif et qu'il faudra donc combattre en réduisant l'asymétrie, en informant, en convainquant par des *road shows*, *one to one*, notes d'opération, campagnes publicitaires… qu'à ce prix c'est une bonne affaire (voir chapitre 29) !

Dans un article de 1984, S. Myers développe cette théorie initialement mise en avant par G. Donaldson en 1961 : les entreprises ont des priorités dans le choix des sources de financement. C'est la théorie du *pecking order* (ou hiérarchisation).

L'entrepreneur choisit, non pas au hasard, mais sans grand enthousiasme, son financement. Cet ordre de priorité est dicté par la ligne du moindre effort des dirigeants et de la moindre contrainte supplémentaire : il ne faut pas aller « chercher » l'autofinancement, tout comme il est plus facile et moins contraignant d'obtenir un crédit bancaire que de monter une augmentation de capital.

Cette théorie explique assez bien la situation des entreprises cotées très rentables, peu endettées car s'autofinançant quasi exclusivement ou celle des PME qui ne procèdent à des augmentations de capital que lorsque leur capacité d'endettement est saturée.

Dans le chapitre 38 nous verrons comment les conflits d'intérêts, potentiels ou réels, entre actionnaires et prêteurs du fait de la structure financière de l'entreprise peuvent être analysées et résolues par les options.

RÉSUMÉ

Le résumé de ce chapitre est disponible sur le site www.vernimmen.net.

Ce chapitre nous a permis de raisonner en dehors du cadre simplifié des marchés à l'équilibre en tenant compte d'un certain nombre de biais (la fiscalité, les coûts de faillite, l'asymétrie d'information, les conflits d'intérêts) qui rendent l'analyse plus complexe, mais aussi plus pertinente.

F. Modigliani et M. Miller démontrent que lorsque l'on intègre au raisonnement la fiscalité de l'entreprise (les frais financiers sont déductibles de la base imposable, à la différence des dividendes qui ne le sont pas), l'endettement se trouve privilégié. La valeur de l'actif économique d'une entreprise endettée est égale à la valeur de l'actif économique de la même entreprise non endettée plus la valeur actuelle de l'économie d'impôts due à la déductibilité des frais financiers.

Cependant, ce raisonnement présente deux limites. D'une part, plus l'endettement croît, plus la probabilité de faillite grandit ainsi que les coûts associés, qu'ils soient directs ou indirects (investissements rentables non réalisés). D'autre part, la prise en compte de la fiscalité personnelle de l'investisseur contrebalance l'avantage fiscal dont bénéficie la dette au niveau des sociétés. En effet, la fiscalité individuelle de l'investisseur traite plus favorablement les revenus de capitaux propres que ceux de l'endettement.

Au total, les recherches récentes montrent que les coûts de la faillite et la fiscalité personnelle contrebalancent l'avantage fiscal de la dette au niveau de l'entreprise. La fiscalité n'explique donc pas les structures financières.

Dans le cadre de la théorie de l'agence, l'endettement est analysé comme un moyen de contrôle interne des dirigeants qui, ainsi, ne devront pas relâcher leurs efforts pour faire face aux échéances de la dette. Endetter une société à maturité sans forte perspective de croissance et à forte profitabilité évite à ses dirigeants de consacrer des fonds à des diversifications hasardeuses ou à des expansions inconsidérées, toutes deux destructrices de valeur. On retrouve là le LBO qui crée de la valeur, non grâce à l'illusion comptable de l'effet de levier, mais grâce à une meilleure motivation des dirigeants mis sous pression par le poids de l'endettement et financièrement incités par la mise en place de systèmes d'intéressement potentiellement très rémunérateurs.

Les problèmes d'asymétrie d'information entre les actionnaires et les investisseurs ont un impact clair sur le choix d'une structure financière. Un dirigeant qui pense que la valeur de son groupe est actuellement sous-évaluée préférera s'endetter plutôt qu'émettre de nouvelles actions à un cours déprécié, quitte à procéder à une augmentation de capital une fois que la sous-évaluation aura été corrigée. De la même façon, choisir de financer un projet par endettement témoigne de la confiance des gestionnaires en la capacité de l'entreprise à faire face aux échéances de la dette et donc, indirectement, dans la rentabilité du projet.

Dans le prolongement des problèmes d'asymétrie d'information, la théorie du *pecking order* suppose que les dirigeants choisissent les sources de financement par ordre croissant de coûts d'intermédiation et de coûts d'agence : l'autofinancement puis l'endettement et seulement enfin l'augmentation de capital.

Nous sommes loin des hypothèses simplificatrices des premiers modèles de F. Modigliani et M. Miller !

QUESTIONS

1/ Selon la nouvelle approche de F. Modigliani et M. Miller (1963), en quoi diffèrent la valeur d'une firme endettée et la valeur d'une firme non endettée ?

2/ Quelles sont les deux limites au raisonnement de F. Modigliani et M. Miller de 1963 ?

3/ Quel est le fondement du raisonnement de M. Miller en 1977 et quelle est sa conclusion ?

4/ Citez les dispositions fiscales françaises qui favorisent l'endettement, les capitaux propres.

5/ Quelle est la valeur d'une entreprise endettée lorsque la probabilité de dépôt de bilan est non négligeable ?

6/ Que pensez-vous de la phrase suivante « X a fait faillite parce que ses frais financiers s'élevaient à 13 % de son chiffre d'affaires » ?

7/ Pourquoi les dirigeants ont-ils tendance à ne pas aimer la dette ?

8/ Pourquoi est-il bon qu'une société à maturité et fortement rentable soit fortement endettée ?

9/ De 1990 à 2012, les taux d'intérêt en Europe ont été globalement orientés à la baisse. Si le raisonnement de F. Modigliani et de M. Miller de 1963 était juste, l'endettement des groupes aurait-il dû croître ou décroître ? Si l'on considère qu'il a décru, qu'en pensez-vous ?

10/ Selon la théorie du signal, les sociétés sous-évaluées doivent-elles avoir plus ou moins de dettes que les autres ? Pourquoi ?

11/ Si le raisonnement de F. Modigliani et de M. Miller de 1963 était juste, le montant annuel de l'impôt sur les sociétés collecté par l'État serait-il supérieur ou inférieur à ce qu'il est aujourd'hui ?

12/ À votre avis, après une tentative de prise de contrôle ratée, le rapport endettement net/capitaux propres de la cible a-t-il tendance à baisser ou à monter ? Pourquoi ?

13/ À votre avis, les théories de structure financière exposées dans ce chapitre peuvent-elles se démontrer avec autant de certitudes que, par exemple, la parité *put/call* du chapitre 27 des options ? Pourquoi ?

14/ Vaut-il mieux calculer le levier (endettement net/capitaux propres) en montant comptable ou en valeur pour apprécier le niveau de risque d'un groupe ?

15/ La théorie du *pecking order* implique-t-elle que l'entreprise ait une structure financière optimale ? Quels sont alors les déterminants de la structure financière selon cette approche ?

16/ S'il existait un partage dettes/capitaux propres optimum, celui-ci aurait-il des raisons d'être stable dans le temps ? Pourquoi ?

17/ Un fonds de LBO est prêt à payer un actif économique 3 000 s'il est financé à 50/50 par de l'endettement et des capitaux propres et à 3 500 s'il est financé par 75 % d'endettement et 25 % de capitaux propres. Qu'en pensez-vous ?

D'autres questions vous attendent sur le site www.vernimmen.net.

EXERCICES

1/ Soit la firme Ottokar financée à 70 % par des capitaux propres d'un coût de 10 % et à 30 % par de la dette à 6 %. Quel est le coût moyen pondéré du capital de cette société si le taux d'imposition est de 20 %, de 50 %, ou de 80 % ?

2/ La société Bianca est entièrement financée par des capitaux propres d'une valeur de marché de 200. Le seul impôt qui existe est l'impôt sur les sociétés au taux de 40 %. Calculez la valeur de la société si elle emprunte 50 à 6 % à perpétuité, destinés à rembourser une partie des capitaux propres, sachant que ses actionnaires auront alors une exigence de rentabilité de 11 %.

3/ La société Castafiore est financée par des capitaux propres d'une valeur de marché de 40 et par de la dette d'une valeur de marché de 30. Cet endettement est constitué par une rente perpétuelle au taux de 6 %. Le taux de l'impôt sur les sociétés est de 40 %.

a) Quelle est la partie de la valeur de l'actif économique de Castafiore due à l'endettement, sachant que les actionnaires ont une exigence de taux de rentabilité de 11 % ?

b) Quelle est l'augmentation de la valeur de son actif économique si elle s'endette de 5 dans les mêmes conditions que précédemment (vous supposerez, pour simplifier les calculs, que le taux de rentabilité exigé par les actionnaires reste constant à 11 %) ?

c) Quelle est la diminution de sa valeur si maintenant le Parlement vote une loi supprimant la déductibilité des frais financiers après une période de 4 ans ?

4/ Refaites le tableau du paragraphe 37.10 dans le cas des Pays-Bas et de la Tunisie en retenant deux cas : pas de dette et 500 de dette à 7 %. L'investisseur est imposé dans la tranche la plus élevée du barème. Qu'en pensez-vous ? Prendre 35 % comme taux d'impôt tunisien sur les intérêts reçus.

ÉLÉMENTS DE RÉPONSE

Questions

1. Différence : valeur actuelle de l'économie d'impôt due à la déductibilité fiscale des frais financiers.
2. Les coûts et dysfonctionnements de la faillite et la fiscalité des particuliers.
3. L'imposition au niveau de l'investisseur annule l'effet de l'imposition au niveau de l'entreprise. Conclusion : pas de structure de financement optimale.
4. Déductibilité des frais financiers pour l'endettement. Plan d'épargne en actions pour les capitaux propres.
5. Valeur de l'entreprise non endettée + valeur actuelle de l'économie d'impôt – valeur actuelle du coût de la faillite.
6. Ce raisonnement est faux. Une entreprise fait faillite parce que sa rentabilité actuelle et espérée est insuffisante par rapport à son risque et non parce qu'elle est trop endettée. Si elle est trop endettée, c'est parce que sa rentabilité est insuffisante, qu'elle ne génère donc pas assez de flux de trésorerie, ce qui la conduit à s'endetter.
7. Car en accroissant le risque de l'entreprise, la dette accroît la probabilité qu'ils perdent leur emploi, et elle réduit leur liberté d'action.
8. Pour éviter qu'elle n'utilise ses flux de trésorerie disponible pour détruire de la valeur en se diversifiant ou en réalisant des investissements non rentables.
9. Il aurait dû croître pour compenser la baisse des taux afin que les frais financiers déductibles de l'IS restent au moins constants. Or c'est l'inverse qui s'observe. Conclusion : soit cette théorie ne tient pas, soit il y a, avec elle, d'autres facteurs explicatifs.

10. Plus de dettes car elles ne veulent pas émettre de nouveaux capitaux propres tant que la valeur de leurs capitaux propres est sous-évaluée.
11. Beaucoup plus faible qu'aujourd'hui, car les sociétés accroîtraient leur endettement pour réduire l'impôt à payer.
12. Il doit augmenter, les actionnaires augmentent la pression sur les dirigeants afin qu'ils dégagent de meilleurs résultats.
13. Non, car il ne s'agit pas de mathématiques mais de comportements humains.
14. En valeur car si la société est très rentable, ses capitaux propres vaudront beaucoup plus que leur montant comptable. La capacité de faire face aux échéances sera ainsi mieux mesurée.
15. Non, puisqu'elle contracte des ressources financières selon un certain ordre, au fur et à mesure de ses besoins. L'écart entre ses flux d'exploitation et ses flux d'investissements.
16. Non car les taux d'intérêt, les taux d'impôt, l'aversion au risque, la volatilité de l'actif économique, la maturité d'un secteur… évoluent au cours du temps.
17. Une telle différence de valeur ne peut être simplement le fruit de l'économie d'impôt liée à l'endettement. Par ailleurs, il est difficile de croire que la motivation du management soit significativement différente suivant ces deux niveaux d'endettement (50/50 étant déjà un niveau élevé). Il ne peut s'agir que d'un leurre.

Exercices

Les corrigés détaillés des exercices sur excel sont disponibles sur le site www.vernimmen.net.

1. 8,44 % ; 7,9 % ; 7,36 %.
2. 200 + 50 × 40 % × 6 % / 11 % = 210,9.
3. a) (30 × 6 % × 40 %) / 11 % = 6,5.
   b) La valeur augmente de 1,1.
   c) Diminution de valeur de 5.
4.

	Pays-Bas		Tunisie	
	D = 0	D = 500 à 7 %	D = 0	D = 500 à 7 %
Résultat d'exploitation	200	200	200	200
– Frais financiers	0	35	0	35
= Résultat avant impôt sur les sociétés	200	165	200	165
– Impôt sur les sociétés	60	50	50	41
= Résultat net	140	116	150	124
Dividende	140	116	150	124
Impôt sur le revenu sur les dividendes	42	35	8	6
Impôt sur le revenu sur les intérêts	0	11	0	12
Revenu net pour l'actionnaire	98	81	143	118
Taux de rentabilité pour l'actionnaire	9,8 %	16,2 %	14,3 %	23,5 %
Revenu net pour le créancier	0	25	0	23
Taux de rentabilité net pour le créancier	0,0 %	4,9 %	0,0 %	4,6 %
Revenu net pour les investisseurs	98	105	143	140
Impôts totaux	102	95	58	60

Aux Pays-Bas, la fiscalité privilégie la dette, alors qu'en Tunisie elle favorise les capitaux propres.

BIBLIOGRAPHIE

Les principaux travaux de F. Modigliani et M. Miller en matière de structure financière outre ceux cités au chapitre 36 :

Grundy B., « Merton H. Miller, his contribution to financial economics », *Journal of Finance* août 2001, vol. 56, n° 4, pages 1183 à 1206.

Miller M., « Debt and taxes », *Journal of Finance* mai 1977, vol. 2, n° 2, pages 261 à 276.

Miller M., « The M&M proposition 40 years later », *European Financial Management* juillet 1998, n° 2, vol. 4, pages 113 à 120.

Modigliani F., Miller M., « Corporate income taxes and the cost of capital : a correction », *The American Economic Review* juin 1963, vol. 53, n° 3, pages 433 à 443.

Dans la foulée des travaux précédents sur les problèmes de structure financière et d'impôt :

van Binsbergen J., Graham J., Yang J., « The cost of debt », *Journal of Finance* décembre 2010, vol. 65, n° 6, pages 2089 à 2136.

DeAngelo H., Masulis R., « Optimal capital structure under corporate and personal taxation », *Journal of Financial Economics* mars 1980, vol. 8, n° 1, pages 3 à 29.

Fama E., French K., « Taxes, financing decisions and firm value », *Journal of Finance* juin 1998, vol. 53, n° 3, pages 819 à 843.

Fernandez P., « The value of tax shields is NOT equal to the present value of tax shields », *Journal of Financial Economics* juillet 2004, vol. 73, n° 1, pages 145 à 165.

Flannery M., Lin L., « Do personal taxes affect capital structure ? Evidence from the 2003 cut », *Journal of Financial Economics* août 2013, vol. 109, n° 2, pages 549 à 565.

Green R., Hollifield B., « The personal-tax advantages of equity », *Journal of Financial Economics* février 2003, vol. 67, n° 2, pages 175 à 216.

Graham J., « How big are the tax benefits of debt ? », *Journal of Finance* octobre 2000, vol. 55, n° 5, pages 1901 à 1941.

Graham J., « Taxes and corporate finance : A review », *Review of Financial Studies* hiver 2003, vol. 16, n° 4, pages 1075 à 1129.

Hennessy Ch., Whited T., « Debt dynamics », *Journal of Finance* juin 2005, vol. 60, n° 3, pages 1129 à 1165.

Huizinga H., Laeven L., Nicodème G., « Capital structure and international debt shifting », *Journal of Financial Economics* avril 2008, vol. 88, n° 1, pages 80 à 118.

Korteweg A, « The net beneficits to leverage », *Journal of Finance* décembre 2010, vol. 65, n° 6, pages 2137 à 2170.

Sur la structure financière et ses interactions avec les hommes de l'entreprise :

Berk J., Stanton R., Zechner J., « Human capital, bankruptcy and capital structure », *Journal of Finance* juin 2010, vol. 65, n° 3, pages 891 à 926.

Cronqvist H., Makhija A., Yonker S, « Behavioral consistency in corporate finance : CEO personal and corporate leverage », *Journal of Financial Economics* janvier 2012, vol. 103, n° 1, pages 20 à 40.

Malmendier U., Tate G., Yan J., « Overconfidence and early-life experiences : The test of managerial traits on corporate financial policies », *Journal of Finance* octobre 2011, vol. 66, n° 5, pages 1687 à 1733.

Sur les coûts de faillite :

Almeida H., Philippon Th., « The risk-adjusted cost of financial distress », *Journal of Finance* décembre 2007, vol. 62, n° 6, pages 2557 à 2586.

Bae K.-H., Kang J.-K., Wang J., « Employee treatment and firm leverage: A test of the stakeholder theory of capital structure », *Journal of Financial Economics* avril 2011, vol. 100, n° 1, pages 130 à 153.

Elkamhi R., Ericsson J., Parsons Ch., « The cost and timing of financial distress », *Journal of Financial Economics* juillet 2012, vol. 105, n° 1, pages 62 à 81.

Hortaçsu A., Matvos G., Syverson C., Venkataraman S., « Indirect costs of financial distress in durable goods industries : the case of auto manufacturers », *Review of Financial Studies* mai 2013, vol. 26, n° 5, pages 1248 à 1290.

Sur les applications de la théorie du signal aux problèmes de structure financière :

Donaldson G., *Corporate debt capacity : a study of corporate debt policy and the determination of corporate debt capacity*, Harvard University Division of Research, 1961.

Myers S., Majluf N., « Corporate financing and investment decisions when firms have information investors do not have », *Journal of Financial Economics* juin 1984, vol. 13, n° 2, pages 187 à 222.

Myers S., « The capital structure puzzle », *Journal of Finance* juillet 1984, vol. 39, n° 3, pages 575 à 592.

Ross S., « The determination of financial structure : the incentive signaling approach », *Bell Journal of Economics* été 1977, vol. 8, n° 1, pages 23 à 40.

Sur les applications de la théorie de l'agence aux problèmes de structure financière :

Jensen M., « The agency costs of free cash flow, corporate finance, and takeovers », *The American Economic Review* mai 1986, vol. 76, n° 2, pages 323 à 329.

Jensen M., « Agency costs of overvalued equity », *Financial Management* printemps 2005, vol. 34, n° 1, pages 5 à 19.

Jensen M., Meckling W., « Theory of the firm : managerial behavior, agency costs and ownership structure », *Journal of Financial Economics* octobre 1976, vol. 3, n° 4, pages 305 à 360.

Leland H., « Agency costs, risk management and capital structure », *Journal of Finance* août 1998, vol. 53, n° 4, pages 1213 à 1243.

Mao C., « Interaction of debt agency problems and optimal capital structure : theory and evidence », *Journal of Financial and Quantitative Analysis* juin 2003, vol. 38, n° 2, pages 399 à 423.

Moussu C., *Endettement, accords implicites et capital organisationnel : contribution à l'émergence d'une théorie organisationnelle de la structure financière*, thèse de l'Université de Bourgogne, 2000.

Ofek E., « Capital structure and firm response to poor performance: An empirical investigation », *Journal of Financial Economics* août 1993, vol. 34, n° 1, pages 3 à 30.

Weil L., « L'endettement améliore-t-il la performance des entreprises ? », *Banques & Marchés* septembre-octobre 2003, n° 66, pages 13 à 20.

Et enfin sur les taux d'imposition dans le monde :

www.dits.deloitte.com.

www.kpmg.com/Global/en/services/Tax/tax-tools-and-resources/Pages/default.aspx

Chapitre 38

Endettement, capitaux propres et théorie des options

Une lumière éblouissante récemment devenue éclairante.

38.1 Les théories de finance d'entreprise, et en particulier celles de Modigliani-Miller, ont peut-être donné à notre lecteur l'impression d'une similitude entre dettes et capitaux propres, ceux-ci ne différant que par le taux de rentabilité exigé.

Cependant, **exiger du 10 % de rentabilité en tant que créancier et du 10 % de rentabilité en tant qu'actionnaire sont deux choses fondamentalement différentes**.

Pour l'actionnaire, ce taux est une espérance, une sorte de moyenne entre des taux qui peuvent être positifs et négatifs. Il peut espérer obtenir 50 %, – 20 %, comme 0 %, 5 %, 33 % ou – 100 % !

Pour le créancier, le taux exigé a une très forte probabilité d'être atteint et, en aucun cas, il ne peut être dépassé. Il ne peut espérer gagner que 10 % mais, sauf exception, cet espoir devrait être réalisé.

Voici la première distinction : la distribution de probabilité est totalement différente.

Cependant, même s'il est très faible, le risque du créancier n'est pas nul. En effet, le capitalisme est organisé sur la base de la société anonyme dont le principe juridique essentiel est **la limitation de la responsabilité des actionnaires à l'égard des créanciers**.

Lorsqu'une entreprise fait défaut, les actionnaires bénéficient d'une sorte de « joker » qui leur permet d'abandonner l'entreprise (ou plutôt son excès de passif !) aux créanciers.

> L'innovation financière majeure du XIXe siècle est la société anonyme.

Dans la suite de ce chapitre, nous nous concentrerons sur la valorisation des sociétés dans lesquelles la responsabilité des actionnaires est limitée à leur apport, c'est-à-dire l'immense majorité des sociétés, qu'elles soient françaises ou étrangères : sociétés anonymes (SA), sociétés anonymes simplifiées (SAS), sociétés à responsabilité limitée (SARL) et entreprises unipersonnelles à responsabilité limitée (EURL).

Il existe donc une asymétrie fondamentale de statut entre l'actionnaire et le créancier : l'actionnaire peut perdre la totalité de ses apports mais il peut aussi gagner des profits potentiellement illimités, tandis que le créancier récupère au mieux les flux programmés au début du contrat.

C'est dans cet esprit qu'il faut voir l'apport des options pour analyser la structure financière d'une entreprise et surtout la relation créanciers-actionnaires. C'est Robert Merton qui initia les recherches dans ce domaine.

Section 1 ■ Comment lire l'entreprise à la lumière des options

Pour simplifier notre présentation, nous considérons toujours une société par actions qui n'a émis qu'un seul type de dette (coupon zéro) remboursable à l'échéance en une seule fois (capital et intérêts) pour un montant de 100.

1 ■ Les capitaux propres et l'endettement net en termes d'options

38.2 Suivant la valeur de l'actif économique à la date d'échéance de la dette, deux cas peuvent se présenter :

- soit la valeur de l'actif économique est supérieure au montant de la dette à rembourser (V = 120 par exemple). Dans ce cas, les actionnaires laissent l'entreprise rembourser les créanciers et s'approprient alors la valeur résiduelle, soit 20 ;
- soit la valeur de l'actif économique est inférieure au montant de la dette à rembourser (V = 70 par exemple). Les actionnaires invoquent la clause de risque limité à leurs apports, perdent tous leurs apports (mais pas plus) et abandonnent l'actif économique aux créanciers. Ces derniers, à leur tour, supportent la différence entre la valeur de l'actif économique et le montant de leur dette (30 ici).

Poussons la réflexion et analysons cette situation en termes d'options. En définitive, les actionnaires détiennent, d'un point de vue économique, une option d'achat (de type européen si la dette n'est remboursable qu'*in fine*) sur l'actif économique de l'entreprise, dont les caractéristiques sont les suivantes :

- **sous-jacent** = l'actif économique ;
- **prix d'exercice** = le montant de la dette à rembourser, intérêts compris (100) ;
- **volatilité** = la volatilité de la valeur de l'actif sous-jacent, soit celle de l'actif économique ;
- **maturité** = l'échéance de la dette.

À l'échéance, soit les actionnaires exercent cette option d'achat et remboursent les créanciers, soit ils abandonnent cette option. La valeur de cette option n'est autre que la valeur des capitaux propres (V_{CP}).

> Endetter une entreprise revient pour l'actionnaire à « vendre l'actif économique aux créanciers », mais en gardant une option d'achat sur cet actif économique dont le prix d'exercice est le montant de la dette à rembourser à l'échéance. Les actions d'une société endettée sont donc des options d'achat sur l'actif économique de l'entreprise.

Quant aux créanciers, tout se passe comme s'ils avaient investi dans l'actif sans risque et vendu une option de vente de l'actif économique aux actionnaires. En effet, comme nous venons de le voir, les créanciers peuvent se retrouver, à leur corps défendant, propriétaires de l'actif économique si l'entreprise ne rembourse pas sa dette. À défaut de récupérer le montant des fonds prêtés, ils récupèrent l'actif économique qu'ils ont donc « acheté » pour le montant de la dette qui ne leur est pas remboursée.

La vente de cette option de vente (de type européen) se traduit par une rémunération supplémentaire pour le créancier qui se rajoute au taux sans risque pour former sa rémunération totale. Ceci est légitime puisque le créancier court le risque que l'option de vente soit exercée par les actionnaires, autrement dit que la société ne tienne pas ses engagements et que la dette ne soit pas remboursée.

Les caractéristiques de cette option de vente sont les suivantes :

- **sous-jacent** = l'actif économique de l'entreprise ;
- **prix d'exercice** = le montant de la dette à rembourser à l'échéance, intérêts compris (100) ;
- **volatilité** = la volatilité de la valeur de l'actif sous-jacent, soit celle de l'actif économique ;
- **maturité** = l'échéance de la dette.

La valeur de cette option est égale à la différence entre la valeur du prêt actualisée au taux sans risque et la valeur de marché de ce prêt (actualisée au taux d'intérêt qui tient compte du risque de non-remboursement, c'est-à-dire le coût de la dette k_D). C'est la prime de risque qui existe pour tout prêt par rapport à un prêt sans risque. On parle aussi de *spread*.

Pour illustrer, c'est comme si le créancier a consenti à l'entreprise un prêt de 103 à un taux d'intérêt égal au taux de l'argent sans risque. L'entreprise a reçu 103, mais la valeur de ce crédit n'est pas de 103, seulement de 100 une fois que les flux sont actualisés, non au taux de l'argent sans risque, mais au taux normal exigé compte tenu du risque de l'entreprise.

Avec ces 3, c'est-à-dire le prix du risque de ce crédit, l'entreprise achète aux créanciers de l'entreprise une option de vente de l'actif économique. Au total, l'entreprise a touché 100, le banquier a versé 100 et sa créance est risquée. En effet, il a vendu une option de vente de l'actif économique que l'entreprise, et donc l'actionnaire, exercera si, à l'échéance de la dette, la valeur de l'actif économique est inférieure au montant de la dette à rembourser. L'exercice de cette option exonère définitivement l'entreprise, et donc l'actionnaire, d'avoir à rembourser la dette ; en contrepartie, il abandonne l'actif économique aux créanciers qui en deviennent propriétaires.

> Prêter à une entreprise revient, pour le créancier, à investir dans l'actif sans risque et à vendre à l'actionnaire une option de vente d'un prix d'exercice égal au montant de la dette à rembourser.

En conclusion, selon la situation prévalant à l'échéance de la dette, le lecteur peut vérifier les points suivants :

- si $V_D < V$: la valeur de l'option d'achat est supérieure à 0, la valeur de l'option de vente est nulle et les capitaux propres ont une valeur positive ;
- si $V_D > V$: la valeur de l'option d'achat est nulle, la valeur de l'option de vente est supérieure à 0 et les capitaux propres n'ont plus de valeur.

2 ■ La représentation optionnelle du bilan financier de l'entreprise

38.3 Nous savons que la règle de l'additivité des capitaux propres et de l'endettement s'applique et que la valeur de l'actif économique est indépendante de son mode de financement :

Valeur de l'actif économique = Valeur des capitaux propres + Valeur de la dette.

En tenant compte des développements précédents, on en déduit :

Valeur des capitaux propres = Valeur de l'option d'achat sur l'actif économique.
Valeur des dettes = Valeur actuelle de la dette au taux sans risque – Valeur de l'option de vente sur l'actif économique.
Valeur de l'actif économique = Valeur de l'option d'achat + Valeur actuelle de la dette au taux sans risque – Valeur de l'option de vente.

Nous retrouvons les égalités fondamentales entre *put* (option de vente) et *call* (option d'achat) que nous avons vues au chapitre 27 sur les options :

Acheter une option d'achat + Vendre une option de vente = Acheter le sous-jacent + S'endetter au taux sans risque.

On en déduit le lien entre la valeur d'un *call* (option d'achat) sur l'actif économique et la valeur d'un *put* (option de vente) sur ce même actif :

Valeur des capitaux propres = Valeur de l'actif économique – Valeur actuelle de la dette au taux sans risque + Valeur du *put* sur l'actif économique.

Section 2 ■ L'apport de la théorie des options à la valorisation des capitaux propres

38.4 Nous avons montré que la valeur des capitaux propres d'une entreprise peut s'apparenter à la valeur d'une option d'achat sur l'actif économique de cette entreprise. Le prix d'exercice de cette option est le montant de la dette à rembourser à l'échéance, la durée est celle de la dette, et le sous-jacent est l'actif économique de l'entreprise.

Il en résulte que la valeur des capitaux propres, à la date de l'évaluation, est constituée d'une valeur intrinsèque et d'une valeur temps. La valeur intrinsèque de cette option d'achat est la différence entre la valeur, aujourd'hui, de l'actif économique et le montant de la dette à rembourser à l'échéance. La valeur temps correspond, quant à elle, à la différence entre la valeur des capitaux propres et la valeur intrinsèque.

> L'apport déterminant de l'option à la finance d'entreprise est l'idée de valeur temps des capitaux propres.

Prenons ainsi l'exemple d'une société dont l'actif économique a une rentabilité inférieure à celle demandée par les investisseurs compte tenu de son risque. Les valeurs de marché sont donc inférieures aux montants comptables :

Montants comptables

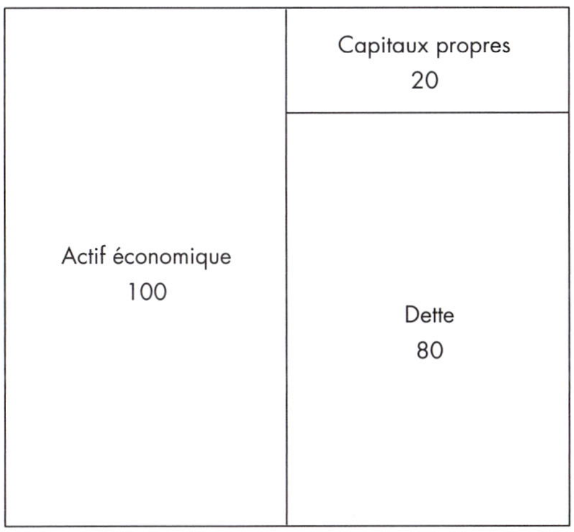

Valeurs de marché

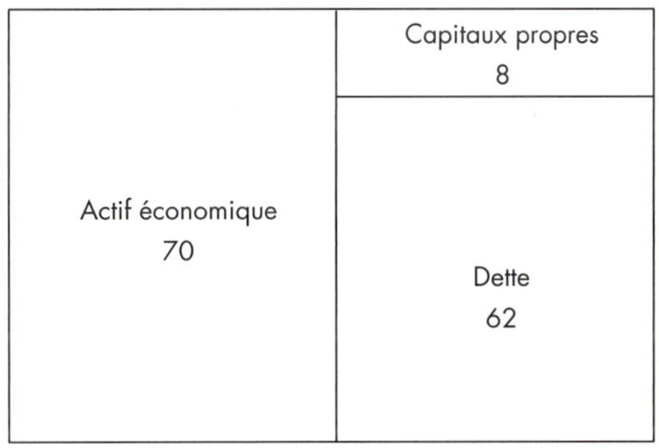

Si la dette venait à échéance aujourd'hui, les actionnaires exerceraient leur option de vente puisque l'actif économique ne vaut que 70 alors que le montant de la dette à rembourser est de 80 : l'entreprise déposerait son bilan. Heureusement la dette ne vient pas à échéance maintenant, mais dans seulement 2 ans par exemple. D'ici là, la valeur de l'actif économique se sera peut-être améliorée, et dépassera peut-être 80. Dans ce cas, les capitaux propres auront alors une valeur intrinsèque égale à la différence entre la valeur de l'actif économique le jour de l'échéance de la dette et le montant du remboursement de cette dette (80 ici).

Mais aujourd'hui la valeur intrinsèque est nulle (elle ne peut être négative, voir paragraphe 27.10) et la valeur actuelle des capitaux propres (8) ne s'explique que par la valeur temps. Cette dernière correspond à l'espoir que, d'ici l'échéance de la dette (dans 2 ans), la valeur de l'actif économique ait suffisamment progressé pour dépasser le montant de la dette à rembourser et donner alors une valeur intrinsèque aux capitaux propres.

Comme le montrent les graphiques ci-après, le bilan financier de l'entreprise selon le modèle optionnel peut alors être représenté selon une « vision actionnaires » ou une « vision créanciers ».

Décomposition de la valeur de l'actif économique

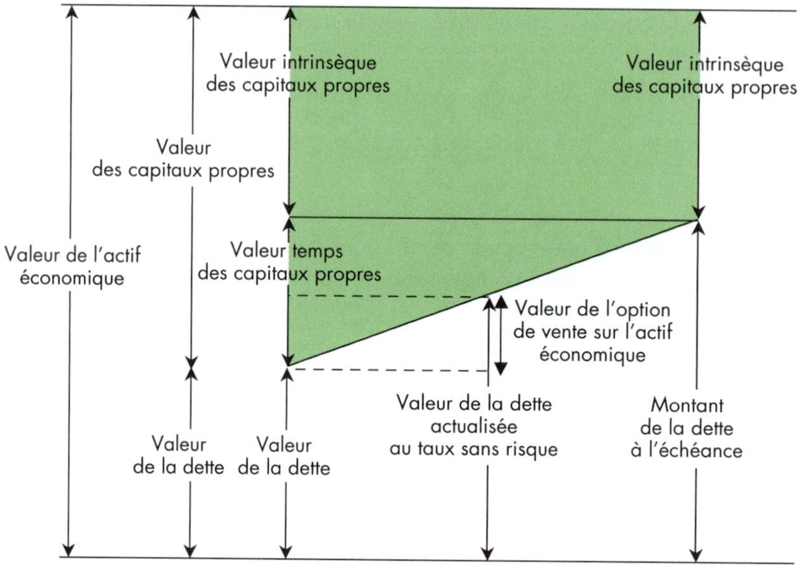

La vue de l'actionnaire...

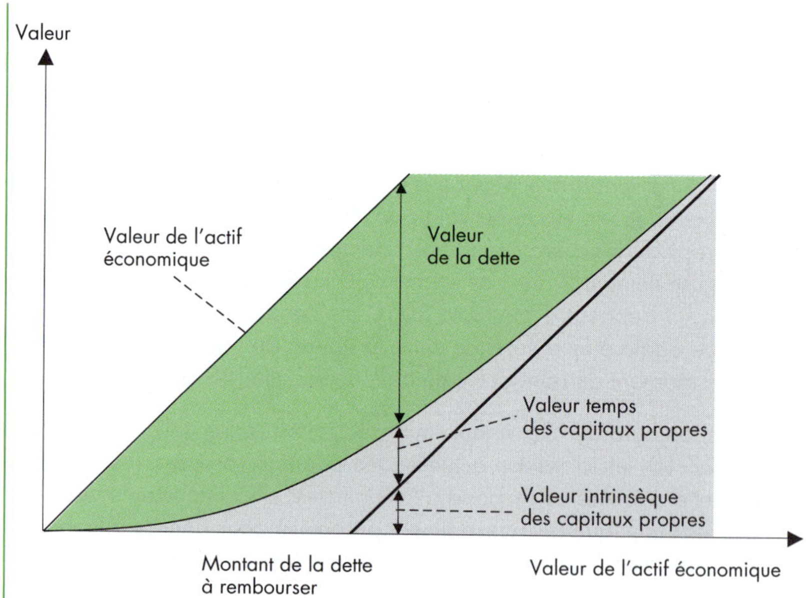

... ou la vue du créancier.

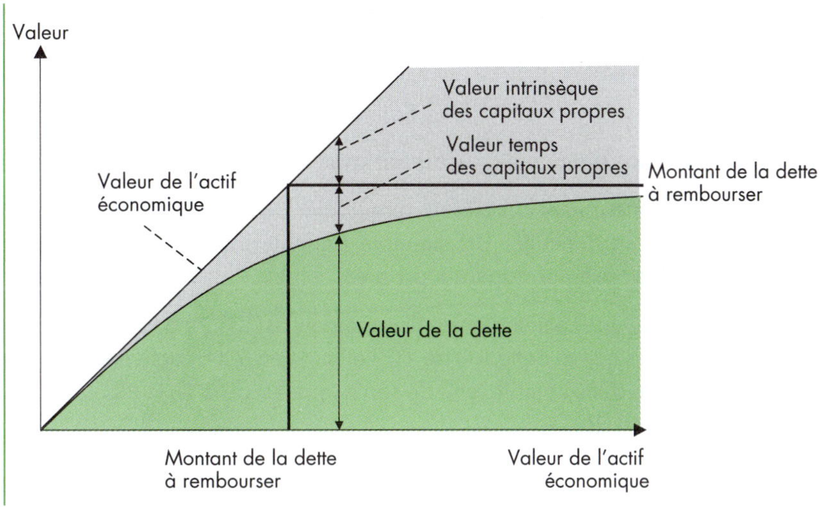

Notre lecteur brûle d'envie d'utiliser ce qu'il sait des options pour l'appliquer à la finance d'entreprise :

38.5 **• La valeur temps d'une option s'accroît avec la volatilité du sous-jacent**

Plus la société présente un risque économique ou industriel élevé, plus la volatilité de la valeur de son actif économique est importante, plus la valeur temps des capitaux propres est élevée.

On utilisera donc la méthode optionnelle pour valoriser les actions des grands projets risqués financés par endettement : forages pétroliers en Sibérie du Nord... ou ceux intrinsèquement volatils : start-up en biotechnologies, etc.

38.6 **• La valeur temps d'une option dépend de la position du prix d'exercice par rapport au cours actuel du sous-jacent**

Lorsque l'option d'achat est en dehors de la monnaie (valeur de l'actif économique inférieure au montant de la dette à rembourser), les capitaux propres de l'entreprise ne sont composés que de valeur temps : l'actionnaire vit d'un espoir d'amélioration de la situation de l'entreprise dont les capitaux propres ont une valeur intrinsèque nulle.

Lorsque l'option d'achat est à la monnaie (valeur de l'actif économique égale au montant de la dette à l'échéance), la valeur temps des capitaux propres est à son maximum et tout peut arriver. L'utilisation de la méthode optionnelle pour valoriser les capitaux propres prend alors toute sa dimension puisqu'elle permet de quantifier la part d'espoir qui fait vivre l'actionnaire.

Lorsque l'option d'achat est dans la monnaie (valeur de l'actif économique supérieure au montant de la dette à l'échéance), la valeur intrinsèque des capitaux propres est très vite prépondérante par rapport à la valeur temps. Les créanciers ont une dette de moins en moins risquée, qui s'approche d'une dette sans risque si la valeur de l'actif économique tend vers l'infini. On retrouve ainsi l'idée classique selon laquelle plus la valeur de l'actif économique de l'entreprise s'accroît, moins les créanciers courent le risque d'une faillite éventuelle, et plus le coût de la dette est proche de celui de l'actif sans risque.

> Lire le passif de l'entreprise à travers la théorie des options a d'autant plus d'intérêt que l'entreprise est en difficulté.

On utilisera donc la méthode optionnelle lorsqu'une entreprise est très endettée ou très risquée.

38.7 **• La valeur temps d'une option s'accroît avec son échéance**

On comprend mieux l'intérêt de renégocier des durées de remboursement très longues lorsque l'entreprise est en difficulté. Un exemple permettra à notre lecteur de mesurer l'intérêt d'utiliser l'option pour valoriser les capitaux propres.

Considérons une société dont le financement est assuré à la fois par des capitaux propres et de la dette. Supposons que la dette soit de 100 et que son remboursement intervienne dans 1 an. Si le taux d'intérêt de cette dette compte tenu de son risque est de 6 %, le montant à verser aux créanciers dans 1 an est donc de 106.

Si la valeur de l'actif économique à la date du calcul est de 150, la théorie classique nous enseigne que la valeur des capitaux propres, calculée comme la différence entre la valeur de l'actif économique et la valeur de la dette, est alors égale à : 150 – 100 = 50. Une relecture de cette valeur peut être effectuée à l'aide de la théorie des options.

En effet, formulons l'hypothèse que le taux sans risque est de 5 %. La valeur actualisée du remboursement (intérêts compris) au taux sans risque est égale à 106/1,05, soit 100,95.

Nous avons montré que la valeur de la dette pouvait s'écrire :

Valeur de la dette = Valeur de la dette au taux sans risque – Valeur d'un *put*, soit Valeur du *put* = 100,95 – 100 = 0,95.

Nous savons que la valeur des capitaux propres se partage entre la valeur intrinsèque et la valeur temps, soit :

Valeur des capitaux propres	:	50
– Valeur intrinsèque	:	44 (150 – 106)
= Valeur temps	:	6

On constate que, pour cette société au risque limité, la valeur temps qui mesure la vraie notion de risque est très largement inférieure à la valeur intrinsèque. De même, la valeur du *put*, qui s'analyse comme une prime de risque, est très faible (0,95).

Augmentons maintenant le risque de l'actif économique et supposons que le taux d'intérêt exigé par les créanciers est non plus de 6 % mais de 15 %, ce qui représente une prime de risque de 10 % puisque le taux sans risque est de 5 %. Le montant à verser dans 1 an devient 115.

La valeur de la dette actualisée au taux sans risque est donc de 115/1,05, soit 109,52. La valeur du *put* s'en déduit : valeur du *put* = 109,52 – 100 = 9,52.

On remarque que la prime de risque pour cette société est beaucoup plus élevée que dans l'exemple précédent, ce qui traduit l'accroissement de la probabilité de non-remboursement de cette dette. **Celle-ci peut s'assimiler à une dette risquée à forte rentabilité** (*high yield*, voir paragraphe 24.27).

La valeur des capitaux propres, toujours égale à 50, est partagée entre une valeur intrinsèque de 35 (150 – 115) et une valeur temps de 15 (50 – 35). Le risque étant plus important que dans l'exemple précédent, une plus grande part de la valeur des capitaux propres est expliquée par la valeur temps.

Section 3 ■ L'apport de la théorie des options à l'analyse des décisions financières de l'entreprise

38.8 Les méthodes optionnelles permettent d'appréhender les divergences d'intérêts entre créanciers et actionnaires lors des grandes décisions financières (choix d'une structure financière, versement de dividendes, décision d'investir…) et de comprendre les transferts de valeur qui peuvent s'opérer entre les actionnaires et les créanciers au travers de ces décisions.

Considérons une société holding[1] Holding SA détenant 100 actions de la société Fille SA qui cotent 2 230 € par action. On suppose également que le passif de Holding SA est constitué de 100 actions et de 300 obligations. Chacune de ces obligations est à coupon zéro dont la valeur de remboursement dans 3 ans est de 1 000 €. Nous supposerons que les créanciers n'anticipent pas de versement de dividendes ni de modification de la structure financière avant la date de maturité de la dette.

En supposant que des options d'achat sur les actions de Fille SA se traitent sur le marché, en voici les cours pour différents prix d'exercice :

Prix d'exercice	Valeur des options d'achat sur Fille SA à échéance 3 ans
2 600 €	130 €
2 800 €	80 €
3 000 €	45 €
3 200 €	31 €

La valeur de l'actif économique de Holding SA est égale au nombre d'actions Fille SA multiplié par leur cours de Bourse, soit 223 000 €.

Considérons les 100 actions émises par Holding SA comme une option sur son actif économique (c'est-à-dire sur les actions Fille SA), soit 223 000 €, avec un prix d'exercice égal au montant de la dette à rembourser de Holding SA, soit 300 obligations × 1 000 € = 300 000 €.

Chaque action Holding SA est donc assimilable à une option d'achat de prix d'exercice : 300 000 €/100 actions = 3 000 €, et de maturité 3 ans.

D'après le tableau précédent, la valeur des capitaux propres de Holding SA s'établit alors à 45 € × 100 actions = 4 500 €.

[1] Une société holding est une société dont l'actif n'est composé que de titres d'autres sociétés.

La valeur de la dette est égale à la différence entre la valeur de l'actif économique (223 000 €) et celle des capitaux propres (4 500 €), soit 218 500 €.

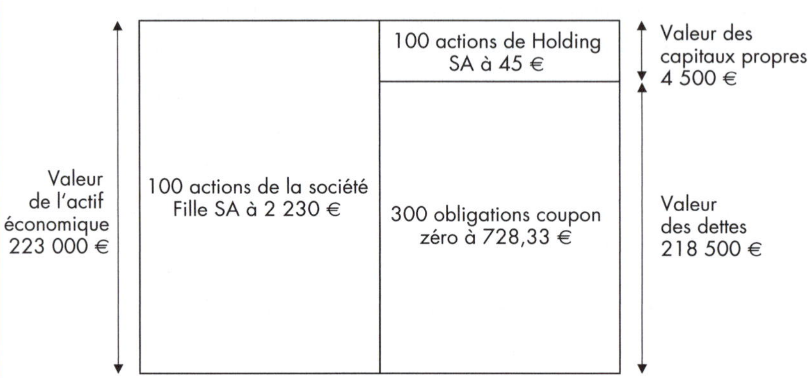

Une obligation vaut donc 728,33 € (218 500 €/300), ce qui correspond à un taux actuariel implicite de 11,1 %[1].

Étudions maintenant quelques grandes décisions de financement ou d'investissement en supposant qu'elles **se prennent dans une situation d'équilibre** (c'est-à-dire que les dettes, actions et actifs détenus sont achetés ou vendus à leur prix) et **que ces décisions n'ont pas été anticipées par le marché**.

1 ■ Accroître l'endettement

38.9 Supposons que les actionnaires de la société Holding SA décident d'émettre 20 obligations supplémentaires (assimilables aux anciennes) et utilisent cette somme pour réduire les capitaux propres de la société (par la distribution d'un dividende exceptionnel). Le prix d'exercice global correspondant à la valeur de remboursement de la dette à maturité est égal à :

320 obligations × 1 000 € = 320 000 €, soit 3 200 € par action.

D'après les cotations d'options, on constate que, pour un prix d'exercice de 3 200 €, la valeur des capitaux propres de Holding SA est égale à 31 € × 100 actions = 3 100 €, ce qui permet d'en déduire la valeur de la dette de Holding SA à la même date : 219 900 € (223 000 – 3 100), soit 687,19 € par obligation (219 900 €/320).

Les nouveaux investisseurs obligataires verseront par conséquent 13 744 € (20 obligations × 687,19 €) qui seront utilisés pour réduire les capitaux propres de Holding SA.

Les actionnaires disposent par conséquent de 13 744 € en liquide et 3 100 € en actions, soit un total de 16 844 €, à comparer aux 4 500 € détenus précédemment. Leur gain s'établit à 12 344 € au détriment des anciens créanciers qui disposent à présent d'une dette dont la valeur est passée de 218 500 € à : 300 obligations × 687,19 €, soit 206 156 €.

Leur perte (218 500 – 206 156 = 12 344 €) est, bien sûr, exactement égale au gain des actionnaires.

1 En effet : $728{,}33 = 1\,000/(1 + 0{,}111)^3$.

Le taux actuariel implicite de la dette est passé à 13,3 %, ce qui traduit l'augmentation du risque de cette dette qui finance une fraction plus importante d'un actif économique resté identique.

La modification du risque du créancier a permis d'accroître la valeur pour les actionnaires, appauvrissant par là même les créanciers. Les anciens créanciers ont été lésés car ils n'ont pas pu anticiper cette modification de structure financière et sont victimes de l'effet de redistribution.

Le bon sens (comptable !) aurait incité à penser qu'une distribution de 13 744 € en cash aux actionnaires aurait dû se traduire par une diminution équivalente de leur patrimoine en actions de Holding SA. Selon ce raisonnement, les actions de Holding SA après l'opération de rachat auraient dû être valorisées à – 9 244 € (4 500 € – 13 744 €), ce qui est impossible !

Ce paradoxe apparent est résolu par la théorie des options qui permet de montrer que, dans le cas de nouvelles émissions de dette pour diminuer les capitaux propres, la valeur temps des actions baisse moins que le montant perçu par les actionnaires et reste positive. La probabilité que la valeur des actions Fille SA à l'échéance de la dette soit supérieure au montant de la dette à rembourser a certes faibli (puisque la dette s'est accrue) mais elle reste néanmoins non nulle, d'où une valeur temps plus faible mais toujours positive.

Cet exemple est bien sûr caricatural : toute décision de ce type aurait juridiquement des conséquences désastreuses pour les actionnaires poursuivis par les créanciers devant les tribunaux et dont l'image de marque sur le marché financier deviendrait déplorable. Il présente cependant bien l'apport de la théorie des options dans le cadre de la valorisation des capitaux propres.

S'endetter plus conduit à accroître la valeur de l'investissement des actionnaires au détriment des anciens créanciers qui voient la valeur de leur dette réduite. On parlera alors de transfert de valeur des créanciers vers les actionnaires.

Inversement, on démontrerait que la réduction de l'endettement par augmentation de capital n'accroît pas la valeur globale des actions du montant de la valeur des actions émises : la dette ancienne devenant moins risquée « confisque » en quelque sorte une partie de la valeur au détriment des actionnaires et au profit des créanciers.

2 ■ Modifier le risque de l'actif économique

38.10 Revenons maintenant aux hypothèses de départ et supposons que Holding SA parvienne à échanger les 100 actions de la société Fille SA contre 100 actions d'une société Risque SA, plus risquée que la précédente, pour un même montant de 223 000 € (100 × 2 230 €).

Chaque action de Holding SA est équivalente à une option d'achat sur une action de Risque SA avec un prix d'exercice de 3 000 € (300 × 1 000/100).

Supposons que la valeur d'une option d'achat sur l'action Risque SA, pour un prix d'exercice de 3 000 € et une date d'échéance dans 3 ans, soit de 140 €. Les 100 actions Holding SA valent en conséquent 14 000 €.

L'échange d'un actif peu risqué (société Fille SA) contre un actif très volatil (société Risque SA) a provoqué une redistribution de la valeur au profit des actionnaires qui réalisent un gain de 9 500 € (14 000 – 4 500).

Ce gain trouve son exacte contrepartie dans la perte des créanciers. En effet, la valeur de la dette passe de 218 500 à : 223 000 – 14 000 = 209 000 €, soit une baisse de 9 500 €.

Cet accroissement du risque s'est traduit par une augmentation du taux actuariel implicite de la dette qui passe de 11,1 % à 12,8 %.

Comme pour les exemples précédents, le transfert de valeur n'est possible qu'en raison de la sous-estimation par les créanciers, lorsque la dette est contractée, du pouvoir des actionnaires sur les investissements de la firme.

3 ■ Renégocier le terme de la dette

38.11 Maintenant, plaçons-nous dans la situation initiale et supposons que la société a l'opportunité de rééchelonner sa dette. Ceci peut effectivement se produire pour une société en difficulté financière à laquelle les créanciers préféreront laisser le temps de se redresser plutôt que de précipiter la faillite.

Supposons donc que la dette ne soit plus due dans 3 ans mais dans 4 ans. Il convient alors, pour appliquer notre méthode, de se reporter aux options sur Fille SA à horizon 4 ans. Le tableau des options à 4 ans est le suivant :

Prix d'exercice	Valeur des options d'achat sur Fille SA à échéance 4 ans
2 600 €	140 €
2 800 €	89 €
3 000 €	53 €
3 200 €	40 €

Les valeurs des options sont plus élevées, ce qui n'étonnera pas notre lecteur qui a appris au chapitre 27 que la valeur d'une option était une fonction croissante de sa durée de vie.

La valeur des capitaux propres s'établit dorénavant à 53 € × 100 actions = 5 300 € contre 4 500 € auparavant. Une obligation vaut donc 725,67 € ((223 000 – 5 300)/300). Sans que les créanciers aient abandonné aucun flux, leur générosité leur aura coûté 800 €.

4 ■ Autres applications pratiques

38.12 Dans nos expériences de praticiens, nous avons vu ponctuellement l'application de ce raisonnement à la valorisation des capitaux propres. Comme notre lecteur l'aura compris, cette méthode est utilisée exclusivement dans le cas de sociétés en difficulté.

Ces développements théoriques ont permis de créer des modèles d'évaluation du risque de défaut d'une entreprise (ou plus précisément de la probabilité de faillite à un certain horizon). Initialement popularisés par le cabinet KMV à partir des travaux de R. Merton, F. Black et M. Scholes, ils ont été fortement développés par les banques dans le cadre des mesures des risques de crédit requises par Bâle II[1]. La volatilité de l'actif économique est une donnée fondamentale de ces

1 Voir *La Lettre Vernimmen.net* avril 2014, n° 123..

modèles. Comme nous l'avons vu, une société dont la valeur de l'actif économique est très volatile a une grande probabilité de faire faillite. Malheureusement, la volatilité de la valeur de l'actif économique n'est pas directement observable sur les marchés. Mais grâce aux raisonnements que nous avons appliqués tout au long de ce chapitre, la valeur des capitaux propres cotés permet de déterminer la volatilité implicite de l'actif économique.

Parallèlement, les *hedge funds* ont développé des techniques d'arbitrage entre les marchés des dettes et des capitaux propres (*capital structure arbitrage*), en particulier *via* les CDS[1], qui s'appuient sur cette approche. Enfin, certains prêteurs couvrent leurs risques de crédit en vendant à découvert les actions de l'emprunteur coté en Bourse, gagnant ainsi sur cette branche ce qu'ils perdent en cas de dévalorisation de leurs créances.

Section 4 ■ Les méthodes de résolution des conflits entre actionnaires et créanciers

38.13 Afin d'éviter des conflits avec des actionnaires et de sortir de la situation d'asymétrie dans laquelle ils se trouvent, les créanciers disposent d'un ensemble de moyens qui peuvent se résumer en deux grandes catégories :

- les produits financiers hybrides ;
- les *covenants* (clauses de sauvegarde).

1 ■ Les produits financiers hybrides

38.14 L'existence de produits financiers hybrides entre capitaux propres et dettes (obligations convertibles, obligations à bons de souscription d'actions, prêts participatifs, titres super-subordonnés...) ne s'explique pas si l'on se réfère à la théorie des marchés en équilibre.

En fait, l'émission de ce type de produits hybrides revient à faire accorder par les actionnaires aux créanciers une option d'achat sur les capitaux propres qui neutralise l'option d'achat sur l'actif économique accordée par les créanciers aux actionnaires.

En effet, si les actionnaires prennent des décisions d'investissement ou de financement qui lèsent les créanciers, ceux-ci exerceront leurs bons de souscription ou convertiront leurs obligations convertibles, deviendront donc actionnaires et récupéreront en capitaux propres ce qu'ils ont perdu en dettes... C'est la réponse du berger à la bergère !

Ainsi, M. Jensen et W. Meckling, puis W. Mikkelson ont montré que l'émission d'obligations convertibles permettait de réduire le risque de substitution des actifs de la firme par des actifs plus risqués qui accroissent la volatilité des actifs et donc la valeur des actions (voir chapitre 28).

1 *Credit Default Swap*, voir paragraphe 54.25.

La distribution « gratuite » de bons de souscription à des créanciers qui renoncent à une partie de leurs créances lors d'un plan de restructuration d'entreprise relève du même raisonnement (voir chapitre 28).

2 ■ Les *covenants*

> Les *covenants* (clauses de sauvegarde) sont des engagements de faire ou de ne pas faire dont le non-respect entraîne l'exigibilité immédiate des dettes.

C'est une arme atomique qui a pour vocation de dissuader les actionnaires d'essayer de léser les créanciers à leur profit et comme l'arme atomique elle n'a pas vocation à être utilisée et pousse à la négociation. En pratique, lorsqu'une société ne respecte plus ses *covenants*, les banques acceptent généralement soit un délai pour rétablir la situation soit de changer les *covenants* pour être moins contraignants (*covenant « reset »*), le tout moyennant une commission supplémentaire et/ou un intérêt revu à la hausse.

Nous renvoyons notre lecteur au chapitre 43 où nous analysons en détail les *covenants*.

Section 5 ■ L'analyse de la liquidité de l'entreprise

38.15 Nous avons supposé jusqu'à présent que si, à l'échéance de la dette, la valeur de l'actif économique était supérieure au montant de la dette de l'entreprise, les actionnaires souscriraient une augmentation de capital pour lui permettre de faire face à ce remboursement.

Dans la pratique, le plus souvent, l'entreprise rembourse une partie de sa dette avec ses flux de trésorerie disponibles et refinance le solde de sa dette en contractant un nouvel emprunt. En effet, la plupart du temps la somme des flux de trésorerie disponibles futurs est supérieure au montant de la dette à rembourser, mais les flux sont en moyenne plus éloignés dans le temps que ne le sont les échéances de la dette et sont donc insuffisants à court terme. La duration (voir paragraphe 24.25) des premiers est en général supérieure à la duration des flux de la dette qui dépasse très rarement 6 à 7 ans.

L'entreprise est alors exposée à un double risque :

- celui du taux d'intérêt auquel elle va, dans le futur, refinancer une partie de sa dette actuelle ;
- celui de liquidité car, au moment où l'entreprise devra contracter un nouvel emprunt, les conditions de marché ne le permettront peut-être pas si on est alors en pleine crise de liquidité (comme c'était le cas fin 2008 - début 2009).

Ces deux risques peuvent se couvrir comme nous le verrons au chapitre 54. Mais il est fréquent que le risque de liquidité ne soit pas couvert, soit parce qu'il n'est pas toujours possible de le faire, soit parce que le coût de la couverture est perçu comme prohibitif, ou, encore parce que les situations de crises sévères de liquidité sont suffisamment rares qu'il n'est pas jugé utile de couvrir ce risque.

L'écart entre la duration des flux de trésorerie disponibles de l'entreprise et la duration des échéances de sa dette, le plus souvent plus courte, constitue une impasse de refinancement. Y. Aït-Mokhtar a montré que cela équivaut à un passif pour l'entreprise, comme si elle s'était mise en position vendeuse d'un FRA emprunteur (voir paragraphe 54.16) ; ou ce qui revient au même, dans un *swap* (voir paragraphe 54.18) où elle paie le taux variable et reçoit le taux fixe. En effet, à l'échéance de sa dette, l'entreprise ne pourra la rembourser que si elle trouve des prêteurs acceptant de lui prêter, les flux de trésorerie disponibles étant insuffisants pour assurer le remboursement intégral de cette dette. Elle s'est donc, de fait, engagée à s'endetter dans le futur à taux inconnu pour pouvoir continuer son activité. En temps normal, ce passif a une valeur négligeable car il est raisonnable de penser qu'une entreprise saine pourra à l'avenir se refinancer sans problème. Mais en cas de crise de liquidité et pour les entreprises dont les échéances de la dette sont proches (quelques mois ou trimestres), cette impasse de refinancement peut avoir une valeur très importante. Elle est à la hauteur de l'incertitude existante, d'abord quant au taux d'intérêt auquel l'entreprise pourra se refinancer, voire même quant à la possibilité pour celle-ci de pouvoir trouver le financement nécessaire, indépendamment du coût de ce dernier.

Si bien que l'on peut écrire :

Valeur de l'actif économique

– Valeur de l'endettement net

– Valeur de l'impasse de refinancement

= Valeur des capitaux propres

ce qui correspond à :

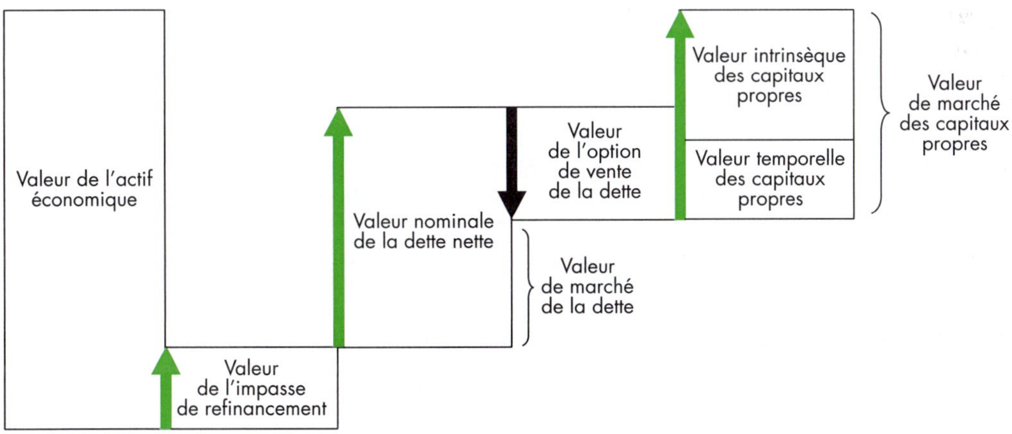

38.16 Lorsque les investisseurs commencent à s'inquiéter de la capacité de l'entreprise à pouvoir se refinancer dans le futur proche, la valeur de l'impasse de refinancement, ou *Asset Liability Refinancing Gap* (ALRG), s'accroît, poussant à la baisse la valeur des capitaux propres. Et le phénomène peut s'accélérer si les prêteurs actuels cherchent à couvrir leurs risques en vendant à terme les actions de l'entreprise, espérant gagner sur cette vente à découvert ce qu'ils perdent du fait de la dépréciation de la valeur de leurs dettes.

Lorsque l'entreprise finit par trouver un refinancement de sa dette, par exemple par une augmentation de capital, on peut observer dans certains cas (Altran Technologies en 2008 ou Lafarge en 2009) une hausse du cours de Bourse, contradictoire avec ce que nous avions vu jusqu'à présent. En effet, d'un côté la valeur de l'action est négativement impactée par le transfert de valeur au profit des créanciers, mais de l'autre, elle bénéficie à plein de la disparition de l'impasse de refinancement. Et si cette dernière vaut plus que la décote sur la dette, l'impact net sera positif et la valeur de l'action progressera.

Section 6 ■ Conclusion

38.17 L'idée de valeur temps des capitaux propres constitue l'apport essentiel de l'application des options à la finance d'entreprise.

> Retenons pour conclure que :
> - endetter une entreprise pour distribuer des dividendes, pour réduire le capital ou pour investir tend à accroître le risque du créancier et par conséquent à appauvrir celui-ci au profit de l'actionnaire : la valeur des actions diminuera d'un montant moindre que le montant du dividende ou s'accroîtra en cas d'investissement ;
> - selon un même raisonnement, substituer des actifs risqués à des actifs non risqués ne modifie théoriquement pas la valeur de l'actif économique, mais induit un transfert de valeur des créanciers au profit des actionnaires ;
> - enfin, rééchelonner le remboursement de la dette entraîne un transfert de valeur des créanciers vers les actionnaires, et ce même si le taux d'intérêt reste inchangé.
>
> C'est l'effet d'« expropriation » ou de confiscation d'une partie de la valeur des créances par les actionnaires sans qu'il y ait de flux échangés.

Nous sommes bien loin, dans ce chapitre, du simple effet de levier comptable qui semblait montrer que l'actionnaire crée de la richesse en investissant des fonds à un taux supérieur au coût de la dette. La relation créanciers-actionnaires se pose en des termes tout à fait différents dans le domaine de la valeur, où l'on voit que leurs intérêts peuvent être fondamentalement divergents du fait de la modification du risque et sans qu'il y ait eu échange de flux entre eux, ni modification globale de la valeur de l'actif économique.

Puisse notre lecteur avoir compris à cette occasion l'importance de raisonner en termes de valeur et d'avoir le réflexe d'évaluer toute décision en termes de rentabilité, mais également de risque. L'utilisation de l'option a dû l'éblouir. Nous le souhaitons car il ne devra plus oublier ces raisonnements de transfert de risque et de valeur.

RÉSUMÉ

Le résumé de ce chapitre est disponible sur le site www.vernimmen.net.

C'est une banalité de dire que les statuts du créancier et de l'actionnaire sont radicalement différents : l'actionnaire a son gain potentiellement illimité et son risque limité à son investissement alors que le créancier, qui peut aussi perdre son investissement, a un taux de rentabilité plafonné.

Cette asymétrie dans les positions fait penser aux options. Ce chapitre a démontré qu'il y avait plus qu'une simple parenté.

En effet, les capitaux propres d'une société endettée peuvent s'analyser comme une option d'achat consentie par les créanciers aux actionnaires sur l'actif économique de la société, ayant pour prix d'exercice le montant de la dette à rembourser et comme échéance celle de la dette. À l'échéance de la dette, si la valeur de l'actif économique est supérieure au montant de la dette à rembourser, les actionnaires exercent leur option d'achat sur l'actif économique et paient aux créanciers le montant de la dette due. À l'inverse, si la valeur de l'actif économique est inférieure au montant de la dette à rembourser, les actionnaires ne remboursent pas la dette et les créanciers s'approprient l'actif économique.

De la même façon, on peut démontrer que prêter à une entreprise revient, pour un créancier, à investir dans l'actif sans risque et à vendre à l'actionnaire une option de vente de l'actif économique à un prix d'exercice égal au montant de la dette à rembourser.

Cette approche par les options permet de décomposer la valeur des capitaux propres en valeur intrinsèque et valeur temps. La valeur intrinsèque correspond à la différence entre la valeur actuelle de l'actif économique et le montant de la dette à rembourser à l'échéance. La valeur temps, quand elle existe, représente l'espoir que la valeur de l'actif économique devienne supérieure, avant l'échéance de la dette, au montant de l'endettement net à rembourser.

Cette analyse permet de mieux comprendre l'impact sur la situation financière des créanciers et des actionnaires de certaines décisions :

- distribuer des dividendes financés par une cession d'actifs accroît le risque des créanciers, diminue la valeur de leurs créances, et accroît parallèlement la valeur des capitaux propres ;
- investir dans des projets très risqués (mais dont la valeur actuelle nette au taux exigé est nulle) ne modifie pas instantanément la valeur de l'actif économique mais accroît le risque des créanciers, diminue la valeur de la dette et accroît du même montant la valeur des capitaux propres ;
- autofinancer l'entreprise (ou faire une augmentation de capital), accroît la valeur de l'actif économique de ce montant (si la rentabilité obtenue sur les fonds investis correspond à celle exigée). Une partie de cette valeur additionnelle revient aux créanciers, qui voient leur risque diminuer, au détriment des actionnaires dont la valeur globale des actions ne s'accroît pas du montant total de l'autofinancement ou de l'augmentation de capital.

Toute décision financière doit être étudiée globalement, mais également en termes de création ou de destruction de valeur pour les différentes parties en présence. Aussi, telle décision financière peut-elle être neutre en terme de valeur globale, mais accroître la valeur de certains titres financiers au détriment de celle d'autres titres.

QUESTIONS

1/ En termes d'options, à quoi sont égaux les capitaux propres ?

2/ En termes d'options, à quoi un crédit risqué est-il équivalent ?

3/ Pour quel type d'entreprises peut-on appliquer la théorie des options à la valorisation des capitaux propres ?

4/ Selon cette théorie, la valeur des capitaux propres d'une entreprise peut-elle être nulle ?

5/ Pourquoi l'application de cette théorie a-t-elle plus d'intérêt pour les sociétés en difficulté ?

6/ Cette vision de l'entreprise s'oppose-t-elle à la théorie des marchés en équilibre ?

7/ Donnez un exemple de décision où les créanciers sont partiellement « expropriés » par les actionnaires sans qu'il y ait eu renégociation du contrat de la dette. Faites le raisonnement.

8/ L'effet d'expropriation est-il dû à l'inefficience du marché ?

9/ Une entreprise est en difficulté du fait d'une faible rentabilité et d'un endettement excessif.

a) Pensez-vous que les intérêts des créanciers et ceux des actionnaires soient les mêmes ? En particulier dans les conditions suivantes :

– un fort investissement nouveau très risqué mais éventuellement très rentable qui permettrait, avec une probabilité faible, de se rétablir ;

– un accroissement de l'endettement ;

– un accroissement des capitaux propres.

b) Le fait que l'entreprise soit rentable et faiblement endettée modifie-t-il votre raisonnement ?

c) À quel produit financier vous font penser tous ces exemples dans la relation créanciers-actionnaires ?

10/ Pouvez-vous donner l'exemple d'un groupe où les capitaux propres ne sont que pure valeur temps ?

11/ Si des prêteurs cherchent à couvrir leurs créances, l'impact est-il plutôt positif ou négatif sur le cours de Bourse ? Pourquoi ?

D'autres questions vous attendent sur le site www.vernimmen.net.

EXERCICES

1/ La société d'investissement Verfinance dispose à son actif de 5 000 actions d'un groupe du secteur des produits d'entretien, Uninet, pour une valeur de 10 millions. Cet actif est financé par de la dette et des capitaux propres. La dette est constituée par un emprunt coupon zéro à 5 ans (à partir de maintenant). Sa valeur de remboursement est de 6 millions.

D'autre part, vous pouvez lire dans les journaux financiers, à la section cotation d'options d'achat européennes sur l'action Uninet, le tableau suivant :

Prix d'exercice	Options à 5 ans	Options à 7 ans
1 200	1 010	1 085
1 600	731	832
2 000	510	627
2 400	348	468

a) Ce dernier tableau vous paraît-il cohérent ?

b) Pouvez-vous valoriser les capitaux propres et la dette de Verfinance avec les éléments dont vous disposez ?

c) Que pourriez-vous faire pour augmenter la valeur des capitaux propres de cette société ? Faites plusieurs suggestions. Laquelle vous semble être la plus réaliste ? Pourquoi ? Au total avez-vous créé de la valeur ou transféré de la valeur ? Pourquoi ?

2/ Soit deux sociétés A et B qui doivent chacune payer 100 à leurs créanciers dans 1 an. Le taux de l'argent sans risque est de 5 % l'an. Voici les principaux paramètres financiers de A et de B avant et après une augmentation de capital de 50 qu'elles envisagent de réaliser afin de financer de nouveaux investissements :

	A		B	
	Avant	Après	Avant	Après
Valeur de l'actif économique	100	150	100	150
Volatilité de l'actif économique	10 %	10 %	40 %	40 %
Valeur des capitaux propres	7	?	18	?
Valeur de la dette	93	95,1	82	92,1
Taux d'intérêt implicite de la dette	7,5 %	5,2 %	22 %	8,6 %

Quelle est la valeur des capitaux propres de A et de B après l'augmentation de capital ? Montrez qu'il n'est pas dans l'intérêt des actionnaires de A ou de B de procéder à une augmentation de capital pour financer les investissements. L'augmentation de capital crée-t-elle de la valeur ? Montrez néanmoins que les créanciers s'enrichissent. Pensez-vous que des créanciers accepteront de prêter pour financer ces nouveaux investissements ? Pourquoi ? Comment expliquer ce paradoxe ?

3/ Reprenez les données de la société Holding SA (paragraphe 38.8) et supposez que les actionnaires de Holding SA décident de verser un dividende en cash de 13 380 € financé entièrement par la vente de 6 actions de Fille SA (13 380/2 230 €).

a) Quelle est la nouvelle valeur des capitaux propres de Holding SA selon la théorie des options ?

b) Quelle est la valeur de la dette de Holding SA selon la théorie des options, quel est son taux actuariel ?

c) Quel est le bilan de l'opération ?

ÉLÉMENTS DE RÉPONSE

Questions

1. À une option d'achat sur l'actif économique dont le prix d'exercice est le montant de la dette à rembourser.
2. À l'actif sans risque moins une option de vente dont le prix d'exercice est le montant de la dette à rembourser.
3. Entreprises en difficulté et entreprises très risquées.
4. Non, car il y a toujours un espoir, aussi faible soit-il, que la valeur de l'actif économique progresse d'ici l'échéance de la dette et devienne supérieur au montant à rembourser.
5. Car c'est lorsque l'entreprise peut théoriquement à peine rembourser sa dette que la valeur temps des capitaux propres est la plus élevée.
6. Non, cela n'est pas incompatible mais complémentaire.
7. Investir au prix d'équilibre, mais dans un investissement beaucoup plus risqué.
8. Non, seulement à l'absence d'anticipation de la part des créanciers.
9. a) Non, favorise l'actionnaire, favorise l'actionnaire, favorise le créancier.
   b) Dans le fond non, mais le problème est considérablement atténué.
   c) Aux options !
10. Solocal (Pages Jaunes), certains LBO de 2007.
11. Négatif, car cela les pousse à vendre à découvert l'action.

Exercices

Les corrigés détaillés des exercices sur excel sont disponibles sur le site www.vernimmen.net.

1. a) Le tableau est cohérent. Plus le prix d'exercice est élevé, moins l'option vaut cher ; plus la maturité est longue, plus l'option vaut cher.

   b) Les actions peuvent être assimilées à des options sur l'actif (c'est-à-dire sur les titres Uninet). Prix d'exercice = 6 M/5 000 = 1 200, échéance = celle de la dette = 5 ans. Valeur de ces options = 1 010. Valeur des capitaux propres de Verfinance = 1 010 × 5 000 = 5,05 M. Valeur de la dette = 4,95 M.

   c) Réduction de capital. « Échange » des actions Uninet contre des titres beaucoup plus volatils. Il y aurait alors transfert de valeur des créanciers vers les actionnaires, mais pas de création de valeur nette.
2. 54,9 ; 57,9. L'augmentation de capital de 50 n'augmente la valeur des capitaux propres que de 47,9 pour A et que de 39,9 pour B. L'augmentation de capital crée de la valeur pour les créanciers (2,1 pour A et 10,1 pour B) mais en détruit autant pour les actionnaires. Ce n'est donc qu'un simple transfert de valeur. Non car à l'inverse de l'augmentation de capital, l'accroissement de l'endettement réduira la valeur de la dette.
3. a) Les actionnaires détiennent un *call* sur 94 actions Fille SA (100 – 6) avec un prix d'exercice de 300 000 (300 obligations × 1 000). Cette option est équivalente à 94 % d'une option sur un actif composé de 100 actions de Fille SA (94/94 %) et de prix d'exercice égal à 319 149 (300 000/94 %). La nouvelle valeur des capitaux propres est de : 94 % × 31,6 × 100 actions = 2 970 ; la valeur de l'option de 31,6 est trouvée par interpolation linéaire à partir de la table fournie.

   b) La valeur de la dette est alors de 94 × 2 230 – 2 970 = 206 650, soit une baisse de 11 850. Le taux actuariel de la dette passe à 13,3 %, ce qui traduit la hausse du risque des dettes de Holding SA.

   c) Les actionnaires ont des actions de Holding SA pour 2 970 et 13 380 de cash (dividendes versés), soit un total de 16 350 à comparer aux 4 500 initiaux. Leur gain de 11850 (16 350 – 4 500) s'est effectué au détriment des créanciers qui ont perdu : 218 500 – 206 650, soit 11 850.

BIBLIOGRAPHIE

F. Black, M. Scholes et R. Merton ont été les premiers à analyser la valeur des actions et des dettes en termes d'options :

Black F., Scholes M., « The pricing of options and corporate liabilities », *Journal of Political Economy* mai-juin 1973, vol. 81, n° 3, pages 637 à 654.

Merton R., « Theory of rational option pricing », *Bell Journal* été 1973, vol. 4, n° 1, pages 141 à 183.

Merton R., « On the pricing of corporate debt : The risk structure of interest rates », *Journal of Finance* mai 1974, vol. 29, n° 2, pages 449 à 470.

Pour avoir une vue d'ensemble de la théorie des options appliquée aux problèmes de structure financière :

Navatte P., *Finance d'entreprise et théorie des options*, Economica, 1998.

Pour aller plus loin :

Aït-Mokhtar Y., « Comment les mécanismes de protection peuvent affecter significativement le cours d'une action », *La Lettre Vernimmen.net* mars 2008, n° 63, pages 1 à 4.

Aït-Mokhtar Y., « Cap Arb 2008, Hidden Value & investment opportunities », *Exane BNP Paribas quantitative research* mars 2008.

Campbell J., Taksler G., « Equity volatility and corporate bond yields », *Journal of Finance* décembre 2003, vol. 58, n° 6, pages 2321 à 2349.

Chava S., Robert M., « How does financing impact investment ? The role of debt covenants », *Journal of Finance* octobre 2008, vol. 63, n° 5, pages 2085 à 2121.

Chesney M., Gibson-Asner R., « The investment policy and the pricing of equity in a levered firm : a re-examination of the contingent claim's valuation approach », *European Journal of Finance* juin 1999, n° 5, pages 95 à 107.

Galaï D., Masulis R., « The option pricing model and the risk factor of stock », *Journal of Financial Economics* janvier-mars 1976, vol. 3, n°s 1-2, pages 53 à 81.

Geske R., Johnson H., « The valuation of corporate liabilities as compound options : A correction », *Journal of Financial and Quantitative Analysis* juin 1982, vol. 19, n° 21, pages 231 à 232.

He Z., Xiong W., « Rollover risk and credit risk », *Journal of Finance* avril 2012, vol. 67, n° 2, pages 391 à 430.

Leland H., « Corporate debt value, bond covenants and optimal capital structure », *Journal of Finance* septembre 1994, vol. 49, n° 4, pages 1213 à 1252.

Morellec E., Nikolov B., Schürhoff N., « Corporate governance and capital structure dynamics », *Journal of Finance* juin 2012, vol. 67, n° 3, pages 803 à 848.

Smith C., Warner J., « On financial contracting : Analysis of bond covenants », *Journal of Financial Economics* juin 1979, vol. 7, n° 2, pages 117 à 161.

Turc J., « CDS vs stock – the quest for the optimum hedge ratio », *Banques & Marchés* janvier-février 2006, n° 80, pages 29 à 39.

Yu F., « How profitable is capital structure arbitrage ? », *Financial Analysts Journal* septembre-octobre 2006, vol. 62, n° 5, pages 47 à 62.

Chapitre 39

Choisir sa structure financière

Naviguer entre Charybde et Scylla.

39.1 Abordons maintenant la mise en œuvre du choix d'une structure de financement. Confrontée à cette question, l'équipe de direction d'une entreprise fera appel aux réflexions conceptuelles que nous venons de voir mais d'autres considérations viendront également à son esprit (choix des concurrents, notation financière, opportunités de financement sur le marché...).

Rappelons d'abord à notre lecteur cette évidence trop souvent oubliée : **en matière de création de valeur, le choix d'un investissement est infiniment plus important que le choix d'une structure de financement**. Les marchés financiers étant liquides, les situations de déséquilibre ne durent pas à cause des arbitrages qui ne manquent pas de se produire, de bulles qui finissent par se crever. Dès lors, il est très difficile de créer de la valeur en émettant des titres à un prix supérieur à leur valeur. En revanche, les marchés industriels sont beaucoup plus « visqueux » en raison de protections réglementaires, technologiques... qui rendent les arbitrages (construction d'une nouvelle usine, lancement d'un produit concurrent...) beaucoup plus lents et difficiles à mettre en œuvre que sur un marché financier où un simple appel téléphonique ou un ordre sur Internet suffisent.

Autrement dit, une entreprise qui a fait des investissements au moins aussi rentables que l'exigent ses pourvoyeurs de fonds n'aura jamais de problèmes insurmontables de financement. Si besoin est, elle pourra toujours restructurer son passif et trouver de nouveaux bailleurs de fonds. À l'inverse, une entreprise dont l'actif économique n'est pas assez rentable aura tôt ou tard des problèmes de financement même si elle a pu initialement bénéficier de conditions de financement très favorables. L'importance de son endettement ne jouera que sur la vitesse de dégradation de sa situation financière.

> Un bon financement ne rattrapera jamais un mauvais investissement.

Section 1 ▪ Les grands concepts

1 ▪ Le coût d'une source de financement

39.2 Plusieurs idées simples peuvent être énoncées :

▪ **Face à l'investissement, toutes les sources de financement ont le même coût :** le taux de rentabilité exigé sur l'investissement compte tenu du risque propre de cet investissement. On exigera ainsi du 25 % sur une cimenterie en Russie, que l'on soit financé par capitaux propres ou par endettement, que l'on soit un investisseur russe, suisse ou indonésien[1].

> Le taux de rentabilité à exiger ne dépend pas du mode de financement ou de la nationalité de l'investisseur. Il ne dépend que du risque de marché de l'investissement.

Il en résulte les conséquences suivantes :

- il est impossible de lier le financement à l'investissement ;
- aucun « effet portefeuille d'investissement » ne peut réduire son coût ;
- seul le risque de marché (ou systématique) de l'investissement doit être rémunéré.

C'est donc être atteint de myopie que de choisir une source de financement en fonction de son coût : on oublie alors que toutes les sources de financement ont le même coût **compte tenu de leur risque**.

39.3 ▪ Dans la gestion du passif de l'entreprise, une grande erreur est de retenir comme coût d'une source de financement son coût apparent.

Nous avons trop souvent entendu dire que le coût d'une augmentation de capital était faible parce que le rendement de l'action était faible ; que l'autofinancement ne coûtait rien ; que l'obligation convertible permettait d'abaisser le coût de financement d'une entreprise, etc. Tout ceci revient à confondre coût comptable et coût financier.

Une source de financement n'est bon marché que si elle a été levée à une valeur supérieure à sa valeur de marché. Sa valeur actuelle nette est alors négative pour l'investisseur, positive pour l'entreprise. Ainsi une obligation convertible n'est pas bon marché si elle a un taux facial faible, mais si l'option implicite qu'elle contient est vendue plus chère que sa valeur de marché.

Revenons sur l'erreur que le lecteur commettrait en confondant coût apparent et coût financier :

- elle est faible pour l'endettement, la différence pouvant provenir de l'évolution du taux du marché, du renchérissement du risque (augmentation des *spreads* sur le marché) et, plus rarement, de la dégradation du risque de défaut. L'endettement présente donc un intérêt en matière d'organisation financière car son coût comptable est proche de son coût financier ; de plus, son prix est visible dans les comptes (les frais financiers sont des charges comptables) ;
- elle est déjà plus forte pour les capitaux propres dans la mesure où il faut ajouter au rendement de l'action les perspectives de croissance des dividendes ;
- elle est considérable pour l'autofinancement dans la mesure où, comme nous l'avons vu, son coût apparent est nul ;

1 Nous avons approfondi ce thème au chapitre 33.

- elle est difficile à évaluer pour tous les produits hybrides. Ceci explique souvent leur succès. Mais nous mettons en garde le lecteur : ce n'est pas parce que de telles sources de financement ont un taux facial plus faible que leur coût financier est, lui, plus faible. Une analyse par la valeur telle que nous l'avons exposée jusqu'ici, qui utilise à la fois les techniques de la valeur actuelle et de l'option, permet de saisir le véritable coût de cette source de financement.

39.4 **• En matière de politique financière de l'entreprise, il est impossible de négliger les conséquences directes et immédiates des sources de financement.**

L'endettement, au travers des engagements de remboursement et des intérêts, a une conséquence directe sur la trésorerie de l'entreprise. L'endettement précipite l'entreprise dans le ravin en cas de difficultés ou, au contraire, peut se révéler être un « super-réacteur » qui permet à l'entreprise de décoller en cas de réussite.

Les coûts de financement de l'entreprise

Financement	Modalités	Coût théorique à prendre en compte dans le choix d'investissement	Coût suivant la théorie financière (incidence sur la valeur) (A)	Coût apparent ou explicite (comptabilité, trésorerie) (B)	Différence (A) - (B)	Explication de la différence
Endettement			Taux du marché auquel l'entreprise pourrait se réendetter	Taux facial	Faible	Évolution des taux du marché ; exceptionnellement, évolution du risque de défaut
Capitaux propres	Augmentation de capital		Taux de rentabilité exigé par le marché sur les capitaux propres	Nul dans le compte de résultat, coût apparent mesuré par le rendement	Importante	Taux de croissance espéré des dividendes
	Autofinancement	Le même pour tous ces produits, il dépend du β de l'investissement	Taux de rentabilité exigé par le marché sur les capitaux propres	Nul dans le compte de résultat, coût apparent nul	Considérable	Absence totale de coût apparent
Produits hybrides	Obligation convertible, obligation à bons de souscription d'actions (OBSA)		Taux de rentabilité actuariel combiné avec la valeur du bon/option	Taux d'intérêt actuariel plus faible (mais redressé en IFRS)	Moyenne	Valeur du bon/option implicite ou explicite
	Obligation remboursable en action (ORA)		Taux qui devrait être légèrement inférieur au taux exigé pour l'action	Plus élevé que le rendement de l'action normale et surtout fixe jusqu'au remboursement	Faible	L'ORA est une action dont une partie du prix est garantie (valeur actuelle des frais financiers)
	Titres super-subordonnés, etc.		Taux supérieur au coût de la dette normale	Taux facial	Difficile à évaluer	Variabilité servant à la clause de subordination

En cas de succès de l'entreprise, le coût d'une augmentation de capital paraîtra très élevé. En effet, l'actionnaire percevra des dividendes beaucoup plus élevés qu'initialement anticipé, il se rendra compte ex-post qu'il a acheté l'action bon marché. Mais inversement, en cas de difficultés de l'entreprise, le coût de l'augmentation de capital paraîtra très faible car l'entreprise n'aura pas versé les dividendes escomptés. Ce phénomène ne peut se produire pour l'endettement que dans le cas d'extrêmes difficultés où le créancier abandonne une partie de sa créance.

2 ■ Existe-t-il une structure financière optimale?

39.5 **La réponse est claire : non dans l'absolu !**

Tout au plus existe-t-il quelques grandes idées que notre lecteur doit avoir assimilées. Sinon comment expliquer que la notion de « bonne structure financière » ou de « structure financière équilibrée » se soit tant et si souvent modifiée au cours du temps :

- dans les années 1980, une bonne structure financière doit traduire le rééquilibrage de la structure d'une entreprise, caractérisée par une diminution rapide de l'endettement dont le coût apparaît prohibitif compte tenu des taux d'intérêt réels élevés, une amélioration de la rentabilité et un autofinancement accru ;
- au début des années 1990, l'environnement se caractérise par l'absence de forts investissements et peu de dettes. Les rachats d'actions apparaissent en Europe ;
- mais la fin des années 1990 marque un retour en grâce de l'endettement utilisé soit pour financer des acquisitions, soit pour réduire le capital dans un climat assez euphorique de croissance en volume et d'inflation très faible. La raison tient à des taux d'intérêt nominaux à leur plus bas historique depuis 30 ans ;
- les années 2000 s'ouvrent par une crise financière (l'éclatement de la bulle Internet) et par une crise économique couplées à une quasi-fermeture des marchés actions rendant difficile un rééquilibrage rapide de la structure financière de celles des entreprises qui venaient de fortement s'endetter. La leçon a porté puisqu'en 2007-2008, au moment de la crise des *subprimes*, peu de groupes étaient endettés, hormis les LBO (voir chapitre 50) dont les plus récents et les plus endettés souffrent beaucoup. Dans les secteurs les plus touchés par la crise, certains groupes ont réagi rapidement en réalisant des augmentations de capital afin d'avoir une structure financière plus solide. Dans tous les secteurs les entreprises cherchent à se désendetter (limitation des investissements, réduction du BFR), pour rester agiles et garder de la flexibilité face à un environnement incertain ;
- au milieu des années 2010, les sociétés qui ont accumulé du cash entament des rachats d'action ou des dividendes importants, voire se relancent dans des opérations de croissance externe.

Endettement net/Capitaux propres comptables (ratio médian)

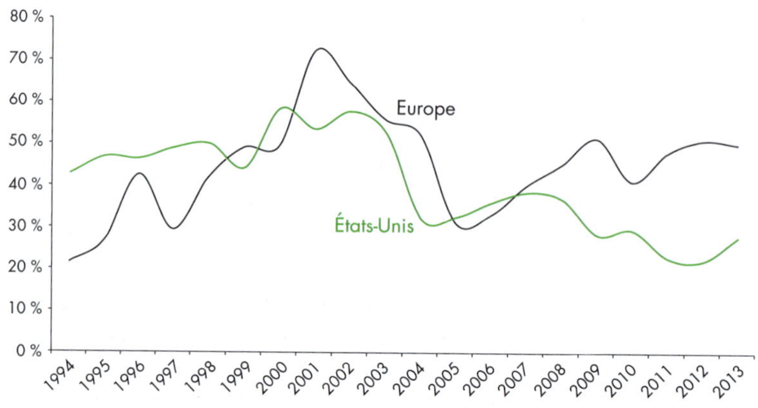

Source : Datastream, Exane-Eurostoxx 50 et S & P 100.

Moins profitables que les groupes américains et dans une conjoncture moins bonne, les groupes européens sont plus endettés.

Endettement net/Valeur de marché des capitaux propres (ratio médian)

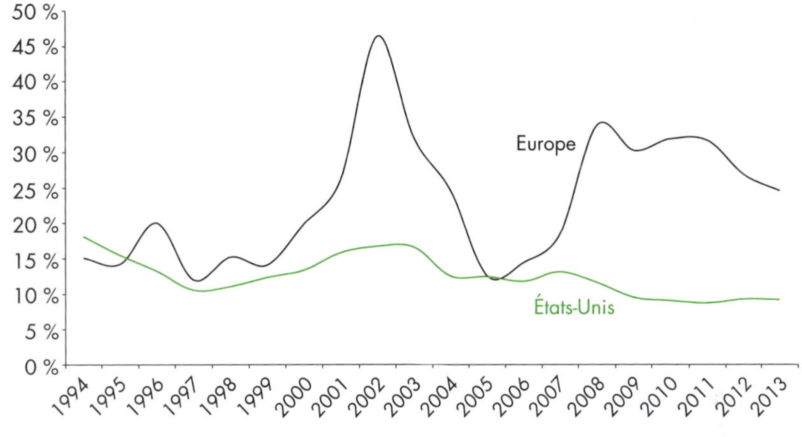

Source : Datastream, Exane-Eurostoxx 50 et S & P 100.

Endettement net/EBE (ratio médian)

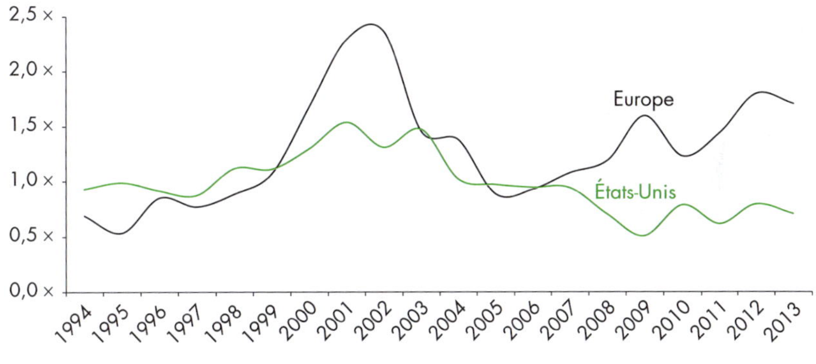

Source : Datastream, Exane-Eurostoxx 50 et S & P 100.

3 ■ Structure financière, inflation et croissance

39.6 L'inflation étant toujours un phénomène de déséquilibre, elle est très difficile à analyser d'un point de vue financier. Constatons cependant qu'en période d'inflation et de taux d'intérêt réels négatifs, on assiste à un surinvestissement et à un surendettement, et donc à une dégradation des structures financières des entreprises. Ce faisant, les entreprises investissent tout en bénéficiant de profits d'inflation : le coût du financement est faible après inflation. L'actionnaire pourra bénéficier de ce phénomène : en effet, la faible rentabilité de l'investissement sera compensée par le faible coût du financement. Ceci explique la stratégie des entreprises françaises à la fin des trente Glorieuses ou celles des groupes chinois de nos jours.

En fait, l'appétence des entreprises pour l'endettement dépend beaucoup du taux d'intérêt réel et du taux de croissance en volume de l'économie.

Taux d'inflation, taux d'intérêt réel et taux de croissance en France

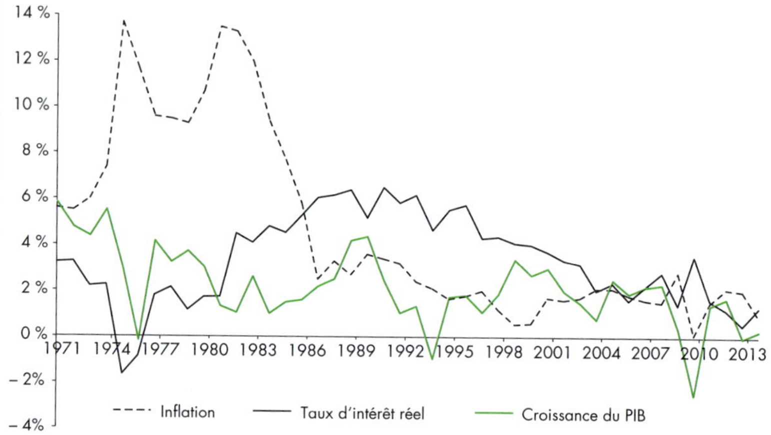

Source : INSEE, Datastream.

Lorsque l'inflation s'accompagne de taux d'intérêt réels faibles, les entreprises sont tentées de surinvestir en se finançant par endettement, déséquilibrant ainsi leur structure financière.
La désinflation conduit à un raisonnement strictement inverse : la lourdeur des taux d'intérêt réels pousse les entreprises à se désendetter, d'autant que des taux élevés induisent le plus souvent une activité économique anémique qui ne crée pas un climat de confiance propice à l'endettement.

4 ■ À quoi servent les capitaux propres ?

39.7 Le rôle des capitaux propres est double. Leur première fonction est bien sûr de financer une partie de l'investissement. Mais un objet tout aussi important est de servir de garantie aux créanciers de l'entreprise qui financent l'autre partie de l'investissement ; le coût des capitaux propres intègre donc une prime de risque.

Ainsi les capitaux propres sont comme une assurance (voir la lecture des capitaux propres en tant qu'option du chapitre 38) et leur coût semble élevé car tout comme une prime d'assurance, ils coûtent toujours trop cher… jusqu'à l'accident (la crise) où l'on est bien content d'en avoir beaucoup. Comme nous le verrons plus loin, en cas de difficultés, avoir des capitaux propres importants donne du temps pour résister à la baisse des résultats, pour se restructurer, lancer de nouveaux produits, saisir des opportunités de croissance externe…

L'entreprise endettée est lourdement pénalisée puisqu'elle a des charges fixes (frais financiers) et des échéances (remboursement du capital) à assurer qui la tirent vers le bas.

Au total, l'importance du montant des capitaux propres témoigne aussi du niveau de risque qu'acceptent de courir les actionnaires. En période de crise, les entreprises les plus endettées sont les premières à disparaître.

Mais, il est vrai également qu'un financement par capitaux propres n'incite pas les dirigeants à réagir rapidement en cas de crise… et peut dans des cas extrêmes laisser perdurer des entreprises non performantes.

Section 2 ■ Les facteurs de choix d'une structure financière

39.8 J. Graham et C. Harvey ont sondé les dirigeants et directeurs financiers de groupes américains ; D. Brounen, A. de Jong et K. Koedijk, F. Bancel et U. Mittoo ont fait de même auprès de dirigeants et de directeurs financiers européens afin de déterminer les critères qu'ils retiennent pour prendre une décision financière. Selon ces études, l'économie d'impôt liée à l'endettement n'est pas le critère essentiel de choix d'une structure financière, tout comme la crainte de coûts de faillite importants. La conservation de la flexibilité et l'impact du choix de financement sur la notation financière arrivent en première position.

Même si les groupes déclarent avoir un niveau cible d'endettement plus ou moins précis, les directeurs financiers fondent, pour plus de la moitié d'entre eux (que ce soit en Europe ou aux États-Unis), leurs choix de financement en favorisant la **flexibilité**. Bien que les limites du critère du bénéfice par action soient soulignées par tous les théoriciens et enseignants puisque sa dilution n'est pas automatiquement synonyme de destruction de valeur, il demeure néanmoins un critère important mis en avant dans la décision de réaliser ou non une augmentation de capital.

Au total, un choix de structure financière est le résultat de compromis complexes déterminés par :

- **le souci de garder une flexibilité financière**, c'est-à-dire conserver une capacité de financement au cas où des événements positifs (opportunités d'investissement) ou négatifs (crise) surviendraient ;
- **la volonté de garder une notation financière** (*rating*) minimum ;
- **les caractéristiques économiques du secteur** de l'entreprise, son niveau de développement, le partage coûts fixes/coûts variables ou la nature de l'actif à financer ;
- **la position des actionnaires** en termes d'aversion au risque et de volonté de contrôle ;
- **l'existence d'opportunités ou de contraintes** sur les marchés du financement à un moment donné ;
- **la structure financière des concurrents** ;
- sans oublier **le caractère des dirigeants**.

1 ■ La flexibilité financière

39.9 La recherche de flexibilité financière est une préoccupation forte des directeurs financiers. Ils savent en effet qu'un problème de choix de financement ne s'apprécie pas uniquement à un moment donné, mais dans le temps : un choix fait aujourd'hui peut réduire l'éventail des possibilités pour un autre choix de financement à faire demain.

Ainsi, s'endetter aujourd'hui contribue à réduire la capacité d'endettement de demain où un investissement important prévisible ou non serait à réaliser. Si la capacité d'endettement est saturée, l'entreprise n'aura pas alors d'autres choix que de se financer par capitaux propres. Or parfois la déprime boursière est telle que le marché des capitaux propres est fermé (octobre 2008 à janvier 2009) ou ouvert à des conditions telles (février à juin 2009, septembre à décembre 2011) que la plupart des émetteurs préfèrent remettre à des jours meilleurs leur augmentation de capital plutôt que d'émettre des actions à des cours trop bas. Dans ce cas, l'entreprise peut être contrainte de renoncer à son investissement.

> Le marché des capitaux propres peut *de facto* se fermer en période de crise car les investisseurs préfèrent alors reporter leurs investissements sur des produits de dette, plus sûrs. Les marchés de la dette sont, quant à eux, plus rarement fermés même si, en période de crise, les marges sur crédit peuvent être très élevées.

Les marchés de la dette risquée (obligation *high yield*, dette mezzanine et plus généralement dette LBO) réagissent comme les marchés actions, et peuvent, à un moment donné, demander des conditions de taux d'intérêt telles qu'ils sont *de facto* fermés.

À l'inverse, se financer aujourd'hui par capitaux propres n'interdit pas de se financer de nouveau ultérieurement par capitaux propres. De surcroît, un financement par capitaux propres aujourd'hui accroît la capacité d'endettement qui peut être mobilisée demain.

> Un fort accroissement de l'endettement aujourd'hui réduit la flexibilité financière de l'entreprise alors qu'une augmentation de capital accroît la capacité d'endettement de demain.

Cette recherche de flexibilité financière pousse l'entreprise à être moins endettée que le niveau maximum qu'elle juge supportable, de sorte à pouvoir à tout moment être en mesure de saisir des opportunités d'investissement inattendues. On retrouve le concept d'option appliqué au financement de l'entreprise.

La flexibilité financière n'est pas uniquement liée au niveau d'endettement. Afin de la garantir, le directeur financier prend soin de négocier avec sa banque des lignes de financement non utilisées, maintient des liquidités ou quasi-liquidités à l'actif de son bilan, a toutes les autorisations nécessaires de ses actionnaires pour émettre de nouveaux titres (actions, obligations…) et communique régulièrement et efficacement avec les agences de notation, les analystes financiers, les investisseurs.

Si les montants à lever le permettent, la multiplication des sources de financement (dette bancaire bilatérale ou syndiquée, titrisation, émission obligataire, convertibles, capitaux propres…) permettra d'accroître la flexibilité financière de l'entreprise. Nous renvoyons notre lecteur au chapitre 43 qui approfondit ce thème.

2 ■ Un niveau minimum de notation financière

39.10 Les agences de notation ont pris une importance croissante en Europe depuis 20 ans (voir le chapitre 24), en raison de la transition d'une économie largement intermédiée par les banques à une économie où les marchés financiers deviennent prédominants dans le financement des grands groupes (voir chapitre 17).

La notation financière est ainsi devenue une des préoccupations premières de leurs directeurs financiers qui prendront ou pas une décision de financement, d'investissement ou de désinvestissement en fonction de l'impact qu'elles auront sur le *rating*. Certaines sociétés se fixent même des objectifs de *rating* (Vivendi ou GDF Suez par exemple). Cela peut apparaître paradoxal à double titre :

- alors même que la communication financière s'axe autour de la création de valeur (pour l'actionnaire), les groupes ont une propension beaucoup plus faible à se fixer publiquement des objectifs de cours de Bourse qu'à se fixer des objectifs de *rating* ;
- en se fixant des objectifs de *rating* les groupes se fixent un nouvel objectif : celui de la préservation du patrimoine des obligataires ! C'est louable et se comprend dans un contexte d'une économie de marchés financiers, mais cela n'a jamais fait partie du pacte social.

Nous voyons plusieurs explications à ce paradoxe :

- tout d'abord, la dégradation de la notation financière, si elle n'est pas liée à une opération de croissance externe, est une nouvelle majeure, psychologiquement difficile à gérer et « fait désordre ». Un *downgrade* s'accompagne presque systématiquement d'une baisse du cours de l'action. En cherchant à préserver une notation financière c'est le patrimoine des actionnaires que la direction de l'entreprise pense préserver, au moins à court terme ;
- la dégradation peut entraîner l'exigibilité immédiate de certaines dettes ou le retrait de certaines cautions ;
- une dégradation peut également avoir un coût immédiat si l'entreprise a émis des emprunts avec une clause de majoration du coupon (*step up*) en cas de dégradation de la notation. Ce mécanisme vise à protéger les prêteurs contre un *downgrade* ;
- une bonne notation financière est garante d'une certaine flexibilité financière et d'un accès plus facile aux marchés en cas de besoin.

3 ■ Les caractéristiques économiques du secteur de l'entreprise, et le type d'actifs à financer

39.11 Une start-up aura beaucoup de mal à se financer par endettement. Elle n'a pas de passé et donc pas d'historique de crédits remboursés, ni généralement d'actifs corporels qui pourraient servir de garantie. L'environnement concurrentiel, voire technologique dans lequel elle évolue est probablement très mouvant et ses flux de trésorerie disponibles sont négatifs pour quelque temps. Son niveau de risque spécifique pour un prêteur est donc très élevé. Elle n'a pas d'autre choix que de se financer par capitaux propres. Nous renvoyons notre lecteur au chapitre 44 qui traite du financement des start-up.

À l'opposé, l'entreprise établie sur son marché depuis plusieurs années et qui arrive à maturité n'aura pas de difficulté à « séduire » des prêteurs. Son historique de crédit est établi, ses actifs sont bien réels, elle génère des flux de trésorerie disponibles (sur lesquels le risque de prévision est faible) d'autant plus élevés que les gros investissements ont déjà été réalisés. Bref, tout ce qu'aime un créancier ! À l'inverse, l'investisseur en capitaux propres sera peu enthousiaste : peu de croissance, peu de risque, donc moins de rentabilité.

On retrouve là le cycle de vie des sources de financement : l'aventure industrielle est financée par les capitaux propres. Au fur et à mesure que l'entreprise s'institutionnalise et que son risque diminue, l'endettement prend la relève, libérant ainsi des capitaux propres qui vont financer de nouveaux secteurs émergents qui en ont besoin.

Structure financière et cycle de vie de l'entreprise

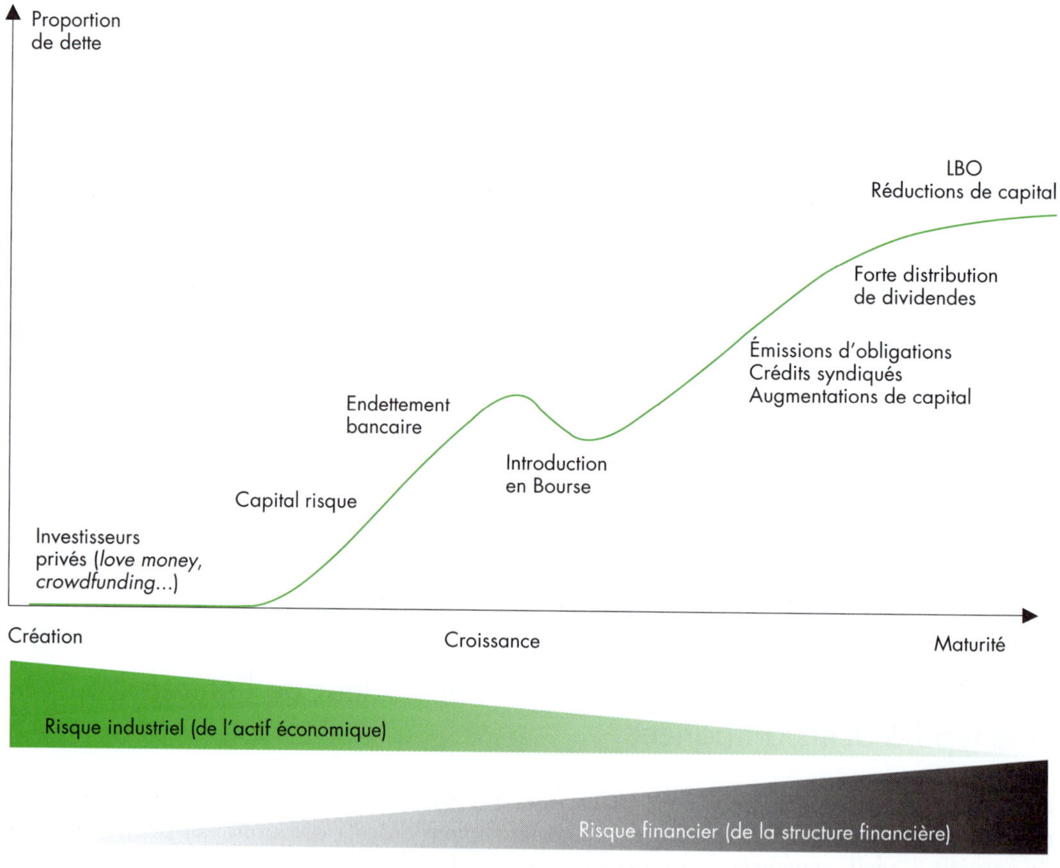

Dans un secteur à coûts fixes élevés, une entreprise cherchera plutôt à se financer par capitaux propres de sorte à ne pas ajouter aux coûts fixes d'exploitation les coûts fixes de l'endettement (les intérêts) et à réduire sa sensibilité aux à-coups conjoncturels. Mais les secteurs à coûts fixes élevés (sidérurgie, cimenterie, papier, énergie, télécoms…) sont généralement très capitalistiques et requièrent des investissements importants qui impliquent un inévitable recours à l'endettement.

À l'inverse, un secteur à coûts variables forts (la distribution…) pourra faire le pari de l'endettement, les frais financiers alors générés s'ajoutant à des coûts fixes faibles.

Enfin la nature de l'actif peut avoir une influence sur la disponibilité du financement. Un actif extrêmement spécifique, c'est-à-dire qui a peu de valeur en dehors d'un processus de production donné, sera difficilement finançable par endettement. En effet, les prêteurs craindront que la valeur de marché de l'actif, en cas de défaillance de l'entreprise, ne soit pas suffisante pour rembourser leurs encours.

Dans une étude de 2009, M. Frantz et V. Goyal mettent en avant six facteurs ayant statistiquement une influence sur le niveau d'endettement d'une entreprise. Le premier de ces facteurs est le secteur d'activité. Les autres facteurs étant la proportion d'immobilisations corporelles, le niveau de résultat, la taille, le PBR, et l'inflation. Ils notent également que plus l'entreprise est grande, plus (en moyenne) elle sera endettée.

4 ■ La position des actionnaires

39.12 Si l'actionnariat de l'entreprise est composé d'actionnaires influents (majoritaires ou minoritaires), leur point de vue aura certainement un impact sur le choix de financement.

Certains refuseront des augmentations de capital qu'ils ne pourraient pas suivre et qui dilueraient leur participation menaçant leur contrôle actuel. L'entreprise est alors conduite à s'endetter fortement ou à brider fortement sa croissance (Rémy-Cointreau, par exemple).

D'autres auront une aversion marquée pour l'endettement ne voulant pas accroître leur niveau de risque (General Electric, par exemple).

> Le choix d'une structure de financement est le choix d'un niveau de risque que souhaitent courir les actionnaires et de leur appétence pour être dilués dans le capital.

Les actionnaires les plus ambitieux accepteront à la fois la dilution du contrôle et le risque de l'endettement. Leur contrôle et la pérennité de l'entreprise ne seront alors garantis que par le succès de la stratégie (Pernod Ricard, par exemple).

5 ■ Les opportunités

39.13 Les marchés n'étant pas systématiquement à l'équilibre, des opportunités peuvent apparaître à un moment donné. Une flambée des cours de Bourse permettra de réaliser à bon compte une augmentation de capital (vente d'actions à un prix très élevé). La folie d'une banque qui dit « oui » à tous les dossiers de crédit, un engouement soudain des investisseurs pour un secteur ou un type de valeurs (les énergies nouvelles en 2005-2008, les cotations à Hong-Kong en 2010-2011), une très forte volatilité sur les marchés rendant attractive l'émission d'obligations convertibles, en sont d'autres exemples.

> Que notre lecteur ne se laisse pas griser par les opportunités. Il est en effet difficile de fonder une politique financière sur une succession d'opportunités, à l'occurrence imprévisible par définition. Elles ne peuvent que venir à la marge.

Par ailleurs, si l'entreprise bénéficie à un moment donné d'un coût de financement exceptionnellement favorable, des investisseurs auront en contrepartie fait une mauvaise affaire. Furieux, ils risquent de ternir l'image de la société et il ne faudra pas compter sur eux avant longtemps pour apporter de nouvelles sources de financement. La start-up qui s'est introduite en Bourse au pic de valorisation des valeurs de la « nouvelle économie » aura sûrement levé des fonds à bon compte. Mais comment pourra-t-elle lever des capitaux complémentaires un an après si son cours de Bourse a baissé de 70 % ?

6 ■ La structure financière des concurrents

39.14 Avoir plus d'endettement net que ses concurrents, c'est prendre position, en particulier, sur les espérances de rentabilité de l'entreprise, c'est-à-dire sur la conjoncture, sur la stratégie, etc. C'est donc être plus vulnérable en cas de dégradation de conjoncture, ce qui risque de se traduire par un assainissement du secteur et par la disparition des plus faibles, etc.

L'expérience montre que les chefs d'entreprise rechignent à mettre en péril une stratégie industrielle par une politique financière substantiellement différente de celle de leurs concurrents. Ils considèrent que s'ils ont des risques à prendre, c'est au niveau industriel ou commercial, pas au niveau financier.

> Le choix d'une structure financière n'est pas absolu mais relatif : la question est comment se financer par rapport à la moyenne de son industrie, c'est-à-dire comment se financer par rapport à ses concurrents ?

Les études faites, le décideur sera alors éclairé et pourra prendre sa décision en toute connaissance. Il se rappellera cependant que, statistiquement (et donc pour son portefeuille bien diversifié), ses rêves de multiplier sa richesse par un endettement judicieux constitueront le cauchemar de l'entreprise en difficulté.

La réussite financière de quelques-uns ne doit pas faire oublier l'échec d'entreprises n'ayant pas survécu à cause d'un trop fort endettement.

7 ■ Le caractère des dirigeants

39.15 Le caractère des dirigeants influe également significativement sur le niveau d'endettement de l'entreprise. Les dirigeants averses au risque choisissent une structure avec peu de levier alors que ceux sûrs d'eux et confiants dans l'avenir adoptent une structure financière plus agressive. U. Malmendier, G. Tate et J. Yan ont ainsi montré que les dirigeants ayant connu la Grande Dépression favorisent l'autofinancement et sont très prudents lorsqu'il s'agit de lever de la dette.

Tout ceci peut paraître évident mais nous rappelle que les choix en finance d'entreprise peuvent être éminemment subjectifs et que la finance comportementale n'est pas accessoire.

Section 3 ■ Le choix de financement et les critères comptables et financiers

39.16 Après les grandes idées que notre lecteur doit avoir à l'esprit, voici venu le temps de la mise en œuvre d'un choix de structure financière dans un plan de financement. À cet effet, nous lui suggérons de disposer des documents suivants :

- les états financiers passés : comptes de résultat, bilans économiques, tableaux de flux de trésorerie ;

- les états prévisionnels et le plan de financement qui sont construits dans la même forme que celle des tableaux de trésorerie passés : soit des prévisions moyennes, soit des simulations en fonction de plusieurs hypothèses, ce qui nous semble être la meilleure solution. Un modèle de simulation sera très utile pour établir l'évolution probable de la structure financière de l'entreprise, de sa rentabilité, de ses conditions d'exploitation, etc., en fonction de différentes hypothèses. Cette recherche est largement facilitée par l'utilisation de tableurs et la simulation d'hypothèses qui dynamisent l'analyse.

Enfin, pour être complet, l'analyste pourra disposer des ratios moyens par secteur qu'il pourra se procurer dans différentes études sectorielles.

1 ■ Incidence sur la liquidité

39.17 La liquidité de l'entreprise est son aptitude à faire face à ses échéances financières dans le cadre de son activité courante, à trouver de nouvelles sources de financement et à assurer ainsi à tout moment l'équilibre entre ses recettes et ses dépenses.

En cas de grave crise financière, les entreprises ne peuvent plus, quelle que soit leur qualité, trouver des moyens de financement nécessaires. C'est le krach financier entraîné par une panique. Il est impossible de se protéger contre ce risque, heureusement exceptionnel, mais que nos lecteurs (hormis les plus jeunes) ont pu découvrir ou revivre à l'automne 2008. Le risque de liquidité le plus fréquent intervient lorsque l'entreprise est en difficulté et qu'elle ne peut plus émettre de titres acceptés par le marché financier ou les banques ; les investisseurs ne lui font plus confiance quels que soient les projets proposés.

La liquidité est liée à la durée des ressources ; elle s'analyse tant au niveau de la structure à court terme (financement à court terme), qu'au niveau de la capacité de remboursement des dettes à moyen et long termes. De là l'utilisation des concepts et ratios classiques que nous avons vus : fonds de roulement, capitaux propres, endettement, actif circulant/dettes à court terme, etc.

Pour analyser le problème de liquidité, la simulation porte sur les flux de trésorerie disponibles. L'analyste doit alors simuler différents niveaux d'endettement et leurs modalités de remboursement, tester si les flux de trésorerie disponibles sont suffisants pour assurer un remboursement normal des crédits sans avoir besoin de les rééchelonner (ou de céder des actifs). C'est aussi l'analyse que font les agences de *rating* pour attribuer leur note et les banquiers commerciaux pour déterminer leur décision de prêter ou non à une entreprise.

En particulier, si l'entreprise est très endettée, l'analyste réalisera des scénarios catastrophe pour déterminer à quel moment la situation de liquidité deviendra critique. L'analyste sera non plus focalisé sur le scénario médian mais sur la volatilité possible des flux de trésorerie par rapport au scénario médian.

2 ■ Incidence sur la solvabilité

39.18 Contrairement aux capitaux propres, l'endettement n'accroît pas la solvabilité de l'entreprise mais la détériore. Nous renvoyons notre lecteur au chapitre 15 où cela a été développé.

3 ■ Incidence sur le résultat

39.19 Toutes choses égales par ailleurs, l'endettement élève le point mort de l'entreprise.

Ceci est une évidence, dans la mesure où les frais financiers constituent une charge fixe qu'il est impossible de réduire, sauf à déposer le bilan ou à renégocier les conditions du prêt. Considérons par exemple une entreprise dont les coûts fixes s'élèvent à 40 et qui supporte des coûts variables de 0,5 par produit. Si le prix de vente est de 1, le point mort est alors de 80 unités. Si l'entreprise finance un investissement de 50 avec de la dette à 6 %, le point mort s'élève à 86 unités, car les coûts fixes ont augmenté de 3 (montant des frais financiers liés à l'emprunt). En revanche, si l'investissement est financé par capitaux propres, le point mort reste à 80 unités.

Le problème est d'autant plus délicat que les taux d'intérêt constituent une charge fixe par rapport à l'activité de l'entreprise et qu'ils sont indexés sur les taux du marché. Or, les taux peuvent s'élever lorsque l'activité générale se réduit (début de crise). Aussi est-il important de tester la sensibilité du résultat de l'entreprise à l'évolution des taux d'intérêt.

4 ■ Incidence sur la rentabilité comptable des capitaux propres

39.20 Pour une entreprise non endettée, le taux de rentabilité comptable des capitaux propres est égal au taux de rentabilité de l'actif économique. Pour l'entreprise endettée, il faut y ajouter un supplément (ou retrancher une décote) de rentabilité dû à l'effet de levier (différence entre la rentabilité de l'actif économique et le coût de l'endettement, multipliée par le rapport dettes/capitaux propres (voir le chapitre 14).

L'analyse de la rentabilité des capitaux propres doit donc distinguer la part due à la rentabilité de l'actif économique de celle due à l'effet de levier. Toutefois, cette étude statique est insuffisante. Il est en effet nécessaire de déterminer la sensibilité de la rentabilité des capitaux propres à toute variation du levier financier, du coût de l'endettement et de la rentabilité de l'actif économique.

5 ■ Incidence sur le bénéfice par action

39.21 L'endettement n'accroît le bénéfice net de l'entreprise et donc le bénéfice par action, que si le résultat après impôt dégagé par les investissements financés par de la dette est supérieur au coût de la dette après impôts. Nous retrouvons l'effet de levier. Toutefois, si l'investissement est particulièrement lourd, il se peut que, pendant une certaine période, sa rentabilité soit inférieure au coût de la dette, cette situation ne devant être que provisoire.

Considérons ainsi l'exemple de cette société qui réalise en période 0 un investissement de 200, devenant pleinement opérationnel en période 2, et financé par appel aux actionnaires (cas A) ou par endettement (cas E). La simulation des principaux paramètres de rentabilité de l'entreprise permet d'obtenir les résultats suivants dans chacun des cas de figure :

	Période 0	Période 1		Période 2	
		Cas A	Cas E	Cas A	Cas E
Résultat d'exploitation	300	300	300	370	370
– Frais financiers à 6 %	0	0	12	0	12
= Résultat courant avant impôt	300	300	288	370	358
– IS à 35 %	105	105	101	130	125
= Résultat net	195	195	187	242	233
Nombre d'actions	100	120	100	120	100
Bénéfice par action	1,95	1,62	1,87	1,85	2,33

En période 2, le bénéfice par action sera plus important si l'investissement a été financé par endettement. Dans le cas E, les frais financiers supportés diminuent certes le BPA, mais moins que la dilution consécutive à l'augmentation de capital du cas A (voir chapitre 42).

Toutefois, cette conclusion ne peut être généralisée, comme l'illustre le graphique suivant qui simule divers niveaux de BPA en fonction du résultat d'exploitation en période 2.

Le lecteur pourra vérifier que si le résultat d'exploitation est inférieur à 72, l'assertion précédente s'inverse. Cela implique toutefois un recul très important de ce résultat (– 76 % par rapport à la période 0).

Bénéfice par action et modes de financement

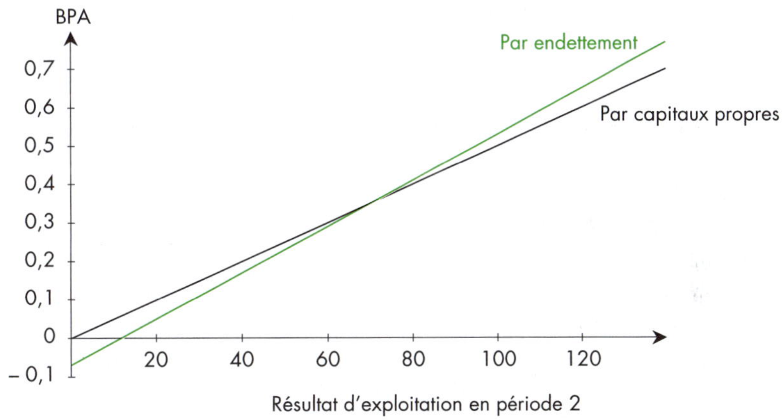

Mais attention ! Cette croissance plus forte du BPA en cas de financement par endettement est purement arithmétique, elle n'est pas synonyme de création de valeur plus forte. Elle est simplement due à l'effet de levier et trouve sa contrepartie dans un niveau de risque plus élevé pour l'actionnaire.

Un investissement financé par endettement accroît le BPA de l'année N si son taux de rentabilité économique de l'année N est supérieur au coût de la dette après impôt.
Un investissement financé l'année N par capitaux propres accroît le BPA de l'année N+1 si son taux de rentabilité économique de l'année N+1 est supérieur à l'inverse du PER de l'année N.

RÉSUMÉ

Le résumé de ce chapitre est disponible sur le site www.vernimmen.net.

Si, au niveau des marchés industriels, les fréquents déséquilibres laissent espérer la possibilité de créer de la valeur par des investissements judicieux, il n'en va pas de même pour le choix d'une structure financière. Les marchés financiers sont le plus souvent à l'équilibre et toutes les sources de financement ont le même coût pour l'entreprise compte tenu de leur risque.

Le coût d'une source de financement qui permet d'acheter un actif est égal au taux de rentabilité à exiger de cet actif, que celui-ci soit financé par endettement ou par capitaux propres et ce, quelle que soit la nationalité de l'investisseur.

Dès lors, le choix d'une source de financement ne s'effectue pas sur la base de son coût (puisqu'elles ont toutes le même coût compte tenu de leur risque !). Au demeurant, il s'agit de ne pas confondre coût apparent et coût financier (le coût véritable d'une source de financement). La différence entre coût apparent et coût financier est faible pour l'endettement (évolution du taux d'endettement et du risque de défaut), plus forte pour l'augmentation de capital (perspectives de croissance), considérable pour l'autofinancement (coût apparent nul) et difficile à évaluer dans tous les produits hybrides. Enfin, une source de financement n'est bon marché que si, pour des raisons diverses, elle a été émise à une valeur supérieure à sa valeur de marché.

Comme il n'existe pas de structure financière optimale, le choix entre dette et capitaux propres va dépendre de plusieurs paramètres :

- la conjoncture macroéconomique : des taux d'intérêt réels (c'est-à-dire après inflation) élevés et une faible croissance de l'activité poussent les entreprises à se désendetter. À l'inverse, une croissance forte et/ou des taux d'intérêt faibles après inflation favorisent l'endettement ;
- le souhait de garder une flexibilité financière afin de pouvoir saisir très vite d'éventuelles opportunités d'investissement : à cette aune, les capitaux propres sont favorisés car ils créent une capacité d'endettement supplémentaire et n'obèrent pas les choix futurs. À l'inverse, une saturation de la capacité d'endettement actuelle ne laissera à l'avenir comme source de financement que les capitaux propres dont la disponibilité est liée à la bonne tenue des cours de Bourse. D'où un risque ;
- le niveau de maturité d'un secteur et la structure financière des concurrents : la start-up ne trouvera à se financer que par capitaux propres compte tenu de son risque spécifique élevé alors que l'entreprise bien établie, aux flux de trésorerie disponibles importants mais sans forte perspective de croissance, pourra largement se financer par endettement. Les entreprises d'un même secteur d'activité adoptent souvent un certain mimétisme car il s'agit de ne pas faire plus de bêtises que le voisin !
- la position des actionnaires : certains favorisent l'endettement pour éviter de se faire diluer par une augmentation de capital qu'ils ne pourraient pas suivre. D'autres privilégient les capitaux propres pour ne pas augmenter leurs risques. Tout est affaire d'aversion au risque et de volonté de contrôle ! Le caractère des dirigeants entre également en compte ;
- les opportunités de financement : elles sont par définition imprévisibles et il est difficile de bâtir une politique financière rigoureuse sur elles. Elles permettent de lever des fonds à un coût inférieur à leur coût normal, mais au détriment d'investisseurs qui se sont leurrés.

Notre lecteur, qui réalisera des simulations des principaux paramètres financiers selon que l'entreprise s'endette ou se finance par capitaux propres, devra bien avoir conscience que celles-ci montrent surtout les conséquences de l'effet de levier :

- élévation du point mort ;
- croissance accélérée du BPA ;

- amélioration de la rentabilité comptable des capitaux propres ;
- dégradation de la solvabilité ;
- impact sur la liquidité en fonction de la durée de l'endettement.

QUESTIONS

1/ Un bon plan de financement peut-il rattraper un investissement médiocre ?

2/ De quelle maladie est atteint l'investisseur qui confond le taux facial de l'obligation convertible avec son coût financier ?

3/ On exige d'un actif économique un taux de rentabilité de 17 %. Celui-ci est financé intégralement par capitaux propres. Quel est alors le taux de rentabilité exigé par les actionnaires ? Si l'actif est maintenant financé à 99 % par endettement, quel est le taux de rentabilité exigé par les prêteurs ?

4/ Quelle est la source de financement pour laquelle l'écart entre coût financier et coût apparent est le plus grand ?

5/ Conseilleriez-vous à une start-up de se financer par endettement ? Si oui, le pourrait-elle ?

6/ Existe-t-il une structure financière optimale ?

7/ Dans un plan de financement, les capitaux propres ont deux rôles. Quels sont-ils ?

8/ En définitive, la ressource la moins chère n'est-elle pas le court terme ?

9/ Comment concilier ces deux affirmations :

– « On ne peut faire fortune qu'en s'endettant »,

– « L'endettement ne crée pas de valeur » ?

10/ Une société avec beaucoup d'opportunités de croissance aura-t-elle tendance à émettre de la dette à court, moyen terme ou à long terme ? Pourquoi ?

11/ Donnez deux exemples de profit d'inflation. Dans quelles conditions peuvent-ils s'observer ?

12/ Si l'on croit que la flexibilité financière est la préoccupation première du directeur financier, la politique financière entraînera-t-elle une saturation de la capacité d'endettement de l'entreprise ?

13/ Une entreprise a-t-elle durablement vocation à être financée par capitaux propres ?

14/ Un entrepreneur opportuniste dans ses choix de financement peut-il avoir une stratégie industrielle sur la durée ?

15/ Pourquoi dans les années 1980-1998 les entreprises européennes se sont-elles beaucoup désendettées ? Pourquoi ont-elles arrêté de le faire sur la période 1999-2002 ?

D'autres questions vous attendent sur le site www.vernimmen.net.

EXERCICE

Une société envisage l'investissement suivant :

Année	0	1	2	3	4	5
Flux	– 100	– 10	0	0	10	150

qui peut être financé :

– par capitaux propres :

Année	0	1	2	3	4	5
Dettes/Capitaux propres	30 %	22 %	22 %	22 %	22 %	22 %
BPA	10	8,25	9,1	10,3	11,8	13,6
Taux de croissance du BPA		– 17,5 %	+ 10 %	+ 13 %	+ 15 %	+ 15 %
Rentabilité des capitaux propres	15 %	11 %	11 %	11,4 %	11,6 %	12 %

– ou par endettement :

Année	0	1	2	3	4	5
Dettes/Capitaux propres	30 %	67 %	67 %	67 %	67 %	67 %
BPA	10	9,3	10,4	12	14,1	16,5
Taux de croissance du BPA		– 7 %	+ 12 %	+ 15 %	+ 17 %	+ 17 %
Rentabilité des capitaux propres	15 %	14 %	17 %	18 %	21 %	22 %

Si le coût du capital est de 10 %, le taux de rentabilité exigé par l'actionnaire de 12 % et le coût de l'endettement de 5 %, pensez-vous que cet investissement doit plutôt être financé par capitaux propres ou endettement ? N'y a-t-il pas une autre question à se poser préalablement ?

ÉLÉMENTS DE RÉPONSE

Questions

1. Non, car il est très difficile de créer de la valeur grâce au financement.
2. La myopie !... car il oublie que le détenteur des obligations convertibles attend une progression du cours de l'action pour pouvoir convertir.
3. 17 %, 17 % car ils courent le même risque, celui de l'actif économique.
4. L'autofinancement car son coût apparent est nul.
5. Non, car cela est beaucoup trop risqué pour elle : certitudes de flux à rembourser avec des flux de recettes très incertains. Non, vraisemblablement pas car son modèle économique n'est pas établi ni démontré.
6. Non ! Nous conseillons au lecteur qui aurait répondu oui de relire les chapitres 36 à 39.
7. Assurer une partie du financement et renforcer la garantie des prêteurs.
8. Non, non et non ! On oublie le risque (de liquidité) !

9. « On ne peut faire fortune qu'en s'endettant », cette phrase s'applique à un investisseur ayant un portefeuille mal diversifié : c'est tout ou rien pour celui qui s'endette. « L'endettement ne crée pas de valeur » s'applique à un portefeuille parfaitement diversifié.

10. À court terme afin de pouvoir la refinancer à de meilleures conditions au fur et à mesure que les opportunités de croissance deviennent des investissements rentables et que sa valeur progresse.

11. Profit sur stocks et profit d'opportunité sur un investissement réalisé plus tôt que prévu. À condition que le taux d'inflation soit supérieur au taux d'intérêt de la dette permettant à l'emprunteur de s'enrichir du seul fait du passage du temps.

12. Non, car le directeur financier voudra toujours garder une marge de manœuvre au cas où…

13. Non, moins elle devient risquée, plus elle peut être financée par dettes.

14. Non, car une stratégie industrielle ne peut pas attendre l'arrivée éventuelle d'opportunités de financement.

15. Forts taux d'intérêt réels, faibles investissements. Car il n'est plus possible de se désendetter quand la quasi-totalité de la dette a déjà été remboursée ! Par ailleurs, de nouvelles opportunités d'investissement sont apparues.

Exercice

Les corrigés détaillés des exercices sur excel sont disponibles sur le site www.vernimmen.net.

Le TRI de l'investissement est de 8 %, soit moins que le coût du capital. Il ne doit donc pas être réalisé. La question du financement n'a donc pas d'intérêt.

BIBLIOGRAPHIE

Pour les facteurs de choix de la structure financière :

Aktas N., Bellettre I., Cousin J.-G., « Capital structure decisions of French very small businesses », *Finance* juin 2011, vol. 32, n° 1, pages 43 à 73.

Baker M., Wurgler J., « Market timing and capital structure », *Journal of Finance* février 2002, vol. 57, n° 1, pages 1 à 32.

Bancel F., « Focus on financial flexibility », *Bankers Markets and Investors* novembre-décembre 2012, n° 121, pages 60 à 65.

Bancel F., Mittoo U., « The determinants of capital structure choice : A survey of European firms », *Financial Management* hiver 2004, vol. 33, n° 4, pages 103 à 133.

Brounen D., de Jong A., Koedijk K., « Capital structure policies in Europe : some evidence », *Journal of Banking and Finance* mai 2006, vol. 30, n° 5, pages 1409 à 1422.

Denis D., McKeon S., « Debt financing and financial flexibility : evidence from pro-active leverage increases », *Review of Financial Studies* juin 2012, vol. 25, n° 6, pages 1897 à 1929.

Frantz M., Goyal V., « Capital structure decisions : which factors are reliably important ? », *Financial Management* printemps 2009, vol. 38, n° 1, pages 1 à 37.

Gamba A., Triantis A., « The value of financial flexibility », *Journal of Finance* octobre 2008, vol. 63, n° 5, pages 2263 à 2296.

Graham J., Harvey C., « The theory and practice of corporate finance : Evidence from the field », *Journal of Financial Economics* mai-juin 2001, vol. 60, n°s 2-3, pages 187 à 243.

Graham J., Leary M., « A review of empirical capital structure research and directions for the future », *Annual Review of Financial Economics* décembre 2011, vol. 3, pages 309 à 345.

Kayhan A., Titman S., « Firm's histories and their capital structures », *Journal of Financial Economics* 2007, vol. 83, n° 1, pages 1 à 32.

Korajczyk R., Levy A., « Capital structure choice : macroeconomic conditions and financial constraints », *Journal of Financial Economics* avril 2003, vol. 68, n° 1, pages 75 à 109.

Leary M., Roberts M., « Do firms rebalance their capital structures ? », *Journal of Finance* décembre 2005, vol. 60, n° 6, pages 2575 à 2619.

Malmendier U., Tate G., Yan J., « Overconfidence and early-life experiences : the effect of managerial traits on corporate financial policies », *Journal of Finance* octobre 2011, vol. 66, n° 5, pages 1687 à 1733.

Myers S., « Still searching the optimal capital structure », *Journal of Applied Corporate Finance* printemps 1993, vol. 6, n° 1, pages 4 à 14.

Myers S., « Capital structure », *Journal of Economic Perspectives* printemps 2001, vol. 15, n° 2, pages 81 à 102.

Tierny J., Smithson Ch., « Implementing economic capital in an industrial company : the case of Michelin », *Journal of Applied Corporate Finance* été 2003, vol. 15, n° 4, pages 8 à 22.

Vernimmen P., « Politique financière de l'entreprise », in *Encyclopédie de gestion*, 2e édition, Economica, 1997, tome 2, pages 2325 à 2356.

Pour des études statistiques des structures financières :

Charles A., *Le financement des entreprises*, Economica, 2009.

European Central Bank, « Corporate Finance in the euro area », *Occasional paper series* juin 2007, n° 63.

Observatoire du financement des PME-ETI par le marché, *Rapport sur le financement des PME-ETI par le marché financier*, décembre 2013.

www.pme-bourse.fr (site de l'Observatoire du financement des PME-ETI).

Pour approfondir le financement par capitaux propres :

Fama E., French K., « Financing decision : Who issues stock ? », *Journal of Financial Economics* juin 2005, vol. 76, n° 3, pages 549 à 582.

Heu C., Trocherie I., « Le financement en fonds propres des entreprises innovantes », *Club Finance HEC* janvier 2006, n° 66.

Pour les interactions entre structure financière et investissements :

Campello M., « Capital structure and product market interactions : evidence from business cycles », *Journal of Financial Economics* juin 2003, vol. 68, n° 3, pages 353 à 378.

Chava S., Roberts M., « How does financing impact investment ? The role of debt covenants », *Journal of Finance* octobre 2008, vol. 63, n° 5, pages 2085 à 2121.

Dudley E., « Capital structure and large investment projects », *Journal of Corporate Finance* décembre 2012, vol. 18, n° 5, pages 1168 à 1192.

Gatchev V., Pulvino T., Tarhan V., « The interdependent and intertemporal nature of financial decisions : An application to cash flow sensitivities », *Journal of Finance* avril 2010, vol. 65, n° 2, pages 725 à 763.

Kolosinski A., « Subsidiary debt, capital structure and internal capital markets », *Journal of Financial Economics* novembre 2009, vol. 94, n° 3, pages 327 à 343.

MacKay P., Phillips G., « How does industry affect firm financial structure ? », *Review of Financial Studies* août 2005, vol. 18, n° 4, pages 1433 à 1466.

Marchica M.-T., Mura R., « Financial flexibility, investment ability and firm value: evidence from firms with spare debt capacity », *Financial Management* hiver 2010, vol. 39, n° 4, pages 1339 à 1365.

Riddick L., Whited T., « The corporate propensity to save », *The Journal of Finance* août 2009, vol. 64, n° 4, pages 1729 à 1768.

TITRE 2

Chapitre **40** La politique de distribution ou rendre de l'argent aux actionnaires 819

Chapitre **41** La mise en œuvre de la politique de distribution : dividendes, rachats d'actions et réductions de capital 837

Chapitre **42** L'augmentation de capital en numéraire 859

Chapitre **43** La mise en œuvre de la politique d'endettement 875

Titre 2

La politique des capitaux propres et celle de l'endettement

Ce titre est consacré à la mise en œuvre de la politique des capitaux propres de l'entreprise : autofinancement et politique de distribution (dividende, rachat d'actions et réduction de capital), augmentation de capital ; et de la politique d'endettement : choix des caractéristiques des dettes, liquidités maintenues à l'actif.

Chapitre 40

La politique de distribution ou rendre de l'argent aux actionnaires

L'autofinancement ou la « bête noire » du financier.

40.1 Le bénéfice net n'a que deux affectations possibles : soit le réinvestissement dans l'entreprise sous forme d'autofinancement, soit sa distribution aux actionnaires sous forme de dividende ou de rachat d'actions, voire de réduction de capital.

> La logique financière, froide et désincarnée, voudrait que soient rendus aux actionnaires, par quelque moyen que ce soit, tous les fonds que l'entreprise n'arrive pas à investir dans des projets rapportant au moins leur coût moyen pondéré du capital compte tenu de leurs risques.

En effet, dès lors que la structure financière de l'entreprise correspond à l'objectif des actionnaires et des dirigeants compte tenu de leur appétence pour le risque, tout euro laissé dans la trésorerie de l'entreprise ne rapporte que le taux de l'argent sans risque à court terme, ou peu s'en faut[1]. Certes, le risque financier de l'entreprise s'en trouve réduit mais ce n'est pas ce que recherche l'actionnaire (il gère théoriquement le risque financier au sein de son portefeuille). D'où un appauvrissement relatif puisqu'un euro de trésorerie oisive a de bonnes chances d'être valorisé par les investisseurs pour moins d'un euro compte tenu de son insuffisante rentabilité. Après tout, si les actionnaires veulent réaliser des placements de trésorerie sans risque, ils n'ont pas besoin de l'entreprise et de ses dirigeants pour cela ! Bref, ne pas respecter cette règle dure mais simple, c'est prendre le risque fort de détruire de la valeur.

40.2 Par ailleurs, le financement du risque de l'entreprise doit être assuré par des capitaux propres, sinon l'entreprise prend le risque d'une crise de trésorerie grave au premier retournement de conjoncture. Par contre, lorsque l'entreprise a acquis une position stratégique suffisante sur son marché pour conserver une rentabilité et une valeur, il devient normal de réduire le financement par capitaux

1 On le verra au chapitre 52, l'entreprise ne peut obtenir un meilleur taux dans sa gestion de trésorerie qu'en prenant des risques qu'il n'est pas recommandé de prendre !

propres et d'accroître l'endettement. Les flux de trésorerie disponibles sont devenus assez sûrs pour pouvoir supporter les échéances fixes et régulières de l'endettement.

> Les capitaux propres servent à prendre le risque de l'entreprise : il est normal que, lorsque celui-ci paraît maîtrisé, le relais soit pris partiellement par des capitaux d'endettement. La politique de distribution est un outil pour réaliser cet objectif mais elle peut aussi avoir d'autres effets comme nous le verrons.

Section 1 ▪ L'autofinancement

1 ▪ Principes de base

40.3 Il est un principe financier assez répandu selon lequel une entreprise devrait assurer son développement par autofinancement (c'est-à-dire en finançant uniquement ses investissements par ses résultats passés mis en réserve). Cette position semble correspondre simultanément à l'intérêt des dirigeants et des créanciers, et indirectement à celui des actionnaires.

En effet :

- l'autofinancement doit se traduire, pour les actionnaires, par une augmentation de la valeur de leurs actions, et donc par des plus-values. Or, celles-ci sont imposées moins lourdement que les dividendes dans beaucoup des systèmes fiscaux du monde. Les actionnaires préféreraient donc, *a priori*, percevoir leurs revenus sous forme de plus-values ; ils seraient donc favorables à l'autofinancement ;

- en assurant son développement exclusivement par autofinancement, l'entreprise n'a pas besoin de recourir au marché financier (c'est-à-dire à des actionnaires ou à des porteurs d'obligations) ou aux banques. Ses dirigeants y gagnent donc un degré de liberté supplémentaire. Ils favoriseront donc, eux aussi, le recours à l'autofinancement ;

- enfin, comme nous l'avons vu, l'autofinancement est privilégié par les créanciers car il réduit le risque de leurs créances et accroît donc la valeur de celles-ci.

40.4 Ces constats ne sont pas faux, mais nous voudrions ici insister sur les dangers d'une politique d'autofinancement à outrance qui conduit à repousser dans le temps la sanction financière indispensable à toute politique. Il n'est pas bon qu'une entreprise soit ainsi coupée des marchés financiers, que la mobilité du capital soit réduite, freinée artificiellement, et permette des investissements dans des secteurs peu rentables. L'entreprise se crée ainsi un marché interne de capitaux indépendant des marchés financiers. Sur ce marché artificiel, les taux de rentabilité peuvent être plus faibles et les ressources mal allouées.

Le principe financier le plus sain est probablement celui de distribuer la totalité des bénéfices, quitte à faire aussitôt appel aux actionnaires lors de financements de projets importants. Cependant, ce principe se heurte à des considérations pratiques (coûts fiscal et d'opération importants, contrôle de l'actionnariat) qui le rendent d'application difficile.

En résumé, l'autofinancement bénéficie d'une image extraordinaire auprès de tous les partenaires de l'entreprise. Cependant, bien qu'il soit une composante des capitaux propres et donc revienne fondamentalement à l'actionnaire, ce dernier le contrôle très mal. Il en résulte que l'autofinancement peut constituer une véritable bombe à retardement pour l'entreprise.

2 ■ Autofinancement et création de valeur

40.5 Rappelons quelques vérités :

- A-t-on bien conscience qu'à des conditions de marché identiques, la valeur d'une entreprise doit s'accroître du montant des bénéfices réinvestis ? La performance d'une stratégie financière de création de valeur consiste à **accroître la valeur des capitaux propres au-delà de l'accroissement de valeur (presque « mécanique » pourrait-on dire) provenant des bénéfices réinvestis.**

- **Le coût apparent de l'autofinancement est nul.** C'est apparemment le cas à court terme, mais quel piège à long terme ! Notre lecteur connaît-il un bien gratuit à l'exception des biens disponibles en quantité illimitée, ce qui n'est manifestement pas le cas de l'argent ? Le coût de l'autofinancement existe donc et nous avons vu qu'il a un impact direct sur la valeur de l'entreprise comme nous l'enseigne la théorie des marchés en équilibre. Il s'agit d'**un coût d'opportunité qui n'est pas, par essence, directement observable**, contrairement au coût de la dette qui se traduit immédiatement par des flux de trésorerie. Mais, comme nous l'avons précisé précédemment, s'autofinancer, c'est-à-dire mettre en réserve les résultats plutôt que les distribuer, est financièrement équivalent à distribuer l'intégralité des résultats et à réaliser une augmentation de capital concomitamment. **Le coût de l'autofinancement est donc le même que celui d'une augmentation de capital, à savoir le coût des capitaux propres.**

- **Cela veut-il dire que l'entreprise doit exiger sur les investissements qu'elle autofinance un taux de rentabilité égal au coût des capitaux propres ?** Non, comme nous l'avons vu au chapitre 33, c'est une grande erreur que d'associer le coût d'une source de financement et le taux de rentabilité à exiger des investissements qu'elle finance. Quel que soit le mode de financement, les investissements doivent rapporter leur coût du capital. En s'autofinançant, l'entreprise réduit la part des dettes dans sa structure financière et donc le risque pour ses créanciers, d'où un coût de la dette plus faible. Cette économie se rajoute, dans un monde en équilibre, à la rentabilité normalement dégagée par l'investissement financé par autofinancement, soit le coût du capital, pour correspondre à la rentabilité exigée par l'actionnaire. Ce raisonnement est le même que celui de l'investissement financé par un nouvel endettement qui doit rapporter, non le coût de l'endettement, mais le coût du capital, soit plus que le coût de la dette. Le surplus accroît la rémunération de l'actionnaire afin de le compenser du risque supplémentaire qu'il supporte du fait du nouvel endettement.

- **L'autofinancement contribue à la croissance des moyens financiers de l'entreprise**, mais il ne permet d'accroître la richesse de l'actionnaire que si la rentabilité des nouveaux investissements est supérieure au coût moyen pondéré du capital. En effet, si la rentabilité des nouveaux investissements est inférieure au coût moyen pondéré du capital, tout euro réinvesti dans l'entreprise conduira alors à un accroissement de la valeur de celle-ci inférieur à cet euro. Les actionnaires s'appauvrissent donc par rapport à la situation qui aurait été la leur si la totalité des bénéfices avait été distribuée. Telle est la sanction d'une mauvaise utilisation de l'autofinancement. Étudions ainsi l'entreprise suivante dont la valeur des capitaux propres est de 135 et sur lesquels l'actionnaire demande une rentabilité de 7,5 % :

Année	Capitaux propres comptables	Résultat net	Dividende (Div)	Valeur boursière (V) PER = 9	Plus-value boursière annuelle (ΔV)	Taux de rentabilité (ΔV + Div)/V
1	300	15	4,5	135		
2	310,5	15,6	4,7	140,4	5,4	7,2 %
3	321,4	16,2	4,9	145,8	5,4	7,1 %
4	332,7	16,8	6,7	151,2	5,4	8,0 %

L'actionnaire perçoit une rentabilité annuelle proche de 7,5 %. En apparence, l'actionnaire obtient donc ce qu'il souhaite.

Mais il suffit de comparer sur les quatre années la croissance des capitaux propres (+ 32,7) à celle de la valeur boursière (+ 16,2) pour mesurer les méfaits d'une mauvaise politique d'autofinancement. À chaque fois que l'actionnaire a réinvesti 1 € dans la société, il ne peut espérer récupérer que 0,50 € [1]. Pour chaque euro réinvesti, l'actionnaire perd donc 0,50 €. Quel manque à gagner !

L'autofinancement est une machine qui permet de transformer l'argent en valeur. C'est une machine de rendement égal à 1 lorsque la rentabilité des capitaux propres réinvestis est égale à la rentabilité exigée. Son rendement devient bien faible lorsque la rentabilité des capitaux propres ainsi réinvestis est faible ; il y a alors destruction de valeur.

Attention à la construction des cathédrales en béton et acier (c'est-à-dire des entreprises faiblement rentables qui ont surinvesti) !

40.6 L'autofinancement fait croître le **montant comptable** des capitaux propres. L'autofinancement ne fait croître la **valeur** des capitaux propres de son propre montant que si les investissements ainsi réalisés sont suffisamment rentables, c'est-à-dire qu'ils rapportent autant que le taux de rentabilité exigé compte tenu de leur risque. Sinon, il y a certes accroissement du montant des capitaux propres, mais avec appauvrissement relatif des actionnaires dans la mesure où la valeur de leur patrimoine ne s'accroît pas du montant des fonds réinvestis.

Ainsi dans notre exemple, la valeur boursière de l'entreprise (151) n'est égale qu'à 45 % environ du montant comptable des capitaux propres (333) ! Mais il est vrai que la rentabilité de ces capitaux propres (16,8/332,7) est très inférieure à celle qui est exigée (5 % contre 7,5 %).

Certaines entreprises moyennes non cotées ont pratiqué une politique d'autofinancement à outrance conduisant à des investissements peu rentables et sans conséquence visible sur la valorisation de l'entreprise.

Le dirigeant a alors un réveil pénible lorsqu'il constate qu'il ne peut vendre son entreprise qu'à une valeur inférieure à la valeur comptable de son outil industriel, objet de son travail permanent et de toute sa vie. La sanction est sévère…

Seul le réinvestissement des bénéfices au taux de rentabilité exigé par les actionnaires peut maintenir la valeur des bénéfices réinvestis. Ceci suppose donc que les investissements ainsi réalisés rapportent, à même niveau de risque, au moins le coût du capital de l'entreprise.

1 16,2/32,7.

À défaut il vaut mieux rendre ces fonds qui ne trouvent pas à s'investir au coût du capital aux actionnaires, à charge pour eux de les investir dans des entreprises et des secteurs nouveaux qui ont besoin de capitaux propres pour financer leurs développements.

3 ■ Autofinancement et fiscalité

40.7 Sur le plan fiscal, l'autofinancement a été considéré pendant très longtemps comme la panacée pour l'actionnaire. En effet, l'autofinancement doit se traduire, pour l'actionnaire, par une augmentation de la valeur de ses actions, et donc par des plus-values. Or, celles-ci sont généralement imposées moins lourdement que les dividendes (voir paragraphe 37.10).

L'actionnaire préférant donc, *a priori*, percevoir ses revenus sous forme de plus-values, il serait favorable à l'autofinancement. Cependant, l'écart de taxation entre dividendes et plus values s'est réduit au cours du temps et comme nous le verrons une fois de plus, au chapitre 41 suivant, la fiscalité n'est pas le déterminant principal de la politique financière de l'entreprise.

En France, l'introduction en 2013 d'un impôt payé par les entreprises de 3 % sur les sommes distribuées introduit un biais fiscal en faveur de l'autofinancement.

4 ■ Autofinancement, actionnaires et créanciers

40.8 Le modèle optionnel du chapitre 38 nous a montré que lorsqu'une entreprise devient plus risquée, il y a un transfert de valeur des créanciers vers les actionnaires. À l'inverse, lorsque l'entreprise se désendette, les actionnaires perdent de la valeur au profit des créanciers.

On peut considérer l'autofinancement comme une augmentation de capital « un peu forcée », suivie par l'ensemble des actionnaires. Cette augmentation de capital va dans le sens d'une diminution du risque des créanciers et vient donc théoriquement les enrichir, en permettant une augmentation de la valeur de la dette.

Ce raisonnement est l'opposé de celui que l'on peut tenir pour les dividendes. Plus l'entreprise verse de dividendes, plus il y a un transfert de valeur des créanciers vers les actionnaires.

5 ■ Autofinancement, actionnaires et management

40.9 Comme nous le verrons aux paragraphes 40.21 et suivants, l'autofinancement représente un problème majeur dans la relation actionnaires/dirigeants. En effet les dirigeants disposent grâce à l'autofinancement d'un « chèque en blanc » qu'ils peuvent investir à loisir sans contrôle possible de la part des actionnaires. L'autofinancement est donc la source de la plupart des conflits d'agence entre actionnaires et dirigeants.

Section 2 ■ L'autofinancement et les critères financiers

1 ■ Autofinancement et croissance interne

40.10 La croissance des capitaux propres d'une société ne faisant pas appel à ses actionnaires dépend du taux de rentabilité comptable de ses capitaux propres et de son taux de distribution.

Une entreprise ayant des capitaux propres de 100, dont la rentabilité comptable est de 15 %, réalisera un bénéfice de 15. Si son taux de distribution est de 33,3 %, elle conservera les 2/3 de ses bénéfices, soit 10. Ses capitaux propres passeront donc de 100 à 110, soit une augmentation de 10 %, et ainsi de suite comme le montre le tableau ci-dessous :

Année	Capitaux propres en début d'exercice	Résultat net (15 % des capitaux propres)	Résultat net mis en réserve	Capitaux propres après répartition
1	100	15	10	110
2	110	16,5	11	121
3	121	18,15	12,1	133,1
4	133,1	20,0	13,3	146,4

La croissance des capitaux propres est alors égale au produit du taux de rentabilité comptable des capitaux propres par le taux de rétention des bénéfices[1], complément du taux de distribution.

On a ainsi :

$$g = R_{CP} \times (1 - d)$$

où g est le taux de croissance des capitaux propres[2] ;

R_{CP} est le taux de rentabilité comptable des capitaux propres ;

d est le taux de distribution des bénéfices.

Ceci est une évidence et le lecteur doit bien en être conscient.

En d'autres termes, la politique d'autofinancement détermine le taux de croissance des capitaux propres à partir du taux de rentabilité dégagé par l'entreprise.

2 ■ Le modèle de croissance interne

40.11 À structure financière constante, la croissance des capitaux propres permet une croissance parallèle de l'endettement, donc des capitaux nécessaires à l'exploitation. Précisons qu'il ne s'agit pas ici des valeurs de marché des capitaux propres mais de leur montant comptable.

1 Notons qu'il convient d'assimiler les rachats d'actions à des dividendes pour le calcul du taux de rétention.

2 On notera que, dans ce chapitre, comme il n'est pas fait appel aux actionnaires, le taux de croissance des capitaux propres par action est toujours égal au taux de croissance des capitaux propres.

On se rappelle que la rentabilité comptable des capitaux propres est égale à la rentabilité économique majorée de l'effet de levier positif ou négatif dû à l'endettement (voir chapitre 14) :

$R_{CP} = R_e + (R_e - i) \times D/CP$

on peut donc en déduire :

$$g = \left[R_e + (R_e - i) \times \frac{D}{CP}\right] \times (1 - d)$$

où g est le taux de croissance des moyens financiers de l'entreprise à structure financière et rentabilité économique constantes, et donc de son actif économique.

C'est le modèle de croissance interne.

Il est par ailleurs clair que le taux de croissance du chiffre d'affaires, de la production, de la valeur ajoutée, etc. sont égaux au taux de croissance des capitaux propres si les rapports :

$$\frac{\text{Chiffres d'affaires}}{\text{Actif économique}}, \frac{\text{Production}}{\text{Actif économique}}, \frac{\text{Valeur ajoutée}}{\text{Actif économique}} \text{ restent constants.}$$

> Par l'intermédiaire du modèle de croissance interne, on établit ainsi un lien direct entre le taux de croissance de l'activité de l'entreprise et le taux de croissance de ses moyens financiers.

Pour illustrer ce principe, considérons une entreprise dont l'actif économique est financé à égalité par des capitaux propres et par endettement au coût après impôt de 5 %. Sa rentabilité économique nette est de 15 %, les bénéfices sont réinvestis à 80 %. On a ainsi :

Période	Capitaux propres	Endettement net	Actif économique	Résultat d'exploitation après impôt	Frais financiers après impôt	Résultat net	Dividendes	Résultat net réinvesti	Capitaux propres après répartition
1	100	100	200	30	5	25	5	20	120
2	120	120	240	36	6	30	6	24	144
3	144	144	288	43,2	7,2	36	7,2	28,8	172,8

Ceci nous donne un taux de croissance annuel moyen des capitaux propres de :

$g = [15\,\% + (15\,\% - 5\,\%) \times 1] \times 80\,\% = 20\,\%$.

Le lecteur pourra vérifier que si l'entreprise distribue la moitié de ses bénéfices, le taux de croissance des capitaux propres passe à :

$g = [15\,\% + (15\,\% - 5\,\%) \times 1] \times 50\,\% = 12{,}5\,\%$.

40.12 Le taux de croissance des moyens financiers de l'entreprise dépend donc à la fois :

- de la **rentabilité économique :** plus elle est forte, plus le taux de croissance des moyens financiers de l'entreprise est élevé ;
- du **coût de la dette :** plus celui-ci est faible, plus fort est l'effet de levier, et donc plus le taux de croissance des moyens financiers est élevé ;
- de la **structure financière ;**
- du **taux de distribution des résultats**.

Ainsi, dans une telle situation d'équilibre, les capitaux propres, l'endettement, l'actif économique, le bénéfice net, les capitaux propres par action, le bénéfice par action et le dividende par action croissent au même rythme, comme l'illustre l'exemple précédent. **Il est courant d'appeler ce taux le potentiel de croissance de l'entreprise**.

3 ▪ Une lecture plus approfondie

40.13 Le modèle précédent n'a d'intérêt que théorique, dans la mesure où il suppose que tous les paramètres croissent au même rythme et que la rentabilité des fonds réinvestis par croissance interne est égale à celle de l'actif initial. Cette dernière hypothèse est très forte.

Supposons, en effet, qu'une entreprise réinvestisse 2/3 de ses bénéfices dans des projets de rentabilité nulle.

Période	Capitaux propres d'ouverture	Résultat net	Rentabilité des capitaux propres	Dividendes	Résultat net réinvesti	Capitaux propres après répartition
1	100	15	15 %	5	10	110 (+ 10 %)
2	110	15 (+ 0 %)	13,6 %	5 (+ 0 %)	10	120 (+ 9,1 %)
3	120	15 (+ 0 %)	12,5 %	5 (+ 0 %)	10	130 (+ 8,3 %)

On remarque que le bénéfice net ne progresse pas, que la croissance des capitaux propres se ralentit et que la rentabilité comptable décline car la rentabilité des fonds réinvestis est nulle.

40.14 Si, au contraire, l'entreprise réinvestit une part de ses bénéfices dans des projets d'une rentabilité deux fois supérieure à celle qu'elle dégage, tous les paramètres seront orientés à la hausse.

Période	Capitaux propres d'ouverture	Résultat net	Rentabilité des capitaux propres	Dividendes	Résultat net réinvesti	Capitaux propres après répartition
1	100	15	15 %	5	10	110 (+ 10 %)
2	110	18[1] (+ 20 %)	16,4 %	6 (+ 20 %)	12	122 (+ 10,9 %)
3	122	21,6[2] (+ 20 %)	17,7 %	7,2 (+ 20 %)	14,4	136,4 (+ 11,8 %)

1. *15 + 10 × 30 % = 18.*
2. *15 + (10 + 12) × 30 % = 21,6.*

Mais, alors que le taux de croissance des capitaux propres ne s'accroît que légèrement, celui du bénéfice prend immédiatement le rythme de 20 %.

40.15 Le taux de croissance du résultat net n'est pas lié au taux de rentabilité moyen, mais au taux de rentabilité marginal, c'est-à-dire celui obtenu sur les nouveaux investissements réalisés.

> Une politique d'autofinancement ne peut être analysée qu'en fonction de la rentabilité marginale dégagée par les bénéfices réinvestis.

De là, l'existence d'effets multiplicateurs sur ces paramètres, mis en évidence par la relation :

$$\frac{\text{Variation du bénéfice net}}{\text{Bénéfice net}} = \frac{\text{Variation du bénéfice net}}{\text{Variation des capitaux propres}} \times \frac{\text{Variation des capitaux propres}}{\text{Bénéfice net}}$$

ce qui signifie que, hors augmentation de capital, le taux de croissance du bénéfice net ou du BPA est égal à la rentabilité marginale des capitaux propres multipliée par le taux de rétention des bénéfices (1 – taux de distribution des dividendes).

Section 3 ■ Pourquoi rendre des fonds aux actionnaires ?

Le montant des fonds rendus aux actionnaires ne correspond pas, le plus souvent, à celui des fonds qui ne trouvent pas à s'investir dans des projets rapportant au moins le coût du capital. Au-delà de cette pure rationalité, d'autres paramètres interviennent en effet.

1 ■ La non-réponse de la théorie des marchés en équilibre

40.16 Sur les marchés à l'équilibre, la distribution n'a aucun impact sur le patrimoine de l'actionnaire et celui-ci est indifférent entre recevoir un euro en dividende ou un euro en plus-value.

En effet, si nous sommes à l'équilibre, l'entreprise dégage par définition le taux de rentabilité exigé par les actionnaires. Considérons ainsi la société Équilibre SA qui dispose de 100 de capitaux propres sur lesquels les actionnaires demandent une rentabilité de 10 % et qui dégage, puisque nous sommes à l'équilibre, un résultat net de 10. Soit ce bénéfice de 10 est distribué aux actionnaires, soit il est réinvesti dans l'activité d'Équilibre SA à un taux de rentabilité de 10 %, mais comme l'actionnaire demande un taux de rentabilité de 10 %, ce 10 va valoir ni plus ni moins que 10. Les actionnaires auront donc soit touché 10 en liquidités, soit vu la valeur d'Équilibre SA s'accroître de 10 ; ce qui est équivalent d'un point de vue patrimonial.

> Dans le cadre des marchés à l'équilibre, il ne peut donc pas y avoir de bonnes ou de mauvaises politiques de distribution.

En définitive, si l'entreprise distribue beaucoup, la valeur de l'action sera plus faible mais l'actionnaire aura plus de liquidités. Si l'entreprise distribue moins, sa valeur sera plus forte (sous réserve qu'elle autofinance des projets suffisamment rentables) et l'actionnaire aura moins de liquidités, ce qu'il pourra compenser en vendant une partie de ses actions.

40.17 **Dans un univers de marchés en équilibre, distribuer plus ou moins ne changera donc rien au patrimoine de l'actionnaire**. Les entreprises ne doivent donc pas se préoccuper de leur politique de distribution mais considérer le dividende comme un flux d'ajustement. On retrouve l'approche de Modigliani-Miller en matière de politique financière : il n'existe pas de moyen durable de créer de la valeur par une simple décision financière.

Le graphique suivant présente le cours de l'action Lagardère qui a versé le 28 mai 2013 un dividende exceptionnel de 9 € ; immédiatement, le cours s'est ajusté :

Le cours de Lagardère baisse de 9 €, mais la richesse des actionnaires reste inchangée puisqu'ils détiennent désormais 9 € en liquidités, et une action qui vaut 19,59 €, soit un total de 28,59 €, correspondant à la valeur de l'action Lagardère avant le versement du dividende exceptionnel.

Cours de l'action Lagardère en €

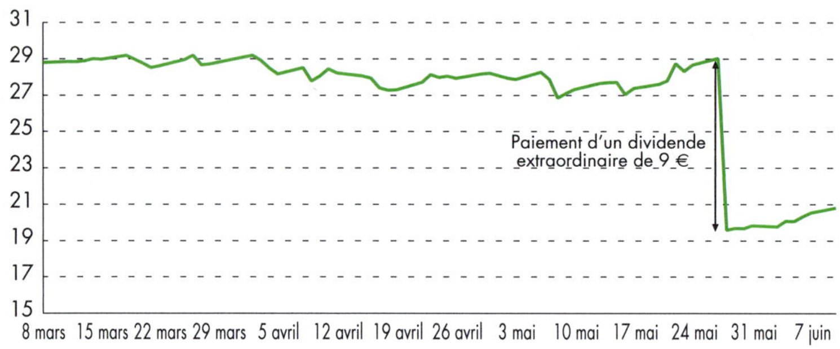

Source : Datastream.

En tout cas, s'il est bien une idée fausse fondée sur un abus de langage, c'est celle qui consiste à présenter le dividende comme une rémunération de l'actionnaire, comme le pendant du salaire qui rémunère le travailleur.

Si le patrimoine du salarié s'accroît bien du salaire versé, en revanche le patrimoine de l'actionnaire n'est pas modifié par la perception du dividende : certes, il a bien touché le montant des dividendes versés, mais au même moment la valeur de ses actions a baissé d'autant.

Le dividende n'est donc pas une rémunération ou un enrichissement de l'actionnaire, mais une simple modification de la composition de son patrimoine, comme un transfert de sa poche gauche à sa poche droite.

Que dire en effet des firmes qui n'ont jamais versé de dividendes comme Facebook ou la société de Warren Buffett Berkshire Hathaway. N'ont-elles jamais rémunéré leurs actionnaires ? Bien sûr que non ! Ces firmes ont été d'excellents investissements pour leurs actionnaires. La rémunération de l'actionnaire, c'est la variation de la valeur de son patrimoine investi dans l'entreprise, dividendes compris.

2 ■ La distribution comme un signal

40.18 La théorie des marchés en équilibre a du mal à trouver une justification convaincante à l'existence des dividendes. La prise en compte du monde réel oblige à rechercher de nouvelles explications au problème de la distribution.

Toute une littérature autour de la théorie des signaux appliquée au problème de la distribution développée principalement pendant les années 1980 propose une justification à l'existence des dividendes ou des rachats d'actions :

> La distribution est l'un des moyens de communication entre l'entreprise et les investisseurs.

Les informations financières transmises aux investisseurs par les entreprises sont sujettes à de possibles mises en valeur avantageuses, voire à des manipulations comptables. Les dirigeants sont en effet naturellement incités à donner la meilleure image possible de l'entreprise, même si parfois celle-ci ne représente pas l'exacte vérité. Les entreprises réellement rentables vont alors chercher à se distinguer des autres par des politiques que ces dernières ne pourront pas imiter parce qu'elles n'en ont pas les moyens. La distribution de dividendes ou les rachats d'actions est l'une de ces politiques car elle nécessite de disposer de trésorerie. Une entreprise en difficulté ne pourra donc pas imiter une firme prospère.

La politique de dividendes ou de rachats d'actions constitue donc un vecteur d'information privilégié que les dirigeants utilisent pour convaincre que leur image correspond à la réalité.

40.19 Par ailleurs, la politique de distribution permet à l'équipe dirigeante de montrer au marché financier qu'elle applique, en matière de finance et de développement, une politique réfléchie et qu'elle anticipe certains résultats. Comme les dividendes annuels sont distribués la plupart du temps 4 à 6 mois après la clôture de l'exercice, le niveau du dividende dépend à la fois du résultat de l'exercice clos et de celui du début de l'exercice en cours. Le niveau porte donc une information, un signal, sur le résultat prévisionnel de l'exercice en cours.

40.20 Si une entreprise maintient son dividende alors que son bénéfice décroît, elle signifie au marché que cette baisse n'est que passagère, et que la progression des bénéfices va reprendre. Ainsi l'assureur britannique Prudential a-t-il vu son cours monter de 10 % suite à sa décision en 2009 d'augmenter son dividende de 5 % malgré une perte affichée au premier semestre (due à des éléments exceptionnels). À l'inverse si elle le réduit fortement, voire le supprime, elle envoie un signal sur ses perspectives d'activité qui risque fort d'être analysé négativement.

Cependant, la réduction des dividendes ne correspond pas nécessairement à une mauvaise nouvelle sur les résultats futurs, elle peut également indiquer un besoin de liquidités lié à de nouvelles opportunités d'investissement. Ainsi, on a pu assister depuis la fin des années 1990 à une réorientation de certains groupes traditionnellement positionnés sur des secteurs à maturité vers des activités ou des zones géographiques à plus forte croissance.

De la même façon, il faudra aussi éviter le piège qu'une hausse du dividende ne soit interprétée comme une raréfaction des opportunités d'investissement.

> La stratégie de communication sur la politique de dividendes revêt une importance cruciale, en particulier en cas de changement de cette politique.

3 ■ La distribution comme une résolution des problèmes d'agence

40.21 Selon la théorie de l'agence, créanciers et dirigeants ont un intérêt commun à défendre l'autofinancement car « l'argent reste dans l'entreprise » tandis que les actionnaires « en veulent toujours plus »…

Si les dirigeants investissent les flux de trésorerie disponibles dans des investissements non rentables, leurs ego seront satisfaits par la taille du budget d'investissement, ou leurs postes deviendront plus stables si les investissements sont peu risqués[1].

Ceci est d'autant plus vrai que l'autofinancement est une source de financement dont l'obtention nécessite peu de communication et dont le coût de l'asymétrie d'information est très réduit. Le risque existe alors que les entreprises disposant de trésorerie réalisent des investissements faiblement rentables, comme si l'argent brûlait les doigts de leurs dirigeants !

40.22 Il existe cependant une sanction à l'autofinancement mal géré comme l'a démontré M. Jensen en 1986 : le changement de contrôle par offre publique d'achat (OPA) ou d'échange (OPE) (dans le cas d'entreprises cotées) que nous verrons au chapitre 48.

Si la gestion d'une équipe de dirigeants est médiocre, la sanction du marché sera tôt ou tard une stagnation ou une baisse du cours des actions qui, si elle est durable, exposera l'entreprise au risque d'une OPA. En supposant que les dirigeants ne détiennent pas suffisamment d'actions pour influer sur la réussite ou l'échec de l'OPA, le renouvellement de l'équipe dirigeante pourra permettre à la société de renouer avec des investissements dont la rentabilité est supérieure au coût moyen pondéré du capital, ce qui se traduira par une hausse du cours de Bourse.

La menace de l'OPA n'est pas théorique : elle a frappé à maintes reprises des groupes mal gérés (ITT, Aventis, Reuters, ABN Amro, etc.). Mais l'OPA arrive souvent tard et après des années de gâchis. La politique de distribution est un moyen plus préventif.

40.23 En contraignant en effet les dirigeants à verser aux actionnaires une fraction des résultats réalisés, elle est un moyen de les « discipliner » et de les contraindre à intégrer dans leur raisonnement l'intérêt des actionnaires. Une politique de distribution généreuse aura pour contrepartie un appel plus important, soit aux actionnaires, soit aux créanciers pour financer l'entreprise.

Dans les deux cas, ceux-ci ont alors le pouvoir de dire « non ». Pour réduire à l'extrême les divergences d'intérêt et la marge de manœuvre des dirigeants, les actionnaires pourraient demander que la totalité des bénéfices leur soit reversée. L'entreprise serait alors contrainte de procéder à des augmentations de capital régulières que les actionnaires décideraient ou non de suivre en fonction de la rentabilité des projets qui leur seraient proposés par les dirigeants.

40.24 Cette solution, attractive intellectuellement puisqu'elle permettrait de réduire considérablement les problèmes d'asymétrie d'information, se heurte à l'importance des coûts qu'engendre une augmentation de capital (coûts directs, temps de l'équipe de direction).

On notera également que les créanciers sont vigilants et tendent à s'opposer aux distributions trop généreuses qui peuvent se traduire par une augmentation de leur risque.

> Le dividende est surtout un instrument de contrôle des dirigeants par le marché qui prive ainsi l'entreprise d'une part de ses liquidités que le management aurait pu investir à son gré. Si les dirigeants souhaitent néanmoins investir pour le montant de ces liquidités, ils devront recourir à l'endettement qui, en exerçant une contrainte sur eux, les pousse à être plus efficaces.

1 De plus, pour les dirigeants possédant des stock-options, l'autofinancement constitue une ressource gratuite de nature à valoriser leur patrimoine personnel grâce à la valorisation induite de l'action sous-jacente et ce, même s'il y a destruction de valeur…

4 ■ Parce que les actionnaires le souhaitent !

40.25 M. Baker et J. Wurgler ont montré qu'il existe des périodes pendant lesquelles les actionnaires sont demandeurs de dividendes. Ils sont prêts à payer plus cher les actions d'entreprises à la politique de distribution généreuse et au contraire à moins bien valoriser les actions à faibles dividendes. Depuis 2002 nous sommes clairement dans une telle période. Même si encaisser un dividende n'a jamais enrichi un investisseur puisque parallèlement la valeur de l'action s'affaisse du montant du dividende, l'actionnaire ne peut pas s'empêcher d'être heureux à la réception de son chèque, même s'il lui suffirait de vendre quelques actions pour toucher le même montant de liquidités. Dans ce contexte, J. Rockfeller peut déclarer dans les années 1920 : « Vous connaissez la seule chose qui me fait encore plaisir ? Toucher mes dividendes », sans choquer personne !

M. Baker et J. Wurgler ont aussi montré qu'il existe des périodes pendant lesquelles les actionnaires ne sont pas vraiment demandeurs de dividendes car il leur semble plus intéressant que l'entreprise réinvestisse dans des opportunités de croissance. Ils valorisent moins cher les actions à forts dividendes. Ce fut clairement le cas dans la seconde partie des années 1990 : fin 1998, le jour où Telefónica annonça la suppression de son dividende afin de contribuer au financement de son expansion en Amérique latine, son cours de Bourse grimpa de 9 %.

On peut naturellement se demander pourquoi cette succession de phases opposées. Il ne nous semble pas qu'il y ait d'autres réponses que l'existence de modes en finance. Elles correspondent à des vagues d'optimisme conduisant à privilégier le réinvestissement du résultat perçu comme créateur de valeur ou à des vagues de pessimisme conduisant à favoriser la distribution. La finance est avant tout une activité humaine…

5 ■ Pour donner aux actionnaires de la liquidité

40.26 Cette raison est particulièrement vraie pour les sociétés non cotées illiquides par définition. Elle s'applique aussi aux sociétés cotées de petite taille qui souffrent d'une désaffection des investisseurs et donc d'un marché faiblement animé, souvent sur des bases de valorisations faibles, peu propices à des cessions. L'actionnaire, qui n'est pas un être désincarné mais une personne humaine, a aussi des besoins de la vie courante à assouvir !

Enfin, l'existence d'une fiscalité sur le patrimoine (ISF en France) qui le taxe annuellement pousse les actionnaires à vendre des actions sauf si le dividende est suffisant pour payer cet impôt. Pour une entreprise familiale, cela est une incitation forte à la distribution de liquidités.

6 ■ Pour modifier l'actionnariat de l'entreprise

40.27 Dans la plupart des cas, rendre de l'argent aux actionnaires veut dire rendre à chaque action la même somme. S'il en est différemment (par la technique de la réduction de capital ou du rachat d'action), l'actionnariat de l'entreprise est modifié. Comme nous le verrons au chapitre 41 suivant, le contrôle sur l'entreprise des actionnaires qui ne touchent pas de liquidités à cette occasion est renforcé ; celui des actionnaires qui touchent des liquidités est lui réduit.

RÉSUMÉ

Le résumé de ce chapitre est disponible sur le site www.vernimmen.net.

Le bénéfice net n'a que deux affectations possibles : soit le réinvestissement dans l'entreprise sous forme d'autofinancement, soit sa distribution aux actionnaires sous forme de dividende ou de rachat d'actions, voire de réduction de capital.

L'autofinancement bénéficie d'une excellente image : il réduit le risque du créancier, se traduit par des plus-values et non des dividendes souvent plus lourdement imposés pour l'actionnaire. Il constitue pour les gestionnaires une ressource mobilisable sans avoir à solliciter des tiers, ressource qui diminue le risque de leur entreprise tout en accroissant la valeur de leurs stock-options.

C'est là cependant son danger. L'autofinancement n'a d'intérêt d'un point de vue financier que s'il permet de financer des investissements qui rapporteront au moins le taux de rentabilité exigé compte tenu de leur risque. Sinon il conduit à détruire de la valeur avec d'autant plus de constance que la sanction intervient souvent tard puisque l'autofinancement à outrance coupe l'entreprise des marchés financiers. La sanction n'en est que plus forte !

Le piège de l'autofinancement est son coût apparent qui est nul alors que son véritable coût, qui est un coût d'opportunité, est bien réel. Il est égal au coût des capitaux propres.

L'autofinancement permet un taux de croissance interne de l'activité égal au taux de rentabilité comptable des capitaux propres multiplié par le taux de rétention des bénéfices (1 – le taux de distribution). À levier comptable et rentabilité économique constants, le taux de croissance interne correspond au taux de croissance des capitaux propres et de l'actif économique. Enfin, le taux de croissance du résultat net et du BPA est égal à la rentabilité marginale des capitaux propres que multiplie le taux de rétention des bénéfices.

Le dividende tout comme les rachats d'actions ont pour objectif premier de rendre aux actionnaires des fonds qui ne trouvent plus à s'investir dans l'entreprise à un taux de rentabilité qui correspond au moins au coût du capital, évitant ainsi de détruire de la valeur. On réalloue ainsi des fonds d'entreprises ou de secteurs à maturité devenus moins risqués, vers des entreprises ou des secteurs nouveaux, en plein développement, qui ont besoin de capitaux propres.

Des objectifs secondaires peuvent aussi être poursuivis :

- signaler que l'entreprise qui renonce volontairement à des liquidités est en bonne santé et qu'elle est confiante dans l'évolution de ses résultats (théorie du signal) ;
- réduire la marge de manœuvre des dirigeants en les privant d'une partie des flux de trésorerie générés par l'entreprise (théorie de l'agence) ;
- répondre aux souhaits des actionnaires qui, dans certaines phases, sont prêts à surpayer des entreprises versant des dividendes importants et qui, dans d'autres phases, sont prêts à surpayer des entreprises versant peu de dividendes ;
- procurer des liquidités à l'actionnaire qui peut en avoir besoin ;
- modifier progressivement la structure de l'actionnariat en renforçant le poids de certains actionnaires au détriment de celui d'autres actionnaires.

QUESTIONS

1/ Pourquoi l'autofinancement a-t-il une très bonne image ?

2/ Pourquoi une politique d'autofinancement à outrance n'est-elle pas saine ?

3/ De quoi dépend le taux de croissance des moyens financiers de l'entreprise ?

4/ Que doit faire une entreprise dont la rentabilité des bénéfices investis est inférieure au coût du capital ?

5/ En fonction de quels critères une politique d'autofinancement doit-elle être jugée ?

6/ Quelle est, selon vous, la meilleure théorie qui explique l'intérêt de l'autofinancement ?

7/ Montrez que l'autofinancement est gratuit pour un détenteur d'options d'achat.

8/ Quelle est la sanction d'un autofinancement excessif ?

9/ Quel type d'entreprise pratique un fort autofinancement, un faible autofinancement ?

10/ L'autofinancement permet-il de faire baisser le coût du capital ?

11/ Quels sont les avantages et les inconvénients de l'autofinancement intégral pour l'actionnaire familial ?

12/ Pourquoi l'autofinancement est-il la ressource dont le coût de mise en œuvre est le plus faible ?

13/ Dans quelle condition le taux de croissance des dividendes est-il au moins égal à celui des flux de trésorerie disponibles ?

14/ Le jour où le dividende est versé, la valeur de l'action baisse instantanément du montant du dividende. L'actionnaire s'est-il appauvri ?

15/ À quelle condition pouvez-vous accepter qu'une société ne verse aucun dividende ?

16/ Une société qui ne versait pas de dividendes annonce un premier dividende. Comment interprétez-vous cette nouvelle dans le cadre de la théorie des marchés à l'équilibre, de la théorie de l'agence et de la théorie du signal ?

17/ Les groupes occidentaux de tabac ont-ils un taux de distribution élevé ? Pourquoi ?

D'autres questions vous attendent sur le site www.vernimmen.net.

EXERCICES

1/ Un entrepreneur entend absolument conserver le contrôle entier de son entreprise et refuse donc tout partenaire extérieur. La rentabilité économique de son entreprise est de 10 % après impôt. Son objectif de croissance est de 25 % par an. Le coût de sa dette est de 7 % avant impôt et le taux de l'impôt est de 40 %.

a) En l'absence de dividendes, quelle structure financière choisit-il implicitement ?

b) Même question s'il doit distribuer le tiers de ses bénéfices.

c) Quel est le taux de croissance normal implicitement prévu s'il choisit un levier (D/CP) égal à 1 ?

d) Sur quels autres paramètres peut-il jouer ?

2/ Choisissez un exemple de fuite en avant (dégradation de la structure financière) avec un effet de levier positif puis un effet de levier négatif. Faites des tableaux comme ceux qui sont exposés dans ce chapitre.

ÉLÉMENTS DE RÉPONSE

Questions

1. Car il réduit le risque du créancier, se traduit par des plus-values et non des dividendes souvent plus lourdement imposés et accroît la valeur des stock-options des dirigeants.

2. Elle isole l'entreprise des marchés financiers et donc d'une sanction rapide et salvatrice en cas de rentabilité durablement insuffisante.

3. Du taux de rentabilité économique, de la structure financière, du taux d'intérêt de la dette et du taux de distribution.

4. Distribuer tous ses bénéfices.

5. Du taux de rentabilité marginale des investissements.

6. La théorie de l'agence (intérêt du dirigeant à réduire le risque de l'entreprise).

7. Les détenteurs d'options ne bénéficient pas des distributions de dividendes. En revanche, le résultat mis en réserve accroît la valeur de l'action et donc la valeur de leur option.

8. L'OPA qui aboutit à un changement de dirigeants après des années d'investissements autofinancés et peu rentables.

9. Une entreprise de croissance avec un très fort taux de rentabilité. Une entreprise à maturité qui dégage du cash.

10. Non il n'a aucun impact sur le coût du capital tant qu'il ne modifie pas le risque de l'actif économique.

11. Évite les augmentations de capital qui pourraient diluer l'actionnariat familial. Réduit de fait les dividendes versés.

12. Car il n'a besoin de demander l'accord de personne pour le mettre en place.

13. Tant que l'entreprise a une dette nette positive.

14. Non, simplement l'action vaut moins cher et l'actionnaire a reçu la différence en liquidités ; sinon il y aurait des arbitrages.

15. Si le taux de rentabilité économique marginal est supérieur au coût moyen pondéré du capital.

16. Indifférence. Réduction des coûts d'agence car les dirigeants auront moins de marge de manœuvre pour investir sans contrôle. La croissance se ralentit.

17. Élevé car les perspectives de croissance sont faibles (et aussi pour « droguer » leurs actionnaires comme elles « droguent » leurs clients !).

Exercices

Les corrigés détaillés des exercices sur excel sont disponibles sur le site www.vernimmen.net.

1. a) $D/CP = [(g/(1-d)) - R_e] / [R_e - i\,(1 - 40\,\%)] = 2{,}6$.
   b) $D/CP = 4{,}7$.
   c) S'il ne distribue pas, $g = 15{,}8\,\%$; s'il distribue un tiers de ses profits en dividendes, $g = 10{,}5\,\%$.
   d) Améliorer sa rentabilité économique.

2. Dubaï est un très bon exemple de fuite en avant avec fort effet de levier. Cet émirat a financé sa forte croissance principalement grâce à de l'endettement. Lorsque la crise économique est arrivée en 2008, les difficultés se sont accélérées et il a dû être sauvé de la faillite par Abu Dhabi.

Prenons l'exemple de la société suivante dont l'effet de levier s'inverse en année 4.

Période	Capitaux propres	Dette	Actif économique	Résultat d'exploitation après impôt	Frais financiers après IS	Résultat net	Dividendes	Résultat réinvesti	Capitaux propres après répartition
1	100	100	200	20	8	12	2	10	110
2	110	140	250	25	12	13	1	12	122
3	122	190	312	28	17	11	0	11	133
4	133	258	391	31	26	5	0	5	138
5	138	350	488	34	35	– 1	0	– 1	137
6	137	474	611	43	47	– 4	0	– 4	133

BIBLIOGRAPHIE

Sur l'autofinancement :

Batsch L., « Endettement, "free cash flows" et création de valeur », *Cahier de recherche* n° 9910, Université de Paris-Dauphine, 1999.

Becker B., Jacob M., Jacob M., « Payout taxes and the allocation of investment », *Journal of Financial Economics* janvier 2013, vol. 107, n° 1, pages 1 à 24.

Jensen M., « Agency costs of free cash flow, corporate finance and takeovers », *American Economic Review* mai 1986, vol. 76, n° 2, pages 323 à 329.

Pour une revue de l'ensemble de la problématique du dividende :

Baker K., *Dividends and dividend policy*, Wiley, 2009.

Baker M., Wurgler J., « A catering theory of dividends », *Journal of Finance* juin 2004, vol. 59, n° 3, pages 1125 à 1165.

Baker M., Wurgler J., « Appearing and disappearing dividends : the link to catering incentives », *Journal of Financial Economics* août 2004, vol. 73, n° 2, pages 271 à 288.

Black F., « The dividend puzzle », *Journal of Portfolio Management* hiver 1976, vol. 2, n° 2, pages 634 à 639.

Brav A., Graham J., Harvey C., Michaeli R., « Payout policies in the 21st century », *Journal of Financial Economics* septembre 2005, vol. 77, n° 3, pages 483 à 527.

Denis D., Osobov I., « Why do firms pay dividends ? International evidence on the determinants of dividend policy », *Journal of Financial Economics* juillet 2008, vol. 89, n° 1, pages 62 à 82.

Fuller K., Goldstein M., « Do dividends matter more in declining markets ? », *Journal of Corporate Finance* juin 2011, vol. 17, n° 3 pages 457 à 473.

Li W., Lie E., « Dividend changes and catering incentives », *Journal of Financial Economics* 2006, vol. 80, n° 2, pages 293 à 308.

Pour une lecture marché à l'équilibre :

Fama E., French K., « Testing trade-off and pecking order prediction about dividends and debt », *The Review of Financial Studies* printemps 2002, vol. 15, n° 1, pages 1 à 33.

Miller M., Modigliani F., « Dividend policy, growth, and the valuation of shares », *Journal of Business* janvier 1961, vol. 34, n° 4, pages 411 à 433.

Miller M., Scholes M., « Dividends and taxes », *Journal of Financial Economics* décembre 1978, vol. 6, n° 4, pages 333 à 364.

Pour une lecture théorie du signal :

Benartzi S., Michaely R., Thaler R., « Do changes in dividends signal the future or the past », *Journal of Finance* juillet 1997, vol. 52, n° 3, pages 1007 à 1034.

Doron N., Amir Z., « Dividends changes and future profitability », *Journal of Finance* décembre 2001, vol. 56, n° 6, pages 2111 à 2133.

Miller M., « The information content of dividends », *in* J. Bossons, R. Dornbush, S. Fisher, *Macroeconomics : Essays in honor of Franco Modigliani*, MIT Press, 1987.

Ofer A., Siegel D., « Corporate financial policy, information and market expectations : an empirical investigation of dividends », *Journal of Finance* septembre 1987, vol. 42, n° 4, pages 889 à 911.

Pour une lecture théorie des mandats :

Bhattacharya S., « Imperfect information, dividend policy and "the bird in the hand fallacy" », *Bell Journal of Economics* été 1979, vol. 10, n° 1, pages 259 à 270.

Brockman P., Unlu E., « Dividend policy, creditor rights, and the agency cost of debt », *Journal of Financial Economics* mai 2009, vol. 92, n° 2, pages 276 à 299.

Calvi-Reveyron M., « Le niveau de dividendes d'entreprises françaises cotées répond-t-il à des contraintes d'agence ? », *Banque & Marchés* janvier-février 1999, n° 38, pages 43 à 56.

Easterbrook F., « Two agency-cost explanations of dividends », *American Economic Review* septembre 1984, vol. 74, n° 4, pages 650 à 659.

Healy P., Palepu K., « Earnings information conveyed by dividend initiations and omissions », *Journal of Financial Economics* septembre 1988, vol. 21, n° 2, pages 149 à 176.

Jensen M., Meckling W., « A theory of the firm : managerial behavior, agency cost and ownership structure », *Journal of Financial Economics* octobre 1976, vol. 3, n° 4, pages 305 à 360.

La Porta R., Lopez-de-Silanes F., Shleifer A., « Agency problems and dividend policies around the world », *Journal of Finance* février 2000, vol. 55, n° 1, pages 1 à 33.

Lambert R., Lanen W., Larcker D., « Executive stock option plans and corporate dividend policy », *Journal of Financial and Quantitative Analysis* décembre 1989, vol. 24, n° 4, pages 406 à 425.

Myers S., « Outside equity », *Journal of Finance* juin 2000, vol. 55, n° 3, pages 1005 à 1037.

Pour une lecture effet clientèle :

Becker B., Ivkovic Z., Weisbenner S., « Local dividend clienteles », *Journal of Finance* avril 2011, vol. 66, n° 2, pages 655 à 683.

Desai M., Jin L., « Institutional tax clienteles and payout policy », *Journal of Financial Economics* avril 2011, vol. 100, n° 1, pages 68 à 84.

Graham J., Kumar A., « Do dividend clientele exist ? Evidence on dividend preferences of retail investors », *Journal of Financial Economics* juin 2006, vol. 61, n° 3, pages 1305 à 1336.

Chapitre 41

La mise en œuvre de la politique de distribution : dividendes, rachats d'actions et réductions de capital

À chacun sa drogue.

Les développements ci-dessous sont la suite logique du chapitre 40 précédent.

La politique de distribution, au sens large du terme, inclut, outre les dividendes ordinaires ou exceptionnels, les rachats d'actions au fil de l'eau et les réductions de capital.

Section 1 ▪ La distribution de dividendes

41.1 Le dividende est fixé en assemblée générale ordinaire par les actionnaires qui décident de l'affectation du résultat de l'exercice sur proposition du conseil d'administration ou de surveillance. Il est alors versé en France dans un délai maximum de 9 mois après la clôture de l'exercice au titre duquel il est distribué.

1 ▪ Le rôle du taux de distribution et du taux de croissance du dividende

41.2 En pratique, deux critères essentiels sont utilisés dans l'analyse de la politique de dividendes :

- le taux de croissance du dividende par action ;

- le **taux de distribution**[1] (d), représenté par le rapport :

$$d = \frac{\text{Dividende}}{\text{Bénéfice net}}$$

Tout autre critère est non pertinent, souvent inexact, voire aberrant. Ainsi, il est absurde de ramener le dividende au nominal d'une action, puisque ce dernier est très souvent déconnecté de la valeur des capitaux propres.

> De la même façon, il est difficile d'assurer un objectif de taux de rendement (dividende/cours) aux actionnaires. C'est l'actionnaire qui, en évaluant l'entreprise, et donc l'action, détermine le rendement souhaité, et non l'inverse.

Ainsi que l'a établi J. Lintner, les dirigeants ont plutôt un objectif exprimé en terme de taux de distribution appliqué au niveau des bénéfices futurs. Ils s'assignent pour objectif de distribuer un pourcentage fixe des bénéfices de l'entreprise. C'est le cas de Hermès qui a annoncé en 2012 se donner comme objectif de verser 40 % de son résultat hors éléments exceptionnels.

Une politique de distribution est jugée faible (en Europe) lorsque le taux de distribution n'excède pas 20 %. Au-delà de 60 % la politique de distribution est jugée forte, la moyenne en 2013 étant de l'ordre de 45 %.

Les taux de distribution 2013 de quelques groupes européens cotés

0 % < d < 20 %		20 % < d < 30 %		30 % < d < 40 %		40 % < d < 60 %		60 % < d	
Thyssenkrupp	0 %	Heidelberg Cement	21 %	Essilor	32 %	Burberry	41 %	Ahold	61 %
Thomas Cook	0 %	Carlsberg	21 %	Arkema	32 %	LVMH	44 %	Swisscom	63 %
Telecom Italia	0 %	Richemont	22 %	Heineken	32 %	Carrefour	46 %	Telefónica	65 %
Sacyr-Vallehermoso	0 %	Bonduelle	24 %	Renault	32 %	Schneider	46 %	Vodafone	65 %
Porsche	0 %	Swatch	24 %	Airbus Group	33 %	Air Liquide	49 %	Energias de Portugal	70 %
Peugeot	0 %	Kering	24 %	Henkel	33 %	Siemens	49 %	Teliasonera	71 %
Nokia	0 %	Zodiac	26 %	Pernod-Ricard	34 %	Total	50 %	Bouygues	73 %
Metro	0 %	Norbert Dentressangle	26 %	Thales	36 %	E.ON	51 %	Deutsche Telekom	80 %
Areva	0 %	RWE	27 %	Bayer	36 %	Vinci	52 %	Endesa	83 %
Alcatel-Lucent	0 %	Dassault Systèmes	27 %	Crédit Agricole	37 %	Danone	52 %	Lagardère	98 %
Puma	7 %	Biomérieux	28 %	Hermès	37 %	Tesco	52 %	Suez Environnement	106 %
Volkswagen	20 %	Beiersdorf	30 %	Adidas	37 %	Saint-Gobain	56 %	Belgacom	113 %
BG Group	20 %	Havas	30 %	Axa	40 %	Casino	57 %	TF1	132 %

Source : Exane BNP Paribas.

En 2013, sur les 600 plus grosses sociétés européennes cotées, 64 n'ont pas versé de dividendes.

Ce taux de distribution pourra ponctuellement varier pour lisser au niveau du dividende par action les à-coups conjoncturels enregistrés au niveau du bénéfice par action.

1 Pour une entreprise familiale, on parlera parfois de taux de prélèvement qui, outre les dividendes, intègre des avantages divers, fiscalisés ou non.

Taux de distribution des dividendes

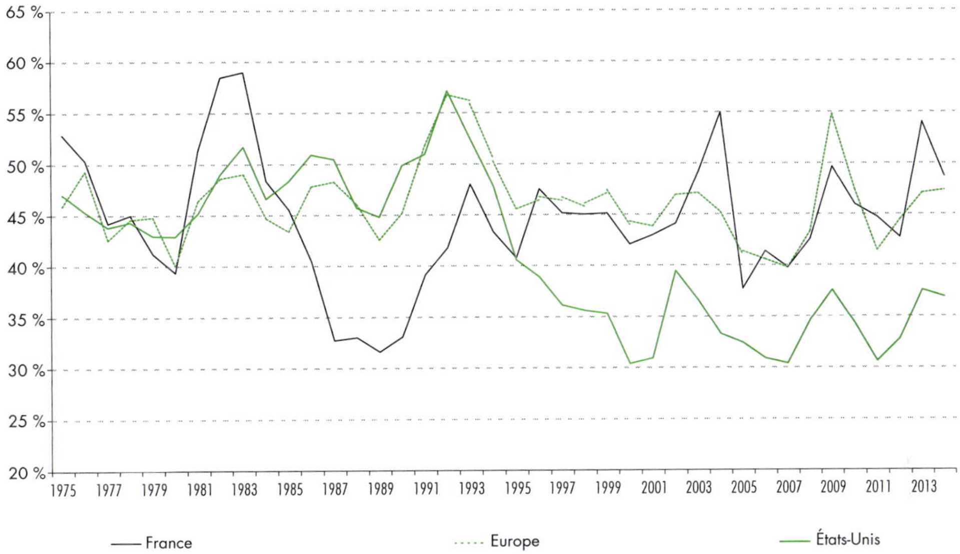

Source : Datastream, Exane BNP Paribas.

41.3 C'est ainsi qu'en 2010, le taux de distribution en Europe apparaît élevé (à plus de 50 %), mais l'explication tient aux mauvais résultats de 2009 plutôt qu'à un changement de politique de distribution. Le même commentaire peut être fait en 1983 et en 2003. À l'inverse 1986-1989 et 2005-2007 furent des années de très bons résultats et donc de taux de distribution plus faibles. En 2013 le taux est moyen à 47 %. Les taux de distribution américains apparaissent plus faibles à cause des rachats d'actions non pris en compte et d'un plus grand nombre de sociétés en croissance.

Une certaine régularité dans la distribution de dividendes est donc souhaitable, soit dans la croissance, soit dans la stabilité des dividendes distribués. De là découle, pour l'entreprise, la nécessité de choisir objectivement une politique de dividendes, qui peut s'appuyer sur l'un des deux schémas suivants :

- si la croissance du bénéfice est régulière, la politique de dividendes perd de son importance et l'entreprise peut, sans courir de risque, réduire son taux de distribution (tout en augmentant marginalement le dividende en montant absolu) ;
- si les bénéfices ont, du fait du secteur d'activité, un caractère cyclique, il importe de préserver la régularité du dividende en conservant une très forte marge de manœuvre, afin d'assurer la succession de phases de stabilité et de phases de croissance dans la distribution ;

Un dividende variable n'apporte aucune information à l'investisseur financier et peut même lui suggérer que la direction de la société mène une politique incohérente en matière de développement dans son secteur d'activité. Un tel profil ne peut donc qu'avoir une influence négative sur le cours boursier.

Une politique de dividendes doit être crédible, c'est-à-dire cohérente avec les bénéfices dégagés par l'entreprise. Aucun profil de dividendes, quelle qu'en soit la régularité, ne peut avoir d'effets favorables à long terme s'il ne peut être apparemment conservé, c'est-à-dire s'il y a incohérence ou incompatibilité avec le profil des bénéfices et les besoins d'autres financements de l'entreprise.

À titre d'exemple, voici depuis 1980, la politique de dividende de deux groupes industriels, l'un en croissance (L'Oréal), l'autre cyclique (Peugeot) qui lisse son dividende, quand il le peut !

BPA ajusté de L'Oréal (hors pharmacie)

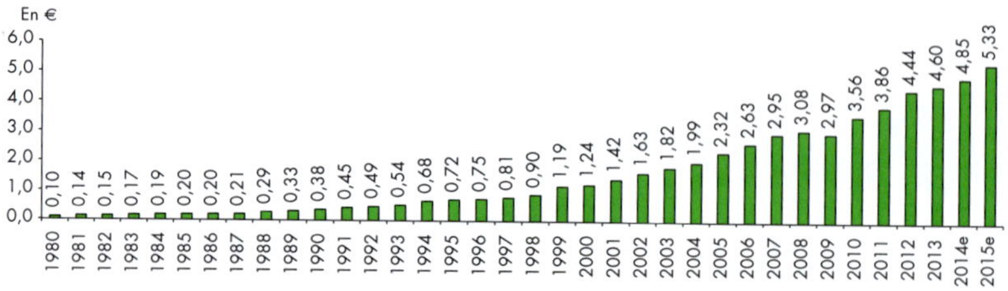

DPA ajusté de L'Oréal

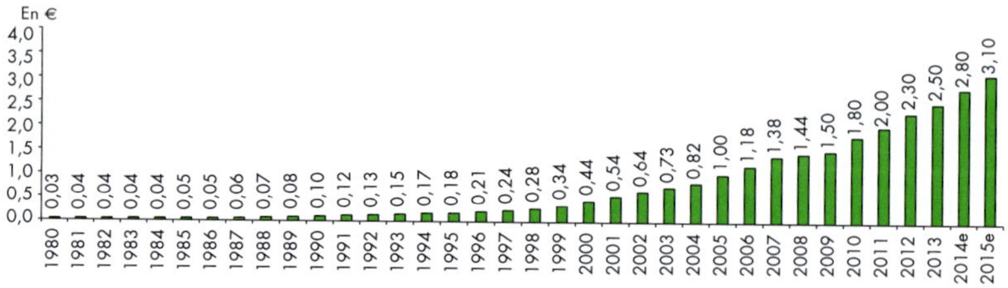

BPA ajusté de Peugeot

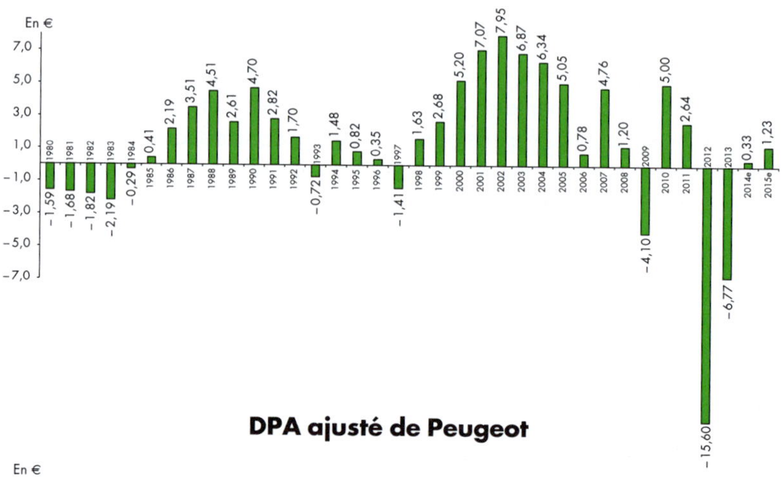

DPA ajusté de Peugeot

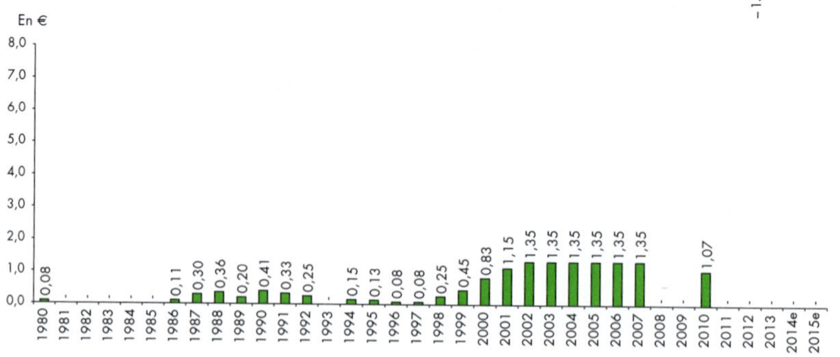

Source : Rapports annuels, Exane BNP Paribas estimates.

Le choix d'un taux de distribution a des conséquences sur la volatilité de l'action et la composition de son actionnariat : en Bourse, un fort taux de distribution implique, toutes choses égales par ailleurs, une faible volatilité du cours qui pourra presque s'assimiler à celui d'une obligation.

41.4 On retrouve ici le concept de « duration ». L'action qui a la plus forte « duration » aura aussi la plus forte volatilité. Par conséquent, un taux de distribution élevé tend à réduire la volatilité de la valeur de l'action.

Bien sûr, le taux de distribution n'est pas le seul élément qui détermine la volatilité d'une action : pour une entreprise, distribuer une part faible ou nulle des bénéfices va se traduire par une croissance des capitaux propres, par une augmentation de la valeur et donc, *in fine*, par des plus-values. Pour les concrétiser, il faudra vendre. Une politique de faible distribution est donc un « pousse-au-crime », si toutefois la vente d'actions est un crime, ce que ne sont pas loin de penser certains dirigeants ! Une entreprise familiale qui verse peu de dividendes fragilise ainsi le contrôle de son capital.

En revanche, une politique de dividendes élevés est très certainement un moyen pour fidéliser des actionnaires qui s'habituent au revenu, et oublient la valeur. Ceci est plus particulièrement vrai pour les actionnaires non dirigeants de sociétés familiales.

2 ■ Les modalités de distribution des dividendes

a) L'acompte sur dividende

41.5 Cette pratique consiste à verser par anticipation une fraction du dividende à venir, d'où le terme d'acompte. La décision est prise par le conseil d'administration ou le directoire, selon le cas, et n'a pas besoin d'être approuvée par l'assemblée générale des actionnaires. Cette habitude, qui permet de lisser le revenu de l'actionnaire et la sortie de fonds pour l'entreprise, est peu répandue en France, et seule une poignée d'entreprises cotées y ont recours. L'acompte sur dividende est alors versé au mois de décembre ou de janvier (entre le paiement de deux dividendes annuels) et représente entre le quart et la moitié du dividende annuel. Aux États-Unis, au Canada et en Grande-Bretagne, cette pratique est au contraire généralisée sous forme de dividende trimestriel ou semestriel.

b) Le paiement du dividende en actions

41.6 Les sociétés ont la possibilité d'offrir à leurs actionnaires le choix entre recevoir leurs dividendes en numéraire ou sous forme d'actions nouvelles de la société. Cette décision est prise par l'assemblée générale ordinaire statuant sur les comptes de l'exercice. Cependant son principe doit être prévu par les statuts.

Le paiement du dividende en actions permet à l'entreprise de procéder à une distribution tout en conservant les fonds correspondants [1].

Aucun avantage fiscal n'est accordé aux actions émises en paiement du dividende. La valeur des actions reçues est imposée comme s'il s'agissait d'un dividende classique. L'actionnaire qui

1 Notons que si cela est prévu dans ses statuts, une société peut distribuer des titres d'autres sociétés qu'elle détient en portefeuille à la place du dividende en numéraire. C'est ainsi qu'en 2012 Wendel a payé une partie de son dividende en actions Legrand.

accepte d'être rémunéré en actions doit payer un impôt alors qu'il n'a touché aucune liquidité ; il est donc confronté à un problème de trésorerie.

Le paiement du dividende sous forme d'actions peut conduire à une redistribution limitée de l'actionnariat, puisque certains actionnaires acceptent cette possibilité, alors que d'autres la refusent.

Cette possibilité ne présente aucun avantage financier spécifique pour les actionnaires, si ce n'est de pouvoir réinvestir les dividendes sans frais et en général à un prix légèrement inférieur au cours coté (mais le prix minimum est égal à 90 % des 20 séances précédant l'assemblée). Certains investisseurs n'hésitent pas à demander le paiement de leurs dividendes en actions… pour les revendre aussitôt et encaisser la marge. Cette manipulation oriente le cours à la baisse et pénalise l'action. Ceci explique pourquoi cette technique, fort populaire au début des années 1990, avait pratiquement disparu jusqu'à ce qu'elle retrouve une nouvelle jeunesse depuis 2008 du fait de la crise économique et financière où certains groupes ont voulu renforcer leurs capitaux propres tout en essayant d'éviter le signal négatif d'un dividende supprimé.

Par ailleurs, même avec une décote de 10 %, l'entreprise n'est pas assurée du choix des actionnaires. En effet, entre le moment où l'assemblée générale vote cette possibilité, le prix d'émission des actions nouvelles, et le moment où les actionnaires prennent leur décision, plusieurs semaines s'écoulent. Les fluctuations de cours de Bourse dans cette période peuvent effacer la décote et rendre plus intéressant pour les actionnaires le paiement en numéraire des dividendes.

Notons que les dividendes payés en action ne sont pas soumis à la contribution additionnelle d'IS de 3 % instaurée en 2012 (sauf si l'entreprise procède à des rachats d'actions l'année suivante).

c) Le dividende majoré

41.7 Afin d'avantager les actionnaires fidèles qui détiennent leurs actions depuis plus de 2 ans, un nombre croissant de grands groupes (SEB, Air Liquide, L'Oréal, EDF, Lafarge, Sodexo, Crédit Agricole…) versent un dividende majoré, pratique strictement encadrée par le législateur, ce qui retire beaucoup de sa portée à cette disposition.

En effet, le dividende majoré ne peut pas être créé si les statuts ne le prévoient pas et tant qu'il existe des valeurs mobilières pouvant donner lieu à création de nouvelles actions (obligations convertibles, bons…). Par ailleurs, le taux de majoration ne peut excéder 10 % du montant du dividende ordinaire, et ne peut être versé qu'à un actionnaire détenant depuis au moins 2 ans ses actions sous la forme nominative. Pour les sociétés cotées, le nombre d'actions donnant droit au dividende majoré ne peut excéder pour un même actionnaire 0,5 % du capital social.

Mentionnons enfin les actions de préférence qui ont très souvent un dividende plus important que celui des actions ordinaires (voir chapitre 28).

3 ■ La fiscalité française des dividendes

a) Pour les particuliers

41.8 Les dividendes perçus sont imposés sur 60 % de leur montant au taux marginal de l'impôt sur le revenu. Des prélèvements sociaux de 15,5 %[1] sont aussi prélevés sur le montant du dividende. Si le contribuable détient ses actions à travers un PEA (plan d'épargne en actions), il ne sera pas imposé sur ses dividendes à l'exception des prélèvements sociaux de 15,5 %.

Notons également que l'impôt est en partie payé sous forme d'un prélèvement non libératoire de 21 % qui représente de fait un acompte sur l'impôt à verser l'année suivante. Ceci peut poser des problèmes pratiques en cas de paiement de dividende en actions.

b) Pour les sociétés

41.9 Les dividendes perçus sont imposés au taux normal de l'impôt sur les sociétés, sauf si les conditions d'application du régime d'intégration fiscale ou du régime mère-fille sont réunies.

Le **régime fiscal des groupes de sociétés**, c'est-à-dire l'**intégration fiscale**, permet à la société mère de se constituer comme seule redevable de l'impôt sur des sociétés détenues à plus de 95 % de façon continue au cours du dernier exercice. Ce régime optionnel permet une compensation intégrale des bénéfices et des pertes à l'intérieur du groupe et offre l'avantage d'exonérer de l'impôt sur les sociétés les dividendes versés par les filiales à la maison mère.

Le **régime des sociétés mères (mère-fille)** prévoit que si une société mère détient une participation de plus de 5 % dans une filiale (française ou étrangère), la remontée des dividendes de cette filiale est exonérée[2] d'impôt sur les sociétés. Dans la pratique, les titres de la filiale doivent être détenus au nominatif, avoir été souscrits à l'émission, ou à défaut, être détenus depuis plus de 2 ans ou faire l'objet d'un engagement de conservation de 2 ans au moins.

Depuis mai 2012, les dividendes versés par une société française non-membre d'un groupe sont taxés à 3 % au niveau de l'entreprise, sauf si elle fait moins de 50 M€ de chiffre d'affaires et emploie moins de 250 personnes.

Section 2 ■ Le dividende exceptionnel, les rachats d'actions au fil de l'eau et la réduction de capital

41.10 Pour rendre de la trésorerie à ses actionnaires, une entreprise peut accroître le dividende ordinaire ou verser un dividende exceptionnel. Mais elle peut aussi, dans certaines circonstances, racheter ses propres actions soit en petites quantités (« au fil de l'eau ») qu'elle garde à son actif ou annule, soit en plus grande quantité et l'on parle alors de réduction de capital.

1 CSG : 8,2 %, CRDS : 0,5 %, prélèvement social : 4,8 % et prélèvement de solidarité : 2 % en 2014.

2 Seule une quote-part pour frais et charges représentant 5 % du dividende est imposable, soit un taux d'imposition effectif des dividendes de 5 % × 34,43 % = 1,72 % ou de 5 % × 38 % = 1,9 % si le chiffre d'affaires 2014 est supérieur à 250 M€.

Si l'on raisonne hors fiscalité et si l'on suppose que l'entreprise rachète les actions aux actionnaires proportionnellement à leur participation au capital puis les annule, la réduction de capital est strictement identique à un versement de dividende. Des liquidités sont transférées de l'entreprise vers l'actionnaire sans changer la répartition de l'actionnariat. Mais comme nous le verrons ci-après, la réduction de capital est le plus souvent non égalitaire.

1 ▪ Le dividende exceptionnel

41.11 Comme son nom l'indique, c'est un dividende dont le montant est exceptionnellement élevé par rapport au dividende habituellement versé et qui n'est donc pas récurrent. Il peut s'ajouter ou se substituer au dividende annuel. Le dividende de 9 € de Lagardère (voir paragraphe 40.17) était un dividende exceptionnel.

2 ▪ Les rachats d'actions au fil de l'eau

41.12 Les sociétés cotées peuvent racheter sur le marché (au fil de l'eau) jusqu'à 10 % de leur capital dans le cadre d'un programme de rachat d'actions[1] d'une durée maximum de 18 mois. Les rachats ne doivent pas représenter plus de 25 % du volume moyen des transactions, sauf achat de blocs. Le plus fréquemment, les actions acquises sont annulées (dans la limite de 10 % du capital tous les 24 mois) et le prix de rachat s'impute d'abord sur le nominal des actions rachetées, l'excédent réduisant alors les réserves distribuables. Elles peuvent également être conservées par l'entreprise pour servir de monnaie dans le cas d'une acquisition ou être remises aux salariés en cas d'exercice de stock-options ou aux porteurs d'obligations convertibles qui demandent la conversion de leurs obligations. Les actions autodétenues tant qu'elles sont détenues par la société perdent leur droit de vote et leur droit au dividende. Enfin, elles peuvent alimenter un contrat de liquidité exécuté par un intermédiaire indépendant ou être revendues à l'issue d'un programme de rachat.

Le rachat d'actions peut être utilisé pour faciliter la sortie d'un actionnaire minoritaire important. Ainsi, EADS a consacré une partie de son programme de rachat d'actions en 2013 à un bloc cédé par Lagardère.

Depuis 2012, les sociétés non cotées peuvent procéder à de tels rachats dans le cadre d'un programme d'une durée maximum de 12 mois et pour un prix qui fait l'objet d'un rapport d'un expert indépendant et des commissaires aux comptes. Les conditions sont toutefois plus restrictives que pour les sociétés cotées.

Comptablement, en normes IFRS et américaines[2], les actions acquises sont toujours déduites du montant des capitaux propres consolidés. C'est aussi ce que font systématiquement les analystes qui réduisent le nombre d'actions en circulation de celles achetées (voir chapitre 8).

1 Une offre publique d'achat simplifiée peut également être lancée pour racheter des actions dans le cadre d'un programme de rachat, comme l'a fait Sodexo en 2008.

2 En normes consolidées françaises, les actions acquises figurent en valeurs mobilières de placement à l'actif du bilan si elles ont été rachetées pour alimenter un contrat de liquidité ou pour attribution aux salariés dans le cadre de stock-options. Elles sont déduites pour leur prix d'achat des capitaux propres dans les autres cas.

3 ■ La réduction de capital

41.13 Les réductions de capital correspondant à des distributions de liquidités peuvent se faire :

- soit de façon automatique par réduction du nominal de toutes les actions ;
- soit par le biais d'une offre de rachat. Si la société est cotée, on parle alors d'offre publique de rachat d'actions (**OPRA**) par la société de ses propres actions. Dans la pratique, le conseil d'administration, utilisant une autorisation qui doit lui avoir été donnée par l'AGE, propose à tous les actionnaires de leur racheter tout ou partie de leurs actions à un certain prix et ce pendant une certaine période (de l'ordre du mois). Si trop de titres sont présentés à l'offre, la société procède à une réduction des demandes de rachat[1] et annule les titres rachetés. Si, au contraire, un nombre insuffisant de titres est présenté, elle acquiert puis annule alors toutes les actions proposées. Ainsi Devoteam a-t-il lancé en 2014 une OPRA portant sur 20 % de son capital ;
- mentionnons que, dans certains pays, le rachat d'actions peut être réalisé par remise à chacun des actionnaires d'un **bon de rachat d'action** permettant de vendre une action à un certain prix à l'entreprise. Il s'agit d'une option de vente émise par l'entreprise. Cette solution du bon de rachat d'action (BRA) n'a jamais été mise en pratique en France, principalement pour des raisons fiscales.

La réduction de capital induit une modification de la structure financière et donc une augmentation du risque des créanciers. Afin de les protéger, la loi leur confère la faculté, non de s'opposer à l'opération, mais d'obtenir le cas échéant la constitution de garanties supplémentaires ou le remboursement anticipé de leurs créances.

Il existe des réductions de capital, destinées à préparer une augmentation de capital en cas de restructuration, dites en « coup d'accordéon » qui sont traitées au chapitre 29.

4 ■ Réduction de capital, rachat d'actions et les paramètres de l'entreprise

41.14 Considérons une société dont les capitaux propres comptables sont de 400 M€, ayant 1 million d'actions et réalisant un bénéfice de 20 M€. Supposons qu'elle réduise son capital de 20 % en rachetant ses actions à leur valeur (dans un premier cas avec un prix de 200 € par action, dans un second cas à 800 € par action) et en se finançant par endettement à 3 % après impôt ou réduction des placements financiers rapportant du 3 % après impôt, ce qui revient au même.

Avant réduction de capital

Prix par action	Capitaux propres comptables	Valeur des capitaux propres	Résultat net	BPA	PER
200 €	400 M€	200 M€	20 M€	20 €	10
800 €	400 M€	800 M€	20 M€	20 €	40

1 Calculée proportionnellement au nombre de titres détenus par les actionnaires qui apportent des actions à l'offre.

Après réduction de capital

Prix par action	Capitaux propres comptables	Valeur des capitaux propres	Résultat net	BPA	PER
200 €	360 M€	160 M€	18,8 M€	23,50 € (+ 17,5 %)	8,5
800 €	240 M€	640 M€	15,2 M€	19 € (– 5 %)	42,1

Bien sûr, après l'opération de réduction de capital, les capitaux propres comptables et leur valeur diminuent du montant des fonds consacrés au rachat (40 M€ ou 160 M€) et le bénéfice est réduit à cause des frais financiers supplémentaires. Mais c'est au niveau de l'action que le raisonnement doit porter. Le rachat se fait au cours de Bourse (ou à la valeur si l'action n'est pas cotée), majoré éventuellement d'une prime (de 10 % à 20 % en général) pour inciter des actionnaires à présenter des actions au rachat.

On constate que la croissance du BPA s'établit à 17,5 % sur la base d'un rachat à 200 € mais est de – 5 % pour un achat à 800 €.

41.15 Plus précisément et plus généralement, le rachat d'actions par l'entreprise entraîne une augmentation (relution) du BPA lorsque l'inverse du PER est supérieur au taux d'intérêt de l'endettement (ou des placements) après impôt. Dans le cas contraire, il y a dilution du BPA.

L'opération est donc l'inverse de l'augmentation de capital, ce qui ne doit pas être une surprise pour notre lecteur.

41.16 Rappelons enfin que le calcul de l'évolution du bénéfice par action est certes intéressant mais que ce n'est pas un indicateur de création de valeur. **Le problème n'est pas de savoir si la réduction de capital va entraîner ou non une dilution du BPA qui est mécanique, mais de savoir :**

- **si le prix auquel elle est réalisée est inférieur ou non à la valeur estimée de l'action ;**
- **si l'accroissement du poids de la dette va se traduire par une meilleure performance des dirigeants ;**
- **si les fonds ainsi rendus aux actionnaires avaient une rentabilité marginale dans l'entreprise inférieure au coût du capital.**

Ce sont les trois sources de création de valeur d'une réduction de capital ou d'un rachat d'actions.

Fréquemment, nous voyons mis en avant l'argument d'une baisse du coût moyen pondéré du capital après une réduction de capital, une ressource chère (les capitaux propres) étant remplacée par une ressource moins coûteuse (l'endettement). Que notre lecteur qui a bien assimilé les chapitres 36 et 37 et qui sait que le coût moyen pondéré du capital ne dépend pas de la structure financière (rappelez-vous « la taille d'une pizza ne dépend pas de la façon dont on la coupe ») soit indulgent. L'erreur est humaine, seule la persévérance est diabolique !

Une réduction de capital n'abaisse pas en soi le coût moyen pondéré du capital d'une entreprise et ne peut pas créer de valeur de ce fait. Tout au mieux, elle permettra d'éviter d'en détruire en empêchant l'entreprise de réinvestir des liquidités à un taux de rentabilité insuffisant.
Ce n'est que si l'entreprise réussissait à racheter ses actions à un prix inférieur à leur valeur estimée qu'elle pourrait alors créer de la valeur. Mais la théorie des marchés à l'équilibre ne nous laisse pas beaucoup d'espoir…

En 2012, les vingt champions européens du rachat d'actions ont ainsi rendu 43 Md€ à leurs actionnaires soit 50 % de plus que l'année d'avant mais 70 % des sommes de 2008.

Les 20 premiers rachats d'actions en 2013 en Europe

	Société	M€		Société	M€
1	BP	5 024	11	Barclays	1 281
2	Royal Dutch Shell	4 178	12	Deutsche Bank	1 154
3	BBVA	3 614	13	BSkyB	812
4	Novartis	2 126	14	Danone	793
5	Airbus	1 915	15	Ahold	768
6	Novo Nordisk	1 866	16	Philips	751
7	Vodafone	1 854	17	Wm Morrison	672
8	Glaxosmithkline	1 808	18	L'Oréal	661
9	Sanofi	1 641	19	Imperial Tobacco	598
10	Siemens	1 349	20	Compass	534

Source : Données sociétés.

La réduction de capital et le dividende exceptionnel sont devenus des opérations normales permettant de réallouer des liquidités de secteurs et de groupes à maturité vers de nouveaux secteurs ou vers des entreprises en plein développement.

5 ■ Fiscalité française des rachats d'actions et des réductions de capital

41.17 Fiscalement en France, l'opération de rachat d'actions induit pour l'entreprise depuis l'été 2012 le paiement de la taxe de 3 % sur les dividendes (voir paragraphe 41.9).

Pour l'investisseur personne physique, la fiscalité dépend du cadre dans lequel il a cédé ses actions.

Si les actions ont été rachetées dans le cadre d'un programme de rachat d'actions, l'impôt à acquitter est l'impôt sur les plus-values (donc au barème de l'impôt sur le revenu, avec éventuellement des abattements pour les personnes physiques plus 15,5 % de prélèvements sociaux), comme dans le cas d'une vente normale d'actions.

Si la réduction de capital est faite dans le cadre d'une offre publique de rachat, la différence entre le prix de rachat de l'OPRA et le plus élevé :

- du prix de revient historique des actions ;
- et du produit du prix de rachat de l'OPRA par le pourcentage des capitaux propres résultant d'apports dans le total des capitaux propres de l'entreprise ;

est traitée comme un dividende et est imposée comme tel (voir paragraphe 41.9). Par ailleurs, la part éventuelle de la plus-value qui n'a pas été taxée comme un dividende est imposée comme une plus-value. En tout état de cause, les remboursements de prime d'apport ne sont pas imposables. Bonjour la simplicité !

Pour l'investisseur personne morale auquel s'applique la fiscalité normale sur les sociétés, la base imposable est la même que pour une personne physique et elle est taxée dans la plupart des cas au taux normal de l'impôt sur les sociétés. Si la société bénéficie du régime mère-fille (voir paragraphe 41.9), elle est imposée de fait sur la plus-value à 1,72 % ou à 1,9 % si son chiffre d'affaires est supérieur à 250 M€ mais à 1,67 % s'il est inférieur à 7,630 M€.

Notons enfin que la société peut proposer à ses actionnaires des titres qu'elle détient en portefeuille. Dans ce dernier cas, la société devra payer un impôt sur la plus-value, calculé sur la différence entre la valeur des titres distribués et leur prix de revient fiscal (le prix d'achat initial).

Section 3 ▪ Le choix entre dividendes, rachats d'actions et réductions de capital

41.18 Si les dividendes (ordinaires ou exceptionnels), le rachat d'actions au fil de l'eau et la réduction de capital permettent tous de rendre des fonds aux actionnaires, ils ne sont pas pour autant substituables du fait de leurs conséquences différentes sur certains paramètres de l'entreprise.

Quasiment inexistants en Europe au milieu des années 1990, les rachats d'actions ont atteint 75 Md€ en 2007 pour se réduire fortement en 2008 et 2009 compte tenu de la dégradation de l'activité économique avant de revenir à des niveaux moyens en 2011-2013.

Dividendes et rachats d'actions pour les 600 premiers groupes européens cotés (Md€)

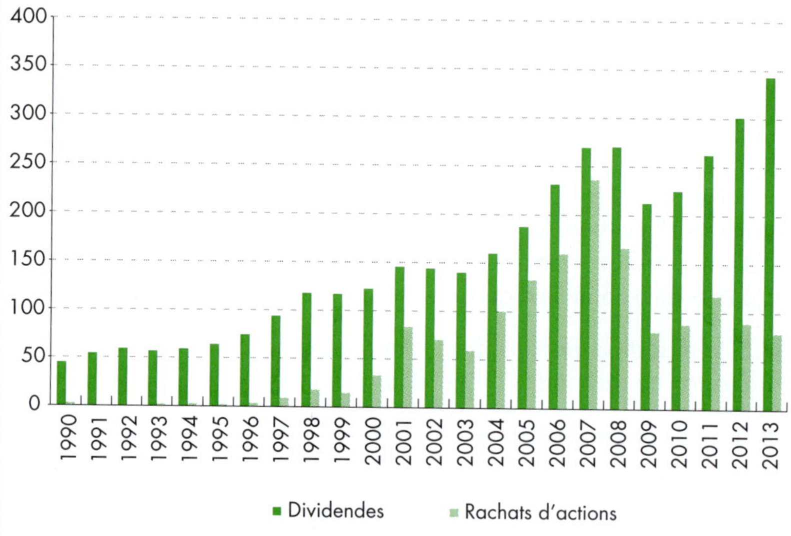

Source : Datastream.

Cinq critères principaux permettent de choisir l'instrument le mieux adapté à l'objectif recherché.

1 ■ La flexibilité

41.19 Il est difficile de modifier brutalement et de façon importante le niveau d'un dividende. Cela appelle des questions sur l'évolution du modèle de l'entreprise et crée des attentes de la part des investisseurs quant au maintien à l'avenir de ce nouveau niveau de dividende. Dès lors, les modifications du dividende sont le plus souvent lentes à se mettre en place et ne produisent des effets sur la structure financière de l'entreprise qu'au bout de plusieurs années.

À l'inverse, la réduction de capital et le dividende exceptionnel sont des opérations qui peuvent être ponctuelles, sans aucune attente de récurrence de la part de l'actionnaire. Elles sont donc particulièrement bien adaptées pour rendre aux investisseurs le produit de cession d'un actif important (sa participation dans EADS pour Lagardère en 2013 par exemple) ou modifier la structure financière (Pages Jaunes en 2006).

Le rachat d'actions au fil de l'eau est tout aussi flexible, il est particulièrement bien adapté pour rendre aux actionnaires des *cash flows* temporairement excédentaires en attendant que la hausse du taux de distribution, de moindres résultats ou une forte hausse des investissements le rendent inutile. C'est ainsi que les groupes y ont eu beaucoup recours jusqu'en 2007 avant de les arrêter en 2008-2009.

À côté d'un dividende en croissance régulière, Bouygues procède à des rachats d'actions pour rendre à ses actionnaires un *cash flow* excédentaire mais transitoire. Quand, en 2005, Bouygues vend sa filiale SAUR, l'importance du montant et l'absence d'opportunités de réinvestissement l'ont conduit à verser un dividende exceptionnel de 1,6 Md€. En septembre 2011, la famille Bouygues voulut profiter d'une chute du cours pour se renforcer au capital sans bourse délier. Une OPRA de 1,25 Md€ portant sur 12 % du capital auquel elle ne participa pas eut alors lieu.

La politique de distribution de Bouygues (en M€)

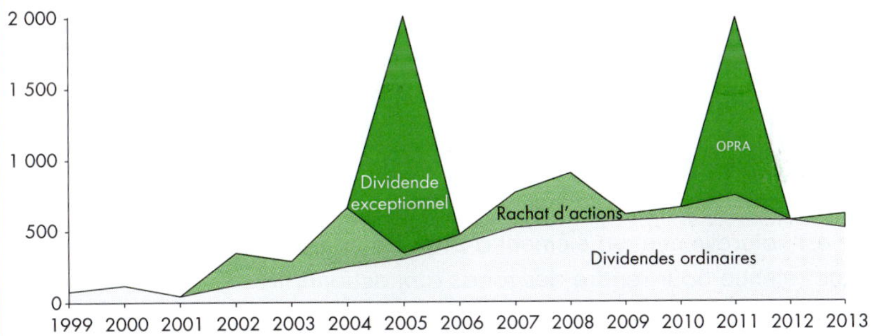

Source : Rapports annuels.

2 ■ Le signal

41.20 Toute décision financière pouvant être perçue comme un signal par l'investisseur, l'entreprise devra réfléchir à la perception par le marché du choix de l'outil.

Dans ce domaine, le plus neutre est le dividende exceptionnel. Il est, par construction, ponctuel, il n'implique aucun jugement implicite sur la valeur de l'action dont il est indépendant. Enfin, il bénéficie à tous les actionnaires.

À l'inverse, une modification du dividende ou une réduction de capital sont clairement perçues comme des signaux. Dans le premier cas sur le niveau futur des profits. Dans le second sur le niveau de la valeur de l'action puisqu'une entreprise n'achètera pas une partie de ses actions si ses dirigeants considèrent que l'entreprise est actuellement surévaluée. Notons cependant que les rachats d'actions au fil de l'eau sont moins « visibles » que la politique de dividende et le signal qui y est attaché est donc moins perceptible.

M. Jaggannathan, C. Stephens et M. Weisbach ont établi que les rachats d'actions donnaient peu d'indications sur les résultats futurs comparativement aux dividendes. Les entreprises qui augmentent leurs dividendes voient effectivement leurs résultats augmenter ; ce n'est pas le cas lorsque les entreprises opèrent des rachats d'actions. La distribution de dividendes contient en quelque sorte un engagement de la part des dirigeants de maintenir le dividende ; un rachat d'actions ne contient pas ce type d'engagement implicite. Ainsi, les entreprises cycliques sont plus enclines à utiliser les rachats d'actions que les entreprises en croissance régulière.

3 ▪ L'impact sur l'actionnariat

41.21 Le dividende et le dividende exceptionnel n'ont pas d'impact sur l'actionnariat car ils ne modifient pas le nombre d'actions de l'entreprise. En revanche, la réduction de capital et les rachats au fil de l'eau affectent naturellement la composition de l'actionnariat puisque certains actionnaires peuvent décider de ne pas participer à des réductions de capital ou ne pas céder de titres sur le marché pendant que l'entreprise procède à des rachats d'actions. Leur part dans le capital s'accroît. On dit alors qu'ils sont relués. C'est ainsi que l'OPRA d'Havas portant sur 12 % de son capital a permis au groupe Bolloré au printemps 2012 de passer de 33 % à 37 % du capital. Une hausse du dividende, difficile dans un secteur aux résultats aussi cycliques que la publicité, ou un dividende exceptionnel, n'auraient naturellement pas modifié l'actionnariat.

4 ▪ La fiscalité

41.22 Elle est naturellement un élément à prendre en compte puisqu'elle peut être différente selon la technique retenue pour rendre des fonds aux actionnaires.

Pour les personnes physiques, la fiscalité des dividendes est plus attractive si l'actionnaire détient les titres pour moins de deux ans (abattement de 40 % sur les dividendes et pas d'abattement sur les plus-values). L'attractivité s'inverse à partir de deux ans de détention (abattement de 50 % sur les plus-values) et se renforce après huit ans (65 % d'abattement).

Pour les personnes morales bénéficiant du régime mère-fille, l'imposition à 1,72 % ou 1,9 % des dividendes est plus favorable que celle des plus-values à 4,13 % ou 4,33 %.

5 ▪ L'impact sur les stock-options des dirigeants

41.23 La réduction de capital par rachat au-dessus de la valeur entraîne un ajustement prévu par la loi du prix d'exercice des stock-options qui rend l'opération neutre pour le détenteur de stock-options.

En revanche, la loi française n'a rien prévu en cas de dividendes ordinaires ou exceptionnels. Comme le dividende exceptionnel peut réduire fortement la valeur de l'action, le non-ajustement automatique du prix d'exercice des stock-options explique que cet outil soit donc très peu prisé des dirigeants...

La forte baisse jusqu'au début des années 2000 du nombre de sociétés américaines versant un dividende (de 66 % en 1978, à 21 % en 1999)[1] s'explique en partie par le remplacement des dividendes par des rachats d'actions, probablement sous l'influence des dirigeants détenteurs de stock-options[2]. En effet le versement d'un dividende fait mécaniquement baisser le cours de l'action du montant du dividende et donc abaisse d'autant l'espérance de gain sur les stock-options dont le prix d'exercice reste fixe. Le rachat d'actions n'a pas cet effet négatif sur la valeur des stock-options et laisse même croire aux naïfs qu'il fera monter le cours de l'action (puisque l'on en rachète !). On oublie alors que l'actionnaire peut avoir besoin de liquidités et que, privé de dividende, il devra vendre des actions pour en obtenir.

1 Selon E. Fama et K. French.

2 Voir les travaux de R. Lambert *et al.* et de G. Fenn et N. Liang cités en bibliographie.

RÉSUMÉ

Le résumé de ce chapitre est disponible sur le site www.vernimmen.net.

Une politique de dividende s'apprécie en fonction du taux de distribution et du taux de croissance du dividende par action. Le dividende ne constitue pas une rémunération de l'actionnaire puisque sa perception s'accompagne d'une baisse du même montant de la valeur de l'action.

Un dividende exceptionnel par son montant peut être versé en plus du dividende ordinaire.

Le rachat d'actions au fil de l'eau consiste pour la société à racheter de petites quantités d'actions qu'elle annulera ou gardera.

La réduction de capital peut prendre la forme d'une réduction du nominal de toutes les actions par distribution aux actionnaires de liquidités correspondantes ou un rachat d'actions auquel les actionnaires sont libres de participer ou pas. Si la société est cotée elle prendra la forme d'une OPRA.

La réduction de capital ou le rachat d'actions entraînent une croissance du bénéfice par action si l'inverse du PER de l'action est supérieur au taux d'intérêt après impôt de la dette contractée (ou des placements utilisés). Mais ne nous trompons pas, ceci n'a pas de rapport avec la création de valeur.

Il n'y a création de valeur que si le poids accru de la dette contraint les dirigeants à de meilleures performances, ou si les actions sont rachetées à un prix inférieur à leur valeur, ou si, enfin, les fonds ainsi restitués aux actionnaires étaient investis dans l'entreprise à une rentabilité insuffisante.

La grande différence entre, d'un côté, le dividende et de l'autre, le dividende exceptionnel, le rachat d'actions au fil de l'eau et la réduction de capital, est que le dividende est normalement récurrent et que toute modification de son niveau est perçue comme un signal. En revanche, le dividende exceptionnel, le rachat d'actions et la réduction de capital sont des opérations ponctuelles, sans caractère de récurrence.

Le choix des outils utilisés pour rendre des liquidités à l'actionnaire dépend aussi de l'impact sur la composition de l'actionnariat et sur les stock-options des dirigeants et, enfin, de considérations fiscales.

QUESTIONS

1/ Quels sont les deux critères qui permettent de juger une politique de dividendes ?

2/ Une augmentation de dividendes conduit-elle à une augmentation de la valeur de l'action ?

3/ À fiscalité neutre, préférez-vous percevoir des dividendes ou enregistrer des plus-values ?

4/ Selon la théorie des signaux, qu'indique le maintien du dividende par action suite à une augmentation de capital par incorporation de réserves ?

5/ L'émission d'actions gratuites est-elle gratuite pour l'entreprise ? Modifie-t-elle la richesse de l'actionnaire ? Quel est son objet ?

6/ Un dividende élevé représente-t-il la garantie d'un cours stable ? Pourquoi ?

7/ Une société peut-elle avoir comme objectif un taux de rendement à servir à ses actionnaires ? Pourquoi ?

8/ Quelle est la tentation naturelle en matière d'extériorisation de résultats d'une entreprise qui se voit imposer un taux de distribution de 100 % ?

9/ Le dirigeant qui a des stock-options est-il favorable à une politique de dividendes élevés ? Pourquoi ?

10/ Quel est le signal d'un dividende payé en actions ?

11/ Expliquez pourquoi l'annonce d'un fort dividende exceptionnel se traduit très souvent par une baisse de la valeur des dettes.

12/ Quel est l'impact sur le taux de distribution d'une structure financière très endettée ?

13/ Dans quel cas une entreprise a-t-elle intérêt à procéder à une réduction de capital ?

14/ Hors considération fiscale, la réduction de capital peut-elle permettre d'améliorer la valeur de l'actif économique de l'entreprise ? La valeur des actions ?

15/ Quelle différence faites-vous entre le paiement de dividendes et la réduction de capital ?

16/ Quelle est la condition nécessaire pour que le rachat d'actions ou la réduction de capital conduise à une augmentation du BPA ? à une augmentation des capitaux propres par action ?

17/ Quelle est la conséquence d'un programme de rachat d'actions pour les créanciers ?

18/ Dans quelles conditions une entreprise en forte croissance, avec des opportunités d'investissements dont la rentabilité est supérieure au coût du capital peut-elle procéder à une réduction de capital ?

19/ Un dirigeant détenteur de stock-options préfère-t-il procéder à des rachats d'actions ou à des versements de dividendes ? Pourquoi ?

20/ Que pensez-vous de la politique de dividende des groupes suivants :

		2008	2009	2010	2011	2012	2013	2014
A	BPA	100	115	131	150	160	165	167
	DPA	20	23	26	30	35	41	60
B	BPA	350	402	458	524	559	577	584
	DPA	70	80	92	105	112	115	117
C	BPA	100	50	0	– 50	– 50	0	50
	DPA	5	5	5	5	5	5	6
D	BPA	500	520	550	600	500	400	300
	DPA	100	80	70	100	120	150	200

D'autres questions vous attendent sur le site www.vernimmen.net.

EXERCICES

1/ Le 9 juin 2014, vous observez les éléments suivants : cours de Publicis : 61,21 €, dividende par action : 1,10 €, bénéfice par action : 3,54 €.

Calculez le taux de distribution, le taux de rendement de l'action Publicis. Qu'en pensez-vous ?

2/ L'entreprise Gassoumi présente les caractéristiques suivantes :

– bénéfice net : 100 M€ ;
– nombre d'actions : 1 000 000 ;
– cours de Bourse : 1 000 € ;
– capitaux propres comptables : 1 200 M€ ;
– BPA : 100 € ;
– capitaux propres par action : 1 200 €.

Elle décide de racheter le quart de ses actions au prix de 500 € en profitant d'une soudaine dépression boursière (coût de l'endettement : 5 % après impôt).

Calculez alors le BPA et les capitaux propres par action. Même question si le rachat se fait au prix de 1 500 € par action. Que conclure ?

3/ Que pensez-vous de la politique de distribution de SEB ?

Bénéfices par action et dividendes par action chez SEB, en euros

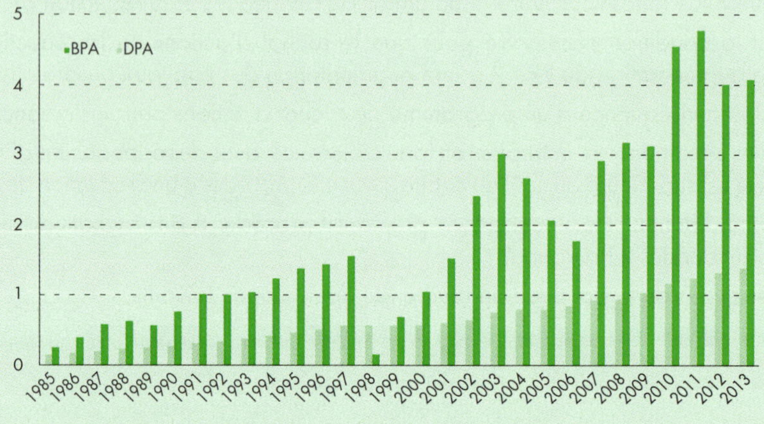

Source : Rapports annuels.

4/ La société Rowak est une société syldave cotée sur la Bourse de Klow. Durant toute la période, le nombre d'actions est resté constant à 1 million. Le taux de l'impôt sur les sociétés est de 33 %.

Chiffres en millions	Chiffre d'affaires	Bénéfice net	Frais financiers avant impôt	Capitaux propres	Endettement net	Capitalisation boursière
2009	170	8	9	50	60	55
2010	130	10	10	60	70	90
2011	170	11	10	71	75	152
2012	220	13	9	84	76	195
2013	230	13	7	97	70	210
2014	240	13	6	110	65	200

a) Calculez la rentabilité économique après impôt et la rentabilité financière de Rowak chaque année. Qu'en pensez-vous ?

b) Que pensez-vous du fait que Rowak n'a jamais distribué de dividendes ?

c) Début septembre 2011, la capitalisation boursière est de 200 millions et l'action est évaluée par les dirigeants à 150. Le président de Rowak propose au conseil d'administration de consacrer 50 millions au rachat d'actions de la société (qui seront annulées), programme financé par endettement à 10 % avant impôt. Le conseil d'administration a refusé. Pourquoi ?

d) En décembre 2013, la capitalisation boursière de la société était tombée à 90 millions (toujours avec le même nombre d'actions mais une estimation de la valeur de l'action de 120). Le président de Rowak représente son projet. Qu'en pensez-vous ?

ÉLÉMENTS DE RÉPONSE

Questions

1. Le taux de croissance des dividendes et le taux de distribution.

2. Non selon la théorie des marchés à l'équilibre, mais cela peut être un signal positif.

3. Indifférence selon la théorie des marchés à l'équilibre ; dividendes privilégiés selon la théorie de l'agence.

4. Les profits de l'entreprise devraient continuer de progresser puisque le dividende total payé s'accroît (maintien du DPA mais hausse du nombre d'actions).

5. Sans intérêt pour l'entreprise, elle n'augmente pas la richesse de l'actionnaire. Son utilité est d'améliorer la liquidité de l'action en Bourse en augmentant le nombre de titres. Cela peut être un signal positif si elle s'accompagne d'un maintien du dividende par action, c'est-à-dire d'une hausse du taux de distribution.

6. Un dividende élevé contribue à la stabilité d'un cours mais en aucune manière ne le garantit.

7. Non puisque la société n'a pas la faculté de fixer le prix de l'action (numérateur du taux de rendement).

8. Cacher du résultat (en passant des provisions généreuses) pour ne pas avoir à le verser en dividendes et maximiser ainsi l'autofinancement.

9. Non, car elle freine la hausse du cours de l'action sur laquelle il a des stock-options.

10. Que l'entreprise n'a plus beaucoup de liquidités pour faire face au paiement du dividende ! Ce n'est pas bon signe.

11. Car il y a un transfert de valeur des créanciers dont les créances deviennent plus risquées vers les actionnaires.

12. Réduire le taux de distribution car il faut faire face aux intérêts à payer et au capital à rembourser.

13. Lorsque la rentabilité marginale de ses investissements est inférieure à la rentabilité exigée par ses actionnaires.

14. Elle va accroître la pression sur le management (plus de dettes) et peut donc améliorer la valeur.

15. Fondamentalement, c'est la même chose (rendre de l'argent aux actionnaires) mais le dividende est destiné à tous les actionnaires alors que la réduction de capital peut être réservée à certains. La fiscalité peut également être différente.

16. Augmentation du BPA lorsque l'inverse du PER est supérieur au taux d'endettement (ou de placement) après impôt. Si le prix d'achat des actions est inférieur aux capitaux propres par action.

17. Accroît leur risque puisque la dette nette augmente.

18. Si le prix de ses actions est particulièrement bas par rapport à leur valeur.

19. À des rachats d'actions qui lui donne l'espoir que le cours va monter alors que le versement d'un dividende réduit la valeur des actions, donc celle de ses stock-options.

20. A : croissance forte qui se ralentit, le taux de distribution augmente, c'est assez logique. B : croissance forte qui se ralentit mais le taux de distribution est constant ce qui est surprenant car la rentabilité marginale devient très faible (1,5 % (584–577) / (577–115) en 2011) et sûrement inférieure au taux exigé. C : société cyclique qui maintient son DPA, le taux de distribution est très faible en haut de cycle (5 %) et très élevé en bas de cycle (> 100 %). D : c'est n'importe quoi !

Exercices

Les corrigés détaillés des exercices sur excel sont disponibles sur le site www.vernimmen.net.

1. d = 1,1/3,54 = 31 %, taux de rendement : 1,1/61,21 = 1,8 %. Niveaux de taux de distribution et de taux de rendement faibles correspondant à ceux d'une société prudente dans une conjoncture économique peu lisible.

2. Au coût de 500 € par action : montant du rachat : 125 M€ ; frais financiers engendrés = 6,25 M€ ; BPA après opération = 125 € ; capitaux propres par action = 1 433 €.

Au coût de 1 500 € par action : BPA = 108,30 € ; capitaux propres par action = 1 100 €.

3. La priorité absolue est la progression régulière mais modérée du DPA, quitte à avoir un faible taux de distribution les bonnes années (2004, 2012). Caractéristique d'une entreprise familiale aux nombreux membres pour qui le dividende est une part importante de leurs revenus.

4. a)

	2009	2010	2011	2012	2013	2014
R_e	12,7 %	12,8 %	12,1 %	11,9 %	10,6 %	9,7 %
R_{CP}	16,0 %	16,7 %	15,5 %	15,5 %	13,4 %	11,8 %

Baisse de la rentabilité économique et de la rentabilité des capitaux propres, réduction de l'effet de levier et du levier financier qui diminue le risque de la société.

b)

	2010	2011	2012	2013	2014
Δ Bénéfice/Δ Capitaux propres	20 %	9,1 %	15,4 %	0 %	0 %

La politique de dividendes suivie par Rowak (pas de distribution) est cohérente jusqu'en 2012 puisque les bénéfices réinvestis sont rentables. Ce n'est plus le cas après. Le bénéfice ne croît plus, les actionnaires s'appauvrissent relativement.

c) Pourquoi vouloir racheter à 200 des actions que l'on estime à 150 ?

d) L'opération est alors intéressante car un déséquilibre brutal du marché permet de racheter les actions à un prix inférieur à leur valeur estimée.

BIBLIOGRAPHIE

Pour une lecture empirique de la problématique des dividendes :

Asquith P., Mullins D., « The impact of initiating dividend payments on shareholders' wealth », *Journal of Business* janvier 1983, vol. 56, n° 1, pages 77 à 96.

Black F., Scholes M., « The effect of dividend yield and dividend policy on common stock prices and return », *Journal of Financial Economics* mai 1974, vol. 1, n° 1, pages 1 à 22.

Chay J.B., Suh J., « Payout policy and cash flow uncertainty », *Journal of Financial Economics* juillet 2009, vol. 93, n° 1, pages 88 à 107.

DeAngelo H., DeAngelo L., Skinner D., « Are dividends disappearing ? Dividend concentration and the consolidation of earnings », *Journal of Financial Economics* décembre 2004, vol. 72, n° 3, pages 425 à 456.

DeAngelo H., DeAngelo L., « The irrelevance of the MM dividend irrelevance theorem », *Journal of Financial Economics* 2006, vol. 79, n° 2, pages 293 à 315.

Fama E., French K., « Disappearing dividends : changing firm characteristics or lower propensity to pay ? », *Journal of Financial Economics* avril 2001, vol. 60, n° 1, pages 3 à 43.

Fatemi A., Bildik R., « Yes, dividends are disappearing : Worldwide evidence », *Journal of Banking and Finance* mars 2012, vol. 36, n° 3, pages 662 à 677.

Fenn G., Liang N., « Corporate policy and managerial stock incentives », *Journal of Financial Economics* avril 2001, vol. 60, n° 1, pages 45 à 72.

Lambrecht B., Myers S., « A Lintner model of payout and managerial rents », *Journal of Finance* octobre 2012, vol. 67, n° 5, pages 1761 à 1810.

Lintner J., « Distribution of incomes of corporations among dividends, retained earnings and taxes », *American Economic Review* mai 1956, vol. 46, n° 2, pages 97 à 116.

Skinner D., « The evolving relation between earnings, dividends, and stock repurchases », *Journal of Financial Economics* mars 2008, vol. 87, n° 3, pages 582 à 609.

Von Eije H., Megginson W., « Dividends and share repurchases in the European Union », *Journal of Financial Economics* août 2008, vol. 89, n° 2, pages 347 à 374.

Sur les rachats d'actions et les réductions de capital :

AMF, « La mise en œuvre du nouveau régime de rachat d'actions propres », *Revue mensuelle de l'AMF* mars 2005, n° 12, pages 83 à 109.

Andriosopoulos D., Lasfer M., « The market valuation of share repurchases in Europe », *Journal of Banking and Finance*, 2014 à paraître.

Ardouin S., Desprez F., « La démocratisation des plans de rachats d'actions », *Option Finance* 30 avril 2012, n° 1171, pages 36 à 37.

Dittman A., « Why do firms repurchase stocks ? », *The Journal of Business* juillet 2000, vol. 73, n° 3, pages 331 à 355.

Ginglinger E., Hamon J., « Actual share repurchase, timing and liquidity », *Journal of Banking and Finance* mars 2007, vol. 31, n° 3, pages 915 à 938.

Grullon G., Michaely R., « Dividends, share repurchases and the substitution hypothesis », *Journal of Finance* août 2002, vol. 57, n° 4, pages 1649 à 1684.

Grullon G., Michaely R., « The information content of share repurchase programs », *Journal of Finance* avril 2004, vol. 59, n° 2, pages 651 à 680.

Haw I.-M., Ho S., Hu B., Zhang X., « The contribution of stock repurchases to the value of the firm and cash holdings around the world », *Journal of Corporate Finance* février 2011, vol. 17, n° 1, pages 152 à 166.

Jagannathan M., Stephens C., Weisbach M., « Financial flexibility and the choice between dividends and stock repurchases », *Journal of Financial Economics* septembre 2000, vol. 57, n° 3, pages 355 à 384.

Le Fur Y., Quiry P., « Quelques réflexions sur l'OPRA Bouygues », *La Lettre Vernimmen.net* novembre 2011, n° 102, pages 1 à 6.

Maxwell W., Stephens C., « The wealth effects of repurchases on bondholders », *Journal of Finance* avril 2003, vol. 58, n° 2, pages 895 à 919.

Chapitre 42

L'augmentation de capital en numéraire

Verser du liquide pour diluer.

42.1 L'étude du financement par capitaux propres a déjà été abordée au cours des chapitres précédents. Le présent chapitre étudie les conséquences, pour l'actionnaire, d'une augmentation de capital en numéraire. Celles réalisées par apport d'actifs ou fusion seront traitées au chapitre 49.

Section 1 ▪ L'augmentation de capital est une vente d'actions, dont le produit revient à l'entreprise, et qui implique un partage

1 ▪ L'augmentation de capital est une vente d'actions...

42.2 L'augmentation de capital est d'abord une **vente d'actions**. Mais qui vend ? C'est **l'actionnaire actuel.** Là est le paradoxe puisqu'il ne touche pas d'argent ! Nous verrons dans ce chapitre que, **pour éviter de vendre l'entreprise lors d'une augmentation de capital, l'actionnaire doit souscrire à l'augmentation de capital dans le même pourcentage que les parts qu'il détient**. Au-delà, il achète l'entreprise et en deçà, il la vend.

Nous avons jusqu'alors présenté la valeur comme une sanction de la gestion de l'entreprise, à laquelle l'entreprise peut être indifférente si elle n'a pas recours à ses actionnaires et si ceux-ci ne la vendent pas. L'augmentation de capital, qui se traduit conceptuellement par la vente d'actions à la valeur de marché, a donc pour effet de réintroduire cette valeur-sanction au sein même de la trésorerie de l'entreprise. **La valeur de marché, qui était jusqu'à présent une donnée externe, interfère ainsi pour la première fois directement dans la gestion interne de l'entreprise.**

2 ■ … dont le produit revient à l'entreprise et donc indirectement à l'ensemble des investisseurs…

42.3 Cela peut paraître paradoxal, mais il n'en est rien. Le produit de l'augmentation de capital revient bien à l'entreprise ; l'actionnaire en bénéficiera dans la mesure où les fonds recueillis permettront à l'entreprise de développer ses activités et, par là, d'augmenter ses bénéfices. Le créancier verra sa créance confortée et, par conséquent, revalorisée.

3 ■ … qui implique un partage pour les actionnaires actuels

42.4 Lorsqu'une entreprise émet des obligations ou contracte un emprunt bancaire, elle vend un « produit financier » en contrepartie d'un engagement de rémunération fixe ou indexée sur un taux d'intérêt, et d'un engagement de remboursement. Elle ne perd son autonomie que si elle ne respecte pas les engagements contractés.

En revanche, lorsqu'une entreprise émet de nouvelles actions, les actuels actionnaires acceptent de partager leurs droits sur les capitaux propres (augmentés du nouvel apport de fonds), sur les bénéfices à venir et sur le contrôle de l'entreprise avec les nouveaux actionnaires.

> L'augmentation de capital n'est qu'une vente d'actions. Elle implique un partage des résultats, des dividendes, des capitaux propres et des droits de vote de l'entreprise dont l'ampleur dépend de la valeur des capitaux propres. Mais, en contrepartie, ce partage est fait sur un gâteau grossi du produit de l'augmentation de capital.

Considérons, pour illustrer ce principe, une société E dont les capitaux propres valent 1 000 M€, répartis entre deux actionnaires, F (80 %) et G (20 %).

Si G cède la totalité de sa participation à H (soit 200 M€), ni le patrimoine, ni les droits de F sur l'entreprise ne sont modifiés. En revanche, si l'entrée du nouvel actionnaire H se fait par une augmentation de capital, sa mise de fonds devra être de 250 M€ pour obtenir 20 %, et non de 200 M€ comme précédemment. En effet, après augmentation de capital de 250 M€, la valeur des capitaux propres est de 1 250 M€ (1 000 + 250). La part du nouvel actionnaire est bien alors de 20 % (250/1250). **Il faut donc toujours raisonner augmentation de capital incluse**[1].

Une fois cette augmentation de capital réalisée sur la base de 1 000 M€, le patrimoine de F est toujours le même (800 M€), mais son pourcentage de contrôle de l'entreprise est passé de 80 % à 64 % (800/1 250), tandis que celui de G est passé de 20 % à 16 %.

1 « Post *money* » en anglais.

42.5 Ainsi, si un actionnaire ne suit pas une augmentation de capital, sa participation diminue. **On dit qu'il y a dilution.**

Au contraire, si l'augmentation de capital est entièrement réservée à F, sa participation dans l'entreprise passe de 80 % à 84 % (1 050/1 250). On dit qu'il est « relué ».

Enfin, si F et G suivent l'augmentation de capital à l'exact prorata de leurs participations, **la valeur des capitaux propres n'a plus aucune importance** dans ce cas particulier. Le pourcentage de participation de F et de G restera le même, et leur mise de fonds lors de l'augmentation de capital ne sera pas modifiée, qu'elle se réalise sur la base d'une valeur des capitaux propres de 500 M€, 1 000 M€ ou 2 000 M€. En effet, F et G se vendent l'entreprise à eux-mêmes.

Soit ainsi (les chiffres entre parenthèses indiquent le flux de trésorerie, un chiffre négatif indique une dépense) :

Montants en M€	Valeur des capitaux propres de E	Valeur des actions de F	Valeur des actions de G	Valeur des actions de H
Avant l'opération	1 000	800 soit 80 %	200 soit 20 %	
Cession par G à H de 20 % des actions pour 200	1 000	800 soit 80 %	0 soit 0 % (+ 200)	200 soit 20 % (– 200)
Souscription par H à une augmentation de capital en numéraire de 250	1 250	800 soit 64 %	200 soit 16 %	250 soit 20 % (– 250)
Souscription par F à une augmentation de capital en numéraire de 250	1 250	1 050 soit 84 % (– 250)	200 soit 16 %	
Souscription par F et G à une augmentation de capital de 250 au prorata de leur participation selon différentes valeurs initiales des capitaux propres (respectivement 1 000, 2 000, 500)	1 250 2 250 750	1 000 soit 80 % (– 200) 1 800 soit 80 % (– 200) 600 soit 80 % (– 200)	250 soit 20 % (– 50) 450 soit 20 % (– 50) 150 soit 20 % (– 50)	

Section 2 ■ L'augmentation de capital et les théories financières

1 ■ Augmentation de capital et marchés en équilibre

42.6 L'augmentation de capital s'analyse avant tout comme une vente d'actions réalisée à un certain prix. Si ce prix correspond à la valeur de l'action, il n'y a ni création de valeur ni appauvrissement pour l'ancien actionnaire. Ceci est une évidence que l'analyse des critères financiers étudiés à la section 4 fait souvent oublier.

Si, en revanche, l'augmentation de capital s'effectue à un prix élevé, l'entreprise aura bénéficié d'une source de financement bon marché au détriment de ses actionnaires les plus récents. On peut citer comme exemple les sociétés d'éoliennes qui ont pu lever des fonds dans des conditions très avantageuses, en 2007 et 2008, ou les réseaux sociaux en 2011.

Rappelons que le coût d'une augmentation de capital n'est ni le rendement du titre ni le taux de rentabilité comptable des capitaux propres. C'est le taux de rentabilité exigé par les actionnaires compte tenu de la valorisation du titre (voir chapitre 23 pour sa détermination).

Cependant, et comme nous l'avons vu, ce coût est éminemment variable. La sanction de son non-respect se traduira, toutes choses égales par ailleurs, par une diminution de la valeur de l'action mais n'aura pas, à court terme, de conséquence sur la trésorerie de l'entreprise.

2 ■ Actionnaires et créanciers

42.7 Pour l'entreprise en difficulté, l'augmentation de capital se traduit par un transfert de valeur des actionnaires aux créanciers puisque leurs créances se revalorisent grâce à l'argent des actionnaires.

Selon le modèle optionnel, les créanciers d'une entreprise « risquée » s'approprient une large part de l'accroissement de valeur lié à une mise de fonds complémentaire des actionnaires. En effet, la recapitalisation baisse la valeur temps des capitaux propres et revalorise les dettes de l'entreprise, les créanciers courant moins de risques. Mais cet effet n'est perceptible que si la valeur des dettes est proche de la valeur de l'actif économique, c'est-à-dire si les dettes sont assez risquées.

C'est pour cela que, dans les plans de redressement d'entreprises en difficulté, un effort des actionnaires est toujours lié à un effort préalable ou concomitant des créanciers (voir chapitres 38 et 51).

3 ■ Dirigeants et actionnaires

42.8 L'augmentation de capital est une **démarche très saine** car elle contribue à réduire l'asymétrie d'information entre les actionnaires et les dirigeants. En effet, un appel au marché s'accompagne de la publication d'une série d'informations sur la santé économique et financière de l'entreprise et sur la rentabilité des investissements financés par l'augmentation de capital. Cette pratique dédouane les dirigeants et réduit les coûts d'agence liés à leurs divergences d'intérêts avec les actionnaires externes. L'augmentation de capital nécessite implicitement que les dirigeants s'engagent à conduire une gestion maximisant l'intérêt des actionnaires.

Notre lecteur aura de lui-même fait le raisonnement précédent tant il est devenu familier avec celui-ci. La nouveauté est la « lutte pour la vie » entre actuels et nouveaux actionnaires, sous le couvert, maintes fois énoncé, que nous sommes tous partenaires de l'entreprise, véritable tartuferie.

4 ■ Le signal d'une augmentation de capital

42.9 Si l'on suppose que les dirigeants défendent les intérêts des actionnaires actuels, on voit mal comment ils pourraient proposer une augmentation de capital si le cours de l'action était sous-évalué car les actionnaires seraient alors dilués dans de mauvaises conditions financières.

Dès lors, compte tenu de l'asymétrie de l'information, l'augmentation de capital serait un signal de la surévaluation du cours de Bourse.

L'augmentation de capital peut être en effet d'une part, le signe que les dirigeants estiment que les flux de trésorerie futurs de l'entreprise seront inférieurs à ce que reflète le cours de Bourse. L'équipe dirigeante profite alors de la surévaluation du cours pour réaliser une augmentation de capital. Les fonds ainsi dégagés ne serviront pas à financer des opportunités d'investissement nouvelles, mais à combler les manques de trésorerie dus aux flux d'exploitation plus faibles que prévus.

D'autre part, comme nous l'avons déjà dit, une augmentation de capital implique un changement de structure financière. À la suite de cette levée de fonds, le levier diminue de façon sensible. Le risque de l'entreprise diminuant, il y a transfert de valeur des actionnaires vers les créanciers ; la valeur des capitaux propres de l'entreprise n'augmente pas de la valeur des fonds levés.

42.10 En pratique, l'annonce d'une augmentation de capital se traduit souvent par un ajustement à la baisse de la valeur de l'action cotée de l'ordre de 3 à 5 %. Seuls les anciens actionnaires subissent cette diminution de valeur. Certains prétendent que cela est dû aux conséquences négatives sur les critères comptables (voir section 4). Nous n'y croyons pas (d'autant plus qu'il y a baisse du cours même s'il y a relution de ces critères !). D'autres l'expliquent par un mécanisme de marché : on vend un peu moins cher un produit lorsqu'il est en grande quantité ; on n'attrape pas les mouches avec du vinaigre ! Enfin, d'autres l'expliquent par le signal négatif. Que notre lecteur qui souhaite réaliser pour son entreprise une augmentation de capital en tienne compte afin de pouvoir répondre par avance aux critiques.

Le bond des augmentations de capital en 2008 et 2009 s'explique principalement par des renforcements de bilans mis à mal par la crise financière (UBS, Société Générale, RBS, etc.), par des financements de croissance externe (Carlsberg, Inbev, etc.) ou des refinancements d'opérations de croissance externe qui l'avaient initialement été par endettement (Lafarge, Pernod Ricard, Saint-Gobain, etc.) ou par des levées de capitaux propres en vue d'opérations à venir (Danone, CRH, etc.).

Augmentations de capital des sociétés cotées en Europe et en France (en Md€)

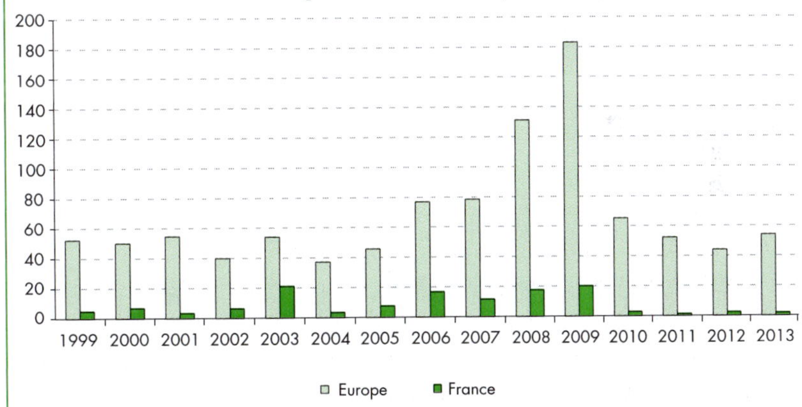

Source : Dealogic.

Section 3 ▪ Anciens et nouveaux actionnaires

1 ▪ La dilution du contrôle

42.11 Reprenant les exemples précédents, on s'aperçoit qu'il y a dilution du contrôle, c'est-à-dire réduction de la part de certains actionnaires, lorsque ceux-ci ne suivent pas l'augmentation de capital au prorata de leur participation actuelle.

La dilution du contrôle est maximale pour tout actionnaire qui ne suit pas du tout l'augmentation de capital. Elle est nulle pour celui qui la suit dans la proportion de sa participation. Par convention, on dira que :

> La dilution du contrôle est la réduction de droits sur l'entreprise subie par un actionnaire pour qui l'augmentation de capital n'entraîne ni entrée, ni sortie de fonds.

Rappelons que si l'action nouvelle est émise à un prix sensiblement inférieur à sa valeur, les actionnaires actuels bénéficient le plus souvent d'un droit préférentiel de souscription (DPS) qui leur permet d'acheter ces actions nouvelles à ce prix (voir chapitre 29). Ce droit peut lui-même être négocié et acquis par des investisseurs qui souhaitent devenir actionnaire à l'occasion de cette opération.

En l'absence de droit de souscription le calcul de la **dilution** du contrôle est simple :

$$\frac{\text{Nombre d'actions nouvelles}}{\text{Nombre d'actions anciennes} + \text{Nombre d'actions nouvelles}} = \frac{N'}{N + N'}$$

Ce calcul devient faux lorsque l'augmentation de capital est réalisée à l'aide de droits préférentiels de souscription. En effet, comme nous l'avons vu au chapitre 29, les droits de souscription permettent à l'actionnaire actuel de suivre, en partie et sans débours de fonds, l'augmentation de capital. Il lui suffit en effet de vendre une partie de ses droits et de souscrire avec le produit de cette vente à l'augmentation de capital en utilisant le solde de ses droits. L'opération n'entraîne pour lui ni entrée ni sortie de fonds comme posé dans notre définition. De ce fait, la dilution qu'il subit est moins élevée que ne le laisserait croire le calcul précédent. Il est donc nécessaire de ne calculer que la dilution uniquement due à l'augmentation de capital, indépendamment du mécanisme du droit de souscription.

Le plus simple est de raisonner globalement, et non par action. La dilution est alors calculée comme suit :

$$\text{Dilution} = \frac{\text{Produit de l'augmentation de capital}}{\text{Valeur des capitaux propres avant l'opération} + \text{Produit de l'augmentation de capital}}$$

Alternativement, la dilution peut être calculée en prenant pour N', non le nombre d'actions émises dans l'opération, mais le nombre d'actions qui aurait été émis si l'augmentation de capital avait eu lieu sans DPS. Dans ce cas, N' correspond au produit de l'augmentation de capital divisé par la valeur de l'action avant opération (le cours de Bourse si elle est cotée).

Cette dilution du pouvoir de l'actionnaire n'a aucun rapport avec celle du BPA que nous verrons au paragraphe 42.14.

2 ■ Le mécanisme d'anticipation

42.12 Prenons l'exemple d'une entreprise fortement rentable, entièrement financée par capitaux propres, qui a des investissements en cours de 100 devant conduire à une valeur de 400 dans 4 ans correspondant donc à un taux de rentabilité économique de 41,4 %. Supposons que cette entreprise puisse investir 100 de plus à un taux de rentabilité similaire à celui de ses investissements actuels. Pour financer ce besoin supplémentaire, elle doit procéder à une augmentation de capital. Supposons en outre que le taux de rentabilité exigé par les actionnaires soit de 10 %.

Avant l'annonce de l'opération et l'anticipation par le marché de l'augmentation de capital, la valeur des capitaux propres est de 400 dans 4 ans soit, actualisée à 10 %, 273 aujourd'hui.

Si l'équipe dirigeante arrive à convaincre le marché, à l'annonce de l'augmentation de capital, que les capitaux propres pourront valoir 800 dans 4 ans soit 546 aujourd'hui, la valeur revenant aux actionnaires actuels est alors de 546 – 100 = 446. Il y a création de valeur instantanée de 173 (446 – 273) pour les anciens actionnaires.

Le mécanisme d'anticipation fait que les nouveaux actionnaires ne retireront pas un taux de rentabilité exceptionnel (41,4 %), mais le taux qu'ils exigent, c'est-à-dire 10 %. Si l'emploi des fonds est clairement indiqué à l'annonce de l'augmentation de capital, le cours reflétera les opportunités d'investissement et seuls les actionnaires actuels bénéficieront de la création de valeur des investissements futurs.

Certains cours boursiers, faisant apparaître un PER très élevé, sont uniquement le reflet d'anticipations d'opportunités d'investissement exceptionnelles. Les 400 supplémentaires sont déjà dans le cours. Le lecteur pourra même observer que certaines entreprises ont parfois des cours si élevés que ceux-ci ne peuvent correspondre aux opportunités de croissance financées par les ressources classiques d'endettement et d'autofinancement de l'entreprise. Les actionnaires de ces entreprises ont pris un pari sur les opportunités de croissance (internes et externes) que l'entreprise pourrait saisir, comme elle a su le faire auparavant, l'ensemble étant financé en partie par émission d'actions nouvelles.

Section 4 ■ L'augmentation de capital et les critères comptables

42.13 Dans cette section, nous ne raisonnons qu'à partir de données ajustées. Nous vous renvoyons à la section 6 du chapitre 26 pour le calcul du cours ajusté en cas d'augmentation de capital avec droits de souscription. Nous utilisons l'exemple de l'augmentation de capital de Deutsche Bank en juin 2014 :

Caractéristiques de l'augmentation de capital de Deutsche Bank	
Données avant augmentation de capital :	**Données de l'augmentation de capital :**
Nombre d'actions : 1079,4 M	Nombre d'actions nouvelles émises : 299,8 M
Cours de l'action : 28,71 €	Prix d'émission : 22,50 €
Capitalisation boursière : 31,0 Md€	Produit de l'augmentation de capital : 6,7 Md€
Capitaux propres comptables : 55,0 Md€	Droit préférentiel de souscription : 5 actions nouvelles pour 18 actions anciennes
Bénéfice par action 2013 : 0,65 €	

Attention ! Que notre lecteur ne confonde pas le montant de l'augmentation de capital au sens financier, c'est-à-dire le montant des fonds levés (6,7 Md€ pour Deutsche Bank) et son acception juridique et comptable. Les comptables et les juristes ont en effet l'habitude de répartir le produit de l'augmentation de capital entre l'augmentation du capital social (qui correspond au nombre d'actions nouvelles émises multiplié par le nominal de l'action, soit 0,8 Md€ pour Deutsche Bank dont le nominal de l'action est de 2,56 €) et la prime d'émission pour le solde. Comme notre lecteur sait faire la différence entre 0,8 et 6,7, nous ne doutons pas qu'il saura distinguer augmentation de capital et augmentation de capital !

1 ▪ BPA et augmentation de capital

42.14 Une augmentation de capital va instantanément modifier le bénéfice par action : s'il baisse, on parlera alors de dilution, s'il progresse, on parlera de **relution** (ou de croissance, ce qui est plus joli à l'oreille !). Mais cette dilution n'a rien à voir avec celle de la section 1. Elle se calcule autrement, signifie autre chose, seul le nom est le même ; l'une porte sur le pourcentage de détention d'un actionnaire, l'autre sur le BPA.

Considérons B, dont le PER est faible (5), justifié par un risque fort et de faibles perspectives de croissance, et la société A pour laquelle de fortes perspectives de croissance du BPA justifient un PER élevé (20). Nous supposerons que A et B investissent les fonds levés lors de l'augmentation de capital à leur coût du capital de 10 % : il n'y a donc ni création, ni destruction de valeur à l'occasion de cette opération. La valeur des capitaux propres augmente donc du montant de l'augmentation de capital ni plus, ni moins.

A et B augmentent le nombre d'actions de 50 % et lèvent des fonds qui, investis à 10 %, vont accroître leur bénéfice net. L'impact de l'augmentation de capital va être le suivant :

	Avant l'augmentation de capital					Après l'augmentation de capital			
	Valeur des capitaux propres	PER	Bénéfice net	Nombre d'actions	BPA	Valeur des capitaux propres	Bénéfice net	Nombre d'actions	BPA
A	3 000 M€	20	150 M€	10 M	15 €	4 500 M€	300 M€	15 M	20 € (+ 33 %)
B	3 000 M€	5	600 M€	200 M	3 €	4 500 M€	750 M€	300 M	2,5 € (– 17 %)

42.15 Le BPA de B baisse de 17 % alors que l'opération ne détruit pas de valeur. De son coté le BPA de A progresse de 33 % alors que l'opération ne crée pas de valeur.

Ceci démontre une fois de plus (voir paragraphe 31.16) que le BPA n'est pas un indicateur fiable de la création ou de la destruction de valeur ! En fait, ces évolutions sont mécaniques et dépendent fondamentalement :

- du PER de l'entreprise ; et
- du taux de rentabilité des investissements réalisés grâce au produit de l'augmentation de capital.

Plus généralement, notre lecteur retiendra que toute augmentation de capital :

- **dilue** le BPA lorsque l'inverse du PER est supérieur au taux de rentabilité économique des investissements financés par l'augmentation de capital ;
- **est neutre** lorsque l'inverse du PER est égal au taux de rentabilité économique des investissements financés par l'augmentation de capital ;
- **augmente (« relue »)** le BPA lorsque l'inverse du PER est inférieur au taux de rentabilité économique des investissements financés par l'augmentation de capital.

On peut démontrer que la dilution du BPA, lors d'une augmentation de capital réalisée au cours de Bourse sans DPS, est égale à :

$$\text{Variation du BPA} = \text{PER} \times \frac{\text{Capitaux levés}}{\text{Capitalisation après opération}} \times \left(\text{Taux de placement après impôt} - \frac{1}{\text{PER}}\right)$$

Ainsi, pour A, tout investissement dont la rentabilité économique de l'année N est supérieure à 5 % (l'inverse du PER de 20) conduit à une relution du BPA de l'année N alors que pour B, la barre est à 20 % (inverse de 5).

De là l'intérêt de faire des augmentations de capital lorsque les PER sont élevés, même si cela ne crée pas de valeur.

42.16 À court terme, il est rare que les fonds levés rapportent immédiatement le taux de rentabilité exigé, soit qu'ils aient été placés dans des actifs sans risque rapportant peu en attendant la réalisation des investissements, soit qu'il faille un certain temps avant d'obtenir le taux de rentabilité requis. Il n'est donc pas rare qu'il y ait dilution du BPA après une augmentation de capital, mais ce n'est pas nécessairement synonyme de destruction de valeur !

Ainsi, on peut distinguer : la dilution instantanée du BPA, sans réinvestissement des fonds, qui ne présente aucun intérêt ; la dilution après placement des fonds au taux sans risque, c'est celle qui est généralement calculée par les analystes financiers (mais elle ne présente pas à notre avis beaucoup plus d'intérêt) ; et la dilution en cas de réinvestissement des fonds. Cette dernière est clairement la plus intéressante mais elle est difficile à mesurer car elle nécessite de prévoir le taux de rentabilité des investissements futurs.

À long terme, la dilution du BPA doit normalement être compensée par les résultats de l'investissement financé par l'augmentation de capital. Il est donc nécessaire d'étudier la rentabilité prévisionnelle de cet investissement, déterminante pour l'évolution future de la valeur de l'entreprise.

> La sagesse venant avec l'expérience et nonobstant toute théorie, nous pourrions presque écrire que lorsque les PER sont élevés, c'est un devoir pour les dirigeants de considérer la possibilité de procéder à une augmentation de capital !

2 ■ Capitaux propres et augmentation de capital

42.17 Dire que les capitaux propres comptables d'une entreprise croissent à la suite d'une augmentation de capital est une évidence, puisque le produit de l'émission y est incorporé.

Il est plus intéressant de comparer ce taux de croissance avec la dilution du contrôle de l'actionnaire. On met ainsi en rapport la dilution acceptée par l'actionnaire et la croissance des capitaux propres de l'entreprise qu'elle permet.

Reprenons l'exemple de Deutsche Bank et prenons plusieurs hypothèses de valeur des capitaux propres dont seule la dernière correspond à la réalité. Fixons dans tous les cas le produit de l'augmentation de capital à 22 % de la capitalisation boursière du groupe avant l'opération (ce qui était la proportion réelle) :

	Cas 1 (réel)	Cas 2	Cas 3
Capitaux propres comptables	55,0 Md€	55,0 Md€	55,0 Md€
Valeur des capitaux propres (capitalisation boursière)	31,0 Md€	55,0 Md€	80,0 Md€
Augmentation de capital	6,7 Md€	11,9 Md€	17,3 Md€
Dilution des actionnaires	18 %[1]	18 %	18 %
Taux de croissance des capitaux propres comptables	+ 12 %	+ 22 %	+ 31 %

1. *6,7/(6,7 + 31,0) = 18 %.*

Dans le cas réel et parce que les capitaux propres valent moins (31,0 Md€) que leur montant comptable (55,0 Md€), l'augmentation de capital demande un effort important aux actionnaires (dilution de 18 %) et n'autorise qu'une croissance relativement faible des capitaux propres comptables de Deutsche Bank : + 12 %.

En revanche, lorsque la valeur des capitaux propres est bien supérieure à leur montant comptable (cas 3), le même effort des actionnaires en terme de dilution du contrôle permet un accroissement considérable des capitaux propres (+ 31 %). C'est même la révolution au sein du bilan !

Prenons ainsi l'exemple de Facebook valorisé au moment de son introduction en Bourse 75 Md$ qui disposait de 5,6 Md$ de capitaux propres comptables. L'introduction en Bourse a eu lieu pour partie par augmentation de capital de 6,8 Md$. Les nouveaux actionnaires qui ont apporté 55 % des capitaux propres comptables de Facebook ont dû se contenter de 8,4 % du capital. Les anciens actionnaires ont vu la quote-part des capitaux propres comptables leur revenant bondir de 100 % de 2,85 $ par action à 5,69 $. Quant aux nouveaux actionnaires, ayant apporté 38 $ par action à Facebook, leur quote-part des capitaux propres n'était que de 5,69 $, soit une dilution instantanée de 85 % ! C'est en quelque sorte le « ticket d'entrée » dans une entreprise aussi fortement rentable (mais aussi fortement risquée !).

À structure financière constante, l'augmentation des capitaux propres permet un accroissement parallèle de l'endettement, et donc des moyens financiers de l'entreprise. Ce phénomène est d'autant plus important que l'entreprise est rentable et que la valeur de ses capitaux propres est supérieure à leur montant comptable. Nous rejoignons ici la notion de PBR (vue au chapitre 26).

Une augmentation de capital peut donc considérablement accroître la puissance financière d'une entreprise tout en entraînant une dilution du contrôle relativement faible :

- si la valeur des capitaux propres est supérieure à leur montant comptable, la dilution du contrôle trouvera une contrepartie dans une augmentation des moyens financiers de l'entreprise supérieure à cette dilution ;

- si la valeur des capitaux propres coïncide avec leur montant comptable, la dilution du contrôle s'accompagnera d'une augmentation similaire des moyens financiers de l'entreprise ;

- si la valeur des capitaux propres est inférieure à leur montant comptable, la dilution du contrôle s'accompagnera d'une augmentation des moyens financiers de l'entreprise inférieure à cette dilution.

Pour les actionnaires d'une société fortement rentable, c'est-à-dire dont la valeur de marché des capitaux propres est bien supérieure au montant comptable, l'augmentation de capital a des effets très positifs à court terme.

À moyen terme tout dépendra pour eux de l'usage qui sera fait du produit de l'augmentation de capital, autrement dit de la rentabilité des investissements ainsi financés.

RÉSUMÉ

Le résumé de ce chapitre est disponible sur le site www.vernimmen.net.

L'augmentation de capital est une vente d'actions dont le produit revient à l'entreprise, et donc indirectement à l'ensemble des actionnaires.

Dans le cadre de la théorie des marchés en équilibre, le coût de l'augmentation de capital est égal au coût des capitaux propres, compte tenu de la valorisation de l'action. Ce n'est ni le rendement, ni l'inverse du PER. C'est un coût prévisionnel et sans engagement ferme de la part de l'entreprise (ex-post il peut être fort différent : exorbitant ou négatif). Il y a création de valeur pour les anciens actionnaires si l'augmentation de capital intègre la création de valeur provenant des investissements réalisés avec ces nouveaux fonds.

Les enseignements des autres approches théoriques sont riches. L'augmentation de capital tend à favoriser les prêteurs au détriment des actionnaires dans la mesure où les dettes se revalorisent du fait de la réduction du risque lié à la structure financière. Elle tend à favoriser l'ancien actionnaire par rapport au nouveau si la rentabilité des nouveaux investissements est correctement anticipée (transfert de valeur). Il faut combattre le signal négatif *a priori* que représente toute augmentation de capital : le cours est surévalué (théorie du signal) ! L'augmentation de capital fait l'objet d'âpres discussions entre dirigeants et actionnaires. Elle entraîne une réduction temporaire de l'asymétrie d'information (théorie du mandat).

On appelle dilution la réduction de droits sur l'entreprise subie par un actionnaire qui ne met ni ne retire aucun fonds lors d'une augmentation de capital. La dilution se calcule différemment selon que l'augmentation de capital se fait avec ou sans droit préférentiel de souscription.

Cette dilution du pouvoir est à différencier de la dilution/relution des paramètres financiers à court terme. Toute augmentation de capital augmente le BPA lorsque l'inverse du PER est inférieur au taux de réinvestissement des fonds après impôts. Les capitaux propres par action sont dilués pour les anciens actionnaires si la capitalisation boursière de l'entreprise est inférieure au montant comptable de ses capitaux propres.

QUESTIONS

1/ Le prix d'émission des actions nouvelles est-il important lors d'une augmentation de capital où chaque actionnaire souscrit à hauteur de sa part ?

2/ À quoi correspond la dilution du contrôle ?

3/ Pourquoi utilise-t-on le droit de souscription ? Quelle est sa valeur théorique ?

4/ À quel prix se fait une augmentation de capital avec droit de souscription ? Sans droit de souscription ?

5/ Comment, grâce à une augmentation de capital, une entreprise peut-elle être vendue ?

6/ Quelle est la conséquence d'une augmentation de capital sur le BPA, à court terme ? à long terme ?

7/ La dilution du BPA est-elle égale à celle du contrôle ?

8/ Faut-il procéder à une augmentation de capital lorsque le cours est surévalué ?

9/ Pourquoi est-ce l'entreprise la plus rentable qui a le plus intérêt à procéder à une augmentation de capital ?

10/ Lorsqu'une banque garantit la bonne fin d'une augmentation de capital, elle demande à l'entreprise une commission. Comment analyser celle-ci grâce à la théorie des options ?

11/ Une augmentation de capital avec DPS signale-t-elle plus une surévaluation de l'action qu'une augmentation de capital sans DPS ?

12/ Que peut-il se passer si le DPS cote nettement en dessous de sa valeur théorique ? Quelle en est la limite ?

13/ Pourquoi l'augmentation de capital est elle souvent une décision difficile à prendre pour les entreprises familiales ?

EXERCICES

1/ a) Soit une entreprise d'une valeur marchande de 100 M€ répartie en 1 million de titres. Elle se propose de lever 25 % de sa valeur par l'émission d'actions à 75 €.

Calculez la valeur du droit de souscription, la dilution, le coefficient d'ajustement, la proportion de souscription.

b) Un actionnaire détient 90 actions de l'entreprise en question. Montrez l'aspect distribution d'actions gratuites présent dans ce type d'augmentation de capital.

c) Si l'augmentation ne se traduit par aucune entrée ou sortie de numéraire, quel est le nouveau pourcentage de contrôle de l'actionnaire ? Calculez-le de deux façons différentes.

d) Montrez que, si tous les actionnaires suivent cette augmentation de capital, la valeur a peu d'importance.

e) Quel est le nouveau BPA si l'ancien était de 10 € ?

f) Quel est le taux de croissance des capitaux propres qui étaient de 80 M€ avant l'augmentation de capital ? Quels sont les capitaux propres par action avant et après l'opération ?

g) Reprenez les questions a) à f) en supposant que, à la suite d'une brutale fièvre des cours, la valeur marchande de l'entreprise ait doublé : le montant de l'augmentation de capital reste de 25 M€ et le prix d'émission passe à 150 €. Qu'en concluez-vous ?

2/ Cas : augmentation de capital de Peugeot en mars 2012 :

Émission de 120,8 M actions nouvelles soit 16 nouvelles pour 31 anciennes

Émission avec droits préférentiels de souscription

Prix d'émission : 8,27 €

Nombre d'actions avant l'augmentation de capital : 234 M

Dernier cours connu : 14,28 €

Produit brut de l'émission : 999 M€

a) Comparez les capitaux propres comptables (14 494 M€) au montant de l'augmentation de capital, le montant de celle-ci à la capitalisation boursière avant l'opération.

b) Calculez la dilution entraînée par cette opération.

c) Calculez la part des nouveaux actionnaires dans le capital et dans les capitaux propres.

d) Concluez.

ÉLÉMENTS DE RÉPONSE

Questions

1. Non, car quel que soit le prix d'émission, l'actionnariat n'est pas modifié.

2. À la réduction du pourcentage de détention d'un actionnaire qui ne retire aucun fonds ni ne remet aucun fonds dans l'augmentation de capital.

3. Le droit de souscription permet aux anciens actionnaires de participer en priorité à une augmentation de capital, voir chapitre 29.

4. Avec ou sans DPS, l'augmentation de capital se fait à la valeur de l'action. Avec DPS car le prix de revient de l'investisseur doit inclure les DPS acquis. Sans DPS car la décote, par rapport à la valeur, est le plus souvent très faible.

5. En faisant une très forte augmentation de capital avec un très faible prix d'émission impliquant l'émission d'un grand nombre d'actions et une valeur très forte du DPS.

6. Généralement une dilution car à court terme les fonds levés n'ont pas le temps d'être investis autrement que dans des actifs sans risque rapportant peu. Cela dépend du taux de rentabilité des projets financés.

7. Elles n'ont rien à voir et c'est un pur hasard si elles sont égales.

8. Théoriquement oui. En pratique ce sera difficile si l'entreprise n'a pas de projet d'investissement convainquant. L'entreprise risque de se fermer les marchés à l'avenir, les investisseurs ayant le sentiment que l'entreprise leur a fait faire consciemment une mauvaise affaire.

9. C'est le cercle vertueux de l'augmentation de capital qui entraîne une faible dilution et permet de trouver plus facilement des fonds pour financer de nouveaux investissements.

10. Cette commission représente le prix de l'option de vente que l'entreprise achète à la banque. En effet, l'entreprise achète le droit de vendre à sa banque au prix garanti par celle-ci les nouvelles actions émises si elles ne trouvent pas preneurs dans le public.

11. Une banque n'irait pas donner sa garantie de placement à une augmentation de capital avec un prix d'émission égal au cours de Bourse moins une petite décote si elle pensait que l'action était surévaluée. Le risque serait trop élevé pour elle de devoir acheter les actions non souscrites en cas de baisse des cours. Donc la banque préfère pousser l'entreprise à faire une augmentation de capital par DPS qui s'accompagne d'une décote plus forte.

12. Des arbitrages : achat des droits et vente à découvert d'actions qui seront remboursées par remise des actions souscrites grâce aux DPS. L'illiquidité du marché de l'action qui explique probablement la décote du DPS.

13. Car elle peut entraîner une modification de l'actionnariat de l'entreprise.

Exercices

Les corrigés détaillés des exercices sur excel sont disponibles sur le site www.vernimmen.net.

1. a) Droit de souscription = 6,25 €, dilution apparente = 25 %, dilution réelle = 20 %, dilution technique = 5 %, coefficient d'ajustement = 0,9375, proportion de souscription = 1 nouvelle pour 3 anciennes.

b) L'actionnaire dispose de 90 droits de souscription. S'il vend 72 de ces droits (pour 450 € = 72 x 6,25 €) et en garde 18, il pourra acheter 6 nouvelles actions (1 pour 3) et ce sans rien débourser (6 x 75 = 450 €). C'est donc bien équivalent à la distribution de 6 actions gratuites.

c) (90 + 6) / (1 000 000 + 333 333) = 0,0072 = (90/1 000 000) × (1 – 20 %).

d) Le pourcentage de contrôle restant inchangé et le montant de l'augmentation étant fixé, peu importe le prix d'émission des actions nouvelles.

e) Avant le placement des fonds, le BPA passe à 7,5 €.

f) Les capitaux propres croissent de 31,25 % ; les capitaux propres par action passent de 80 € avant à 78,75 € après.

g) Droit de souscription = 7,14 €, dilution apparente = 14,3 %, dilution réelle = 11,1 %, coefficient d'ajustement = 0,9643, proportion = 1 nouvelle pour 6 anciennes. Capitaux propres par action après : 90 €.

2. Cas Peugeot

a) L'augmentation de capital de 999 M€ accroît la capitalisation boursière (3 141 M€) de 31 % mais les capitaux propres comptables de 7 %.

b) En apparence la dilution est de 16/(16 + 31) = 34 % mais on oublie ce faisant l'impact du DPS qui permet à l'actionnaire en les vendant de bénéficier d'une entrée de liquidité. En réalité la dilution est de 999/(999 + 3 141) = 24 %.

c) 16/(16 + 31) = 34 % du capital et 999/(999 + 3 141) = 7 % des capitaux propres.

d) C'est parce que Peugeot est perçue comme une société détruisant de la valeur (valeur des capitaux propres inférieure au montant comptable des capitaux propres), que le nouvel actionnaire bien qu'apportant seulement 7 % des capitaux propres a droit à 34 % des actions.

BIBLIOGRAPHIE

Asquith P., Mullins D., « Equity issues and offering dilution », *Journal of Financial Economics* janvier-février 1986, vol. 15, n° 1, pages 61 à 89.

DeAngelo H., DeAngelo L., Stulz R., « Seasoned equity offerings, market timing and the corporate lifecycle », *Journal of Financial Economics* mars 2010, vol. 95, n° 3, pages 275 à 295.

Dittmar A., Thakor A., « Why do firms issue equity ? », *Journal of Finance* février 2007, vol. 62, n° 1, pages 1 à 54.

Ducassy I., « Déterminants de la réaction du marché français aux émissions de titres à caractère action », *Banque & Marchés* mai-juin 2003, n° 64, pages 46 à 58.

Ducassy I., « Equity issues and ownership structure in France », *Banques et marchés* septembre-octobre 2008, n° 96, pages 20 à 30.

Kalay A., Shimrat A., « Firm value and seasoned equity issues : price pressure, wealth redistribution, or negative information », *Journal of Financial Economics* septembre 1987, vol. 19, n° 1, pages 109 à 126.

Larrain B., Urzúa F., « Controlling shareholders and market timing in share issuance », *Journal of Financial Economics* septembre 2013, vol. 109, n° 3, pages 661 à 681.

Le Fur Y., Quiry P., « Céder un actif ou faire une augmentation de capital », *La Lettre Vernimmen.net* novembre 2011, n° 102, pages 9 à 10.

Loughran T., Ritter J., « The new issues puzzle », *Journal of Finance* mars 1995, vol. 50, n° 1, pages 23 à 51.

Masulis R., Korwar A., « Seasoned equity offerings : an empirical investigation », *Journal of Financial Economics* janvier-février 1986, vol. 15, n° 1, pages 91 à 118.

Myers S., Majluf N., « Corporate financing and investment decisions when firms have information that investors do not have », *Journal of Financial Economics* juin 1984, vol. 13, n° 2, pages 187 à 221.

Chapitre 43

La mise en œuvre de la politique d'endettement

Un savant dosage.

43.1 Une fois choisi un certain niveau de dette, le directeur financier devra réfléchir à la structuration de sa dette brute et au montant des liquidités qu'il souhaite maintenir en moyenne à l'actif de son bilan. Mais comme nous le verrons avec l'exemple de SEB, la mise en œuvre d'une politique d'endettement va au-delà du simple choix des paramètres des produits de dette émis ou contractés et inclut la stratégie de relations dans la durée de l'entreprise avec les différents pourvoyeurs de dettes.

Section 1 ▪ La structure de la dette

43.2 Structurer une dette veut dire définir ses principaux paramètres et les négocier avec les prêteurs. Les points les plus importants sont :

- les choix stratégiques des prêteurs et garanties :
  - adosser ou non des crédits à des actifs ;
  - se financer sur le marché obligataire ou sur le marché bancaire ;
  - diversifier le risque sur les prêteurs (nature et nombre de prêteurs) ;
- le choix d'une structure :
  - choisir une échéance ;
  - choisir une devise ;
  - choisir un type de taux d'intérêt ;

- les conditions associées :
  - définir une hiérarchie des remboursements ;
  - définir les conventions juridiques adéquates et plus particulièrement les *covenants* acceptés.

1 ■ Adosser ou non des crédits à des actifs

43.3 Les créanciers ont pour objectif de s'assurer que l'entreprise paiera les intérêts et remboursera le crédit. Un des moyens les plus sûrs de garantir le remboursement est de prendre en garantie un actif de l'entreprise. Ceci impose des contraintes fortes à l'entreprise (impossibilité de céder l'actif...), mais peut lui permettre d'abaisser son coût de financement ou de trouver des financements plus importants que dans le cadre du financement global de l'entreprise. Ainsi, on peut distinguer :

- les **crédits à l'entreprise**, garantis uniquement par la capacité de l'entreprise emprunteuse à générer dans le futur des flux de trésorerie disponible et par sa solidité financière actuelle ;

- les **crédits adossés à un actif** qui s'appuient sur un bien précis, dont la matérialité constitue à la fois la base et la garantie. Le prêt sur gage en est sans doute l'exemple le plus significatif et le plus ancien. De manière générale, le montant du crédit est au maximum égal à la valeur de la garantie apportée par l'emprunteur.

Le principe du crédit adossé à un actif est parfois critiqué car il est contraire à la logique financière selon laquelle le financement alimente la trésorerie, résultat de l'ensemble des décisions d'exploitation et d'investissement de l'entreprise, sans être lié à une opération particulière. De fait, la distinction entre crédit à l'entreprise et crédit adossé à un actif est parfois floue. Ainsi, un crédit à l'entreprise peut bénéficier du nantissement d'un actif qui ne vient garantir qu'une part modeste du crédit. Un actif ancien générateur de flux de trésorerie peu risqués peut être donné en garantie pour financer un développement nouveau.

Le financier d'entreprise met en évidence les garanties apportées, afin de les isoler et d'obtenir un financement moins cher. Ne nous leurrons cependant pas. Dans un monde à l'équilibre, si l'adossement d'un crédit à un actif permet d'abaisser le coût de ce financement, la contrepartie risque d'être une hausse du coût des autres financements qui se trouvent dépossédés de cette garantie.

En poussant à l'extrême la logique de financement adossée sur un actif, on aboutit au financement de projet (voir chapitre 25). Il s'agit alors d'un financement adossé sur un projet entier. Cette technique permet d'isoler les différents risques économiques. Ces risques étant perçus différemment par les investisseurs en fonction de leurs ressources et de leurs préférences respectives, la somme des composantes du financement peut être moins coûteuse que le financement de l'ensemble.

2 ■ Se financer sur le marché bancaire ou sur le marché financier

43.4 Ce choix est très théorique pour la petite entreprise qui n'a, en général, qu'accès au financement bancaire ou assimilé, le plus souvent garanti (crédit-bail, escompte, affacturage). Cependant compte tenu de l'évolution de la réglementation bancaire, Bâle III, la part du financement de marché dans l'endettement des entreprises moyennes et grandes a tendance à s'accroître, en se rapprochant de la situation américaine. Par ailleurs, la titrisation de créances mais surtout les placements privés de dettes se développent auprès d'entreprises moyennes : *US Private Placement, Schuldschein* et *Euro Private Placement* (voir paragraphe 25.3).

Si, depuis 2009, les obligations occupent une part croissante dans le financement des entreprises de la zone euro, le financement bancaire reste très prédominant avec une part de 80 % contrairement aux États-Unis où les proportions sont à peu près inverses (77 % pour les obligations et 23 % pour les prêts bancaires).

Changements cumulatifs dans le financement des entreprises de la zone euro depuis 2009

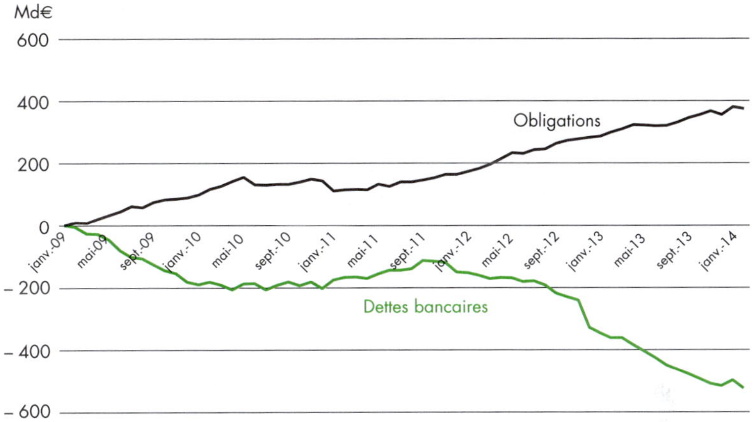

Source : Banque centrale européenne.

Pour les grands groupes, l'endettement de marché représente plus de 50 % de leur endettement.

Les emprunts bancaires (ou plus généralement de gré à gré) obéissent à une **logique de négociation et d'intermédiation** qui s'oppose à la **logique de marché** d'un financement obligataire ou par billets de trésorerie[1]. Les emprunts obligataires et les billets de trésorerie permettent à l'entreprise de solliciter directement les investisseurs financiers sans transiter par « l'écran » que représente le bilan d'un établissement financier.

43.5 Les principales différences entre ces deux grandes catégories de financement sont le coût, les volumes, la durée et la souplesse de gestion.

▪ **Les coûts afférents aux emprunts bancaires et aux obligations sont de natures très différentes.** Notre lecteur pourrait penser que le coût d'intermédiation de la banque constitue le seul écart. En réalité, les taux d'intérêt d'un prêt bancaire ne correspondent généralement pas au véritable coût de financement de l'entreprise. En effet, sous la pression de la concurrence, les banques peuvent mettre en œuvre des stratégies commerciales pour se rapprocher de certains clients, offrant des prêts à des conditions très attractives et sans rapport avec le risque de la contrepartie. Elles espèrent alors se rémunérer sur d'autres produits qu'elles vendront à l'entreprise (gestion des flux, opérations de change, etc.).

De son côté, le recours au marché suppose des coûts d'émission qui sont proportionnels à la taille du financement levé. L'appel au marché nécessite d'informer continuellement les investisseurs des résultats et des perspectives de l'entreprise et requiert généralement (mais pas toujours) de faire noter l'entreprise ou l'émission concernée (voir chapitres 26 et 29), d'où des coûts supplémentaires.

1 On notera que le financement par billet de trésorerie est un peu de nature hybride car, même s'il s'agit d'un financement de marché, il nécessite *de facto* des lignes bancaires confirmées d'un montant équivalent (voir paragraphe 25.1).

Le taux d'intérêt auquel le marché est prêt à acheter les obligations de l'entreprise, compte tenu de son appréciation du risque, est le véritable coût de financement de l'entreprise.

Dans les deux cas, il faut ajouter au coût du taux d'intérêt des commissions d'intermédiation ou de montage du dossier (« *flat fee* ») qui peuvent atteindre plusieurs centaines de points de base et qui sont payées à la signature du contrat de crédit.

- **Le montant des crédits offerts par les banques s'adapte exactement aux besoins des entreprises, d'autant qu'ils peuvent être tirés au fur et à mesure des besoins. Inversement, les marchés financiers imposent de fortes contraintes aux emprunteurs en termes de volumes**. Un titre de dette peut difficilement être coté sans présenter une liquidité suffisante pour les investisseurs qui veulent pouvoir l'acheter et le revendre aisément si besoin. 150 M€ sont souvent le minimum nécessaire. Dès lors, les entreprises peuvent difficilement émettre de « petits » montants de dette[1], c'est une contrainte forte qui limite considérablement leur accès au marché des emprunts cotés. Toutefois depuis 2010, quelques PME ont émis en direct (Prodware, Monceau Fleurs, Société centrale des bois et scieries de la Manche, etc.) ou *via* un fonds d'investissement (Micado) des obligations pour des montants de 5 à 20 M€ (Manitou, Touax, Delta Plus).

- **Le marché obligataire offre des financements d'une durée en général supérieure à celle du marché bancaire**. Les emprunts bancaires ont rarement une maturité supérieure à 5/7 ans alors qu'il est possible pour des entreprises d'émettre des obligations à 10 ans, voire plus, en particulier en dollars ou en livres sterling. Par ailleurs, la duration des obligations est plus élevée car elles sont en quasi-totalité remboursées *in fine* et non par annuités ou semestrialités comme le sont le plus souvent les crédits ou prêts bancaires.

- **Alors que les crédits bancaires peuvent être obtenus normalement avec une certaine rapidité, l'appel au marché doit être préparé durant quelques semaines, sans garantie de succès**. La nécessaire information des investisseurs explique la longueur et la difficulté d'une cotation. Ainsi ne doit-on pas lancer d'emprunts obligataires au cours d'une opération stratégique majeure (rachat, restructuration…) sous peine de ne pas pouvoir placer ses titres auprès d'un marché rendu méfiant par les bouleversements rapides de la situation de l'entreprise. Par ailleurs, le caractère imprévisible d'un marché fait parfois peser une lourde incertitude sur le succès de l'emprunt. Ainsi, il est déconseillé d'émettre en période de tensions sur les marchés financiers.

Le principe du gré à gré bancaire offre naturellement une plus grande disponibilité des fonds. De même, pour des raisons commerciales, les conditions bancaires peuvent-elles être renégociées si la situation de l'entreprise se dégrade. C'est extrêmement complexe et onéreux pour la dette cotée détenue par une multitude d'investisseurs qui devront être réunis en assemblée générale et devront approuver à une certaine majorité ces changements.

Par ailleurs, les **emprunts bancaires sont généralement plus contraignants en termes d'engagements de l'emprunteur, ils imposent notamment le respect** de *covenants* (paragraphes 43.10 à 43.15), là où la documentation des emprunts obligataires est sensiblement moins lourde et normée.

En revanche, l'emprunt bancaire offre une flexibilité supplémentaire en autorisant l'emprunteur à différer dans le temps le tirage des fonds, c'est-à-dire le moment où les fonds lui sont versés et où les intérêts commencent à courir. Il devra alors payer une commission d'engagement. Ceci n'est

---

1 Sauf à le faire sous forme de placement privé auprès d'un nombre très limité d'investisseurs. On s'éloigne alors d'une logique de marché.

pas possible pour un emprunt obligataire dont les fonds sont versés immédiatement après la clôture de l'émission. Les placements privés de dettes offrent une certaine flexibilité.

Le trésorier d'un groupe pourra choisir de faire appel au marché obligataire, même si le coût est plus élevé, afin de ne pas se « mettre aux mains » des banques et de garder de la flexibilité.

3 ■ Choisir une échéance

43.6 Le choix d'une échéance renvoie au problème de la liquidité de l'entreprise (voir paragraphe 13.15).

Le trésorier s'appuie naturellement sur les budgets de trésorerie prévisionnels. Supposons qu'il soit certain de devoir investir 10 M€ dans l'année en cours et que les *cash flows* de la société ne seront positifs qu'à partir de la troisième année. Dans ce cas, il a intérêt à rechercher un financement pour lequel il n'aura pas de remboursement du capital à effectuer pendant les deux premières années : par exemple un financement bancaire avec différé de remboursement, ou un financement obligataire à cinq ans avec remboursement *in fine*.

> La distinction entre ressources financières de durée longue, moyenne et courte correspond aux grandes échéances de prévisions du trésorier, et donc aux catégories d'informations dont il dispose.

Aussi le trésorier va-t-il traiter séparément ces problèmes en établissant un plan de financement à différentes échéances. Une fois cette tâche accomplie, il réalisera éventuellement des arbitrages entre financements à court, moyen et long termes en profitant d'opportunités spécifiques sur l'un des types de crédits.

Le trésorier a d'abord recours aux ressources les moins coûteuses pour la partie la plus prévisible de ses besoins de financement. Il adapte ensuite son niveau de crédit à partir des prêts obtenus les plus rapidement (ligne de crédit *revolving*, découvert), au fur et à mesure de l'arrivée de nouvelles informations. Lorsque des fonds importants doivent être affectés sans anticipation préalable, le trésorier a ainsi recours aux ressources immédiatement disponibles, puis les remplace progressivement par des ressources moins coûteuses ou mieux structurées (échéance, garanties…).

4 ■ Choisir une devise d'endettement

43.7 Comme nous le verrons au chapitre 54, l'endettement en devise peut se révéler un bon moyen pour une entreprise de réduire son exposition au risque de change. Ainsi le trésorier d'un groupe actif à l'international devra-t-il ajouter la dimension devise à ses plans de financement. Mais s'endetter en devises quand on a l'essentiel de son activité dans la zone euro au prétexte que les taux d'intérêt sont plus bas que ceux dans la zone euro est une grande erreur ! C'est spéculer que la différence de taux d'intérêt ne sera pas compensée, voire au-delà, par une dépréciation de l'euro contre cette devise d'ici l'échéance de l'emprunt. C'est prendre un grand risque de change pour une petite économie de taux, c'est jouer contre la théorie économique et ce n'est certainement pas ce type d'activité que les actionnaires souhaitent financer en apportant des capitaux propres.

5 ■ Choisir entre taux fixe et taux variable

43.8 Le choix entre taux fixe et taux variable est lui beaucoup plus complexe qu'il n'y paraît.

Notons tout d'abord qu'il est assez distinct du choix d'une échéance. Des emprunts à moyen et long termes peuvent être souscrits à taux variable : c'est généralement le cas des prêts bancaires indexés sur un taux court type Euribor 1,3 ou 6 mois, quelle que soit leur échéance. Par ailleurs, au travers des *swaps* (voir paragraphe 54.19), les marchés financiers offrent un passage simple de taux fixes à taux variables et l'inverse.

Pour faire son choix le directeur financier doit donc se fixer d'autres critères : minimiser son coût, réduire son risque, optimiser la valeur, suivre le chant des sirènes de ses anticipations...

Les études montrent que depuis 30 ans l'entreprise s'endettant sur la base de taux court (à taux variables donc) a été gagnante en terme de coûts. Néanmoins, généralement, s'endetter à taux fixe est perçu comme une sécurité car l'entreprise sait aujourd'hui quelle sera sa charge au compte de résultat pour les années à venir. C'est oublier que lorsque les taux baissent (généralement en période de crise) la valeur de l'endettement à taux fixe va monter, réduisant ainsi la valeur des capitaux propres, même si effectivement le compte de résultat n'est pas impacté... Dans ce domaine, la comptabilité qui n'enregistre pas les coûts d'opportunité dans le compte de résultat n'éclaire pas la prise de décision.

Il est cependant difficile pour une entreprise fortement endettée, ou située dans un secteur cyclique, de prendre le risque d'une remontée des taux qui alourdirait ses coûts. Le taux fixe est alors pour elle une forme de police d'assurance.

In fine les anticipations de hausse ou baisse des taux d'intérêt du directeur financier ont, de fait, une influence forte sur son choix. Sous couvert de bonne gestion, il devient alors spéculateur, s'endettant à taux variable quand il pense que les taux vont baisser, et à taux fixe quand il trouve bien bas le niveau actuel des taux d'intérêt. C'est de la spéculation car s'il se trompe son entreprise en subira les conséquences négatives : hausse du coût futur de son financement, perte d'opportunité sur le coût de son endettement actuel.

Les contrats bancaires peuvent prévoir dans les *covenants* l'obligation de couvrir une partie du risque de taux, lorsque l'entreprise s'endette à taux variable. Dans ce cas, le coût de la couverture s'ajoute au coût réel de l'emprunt. De plus, le risque de taux est clairement décrit dans les annexes comptables de l'entreprise et la politique de couverture doit être dûment énoncée.

Le résultat de ces réflexions sera souvent une proportion arbitraire (50-50, 2/3-1/3...) de taux fixes et taux variables.

6 ■ Définir une hiérarchie (une seniorité) de remboursements

43.9 Le créancier qui bénéficie d'un privilège portant soit sur l'accès à la garantie soit sur la priorité de remboursement du principal et des intérêts, détient une dette fréquemment appelée **dette senior**. Le créancier qui ne possède pas de garantie est dit **créancier chirographaire**. On peut instituer légalement ou contractuellement des créanciers « moins privilégiés » que les créanciers chirographaires : ce sont les **créanciers subordonnés**. En cas de liquidation de la société, ils seront remboursés après les créanciers privilégiés, mais également après les créanciers chirographaires, mais avant les actionnaires.

> L'existence de créanciers subordonnés constitue une garantie pour les autres créanciers. Ils ont en effet apporté des fonds qui ont accru les actifs de l'entreprise, et donc ses flux de trésorerie, alors qu'ils ne seront remboursés qu'après les autres créanciers. Ils contribuent donc à augmenter la solvabilité de l'entreprise.

Bien sûr, en contrepartie d'un risque supplémentaire accepté, les créanciers subordonnés exigeront **un taux d'intérêt plus élevé** que les autres créanciers qui courent moins de risque et notamment les porteurs de dette senior.

> Les créances subordonnées permettent de mieux répartir les risques et la rémunération en matière d'endettement, chaque créancier choisissant le niveau de risque qu'il souhaite courir.

Dans un montage de LBO (voir chapitre 50), la subordination est le fil conducteur et la dette est structurée comme un véritable mille-feuille.

Au sein d'une même catégorie de dettes (subordonnées, chirographaires), il est important que les caractéristiques juridiques soient similaires (notion de *pari passu*).

Section 2 ■ Les *covenants*

43.10 Les *covenants* (clauses de sauvegarde ou convenants pour ceux qui préfèrent les termes français malheureusement moins usités) sont des engagements de faire ou de ne pas faire dont le non-respect entraîne l'exigibilité immédiate d'une dette, voire directement le défaut de l'entreprise sur cette dette, ce qui entraîne souvent le défaut sur les autres dettes.

On peut distinguer principalement, et non exclusivement, quatre types de clauses qui sont insérées dans les contrats de crédit :

- celles concernant la politique d'investissement, de désinvestissement et de production ;
- celles concernant le niveau d'endettement net et l'émission ultérieure de dettes ;
- celles concernant la politique de dividendes ;
- celles concernant le changement de contrôle de l'emprunteur.

1 ■ Les clauses concernant la politique d'investissement, de désinvestissement et de production

43.11 Le but de ces clauses consiste, pour la plupart, à offrir aux créanciers une garantie contre la substitution d'actifs de la firme contre des actifs plus risqués ou contre une simple réduction de l'actif. Les possibilités de prise de participation dans d'autres firmes, de fusion, d'absorption ou de cession d'actifs sont alors restreintes, c'est-à-dire en pratique soumises à l'agrément des créanciers au-delà de certains seuils.

Certains emprunts sont accompagnés de clauses de nantissement sur les titres de certaines filiales ou le matériel qu'ils ont servi ou non à financer (*pledge* en anglais). D'autres clauses prévoient simplement l'interdiction de vendre ou de donner certains actifs en garantie (on parle alors de *negative pledge* en anglais).

2 ■ Les clauses concernant le niveau d'endettement et l'émission ultérieure de dette

43.12 Toute émission subséquente imprévue de dette, en particulier de même rang ou de rang supérieur, provoque une perte de valeur pour les anciens créanciers. Cependant, il n'est pas optimal, ni pour les créanciers actuels, ni pour les actionnaires, de s'interdire l'émission d'une dette supplémentaire. Afin de se protéger contre une perte de valeur, les créanciers peuvent imposer des clauses qui limitent le montant de certains ratios comme :

$$\frac{\text{Endettement net}}{\text{EBE}},\ \frac{\text{Endettement net}}{\text{Capitaux propres}},\ \frac{\text{Résultat d'exploitation}}{\text{Frais financier}},\ \frac{\text{Exigible}}{\text{Disponible}},\ \text{etc.}$$

Si les limites, appréciées au moins une fois par an à la clôture des comptes, sont dépassées, alors l'emprunt devient immédiatement exigible (on parle de *financial covenant*).

Le dépassement peut provenir d'un endettement supplémentaire ou d'une dégradation des résultats de l'entreprise.

Dans la pratique, il s'agit surtout d'une clause de « rendez-vous » qui contraint l'entreprise à négocier avec ses prêteurs un plan de restructuration permettant de limiter le risque de ces derniers, risque qui s'est accru du fait des difficultés de l'entreprise. Sans aller jusque-là, les prêteurs peuvent absoudre l'emprunteur du non-respect d'un *covenant* moyennant le paiement d'une commission [1] et parfois un rehaussement de la marge, permettant d'augmenter pour les prêteurs la rentabilité de leurs crédits devenus plus risqués.

Alternativement ou conjointement, la marge payée sur le crédit peut varier selon le niveau de ces ratios afin de refléter, dans la rémunération des créanciers, la variation de leur risque.

3 ■ Les clauses concernant la politique de dividendes

43.13 Ces clauses permettent d'éviter une distribution massive de dividendes financée par augmentation de l'endettement ou par vente d'actifs, qui appauvrissent le prêteur comme nous l'avons vu au chapitre 38. Elles lient la distribution de dividendes à un niveau minimum de capitaux propres ou de flux de trésorerie généré pendant la durée de vie des créances. De même, la distribution de réserves ou le rachat par l'entreprise de ses propres actions peuvent-ils être limités ou prohibés.

1 Appelée *waiver fee*.

Comme il est difficile à un prêteur d'imposer cette clause à un grand groupe, elle prend alors la forme d'un *covenant* limitant le niveau d'endettement, ce qui produit les mêmes effets.

4 ■ Les clauses concernant le contrôle de l'emprunteur

43.14 En cas de changement du contrôle de l'emprunteur, les prêteurs peuvent se réserver le droit de demander l'exigibilité de leurs concours. Leur objectif est de se mettre en position de négociation au cas où ce changement d'actionnaires se traduirait par une dégradation du risque de leurs crédits afin d'en renégocier les conditions, voire d'en sortir tout à fait.

43.15 Au total, les *covenants* constituent souvent la bête noire du directeur financier car ils sont autant de sources de réduction de ses marges de manœuvre futures. Certains groupes les plus solides font un point d'honneur à n'en accepter aucun. D'autres n'ont pas les moyens de cette fierté et les négocient âprement avec les prêteurs en espérant ne jamais avoir l'humiliation de leur annoncer qu'ils ne les ont pas respectés.

Section 3 ■ Renégocier sa dette

43.16 Éliminons d'abord les cas de difficultés financières extrêmes pour lesquels nous renvoyons notre lecteur au chapitre 51.

Dans le cours normal de son activité, l'entreprise peut avoir intérêt à renégocier les conditions de ses prêts pour en étendre ou en raccourcir la maturité en raison de modifications dans ses flux de trésorerie disponibles (changement de conjoncture économique, cessions ou acquisitions d'actifs significatives). Elle peut aussi chercher à profiter de conditions de marché meilleures (durée, taux d'intérêt), comme par exemple en 2014 ; ou vouloir supprimer tout ou partie des *covenants* si sa situation financière s'est améliorée.

L'entreprise peut enfin être contrainte à la négociation pour éviter que les prêteurs ne demandent l'exigibilité anticipée du prêt en cas de non-respect des *covenants*, ce qui implique le plus souvent le paiement de commissions *ad hoc*, le relèvement des taux d'intérêt et/ou la constitution de nouvelles garanties.

M. Roberts et A. Sufi ont montré qu'aux États-Unis la probabilité qu'un prêt soit renégocié avant son échéance est de 27 % pour les prêts à moins d'un an et de 72 % pour les prêts entre 1 et 3 ans, de 94 % pour ceux de 3 à 5 ans et frôle la certitude (98 %) pour ceux de plus de 5 ans.

Ainsi en février 2014, Suez Environnement a-t-il obtenu l'accord des banques de son crédit syndiqué de 1,5 Md€, venant à échéance en février 2016 pour en étendre la maturité de 3 ans (avec possibilité d'exécution de 2 ans) tout en améliorant les conditions financières.

En matière obligataire, les renégociations sont plus compliquées. En effet, le plus souvent l'emprunt obligataire est détenu par un plus grand nombre d'investisseurs qu'il n'y a de banques dans un crédit et sur lesquels l'entreprise n'a pas le pouvoir de négociation que représente le *side business* (voir paragraphe 43.20) pour une banque.

Il existe alors pratiquement trois voies pour renégocier une dette obligataire :

- racheter sur le marché ou par une acquisition ordonnée (sorte d'offre publique très simplifiée) l'emprunt obligataire, ce qui nécessite de payer un petit plus (de l'ordre de 1 %) que son prix de marché et ne donne pas l'assurance de pouvoir racheter la totalité des obligations émises, ce qui en fait n'est pas très gênant ;

- proposer un échange des obligations actuelles contre de nouvelles obligations à émettre d'une durée plus longue ou avec un taux d'intérêt de marché plus faible. Mais que notre lecteur ne s'y trompe pas. Si les taux d'intérêt ont baissé depuis l'émission de l'emprunt initial, l'échange contre des obligations émises avec un taux d'intérêt plus faible ne permet pas de payer un taux d'intérêt actuariel plus faible sur la durée résiduelle des obligations initiales car celles-ci doivent être rachetées au-dessus du nominal. L'exercice Saint-Gobain à la fin de ce chapitre l'illustre ;

- convier les obligataires en assemblée afin qu'ils votent sur les projets de modification du contrat obligataire initial. Une commission leur est versée pour les inciter à voter. Dès qu'un certain pourcentage est atteint qui dépend du régime légal sous lequel l'emprunt a été placé, les nouvelles dispositions s'appliquent à tous les obligataires, même à ceux qui n'ont pas voté ou voté contre.

Section 4 ■ Pourquoi garder des liquidités à l'actif ?

43.17 Depuis le début des années 2000, la part des liquidités et des placements de trésorerie à l'actif des bilans des entreprises n'a pas cessé de croître :

Les liquidités et les placements de trésorerie en % du total de l'actif

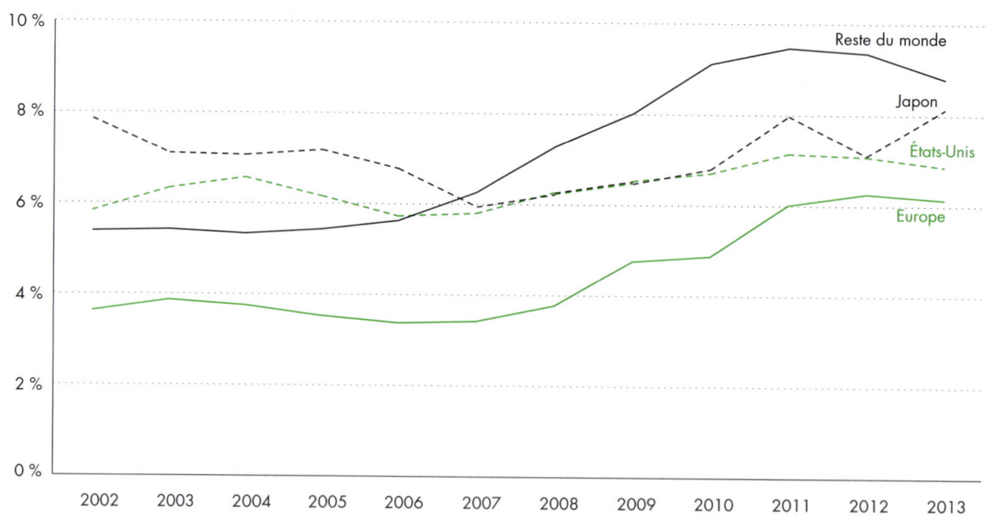

Source : données Datastream.

Une partie des liquidités à l'actif ne résulte pas d'un choix mais d'une contrainte et n'est pas réellement disponible : des fonds sont bloqués dans des pays à contrôle de change rigoureux, d'autres pour être remontés à la tête du groupe impliquent le paiement d'impôts complémentaires (retenues à la source), d'autres encore sont la contrepartie de dépôts de garantie, de cautions, de paiements en avance qui, dans certains pays, doivent être bloqués dans des comptes *ad hoc*.

Et même si elles ne doivent pas être bloquées, les avances de paiement des clients vont servir à réaliser les produits ou les services commandés et à payer les fournisseurs. Elles ne peuvent donc pas être utilisées pour rembourser des dettes, en particulier dans les secteurs où l'activité est fluctuante comme chez Airbus par exemple.

43.18 À côté de ces contraintes subies, il existe des choix voulus :

- tout d'abord pour des raisons opérationnelles : pour couvrir les besoins en liquidité des différents sites (magasins...) ou pour couvrir une saisonnalité du besoin en fonds de roulement ;
- la crise de liquidités de l'automne 2008 a montré que la liquidité pouvait disparaître aussi vite que l'eau sur le sable. Bon nombre de directeurs financiers qui ont alors passé des nuits blanches ont juré qu'on ne les y reprendrait plus et ont constitué des encaisses de précaution. Il est aussi clair que plus l'entreprise a du mal à accéder aux marchés financiers en temps normal, plus elle a tendance à accumuler le numéraire à l'actif ;
- rembourser des dettes par anticipation en utilisant des liquidités excédentaires peut entraîner le paiement de pénalités dissuasives et il arrive parfois qu'une dette contractée il y a quelque temps à taux fixe coûte moins cher que ne rapporte la trésorerie, ce qui n'incite pas à utiliser l'une pour rembourser l'autre ;
- avoir du cash à l'actif, c'est la garantie de pouvoir saisir à tous moments des opportunités d'investissements qui pourraient se présenter inopinément, en particulier en cas de crise ;
- les clients ne peuvent être que rassurés par un niveau de liquidités important, en particulier lorsqu'ils s'engagent sur le long terme avec l'entreprise (BTP, défense, etc.). Ainsi, Alcatel-Lucent maintient-il plus de 6 Md€ de numéraire à son actif pour rassurer les tiers sur sa situation de liquidité alors que sa dette est notée *non investment grade* (voir paragraphe 24.27) ; L. Frésard a ainsi montré que les entreprises détenant du cash à l'actif avaient tendance les années suivantes à gagner des parts de marché sur leurs concurrents moins bien dotés ;
- pour les sociétés à forte R&D ou actifs immatériels (pharmacie, technologie), la détention de cash à l'actif contrebalance pour partie les fluctuations des flux de trésorerie et réduit le risque de l'investissement pour l'actionnaire ;
- l'investissement ne suit pas nécessairement le désinvestissement aussi rapidement que chez Danone où la cession de l'activité biscuits et le renforcement dans la nutrition pour bébés ont été annoncés à huit jours d'intervalle ! Ainsi Solvay a-t-il annoncé la cession de son activité pharmaceutique en septembre 2009 et ce n'est qu'à l'été 2011 que les fonds ont été réinvestis dans l'acquisition de Rhodia ;
- sans oublier la vieille ficelle du directeur financier qui s'arrange pour afficher une somme rondelette de cash à l'actif pour rassurer ses actionnaires lorsqu'ils jetteront un œil au bilan.

Comme il est peu probable que le monde devienne significativement moins volatil qu'il ne l'est aujourd'hui, le cash à l'actif a encore de beaux jours devant lui. Cela ne doit cependant pas justifier des excès consistant à maintenir de façon permanente des sommes importantes pouvant être mieux utilisées dans le reste de l'économie (voir chapitre 40).

Section 5 ▪ Les leviers d'une bonne politique d'endettement

43.19 Nous ne terminerons pas ce chapitre sans donner quelques conseils à notre lecteur tirés de notre expérience, de l'observation, mais aussi du bon sens. Ils sont tous marqués du sceau de la flexibilité. Nous les illustrons avec l'exemple de SEB.

43.20 • Il est préférable de concentrer son volume d'affaires bancaires sur un nombre limité de banques avec lesquelles des relations de long terme et de confiance peuvent être bâties, plutôt que de se disperser avec une kyrielle de banques.

En complément de leurs crédits accordés, les banques apprécient que l'entreprise leur confie des services bancaires à effectuer qui augmentent pour elles la rentabilité de la relation sans nécessiter d'engagements supplémentaires coûteux en capitaux propres. On parle alors de *side business* pour désigner la gestion des flux de l'entreprise, ses opérations de change, des mandats d'émissions d'obligations, de fusion – acquisition, la gestion de l'épargne salariale, etc. Le *side business* n'étant pas illimité, le répartir entre trop de banques n'en satisfait aucune. Les concentrer sur 3 à 10 banques (selon la taille du groupe et son implantation à l'international) au contraire leur offre un complément de rentabilité bienvenu et permet de pérenniser des liens. Elles seront ainsi incitées à passer plus de temps à étudier et mieux comprendre l'entreprise. Se sentant en confiance, elles seront enclines à prêter d'autant plus aisément qu'elles connaîtront mieux le fonctionnement courant, le management, la stratégie et l'évolution de l'entreprise.

C'est ainsi que SEB a réduit le nombre de banques participantes à son crédit syndiqué de 40 à 9 en 2004 puis à 7 en 2006 et 2011 et que dans le même temps le montant du crédit a été porté de 300 à 560 M€.

43.21 • Il est prudent de diversifier ses sources de financement par dette entre financement bancaire, obligataire, billet de trésorerie, placement privé car les nouvelles contraintes réglementaires de liquidité pesant sur les banques limitent leur capacité à prêter, en particulier à moyen et long terme. De surcroît, un marché peut se fermer alors que d'autres restent ouverts pour autant que l'emprunteur soit déjà connu des investisseurs actifs sur ces marchés.

C'est ainsi que SEB a complété ses sources existantes auprès des banques et du marché des billets de trésorerie (90 M€ en 2012) par l'appel au marché obligataire coté (300 M€ sur 5 ans placés en mai 2011) et au marché obligataire privé (émissions en 2008 et 2012 de 381 M€ d'obligations Schuldschein *à échéance entre 2013 et 2019 souscrites par des investisseurs allemands).*

43.22 • Il est judicieux de maintenir des réserves de liquidités tirées ou potentielles pour faire face à l'inattendu, que celui-ci vienne de l'évolution de la conjoncture ou d'opportunités d'acquisitions. Dans ce domaine, le directeur financier est bien inspiré de suivre le conseil de Saint Matthieu : « veillez, car vous ne savez ni le jour ni l'heure ».

Ce qui veut aussi dire que l'entreprise supporte un coût pour cette flexibilité puisque les ressources à moyen terme tirées non utilisées dans le financement de l'actif économique et donc placées en trésorerie ne rapportent pas le même taux d'intérêt qu'elles ne coûtent. De même des commissions d'engagement devront être payées sur les lignes confirmées mais non tirées. Mais comme toute police d'assurance, la flexibilité financière a un coût.

Si SEB a un endettement bancaire et financier net de 556 M€ fin 2012, il dispose en plus de crédits confirmés à moyen terme, non tirés de l'ordre de 600 M€ et ce jusqu'en 2015, auxquels se rajoutent 400 € de trésorerie active. De quoi au total faire des emplettes ou faire face à des chocs.

43.23 ▪ Il est avisé d'adapter la maturité des dettes au profil probable des flux de trésorerie disponibles pour éviter de souffrir particulièrement pendant les crises de trésorerie. Même si cela veut dire payer plus cher son crédit car le long terme vaut plus cher généralement que le court terme (voir paragraphe 23.20).

Pour SEB, étendre la maturité des financements a signifié principalement de réduire fortement la part du financement par billets de trésorerie (voir paragraphe 25.1), *ressources par définition à court terme. Réduire ne veut pas dire arrêter. Le programme de 600 M€ n'a jamais été arrêté pour que les investisseurs sur ce marché n'aient pas la pénible impression que SEB ne vient les solliciter que lorsqu'il a besoin d'eux et qu'il ne trouve pas de ressources ailleurs.*

43.24 ▪ Il est conseillé de renégocier avec acharnement les *covenants* que les prêteurs demandent afin que l'entreprise conserve sa marge de manœuvre.

Le cheval de bataille de SEB a été de faire sauter ses covenants, ce qu'il a obtenu en 2006. C'est plus une question de principe qu'autre chose. Le faible risque relatif de son activité et son faible niveau d'endettement expliquent cette situation.

43.25 ▪ Il est sage de recourir avec modération aux financements sur actifs dont le coût de financement plus bas est souvent apparent et se paie au prix d'une difficulté à monter des financements classiques. De la même façon, les produits sophistiqués, qui donnent certes l'impression flatteuse de pratiquer de la haute finance, sont rarement sans inconvénient : obligations convertibles, titre super-subordonnés, TSDI du temps jadis.

43.26 Bien évidemment, avoir une politique financière intelligente est beaucoup plus facile lorsque l'entreprise est performante opérationnellement et que le niveau d'endettement est faible : limiter le nombre de banques, axer principalement la dette sur les échéances long terme avec des documentations bancaires légères, devient moins aisé pour les groupes plus lourdement endettés. Cela dit, c'est quand tout va bien qu'il faut être rigoureux et exigeant car quand la situation d'exploitation se dégrade, il est trop tard pour bien faire.

De même, la diversification des sources de financement est plus compliquée pour les entreprises plus petites : accès plus difficile au marché obligataire, voire aux billets de trésorerie. Mais d'autres sources restent disponibles (*factoring*, *leasing*, placements privés).

> La diversification des sources de financement n'est pas enfin sans coût : lourdeurs de gestion, voire décotes de liquidité si les produits de marché sont émis en trop faibles volumes. Il y a donc un équilibre à trouver.

RÉSUMÉ

Le résumé de ce chapitre est disponible sur le site www.vernimmen.net.

Une fois la structure financière choisie, la tâche du trésorier est d'abaisser le coût de la dette tout en conservant la plus grande flexibilité possible.

Pour gérer l'endettement de l'entreprise et lever des fonds en fonction des grandes échéances de son budget de trésorerie, le trésorier peut :

- utiliser ou non les actifs de son bilan ;
- négocier de gré à gré avec des établissements bancaires ou faire appel au marché des capitaux.

Les emprunts bancaires obéissent à une logique de négociation et d'intermédiation qui s'oppose à la logique d'un financement de marché. Le choix pour les PME entre un financement bancaire et un appel au marché est biaisé en raison de la place privilégiée du financement bancaire et de leur quasi-impossibilité d'utiliser des produits de marché compte tenu de leur taille.

Une garantie matérielle permet d'abaisser le coût d'un crédit et parfois d'obtenir un financement que les qualités intrinsèques de l'entreprise ne lui auraient pas permis d'obtenir. L'utilisation d'une garantie permet en effet d'isoler les différents risques économiques.

Le créancier qui bénéficie d'un privilège portant soit sur l'accès à la garantie, soit sur la priorité de remboursement du principal et des intérêts, détient une dette fréquemment appelée dette senior. On peut instituer légalement ou contractuellement des créanciers « moins privilégiés » que les créanciers chirographaires : ce sont les « créanciers subordonnés ». En cas de liquidation de la société, ils seront remboursés après les créanciers privilégiés, puis après les créanciers chirographaires, mais avant les actionnaires. En contrepartie d'un risque supplémentaire accepté, les créanciers subordonnés exigent un taux d'intérêt plus élevé que les autres créanciers qui courent moins de risques, notamment les porteurs de dette senior.

Parmi les autres paramètres importants d'une dette figure la nature du taux d'intérêt, fixe ou variable, dont le choix dépend, souvent à tort, des anticipations de taux du directeur financier.

Une fois une dette bancaire contractée, il est rare qu'elle ne soit pas renégociée. Soit parce que la société, ayant amélioré sa situation financière, veut abaisser le coût de sa dette ou en modifier la durée, soit qu'elle y soit contrainte à cause de non-respect des *covenants*.

Une bonne politique d'endettement est une politique qui laisse à l'actif des liquidités pour faire face à tout imprévu et réduire le risque, rassurer les partenaires de l'entreprise et permettre de saisir des opportunités d'investissement.

Enfin, le directeur financier sera avisé d'avoir des relations étroites avec un nombre limité de banques, de diversifier ses sources de financement entre les différents pourvoyeurs de dettes, d'adapter la maturité des dettes au profil probable des flux de trésorerie, de n'accepter les *covenants* et les financements sur actif qu'avec parcimonie afin de préserver au mieux ses marges de manœuvre.

QUESTIONS

1/ Quel est l'intérêt d'adosser des actifs à un financement ?

2/ Quelles sont les principales contraintes à l'émission d'obligations sur le marché ?

3/ Quel est l'intérêt pour un groupe d'émettre des obligations ?

4/ Quel est l'intérêt d'utiliser la subordination dans un financement ?

5/ À quel moment le trésorier doit-il privilégier les produits de marché ?

6/ Qu'est-ce qu'un *covenant* ? Donnez une explication théorique de leur utilité.

7/ Un *covenant* représente-t-il plus une interdiction de faire ou une clause de « rendez-vous » et de discussion avec les créanciers ?

8/ Quel est l'effet secondaire négatif de l'adossement d'un actif à un financement ?

9/ Y a-t-il plus de *covenants* dans un crédit obligataire ou dans un emprunt bancaire ? Pourquoi ?

10/ Pourquoi les entreprises gardent-elles des liquidités à l'actif ?

11/ Le trésorier, s'il devait placer dans des actifs liquides mais d'une durée de 2 ans, préférerait-il le faire à taux fixe ou à taux variable ? Pourquoi ?

12/ Sur quoi parie implicitement le trésorier qui s'endette à 5 ans à taux fixe ? Pourquoi ?

13/ En quoi le raisonnement en terme de valeur et celui en terme de coût dans le compte de résultat s'opposent-ils en matière de choix taux fixe/taux variable pour l'endettement ?

14/ Quelle est la limite au montant des liquidités gardées à l'actif du bilan ?

15/ Renégocier sa dette est-il infamant ?

16/ Les renégociations des dettes obligataires sont-elles plus complexes que celles des dettes bancaires ? Pourquoi ?

17/ La diversification des sources de financement par dette est-elle sans coût pour l'entreprise ? Faut-il pour autant y renoncer ? Pourquoi ?

D'autres questions vous attendent sur le site www.vernimmen.net.

EXERCICE

Saint-Gobain avait émis en janvier 2009 700 M€ d'obligations, à échéance juillet 2014, avec un coupon de 8,25 % et un remboursement au pair. En octobre 2010, Saint-Gobain a proposé d'échanger ces obligations émises en 2009 contre des nouvelles obligations rapportant le taux du marché du moment pour ce niveau de risque soit du 4 %, et venant à échéance en octobre 2018.

a) L'obligation Saint-Gobain janvier 2009 – 8,25 % cote-t-elle, en octobre 2010, au-dessus, en dessous ou au pair ? Pourquoi ?

b) À quoi correspond conceptuellement l'écart entre le cours de l'obligation janvier 2009 – 8,25 % et son nominal en octobre 2010 compte tenu du taux d'intérêt en vigueur à ce moment pour un emprunteur comme Saint-Gobain sur une durée résiduelle de presque 4 ans ?

c) À quelle condition les porteurs de l'obligation janvier 2009 – 8,25 % peuvent-ils accepter de l'échanger contre des obligations octobre 2010 – 4 % ?

d) Si Saint-Gobain obtient l'échange de 100 % des obligations janvier 2009 – 8,25 % contre des obligations octobre 2010 – 4 %, pourriez-vous dire que de octobre 2010 à juillet 2014 (c'est-à-dire sur la durée de vie résiduelle de l'obligation janvier 2009 – 8,25 %), Saint-Gobain bénéficie sur cette dette initiale de 700 M€ d'un taux d'intérêt de 4 % ? Pourquoi ?

e) À quelle condition pourriez-vous dire que Saint-Gobain bénéficie, au total, d'un coût de la dette réduit à 4 % de octobre 2010 à juillet 2014 sur les 700 M€ empruntés ? Cela vous paraît-il réaliste ? Pourquoi ?

f) Quel est le coût pour Saint-Gobain, des obligations octobre 2010 – 4 %, de juillet 2014 à octobre 2018, c'est-à-dire au-delà de la durée de vie des obligations janvier 2009 – 8,25 % ?

g) Quels sont les deux intérêts qui expliquent qu'un grand nombre de groupes ont procédé, en 2010, dans des conditions similaires à celles de Saint-Gobain, à des offres d'échange de leurs obligations émises en 2009 ?

ÉLÉMENTS DE RÉPONSE

Questions

1. Obtenir un financement que la surface financière limitée de l'entreprise ne lui permettait pas d'obtenir à un coût favorable car le risque est plus faible pour le prêteur.

2. Taille minimum de l'emprunt obligataire, remboursement *in fine* qui peut représenter une grosse échéance le moment venu, souvent obligatoire d'avoir une notation.

3. Diversifier ses créanciers, obtenir des financements longs que les contraintes de Bâle III rendent plus difficiles du coté des banques.

4. Répartir le risque en fonction de l'appétence des créanciers et obtenir des coûts de financement plus serrés en ayant fait du sur-mesure.

5. Pour profiter d'une fenêtre d'opportunité sur les marchés où les prix sont temporairement aberrants.

6. C'est une contrainte que les créanciers imposent aux actionnaires pour que ceux-ci n'accroissent pas leur risque.

7. Cela pousse le management/l'actionnaire à aller vers le créancier pour renégocier le contrat de prêt s'il veut dépasser les limites fixées par les *covenants*.

8. Une hausse du coût des autres financements de l'entreprise car les autres créanciers n'ont pas accès à la garantie que représente cet actif.

9. Plus dans les emprunts bancaires qui sont détenus par un nombre limité de banques ayant les moyens matériels d'en assurer le suivi et l'éventuelle renégociation que dans les obligations détenues souvent par des dizaines ou des centaines d'obligataires.

10. Par précaution ; car il y a des frottements à la remontée du cash dans les groupes internationaux ; pour rassurer les partenaires de l'entreprise.

11. À taux variable de sorte que l'actif, en cas de fluctuation des taux d'intérêt sur le marché, ne perde pas de valeur au moment où le trésorier doit le céder.

12. Sur une hausse des taux d'intérêt, car s'il pariait sur une baisse, il s'endetterait à taux variable.

13. La valeur d'une dette à taux variable est stable au prix d'une variabilité de l'intérêt annuel qui est dans le compte de résultat. L'intérêt annuel d'une dette à taux fixe est stable au prix d'une variabilité de la valeur de la dette à taux fixe. Il faut donc choisir sa source d'instabilité sachant que la comptabilité ne reconnaît, au mieux qu'en annexe, les fluctuations de la valeur de la dette.

14. La pression des actionnaires qui estiment que trop c'est trop et que l'argent excédentaire doit leur être rendu (voir chapitre 40).

15. Non, c'est aussi un acte de bonne gestion lorsque l'entreprise en prend l'initiative à la suite d'une amélioration de sa situation financière.

16. Oui, car les investisseurs détenant une fraction de la dette obligataire de l'entreprise peuvent être beaucoup plus nombreux que les banquiers de celle-ci, compliquant de ce fait le processus de renégociation.

17. Non, par exemple obtenir un *rating*, continuer d'émettre des billets de trésorerie alors que l'entreprise n'a temporairement plus besoin de ces fonds. Mais c'est le prix à payer pour se ménager des marges de manœuvre.

Exercice

Les corrigés détaillés des exercices sur excel sont disponibles sur le site www.vernimmen.net.

a) L'obligation 8,25 % côte au-dessus de son nominal car les taux en octobre 2010 pour un emprunteur comme Saint-Gobain sont tombés à 4 %.

b) Conceptuellement, l'écart entre le cours et le nominal correspond à la valeur actuelle sur la durée de vie résiduelle de l'obligation de l'écart entre le taux coupon prévu de 8,25 % et le taux du marché 4 % appliqué au nominal de l'obligation, le tout actualisé au taux du marché actuel, à savoir 4 %.

c) À condition qu'on leur offre une prime sur le prix de l'obligation de marché secondaire. Sinon, ils n'ont aucun intérêt à procéder à un échange.

d) Non, car Saint-Gobain ne rachètera pas les obligations au prix de 100 % (le « pair ») pour un montant de 700 M€ mais à un prix supérieur, c'est-à-dire la valeur de marché plus une prime.

e) Cela ne serait possible que si Saint-Gobain pouvait échanger sa dette sur la base du montant nominal initial de 700 M€. Ceci est totalement irréaliste, puisque cela supposerait que les porteurs d'obligations acceptent un échange en dessous de la valeur de marché de leurs obligations.

f) Au-delà de la durée de vie de l'obligation initiale de janvier 2009, le coût pour Saint-Gobain des obligations 2010 est de 4 % par an.

g) Allonger la durée des dettes pour améliorer la liquidité des entreprises et plutôt que d'émettre de nouveaux emprunts dont elles ne pourraient pas avoir l'utilité, elles ont préféré procéder à des offres publiques d'échanges.

Profiter de ce qui leur a semblé être des conditions de taux d'intérêt basses en 2010 pour bloquer des taux d'intérêts bas sur une durée relativement longue.

Psychologiquement, un certain nombre d'entre elles avaient très mal vécu d'avoir été obligées d'émettre des emprunts fin 2008/début 2009 avec des taux très élevés. L'OPE est aussi une façon pour elles de nettoyer le passé, même si d'un strict point de vue financier, une fois que l'on a émis un emprunt à un taux de 8,25 % sur une durée de cinq ans, quoi que l'on fasse ensuite, même si on l'échange comme un emprunt à un taux plus bas, on continue de supporter jusqu'à l'échéance de la dette initiale, les conséquences en terme de taux d'intérêt de cette émission initiale.

BIBLIOGRAPHIE

Pour approfondir la politique d'endettement des entreprises :

Aleksanyan L., Harpedanne de Belleville L.-M., Lefilliatre D., « Les déterminants de la multibancarité des entreprises en France », *Bulletin de la Banque de France* 2e trimestre 2010, n° 180, pages 33 à 47.

Bae K., Goyal V., « Creditors rights, enforcement and bank loans », *Journal of Finance* avril 2009, vol. 64, n° 2, pages 823 à 860.

Berger A., Espinosa-Vega M., Scott Frame W., Miller N., « Debt Maturity, risk and asymetric information », *Journal of Finance* décembre 2005, vol. 60, n° 6, pages 2895 à 2923.

Bodt (de) E., Filareto M.-C., Lobez F., « Décision de crédit bail, dette bancaire et risque moral », *Banques & Marchés* septembre-octobre 2004, n° 54, pages 5 à 18.

Brockman P., Unlu E., « Dividend policy, creditor right and the agency cost of debt », *Journal of Financial Economics* mai 2009, vol. 92, n° 2, pages 276 à 299.

Chava S., Purnanandam A., « Determinant of the floating-to-fixed rate debt structure of firms », *Journal of Financial Economics* septembre 2007, vol. 85, n° 3, pages 755 à 786.

Culp Ch., « Syndicated leveraged loans during and after the crisis and the role of the shadow banking system », *Journal of Applied Corporate Finance* printemps 2013, vol. 25, no 2, pages 63 à 86.

Denis D., Mihov V., « The choice among bank debt, non-bank private debt and public debt : evidence form new corporate borrowings », *Journal of Financial Economics* janvier 2003, n° 1, vol. 70, pages 3 à 28.

Detragiache E., Garella P., Guiso L., « Multiple *versus* single banking relationships : theory and evidence », *Journal of Finance* juin 2000, vol. 55, n° 3, pages 1133 à 1161.

Ionnidou V., Ongena S., « Time for a change: loan conditions and bank behavior when firms switch banks », *Journal of Finance* octobre 2010, vol. 65, n° 5, pages 1847 à 1877.

Le Fur Y., Quiry P. « S'endetter à taux fixe ou à taux variable ? », *La Lettre Vernimmen.net* décembre 2009, n° 82, pages 1 à 5.

Lin C., Ma Y., Malatesta P., Xuan Y., « Corporate ownership structure and the choice between bank debt and public debt », *Journal of Financial Economics* août 2013, vol. 109, n° 2, pages 517 à 534.

Murfin J., « The supply-side determinants of loan contract strictness », *Journal of Finance* octobre 2012, vol. 67, no 5, pages 1565 à 1601.

Roberts M., Sufi A., « Renegociation of financial contracts : evidence from private credit agreement », *Journal of Financial Economics* août 2009, vol. 93, n° 2, pages 159 à 184.

Santos J., Winton A., « Bank loans, bonds, and information monopolies across the business cycle », *Journal of Finance* juin 2008, vol. 63, n° 2, pages 1315 à 1360.

Saretto A., Tookes H., « Corporate leverage, debt maturity, and credit supply : the role of default swaps », *Review of Financial Studies* mai 2013, vol. 26, n° 5, pages 1190 à 1247.

Séverin E., « The choice of debt maturity », *Bankers, Markets & Investors* juillet-août 2009, n° 101, pages 49 à 58.

Voodeckers W., Steijvers T., « Business collateral and personal commitments in SME lending », *Journal of Banking and Finance* novembre 2006, vol. 30, n° 11, pages 3067 à 3086.

Zheng X., El Ghoul S., Guedhami O., Kwok C., « National culture and corporate debt maturity », *Journal of Banking & Finance* février 2012, vol. 26, n° 2, pages 468 à 488.

Ziane Y., *Financement et relations de clientèle banques-entreprises*, Presses universitaires de Nancy, 2009.

Pour des travaux de recherche sur les liquidités à l'actif :

Acharya V., Almeida H., Campello M., « Aggregate risk and the choice between cash and lines of credit », *Journal of Finance* octobre 2013, vol. 68, n° 5, pages 2059 à 2116.

Bates Th., Kahle K., Stulz R., «Why do US firms hold so much more cash than they used to do? », *Journal of Finance* octobre 2009, vol. 64, n° 5, pages 1985 à 2021.

Baumol W. J., « The transactions demand for cash: an inventory theoretic approach », *Quarterly Journal of Economics* novembre 1952, vol. 66, n° 4, pages 545 à 566.

Faulkender M., Wang R., « Corporate financial policy and the value of cash », *Journal of Finance* août 2006, vol. 61, n° 4, pages 1957 à 1990.

Fresard L., « Financial strength and product market behaviour : The real effect of corporate cash holdings », *Journal of Finance* juin 2010, vol. 65, n° 3, pages 1097 à 1122.

Ginglinger E., Saddour K., « La trésorerie des entreprises : explications et valorisation », *Banque & Marchés* septembre-octobre 2007, n° 90, pages 52 à 58.

Harford J., Klasa S., Maxwell W., « Refinancing risk and cash holdings », *Journal of Finance* juin 2014, vol. 69, n° 3, pages 975 à 1012.

Itzkowitz J., « Customers and cash : how relationships affect suppliers cash holdings », *Journal of Corporate Finance* février 2013, vol. 19, n° 1, pages 159 à 180.

Mikkelson W., Partch M., « Do persistent large cash reserves hinder performance? », *Journal of Financial and Quantitative Analysis* juin 2003, vol. 38, n° 2, pages 275 à 294.

Opler T., Pinkowitz L., Stulz R., Williamson R., « The determinants and implications of corporate cash holding », *Journal of Financial Economics* avril 1999, vol. 52, n° 1, pages 3 à 46.

Palazzo B., « Cash holdings, risk and expected returns », *Journal of Financial Economics* avril 2012, vol. 104, n° 1, pages 162 à 185.

Séverin E., du Jardin Ph., « Les déterminants de la trésorerie des entreprises », *Revue Banque* avril 2011, n° 735, pages 64 à 67.

Sur les *covenants* :

Bhanot K., Mello A., « Should corporate debt include a rating trigger ? », *Journal of Financial Economics* janvier 2006, vol. 79, n° 1, pages 69 à 98.

Chava S., Roberts M., « How does financing impact investment ? The role of debt covenants », *Journal of Finance* octobre 2008, vol. 63, no 5, pages 2085 à 2121.

Nini G., Smith D., Sufi A., « Creditor control rights, corporate governance and firm value », *Review of Financial Studies* juin 2012, vol. 25, n° 6, pages 1713 à 1761.

Smith C., Warner J., «On financial contracting : Analysis of bond covenants », *Journal of Financial* Economics juin 1979, vol. 7, n° 2, pages 117 à 161.

Et pour penser l'avenir !

DFCG, *Le guide pratique du financement de l'innovation*, décembre 2010.

PARTIE 5

Titre 1 La gouvernance et l'ingénierie financière 897

Titre 2 La gestion du besoin en fonds de roulement, de la trésorerie et des risques 1073

Partie 5

La gestion financière

TITRE 1

Chapitre **44** La création d'entreprise ou le financement des start-up 899

Chapitre **45** L'actionnariat et l'organisation d'un groupe . . 923

Chapitre **46** L'introduction en Bourse 949

Chapitre **47** La gouvernance d'entreprise 963

Chapitre **48** Les négociations du contrôle. 979

Chapitre **49** Les fusions et les scissions 1011

Chapitre **50** Les LBO. 1031

Chapitre **51** Les faillites et les restructurations 1049

Titre 1

La gouvernance et l'ingénierie financière

Dans ce titre, notre lecteur découvrira le pain quotidien d'un banquier d'affaires : réflexions sur l'actionnariat et l'organisation d'un groupe, la problématique de l'introduction en Bourse, les acquisitions et cessions d'entreprises, les opérations de fusions et scissions, les LBO, les restructurations, voire les faillites. Nous espérons qu'à la différence du banquier d'affaires, notre lecteur n'y passera pas des nuits blanches !

Il verra aussi la création de l'entreprise, qui concerne peu le banquier d'affaires sauf parfois lorsqu'il est amené à se reconvertir !

Comme notre lecteur ne manquera pas de le constater dans ce titre, bon nombre d'opérations ou de techniques d'ingénierie financière posent et résolvent des problèmes de gouvernance.

Chapitre 44

La création d'entreprise ou le financement des start-up

L'aventure, en grand !

Tout groupe fut un jour une start-up, créée le plus souvent dans une chambre de bonne (NRJ), un garage (HP), une cave (1855.com) ou une résidence universitaire (Facebook). Les plus talentueux des entrepreneurs, les plus chanceux, à force de travail, de capacité à apprendre des échecs, de vision réussiront à créer un groupe pérenne, mais l'immense majorité échouera. Heureusement ce fait n'empêche pas de nouveaux entrepreneurs, chaque année, de se lancer dans cette aventure. C'est pour eux que ce chapitre a été écrit afin qu'ils évitent de faire de mauvais choix financiers pouvant mettre en péril leur aventure entrepreneuriale. Quant aux autres qui le liront, nous espérons avoir semé une petite graine qui, peut-être, un jour éclora.

Section 1 ▪ Les particularités financières de l'entreprise qui se crée

Elles nous paraissent être au nombre de cinq :

1 ▪ La volatilité extrême de l'actif économique, d'où un risque très élevé

44.1 Beaucoup d'entrepreneurs[1] qui se lancent ont une idée d'un produit, d'un service mais n'ont pas encore en tête de modèle économique permettant de couvrir les coûts et de rapporter une

1 Nous utiliserons dans ce chapitre les termes de fondateur, de créateur ou de dirigeant de start-up comme synonymes d'entrepreneurs.

rentabilité correcte sur les capitaux investis. Quand L. Page et S. Brin développèrent leurs algorithmes qui allaient donner naissance à Google, leur objectif était de proposer un outil de recherche plus efficace que les existants. Ils n'étaient pas sûrs d'y arriver et n'avaient pas la moindre idée de la manière de faire payer cet outil. Ce n'est que des années après que l'idée d'associer de la publicité aux recherches est arrivée, permettant ainsi de créer un modèle économique particulièrement efficace.

Cette incertitude fondamentale sur la pertinence du concept et la capacité à trouver une demande solvable en face n'est pas propre au secteur de l'Internet. On la retrouve en biotechnologie, dans l'innovation industrielle mais aussi dans les nouveaux services, et dans le commerce. Quand A. Roux de Bézieux crée Causses sur le créneau de l'alimentation générale de qualité à Pigalle, il ne sait pas si son concept simple et clair sera pertinent. Il le croit mais tant qu'il ne l'a pas testé grandeur nature, il ne le sait pas.

C'est la raison pour laquelle des 268 996 entreprises créées en France en 2004, seules 60 956 (23 %) étaient encore en vie en 2014. Les autres ont disparu, la plupart corps et biens. Et seulement 628 ont dépassé un chiffre d'affaires de 10 M€ par an. Une seule des entreprises créées en France entre 1995 et 2004 a rejoint le CAC 40 (Gemalto). Une seule sur plus de deux millions.

La création de l'entreprise est le segment le plus risqué de la vie économique mais aussi le plus nécessaire pour assurer son renouvellement.

Les créations d'entreprises en France depuis 2003

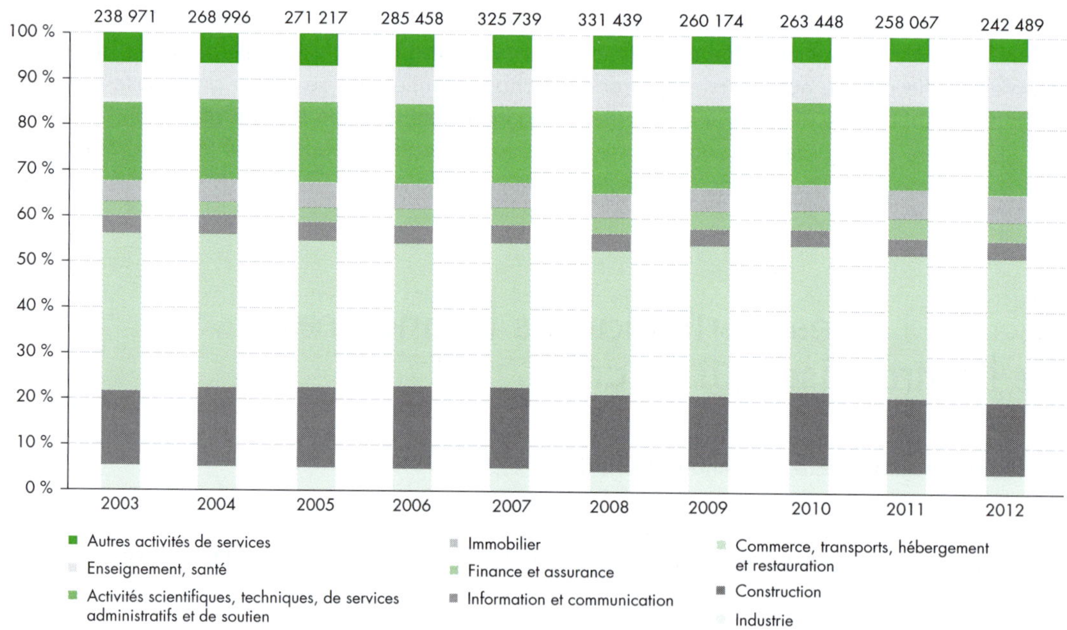

Source : INSEE.

La baisse des créations d'entreprises à partir de 2009 n'est qu'un trompe-l'œil car une partie des entrepreneurs a alors préféré opter pour le statut de l'autoentrepreneur qui est un immense succès avec 300 000 créations par an non comprises dans ces statistiques.

Loin d'être linéaire, le développement de l'entreprise qui se crée[1] passe par des étapes successives qui sont autant d'occasions d'échec et/ou de réorientations. Un entrepreneur a une idée. Pourra-t-il réunir les fonds nécessaires pour créer son prototype ? Si oui, arrivera-t-il à le créer avec des fonctionnalités lui donnant un avantage compétitif ? Si oui, trouvera-t-il des clients prêts à l'acquérir à un prix couvrant plus que les coûts ? Si oui, pourra-t-il passer à une phase de production en nombre en ne perdant pas les qualités du prototype ? Si oui, etc.

Un non ne signifie pas nécessairement la fin de l'histoire, mais peut-être une remise en cause pour partir dans une autre direction en ayant corrigé tel ou tel point, voire en ayant remis tout l'ouvrage sur le métier. Faut-il encore en avoir les moyens psychologiques et financiers !

2 ■ Le rôle crucial du fondateur

44.2 Une entreprise est souvent créée par une personne (M. Dassault, S. Jobs, X. Niel, etc.) ou un petit groupe d'individus qui prennent à titre personnel un niveau de risque très élevé, abandonnant une situation bien établie ou la possibilité d'une telle situation, pour ce qui ne sera *in fine* pour beaucoup d'entre eux qu'une chimère. Mais ils portent un projet, une vision, un charisme indispensables pour affronter l'inconnu, l'adversité et les remises en cause, et indispensables pour convaincre d'autres (employés, investisseurs) de les suivre. Sans eux, l'entreprise n'existerait pas.

D'un point de vue financier, le créateur de l'entreprise est l'antithèse de l'investisseur que postule le MEDAF du chapitre 23. Il concentre son investissement sur un seul actif et en prend tous les risques ; le concept de diversification lui est radicalement étranger. Pour lui, c'est du tout ou rien. Il a une chance infime de gagner le gros lot et les plus grands risques de tout perdre. Mais l'entrepreneur ne raisonne pas en probabilité comme le financier. Son objectif premier n'est pas financier, il est avant tout humain. C'est un autre monde.

Il a le plus souvent une relation passionnelle avec son entreprise – c'est sa création – bien éloignée de la froideur du financier pour qui tout est risque et rentabilité. Comme nous le verrons ce trait de caractère de l'entrepreneur n'est pas sans danger quand sa volonté de contrôle le pousse à s'endetter trop tôt ou à freiner la croissance de son entreprise.

3 ■ La nécessité d'un financement externe

44.3 Rares sont les entreprises qui se créent et qui tout de suite génèrent un autofinancement positif. Le plus souvent elles sont en pertes les premiers temps ; certaines doivent même attendre plusieurs années avant d'enregistrer le premier euro de chiffre d'affaires.

1 Synonyme dans ce chapitre de start-up tout comme jeune pousse ou jeune entreprise.

Leur autofinancement étant négatif, le recours à un financement externe est impératif car le plus souvent l'entrepreneur n'a pas un patrimoine suffisant pour financer seul l'aventure entrepreneuriale.

4 ■ Un rôle plus actif des investisseurs

44.4 Investir dans une entreprise qui se crée ou de création récente relève pour beaucoup de l'acte de foi. En effet, le TRI moyen des fonds de capital risque français de 2001 à 2011 a été de – 1,5 % selon l'AFIC. Investissant sur le segment le plus risqué on se serait logiquement attendu à une rentabilité en rapport. Même dans le premier quartile, la rentabilité moyenne n'est que de 9 %. Certes, des frais de gestion sont venus réduire la rentabilité brute des investissements, mais tout de même.

Les investisseurs ont l'espoir d'avoir investi dans le prochain Iliad (maison mère de Free) ou Dailymotion tout en étant conscients que sur dix investissements qu'ils feront, sept à huit ne donneront rien, un ou deux auront une rentabilité correcte et que le dixième fera dix ou cent fois la mise, sauvant tout le reste. Sachant qu'ils prennent des risques élevés, ils vont suivre de près leurs investissements en apportant une aide au chef d'entreprise par des conseils, des mises en relation afin de l'aider à naviguer au mieux. De son côté, celui-ci est plutôt favorable à une implication plus forte des investisseurs à ses côtés car ils lui apportent ce qui lui manque : expérience, contacts, recul, conseils pour prendre des décisions délicates… et des capitaux. La solitude de l'entrepreneur n'est pas un mythe.

Comme l'entreprise procédera à plusieurs levées de fonds avant d'arriver éventuellement à générer des flux de trésorerie positifs, les investisseurs ont tout intérêt à suivre de près le respect par l'entreprise de son plan de marche afin de se forger une opinion avant toute décision de réinvestissement. Leur implication plus forte aux côtés du dirigeant n'a donc rien de désintéressé. Elle est grandement facilitée par le fait qu'ils sont peu nombreux le plus souvent.

5 ■ Une valorisation hautement spéculative et donc volatile

44.5 Sans surprise une volatilité extrême de l'actif économique se traduit au niveau de la valeur des actions, même sans effet de levier, par des variations très fortes. Elles sont le signe d'un risque spécifique élevé propre à ce stade du développement de l'entreprise. À titre d'illustration, voici comment se sont comportés en Bourse Néovacs, start-up des biotechnologies, et Sanofi, l'un des leaders mondiaux de la pharmacie :

Néovacs a véritablement pris son envol en 2007 et a levé depuis cette date environ 45 M€ en 6 augmentations de capital. Elle capitalise, en juin 2014, 34 M€ contre 110 Md€ pour Sanofi. Néovacs n'attend pas de chiffre d'affaires significatif avant 2016.

Évolution des cours de Bourse de Néovacs et de Sanofi depuis avril 2010

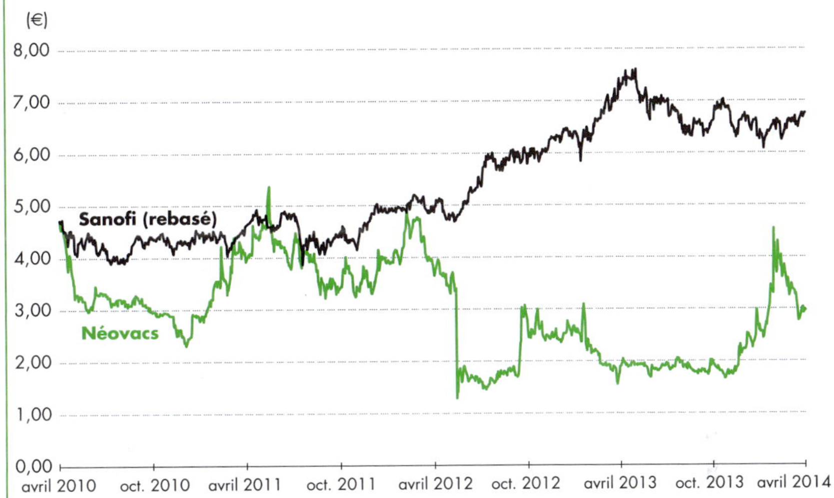

Source : NYSE Euronext.

Section 2 ■ Quelques principes de base du financement de la création d'entreprise

1 ■ Des capitaux propres, des capitaux propres et encore des capitaux propres

44.6 Dès lors que le modèle économique de l'entreprise n'est pas nettement établi et que son exploitation ne requiert pas la détention d'actifs ayant une valeur indépendante de son activité (immobilier, fonds de commerce ou droit au bail), la seule façon raisonnable pour elle de se financer est par capitaux propres.

Par ses échéances régulières de versements d'intérêts et de remboursements du capital, la dette est totalement antinomique d'une génération de flux de trésorerie aléatoires et négatifs pendant une période indéterminée. L'entrepreneur a besoin de temps pour tester son produit ou son service, corriger le tir, s'adapter aux retours des premiers clients, laisser tomber 80 % de ce qui a été fait le cas échéant et repartir dans une autre direction. L'entrepreneur a l'esprit entièrement tourné vers son aventure, il ne doit pas se laisser perturber ou dicter son tempo par une dette qui, comme une bombe à retardement, fait tic-tac, tic-tac.

Nous avons vu trop d'entrepreneurs talentueux voulant éviter d'être dilué dans le capital de leur entreprise émettre trop tôt de la dette. Elle prend le plus souvent la forme d'obligations convertibles, l'entrepreneur pensant qu'elles seront naturellement converties. À ce stade du développement de l'entreprise, l'enjeu n'est pas d'éviter la dilution ou de la minimiser, mais de démontrer que l'entreprise est viable. Mieux vaut une plus petite part dans une entreprise qui a eu le temps nécessaire pour démontrer sa viabilité qu'une grande part dans une entreprise qui court à la faillite ou dont le passif doit être restructuré car dans ce cas la dilution sera massive.

Nous ne saurions trop insister sur ce point.

> Le risque se finance avec des capitaux propres et rien d'autre.

Une fois que le modèle économique aura été trouvé et que sa viabilité est à peu près assurée, l'entreprise pourra alors contracter de la dette.

Ce n'est que si la start-up utilise des actifs dont la valeur est indépendante de son activité comme des véhicules, du matériel avec un marché secondaire, un fonds de commerce lié à un emplacement, etc., qu'elle pourra les financer pour partie par endettement. On est dans le secteur de la restauration, du commerce, du transport, etc. L'investissement initial y est souvent plus élevé que dans l'Internet ou les services à la personne. L'endettement permet alors de boucler un financement qu'il serait difficile de réunir uniquement avec des capitaux propres. Qu'il soit alors le plus long possible, en crédit-bail si possible, afin de ne pas mettre l'entrepreneur sous pression.

2 ■ Un tour ou plusieurs tours de financement ?

44.7 Néovacs, start-up des biotechnologies mentionnée plus haut, a levé, entre 2007 et 2013, 45 M€ de capitaux propres auprès de fonds de capital risque ou du public (elle est cotée sur Alternext depuis 2010) en 6 augmentations de capital. Presque une par an. N'aurait-il pas été plus simple de procéder à une seule augmentation de capital de 45 M€ en 2007, donnant ainsi à la société la sécurité de son financement ?

Non. Ni les investisseurs, ni l'entrepreneur n'y ont intérêt.

Les premiers parce qu'ils ne veulent pas signer un chèque en blanc à l'entrepreneur et qu'ils ne lui donneront que les moyens financiers nécessaires pour franchir la prochaine étape de son aventure entrepreneuriale : mise au point d'un prototype, ouverture et exploitation pendant quelques mois du premier magasin, atteinte de 100 000 membres pour un réseau social, etc. Si l'étape est franchie avec succès, un nouveau tour de financement sera organisé avec les mêmes investisseurs et/ou de nouveaux, donnant alors à l'entreprise les moyens financiers nécessaires pour franchir la prochaine étape. Et là encore, les investisseurs ne s'engageront le plus souvent dans un nouveau tour de financement que si cette étape est franchie…

Si elle ne l'est pas, les investisseurs reprendront la main et décideront si le plan correctif mis au point par l'entrepreneur paraît suffisamment solide pour que l'aventure vaille la peine d'être poursuivie dans cette nouvelle direction et participer à un nouveau (dernier ?) tour de financement. Sinon l'aventure s'arrêtera là probablement.

Ce système de financement à plusieurs tours permet aux investisseurs de contrôler l'entrepreneur, de résoudre les conflits d'intérêts potentiels et d'allouer leurs fonds aux projets les plus prometteurs. L'intérêt de l'entrepreneur après un premier échec serait en effet de persévérer coûte que coûte d'autant que les fonds qu'il utilise n'ont pas été apportés par lui. Et la crainte des investisseurs serait qu'il s'entête et s'enferre inutilement, gaspillant des fonds qui pourraient être mieux utilisés dans d'autres projets avec d'autres équipes. On retrouve la théorie de l'agence du paragraphe 30.17.

Pour l'entrepreneur, une levée de fonds massive finançant les besoins prévisionnels sur plusieurs années d'activités n'est pas non plus la panacée. N'ayant encore rien démontré ou si peu, le prix d'émission des actions risque d'être très faible. En revanche, dans une succession de tours de financement, chacun marquant le succès d'une étape, l'entrepreneur et les investisseurs des tours précédents seront fondés à négocier un prix de l'action plus élevé à chaque fois, limitant d'autant la dilution des actionnaires existants et donc aussi celle de l'entrepreneur.

> Entrepreneurs et investisseurs ont donc un intérêt commun à l'organisation de tours de financement successifs qui sont chacun une option réelle sur la prochaine étape du développement de la start-up.

3 ■ Du *goodwill* à l'entrée ou à la sortie ?

44.8 Le *goodwill* est l'écart entre la valeur des capitaux propres et le montant des capitaux propres investis. Son fondement conceptuel est la capacité de l'entreprise à dégager pendant une certaine période une rentabilité supérieure à celle demandée par les investisseurs compte tenu du risque (voir paragraphe 35.40).

L'entrepreneur considère souvent qu'il apporte des fonds, l'idée et la capacité de la mettre en œuvre. Les investisseurs, quant à eux, n'apportent que des fonds. L'entrepreneur trouve donc logique d'être mieux traité qu'eux dans le tour de table, ce qui lui permettra de conserver la majorité des droits de vote dans son projet. D'où le plus souvent lors du premier tour de financement un prix d'émission des actions plus élevé pour les investisseurs que pour les fondateurs. L'écart est parfois considérable, surtout si le buzz autour du concept de cette nouvelle entreprise est élevé. Nous avons ainsi vu des investisseurs payer leurs actions plus de 100 fois plus cher que les entrepreneurs ! Soit un montant de *goodwill* considérable pour une entreprise qui n'a encore rien démontré.

44.9 Cette pratique n'est pas sans danger. Dès lors que l'entreprise naissante, après quelques trimestres d'activité, décroche par rapport à son plan de route et n'atteint pas ses premiers objectifs, la question d'un second tour de financement se pose très vite alors que les fonds issus du premier sont en voie d'être complètement épuisés.

Les relations entre l'entrepreneur et ses investisseurs risquent de se dégrader assez rapidement. La valeur de l'action se situe alors entre le prix payé par l'entrepreneur pour les siennes et celui payé par les investisseurs pour les leurs. Autrement dit, les investisseurs sont en moins-value à cause de l'entrepreneur qui n'a pas délivré son plan d'affaires, alors que lui est en plus-value grâce au *goodwill* payé par les investisseurs qui découvrent qu'il n'a pas de fondement réel. Alors que tous les actionnaires devraient s'unir pour étudier comment redresser la trajectoire, corriger ou remettre en cause tout ou partie de la stratégie suivie à ce jour, un climat délétère risque de s'installer entre l'entrepreneur et les investisseurs. Il peut conduire au blocage de la situation à un moment où c'est le mouvement qui devrait s'imposer.

Les investisseurs initiaux, mécontents de la situation, ont alors les plus grandes peines à accepter de participer à un second tour de financement, même si la souscription de nouvelles actions leur permettrait d'abaisser le prix de revient moyen de leurs actions. Ils préfèrent constater leurs pertes, être dilués et se tourner vers d'autres opportunités plutôt que retourner devant leurs comités d'investissement pour expliquer qu'ils se sont trompés la fois précédente sur la pertinence du concept et sur le prix payé, mais que cette fois-ci, c'est la bonne, alors même que l'entrepreneur vient de connaître un premier échec. On a quitté le domaine de la rationalité pure pour celui de la finance comportementale !

Comme notre entrepreneur n'a probablement pas les moyens de financer la réorientation de l'entreprise, il doit trouver de nouveaux investisseurs. La tâche de les convaincre est particulièrement ardue car le signal envoyé par la non-participation des premiers investisseurs à ce nouveau tour de financement est particulièrement négatif. La probabilité d'échec de cette recherche de financements est donc élevée. Si la recherche de fonds aboutit, les actions du second tour de financement seront émises à un prix plus bas et les actionnaires initiaux, s'appuyant sur le mécanisme de *ratchet* que nous verrons au paragraphe 44.16, demanderont à recevoir des actions supplémentaires comme s'ils avaient souscrit leurs actions au même prix que les investisseurs du second tour. L'entrepreneur est alors massivement dilué.

C'est un moindre mal car si la recherche de nouveaux investisseurs n'aboutit pas, l'entrepreneur est alors conduit à vendre son entreprise dans de très mauvaises conditions pour autant qu'il y ait un intérêt, ou à liquider son entreprise ce qui est le cas le plus fréquent.

> Comme le développement d'une entreprise naissante, particulièrement dans de nouveaux secteurs, est rarement linéaire, faire payer un *goodwill* élevé aux investisseurs des premiers tours est une stratégie à haut risque pour la pérennité de l'entreprise.

44.10 On pourrait songer, pour éviter de telles situations, à ne pas faire payer aux investisseurs des premiers tours de *goodwill* à l'entrée, mais à leur en faire payer un à la sortie en fonction des résultats obtenus. Concrètement, les actions seraient émises à la création de l'entreprise au même prix pour tous les actionnaires. L'entrepreneur obtiendrait des investisseurs des options d'achat d'une partie de leur participation à un prix d'exercice symbolique, ou des stock-options ou des bons de souscription de parts de créateur d'entreprise lui permettant d'être relué dans le futur.

Mais cette relution serait sous condition : atteinte d'un niveau de performance financière (chiffre d'affaires, résultats), d'objectifs de développement (réalisations techniques ou commerciales), et le plus souvent d'un niveau de rentabilité pour les investisseurs (TRI obtenu en cas de cession ou de nouveau tour de financement). Le *goodwill* ne serait alors payé par les investisseurs sous forme de dilution de leur taux de rentabilité que s'il est effectivement délivré.

Dans le cas très probable d'un dérapage par rapport au plan initial, la situation pourrait être froidement et calmement examinée par les actionnaires de départ qui, ayant tous payé leurs actions au même prix, seront sans divergence d'intérêt.

Ne nous cachons cependant pas qu'il s'agit là d'une solution difficile à faire accepter à l'entrepreneur passionné qui se croit être un nouveau Jacques-Antoine Granjon (Vente-privée.com) ou Marc Simoncini (Meetic.com) et qui n'a pas forcément réfléchi au sujet.

Plus fondamentalement, elle pose le problème de la motivation et de l'incitation de l'entrepreneur dont la participation faciale dans « son » entreprise risque d'être symbolique tant que les instruments relutifs ne sont pas exercés, ce qui n'arrivera pas avant quelques années. Le risque est alors qu'il se considère plus comme un salarié que comme un entrepreneur, et c'est la mort assurée du petit cheval ! Un entrepreneur ne doit pas se comporter comme un salarié ; il doit penser en permanence à son projet, nuit et jour, sans état d'âme. Certes, on peut statutairement ou contractuellement lui donner la majorité des droits de vote. Mais cela peut ne pas suffire pour certains. On ne quitte décidément pas la finance comportementale !

> Le *goodwill* à l'entrée est probablement le prix à payer par les investisseurs pour que l'entrepreneur se sente maître chez lui et se « défonce » dans son projet. Mais ceci n'est pas sans ajouter un risque financier, comme nous l'avons vu, au risque intrinsèque de la création d'entreprise. Les meilleurs entrepreneurs ne s'en porteront que mieux, la vaste majorité moins bien.

Toute la question se résume alors ainsi : « Du *goodwill*, oui mais point trop », afin de garder un potentiel de valorisation de l'action, augmentation de capital après augmentation de capital, et d'éviter des blocages ou la mise en œuvre de clauses de *ratchet* aux effets désastreux pour l'entrepreneur. *In fine* un plan d'affaires excessivement optimiste n'est pas dans l'intérêt de l'entrepreneur qui s'assied alors sur une grenade qu'il a lui-même dégoupillée…

Section 3 ■ Les investisseurs dans les jeunes entreprises

1 ■ Les investisseurs en capitaux propres

44.11 Le premier d'entre eux est l'entrepreneur lui-même, avec son épargne accumulée, parfois complétée par un crédit bancaire gagé sur une maison ou un appartement. Il ou elle pourra passer les premiers mois de son aventure avec un incubateur qui mettra à sa disposition un local, des services rémunérés par quelques pourcents du capital. L'idée devient alors un projet.

Des membres de sa famille ou des amis (***friends & family***) constituent souvent une partie des investisseurs initiaux, probablement la moins motivée par des raisons financières, mais pas la moins fidèle ! On parle à son propos de ***love money*** qui permet de réunir le plus souvent quelques dizaines de milliers d'euros.

Par le ***crowdfunding*** l'entrepreneur peut solliciter, *via* des plateformes Internet spécialisées (Ulule.com, Financeutile.com, WiSEED.com, etc.), l'investissement d'un très grand nombre de particuliers dont les plus motivés apporteront quelques centaines ou milliers d'euros chacun. Il pourra ainsi tester l'attrait de son concept sur une grande échelle. Mais il aura du mal à lever plus que quelques centaines de milliers d'euros. Tant en France qu'aux États-Unis, la limite des fonds levés sans prospectus est d'un million (d'euros ou de dollars).

Les ***business angels*** sont souvent des anciens dirigeants et actionnaires d'entreprises. Ils investissent quelques dizaines ou centaines de milliers d'euros par projet. Ils apportent également leurs conseils à l'entrepreneur et mettent leurs carnets d'adresses à sa disposition. Les plus chanceux d'entre eux ont financé Twitter à ses débuts.

Auprès des **fonds de capital risque**, l'entrepreneur peut trouver des financements plus conséquents, de 0,5 M€ à plusieurs dizaines de millions d'euros, pour autant que son projet ait un très fort potentiel de développement. Certains fonds se sont créés en surfant sur les avantages fiscaux prévus pour l'investissement dans des start-up ou PME (réduction d'impôt sur le revenu ou de l'ISF), moteurs puissants de collecte de fonds. Malheureusement, certains d'entre eux dévoient ce métier en demandant à l'entrepreneur de racheter leur investissement à un prix fixe à une échéance donnée, ce qui est antinomique avec la prise de risque propre à la création d'entreprise.

Certains groupes industriels ont créé des fonds d'investissement internes (ou communs à plusieurs groupes d'une industrie) avec un double objectif financier et de veille stratégique sur leur secteur, comme Novartis, Orange, Schneider, Mérieux ou Total. On parle alors de ***corporate venture***, qui est encouragé depuis 2014 par un avantage fiscal *ad hoc*.

La levée de fonds en Bourse par introduction sur Alternext (voir paragraphe 46.7) est devenue une vraie possibilité pour les entreprises pouvant présenter au moins deux années de comptes et cherchant à collecter au moins 2,5 M€. C'est ainsi que, début 2014, Innovéox ou Genfit ont pu lever chacune entre 5 et 50 M€.

Chaque type d'investisseur a vocation à intervenir à des stades différents du développement de la jeune entreprise :

Les étapes du financement d'une création d'entreprise réussie

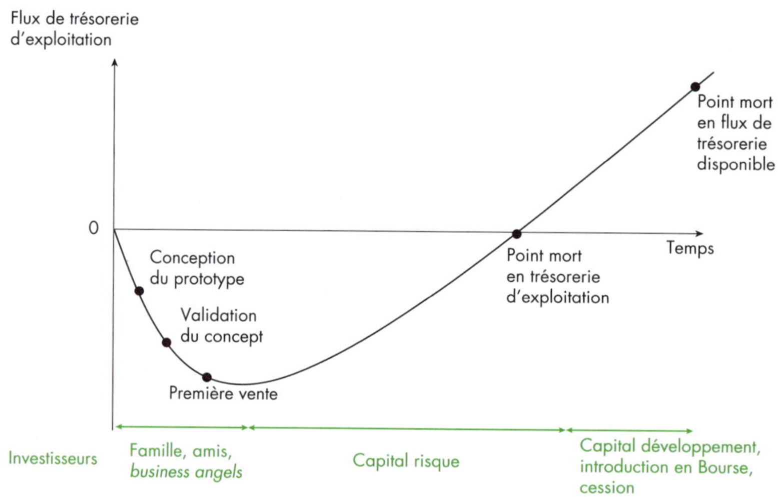

2 ■ Les investisseurs en dette

44.12 Ils sont très peu à financer en direct les start-up et, comme nous l'avons développé au paragraphe 44.6, il n'est pas dans l'intérêt de l'entrepreneur d'y recourir tant qu'il n'a pas démontré la validité de son modèle économique.

Ce n'est que si la jeune entreprise utilise ou génère des actifs qui ont une valeur indépendamment de son exploitation (véhicules, immobilier, fonds de commerce, créances clients) qu'elle peut recourir au crédit-bail (voir paragraphe 25.15). Si elle génère un chiffre d'affaires, elle pourra financer son BFR en recourant à l'escompte (paragraphe 25.12) ou à l'affacturage (paragraphe 25.14). Un crédit bancaire non affecté (c'est-à-dire finançant l'entreprise en général plutôt que des actifs déterminés) ne peut être trouvé que si l'entrepreneur apporte des garanties à la valeur indépendante de son projet ou des cautions. La garantie des prêts accordée par la Banque publique d'investissement (BPI), à hauteur de 50 à 60 %, peut inciter un banquier à passer à l'acte. La BPI distribue aussi des prêts à la création d'entreprise de 2 000 à 7 000 € sur 5 ans sans garantie ou caution, et des prêts participatifs d'amorçage de 50 000 € à 150 000 €, sur 8 ans, avec un différé de remboursement de 3 ans, sans garantie, plafonnés au montant des capitaux propres et des aides à l'innovation reçues.

3 ■ Les autres sources de financement

44.13 Elles sont plus marginales et constituent le plus souvent des appoints. Ainsi la BPI distribue des aides à la création d'entreprises innovantes pour valider la faisabilité de leurs projets (30 000 € au maximum), des aides au transfert de technologies de laboratoires de recherche publics (au maximum 50 000 €) et des avances remboursables en cas de succès représentant 25 à 65 % des dépenses d'innovation. Il faut aussi mentionner les prêts d'honneur accordés par des associations ou fondations, les concours pour la création d'entreprise organisés par les collectivités locales ou des fondations, les primes ou subventions de collectivités locales, le crédit d'impôt recherche (CIR) pour les entreprises faisant de la R&D, etc.

Section 4 ■ L'organisation des relations entre l'entrepreneur et les investisseurs financiers

44.14 Les relations dans le temps entre les investisseurs et le ou les entrepreneurs sont codifiées dans le **pacte d'actionnaires** signé au moment du versement des fonds. Nous renvoyons notre lecteur au paragraphe 45.14 pour les clauses habituelles de cet accord qui ne sont pas propres au cas de la jeune entreprise.

> Le pacte d'actionnaires de la jeune entreprise sera d'autant plus fourni qu'il y aura un écart important entre le prix payé par les investisseurs et celui payé par les fondateurs pour leurs actions (*goodwill* important).

Un pacte d'actionnaires résulte d'une négociation et traduit l'équilibre entre la demande et l'offre de capitaux à risque au moment de sa conclusion. Il est clair qu'en 2000, avant l'éclatement de la bulle Internet, les entrepreneurs étaient en position de force. Nous avons le sentiment que cette situation est en train de revenir dans le secteur des technologies. Le pacte d'actionnaires reflète aussi la capacité d'attraction plus ou moins forte de tel ou tel projet d'entreprise et de tel ou tel entrepreneur.

1 ■ Les clauses liées aux fondateurs-dirigeants

44.15 N'importe quel investisseur dans une start-up vous dira que son premier motif d'investissement est la qualité de l'équipe fondatrice. Il n'est donc pas surprenant que les investisseurs posent comme condition en contrepartie de leurs investissements que les dirigeants s'engagent dans la durée à fond dans cette aventure. On trouve ainsi : des clauses qui interdisent aux fondateurs d'occuper des fonctions dans d'autres entreprises ou de vendre leurs actions pendant une certaine durée (*lock-up*) ; des clauses qui prévoient la perte de leurs actions et des autres instruments incitatifs s'ils devaient quitter l'entreprise avant une certaine échéance (*vesting*), assorties de clauses de non-concurrence ; des clauses qui attribuent à l'entreprise les propriétés intellectuelles créées par les fondateurs, etc.

Hors pacte d'actionnaires, on peut également trouver des clauses plus incitatives pour les dirigeants-fondateurs, de sorte que même fortement dilués par plusieurs augmentations de capital, ils gardent la même motivation qu'au premier jour : stock-options, options d'achat, bons de souscription, etc.

2 ■ Les clauses conséquences d'un *goodwill* à l'entrée

44.16 Si un *goodwill* a été payé à l'entrée, les investisseurs voudront empêcher que les fondateurs ne vendent trop tôt la jeune entreprise sur une base de valorisation qui ne leur permettrait de ne récupérer qu'une partie de leur investissement alors que les fondateurs pourraient réaliser une confortable plus-value (voir l'exercice 2 pour une illustration chiffrée). Pour éviter ce genre de situation, il peut être prévu que le produit de la vente de l'entreprise revienne d'abord aux investisseurs à hauteur de leur investissement, puis soit ensuite partagé entre les investisseurs et les fondateurs dont les intérêts sont alors alignés.

De même, ils insisteront pour bénéficier d'une clause de ***ratchet*** destinée à les protéger au cas où, lors de tours de financement ultérieurs, les nouvelles actions seraient émises à un prix inférieur à celui qu'ils ont payé. On peut trouver surprenant que des investisseurs en capital risque veuillent éviter ou limiter une perte, eux qui investissent sur le créneau le plus risqué des entreprises. Ce n'est que la contrepartie de l'appétit de l'entrepreneur qui a insisté pour que les investisseurs payent un *goodwill* avant que ne soient démontrées la pertinence du concept et la viabilité du modèle économique de la start-up.

Il est difficile pour un entrepreneur, qui a obtenu que le prix payé par les investisseurs intègre un *goodwill*, de refuser une telle clause qui ne trouvera à s'appliquer que si la valorisation qu'il a défendue s'avère excessive. Il se verrait rétorquer qu'il ne croit pas à sa valorisation…

Le mécanisme de *ratchet* prévoit que l'entreprise émettra de nouvelles actions supplémentaires au profit des investisseurs, à un prix symbolique, afin qu'ils détiennent autant d'actions que s'ils avaient souscrit à l'augmentation de capital précédente au prix de l'augmentation de capital en cours. S'il est appliqué à plein (il peut être assorti de conditions qui en adoucissent l'application), il conduit souvent à diluer très fortement les fondateurs, ce qui pose alors le problème de leur motivation. Un nouvel investisseur pourra exiger pour cette raison que cette clause ne soit que partiellement exercée par les investisseurs du tour précédent. Un exemple numérique est donné dans l'exercice 4.

Une clause de ***pay-to-play*** peut limiter l'exercice de la clause de *ratchet* aux investisseurs souscrivant à la nouvelle levée de fonds.

3 ■ Les clauses liées à la liquidité de l'investissement

44.17 Différentes clauses sont destinées à permettre aux investisseurs de vendre leur participation de manière à « percevoir le fruit de leur investissement ». C'est d'ailleurs l'un des objectifs affichés des fonds d'investissement, qui sont eux-mêmes souvent tenus de distribuer au plus tard à l'issue de leur durée de vie le produit de leurs investissements.

Les investisseurs peuvent ainsi obtenir le droit de faire mettre en vente la totalité des actions de l'entreprise à l'issue d'un certain délai, si les actionnaires majoritaires ne leur ont pas offert une liquidité satisfaisante pour leur investissement. Une mise en vente majoritaire leur permettra également d'obtenir un meilleur prix que s'ils avaient uniquement proposé à la vente une participation le plus souvent minoritaire (voir paragraphe 35.46). Cela dit, la mise en œuvre de cette clause est très difficile car si l'entrepreneur ne veut pas vendre, il sera peu aisé de convaincre un acheteur de faire une offre.

Très souvent, les investisseurs demandent de pouvoir céder prioritairement tout ou partie de leurs actions avant les fondateurs en cas d'introduction en Bourse ou de projet de vente par les fondateurs de leur participation. À défaut de priorité, ils peuvent demander la faculté de céder le même pourcentage de leur participation que les fondateurs en cas de cession par ceux-ci (clause de *tag along*) ou en cas de changement de contrôle de la société. La clause de *drag along* est, quant à elle, souvent introduite pour offrir à un groupe d'actionnaires majoritaires représentant une certaine quotité du capital la faculté de forcer les autres actionnaires à vendre leurs actions aux mêmes conditions que celles qui leur sont proposées par un acheteur. Ce dernier peut en effet conditionner son offre à l'obtention de la totalité du capital et dans ce cas les majoritaires ne voudront pas subir le chantage d'un actionnaire minoritaire.

4 ■ Les clauses liées au contrôle par les investisseurs des décisions de l'entreprise

44.18 Témoin de leur volonté d'être plus étroitement associé à la marche de la jeune entreprise et des risques qu'ils acceptent de prendre, les investisseurs demandent souvent un niveau d'informations précis, large, fréquent, adapté à la situation et à l'activité de la société.

Par ailleurs il pourra être prévu que certaines décisions importantes (modification des statuts, embauche de collaborateurs-clés, modification de la stratégie de l'entreprise, acquisitions ou cessions...) ne puissent être prises qu'à une majorité qualifiée, conférant de fait un droit de veto aux investisseurs.

Section 5 ■ La gestion financière d'une start-up

44.19 Elle tient en deux principes : surveiller le niveau de trésorerie comme le lait sur le feu et bien planifier la prochaine levée de fonds.

Les liquidités à l'actif du bilan rapportées à l'impasse de trésorerie mensuelle actuelle mesurent le nombre de mois de survie de l'entreprise avant qu'elle ne soit obligée de procéder à une nouvelle levée de fonds. Les Anglo-Saxons parlent de *burn rate*. De combien de temps l'entreprise dispose-t-elle pour atteindre sa prochaine étape ou passer d'un plan A qui a échoué à un plan B à inventer et mettre en œuvre ?

À moins que les actionnaires actuels n'aient les moyens financiers nécessaires pour couvrir le financement du prochain tour et acceptent de le faire, le dirigeant de la start-up sera bien avisé de lancer le processus de recherche de nouveaux investisseurs 6 à 9 mois au plus tard avant l'épuisement de sa trésorerie. Comme un tour de financement couvre le plus souvent les besoins des 12 à 24 prochains mois, cela revient vite ! Il faut savoir que la recherche de nouveaux investisseurs et la conviction qu'il faut déployer sont chronophages, surtout pour un dirigeant qui n'a pas de directeur financier pour l'assister.

Lancer un nouveau tour de financement plus tôt, c'est souvent trop tôt : l'entreprise n'a pas encore démontré qu'elle a atteint une nouvelle étape de son développement depuis la dernière levée de fonds. Le lancer plus tard, c'est prendre le risque d'être à court de trésorerie dans la phase finale des négociations avec les investisseurs, au risque de devoir passer sous leurs fourches caudines...

> Le chef d'entreprise doit donc aussi être un fin tacticien !

Section 6 ■ Les particularités de l'évaluation des jeunes entreprises

44.20 Il est évidemment très difficile d'évaluer une société qui n'a pas encore démontré la pertinence de son modèle économique, qui a une probabilité élevée de disparaître à court terme et pour laquelle les projections ont un tel degré d'aléa qu'on pourrait se demander si elles ne valent pas surtout par le prix du papier sur lequel elles sont imprimées.

On pourrait donc croire que la méthode des options réelles vue au paragraphe 34.7 est particulièrement bien adaptée à la valorisation de la jeune entreprise car son fonctionnement par étapes est très similaire aux étapes successives de développement que doit franchir la jeune entreprise. Il n'en est rien dans la pratique où elle n'est quasiment jamais utilisée dans ce domaine. Écrire un plan d'affaires qui tienne la route bien qu'étant optimiste est compliqué, mais demander à un entrepreneur d'écrire des versions dégradées, y compris une qui conduit à la faillite, est contre-productif : veut-on le démoraliser et le déresponsabiliser alors qu'il a besoin d'être gonflé à bloc pour affronter son défi ? Bien sûr que non !

L'évaluation par actualisation des flux de trésorerie disponible (voir paragraphe 35.4) est peu répandue alors même que sa matière première de base, le plan d'affaires, est très souvent disponible. Pour ne pas y recourir, les investisseurs tirent prétexte de l'extrême volatilité des plans d'affaires des start-up, du fait qu'ils ont très peu de chances d'être tenus, qu'ils traduisent souvent le meilleur des mondes futurs plutôt que le cas le plus probable. Conceptuellement, rien n'empêche pourtant de mettre en œuvre cette méthode en probabilisant plusieurs projections.

Quant à la méthode des multiples (voir paragraphe 35.20), sa mise en œuvre étant conditionnée par l'existence d'entreprises cotées comparables, elle est *de facto* inopérante pour valoriser de très jeunes entreprises, toutes différentes les unes des autres et très rarement cotées en Bourse. De surcroît, le caractère négatif de la plupart de leurs résultats rendrait l'opération impossible.

44.21 Les professionnels du capital risque ont développé une méthode assez pragmatique, un peu simpliste, mais efficace qu'ils utilisent pour valoriser les jeunes pousses, connue comme la méthode du *venture capital*. Comme vous le remarquerez, c'est un hybride de la méthode des multiples et de l'actualisation des flux de trésorerie disponible.

On commence par estimer la valeur probable des capitaux propres de l'entreprise dans 4 à 7 ans, quand elle aura atteint un niveau de maturité lui permettant soit d'être introduite en Bourse soit d'être vendue à un tiers, le plus souvent un industriel. Cet horizon correspond à celui de la sortie de l'investisseur en capital risque et à celui où l'entreprise n'est plus une start-up (espérons-le !), mais une entreprise en développement. Cette valeur future est calculée en appliquant le PER aujourd'hui constaté sur des sociétés à ce stade de développement au résultat net prévu dans le plan d'affaires à cet horizon (pour les détails sur le PER, voir le paragraphe 26.21). Par exemple, 15 fois le résultat net de 8 M€, soit 120 M€.

Dans un second temps et afin de déterminer la valeur actuelle, cette valeur future des capitaux propres est actualisée à aujourd'hui en utilisant un taux d'actualisation d'autant plus élevé que l'entreprise est à un stade précoce de son développement[1]. Les taux que nous avons le plus souvent observés sont de l'ordre de :

Stade	Taux d'actualisation	équivalent à multiplier l'investissement par ...	sur ... ans
Création	60 %	11,2	7
Premier tour	50 %	7,6	5
Second tour	40 %	3,8	4
Troisième tour	30 %	2,2	3
Avant introduction en Bourse	20 %	1,4	2

Ainsi pour une création pure, avec un horizon de 7 ans, la valeur aujourd'hui des capitaux propres est de 120 M€/$(1 + 60\,\%)^7$ = 4,5 M€. Cette valeur est une valeur *post-money* car elle suppose que l'entreprise a trouvé le financement nécessaire à développer ses activités. Si elle a aujourd'hui besoin de 1,5 M€, la valeur de ses capitaux propres *pre-money* est de 4,5 – 1,5 = 3 M€. L'investisseur qui apporte ces fonds obtient 33 % (1,5/4,5) du capital de l'entreprise. Si le capital de l'entreprise est composé d'un million d'actions, il lui faut émettre 500 000 actions nouvelles au prix unitaire de 3 €.

1 Pour les détails sur l'actualisation, voir le chapitre 18.

44.22 Notre lecteur ne manquera pas d'être surpris par l'importance de ces taux, qu'il aura du mal à réconcilier avec ceux fournis par le MEDAF du paragraphe 23.5 ou avec les taux de rentabilité moyens qu'obtiennent les fonds de capital risque (entre 15 et 30 %). À juste titre car ils sont d'un autre ordre.

S'ils paraissent si élevés, c'est qu'ils intègrent le risque de faillite de la jeune entreprise. Ils sont appliqués à un niveau de résultat qui ne correspond pas à une moyenne de différents scénarios, mais au plan d'affaires traduisant, par construction, la réussite de l'entreprise. Or, à l'horizon de 5 ans, une entreprise sur deux a disparu et sur le solde, nombre de start-up n'auront pas tenu leurs promesses. Le taux d'actualisation élevé prend donc en considération le risque que les projections s'avèrent trop optimistes, ce qui est le plus souvent le cas.

Le taux de rentabilité exigé par l'investisseur prend également en compte l'illiquidité de l'investissement (voir paragraphe 23.14) et rémunère aussi les apports non financiers de l'investisseur (conseils opérationnels ou managériaux, mise en réseau, etc.).

44.23 Notre exemple un peu simpliste supposait qu'une seule levée de fonds était nécessaire avant d'atteindre un stade où l'entreprise peut être vendue ou introduite en Bourse. Prenons l'hypothèse d'une seconde levée de fonds de 5 M€ en année 3. Lors de cette levée de fonds, la valorisation *post-money* de l'entreprise effectuée par le second investisseur, qui demanderait un taux de rentabilité de 40 %, serait : $120\text{ M€}/(1 + 40\,\%)^4 = 31{,}2\text{ M€}$. D'où un pourcentage pour ce second investisseur de $5/31{,}2 = 16\,\%$.

La valeur terminale reste de 120 M€ puisqu'elle suppose, pour être atteinte, la seconde levée de fonds. Notre premier investisseur sera dilué par cette seconde augmentation de capital. Il a donc besoin de détenir une plus grande part du capital après son apport de fonds pour compenser l'effet dilutif de la seconde augmentation de capital et obtenir son taux de rentabilité de 60 %. Cette participation se calcule ainsi : $33\,\%/(1 - 16\,\%) = 39{,}3\,\%$. Au lieu des 500 000 actions nouvelles émises au premier tour de financement qui donnaient 33 % du capital à notre premier investisseur, il convient d'en émettre 647 000 [1]. Comme celui-ci apporte toujours 1,5 M€, cela veut dire que les actions sont émises à un prix unitaire de 1,5 M€/0,647 M = 2,32 € et non plus 3 € quand il n'y avait pas de dilution ultérieure.

Si dans 7 ans la valeur des capitaux propres de l'entreprise est bien de 120 M€, notre premier investisseur qui avait pris 39,3 % du capital à la création, puis a été dilué 3 ans après à 33 %, peut vendre sa participation pour 40 M€. Rapporté à un investissement de 1,5 M€ réalisé 7 ans auparavant, il a bien obtenu son taux de rentabilité de 60 % par an. Quant au second investisseur qui a investi 5 M€ la troisième année et a obtenu 16 % du capital, leur revente en année 7 pour 16 % × 120 M€ = 19,2 M€ lui donne son taux de rentabilité exigé de 40 % par an.

> Tous ces calculs arithmétiquement exacts supposent pour que ces taux de rentabilité soient atteints que la réalité soit conforme aux projections. Ceci est une autre paire de manches ! Notre lecteur doit en être bien conscient.

44.24 La méthode du *venture capital* est aussi utilisée à l'envers. Un prix d'achat des actions vous est proposé et vous cherchez le taux de rentabilité implicite de cet investissement en cas de respect du plan d'affaires et compte tenu de votre estimation de la valeur finale de l'entreprise. Vous le

1 647 000 / (1 000 000 + 647 000) = 39,3 %.

comparerez alors au taux de rentabilité minimum que vous estimez justifié compte tenu du risque de l'investissement pour prendre votre décision d'investissement. On retrouve le TRI du chapitre 20.

Section 7 ▪ Un exemple inspiré d'un cas réel : Example.com

44.25 La société par actions simplifiée Example SAS a été créée il y a 5 ans par deux amis avec l'objectif de développer un réseau social de nouvelle génération autour du site web Example.com qui offre un outil très puissant et néanmoins simple fondé sur des algorithmes complexes ayant nécessité des années de développement-hommes.

Le premier tour de financement a réuni des amis et des *business angels,* qui ont apporté 0,6 M€. La dilution du capital n'a été que de 17 % grâce à un *goodwill* très important puisque les dirigeants n'ont apporté que 0,1 M€. Cette situation s'explique, outre par la qualité des entrepreneurs, par un pré-développement des algorithmes donnant une idée assez précise du potentiel de développement, par un marché cible mondial et une ambition à cette hauteur et enfin par une absence de rémunération des entrepreneurs durant les deux premières années.

S'appuyant sur le lancement de la version alpha du site Example.com un an après qui démontrait que les algorithmes étaient au point, Example SAS a procédé à une seconde augmentation de capital de 1 M€, suivie par les investisseurs d'origine, à un prix de l'action en progression de 50 %. Example SAS voulant accélérer son développement, impliquant donc un creusement de ses pertes et un accroissement de ses besoins de financement, a fait le choix de réaliser cette augmentation de capital assez vite, alors même que sa trésorerie en caisse lui aurait permis de la différer d'un an. Parfois il vaut mieux tenir que courir et éviter un niveau de stress financier pouvant avoir des conséquences opérationnelles : un bon développeur informatique est plus facile à recruter quand la trésorerie en caisse représente 24 mois de besoins de financement plutôt que 3 !

Une troisième augmentation de capital a eu lieu il y a 3 ans permettant de lever 1,9 M€. 5 nouveaux investisseurs (des *business angels* principalement) ont participé à cette augmentation de capital aux côtés d'une partie des investisseurs d'origine. La réalisation de la version bêta du site et le développement de la communauté croissant de 30 % par mois ont été déterminants pour le succès de cette opération.

Example a préféré attendre le dernier moment pour réaliser sa quatrième augmentation de capital, importante par son montant 6 M€, presque le double des capitaux propres levés antérieurement. Quand elle a été finalisée il y a 18 mois, Example SAS n'avait plus en caisse que 3 mois de besoins de trésorerie ! La version iPad venait d'être lancée avec succès et la communauté avait atteint 460 000 membres, soit une croissance mensuelle de 18 %. Le prix de l'action a ainsi pu être maximisé : + 40 % par rapport à l'augmentation de capital réalisée 18 mois auparavant, induisant une dilution de seulement 30 %, mais une croissance des capitaux propres comptables de 1 250 %. Cela devrait être la dernière augmentation de capital avant l'arrivée des premiers bénéfices.

Aujourd'hui les utilisateurs de Example sont de 2,1 M, à 50 % aux États-Unis, à 25 % en France, le reste du monde représentant le dernier quart. Les versions iPhone et Android ont été lancées ainsi qu'une zone privée payante permettant, 5 ans après le lancement, de récolter des revenus selon le modèle *freemium*. Les deux fondateurs qui ont apporté 1 % des fonds levés détiennent 41 % des actions et les investisseurs qui ont apporté 99 % des fonds détiennent 59 % des actions.

RÉSUMÉ

Le résumé de ce chapitre est disponible sur le site www.vernimmen.net.

Stade le plus risqué de la vie économique, la création d'entreprise a des aspects financiers fortement influencés par ses particularités : volatilité extrême de l'actif économique car le plus souvent le modèle économique reste à bâtir, d'où une valeur hautement spéculative et instable ; besoin de financements externes car l'autofinancement est rarement positif avant plusieurs années ; rôle crucial du créateur véritable démiurge dont le comportement est à l'opposé de celui prôné par le MEDAF ; des investisseurs plus fortement impliqués qu'ils ne le sont dans un investissement coté afin d'aider l'entrepreneur de leurs conseils et réseaux.

Face au risque très fort de la création d'entreprise, le mode de financement quasi exclusif doit être les capitaux propres car eux seuls donnent à l'entrepreneur le temps nécessaire pour valider son concept, trouver son modèle économique, ce qui est rarement obtenu du premier coup. Le plus souvent, ce financement par capitaux propres est apporté en plusieurs tours de financement à la condition que l'entreprise ait validé à chaque fois une nouvelle étape de son développement. Ceci laisse espérer à l'entrepreneur et aux investisseurs des tours précédents une dilution dans de meilleures conditions de prix. Si du *goodwill* est payé à l'entrée par les investisseurs, les fondateurs seront moins dilués mais prennent en contrepartie un risque important de blocage en cas de non-respect du plan d'affaires, qui est la règle plutôt que l'exception en matière de création d'entreprise, ou de déclenchement d'une clause de *ratchet* aux effets potentiellement dévastateurs.

Fonction du stade de développement atteint par la jeune entreprise, ses investisseurs seront, outre le ou les fondateurs, leurs familiers, des *business angels*, des fonds de capital risque financiers ou industriels puis, en cas de succès, des compartiments *ad hoc* de la Bourse. Sauf si l'entreprise utilise des actifs à la valeur indépendante de son exploitation, la dette n'a pas de place dans le financement des start-up.

Les pactes d'actionnaires propres à la jeune entreprise comprennent principalement des clauses liées aux fondateurs, à la conséquence de l'éventuel *goodwill* payé à l'entrée, à la liquidité de l'investissement et à l'accès à l'information.

En matière de gestion financière, l'accent est mis sur le niveau de liquidités à l'actif afin de mesurer le nombre de mois avant un nouveau tour de financement dont le *timing*, ni trop tôt, ni trop tard, est crucial.

Enfin, en matière d'évaluation la quasi-impossibilité d'établir des prévisions fiables à conduit les praticiens à renoncer aux méthodes habituelles pour développer une méthode hybride entre celle des multiples et l'actualisation des flux de trésorerie disponible.

QUESTIONS

1/ Comment finance-t-on une start-up de l'Internet ? Et l'embryon d'une chaîne de pizza à la découpe ?

2/ Qu'est-ce qu'un entrepreneur optimiste ? Quelles conséquences en tirer ?

3/ Quelle est la contrepartie d'un *goodwill* à l'entrée pour une start-up ?

4/ Quels sont les avantages de la méthode du *venture capital* pour valoriser une entreprise qui se crée ?

5/ Quels sont les inconvénients de la méthode du *venture capital* pour valoriser une entreprise qui se crée ?

6/ Pourquoi les taux d'actualisation requis par les investisseurs dans les start-up sont-ils aussi élevés ?

7/ Pourquoi les taux d'actualisation requis par les investisseurs dans les start-up ne sont-ils que rarement atteints ?

8/ Pourquoi les entrepreneurs acceptent-ils les taux de rentabilité très élevés exigés par les investisseurs ?

9/ Qu'est-ce qu'un plan d'affaires réalisé en temps et en heure ?

10/ De combien de mois de survie dispose une entreprise qui n'a plus qu'une trésorerie de 450 000 € et dont la consommation mensuelle de liquidités est de 90 000 € ? Est-il temps pour elle de lancer son tour de financement suivant ?

D'autres questions vous attendent sur le site www.vernimmen.net.

EXERCICES

1/ Un investisseur propose d'apporter 1 M€ à une start-up et d'obtenir 20 % de son capital. Quelle est la valorisation *pre-money* et *post-money* de cette entreprise ?

2/ Une start-up est financée par 1 M€ apporté pour 0,2 M€ par un entrepreneur qui obtient 75 % des actions, et des *business angels* qui apportent le solde des capitaux propres et détiennent 25 % de capital. 8 mois plus tard, l'entrepreneur est en mesure de céder l'entreprise pour 2 M€. De combien multiplie-t-il ainsi son investissement ? Et les *business angels* ? Refaites vos calculs en supposant que le protocole d'actionnaires prévoit dans ce cas que le produit de la vente est prioritairement affecté aux *business angels* jusqu'à remboursement de leur investissement avant d'être ensuite partagé entre l'ensemble des actionnaires au prorata du nombre de leurs actions. Qu'en pensez-vous ?

3/ En reprenant les données de l'exercice précédent, quel est le montant du *goodwill* que l'augmentation de capital fait apparaître ?

4/ Une entreprise émet 1 000 000 d'actions à 1 € au profit des fondateurs et 800 000 actions à 10 € souscrites par des investisseurs. 18 mois plus tard, elle procède à une seconde augmentation de capital au profit d'un fonds d'investissement, qui investit 5 M€ pour détenir *in fine* 36 % du capital. Quelle est la répartition du capital avant et après la seconde augmentation de capital selon qu'une clause de *full ratchet* s'applique ou non ? Qu'en pensez-vous ?

5/ Une entreprise émet 1 000 000 d'actions à 1 € dont 200 000 pour les fondateurs et 800 000 souscrites par les investisseurs. Ceux-ci accordent aux fondateurs des options d'achat avec un prix d'exercice de 1 € sur un tiers de leur participation si le TRI obtenu à la cession de leurs actions est compris entre 25 % et 30 % ; sur la moitié si le TRI est compris entre 30 % et 35 %, et sur les deux tiers s'il est supérieur à 35 %. Au bout de 5 ans, les investisseurs ont l'opportunité de céder leurs actions à 3,7 €. Quel est leur TRI avant et après exercice des options des fondateurs ? Et si le prix de vente était de 3,73 € ? Qu'en pensez-vous ? Comment remédier à ceci ?

ÉLÉMENTS DE RÉPONSE

Questions

1. Par capitaux propres compte tenu de son risque. Un peu de dette à moyen terme est possible car l'entreprise dispose d'actifs ayant une valeur indépendante de son exploitation : matériel, pas-de-porte.

2. Un pléonasme. Si on est pessimiste, on ne se lance pas dans la création d'entreprise. Le plan d'affaires ne représente pas la version la plus probable ou la version moyenne, mais la version du meilleur des mondes ou de l'un des meilleurs possibles. Il est donc difficile de s'en servir pour valoriser l'entreprise.

3. Un niveau de risque financier plus élevé pour l'entrepreneur qui n'a pas beaucoup le droit à l'erreur ayant beaucoup promis. Des clauses de *ratchet* dans le protocole d'actionnaires.

4. Elle est aisée à comprendre et largement utilisée. Reposant sur l'utilisation de taux d'actualisation très élevé, elle est bien adaptée à l'optimisme congénital des entrepreneurs et évite une discussion sur le plan d'affaires qui risque de mener nulle part.

5. Elle est simpliste et prend acte de l'optimisme du plan d'affaires sans version critique.

6. Parce qu'ils ne sont pas utilisés pour valoriser une entreprise à partir d'un plan d'affaires moyen ou probabilisé mais uniquement à partir d'une version haute qui ne tient pas compte de la probabilité forte d'échec. Ce qui revient à dire qu'ils représentent une probabilité d'échec importante.

7. Parce qu'il est très rare que les plans d'affaires utilisés pour calculer la valeur de l'entreprise soient réalisés en temps et en heure.

8. Parce qu'ils savent très bien que leur plan d'affaires a très peu de chance de se réaliser.

9. Un miracle !

10. 5 mois. Il n'y a plus un instant à perdre !

Exercices

Les corrigés détaillés des exercices sur excel sont disponibles sur le site www.vernimmen.net.

1. 1 M€ = 20% du capital *post-money* ; le capital est donc de 5 M€ post-opération. Donc le capital *pre-money* s'élève à 5 – 1 = 4 M€.

2. L'entrepreneur multiplie sa mise par 7,5 (75 % × 2/0,2) et les *business angels* par 0,6 (25 % × 2/ 0,8), ces derniers sont donc en perte. Après application du pacte, l'entrepreneur multiplie sa mise par 4,5 (75 % × (2 – 0,8)/0,2) et les *business angels* par 1,4 : (0,8 + 25 % × (2 – 0,8))/0,8. Le gain pour l'entrepreneur passe de 1,3 M€ à 0,7 M€, ce qui doit le dissuader de procéder à une cession rapide.

3. 2,2 M€ = 0,8 M/25% – 0,8 M – 0,2 M.

4. Situation de départ : fondateurs = 56 %, investisseurs = 44 %.

Sans *full ratchet* : fondateurs = 36 %, investisseurs = 26 %, fonds = 36 %.
Avec *full ratchet* : fondateurs = 28 %, investisseurs = 44 %, fonds = 28 %.
Mais le fonds demandant 36 % et non 28 % en contrepartie de son apport de 5 M€, la répartition finale est de : fondateurs : 6 %, investisseurs = 58 %, fonds = 36 %. Le *ratchet* a complètement dilué les fondateurs dont la motivation devra être relancée d'une façon ou d'une autre.

5. 29,9 % ; 22,9 % ; 30,1 % ; 18,6 %. Alors que la performance de l'entreprise est marginalement meilleure, la rentabilité pour l'investisseur est *in fine* moins bonne. Plutôt que de prévoir des intervalles, il vaut mieux prévoir des bornes (à 25 % de TRI exercice de 0 % des options ; à 30 % le tiers est exercé ; à 35 %, la moitié, etc.) et prévoir ensuite des interpolations linéaires entre ces points (à 26 %, 6,66 % des options sont exercées, à 27 %, 13,32 %, etc.).

BIBLIOGRAPHIE

Pour approfondir la recherche sur les start-up et le *venture capital* :

Bergemann D., Hege U., Peng L., « Venture capital and sequential investments », Cowles Foundation Discussion Paper n° 1682, mars 2011.

Bessière V., Pouget J., « Excès de confiance et création d'entreprise : une synthèse des approches cognitives », *Finance Contrôle Stratégie* décembre 2012, n° 15, vol. 4.

Da Rin M., Hellmann Th., Puri M., « A survey of venture capital research », TILEC discussion paper n° 2011-044, 2011.

Da Rin M., Hege U., Llobet G., Walz U., « The law and finance of venture capital financing in Europe : Findings from the RICAFE research project », *European Business Organization Law Review* juin 2006, vol. 7, n° 2, pages 525 à 547.

Gompers P., Kovner A., Lerner J., Scharfstein D., « Performance persistence in entrepreneurship », *Journal of Financial Economics* avril 2010, vol. 96, n° 1, pages 18 à 32.

Hege U., Michenaud S., « The valuation and financing of internet start-ups », in Brousseau E., Curien N., *Economics of the Internet,* Cambridge University Press, pages 142 à 169, 2007.

Hsu D., « What do entrepreneurs pay for venture capital affiliation », *Journal of Finance* août 2004, vol. 59, n° 4, pages 1805 à 1844.

Kaplan S., Strömberg P., « Financial contracting theory meets the real world : An empirical analysis of venture capital contracts », *Review of Economic Studies* avril 2003, vol. 70, n° 2, pages 281 à 315.

Kerins F., Kiholm Smith J., Smith R., « Opportunity cost of capital for venture capital investors and entrepreneurs », *Journal of Financial and Quantitative Analysis* juin 2004, vol. 39, n° 2, pages 385 à 405.

Kerr W., Lerner J., Schoar A., « The consequences of entrepreneurial finance : Evidence from angel financings », *The Review of Financial Studies* janvier 2014, vol. 27, n° 1, pages 20 à 55.

Rajan R., « Presidential address : The corporation in finance », *Journal of Finance* août 2012, vol. 4, n° 67, pages 1173 à 1217.

Robb A., Robinson D., « The capital structure decisions of new firms », *Review of Financial Studies* janvier 2014, vol. 27, n° 1, pages 153 à 179.

Pour des aspects plus généraux :

Ante S., *Creative capital : Georges Doriot and the birth of venture capital,* Harvard Business Press, 2008.

Bakery D., *Raising venture capital for the serious entrepreneur*, McGraw Hill, 2007.

Bonnet Ch., *Finance entrepreneuriale*, Economica, 2012.

Bouché G., *Des business angels au crowdfunding*, ACATL Éditions, 2013.

Damodaran A., « Valuing young, start-up and growth companies : Estimation issues and valuation challenges », working paper 2009, www.ssrn.com.

Demaria C., Fournier M., *Profession Business Angel*, RB Éditions, 2008.

Gibier H., « PME pour l'éternité, un maléfice très français », *Les Échos* 20 février 2014, page 11.

KPMG, *L'observatoire des levées de fonds Internet*, octobre 2012.

Le Fur Y., Quiry P., « Le *crowdfunding* », *La Lettre Vernimmen.net* octobre 2013, n° 118, pages 2 à 4.

Le Fur Y., Quiry P., « La politique financière d'une start-up devenue ETI », *La Lettre Vernimmen.net* avril 2013, n° 114, pages 1 à 4.

Le Fur Y., Quiry P., « Investissement dans les PME et avantage fiscal », *La Lettre Vernimmen.net* mars 2010, n° 85, pages 1 à 4.

Martinaud B., *Start-up*, Pearson, 2012.

Papin R., *La création d'entreprise*, 15e édition, Dunod, 2013.

Rauline N., « Il était une fois Twitter », *Enjeux Les Échos* juin 2013, n° 301, pages 38 à 46.

Schwienbacher A., « Venture capital investment practices in Europe and the United States », *Financial Markets Portfolio Management* juillet 2008, vol. 22, n° 2, pages 195 à 217.

www.afic.asso.fr (site des investisseurs en capital risque).

www.bpifrance.fr (site de la Banque publique d'investissement).

www.croissanceplus.com (site des entreprises en forte croissance).

www.evca.eu (site de l'association européenne des investisseurs en capital risque).

Chapitre 45

L'actionnariat et l'organisation d'un groupe

Mais quelle intendance !

Section 1 ■ La géographie du capital ou la structure de l'actionnariat

45.1 Cette section a pour but de montrer l'importance que revêt pour l'entreprise la structure de son actionnariat. Si l'enseignement financier présente clairement l'intérêt de l'évaluation de l'entreprise et de ses actions, force est de constater que l'analyse de l'actionnariat (sa répartition, etc.) est souvent négligée. Cette analyse constitue cependant, dans la pratique, le premier réflexe de nombre de financiers.

Cette importance peut s'expliquer de plusieurs façons. D'une part, l'actionnariat définit la stratégie de l'entreprise. Il est donc nécessaire de déterminer où se situe le pouvoir dans l'entreprise : actionnaires ou dirigeants ? Notre lecteur reconnaîtra la théorie de l'agence qui fournit une explication conceptuelle des problèmes d'actionnariat, à la différence de la théorie des marchés efficients.

D'autre part, quels sont les objectifs de l'actionnaire lorsqu'il contrôle l'entreprise : enrichissement, puissance, transmission familiale, maintien de l'emploi... ? L'actionnaire peut parfois être également client ou fournisseur de l'entreprise : dans une coopérative, si les actionnaires, situés en amont du processus d'exploitation, contrôlent de fait la société coopérative, celle-ci peut devenir un outil au service de leur propre activité (agriculteurs, par exemple), et non pas un centre de rentabilité [1].

---

1 Telle est sans doute l'origine de la faible rentabilité de certaines coopératives agricoles...

Enfin des mésententes au sein de l'actionnariat peuvent paralyser une entreprise (notamment une société familiale).

Au demeurant, comme nous l'avons vu au chapitre 30, n'oublions pas que nous sommes dans le milieu financier et que, de ce fait, **tout a un prix ou un coût ; ou mieux, tout est source de création de valeur ou de destruction de valeur.**

1 ■ Définition de la géographie du capital

45.2 Il est nécessaire de conduire une analyse de la géographie du capital c'est-à-dire du **pourcentage en intérêt financier et du pourcentage en droits de vote** (voir chapitre 7), deux notions différentes dès lors qu'il existe des actions à droit de vote double, ou des actions de préférence (voir chapitre 28) ou une cascade de holdings. Il est évident qu'un actionnaire (ou un groupe d'actionnaires) qui détient 33 % des actions d'une entreprise et des droits de vote doubles, le reste étant éparpillé, la contrôlera beaucoup plus facilement qu'un actionnaire possédant 45 % du capital avec des droits de vote simples, mais face à deux autres actionnaires détenant respectivement 25 % et 30 % du capital ! Un actionnaire qui détient directement 20 % des actions d'une entreprise, et 40 % des actions d'une société qui contrôle 80 % de cette même entreprise, aura certes un droit au bénéfice de 52 %, mais, en terme de pouvoir, pourra être minoritaire. Il faut également étudier les droits actuels et les droits potentiels (*fully diluted* en anglais) pour des sociétés ayant émis des obligations convertibles, des bons de souscription, ayant accordé des stock-options, etc.

> La géographie du capital est l'étude de la répartition du pouvoir entre différents actionnaires.

L'étude de la géographie du capital est fondamentalement différente si l'entreprise est **cotée ou non**. Dans une société non cotée, l'équilibre entre les différents actionnaires dépend plus des accords d'actionnaires (pacte d'actionnaires) qui sont la plupart du temps mis en place. L'analyste externe a souvent du mal à avoir une analyse pertinente sans avoir la connaissance de ces accords.

Enfin, sans y accorder trop d'importance car il est devenu rare, il faut citer le portage. Le portage est une opération permettant de substituer à l'actionnaire effectif un actionnaire apparent sur la base d'un engagement précis, le premier généralement dans un souci d'anonymat ou pour des raisons juridiques (anti-trust), le second devant revendre les titres à un prix défini par avance. Conceptuellement, celui qui porte les actions fait en quelque sorte crédit, avec un risque propre au dénouement du portage. Si l'entreprise connaît entre-temps des difficultés, il sera malaisé de procéder au rachat des actions à un prix qui ne correspond plus à la réalité. La forme moderne pour les sociétés cotées est l'*equity swap* (voir paragraphe 48.19).

2 ■ Les principes juridiques

45.3 Les actionnaires exercent leur pouvoir de décision lors des assemblées générales des actionnaires. Les décisions sont classées en deux types suivant leur importance. Les règles de prise d'adoption de la résolution dépendent de cette classification :

- l'assemblée générale ordinaire des actionnaires (AGO) prend, à la majorité simple des actions représentées, des décisions concernant la gestion ordinaire de la société : approbation des comptes, distribution de dividendes, nomination et révocation d'administrateurs, nomination des commissaires aux comptes ;

- l'assemblée générale extraordinaire des actionnaires (AGE) prend des décisions modifiant les statuts : augmentation de capital, fusion, apport partiel d'actifs, scission, émission d'actions, d'obligations convertibles, de bons de souscription[1], changement d'objet ou de siège social, à une majorité renforcée (dite « majorité qualifiée »). Suivant les pays et types de sociétés, la majorité qualifiée peut être des 2/3 des voix (pour les sociétés anonymes en France) ou des 3/4 (en Belgique ou en Allemagne, en France pour les SARL[2]).

45.4 Les principaux stades de contrôle d'une société anonyme sont donc les suivants :

% de droit de vote	Pouvoir
< Minorité de blocage	Pas de contrôle
Minorité de blocage – 50 %	Droit de veto en AGE
50 %	Droit de veto en AGO et en AGE
50 % – Majorité qualifiée	Contrôle des décisions d'AGO
≥ Majorité qualifiée	Contrôle des décisions d'AGE et d'AGO

Si des actionnaires détiennent moins du tiers du capital et des droits de vote face à un autre actionnaire, ils occupent une position inconfortable, que nous qualifierons de « place du mort ». En effet, l'actionnaire minoritaire dispose de possibilités d'action limitées. Il ne peut influer ni sur l'objet social, ni sur la gestion de l'entreprise ; il peut seulement imposer le respect des principes régissant l'information des associés, par exemple. C'est là une sorte de « droit par la négative ».

S'ils possèdent une part du capital comprise entre au moins 0,5 % et 5 %[3], les actionnaires minoritaires peuvent déposer des projets de résolution qui seront examinés en assemblée d'actionnaires[4].

S'ils possèdent ou représentent au moins 5 % du capital social, les actionnaires minoritaires peuvent poser par écrit des questions à la direction de l'entreprise. À défaut d'obtenir des réponses, ils peuvent demander en justice la désignation d'un ou plusieurs experts chargés de présenter un rapport sur une ou plusieurs opérations de gestion[5], désignation qui n'est accordée que s'il y a des présomptions sérieuses d'abus des majoritaires.

Les actionnaires minoritaires peuvent aussi demander la convocation d'une assemblée générale, demander en justice la révocation pour faute ou empêchement des commissaires aux comptes et intenter l'action sociale en responsabilité contre les administrateurs ou les dirigeants ayant causé un préjudice à la société. Les abus de droit des majoritaires sont très difficiles à prouver puisqu'ils supposent qu'une décision de la majorité des actionnaires ait été prise contrairement à l'intérêt général de la société, dans l'unique dessein de favoriser les membres de la majorité, et au détriment des minoritaires. D'une manière générale, les tribunaux hésitent à formuler des arrêts pouvant conduire à une ingérence dans le fonctionnement normal des entreprises.

1 Par exception, l'émission de bons dits « Breton », aussi appelés bons défensifs (voir paragraphe 45.30), a lieu en AGE mais à la majorité de 50 % des voix.

2 Sauf pour celles créées après le 4 août 2005 où elle est de 2/3, sauf dispositions contraires des statuts.

3 Selon la taille du capital.

4 Il n'y a toutefois pas de seuil minimum pour pouvoir proposer en assemblée une candidature à un poste d'administrateur.

5 Cette possibilité est également ouverte au comité d'entreprise, au ministère public et, dans les sociétés cotées sur un marché réglementé, à l'AMF.

Cependant, les tribunaux ont tendance à juger moins en droit qu'en équité et à prendre la défense de l'actionnaire minoritaire qui conteste la parité de fusion, le prix de cession du contrôle… En outre, le dispositif législatif français établit, en la matière, une très nette différence entre la mise en jeu de la responsabilité des majoritaires, relativement claire, et l'annulation des décisions d'une assemblée générale tenue régulièrement, très difficile à obtenir.

45.5 La détention d'une **minorité de blocage** (un tiers des voix plus une pour les sociétés anonymes en France) donne à l'actionnaire minoritaire la possibilité de bloquer toute décision prise en assemblée générale extraordinaire, portant sur la modification des statuts et de l'objet social, sur les variations du capital social, etc. L'intérêt d'une minorité de blocage est d'autant plus important que l'entreprise est, soit en difficulté, puisque c'est dans une telle situation que les restructurations industrielles et financières sont les plus indispensables, soit en période de très forte croissance nécessitant des émissions d'actions.

> La minorité de blocage ne permet pas d'influer sur les décisions d'une assemblée générale ordinaire (distribution de dividendes, etc.) ; il s'agit donc d'un contrôle par la négative, et non pas d'un contrôle actif. L'actionnaire dispose alors d'un droit de veto.

3 ■ Types d'actionnaires

a) L'actionnariat familial

45.6 Nous entendons par actionnariat familial, un actionnariat constitué par les membres d'une même famille, parfois depuis plusieurs générations qui, souvent regroupés dans un holding commun, voire dans une fondation, exercent une influence sur le management. Ce modèle reste dominant en Europe continentale.

Actionnariat des cinquante premières capitalisations boursières dans six pays (2012)

Actionnariat	Allemagne	Espagne	États-Unis	France	Italie	Royaume-Uni
Éclaté	38 %	26 %	84 %	36 %	20 %	74 %
Familial et fondateurs	22 %	40 %	14 %	28 %	42 %	12 %
État et collectivités locales	12 %	2 %	2 %	18 %	12 %	4 %
Autre société cotée	18 %	22 %	0 %	4 %	18 %	8 %
Institution financière	8 %	10 %	0 %	14 %	6 %	2 %
Autre	2 %	0 %	0 %	0 %	2 %	0 %

Source : Données entreprises, Bloomberg.

Cependant, on peut observer un déclin de ce type d'actionnariat pour trois raisons :

- certains secteurs (télécoms, énergie, banques…) nécessitent de tels capitaux propres qu'elles relèvent plus difficilement du domaine de l'entreprise familiale. Cette dernière correspond plus à des secteurs plus légers et moins risqués (industries de transformation, biens de consommation, distribution, services…) ;

▪ l'essor des marchés et la rémunération correcte de l'épargne financière démontrent que, sauf exception, il est préférable d'avoir un patrimoine diversifié que de prendre un risque spécifique (voir la deuxième partie de l'ouvrage) ;

▪ une tendance à la financiarisation des entreprises familiales qui se traduit par une sortie du groupe familial de plus en plus rapide ou sa dilution dans un ensemble plus vaste qu'il ne contrôle plus.

Certains travaux de recherche ont essayé de déterminer la relation qui pouvait exister entre la création de valeur et l'actionnariat familial. Ainsi B. Maury a-t-il mis en évidence que la performance des entreprises familiales était meilleure que celle des entreprises non familiales. Avoir l'essentiel de sa fortune investie dans une entreprise incite à bien surveiller les dirigeants et motive ces derniers s'ils sont membres de la famille contrôlante.

b) Les *business angels*

45.7 Nous renvoyons notre lecteur au paragraphe 44.11 qui les présentent.

c) Les fonds d'investissement

45.8 Les fonds d'investissement (*private equity*[1]), financés par des compagnies d'assurances, des fonds de pension, ou des particuliers fortunés, jouent un rôle majeur. Ils sont le plus souvent spécialisés suivant l'objectif de leur intervention : fonds de capital risque, fonds de capital développement, fonds de LBO (voir chapitre 50) ou fonds de capital transmission et fonds de capital retournement qui correspondent à des stades différents de maturité de l'entreprise. Il existe aussi des fonds correspondant à des actifs bien particuliers comme les fonds d'infrastructure.

Les fonds de capital risque financent des entreprises jeunes qui n'ont pas encore accès aux marchés financiers et pour lesquelles le financement par endettement n'est pas approprié. Certains se spécialisent sur le capital amorçage (voir le chapitre 44), d'autres sur le redressement d'entreprises en difficulté (capital retournement).

Les fonds de capital développement deviennent actionnaires d'entreprises en forte croissance qui ont des besoins de financement élevés.

Les fonds de LBO ou de capital transmission investissent principalement dans des entreprises cédées par un groupe qui se recentre, par une famille où se pose un problème de succession, par un autre fonds qui veut réaliser sa plus-value, ou pour aider la croissance externe d'un acteur dynamique dans un secteur en concentration, voire pour retirer de la Bourse une entreprise : on parle alors d'opérations de *public to private* (P to P) (voir le chapitre 50 pour les opérations de LBO).

Les fonds LBO ont une préférence très nette pour disposer du contrôle exclusif sur la société compte tenu du risque important pris à travers l'effet de levier. Ils s'accordent alors mal d'une cotation boursière d'autant qu'ils recherchent l'intégration fiscale entre le holding de reprise et la cible. Cela ne les empêche pas de venir parfois s'introduire eux-mêmes en Bourse.

Les fonds de capital retournement interviennent dans des entreprises en crise pour les aider à redresser la situation.

1 Car ils apportent des capitaux propres sans passer par la Bourse.

Investissements en France des fonds d'investissement (en M€)

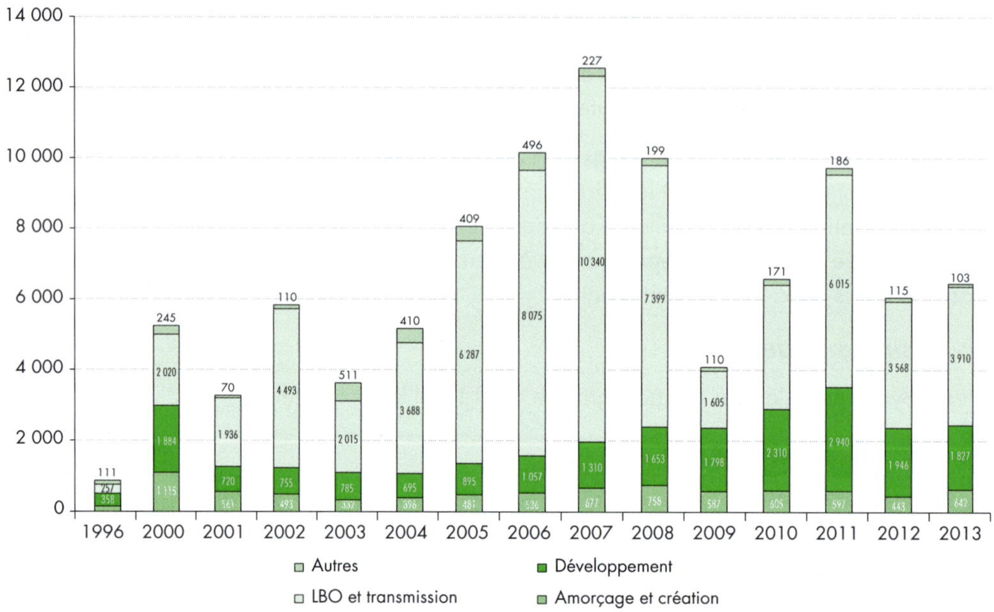

Source : AFIC.

Ces fonds sont gérés par une équipe de professionnels dont la rémunération est liée à la performance pendant une durée de vie limitée (au maximum 10 ans) à l'issue de laquelle ils seront liquidés. À cette date, l'entreprise aura été revendue, introduite en Bourse, ou la participation aura été reprise par un autre fonds.

Des fonds de *private equity* prennent parfois une participation minoritaire dans un groupe coté, réalisant ainsi un **PIPE** (*Private Investment in Public Equity*) avec l'objectif de réaliser une plus-value à moyen terme après avoir contribué à redynamiser la gestion de l'entreprise. C'est ainsi qu'en 2008, Apax a pris 20 % environ d'Altran, puis en a changé le PDG en 2011.

Les fonds d'investissement ont pris une place importante dans l'économie et sont souvent une alternative attractive à la Bourse. Les fonds de LBO notamment sont une réponse efficace aux problèmes d'agences (voir chapitre 30) en mettant en place des contrôles importants (*reporting* strict), des mécanismes d'incitations (participation du management au capital) et de pressions (endettement financier important qui doit être remboursé).

Ils apportent aussi une culture financière axée sur la génération de flux de trésorerie qui permet d'optimiser la gestion du BFR, de limiter les investissements nécessaires à ceux dont la rentabilité est raisonnablement démontrée. Dans ce cadre et contrairement à des clichés, ils acceptent de participer à des augmentations de capital pour financer des opérations de croissance externe bien calibrées et qui ont un sens industriel. Pour les dirigeants d'entreprise, ils apportent souvent une capacité d'écoute, de réaction et de conseil sans commune mesure avec celle des investisseurs institutionnels. Ce sont des actionnaires professionnels, actifs, qui ont pour seul objectif la création de valeur et qui alignent l'intérêt des dirigeants sur ce but.

d) Les investisseurs institutionnels

45.9 Le terme « investisseur institutionnel » désigne les banques, compagnies d'assurance, des fonds de pension, fonds commun de placement (FCP) ou Sicav. Généralement ces actionnaires ne détiennent individuellement que des participations très minoritaires (moins de 10 %) dans des entreprises cotées. Leur rôle est cependant majeur : dans une large mesure, ils définissent la valeur boursière de la société car ils constituent l'essentiel du flottant.

Par ailleurs, grâce aux progrès de la gouvernance d'entreprise (voir chapitre 47), ils participent désormais fréquemment aux assemblées d'actionnaires et ils arrivent à repousser des résolutions proposées par les dirigeants ou à imposer leur vue (par exemple chez Nexans en 2014 avec la dissociation des postes de président et de directeur général). Certains, appelés fonds activistes, se sont fait une spécialité de mettre publiquement la pression sur des groupes peu performants, ou mal structurés, proposant des mesures correctives visant à améliorer leur valeur. C'est ainsi qu'en 2013 Greenlight Capital a poussé Apple à augmenter de 45 à 100 Md$ ses dividendes et rachats d'actions. C'est une attitude proche de certains *hedge funds* qui investissent dans des sociétés cotées dont l'actionnariat est susceptible d'évoluer à court ou moyen terme, on dit alors qu'ils sont *event driven*.

e) Les holdings financiers

45.10 Les grands holdings financiers de jadis (Paribas, Mediobanca, Société Générale de Belgique…), qui jouaient un rôle majeur auprès des entreprises en les finançant, en les aidant à réaliser des opérations de croissance externe pour constituer des grands groupes, ont pour la plupart disparu. Ils étaient en quelque sorte un substitut aux marchés de capitaux, alors déficients. Leur disparition progressive est une autre conséquence du passage d'une économie d'endettement à une économie de marchés financiers (voir chapitre 16).

Aujourd'hui, dans les pays émergents (Corée, Inde, Colombie, Brésil…), de grands conglomérats industriels et financiers jouent ce même rôle (Samsung, Tata, Votorantim…).

f) L'actionnariat salarié

45.11 Certaines sociétés ont introduit leurs salariés au sein de leur actionnariat, souvent pour une faible proportion du capital, parfois pour la majorité de celui-ci. L'actionnariat salarié des groupes européens représente souvent quelques pour-cent (Orange 4,6 %, Saint-Gobain 7,5 %), mais peut être parfois plus important (Steria 24,2 %, Eiffage 33,6 %). Cet actionnariat, fidèle et peu mobile, est un pôle de stabilité au sein du capital et renforce en général la position du principal actionnaire. Il prend souvent en France la forme d'un **plan d'épargne d'entreprise** (PEE) avec un abondement de l'entreprise afin d'inciter les salariés à investir en actions de leur propre société.

45.12 La définition d'un actionnariat salarié peut être envisagée de trois manières distinctes selon que l'on se situe :

- dans les sociétés de services où **les salariés constituent en quelque sorte le principal actif**, et qui trouvent avantage à octroyer à ces derniers une participation au capital. Dans ce cas, la gestion des capitaux propres ne soulève généralement aucun problème et le contrôle de l'entreprise ne résulte pas tant de la possession du pouvoir financier que de la notoriété des individus qui la composent. Le rapport de force salarié-entreprise est alors tel que le premier ne peut que participer au capital ou créer une société concurrente. Ce sont les différentes formules de « *partnership* » très utilisées dans les cabinets d'avocats ou au temps jadis dans les banques d'affaires ;

• dans les sociétés dynamiques à développement rapide où la croissance de la valeur est susceptible de constituer pour l'équipe de direction un instrument de motivation efficace. Les **stock-options** et les **actions de performance** (voir chapitre 30) sont le principal vecteur de cette politique. Néanmoins, le risque des plans de stock-options est que le surcroît de motivation de l'équipe de direction se transforme en fuite en avant : celle-ci recherche alors une sortie rapide plutôt qu'une véritable création de valeur à moyen terme ;

• dans le cadre d'une politique de relations internes pour les autres types d'entreprises afin de promouvoir leur image sociale auprès du personnel. Elle prend, en France, la forme d'augmentations de capital réservées aux salariés, souvent avec une décote maximum de 20 %, et parfois avec un effet de levier, en contre-partie d'un engagement de conservation des actions de 5 ans, ou d'abondements de l'entreprise. On est alors dans le cadre fiscalement intéressant de l'épargne salariale. Hors ce cadre, il est possible d'attribuer des **actions gratuites** qui ne seront disponibles au plus tôt qu'après une période de 4 ans. Il va de soi que l'état d'esprit général régnant dans la société y détermine en grande partie une telle politique.

Quels que soient l'approche choisie et le cas dans lequel on se situe, **le caractère privilégié des relations entre l'entreprise et l'actionnariat salarié ne peut pas être éternel**. En effet, dans une stricte logique d'opportunité financière, le salarié a intérêt à ne pas investir dans l'entreprise dont il reçoit déjà un salaire, puisque cela accroît le risque de son investissement. Les employés d'Enron et de Lehman Brothers avaient pour beaucoup l'essentiel de leurs économies et également leur fonds de retraite investis dans l'entreprise. Ils le regrettent amèrement !

Il faudrait, en principe, que la société soit particulièrement dynamique et sûre pour que le salarié accepte d'en être actionnaire de manière prolongée. Une telle situation n'est généralement pas durable. En outre, les stock-options n'impliquent pas de détention durable des titres achetés ou souscrits. Les formules de LBO étudiées au chapitre 50 nous semblent dangereuses si elles impliquent la majorité du personnel. Dans une situation de crise, celui-ci risque de se comporter d'abord en défenseur de l'emploi plus qu'en « actionnaire viril ». Limitées à un petit nombre de salariés, elles sont tout simplement la reconstitution d'un actionnariat interne solide.

g) Les États et les fonds souverains

45.13 Le rôle de l'**État actionnaire** se faisait, en Europe, moins important même s'il restait actionnaire minoritaire ou majoritaire de quelques grandes entreprises (ENI, EDF, Deutsche Telekom, SNCF...). Il a connu depuis 2008 un renouveau temporaire puisqu'il a dû nationaliser quelques grandes entreprises pour éviter leur faillite (General Motors, RBS, etc.) ou souscrire à des augmentations de capital pour les aider à traverser une mauvaise passe (ING, Citi, etc.).

Parallèlement, les fonds souverains, créés le plus souvent par des pays émergents à partir de revenus de l'exploitation de matières premières, prennent des participations souvent à long terme dans le capital d'entreprises cotées, normalement avec une pure logique financière, mais leur contrôle étatique, leur taille (souvent de 50 à 500 Md€) et leur opacité inquiètent parfois. En mai 2014, ils disposaient de l'ordre de 5 400 Md$, montant en croissance continue. Les principaux sont The Government Pension Fund of Norway (838 Md$), Abu Dhabi Investment Authority (ADIA, 773 Md$), Saudi Arabian Monetary Agency (SAMA, 676 Md$), China Investment Corporation (CIC, 575 Md$), SAFE (Chine, 568 Md$), GIC et Temasek de Singapour (493 Md$), Kuwait Investment Authority (KIA, 410 Md$), etc. Mentionnons pour la France le Fonds stratégique d'investissement (FSI, 25 Md$) et la Caisse des dépôts.

Parallèlement ils sont actionnaires de contrôle de Travelodge, Tussauds, Aston Martin, P&O, etc., et minoritaires dans la Bourse de Londres, KKR, Carlyle, Daimler, Lagardère...

4 ▪ Les pactes d'actionnaires

45.14 Un pacte d'actionnaires est un document juridique signé entre plusieurs actionnaires afin de régir leurs relations dans la durée ; il complète pour eux les dispositions des statuts de l'entreprise et a vocation à être confidentiel sauf pour les sociétés cotées où il est communiqué à l'AMF[1] qui rend publiques ses principales dispositions. Certains pactes portant sur une société cotée pourront être qualifiés comme constitutifs d'une action de concert ce qui emporte des conséquences importantes traitées paragraphe 48.20.

Les pactes d'actionnaires s'articulent autour de deux types de clauses :

- des clauses organisant la gouvernance d'entreprise : répartition des postes d'administrateurs, conditions de nomination du président, du directeur général et du commissaire aux comptes, prise des grandes décisions (dividende, investissement, acquisition, endettement, introduction en Bourse et augmentation de capital), vote en assemblée, accès à l'information, etc. ;

- des clauses organisant l'évolution au cours du temps de l'actionnariat : clause d'incessibilité temporaire des actions, de préemption en cas de cession d'un membre du pacte, d'agrément, de sortie conjointe, de sortie forcée, de limitation des participations (afin d'éviter aux membres du pacte de franchir le seuil de l'offre obligatoire (voir paragraphe 48.22) pour les sociétés cotées), etc.

Les particularités des pactes des jeunes entreprises ont été présentées au paragraphe 44.14.

Les pactes d'actionnaires ont souvent pour objectif de protéger l'actionnaire minoritaire au-delà des dispositions légales. Mais comme nous le verrons ultérieurement, la Bourse est sans doute sa meilleure protection.

Mentionnons pour terminer les pactes conclus pour des raisons fiscales (pactes dits « Dutreil ») : pactes portant sur au moins 20 % du capital d'une société cotée ou 34 % pour une société non cotée, les signataires prennent l'engagement collectif de ne pas céder ces titres pendant au moins deux ans, puis procèdent à une transmission. Les bénéficiaires s'engagent alors individuellement à conserver les actions pendant quatre ans. Dans ce cas, les droits de mutation sur donation ou succession de ces actions sont réduits de 75 %. Même en l'absence de transmission et si les mêmes conditions sont respectées, l'ISF dû est réduit de 75 %.

5 ▪ Le cas particulier des *joint-ventures*

45.15 Dans certains pays (Inde, Chine, etc.), s'associer à un partenaire local est le seul moyen de pénétrer un marché. Par ailleurs, la plupart des alliances technologiques ou industrielles se traduisent par la création de *joint-ventures* souvent détenues à 50/50 ou par une société de moyens (une société dont la vocation est de travailler pour ses actionnaires sans réaliser de profit). Cette situation est rarement durable car elle peut mener à un blocage total des organes de décision de l'entreprise. En

1 Dès lors qu'il prévoit des conditions préférentielles d'acquisitions ou de cessions d'actions.

effet, soit la coentreprise se porte bien et l'un des actionnaires souhaitera en prendre le contrôle, soit elle se porte mal et l'un des actionnaires voudra en sortir…

Il est dès lors nécessaire de prévoir, dès la formation de la *joint-venture*, des **clauses de sortie** permettant, en cas de conflit, un déblocage de la situation. Citons :

- des clauses de *put* et *call*. Celles-ci sont utilisées en particulier si un des actionnaires est susceptible d'être actionnaire de long terme (industriel) et l'autre moins (financier). Les prix d'exercice des options peuvent soit être prédéterminés, soit obéir à une formule, soit encore être déterminés par un expert indépendant des actionnaires ;
- des clauses du type *buy or sell* encore appelées clause hollandaise ou *shot gun* qui fixent un mécanisme proche de l'enchère. Ce peut être par exemple : l'actionnaire A propose à l'actionnaire B d'acquérir ses actions pour un prix X ; soit l'actionnaire B accepte, soit il refuse et il est alors obligé d'acheter les actions de A au même prix X.

Section 2 ■ Comment conforter le contrôle d'un actionnariat ?

45.16 Les moyens défensifs de contrôle d'un actionnariat ont tous un coût, ce qui en pure logique financière est tout à fait normal : comme l'exprime la sagesse populaire, on ne peut pas avoir le beurre et l'argent du beurre !

> Ce coût correspond au surcoût des montages à mettre en œuvre, à l'absence d'appel à certains produits du marché financier… Il est supporté par les actionnaires actuels et, tôt ou tard, par l'entreprise dont le coût du capital est plus élevé.

Pour les sociétés cotées, la panoplie des moyens de défense anti-OPA en Europe est très disparate et dépend dans chaque pays de l'existence ou non d'un cadre réglementaire et des possibilités accordées aux sociétés et à leurs dirigeants dans ce domaine. Certains pays réglementent strictement les mesures de protection (le Royaume-Uni et, dans une moindre mesure, la France), d'autres privilégient la liberté de choix (les Pays-Bas).

De façon schématique, les pays ont une réglementation d'autant plus contraignante et précise que le mode d'actionnariat dispersé fait jouer au marché financier un rôle important pour juger la gestion d'un management (Royaume-Uni, France).

Inversement, dans les pays à forte concentration du capital, la réglementation est plus souple, ce qui va de pair avec des dispositions statutaires assurant un haut niveau de protection des organes sociaux. Ainsi, en Allemagne, la moitié des sièges d'un conseil d'administration est réservée aux employés et les membres du conseil ne peuvent être remplacés que par une décision des actionnaires représentants plus de 75 % des droits de vote. De même, aux Pays-Bas et en Suisse, les pouvoirs du conseil de surveillance sont importants, et les sociétés ont la possibilité d'émettre des actions ou certificats préférentiels représentant une fraction non négligeable des droits de vote.

Paradoxalement, l'insécurité pour les entreprises et leurs dirigeants qui résulte d'un pouvoir de sanction du marché, peut se traduire, comme aux États-Unis, par la mise en place de multiples dispositions statutaires ou contractuelles destinées à protéger le management, parfois à l'encontre de l'intérêt social et du libre jeu du marché.

45.17 Les moyens de défense d'un actionnariat peuvent se répartir en quatre catégories :

- **séparer le pouvoir du capital :** l'action à droit de vote multiple (droits de vote double en France [1]), le holding de contrôle, la société en commandite par actions, les actions de préférence sans droit de vote ;
- **contrôler les changements d'actionnariat :** le droit d'agrément et le droit de préemption ;
- **renforcer les actionnaires fidèles :** l'augmentation de capital réservée, certaines formes de réduction de capital, la fusion, le rapprochement, l'actionnariat des salariés et les bons défensifs (aussi appelés « bons Breton ») ;
- **utiliser des dispositions juridiques :** les réglementations, la limitation des droits de vote, les actifs stratégiques et les clauses de changement de contrôle.

Mais pour se défendre une société doit connaître la composition de son actionnariat. Relativement aisé pour les sociétés non cotées dont les actions sont obligatoirement nominatives, cela est plus compliqué pour les sociétés cotées dont la plupart des actions sont au porteur (l'identité de l'actionnaire est inconnue de la société). Aussi pourra-t-elle prévoir des obligations statutaires de notification lorsqu'un seuil minimum de 0,5 % du capital est franchi qui s'ajoutent aux obligations légales débutant à 5 % (voir paragraphe 48.21). La société cotée pourra également demander à Euroclear de dresser une liste de l'ensemble de ses actionnaires (un « TPI », titre au porteur identifiable). Les TPI ont un certain coût et nécessitent un peu de temps pour être obtenus mais ils permettent d'identifier ses actionnaires.

1 ■ Séparer le pouvoir du capital

45.18 Les actionnaires des sociétés cotées sont de plus en plus rétifs, voire opposés, à voter des dispositifs qui vont contre le principe « une action, un vote » ou qui rendent plus difficiles le changement de contrôle.

C'est ainsi que ceux de Renault ont, en 2009, rejeté en assemblée une résolution de limitation des droits de vote, ceux d'Alcatel-Lucent ont aboli cette limitation et ceux d'Eiffage ont refusé le rétablissement des droits de vote double.

a) Les actions à droit de vote double

45.19 Depuis 2014, il faut distinguer selon que la société est cotée ou non sur un marché réglementé.

Pour les sociétés non cotées sur un marché réglementé, les actions à droit de vote double doivent être créées dans un cadre réglementaire précis. La décision ne peut résulter que des statuts

[1] Les droits de vote multiple ne sont possibles que dans les SAS en France.

et du délibéré d'une assemblée générale extraordinaire ; les actions doivent être nominatives et inscrites au nom d'un même titulaire depuis une durée minimum de 2 ans.

La société peut limiter l'exercice du droit de vote double à une certaine catégorie d'assemblées (assemblées générales ordinaires ou extraordinaires).

Pour les sociétés cotées sur un marché réglementé, le droit de vote double est devenu la règle sauf s'il est écarté par les statuts, ce qui nécessite un vote de l'assemblée générale extraordinaire à la majorité des deux tiers. En bénéficient les actionnaires détenant leurs actions au nominatif depuis un délai fixé par les statuts d'au moins 2 ans.

Dans tous les cas, le droit de vote double cesse automatiquement :

- en cas de conversion de l'action au porteur ;
- par décision de l'AGE de supprimer ce droit, après autorisation d'une assemblée spéciale des titulaires de ce droit ;
- par transfert en pleine propriété de l'action, sauf si ce transfert résulte d'une transmission successorale, d'une liquidation de communauté de biens entre époux, ou d'une donation au profit d'un conjoint ou d'un parent jusqu'au 6e degré.

Le procédé peut être particulièrement efficace, ainsi la famille Bich détient 43,9 % du capital du groupe Bic, mais 59,6 % des droits de vote.

45.20 Si son objet est clair – affermir le contrôle des actionnaires actuels –, les implications de l'action à droit de vote double sont multiples :

- elle assure une connaissance précise de l'actionnariat puisque les titres à droit de vote double sont nominatifs ;
- elle protège à court terme l'entreprise contre une OPA hostile, les éventuels acquéreurs devant alors se découvrir pour bénéficier du droit de vote double, ce qui permet d'engager des négociations ;
- elle permet la détention de la majorité des voix avec une minorité de titres, de manière à conserver une autonomie de gestion durant 2 à 4 ans au moins.

Bien que cela n'ait jamais été clairement vérifié à notre connaissance, il semblerait que le droit de vote double ne nuise pas à la cotation du titre, probablement parce qu'il ne s'agit que d'un frein qui ne peut pas empêcher à lui seul une modification du contrôle de l'entreprise.

À l'inverse, le droit de vote double devient une arme dangereuse lors de la cession d'une entreprise, et peut même faire perdre pendant un certain temps la majorité aux assemblées générales si des minoritaires importants ayant le vote double se maintiennent. Pour contourner cette difficulté, les vendeurs peuvent céder les titres d'une société holding détenant leur participation dans l'entreprise (dans ce cas, la société holding conserve naturellement les droits de vote double attachés à sa participation dans l'entreprise, seul l'actionnariat du holding ayant changé) ou proposer la suppression préalable des droits de vote double.

D'autres législations (pays scandinaves, Suisse, Pays-Bas, États-Unis) offrent encore une plus grande flexibilité en autorisant la création de plusieurs classes d'actions (A, B, C, etc.). Pour chaque classe d'action peuvent être définis un nombre de droits de vote et un droit au dividende. Avec un même droit à dividende une action peut alors par exemple donner droit à dix droits de vote ! C'est ainsi que Larry Page et Sergueï Brin détiennent 56 % des droits de vote de Google avec seulement 14 % des actions. Ce n'est pas un exemple isolé, ainsi Facebook, Ford, le groupe Murdoch et LinkedIn ont adopté ce type de structure. En revanche, les actions à droit de vote multiple sont totalement interdites en Allemagne, Belgique, Italie ou Espagne.

b) La société holding

45.21 Ce procédé très prisé des spécialistes aboutit à la constitution de châteaux de cartes qui, s'ils présentent d'incontestables avantages, sont aussi porteurs d'inconvénients certains.

Supposons qu'un investisseur contrôle à 51 % un premier holding qui possède 51 % d'un second holding lequel contrôle à 51 % une société industrielle ; il s'assure ainsi le contrôle de celle-ci avec seulement 13 % du capital et utilise l'effet démultiplicateur de la société holding.

Le holding permet de conserver le contrôle de l'entreprise, dans la mesure où le nombre des actionnaires minoritaires est démultiplié. En effet, si la société industrielle s'introduit en Bourse, les actionnaires minoritaires du holding ne pourront pas vendre. Par ailleurs, il permet la remontée de dividendes à faible coût fiscal et le rachat de titres de la société industrielle au moyen du revenu ainsi perçu.

Supposons qu'une société verse un dividende de 1 M€ à un actionnaire qui détient 50 % du capital. L'actionnaire, personne physique, est passible d'une imposition à 42,5 % (voir paragraphe 41.8). Son revenu net est de 0,575 M€. Si l'actionnaire possède 50 % de la société *via* une société holding, grâce au régime fiscal des sociétés « mères », il peut alors utiliser quasi intégralement le million d'euros pour racheter des titres de la société concernée.

Le holding peut être indifféremment une société civile ou une société de capitaux. Toutefois, si l'objectif essentiel de l'opération concerne le rachat de titres, il est clair que l'on doit opter pour le régime fiscal des sociétés de capitaux.

Comme son nom l'indique, le holding peut « piéger » les actionnaires minoritaires privés de liquidité. Mais à terme la situation est intenable sous peine de faire naître un conflit permanent. Il en résulte que les holdings sont la plupart du temps constitués à partir du « noyau dur » d'un actionnariat, les actionnaires internes très impliqués dans le développement de l'entreprise.

Alternativement, deux sociétés holding peuvent être créées :

- un holding de contrôle ;
- un super holding de contrôle regroupant le noyau dur de l'actionnariat, ayant pour vocation de racheter les titres du holding de contrôle à des actionnaires désirant céder quelques actions. C'est ainsi que les héritiers Hermès ont constitué le holding H51 à cette fin.

c) La société en commandite par actions

45.22 La société en commandite par actions permet une dissociation complète de la gestion et de la détention du capital dans l'entreprise.

En effet, la SCA est une société dont le capital est divisé en actions, mais qui comprend deux catégories d'associés :

- plusieurs **commanditaires** qui ont la qualité d'actionnaires et dont la responsabilité est limitée au montant de leurs apports (la SCA est comparable à une société anonyme (SA) de ce point de vue) ;
- un ou plusieurs **commandité(s)** qui répondent solidairement et indéfiniment des dettes sociales. C'est parmi eux que sont choisis généralement le ou les gérants de la société, les actionnaires simplement commanditaires ne pouvant devenir gérants.

Ce sont les statuts qui définissent les modalités de désignation des gérants actuels et futurs. Le ou les gérants sont investis des pouvoirs les plus étendus pour agir en toutes circonstances au nom de la société. Ils ne peuvent être révoqués que dans les conditions prévues dans les statuts. Il est possible de limiter la responsabilité financière des commandités grâce à l'interposition d'une société familiale (SA ou SARL) qui exerce la fonction de gérante et à l'intérieur de laquelle un fils ou une fille pourra sans problème succéder à son père ou à sa mère.

Ainsi, le pouvoir peut être détenu par le gérant d'une SCA de façon absolue et irrévocable souvent dans la pratique sans, à la limite, qu'il détienne une seule action de la société. Le pouvoir dans une SCA n'a pas une source financière comme dans une SA, mais provient des dispositions légales et des stipulations des statuts. Plusieurs grandes sociétés cotées françaises sont des SCA, citons Michelin, Hermès, Lagardère, mais également Merck ou Henkel en Allemagne.

d) Les actions de préférence

45.23 Nous renvoyons le lecteur au chapitre 28 où les actions de préférence ont été analysées. Les classes d'actions différant selon leur niveau de rémunération sont fréquentes dans le monde anglo-saxon. En France, ces produits sont passés de mode pour les sociétés cotées[1]. Il est difficile d'en émettre de nouveaux et les supprimer à un moment donné peut tourner au cauchemar comme Legrand peut en témoigner !

2 ■ Contrôler les changements d'actionnariat

a) Le droit d'agrément

45.24 La clause d'agrément inscrite dans les statuts d'une société permet d'éviter la présence d'un associé jugé indésirable. Cette clause est fréquente dans les sociétés familiales ou dans celles dont l'équilibre entre actionnaires est fragile. Une telle clause ne doit pas être confondue avec l'obtention d'un agrément pour acheter certaines entreprises (voir paragraphe 45.31). On parle ici d'agrément régissant les rapports entre associés et/ou entre personnes privées au sein de l'actionnariat.

Techniquement, l'existence d'un droit d'agrément implique que tout associé doit solliciter l'agrément de la société avant toute cession d'actions. La société doit faire connaître sa décision dans un délai déterminé, sinon l'agrément est réputé acquis.

En cas de refus d'agrément, le conseil d'administration, le directoire ou les gérants sont tenus de racheter ou faire racheter par un actionnaire, la société ou un tiers, les actions ou parts sociales dans le délai requis, faute de quoi l'actionnaire cédant peut réaliser la cession initialement prévue. Il faut alors corrélativement procéder à une réduction du capital dont le coût fiscal peut être onéreux. Aussi cette technique est-elle rarement utilisée.

Le prix de rachat est fixé par accord entre les parties ou, en cas de désaccord, par un expert.

Les clauses d'agrément ne peuvent pas être appliquées en cas de cession entre actionnaires, ni en cas de cession entre un actionnaire, son conjoint, ses ascendants ou ses descendants.

1 Ils ont toutefois été utilisés en 2008 par l'État pour apporter des capitaux propres aux banques, mais n'ont pas vocation à être cotés.

Il est impossible de trouver des clauses d'agrément dans les sociétés cotées en France car ces clauses sont incompatibles avec la fluidité des transactions que requiert le marché boursier. Les autorités boursières refusent l'introduction en Bourse de sociétés disposant de telles clauses.

b) Le droit de préemption

45.25 Proche de la clause d'agrément, la clause de préemption permet soit à une catégorie d'actionnaires, soit à tous les actionnaires, de se porter acquéreurs en priorité d'actions mises en vente. Cette clause répond au désir des associés existants d'augmenter leur participation dans la société ou de maîtriser l'évolution du capital. La répartition des actions peut être décidée par le conseil d'administration, le président, ou toute autre personne désignée par les intéressés.

Techniquement, la procédure de la clause de préemption est similaire à celle de la clause d'agrément.

Le droit de préemption ne peut pas être exercé en cas de succession, de liquidation de communauté de biens entre époux ou en cas de cession d'actions d'un actionnaire à son conjoint, ses ascendants et descendants.

Les mécanismes de l'agrément et de la préemption constituent pour l'entreprise un moyen de contrôler l'évolution de son actionnariat. Par ailleurs, si la clause est statutaire et s'applique à tous les actionnaires, elle peut empêcher tout tiers indésirable de prendre le contrôle. Ces clauses ne peuvent cependant pas bloquer indéfiniment la cession de titres, et les actionnaires anciens doivent toujours trouver une solution permettant de réaliser la cession s'ils ne souhaitent pas eux-mêmes préempter.

3 ■ Renforcer les actionnaires « fidèles »

a) L'augmentation de capital réservée

45.26 Cette décision relève de l'AGE et nécessite donc une majorité des 2/3. La procédure d'augmentation de capital réservée obéit à des contraintes particulières. Les actionnaires doivent renoncer à leur droit préférentiel de souscription, les commissaires aux comptes donnent leur avis sur cette suppression ainsi que sur le prix d'émission des actions à émettre. Si la société est cotée, le prix de souscription devra être plus élevé que le cours de Bourse pour rétablir l'équilibre entre les anciens actionnaires et le nouvel entrant qui peut souscrire des actions sans faire varier le cours de Bourse. Dans certains pays comme les Pays-Bas, l'augmentation de capital réservée peut se faire dans des conditions extrêmement dilutives pour les actionnaires existants. Ainsi, pour se défendre d'une prise de contrôle par le groupe LVMH, Gucci réalisa une augmentation de capital réservée à Kering qui eut pour conséquence de diluer très significativement la participation de LVMH.

L'augmentation de capital peut être soit en numéraire, soit par apports en nature. Ainsi, un holding familial peut apporter des actifs à l'entité pivot du groupe pour renforcer son contrôle sur celui-ci.

b) La fusion

45.27 La fusion répond d'abord à des objectifs stratégiques et industriels. En matière de contrôle d'un actionnariat, elle peut produire les mêmes effets qu'une augmentation de capital réservée en permettant de faire entrer ou de renforcer un groupe d'actionnaires. Pour les aspects techniques, nous nous permettons de renvoyer notre lecteur au chapitre 49.

Le risque, bien sûr, est que les nouveaux actionnaires, entrés dans la société pour appuyer les dirigeants, en prennent progressivement le contrôle.

c) La réduction de capital et le rachat d'actions

45.28 Ces techniques que nous avons étudiées au chapitre 41 en tant que stratégie financière peuvent aussi être utilisées pour renforcer le contrôle de certains actionnaires. La société peut offrir à ses actionnaires de racheter une partie des actions qu'ils détiennent en vue de les annuler. Les actionnaires qui ne répondent pas à cette offre verront leur part relative renforcée ; ils peuvent d'ailleurs réaliser cette opération régulièrement. La réduction du capital est décidée par l'AGE à la majorité des 2/3. L'offre de rachat (OPRA) doit être présentée à tous les actionnaires et ne pas porter atteinte à leur égalité. Bolloré a ainsi assis son contrôle sur Havas en 2012 grâce à une OPRA.

Les sociétés ont la possibilité de procéder à des rachats d'actions au fil de l'eau dans le cadre d'un programme qui ne peut pas porter sur plus de 10 % du capital (voir paragraphe 41.13). Il est approuvé par l'AGO à la majorité des 50 %. Les actions ainsi rachetées sont privées de droit de vote avant d'être éventuellement annulées. Cette technique a été régulièrement utilisée par les groupes Bic, Publicis, Norilsk Nickel... pour renforcer le contrôle des actionnaires principaux.

d) L'actionnariat des salariés

45.29 Les salariés actionnaires ont en général tendance à défendre l'indépendance de l'entreprise lorsque celle-ci est soumise à une menace de changement de contrôle. Sous cette condition, l'actionnariat des salariés, qui aura pu être mis en place en profitant des diverses dispositions législatives le favorisant, conforte, en général marginalement (quelques pour-cent), l'équilibre de la structure du capital de l'entreprise. Ainsi, la mobilisation en 2007 des salariés d'Eiffage contre la tentative de prise de contrôle de ce groupe par Sacyr en est un bon exemple. Peuvent être ainsi utilisées : la participation, les options de souscription ou d'achat d'actions, les augmentations de capital ou les attributions d'actions gratuites réservées aux salariés (voir le paragraphe 45.11).

e) Les bons de souscription d'actions et les bons défensifs

45.30 La société procède à une émission de bons de souscription d'actions réservée à des investisseurs. En cas de menace de changement du contrôle de la société, ces investisseurs exercent leurs bons et deviennent ainsi actionnaires. Dès lors, la prise de contrôle de la société devient plus difficile, d'autant que la création d'actions nouvelles résultant de l'exercice de ces bons défensifs aura un effet de dilution pour tous les autres actionnaires. L'émission de bons doit être approuvée par une AGE. Ce type de mécanisme est commun aux Pays-Bas (par exemple ING ou Philips) et c'est ainsi que KPN a échappé en 2013 à l'offre d'America Movil.

En France depuis 2006, les sociétés cotées peuvent se doter d'autorisations d'émettre au profit de tous leurs actionnaires, et en cas d'offres publiques les visant, des bons de souscription d'actions permettant de souscrire à de nouvelles actions à un prix d'émission largement inférieur au cours de Bourse et qui pourrait être le nominal de l'action. L'autorisation d'émettre ces bons, aussi appelés bons d'offre ou bons « Breton »[1], est donnée par l'AGE qui statue, sur ce point, à la majorité de 50 %. À ce jour, aucun bon n'a été émis, il est vrai qu'il s'agit d'une mesure de dissuasion particulièrement redoutable car l'initiateur de l'offre sait que même s'il paie le prix fort il n'acquerra qu'une participation minoritaire. Les AGE de Saint-Gobain, Pernod Ricard, Bouygues, etc. ont autorisé leur conseil d'administration à procéder, le cas échéant, à l'émission de bons d'offre. Mais les action-

1 Du nom du ministre des Finances qui les a introduits.

naires de la Foncière Paris France ont refusé qu'ils soient activés alors que leur société était l'objet d'une offre hostile.

4 ■ Utiliser des dispositions juridiques

a) Les réglementations

45.31 Certaines réglementations particulières soumettent une prise de participation ou une prise de contrôle à un organisme qui peut y opposer son veto. Citons :

- la presse : la prise de contrôle d'un quotidien est soumise à l'accord du conseil d'administration ;
- les établissements financiers : tout projet d'offre publique portant sur un établissement financier ou sur une société contrôlant un établissement financier ou une compagnie d'assurance doit être soumis préalablement à l'Autorité du contrôle prudentiel (ACP)[1] ;
- les activités liées à la Défense nationale (même marginalement), à la sécurité informatique, à la cryptologie, aux jeux d'argent, etc. Depuis mai 2014, cette liste a été substantiellement allongée pour donner au gouvernement le moyen de peser sur l'avenir d'Alstom. Sont dorénavant couvertes « les activités portant sur des matériels, des produits ou des prestations de services (...) essentielles à la garantie des intérêts du pays en matière d'ordre public, de sécurité publique ou de défense nationale ». Sont ainsi couverts : l'énergie, l'eau et les transports, les réseaux et services de communications électroniques, la santé publique. Tout changement de contrôle peut être bloqué par l'État au nom de la Sécurité nationale ;
- **les « actions spécifiques »** (*golden shares*) qui permettent au gouvernement de s'opposer au franchissement d'un seuil de participation dans certaines sociétés d'intérêt public (approvisionnement en énergie ou défense par exemple).

b) La limitation des droits de vote

45.32 *A priori*, l'idée même de limiter l'usage du droit de vote attaché à une action apparaît totalement contraire au principe « une action, une voix ». Cependant, en droit français, les statuts d'une société par actions peuvent prévoir la limitation, à un pourcentage donné du capital, des droits de vote exprimés par chaque actionnaire en assemblée générale. Cette limitation des droits de vote tombe au-delà d'un certain seuil de détention : au maximum des deux tiers du capital ou des droits de vote, les statuts pouvant prévoir moins.

Danone bénéficie de ce dispositif : selon ses statuts, aucun actionnaire ne peut exprimer en assemblée plus de 6 % du total des droits de vote simple et 12 % du total des droits de vote doubles de la société. Mais cette limite devient caduque si un actionnaire détient seul ou de concert plus des 2/3 du capital.

Ce dispositif de défense apparaît très efficace : il empêche un tiers de prendre le contrôle d'une société avec seulement 20 ou 30 % du capital. S'il veut réellement prendre le contrôle, il doit y mettre le prix et lancer une OPA sur la totalité des titres. Cette technique est donc particulièrement utile pour les sociétés d'une certaine taille. Elle est fréquemment utilisée en Europe : la Pologne, la Belgique, les Pays-Bas et l'Espagne y ont recours. Cette technique n'est concevable que pour des sociétés qui ne disposent pas d'actionnaire de référence fort.

1 Autorité de régulation commune aux banques et sociétés d'assurance.

c) Les actifs stratégiques (les *poison pills*)

45.33 Il peut s'agir de brevets, de marques, de filiales sur lesquels repose l'essentiel de la rentabilité ou de l'activité d'une société qui soit ne lui appartiennent pas (il y a alors une simple exploitation avec une licence), soit sont localisés dans une filiale avec un partenaire qui en prendrait automatiquement le contrôle si la maison mère changeait d'actionnaires. Ce sont les fameux *poison pills* très difficiles à mettre en place en France (risque d'abus de bien sociaux) et qui s'avèrent dans la réalité peu opérants.

d) Les clauses de changement de contrôle

45.34 Certains contrats peuvent contenir des dispositions rendant le contrat caduc en cas de changement de contrôle. Ces clauses sont justifiées par le caractère *intuitu personae* des contrats. De telles clauses incluses dans des contrats essentiels pour l'entreprise (contrats de distribution, de prêt, commerciaux...) rendront les OPA hostiles plus complexes, voire impossibles. De même, les clauses de conscience et *golden parachute* permettent aux employés clés de se prémunir contre un changement de contrôle non souhaité.

Section 3 ■ L'organisation d'un groupe

D'un coup de baguette magique, plaçons notre lecteur à la tête d'un groupe industriel diversifié. Quelle organisation choisir ? Faire coter les filiales ou au contraire n'avoir qu'un seul véhicule coté ?

1 ■ La cotation des filiales

45.35 La cotation de filiales permet d'avoir des intérêts minoritaires et ainsi d'avoir un effet multiplicateur sur les capitaux propres de la société mère tout en offrant aux investisseurs un accès direct aux actifs du groupe qui les intéressent le plus. Le raisonnement est le même pour l'entrée de partenaires financiers dans les filiales non cotées.

On voit l'intérêt immédiat de permettre le financement par capitaux propres sans changer fondamentalement l'actionnariat du groupe.

Il est alors plus facile de motiver les dirigeants des filiales en les intéressant aux résultats de celles-ci plutôt qu'à ceux du groupe sur lesquels leur degré d'influence est nécessairement plus faible. De la même façon, il sera plus facile de faire prendre conscience aux investisseurs de l'existence d'une filiale particulièrement performante au sein du groupe si celle-ci est cotée, et non noyée dans la masse des activités du groupe.

Notons cependant que, dans certains secteurs, le partenaire financier (ou la cotation) est une nécessité juridique : il en est ainsi dans le secteur de la télévision hertzienne (un actionnaire ne pouvant pas détenir en France plus de 49 % du capital). Les chercheurs ont établi que la performance boursière de la filiale est meilleure lorsque... la maison mère franchit à la baisse le seuil de 50 % ! Les Anglo-Saxons parlent alors de *carve out*.

À l'inverse, la cotation des filiales n'est pas sans poser de problèmes. Il y a d'abord le risque de décote des actions du groupe si celui-ci n'est plus perçu comme un groupe cohérent mais comme un holding financier. C'est la décote de holding (voir paragraphe 45.38). Par ailleurs, il n'est plus possible de procéder à l'intégration fiscale des filiales en perte avec celles profitables, ce qui augmente la charge fiscale. Enfin, une certaine lourdeur administrative s'instaure et le groupe doit veiller à respecter une stricte gouvernance d'entreprise pour éviter des conflits avec les actionnaires minoritaires.

Suivant les périodes, les niveaux de valorisation et les stratégies, il est possible de faire coter des filiales et d'introduire des minoritaires, ou au contraire d'effectuer le mouvement inverse en retirant ces filiales de la cote. Ainsi, de nombreux groupes (EDF, Iberdrola, Enel...) ont fait coter dans la seconde partie des années 2000 leurs filiales énergies renouvelables pour bénéficier des multiples élevés accordés à ce secteur et pouvoir réaliser des opérations de croissance externe payées en actions de ces filiales et non en liquidités. Ceci est très appréciable lorsque les valorisations paraissent élevées puisque le problème se déplace du terrain du prix à celui de la parité. Bon nombre de ces groupes ont par la suite procédé au rachat des minoritaires lorsque les multiples étaient revenus à des niveaux plus raisonnables (EDF Énergies Nouvelles, Iberdrola Renovables...) !

2 ■ Les structures en cascades

45.36 Notre nouveau président-directeur général peut être tenté de structurer son groupe en « poupées russes » comme les groupes LVMH ou Bolloré au début des années 1990, ou comme actuellement le groupe d'Albert Frère :

Si le groupe contrôle 21 % de Lafarge ou 56,2 % de Imerys, l'intérêt financier de la famille Frère n'est que de 3 % dans le groupe de ciment ou de 8 % dans le groupe de minerais industriels.

Organigramme simplifié du groupe Frère

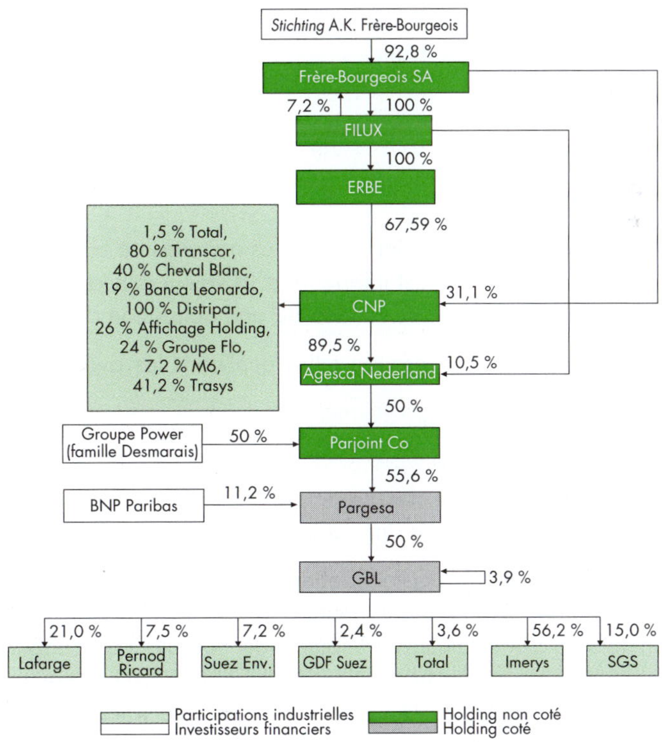

Source : Rapports annuels.

À chaque niveau, la création d'une société n'a de sens que si elle regroupe des activités différentes. Il faut placer le plus près possible de la société de contrôle les activités les plus rentables. En effet, si la seule société rentable est la société « du bas », les remontées jusqu'au niveau de la société de contrôle sont trop faibles et l'actionnaire qui contrôle l'ensemble aura l'impression de travailler « pour le roi de Prusse » !

Quels sont les avantages et les inconvénients d'une telle structure ?

L'effet **multiplicateur** joue à plein : avec un capital de 100, on peut contrôler l'activité cible dont le capital est de 2 500 ! Il est alors déconseillé d'endetter les structures intermédiaires, ce qui les fragilise d'autant plus qu'elles n'ont pas d'activité propre et qu'elles ne vivent que des remontées de dividendes de la société cible. Rappelons que la totalité de toute chaîne a la résistance du maillon le plus faible.

De plus, ces sociétés sont cotées avec une décote par rapport à leur valeur patrimoniale. Si une société mère veut suivre l'augmentation de capital de sa filiale afin de maintenir son contrôle, elle devra procéder à son tour à une augmentation de capital qui se fera avec une décote renchérissant d'autant le coût de ses capitaux propres. Ainsi, en caricaturant, on pourrait dire que le coût d'une augmentation de capital d'une filiale pour une société mère supportant une décote de 50 % est le double du coût de l'augmentation de capital faite directement par sa filiale.

> De tels montages sont passés de mode, les investisseurs craignant d'être piégés dans le maillon le moins liquide et le plus fragile de la chaîne et d'être victimes d'un empilement de décotes. Au fur et à mesure où les pays passent d'une économie d'endettement à une économie de marchés financiers, les groupes reprennent 100 % du capital de leurs filiales.

3 ■ Les décotes

45.37 Il y a décote sur un titre financier lorsque les marchés ne sont pas efficients, c'est-à-dire lorsque la valeur de marché de ce titre est inférieure à sa valeur telle que nous l'avons définie tout au long de cet ouvrage. Par exemple, vous vendez 80 une obligation dont la valeur actuelle est 100.

Certaines structures de groupe telles que nous les avons vues peuvent générer des décotes structurelles.

a) La décote de holding

45.38 Une société holding détient des participations, minoritaires ou majoritaires dans des entreprises cotées ou non et les gère dans une optique soit purement financière soit de contrôle.

La décote de holding peut se définir de la façon suivante : la capitalisation boursière d'une société holding est en général inférieure à la somme des participations revalorisées qu'elle détient. Ainsi, un holding a une valeur patrimoniale de 100 alors qu'il capitalise 80 en Bourse. Ceci signifie que l'investisseur qui achète une action de ce holding croira faire une bonne affaire puisqu'il achète 80 quelque chose qui vaut 100… sachant que cette valeur ne sera jamais atteinte puisque notre holding sera toujours décoté, sauf si la décote disparaît, à la suite d'une fusion entre le holding et la filiale opérationnelle par exemple.

L'ampleur de cette décote varie avec l'évolution de la Bourse ; en période d'euphorie boursière, les décotes ont tendance à se réduire tandis qu'en période de baisse de la Bourse, les décotes sont en général supérieures à 30 %. Certains investisseurs spéculent sur ces variations en fonction de l'évolution des indices boursiers.

Comment expliquer la décote de holding ? Voici les principales raisons :

- l'investisseur se voit imposer un portefeuille d'actifs sans possibilité de choix ;
- la moindre liquidité des titres du holding dont le flottant est en général plus étroit que celui des participations détenues ;
- les frottements administratifs : le holding a des frais de gestion propres qui, actualisés sur longue période, constituent un passif venant en diminution de la valeur de ses participations. Pour une société holding valorisée 2 Md€, si les frais de gestion s'élèvent à 10 M€ par an, actualisés à l'infini à 8 %, cela conduit à 125 M€ avant impôt, soit 6,25 % de la valeur ;
- les frottements fiscaux (double imposition de la plus-value au niveau du holding, puis de l'actionnaire) se sont beaucoup réduits la plupart du temps avec la quasi-disparition de l'imposition des entreprises sur les plus-values de cession de titres de participation.

Tout ceci peut généralement expliquer des décotes statistiques de l'ordre de 15 à 25 %. Au-delà, il semble bien que l'on assiste à un « bras de fer » entre les marchés qui souhaitent financer en direct les actifs et les holdings. La disparition en Europe de bon nombre de holdings cotés a montré l'efficacité des pressions exercées par les investisseurs.

b) La décote de conglomérat

45.39 Un conglomérat est un groupe diversifié dans plusieurs métiers : la fabrication de turbines et de trains, la télévision et les télécoms, la distribution et la radio… On peut généralement observer que la valeur de marché du conglomérat est inférieure à la somme des valeurs des actifs qui le composent ; la différence représente la décote du conglomérat. Dans ce cas, les investisseurs craignent une mauvaise allocation des ressources, dans la mesure où le groupe pénalise les secteurs les plus porteurs pour soutenir les divisions en difficulté dont la rentabilité est médiocre, voire inférieure au coût du capital de la division.

En outre, les investisseurs ont une préférence pour la pureté des titres cotés et préfèrent réaliser eux-mêmes leur diversification sectorielle. Enfin, on retrouve le problème des frais de siège qui absorbent une partie de la valeur du conglomérat.

La scission (voir paragraphe 49.21) ou l'offre publique hostile (voir paragraphe 48.23) sont en général la réponse à une décote de conglomérat persistante. Cela dit, un conglomérat peut être valorisé sans décote si les investisseurs sont convaincus que sa gestion est stricte et performante (Safran, Berkshire Hathaway…).

RÉSUMÉ

Le résumé de ce chapitre est disponible sur le site www.vernimmen.net.

La géographie du capital est l'étude de la répartition du pouvoir entre les différents actionnaires ou groupes d'actionnaires. On peut distinguer les grandes catégories suivantes :

- l'actionnariat familial. Il est en déclin, en raison du besoin en capitaux que nécessitent les industries nouvelles et de l'essor des marchés financiers ;
- les *business angels* qui interviennent au stade le plus risqué de l'entreprise : sa création ;
- les fonds d'investissement (*private equity*), dont le poids dans l'économie a tendance à augmenter ;
- les holdings financiers en voie de disparition en Europe ;
- les actionnaires institutionnels (compagnies d'assurance, fonds de pension, SICAV...) qui sont de moins en moins passifs ;
- l'actionnariat des salariés. C'est normalement un actionnariat fidèle et peu mobile, véritable pôle de stabilité au sein du capital ;
- les États, en retrait en Europe et aux États-Unis après avoir sauvé des banques et des constructeurs automobiles, mais en plein essor dans les pays émergents par le biais de fonds souverains.

Les moyens défensifs de contrôle d'un actionnariat ont tous un coût car ils empêchent les investisseurs de profiter d'opportunités liées au rachat éventuel de l'entreprise. On peut ainsi :

- séparer le pouvoir du capital : vote double, holding de contrôle, société en commandite par actions, actions de préférence ;
- contrôler les changements d'actionnariat : droit d'agrément, droit de préemption ;
- renforcer les actionnaires fidèles : augmentation de capital réservée, réduction de capital, fusion, actionnariat des salariés, bons défensifs ;
- utiliser des dispositions juridiques : réglementations spécifiques, limitation des droits de vote, *poison pills*, clauses de changement de contrôle.

Au total, la meilleure protection contre un changement d'actionnaires non voulu est une performance opérationnelle de qualité et la bonne tenue du cours de Bourse de l'entreprise qui fidélise les actionnaires.

Outre ses effets fiscaux, le choix de l'organisation d'un groupe en filiales ou en divisions s'analyse en termes de contrôle et de structure d'organisation. La cotation des filiales permet au groupe de se financer par capitaux propres sans changement d'actionnariat, mais risque de le transformer en holding financier.

Enfin, retenons que la faible liquidité d'un marché, la constitution d'un groupe en holding, en conglomérat ou l'absence de droits de vote sont autant de sources de décotes pour les titres concernés.

QUESTIONS

1/ Quelles sont les techniques pour choisir ses actionnaires ?

2/ De quel type d'assemblée générale relèvent les opérations payées en actions ?

3/ Quel est le pouvoir d'un actionnaire détenant la minorité de blocage ?

4/ Quel est l'intérêt d'une « clause hollandaise » ?

5/ En quoi la rémunération des employés en actions est-elle contraire à la théorie financière ?

6/ Quel est l'intérêt d'acheter la totalité du capital d'une société en commandite par actions ?

7/ Pourquoi certains conglomérats subsistent-ils, en dépit de la perte de valeur qu'ils engendrent ? Cette situation est-elle durable ?

8/ Quel est l'avantage des structures en cascades pour l'actionnaire majoritaire ? Pour les autres ?

9/ Quelle est la différence entre décote de holding et décote de conglomérat ?

10/ Un chef d'entreprise détient 55 % de sa société non cotée qui est aussi contrôlée par un concurrent à 32 %. Le premier cherche à diluer le second sans se diluer lui-même, comment peut-il procéder ?

11/ Pourquoi l'actionnariat d'une entreprise familiale est-il instable à terme ? Quel est le probable devenir de cette entreprise ? Comment ralentir cette évolution ?

12/ Une entreprise est contrôlée à 25 % et à 75 % par deux dirigeants qui désirent accueillir un actionnaire financier sans subir une trop forte dilution. Comment résoudre ce difficile problème ?

13/ La décote de holding est-elle une fatalité ?

14/ Les *business angels* peuvent-ils accompagner l'entreprise dans sa phase de développement ?

15/ Qui a remplacé les holdings financiers du temps jadis dans l'actionnariat des grands groupes cotés ?

16/ Quelle est la meilleure protection contre un changement de contrôle non voulu ?

D'autres questions vous attendent sur le site www.vernimmen.net.

EXERCICES

1/ Calculez le nombre minimum d'actions à droit de vote double que doit posséder un actionnaire pour contrôler une AGO, une AGE, s'il est le seul à en posséder ?

2/ Donnez les caractéristiques de l'actionnariat et du management dans les situations suivantes :

- société 1 : 1/3 financier, 1/3 financier, 1/3 financier ;
- société 2 : 67 % un grand groupe, le reste éparpillé ;
- société 3 : pas un actionnaire ne détient plus de 5 % du capital ;
- société 4 : un industriel 35 %, des financiers 32 %, le reste éparpillé ;
- société 5 : un industriel 47 %, le reste éparpillé.

3/ Si à l'AG, seuls 67 % (moyenne des sociétés du CAC 40 en 2013) des actionnaires votent, avec quelle participation avez-vous le contrôle d'une société ? Et si vous êtes le seul actionnaire avec des droits de vote doubles ? Quel est votre risque ?

ÉLÉMENTS DE RÉPONSE

Questions

1. Droit d'agrément, droit de préemption, actions A et B...

2. Assemblée générale extraordinaire car les statuts sont alors modifiés.

3. Blocage des décisions en AGE (celles qui modifient les statuts).

4. Limiter par la dissuasion les divergences stratégiques entre actionnaires et en cas de divorce obtenir un prix équitable.

5. Il est préférable pour eux d'avoir un patrimoine diversifié.

6. Très faible, car cela ne donne pas pour autant le pouvoir de choisir/révoquer les dirigeants. Permet alors de faire pression sur le management, une bataille de communication s'engage alors !

7. Intérêt des dirigeants : pouvoir, prestige. Non, car tôt ou tard la pression des actionnaires se fera sentir.

8. Sécuriser un contrôle avec des moyens limités. Choisir les actifs dont on est actionnaire.

9. Voir paragraphes 45.38 et 45.39.

10. Augmentation de capital réservée, apports, fusion avec un groupe ami si vote des 12 % restants avec lui (pour avoir la majorité absolue en AGE).

11. La logique de diversification du portefeuille va conduire à l'effritement de l'actionnariat familial. Qu'elle soit vendue. Créer un holding familial qui puisse racheter les actionnaires sortants.

12. En créant un holding, en émettant des obligations convertibles.

13. Oui car presque seule la holding de W. Buffett cote la plupart du temps avec une prime sur son actif net réévalué.

14. Non car, d'une part, le plus souvent ils n'ont pas les moyens financiers et, d'autre part, quand l'entreprise atteint ce stade, ils préfèrent désinvestir pour réinvestir dans les start-ups qui sont leur cible première.

15. Le marché boursier et les fonds souverains.

16. Avoir une excellente gestion et une excellente valorisation qui découragent les tentations car il serait difficile de faire mieux.

Exercices

Les corrigés détaillés des exercices sur excel sont disponibles sur le site www.vernimmen.net.

1. AGO : 33,34 % des actions donne 50,01 % en droits de vote. AGE : 50 % + 1 actions donne la majorité des 2/3 en droits de vote.

2. Actionnariat stable 2-5 ; actionnariat potentiellement instable 1-3-4.

Dirigeants : 1 : très contrôlé ; 2 : stable (retrait de Bourse possible) ; 3 : seul risque est celui d'une OPA ; 4 : risque d'une OPA si le financier vend sa participation à un concurrent de l'industriel ; 5 : stable (retrait de Bourse non exclu).

3. 32,5 %. 21,7 %. Que plus d'actionnaires votent à l'avenir à l'AG ou qu'un actionnaire prenne une participation supérieure.

BIBLIOGRAPHIE

Pour approfondir l'organisation d'un groupe :

Aggarwal R., Samwick A., « Why do managers diversify their firms ? Agency reconsidered », *Journal of Finance* février 2003, vol. 58, n° 1, pages 71 à 118.

Bouayad A., Legris P.-Y., *Les alliances stratégiques : maîtriser les facteurs clés de succès*, Dunod, 2007.

Cornell B., Liu Q., « The parent company puzzle : when is the whole worth less than one of the parts ? », *Journal of Corporate Finance* décembre 2001, vol. 7, n° 4, pages 341 à 366.

Cronqvist H., Nilsson M., « Agency costs of controlling minority shareholders », *Journal of Financial Quantitative Analysis* décembre 2003, vol. 38, n° 4, pages 695 à 719.

Lin Ch., Ma Y., Xuan Y., « Ownership structure and financial constraints : evidence from a structural estimation », *Journal of Financial Economics* novembre 2011, vol. 102, n° 2, pages 416 à 431.

Myers S., « Financial architecture », *European Financial Management* juillet 1999, vol. 5, n° 2, pages 133 à 141.

Raimbourg Ph., Boizard M. (dir.), *Ingénierie financière, fiscale et juridique 2009-2010*, 2e édition, Dalloz, coll. « Dalloz Action », 2009, pages 507-522.

Shearman & Sterling, ISS, ECGI, *Report on the proportionality principle in the European Union*, 2007.

Pour approfondir le thème de la géographie du capital :

Ben M'Barek N., « L'hétérogénéité du comportement de contrôle des investisseurs institutionnels français », *Revue d'économie financière* mars 2008, n° 91, pages 231 à 254.

Brav A., Wei J., Partnoy F., Thomas R., « Hedge fund activism, corporate governance and firm performance », *Journal of Finance* août 2008, vol. 63, n° 4, pages 1729 à 1775.

Davydoff D., Fano D., Qin L., « Who owns the European economy ? », OEE-IODS, août 2013.

Demaria C., *Introduction au private equity*, Revue Banque Éditions, 4e édition, 2012.

Francis Lefebvre, *Pactes d'actionnaires et engagement Dutreil*, Édition Francis Lefebvre, 2012.

Hamon J., « La répartition des droits de vote, leur exercice et l'efficacité économique », *Revue d'économie financière* 2001, n° 63, pages 175 à 209.

Hellwege J., Pirinski Ch., Stulz R., « Why do firms become widely held ? An analysis of the dynamics of corporate ownership », *Journal of Finance* juin 2007, vol. 62, n° 3, pages 995 à 1028.

Jensen M., « Eclipse of the public corporation », *Harvard Business Review* septembre 1989, n° 67, pages 61 à 74.

Masulis R., Wang C., Xie F., « Agency problems at dual class companies », *Journal of Finance* août 2009, vol. 64, n° 4, pages 1697 à 1728.

Morin F., Rigamonti E., « Évolution et structure de l'actionnariat en France », *Revue française de gestion* novembre 2002, vol. 28/141, pages 155 à 181.

Mougenot G., *Tout savoir sur le capital investissement : capital risque, capital développement, LBO*, 5e édition, Gualino, 2014.

Myers S., « Outside Equity », *Journal of Finance* juin 2000, vol. 55, n° 3, pages 1005 à 1037.

Pagano M., Volpin P.F., « Managers, workers and corporate control », *Journal of Finance* avril 2005, vol. 60, n° 2, pages 841 à 868.

Parachkevova I., *Le pouvoir de l'investisseur professionnel dans la société cotée*, LGDJ, 2005.

Poitrinal F.-D., *Le capital investissement : guide juridique et fiscal*, 4e édition, Revue Banque Éditions, 2010.

Rapp L., *Ces fonds que l'on dit souverains*, Vuibert, 2011.

Rocchi J.-M., Ruimy M., *Les fonds souverains*, Economica, 2012.

Schwienbacher A., « Venture capital investment practices in Europe and the United States », *Financial Market and Portfolio Management* 2008, vol. 22, n° 3, pages 195 à 217.

www.afic.asso.fr (site de l'Association française des investisseurs pour la croissance).

www.evca.eu (site de l'*European Private Equity & Venture Capital Association*).

www.swfinstitute.org (pour découvrir les principaux fonds souverains).

Pour approfondir l'entreprise familiale :

Almeida H., Wolfenzon D., « A theory of pyramidal ownership and family business groups », *Journal of Finance* décembre 2006, vol. 61, n° 6, pages 2637 à 2680.

Bertrand M., Johnson S., Samphantarak K., Schoar A., « Mixing family with business : A study of Thai business groups and the families behind them », *Journal of Financial Economics* juin 2008, vol. 88, n° 3, pages 466 à 498.

Franks J., Mayer C., Volpin P., Wagner H., « The life cycle of family ownership : International evidence », *Review of Financial Studies* juin 2012, vol. 25, n° 6, pages 1675 à 1712.

Labaki R., « Beyond the myth of cohesive family relationship : An empirical study in French listed family firms », *3rd SMU EDGE Conference*, Singapore, juillet 2008.

Maury B., « Family ownership and firm performance : empirical evidence from Western European corporation », *Journal of Corporate Finance* janvier 2006, vol. 12, n° 12, pages 321 à 341.

Morck R. *et al.*, *History of corporate ownership : the rise and fall of great business family*, NBER, 2004.

Villalonga B., Amit R., « How do family ownership, control and management affect firm value ? », *Journal of Financial Economics* mai 2006, vol. 80, n° 2, pages 385 à 417.

Villalonga B., Amit R., « Family control of firms and industries », *Financial Management* automne 2010, vol. 39, n° 3, pages 863 à 904.

Pour approfondir les moyens de contrôle d'un actionnariat :

Clerc Ch., « Les Bons d'offre au cœur de la transposition de la directive OPA », *Revue trimestrielle du droit financier* printemps 2006, n° 1, pages 27 à 33.

Goktan M., Kieschnick R., « A target's perspective on the effects of antitakeover provisions in takeovers after recognizing its choice in the process », *Journal of Corporate Finance* décembre 2012, vol. 18, n° 5, pages 1088 à 1103.

Mémento Sociétés commerciales, Éditions Francis Lefebvre, 2014.

Rauh J., « Own Company stock in defined contribution pension plans. A takeover defense ? », *Journal of Financial Ecomonics* août 2006, vol. 81, n° 2, pages 379 à 410.

Chapitre 46

L'introduction en Bourse

Bienvenue chez les sociétés cotées !

46.1 D'un point de vue théorique, la cotation en Bourse constitue la traduction explicite de tous les raisonnements tels que nous les avons définis dans cet ouvrage. Toutes les approches que nous avons présentées s'appliquent à l'entreprise non cotée, mais la sanction ou la récompense est immédiate à travers le cours boursier pour une société cotée. Aujourd'hui, l'intérêt de la cotation n'est évident que pour les groupes : **elle permet d'avoir accès au marché des capitaux et d'extérioriser la valeur de l'entreprise**.

Que le lecteur s'imagine des placements de fonds de plusieurs milliards d'euros faits en quelques heures sur les marchés (quand ceux-ci ne sont pas en crise !) : nous sommes loin des négociations compliquées pour obtenir des financements privés.

Introductions en Bourse dans le monde (en Md$)

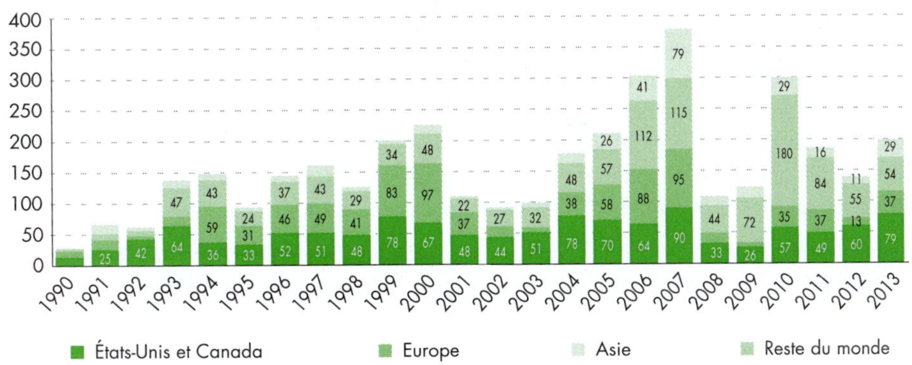

Source : Thomson One Banker.

Une telle rapidité dans le placement de « papier » s'explique par différents éléments :

- l'existence de services d'analystes financiers qui publient périodiquement des études fondamentales et qui éclairent ainsi la rationalité des marchés ;

- la logique de la cotation qui permet aux directeurs financiers de vendre l'entreprise sous forme de titres qui seront placés uniquement en fonction de critères de rentabilité et de risque, la mauvaise gestion étant sanctionnée par une mauvaise performance du cours, voire une offre publique d'achat ;

- l'existence d'informations publiques à jour (communiqués de presse, présentations, document de référence en France enregistré auprès de l'AMF et disponible sur son site www.amf-france.org) respectant le format et le contenu définis par le régulateur boursier pour protéger les actionnaires.

Section 1 ■ Faut-il ou non faire coter son entreprise ?

46.2 L'introduction en Bourse (*Initial Public Offering*, IPO en anglais) est d'abord **un problème d'actionnaires** avant d'être un problème d'entreprise. Techniquement, c'est cependant la société qui demande son admission en Bourse.

> L'introduction en Bourse est indubitablement un avantage pour l'actionnaire minoritaire.

L'actionnaire trouve sur le marché boursier une **certaine liquidité**. Toutefois, il ne faut pas se leurrer : en France, hormis pour les 200 ou 300 premières sociétés, cette liquidité est essentiellement présente au moment de l'introduction en Bourse puisqu'une part significative des titres est placée dans le public. La plupart du temps, il n'y a de liquidité que pour de petits paquets de titres, sauf si l'entreprise a une véritable carrière boursière.

Outre la liquidité réelle ou potentielle, l'actionnaire minoritaire trouvera, au travers de la Bourse, des protections qu'aucune convention d'actionnaires ne pourra jamais lui donner. L'entreprise a une obligation d'information à son égard et devra avoir une politique de dividendes cohérente. En cas de cession de majorité, les intérêts de notre minoritaire seront protégés (voir paragraphe 48.26).

46.3 En revanche, tout n'est pas aussi simple pour l'actionnaire majoritaire. Certes, il obtient une liquidité qui lui permet de vendre facilement une partie de ses titres sans perdre le pouvoir au sein de l'entreprise. Il peut également « faire sortir » en Bourse un minoritaire désireux d'accéder à la liquidité ou devenu gênant. Mais, en contrepartie, il ne pourra plus avoir une stratégie indépendante des paramètres financiers (taux de croissance, bénéfice par action, dividende par action..., voir chapitre 26). Des chercheurs[1] ont ainsi montré que les sociétés cotées investissent moins que les sociétés non cotées et qu'elles sont moins réactives aux opportunités d'investissement à cause de la myopie de leurs actionnaires.

L'actionnaire majoritaire qui a lancé l'entreprise sur des « rails publics » sera jugé par les investisseurs sur sa capacité à créer de la valeur et communiquer avec un niveau satisfaisant d'information financière. Enfin, comme nous le verrons à la section 6, seule une lourde procédure permet de retirer l'entreprise de la cote, et de lui faire ainsi retrouver un statut « privé ». Pour le management, être coté signifiera donc également sensiblement plus de contraintes en termes de transparence et de communication.

1 J. Asker, J. Farre-Mensa et A. Ljungqvist (2012).

46.4 Pour l'entreprise, la cotation en Bourse présente plusieurs avantages :

- une notoriété fortement accrue auprès des partenaires de l'entreprise (clients, fournisseurs, employés…). Si elle est bien gérée, la communication financière peut démultiplier la publicité commerciale de l'entreprise, et ce au niveau international ;

- la possibilité de faire appel au marché financier en émettant des titres et de réaliser des opérations de croissance externe en « payant avec du papier ». C'est sans aucun doute un intérêt important pour l'entreprise ;

- faciliter l'intéressement des collaborateurs aux résultats de l'entreprise (intéressement, actions de performance, stock-options…) ;

- faire prendre conscience au marché de la valeur d'une filiale en l'extériorisant, espérant ainsi réévaluer la valeur des actions de la mère.

Mais attention ! Être cotée ne veut pas dire systématiquement avoir des actionnaires heureux ! En effet, si la taille du flottant est étroite, ou si la capitalisation boursière de l'entreprise est modeste, c'est-à-dire inférieure à 1 Md€ (*small* ou *mid cap* en anglais), les grands investisseurs institutionnels auront tendance à délaisser le titre, en particulier s'il ne fait partie d'aucun indice auquel ils peuvent se référer. La volatilité du titre sera plus forte car il suffira de quelques acheteurs (ou vendeurs) pour faire monter (ou baisser) le titre dans des proportions importantes. En France ou au Royaume-Uni, les pouvoirs publics s'en sont mêlés en créant des incitations fiscales (PEA PME, loi TEPA-ISF) ou réglementaires (pour les compagnies d'assurances) pour investir dans ce type de sociétés.

Section 2 ■ La préparation de la cotation en Bourse

46.5 En temps normal, il faut à peu près six mois entre le moment où les actionnaires prennent la décision d'introduire une société en Bourse et sa première cotation.

Cet intervalle sera mis à profit pour revoir certaines décisions financières de l'entreprise qui peuvent être adaptées à une société non cotée familiale ou à la filiale à 100 % d'un groupe, mais ne pas l'être à une société en Bourse avec des actionnaires minoritaires :

- établir des comptes en normes IFRS obligatoires pour les sociétés cotées en Bourse sur les principaux marchés et des procédures de reporting propres au périmètre de la société à coter ;

- revoir la structure juridique du groupe pour que les actifs essentiels (marques, brevets, fichiers clients, filiales importantes, etc.) lui appartiennent sans restriction, que sa forme juridique ou ses statuts soient compatibles avec la cotation (pas de société anonyme simplifiée, ni de droit de préemption ou d'agrément statutaire dans les statuts) ;

- revoir la structure opérationnelle pour qu'elle soit celle d'un groupe indépendant ayant ses propres moyens de fonctionnement normaux et non celle d'une division d'un groupe ou l'appendice d'une famille (mettre fin aux contrats salariaux de convenance avec des membres de la famille, disposer de contrats d'assurance, établir des conventions de gestion, etc.) ;

- établir un pacte d'actionnaires le cas échéant (voir chapitre 45) ;

- instaurer une gouvernance propre à une société cotée (administrateurs indépendants, procédures de contrôle, comités du conseil d'administration, etc., voir chapitre 47) ;
- revoir la structure financière de l'entreprise afin qu'elle soit peu différente de celle des sociétés cotées du même secteur. Ceci concerne particulièrement les sociétés sous LBO qui devront partiellement se désendetter, au plus tard au moment de l'introduction en Bourse ;
- adopter une politique de distribution de dividendes réfléchie, soutenable dans la durée et qui n'obère pas le développement du groupe (voir chapitre 40) ;
- mettre éventuellement en place un actionnariat des salariés : plan d'épargne entreprise en actions de l'entreprise, attribution d'actions gratuites et / ou de stock options, etc. (voir chapitre 45) ;
- mettre à plat la stratégie de l'entreprise, la formaliser de manière simple et communicable : ce sera l'« *equity story* » qui sera racontée au marché lors de l'introduction.

Dès le début de cette phase, la société se fait assister d'un prestataire de service d'investissement (PSI), généralement une banque d'affaires, qui fait le lien entre la société et le marché. Sur Alternext, cet intermédiaire tiendra le rôle de *listing sponsor*, il s'engagera à accompagner la société tout au long de sa vie boursière. Par ailleurs, la société doit retenir les services d'un cabinet d'avocats, des conseils comptables ainsi qu'éventuellement un conseil en communication.

Même ainsi aidée, l'équipe dirigeante aura une surcharge de travail très nette pendant ces six mois car l'opérationnel ne devra pas être sacrifié pour autant !

Section 3 ■ Les modalités de cotation en Bourse

1 ■ Le choix d'une place de cotation

46.6 La place naturelle de cotation est le pays d'origine de l'entreprise sauf cas très particulier. C'est là que l'entreprise est la mieux connue des investisseurs locaux qui sont ainsi susceptibles de la valoriser au mieux. Il existe bien évidemment des exceptions ; ainsi L'Occitane et Prada ont choisi de se faire coter à Hong-Kong (il est vrai que leurs activités sont très développées en Asie) et Criteo a choisi New York afin de faciliter son implantation aux États-Unis où se trouvent cotées la plupart des sociétés comparables. Mais seul un nombre marginal d'entreprises des grands pays européens n'est pas coté sur leur marché national.

Quant à une éventuelle seconde cotation sur une place étrangère, l'expérience a montré que, sauf exception, elle entraîne des coûts et des contraintes supplémentaires sans se traduire par un accroissement de la liquidité ou une valorisation significativement meilleure.

Seuls des groupes de pays émergents trouvent, quand leur marché financier local est peu développé (Russie, Amérique latine…), intérêt à être cotés à New York, Londres, Paris ou Hong-Kong. Ainsi, le groupe d'aluminium russe Russal a fait son introduction en Bourse en parallèle à Paris et Hong-Kong. Le groupe de trading et de mines Glencore, basé en Suisse, a fait le choix de Londres (et de Hong-Kong) car la plupart des groupes miniers sont cotés à Londres.

La plupart des sociétés cotées sur Euronext Paris le sont sur le marché **Eurolist** qui est divisé en trois compartiments selon la capitalisation boursière : A > 1 Md€, 150 M€ < B < 1 Md€, C < 150 M€[1].

Parallèlement à la constitution d'Eurolist, Euronext a souhaité offrir aux PME la possibilité d'accéder à la cotation de manière simplifiée et a donc créé **Alternext**.

Enfin, des entreprises de plus petite taille sont cotées sur le **Marché Libre** qui (tout comme Alternext) n'est pas un marché réglementé[2]. Les valeurs qui y sont négociées n'ont pas fait l'objet d'une procédure d'admission, leurs émetteurs ne sont pas soumis à des obligations de diffusion et de transparence d'information et sont soumis à des contraintes limitées.

46.7 Les trois marchés d'Euronext Paris sont donc :

	NYSE Euronext	**NYSE Alternext**	**Marché Libre**
Entreprises concernées	Groupes et entreprises moyennes	PME	Petites entreprises
Diffusion minimum de titres au public	25 % de titres dans le public ou 5 % du capital représentant au moins 5 M€	2,5 M€ dans le public ou placement privé de 2,5 M€ auprès d'investisseurs qualifiés	Pas de minimum
Document à établir/Visa AMF	Prospectus/Visa obligatoire	Prospectus/Visa obligatoire sauf pour placement privé	Prospectus/Visa obligatoire sauf pour placement privé
Historique des comptes	3 années de comptes certifiés plus derniers comptes semestriels certifiés si admission plus de 9 mois après clôture	2 années de comptes. Dernier exercice certifié plus comptes intermédiaires si admission plus de 9 mois après clôture	2 ans si ancienneté le permet
Normes comptables	IFRS obligatoires	Domestiques ou IFRS	Domestiques ou IFRS
Informations financières	Rapport financier annuel et rapport semestriel avec les comptes audités et information trimestrielle publiés sur le site de la société	Comptes annuels audités et semestriels non audités publiés sur le site de la société	Seule information légale au titre du droit des sociétés : principalement les comptes annuels et rapport de gestion
Franchissement de seuil à déclarer	5 %, 10 %, 15 % ; 20 %, 25 %, 30 %, 33,3 %, 50 %, 66,6 %, 90 % et 95 % du capital ou droits de vote	50 % et 95 % du capital	Aucun
Nombre de sociétés cotées	536	177	225
Capitalisation boursière	1 803 Md€	9,3 Md€	6,3 Md€

Profitant de la directive européenne MIF, des plateformes de négociations d'actions de PME non cotées sont apparues comme Alternativa (30 sociétés cotées) ou Place d'Échange à Lyon.

2 ■ Le calibrage de l'introduction

46.8 L'introduction en Bourse nécessite de fixer le nombre de titres qui seront offerts au public et de choisir entre opération primaire (augmentation de capital par création d'actions nouvelles), secondaire (cession d'actions existantes par les actionnaires actuels) ou mix des deux.

1 Par ailleurs, il existe un compartiment professionnel destiné à coter des entreprises essentiellement étrangères, sans offre préalable au public, par cotation directe ou suite à un placement privé (paragraphe 29.8) et avec des procédures simplifiées.

2 Tous deux sont des marchés organisés par Euronext Paris.

Ce calibrage se fera en fonction des paramètres suivants :

- volonté des actionnaires actuels de monétiser tout ou partie de leur participation ;
- besoin de fonds de l'entreprise pour financer sa croissance ou pour se désendetter ;
- nécessité de proposer au marché un volume de titres suffisant pour que l'action puisse bénéficier d'une certaine liquidité ;
- risque d'envoyer un message négatif au marché.

Ces contraintes pourront s'avérer parfois contradictoires. Ainsi, la cession de l'intégralité des titres existant sur le marché par les actionnaires actuels est rarement envisagée car cela véhiculerait un message trop négatif au marché. Lorsque l'introduction en Bourse inclut la cession par un actionnaire important d'une partie de ces titres, il lui sera généralement demandé de s'engager à conserver les titres restant sur une certaine période (6 à 12 mois) afin de ne pas peser sur le marché du titre en vendant des volumes importants juste après l'introduction. Cet engagement (*lock-up*) sera de nature à rassurer le marché et donc à mitiger le signal négatif de l'opération.

Il pourra également être judicieux de combiner la cession de titres par les actionnaires existants avec une augmentation de capital (et ce même si l'entreprise n'a pas un besoin immédiat de fonds). En effet le message que véhicule une introduction en Bourse par augmentation de capital est nécessairement plus positif : la société s'introduit en Bourse pour accélérer son développement et pour pouvoir faire appel à une nouvelle source de financement. Ainsi la plupart des introductions en Bourse inclut une part (plus ou moins importante) de primaire.

Après 4 années avec seulement 5 sociétés valant plus de 50 M€ introduites à la Bourse de Paris entre 2008 et 2012, 2013-2014 marque une réouverture nette, avec plus de 9 sociétés introduites en Bourse sur cette période.

Introduction en Bourse en France depuis 2011

Date	Sociétés	Taille du placement en M€	% flottant	% primaire	% secondaire	% offre particulier	% placement garanti	Offre aux salariés	*Greenshoe*	*Greenshoe exercé*
Juin-14	Euronext	845	60 %	0 %	100 %	3,3 %	96,7 %	Oui	10 %	
Juin-14	Worldline	575	31 %	44 %	66 %	4 %	96 %	Non	15 %	
Juin-14	Coface	957	59 %	0 %	100 %	3,2 %	96,8 %	Oui	15 %	100 %
Juin-14	Elior	954	39 %	93 %	7 %	1,15 %	98,85 %	Non	15 %	100 %
Avr.-14	SuperSonic Imagine	55	29 %	100 %	0 %	16 %	84 %	Non	15 %	64 %
Févr.-14	Gaztransport & Technigaz	659	39 %	0 %	100 %	6 %	94 %	Oui	15 %	41 %
Nov.-13	Tarkett	483	26 %	0 %	100 %	14 %	86 %	Non	15 %	30 %
Nov.-13	Numericable	749	24 %	38 %	62 %	9 %	91 %	Non	15 %	99 %
Mai-13	Constellium	286	19 %	60 %	40 %	0 %	0 %	Non	15 %	68 %
Févr.-12	Inside Secure	79	27 %	100 %	0 %	7 %	93 %	Non	15 %	100 %
Juill.-11	Mauna Kea Tech	57	33 %	100 %	0 %	12 %	88 %	Non	15 %	100 %

Source : Dealogic.

3 ■ Les techniques d'introduction

46.9 Sur les modalités pratiques de l'introduction en Bourse aussi bien auprès des investisseurs institutionnels que des particuliers, nous renvoyons notre lecteur aux paragraphes 29.10 à 29.26 qui décrivent les différentes techniques.

Section 4 ▪ La décote d'introduction en Bourse

46.10 L'introduction en Bourse d'une société se traduit généralement par une hausse du cours de l'action par rapport à son prix d'introduction de 9 % (Royaume-Uni) à 15 ou 16 % (États-Unis ou France) dans les jours qui suivent celle-ci si l'on en croit les études statistiques (voir paragraphe 29.9). La décote avec laquelle sont vendues ou émises les actions lors de l'introduction en Bourse par rapport à une valeur d'équilibre est volatile dans le temps : forte dans les années 1960, plus faible dans les années 1970-1980, puis à nouveau élevée dans les années 2000. La recherche avance différentes explications pour cette décote :

- L'asymétrie d'information existant entre le vendeur et les investisseurs ou intermédiaires : les uns ont des informations sur les perspectives de l'entreprise tandis que les autres ont une bonne idée de la demande du marché. L'échange est donc possible, mais tout est dans le prix !

- La théorie du signal met en avant que la vente étant un signal négatif, le vendeur est obligé de consentir un sacrifice sur le prix (par rapport à la valeur) pour s'assurer de la bonne fin du placement et de la satisfaction des investisseurs.

- L'asymétrie d'information entre les investisseurs car certains sont plus ou moins informés sur la vraie valeur de la société (ainsi les institutionnels auront-ils généralement une meilleure information et compréhension des sociétés arrivant sur le marché). Les investisseurs « informés » ne participent qu'aux bonnes opérations et délaissent les introductions surévaluées. Ainsi, les investisseurs non informés se trouvent mieux servis dans les opérations peu attractives et réduits dans les opérations attractives. Si en moyenne les introductions se faisaient sans décote, les investisseurs non informés seraient lésés et finiraient par quitter le marché… Les introductions se font donc avec une décote pour conserver ces investisseurs qui apportent une liquidité nécessaire.

- Certains enfin arguent (de façon peu convaincante) que la décote servirait à limiter les risques de litige avec les investisseurs qui se sentiraient floués d'avoir réalisé un mauvais investissement.

Section 5 ▪ Réussir son introduction en Bourse

46.11 L'annulation de l'introduction en Bourse du groupe Lucien Barrière fin 2010 et le report de celles de Verallia et de Canal+ en 2011 montrent qu'il s'agit d'un processus délicat et que la réussite n'est pas toujours au rendez-vous.

Une introduction en Bourse réussie passe d'abord par la combinaison de plusieurs éléments :

- la qualité intrinsèque de la société : parts de marché, croissance et lisibilité de l'activité, expérience des dirigeants, structure financière non atypique, etc. Ces éléments s'apprécient notamment par rapport aux comparables déjà cotés, l'introduction en Bourse de la société offrant un nouveau choix aux investisseurs au sein du même univers d'investissement ;

- une explication claire et convaincante des motivations des vendeurs dont le marché craindra toujours qu'ils vendent leurs actions car ils pensent que les meilleurs résultats sont derrière eux. C'est pour cela qu'une introduction en Bourse par augmentation de capital pour financer des investissements est préférable à des cessions d'actions (théorie du signal) ;

- un accord sur le prix d'autant plus facile à obtenir que la conjoncture boursière est bonne et d'autant plus difficile à obtenir qu'elle est mauvaise.

D'un point de vue tactique et dans une conjoncture boursière difficile comme celle qui a prévalu entre 2010 et 2014, le marketing est crucial. Notre lecteur, qui sait depuis le chapitre 1 qu'un bon directeur financier est d'abord un homme de marketing, ne sera donc pas surpris ! Cela passe par :

- une familiarisation des investisseurs avec l'impétrant boursier quelques mois ou trimestres avant les *road-shows* du placement proprement dit au travers de rencontres *ad hoc* (*pilot fishing*) ;
- l'entrée au capital d'investisseurs perçus comme des références (*cornerstone* ou *anchor investors*) quelques semaines avant l'introduction quand la réglementation le permet au moment de l'introduction et qui jouent un rôle d'entraînement. Ainsi ING a cédé 15 % de son pôle d'assurance à Temasek, Sea Town et RRJ Capital quelques semaines avant de venir en Bourse ;
- une gestion maîtrisée de la communication sur le prix envisagé. Ainsi Glencore a-t-il fait savoir qu'il envisageait une cotation au-dessus de 60 Md$ et quand le prix annoncé l'a été en dessous, cela a été perçu comme une bonne nouvelle. C'est la finance comportementale (du paragraphe 17.15) ! Il est vrai que la difficulté de valoriser ce groupe complexe facilitait la manœuvre ;
- un prix perçu comme inférieur à la valeur d'équilibre permettant aux investisseurs d'espérer être en plus value au bout de quelques mois. Ferragamo ainsi fixé son prix d'introduction au milieu de la fourchette indicative. Cinq jours après la première cotation, le cours s'est stabilisé 14 % au-dessus du prix d'introduction.

Quand le marché est un marché d'acheteurs qui n'hésitent pas à tordre le bras des investisseurs cherchant une liquidité, autant le savoir et ne pas chercher à jouer un autre jeu si l'on veut introduire en Bourse une société.

Les premiers jours de cotation sont cruciaux car commencer sa carrière boursière avec un cours en baisse par rapport au prix d'introduction laisse un mauvais souvenir aux investisseurs. À l'inverse, sous-évaluer un peu l'action à son introduction permet d'afficher une hausse de quelques pourcents les premiers jours de sa cotation. C'est bon pour le moral de tout le monde !

Enfin, dans la durée, la société et ses dirigeants vont devoir apprendre à vivre au quotidien avec de nouvelles contraintes de comportement (traiter également tous les actionnaires), de diffusion périodique d'une information financière et économique codifiée, de gestion du résultat afin de ne pas décevoir les attentes des investisseurs, ce qui peut conduire à moins investir qu'une société non cotée[1] et à prendre moins de risques. Ils devront s'habituer à une valeur de la société affichée tous les jours qui, parfois, baissera alors que les résultats sont bons, ce qui n'est pas sans influence sur le moral des salariés, leur patrimoine pour ceux qui en sont actionnaires, voire la possibilité d'un changement de contrôle en cas de mouvements forts sur le capital.

C'est la vie en Bourse !

1 Voir J. Asker, J. Farre-Mensa et A. Ljungqvist (2012).

Section 6 ■ Sortir de la Bourse

46.12 Les raisons qui ont amené une société à demander sa cotation peuvent s'estomper dans le temps. Il peut arriver un moment où les bénéfices liés à la cotation deviennent inférieurs aux coûts[1] et contraintes qu'elle engendre et à l'intérêt qu'elle représente pour la société et les principaux actionnaires. En particulier si :

- la société n'a plus de besoins d'investissement élevés et les actionnaires de contrôle peuvent pourvoir seuls à ses éventuels besoins de capitaux propres. L'entreprise n'a alors plus l'ambition de faire appel au marché, ni de payer des acquisitions en actions ;
- la Bourse n'offre plus une liquidité suffisante aux actionnaires minoritaires (ce qui est souvent rapidement le cas pour les sociétés de taille réduite pour lesquelles la liquidité n'est réellement présente que lors de l'introduction en Bourse). La cotation devient alors théorique, les investisseurs institutionnels se désintéressant du titre ;
- la société n'a plus besoin de la Bourse pour accroître la notoriété de ses produits ou de ses services.

La société doit alors faire machine arrière et organiser la sortie de la cote.

Par ailleurs, un actionnaire important, majoritaire ou non, pourra considérer que le cours de Bourse ne reflète pas la valeur intrinsèque de la société. Transformant un problème en une opportunité, il pourra proposer aux minoritaires de sortir pour capturer ainsi une plus grande partie de la création de valeur future.

L'opération peut s'avérer complexe. En effet, au-delà des contraintes techniques, elle reposera sur la capacité qu'aura l'actionnaire majoritaire de convaincre les minoritaires de céder leurs titres. Alternativement pour les sociétés au capital dispersé, il faudra trouver un nouvel investisseur prêt à faire une offre, le plus souvent avec recours à l'endettement. Si le public ne représente qu'une faible part du capital (moins de 5 % en France, pour les autres pays voir paragraphe 48.38), l'actionnaire majoritaire peut contraindre le public à vendre, on parlera alors de retrait obligatoire ou *squeeze-out* (voir paragraphe 48.32). S'agissant d'une vraie expropriation, le prix qu'il paiera sera étudié avec attention par les autorités de marché et fera l'objet d'une **attestation d'équité** (voir paragraphe 48.27) par un **expert indépendant**. Si le flottant est plus important, il devra au préalable faire une offre et donc payer une prime suffisante.

Enfin, il faut mentionner le cas de figure où à la suite d'un changement de contrôle, le nouvel actionnaire majoritaire souhaite détenir 100 % du capital de sa nouvelle filiale afin de mettre en œuvre plus aisément les synergies prévues. Il procède alors à un retrait de cote passant par un retrait obligatoire.

> La cotation en Bourse n'est donc jamais irréversible. Des raisons propres aux actionnaires, à la société et au marché financier peuvent conduire à quitter la cote puis, éventuellement, à y revenir.

1 Estimés entre 20 000 € et 1 M€/an pour des sociétés au chiffre d'affaires compris entre 4 M€ et 1,6 Md€ selon la SFAF (« Bourse et financement des entreprises », 2012).

RÉSUMÉ

Le résumé de ce chapitre est disponible sur le site www.vernimmen.net.

La cotation en Bourse permet aux actionnaires de trouver une certaine liquidité pour leur investissement dans l'entreprise. Celle-ci n'est cependant réelle que pour les grandes entreprises ou seulement au moment de l'introduction en Bourse pour les plus petites. Pour l'entreprise, l'introduction en Bourse permet d'accéder à de nouvelles sources de financement, d'améliorer sa notoriété et d'intéresser ses dirigeants et employés à l'évolution de sa valeur. Elle implique cependant d'avoir une stratégie liée aux paramètres financiers.

L'introduction en Bourse est une opération complexe qui dure généralement plus de 6 mois. La préparation de l'opération nécessite de revoir la structure juridique, opérationnelle et financière de la société, d'adapter la gouvernance, éventuellement d'établir des comptes en normes IFRS et de formaliser la stratégie sous forme d'une *equity story* pour le marché.

L'introduction en Bourse est généralement faite dans le pays d'origine de la société. Le choix du segment de marché sur lequel la société sera cotée (NYSE Euronext Compartiment A, B ou C, NYSE Alternext, Marché Libre) sera guidé par la taille de la société et par le niveau de réglementation accepté.

Le calibrage de l'introduction en Bourse permettra de déterminer le nombre d'actions qui seront proposées au marché et si celles-ci proviendront d'une cession par les actionnaires existants et/ou d'une augmentation de capital de la société. Ceci dépendra des besoins de la société, de la volonté des actionnaires et des contraintes de marché.

Lors de la cotation, les actions sont cédées sur le marché avec une décote généralement comprise entre 10 et 20 % par rapport au premier cours coté. Différentes explications théoriques faisant appel notamment à l'asymétrie d'information ont été mises en avant pour l'expliquer.

Tous ces éléments doivent permettre de réussir une opération complexe et pour laquelle le succès n'est jamais garanti.

La sortie de Bourse est parfois utile lorsque la société n'a plus de besoins de fonds ou que la liquidité du titre est devenue trop faible. Le retrait de la cote peut s'avérer complexe et nécessitera le recours à un expert indépendant pour valider le prix du retrait obligatoire.

QUESTIONS

1/ Quelles sont les raisons pour une société de s'introduire en Bourse ?

2/ Pourquoi un actionnaire majoritaire peut-il vouloir céder sa participation au travers d'une introduction en Bourse plutôt que par cession à un investisseur ?

3/ Pourquoi une entreprise qui possède 85 % d'une filiale lancerait-elle une offre publique sur le solde ?

4/ Pourquoi une société qui s'introduit en Bourse doit-elle le plus souvent modifier sa gouvernance ?

5/ Pourquoi est-il difficile pour un actionnaire unique de vendre 100 % de ses actions lors de l'introduction en Bourse de l'entreprise ?

6/ À un analyste financier qui lui demandait au moment de l'introduction en Bourse quelle serait sa stratégie financière, J.-L. Dumas (président d'Hermès) répondit « Que mes petits-enfants soient fiers de moi ». De quoi témoigne cet échange ?

7/ À quoi s'exposerait une entreprise qui s'introduirait en Bourse parce que c'est la mode ?

8/ Quels sont les risques de l'introduction en Bourse ?

9/ Que devra faire tôt ou tard une entreprise aux nombreux actionnaires qui ne veulent pas l'introduire en Bourse ?

D'autres questions vous attendent sur le site www.vernimmen.net.

EXERCICE

Tarkett

Tarkett produit des revêtements de sol et de surfaces sportives. Avec une large gamme de solutions intégrant des sols vinyles, linoléums, caoutchouc, moquettes, parquets et stratifiés, gazons synthétiques et pistes d'athlétisme, Tarkett sert ses clients dans plus de 100 pays. Avec près de 11 000 collaborateurs et 30 sites de production, Tarkett vend 1,3 million de mètres carrés de revêtements de sol par jour, à destination des hôpitaux, des écoles, de l'habitat, des hôtels, des bureaux ou commerces et des terrains de sport. Tarkett est contrôlé à 50 % par la famille Deconinck et à 50 % par le fonds de LBO KKR.

Description de l'introduction en Bourse de Tarkett sur Euronext Paris en novembre 2013 :

– fourchette du prix : entre 27,75 € et 33,90 € par action ;
– taille de l'offre : 15 918 765 actions existantes (28 % du capital) cédées par le fonds de LBO KKR ;
– montant de l'offre entre 442 M€ et 540 M€ sur la base de la fourchette de prix ;
– option de surallocation portant sur un maximum de 2 387 814 actions existantes ;
– clôture de l'offre prévue le 20 novembre 2013.

Compte de résultat (millions d'euros)	2010	2011	2012	2013 (e)	2014 (e)
Chiffre d'affaires	1 919	2 088	2 292	2 516	2 551
Excédent brut d'exploitation	222	191	262	310	327
Résultat d'exploitation	140	101	175	211	227
Résultat financier	(19)	(21)	(24)	(32)	(25)
Éléments non récurrents	(29)	31	16	22	(0)
Résultat net part du groupe	82	58	99	121	132

Bilan	2010	2011	2012	2013 (e)	2014 (e)
Immobilisations (1)	758	771	976	952	941
Besoin en fonds de roulement (2)	260	290	274	271	285
Actif économique = (1) + (2)	1 018	1 061	1 250	1 223	1 226
Capitaux propres (3)	708	635	694	696	790
Endettement bancaire et financier net (4)	310	426	556	527	436
Capitaux investis = (3) + (4)	1 018	1 061	1 250	1 223	1 226

Tableau de flux de trésorerie	2010	2011	2012	2013 (e)	2014 (e)
Flux d'exploitation	120	102	237	216	221
Flux d'investissement	(94)	(95)	(344)	(108)	(89)
Dividendes	0	(103)	0	(125)	(39)
Réduction (augmentation) de l'endettement net	25	(96)	(107)	22	93

Politique de dividende	2010	2011	2012	2013 (e)	2014 (e)
Résultat net part du groupe (M€)	82	58	99	121	132
Résultat par action (BPA €)	1,31	0,93	1,60	1,92	2,09
Dividende par action (€)	1,64	0,00	1,99	0,62	0,68
Taux de distribution	125 %	0 %	124 %	32 %	33 %

Comment jugez-vous la politique de dividende de la société avant et après introduction en Bourse ? Quel sera l'impact de l'introduction en Bourse sur le bilan et le compte de résultat de Tarkett ? Quels peuvent être les bénéfices de cette opération pour Tarkett ? Pourquoi KKR a-t-il décidé d'introduire en Bourse Tarkett par cession d'une partie importante de ses actions ?

ÉLÉMENTS DE RÉPONSE

Questions

1. Accéder à de nouvelles sources de financement. Augmenter sa visibilité pour ses clients, ses fournisseurs, ses employés. Faciliter l'intéressement des employés et du management. Offrir une liquidité à ses actionnaires (en particulier s'il y a des actionnaires minoritaires).

2. Il peut ne pas y avoir d'acheteurs prêts à payer une prime de contrôle. Cela permet à l'actionnaire de ne vendre qu'une minorité et donc de conserver un certain degré de contrôle tout en monétisant une partie de ses titres.

3. Pour éliminer les actionnaires minoritaires et organiser des synergies avec le reste du groupe.

4. Car il y a dorénavant des actionnaires tiers, et une obligation plus ou moins forte de suivre les règles qu'appliquent les sociétés cotées.

5. À cause du signal très négatif qu'il donnerait ainsi sur le niveau de valorisation et les perspectives de l'entreprise.

6. Le conflit entre une logique financière des actionnaires minoritaires et une logique plus large des dirigeants actionnaires visant le long terme. Les deux ne sont pas irréconciliables, Hermès a été un excellent placement depuis son introduction en Bourse.

7. À des déconvenues car elle n'aurait aucun avantage à mettre en face des contraintes de la cotation.

8. À court terme, l'échec en cours de processus d'introduction car le marché boursier baisse et le prix possible du placement parait trop bas aux actionnaires actuels. À plus long terme, modification de la culture du groupe, changement de contrôle (OPA).

9. Se vendre pour donner de la liquidité à ses actionnaires ou organiser une Bourse interne entre eux pour que ceux qui veulent vendre des actions puissent le faire sans que des tiers puissent acheter. C'est ce qu'a fait Auchan.

Exercice

Les corrigés détaillés des exercices sur excel sont disponibles sur le site www.vernimmen.net.

Avant introduction en Bourse, la politique de dividende ne présente pas une cohérence forte et dépend largement des besoins de remboursement de la dette de LBO. Après l'introduction en Bourse, la société adopte une politique plus claire et lisible pour le marché : verser au moins le tiers de ses résultats.

L'introduction en Bourse étant réalisée uniquement par cession de titres par KKR, elle n'aura aucun impact sur le bilan ou le compte de résultat de Tarkett.

Les bénéfices pour Tarkett sont de renforcer sa visibilité auprès de ses clients et de lui donner accès à de nouveaux moyens de financement à terme.

Parce qu'un fonds de LBO a une durée de vie limitée (souvent 10 ans), ce qui le conduit à céder au bout de quelques années ses investissements afin d'en distribuer à ses actionnaires le produit.

BIBLIOGRAPHIE

Pour approfondir le sujet de l'introduction en Bourse :

Arnaud S., Thomas Ph., Daigne J.-J., « Introduction en Bourse » *in* Raimbourg Ph., Boizard M. (dir.), *Ingénierie financière, fiscale et juridique 2009-2010*, 2e édition, Dalloz, coll. « Dalloz Action », 2009, pages 507-522.

Asker J., Farre-Mensa J., Ljungqvist A., « Comparing the investment behavior of public and private firms », *ECGI Finance working paper*, 2012.

Bancel F., Mittoo U., « Why do European firms go public ? », *European Financial Management* septembre 2009, vol. 15, n° 4, pages 844 à 884.

Benninga S., Helmantel M., Sarig O., « The timing of initial public offering », *Journal of Financial Economics* janvier 2005, vol. 75, n° 1, pages 115 à 132.

Boot A., Gopalan R., Thakor A., « The entrepreneur's choice between private and public ownership », *Journal of Finance* avril 2006, vol. 61, n° 2, pages 803 à 836.

Brau J., Fawcett S., « Initial public offerings : An analysis of theory and practice », *Journal of Finance* février 2006, vol. 61, n° 1, pages 399 à 436.

Brau J., Fawcett S., « Evidence on what CFOs think about the IPO process : Practice, theory and managerial implications », *Journal of Applied Corporate Finance* été 2006, vol. 18, n° 3, pages 107 à 117.

Chemenamu Th., He J., « IPO waves, product market competition, and the going public decision : Theory and evidence », *Journal of Financial Economics* août 2011, vol. 101, n° 2, pages 382 à 412.

Chod J., Lyandres E., « Strategic IPOs and product market competition », *Journal of Financial Economics* avril 2011, vol. 100, n° 1, pages 45 à 67.

Euronext, *S'introduire en Bourse*, 2011.

Goldberg-Darmon M., *L'introduction en Bourse*, 3e édition, Revue Banque Édition, 2012.

Hovakimian A., Hutton I., « Merger-Motivated IPOs », *Financial Management* hiver 2010, n° 39, vol. 4, pages 1547 à 1573.

Hsu H., Reed A., Rocholl J., « The new game in town : competitive effects of IPOs », *Journal of Finance* avril 2010, vol. 65, n° 2, pages 495 à 528.

Lowry M., « Why does IPO volume fluctuate so much? », *Journal of Financial Economics* janvier 2003, vol. 67, n° 1, pages 3 à 40.

Pagano M., Roell A., Zechner J., « The geography of equity listings : Why do companies list abroad? », *Journal of Finance* décembre 2002, vol. 57, n° 6, pages 2651 à 2694.

Pastor L., Veronesi P., « Rational IPO waves », *Journal of Finance* août 2005, vol. 60, n° 4, pages 1713 à 1757.

Poulsen A., Stegemoller M., « Moving from private to public ownership : Selling out to public firms versus initial public offerings », *Financial Management* printemps 2008, vol. 37, n° 1, pages 81 à 101.

Subrahmanyam A., Titman S., « The going public decision and the development of financial markets », *Journal of Finance* juin 1999, vol. 54, n° 3, pages 1045 à 1082.

Sur la décote d'introduction en Bourse :

Chahine S., « La sous-évaluation à l'introduction en Bourse : quelle source d'asymétrie d'information ? », *Banques & Marchés* mai-juin 2001, n° 52, pages 46 à 53.

Chambers D., Dimson E., « IPO underpricing over the very long run », *Journal of Finance* juin 2009, vol. 64, n° 3, pages 1407 à 1444.

Degeorge F., Derrien F., « Les déterminants de la performance à long terme des introductions en Bourse : le cas français », *Banques & Marchés* novembre 2001, n° 55, pages 8 à 29.

Derrien F., « IPO pricing in "hot" market conditions : who leave money on the table? », *Journal of Finance* février 2005, vol. 60, n° 1, pages 487 à 521.

Ellul A., Pagaro M., « IPO underpricing and after – market liquidity », *Review of Financial Studies* été 2006, vol. 2, n° 19, pages 381 à 421.

Ritter J., Welch I., « A review of IPO activity, pricing, and allocations », *Journal of Finance* août 2002, vol. 57, n° 4, pages 1795 à 1828.

Rock K., « Why new issues are underpriced », *Journal of Financial Economics* janvier 1986, vol. 15, pages 187 à 212.

Roosenboom P., « Valuing and pricing IPOs », *Journal of Banking and Finance* juin 2012, vol. 36, n° 6, pages 1653 à 1664.

Pour l'histoire d'une des plus grosses introductions en Bourse :

Euromoney, « How Glencore crashed throught the equity markets » octobre 2011, pages 55 à 64.

Sur les retraits de Bourse :

Bessler W., Kaen F., Kurmann Ph., Zimmermann J., « The listing and delisting of German firms on NYSE and Nasdaq : were there any benefits? », *Journal of International Financial Markets, Institutions & Money* octobre 2012, vol. 22, n° 4, pages 1024 à 1053.

Boot A., Gopalan R., Thakor A., « Market liquidities, investor participation, and managerial autonomy : why do firms go private ? », *Journal of Finance* août 2008, vol. 63, n° 4, pages 2013 à 2059.

Chevalier A., Saunajust A., « Why do firms go private ? », *Bankers, Markets and Investors* juillet-août 2011, n° 113, pages 39 à 58.

Chapitre 47

La gouvernance d'entreprise

Ou comment être politiquement correct.

47.1 Notre lecteur pourra s'étonner de trouver un chapitre sur la gouvernance d'entreprise (aussi appelée gouvernement d'entreprise ou *corporate governance* en anglais) dans un ouvrage de finance d'entreprise. Le sujet n'est pas directement financier et découle de considérations juridiques sur l'encadrement du fonctionnement de l'entreprise. Mais notre lecteur l'aura pressenti, nous aborderons ce sujet principalement sous l'angle de la valeur. Autrement dit, nous chercherons à répondre à la question : une bonne gouvernance d'entreprise peut-elle créer de la valeur et une mauvaise amène-t-elle nécessairement à en détruire ?

Les problèmes de gouvernance d'entreprise naissent naturellement de l'évolution de la structure du capital et de l'organisation des entreprises. Il n'y a pas de sujet pour les entreprises où le dirigeant est l'actionnaire à 100 %. Mais progressivement la part de l'actionnaire fondateur sera diluée et des problèmes de gouvernance d'entreprise apparaîtront entre un actionnaire majoritaire le plus souvent dirigeant et des actionnaires minoritaires. Lorsque l'évolution de l'entreprise la fera passer d'un actionnariat familial ramassé à un actionnariat éclaté d'institutionnels et de particuliers, de nouveaux problèmes de gouvernance se poseront. Ils seront liés cette fois au contrôle par les actionnaires des dirigeants à qui la structure d'actionnariat éclaté laisse plus de liberté.

Section 1 ▪ Qu'entend-on par gouvernance d'entreprise ?

1 ▪ Définition

47.2 Dans une acception large, la gouvernance d'entreprise représente l'organisation du contrôle et de la gestion de l'entreprise. Elle recouvre alors :

- la définition du cadre juridique de l'entreprise et notamment l'organisation, le fonctionnement, les droits et responsabilités des assemblées générales d'actionnaires, des organes sociaux de la direction de l'entreprise (conseil d'administration ou directoire et conseil de surveillance) ;
- les règles de nomination des dirigeants et des administrateurs ;
- les règles de gestion de leurs éventuels conflits d'intérêts ;
- l'organisation des contrôles sur la gestion et le fonctionnement de l'entreprise : contrôles internes, contrôles réglementaires, commissaires aux comptes ;
- mais également les droits et responsabilités des autres *stakeholders* (employés, créanciers, clients, fournisseurs) ;
- voire la communication financière de l'entreprise et le rôle et la responsabilité des analystes externes : analystes financiers, agences de notation et des conseils financiers et juridiques.

De façon plus étroite, le terme gouvernance d'entreprise est utilisé pour désigner l'articulation qui existe entre les actionnaires et les dirigeants de la société. Dans cette optique, les développements sur la gouvernance d'entreprise tournent principalement autour du rôle et du fonctionnement du conseil d'administration ou de surveillance.

Pour notre part, nous retiendrons[1] que **la gouvernance d'entreprise est l'ensemble des mécanismes qui encadrent le processus de création et de répartition de la valeur**. Ils concernent quatre domaines principaux : le droit des actionnaires, la transparence de l'information, les organes de gestion et de contrôle et l'encadrement des rémunérations.

> Il convient de souligner que la gouvernance d'entreprise est un système qui est nécessairement différent selon l'entreprise, son actionnariat, sa nationalité. Il n'est pas de bonne ou de mauvaise gouvernance d'entreprise. Il n'y a que des gouvernances d'entreprise qui permettent ou non, en pratique, de donner confiance aux investisseurs sur la façon dont les décisions sont prises dans l'entreprise dans le respect ou non de cinq principes : l'efficacité, la responsabilité, la transparence, l'équité et l'éthique.

2 ■ Les recommandations

47.3 L'organisation de la gouvernance d'entreprise est dictée tout d'abord par le droit des sociétés qui fixe le champ des possibles :

- prérogatives du régulateur boursier ;
- obligation d'information des sociétés cotées (pactes d'actionnaires…) ;
- vote consultatif des actionnaires sur la rémunération des dirigeants ;
- composition du conseil d'administration (cumul des mandats limité à cinq mandats pour un administrateur, sauf pour les sociétés du même groupe, pas moins de 40 % d'administrateurs d'un genre) ;
- possibilité de dissocier la fonction de président du conseil d'administration et celle de directeur général ;

1 Suivant l'approche de J.-Fl. Rérolle.

- transparence sur les conditions de préparation et d'organisation des travaux du conseil d'administration et les procédures de contrôle interne (rédaction d'un rapport spécifique sur ce sujet joint au rapport de gestion).

Se sont ajoutées au strict cadre réglementaire et législatif des recommandations regroupées dans des rapports ou codes de bonne conduite diligentés et/ou rédigés selon les pays par les instances patronales, des associations d'investisseurs, des gouvernements ou agences gouvernementales, les bourses..., comme les rapports Vienot et Bouton, de l'AFEP, du MEDEF et de Middlenext sur les rémunérations en France ou Cadbury au Royaume-Uni[1]. Notons que tous ces codes restent des recommandations uniquement[2] et non des textes juridiquement contraignants.

Les principales recommandations en matière de gouvernance d'entreprise convergent autour de quelques thèmes forts : la transparence du fonctionnement du conseil d'administration ou de surveillance et la rémunération des dirigeants, le rôle du conseil et sa composition, son mode de fonctionnement, l'exercice du pouvoir de l'actionnaire en assemblée.

Cependant chaque pays présente des caractéristiques spécifiques fortes dans le fonctionnement de l'entreprise et dans son actionnariat :

- droits des salariés en Allemagne (mais également Danemark, Autriche ou Suède) ;
- rôle des banques au Japon ;
- participations croisées en Italie ;
- actionnariat fortement éclaté au Royaume-Uni ou aux États-Unis ;
- etc.

a) La transparence et les rémunérations

47.4 La première recommandation est celle d'une transparence du fonctionnement des organes dirigeants de l'entreprise. Ainsi, les rapports Bouton et Vienot, le droit des sociétés ne prennent pas position sur l'articulation optimale entre le conseil et son président-directeur général ou le conseil, son président et le directeur général, mais demandent en revanche que le mode de fonctionnement soit clairement indiqué dans le rapport annuel.

La transparence dans les groupes de CAC 40	**1995**	**1999**	**2004**	**2010**	**2013**
Sociétés indiquant le nombre de réunions du conseil	0	34	40	40	40
Nombre moyen de réunions du conseil	3	5,6	7	8,8	8,2
Nombre de conseils ayant un règlement intérieur	0	15	40	40	40
Nombre de conseils ayant une charte de l'administrateur	nc	nc	10	37	40
Nombre de conseils procédant à une évaluation de leurs performances	0	0	21	40	40

Source : Données sociétés, Ernst & Young.

La transparence est également préconisée sur la rémunération des dirigeants et des administrateurs. Ce sujet est resté longtemps tabou et les entreprises françaises n'ont commencé, pour la plupart, à publier des données précises sur ce sujet que depuis quelques années. Comme nous l'avons vu au paragraphe 30.18, le mode de rémunération des dirigeants est une des clés de la réduction des conflits potentiels entre actionnaires et dirigeants.

1 Une liste des principaux codes européens est disponible sur www.vernimmen.net, rubrique lire/articles financiers.

2 Dans certains pays, comme au Royaume-Uni ou la France, les sociétés cotées doivent appliquer les codes de *corporate governance*, ou expliquer pourquoi elles ne le font pas, ce qui représente une incitation forte à les appliquer !

Certains pays préconisent un vote en assemblée générale sur la rémunération des dirigeants. Les Anglo-Saxons parlent de *Say on Pay*. Il est consultatif en France, en Espagne, en Suisse, aux États-Unis et au Royaume-Uni, et contraignant aux Pays-Bas, en Allemagne et en Suède.

Avec l'octroi de rémunérations variables, d'actions de performance ou de stock-options, les dirigeants ont un intérêt financier qui coïncide mieux avec celui de leur mandant, les actionnaires. En effet, les stock-options étant des options d'achat ou de souscription à des actions à un prix fixe, les dirigeants ont alors un intérêt financier direct à ce que la valeur des actions de leur entreprise s'élève puisqu'ils pourront alors réaliser des plus-values importantes. Ils ont alors tout intérêt à choisir parmi les décisions celles qui créeront le plus de valeur.

Mais les stock-options ont été critiquées en raison de la vision « court-termiste » qu'elles induisent parfois qui peut mener des dirigeants peu scrupuleux (et peu nombreux) à occulter certains éléments dans la communication financière, voire, dans des cas extrêmes, à envisager la fraude. D'où le développement de produits alternatifs : attribution d'actions gratuites, paiement d'une partie de la rémunération en actions... ou le durcissement des conditions de levée des stock-options et de cession des actions sous-jacentes. Ainsi L'Oréal a décidé en 2012 de supprimer les stock-options et de les remplacer par des actions gratuites, dites de performance.

Entre 32 % (en Scandinavie) et 76 % (en Allemagne) de la rémunération des dirigeants des grandes entreprises cotées sont liés à la performance économique de l'entreprise et à celle de son action.

Médiane de la rémunération 2012 des dirigeants de l'Eurotop 100 (en M€)

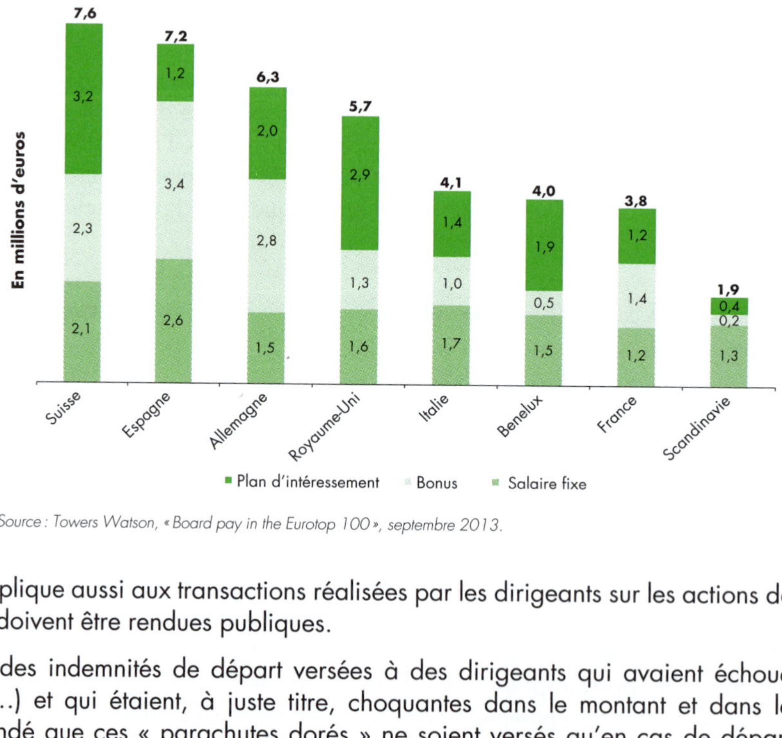

Source : Towers Watson, « Board pay in the Eurotop 100 », septembre 2013.

La transparence s'applique aussi aux transactions réalisées par les dirigeants sur les actions de leur entreprise cotée qui doivent être rendues publiques.

47.5 Enfin en réaction à des indemnités de départ versées à des dirigeants qui avaient échoué (Alcatel, Thomson, UBS...) et qui étaient, à juste titre, choquantes dans le montant et dans le principe, il est recommandé que ces « parachutes dorés » ne soient versés qu'en cas de départ contraint et lié à un changement de contrôle ou de stratégie et pour un montant n'excédant pas, en France, deux ans de rémunération. La loi indique que ces indemnités de départ sont subordonnées à des conditions de performance des bénéficiaires.

b) Le rôle et l'indépendance du conseil d'administration ou de surveillance

47.6 Les codes de gouvernance d'entreprise préconisent immanquablement qu'un organe (conseil d'administration ou conseil de surveillance), présentant une certaine indépendance par rapport au management, définisse la stratégie de l'entreprise.

L'indépendance est obtenue en limitant le nombre de dirigeants de l'entreprise siégeant au conseil d'administration, et en imposant une proportion minimale d'administrateurs indépendants.

En France, par exemple, les dernières recommandations précisent que la part des administrateurs indépendants soit de la moitié des membres du Conseil dans les sociétés au capital dispersé et dépourvues d'actionnaires de contrôle et d'au moins un tiers dans les autres. Rares sont les sociétés cotées d'une certaine taille n'ayant aucun administrateur indépendant (Audika, Synergie) ou les situations comme celle d'Ubisoft avec une famille fondatrice qui contrôle 11 % des actions et détient cinq des sept postes du conseil d'administration. Notons que la loi impose maintenant pour les sociétés cotées, la constitution d'un comité d'audit incluant un administrateur indépendant.

Il convient de noter que les subtilités dans la définition du terme administrateur indépendant sont un sujet de controverses quasi inépuisables. À titre d'exemple, le rapport Bouton définit ainsi l'administrateur indépendant : « un administrateur est indépendant lorsqu'il n'entretient aucune relation de quelque nature que ce soit avec la société, son groupe ou sa direction, qui puisse compromettre l'exercice de sa liberté de jugement ». S'il est clair qu'un membre de la direction ou un représentant d'un actionnaire majoritaire ou non ne sera pas considéré comme indépendant, la définition laisse bien des cas où trancher sur l'indépendance n'est pas aussi simple !

Le graphe ci-contre présente la composition des conseils d'administration des 180 plus grosses sociétés cotées françaises. La proportion de femmes dans les conseils d'administration français doit atteindre 40 % au minimum en 2017, et 30 % en Allemagne à partir de 2016.

La composition des conseils d'administration

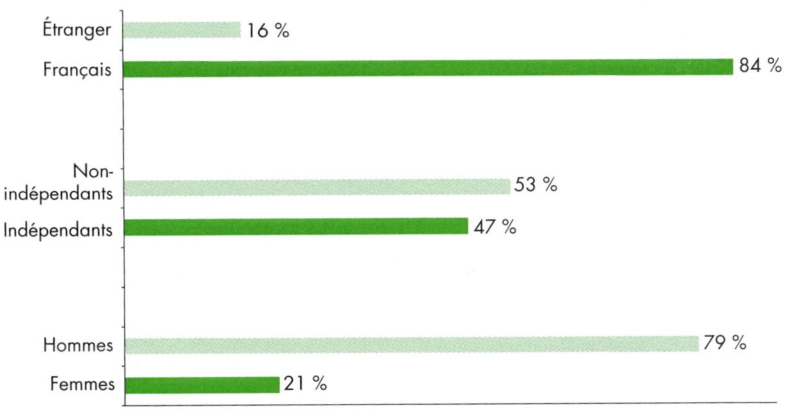

Source : « Panorama des pratiques de gouvernance des Bigcaps », Ernst & Young, 2013.

47.7 L'accent mis sur la nécessité d'administrateurs indépendants au sein d'un conseil tend à faire passer au second plan l'essentiel : leur compétence, leur disponibilité et leur courage à affirmer des positions qui peuvent être différentes de celles des dirigeants. Ces qualités sont indispensables tout au long de l'année, alors que l'indépendance n'est requise qu'en situation de conflits d'intérêt potentiels qui sont heureusement plus l'exception que la règle.

L'importance des administrateurs indépendants est révélée par la nomination de l'un d'eux au poste de vice-président du conseil ou en tant qu'« administrateur référent » (Technip, Veolia, etc.), pratique adoptée dorénavant par plus de la moitié des grandes sociétés cotées françaises.

Les juristes nous pardonneront de dire qu'en France le développement de la gouvernance d'entreprise a mis fin à la conception du conseil d'administration comme étant investi des pouvoirs les plus étendus pour agir en toutes circonstances au nom de la société. Ceci laissait supposer qu'il était l'organe de direction de l'entreprise. C'était une fiction qui permettait le plus souvent aux dirigeants de faire la pluie et le beau temps. De nos jours, le conseil d'administration est conçu comme déterminant les orientations et veillant à leur mise en œuvre. C'est une conception beaucoup plus modeste de son rôle, mais aussi beaucoup plus réaliste : on lui demande moins mais mieux.

c) Le fonctionnement du conseil et la création de comités d'administrateurs

47.8 Les codes de gouvernance insistent sur la création de comités spécifiques chargés de préparer l'étude d'un sujet par le conseil d'administration. Ces comités d'administrateurs sont généralement :

- un comité d'audit (examen des comptes, suivi de l'audit interne, sélection des commissaires aux comptes) ; sa mise en place est maintenant imposée par la loi ;
- un comité des rémunérations (des dirigeants, parfois des administrateurs) ;
- un comité de sélection ou des nominations (préparation de la succession du directeur général et/ou du président, proposition de nouveaux administrateurs) ;
- un comité stratégique et financier (investissement, croissance externe, financement) ;
- un comité des risques ;
- un comité d'éthique et/ou de gouvernance.

d) L'exercice du pouvoir par les actionnaires en assemblée

47.9 Il est clair que tout ce qui freine l'exercice du pouvoir des actionnaires en assemblée est de nature à contrarier une bonne gouvernance d'entreprise. Dans ce domaine, les freins peuvent venir de plusieurs côtés :

- existence d'actions avec des droits de vote multiples qui peuvent permettre à un actionnaire très minoritaire en capital d'imposer ses vues grâce à son poids en droits de vote. Ainsi les fondateurs de Google, L. Page et S. Brin, sont capables de contrôler 56 % des droits de vote avec simplement 14 % des actions, grâce à l'existence d'actions B (dotées de 10 droits de vote chacune) et d'actions A (un seul droit de vote). Le même système se retrouve chez LinkedIn et Facebook ;
- existence d'actions sans droits de vote (paragraphe 28.28). Le contrôle de la famille Hoffmann sur Roche est grandement facilité par l'existence d'actions à dividende prioritaire sans droits de vote représentant 81,5 % du capital ;
- existence de plafonds à l'exercice des droits de vote en assemblée. Ainsi chez Danone, un même investisseur ne peut pas représenter plus de 6 ou 12 %[1] des droits de vote[2] ;

1 Selon qu'il détient ou non des actions à droit de vote double.

2 Cette restriction tombe si, suite à une offre publique, un tiers vient à détenir plus de 66,7 % des actions, et elle est suspendue lors d'assemblées générales réunissant plus de 75 % des actions ayant droit de vote.

▪ restrictions administratives ou matérielles à l'exercice du droit de vote par procuration ou correspondance.

À l'inverse, la démocratie actionnariale est favorisée par l'obligation faite aux sociétés de gestion de portefeuille d'expliquer à leurs porteurs de parts pourquoi elles n'ont pas voté en assemblée ou par la possibilité de voter en assemblée sans avoir à bloquer ses titres plusieurs semaines à l'avance[1].

3 ■ L'articulation conseil-direction : une question non tranchée

47.10 La forme même de l'organisation du pouvoir au sein de l'entreprise est largement débattue. La nécessité de disposer d'un organe indépendant du management de la société reste une question ouverte. Le système français est aujourd'hui le plus flexible en proposant trois types d'organisations :

▪ un conseil d'administration avec un président-directeur général : une grande partie des pouvoirs est alors concentrée entre les mains d'une seule personne qui à la fois préside le conseil d'administration et assure la direction générale de l'entreprise. On parle alors de structure moniste comme chez Renault ou UGC. Selon Heidrick & Struggles[2], 65 % des groupes français cotés ont adopté cette structure ;

▪ un conseil d'administration avec un président (non exécutif) et un directeur général séparé : c'est une structure duale adoptée par BNP Paribas, Nestlé ou Belgacom ;

▪ un conseil de surveillance et directoire : structure duale comme chez Peugeot, Areva ou Vivendi. Alors qu'en Allemagne le directoire a un fonctionnement collectif avec un président qui en est son porte-parole, en France le président du directoire a, seul, un grand pouvoir de décision.

Pays	Principale structure de conseil	Séparation des dirigeants et du conseil	Représentants des salariés au conseil
Allemagne	Duale	Oui	Oui
Belgique	Moniste*	Facultatif	Non
Espagne	Moniste	Facultatif	Non
États-Unis	Moniste*	Facultatif	Non
France	Moniste*	Facultatif	Les statuts peuvent le prévoir [1]
Italie	Moniste**	Facultatif	Non
Japon	Moniste	Facultatif	Non
Luxembourg	Moniste	Facultatif	Oui
Pays-Bas	Duale*	Oui	Consultatif
Portugal	Moniste*	Facultatif	Non
Royaume-Uni	Moniste	Facultatif	Non
Suède	Moniste	Oui	Oui
Suisse	Moniste	Facultatif	Non

** Autre structure également possible.*
*** Conseil des auditeurs également nécessaire.*
***1.** Obligatoire si société cotée avec un actionnariat salarial supérieur à 3 %.*
Source : International comparison of selected corporate governance guidelines and codes of best practice, *Weil, Gotshal & Manges, septembre 2008.*

1 Votent en assemblée des sociétés cotés les investisseurs qui détenaient les actions de la société 3 jours ouvrés avant son assemblée.

2 *Towards dynamic governance 2014*, 2014.

47.11 Au pied de la lettre, un conseil où les rôles de contrôle et de direction sont exercés par deux personnes différentes doit avoir une meilleure efficacité pour contrôler, au nom des actionnaires, les dirigeants. Cette évidence étant dite, est-ce un modèle idéal ? Non, car tout dépend de la qualité et de la probité des hommes et des femmes impliqués. La structure du conseil d'administration d'Enron était duale, celle d'Essilor est moniste. Le premier a fait une faillite frauduleuse et retentissante, le second est considéré comme un modèle de création de valeur pour ses actionnaires.

Mieux vaut donc avoir un excellent dirigeant, quitte à faire une entorse à la pureté de la gouvernance d'entreprise en réunissant sur sa tête deux casquettes plutôt que d'avoir un médiocre directeur général. Même excellemment bien contrôlé par un président du conseil, il n'en demeure pas moins un médiocre directeur général !

Une question supplémentaire est celle de la personne du président : peut-il être l'ancien directeur général ? Surtout pas au Royaume-Uni où l'on considère qu'il limitera la marge de manœuvre de son successeur et sera tenté de garder un rôle opérationnel. Il est alors recruté à l'extérieur, souvent un ancien directeur général d'une société d'un autre secteur d'activité qui passe alors un ou deux jours par semaine dans cette fonction.

En revanche, en France et en Allemagne[1] le président est souvent l'ancien directeur général exécutif. On valorise alors sa connaissance du groupe et sa capacité à conseiller le directeur général exécutif qu'il a fréquemment choisi. En France, la séparation des deux postes est souvent temporaire, le temps que le directeur général fasse ses preuves dans son nouveau rôle, puis les deux fonctions sont réunies sur sa tête (Schneider, Kering, Société Générale) mais il existe des contre-exemples (BNP Paribas, Sanofi).

Le président du conseil en Europe : ancien directeur général ou non ?

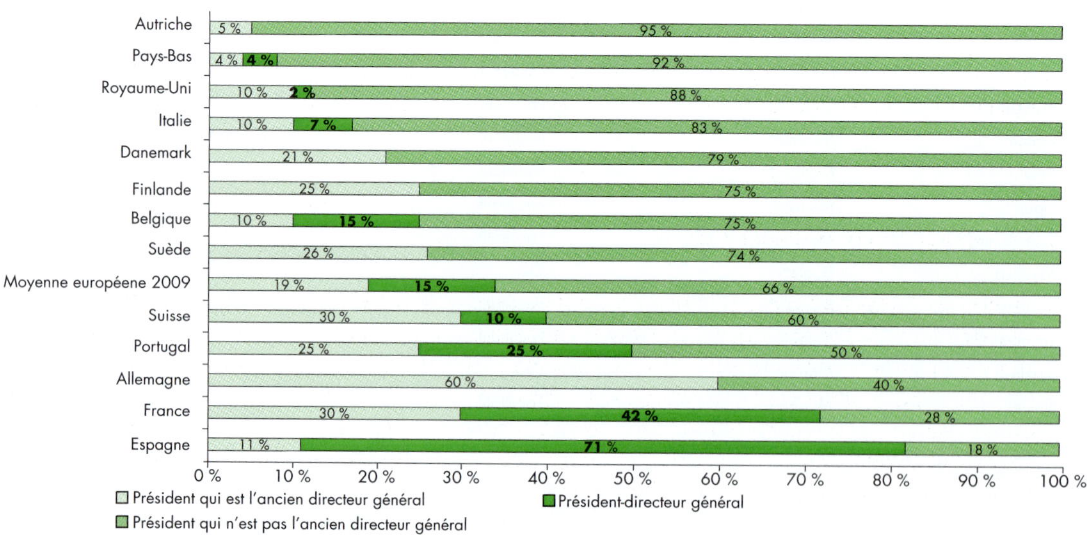

Source : Challenging board performance, *European Corporate Governance Report 2011, Heidricks & Struggles.*

1 Après un délai de 2 ans sauf accord de 25 % des actionnaires.

> Réunir ou non sur la même tête les fonctions de contrôle et de direction n'est pas une affaire de dogme mais d'appréciation au cas par cas, compte tenu de la géographie du capital, du contexte et de la personnalité des dirigeants. Cette décision n'est donc jamais définitive.

47.12 Il est indéniable que de grands progrès ont été réalisés dans le domaine de la gouvernance d'entreprise. Les associations d'actionnaires minoritaires comme l'ADAM en France ou les cabinets de défense des actionnaires minoritaires comme Deminor, ISS, ou Proxinvest, qui conseillent aussi les actionnaires sur le vote des résolutions d'assemblées, ont souvent joué un rôle majeur d'aiguillon.

La simplification de la structure des groupes y a aussi beaucoup contribué :

- le plus souvent seule la société mère est désormais cotée, ce qui évite des conflits d'intérêt entre celle-ci et les actionnaires minoritaires des filiales[1] ;
- les participations croisées entre groupes qui échangeaient des administrateurs entre eux ont été débouclées[2] ;
- les actifs utilisés par le groupe mais qui appartenaient aux fondateurs lui ont été apportés[3] ;
- etc.

Section 2 ■ Gouvernance d'entreprise et théories financières

1 ■ Théorie des marchés à l'équilibre

47.13 La théorie classique est d'une bien maigre aide pour comprendre la gouvernance d'entreprise. En effet, celle-ci réduit l'entreprise à une boîte noire sans y distinguer les intérêts des différentes parties prenantes.

2 ■ Théorie de l'agence

47.14 La théorie de l'agence constitue le principal fondement intellectuel de la gouvernance d'entreprise. La nécessité de mettre en place une gouvernance d'entreprise naît de la relation d'agence liant actionnaires et dirigeants. La gouvernance d'entreprise est le principal moyen dont disposent les actionnaires pour contrôler les dirigeants. La gouvernance d'entreprise vise donc à encadrer les pouvoirs décisionnels des dirigeants afin que ceux-ci ne s'attribuent pas des rentes de situation au détriment essentiellement des actionnaires, mais aussi des créanciers, des salariés, voire plus généralement de la collectivité.

---

1 EDF a ainsi racheté les actionnaires minoritaires de sa filiale EDF Énergies Nouvelles et GDF Suez ceux de sa filiale International Power.

2 Ainsi, Vivendi n'est plus actionnaire de la Société Générale, et celle-ci ne l'est plus de Vivendi.

3 Les mutuelles AXA ont apporté la marque AXA à AXA, la famille Porsche a le projet d'apporter le réseau des concessionnaires Porsche autrichiens à Porsche AG.

Compte tenu de l'asymétrie d'information existant entre dirigeants et actionnaires, la gouvernance d'entreprise englobe dans son champ la communication financière au sens large : information des actionnaires, travail des auditeurs…

Ainsi un bon système de gouvernance d'entreprise, c'est-à-dire un bon corpus de règles, devrait permettre :

- de limiter les conflits existants ou potentiels entre les actionnaires et le management de la société ;
- de limiter l'asymétrie d'information par une transparence du management à l'égard des actionnaires.

> La gouvernance d'entreprise est un moyen de résoudre les conflits potentiels entre actionnaires et dirigeants au même titre que les stock-options, les contraintes liées à une dette importante (voir paragraphe 38.14) ou l'OPA hostile (voir paragraphe 48.23). À la différence de cette dernière, il est préventif.

Sans grande surprise, la théorie de l'agence montre que là où il y a peu de conflits potentiels entre actionnaires et dirigeants et où l'asymétrie d'information est faible, c'est-à-dire dans les entreprises de tailles petite et moyenne où les deux casquettes de dirigeant et d'actionnaire sont le plus souvent réunies, la gouvernance d'entreprise ne constitue pas un enjeu majeur.

3 ■ Théorie de l'enracinement

47.15 La théorie de l'agence propose des mécanismes de contrôle et d'incitation pour accroître l'efficacité de la gestion des dirigeants. La théorie de l'enracinement[1] part du constat un peu désabusé, mais parfois bien réel, que ces mécanismes ne sont pas toujours suffisants pour contraindre les dirigeants à gérer l'entreprise en conformité avec les intérêts des actionnaires. Certains dirigeants sont guidés dans leurs actions par leur souhait de conserver leur place dans l'organisation et d'évincer d'éventuels concurrents[2]. Leurs objectifs (premiers) sont de rendre coûteux pour l'entreprise leur remplacement ce qui leur permet d'augmenter leurs pouvoirs et leurs espaces discrétionnaires. D'où le terme d'enracinement. Enracinement et gouvernance d'entreprise ne font donc pas bon ménage. Nous permettra-t-on de dire que le monde n'est pas toujours idyllique et que l'enracinement est la réponse du berger dirigeant à la bergère de la gouvernance d'entreprise ?

1 Développée initialement par A. Shleifer et R. Vishny.

2 S. Tchuruk et P. Russo, président et directrice générale d'Alcatel-Lucent avaient obtenu au moment de la fusion d'Alcatel et de Lucent de ne pouvoir être renvoyés pendant 3 ans que si 10 administrateurs sur 12 (hors eux-mêmes) y étaient favorables. Mais cela n'a pas suffit à leur éviter le départ compte tenu de leurs piètres performances.

Section 3 ■ Valeur et gouvernance d'entreprise

47.16 La première réponse à la question « une bonne gouvernance d'entreprise permet-elle de créer de la valeur ? » est apportée par un sondage réalisé par McKinsey[1] auprès d'investisseurs institutionnels. Ceux-ci s'étaient déclarés prêts à payer plus cher les actions d'une entreprise avec un bon système de gouvernance d'entreprise. La prime est modeste dans les pays où l'environnement juridique offre déjà une bonne garantie aux investisseurs (12-14 % en Europe et Amérique du Nord) ; elle est très significative pour les pays émergents (30 % en Europe de l'Est ou en Afrique).

Les très nombreux travaux de recherche sur le sujet se heurtent au problème de la définition d'une bonne gouvernance d'entreprise. Les travaux existants se réfugient dans des notations fournies par des cabinets spécialisés en la matière, mais ce n'est, à notre avis, qu'un pis-aller.

Leurs résultats[2] montrent qu'une bonne gouvernance d'entreprise permet effectivement de créer de la valeur pour l'actionnaire. Ainsi, R. Bauer, N. Guenster et R. Otten ont démontré que les performances boursières des groupes cotés de l'indice FTSE 300 présentant une bonne notation en termes de gouvernance d'entreprise (attribuée par le cabinet Deminor) étaient sensiblement meilleures que celles des groupes ayant une « mauvaise » gouvernance. Ces résultats sont cohérents avec ceux mis en avant pour les sociétés américaines par P. Gompers.

Les résultats sont d'autant plus probants que le droit national ne garantit pas *a priori* une gouvernance d'entreprise satisfaisante. Par exemple, l'adoption (et la communication) par un groupe russe d'un système de gouvernance d'entreprise efficace et transparent semble être fortement créatrice de valeur (B. Black)...

47.17 Plus généralement, R. Anderson et R. Reeb pour les États-Unis, P. Harbula pour la France ont pu montrer que les performances financières des sociétés ayant un actionnaire de référence (par exemple familial) sont meilleures que la moyenne. Mais les sociétés qui se comportent le mieux sont celles qui ont un actionnaire important et également une part significative du capital flottant. Le niveau optimal de détention du capital par l'actionnaire de référence est compris suivant les études entre 30 et 50 %. Ceci pourrait paraître contre-intuitif dans la mesure où les sociétés familiales sont généralement moins transparentes et se soumettent moins volontiers aux règles de la gouvernance d'entreprise.

À l'inverse, il y a une forte motivation de l'actionnaire majoritaire ou prédominant à faire réussir l'entreprise qui représente souvent à la fois son outil de travail et la quasi-totalité de sa fortune ! C'est ainsi que la seule société à avoir refusé de participer aux enchères françaises sur l'UMTS en plein milieu de la bulle Internet a été une entreprise familiale (Bouygues) pour le plus grand bénéfice de ses actionnaires. Ceux de France Télécom (contrôlé par l'État) et de Vivendi Universal (à l'actionnariat éclaté) auraient aimé que leurs dirigeants aient la même sagesse...

On atteint alors les limites de la systématisation de la gouvernance d'entreprise, même si le respect d'un certain nombre de règles finalement banales et pleines de bon sens[3] permet d'éviter les comportements déviants des dirigeants et le mauvais traitement des actionnaires minoritaires.

---

1 McKinsey *Investor Opinion Survey*, 2002.

2 Voir la bibliographie en fin de chapitre.

3 Les dossiers du conseil d'administration doivent être distribués suffisamment longtemps à l'avance pour que les administrateurs aient le temps de les étudier, les membres du comité d'audit doivent avoir des connaissances en finance et en comptabilité, les administrateurs ayant un conflit d'intérêt sur un point ne doivent pas participer au conseil qui examine ce point, etc.

> Les travaux de recherche nous montrent que le meilleur gage d'une création de valeur pour l'actionnaire est la forte motivation de l'équipe dirigeante, plutôt qu'une gouvernance d'entreprise irréprochable. Si on a les deux à la fois tant mieux, mais ne nous trompons pas de priorité !

Enfin, mentionnons que les travaux de recherche se focalisent pour la plupart sur la corrélation entre bonne gouvernance d'entreprise et bonne valorisation. Peu de travaux ont pu démontrer qu'il existait une vraie corrélation entre gouvernance et performance financière de l'entreprise sur le long terme. *A contrario*, personne ne démontre que la gouvernance d'entreprise nuit aux performances financières !

RÉSUMÉ

Le résumé de ce chapitre est disponible sur le site www.vernimmen.net.

Dans une acception large, la gouvernance d'entreprise ou *corporate governance* représente l'organisation du contrôle et de la gestion de l'entreprise. De façon plus étroite, le terme gouvernance d'entreprise est utilisé pour désigner l'articulation entre l'actionnaire et la direction de la société, et donc principalement le rôle et le fonctionnement du conseil d'administration ou de surveillance.

La gouvernance d'entreprise est dictée tout d'abord par le droit des sociétés mais il existe aussi des rapports ou codes de bonne conduite ajoutant des recommandations au cadre légal proprement dit.

Ces recommandations, communes dans leurs grandes lignes à tous les rapports, traitent les thèmes de la transparence et du fonctionnement du conseil d'administration, du choix des administrateurs, du rôle et de l'indépendance du conseil, de la création de comités spécialisés pour éclairer le travail du conseil, de l'éventuelle dissociation des fonctions de président et de directeur général et de leur rémunération.

La gouvernance d'entreprise est un des principaux moyens pour réduire les coûts d'agence nés de la relation potentiellement conflictuelle entre les actionnaires et les dirigeants ou entre les actionnaires majoritaires et les actionnaires minoritaires.

Les études sur la gouvernance d'entreprise et la valeur tendent à prouver qu'une bonne gouvernance d'entreprise est créatrice de valeur. Ce constat est d'autant plus vrai que la société ne dispose pas d'un cadre législatif contraignant et qu'il s'agit d'une grande entreprise. Pour les petites entreprises, le coût de mise en place d'une gouvernance d'entreprise sophistiquée peut s'avérer prohibitif. Elle est généralement nettement moins utile dans ce cas puisque les dirigeants sont le plus souvent également les actionnaires principaux (ce qui évite les conflits d'intérêt) et qu'il n'y a que rarement des actionnaires minoritaires.

QUESTIONS

1/ Quelle théorie financière explique le mieux le développement de la gouvernance d'entreprise ?

2/ Pourquoi la gouvernance d'entreprise s'est-elle développée principalement autour des sociétés cotées ?

3/ En quoi les stock-options permettent-elles de mieux aligner les intérêts des dirigeants et des actionnaires ? Quelles sont leurs limites ?

4/ Citez un grand groupe français où la quasi-totalité des administrateurs étaient indépendants, ce qui ne l'a pas empêché de connaître en 2002 de très grandes difficultés financières, conséquences d'un manque de contrôle du dirigeant dont la rémunération était principalement indicée sur l'EBE du groupe ? Qu'est-ce que cela illustre ?

5/ Quel est le danger des comités spécialisés au sein du conseil d'administration ?

6/ Que doit faire un administrateur surchargé qui ne peut pas assister à plus d'un conseil d'administration sur deux ?

7/ Qu'est ce qui est le plus important : un administrateur indépendant, un administrateur travailleur, un administrateur compétent, un administrateur courageux ? Quel est l'idéal ?

8/ Dans quels types de pays la gouvernance d'entreprise est-elle la plus nécessaire ?

9/ Quel est le lien entre la gouvernance d'entreprise et le coût du capital ?

10/ La rotation régulière au bout de n années des auditeurs de l'entreprise améliore-t-elle la gouvernance d'entreprise ?

11/ La gouvernance d'entreprise s'applique-t-elle aux entreprises entièrement contrôlées par l'État ?

12/ Que pensez-vous d'une entreprise qui remplace son conseil d'administration pour un conseil de surveillance puis quelques années après revient à un conseil d'administration comme l'ont fait Axa ou Schneider ?

13/ Est-il souhaitable, afin de mieux éclairer les administrateurs, que le commissaire aux comptes soit aussi administrateur ?

14/ Quels sont les avantages et les inconvénients de la dissociation du poste de président et du poste de directeur général ?

D'autres questions vous attendent sur le site www.vernimmen.net.

ÉLÉMENTS DE RÉPONSE

1. La théorie de l'agence.

2. Les sociétés non cotées ont moins de coûts d'agence (actionnariat moins éclaté, plus proche des dirigeants). La mise en place d'une gouvernance d'entreprise lourde peut avoir un coût trop élevé pour les petites entreprises.

3. Elles donnent une incitation aux dirigeants à créer de la valeur pour les actionnaires dont ils récupèrent une partie par l'exercice de leurs stock-options. Elles peuvent pervertir les raisonnements en focalisant l'attention des dirigeants sur la valeur des stock-options et non sur la valeur de l'action : absence de dividende, risques élevés pris d'autant plus facilement qu'elles ont été données aux dirigeants et non acquises.

4. Vivendi. Que l'indépendance des administrateurs n'est pas suffisante s'ils manquent de lucidité et de courage.

5. De déresponsabiliser les autres administrateurs et de devenir une instance de décision alors que le comité spécialisé n'est qu'une instance de préparation des décisions.

6. Démissionner : être administrateur n'est pas un bâton de maréchal mais un travail comme un autre.

7. Un administrateur compétent et courageux. Qu'il réunisse les quatre qualités !

8. Dans des pays où les droits de propriété sont incertains : pays émergents.

9. Une bonne gouvernance d'entreprise doit baisser le coût du capital car elle élimine les risques de mauvaise gestion ou de fraude au détriment des actionnaires minoritaires.

10. Sur le papier, oui, car elle apporte un regard neuf sur des problématiques récurrentes. Mais les recherches académiques ne l'ont pas mis en évidence.

11. Oui, il n'y a pas de raison, les conflits d'intérêts peuvent aussi exister entre l'État actionnaire et les dirigeants des entreprises étatiques.

12. L'intelligence, c'est la capacité de s'adapter ! Le changement d'homme à la tête d'une entreprise nécessite parfois le changement de structure.

13. Non, c'est même interdit, on ne peut être à la fois juge et partie.

14. Séparation des rôles de contrôle et de gestion, de décision à long terme et de gestion du quotidien, multiplie par 2 les représentants du groupe. Conflits de personnes qui rendent le tout ingérable.

BIBLIOGRAPHIE

Sur la gouvernance d'entreprise... :

Cabane P., *Manuel de gouvernance d'entreprise*, Eyrolles, 2013.

Ernst & Young, *Panorama des pratiques de gouvernance des sociétés cotées françaises*, 11e édition, octobre 2013.

Heidrick & Struggles, *Towards dynamic governance 2014*, 2014.

Hermalin B., Weisbach M., « Information disclosure and corporate gouvernance », *Journal of Finance* février 2012, vol. 67, n° 11, pages 195 à 233.

Institut français des administrateurs, « 2003, 2013, 2023, gouvernance d'entreprise en France et en Europe », *Administrateur* février 2014, n° 27, pages 2 à 14.

Lamarque E., *Gouvernance et prise de décision. Les questions qui dérangent*, Éditions d'Organisation, 2011.

Roth F., *La gouvernance des entreprises*, Hermes Sciences Publications, 2012.

Viénot P. *et al.*, *La gouvernance de l'entreprise familiale*, Éditions d'Organisation et IFA, 2007.

www.ecgi.org (site du *European Corporate Governance*, institut qui recense les pratiques de gouvernance d'entreprise dans le monde).

www.ifa-asso.com (site de l'Institut français des administrateurs).

www.rerolle.eu (blog d'un spécialiste français de la gouvernance).

... sur les stock-options et plus généralement les rémunérations :

Batailler V., *Stock-Options. Théorie et pratique*, Economica, 2005.

Ginglinger E., « *Say-on-pay* : quelles conséquences pour les entreprises ? », *La Lettre Vernimmen.net* octobre 2013, n° 118, pages 6 à 7.

Goergen M., Renneboog L., « Managerial Compensation », *Journal of Corporate Finance* septembre 2011, vol. 17, n° 4, pages 1068 à 1077.

La Bruslerie (de) H., Deffains-Cropsky C., « Stock-options et équilibre incitatif dirigeants-actionnaires : le cas français », in *Finance d'entreprise*, recherches du CREFIB, Economica, 2001.

Le Fur Y., Quiry P., « Quelques réflexions sur la rémunération des dirigeants », *La Lettre Vernimmen.net* mars 2012, n° 106, pages 1 à 4.

Morgan A., Poulser A., « Linking pay to performance-compensation proposal in the S & P 500 », *Journal of Financial Economics* décembre 2001, vol. 62, n° 3, pages 489 à 523.

... sur les dirigeants et administrateurs :

Fahlenbrach R., Low A., Stulz R., « Why do firms appoint CEOs as outside directors? », *Journal of Financial Economics* juillet 2010, vol. 97, n° 1, pages 12 à 32.

Ferré G., *Profession : administrateur*, Éditions du Palio, 2012.

Kim J.-B., Li Y., Zhang L., « CFOs versus CEOs : Equity incentives and crashes », *Journal of Financial Economics* septembre 2011, vol. 101, n° 3, pages 713 à 730.

Masulis R., Mobbs S., « Are all inside directors the same ? Evidence from the external directorship market », *Journal of Finance* juin 2011, vol. 66, n° 3, pages 823 à 872.

Perry T., Peyer U., « Board seat accumulation by executives : a shareholder's perspective », *Journal of Finance* août 2005, vol. 60, n° 4, pages 2083 à 2123.

Richard B., Pitray (de) H., « Président Directeur Général ou Président et Directeur Général », *Revue Française de gouvernance d'entreprise* 2007, n° 1, pages 27 à 34.

Recommandations et codes de gouvernance d'entreprise :

AFEP-MEDEF, *Code de gouvernement d'entreprise des sociétés cotées*, juin 2013.

AFG, *Recommandations sur le gouvernement d'entreprise*, 2013.

AMF, *Rapport AMF 2013 sur le gouvernement d'entreprise et la rémunération des dirigeants*, 2013.

EcoDa, « Corporate governance guidance and principles for unlisted companies in Europe », www.ecoda.org, 2010.

Rérolle J.-F., Outin-Adam A., *Vade-mecum de l'administrateur*, 3e édition, IFA, 2013.

IFA, *Structure de gouvernance de l'entreprise : critères de décisions*, IFA, 2013.

Middlenext, *Code de gouvernement d'entreprise pour les valeurs moyennes et petites*, décembre 2009.

Travaux de recherche sur la gouvernance d'entreprise et la valeur :

Aggarwal R., Erel I., Ferreira M., Matos P., « Does governance travel around the world? Evidence from institutional investors », *Journal of Financial Economics* avril 2011, vol. 100, n° 1, pages 154 à 181.

Anderson R.C., Reeb D.M., « Founding-family ownership and firm performance : Evidence from the S & P 500 », *Journal of Finance* juin 2003, vol. 58, n° 3, pages 1301 à 1328.

Bebchuk L., Cohen A., Ferrell A., « What matters in corporate governance », *Review of Financial Studies* février 2009, vol. 22, n° 2, pages 783 à 827.

Bhagat S., Bolton B., « Corporate governance and firm performance », *Journal of Corporate Finance* juin 2008, vol.14, n° 3, pages 257 à 273.

Black B., « The corporate governance behavior and market value of Russian firms », *Emerging Markets Review* 2001, vol. 2, n° 2, pages 89 à 108.

Caby J., Hirigoyen G., *Création de valeur et gouvernance de l'entreprise*, 4e édition, Economica, 2014.

Cremers M., Ferrell A., « Thirty years of shareholders rights and firm value », *Journal of Finance* juin 2014, vol. 69, n° 3, pages 1167 à 1196.

Cuñat V., Gine M., Guadalupe M., « The vote is cast : The effect of corporate gouvernance on shareholder value », *Journal of Finance* octobre 2012, vol. 67, n° 5, pages 1943 à 1977.

Demsetz H., « The structure of ownership and the theory of the firm », *The Journal of Law & Economics* 1983, n° 26, pages 375 à 390.

Doidge C., Karolyi G., Stulz R., « Why do countries matters so much for corporate governance ? », *Journal of Financial Economics* octobre 2007, vol. 86, n° 1, pages 1 à 39.

Durnev A., Han Kim E., « To steal or not to steal : Firm attributes, legal environment, and valuation », *Journal of Finance* juin 2005, vol. 60, n° 3, pages 1461 à 1493.

Ginglinger É., « Quelle gouvernance pour créer de la valeur ? », *Revue d'économie financière* juin 2012, n° 106, pages 227 à 242.

Gompers P., Ishii J., Metrick A., « Corporate governance and equity prices », *The Quarterly Journal of Economics* février 2003, vol. 118, n° 1, pages 107 à 155.

Harbula P., « Gouvernement d'entreprise – Structure actionnariale et création de valeur », *Échanges* juin 2004, n° 211.

Jensen M., Meckling W., « Theory of the firm : Managerial behavior, agency costs and ownership structure », *Journal of Financial Economics* octobre 1976, vol. 3, n° 4, pages 305 à 360.

La Porta R., Lopez-de-Silanes F., Shleifer A., Vishny R., « Law and finance », *Journal of Political Economy* décembre 1998, vol. 106, n° 6, pages 1133 à 1155.

Nguyen B., Nielsen K., « The value of independent directors : Evidence from sudden deaths », *Journal of Financial Economics* décembre 2010, vol. 98, n° 3, pages 550 à 567.

Chapitre 48

Les négociations du contrôle

Et si notre lecteur entrait pour quelques pages dans le monde feutré des banques d'affaires…

48.1 Il peut exister à un moment donné plusieurs valeurs différentes d'une même entreprise qui dépendent de l'objectif de l'acheteur (ou des acheteurs), de celui du vendeur (ou des vendeurs), et de leurs anticipations, en particulier sur les résultats futurs et les synergies. Dès lors, la négociation est ouverte, mais la transaction ne se fera, bien sûr, que si les différentes positions sont conciliables, c'est-à-dire si le prix minimum pour le vendeur est inférieur au prix maximum pour l'acheteur. Ceci est une évidence.

Tout l'art de la négociation consiste dès lors à faire partager la valeur des synergies entre l'acheteur et le vendeur, à trouver un point d'équilibre entre leurs positions respectives, de sorte que tous deux réalisent une bonne affaire. Le vendeur vendra plus cher et s'appropriera ainsi une fraction de la valeur des synergies anticipées par l'acquéreur. Quant à ce dernier, il aura cédé une fraction de la valeur des synergies, mais n'aura pas acheté l'entreprise au-delà la valeur qu'il lui attribue.

Des transactions peuvent également avoir lieu s'il y a des erreurs d'anticipations. Le vendeur pense que son entreprise est au plus haut, l'acheteur surévalue le potentiel de croissance. Mais, généralement, le « machiavélisme *a priori* » est plus rare que l'on ne le pense. Ce n'est qu'après coup que l'on découvre que l'on était génial et que l'autre était un « pigeon »…

Dans ce chapitre, nous laisserons de côté les alliances industrielles (souvent commerciales et technologiques plus que capitalistiques entre deux groupes) pour nous consacrer à l'acquisition d'une société. Avant d'analyser les différentes tactiques de négociation pour examiner ensuite l'achat d'une entreprise cotée, regardons l'ampleur des opérations de fusions-acquisitions et leurs justifications économiques.

Section 1 ▪ Pourquoi acquérir ou céder une entreprise ?

1 ▪ Les vagues de fusions et d'acquisitions

48.2 Les opérations de changement de contrôle peuvent être payées en liquidités ou en titres. En règle générale, les opérations de rapprochement payées en titres sont prépondérantes lorsque les niveaux de valorisation des entreprises sont élevés comme ce fut le cas en 1999-2000 car cela évite de poser le problème de la valeur absolue.

En revanche dans un climat boursier peu propice, le paiement en liquidités retrouve un fort pouvoir de séduction tant pour les vendeurs qui reçoivent ainsi des espèces sonnantes et trébuchantes qui ne se dévalorisent pas en Bourse, que pour les acheteurs qui ne veulent pas émettre des actions nouvelles à un niveau de cours qui leur paraît décoté. Depuis 2007, le numéraire a retrouvé tout son attrait !

Opérations de rapprochement dans le monde (en Md€)

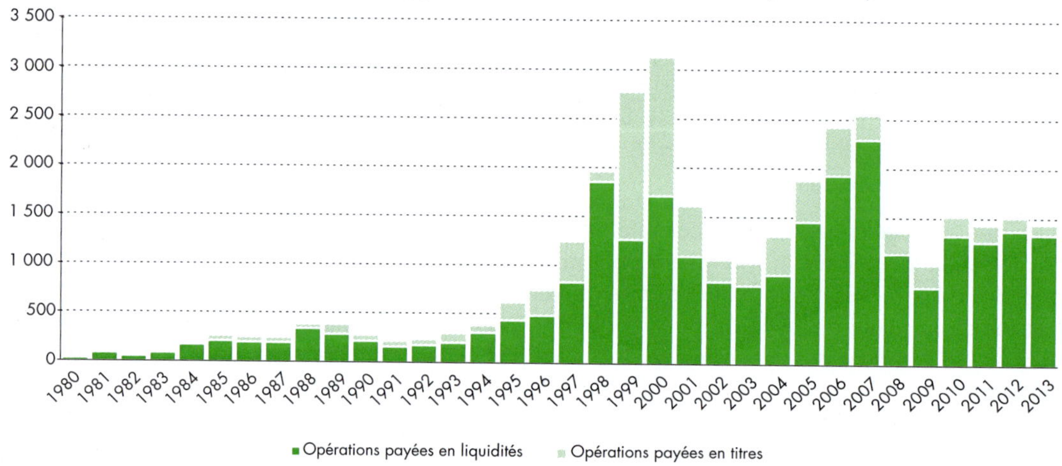

Source : Thomson One Banker.

Comme l'illustre le graphique ci-dessus, les fusions ont lieu par vagues :

- dans les années 1960, avec une logique conglomérale, la maison mère est supposée capable d'améliorer la gestion de ses filiales acquises la plupart du temps en actions et leur apporter des capitaux ;
- dans les années 1980, les acquisitions sont plutôt financées par endettement et c'est le dépeçage des grands conglomérats des années 1960 (ITT, Gulf Western…) qui ont perdu leur efficacité et qui, devenus mal gérés, se trouvent valorisés pour moins que la somme des valeurs de leurs filiales ;
- dans les années 1990 et 2000, la logique est celle de globalisation, de la concentration sectorielle et de rapprochements essentiellement payés en actions : Total-Fina-Elf, Sanofi-Aventis, Procter & Gamble-Gillette, Alcatel-Lucent, GDF-Suez, Arcelor-Mittal, BNP Paribas-Fortis… ;

• dans les années 2010, la logique est la même, simplement le mode paiement est le plus souvent le *cash* : Kraft-Cadbury, Solvay-Rhodia, Sanofi-Genzyme, LVMH-Bulgari, Lactalis-Parmalat, Nestlé-Pfizer Nutrition…

A. Shleifer et R. Vishny expliquent cette évolution par la coexistence, à un moment donné sur un marché, de firmes surévaluées et d'entreprises sous-évaluées. Les premières lancent alors des opérations de rapprochement pour acheter des actifs sous-évalués qui viendront consolider leur propre valeur et éviter une trop grande chute lorsque les investisseurs se rendront compte qu'ils étaient surévalués. L'acquisition de Time Warner par AOL est un bon exemple. La vague s'arrêtera quand il n'y aura plus de firmes sous-évaluées car elles auront toutes été achetées (fin des années 1980) ou qu'il n'y aura plus de firmes surévaluées (2001-2003).

Au-delà de ces éléments purement financiers, quels sont les déterminants des rapprochements d'entreprises ? Ils peuvent être d'ordres macroéconomiques, microéconomiques et enfin humains.

2 ■ Les déterminants macroéconomiques

48.3 Les déterminants économiques sont de plusieurs ordres :

• Les phases d'évolution technologique et d'innovation sont généralement suivies par une période de rapprochement entre entreprises. Lors d'une période d'innovation technologique (l'informatique dans les années 1970, Internet ou les énergies renouvelables aujourd'hui), les créations d'entreprises sont nombreuses, mais l'inévitable réduction des perspectives de croissance et de viabilité de ces « jeunes pousses » va entraîner un phénomène de concentration du secteur (Facebook achète WhatsApp). En outre, leurs forts besoins en financement peuvent les amener à s'adosser à un grand groupe qui profitera de la croissance de cette activité (Apple achète Beats, ses casques et sa plateforme de musique).

• Les entreprises sont soumises aux effets du changement d'échelle de leurs marchés pertinents. Habituées il y a 30 ans à un cadre national, les entreprises doivent évoluer dans un contexte régional (Europe), voire le plus souvent mondial (Solvay-Rhodia). Par ailleurs, s'adapter requiert des investissements importants tant matériels qu'humains, ce qui se traduit par des besoins de financement beaucoup plus élevés (pharmacie). La concurrence accrue, face à des groupes déjà établis, rend d'autant plus importante une croissance rapide. Il paraît nécessaire d'obtenir la « taille critique » (Fiat-Chrysler). Certaines politiques de constitution de « champions nationaux » ont favorisé cette course à la taille (GDF-Suez).

• Les modifications de l'environnement juridique favorisent la restructuration des secteurs d'activité. Initié au début des années 1980 aux États-Unis et au Royaume-Uni, un large mouvement de libéralisation de l'économie et de déréglementation a modifié en profondeur de nombreux secteurs d'activité (transport aérien, services financiers, télécoms…). En Europe, la création du marché unifié s'est accompagnée d'une politique de libéralisation structurelle dans les domaines bancaires, de l'énergie ou des télécommunications. De même, le désengagement de l'État de l'économie s'est concrétisé en Europe par la privatisation de nombreuses entreprises publiques qui deviennent dès lors des nouveaux acteurs du marché des fusions-acquisitions (EDF, France Télécom, ENI…).

▪ La montée en puissance des marchés financiers joue un rôle fondamental dans la restructuration des entreprises. En 30 ans, les entreprises européennes sont passées d'un financement par endettement, dont les institutions bancaires étaient les pourvoyeurs, à une économie de marchés financiers caractérisée par une désintermédiation entre les entreprises et les fournisseurs de capitaux (voir le paragraphe 16.4). Cette modification structurelle s'est accompagnée d'un transfert logique du pouvoir, auparavant détenu par les banques et les compagnies financières (Paribas, Générale de Belgique, Mediobanca, Deutsche Bank...), vers les investisseurs. Ainsi, les actionnaires exercent une pression sur les dirigeants afin d'obtenir une rentabilité conforme à leurs attentes :

- en cas de performances décevantes, les actionnaires ont la possibilité de vendre leurs titres et faire baisser l'action, poussant ainsi à une restructuration (Peugeot) ou à une prise de contrôle par OPA ou OPE (ABN-Amro, Club Méditerranée) ;
- à l'inverse, les entreprises doivent convaincre le marché du bien-fondé de leurs opérations de croissance externe (EDF-British Energy) ;

▪ La faible croissance démographique en Europe, couplée à un contrôle strict de l'immigration, rend plus difficile la croissance interne et amène les entrepreneurs dynamiques à chercher dans les fusions-acquisitions des relais de croissance (AB Inbev et Modelo au Mexique).

3 ■ Les déterminants microéconomiques

48.4 Les déterminants microéconomiques sont de natures diverses :

▪ En augmentant leur taille et leur volume de production, les entreprises ont la capacité de diminuer leurs coûts unitaires, notamment au niveau des coûts de recherche, de développement, de gestion ou de distribution (Suntory-Beam). De plus, l'augmentation des quantités traitées donne aux entrepreneurs un pouvoir de négociation renforcé auprès de leurs fournisseurs pour baisser leurs coûts d'approvisionnement (Casino-Monoprix).

▪ Les rapprochements d'entreprises peuvent permettre de gagner des parts de marché et de maximiser les revenus du groupe. Les synergies de complémentarités donnent à l'entreprise les moyens d'accéder à de nouveaux marchés. Les principales complémentarités sont :

- géographiques (Etisalat-Maroc Télécom). Les deux groupes pourront tirer profit de leurs implantations respectives ;
- de produits (Numéricable-SFR). Le groupe peut proposer une offre complète à ses clients.

▪ Bien que plus risquées que la croissance interne, les fusions-acquisitions permettent de gagner un temps précieux : dans les secteurs d'activité en développement, la rapidité est un facteur essentiel de réussite (stratégie du premier entrant). Lorsque le secteur est arrivé à maturité, il devient plus difficile et coûteux de « grignoter » les parts de marché à ses concurrents. Il apparaît donc plus efficace de se livrer à une acquisition (Comcast-Time Warner Cable). La logique est alors également de supprimer un concurrent. Dans les phases d'internationalisation ou de changement d'activité, les acquisitions stratégiques permettent de contourner les barrières à l'entrée, tant au niveau de la notoriété (Discovery-Eurosport) que des compétences techniques (Adobe-Neolane).

▪ Grossir donne une assise suffisante aux entreprises pour pouvoir prendre de nouveaux risques dans un environnement mondial. Le passage d'un marché national à une compétition à l'échelle mondiale entraîne des investissements beaucoup plus conséquents. Concrètement, les risques financiers et humains induits deviennent trop importants pour être supportés par une entreprise de taille moyenne (exploration pétrolière, pharmacie). Une opération de croissance externe permet d'augmenter largement l'assise financière et de diminuer les risques pour pouvoir prendre dès aujourd'hui les décisions nécessaires à la croissance de demain (Holcim-Lafarge).

• Les besoins de liquidités d'une entreprise en difficulté (vente de ING Direct par ING) ou devant se désendetter (Dexia et Denizbank) ou d'un fonds qui doit extérioriser régulièrement des plus-values (vente de Spotless par BCPartners) sont d'autres déterminants.

• Les réorientations stratégiques à l'occasion de changement de dirigeants (Carrefour cède ses actifs en Colombie, Malaisie et Indonésie) sont aussi une source de mouvements d'actifs.

• N'oublions pas, au-delà des mécanismes économiques qui peuvent pousser à la concentration, le facteur humain. Bon nombre d'entreprises ou de groupes créés entre 1955 et 1980, contrôlés le plus souvent par un actionnaire dirigeant, connaissent naturellement des problèmes de succession. Parfois la relève se trouve au sein de la famille (Leclerc, Lagardère, Swatch, Rémy Cointreau...). À défaut, la cession est la garantie de la pérennité de l'entité économique (Lacoste...).

48.5 4 ■ Un peu de recul

Les fusions-acquisitions, quoique délicates à manier, font partie du cycle de vie des entreprises et sont un outil utile au service de la croissance.

Le cycle de vie de l'entreprise

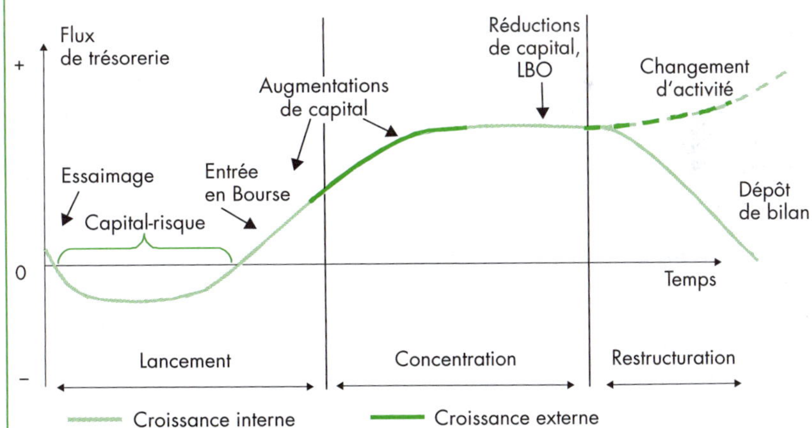

Notre lecteur doit cependant garder la tête froide et se souvenir qu'environ une acquisition sur deux est un échec car les résultats sont en deçà des attentes.

Le plan d'affaires de la cible est souvent ambitieux et rarement réalisé rétrospectivement. De plus, les synergies sont souvent surestimées, leur coût d'obtention plus élevé que prévu (compatibilité des systèmes d'information, mobilité des équipes...) et le temps pour y parvenir également plus long que prévu.

De nombreux travaux de recherche ont essayé de déterminer rétrospectivement quelle avait été la création (ou la destruction) de valeur engendrée par les opérations d'acquisition et comment cette création de valeur se répartissait entre actionnaires de l'acquéreur et actionnaires de la cible. Ces études démontrent qu'il y a clairement création de valeur pour l'actionnaire de la cible en raison de la prime payée. En revanche, pour les actionnaires des acquéreurs les résultats sont plus mitigés quoiqu'en amélioration depuis le début des années 2000 où il était estimé que les deux tiers des acquisitions détruisaient de la valeur pour l'acquéreur, à l'instar de l'achat de Chrysler par Daimler Mercedes ou de Promodes par Carrefour. En fait, ces quelques échecs retentissants[1] affectent lourdement les résultats globaux qui, sans cela, seraient plutôt positifs grâce à des opérations bien menées : fusions BNP Paribas-Fortis, Pernod Ricard-Absolut...

La qualité et la rapidité du processus d'intégration de la cible dans le groupe sont pour beaucoup dans le succès ou l'échec du rapprochement.

Section 2 ■ Le choix d'une tactique de négociation

48.6 Le choix d'une tactique de négociation est un préalable si l'on veut atteindre un objectif de prix par rapport à la valeur financière établie selon les travaux d'évaluation que nous avons vus au chapitre 35. Mais le prix n'est pas tout : le vendeur peut également souhaiter limiter les garanties qu'il devra donner, rester dirigeant, pérenniser la situation de ses collaborateurs et de ses salariés...

En fonction du nombre d'acquéreurs potentiels identifiés, du degré de confidentialité souhaité, des délais et des exigences du vendeur, tout est envisageable pour optimiser la vente d'une entreprise, mais notre lecteur devra garder en tête les deux extrêmes que constituent la négociation privée et la mise aux enchères. A. Boone et H. Mulherin ont démontré statistiquement qu'aucune des méthodes n'était supérieure à l'autre, c'est-à-dire permettant d'obtenir un prix plus élevé. Notre expérience nous dit la même chose : le choix de telle ou telle méthode dépend avant tout du contexte.

1 ■ La négociation privée

48.7 Le vendeur ou son mandataire contacte un nombre réduit d'acquéreurs potentiels (un, deux, voire trois) pour tester leur intérêt. Après signature d'une lettre de confidentialité, les acquéreurs potentiels peuvent recevoir des informations (sous un format plus ou moins structuré) leur permettant d'avoir une compréhension des caractéristiques industrielles, financières et sociales de l'entreprise. La discussion s'engage alors, l'important étant qu'aucun acheteur potentiel n'ait l'impression d'être seul... même s'il l'est parfois en réalité. Cette technique doit assurer, en principe, l'extrême confidentialité des discussions. Ce sont plus les barrières psychologiques à la cession d'une entreprise que la nécessité pratique qui rendent obligatoire l'extrême confidentialité des négociations.

C'est pourquoi le vendeur préférera souvent faire appel à un spécialiste, une banque d'affaires le plus souvent, pour trouver des acheteurs et mener les négociations dans la plus extrême confidentialité. La rémunération de ces spécialistes est liée le plus souvent au succès de la négociation, et est le plus souvent indexée sur le montant de la transaction. Il n'existe pas à proprement parler de

1 Le cours de Daimler a été divisé par 3 entre l'achat de Chrysler et sa vente en 2007.

modalités types de négociation. Chacune de ces transactions étant spécifique, il n'y a pas de règle absolue, si ce n'est que le négociateur doit avoir une tactique de négociation.

> L'avantage de la négociation privée est de permettre une grande confidentialité ; il peut même ne pas y avoir de traces écrites.

Les principaux éléments de la discussion sont le pourcentage de contrôle cédé (et le statut des actionnaires minoritaires s'il en reste), le prix de cession, les modalités de paiement, les conditions suspensives éventuelles, la convention de garantie d'actif et de passif et les relations contractuelles qui peuvent subsister entre le vendeur et la cible après la transaction.

La valeur de cession demeure la question essentielle de la négociation. Tout ce qui peut être dit lors de la négociation s'estompe en fin de parcours pour ne laisser apparaître qu'un paramètre : le prix.

Les différents protocoles, accords et clauses contractuelles intervenant dans les négociations privées sont :

a) Parfois un protocole[1] ou une lettre d'intention[2]...

48.8 Lorsque le cadre de la négociation a été défini, un protocole d'intention est parfois signé. Il permet très souvent d'entamer un processus dont l'aboutissement sera la transaction. Il s'agit d'un engagement moral et non véritablement juridique (hormis parfois une exclusivité de négociation). Souvent, l'acquéreur, muni du protocole d'intention, se retourne vers son conseil d'administration pour obtenir l'autorisation de poursuivre la négociation.

Cette étape peut-être évitée lorsque la volonté de négocier est ferme de part et d'autre. Dans ce cas, le protocole d'intention ralentit le processus de négociation, sans rien lui apporter.

b) ... mais souvent un protocole d'accord

48.9 L'étape ultérieure peut être un protocole d'accord qui concrétise la négociation des modalités pratiques de la cession. Il engage irrévocablement les parties, sauf s'il existe des conditions suspensives (réalisation de l'opération sous réserve que certaines conditions soient réunies, notamment l'accord des autorités de la concurrence et la consultation des instances représentatives du personnel).

c) Le montage financier

48.10 Très souvent, il faut mettre en place un montage financier destiné à surmonter des barrières psychologiques, fiscales, juridiques ou financières, mais qui ne change en rien la valeur de l'entreprise.

> Les montages financiers ne permettent pas de transformer une mauvaise opération en une bonne : ils ont simplement pour but de rapprocher les parties en présence.

Il arrive que le vendeur se bloque sur une valeur purement symbolique de son entreprise en dessous de laquelle il ne voudra pas descendre pour des raisons psychologiques. S'il fixe cette barre à 200, alors que l'acheteur ne veut pas aller au-delà de 190, certains proposeront alors un échelonnement du paiement du prix dans le temps pour emporter l'accord du vendeur. Celui-ci recevra ainsi 100 aujourd'hui et 100 dans deux ans, soit 200 à ses yeux, mais 190,7 lorsqu'on

---

1 MOU, *Memorandum Of Understanding* en anglais.

2 LOI, *Letter Of Intent*. Celle-ci sera appelée *term sheet* si elle est rédigée de façon synthétique.

actualise à 5 %. Il ne s'agit plus là de finance mais de psychologie, et cet artifice ne trompe que ceux qui veulent bien être trompés.

Le montage financier est en quelque sorte une gangue qui cache le véritable prix de la cession. Les montages élaborés en début de négociation sont souvent compliqués. Ils se simplifient tout au long de la négociation quand chacun des partenaires s'accoutume à l'idée de vendre ou d'acheter. Loin d'être un *deus ex machina*, le montage financier permet de faire évoluer chaque partie vers la position de l'autre ; il n'est ainsi qu'une étape, bien souvent nécessaire.

48.11 Les éléments suivants font partie de la « boîte à outils » du banquier d'affaires :

- le rachat par un holding de reprise *ad hoc*, qui joue de l'effet de levier de la dette, avec réinvestissement partiel des fonds par le vendeur qui peut ainsi espérer gagner deux fois (voir chapitre 50) ;
- le paiement d'une partie de la transaction par échange de titres avec la société acheteuse qui pourront être cédés dans le marché si l'acheteur est coté ;
- l'indexation d'une partie du prix de la transaction sur le prix de cession effectif d'un actif non stratégique que l'acheteur ne souhaite pas conserver ;
- l'*earn-out* qui permet d'indexer une partie du prix de la transaction sur les résultats futurs de la société achetée. Deux modalités sont alors envisageables : soit l'acheteur prend le contrôle de la totalité du capital de la cible sur la base d'un prix plancher, qui ne pourra être revu qu'à la hausse, soit il n'achète qu'une quote-part du capital à un certain prix et achètera le solde ultérieurement sur la base des résultats futurs de l'entreprise. Ce type de montage est très pratiqué par les sociétés de services afin de retenir les dirigeants de la société acquise et de faciliter la transition dans ces métiers où le principal actif sont les collaborateurs.

2 ▪ Les enchères

48.12 Le principe des enchères est de proposer l'entreprise à vendre à plusieurs parties susceptibles d'être intéressées, de mettre celles-ci en concurrence et de faire affaire avec le mieux-disant dans un calendrier serré et selon un processus prédéterminé. La mise aux enchères est souvent privée mais elle peut être publique (annoncée par voie de presse ou décision de justice).

Les enchères privées se déroulent sous la conduite d'une banque d'affaires de la façon suivante. Une fois prise la décision de mettre en vente une entreprise, très souvent, le vendeur fera réaliser par un cabinet spécialisé un audit général de la société à vendre (*Vendor Due Diligence*, VDD en anglais)[1]. Cet audit permet au vendeur d'avoir une vision exacte des points faibles de l'actif qu'il cherche à céder avant le lancement du processus (ou tout du moins avant la négociation avec l'acquéreur final). La VDD comptable peut être accompagnée d'une VDD juridique, voire d'une VDD stratégique. La VDD n'est pas transmise dès le lancement du processus aux acquéreurs puisqu'elle contient des informations très confidentielles.

Parallèlement à la conduite de l'audit, la banque lancera effectivement le processus. Elle transmettra un descriptif sommaire (une ou deux pages) de la société, un *teaser*, à un certain nombre d'entreprises ou d'investisseurs financiers susceptibles d'être intéressés.

1 Le principe de rédaction d'une *Vendor Due Diligence* s'est popularisé à l'initiative des fonds de *private equity*. La VDD permet de donner un confort aux investisseurs financiers et à leurs banques qui ne sont pas des spécialistes du secteur.

Dans un premier temps, les acheteurs qui manifestent un intérêt reçoivent des informations complémentaires (en général synthétisées dans un mémorandum d'information ou « info memo ») en contrepartie de la signature d'un engagement de confidentialité (*non disclosure agreement* ou NDA en anglais). Après étude de cette information, ils déposent une offre d'achat sous forme d'une lettre d'intention (en anglais offre *non binding*) mentionnant un prix, son mode de financement, des conditions suspensives et éventuellement le plan de développement/d'intégration.

Une demi-douzaine d'offres au plus (*short-list*) sont sélectionnées par le vendeur et son conseil sur la base du prix, des autres conditions de la vente et de leur confiance dans les candidats acquéreurs. Les candidats retenus ont alors accès à des informations complémentaires, peuvent obtenir un programme de visites des sites industriels et de réunions avec le management (*management presentations*). Un projet de contrat de cession est transmis aux acquéreurs potentiels. Il y a généralement constitution d'une *data-room* dématérialisée et accessible par Internet le plus souvent où sont regroupées toutes les informations d'ordre économique, financier, réglementaire, juridique ou fiscal concernant l'entreprise à vendre. Après consultation de ces informations exhaustives et rencontre avec le management, les acquéreurs potentiels doivent transmettre au vendeur une offre finale (en anglais offre *binding*).

À tout moment un droit d'exclusivité peut être accordé à l'un des acheteurs potentiels : pendant une certaine période (le plus souvent de quelques jours à quelques semaines) il est seul dans la course avec l'obligation de faire soit une offre ferme (et supérieure à un certain niveau), soit de se retirer définitivement. L'exclusivité est généralement accordée sur la base d'une offre « préemptive », c'est-à-dire d'une offre indicative particulièrement attractive.

La dernière étape de la vente est la sélection définitive de l'acquéreur. Elle repose bien entendu sur le prix de l'offre ferme, mais elle dépend aussi des remarques de l'acheteur sur le projet de contrat de vente (SPA, *sell and purchase agreement* ou *share purchase agreement* en anglais) qui lui a été transmis au cours de la procédure.

48.13 Les enchères peuvent laisser espérer obtenir un prix élevé par la mise en concurrence des acheteurs. Le dirigeant d'entreprise qui veut céder une filiale, l'actionnaire principal qui pourrait être attaqué par un actionnaire minoritaire, la banque d'affaires qui a réalisé l'opération peuvent ainsi prouver qu'ils ont tout fait pour obtenir le meilleur prix. Par ailleurs, cette méthode permet d'aller vite, puisque c'est le vendeur qui impose son rythme, non l'acheteur. La compétition instaurée peut engendrer un prix bien supérieur aux attentes.

Cependant, cette technique pose des problèmes de confidentialité car le dossier est entre beaucoup de mains et il est difficile de démentir une rumeur de vente… d'où la nécessité d'aller vite. Par ailleurs, cette technique fondée principalement sur le prix, n'échappe pas au risque d'une coalition des acheteurs (qui se répartissent ensuite les actifs). Enfin, au cas où le processus de vente n'aboutirait pas, l'image de l'entreprise peut être entamée. Il faut donc que la société ait une valeur stratégique incontestable et des résultats conformes aux prévisions. Le cauchemar est celui d'une enchère qui tourne mal car les résultats de l'entreprise ne sont pas à la hauteur de ce qui avait été annoncé, avec *in fine* un seul acheteur qui se sait seul…

Le calendrier type d'une enchère se déroule sur 3 à 5 mois entre la décision de céder et la réalisation de l'opération.

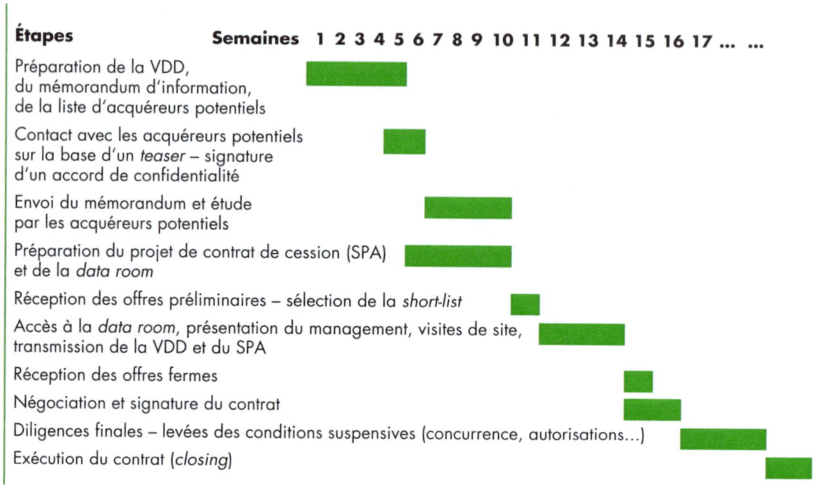

3 ▪ Le dénouement de la négociation

48.14 En définitive, quelle que soit la tactique de négociation choisie, le vendeur se retrouve en fin de processus dans les mains d'un seul acheteur potentiel ; il y a alors renversement des rapports de force. Une rupture des négociations à ce stade est dommageable pour le vendeur car elle oblige à contacter d'autres acquéreurs, qui s'étonneront alors que l'acheteur pressenti n'ait pas été jusqu'au bout. Le vendeur se retrouve alors en position de faiblesse pour finaliser la négociation du contrat d'achat et de vente dont le principal élément à arrêter est le texte des déclarations et de la garantie de passif.

Ces clauses du contrat sont d'autant plus importantes que l'entreprise a été achetée sur la base d'une valeur de rentabilité et que la documentation ne répertorie pas le détail des actifs et passifs de l'entreprise.

Soyons bien clairs : l'objet des déclarations et de la garantie de passif n'est pas de protéger l'acquéreur d'une sur- ou sous-évaluation de la société. Il permet seulement à l'acquéreur de s'assurer que **l'ensemble des moyens nécessaires à l'exploitation est bel et bien détenu par l'entreprise, que les comptes sont conformes aux principes comptables et qu'il n'existe pas de passifs cachés**.

De bonnes déclarations et une bonne clause de garantie de passif doivent permettre de garantir à l'acheteur :

- la substance des actifs immobilisés (et non leur valeur) ;
- la réalité et l'évaluation des stocks (pourvu que l'acquéreur et le vendeur se soient mis d'accord sur une méthode d'évaluation commune) ;
- la réalité des autres éléments de l'actif circulant ;
- le montant et la nature de l'ensemble des engagements de l'entreprise, que ceux-ci soient inscrits au bilan (dettes…) ou non…

Elles permettront également de répartir les risques connus dans l'entreprise au moment de la cession (litige, défaut de paiement des clients…) entre acheteur et vendeur.

48.15 **Dans les déclarations**[1] relatives à la société, le cédant s'engage essentiellement sur la **substance** de la société cédée.

Les déclarations du cédant portent essentiellement sur la régularité de la création de la société, sur l'existence de tous les actifs immobilisés comptabilisés au bilan ou bien utilisés par la société dans son exploitation courante : marques, brevets… En effet, la garantie ne porte pas sur la valeur comptable des actifs immobilisés, mais en assure l'existence.

Le cédant déclare que les stocks sont comptabilisés suivant des méthodes admises par la profession et l'administration fiscale, et que les amortissements et provisions sont calculés selon les règles comptables en vigueur. Le cédant déclare être notamment en règle avec les administrations fiscales et sociales et ne pas avoir de contrats exorbitants avec ses fournisseurs, ses clients, son personnel. Plus généralement, il annexe à la garantie tous les éléments portés à la connaissance de l'acheteur et spécifiquement les contrats particuliers, les cautionnements… pour lesquels la garantie ne jouera pas puisque l'acquéreur en a eu connaissance.

Enfin, il est prévu pendant la période transitoire, c'est-à-dire entre la clôture des derniers comptes connus et la date de cession, que le cédant a géré et gérera la société en « bon père de famille ». Il affirme notamment qu'il n'y a pas eu de distribution de dividendes ou de cession d'actifs, sauf celles définies d'un commun accord pendant cette période, et qu'il n'y a pas eu d'investissements ou d'embauches supérieurs à un maximum déterminé, ni de modifications de contrats… C'est le système de la *locked box* pour lequel le prix de cession est fixé définitivement sur la base des derniers comptes transmis par le vendeur et revus par l'acquéreur.

Dans la garantie de passif, le cédant s'engage à payer à l'acquéreur tout passif supplémentaire qui ne lui a pas été révélé (de sorte qu'il n'a pas pu le prendre en compte en fixant son prix), qui viendrait à se révéler après l'acquisition et dont le phénomène générateur aurait eu lieu avant la date de cession, et ce, pendant une période donnée (souvent 3 ans). Une franchise ou des seuils et un plafond déterminé sont prévus. Parfois, une compensation est possible avec des provisions qui deviennent sans objet ou des actifs ponctuels cédés à un meilleur prix que prévu. La clause de garantie de passif s'accompagne fréquemment de la rétention en compte séquestre d'une fraction du prix de vente, d'une garantie bancaire ou d'une police d'assurance (« la garantie de la garantie »).

Bon nombre d'autres clauses peuvent être passées entre l'acheteur et le vendeur. Notre objet n'est pas de les décrire, ce qui serait vain tant elles peuvent être nombreuses. Bien des dispositions sont en effet possibles dès lors qu'elles sont juridiquement valables, c'est-à-dire qu'elles ne vont pas à l'encontre du droit des sociétés, de la fiscalité et de la réglementation boursière (égalité entre les actionnaires) :

- convention sur le mode de paiement ;
- convention sur le statut des dirigeants ;
- convention avec les actionnaires minoritaires ;
- convention sur l'audit des comptes de la société achetée ;
- etc.

Aussi nous paraît-il indispensable de s'entourer de conseillers juridiques chargés d'analyser la validité juridique de chaque disposition.

1 *Representations* en anglais.

48.16 L'étape ultime est la réalisation effective de l'opération. Elle est souvent différée dans le temps, en raison de conditions préalables à réunir : consultation des instances représentatives du personnel, audit comptable, juridique et/ou fiscal, restructuration du groupe, autorisation des pouvoirs publics dans certains secteurs (défense, banque...), accord des autorités de la concurrence qui peuvent nécessiter entre cinq semaines au minimum et six mois, voire plus.

Parfois le rapprochement est interdit pour des raisons de concurrence (fusion UPS-TNT Express). De fait, ces préoccupations doivent intervenir très en amont dans un dossier de rapprochement où les parties sont assistées d'avocats spécialisés.

En France, une opération sera examinée par les autorités de la concurrence si le chiffre d'affaires mondial des parties concernées est supérieur à 150 M€ et si le chiffre d'affaires réalisé en France par deux au moins des entreprises parties au rapprochement est supérieur à 50 M€.

Au niveau européen, les seuils sont de 5 Md€ pour le chiffre d'affaires combiné des parties et de 250 M€ pour celui réalisé de façon combinée en Europe par au moins deux parties.

Enfin au niveau américain, la loi Hart Scott Rodino prévoit une absence de notification si la valeur de la cible est inférieure à 75,9 M$. De nombreux types d'opérations sont cependant exonérés : transaction de moins de 303,4 M$ entre des sociétés réalisant moins de 151,7 M$ de chiffre d'affaires, cible réalisant un chiffre d'affaires de moins de 15,2 M$ aux États-Unis, etc.

4 ■ Le processus *dual track*

48.17 Afin d'augmenter son pouvoir de négociation, le cédant, surtout s'il s'agit d'un fonds d'investissement, procède parfois à un double processus, le *dual track*, qui consiste à lancer la vente par enchères tout en menant parallèlement les préparatifs nécessaires à l'introduction en Bourse de la cible. Au final, le choix est fait en fonction du prix qui peut être obtenu par chaque processus. C'est ainsi qu'en 2012 Bridgepoint annule l'introduction en Bourse de Afflelou pour céder cette entreprise à Lion Capital.

Section 3 ■ Comment acheter une entreprise cotée en Bourse en France ?

48.18 La première idée qui vient pour acheter ou prendre une participation significative dans une société cotée serait de ramasser des titres en Bourse jusqu'au moment où l'on est suffisamment fort pour négocier avec les autres actionnaires et l'équipe dirigeante. Cette solution paraît attractive puisqu'elle permettrait de prendre le contrôle sans avoir à acheter l'ensemble des titres. C'est pourquoi la loi et les autorités boursières ont imposé certaines contraintes à l'achat de titres en Bourse. L'objectif de cette réglementation qui concerne les sociétés de droit français cotées sur un marché réglementé [1] est d'assurer une compétition transparente et équitable entre acheteurs concurrents.

1 Et sur un marché régulé comme Alternext pour la plupart des règles.

Tout d'abord, il existe une obligation de déclaration de franchissement de seuil : lorsqu'un actionnaire dépasse un certain pourcentage du capital ou des droits de vote d'une société cotée, une obligation de publicité s'impose à lui. De plus, il existe une obligation de lancer une offre publique lors du franchissement de certains seuils. Ce sont des principes que l'on retrouve dans la plupart des pays européens.

L'Autorité des marchés financiers (AMF) assure le contrôle des offres publiques en France. Elle contrôle et interdit la diffusion d'informations fausses ou trompeuses, répandues sciemment dans le public afin d'agir sur le cours d'une valeur mobilière (ce délit de manipulation de cours est sanctionné par la loi) ; elle fixe et contrôle les « règles du jeu » en matière d'offre publique (calendrier, prix, dérogations...).

1 ■ L'achat en Bourse

a) La constitution d'un bloc minoritaire

48.19 L'achat de titres en Bourse permet d'acquérir une participation significative, voire de prendre le contrôle d'une société cotée. C'est ainsi que le groupe LVMH a acquis 22 % d'Hermès. Cette pratique doit respecter les règles du marché (transparence et loyauté).

L'investisseur souhaitant accumuler des titres peut utiliser trois techniques :

- le **ramassage** qui s'effectue par interventions successives sur le marché. Les achats au cours de Bourse sont réalisés, en principe, à des vendeurs inconnus ;

- l'achat de **blocs** qui consiste à négocier l'acquisition de blocs d'actions de taille significative auprès de vendeurs identifiés ;

- l'***equity swap*** ou *total return swap* qui est un contrat d'échange de performances (dividendes, plus et moins values) entre une banque (qui verse la performance à l'investisseur) et l'investisseur qui souhaite être exposé à la performance d'un titre sans toutefois le détenir (et qui verse un intérêt à la banque). Pour se couvrir, la banque est conduite à acheter sur le marché les titres. À l'échéance du *swap*, l'investisseur acquerra les titres de la banque au prix où celle-ci les a achetés[1]. C'est ainsi que Lactalis a acquis 29 % de Parmalat en 2011.

Pour que le ramassage de titres soit un succès (acquisition d'un pourcentage intéressant à un prix raisonnable), les conditions suivantes doivent être réunies :

- le capital de la société visée doit être dispersé, aucun actionnaire dominant ne contrôlant véritablement la société ;

- l'opération doit être menée en secret pour éviter que des mesures de défense ne soient prises par des actionnaires opposés à l'acquéreur des titres et que le cours de Bourse de la cible ne monte ;

- le volume des transactions quotidiennes sur le titre doit être suffisamment important pour pouvoir réaliser des achats en grande quantité sans provoquer un déséquilibre du marché.

Il arrive que l'achat des titres soit opéré par plusieurs investisseurs agissant de concert (voir ci-dessous) et parfois sur une longue durée.

1 Pour plus de détails sur les *equity swaps*, voir *La Lettre Vernimmen.net* décembre 2002, n° 15, pages 1 à 3.

L'AMF s'efforce, dans la mesure du possible, de déterminer si une hausse des cours, dans un volume de transactions supérieur à l'ordinaire, traduit un ramassage de titres de la part d'investisseurs et si ce ramassage est effectué par des personnes agissant de concert. Elle dispose du droit de se faire communiquer par les sociétés cotées toutes les pièces jugées nécessaires à l'accomplissement de son activité et peut demander à l'acquéreur de déclarer son intention ou non de lancer une offre (voir paragraphe 48.29).

Si la procédure est simple au plan technique (il suffit de passer des ordres de Bourse), elle est soumise aux obligations de déclaration de franchissement de seuil et d'intention dans le capital des sociétés cotées mentionnées au paragraphe 48.21.

b) L'action de concert

48.20 Selon le Code du commerce[1] « Sont considérées comme agissant de concert les personnes qui ont conclu un accord en vue d'acquérir, de céder ou d'exercer des droits de vote, pour mettre en œuvre une politique commune vis-à-vis de la société ou pour obtenir le contrôle de cette société ». L'action de concert nécessite l'existence d'une communauté d'objectifs de la part des concertistes. La loi n'exige pas d'accord écrit pour matérialiser une action de concert[2] ! Bref, tout est une question d'appréciation au cas par cas par les autorités de marché, voire les tribunaux. Ainsi, un industriel et un financier qui avaient acquis leurs titres au même moment, remplacé les membres du conseil d'administration par des personnes leur étant proches et annoncé une nouvelle politique industrielle, tout ceci sans accord écrit, ont été considérés comme agissant bel et bien de concert.

En cas d'offre publique, sont considérés de concert les investisseurs ayant conclu un accord avec l'initiateur de l'offre visant à obtenir le contrôle de la société visée (notion de concert offensif), ainsi que les personnes qui ont conclu un accord avec cette dernière afin de faire échouer l'offre (notion de concert défensif).

La réglementation boursière s'applique alors à l'ensemble des actionnaires agissant de concert, leur participation formant un bloc aux yeux des autorités boursières : si deux actionnaires indépendants détenant chacun 20 % du capital décident un jour d'agir de concert avec ou sans pacte écrit, ils doivent déposer un projet d'offre publique sur la totalité du capital puisqu'ils auront franchi un seuil d'offre publique obligatoire (30 % sur Euronext et 50 % sur Alternext). C'est ce qui s'est produit en 2013 quand Apax (29,9 % du capital) et Boussard & Gavaudan (27,9 %) ont signé un pacte d'actionnaires constituant une action de concert sur GFI.

Il y a présomption d'action de concert entre les sociétés d'un même groupe, entre une société et son management. L'action de concert peut également être présumée s'il y a parallélisme des comportements d'investisseurs.

c) Les obligations de publicité et de transparence

48.21 Le principe de transparence (dans la phase de préparation d'une prise de contrôle et lors du lancement) se traduit par plusieurs obligations.

Toute personne physique ou morale qui vient à franchir directement ou indirectement, seule ou de concert, les seuils de 5 %, 10 %, 15 %, 20 %, 25 %, 30 %, du tiers, 50 %, les deux tiers, 90 % et 95 % du capital ou des droits de vote d'une société, doit informer, sous un délai de quatre jours de négociation, l'AMF du franchissement du **seuil de participation** et du nombre total d'actions qu'elle possède ainsi que la société concernée. Les titres concernés sont aussi bien ceux qu'une entreprise

1 Article L. 233-10.

2 Elle a ainsi qualifié les achats de Sacyr et d'investisseurs espagnols dans Eiffage.

donnée possède que ceux que détiennent les sociétés qu'elle contrôle, ou ceux qui sont possédés par un tiers qui a passé un accord avec elle ou avec les sociétés qu'elle contrôle, ou les actions déjà émises qu'elle est en droit d'acquérir à sa seule initiative en vertu d'un accord ou d'un instrument financier (promesse ou option d'achat, *equity swap, contract for difference*...).

Par ailleurs, les seuils de 10 %, 15 %, 20 % et 25 % obligent l'investisseur qui a acquis ce pourcentage à faire une **déclaration d'intention** pour les 6 prochains mois (agit-il seul ou de concert, cherche-t-il à prendre ou non le contrôle, poursuivra-t-il ses achats, veut-il demander des postes d'administrateurs, quel est le mode de financement de l'acquisition, la stratégie envisagée et les opérations pour la mettre en œuvre ainsi que tout accord de cession temporaire).

En outre, les sociétés peuvent prévoir dans leurs statuts une obligation complémentaire d'information portant sur les détentions de fractions du capital inférieures à celles prévues, mais elles ne sauraient être inférieures à 0,5 %. L'information doit alors être donnée à la société qui ne la rend pas nécessairement publique.

Les sanctions pour le non-respect de l'obligation de déclaration des seuils légaux sont les suivantes : outre une amende symbolique, le droit de vote des actions excédant la fraction du seuil qui aurait dû être déclaré est supprimé jusqu'à l'expiration d'un délai de deux ans suivant la date de régularisation. Cette durée peut être portée à cinq ans par le tribunal de commerce sur demande du président de la société, d'un actionnaire ou de l'AMF. Ce régime de suppression du droit de vote peut aussi être mis en place sous certaines conditions en cas de non-respect des déclarations prévues dans les statuts.

Enfin, les entreprises sont tenues d'informer l'AMF de toute clause d'une convention prévoyant des conditions préférentielles d'acquisition ou de cession de titres portant sur plus de 0,5 % du capital ou des droits de vote d'une société cotée. Faute de quoi, les effets de cette convention seraient suspendus en période d'offre. L'AMF assure la publication de cette information.

Seuils de déclaration dans différents pays

Pays	Seuils
Allemagne	3 %, 5 %, 10 %, 15 %, 20 %, 25 %, 30 %, 50 % et 75 %
Belgique	3 %, 5 % et multiples (ne peut être inférieur à 1 % dans les statuts)
Espagne	3 %, 5 % et multiples (ne peut être inférieur à 3 % dans les statuts) de 5 % au-delà puis 50 %, 60 %, 70 %, 75 %, 80 % et 90 %
États-Unis	5 % et tous les multiples de 1 % au-delà
Italie	2 %, 5 % et multiples de 5 % au-delà jusqu'à 30 %, puis 50 %, 66,6 %, 90 % et 95 %
Pays-Bas	3 %, 5 %, 10 %, 15 %, 20 %, 25 %, 30 %, 40 %, 50 %, 60 %, 75 % et 95 %
Royaume-Uni	3 % et tous les multiples de 1 % à partir de là
Suisse	3 %, 5 %, 10 %, 15 %, 20 %, 25 %, 33,3 %, 50 %, 66,6 %

2 ■ L'offre publique d'achat ou d'échange

48.22 L'offre publique consiste à proposer aux actionnaires d'une société l'acquisition de la totalité des titres composant le capital à un prix donné et sur une période déterminée.

> L'offre publique est la forme normale d'acquisition du contrôle d'une société en Bourse.

On associe trop souvent à tort offre publique et offre sauvage et agressive. L'offre publique est la forme technique qui paraît la mieux à même de défendre les intérêts des actionnaires minoritaires par sa forme et par la publicité qu'elle implique. Elle permet une bonne valorisation de leurs titres.

Le paiement peut être réalisé soit en espèces, et c'est une **offre publique d'achat** (OPA), soit par échange de titres, et c'est une **offre publique d'échange** (OPE), soit enfin en combinant ces deux possibilités dans une **offre mixte**. Si les deux branches de l'offre sont indépendantes (laissant le choix entre espèces et titres par exemple), on parle d'**offre alternative**.

Lorsque l'offre est composée d'une offre principale et d'une offre subsidiaire, l'initiateur définit le nombre maximal de titres acceptable dans la branche subsidiaire (que celle-ci soit une OPA ou une OPE). Si l'apport de titres à la branche subsidiaire est trop important, le surplus sera automatiquement transféré sur l'offre principale.

48.23 L'offre publique peut être lancée sans négociation préalable avec la société cible, ou après qu'elles ont échoué, ou en concertation avec celle-ci.

On parle souvent d'offre amicale lorsque le conseil d'administration de la cible recommande aux actionnaires d'apporter leurs titres à l'offre. Dans le cas inverse, la cible parle d'**offre hostile** ou inamicale et l'initiateur « d'offre non sollicitée mais amicale »...

Aux États-Unis, environ 15 % des offres publiques sont hostiles ; en France, le pourcentage est moindre. Il est fréquent qu'une offre hostile devienne amicale en cours de procédure quand un prix revu à la hausse fait mieux passer le choc initial et facilite la réalisation de la transaction.

Voici quelques éléments guidant le choix de l'initiateur :

	Offre amicale	Offre hostile
Rapidité de préparation	Quelques mois	Rapide, quelques semaines
Durée de l'offre		Plus longue de 10 jours de négociation
Rapidité de l'intégration post-offre	Peut être ralentie par la volonté de construire un consensus	Peut être rapide
Prime de contrôle payée		Plus forte pour attirer les actionnaires malgré les recommandations inverses du conseil d'administration et des dirigeants
Risque d'intervention d'un tiers	Faible	Fort, recherche d'un chevalier blanc par la cible
Risque de déstabilisation de la cible	Faible	Fort, incertitude sur l'organisation future
Acceptabilité sociale	Politiquement correcte	Politiquement incorrecte dans certains secteurs (banques) ou pays (Allemagne)
Culture d'entreprise résultante	Souvent un mix	Souvent celle de l'acheteur

Il existe deux grands types d'offre publique : l'offre publique normale et l'offre publique simplifiée que nous traiterons au paragraphe 48.32.

48.24 **L'offre publique peut être volontaire ou obligatoire** lorsque les seuils de 30 %[1], ou de 1 % du capital ou des droits de vote par an pour un actionnaire détenant déjà entre 30 % et 50 %[2], sont franchis par un actionnaire agissant seul ou de concert. L'offre est obligatoire si un actionnaire agissant seul ou de concert prend le contrôle d'un holding détenant plus de 30 % du capital ou des droits de vote d'une société cotée, à condition que cette participation constitue un actif essentiel du holding. Enfin, lorsqu'une offre est déposée sur une société détenant plus de 30 % du capital ou des

1 Le seuil a été abaissé début 2011 de 33,3 % à 30 %. Les actionnaires dont la participation était comprise entre 30 % et 33,3 % au 1er janvier 2010 restent soumis à ce dernier seuil. Ce seuil s'applique aux sociétés cotées sur Euronext et pas sur Alternext où il est de 50 %.

2 Du capital ou des droits de vote.

droits de vote d'une autre société cotée (française ou étrangère), et que cette participation en constitue un actif essentiel, l'initiateur a alors l'obligation de faire également une offre irrévocable et loyale sur les titres de cette dernière société[1].

L'offre obligatoire est assortie d'un seuil de caducité de 50 %. S'il n'est pas atteint, les titres acquis sont conservés par l'initiateur mais les droits de vote au-delà de 30 % sont gelés. Dans l'offre volontaire, l'initiateur peut stipuler un seuil de succès, en pratique entre 50 % et 66,7 %, en deçà duquel il se réserve la faculté de renoncer à son offre et de ne pas acquérir les titres. En cas d'absence de seuil de succès, un seuil de caducité de 50 % s'applique.

L'offre publique, qu'elle soit volontaire ou obligatoire, doit porter sur 100 % du capital de la cible.

48.25 Notre expérience des critères permettant de choisir entre OPA et OPE est résumée dans le tableau suivant :

	Paiement en liquidités	**Paiement en actions**	**Remarques**
Partage des synergies	Les actionnaires de la cible ne perçoivent les synergies qu'au travers de la prime qui leur est payée	Participation entière des actionnaires de la cible aux synergies futures	Dans une OPE amicale la prime peut être limitée si les synergies anticipées sont élevées
Effets psychologiques	Le cash crédibilise l'offre et accroît sa valeur psychologique	Caractère « amical » du paiement en titres	
Structure financière de l'initiateur	Accroît le levier financier	Abaisse le levier financier	La taille des opérations peut imposer le paiement en titres
Actionnariat	Aucun impact sauf si refinancement ultérieur par augmentation de capital	Le nouvel actionnariat est un mélange des deux actionnariats de départ	L'actionnaire de la cible peut devenir l'actionnaire principal de l'initiateur suite à une OPE/fusion.
Effet sur le cours de l'initiateur	Après impact de l'annonce, pas de lien direct entre le cours de l'initiateur et celui de la cible	Lien immédiat et permanent pendant toute la durée de l'offre entre le cours de l'initiateur et celui de la cible	Une OPE est d'autant plus crédible que les cours des deux sociétés s'ajustent après l'annonce sur la parité d'échange proposée
Signal du point de vue de l'initiateur de l'offre	Signal positif : action de l'acheteur sous-évaluée Endettement : signal positif	Signal négatif : action de l'acheteur surévaluée	Si la taille de la cible impose l'OPE, il n'y a pas de signal envoyé.
Effets comptables	Accroît le BPA et son taux de croissance si l'inverse du PER de la cible, prime comprise, est supérieur au coût après impôt de la dette	Accroît le BPA si le PER de l'initiateur est supérieur au PER de la société cible, prime comprise	Le BPA n'est pas un bon critère de détermination de la création de valeur
Fiscalité de l'initiateur	Déductibilité des frais financiers à 75 %	Pas d'impact, sauf plus-value si utilisation de titres autodétenus depuis moins de 2 ans	La fiscalité n'est pas en soi un critère dirimant
Fiscalité des actionnaires de la cible	Plus-value imposée	Imposition différée à la cession des titres reçus	
Poids dans les indices	Pas de changement	Poids plus important dans les indices (plus grande capitalisation boursière)	Possibilité de *re-rating* liée à un effet taille en cas d'OPE

En pratique, le choix n'est pas toujours aussi manichéen et l'initiateur peut envisager une offre mixte ou une alternative en cash à une OPE ou encore une offre *mix & match* comme nous le verrons ultérieurement. Toutefois, si l'initiateur a acquis en numéraire dans les douze mois

1 C'est ainsi que l'AMF avait obligé Sacyr à faire une offre sur APRR, filiale d'autoroutes d'Eiffage sur qui il avait lancé une offre.

précédents l'offre plus de 5 % du capital, son offre doit obligatoirement comporter une option en cash et ne peut donc être une pure OPE. La banque conseil de l'initiateur a un rôle déterminant dans les réflexions sur le choix de l'offre, le niveau de prime offert, la communication financière...

a) Le lancement de l'offre publique

48.26 L'offre publique s'appuie sur deux principes généraux : la transparence (dans le déroulement de l'offre) et l'égalité de traitement des actionnaires.

En pratique, l'initiateur de l'offre, qui souhaite prendre le contrôle d'une société cotée, doit déposer un dossier à l'AMF. Le paiement de l'offre doit être garanti par un établissement financier. Une fois déposée, l'offre est irrévocable sauf quelques cas particuliers [1]. Ce projet contient :

- une lettre qui mentionne les objectifs et les intentions de l'initiateur, le nombre de titres de la cible qu'il détient déjà ou peut acquérir, le prix ou la parité d'échange et les éléments retenus pour les fixer, les conditions de paiement ou d'échange et éventuellement les conditions suspensives ;
- le projet de note d'information.

L'AMF publie alors les principales dispositions du projet d'offre, ce qui marque le début de la période d'offre et met à disposition sur son site [2] le projet de la note d'information. Celle-ci comprend principalement la teneur de l'offre, la politique industrielle et financière envisagée, les orientations en matière d'emploi, l'identité des investisseurs avec qui l'initiateur est de concert.

Parallèlement, l'initiateur de l'offre doit publier un communiqué de presse dès le dépôt du projet de note d'information, présentant les principales caractéristiques de l'offre (objectifs, nombre et nature des titres, termes de l'offre, prix ou parité d'échange, accord conclu avec des tiers...). En parallèle, le conseil d'administration de la société cible doit faire connaître son avis sur l'intérêt de l'offre.

48.27 L'AMF dispose de dix jours de négociation pour se prononcer sur la conformité de l'offre aux dispositions législatives et réglementaires :

- respect des principes généraux : loyauté des transactions et de la compétition, égalité des actionnaires, libre jeu des offres et de leurs surenchères, transparence et intégrité du marché ;
- qualité de l'information : transparence, cohérence, complétude.

Le rôle de l'AMF par rapport au prix ou à la parité dépend du type d'offre :

- dans une offre volontaire, le prix ou la parité d'échange sont librement définis par l'initiateur. L'AMF intervient pour vérifier la cohérence et la pertinence des éléments d'information donnés par l'initiateur pour apprécier le prix ;
- dans une offre obligatoire, le prix doit être fixé à « des conditions telles qu'il puisse être déclaré conforme » par l'AMF qui exerce un contrôle sur ce prix. En outre, le prix proposé doit être au moins égal au prix le plus élevé payé par l'initiateur sur une période de 12 mois précédant le franchissement de seuil ;

---

1 Vote de l'assemblée générale pour la création d'actions pour une OPE, accord des autorités anti-trust, contre-offre, modification de la consistance de la cible ou offre devenue sans objet.

2 www.amf-france.org.

- pour les offres dans lesquelles existe une situation de conflit d'intérêt[1] (offre obligatoire ou volontaire), un expert indépendant se prononce sur le prix dans les conditions très strictes prévues par le règlement général de l'AMF. Le conseil d'administration de la société cible doit se prononcer sur l'offre en s'appuyant sur cette expertise. L'AMF dans sa déclaration de conformité « examine les conditions financières de l'offre au regard notamment du rapport de l'expert indépendant et de l'avis motivé du conseil d'administration » ;

- enfin, l'AMF exerce un contrôle du prix dans les autres cas où des dispositions spécifiques sont prévues s'agissant du prix ou de la parité d'offre : offre publique simplifiée[2], retrait obligatoire.

Dans tous les cas, le conseil d'administration de la société cible aidé de ses conseils doit donner un avis motivé sur l'offre et sur son prix. Dans les cas où un expert indépendant a été nommé, l'avis motivé de la cible doit s'appuyer sur cette expertise. Le comité d'entreprise de la cible doit avoir été consulté et son propre avis est rendu public dans le mois qui suit le dépôt de l'offre.

Si l'offre n'est pas déclarée conforme par l'AMF, l'initiateur devra soit renoncer à l'opération, soit augmenter le prix d'offre, soit faire appel de la décision rendue. Ceci permet d'écarter les offres de mauvaise foi ou de diversion.

Puisque l'offre publique a pour objet d'inciter les actionnaires de la société visée à vendre leurs titres, le prix proposé doit être supérieur au cours de Bourse. Il est en général de 15 % à 30 % plus élevé que la valeur en Bourse de l'action (voir paragraphe 35.47). L'offre publique doit porter sur la totalité des titres composant le capital et donnant accès au capital : obligations convertibles, obligations remboursables en actions, bons de souscription d'actions, actions issues de l'exercice de stock-options…

b) Le déroulement de l'offre publique

48.28 Le dépôt d'un dossier d'offre publique auprès de l'AMF entraîne généralement la suspension des cours le temps que l'information soit équitablement diffusée dans le marché. La suspension des cours permet d'éviter les mouvements spéculatifs sur le titre en raison d'informations incomplètes ou inégalement réparties.

Deux, trois jours après la diffusion de la note d'information visée par l'AMF, l'offre est ouverte.

Dans les cinq jours de négociation après la déclaration de conformité, voire en principe dans les vingt jours suivant le dépôt de l'offre si un expert indépendant intervient, la société cible doit communiquer à l'AMF une note en réponse. Celle-ci contient principalement l'avis motivé du conseil d'administration sur l'offre, la structure de l'actionnariat, les pactes d'actionnaires qui peuvent restreindre les cessions d'actions et l'exercice des droits de vote, les accords conclus par la société qui prendraient fin ou seraient modifiés en cas de changement de contrôle, et le cas échéant l'avis d'un expert indépendant.

Pendant la durée de validité de l'offre (25 jours de négociation, 35 jours de négociation si l'offre est hostile), les actionnaires qui souhaitent apporter leurs titres à l'offre l'indiquent à leur intermédiaire financier sous forme d'ordre d'apport[3]. Ils peuvent également vendre leurs titres sur

1 Offre d'une société mère sur sa filiale par exemple.

2 Offre au moins égale à la moyenne des soixante derniers jours de Bourse.

3 Les pactes d'actionnaires qui impactent la libre cessibilité des actions (droit de préemption, incessibilité…) produisent leurs effets pendant l'offre sauf disposition contraire des statuts de la cible.

le marché. En outre, l'initiateur d'une offre publique a la possibilité d'intervenir sur le marché (sauf si l'offre contient un seuil de succès (offre volontaire) ou s'il s'agit d'une OPE ou d'une offre mixte). Toutes les interventions réalisées sur le marché par l'initiateur ou la cible et les personnes agissant de concert avec eux doivent être déclarées.

Précisons également que les sociétés concernées, les administrateurs, les conseillers et toute personne détenant au moins 5 % du capital ou des droits de vote de la société visée ou de l'initiateur doivent déclarer chaque jour leurs opérations d'achat et de vente des titres correspondants. La même obligation de déclaration s'applique aux personnes qui ont acquis depuis le dépôt du projet de note d'information, plus de 0,5 % du capital de la société visée.

L'initiateur ne peut acheter des titres au-dessus de son prix d'offre. Si l'initiateur achète des titres au-dessus de son prix d'offre, il doit augmenter ce dernier prix d'autant et d'au moins 2 %.

L'AMF a aussi un rôle régulateur dans la communication financière des parties qui doivent la lui soumettre pendant l'offre afin d'éviter la désinformation et les excès. Sauf procédure simplifiée (voir paragraphe 48.31), Euronext Paris centralise les ordres et publie les résultats de l'offre.

Si l'offre connaît une suite positive, elle est automatiquement réouverte dans les dix jours de négociation suivant la publication du résultat définitif afin de permettre aux actionnaires qui n'ont pas apporté leurs titres de le faire et de bénéficier de la prime de contrôle.

c) Les moyens de défense

48.29 Les moyens de défense à la disposition d'une société dont les actions sont ramassées en Bourse sont théoriquement plus nombreux et variés que ceux d'une société qui est la cible d'une offre publique. Cette disparité s'explique par le caractère secret du premier, et par les règles d'égalité et de transparence qui s'appliquent à la seconde.

En cas de ramassage détecté, la société pourra recourir à l'ensemble des moyens de contrôle d'un actionnariat décrits au chapitre 45. En outre, elle pourra faire ramasser des titres par des investisseurs « amis » afin d'augmenter le pourcentage détenu par des mains « sûres » et augmenter le cours de son titre, ce qui renchérit le coût du ramassage pour l'initiateur. Encore faut-il avoir le temps de faire toutes ces opérations qui, généralement, exigent un délai. Pour ce faire, si l'assaillant a été identifié et que les rumeurs prennent de l'ampleur, la cible pourra demander à l'AMF d'intervenir. L'AMF peut, en effet, exiger une déclaration d'intention d'un assaillant putatif en cas de mouvements significatifs de cours (prix et volumes) ou « d'actes préparatoires » au dépôt d'une offre (discussion, nomination de conseils). Si l'intention est de lancer une offre, l'AMF fixe un délai pour communiquer les caractéristiques de l'offre. Au terme de ce délai, l'offre est déposée ou annoncée. S'il reste des conditions à lever, un nouveau délai peut être accordé. Si l'intention est négative, il y a interdiction pour le déclarant de déposer une offre pendant six mois, sauf changement important de circonstances. C'est ainsi que Zodiac a pu décourager une offre de Safran en 2010.

Depuis la loi dite « Florange » de 2014, la société peut prendre toute décision dont la mise en œuvre est susceptible de faire échouer l'offre dans la limite des pouvoirs reçus aux assemblées des actionnaires et de l'intérêt social de la société, à moins que les statuts ne l'interdisent expressément.

Par ailleurs, dès l'instant où une offre est lancée, les parties en présence doivent respecter l'intérêt social de l'entreprise, assurer l'égalité de traitement des actionnaires, ne pas perturber le marché boursier, agir de bonne foi et respecter l'esprit de la réglementation de l'AMF. Si les dirigeants de la société visée veulent accomplir des actes autres que de gestion courante, à l'exception de ceux expressément autorisés par l'assemblée générale des actionnaires réunie pendant l'offre, ils doivent en aviser l'AMF afin de lui permettre de veiller à l'information du public et de faire connaître, s'il y a lieu, son appréciation. Si ces changements de périmètre sont de nature à modifier la consistance de la cible, l'initiateur peut, avec l'accord de l'AMF, renoncer à son offre.

En fait, la société cible peut soit se défendre par la pédagogie (en expliquant à ses actionnaires, au marché et aux médias pourquoi elle sera en mesure de créer plus de valeur dans l'avenir que la prime offerte par l'initiateur), soit utiliser des moyens de défense plus actifs, dont les principaux sont :

- l'offre publique concurrente ;
- l'offre publique sur l'initiateur ;
- les achats « d'amis » ;
- l'augmentation de capital et les modifications de périmètre ;
- les bons défensifs ;
- l'action en justice.

Reste à voir maintenant jusqu'où un conseil d'administration sera prêt à aller pour faire échouer une offre, privant ses actionnaires d'une plus-value potentielle, alors que ceux-ci peuvent mettre en jeu la responsabilité des administrateurs.

48.30 **L'offre publique concurrente** doit être déposée au moins cinq jours de négociation avant la clôture de l'offre précédente. Elle doit représenter, par rapport à celle-ci, un prix par action au moins supérieur de 2 %. Dans ce cas, les ordres d'apport des actionnaires à la première offre sont automatiquement révoqués. Par ailleurs, l'initiateur de la première offre pourra toujours surenchérir sur l'offre concurrente ; son succès n'est donc pas assuré à l'avance. C'est le « **chevalier blanc** » qui devient parfois, lorsqu'il a réussi, gris ou noir. C'est ainsi que le groupe allemand E.ON est venu « au secours » d'Endesa « attaqué » par le groupe espagnol Gas Natural[1].

L'OPA ou l'OPE de la cible sur l'initiateur agressif (« le PACman ») n'est possible que s'il est lui-même coté et si ses titres sont largement répartis dans le public. Les projets industriels ne sont alors pas très différents puisqu'une offre de X sur Y aboutit au même ensemble économique que l'offre de Y sur X. Ainsi Elf riposta à l'offre de Total-Fina sur ses actions en lançant à son tour une offre sur les actions de cette dernière. Une bataille de communication (publicité, communiqués, rencontres avec des investisseurs) s'engage alors, sous l'œil de l'AMF, chaque camp expliquant pourquoi il saura mieux gérer le nouvel ensemble que l'autre…

Les achats « d'amis » sont strictement réglementés et doivent être déclarés tous les jours à l'AMF qui traque l'action de concert ou peut obliger l'ami à déposer une contre-offre ! Le reclassement de l'autocontrôle de la société cible dans des mains amies ou l'augmentation de l'autocontrôle de la cible pendant l'offre sont interdits.

L'augmentation de capital ou l'émission de valeurs mobilières est possible s'il existe une autorisation de l'assemblée générale antérieure à l'offre, ou si une assemblée générale extraordinaire, réunie pendant l'offre, l'autorise.

1 Avant de se faire coiffer au poteau par Enel et Acciona.

Les bons défensifs, présentés paragraphe 45.30, constituent une dissuasion forte. Les conséquences négatives de leur mise en œuvre pour l'initiateur de l'offre sont telles qu'il préférera négocier avec la cible leur neutralisation contre un relèvement du prix de l'offre. L'expérience américaine a montré qu'ils renforçaient la position de négociation des dirigeants de la cible, sans pour autant assurer son indépendance car leur mise en œuvre effective poserait le problème de la responsabilité des administrateurs ayant fait perdre aux actionnaires une opportunité de gain.

Des actions en justice peuvent être lancées contre la décision de conformité de l'AMF, pour faire respecter les règles boursières ou sur la base d'informations mensongères, si la note d'information de l'initiateur de l'offre apparaît critiquable aux dirigeants de la société visée. On peut aussi envisager de porter plainte pour abus de position dominante ou pour délit d'initiés si des achats inhabituels ont eu lieu avant le déclenchement de l'offre, pour non-respect du principe d'égalité des actionnaires. Le véritable intérêt de ces procédures est de faire gagner du temps au management de la société visée afin d'organiser sa riposte car ces litiges ne seront pas jugés au fond avant plusieurs trimestres.

d) Un peu de recul

48.31 Les différentes mesures anti-OPA entraînent le plus souvent l'amélioration des conditions de l'offre, mais rarement son échec. Cela peut d'ailleurs conduire à ce qu'une offre hostile (ou plutôt non sollicitée) devienne amicale (Sanofi/Genzyme, Arcelor/Mittal).

Que l'offre hostile réussisse ou qu'un chevalier blanc intervienne, l'opération aboutit dans tous les cas à la perte de l'indépendance de la cible.

Quelles sont alors les mesures de défense les plus efficaces ?

L'expérience montre que les sociétés qui prennent l'initiative des opérations disposent d'un avantage certain. Se défendre, c'est notamment veiller à être en mesure de saisir les opportunités, d'anticiper le danger et être en position de force pour attaquer le cas échéant.

> La meilleure défense à notre avis est la fidélisation des actionnaires qui ne peut être garantie que par de bonnes performances financières, un cours bien valorisé, une communication financière transparente et un management compétent soucieux de créer de la valeur pour ses actionnaires dans le respect des principes de la gouvernance d'entreprise.

3 ▪ Les offres simplifiées

48.32 Elles concernent les procédures suivantes :

L'offre simplifiée, proprement dit, qui s'applique dans deux cas de figure :

- lorsqu'un actionnaire agissant seul ou de concert fait l'acquisition d'un bloc de titres lui conférant plus de 50 % du capital et des droits de vote d'une société ;

- lorsqu'un actionnaire détenant déjà plus de 50 % du capital et des droits de vote d'une société veut renforcer sa participation dans cette société souvent pour des objectifs financiers (quote-part plus importante des bénéfices appréhendés, renforcement de ses capitaux propres si l'offre prend la forme d'une OPE).

La durée d'une offre simplifiée est de dix jours minimum de négociation pour une OPA et quinze jours minimum pour une OPE. Le prix offert aux actionnaires minoritaires ne peut être inférieur à la moyenne des cours de l'action pendant les soixante jours de Bourse précédant la publication de l'avis de dépôt de l'offre.

L'offre publique dite « de retrait » (OPR) peut être obligatoire en cas de transformation de la société en commandite par actions ou si sa nature d'activité change radicalement ou si elle fusionne avec sa société mère ou des sociétés sœurs ou si elle cède ses principaux actifs ; autrement dit si la société n'est plus la même. Un actionnaire minoritaire peut également demander à l'AMF (qui accepte ou non) d'obliger l'actionnaire détenant plus de 95 % des droits de vote de lancer une OPR. L'actionnaire contrôlant doit alors lancer une offre donnant une sortie aux autres actionnaires.

L'OPR est volontaire si un actionnaire seul ou agissant de concert, détenant plus de 95 % du capital et des droits de vote, souhaite retirer la société de la cote. L'OPR est alors suivie d'un **retrait obligatoire**[1] **(OPR-RO** ou *squeeze-out* en anglais). Le retrait obligatoire consiste à contraindre les actionnaires minoritaires à céder leurs titres au prix proposé par le majoritaire détenant plus de 95 % du capital et des droits de vote. C'est, en quelque sorte, une procédure « d'expropriation privée ». Le prix est alors examiné avec attention par l'AMF et fait l'objet d'un rapport d'évaluation rédigé par un expert indépendant désigné par la cible. Le retrait obligatoire peut théoriquement être payé en actions de l'initiateur à condition qu'une option en espèces soit proposée aux investisseurs.

L'offre publique de rachat d'actions (OPRA) est une opération de rachat par une société de ses propres titres en vue de les annuler. Nous renvoyons notre lecteur au paragraphe 42.14 où cette technique de réduction de capital a été analysée.

L'offre de participation ou **offre publique partielle** peut être appliquée par les sociétés qui s'engagent à ne pas détenir plus de 10 % du capital de la société visée. Cette procédure n'a jamais été appliquée à ce jour.

La procédure de garantie de cours a été supprimée début 2011 et remplacée par l'offre simplifiée.

4 ■ Quelques mécanismes pour rendre une offre plus attractive

48.33 La meilleure garantie de succès d'une OPA restera toujours de proposer un bon prix. Dans le cas d'une OPE, la question est un petit peu plus subtile car il convient de proposer une parité attractive, mais également de convaincre du bien-fondé du rapprochement et donc des synergies futures.

Il existe cependant dans la boîte à outil du banquier d'affaires quelques dispositifs qui peuvent faciliter la réussite de l'offre.

a) Les offres *mix & match*

48.34 Ce sont des offres avec une branche principale mixte (cash et titres) et deux branches alternatives, l'une en cash uniquement et l'autre en titres uniquement.

Cette offre permet de mieux satisfaire les actionnaires de la cible qui peuvent ne pas tous avoir les mêmes objectifs (monétiser leur participation ou rester dans la nouvelle entité). Par ailleurs, elle garantit à l'avance à l'acquéreur une proportion donnée entre les titres émis et le cash payé compte tenu d'un mécanisme de report de l'une ou l'autre des branches alternatives sur la branche mixte.

1 Le retrait obligatoire peut intervenir sans passer par une OPR préalable soit dans les trois mois d'une offre quelconque dont le prix a déjà été validé comme prix de retrait obligatoire par l'AMF, soit dans les trois mois suivant une offre relevant de la procédure normale ayant permis d'atteindre 95 % des droits de vote et du capital.

b) L'accroissement du prix en cas de succès important de l'offre

48.35 Dans des cas rares, des initiateurs prévoient de majorer le prix ou la parité de l'offre de l'ordre de quelques pour-cent s'ils atteignent le seuil de 95 % permettant l'intégration fiscale ou la sortie de Bourse (PROS sur Caméléon Software).

c) Les certificats de valeur garantie (CVG)

48.36 Il s'agit de titres cotés créés au moment de l'offre par l'initiateur et attribués aux actionnaires de la cible. Il en existe de deux sortes :

- **Le CVG dissuasif** est utilisé dans le cadre d'une OPA, lorsqu'une société ne souhaite acquérir que la majorité du capital de la cible alors que l'offre porte sur 100 % du capital. À cet effet, l'initiateur remettra aux actionnaires de la cible qui acceptent de garder tout ou partie de leurs actions un CVG. Ce CVG garantit en partie un certain niveau de cours des actions de la cible à 2-3 ans. Ainsi, l'actionnaire qui garde ses actions peut bénéficier de la hausse du cours de la cible suite au changement de contrôle tout en étant protégé partiellement contre une baisse des cours grâce au CVG. Le **bon de cession** répond aux mêmes objectifs et permet à son détenteur de céder ses actions à l'initiateur de l'offre au prix d'offre majoré d'un certain taux d'intérêt.

- **Le CVG incitatif** est utilisé dans le cadre d'une OPE. Il offre pour l'actionnaire de la cible une garantie de valeur minimum des titres émis en échange de ses actions. À défaut, l'initiateur de l'offre verserait une compensation partielle ou totale. Le CVG étant coté, il constitue aussi une partie de la prime payée.

Le CVG, qui fut très en vogue dans les années 1990, est maintenant passé de mode. En effet, il représente un passif aléatoire et important à moyen terme pour l'acquéreur et a des effets pervers sur le cours de l'action sous-jacente.

5 ■ Les principales dérogations au lancement d'une offre publique obligatoire

48.37 L'AMF peut accorder une dérogation au lancement d'une offre publique obligatoire dans les principaux cas suivants :

- le franchissement des seuils devant normalement déclencher l'offre publique résulte d'une **restructuration du groupe** : la société cible est déjà contrôlée majoritairement par le ou les actionnaires qui ont franchi le seuil, ou ce franchissement résulte d'un reclassement au sein d'un groupe. La distribution d'actifs ou transmission de patrimoine à titre gratuit (héritage, donation) entre également dans ce cadre ;

- la **société est contrôlée majoritairement par un autre actionnaire** que celui qui a franchi le seuil ;

- le franchissement de seuil résulte d'une **opération de fusion ou d'apport votée en assemblée générale extraordinaire** cumulé ou non avec une mise en concert. La logique est ici que l'opération est préalablement acceptée par les actionnaires ;

- les franchissements de seuils sont liés à une réduction du nombre total d'actions ou de droits de vote. Le franchissement de seuil est alors « passif » ;

▪ le seuil de 30 % est dépassé sans objectif de prise de contrôle et pour une durée inférieure à 6 mois ;

▪ dans la mise en œuvre d'une garantie d'une augmentation de capital ;

▪ dans le cadre de l'augmentation de capital d'une société en difficulté financière avérée ;

▪ la filiale cotée, détenue à plus de 30 % par un groupe dont le contrôle vient d'être acquis par achat, apport ou fusion, n'est pas un actif essentiel de ce dernier.

Section 4 ■ La prise de contrôle d'une société cotée en Europe et aux États-Unis

48.38 La directive européenne sur les offres publiques transposée au niveau national fixe le principe qu'un actionnaire prenant le contrôle d'une société cotée doit lancer une offre publique sur l'intégralité des titres donnant accès au capital. Les États fixent un seuil en droits de vote définissant le contrôle.

La directive définit de manière très précise le prix minimum de l'offre obligatoire : prix le plus élevé payé par l'actionnaire ayant pris le contrôle dans les 6 à 12 mois précédant l'offre (la période étant fixée par les réglementations nationales). L'offre publique obligatoire peut être en cash ou en titres (si ceux-ci sont cotés et liquides).

En matière de défense, la directive laisse le choix aux États d'imposer ou non :

▪ que les conseils d'administration de sociétés visées par une offre publique ne puissent pas, en période d'offre, prendre des mesures anti-OPA (*poison pills*, émission massive de titres…) sans les faire voter en assemblée générale extraordinaire (article 9 de la directive) ;

▪ que les pactes d'actionnaires prévoyant des limitations à l'exercice des droits de vote ou à la cession des actions et que les clauses statutaires de plafonnement de droits de vote, d'agrément, de préemption ainsi que les actions à droit de vote multiples[1], soient neutralisés en période d'offre (article 11) ;

▪ que la cible puisse se dispenser en cours d'offre de l'approbation préalable de l'assemblée générale pour des mesures susceptibles de faire échouer l'offre si un initiateur (ou une entité le contrôlant) n'applique pas le même principe de neutralisation des mesures de défenses en période d'offre (article 12).

Les droits de votes multiples, et/ou les restrictions de droit de vote, tombent pour la première assemblée générale suivant une offre ayant permis à l'offreur d'acquérir la majorité qualifiée de la société. Cette disposition n'est pas applicable pour les *golden shares*[2] jugées compatibles avec le droit européen.

Le tableau suivant récapitule les principales règles d'offre publique en Europe et aux États-Unis :

1 Et non les droits de vote double « à la française » qui ne sont pas attachés à une catégorie particulière d'actions mais à la durée de détention par l'actionnaire.

2 Actions détenues par un État pour contrôler l'évolution du capital et des activités de groupes considérées comme stratégiques (défense nationale, approvisionnement énergétique).

Pays	Régulateur	Seuil de lancement obligatoire de l'offre	Portée minimale de l'offre obligatoire	Faculté de poser des conditions sur l'offre	Durée des offres après conformité	*Squeeze-out* possible	Mesures de défense doivent être autorisées par l'AG pendant l'offre :	
							Initiateurs vertueux[1]	Initiateurs non vertueux
Allemagne	BAFin[2] www.bafin.de	30 % des droits de vote	100 % des actions	Seuil de succès, AG, Autorités de concurrence, aucune si offre obligatoire	Entre 4 et 10 semaines	Oui si plus de 95 % des actions votantes	Non	Non
Belgique	FSMA[3] www.fsma.be	30 % des droits de vote	100 % des actions	Seuil de succès, AG, Autorités de concurrence	Entre 2 et 10 semaines	Oui si plus de 95 % des actions votantes	Oui	Oui
Espagne	CNMV[4] www.cnmv.es	30 % et 50 % des droits de vote. Ou moins si droit de nommer plus de 50 % des administrateurs dans les 24 mois suivants. 5 % entre 30 % et 50 %	100 % des actions	Seuil de succès, Autorités de concurrence	Entre 2 et 10 semaines	Oui, si plus de 90 % des droits de vote	Oui	Non
États-Unis	SEC www.sec.gov	Non, sauf le Maine, la Pennsylvanie et le Dakota du Sud	Pas de minimum	Seuil, clause de changement matériel, Autorités de concurrence	Au moins 20 jours de négociation	Oui à la majorité simple ou super majorité	Non	Oui
France	AMF www.amf-france.org	30 % du capital ou des droits de vote, 1 %/an entre 30 % et 50 % du capital ou des droits de vote	100 % des titres de capital ou donnant accès au capital	Seuil de succès Autorités de concurrence, AG (si émission d'actions) Mais aucune si offre obligatoire	Entre 25 et 35 jours de négociation (10 -15 jours pour une offre simplifiée)	Oui si plus de 95 % du capital et des droits de vote	Non, sauf si les statuts l'imposent	Non
Italie	CONSOB[5] www.consob.it	30 % du capital, 5 % par an entre 30 et 50 %	100 % des actions votantes	Concurrence, autorisations…, seuils	Entre 15 et 40 jours de négociation	Oui si plus de 95 % du capital et des droits de vote	Oui	Non
Pays-Bas	AFM[6] www.afm.nl	30 % des droits de vote	100 %	Seuils, autorités de concurrence	Entre 8 et 10 semaines de négociation	Oui si plus de 95 % du capital	Oui	Oui
Royaume-Uni	Takeover Panel www.thetakeoverpanel.org.uk	30 % des droits de vote Accroissement de la participation entre 30 et 50 %	100 % du capital et toutes valeurs convertibles ou échangeables en actions	Seuils, autorités de concurrence	Entre 21 et 60 jours	Oui si le succès de l'offre est de plus de 90 %	Oui	Oui
Suisse	COPA[7] www.takeover.ch	33,3 % des droits de vote[8]	100 % du capital	Seuil, Autorités de concurrence, clause de changement matériel	Entre 20 et 40 jours de négociation	Oui si plus de 90 % des droits de vote et du capital	Oui	Oui

1. *Ont eux-mêmes cette contrainte.*
2. *Bundesanstalt für Finanzdienstleistungsaufsicht.*
3. *Financial Services and Market Authority.*
4. *Comisión Nacional de los Mercados de Valores.*
5. *Commissione Nazionale per le Società e la Borsa.*
6. *Actoriteit Financiele Markten.*
7. *Commission des OPA.*
8. *Pas de seuil* (opt-out) *ou un seuil jusqu'à 49 %* (opt-up) *sont possibles si cela a été voté par l'assemblée générale de la cible.*

RÉSUMÉ

Le résumé de ce chapitre est disponible sur le site www.vernimmen.net.

Les opérations de croissance externe ont lieu par vagues. Leurs déterminants sont macroéconomiques (évolutions technologiques, globalisation, déréglementation, développement des marchés financiers), microéconomiques (effets d'échelle, accès à de nouveaux marchés, gains de temps pour prendre des parts de marché...) ou humains (successions).

L'art de la négociation consiste à partager la valeur des synergies attendues de l'opération entre acheteur et vendeur. Il existe schématiquement deux techniques d'acquisition d'une société :

- la négociation privée permet une grande confidentialité qui est obtenue au détriment d'autres offres de rachat éventuelles ;
- les enchères entretiennent une concurrence que le vendeur espère exacerbée entre acheteurs, mais sont plus contraignantes et peuvent poser des problèmes de confidentialité.

Quelle que soit la procédure d'acquisition, différents éléments se retrouvent :

- les protocoles permettent de constater différents niveaux d'avancement des négociations et de mettre en place des procédures d'engagement des parties adaptées à chaque phase ;
- les clauses de garantie d'actif net permettent à l'acquéreur de s'assurer que l'ensemble des moyens nécessaires à l'exploitation sera bien sa propriété et qu'il n'aura pas à supporter les conséquences négatives de passifs cachés ;
- et, éventuellement, les clauses d'*earn-out* indexent une partie du prix de la transaction sur les résultats futurs de la société.

L'acquisition d'une société cotée fait appel à plusieurs techniques :

- le ramassage des actions qui n'est alors que la première étape d'une éventuelle prise de contrôle. Il peut être lent et progressif, mais des déclarations de franchissement des différents seuils de droits de vote doivent être faites ;
- l'achat de blocs permet de négocier des quantités d'actions importantes à des prix qui peuvent être différents du cours de Bourse ;
- l'*equity swap* qui permet d'être exposé à la performance de l'action sans la détenir formellement avant l'échéance du contrat de *swap* ;
- l'offre publique est la forme normale d'acquisition d'une société en Bourse. Elle s'appuie sur deux principes généraux : la transparence (dans la préparation et le déroulement de l'offre) et l'égalité de traitement des actionnaires. Elle peut être volontaire ou obligatoire (lorsque certains seuils sont franchis), amicale ou hostile, normale ou simplifiée ;
- l'initiateur de l'offre rémunère les actionnaires de la société visée soit en espèces, c'est alors une offre publique d'achat (OPA), soit en titres, et c'est une offre publique d'échange (OPE), soit enfin en combinant les deux lors d'une offre mixte.

L'acquisition d'une société cotée se fait sous la surveillance des autorités de marché (l'AMF en France) qui s'assurent du respect des principes de bonne information, de transparence et d'égalité de traitement des actionnaires.

Une directive harmonise les grands principes des offres publiques dans l'Union européenne.

QUESTIONS

1/ Quels sont les avantages et les inconvénients de la négociation privée ?

2/ Quels sont les avantages et les inconvénients de la mise aux enchères ?

3/ L'AMF est-elle la seule autorité de réglementation pouvant intervenir lors d'une OPA ?

4/ Pourquoi les actions de concert sont-elles réglementées ?

5/ Le CVG incite-t-il à répondre à une offre ou à ne pas y venir ?

6/ Quel est l'avantage d'une OPA ou d'une OPE pour un actionnaire minoritaire ?

7/ Pour l'initiateur, quel est l'avantage d'une offre publique par rapport à un ramassage ? Quel est l'inconvénient ?

8/ Une entreprise peut-elle se déclarer candidate au rachat d'une société sans véritable intention de conclure une transaction ? Pourquoi ? Quelles techniques protègent le vendeur ?

9/ Qu'est-ce qui fera principalement le succès, ou l'échec d'une acquisition ?

10/ Pourquoi les techniques d'*earn-out* sont-elles tout particulièrement utilisées par les sociétés de service ?

11/ Toutes choses égales par ailleurs, quelle est la contrepartie d'une confidentialité accrue dans une transaction ?

12/ Dans quel cas une enchère est-elle pertinente ?

13/ Comment l'acquéreur peut-il se protéger contre les engagements et les dettes cachées éventuelles de la cible ?

14/ Quelle est la fonction d'une clause de garantie d'actif net ? Quelle en est néanmoins la limite ?

15/ Quelle est la suite logique d'un ramassage hostile réussi ?

16/ À quelle limite pratique majeure l'achat de blocs permet-il de répondre ?

17/ À quelle préoccupation des autorités de marché la suspension des cours après le dépôt d'une offre répond-elle ?

18/ Pourquoi les moyens de défense des sociétés contre des offres hostiles sont-ils très strictement réglementés ?

19/ En théorie financière, comment pourrait-on résumer le rôle d'une banque d'affaires dans une transaction ?

D'autres questions vous attendent sur le site www.vernimmen.net.

ÉLÉMENTS DE RÉPONSE

1. Avantage : discrétion. Inconvénient : tous les candidats n'ont pas été contactés et le prix obtenu peut donner l'impression de ne pas être optimisé.

2. Avantage : l'organisation d'un marché. Inconvénient : manque de confidentialité.

3. Non. Les organismes de contrôle de certains secteurs peuvent être amenés à se prononcer : Autorité de contrôle prudentiel et de résolution pour les banques et les assurances, CSA pour l'audiovisuel… les autorités anti-trust, voire l'État pour les secteurs dits stratégiques.

4. Pour défendre les intérêts des minoritaires et éviter que le contrôle d'une société ne soit pris à plusieurs sans qu'une prime de contrôle ne soit payée.

5. Les deux cas sont possibles : voir paragraphe 48.36.

6. Il est protégé car il pourra vendre ses actions au même prix que l'actionnaire majoritaire.

7. L'initiateur ne fait pas monter le cours avant l'annonce de l'offre, la prime affichée est donc plus élevée par rapport aux derniers cours ; l'inconvénient est que, si une bataille s'engage, il est en moins bonne position car il n'aura pas acquis de titres au préalable.

8. Oui. Obtenir des informations. Protocoles d'intention et d'accord, lettres de confidentialité.

9. L'intégration efficace, post-acquisition, de la cible par l'acquéreur.

10. Afin d'inciter les vendeurs qui sont souvent les salariés clés de l'entreprise à rester un certain temps afin de faciliter l'intégration.

11. Un prix de cession peut-être plus faible.

12. Lorsque l'entreprise est très rentable avec une position stratégique qui peut intéresser toute une catégorie d'investisseurs industriels et financiers.

13. Par une garantie de passif.

14. Elle garantit certains actifs et les engagements de l'entreprise ; en aucune manière elle ne garantit la justesse du prix payé pour l'entreprise.

15. Une offre publique.

16. Illiquidité sur le marché du titre.

17. Diffusion équitable de l'information nouvelle avant reprise des cours.

18. Les défenses anti-OPA peuvent priver les actionnaires d'une plus-value issue du libre jeu des enchères.

19. Gérer les asymétries d'information.

BIBLIOGRAPHIE

Pour approfondir le thème de la prise de contrôle :

Bancel F., Duval-Hamel J., *Fusions d'entreprises : comment les gérer, comment les vivre*, Éditions d'Organisation, 2008.

Barabel M., Meier O., « Quatorze clés pour réussir une acquisition », *L'Expansion Management Review* mars 2002, n° 104, pages 98 à 105.

Boone A., Mulherin J.H., « How are firms sold? », *Journal of Finance* avril 2007, vol. 62, n° 2, pages 847 à 875.

Bouley A., « La technique de la locked box », *La Lettre Vernimmen.net* janvier 2012, n° 104, pages 8 à 10.

Ceddaha F., *Fusion-acquisition : évaluation, négociation, structuration*, 4e édition, Economica, 2013.

CMS, *European M&A Study 2014*, 2014.

Davis D., *M&A Integration*, Wiley, 2012.

Doche F. *et al.*, « Opération de fusion et acquisition : les bonnes pratiques vues par les directeurs financiers », *Les cahiers techniques de la DFCG* novembre 2006, n° 2.

Haussmann Ch., Tone Ph., *Les garanties de passif*, 4e édition, EFE, 2012.

Meier O., Schier G., *Fusions-Acquisitions : Stratégie-Finance-Management*, 4e édition, Dunod, 2012.

Melka L., Shabi A., *Arbitrage sur fusions et acquisitions*, Economica, 2011.

Mellerio O., *La transmission familiale*, Éditions d'Organisation, 2011.

Raimbourg Ph., Boizard M., *Ingénierie juridique et fiscale 2009-2010*, 2e édition, Dalloz, 2009.

Sirower M., *The synergy trap*, Free Press, 2007.

Pour des travaux de recherche sur les changements de contrôle :

Ahern K., Daminelli D., Fracassi C., « Lost in translation ? The effect of cultural values on merger around the world », *Journal of Financial Economics* à paraître.

Aktas N., Bodt (de) E., Roll R., « Negociations under the threat of an auction », *Journal of Financial Economics* novembre 2010, vol. 98, n° 2, pages 211 à 255.

Danielson M., Karpoff J., « Do pills poison operating performance? », *Journal of Corporate Finance* juin 2006, vol. 12, n° 3, pages 536 à 559.

Dong M., Hirshleifer D., Richardson S., Teoh S. H., « Does investors misvaluation drive the takeover market? », *Journal of Finance* avril 2006, vol. 61, n° 2, pages 725 à 762.

Duchin R., Schmidt B., « Riding the merger wave : Uncertainty, reduced monitoring and bad acquisitions », *Journal of Financial Economics* janvier 2013, vol. 107, n° 1, pages 69 à 88.

Erel I., Liao R., Weisbach M., « Determinants of cross-border mergers and acquisitions », *Journal of Finance* juin 2012, vol. 67, n° 3, pages 1045 à 1082.

Faccio M., Masulis R., « The choice of payment method in European mergers & acquisitions », *Journal of Finance* juin 2005, vol. 60, n° 3, pages 1345 à 1388.

Garfinkel J., Watson Hankins K., « The role of risk management in mergers and merger waves », *Journal of Financial Economics* septembre 2011, vol. 101, n° 3, pages 512 à 532.

Gorton G., Kahl M., Rosen R., « Eat or be eaten: a theory of mergers and firm size », *Journal of Finance* juin 2009, vol. 64, n° 3, pages 1291 à 1344.

Grossman S., Hart O., « Takeover bids, the free rider problem, and the theory of the corporation », *Bell Journal of Economics* été 1980, vol. 11, n° 1, pages 42 à 64.

Hege U., Lovo S., Slovin M., Sushka E., « Equity and cash in intercorporate asset sales: theory and evidence », *Review of Financial Studies* février 2009, vol. 22, n° 1, pages 681 à 714.

Jensen M.C., Ruback R.S., « The market for corporate control: the scientific evidence », *Journal of Financial Economics* avril 1983, vol. 11, n° 1, pages 5 à 50.

Jensen M., « Agency costs of free cash flow, corporate finance, and takeovers », *American Economic Review* mai 1986, vol. 76, n° 2, pages 323 à 329.

Kisgen D., Qian J., Song W., « Are fairness opinion fair ? », *Journal of Financial Economics* février 2009, vol. 91, n° 2, pages 179 à 207.

Maksimovic V., Phillips G., Prabhala N.R., « Post-merger restructuring, and the boundaries of the firm », *Journal of Financial Economics* novembre 2011, vol. 102, n° 2, pages 317 à 343.

Redor E., *Les méthodes de paiement dans les opérations de fusions-acquisitions*, thèse de doctorat, 2007.

Rhodes-Kropf M., Viswanathan S. « Market valuation and merger waves », *Journal of Finance* décembre 2004, vol. 59, n° 6, pages 2685 à 2718.

Roll R., « The Hubris hypothesis of corporate takeovers », *Journal of Business* avril 1986, vol. 59, n° 2, pages 197 à 216.

Rossi S., Volpin P., « Cross-country determinants of mergers and acquisitions », *Journal of Financial Economics* 2004, vol. 74, n° 2, pages 277 à 304.

Schwert G., « Hostility in takeovers: in the eyes of the beholder? », *Journal of Finance* décembre 2000, vol. 55, n° 6, pages 2599 à 2640.

Shleifer A., Vishny R., « Stock market driven acquisition », *Journal of Financial Economics* décembre 2003, vol. 70, n° 3, pages 295 à 311.

Sirower M., Rappaport A., « Stock or cash », *Harvard Business Review* novembre-décembre 1999, vol. 77, pages 147 à 158.

Pour approfondir le thème des OPA et OPE d'un point de vue réglementaire :

Biard J.-F., « Précisions sur le rôle de l'AMF en matière d'offre publique », *Revue de droit bancaire et financier* mars-avril 2010, n° 2, pages 77 à 79.

Biard J.-F., « Loi "Florange" : quel impact pour les offres publiques ? », *La Lettre Vernimmen.net* mai 2014, n° 124, pages 1 à 4.

Demuth M., Thomas Ph., *Les offres publiques*, Revue Banque Édition, 2011.

Le Fur Y., Quiry P., « L'OPA qui rate tout en atteignant son but », *La Lettre Vernimmen.net* mai 2011, n° 97, pages 1 à 3.

Rapport annuel de l'AMF.

Règlement général de l'AMF.

Viandier A., *OPA-OPE, et autres offres publiques*, 4e édition, Francis Lefebvre, 2010.

Pour le droit de la concurrence des opérations de changement de contrôle :

Glais M., *Concentration des entreprises et droit de la concurrence*, Economica, 2010.

www.ec.europa.eu/competition (site des autorités européennes de la concurrence).

www.autoritedelaconcurrence.fr (site des autorités françaises de la concurrence).

www.ftc.gov (site des autorités américaines de la concurrence).

www.iclg.co.uk (pour un résumé des réglementations boursières et antitrust dans plus de 50 pays).

Pour mesurer les résultats des fusions-acquisitions :

Agrawal A., Jaffe J., « The post-merger performance puzzle », *Advances in Mergers and Acquisitions* 2000, vol. 1, pages 7 à 41.

Bessière V., « Création de valeur et motivations des acquisitions d'entreprises », *Banque & Marché* mai-juin 2008, n° 94, pages 56 à 61.

Bhagat S., Dong M., Hirshleifer D., Noah R., « Do tender offers create value? New methods and evidence », *Journal of Financial Economics* avril 2005, vol. 76, n° 1, pages 3 à 60.

Loughran I., Vijh A., « Do long-term shareholders benefit from corporate acquisitions? », *Journal of Finance* décembre 1997, vol. 52, n° 5, pages 1765 à 1790.

Moellers S., Schlingemann F., Stulz R., « Firm size and the gains from acquisitions », *Journal of Financial Economics* août 2004, vol. 73, n° 2, pages 201 à 228.

Moellers S., Schlingemann F., Stulz R. « Wealth destruction on a massive scale? A study of acquiring-firm returns in the recent merger wawe », *Journal of Finance* avril 2005, vol. 60, n° 2, pages 757 à 782.

Pécherot B., « Le lien entre la stratégie de l'acquéreur et sa performance sur longue période », *Banques & Marchés* janvier-février 2005, n° 74, pages 39 à 50.

Savor P., Lu Q., « Do stock mergers create value for acquirers? », *Journal of Finance* juin 2009, vol. 64, n° 3, pages 1061 à 1098.

Et enfin pour trouver des informations sur des opérations de fusion-acquisition :

www.reuters.com/finance/deals.

Chapitre 49

Les fusions et les scissions

Lorsque le financier devient témoin d'un mariage (ou d'une séparation !)...

49.1 Ce chapitre pourrait paraître redondant avec les précédents puisque la cession d'une entreprise conduit le plus souvent à la rapprocher d'une autre firme. Dans le langage courant, on parle souvent de fusion de deux entreprises alors qu'il s'agit de la prise de contrôle de l'une par l'autre, selon les modalités que nous avons vues au chapitre 48. Tout ce qui a été dit sur la synergie industrielle et l'évaluation des entreprises s'applique donc ici, **la seule innovation fondamentale étant le mode de paiement, qui s'effectue en titres et non en liquidités**.

Enfin, puisque la fusion n'est pas plus irrévocable en finance qu'un mariage en droit civil, les scissions font l'objet de la section 3.

Section 1 ■ Le principe de la fusion

49.2 Cette section est consacrée au cas de deux groupes d'actionnaires qui décident de mettre en commun les deux entreprises qu'ils contrôlent. Cela soulève le problème de la valorisation des deux sociétés qui déterminera la répartition du pouvoir entre les actionnaires du nouvel ensemble. Nous ne traiterons pas ici du cas de l'entreprise qui fusionne avec sa filiale déjà détenue à 100 %[1]. Ceci ne soulève que des problèmes comptables et juridiques (et non financiers).

1 Techniquement la fusion est alors généralement réalisée par transmission universelle du patrimoine (TUP).

1 ■ Les différentes techniques

a) La fusion-absorption

49.3 Une fusion est une opération par laquelle deux ou plusieurs sociétés se réunissent pour n'en former qu'une seule. En général, une société absorbe l'autre ; c'est alors une « fusion-absorption ». À la différence d'une cession, dans laquelle les cédants sont rémunérés par des liquidités, les actionnaires d'une société absorbée sont rémunérés par des actions de la société absorbante. Ils deviennent donc actionnaires de cette dernière, alors même qu'ils cessent de l'être de la société absorbée (qui a disparu). C'est là, dans une optique financière, la distinction fondamentale entre une cession et une fusion.

> Toute fusion s'analyse comme une réunion au sein d'une même société des actifs et des dettes de deux sociétés.

Juridiquement et fiscalement, la fusion s'analyse comme un apport d'actifs sous déduction des dettes, rémunéré par émission de nouvelles actions réparties entre les actionnaires des sociétés absorbées.

b) L'apport de titres

49.4 Un investisseur (personne physique ou société) peut **apporter ses actions** d'une société B à une société A et recevoir en rémunération des titres de la société A. Dans cette éventualité, les sociétés A et B subsistent, B devenant filiale de A. Et les actionnaires de B, qui ont apporté leurs actions B à A, deviennent actionnaires de A.

Le mécanisme est, financièrement et économiquement, très proche de la cession de tout ou partie des actions de la société B suivie d'une augmentation de capital de la société A d'un montant équivalent et réservée aux actionnaires de B.

Pour des sociétés cotées, l'apport de titres prend le plus souvent la forme de l'offre publique d'échange (OPE) telle que nous l'avons décrite au chapitre 48.

c) L'apport partiel d'actif

49.5 L'apport partiel d'actif est une opération par laquelle une société B fait apport à une société A d'une partie de ses éléments d'actifs (et de passifs) et reçoit, en échange, des titres émis par A.

Dans le cas d'une fusion, les actionnaires de la société absorbée B reçoivent des actions de la société absorbante A. Dans le cas de l'apport partiel, ils ne reçoivent rien, c'est leur société qui reçoit. Leur situation est donc radicalement différente : dans le cas de l'apport partiel, ils sont actionnaires de B qui est elle-même actionnaire de A ; en cas de fusion, ils sont directement actionnaires de A.

À la limite, si B apporte tous ses actifs à A, B devient une société holding et, selon l'importance de son apport, peut prendre le contrôle de A. Cette procédure est couramment utilisée dans la restructuration des groupes pour permettre de filialiser des activités.

Sur le plan économique, il n'y a pas de distinction entre ces différentes opérations : le groupe formé par le rapprochement de A et B est économiquement identique quelle que soit la forme du rapprochement.

Exemples d'opérations de rapprochement d'entreprises

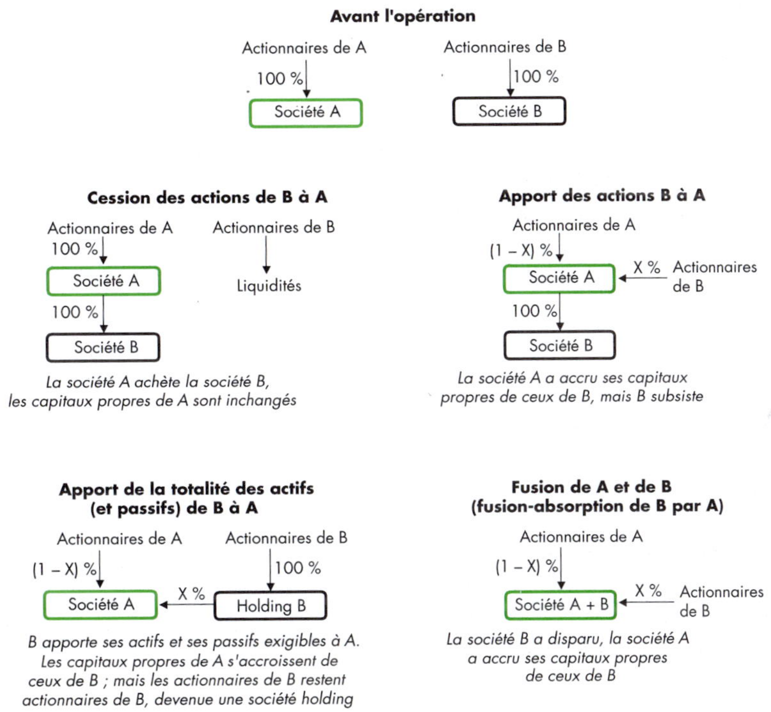

2 ■ Analyse des différentes techniques

Pour des raisons pédagogiques, nous supposerons tout d'abord que les deux entreprises sont à leur prix d'équilibre et que la fusion ne dégagera pas de synergie (voir paragraphe 35.47) et que, par conséquent, il n'y a pas d'accroissement de valeur résultant de la fusion.

a) Le point de vue de l'entreprise

49.6 Considérons à titre d'exemple les sociétés A et B ainsi caractérisées :

	Valeur de l'actif économique	Valeur des capitaux propres retenue dans la fusion
Société A	900 M€	450 M€
Société B	500 M€	375 M€

Suivant qu'il y a acquisition de B, fusion-absorption de B, apport de la totalité des actifs de B, ou apport d'actions B, on obtient les résultats suivants :

	Acquisition de B[1]	Fusion-absorption de B	Apport d'actions B à A	Apport à A des actifs et passifs de B
Valeur de l'actif économique de A (devenue A + B)	1 400 M€	1 400 M€	1 400 M€	1 400 M€
Valeur des capitaux propres de A	450 M€	825 M€	825 M€	825 M€
Part des actionnaires de A dans A	100 %	54,5 %	54,5 %	54,5 %
Part des actionnaires de B dans A	0 %	45,5 %	45,5 %	45,5 %[2]

1. *L'acquisition de B n'est pas financée par une augmentation de capital, mais par endettement.*
2. *En fait les actionnaires de B ne détiennent pas 45,5 % de A directement mais c'est via B, devenue pure holding, qu'ils contrôlent 45,5 % de A.*

La valeur de l'actif économique et le résultat d'exploitation consolidé sont inchangés dans tous les cas de figure.

Toutes ces opérations reviennent à une fusion dite « économique » des deux sociétés A et B. De même pour une société cotée, une OPE réussie à 100 % aboutit au même résultat qu'une fusion.

Au plan financier cependant, et indépendamment des problèmes comptables de réévaluation, la situation est tout à fait différente. Alors que la fusion conduit à l'addition des valeurs des capitaux propres de A et de B, l'achat de B par A n'accroît pas la valeur des capitaux propres de A.

Insistons sur le fait que nous raisonnons de manière mécanique et que nous ne tenons pas compte des conséquences de l'opération sur les valeurs des deux sociétés. Celles-ci suivront les principes que nous venons de décrire si les valeurs sont à l'équilibre et en l'absence de synergie industrielle. Dans le cas contraire, il y aura modification de la valeur. **Les modalités financières choisies (cession, fusion...) ne modifient pas en soi les données économiques d'un rapprochement d'entreprises**. Ceci est une évidence, mais il est bon de le rappeler.

> Du point de vue de l'entreprise, la seule différence entre fusion et acquisition se situe au niveau de la puissance financière du groupe constitué. Alors que l'acquisition n'accroît pas la puissance financière du groupe, la fusion permet la constitution d'un groupe dont la puissance financière tend à être la somme des deux entités précédentes.

b) Le point de vue des actionnaires

49.7 **La cession** conduit bien sûr à une modification du patrimoine des actionnaires de la société cédée, puisque ceux-ci substituent des liquidités aux actions qu'ils possédaient.

Inversement, elle ne modifie ni le patrimoine des actionnaires de la société acquéreur ni leurs droits sur cette même société.

La fusion est symétrique pour les actionnaires de A comme pour les actionnaires de B. Aucun ne reçoit de liquidités. Ils ont en fin d'opération des droits sur une société constituée par les deux sociétés précédentes. Le sens de la fusion étant sans effet sur cette situation, le résultat aurait été exactement le même si la société B avait absorbé la société A. Aussi est-il plus important de s'intéresser aux pourcentages des actionnaires après la fusion que de savoir qui absorbe quoi. Il est ainsi courant de prendre le contrôle d'une société en lui faisant absorber une entreprise au moins aussi grosse qu'elle.

Le partage des synergies issues d'un rapprochement n'est pas le même dans les différents cas de figure. En cas de cession, il est négocié, et, le plus souvent, le vendeur ne prend pas le risque de l'opération. Il tente, comme nous l'avons vu, de partager la plus-value sans en prendre le risque. En revanche, en cas de fusion, cette plus ou moins-value sera partagée suivant des parités définies entre les deux collèges d'actionnaires.

L'apport d'actions s'analyse pour les actionnaires comme une fusion. **L'apport d'actifs** par une société B à une société A s'analyse pour les actionnaires comme une fusion, si ce n'est que leurs droits sur ces actifs, devenus des droits sur la société A, sont détenus indirectement au travers de la société B qui devient une société holding.

> Alors que, dans l'acquisition, le risque du rapprochement est pris uniquement par les actionnaires de l'acheteur, il est partagé, en cas de fusion ou d'apport, par les deux collèges d'actionnaires.

3 ▪ L'intérêt du paiement en titres

49.8 À la différence de la cession, il n'y a pas d'échange de liquidités dans les rapprochements payés en titres (fusion, apport partiel d'actions ou d'actifs). L'actionnaire de la cible ne reçoit donc aucune trésorerie susceptible de financer le paiement des impôts sur les plus-values. D'où en général un report ou un sursis d'impôt permettant aux actionnaires de ne payer celui-ci qu'au moment où ils céderont dans le futur les titres reçus en échange.

Quel est l'intérêt de payer en titres ? Les dirigeants peuvent désirer accroître leur puissance (taille, prestige...), modifier l'actionnariat (pour diluer un actionnaire gênant), constituer des noyaux durs... Payer en titres permet surtout d'éluder le problème du financement et donc de rapprocher des entreprises dont les valeurs sont très élevées. Certains ont ainsi pu dire que c'était payer en monnaie de singe. Cela dépend de la liquidité des titres résultant du rapprochement, de la répartition de l'actionnariat après l'opération et de la capacité des deux entreprises fusionnées à délivrer les synergies anticipées et donc à créer de la valeur.

Nous renvoyons également le lecteur au paragraphe 48.25 où les avantages et inconvénients d'un paiement en titre (dans le cadre d'une offre publique) sont développés, certains éléments s'appliquant ici.

Section 2 ▪ La mécanique de la fusion

1 ▪ Parité d'échange et poids relatif

49.9 La réalisation concrète d'une fusion au sens générique du terme (incluant aussi les apports partiels d'actifs ou les apports de titres) nécessite de déterminer **la parité d'échange**, c'est-à-dire le nombre d'actions que la société absorbante (ou bénéficiaire des apports) émettra pour rémunérer une action de la société absorbée (ou apporteuse).

Quand les sociétés sont comparables dans leurs activités, on calcule le rapport (la parité) de certains paramètres par action. Le plus fréquemment, il s'agit du bénéfice par action, de la capacité d'autofinancement par action, du dividende par action, des capitaux propres comptables par action, des capitaux propres réévalués (aussi appelés l'actif net réévalué) par action et, pour les sociétés cotées, des moyennes de cours. Certains calculent aussi des parités par action de chiffre d'affaires, d'EBE, de résultat d'exploitation. Ceci n'a de sens que si les structures financières des sociétés sont identiques, ce qui est rarement le cas.

Lorsque les sociétés ne sont pas comparables dans leurs activités (une société holding et un groupe industriel, un groupe industriel diversifié et un autre monosecteur), chaque entreprise est évaluée de son coté selon les méthodes décrites au chapitre 35, sans les synergies espérée du rapprochement (valeur *stand-alone*), pour obtenir des valeurs par action. La valeur des actions ainsi déterminée est alors comparée. Il est important d'utiliser dans la mesure du possible des méthodes homogènes pour évaluer chacune des sociétés et de calculer une parité par méthode.

C'est ce que l'on appelle **l'analyse multi-critères** qui est un peu un passage obligé auquel tiennent beaucoup ceux qui auront à examiner ou à se prononcer sur la parité : commissaires à la fusion, AMF pour les sociétés cotées. Mais ne nous leurrons pas, la détermination de la parité finale, souvent encadrée *ex-post* par des critères la mettant en valeur, ne résulte pas d'un calcul mécanique mais d'une négociation plus ou moins longue et acharnée !

En reprenant l'exemple de nos deux sociétés A et B, si l'on avait par exemple :

Données par action	Bénéfice net	Valeur de l'action	Dividende
A (société absorbante)	3,33 €	100 €	1,0 €
B (société absorbée)	9,33 €	176 €	2,3 €
Parité résultante	2,80	1,76	2,30

La parité finale négociée sera peut être de 2.

Si l'on raisonne maintenant, non plus au niveau de l'action ce qui nous a permis de déterminer la parité d'échange, mais au niveau de la valeur des capitaux propres retenue dans la fusion, on obtient alors le **poids relatif** qui donne directement la part des actionnaires de chacune des sociétés dans le capital du groupe fusionné. Ainsi un poids relatif de 0,833, B valant 0,833 fois A, confère aux anciens actionnaires de B 0,833/(1 + 0,833) soit 45,5 % des actions de la nouvelle société et à ceux de A 1/(1 + 0,833) soit 54,5 %. 0,833 correspond au rapport des valeurs des capitaux propres retenues dans la fusion, 450 M€ et 375 M€ respectivement.

Si le poids relatif retenu avait été de 0,9, la répartition du pouvoir au sein de la nouvelle entité aurait été différente (52,6 % – 47,4 %).

> Le poids relatif convenu entre les sociétés détermine directement la composition de l'actionnariat de la nouvelle société, et donc le pouvoir en son sein.

49.10 Poids relatif et parité d'échange sont ainsi liés :

$$\text{Parité d'échange (... actions A pour une action B)} = \text{Poids relatif (B vaut... fois A)} \times \frac{\text{Nombre d'actions de A avant la fusion}}{\text{Nombre d'actions de B avant la fusion}}$$

$$2 = 0{,}833 \times \frac{4\,500\,000}{1\,875\,000}$$

49.11 Les 1 875 000 actions de B seront donc échangées contre 1 875 000 × 2 = 3 750 000 nouvelles actions de A que celui-ci va émettre au profit des actionnaires de B. Le capital de A sera ainsi formé après la fusion de 4 500 000 + 3 750 000 = 8 250 000 actions.

2 ■ Dilution ou relution des paramètres financiers

49.12 Pour affiner l'analyse, supposons que les sociétés A et B présentent les caractéristiques suivantes :

	Chiffre d'affaires	Bénéfice net	Capitaux propres comptables	Valeur des capitaux propres
A	1 500 M€	15 M€	250 M€	450 M€
B	2 500 M€	17,5 M€	225 M€	330 M€

En excluant, pour l'instant, l'apparition de synergies industrielles ou commerciales du fait de la fusion, les caractéristiques du groupe A + B (issu de la fusion avec B) sont les suivantes :

	Chiffre d'affaires	Bénéfice net	Capitaux propres comptables	Valeur des capitaux propres
Groupe A + B	4 000 M€	32,5 M€	475 M€	780 M€

La valeur des capitaux propres du nouvel ensemble devrait en théorie être la somme des valeurs des capitaux propres de A et B. En pratique, elle peut être inférieure ou supérieure à ce montant selon que les investisseurs croient ou non à la dynamique de la fusion.

Dès lors, au niveau du groupe et sur la base du poids relatif de 0,833 (B valant 0,833 fois A) :

	Bénéfice net du groupe	Capitaux propres comptables du groupe	Valeur théorique des capitaux propres du groupe
Les anciens actionnaires de A ont			
maintenant droit sur :	17,7 M€	259 M€	425 M€
contre avant l'opération :	15 M€	250 M€	450 M€
Les actionnaires de B ont			
maintenant droit sur :	14,8 M€	216 M€	355 M€
contre avant l'opération :	17,5 M€	225 M€	330 M€
TOTAL	32,5 M€	475 M€	780 M€
	32,5 M€	475 M€	780 M€

49.13 Ainsi, en raison du poids relatif retenu, les anciens actionnaires de B enregistrent une **dilution** (diminution) des capitaux propres comptables leur revenant (leur part passant de 225 à 216 M€) et de leur quote-part de bénéfice du nouvel ensemble. Mais ils enregistrent une légère **relution** (croissance) de la valeur théorique des capitaux propres du nouvel ensemble (355 contre 330 M€). Celle-ci s'explique parce que, dans les négociations, A a accepté de valoriser B pour une valeur (375 M€, voir paragraphe 49.6) supérieure à la valeur de ses capitaux propres (330 M€), probablement pour dédommager les actionnaires de B de la perte de leur contrôle puisqu'ils seront minoritaires dans le nouveau groupe[1]. Le raisonnement est, bien sûr, inverse pour les actionnaires de A.

Lorsque A absorbe B par voie de fusion, chaque fois que le poids relatif A/B retenu dans la fusion est supérieur au poids relatif calculé pour un paramètre (valeur des capitaux propres, capitaux propres comptables, bénéfice...), les actionnaires de A bénéficient d'une relution sur ce paramètre et *vice versa*.

Si l'on s'intéresse maintenant au bénéfice par action de A et B, on obtient :

	Valeur des capitaux propres	Bénéfice net	PER	Nombre d'actions	Bénéfice par action
Société A	450 M€	15 M€	30,0	4,50 M	3,33 €
Société B	330 M€	17,5 M€	18,9	1,875 M	9,33 €

Sur la base du poids relatif de 0,833 issu des valeurs retenues dans la fusion (375/450), le bénéfice par action du nouveau groupe A s'établit à (15 + 17,5)/(4,5 + 3,75[2]) soit 3,94 €. On constate qu'il y a croissance du bénéfice par action de A qui passe de 3,33 € à 3,94 €, soit une hausse de près de 20 %. L'explication provient du fait que A rémunère la quote-part de bénéfice de B qu'elle absorbe sur la base d'un PER de 30 (450/15) alors que B est valorisée dans la fusion sur la base d'un PER de 21 (375/17,5). Mécaniquement, A émet donc un nombre d'actions relativement moindre que la quote-part de bénéfice qu'elle reçoit et qui vient majorer son bénéfice.

Il y a croissance mécanique du bénéfice par action dans une fusion lorsque le PER de la société absorbante est supérieur au PER de la société absorbée et *vice versa*.

Le raisonnement est analogue pour les autres critères par action comme la capacité d'autofinancement par action.

3 ■ Les zones de négociation ou l'effet de synergie

49.14 Une fusion s'analysant conceptuellement comme un achat plus une augmentation de capital réservée, on y retrouve le mécanisme de partage des synergies.

Dans notre exemple, supposons que les synergies entre A et B se traduisent par un accroissement des bénéfices des sociétés rapprochées de 10 M€ après impôt dès la première année.

Quelle valeur les investisseurs attribuent-ils à ces synergies :

- 300 M€, c'est-à-dire une valorisation sur la base du PER de A (30) ;
- 189 M€, c'est-à-dire une valorisation sur la base du PER de B (18,9) ;
- 240 M€, c'est-à-dire une valorisation sur la base du PER moyen de A et de B (780/32,5 = 24) ;
- ou une autre valeur ?

1 Et ce n'est pas parce que dans les négociations de fusion A a accepté de valoriser B pour une valeur (375 M€) que les actions A que vont recevoir les actionnaires de B en contrepartie, vont valoir 375 M€. Ici, elles ne valent que 330 M€.

2 3,75 = nombre d'actions de la société B × parité d'échange = 1,875 × 2.

Deux raisons font que les investisseurs attribuent généralement une valeur plus basse aux synergies que ces estimations :

- le montant des synergies annoncées au moment d'un rapprochement n'est qu'une estimation et ceux qui les annoncent ont plutôt intérêt à donner des chiffres élevés pour convaincre les actionnaires d'approuver l'opération. Or l'exécution technique d'une fusion, ou de tout rapprochement, est complexe à mettre en œuvre : faire travailler ensemble des salariés que tout pouvait opposer auparavant, créer une nouvelle culture, éviter de perdre des clients soucieux de conserver une diversité de fournisseurs... L'expérience montre que, souvent, les synergies réalisées sont plus faibles que les synergies annoncées et plus lentes à se mettre en place ;

- tôt ou tard, une partie des synergies doit être restituée aux clients, au personnel, aux fournisseurs... En effet, l'entreprise ne sera pas seule à être partie à un rapprochement, les fusions-acquisitions évoluant par vagues (voir le paragraphe 48.2), ses concurrents seront poussés dans ce type d'opérations afin de bénéficier eux aussi de synergies leur permettant de rester compétitifs. Dès lors, tous pourront baisser leur prix de vente, ou ne pas l'augmenter, pour le plus grand bien du consommateur final.

49.15 Considérons donc, dans notre exemple, que les investisseurs valorisent ces synergies de 10 M€/an sur la base d'un PER de 12, soit 120 M€. La valeur des capitaux propres du nouvel ensemble est donc de : 450 + 330 + 120 = 900 M€.

Il y a donc création d'une valeur de 900 – 780 = 120 M€. Cette création de valeur n'est pas financière, elle est due à la fusion en elle-même, qui permet un effet de synergies industrielles. Ce gâteau de 120 M€ se partagera entre les actionnaires de A et ceux de B.

À l'extrême limite, les actionnaires de A peuvent être disposés à valoriser B dans la fusion sur la base de 450 M€, c'est-à-dire à attribuer à ses actionnaires la totalité de la valeur actuelle des synergies. Le poids relatif sera alors au maximum de 1 [1] ! Notons qu'en retenant un poids relatif de 0,833, ils avaient déjà offert aux anciens actionnaires de B, 66 % [2] de la valeur des synergies.

Les poids relatifs de 0,579 (330/(450 + 120)) et 1 constituent donc les deux limites extrêmes qui bornent d'un point de vue financier le champ de la négociation. Dans le premier cas, les actionnaires de A s'attribuent l'intégralité de la valeur de synergie ; à 1, cette valeur revient en totalité aux actionnaires de B.

Les conséquences du choix de tel ou tel poids relatif sont claires : il s'agit de déterminer la part de chacun des groupes d'actionnaires, ceux de B et ceux de A, sur l'ensemble après fusion : soit 36,7 % / 63,3 %, soit 50 % / 50 %, et donc la valeur du patrimoine des deux groupes d'actionnaires après la fusion.

La détermination de la valeur des synergies est donc assez cruciale puisqu'elle permet de déterminer le montant maximum de la prime que la société A peut payer aux actionnaires de B pour les inciter à accepter le rapprochement sans appauvrir ses propres actionnaires.

---

1 (330 + 120)/450.

2 (45,5 % × 900 – 330)/120.

4 ■ L'effet de « chaîne magique »

49.16 Jusqu'à présent, nous avons fait l'hypothèse que la capitalisation boursière du nouvel ensemble serait égale à la somme des deux capitalisations boursières initiales. En pratique, une fusion donne souvent lieu à un ajustement du PER du nouveau groupe (*rerating* en anglais). D'où des transferts de valeur importants entre collèges d'actionnaires qui, souvent, viennent compenser tel ou tel sacrifice sur le pourcentage détenu après la fusion ou sur la dilution d'un paramètre financier.

Si l'on fait l'hypothèse que notre nouveau groupe A bénéficiera d'un PER de 30 (comme A avant la fusion et en mettant de côté les synergies), sa capitalisation boursière ressort à 975 M€. Les anciens actionnaires de A, qui semblaient s'être sacrifiés au niveau du poids relatif, notamment au regard du rapport des valeurs des capitaux propres, voient leur quote-part du nouvel ensemble valorisée à 531 M€ alors qu'ils détenaient 100 % d'une société valant 450 M€... Quant aux anciens actionnaires de B, ils détiennent 45,5 % du nouvel ensemble, soit 444 M€ contre 100 % d'un ensemble qui capitalisait 330 M€. Cette création de valeur est de nature à compenser la perte de contrôle qu'ils ont consentie en fusionnant avec A.

Alors qu'ils apparaissaient tous perdants, ils sont en fait tous gagnants, l'opération réalisée étant une véritable machine à faire de l'argent ! La limite est toutefois claire : le PER de 30 auquel est valorisée A avant la fusion est celui d'une société en forte croissance. Il ne sera maintenu après la fusion que si B est dynamisé et que le nouveau groupe mérite un PER de 30 aux yeux des investisseurs.

Cette mécanique ne fonctionne bien que si l'entreprise se développe par croissance externe et absorbe des sociétés « endormies » de plus en plus grosses, qu'elle réussit à redynamiser. À défaut, le PER du nouvel ensemble correspondra à la moyenne pondérée des PER des sociétés fusionnées.

Le lecteur aura bien sûr compris que cela est indéniablement une fuite en avant, mais qui met en évidence l'intérêt d'avoir un bon cours boursier (PER élevé). Il permet en effet une stratégie de croissance externe moins coûteuse par émission d'un papier correctement évalué pour acheter des entreprises moins bien valorisées, et ce en affichant une croissance mécanique du bénéfice par action.

> Il est d'autant plus intéressant pour une entreprise de procéder à des opérations de rapprochement payées en actions que son PER est élevé.

Ceci ne garantit pas pour autant une création de valeur pour l'actionnaire. Seule la qualité de la performance économique de l'ensemble fusionné sera garante d'un PER élevé.

5 ■ Le choix du sens de la fusion

49.17 Est-ce A qui absorbe B ou l'inverse ? Cette question simple du sens de la fusion fait parfois l'objet de longs débats surtout si la psychologie s'en mêle ! Voici quelques éléments :

- dans une fusion avec une société non cotée, c'est plutôt la société cotée qui sera l'absorbante afin de simplifier le processus administratif et éviter un échange d'actions pour les actionnaires de la société cotée qui sont, *a priori*, les plus nombreux. C'est ainsi que L'Oréal, groupe coté, a absorbé en 2004 sa maison mère à 53 % Gesparal qui était non cotée, et non l'inverse ;
- il y a naturellement des considérations juridiques quand certains contrats passés par la société absorbante ou absorbée prévoient une clause de changement de contrôle, ou pour des contrats de

prêts qui peuvent alors devenir immédiatement exigibles. C'est ainsi que TF1 a pu prendre le contrôle intégral d'Eurosport après l'absorption de son partenaire Canal + par Vivendi Universal ;

- il y a aussi des raisons psychologiques car parfois certains souhaitent garder le nom ou la structure d'une entité qui existe depuis longtemps et à laquelle ils sont sentimentalement attachés. C'est donc cette structure qui est la société absorbante. Par ailleurs, certains dirigeants ont le sentiment qu'ils seront mieux placés dans le nouvel organigramme si leur société est l'absorbante plutôt que l'absorbée. D'autres voudront symboliquement marquer où se trouve le pouvoir ;

- pour garder le bénéfice de droits de vote double, la société absorbante sera celle qui en dispose, car il peut être difficile d'en voter la création dans une société qui n'en dispose pas ;

- certains sont attachés au fétichisme du BPA et préfèrent que la société absorbante soit celle avec le PER le plus élevé afin d'afficher après l'opération une relution du BPA. Nos lecteurs savent toute la circonspection avec laquelle nous traitons ce critère (voir paragraphe 32.16) ;

- enfin, il peut y avoir des considérations comptables.

L'argument fiscal a perdu beaucoup de son poids puisqu'il est dorénavant possible dans une fusion de garder le bénéfice des reports fiscaux déficitaires de la société absorbée à condition que la fusion ne soit pas justifiée uniquement par des raisons fiscales.

6 ■ Les fusions transfrontalières en Europe

49.18 Une directive européenne sur les fusions transfrontalières rend possible les fusions entre des sociétés de capitaux (SA, SARL, société européenne, SAS, SCA) d'États membres de l'Union européenne, mais ne concerne pas les sociétés de personnes (société en nom collectif et société en commandite simple).

Les règles harmonisées au niveau européen s'appliquent pour la procédure de fusion transfrontalière en elle-même qui prévoit un contrôle préalable de la conformité de la fusion par le greffier du tribunal dont dépend chaque entreprise et un contrôle de sa légalité par un notaire ou le greffier du tribunal. Ensuite les droits locaux s'appliquent pour chacune des parties prenantes en ce qui la concerne spécifiquement. Ainsi pour l'absorption d'une société française, le droit français s'applique pour la consultation et le recours des actionnaires minoritaires, le droit d'opposition des créanciers non obligataires et le droit des créanciers obligataires.

Les rapprochements intra-européens sont grandement facilités par l'adoption préalable du statut de société européenne comme l'ont déjà fait Airbus, LVMH, Scor, Gameloft, Pierre et Vacances, Allianz, Porsche, etc.

7 ■ La comptabilisation des fusions

49.19 Dans une opération de fusion (ou d'apport), il existe deux types de valeurs qui peuvent ou non coïncider : la valeur financière qui sert de référence pour la détermination du poids relatif, et la valeur à laquelle les actifs sont apportés à la société absorbante (ou bénéficiaire des apports).

Lorsque les deux sociétés qui fusionnent n'ont pas les mêmes actionnaires, les actifs et les passifs de la société absorbée sont repris pour leur valeur de marché dans les comptes de la société absorbante, en comptabilité sociale et en comptabilité consolidée[1].

En revanche, lorsque les deux entités qui fusionnent ont le même actionnaire (opération intra-groupe), les actifs et les passifs de la société absorbée sont repris pour leurs montants comptables dans les comptes de la société absorbante, en comptabilité sociale et en comptabilité consolidée, en normes françaises comme en normes IFRS.

La valeur d'apport fait l'objet d'un rapport du commissaire à la fusion soumis à l'assemblée générale extraordinaire de A. Celui-ci vérifie que la valorisation des apports a été faite sans les surévaluer de façon à ne pas créer des capitaux propres fictifs.

Dans notre exemple, si chaque action A nouvellement créée a une valeur comptable de 100 €, cette dernière sera ventilée entre 10 € de capital social (si le nominal de l'action A est de 10 €) et 90 € de prime appelée selon les cas **prime de fusion** ou **prime d'apport**.

Enfin si A détenait des actions de B avant l'opération, ces actions sont annulées lors de la fusion. La différence entre la quote-part correspondante de l'actif net de B retenu dans la fusion et le montant auquel ces titres annulés étaient inscrits au bilan donne lieu, selon les cas, à la constatation d'une plus-value (appelée **boni de fusion**) ou d'une moins-value (appelée **mali de fusion**).

8 ▪ Le régime fiscal français des apports et des fusions

49.20 Les fusions entraînent dans le **régime de droit commun** la constatation et l'imposition de plus-values latentes de la société absorbée qui est considérée comme liquidée dans la fusion. Des droits d'enregistrement sont aussi dus.

Il existe cependant un **régime de faveur** qui permet de ne pas constater fiscalement la réévaluation des actifs et passifs et donc de reporter le paiement de l'impôt sur les plus-values latentes de ces actifs au moment où ils seront cédés. Ce régime peut être appliqué pour :

- les fusions impliquant la transmission de l'ensemble des actifs et passifs de l'entreprise ;
- les apports partiels d'actifs portant sur une branche complète d'activité (la société réalisant l'apport doit alors s'engager à conserver les titres reçus en rémunération des apports pendant 3 ans) ;
- des apports ou des fusions ne comprenant pas une soulte en cash pour une part supérieure à 10 % du montant nominal des actions émises par l'absorbante.

Dans certains cas, l'administration fiscale peut donner un agrément pour le régime de faveur pour des opérations ne bénéficiant pas de plein droit de ce régime[2].

Pour les particuliers, la plus-value dégagée lors d'un échange de titres est dans la plupart des cas placée en sursis ou en report d'imposition qui viendra à échéance lors de la cession des titres reçus en échange.

1 Notons que si la fusion est réalisée « à l'envers », c'est-à-dire lorsque les actionnaires de la société absorbée sont majoritaires à l'issue de la fusion dans le capital du nouveau groupe, la valeur comptable doit être retenue en comptes sociaux.

2 L'opération doit alors être justifiée économiquement et ne pas avoir comme objectif principal la fraude ou l'évasion fiscale.

Section 3 ■ Les scissions

49.21 Un groupe comprenant plusieurs branches d'activité (le plus souvent deux) décide de les séparer en créant plusieurs sociétés distinctes. Les actions des sociétés nouvellement créées sont distribuées aux actionnaires en échange des actions du groupe d'origine. Chaque actionnaire peut alors céder ou non ces actions indépendamment les unes des autres.

Deux familles d'opérations existent, suivant que l'opération une fois décidée s'impose à tous les actionnaires ou reste un choix :

Scission (*demerger*)	• Séparation des activités d'un groupe. Après opération, les actionnaires des différentes activités du groupe sont exactement les mêmes que les actionnaires initiaux du groupe. • L'opération peut être réalisée en distribuant des actions d'une filiale sous forme le plus souvent de dividende (*spin-off* en anglais), ou par dissolution de la maison mère et remise aux actionnaires d'actions des filiales regroupant les activités (*split-up*). • Si, immédiatement après l'opération, des actionnaires des deux sociétés scindées sont par nature identiques, les actionnariats divergent ensuite très vite.
Offre publique de rachat d'actions (OPRA) payée en actions d'une filiale (*split-off*)	• Il est offert aux actionnaires qui le souhaitent d'échanger leurs actions de la maison mère contre des actions d'une filiale. Les actions apportées à l'offre sont, après opération, annulées par la maison mère. • Le *split-off* est donc d'une offre publique de rachat d'actions payée en actions d'une filiale et non en liquidités. • Si tous les actionnaires participent à l'offre, le *split-off* aboutit exactement à la même situation que la scission. Si l'offre a peu de succès, la société mère peut se trouver rester actionnaire de la filiale qui devient cotée.

1 ■ Pourquoi scinder un groupe ?

49.22 Les études montrent généralement que les cours des sociétés séparées surperforment le marché boursier, sur le court terme comme sur le long terme.

Dans le cadre de la théorie des marchés en équilibre et de la théorie de l'agence, l'opération de scission est une réponse aux décotes de conglomérat (voir chapitre 45). Elle est donc créatrice de valeur. La scission permet en effet de faire disparaître la décote de conglomérat (voir paragraphe 45.39) en résolvant les problèmes suivants :

- allocation sous-optimale du capital dans un groupe au profit des branches en difficulté, et au détriment des branches les plus performantes qui sont ainsi pénalisées dans leur développement ;

- mauvaise valorisation par le marché d'actifs secondaires (le marché ne valorisant correctement que les activités principales). Une scission peut ainsi permettre à un groupe de se débarrasser d'un actif non vendable (Fnac pour PPR et Osram pour Siemens) ;

- difficultés pour le marché à comprendre le groupe, difficultés accrues par la spécialisation sectorielle de quasiment tous les analystes et par le nombre très important de sociétés cotées, ce

qui multiplie les choix d'investissements possibles et conduit les investisseurs à préférer ce qui est simple et lisible. Les scissions permettent de réduire l'asymétrie d'information[1] ;

- présence de coûts de fonctionnement du conglomérat (qui s'ajoutent aux coûts des entités sans créer de valeur) ;
- restriction de la base d'investisseurs à ceux intéressés par l'ensemble des activités du conglomérat ;
- démotivation des dirigeants des divisions considérées comme non stratégiques.

La scission peut rendre « opéables » les sociétés nouvellement créées : auparavant, la taille trop importante du groupe d'origine ou la diversité de ses activités pouvait exclure le risque d'OPA. En effet, l'acheteur n'était pas intéressé par la totalité des branches d'activités et la méthode consistant à acheter le tout pour revendre les branches inintéressantes est lourde et hasardeuse. La scission crée des sociétés de plus petite taille et mono-activité, plus attirantes. Il a été montré que la surperformance boursière des groupes scindés n'existe que lorsque la maison mère ne détient plus aucune action dans l'entreprise née de la scission, voire quand cette dernière fait l'objet d'une OPA.

49.23 Les créanciers aiment peu les scissions. Elles se traduisent par une réduction de la diversité des activités de l'entreprise et donc par une plus forte volatilité des flux de trésorerie qui augmente le risque du prêteur. À l'extrême, elles peuvent appauvrir les créanciers si la dette est concentrée sur une seule société qui ne regroupe qu'une partie des actifs. Aussi, les prêteurs se protègent-ils en prévoyant dans les contrats de prêts que ceux-ci deviennent immédiatement exigibles en cas de scission, ce qui pousse la société candidate à la scission à en négocier les modalités avec ses prêteurs afin d'obtenir leur accord.

> L'affectation de la dette d'un groupe entre les différentes sociétés résultant de sa scission est un problème majeur qui peut faire échouer la réalisation de cette opération.

Du fait de leur complexité et du long travail préparatoire (au moins six mois) pour les mettre en œuvre, les opérations de scission sont peu fréquentes. Citons les scissions PPR en Kering et la Fnac ; Accor en Accor et Edenred ; Carrefour et Día ; News Corp et 21st Century Fox ; ou les *split-off*, Pfizer/Zoetis ; Procter & Gamble/Folgers, Sequana/SGS...

La scission n'est pas le remède à tous les maux : si l'une des activités scindées est de taille trop faible, elle souffrira alors en Bourse d'une forte décote de liquidité. Dans les pays émergents où l'accès au marché des capitaux est plus difficile que dans les pays matures, la diversification des groupes semble être un facteur de succès (Tata ou Reliance en Inde, Argos en Colombie, Fosun en Chine, etc.). Le mot scission y est inconnu... pour l'instant.

D'une certaine façon, la scission représente le triomphe de la paresse (de l'investisseur ou de l'analyste qui ne veulent pas faire l'effort de comprendre un groupe complexe) et de l'égoïsme (des dirigeants qui ne veulent plus contribuer au financement d'activités moins bien portantes).

> Mais c'est aussi le triomphe de la théorie financière moderne qui dénie une existence durable aux entités qui lient ensemble des actifs différents sans en augmenter, de ce fait, la valeur.

1 Voir en particulier S. Krishnaswami et V. Subramaniam.

QUESTIONS

1/ En quoi la fusion diffère-t-elle fondamentalement de la cession :
- pour l'actionnaire de la société absorbée ;
- pour la société absorbante ;
- pour l'actionnaire de la société absorbante ;
- pour la société absorbée ?

2/ À la différence d'une cession, lors d'une fusion, les capitaux propres s'ajoutent. Pourquoi ?

3/ Quelles sont, à votre avis, les motivations possibles pour une fusion ? Pour une scission ?

4/ Indépendamment des conséquences fiscales, un actionnaire qui contrôle 51 % d'une société préférera-t-il que celle-ci achète une autre société ou qu'elle fusionne avec elle ?

5/ La dilution des BPA après une fusion est-elle *a priori* plus forte ou plus faible que celle qui suit une augmentation de capital classique ?

6/ Pourquoi la détermination de la parité est-elle importante ?

7/ Quelle est la différence entre le poids relatif et la parité ?

8/ Dans une négociation, se met-on d'abord d'accord sur les poids relatifs ou sur leur mode de calcul ?

9/ Pourquoi les actionnaires d'une société absorbée acceptent-ils d'être dilués à l'issue de la fusion ?

10/ Où se situe la création de valeur dans une fusion ?

11/ Pourquoi la procédure juridique est-elle si lourde lors d'une fusion ?

12/ Dans quels cas une scission peut-elle permettre une création de valeur pour les actionnaires ? Pour les créanciers ?

13/ Peut-on juger du succès d'une fusion en comparant l'évolution boursière du nouvel ensemble à celle de l'indice de référence ?

14/ Peut-on juger du succès d'une fusion en considérant l'évolution des cours de Bourse des sociétés lors de l'annonce de la fusion ?

15/ Pourquoi est-il important que les fusions et les scissions soient fiscalement neutres ?

D'autres questions vous attendent sur le site www.vernimmen.net.

EXERCICES

1/ La société Dupont avec un t final est contrôlée à 100 % par M. Dupont et la société Dupond avec un d final est contrôlée à 100 % par M. Dupond. Elles ont les caractéristiques suivantes :

	Bénéfice net	Valeur des capitaux propres	Capitaux propres comptables
Dupont	60 M€	750 M€	800 M€
Dupond	30 M€	1 500 M€	400 M€

Dupont absorbe Dupond. Calculez les pourcentages de contrôle de M. Dupont et de M. Dupond selon que le poids relatif est calculé sur la base du bénéfice net, de la valeur des capitaux propres, ou des capitaux propres comptables. Concluez.

2/ Les sociétés Séraphin et Lampion ont les caractéristiques suivantes :

	Bénéfice net	Capitaux propres comptables	PER	Nombre d'actions
Séraphin	20	60	50	2 000
Lampion	40	300	8	1 000

a) Séraphin absorbe Lampion. Le critère choisi est celui des valeurs de capitaux propres. Calculez les anciens et les nouveaux BPA, capitaux propres par action, et le pourcentage de contrôle des anciens actionnaires de Séraphin sur l'ensemble.

b) Refaire les calculs lorsque le PER de Séraphin n'est que de 15, puis de 6.

c) Quels sont les poids relatifs minimum et maximum si les synergies résultant de la fusion augmentent le bénéfice de l'ensemble de 10, et si le nouveau groupe est valorisé sur la base d'un PER de 21 ? Quelles sont alors les parités ?

d) Quelle est la valeur de Mondass, produit de la fusion de Séraphin et Lampion (toujours avec des synergies de 10) s'il est valorisé sur la base d'un PER de 50.

e) Quelle est alors la valeur créée et à quoi correspond-elle ?

ÉLÉMENTS DE RÉPONSE

Questions

1. L'actionnaire de la société absorbée reçoit des titres au lieu de liquidités ; la société absorbante émet des titres au lieu de réduire ses liquidités ou de s'endetter, son actionnariat est modifié ; le contrôle de l'actionnaire de la société absorbante est dilué, mais il partage le risque d u rapprochement avec les actionnaires de la société absorbée ; la société absorbée disparaît juridiquement.

2. Puisque l'on émet des actions nouvelles pour rémunérer l'apport des capitaux propres de la société absorbée, les capitaux propres de la société absorbante augmentent d'autant.

3. Synergies. Décote de conglomérat, recentrage stratégique, défense contre des menaces.

4. Il préférera faire acheter pour ne pas perdre son contrôle.

5. Faux problème. Ce qui compte est de savoir si la fusion créera de la valeur et non s'il y aura une dilution du BPA.

6. Parce qu'elle détermine le partage du pouvoir et de la création de valeur.

7. Le poids relatif est la valeur de l'une des sociétés par rapport à l'autre. La parité est le nombre d'actions de l'absorbante pour une action de l'absorbée.

8. Sur le poids relatif et ensuite sur le mode de calcul qui permet de trouver le poids relatif convenu ; en apparence, c'est l'inverse qui prévaut.

9. Parce qu'ils font partie d'un ensemble plus grand susceptible de générer des synergies et que la fusion peut entraîner la revalorisation du PER du nouvel ensemble.

10. Au niveau des synergies.

11. Pour que l'égalité entre les actionnaires soit respectée et que certains ne soient pas lésés.

12. Lorsqu'il y a une décote de conglomérat ou qu'un actif est mal valorisé. Pour l'ensemble des créanciers, très rarement car il n'y a plus de mise en commun des actifs et de leurs flux pour faire face aux dettes.

13. Seulement après avoir pris en compte le bêta du groupe qui peut être différent de 1.

14. Oui si les marchés sont à l'équilibre et si l'information n'a pas fuité préalablement à l'annonce.

15. Car ce sont des opérations qui, n'entraînant aucun versement de liquidités, rendraient difficile le paiement d'impôts.

Exercices

Les corrigés détaillés des exercices sur excel sont disponibles sur le site www.vernimmen.net.

1.

	Bénéfice net	Valeur	Capitaux propres
Part de M. Dupont	2/3	1/3	2/3
Part de M. Dupond	1/3	2/3	1/3

Importance cruciale des critères retenus.

2. a) et b).

	Anciens (pour Séraphin)	Nouveaux (PER = 50)	Nouveaux (PER = 15)	Nouveaux (PER = 6)
BPA	0,01	0,0227	0,0145	0,0082
Capitaux propres par action	0,03	0,136	0,087	0,049
% de contrôle des actionnaires de Séraphin	100 % de Séraphin	75,8 %	48,4 %	27,3 %

Une société a d'autant plus intérêt à procéder à une fusion que son PER est élevé.

c) Les actionnaires de Séraphin s'approprient toutes les synergies : poids relatif de 3,59. Parité de 0,557 action Séraphin pour 1 action Lampion. Les actionnaires de Séraphin cèdent toutes les synergies : poids relatif de 2,13. Parité de 0,940 action Séraphin pour 1 action Lampion.

d) Valeur de l'ensemble = 50 × (40 + 20 + 10) = 3 500.

e) Richesse créée = 2 180, dont 500 dus aux synergies et 1 680 à la revalorisation de Lampion.

BIBLIOGRAPHIE

Pour approfondir le thème des fusions :

Cathiard C., Lecourt A., *La pratique du droit européen des sociétés. Analyse comparative des structures et des fusions transfrontalières*, Joly Éditions, 2010.

Chadefaux M., *Les fusions de sociétés : Régime juridique et fiscal*, 7e édition, Groupe Revue Fiduciaire, 2012.

CMS Bureau Francis Lefebvre, « Le guide de la fusion transfrontalière », *Option Finance* hors série n° 32, janvier 2010.

Conac P.-H. *et al.*, *Fusions transfrontalières de sociétés*, Larcier, 2011.

Hege U., Lovo S., Slovin M., « Equity and cash in intercorporate asset sales: theory and evidence », *Review of Financial Studies* février 2009, vol. 22, n° 2, pages 681 à 714.

Hege U., Sushka E., « Equity or cash ? The signal sent by the way you pay », *Harvard Business Review* mai 2009, vol. 87, n° 5, page 22.

Le Fur Y., Quiry P., « La société européenne », *La Lettre Vernimmen.net* octobre 2004, n° 32, pages 1 à 3.

Mercier J.-Y., *Fusions, apports partiels d'actifs, scissions*, 2e édition, Éditions Francis Lefebvre, 2012.

Pour approfondir le thème des scissions :

Anslinger P., Klepper S., Subramaniam S., « Breaking up is good to do », *The McKinsey Quarterly* 1999, n° 1, pages 16 à 27.

Cusatis P., Miles J., Woolridge J., « Restructuring through spin-offs », *Journal of Financial Economics* juin 1993, vol. 33, n° 3, pages 293 à 311.

Desai H., Jain P., « Firm performance and focus : long-run stock market performance following spin-offs », *Journal of Financial Economics* octobre 1999, vol. 54, n° 1, pages 75 à 101.

Krishnaswami S., Subramaniam V., « Information asymmetry, valuation and corporate spin-off decision », *Journal of Financial Economics* juillet 1999, vol. 53, n° 1, pages 73 à 112.

Lamine A. B., « Les *carve-outs* en Europe : Choix stratégiques et création de valeur », *Club Finance HEC* février 2007, n° 70.

Maxwell W., Rao R., « Do spin-offs expropriate wealth from bondholders? », *Journal of Finance* octobre 2003, vol. 58, n° 5, pages 2087 à 2108.

Mehrotra V., Mikkelson W., Partch M., « The design of financial policies in corporate spin-offs », *The Review of Financial Studies* hiver 2003, vol. 16, n° 4, pages 1359 à 1388.

Veld C., Veld-Merkoulova Y., « Do spin-offs really create value? The European case », *Journal of Banking & Finance* mai 2004, vol. 28, pages 1111 à 1135.

Étude clinique d'un cas de *spin-off* :

Parrino R., « Spin-offs and wealth transfers : The Marriott case », *Journal of Financial Economics* février 1997, vol. 43, n° 2, pages 241 à 274.

Pour approfondir le thème de la valeur des synergies :

Barraclough K., Robinson D., Smith T., Whaley R., « Using option prices to infer over payments and synergies in M&A transactions », *Review of Financial Studies* mars 2013, vol. 26, n° 3, pages 695 à 722.

Bradley M., Desai A., Kim E., « Synergetic gains from corporate acquisitions and their division between the stockholders of target and acquiring firms », *Journal of Financial Economics* mai 1988, vol. 21, n° 1, pages 3 à 40.

Leland H., « Financial synergies and the optimal scope of the firm : Implication for mergers, spin-offs and structured finance », *Journal of Finance* avril 2007, vol. 62, n° 2, pages 765 à 807.

Chapitre 50

Les LBO

S'appuyer sur le management pour faire levier.

50.1 Le rachat de l'entreprise par effet de levier, ou *Leveraged Buy-Out* en anglais (LBO), est l'acquisition du contrôle d'une société par un ou plusieurs fonds d'investissement spécialisés, financée majoritairement par endettement. Il entraîne le plus souvent une amélioration des performances opérationnelles de cette société compte tenu de la révolution culturelle qu'il induit dans le comportement des dirigeants dont la motivation est fortement accrue.

C'est un miracle de la finance lorsqu'un financier réussit à payer plus cher qu'un industriel qui bénéficie pourtant de synergies ; mais attention aux faux-semblants, la création de valeur n'est pas toujours là où l'on croit ! La théorie de l'agence nous sera bien utile car nous verrons que l'innovation fondamentale des LBO réside dans un mode de gouvernance plus efficace dans bon nombre de situations.

Section 1 ■ Le montage

1 ■ Principe

50.2 D'un point de vue technique, il est constitué d'une société holding (c'est-à-dire une société dont la vocation exclusive est de détenir des titres financiers) qui s'endette pour acheter une autre société (« la cible »). La société holding payera les intérêts de sa dette et remboursera le principal à partir des excédents de trésorerie dégagés par la société rachetée et par le produit de la revente de celle-ci. Dans le jargon, le holding de reprise est appelé de façon générique *NewCo* ou *HoldCo*.

Les actifs exploités sont les mêmes avant et après l'opération de LBO. Seule la structure financière du groupe est modifiée. Les capitaux propres consolidés ont largement diminué, les anciens actionnaires se sont partiellement ou totalement désengagés.

D'un point de vue purement comptable, ce schéma permet de faire jouer l'effet de levier (voir chapitre 14).

Prenons ainsi l'exemple de Parex, société produisant des mortiers industriels cédée en avril 2014 par Materis, elle-même une entreprise sous LBO, au fonds d'investissement CVC pour une valeur de l'actif économique de 880 M€. Le chiffre d'affaires 2013 était de 755 M€ et l'excédent brut d'exploitation de 105 M€.

L'endettement de la holding de reprise est constitué par un emprunt obligataire *high yield* à 7 ans de 550 M€ portant intérêt à Euribor + 4,25 %.

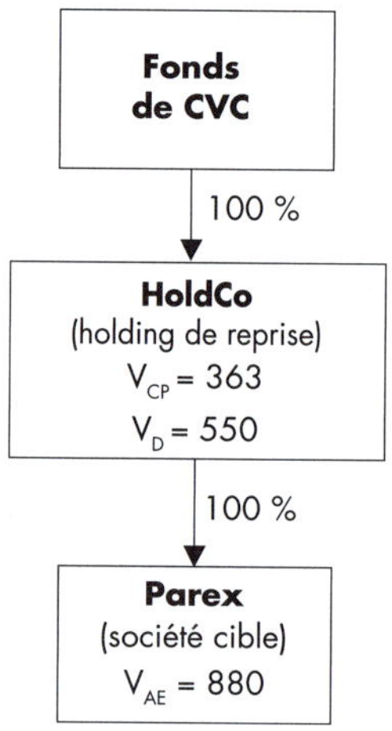

Comptablement, on a :

Bilan réévalué de la société rachetée (cible)	
Actif économique 880 M€	Capitaux propres 880 M€

Bilan social du holding de reprise	
Actions de la société rachetée 880 M€ cash 33 M€	Capitaux propres 363 M€
	Dettes 550 M€

Bilan consolidé du groupe	
Actif économique 880 M€	Capitaux propres 363 M€
	Dettes 517 M€

On constate que les capitaux propres réévalués consolidés ont été réduits de 39 % par rapport à la situation précédente.

Un LBO est une opération de destruction souvent massive de capitaux propres.

Au niveau du compte de résultat, sous l'hypothèse d'un coût de l'endettement moyen de 5 % avant impôt, la situation est la suivante :

Données en M€	Parex	Société holding	Consolidé
Bénéfice avant impôt et frais financiers	73	48[1]	73
– Frais financiers	0	28	28
– IS à 34 %	25	0[2]	18[3]
= Résultat net	48	20	27

1. Sous l'hypothèse d'un taux de distribution de la société rachetée de 100 %.
2. La société holding bénéficie du régime mère-fille français (voir paragraphe 41.10), les dividendes reçus ne sont donc pas imposables et le holding n'est donc pas imposé dans la pratique.
3. En supposant l'application du régime d'intégration fiscale et l'application du plafond de 75 % de déductibilité des frais financiers.

2 ■ Les différents types d'opérations

50.3 Le terme général est « rachat avec effet de levier » ou, en anglais, *Leveraged Buy-Out :* LBO lorsqu'un investisseur financier rachète ainsi une société. Mais il existe des variantes :

- lorsqu'il est mis en place en s'appuyant sur l'équipe dirigeante on l'appelle *(Leveraged) Management Buy-Out :* (L) MBO, et avec tout ou partie des salariés, rachat de l'entreprise par les salariés (RES) ;
- si des cadres extérieurs sont associés à l'opération (autrement dit, lorsque l'investisseur financier met pour partie en place une nouvelle équipe de management), ce sera en anglais un *Management Buy-In,* MBI (si toute l'équipe de management est renouvelée) ou un BIMBO (combinaison d'un *Buy-In* et d'un *Management Buy-Out*) ;
- on parle de *Build-up* lorsqu'un LBO procède à des acquisitions d'autres sociétés de son secteur afin de créer des synergies industrielles, ces acquisitions étant financées essentiellement avec de la dette ;
- et enfin d'*Owner Buy-Out* (OBO) lorsque l'actionnaire principal rachète par endettement les actionnaires minoritaires.

3 ■ Régime fiscal en France

50.4 Si l'on raisonne au niveau de la société holding, celle-ci n'a pas d'activité commerciale ; les dividendes qu'elle reçoit de la cible bénéficient du régime mère-fille (voir paragraphe 41.9), son résultat fiscal est donc nul. Par définition, elle ne dispose donc pas de produits imposables sur lesquels imputer les frais financiers qu'elle paye sur la dette d'acquisition et ceux-ci ne génèrent donc théoriquement pas d'économie d'impôt.

Le schéma décrit ci-dessus perd alors une part de son intérêt. Pour remédier à cet inconvénient, il faut qu'il y ait « fusion fiscale » des résultats de la cible et de ceux de la société holding. Trois solutions sont possibles pour arriver à ce résultat : **l'intégration fiscale, la fusion proprement dite ou le *debt push down*.**

L'intégration fiscale des résultats entre une société mère et sa fille est possible en France pourvu que la société mère détienne 95 % du capital de la fille. En utilisant cette possibilité, la société holding peut imputer ses frais financiers sur le résultat avant impôt de la cible. L'économie fiscale est alors réalisée.

Mais attention, fiscalement, les intérêts des emprunts contractés par le holding pour racheter la société ne sont déductibles[1] que si les actionnaires directs ou indirects du holding ne sont pas majoritairement les anciens actionnaires de la société rachetée (selon la règle dite de « l'amendement Charasse »).

1 Pour 75 % de leur montant en France.

La deuxième possibilité est de réaliser, après le rachat, une fusion entre la cible et la société holding. Cette solution nécessite une mise en place plus lourde que la précédente (votes en assemblée générale, rapport des commissaires à la fusion…) et pose quelques problèmes :

- **financiers :** une fusion rapide, s'il existe des minoritaires au niveau de la société rachetée, va entraîner une dilution très forte du contrôle des actionnaires du holding de rachat puisque, comme nous l'avons vu plus haut, la valeur des capitaux propres de ce holding est très petite par rapport à la valeur de la société rachetée compte tenu de la dette de ce holding ;

- **juridiques :** une fusion rapide post-LBO pose un problème juridique puisque la loi interdit à une société de donner des garanties pour racheter ses propres actions. Or l'endettement du holding, en cas de fusion rapide va bien se retrouver au bilan de la société rachetée ;

- **fiscaux :** en cas de fusion rapide, l'administration peut contester la déductibilité des frais financiers des prêts initialement contractés par le holding en arguant que la société rachetée n'a aucun intérêt à fusionner et que la fusion lui a été imposée par son actionnaire majoritaire, la société holding.

Toutes ces raisons font qu'il est rare qu'une fusion post-LBO puisse se faire en France avant un délai de « décence » de l'ordre de 2/3 ans.

Alternativement, il pourra être procédé à un ***debt push down***, littéralement faire descendre la dette de la holding au niveau de la société opérationnelle, le plus souvent par le biais d'un dividende exceptionnel ou d'une réduction du capital au profit de la société holding et que la société cible finance par endettement. Lorsque cette dernière est cotée, il est de plus en plus fréquent qu'un expert indépendant rédige une **opinion de viabilité** qui atteste que son endettement n'est pas devenu excessif.

4 ■ Les sorties du montage

50.5 Sous la pression des investisseurs qui exigent une rotation rapide des actifs, la durée de vie d'un montage LBO peut être courte : entre 2 et 5 ans mais elle s'est allongée avec la crise financière et économique qui rend plus difficiles les sorties. Différentes options existent pour déboucler un LBO :

Sorties des LBO britanniques depuis 1993

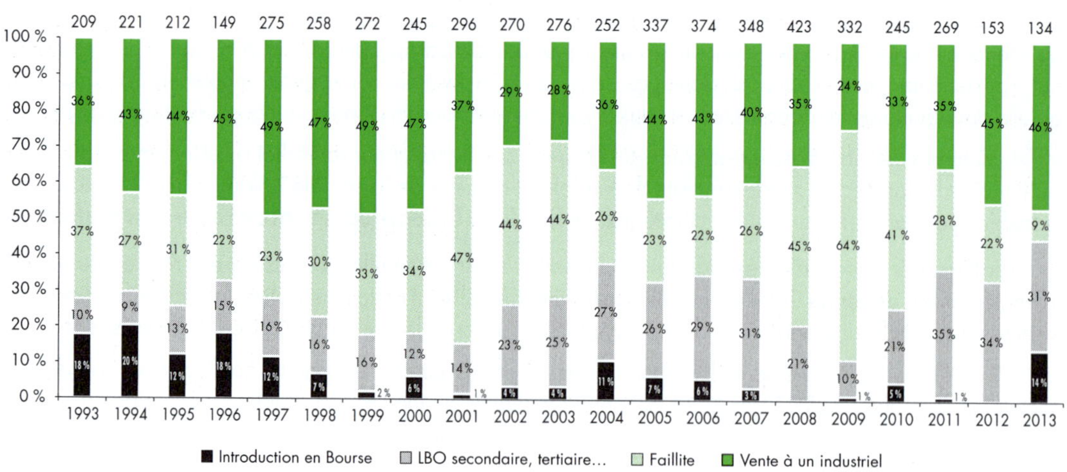

Source : CMBOR / EVCA.

- la cession à un industriel. Remarquons qu'en général, la société n'avait pas, en premier lieu, attiré les industriels et c'est pour cela qu'un financier avait pu l'acquérir. Les conditions de marché ou le profil de la société doivent avoir changé pour que les industriels soient de nouveau intéressés. C'est ainsi que Spotless a été acquis par Herkel en 2014 ;

- l'introduction en Bourse. La sortie par introduction ne peut cependant se faire que par étapes. Par ailleurs, elle ne permet pas d'obtenir une prime de contrôle (au contraire, elle pâtit de décotes, d'abord d'introduction en Bourse puis de placement, voir chapitre 29). Toutes les sociétés, de par leur taille ou leur profil d'activité, ne se prêtent pas nécessairement à une introduction en Bourse. Elle est, en revanche, plus attractive pour l'équipe dirigeante qu'une vente à un industriel concurrent. C'est ainsi qu'en 2014 Elior a été introduit en Bourse par Charterhouse ;

- la cession à un autre fonds qui, lui-même, met en place un nouveau montage de LBO. On parle alors de LBO secondaire, voire tertiaire ou quaternaire. Parex est ainsi un LBO secondaire et Picard Surgelés un LBO tertiaire ;

- les *leverage recap* qui consistent pour le fonds de LBO, après avoir détenu l'actif quelques années, à le réendetter [1]. Cette opération ne représente pas réellement une sortie, car le fonds reste l'actionnaire de la société, mais elle permet une sortie partielle des capitaux propres initialement investis et contribue ainsi à la performance du fonds par l'amélioration du TRI. Elles avaient complètement disparu depuis 2008 en raison de la fermeture du marché de la dette de LBO et reviennent en force début 2013 avant d'être éclipsées par les introductions en Bourse de nouveau possibles depuis fin 2013 ;

- la prise de contrôle par les créanciers, qui pensent que la société opérationnelle est viable, mais les dettes du LBO sont devenues trop importantes. Ils transforment alors une partie de leurs dettes en capitaux propres diluant les actionnaires qui n'ont pas voulu injecter de l'argent frais mais sont d'accord pour éviter la faillite. C'est ainsi que les créanciers de Terreal, Frans Bonhomme et la Saur ont pris le contrôle de ces sociétés en fin 2013 ;

- la faillite lorsque la société cible n'arrive plus à remonter assez de dividendes à la société holding pour que cette dernière puisse faire face aux échéances de sa dette, et que les créanciers et les actionnaires de celle-ci n'arrivent pas à se mettre d'accord sur un plan de recapitalisation [2] et une renégociation des caractéristiques des dettes (montant, durée, taux, *covenants*). Energy Future-TXU, plus gros LBO de l'histoire, a ainsi fait faillite en 2014. C'est finalement assez rare en France car les créanciers sont poussés au compromis, c'est-à-dire à des abandons ou un rééchelonnement des créances, voire à prendre le contrôle, car ils ne peuvent pas prendre des garanties sur les actifs de la cible tant que leurs créances sont sur le holding. Par ailleurs, sauf cas de *debt push down*, la société cible est peu endettée car la dette est localisée au niveau de la holding.

La sortie du montage sera d'autant plus aisée que le fonds de LBO aura pu améliorer la rentabilité et/ou faire croître l'entreprise. Ceci pourra prendre la forme d'un plan de croissance interne par extension géographique ou de la gamme de produits, d'un plan de restructuration ou de réduction des coûts, d'amélioration de la gestion du BFR ou d'une série d'acquisitions d'entreprises du secteur. L'accroissement de la taille sera important en particulier dans le cas d'une introduction en Bourse car la taille contribue à une meilleure liquidité et donc à une meilleure valorisation en Bourse.

1 En versant un dividende exceptionnel ou bien en remboursant tout ou partie du compte courant actionnaire, financé par un nouvel endettement.

2 Une vraie cette fois-ci !

Ceci étant dit, une société dont le LBO échoue par incapacité à rembourser la dette est souvent alors dans une piètre situation. Les investissements auront été coupés, les meilleurs salariés qui ont compris la réalité de la situation sont partis, les autres sont démotivés. C'est un vrai défi de la redresser !

Section 2 ■ Les différents acteurs

50.6 Le marché des LBO s'est fortement structuré depuis le début des années 1990. L'ensemble des acteurs directs (fonds, banques) ou indirects (conseils financiers, juridiques, stratégiques, du management) traitent l'activité LBO comme un métier spécifique avec des équipes dédiées. Les industriels et les dirigeants sont devenus familiers de ce type de structures.

1 ■ Les cibles potentielles

50.7 Le montage que nous venons de décrire n'est, a *priori*, envisageable qu'avec des cibles présentant certaines caractéristiques. Théoriquement, l'entreprise rachetée doit dégager des résultats et des flux de trésorerie suffisants et assez stables dans le temps pour faire face aux flux de la dette contractée par la société holding. La société reprise ne doit pas avoir des besoins d'investissement trop importants. C'est donc plutôt une entreprise ayant atteint le stade de la maturité, évoluant dans un secteur d'activité sans variation importante de conjoncture.

Le risque industriel doit être limité ; en effet, le financement par LBO va déjà faire peser sur la société un risque financier important. Les cibles retenues évoluent donc dans des secteurs où les barrières à l'entrée sont importantes et où les risques de substitution sont faibles. Il s'agit souvent de secteurs de niche dans lesquels la cible dispose d'une part de marché confortable ou de plus grosses entreprises bénéficiant de positions de marché confortables (comme TDF ou Elis).

Les 10 plus gros LBO de l'histoire

Nom	Date	Secteur	*Equity sponsor*	Valeur (Md$)
TXU	Février 2007	Énergie	KKR/TPG	45
Equity Office	Novembre 2006	Immobilier	Blackstone	36
HCA	Juillet 2006	Santé	Bain/KKR	33
RJR Nabisco	Octobre 1988	Agroalimentaire	KKR	30
Heinz	Février 2013	Agroalimentaire	Berkshire Hathaway, 3G Capital	28
Kinder Morgan	Août 2006	Énergie	Carlyle	27
Harrah's Entertainment	Décembre 2006	Casino	Apollo/TPG	27
First Data	Septembre 2007	Technologie	KKR	27
Clear Channel	Novembre 2006	Média	Bain/Thomas Lee	27
Freescale	Septembre 2006	Technologie	TPG/Blackstone/Permira	17

Source : Thomson Financial.

Les cibles idéales étaient traditionnellement de pures « vaches à lait ». Au cours du temps, on a observé une évolution graduelle vers des sociétés à plus forte croissance ou pour lesquelles des opportunités de consolidation du secteur existent. L'aversion au risque des investisseurs se relâchant, on a vu certains fonds investir dans des secteurs plus difficiles dont les revenus sont, par nature, volatils ou cycliques avec des investissements très importants et des mutations de marché très rapides, comme les équipementiers automobiles ou le secteur de la technologie ou d'autres se spécialisant dans des entreprises en restructuration.

La crise de l'été 2007, l'arrêt brutal des opérations de LBO notamment après la faillite de Lehman, et la réouverture très progressive du marché des LBO en Europe depuis la fin 2009 ont entraîné un retour vers des acquisitions plus rassurantes, c'est-à-dire des entreprises de taille plus petite, rarement au-dessus de 3 Md€, générant des flux de trésorerie avec une bonne visibilité.

2 ■ Les vendeurs

50.8 En 2007, dernière année de forte activité avant la crise de mi-2007 à fin 2009, environ la moitié des LBO réalisés en France concernait des entreprises familiales. Un large nombre de PME européennes s'est créé ou fortement développé sous l'impulsion de leur actionnaire majoritaire dirigeant durant les années 1960-1970. Arrivant à l'âge de la retraite, ces dirigeants/actionnaires souhaitant céder leur entreprise sont tentés par les fonds de LBO comme alternative à la cession au concurrent direct souvent perçu comme « le diable en personne » (Prosodie) ou à une sortie par la Bourse qui peut être difficile (Afflelou). Cette réaction peut être exacerbée lorsque l'entreprise porte le nom de la famille, nom qui risque d'être perdu par la cession à un autre industriel (Delachaux).

Près du quart en nombre, et plus encore en volume, des opérations de LBO provenait de cessions de filiales ou de divisions de grands groupes. C'est la conséquence logique de la concentration des activités des grands groupes. De nombreux secteurs sont aujourd'hui tellement concentrés que lorsqu'une entreprise d'une taille significative doit être cédée, seuls des acheteurs financiers peuvent réglementairement acquérir l'entreprise dans son ensemble. Ou, ce qui est équivalent, les conditions qui seraient imposées par les autorités de contrôle des concentrations sont telles pour les acheteurs industriels que le prix qu'ils peuvent mettre en avant n'est pas compétitif malgré les synergies éventuelles. Ces opérations correspondent souvent aux opérations de taille plus importante (Foncia).

Plus de 30 % des opérations correspondent à des LBO secondaires, tertiaires ou plus (Labeyrie, Sebia, Ceria).

Citons enfin les opérations de *public to private* qui consistent à monter un LBO sur une société cotée et à la sortir de la Bourse. Cette solution pourra être retenue pour les sociétés petites et moyennes délaissées par les investisseurs et dont le cours est peu liquide et visiblement sous-évalué par le marché (Homair Vacances).

En France, ce montage se heurte à la nécessité pour le holding de reprise de détenir 95 % de la cible si elle souhaite instaurer une intégration fiscale et lancer une procédure de retrait obligatoire permettant de quitter la Bourse (voir paragraphe 48.32). L'Autorité des marchés financiers n'accepte pas jusqu'à présent des offres publiques conditionnées à l'obtention de 95 % du capital. Si une telle condition était posée et que l'initiateur de l'offre recueille moins de 95 % des actions, son offre serait ainsi déclarée sans suite. Les fonds lançant une OPA sur une société cotée ne peuvent donc pas être certains de pouvoir obtenir l'intégration fiscale rendant les frais financiers de la dette d'acquisition fiscalement déductibles, ce qui constitue un frein à ce type d'opérations, même si les techniques de *debt push down* peuvent partiellement y remédier (voir Provimi, Pages Jaunes...).

3 ■ Les fonds de LBO : les investisseurs en capitaux propres

50.9 Le montage d'une opération de LBO nécessite un savoir-faire particulier, c'est pourquoi des fonds d'investissements sont spécialisés dans ce type d'opérations. On les appelle des *private equity sponsors* (PES) en anglais puisqu'ils investissent des capitaux propres dans les entreprises non cotées ou qui le redeviennent[1].

Notre lecteur aura également compris que les opérations de LBO étant particulièrement risquées à cause de l'effet de levier, les fonds exigeront donc sur leur investissement une rentabilité élevée (souvent de l'ordre de 20 à 25 %). Par ailleurs, afin de se défaire d'une partie du risque diversifiable, ces investisseurs spécialisés réalisent plusieurs investissements au sein d'un même fonds.

Il existe en Europe plus de 100 fonds d'investissement actifs dans les LBO. Certains sont spécifiquement européens comme BC Partners, Bridgepoint, Cinven, CVC, PAI, Permira, Wendel, Eurazéo... D'autres sont d'origine américaine comme Apollo, Blackstone, Carlyle, KKR, TPG... Ces fonds de LBO ont généralement des spécialisations géographiques et des caractéristiques d'investissement spécifiques (taille minimum, fonctionnement seul ou en consortium...).

Les fonds de LBO peuvent investir aux côtés d'autres fonds de LBO afin de mieux répartir leurs risques (on parle alors de « consortium ») ou de pouvoir s'attaquer à des cibles plus grosses, ou d'un industriel qui ne détient qu'une participation minoritaire. Dans ce cas, l'industriel apporte sa connaissance du secteur et le fonds de LBO le savoir-faire en termes d'ingénierie financière, juridique et fiscale.

Les fonds de LBO apportent des capitaux propres représentant dorénavant de l'ordre de 30 % à 50 % du financement total. Les temps pas si lointains (premier semestre 2007) où ils représentaient 20 % du financement sont, pour l'instant, révolus ! On peut noter que, pour faciliter la remontée du cash, une partie des capitaux propres peut également prendre la forme d'obligations convertibles hautement subordonnées et dont la conversion est effective en cas de difficultés financières de la société. Leurs intérêts sont fiscalement déductibles.

Matériellement, les fonds de LBO sont organisés sous la forme d'une société de gestion, le *general partner*, détenue par des associés, qui décide des investissements grâce aux liquidités levées auprès d'investisseurs institutionnels[2], ou de particuliers fortunés (les *limited partners*). Matériellement, les fonds de LBO appellent auprès des *limited partners* les fonds que ces derniers se sont engagés à apporter au fur et à mesure de la réalisation des investissements. Lorsqu'un fonds a investi plus de 75 % des capitaux propres qui lui ont été confiés, un autre fonds est en général lancé. Chaque fonds est tenu de rendre à ses investisseurs tout le produit des désinvestissements au fur et à mesure qu'ils se produisent, si bien qu'il a vocation à être liquidé au bout d'une dizaine d'années le plus souvent. La société de gestion, et donc les associés du fonds de LBO, est rémunérée sur la base d'un pourcentage annuel des fonds investis (en moyenne 2 % des fonds gérés) et d'un pourcentage de la plus-value réalisée, parfois au-delà d'un taux de rentabilité minimum (8 à 9 % appelé *hurdle*) ; c'est le *carried interest* (environ 20 % de la plus-value).

1 Le terme de VC, *venture capitalist*, parfois employé étant toutefois plus approprié pour désigner les investisseurs actifs dans le capital risque.

2 Caisses de retraite, compagnies d'assurance, banques, fonds souverains qui investissent une petite partie de leurs actifs dans les LBO.

Certains fonds sont cotés en Bourse depuis longtemps pour des raisons historiques (3i, Wendel, Eurazéo) ; d'autres beaucoup plus récemment (Apollo, Blackstone, Carlyle, KKR).

4 ■ Les investisseurs en dette

50.10 Pour les plus petites opérations (inférieures à 10 M€), la dette est contractée auprès d'une seule banque, souvent la banque de la cible.

Pour les opérations plus importantes, l'organisation de l'endettement est plus complexe. Le financement est généralement mis en place par le fonds qui acquiert la cible en négociant la dette avec un pool de banques dont il s'est attaché les services. Parfois, le vendeur demande à des banques (qui peuvent être aussi la banque conseil du vendeur) de proposer un financement à l'ensemble des candidats. On parle alors de *staple financing*.

Le levier financier important recherché nécessite de mettre différents niveaux de financement avec des niveaux de risque croissants. On obtient alors un schéma souvent à trois étages : tout d'abord une dette classique bénéficiant de garanties spécifiques et qui sera remboursée en priorité (que l'on appelle **dette senior**), puis une **dette subordonnée** ou **dette junior** qui peut prendre la forme d'un financement mezzanine ou d'un emprunt obligataire à haut rendement (*high yield*) dont le remboursement intervient après celui de la dette senior, et enfin, en dernier lieu, les capitaux propres.

Ces financements classiques peuvent être complétés par un crédit vendeur (le vendeur de la cible n'étant pas payé de la totalité du prix immédiatement) et par des opérations de titrisation de certains actifs de la cible.

a) La dette senior

50.11 Elle représente un montant généralement de l'ordre de 3 à 5 fois l'excédent brut d'exploitation de la cible. Cette dette est composée de différentes tranches, de la moins risquée à la plus risquée :

- la tranche A est remboursée linéairement en 6/7 ans ;
- les tranches B et C, d'une durée plus longue, sont remboursables *in fine*, *bullet* en anglais (respectivement au bout de 7/8 et 8/9 ans). La tranche C a toutefois tendance à disparaître.

Chaque tranche a un taux d'intérêt spécifique qui dépend de ses caractéristiques. Depuis 2008, le coût de la dette senior d'un LBO est supérieur de 400 à 500 points de base[1] au taux sans risque (Euribor).

Lorsque les montants sont significatifs, la dette senior est garantie (*underwriting*) par plusieurs banques qui gardent en risque une part de la dette et syndiquent le solde auprès d'autres banques (syndication bancaire) (voir paragraphe 29.48). Il s'était également créé des fonds investissant uniquement dans de la dette LBO : les CDO/CLO (*collaterized debt/loan obligation*) qui sont proposés aux investisseurs institutionnels (compagnies d'assurances, fonds de pension, *hedge funds* ...). Si les CDO étaient traditionnellement le véhicule privilégié d'investissement des investisseurs institutionnels, on pouvait observer dans les LBO importants qu'une part de la dette était directement souscrite par des institutionnels. Jusqu'à l'été 2007, une majorité de la dette garantie par les banques était finalement placée auprès des fonds CDO/CLO et des institutionnels (80 % aux États-Unis et 60 % en

1 100 points de base = 1 %.

Europe). Après un arrêt quasi total post-2007, de nouveaux fonds de CLO apparaissent depuis 2013 avec toutefois des moyens financiers nettement plus limités.

Pour des LBO de petite taille, la dette est apportée par un petit groupe de banques proches de la cible (« *club deals* »).

b) La dette subordonnée

50.12 Elle prend la forme d'une dette obligataire à haut rendement (*high yield*), le plus souvent cotée, ou à bons de souscription (dette mezzanine) et non cotée.

Une **émission d'obligations cotées à haut rendement** est possible pour financer les LBO les plus importants. En effet, pour offrir une liquidité suffisante aux investisseurs, la taille de ces émissions ne doit pas être inférieure à 200 M€. Ce financement présente l'avantage de n'être remboursable qu'*in fine* après une durée de 7 à 10 ans. Le remboursement n'est assuré que si la dette senior a été elle-même remboursée, c'est la notion de subordination. Compte tenu du risque qui y est attaché, le financement de LBO par dettes *high yield* offre à l'investisseur des taux d'intérêt élevés (jusqu'à 800 points de base au-dessus du taux des obligations d'État). Les obligations *high yield* destinées à financer des LBO depuis la fin 2009 connaissent un essor certain mais c'est un marché de fenêtres qui peuvent se refermer très vite en cas de crise.

L'endettement du LBO sur Parex a été entièrement levé sous forme d'un emprunt obligataire à haut rendement de 550 M€ à 7 ans, avec un intérêt de Euribor + 4,25 %.

La **dette mezzanine** est aussi une dette subordonnée, souvent obligataire, mais non cotée et souscrite par des fonds spécialisés. Comme nous l'avons vu au chapitre 28 certains titres répondent parfaitement à ce besoin de financement intermédiaire : ce sont les titres hybrides (OBSA, obligations convertibles, ORA, bons de souscription d'actions...). Ils seront donc utilisés comme supports pour le financement mezzanine.

Compte tenu du risque pris, les investisseurs en dette mezzanine (les « mezzaneurs ») exigeront non seulement une rentabilité élevée mais aussi un droit de regard sur la gestion, ils pourront alors être représentés au conseil d'administration.

La rentabilité obtenue sur les dettes mezzanines peut prendre trois formes :

- un taux d'intérêt relativement faible payé en cash chaque année (marge d'environ 5 à 6 %) ;
- un intérêt capitalisé (PIK ou *payment in kind*, 5 à 8 %) ;
- et une participation éventuelle à la plus-value (au travers de la conversion des obligations ou de l'exercice des bons que l'on appelle *warrants*).

Ainsi, le financement mezzanine est réellement à mi-chemin entre le financement par capitaux propres et le financement par dette. Les rentabilités exigées par les « mezzaneurs » le confirment puisqu'elles sont de l'ordre de 15 %.

Le financement par dettes subordonnées permet :

- de profiter de l'effet de levier au-delà de ce que les banques acceptent de prêter ;
- d'avoir un endettement sur une durée plus longue que les crédits classiques, à un taux supérieur dont une partie peut prendre la forme d'une dilution potentielle ;

▪ de bénéficier d'une plus grande souplesse dans la remontée des flux de trésorerie de la cible vers la société holding. Le remboursement du financement mezzanine, et éventuellement le paiement des intérêts, sont définis selon des modalités propres et interviennent après ceux de la dette senior ;

▪ de mettre en place une opération qu'il n'aurait pas été possible de monter avec seulement des capitaux propres et des dettes senior, voire même de remplacer la dette senior (mezzanine dite *unirate*).

Du moins risqué, la dette senior, au plus risqué, les actions ordinaires, le financement d'un LBO répartit le risque d'un actif économique entre différents titres dont le profil de risque correspond précisément à celui qui est recherché par différents investisseurs.

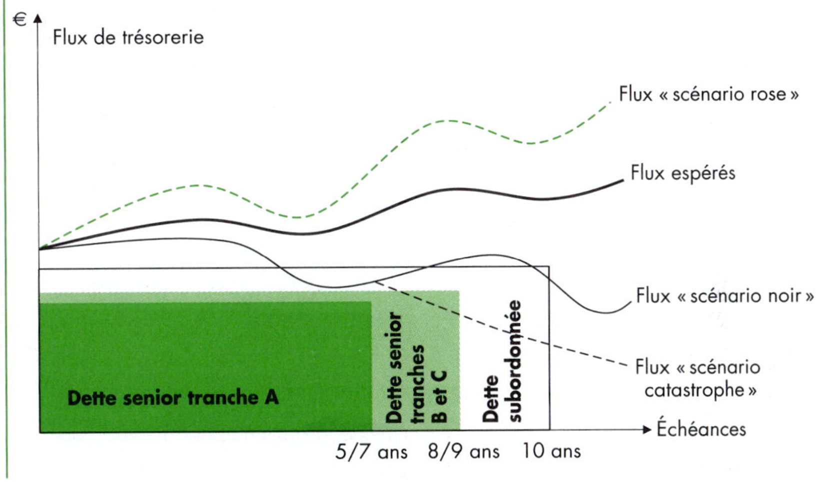

c) La titrisation

50.13 Les LBO peuvent faire appel au financement par titrisation (voir paragraphe 25.23). Celle-ci porte sur les créances de la cible et/ou sur ses stocks si ceux-ci disposent d'un marché propre.

Des montages (*Securitization Buy-Out*) s'appuyant sur les techniques de la titrisation classique de créances commerciales, mais visant la titrisation entière des flux d'exploitation de la cible, existent mais leur mise en œuvre dans le contexte juridique français n'est pas aisée.

d) Les autres financements

50.14 Pour les LBO de taille petite ou moyenne, la dette unitranche peut se substituer à la dette senior et subordonnée. C'est une dette *in fine*, souscrite par un fonds d'investissement en dette et dont le coût de 11 à 13 % est à mi-chemin entre celui d'une dette senior et d'une dette subordonnée.

Il convient de noter que les financements du holding sont généralement complétés par des financements au niveau de la société opérationnelle :

▪ une facilité de crédit *revolving* (*Revolving Credit Facility*, RCF) qui permet principalement de faire face à une éventuelle saisonnalité du besoin en fonds de roulement ;

▪ une ligne bancaire pour les acquisitions futures (*acquisition facility*) ;

▪ une ligne bancaire pour les investissements (*capex facility*).

Jusqu'à l'été 2007, les banques finançant les LBO étaient inventives et certains des montages les plus complexes pouvaient compter jusqu'à dix types de dette différents. Ainsi, on a pu voir se développer une tranche de dette bancaire venant s'interposer entre la dette senior et la dette mezzanine : le *second lien*, dette senior mais *de facto* de second rang car à long terme, des *interim facility agreement* pour réaliser le LBO alors que la documentation juridique (souvent des centaines de pages) n'est pas encore finalisée et totalement négociée. Il s'agit d'un prêt à très court terme qui est refinancé par les crédits du LBO. Le *summum* a été atteint avec l'*equity bridge* : les banques prêteuses du LBO garantissent alors une partie des capitaux propres du montage dans l'attente d'une syndication de ces actions auprès d'autres fonds de LBO. On trouve difficilement mieux pour augmenter le risque des prêteurs !

e) Un peu de recul

50.15 L'appétence croissante jusqu'à l'été 2007 des investisseurs pour le risque les a conduits, non seulement à accroître leurs investissements dans les fonds de LBO, dont certains réunissaient plus de 15 Md$, mais aussi à souscrire une part croissante de dettes des LBO que les banques leur recédaient directement ou indirectement *via* des CDO/CLO. Le rôle des banques de LBO devenait alors essentiellement un rôle de montage et de distribution.

Aussi, un montage type de LBO était-il passé de :

Fin des années 1990	**à**	**début 2007**	**puis à**	**début des années 2010**
• Capitaux propres :	35 %	• Capitaux propres :	20 %	• Capitaux propres 40 à 60 %
• Dette mezzanine :	10 %	• PIK ou dette mezzanine :	5 %	• Dette mezzanine 0 à 10 %
• Dette senior :	55 %	• Emprunt *high yield* :	15 %	• Dette senior 40 à 50 %
◦ Tranche A, 5 ans, amortissable		• *Second lien* :	5 %	• Tranche A, 6/7 ans amortissable
◦ Tranche B, 8 ans, *in fine*		• Dette senior :	55 %	• Tranche B, 7/8 ans, *in fine*
		◦ Tranche A, 7 ans, amortissable		
		◦ Tranche B, 8 ans, *in fine*		
		◦ Tranche C, 9 ans, *in fine*		
Auxquels se rajoutait une ligne revolver destinée à financer les besoins courants de l'entreprise		Auxquels se rajoutaient une ligne revolver ou une titrisation et une ligne de financement d'investissements		Auxquels se rajoutent une ligne revolver et éventuellement une ligne de financement des investissements

Parallèlement, le prix des cibles acquises en LBO s'élevait par rapport à leur EBE :

Parex a ainsi été acquis pour 8,4 fois l'EBE, acquisition financée par des dettes représentant 5,2 fois l'EBE.

Prix d'acquisition des LBO et financement par rapport à l'EBE en Europe

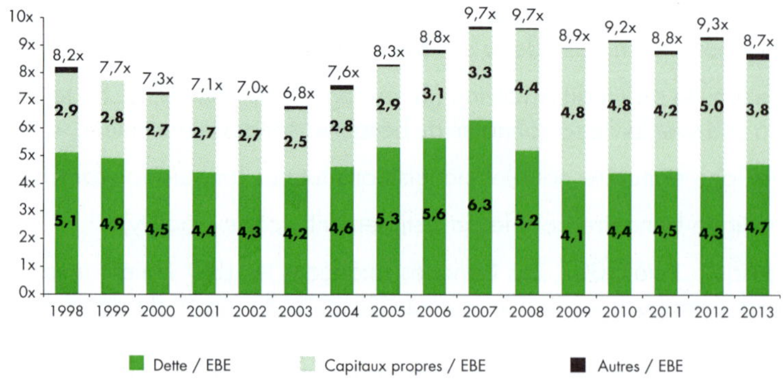

Source : Standard & Poor's.

Et pourtant, alors que le risque augmentait, le niveau des marges des crédits baissait :

Moralité, tous les ingrédients étaient en place pour une crise… brutale ! Le risque est devenu de nouveau correctement rémunéré (voire trop dans une perspective historique ?) à partir de 2009.

Marge actuarielle pondérée des dettes LBO senior en Europe (tranches B et C en points de base, 100 pb = 1 %)

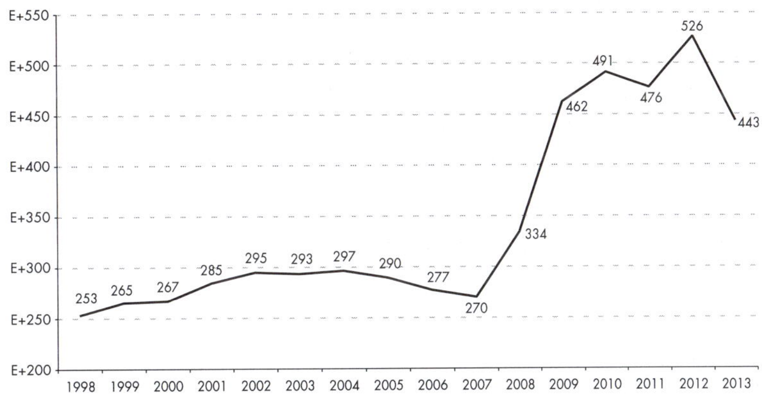

E = Euribor.
Source : Standard & Poor's.

5 ■ Les dirigeants d'une entreprise sous LBO

50.16 Ils peuvent être les dirigeants historiques de l'entreprise ou de nouveaux nommés par le fonds de LBO. Dans tous les cas de figure, ils sont responsables de la réalisation d'un plan d'affaires qui a été élaboré en détail avec le fonds de LBO au moment de sa prise de contrôle de l'entreprise cible. Il prévoit des améliorations opérationnelles, des plans d'investissements et/ou de cessions en mettant l'accent sur la génération de *cash* car, comme le sait notre lecteur, c'est avec du *cash* que l'on rembourse les dettes !

Les fonds ont pour habitude de demander aux dirigeants d'investir une partie importante de leur épargne liquide à leurs côtés, voire de s'endetter pour cela, afin d'avoir un alignement strict des intérêts des uns et des autres. Les supports d'investissement peuvent prendre la forme de BSA, d'obligations convertibles, d'actions, afin d'offrir aux dirigeants un second effet de levier qui peut leur permettre, en cas de réussite du plan d'affaires, de multiplier leur investissement par 5, 10, voire plus ; ou de tout perdre dans le cas inverse. Il y a donc un partage partiel de la plus-value avec le fonds de LBO qui accepte d'avoir un TRI sur son investissement plus faible que celui des dirigeants, en cas de succès uniquement… Ce sont les *management packages*.

Dans certains cas, à l'issue de plusieurs LBO réussis sur une entreprise de petite taille, l'équipe de direction peut, du fait de ce mode de rémunération très incitatif, prendre le contrôle de l'entreprise, sa mise initiale ayant été multipliée à plusieurs reprises.

Section 3 ■ LBO et théories financières

50.17 Notre expérience nous montre qu'il n'est pas rare que l'acquisition d'une entreprise en LBO se fasse à un prix aussi élevé, voire plus élevé que l'achat par un industriel. Celui-ci devrait cependant pouvoir payer plus cher compte tenu des synergies industrielles ou commerciales qu'il peut mettre en place. Comment alors expliquer le succès de ces montages ? Où se trouve la création de valeur ? Comment expliquer l'écart entre la valeur avant le LBO et la valeur d'achat par un fonds de LBO ?

On pourrait d'abord penser qu'il y a création de valeur grâce à l'effet de levier puisque ces montages aboutissent à réduire l'impôt payé. La théorie des marchés en équilibre nous fait douter sérieusement de cette explication. Certes, les marchés financiers ne sont pas toujours parfaits, mais la valeur actuelle de l'économie d'impôt permise par la nouvelle dette est déjà réduite par la valeur actuelle du coût de la faillite, et la lecture du chapitre 37 nous a permis de relativiser fortement son importance. L'explication par l'effet de levier n'est donc pas convaincante pour justifier le succès des LBO.

On pourrait penser que l'arrivée d'une nouvelle équipe dirigeante plus dynamique, qui réussira à faire des gains de productivité en n'hésitant pas à procéder aux évolutions nécessaires, justifierait la prime payée. Mais ceci n'est pas cohérent avec le fait que les LBO qui maintiennent le management en place sont autant créateurs de valeur que les autres.

La théorie de l'agence nous donne une explication pertinente : un endettement important permet aux actionnaires d'exercer un contrôle strict sur les dirigeants qui sont poussés à gérer au mieux l'entreprise dont ils deviennent systématiquement actionnaires directement ou potentiellement *via* des systèmes d'intéressement. On peut ainsi observer que le management se focalise sur la création de valeur et la génération de liquidités (réduction du BFR par sa meilleure gestion, choix mesuré des investissements…). À défaut, il est remercié par le fonds.

> Le dirigeant, particulièrement motivé puisqu'il participe à la plus-value, mis sous tension par ailleurs par un endettement très lourd, va gérer le plus efficacement possible l'entreprise, améliorer les flux et donc la valeur. C'est le bâton et la carotte !

Les montages LBO permettent de réduire largement les coûts d'agence, d'où la création de valeur. C'est un autre mode de gouvernance que celui de l'entreprise cotée, familiale ou filiale de groupe[1]. Les études académiques[2] ont démontré que les entreprises sous LBO avaient de meilleures performances économiques que les autres (résultat d'exploitation, flux de trésorerie, rentabilité) et que, contrairement aux *a priori*, elles affichaient une croissance supérieure à la moyenne des entreprises et étaient créatrices d'emplois.

Les différentes études académiques menées sur la performance des LBO montrent, en moyenne, que la majeure partie de cette création de valeur est captée par la société de gestion du fonds ; la performance résiduelle pour l'investisseur dans un fonds de LBO est ainsi comparable à celle d'un portefeuille d'actions cotées affecté d'un effet de levier similaire. L'illiquidité de ce type d'investissement ne serait alors pas, en moyenne, rémunérée.

---

1 Nous conseillons à notre lecteur de lire l'article de Ph. Santini, « Gérer une entreprise sous LBO », *La Lettre Vernimmen.net* février 2007, n° 55.

2 Initiées par S. Kaplan.

Enfin, les LBO contribuent à la fluidité des marchés en offrant des contreparties à des industriels souhaitant restructurer leur portefeuille d'activité. Les LBO jouent ainsi un rôle plus important que les introductions en Bourse qui ne sont pas adaptées à tous les types d'entreprise et dont la mise en œuvre est dépendante des conditions de marché.

Section 4 ■ Le marché des LBO : après la crise, un rebond hésitant

50.18 Le développement des LBO avait été très important depuis le milieu des années 1980, même si ce marché est cyclique (impact des crises de 1990, de 2001–2003, puis de 2007-2008).

Les LBO en Europe depuis 1983

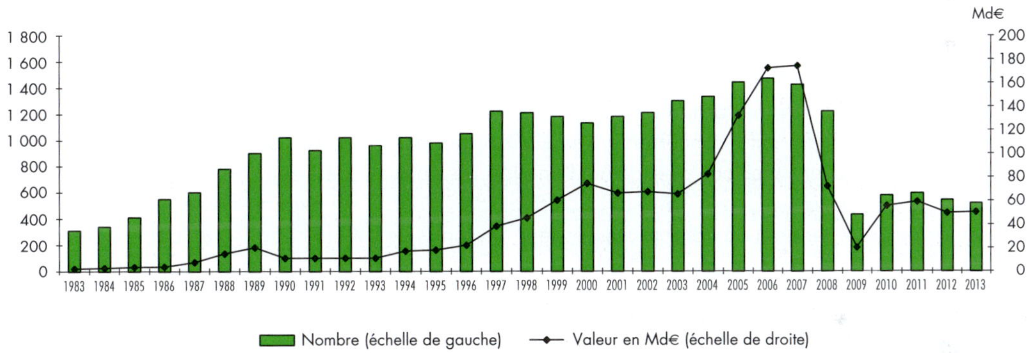

Source : CMBOR.

Sous le double effet d'une bulle financière jusqu'à l'été 2007 (prix d'acquisition excessif et recours déraisonnable à l'effet de levier) et la crise économique de 2008-2009, le marché du LBO a connu la pire crise de son histoire entre juillet 2007 et la fin 2009. Outre l'arrêt brutal des opérations nouvelles, certaines entreprises sous LBO ont pâti des conséquences d'une baisse de leur activité couplée à un endettement élevé. Beaucoup d'entre elles ont dû être restructurées et les capitaux propres investis par les fonds dans certaines de ces entreprises ont été irrémédiablement perdus.

50.19 La crise de l'été 2011 dans la zone euro a stoppé net les velléités de redémarrage du marché européen des LBO malgré le retour de l'appétence pour le risque des investisseurs depuis 2013, des perspectives économiques en amélioration, un marché obligataire *high yield* très dynamique. Mais il est vrai que les banques préfèrent prêter à « l'économie réelle », c'est-à-dire aux entreprises pour des investissements. La situation est bien différente aux États-Unis où le marché du LBO a vivement redémarré comme en témoigne la réalisation du 5ᵉ plus gros LBO de l'histoire sur Heinz en 2013 et le retour des crédits bancaires sans *covenant* (*covenant light* ou *cov-lite*).

> Les atouts intrinsèques des LBO en matière de gouvernance d'entreprise font qu'ils ont traversé cette crise comme ils traverseront celles à venir ; ils ne sont pas appelés à disparaître, mais à connaître des éclipses régulières.

RÉSUMÉ

Le résumé de ce chapitre est disponible sur le site www.vernimmen.net.

Le LBO ou *Leveraged Buy-Out* est une opération de rachat d'entreprise en finançant une part importante du prix d'acquisition par endettement. Une société holding est constituée qui s'endette pour acheter une entreprise dont les excédents de trésorerie seront régulièrement remontés au niveau du holding *via* des dividendes afin de lui permettre de payer les intérêts de sa dette et de la rembourser.

Le LBO est souvent une solution à une succession familiale ou à une cession par un groupe d'une division. Il peut également permettre de sortir une société de la Bourse quand celle-ci est mal valorisée.

Un LBO est réalisé autour du management actuel ou d'une nouvelle équipe dirigeante et il est financé en capitaux propres par des fonds spécialisés. Le montage repose sur des dettes ayant des priorités différentes de remboursement (dettes senior, junior ou subordonnée, mezzanine) et donc des risques et des rémunérations croissantes.

La création de valeur souvent observée à l'occasion d'un LBO ne s'explique pas par l'effet de levier ni par la déductibilité des frais financiers mais bien davantage par le poids de la dette qui incite fortement les dirigeants à gérer au mieux l'entreprise dont ils deviennent souvent, à cette occasion, actionnaires (théorie de l'agence). Les performances opérationnelles des entreprises sous LBO sont bien souvent meilleures que celles de leurs concurrents. Les LBO apportent un mode de gouvernance d'entreprise différent et bien souvent meilleur que celui d'un groupe coté ou de l'entreprise familiale en mettant l'accent sur la génération de *cash flows* et la création de valeur. Ceci explique pourquoi une entreprise peut rester sous LBO pendant de nombreuses années, un fonds de LBO la cédant à un autre fonds de LBO.

QUESTIONS

1/ Expliquez pourquoi un LBO est une forme de réduction de capital.

2/ Quel est le risque d'un LBO ?

3/ Le financement mezzanine dans un LBO s'apparente-t-il à des capitaux propres ou à de la dette ?

4/ Dans un LBO, le détenteur de dettes senior prend-il plus ou moins de risque que le détenteur de dettes junior ?

5/ Peut-on réaliser un LBO sur une start-up ?

6/ Un fonds de LBO peut-il accepter dans un LBO secondaire que le management ne réinvestisse pas une partie de sa plus-value dégagée par le premier LBO ? Pourquoi ?

7/ Pourquoi peut-on dire que gérer un LBO « c'est le retour à la classe prépa » ?

8/ Quelles sont les différentes issues à un LBO ?

9/ En quoi la gouvernance d'entreprise d'un LBO est-elle différente de celle d'une entreprise cotée à l'actionnariat dispersé ?

10/ En quoi la gouvernance d'entreprise d'un LBO est-elle différente de celle d'une entreprise familiale?

11/ Quel est l'avantage d'être actionnaire d'un fond de LBO coté par rapport à celui de l'être d'un fonds de LBO non coté ? Quel est l'inconvénient ?

12/ Quels sont les trois risques que court un actionnaire d'un fonds de LBO et pour lesquels il doit être rémunéré ?

13/ Un LBO peut-il fonctionner sans dette ? Pourquoi ?

14/ Peut-on être dirigeant d'une entreprise sous LBO pendant dix ans ? Pourquoi ?

D'autres questions vous attendent sur le site www.vernimmen.net.

ÉLÉMENTS DE RÉPONSE

1. Car on substitue de la dette à des capitaux propres en consolidé.

2. Celui d'un endettement trop lourd par rapport aux flux de trésorerie dégagés qui conduit à la faillite ou à une restructuration.

3. À de la dette puisqu'il doit tôt ou tard être remboursé.

4. Moins de risque car il est remboursé avant le détenteur de dette junior.

5. Non car l'incertitude sur les flux de trésorerie générés est beaucoup trop grande pour supporter un endettement.

6. Non, en général il demande à ce qu'environ 50 % de la plus-value soit réinvestie dans le nouveau LBO pour garder une forte motivation des dirigeants.

7. Car les dirigeants travaillent beaucoup, sous pression et avec une obsession : la génération de cash.

8. L'introduction en Bourse, la cession à un industriel, à un autre fonds de LBO, le réendettement, la prise de contrôle par les créanciers, la faillite.

9. Fort intéressement financier des dirigeants, contrainte de la dette à rembourser, dialogue constant avec des actionnaires professionnels (les dirigeants du fonds).

10. Les capacités démontrées sont le critère numéro un de choix d'un dirigeant, non l'appartenance à une famille.

11. L'action peut se vendre facilement en Bourse, elle n'est pas illiquide. Par contre elle est négociée avec une décote par rapport à l'actif net réévalué qui peut être très importante et qui ne disparaîtra jamais sauf liquidation de la société cotée ou période d'euphorie sur les marchés.

12. Le risque opérationnel de l'activité des entreprises sous LBO, le risque de la structure financière (l'endettement) et l'illiquidité de son placement.

13. Non car il n'y a plus la pression du remboursement de la dette ni l'espérance d'une rémunération dopée par l'effet de levier.

14. Non car cela fait trop de pressions à supporter trop longtemps et car normalement ayant fait fortune au bout de deux LBO, l'envie de travailler sous pression pour faire fortune s'est émoussée.

BIBLIOGRAPHIE

Pour approfondir les opérations de LBO...

Battini P., « L'analyse et la prévention des risques, première étape vers la création de valeur dans les opérations LBO », *La Revue du financier* janvier 2008, vol. 169, pages 36 à 49.

Drouas (de) B., « Comment APM a adopté son reporting à son LBO », *Option Finance* 16 janvier 2012, n° 1156, pages 44 à 45.

Jensen M., « Eclipse of the public corporation », *Harvard Business Review* septembre 1989, n° 67, pages 61 à 74.

Le Fur Y., Quiry P., « Les défis des LBO », *La Lettre Vernimmen.net* janvier et février 2006, n°s 44 et 45, pages 1 à 4.

Le Fur Y., Quiry P., « Qu'est-ce que le *debt push down* ? », *La Lettre Vernimmen.net* décembre 2007, n° 61, page 8.

Le Fur Y., Quiry P., « Qu'est-ce que la double Luxco ? », *La Lettre Vernimmen.net* avril 2011, n° 96, pages 6 à 8.

Lefebvre F., *LBO, Capital transmission. Juridique, fiscal, social*, Francis Lefebvre, 2013.

Povel P., Singh R., « Stapled finance », *Journal of Finance* juin 2010, vol. 65, n° 3, pages 927 à 953.

Rérolle J.-Fl., « L'option de viabilité », *Revue bimestrielle LexisNexis JurisClasseur* janvier-février 2007, n° 3, pages 44 à 47.

Santini Ph., « Gérer une entreprise sous LBO », *La Lettre Vernimmen.net* février 2007, n° 55, pages 1 à 4.

Souisse S., « Les caractéristiques des montages de LBO en France : de fortes spécificités pour les cibles de petite ou moyenne taille », *Bulletin de la Banque de France* 1er trimestre 2012, n° 187, pages 25 à 32.

Thomas Ph., *LBO : montages à effet de levier – Private Equity*, Revue Banque Édition, 2e édition, 2012.

www.equistonepe.com/cmbor (site du *Centre for management buy-out research*).

www.evca.eu (site de l'Association européenne des investisseurs en *private equity*).

... et leurs mécanismes de création de valeur :

Acharya V., Gottschalg O., Hahn M., Kehoe K., « Corporate governance and value creation: evidence from private equity », *Review of Financial Studies* février 2013, vol. 26, n° 2, pages 368 à 402.

Achleitner A.K., *Value creation in private equity*, Centre for Entrepreneurial and Financial Studies – Capital Dynamics, 2009.

Axelson U., Jenkinson T., Strömberg P., Weisbach M., « Borrow cheap, buy high ? The determinants of leverage and pricing in buyouts », *Journal of Finance* décembre 2013, vol. 68, n° 6, pages 2223 à 2267.

BCG-IESE, *The advantage of persistence : how the best private-equity firms "beat the fade"*, 2008.

Boucly Q., Sraer D., Thesmar D., « Growth LBOs », *Journal of Financial Economics* novembre 2011, vol. 102, n° 2, pages 432 à 453.

Demuyst E., Roubi S., *Les mécanismes de la création de valeur par le private equity*, Ernst & Young, 2007.

Evers F., « Value creation and drivers of secondary buyouts in France », mémoire de recherche HEC, 2012.

Gaspar J.-M., « The performance of French LBO firms : new data and new results », *Finance* décembre 2012, vol. 33, n° 2, pages 7 à 60.

Gottschalg O., Phalippou L., « The performance of private equity funds », *Review of Financial Studies* mars 2009, vol. 22, n° 4, pages 1747 à 1776.

Guo S., Hotchkiss E., Song W., « Do buyouts (still) create value? », *Journal of Finance* avril 2011, vol. 66, n° 2, pages 479 à 517.

Kaplan S., « The effects of management buy-outs on operating performance and value », *Journal of Financial Economics* octobre 1989, vol. 24, n° 2, pages 217 à 254.

Le Fur Y., Quiry P., « Création et partage de valeurs dans les LBO », *La Lettre Vernimmen.net* février 2010, n° 84, pages 1 à 4.

Tykvová T., Borell M., « Do private equity owners increase risk of financial distress and bankruptcy ? », *Journal of Corporate Finance* février 2012, vol. 18, n° 1, pages 138 à 150.

Chapitre 51

Les faillites et les restructurations

Les femmes et les enfants d'abord !

51.1 Tout système économique nécessite des mécanismes permettant de garantir l'utilisation optimale des ressources. La faillite[1] est l'instrument principal de réallocation des moyens de production d'agents non performants vers des agents plus efficients.

> La procédure de faillite doit théoriquement permettre d'assainir les secteurs en difficulté et de faire perdurer les groupes rentables. Sans cette procédure, ou si elle est inefficace, les crises économiques sont étendues dans leur durée et dans leur ampleur.

La faillite, si elle est traitée suffisamment en amont des difficultés, se traduit par une restructuration de l'entreprise qui implique souvent des cessions d'actifs ou d'unités de production, un changement des modes de fonctionnement internes et des dirigeants, une modification de l'actionnariat, un plan du remboursement du passif et un abandon par les créanciers d'une partie de leurs créances. Si la faillite est traitée trop tardivement ou en cas d'échec de la restructuration, elle se traduira par une liquidation pure et simple, c'est-à-dire la mort de l'entreprise.

L'événement déclenchant la faillite est la crise de liquidité qui survient lorsque l'entreprise ne peut plus faire face à ses engagements financiers immédiats.

La faillite représente un moment critique dans la vie de l'entreprise. Non seulement cette situation nécessite des choix spécifiques de la part de chacun des partenaires de l'entreprise, mais l'éventualité même de la faillite influe sur la politique d'investissement et de financement de l'entreprise « saine ».

Le graphique ci-après présente le nombre de faillites depuis 1991 dans différents pays d'Europe. L'important nombre de faillites en France (62 177 en 2013) est dû à des entités économiques non significatives : 40 % des défaillances sont le fait d'entreprises sans salarié, et 30 % avec un ou deux salariés. Par ailleurs, il est à mettre en rapport avec le nombre de créations d'entreprises (263 200) qui sont les entités les plus fragiles et donc les plus susceptibles de disparaître quelques années après leur création : 51 % des défaillances en 2013 sont le fait d'entreprises créées il y a 5 ans au plus.

1 Terme utilisé dans ce chapitre dans son acception commune et non dans son acception juridique (voir paragraphe 51.2).

Évolution du nombre de sociétés faisant faillite

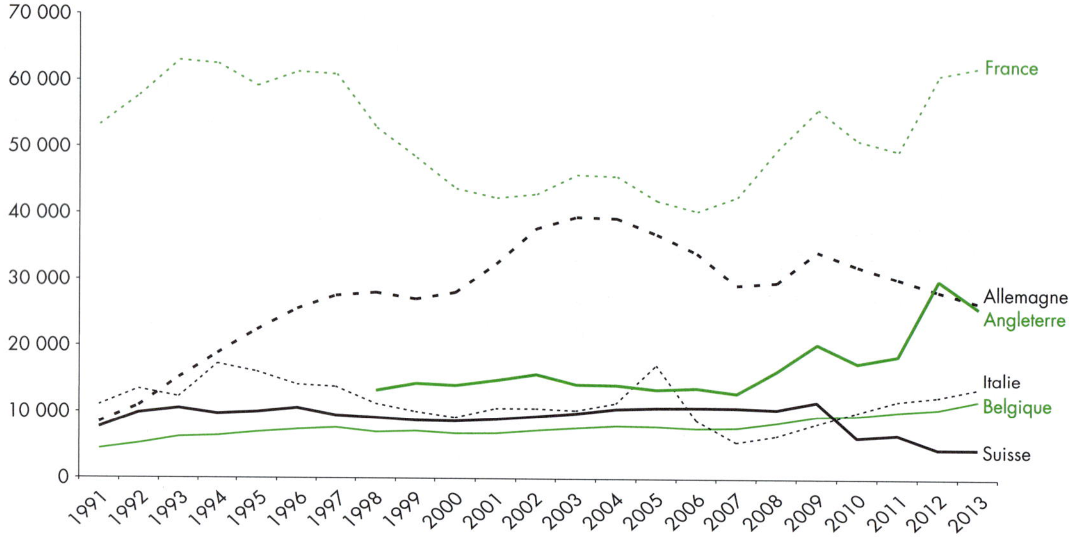

Source : Dun & Bradstreet, Graydon Belgium, Credireform, Euler Hermes.

177 entreprises réalisant plus de 15 M€ de ventes ont fait faillite en 2013, dont Virgin Megastore (voir paragraphe 51.11). C'est un niveau historique.

Section 1 ■ La faillite

1 ■ Un peu de vocabulaire

51.2 Sans doute parce qu'il s'agit d'un sujet tabou, la terminologie autour des difficultés financières de l'entreprise est souvent floue. Différents termes, plus ou moins définis, sont ainsi utilisés. Il nous semble donc utile de rafraîchir la mémoire de notre lecteur :

- **le défaut de paiement :** c'est la première manifestation concrète des difficultés financières d'une entreprise. Il s'agit du non-respect d'un engagement financier d'un débiteur envers son créancier. Le débiteur ne règle pas une échéance de dette (financière ou d'exploitation) ou d'intérêts. Ce défaut peut être volontaire ou non. Il peut éventuellement entraîner de ce fait l'exigibilité anticipée de la dette ;
- **la cessation des paiements :** elle survient lorsque le débiteur ne peut plus faire face à son passif exigible avec son actif disponible ; on parlera également de **défaillance**. Il s'agit donc d'un événement plus « grave » que le simple défaut de paiement. En droit français, la cessation de paiements est la condition d'ouverture des procédures de redressement judiciaire et de liquidation judiciaire, mais non de la procédure de sauvegarde et de sauvegarde financière accélérée ;
- **le dépôt de bilan :** terme du langage commun pour désigner la déclaration de la cessation de paiements faite par le dirigeant de l'entreprise au tribunal de commerce ;

• **la faillite :** le terme de faillite est essentiellement utilisé en langage commun pour désigner une procédure collective de redressement judiciaire ou de liquidation judiciaire. En droit français, la faillite personnelle désigne une sanction prononcée par le tribunal de commerce contre un dirigeant d'entreprise coupable de fautes de gestion, et qui peut aussi se traduire par une interdiction de gérer ;

• **la procédure de sauvegarde :** procédure dans la loi française permettant à la société de se restructurer pour éviter la cessation de paiements. Cette procédure permet à l'entreprise, qui n'est pas en cessation de paiement, de suspendre le paiement de ses dettes et de se restructurer durant la période de négociation avec les créanciers. Elle comprend une variante réservée aux seuls créanciers financiers : la sauvegarde financière accélérée ;

• **la procédure de redressement judiciaire :** cette procédure ne peut être mise en œuvre que lorsque la société est en situation de cessation de paiements. Elle a pour but, dans la mesure du possible, de permettre à l'entreprise de continuer son activité, de sauvegarder l'emploi et d'apurer le passif au moyen d'un plan arrêté par décision de justice à l'issue d'une période d'observation. Elle implique donc le plus souvent que les créanciers consentent des délais de paiement, voire des réductions du nominal de leurs créances, pour espérer en récupérer le solde ;

• **la banqueroute :** il s'agit d'un délit pénal dont peuvent être accusés les dirigeants de sociétés engagées dans des procédures collectives s'ils sont coupables « d'agissements graves ». Il convient de noter que le terme banqueroute ne recouvre pas la même notion que le terme anglo-saxon *bankruptcy*, qui signifie faillite.

2 ■ Les causes de la faillite

51.3 Elles sont de deux ordres : d'exploitation ou financières.

Le plus souvent les difficultés d'exploitation naissent d'une mauvaise stratégie, de l'incompétence des dirigeants ou d'une mauvaise adaptation au secteur d'appartenance (structure de coûts trop élevée...), ce qui se traduit financièrement par une rentabilité inférieure à ce qu'exigent les créanciers, voire des pertes. Si l'entreprise n'est pas endettée, elle peut survivre un moment dans cette situation ; si elle est endettée, les difficultés de liquidité apparaîtront plus rapidement.

En schématisant, les difficultés d'exploitation peuvent résulter soit d'un problème de marché, soit d'un problème de coûts, soit d'une combinaison des deux. Ainsi, l'entreprise peut avoir mal apprécié l'évolution de son marché et avoir des produits inadaptés (Virgin Megastore, *ParuVendu*) ou le marché peut être trop étroit pour que l'ensemble des entreprises concurrentes survive (*Sea France*...). Une évolution défavorable des coûts par rapport à la concurrence peut également entraîner la faillite : *La Tribune* n'a pas su être compétitive ni en termes de produits ni en termes de coûts face à *Les Échos*.

Il peut cependant arriver qu'une entreprise rentable soit confrontée à des difficultés de paiement si elle ne peut pas renouveler un endettement principalement à court terme, car les marchés financiers traversent une crise de liquidité. Alternativement son marché peut s'être retourné et l'entreprise ne génère plus assez de flux de trésorerie pour faire face aux échéances de sa dette. C'est par exemple le cas de bon nombre de LBO montés en 2006-2007. Dans ce cas, l'issue la plus rationnelle est une restructuration au niveau de la holding de la dette d'acquisition de la cible (réduction de son montant, rééchelonnement des échéances du capital dû, réduction des taux d'intérêt).

Un des buts fondamentaux de l'analyse financière pratiquée par les banquiers commerciaux (c'est-à-dire ceux qui prêtent des fonds aux entreprises) consiste à identifier les entreprises susceptibles de faire faillite à court ou moyen terme (et de ne pas leur prêter de l'argent !). De nombreux outils « standardisés » ont été développés pour essayer de prévoir le plus en amont possible les risques de faillite : c'est notamment le cas de la méthode des scores (que nous avons analysée au chapitre 9).

Les agences de *rating* estiment également, au travers de leur notation, la probabilité qu'une entreprise fasse défaut à plus ou moins long terme (les statistiques de défaut en fonction de la notation sont présentées au chapitre 24).

Taux de défaut des groupes notés par Moody's

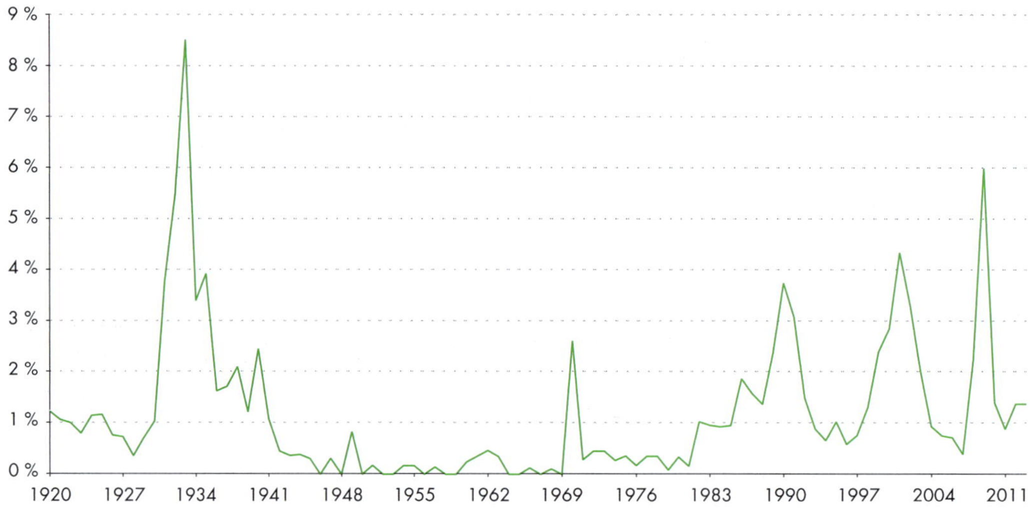

Source : Moody's 2014.

Section 2 ■ Le droit de la faillite en France

51.4 La législation française sur les faillites a pour objectif de faciliter le recours aux procédures de restructuration, le plus en amont possible des difficultés afin de maximiser les chances de survie de l'entreprise et éviter ainsi les procédures de redressement judiciaire et de liquidation judiciaire. Elle s'articule autour de cinq procédures, deux préventives et trois collectives :

- les procédures préventives : le mandat *ad hoc* et la conciliation ;
- les procédures collectives : la procédure de sauvegarde et de sauvegarde accélérée, le redressement judiciaire et la liquidation judiciaire.

La logique financière voudrait qu'en cas d'insolvabilité de l'entreprise, les créanciers deviennent propriétaires des actifs. Ils pourraient alors réaliser la cession de ces actifs au mieux de leurs intérêts.

En France, le droit des faillites n'a pas pour but principal d'assurer le remboursement des créanciers. Elle vise en premier lieu à sauvegarder l'entreprise et donc à éviter un risque de contagion des faillites dans un secteur économique donné. En second lieu, l'objectif affirmé par la loi consiste à maintenir l'emploi et l'activité, le dédommagement des créanciers n'apparaissant qu'ensuite. Les créanciers ne deviennent donc propriétaires des actifs que s'ils avaient pris ceux-ci en garantie de leur dette. Dans le cas contraire, ils ne peuvent pas eux-mêmes obtenir et céder les actifs et doivent se placer entre les mains de la justice.

Les procédures pour les entreprises en difficulté

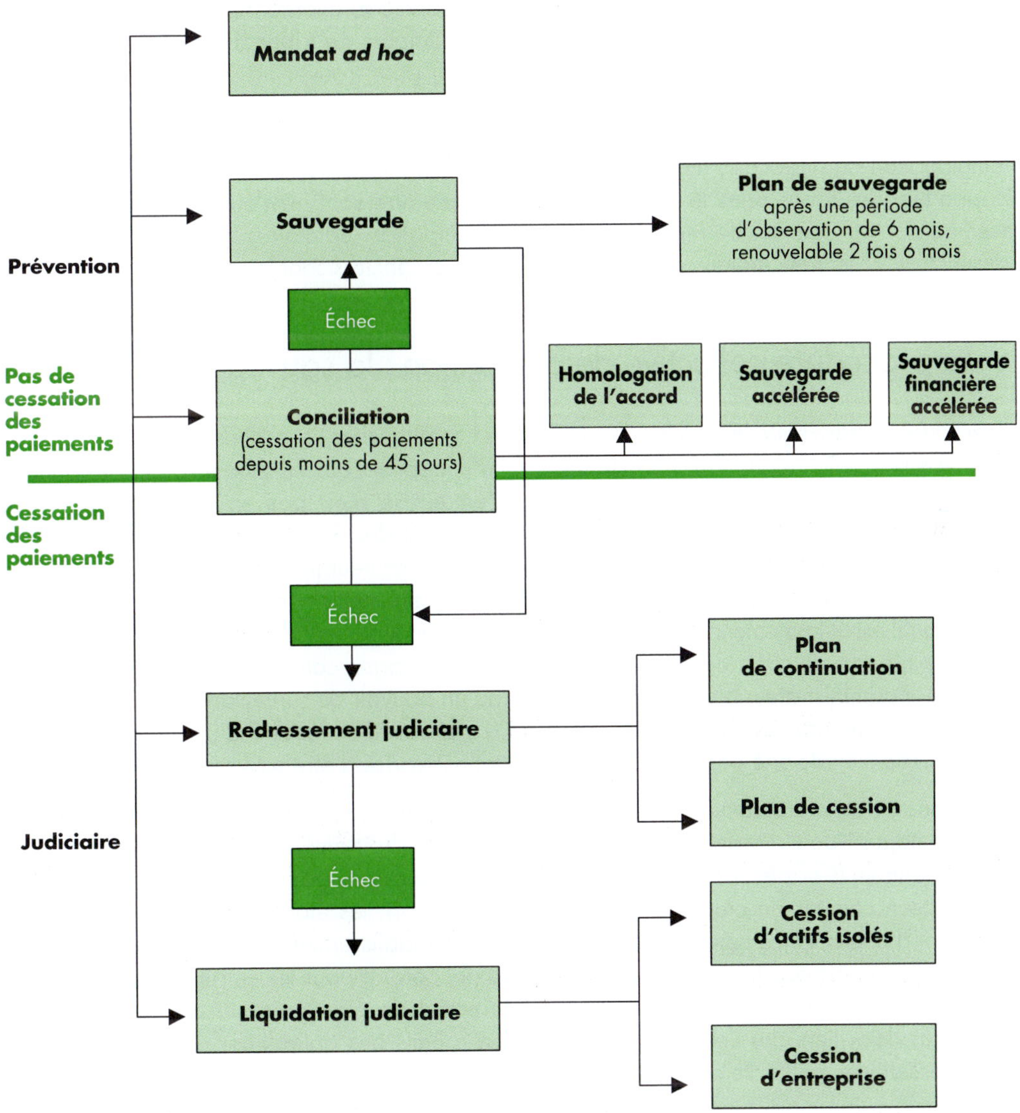

Source : d'après Deloitte.

1 ■ Les procédures amiables et confidentielles : le mandat *ad hoc* et la conciliation

51.5 Avant d'être en situation de cessation des paiements, le dirigeant d'entreprise peut demander au tribunal de nommer un **mandataire** *ad hoc* pour l'aider à négocier avec quelques créanciers importants de nouvelles modalités de remboursement ou d'annulation des dettes. Cette démarche doit rester confidentielle. Le mandataire *ad hoc* pourra assister l'entreprise pour la préparation de la conciliation.

La « **conciliation** » (auparavant appelée règlement amiable) s'adresse aux entreprises qui « éprouvent une difficulté juridique, économique ou financière, avérée ou prévisible » ou à celles qui sont en cessation des paiements depuis moins de 45 jours. Le tribunal désigne un conciliateur qui a quatre mois (prorogeables d'un mois, voire plus) pour trouver un accord amiable entre le débiteur et ses principaux créanciers. Au terme de cette conciliation, l'accord trouvé entre la société et ses créanciers peut être soit constaté par le tribunal, soit homologué. Le jugement d'homologation du protocole, mais pas le protocole lui-même, est publié au greffe. Les créanciers qui apportent des fonds dans le cadre d'une telle procédure sont privilégiés si, par la suite, une procédure de sauvegarde, de redressement ou de liquidation judiciaires est ouverte (privilège de l'« argent frais », ou *new money*, par rapport à tous les créanciers sauf les salariés).

2 ■ La procédure collective de prévention : la sauvegarde

51.6 La **procédure de sauvegarde** renforce l'anticipation des difficultés et responsabilise le chef d'entreprise. Elle est déclenchée sur demande du seul chef d'entreprise, qui « justifie de difficultés qu'il n'est pas en mesure de surmonter » alors même que l'entreprise n'est pas en état de cessation des paiements. L'ouverture de la procédure de sauvegarde est décidée pour une durée maximum de 18 mois par le tribunal de commerce qui nomme un administrateur judiciaire et un représentant des créanciers après avoir reçu le chef d'entreprise, les représentants du personnel et toute autre personne qu'il est utile d'entendre. Les dettes antérieures au jugement d'ouverture sont alors gelées : l'entreprise n'a pas le droit de les payer. Le chef d'entreprise continue d'assurer la gestion de l'entreprise, l'administrateur n'ayant, à cet égard, qu'un pouvoir de surveillance ou d'assistance (si celle-ci a été demandée par le chef d'entreprise). La procédure débouche sur un plan de sauvegarde, « lorsqu'il existe une possibilité sérieuse pour l'entreprise d'être sauvegardée ».

Par rapport au redressement judiciaire (voir paragraphe 51.9), la procédure de sauvegarde énonce un objectif de « réorganisation » qui est inspiré du droit américain. Du reste, à l'image du modèle américain (*Chapter 11*), l'élaboration du plan peut passer par la constitution puis la consultation de deux comités de créanciers, réunissant d'une part, les établissements de crédit (et tout propriétaire d'une créance détenue à l'origine par un tel établissement[1]) et, d'autre part, les principaux fournisseurs. La constitution de tels comités est obligatoire pour les entreprises atteignant une certaine taille. Chaque comité se prononce sur le projet de plan présenté par le débiteur à la majorité des deux tiers des créances. Si l'entreprise a émis des obligations, les obligataires sont réunis en assemblée générale qui délibère à la même majorité.

---

1 C'est-à-dire des fonds d'investissement spécialisés dans les affaires en difficulté qui achètent avec décote aux prêteurs initiaux leurs créances.

La procédure de sauvegarde

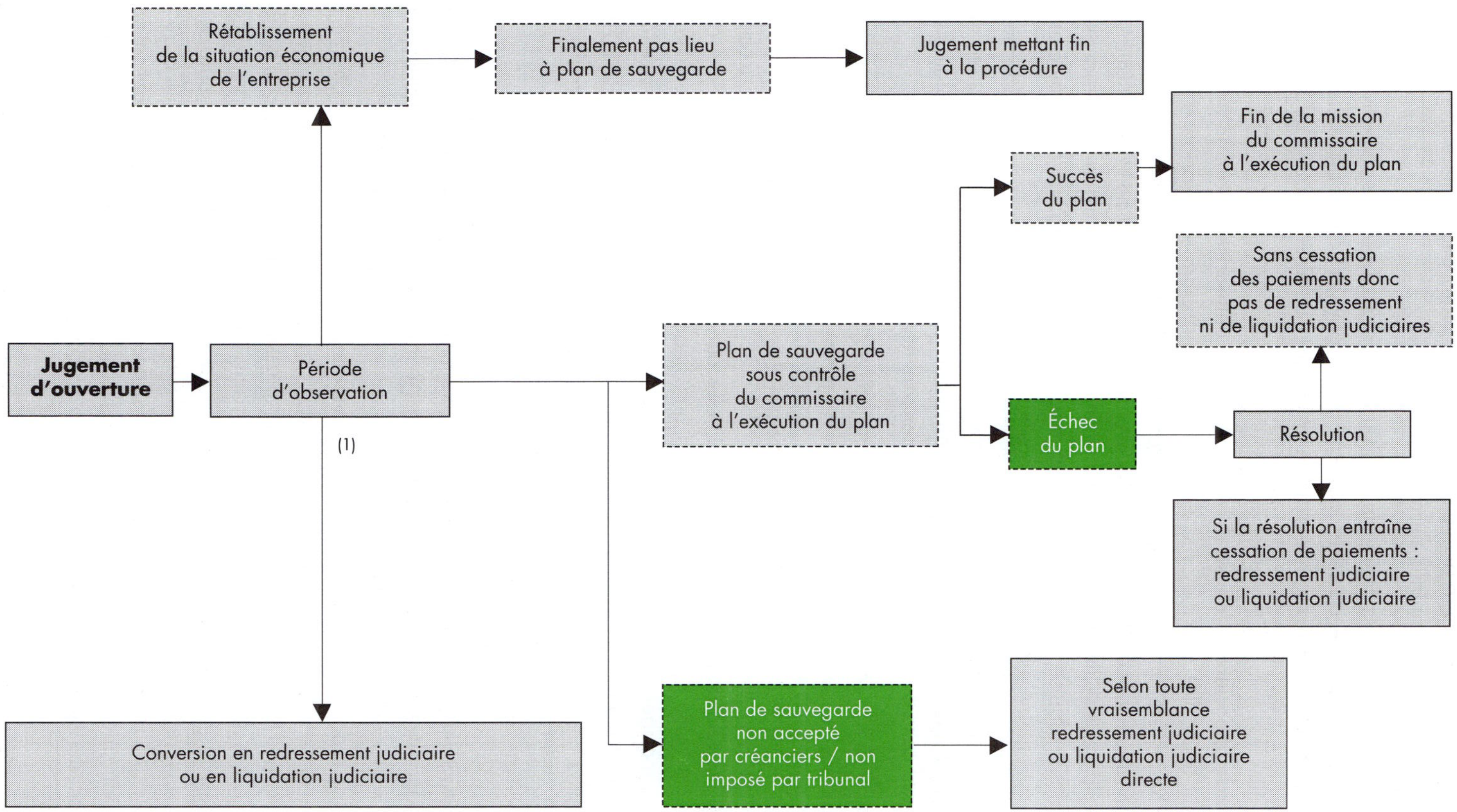

(1) S'il apparaît que le débiteur était en cessation de paiements *antérieurement* à la période d'observation, ou
si la cessation des paiements intervient pendant la période d'observation, à raison des créances postérieures à la période d'observation, ou
si l'adoption d'un plan de sauvegarde est manifestement impossible et si la clôture de la procédure de sauvegarde devait conduire de manière certaine à la cessation des paiements.

Source : De Pardieu Brocas Maffei.

Depuis mi-2014, les créanciers peuvent proposer des plans alternatifs et concurrents de celui du chef d'entreprise qui sont examinés sur un plan d'égalité.

La procédure de sauvegarde a concerné, en 2013, 3 % des procédures collectives dont le groupe de casinos Partouche mais 17 % de celles touchant les entreprises de plus de 50 salariés. Plus de la moitié des entreprises qui y ont eu recours a pu mettre en place un plan de sauvegarde et 79 % d'entre elles existent encore aujourd'hui.

51.7 La **sauvegarde financière accélérée** (SFA) concerne les entreprises ayant un problème de dettes financières, pour lesquelles une majorité de créanciers financiers est *a priori* d'accord pour une restructuration financière, mais où quelques prêteurs récalcitrants bloquent. La SFA commence obligatoirement par une conciliation pour négocier confidentiellement une restructuration des dettes financières. Dès lors que seule une majorité de créanciers acceptent de signer un protocole d'accord mais pas l'unanimité requise, le dirigeant de l'entreprise sollicite du tribunal qu'il ouvre une SFA.

Dans ce cadre, les prêteurs financiers se prononcent en 3 mois maximum à la majorité des deux tiers du montant des créances sur le plan de restructuration financière qui a été négocié en conciliation et qui s'impose alors aux prêteurs minoritaires. Les créanciers d'exploitation ne sont pas concernés par cette procédure et leurs créances sont normalement réglées.

Seules les entreprises réalisant en consolidé au moins 20 M€ de chiffre d'affaires et employant plus de 150 salariés ou ayant un total de bilan d'au moins 25 M€[1] sont éligibles à la SFA, mais ces seuils pourraient être abaissés.

51.8 Depuis la mi-2014, une nouvelle procédure a été créée, appelée **sauvegarde accélérée**. Inspirée de la SFA du paragraphe 51.7 précédent, elle concerne tous les créanciers et non pas seulement, comme dans la SFA, les seuls créanciers financiers. Elle est ouverte à la demande d'une entreprise engagée dans une procédure de conciliation qui justifie avoir élaboré un projet de plan assurant la pérennité de l'entreprise et susceptible de recueillir un large soutien des créanciers permettant son adoption probable dans le délai de 3 mois que dure cette procédure. Les praticiens la qualifient de *pre-pack*.

3 ■ Les procédures collectives ouvertes aux sociétés en cessation de paiement : le redressement judiciaire et la liquidation judiciaire

51.9 Les procédures de redressement ou de liquidation sont déclenchées soit sur assignation d'un créancier, soit à la suite de la déclaration de cessation des paiements par les dirigeants (les dirigeants déposent leur bilan au tribunal de commerce, d'où l'expression « **dépôt de bilan** »), soit d'office par le tribunal lui-même. Les dirigeants sont légalement contraints de saisir le tribunal de commerce dans les 45 jours de la cessation des paiements pour demander l'ouverture, soit d'une procédure de redressement judiciaire si un redressement est envisageable et si une conciliation n'a pas été ouverte, soit, à défaut, d'une procédure de liquidation judiciaire. S'ils ne le font pas, ils engagent leur responsabilité et peuvent être poursuivis pour comblement du passif, faillite personnelle ou interdiction de gérer. Plus rarement, la procédure peut être initiée sur requête du procureur de la République.

1 Voire 10 M€ si elles contrôlent une entreprise ayant au moins 150 salariés, 20 M€ de chiffre d'affaires ou un total de bilan supérieur à 25 M€.

Dans les législations européennes, le fait déclencheur se situe entre la cessation des paiements et l'insolvabilité. En règle générale, un seul défaut de paiement ne suffit pas à initier la procédure.

Une fois la procédure initiée, le tribunal de commerce peut soit prononcer la liquidation immédiate de l'entreprise (s'il est évident que l'entreprise, même restructurée, ne pourra pas se redresser), soit le redressement judiciaire et ouvrir une période d'observation de 18 mois maximum.

68 % des ouvertures d'une procédure collective en 2013 ont conduit à des **liquidations** immédiates ; au total, environ 90 % des entreprises sont finalement liquidées. Il existe une procédure de liquidation simplifiée, applicable lorsque les actifs de la société sont rapidement cessibles ; elle doit être finalisée en un an (ce qui est une durée particulièrement courte pour ce type de procédure).

Lors du jugement d'ouverture, le tribunal arrête provisoirement la date de la cessation des paiements. Le tribunal a la possibilité de reporter rétroactivement cette date de 18 mois avant le jugement d'ouverture. La période, qui va de cette date à celle du jugement d'ouverture de la procédure est considérée comme suspecte. Les contrats signés durant cette période sont susceptibles d'être annulés car tout paiement de dettes non échues ou mode anormal de paiement sont interdits, ainsi que tout paiement suspect. Ceci permet d'éviter que l'entreprise ne soit vidée de ses actifs avant l'ouverture de la procédure. Un certain nombre de mesures vont permettre de reconstituer la trésorerie de l'entreprise après l'ouverture de la procédure : l'absence de déchéance du terme, c'est-à-dire de l'exigibilité anticipée d'une dette, l'interdiction de payer les créances antérieures à la procédure, la suspension des actions des créanciers, l'interdiction de constituer des sûretés, l'inaliénabilité de certains biens, la résiliation immédiate des contrats trop coûteux.

Durant la période d'observation, qui peut aller jusqu'à 18 mois, un administrateur judiciaire est chargé d'établir pour le tribunal de commerce un rapport faisant la synthèse du bilan économique et social de l'entreprise. Il étudie les plans de continuation ou de cession qui lui sont proposés. Dans certains cas, il pourra prendre des responsabilités de gestion et exiger, notamment, la continuation ou la résiliation anticipée de certains contrats. L'ancien management pourra ou non être maintenu.

À l'issue de cette période, un jugement définitif établit si l'entreprise doit être liquidée ou peut être redressée par continuation ou cession de tout ou partie de l'entreprise (voir graphique ci-après).

51.10 Les **plans de continuation** s'entendent d'un plan de remboursement du passif déclaré, assorti éventuellement de cessions d'actifs ou de branches autonomes d'activités. Depuis mi-2014, ils peuvent être proposés par les dirigeants et les créanciers. Dans un plan de continuation, les actionnaires et les créanciers restent en principe les mêmes. Les créanciers sont généralement contraints à une renégociation (moratoire, rééchelonnement, réduction[1]) des dettes. Les dirigeants actionnaires peuvent se voir interdire par le juge la cession de leurs actions, ou inversement imposer la cession forcée à un tiers repreneur. Il s'agit donc d'une « dernière chance » pour l'entreprise. Si le plan de continuation n'est pas respecté, c'est-à-dire si les dettes ne sont pas remboursées selon leur échéancier, le plan sera résolu et l'entreprise liquidée.

1 Le tribunal de commerce n'a pas le pouvoir de contraindre les créanciers à abandonner une partie de leurs dettes, mais si ceux-ci le proposent, le tribunal acceptera.

Si la procédure judiciaire entache la réputation de l'entreprise, elle conduit également à une renégociation des contrats de l'entreprise. Cette renégociation de contrats permet éventuellement le redressement de la société.

Les **plans de cession** portent sur l'ensemble de l'entreprise ou sur des branches d'activité à l'exclusion de tout passif. Les biens non compris dans le plan de cession sont cédés comme en matière de liquidation. Les créanciers ne sont remboursés qu'à concurrence du prix de cession : ils sont payés selon leur rang. En principe, les dirigeants ne peuvent pas reprendre tout ou partie des actifs de l'entreprise de cette façon car elle leur permettrait de s'exonérer du passif qu'ils ont contracté, ce qui serait choquant. Ils ne peuvent intervenir que dans un plan de continuation.

La **liquidation** représente la mort de l'entreprise qui est dissoute. Certains actifs peuvent être vendus, ce qui se fait généralement par mise aux enchères. Cependant, le liquidateur pourra négocier avec une seule partie s'il pense pouvoir obtenir un meilleur prix dans ces conditions. Les différents créanciers, à condition d'avoir déclaré leurs créances, sont payés sur le produit de la vente en fonction de leurs privilèges (on parlera d'apurement du passif).

Ainsi, après paiement des créances salariales puis des créanciers postérieurs à l'ouverture de la procédure, le prix de vente est en principe réparti entre les créanciers titulaires d'un privilège général (comme le Trésor), puis entre ceux qui détiennent une sûreté suivant un ordre de préférence. Les créanciers chirographaires, les créanciers subordonnés (créanciers qui ont accepté d'être remboursés en dernier moyennant un taux d'intérêt plus élevé) et les actionnaires ne retirent généralement rien de la procédure.

Aux États-Unis, le taux de récupération des créanciers seniors est de l'ordre de 60 %, contre 30 % pour les créanciers subordonnés, et 70 % sur les prêts bancaires.

Taux de récupération moyen sur les prêts bancaires et les obligations d'entreprises américaines en défaut

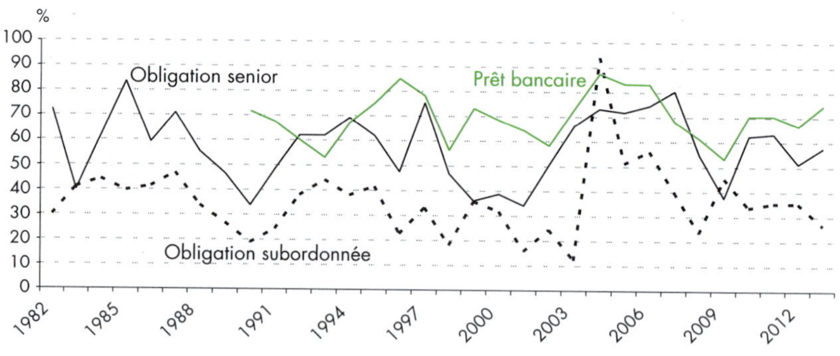

Source : Moody's Global Credit Policy, février 2014.

Le redressement judiciaire et la liquidation judiciaire

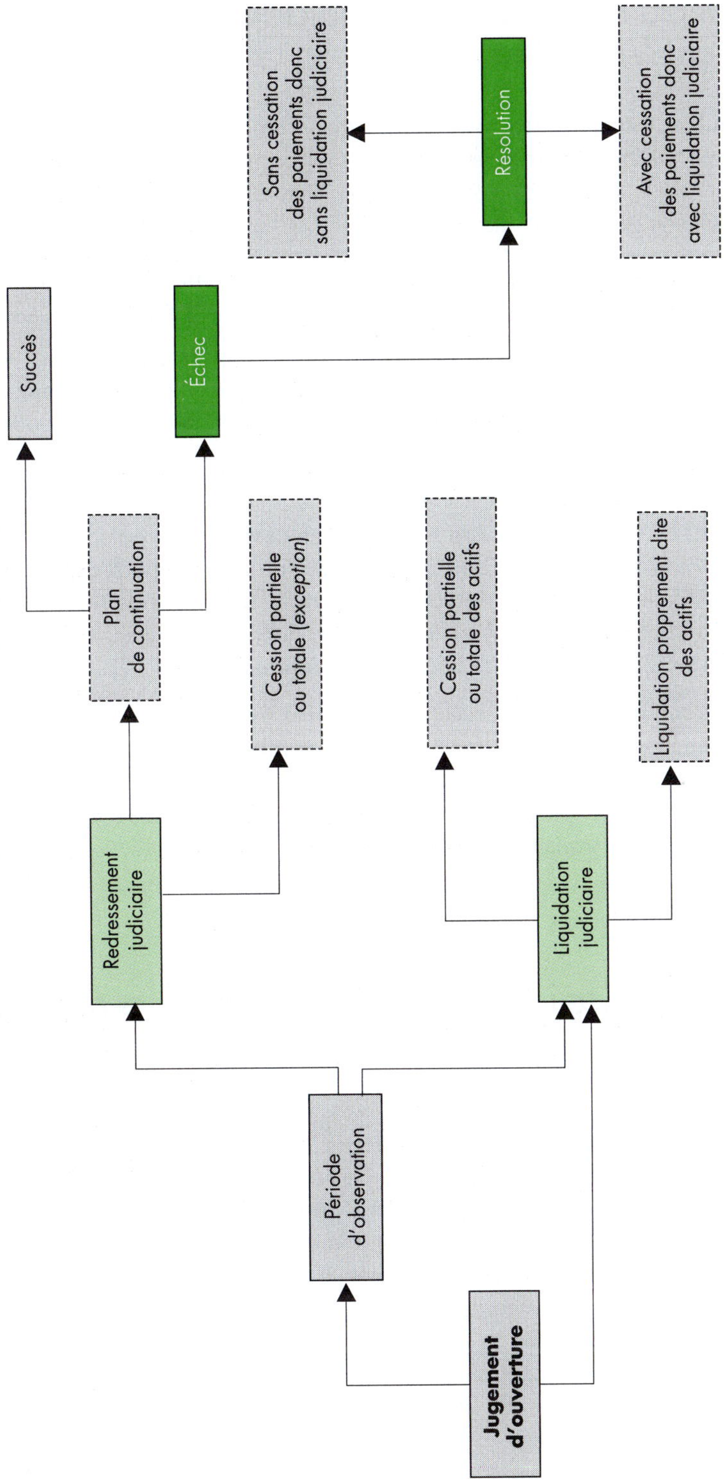

Source : De Pardieu Brocas Maffei.

4 ■ Un exemple de redressement judiciaire se terminant en liquidation : Virgin Megastore

51.11 En 1988, Virgin Megastore France ouvre son magasin amiral sur les Champs-Élysées de Paris qui est instantanément un immense succès. D'autres magasins de taille plus réduite sont ouverts en province, toujours sur le concept du grand magasin culturel vendant des livres, de la musique, des vidéos, de la billetterie de concert, etc.

L'entreprise quitte le giron du groupe Virgin pour rejoindre Lagardère en 2001 qui la cède en 2007 au fonds d'investissement Butler Capital, spécialiste des sociétés en difficultés à redresser.

En effet les temps glorieux sont révolus. Le chiffre d'affaires passe de 381 M€ en 2008 à 286 M€ en 2011 et l'entreprise reste en pertes. La formidable efficacité d'Amazon, le développement continu du numérique en musique, livre et vidéo au détriment des supports physiques et le tardif développement de Virgin dans ces domaines expliquent une situation qui n'arrive pas à être redressée. 9 magasins sont fermés en 2011-2012 et 200 salariés perdent leurs emplois.

Le 4 janvier 2013, Virgin Megastore se déclare en cessation de paiement et dépose son bilan le 9 janvier. Le 14 janvier le tribunal de commerce de Paris ouvre une procédure de redressement judiciaire assortie d'une période d'observation de 4 mois. Des offres de reprise sont déposées par Rougié et Plé, Vivarte (les magasins André) et Cultura : elles ne couvrent qu'une partie des magasins, au mieux 11 sur 26 et un tiers des 960 salariés restants.

Le 23 mai, le tribunal de commerce juge les offres insuffisantes et accorde un délai à leurs auteurs pour les améliorer ou les finaliser. Le 10 juin, le tribunal rejette les deux offres non retirées. Le 12 juin, les magasins sont fermés au public. Le 17 juin, le jugement de redressement judiciaire est transformé en une liquidation judiciaire et l'entreprise disparaît. Ses emplacements seront repris par d'autres enseignes. *Sic transit gloria mundi.*

Section 3 ■ Le droit de la faillite dans le monde

51.12 Pour schématiser, on peut classifier les droits des faillites selon deux grandes catégories.

La première approche favorise la continuité de l'entreprise afin de sauvegarder l'emploi et ne pas déstabiliser le système économique. C'est en particulier le cas en Italie ou en France où la législation met clairement en avant comme premiers objectifs la sauvegarde de l'entreprise et l'emploi. Cette approche est également celle retenue aux États-Unis où le *Chapter 11* laisse une grande marge de manœuvre au débiteur pour se restructurer. Aux États-Unis, un certain nombre d'entreprises en détresse financière se mettent sous la protection du *Chapter 11* (état de faillite) afin de pouvoir rompre certains contrats (notamment avec le personnel) ; on parle alors de faillite stratégique. En France, les plans de continuation ou de cession impliquent généralement une nouvelle donne avec les créanciers et les employés de l'entreprise. Ainsi, le groupe américain Tyco a accepté de reprendre la société l'Européenne d'Extincteurs sous condition de pouvoir renégocier les contrats de travail de l'ensemble des commerciaux : environ la moitié d'entre eux a accepté les nouvelles conditions de travail, l'autre moitié a été licenciée.

La seconde approche consiste à prendre le parti du créancier. Dans ce type de système, le créancier dispose d'un large pouvoir dans la façon dont la procédure est menée. La logique est alors d'avoir une réglementation plus sévère pour l'entreprise et ses dirigeants, qui agit alors avec un effet dissuasif pour prévenir les faillites. Les systèmes britanniques, espagnols ou allemands entrent clairement dans cette catégorie.

51.13 G. Recasens met en évidence que les procédures plus strictes pour les débiteurs sont les plus efficientes d'un point de vue économique. Cette conclusion repose principalement sur la comparaison du système américain (prodébiteur) et du système canadien (procréancier) sur la base des critères suivants :

- la durée de la procédure et le coût de liquidation ;
- le taux de récupération des créances suivant leur rang de priorité ;
- le risque de laisser se redresser une entreprise non viable ou de liquider une entreprise viable.

L'auteur constate également que les systèmes procréanciers favorisent l'offre de dette. En effet, il est logique que l'offre de crédit soit plus faible dans les pays où les prêteurs sont moins bien traités dans les procédures de faillite. S. Davydenko et J. Francks ont montré que les prêteurs anglais récupéraient un montant de leurs créances de 20 % supérieurs à ceux des prêteurs français.

Par ailleurs, S. Claessens et L. Klapper mettent notamment en avant que dans les pays où les marchés sont les plus développés les procédures de faillite sont utilisées plus fréquemment. Les auteurs en déduisent que la multiplication du nombre et des types de créanciers (dette cotée, dette syndiquée) rend difficile une conciliation spontanée et donc nécessaire un arbitrage judiciaire. Inversement dans les pays où les banques ont des relations plus proches avec les entreprises (comme en Allemagne par exemple), des solutions négociées par anticipation peuvent être mises en place.

Section 4 ■ Faillite et théories financières

1 ■ La théorie des marchés en équilibre

51.14 Dans la théorie des marchés en équilibre, la faillite n'est qu'un événement permettant une réallocation des actifs et des passifs à des entreprises plus rentables. Elle ne devrait pas avoir d'influence sur la richesse totale des investisseurs puisque ceux-ci ont un portefeuille parfaitement diversifié. La faillite ne réalise donc qu'une simple recomposition du portefeuille.

La réalité de la faillite est cependant plus complexe qu'une simple redistribution. Les coûts sont en effet non négligeables au regard de la valeur totale de l'entreprise. Ils recouvrent aussi bien les coûts directement liés à la faillite (coûts de procédures judiciaires...) que les coûts indirects induits pouvant se matérialiser avant toute procédure judiciaire (perte de crédit vis-à-vis des fournisseurs, des clients ou des salariés, manque de certaines opportunités...). H. Almeida et Th. Philippon ont estimé la valeur des coûts de la faillite à 4,5 % de la valeur de l'actif économique (voir paragraphe 37.7).

2 ■ La théorie du signal et la théorie de l'agence

51.15 L'éventualité d'une faillite est un élément clé dans la théorie du signal. Ainsi une politique d'endettement agressive véhicule un signal positif vers le marché, les dirigeants montrant qu'ils croient, compte tenu des informations dont ils disposent, que les flux de trésorerie futurs seront suffisants pour faire face aux engagements de l'entreprise. Mais ce signal n'est crédible que parce qu'il existe une sanction : s'il s'avère erroné, cette sanction est bien évidemment la faillite de l'entreprise, avec les coûts qui y sont attachés.

En outre, les conflits entre actionnaires et créanciers mis en avant par la théorie de l'agence n'apparaissent que lorsque l'entreprise est proche de la faillite. La faillite représente le seul risque pris par les créanciers : lorsque l'entreprise est en bonne santé financière, les créanciers sont indifférents aux décisions prises par les actionnaires. Toute décision rendant plus probable la faillite sera négative pour les créanciers. Prenons l'exemple suivant : une entreprise ne va générer qu'un seul flux, ce flux sera touché demain[1]. Ce flux peut prendre deux valeurs suivant ce que l'on appellera « l'état du monde » : vous pouvez imaginer que l'entreprise fabrique des parapluies et que les états du monde sont : « il fait beau » ou « il pleut ». L'entreprise est endettée et doit théoriquement rembourser sa dette demain pour 50 (capital et intérêts restant dus).

État du monde	**Il pleut**	**Il fait beau**
Flux d'exploitation	100	50
Remboursement de dette	– 50	– 50
Flux pour les actionnaires	50	0

Il est proposé à cette entreprise un investissement pour 40 donnant demain 100 s'il pleut et – 10 s'il fait beau. Cet investissement paraît avoir une valeur actuelle positive, les deux états de la météo étant équiprobables. Que se passe-t-il si l'entreprise fait cet investissement en s'endettant ?

État du monde	**Il pleut**	**Il fait beau**
Flux d'exploitation	200	40
Remboursement de dette	– 90	– 40 (alors que 90 sont dus)
Flux pour les actionnaires	110	0

Bien que l'investissement ait une VAN positive, les créanciers feront tout pour s'y opposer car il met en péril le remboursement d'une partie de leur dette existante.

On observe que lorsqu'une entreprise est proche de la faillite, toute décision financière entraîne potentiellement des transferts de valeur entre les actionnaires et les créanciers. Ainsi toute décision venant accroître le risque global de l'entreprise (investissement risqué, accroissement de l'endettement par réduction de capital…) générera un transfert de valeur des créanciers vers les actionnaires. Comme nous l'avons analysé au chapitre 38, ces transferts de valeurs peuvent être modélisés grâce à la théorie des options.

1 Cette date proche simplifie les calculs d'actualisation de ces flux.

Les conflits entre actionnaires et créanciers et entre créanciers privilégiés et non privilégiés influent également sur les décisions prises lors de la faillite. *A priori*, les créanciers ont intérêt à accélérer la procédure et insistent pour une liquidation rapide car les actifs se dévalorisent rapidement lorsque l'entreprise est en difficulté. Les actionnaires et les dirigeants ont intérêt à éviter le plus longtemps possible la liquidation car celle-ci signifie la fin de tout espoir de redressement sans aucune compensation financière. Pour les dirigeants, c'est la perte de leur emploi et de leur réputation. Une convergence de ces intérêts peut cependant être obtenue du fait de la crainte de l'ensemble des acteurs des inefficiences liées à la liquidation.

Enfin, les difficultés financières d'une entreprise génèrent des phénomènes de passagers clandestins (voir chapitre 30). Ainsi par exemple, au sein d'un pool bancaire, une petite banque pourra avoir intérêt à ce que les autres banques du pool acceptent de renégocier leurs dettes sans que la sienne ne soit remise en cause.

3 ■ Les limites de la responsabilité limitée

51.16 L'économie moderne repose largement sur le concept de responsabilité limitée selon lequel l'engagement des actionnaires ne peut excéder les sommes investies dans l'entreprise. C'est de cette règle que naissent les conflits entre créanciers et actionnaires et l'ensemble des développements théoriques sur ce thème (théorie de l'agence).

Lors d'une faillite, les dirigeants peuvent cependant être appelés en comblement de passif en cas de faute de gestion ayant contribué à l'insuffisance d'actif : ils doivent alors rembourser les créanciers sur leur patrimoine personnel, au-delà de la valeur des actifs. Aussi, lorsque les actionnaires majoritaires se confondent avec les dirigeants, leur responsabilité n'est-elle plus limitée au montant de leur apport. Nous sortons alors de l'épure que nous nous étions fixée dans l'ensemble des études de décisions financières présentées.

Section 5 ■ Les restructurations

51.17 Les restructurations concernent des entreprises dont on pense que leur exploitation est viable sous certaines conditions nécessitant souvent des changements opérationnels de dirigeants, de stratégie, de périmètre, de mode de production ou de commercialisation, etc.

Par ailleurs leur structure financière doit être adaptée à un nouvel environnement : ces entreprises, tout en étant viables, ne génèrent pas et ne généreront pas assez de flux de trésorerie dans un horizon prévisible pour faire face à leurs dettes actuelles. Celles-ci doivent donc être réduites d'une façon ou d'une autre, entraînant des sacrifices pour les prêteurs comme pour les actionnaires.

1 ■ Les principes

51.18 Lorsque l'entreprise est simplement en bris de *covenant* (voir paragraphe 43.10), elle négociera une absolution avec ses banques (un *waiver*) en contrepartie d'une commission de 0,5 à 1 % du total de la dette et d'une hausse des marges sur les crédits dont le risque s'est accru (de 0,5 à 2 % en plus de la marge initiale selon les cas).

Si maintenant l'entreprise se rend compte qu'elle ne va pas pouvoir faire face à une échéance prochaine de sa dette, elle a tout intérêt, aidée d'un conseiller, à entamer une négociation « privée » (*private workouts* en anglais) avec ses créanciers. La négociation est d'autant moins complexe que les différents types de pourvoyeurs de fonds (actionnaires, créanciers, porteurs d'obligations convertibles, d'actions à dividende prioritaire...) sont peu nombreux.

En droit français, l'entreprise demande souvent la désignation d'un mandataire *ad hoc* ou se place en procédure de conciliation. Le mandat *ad hoc* n'est possible que si l'entreprise n'est pas en état de cessation de paiements, ce qui nécessite dans la pratique que les banques aient accepté de ne pas prononcer l'exigibilité anticipée de leurs créances après le non-paiement d'une première échéance (accord de *standstill*). À défaut, et à condition que la cessation de paiements date de moins de 45 jours, la procédure de conciliation sera choisie. Si la cessation des paiements date de plus de 45 jours, on entre dans le domaine des procédures judiciaires (redressement, voire liquidation) qui n'est plus celui de la négociation libre entre les parties.

Ces deux procédures (mandat *ad hoc* et conciliation) présentent l'avantage d'être confidentielles à l'égard des tiers, de ne pas conduire au dessaisissement des dirigeants de leurs pouvoirs de gestion, de faire intervenir un tiers impartial, de prévoir un privilège du *new money* si le redressement devait tourner court, le tout dans des conditions de sécurité juridique assurées par l'homologation du protocole de conciliation. C'est d'ailleurs pour bénéficier de cette sécurité qu'un mandat *ad hoc* qui réussit débouche sur une procédure de conciliation accélérée qui la permet. Compte tenu de la sécurité de ces procédures et des droits attribués aux apporteurs de nouveaux capitaux, les financiers préfèrent que les négociations interviennent dans ce cadre juridique.

51.19 Un plan d'affaires réaliste est alors élaboré pour comprendre et mesurer la capacité de l'entreprise à dégager des flux de trésorerie permettant, à l'avenir, de désintéresser, de façon plus ou moins importante, ses différents créanciers en fonction du rang de leurs créances. Sa validation fait souvent l'objet d'une *Independent Business Review* (IBR), par un cabinet spécialisé.

Un plan de restructuration nécessite un effort ou un sacrifice de la part de l'ensemble des parties prenantes. Il sera donc constitué généralement d'une recapitalisation (souvent souscrite largement par les anciens actionnaires ou par de nouveaux actionnaires qui peuvent prendre le contrôle à cette occasion) et d'une renégociation des créances. Les créanciers pourront ainsi accepter un abandon partiel de la dette, un moratoire sur les intérêts ou encore un rééchelonnement des remboursements, voire une conversion partielle ou totale de la dette en capitaux propres de l'emprunteur.

51.20 Les parties en présence ont naturellement des intérêts divergents, chacune cherchant à minimiser les réductions de valeur qu'elle devra consentir pour permettre à l'entreprise d'avoir une structure financière en rapport avec des conditions économiques qui se sont dégradées.

Les actionnaires, qui ont déjà perdu beaucoup d'argent, ne veulent en remettre qu'un montant minimum pour autant qu'un accord global puisse être trouvé et qu'ils aient confiance dans les capacités de l'entreprise à se redresser. Parfois, ils ne peuvent pas le faire faute de moyens (cas des fonds de LBO en fin de vie).

Les prêteurs sont en théorie en position de force à cause des garanties qu'ils peuvent avoir prises ou de leur faculté à prendre le contrôle de l'entreprise en convertissant une partie de leurs créances en actions dans le cas d'une procédure de sauvegarde ou de redressement judiciaire. En pratique, ils n'ont pas toujours le souhait ou la possibilité de devenir actionnaires d'autant que cela implique souvent d'apporter des fonds nouveaux pour financer la restructuration opérationnelle, ce qui est un investissement particulièrement risqué. Par ailleurs, le dirigeant peut empêcher à tout moment les créanciers de saisir leurs gages en demandant l'ouverture d'une procédure de sauvegarde ou de redressement judiciaire qui les bloquent.

Le rapport de force n'est donc pas aussi net, d'autant qu'en droit français l'objectif fixé par le législateur est d'abord la sauvegarde de l'entreprise et ses emplois, pas la sauvegarde des créanciers.

Si l'entreprise emploie plus de 400 salariés, elle peut faire appel aux pouvoirs publics *via* son bras armé le Comité interministériel de restructuration industriel (CIRI). Les pouvoirs publics n'ont le plus souvent qu'un seul objectif : maximiser le nombre d'emplois sauvegardés, car il est rare que la restructuration financière ne s'accompagne pas d'une restructuration opérationnelle ayant des effets sur l'emploi. À cet effet, ils tordront des bras, ceux des prêteurs nationaux, et pourront intervenir *via* Bpifrance Investissement (ex-FSI) pour apporter des nouveaux capitaux propres pour relancer l'entreprise.

51.21 Afin de faire converger les intérêts nécessairement divergents des actionnaires et des créanciers, la renégociation de la dette peut être accompagnée d'une clause de retour à meilleure fortune (clause qui prévoit, par exemple, le remboursement des dettes initialement abandonnées si la rentabilité de l'entreprise à moyen terme le permet), ou de l'attribution gratuite de bons de souscription d'actions (BSA) aux créanciers qui leur permettent de bénéficier partiellement du succès de la restructuration.

En cas de blocage des négociations, la plupart des contrats de crédit (en particulier de LBO) requérant l'unanimité des prêteurs pour en modifier les caractéristiques, l'entreprise peut menacer de demander au tribunal de passer d'une procédure de conciliation à une procédure de sauvegarde financière accélérée.

Dans ce cadre, les décisions de restructurations financières s'imposent à tous les prêteurs financiers ou d'exploitation dès lors que la majorité des deux tiers d'entre eux a été réunie dans leurs comités respectifs. En cas de rejet du plan par l'un des comités ou l'assemblée des obligataires, le tribunal peut imposer un étalement des créances sur 10 ans (sans intérêt) sans avoir besoin de l'accord des créanciers. De quoi les inciter à être conciliant !

Tout ce contexte explique que la plupart des négociations de restructuration se terminent au petit matin, après plusieurs nuits blanches, des ruptures et des coups de théâtre, et encore parce qu'il y a une date butoir fatidique qui force les parties à trouver un accord !

La restructuration financière doit le plus souvent s'accompagner d'une restructuration opérationnelle permettant de rétablir la rentabilité économique. C'est même la plus importante ! Ce volet peut comprendre une action sur le besoin en fonds de roulement, des réductions d'effectifs, l'arrêt ou la cession de certaines activités. Sur ce dernier point, la restructuration des entreprises en difficulté les entraîne souvent dans un cercle vicieux. Ainsi, l'entreprise subissant une crise de liquidité ne pourra se défaire rapidement que des actifs les plus rentables. De plus, la cession étant réalisée dans l'urgence (*fire sale* en anglais), les actifs (ou les branches d'activités) sont alors cédés en dessous de leur valeur d'équilibre. La rentabilité des actifs conservés est donc dégradée, ce qui promet à court terme de nouvelles difficultés.

2 ▪ Un plan de restructuration de la dette : Terréal

51.22 Terréal était une filiale de Saint-Gobain regroupant ses activités de fabrication de tuiles, de briques, de carreaux de sol et de bardeaux en terre cuite, qui fut cédée en LBO en 2005 pour 860 M€ au fonds LBO France. Les capitaux propres étaient de moins de 200 M€ et la dette représentait 5,9 fois l'EBE. Autres temps, autres mœurs…

En décembre 2009, la très forte dégradation depuis 12 mois du marché principal de Terréal, la construction, conduit à une première restructuration de la dette de LBO, consentie par un pool de 22 banques et 12 mezzaneurs, et qui atteignait 902 M€. Celle-ci est réduite à 500 M€ par conversion de 402 M€ en obligations remboursables en actions (ORA) et en actions de préférence, les créanciers prenant à cette occasion 49 % du capital de l'entreprise. Un financement supplémentaire à court terme de 40 M€ est mis en place.

Cependant, cette première restructuration financière s'avère insuffisante compte tenu d'une conjoncture du secteur de la construction qui ne s'améliore pas sur les principaux marchés de Terréal : France, Espagne, Italie. Ainsi le chiffre d'affaires 2013 est du même ordre de grandeur que celui de 2009, soit 400 M€.

Aussi début 2013, il paraît clair que le montant de l'endettement de Terréal est trop lourd compte tenu des flux de trésorerie que l'entreprise dégage pour que l'endettement actuel puisse être remboursé en temps et en heure, et pour que la valeur des capitaux propres soit positive.

Une seconde restructuration financière intervient à l'été 2013 qui voit :

– les capitaux propres ramenés en valeur à zéro, le fonds LBO France perdant la totalité de son investissement ;

– les ORA ramenées de 550 M€ à 157,5 M€ par abandon du solde ;

– la dette bancaire réduite de 486 M€ à 300 M€ par conversion en capitaux propres ;

– la durée de la dette bancaire allongée de 3 ans, repoussant à mi-2017 le remboursement du principal ;

– une réduction de la charge d'intérêts de 7 M€ par an.

Compte tenu de la durée de son investissement (8 ans depuis 2005), LBO France était dans l'incapacité d'apporter de nouveaux capitaux propres, son fonds étant totalement investi et devant se liquider au bout de 10 ans. Les nouveaux actionnaires sont donc les banques qui avaient consenti les crédits de montage du LBO et qui ne les avaient pas cédés (ING) et des fonds spécialisés dans ce type de situation (Goldman Sachs, Park Square Capital) qui ont acquis une partie de ces dettes avec décote des banques initiales (Société Générale).

Terréal est l'un des premiers exemples en France (avec Saur, CPI, Navimmo) de prise de contrôle par les banques créancières et d'éviction d'actionnaires incapables de faire face financièrement à la structure financière de leur entreprise. Plus que l'indice d'un mouvement de fond, il s'agit d'une solution pragmatique à un problème *ad hoc*. Les banques ont ainsi estimé qu'elles pourraient récupérer, à terme par cession de l'entreprise au passif financier restructuré et dans une meilleure conjoncture économique, une fraction plus importante de leurs crédits. Elles ont aussi montré publiquement que le temps où elles étaient essentiellement passives dans les restructurations et se contentaient d'accepter des réductions du montant de leurs dettes était révolu. Elles pouvaient proposer un plan de restructuration du passif et le faire accepter (*lender led*).

RÉSUMÉ

Le résumé de ce chapitre est disponible sur le site www.vernimmen.net.

Les difficultés financières d'une entreprise peuvent se traduire par une crise d'illiquidité. Lorsqu'une entreprise ne peut plus faire face à son passif exigible avec son actif disponible, elle est en situation de cessation des paiements. Cet événement grave contraint les dirigeants à initier auprès du tribunal de commerce compétent une procédure de conciliation ou de redressement judiciaire. La procédure de redressement judiciaire peut également être ouverte sur assignation des créanciers. Il s'agit alors de tenter, judiciairement, de sauver l'entreprise, d'assurer le maintien de l'emploi et de l'activité et, enfin, de rembourser les créanciers. Cet ordre des priorités en France influence le déroulement de la procédure et justifie les mesures prises.

Ainsi, la procédure se déroule en plusieurs temps : le jugement d'ouverture, qui conduit le plus souvent en pratique à une liquidation immédiate, peut cependant ouvrir une période d'observation qui permettra d'évaluer la situation économique de l'entreprise avant de statuer sur son sort. Les créances antérieures au jugement d'ouverture de la procédure sont gelées et l'activité continue, souvent sous le contrôle d'un administrateur judiciaire qui peut ainsi assister ou surveiller le chef d'entreprise, voire le remplacer. À l'issue de cette période, un jugement définitif opte pour la liquidation ou le redressement. En cas de liquidation, l'entreprise est dissoute : l'actif est alors vendu afin d'apurer le passif et les créanciers sont payés selon leur rang. Lorsque le tribunal choisit le redressement de l'entreprise en difficulté, celle-ci peut faire l'objet d'un plan de continuation ou d'un plan de cession. Lorsque l'entreprise bénéficie du plan de continuation, certains sacrifices sont demandés aux créanciers, qui peuvent se voir imposer des délais de remboursement de leurs créances ou accepter des remises en échange de délais plus courts.

La volonté de préserver l'entreprise est marquée dans la procédure de sauvegarde qui s'inspire de la pratique américaine (*Chapter 11*). Elle est déclenchée sur demande de l'entreprise qui justifie de difficultés pouvant la conduire à la cessation des paiements et débouche normalement sur un plan de sauvegarde qui doit être approuvé par les créanciers.

Au niveau mondial, les droits de la faillite se répartissent en deux catégories. Ceux qui favorisent la continuité d'exploitation afin de sauvegarder l'emploi (France, Italie, États-Unis) et ceux qui favorisent les créanciers afin d'avoir un effet dissuasif sur les faillites (Royaume-Uni, Espagne).

L'éventualité de la faillite est plus ou moins prise en compte dans les différentes théories financières. Dans le cadre de la théorie des marchés en équilibre, elle conduit à une simple recomposition du portefeuille des investisseurs et elle est donc neutre. En pratique, les frottements liés à la situation de faillite, et notamment les coûts de faillite non négligeables, influent sur les choix des entreprises, notamment en termes de structure financière. Dans le cadre de la théorie du signal, la faillite représente la sanction du signal erroné que l'entreprise peut faire face à ses engagements. Dans le cadre de la théorie de l'agence, les créanciers résisteront à toute décision augmentant les risques de défaillance.

QUESTIONS

1/ Pourquoi une société fait-elle faillite ?

2/ Quels sont les objectifs d'une procédure collective ?

3/ Quel risque prenez-vous si vous rachetez la filiale d'un groupe que vous savez être en difficulté ?

4/ Y a-t-il le même type de conflits en cas de faillite d'une société en nom collectif (SNC) et d'une société anonyme ? Pourquoi ?

5/ En quoi la faillite peut-elle contribuer à la survie de l'entreprise ?

6/ En quoi l'existence de coûts de faillite vient-elle limiter l'avantage fiscal attribué à l'endettement ?

7/ Pourquoi les entreprises qui sortent d'une procédure de faillite peuvent-elles être de redoutables concurrents ?

8/ Pourquoi en France, les entreprises qui sortent d'une procédure de faillite sont-elles rarement de redoutables concurrents ?

9/ Une entreprise qui n'a pas de dettes peut-elle faire faillite ? Peut-elle détruire de la valeur ?

10/ Pourquoi une entreprise en période d'observation retrouve-t-elle une aisance financière ?

11/ Pourquoi des créanciers peuvent-ils accepter de prêter à une entreprise en période d'observation ?

12/ Quel est l'inconvénient de rendre publique une procédure de sauvegarde ?

D'autres questions vous attendent sur le site www.vernimmen.net.

EXERCICES

1/ L'entreprise Tapioca, basée à Las Dopicos (San Theodoros), doit terminer son activité demain après avoir généré un dernier flux de trésorerie. Elle est endettée à hauteur de 500 pour financer son activité. Suivant les états du monde qui sont équiprobables, les flux sont les suivants :

État du monde	–	+
Flux d'exploitation	500	1 000
Remboursement de dette	– 500	– 500
Flux pour les actionnaires	0	500

a) Quelle est la valeur initiale de l'endettement, des capitaux propres ?

On propose à l'entreprise un investissement rapportant 0 dans l'état – et 300 dans l'état +.

b) Quelle est la valeur objective du projet d'investissement ? À quel prix les actionnaires sont-ils prêts à investir ? Votre réponse dépend-elle de la façon dont est financé cet investissement ?

c) À quelle condition de nouveaux créanciers seraient-ils prêts à financer ce nouvel investissement ?

d) L'apparition de conflits entre actionnaires et créanciers provient-elle de la manière dont l'entreprise finance l'investissement ?

2/ Alcazar est un groupe de technologie en difficulté financière. Ses états financiers simplifiés sont les suivants :

En M€	2012	2013	2014
Chiffre d'affaires	8 026	5 208	3 018
Résultat d'exploitation	130	(168)	(100)
Frais financiers	(330)	(144)	(62)
Résultat exceptionnel (restructurations)	(1 020)	(314)	0
Résultat net	(1 220)	(626)	(162)
Actif immobilisé		122	72
Besoin en fonds de roulement		614	330
Capitaux propres		(620)	(784)
Dettes subordonnées		616	616
Dette senior		740	570

L'action Alcazar cote 24 €, le capital est composé de 8 910 000 actions. La valeur de la dette senior peut être estimée à la moitié de sa valeur faciale, la valeur de la dette subordonnée à 21 % de sa valeur faciale.

Le plan de sauvetage suivant est proposé aux différentes parties prenantes :

– souscription par les actionnaires à une augmentation de capital de 15 500 000 actions nouvelles au prix de 20 € par action, soit 310 M€ ;

– remboursement partiel et conversion de la dette subordonnée en capital : émission de 3 850 000 actions nouvelles et remboursement pour un montant de 36,96 M€ ;

– abandon de créance de 160 M€ par les créanciers « senior » ; en contrepartie, sont émis 1 250 000 bons de souscription permettant de souscrire à horizon 3 ans à une action par bon au prix de 25 € par action. Ces bons sont estimés à 4 € par bon. Le produit de l'augmentation de capital restant après remboursement partiel des dettes subordonnées sera utilisé pour rembourser les créanciers seniors.

a) Que pensez-vous de la santé financière de ce groupe ?

b) Calculez la valeur des différents titres finançant l'actif économique.

c) Calculez le patrimoine des différents pourvoyeurs de fonds avant et après plan de sauvetage. Vous prendrez comme hypothèse que la dette senior se négocie pour 80 % de sa valeur faciale après le plan.

d) Qui est le grand bénéficiaire de ce plan ?

ÉLÉMENTS DE RÉPONSE

Questions

1. Parce que sa rentabilité économique est trop faible.

2. En France, le maintien de l'emploi, au moins à court terme, l'a emporté sur la sauvegarde de l'entreprise et l'apurement du passif.

3. Risque que la cession soit déclarée nulle parce qu'elle a été conclue pendant la période suspecte précédant le dépôt de bilan.

4. Non car dans une SNC la responsabilité des associés n'est pas limitée à leurs apports.

5. Elle permet une « remise à plat » de l'ensemble des contrats et un plan de remboursement des dettes sur 10 ans.

6. La valeur actuelle des coûts de faillite vient en diminution de la valeur d'entreprise. Plus l'entreprise est endettée, plus les coûts de faillite seront élevés.

7. Parce qu'une partie de leurs charges peut avoir été renégociée à la baisse (loyers, frais de personnel, contraintes diverses).

8. Parce que la préoccupation des pouvoirs publics est la sauvegarde de l'emploi et que le plan de continuation qui propose de reprendre le plus d'emplois a de très bonnes chances d'être le plan retenu, même s'il condamne de ce fait l'entreprise à terme.

9. Non puisqu'elle ne doit rien (ou presque). Oui si elle investit à un taux de rentabilité inférieur à celui demandé par les actionnaires.

10. Parce que le remboursement des anciennes dettes est gelé et que les clients continuent normalement de payer.

11. Parce que leurs nouvelles dettes seront remboursées avant les anciennes dettes en cas de liquidation de l'entreprise.

12. Le risque que les assureurs-crédit suspendent alors leurs garanties et que les fournisseurs exigent d'être payés comptant, ce qui accroît les difficultés de l'entreprise.

Exercices

Les corrigés détaillés des exercices sur excel sont disponibles sur le site www.vernimmen.net.

1. a) Vd = 500, Vcp = 250.

b) 150. Presque 300 s'il est financé par de la dette car dans le cas +, ils toucheront une petite somme et non dans le cas –; 150 s'il est financé par capitaux propres car ils ont 1 chance sur 2 de perdre leur investissement.

c) S'ils sont sûrs d'être remboursés en premier (si le rang de leur créance est supérieur aux anciens créanciers).

d) Oui mais uniquement parce que l'entreprise était proche de la faillite à l'origine.

2. a) Très mauvaise santé financière, le groupe n'est pas assez rentable. Les cessions des actifs les plus attractifs imposées par les problèmes de trésorerie ont accéléré la faillite. L'entreprise se réduit comme une peau de chagrin.

b) Valeur de capitaux propres = 213,84 M€ ; valeur de la dette subordonnée = 129,36 M€ ; valeur de la dette senior = 285 M€ ; valeur de l'actif économique = 628,2 M€.

c) Patrimoine des créanciers senior = (310 – 36, 94) + (570 – 160 – 310 + 36,94) × 80 % + 1,25 × 4 = 387,61 M€.

Valeur des capitaux propres = 628,2 – (570 – 160 – 310 + 36,94) × 80 % – 1,25 × 4 = 513,65 ; valeur d'une action = 513,65 / (8,91 + 15,5 + 3,85) = 18,2 €.

Patrimoine des actionnaires hors augmentation de capital = 162,2 M€ (contre 213,83 M€ avant plan).

Patrimoine des créanciers subordonnés = 36,94 + 3,85 × 18,2 = 107 M€ (contre 129,36 M€ auparavant).

Patrimoine des actionnaires ayant souscrit à l'augmentation de capital = 15,5 × 18,2 = 282,1 M€ (pour 310 M€ investis).

d) Les créanciers.

BIBLIOGRAPHIE

Pour maîtriser les procédures :

Altares, *Bilan 2013, défaillances et sauvegardes d'entreprises en France*, 2014.

Branch B., Ray H., Russel R., *Last rights, liquidating a company*, Oxford University Press, 2007.

Coquelet M.-L., *Entreprise en difficulté : instruments de paiement et de crédit*, 6e édition, Dalloz, 2014.

Gilson S., *Creating value through corporate restructuring*, 2e édition, Wiley, 2010.

Gilson S., *Radical restructuring*, Wiley, 2014.

Le Corre P.-M., *Droit et pratique des procédures collectives 2013/2014*, 6e édition, Dalloz, 2013.

Séverin E., « Les mesures de restructuration », *Banque & Marchés* juillet-août 2006, n° 83, pages 56 à 62.

www.are.fr (site de l'Association pour le retournement des entreprises).

www.bankruptcylitigationblog.com.

www.vincentmerat.com (site très complet d'un avocat spécialisé en sauvegarde et redressement d'entreprises).

Pour le vécu de redressements d'entreprises :

Doucerain N., *Ma petite entreprise a connu la crise*, François Bourin Éditeur, 2011.

Martel P.-A., « On ne redresse jamais une entreprise avec un plan social », *Le Nouvel Économiste* 4 mars 2010, n° 1511, cahier n° 2, pages 28 à 29.

Pour approfondir les recherches sur la faillite et les entreprises en difficulté :

Altman E., Hotchkiss E., *Corporate financial distress and bankruptcy : Predict and avoid bankruptcy, analyze and invest in distressed debt*, 3e édition, Wiley, 2006.

Berkovitch E., Israel R., « Optimal bankruptcy laws across different economic systems », *The Review of Financial Studies* été 1999, vol. 12, n° 2, pages 347 à 377.

Bris A., Welch I., Zhu N., « The cost of bankruptcy : Chapter 7 liquidation versus Chapter 11 reorganization », *Journal of Finance* juin 2006, vol. 61, n° 3, pages 1253 à 1303.

Campbell J., Hilscher J., Szilagyi J., « In search of distress risk », *Journal of Finance* décembre 2008, vol. 63, n° 6, pages 2899 à 2939.

Davydenko S., Francks J., « Do bankruptcy codes matter ? A study of defaults in France, Germany and the UK », *Journal of Finance* avril 2008, vol. 63, n° 2, pages 565 à 608.

Djankov S., Hart O., McLiesh C., Shleifer A., « Debt enforcement around the world », *Journal of Political Economy* décembre 2008, vol. 116, n° 6, pages 1105 à 1149.

Lopez C., Garcia M., Torre B., « Economic valuation of the efficiency of bankruptcy systems », *working paper*, Université de Cantabrique, juillet 2006.

Molina C., Preve L., « Trade receivables policy of distressed firms and its effect on the costs of financial distress », *Financial Management* automne 2009, vol. 38, n° 3, pages 663 à 686.

Plantin G., Thesmar D., Tirole J., « Les enjeux économiques du droit des faillites », *Les notes du Conseil d'analyse économique* juin 2013, n° 7.

Recasens G., « Aléa moral, financement par dette bancaire et clémence de la loi sur les défaillances d'entreprises », *Revue Finance* juin 2001, vol. 22, n° 1, pages 65 à 86.

Recasens G., « Faut-il adopter un système procréancier de défaillances ? Une revue de la littérature », *Finance, Contrôle, Stratégie* mars 2003, vol. 6, n° 1, pages 119 à 154.

Séverin E., du Jardin Ph., « Procédures collectives européennes et américaines : quels objectifs pour quelle efficacité ? », *Revue Banque* février 2013, n° 757, pages 57 à 60.

White M., « The corporate bankruptcy decision », *Journal of Economic Perspective* octobre 1989, vol. 3, n° 2, pages 129 à 151.

Zhang G., « Emerging from chapter 11 bankruptcy : Is it good news or bad news for industry competitors? », *Financial Management* hiver 2010, vol. 39, n° 4, pages 1719 à 1742.

TITRE 2

Chapitre **52** La gestion du besoin en fonds de roulement . . 1075

Chapitre **53** La gestion de trésorerie 1091

Chapitre **54** La gestion des risques dans l'entreprise. 1113

Titre 2

La gestion du besoin en fonds de roulement, de la trésorerie et des risques

Dans ce titre, notre lecteur comprendra que ce qui peut lui apparaître de prime abord comme de l'intendance sans grand intérêt est en fait crucial pour la bonne gestion financière d'une entreprise. La gestion des flux est l'un des éléments de l'optimisation du besoin en fonds de roulement et de la réduction des capitaux employés par l'entreprise. Elle permet de « pister le cash » qui est un indicateur avancé des résultats et d'éventuelles difficultés opérationnelles. La gestion des risques financiers est indispensable dans un monde complexe et volatil pour éviter qu'ils n'affectent trop fortement l'entreprise ou mettent en cause son développement, voire sa survie.

Chapitre 52

La gestion du besoin en fonds de roulement

De l'intendance ou de la stratégie ? De la finance, mon général.

52.1 L'INSEE estimait, en 2013, que le bilan cumulé des entreprises françaises, hors secteurs financier et agricole, faisait apparaître des encours clients de 633 Md€, des encours fournisseurs pour 526 Md€ et des stocks pour 393 Md€, soit 500 Md€ de besoins en fonds de roulement d'exploitation. Pour mettre en perspective ces chiffres, on peut les comparer aux 120 Md€ de crédits de trésorerie à court terme. On constate que les crédits clients (et symétriquement les crédits fournisseurs), qui sont des crédits commerciaux entre entreprises, représentent de l'ordre de quatre fois les crédits bancaires de trésorerie.

Le rapprochement du montant du BFR avec celui de l'endettement net n'est pas tout à fait innocent car souvent ces deux postes varient de concert : une hausse du BFR se traduit par une hausse de l'endettement net comme bon nombre d'entreprises l'ont vérifié fin 2008 ; une baisse du BFR se traduit souvent par une baisse de l'endettement net comme bon nombre d'entreprises l'ont démontré en 2009.

> Cela dit, la gestion du BFR ne consiste pas à le réduire à tout prix de façon simpliste car il participe aussi de l'équilibre global de l'entreprise. Ceci est trop souvent oublié.

Enfin, les problématiques et les montants du BFR ne sont pas les mêmes selon les secteurs : entre l'industrie (gestion des encours de production, limite de crédits sur les grands clients…) et les services aux particuliers par exemple, il y a tout un monde.

Section 1 ▪ Quelques réflexions de bon sens

52.2 Le besoin en fonds de roulement est un investissement comme un autre, même s'il est parfois pour partie moins choisi qu'un autre (par exemple quand un client « oublie » de payer dans les temps et fait de son fournisseur son banquier à son corps défendant). En tant qu'investissement il doit être géré lucidement et correctement. Le réduire afin de comprimer les besoins de fonds de l'entreprise et d'améliorer sa rentabilité est une possibilité, mais ce n'est pas la seule.

1 ▪ Les multiples facettes du besoin en fonds de roulement

52.3 Du point de vue de l'entreprise, qu'est-ce qu'un besoin en fonds de roulement ?

- c'est d'abord un élément de conquête commerciale. Il n'y a pas besoin d'avoir vu le film *La vérité si je mens 2* pour savoir que les délais de paiement sont un élément des termes d'une transaction commerciale. Allez essayer de percer commercialement en Italie où les délais de paiements contractuels sont de 65 jours et dans la réalité de 94 jours avec les retards moyens, en demandant d'être payé à 25 jours comme en Scandinavie ! De la même façon, avoir plus de stocks, c'est réduire le risque de perdre une commande faute d'approvisionnements disponibles. Rappelez-vous votre frustration de client au printemps 2009 face aux rayons vides de certains distributeurs[1] ;

- c'est ensuite une source de financement quand on le réduit et une source de besoin de financement quand on l'accroît. On pourrait penser que l'enjeu n'est pas le même quand les taux d'intérêt à très court terme sont à 0,2 % par an comme au printemps de 2014 ou à 10 % par an comme entre 1990 et 1993 (voir paragraphe 24.22). Faux. Le problème n'est pas tant le coût de l'argent que d'avoir de l'argent en réduisant le BFR afin d'investir, de rembourser des dettes ou de se constituer un trésor de guerre ; ou de ne pas avoir d'argent et d'en avoir besoin. Autrement dit, la gestion du BFR est un problème intemporel même si certaines conjonctures se prêtent mieux que d'autres à sa prise de conscience ;

- c'est enfin une source de risques. Risque que le client paie avec retard, paie partiellement ou pas du tout car il a fait faillite, ce qui peut mettre à son tour l'entreprise en difficulté et créer des faillites en chaîne qui se propagent dans l'économie comme des dominos qui tombent. C'est bien pour éviter ce risque que les pouvoirs publics ont pris des dispositions légales pour réduire à 45 jours fin de mois ou 60 jours après l'émission de la facture le règlement de l'acheteur (loi LME en France). C'est aussi un risque de perte de valeur par obsolescence de certains stocks (livres d'actualité, fleurs coupées, yaourts…).

52.4 De façon plus conjoncturelle, le BFR peut être :

- un outil pour aider des clients ou des fournisseurs qui auraient des difficultés du fait d'une crise de liquidité. Ainsi fin 2008-début 2009, Peugeot et Renault, soutenus en trésorerie par l'État, ont aidé à leur tour leurs principaux sous-traitants confrontés à une liquidité qui disparaissait, en raccourcissant leurs délais de paiements. Il ne s'agissait pas d'altruisme mais de l'intérêt bien compris de

1 Et la nôtre quand nous voyons sur Amazon que le *Vernimmen* n'est disponible que sous 10 jours !

Peugeot et de Renault pour éviter à leurs fournisseurs de faire faillite, ce qui aurait menacé la pérennité de leurs approvisionnements ;

- une source de création de valeur en période de taux d'intérêt réels négatifs, pour les secteurs où les stocks sont importants, par le biais des profits d'inflation (voir paragraphe 39.6). Autrement dit, dans ce contexte très particulier, la bonne gestion consiste alors à ne pas les gérer !
- une source de spéculation (et donc de risque) lorsque l'entreprise surstocke des matières premières dont elle anticipe que le prix va flamber dans les mois qui viennent.

52.5 Le BFR est une résultante de la stratégie de l'entreprise. Quand celle-ci, par exemple, décide de s'intégrer vers l'amont pour sécuriser ses approvisionnements (Arcelor Mittal détient des mines de fer qui lui assurent 45 % de sa consommation), ou vers l'aval pour faire face à une distribution défaillante ou pas encore implantée (SEB possède plus de 1 500 magasins dans 45 pays émergents : Chine, Turquie...), le BFR est nécessairement impacté à la hausse. De la même façon, lorsque l'entreprise décide à l'instar de Bic de sous-traiter une partie de sa production en Asie du Sud-Est et en Chine, les marges progressent (ou évitent de baisser), mais le BFR augmente car les sous-traitants asiatiques n'ont pas la structure financière nécessaire pour accorder des délais de paiements... à la grecque[1] !

52.6 Le niveau de besoin en fonds de roulement est aussi le résultat d'un arbitrage financier entre des marges et des coûts. Nous connaissons un groupe de presse magazine qui paie comptant ses fournisseurs de papier. En contrepartie, il achète son papier à un prix imbattable car il est dans une très bonne position pour négocier un rabais sur le prix, supérieur au taux d'un placement de trésorerie, face à des fournisseurs aux besoins de cash quasi inextinguibles compte tenu de la lourdeur de leurs investissements. Le BFR de notre éditeur est médiocre (quasiment pas de crédit fournisseur), sa marge est excellente !

Autre exemple, le secteur du BTP qui s'est structuré autour d'avances clients qui couvrent grosso modo les travaux en cours, et plus pour les meilleurs d'entre eux. Le BFR est faible, mais les marges aussi. On ne peut pas tout demander à son client !

> Autrement dit, on peut acheter du cash.

L'entreprise fait des rabais pour que ses clients la paient rapidement : le BFR est alors très bon, la trésorerie plutôt ample mais les marges vont se dégrader. Ainsi aux États-Unis, il est standard de proposer à son client, soit de payer à 30 jours, soit de payer à 10 jours auquel cas il bénéficie d'un escompte de 2 %. Comme le taux actuariel de cette proposition commerciale est de 44,6 %, peu d'acheteurs résistent à la tentation ! (Celui qui résiste signale une bien piètre situation financière qui met la puce à l'oreille de son fournisseur...). Les soldes, quand elles sont exceptionnelles, sont aussi une certaine façon d'acheter du cash.

> Le curseur sera souvent fonction de la situation. En période de crise, on privilégiera le cash et donc une gestion stricte du besoin en fonds de roulement. En période faste, on privilégiera la croissance des ventes et les marges au détriment du BFR.

1 Sans compter que les achats ne se font que par containers complets et que l'on achète plus pour éviter les ruptures de stocks (plus d'un mois de délais d'acheminement).

2 ▪ La gestion du besoin en fonds de roulement

52.7 Il y a 4 façons d'approcher la gestion du besoin en fonds de roulement :

- s'attaquer aux gaspillages : empêcher le service des règlements de payer avant l'heure les fournisseurs, vendre les stocks qui tournent très peu, voire arrêter la production de ceux-ci... Ce sont des tâches relativement aisées à mener à bien et qui ne nécessitent pas de grandes remises en cause au sein de l'entreprise ;

- s'attaquer à des éléments plus structurels nécessitant de modifier des comportements ou des organisations : indexer la rémunération variable des commerciaux, non sur les prises de commandes, mais sur les paiements effectifs des clients ou sur la marge encaissée, réorganiser les chaînes de production pour réduire les stocks tampons en passant d'un processus de masse à un processus de process[1] (voir paragraphe 9.17)... Ce sont des tâches beaucoup plus lourdes à mettre en place et qui nécessitent la collaboration active des autres départements de l'entreprise et donc souvent une implication de la direction générale ;

- faire un arbitrage entre marges et BFR pour acheter ou vendre du cash ;

- être dans l'apparence en réduisant le BFR au bilan par l'affacturage, la titrisation, l'escompte,... Mais ne nous leurrons pas, le BFR n'est pas ainsi réduit dans la réalité, il est simplement financé pour partie et cette partie disparaît de la vue comme la misère dans les villages de Potemkine. Il s'agit de techniques de financement, traitées au chapitre 25.

Seules les deux premières façons permettent de dégager des liquidités sans peser sur la structure des coûts.

52.8 La gestion du BFR est aussi un sujet culturel. Nous avons vu paragraphe 12.22 que les pratiques de délais de paiements effectifs varient du simple au triple en Europe.

Par ailleurs, certaines entreprises ont une culture cash plus développée que d'autres, soit parce que les difficultés financières auxquelles elles ont été confrontées dans le passé (les constructeurs automobiles dans les années 1980), l'influence de leurs actionnaires (les fonds de LBO en font un levier essentiel de leur culture, voir chapitre 50) ou l'état d'esprit d'un dirigeant (ancien directeur financier) les y ont sensibilisées très tôt. D'autres firmes ont moins cette culture parce que leur aisance financière rend le problème moins prégnant, parce que leur culture est très éloignée de ces préoccupations (firmes d'ingénieurs, firmes valorisant d'abord la recherche et le développement ou le développement commercial...).

Autrement dit, la diffusion d'une culture *cash* au sein de l'entreprise, qui s'ajoute à d'autres cultures plutôt qu'elle ne s'y substitue, nécessite beaucoup de pédagogie, de temps, de doigté et nécessite le soutien de la direction générale car elle remet souvent en cause des pratiques établies et confortables.

52.9 Enfin, même si chacun doit chercher à s'améliorer et à réduire ses points faibles, que l'on nous permette de montrer un petit peu de scepticisme. Le dirigeant d'une division est rarement un surhomme. Si on lui fixe pour objectif d'accroître les parts de marché de son produit, d'accroître ses marges, de veiller au bon climat social interne et à la respectabilité sociétale de son unité, de surcroît d'innover et en plus de réduire son BFR au-delà des gaspillages évidents à supprimer, peut

1 Qui revient souvent à rebalancer dans le reste de la filière une partie des stocks de l'entreprise à l'instar de ce qu'ont fait les constructeurs automobiles dans les années 1980.

être est-on en train de le surcontraindre en lui fixant trop d'objectifs à la fois, ce qui risque de le conduire à n'en atteindre aucun.

Nous connaissons une multinationale française, devenue leader mondial dans son secteur à force d'innovations, de marketing efficace, avec des marges qui font bien des envieux, une rentabilité économique après impôt de 20 % et qui a pourtant une gestion du BFR nettement moins brillante. Peut-on être excellent partout et tout le temps ?

52.10 Après cette interrogation presque existentielle, la chute va être rude pour notre lecteur. Les prochaines sections sont en effet consacrées aux moyens opérationnels de réduire un BFR. Cela pourrait apparaître, sans condescendance, bien terre à terre, mais c'est le propre du domaine. Que notre lecteur soit patient, il aura droit à des frissons et à un feu d'artifice final dans l'ultime chapitre de cet ouvrage !

Section 2 ■ La gestion du poste clients

52.11 La gestion du poste client implique :

- de négocier les meilleurs termes de paiements (conditions générales de vente) ;
- d'accélérer les paiements des clients dans le respect des conditions contractuelles ;
- de sécuriser les paiements des clients pour éviter les impayés.

Les deux derniers points ne sont pas indépendants car le risque de défaut augmente en proportion directe de la durée de crédit. Les firmes de l'Europe méditerranéenne paient avec un délai moyen triple de celui des Scandinaves et ont un taux de défaut 2 fois supérieur.

1 ■ L'accélération des paiements des clients

52.12 Altares estime qu'environ 40 % des factures sont payées à leur échéance et que 10 % d'entre elles le sont avec plus de 30 jours de retard.

Le délai client est souvent représenté comme la résultante de quatre facteurs :

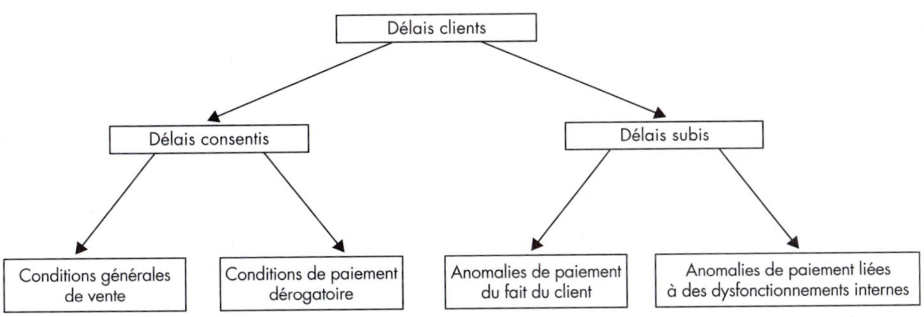

Les conditions générales de ventes prévoient des délais de règlement qui sont fixés par l'entreprise et dépendent de sa stratégie, des usages de la profession et des us et coutumes du pays. Elles doivent respecter la loi LME qui prévoit un paiement maximum à 60 jours ou à 45 jours fin de mois ou à 45 jours à compter de l'émission de la facture pour les facturations périodiques.

Les conditions de paiement dérogatoires, quand elles sont fixées par les commerciaux, impliquent que le financier d'entreprise vérifie qu'elles s'accompagnent d'un gain sur le prix de vente ou d'un volume plus important. À défaut, il faut faire comprendre aux commerciaux qu'ils doivent revenir en arrière, ce qui n'est jamais simple avec un client à qui on a donné de mauvaises habitudes ! C'est pour cela qu'il est préférable que les commerciaux ne soient pas décideurs en matière de conditions dérogatoires.

Les anomalies de paiements du fait du client sont des entorses aux conditions de vente qu'il avait acceptées. La loi LME, et les directives européennes de 2000 et 2011 sur la réduction des délais de paiements, prévoient des sanctions : intérêts de retard calculés au taux de financement de la BCE + 10 points (soit 10,15 % en juin 2014) et qui ne peut être inférieur à 3 fois le taux d'intérêt légal (soit 0,12 %). Des sanctions civiles et pénales (amendes) sont également prévues. Même si le fournisseur a l'obligation de les appliquer, il peut réfléchir à deux fois avant de le faire compte tenu des potentielles conséquences commerciales négatives pour lui... Avant l'entrée en vigueur de la loi LME, 47 % des groupes avec plus de 300 M€ de chiffre d'affaires ne le faisaient pas.

52.13 Pour éviter d'en arriver là, l'entreprise a tout intérêt :

- à procéder à des relances préventives 15 à 30 jours avant l'échéance des factures pour vérifier que rien ne s'oppose au paiement le moment venu de la facture. Si tel n'est pas le cas, des actions correctives doivent alors être immédiatement engagées (renvoi de la facture avec le bon numéro de commande, etc.). Ces relances se font préférablement au téléphone pour accroître leur efficacité, doivent être adaptées au type de clients (grande entreprise *versus* un artisan), ciblées en priorité sur les montants les plus importants et être l'occasion de faire le point sur l'ensemble des factures envoyées à ce client.

On estime que 29 % des groupes avec un chiffre d'affaires supérieur à 300 M€ ne procèdent pas à des relances avant échéance ;

- à identifier les clients qui sont systématiquement en retard de paiement ou qui invoquent régulièrement des excuses dilatoires pour retarder leurs règlements ;

- à identifier les clients dont le circuit interne d'approbation et de paiement des factures est lourd, par exemple un client avec des sites de livraisons multiples pour des paiements centralisés et par campagnes (les factures « Bonnes à payer » reçues après le 20 du mois sont réglées le 10 du mois suivant, etc.) ;

- à mettre en place une procédure d'identification et de traitement des litiges efficace et rapide. Un client qui conteste une facture ne la paie pas. En moyenne, on estime qu'un litige nécessite 30 minutes pour être réglé et que les deux-tiers des litiges sont réglés dès la première action. Ceci est d'autant plus nécessaire que souvent une facture échue entraîne le blocage des commandes du même client et cela même si personne ne fait rien pour comprendre et résoudre la cause du litige.

On estime que 36 % des groupes n'ont pas de processus d'éradication des litiges ;

• à procéder à des relances téléphoniques au plus tard 15 jours après la date échue de la facture, puis une seconde fois par écrit 7 à 15 jours après et une ultime fois 15 jours après, avant d'entamer une action judiciaire ou de confier le dossier à un cabinet de recouvrement de créances.

Procédure de recouvrement

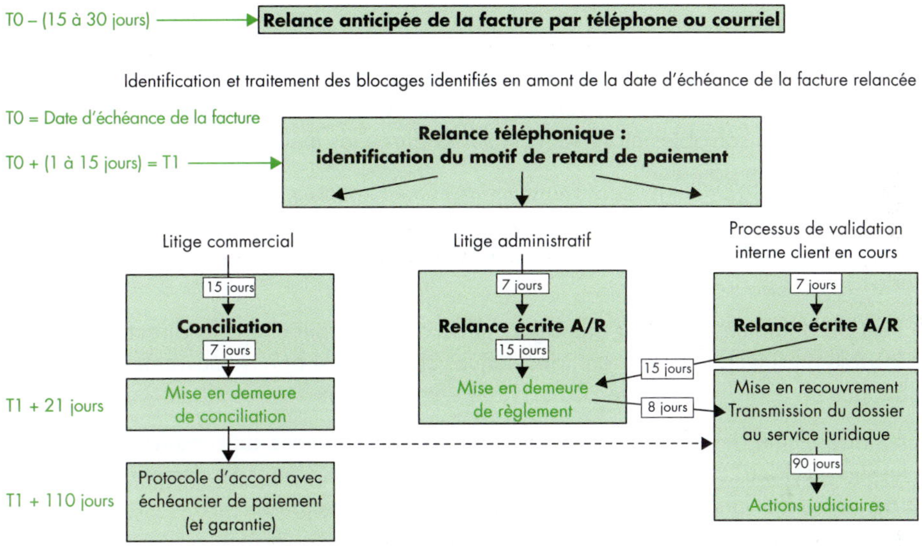

Les retards dus aux dysfonctionnements internes de l'entreprise sont, en théorie, les plus faciles à corriger même si souvent cela nécessite de réexaminer ses processus administratifs en s'interrogeant toujours sur l'arbitrage coûts/efficacité. On peut aussi penser à revoir le temps nécessaire à l'établissement des factures car le délai de paiement des clients court à partir de cette date (pour autant que le produit ou le service ait été délivré), à la vérification de l'adresse de la facture, de l'identité entre quantité facturée et quantité commandée et livrée, etc. À cet égard, un taux d'avoirs non commerciaux supérieur à 1 % est un indicateur de dysfonctionnements internes puisque l'entreprise a dû émettre plus d'un avoir pour 100 factures envoyées afin de résoudre ses dysfonctionnements et satisfaire ses clients.

2 ■ La sécurisation des paiements des clients

52.14 La défaillance d'un client important pouvant provoquer la faillite de l'entreprise, celle-ci a tout intérêt à protéger son poste clients contre ce type de risque.

À cet effet, il existe des mesures simples à mettre en place :

• détermination d'une limite maximum de crédit sur chaque grand client. En pratique, on en met souvent en place deux : une plus basse qui sert de signal d'alarme lorsqu'elle est franchie et conduit à une enquête sur la solvabilité du client. L'éventuel franchissement de la seconde limite conduit à un arrêt des prises de commandes de ce client, sauf à ce que celui-ci paie à la livraison ou accepte des clauses de réserve de propriété[1] tant qu'il n'a pas payé sa dette commerciale.

On estime que 55 % des groupes faisant plus de 300 M€ de chiffre d'affaires n'ont pas fixé de limite de crédit par client ;

▪ vérification aléatoire de la solvabilité des clients car un client solvable hier peut ne plus l'être demain. Cela passe par l'analyse financière de ses comptes, la vérification de sa notation auprès de la Banque de France, des professionnels du renseignement commercial (Coface, Altares, Dun & Bradstreet, Credit Safe…) ;

▪ préparation des campagnes de prospection des commerciaux en validant préalablement la solvabilité de leur cible. À la fois à court terme, pour éviter les impayés, mais aussi à long terme, les entreprises les plus solvables étant souvent sur la durée les meilleurs clients (et celles, qui ont les meilleures pratiques de paiement) ;

▪ utilisation des modalités de paiement les plus sécurisantes comme par exemple le prélèvement, les lettres de crédit confirmé à l'export (voir paragraphe 25.21) ou la recherche d'acompte à la commande.

52.15 Ceci est du domaine du **crédit manager**, généralement rattaché à la direction financière, qui est responsable du suivi du poste client, des risques clients et du bon recouvrement ; il doit optimiser la performance en coordination avec les services commerciaux.

À un stade ultime, le crédit manager fera appel aux agences de recouvrement de créances, (Intrum Justitia, Coface, Pouey…) qui s'occupent de récupérer pour le compte des entreprises le montant de leurs créances impayées de façon amiable ou judiciaire.

52.16 Pour éviter cette dernière situation, l'entreprise pourra recourir à l'**assurance-crédit**. C'est un contrat d'assurance qui prévoit, moyennant le paiement d'une prime d'assurance comprise entre 0,10 % et 2 % du chiffre d'affaires couvert[2], le remboursement de la créance impayée par l'assureur-crédit (Coface, Atradius, Euler Hermes, Ducroire…). Cette indemnisation est rarement totale car l'entreprise garde une franchise à sa charge de 10 à 30 % du montant de la créance. Elle intervient, soit à la constatation de l'insolvabilité de l'acheteur, soit à l'issue du délai de carence. Afin d'éviter que le client ne lui apporte que les risques qu'il connaît comme étant mauvais (sélection adverse), l'assureur exige le plus souvent de couvrir la totalité du portefeuille client.

Trois services sont proposés par les assureurs-crédit :

▪ la prévention du risque client grâce aux analyses de solvabilité, aux renseignements commerciaux centralisés et actualisés en permanence par les assureurs-crédit ;

▪ le recouvrement des factures impayées ;

▪ l'indemnisation des créances garanties qui n'ont pas pu être recouvrées.

52.17 Le crédit manager a aussi d'autres outils pour se protéger contre la défaillance de clients :

▪ les **garanties bancaires** : des banques de certains clients difficiles sont prêtes à donner une garantie bancaire assurant la bonne fin du paiement ;

1 Permettant à l'entreprise non encore payée de pouvoir récupérer automatiquement son bien en cas de faillite du client sans être prise dans la masse des créanciers.

2 Hors zones d'exportation très risquées et hors durées exceptionnellement longues sur les grands travaux à l'export.

▪ les techniques relevant du commerce international : le **crédit documentaire** (voir paragraphe 25.20) irrévocable et confirmé (très utilisé dans les pays risqués) ;

▪ les cessions de créances sans recours (voir paragraphe 25.14).

Section 3 ■ La gestion du poste fournisseurs

52.18 Ce poste reste encore souvent négligé car les acheteurs dans les entreprises sont plus sensibilisés à la négociation des prix qu'à la négociation des délais de règlement. Par ailleurs, la mise en œuvre de la loi LME, compte tenu des sanctions qu'elle prévoit, rend nécessaire le suivi des délais de paiement pour éviter des retards qui peuvent devenir très coûteux.

Ceci est renforcé par le développement de l'assurance-crédit. En effet, si un fournisseur de l'entreprise a placé ses créances sous assurance-crédit, que l'entreprise paie après les délais contractuels, et que le fournisseur déclare un impayé, l'entreprise sera identifiée comme mauvais payeur par l'assureur-crédit et la nouvelle se répandra vite dans le marché par ce canal.

52.19 La gestion du poste fournisseurs passe principalement par :

▪ une revue des délais négociés avec chaque fournisseur. L'entreprise se rendra souvent compte qu'il existe un large éventail de délais de paiement dus à la décentralisation de son mode de fonctionnement. Même dans les entreprises qui centralisent la négociation des achats, souvent seuls les prix sont établis au niveau groupe, les délais de règlement n'étant pas traités. L'entreprise essaiera alors de négocier avec ses fournisseurs les plus importants l'alignement sur les délais les plus longs déjà obtenus. Pour les fournisseurs plus mineurs, elle pourra essayer de l'imposer ;

▪ une comparaison de la théorie (les délais contractuels) et de la pratique (les délais de paiement effectivement pratiqués par l'entreprise) permettra de détecter des situations où l'entreprise paie plus tôt que ce qu'elle est en droit de faire. Souvent, si on élimine l'indiscipline et l'incompétence, c'est à cause de dates différentes entre les conditions de paiement dans le contrat, sur la commande, voire sur la facture. Parfois les entreprises paient le 15 du mois ce qui est dû entre les 15 et le 30, et le 30 du mois ce qui est dû entre le 1er et le 15 du mois suivant. D'autres fois, c'est le fournisseur qui livre plus tôt que prévu sa prestation et envoie aussitôt sa facture ;

▪ une revue de la procédure de validation de réception des achats permettra d'éviter des validations tardives des livraisons qui génèrent, dans le meilleur des cas, des retards de comptabilisations des factures et donc des retards de paiements qui peuvent entraîner des lourdes pénalités. Dans le pire des cas, de nouveaux achats seront lancés car les stocks en système pourront alors apparaître anormalement bas !

▪ enfin, les litiges doivent être traités avec rapidité car ils n'ont pas pour effet de repousser la date légale maximum de paiement.

> Il ne faut payer ses fournisseurs ni en avance (sauf à obtenir un escompte), ni en retard, mais à l'heure dite.

Section 4 ▪ La gestion des stocks

52.20 Selon C. Walbert et M.-A. Cabelli, la capacité de l'entreprise à bien gérer ses stocks est fonction de plusieurs paramètres qu'elle maîtrise plus ou moins bien :

- sa capacité à bien prévoir à l'avance son niveau d'activité, qui dépend beaucoup de son secteur d'activité ;
- sa capacité à mener des analyses croisées entre familles de produits et familles de clients afin de déterminer des politiques adaptées d'approvisionnement et de stockage ;
- sa capacité à réduire ses délais d'approvisionnement ;
- sa capacité à transformer rapidement ses stocks de matières premières en produits finis, puis à les vendre (c'est l'optimisation du processus de production) ;
- sa capacité à en suivre le niveau ;
- sa capacité à obtenir un taux de service[1] qui évite les ruptures.

52.21 Au sein de l'entreprise coexistent au même moment plusieurs types de stocks :

- **les stocks de précaution** :
  - les stocks tampons mis en place pour absorber l'incertitude liée à la demande ou à l'approvisionnement ;
  - les stocks d'anticipation créés par anticipation d'une demande future ;
- **les stocks de structure** :
  - les stocks de cycle liés à la taille des lots de fabrication ;
  - les stocks d'attente, en attente de l'opération de transformation suivante ;
  - les stocks de process, en cours de transformation ;
  - et les stocks en transit entre deux entités.

L'expérience montre que lorsqu'une firme s'attaque sérieusement à son niveau de stocks, elle peut obtenir des résultats impressionnants. Ainsi en 2009, SEB a réduit ses stocks de 23 %, les faisant passer de 70 jours du chiffre d'affaires à 54 jours. Et Carrefour s'est fixé pour objectif de les faire passer de 22 jours à 11 jours ! Les progrès de la logistique et de l'informatique de gestion y sont pour beaucoup. Mais il ne faut pas croire que le meilleur stock est le stock le plus bas. Cela reste un investissement qui résulte d'un arbitrage coût financier/flexibilité apportée.

52.22 Comme en matière de gestion du poste clients, la gestion des stocks implique des actions contre le gaspillage et des actions plus structurelles.

Parmi les premières, citons :

- céder les stocks dormants qui n'ont pas donné lieu à commande depuis plus d'un an ;
- utiliser systématiquement la formule de Wilson pour déterminer la quantité optimale à commander. La **formule de Wilson**[2] fait un arbitrage entre le coût de passation de la commande (coût

1 Calculé comme le nombre de commandes livrées sans erreur dans les délais/nombre de commandes.

2 Que vous pouvez télécharger sur le site www.vernimmen.net.

administratif, rabais en fonction de la taille de la commande) et le coût de stockage (coût financier du capital immobilisé, de l'entreposage et des risques) ;

- réduire l'incertitude sur l'approvisionnement *via* l'analyse approfondie des délais et de la fiabilité des différents fournisseurs, voire en mettant en place des partenariats avec certains fournisseurs (voir l'industrie automobile) ;
- intégrer le prévisionnel des ventes dans l'outil de gestion des stocks ;
- déterminer la politique de stocks en fonction du taux de service que l'on veut assurer à son client.

52.23 Parmi les mesures structurelles, citons :

- passer d'un mode de production de masse à un mode de process (voir paragraphe 9.17), ce qui n'est pas sans coût car au-delà des investissements requis, l'entreprise y perd en flexibilité et court des risques de ruptures de production ; ou d'un mode de production de type atelier à un mode de masse ;
- introduire des objectifs de performance dans la rémunération variable des gestionnaires de stocks (seuls 20 % des groupes y ont recours) ;
- optimiser au sein des usines l'implantation et les processus de préparation pour réduire les stocks en transit ;
- travailler sur les prévisions de ventes pour réduire les stocks de sécurité et les stocks d'anticipation, ce qui peut impliquer de collaborer plus étroitement avec les principaux clients ou de constituer des séries statistiques fines pour mieux cerner la saisonnalité ou la cyclicité des ventes ;
- simplifier la gamme de produits offerte en réduisant les variantes qui démultiplient les stocks unitaires.

Section 5 ■ Conclusion

52.24 Il serait illusoire de croire que le financier d'entreprise peut mettre en place des mesures de gestion du besoin en fonds de roulement sans une collaboration étroite avec les opérationnels en charge des achats, de la gestion des stocks, de la logistique, de la production, des ventes, des ressources humaines sur lesquels il n'a pas d'autorité hiérarchique. D'autant que souvent, au-delà de la lutte contre les gaspillages, la gestion du BFR débouche assez vite sur des décisions stratégiques impliquant la politique commerciale, de production et de logistique de l'entreprise.

Les talents de pédagogue et de négociateur du financier d'entreprise trouvent ici un nouveau terrain d'action, cette fois-ci en interne...

RÉSUMÉ

Le résumé de ce chapitre est disponible sur le site www.vernimmen.net.

Le besoin en fonds de roulement est un investissement comme un autre et de ce fait il doit être géré. Gérer ne veut pas dire réduire à tout prix. Le BFR résulte d'un arbitrage entre liquidité et marge.

Au-delà des gaspillages assez simples à éliminer mais qui nécessitent de la détermination et de la continuité dans l'effort, la réduction du BFR ne peut se faire qu'au détriment du résultat d'exploitation ou au prix d'investissements pour modifier le modèle économique de l'entreprise.

En période de crise, l'entreprise met l'accent sur la réduction du BFR afin de générer des liquidités utiles pour se désendetter ou s'autofinancer, l'impact sur la marge est négligé. En période de bonne conjoncture économique, l'entreprise pense plus à la croissance des ventes et des marges qu'au BFR.

L'ensemble des techniques et outils de bonne gestion du BFR a été présenté.

Le financier d'entreprise ne peut pas mettre en place des mesures de gestion du besoin en fonds de roulement sans une collaboration étroite avec les opérationnels en charge des achats, de la gestion des stocks, de la logistique, de la production, des ventes, des ressources humaines sur lesquels il n'a pas d'autorité hiérarchique. D'autant que souvent, au-delà de la lutte contre les gaspillages, la gestion du BFR débouche assez vite sur des décisions stratégiques impliquant la politique commerciale, de production et de logistique de l'entreprise.

Ses talents de pédagogue et de négociateur, cette fois-ci en interne, trouvent ici un nouveau terrain d'action.

QUESTIONS

1/ Quelle est la limite de l'arrêt de certaines productions le temps de résorber des stocks excédentaires ?

2/ Pourquoi la gestion du BFR est-elle à la fois de l'intendance et de la stratégie ?

3/ Pourquoi les fonds de LBO mettent-ils l'accent sur la gestion du BFR ?

4/ À quelles conditions un BFR pléthorique n'est-il pas le signe d'une mauvaise gestion ?

5/ Un client augmente brutalement ses commandes auprès de vous. À quoi devez-vous penser ?

6/ Vous êtes en retard de paiement d'une facture. Vous n'êtes pas relancé. Qu'en déduisez-vous ?

7/ Quels sont les trois documents qui prouvent l'existence d'une créance et qui sont indispensables pour faire une relance efficace ?

8/ La titrisation des créances commerciales ou de stocks est-elle une façon de gérer le BFR ?

9/ Quels sont les services apportés par l'assurance-crédit ?

10/ Pourquoi une entreprise, sachant que ses fournisseurs ont mis sous assurance-crédit une partie de leur encours sur elle, a-t-elle intérêt à payer dans les délais ?

11/ Un client ayant le choix entre payer à 10 jours avec un escompte de 2 % ou à 60 jours net choisit cette seconde possibilité. Que signale-t-il ?

12/ Pourquoi y a-t-il une corrélation entre délais de paiement et taux de défaut du client ?

13/ La gestion du BFR est-elle du seul domaine du directeur financier ? Pourquoi ?

14/ Que peut être tenté de faire un groupe qui craint à la clôture de son exercice de ne pas respecter les *covenants* de sa dette, entraînant une restructuration de celle-ci, voire son exigibilité ?

D'autres questions vous attendent sur le site www.vernimmen.net.

EXERCICES

1/ Montrez sur un exemple simple que l'intégration vers l'aval augmente le BFR.

2/ Montrez sur un exemple simple que l'intégration vers l'amont augmente le BFR.

3/ Montrez comment calculer le chiffre de 44,6 % mentionné au paragraphe 52.6.

4/ L'entreprise Ottokar réalise un chiffre d'affaires annuel de 10 M€ HT et est assujettie à un taux de TVA de 20 %. Son délai d'encaissement effectif est de 75 jours. Quel est l'encours clients moyen ? Du fait des dispositions de la loi LME, il va passer à 60 jours. Quel est le gain en trésorerie pour l'entreprise ? Quel est l'impact sur le compte de résultat si celle-ci s'endette actuellement à 4 % ?

5/ L'entreprise Tabuteau réalise un chiffre d'affaires mensuel de 100 000 € avec un client sur lequel sa marge brute est de 25 %. Au bout de combien de temps après l'entrée en relation ce client peut-il faire faillite sans que l'entreprise ne perde en net de l'argent compte tenu de la marge brute encaissée et de la perte intégrale de ses créances impayées ? Les délais de paiement sont de 2 mois.

6/ La société Pinsar souhaite accroître ses ventes en accordant à ses clients des délais de règlement plus importants. Son chiffre d'affaires annuel est actuellement de 1 M€ ; elle accorde à ses clients un délai moyen de paiement de 30 jours.

Elle a élaboré les hypothèses suivantes au niveau de sa politique de crédit clients :

Allongement de la durée du crédit accordé	Accroissement des ventes
15 jours	40 000 €
30 jours	60 000 €
45 jours	70 000 €
60 jours	75 000 €

Le prix de vente d'une unité fabriquée est de 4 € ; le prix de revient s'élève à 3,20 € dont 1 € de coûts fixes.

a) Quelle politique la société Pinsar doit-elle adopter, si elle exige une rentabilité de 20 % avant impôt sur ses capitaux investis (ses stocks sont financés par le crédit fournisseur) ?

b) La société Pinsar prévoit en outre l'évolution suivante de ses créances douteuses :

Allongement de la durée du crédit accordé	Créances douteuses/Ventes
15 jours	2 %
30 jours	2,5 %
45 jours	3 %
60 jours	4 %

Les créances douteuses ne représentant actuellement que 1,2 % des créances, quelle politique la société Pinsar doit-elle adopter ?

7/ L'entreprise Bergamotte avec une rentabilité économique après impôt de 13 % et un coût du capital de 8 % travaille avec un consultant externe qui se propose de l'aider à réduire de 10 % son BFR (qui représente la moitié de l'actif économique). Qu'en pensez-vous ? Un jeune stagiaire montre que ceci conduira à une baisse du résultat d'exploitation après impôt de 4 %. Qu'en pensez-vous ?

ÉLÉMENTS DE RÉPONSE

Questions

1. Certains outils de production prennent du temps à être arrêtés ou à être redémarrés. On ne remet pas aussi vite en route un haut-fourneau qu'une machine à coudre !

2. De la stratégie, car elle dépend de la stratégie commerciale, de production et financière de l'entreprise : arbitrage marge et volume *versus* cash. De l'intendance car c'est une suite de petites actions, décisions, à mettre en œuvre.

3. Car en comprimant son BFR l'entreprise dégage du cash qui lui permet de rembourser une partie de sa dette et améliore le TRI du fonds de LBO.

4. Si cela est voulu, décidé et non subi. Si l'entreprise obtient en contrepartie plus de commandes et de meilleures marges.

5. N'a-t-il pas fait un impayé chez un concurrent qui refuse dorénavant de le livrer, d'où le fait qu'il augmente les commandes chez vous.

6. Votre fournisseur est mal organisé et/ou riche !

7. Le bon de commande et le bon de livraison signés par le client, la facture.

8. Non, c'est simplement une façon de financer le BFR.

9. Analyse de la solvabilité des clients/prospects, recouvrement des impayés, indemnisation des créances non recouvrées.

10. Car le marché saura très vite que l'entreprise est un mauvais payeur *via* l'assureur-crédit qui répercutera l'information à ses autres clients.

11. Soit il est illiquide, soit son coût marginal d'endettement est supérieur à 15,6 %, ce qui n'est pas un bon signe de sa pérennité ! $15{,}6\ \% = (1 + 2\ \%)^{365/50} - 1$.

12. Car un client qui paie en retard ne le fait pas nécessairement exprès, il le fait souvent parce qu'il a des problèmes de liquidités, donc il présente un risque de faillite élevé.

13. Non, car elle implique le commercial, le marketing, la production/logistique, voire la direction générale qui doit faire des choix et rendre des arbitrages.

14. D'acheter du cash (instauration d'escomptes pour paiements rapides, retards de règlement des fournisseurs) en comprimant temporairement son BFR afin de réduire sa dette nette.

Exercices

Les corrigés détaillés des exercices sur excel sont disponibles sur le site www.vernimmen.net.

1. Le producteur paie, par exemple, à tous ses fournisseurs 900 le jour 1 et reçoit de son client distributeur 980 le jour 60. Le distributeur paie le jour 60 son fournisseur (le producteur) 980 et 100 à

d'autres fournisseurs et touche le jour 90 1 100 de ses clients. Pendant 60 jours le producteur a un déficit de trésorerie de 900, c'est son BFR, et il réalise une marge de 80. Pendant 30 jours le distributeur a un déficit de trésorerie de 1 080, c'est son BFR, et il réalise une marge de 1 100 – 980 – 100 = 20.

Si le producteur achète le distributeur, il porte un besoin de trésorerie de 900 pendant 90 jours et de 100 pendant 30 jours, soit 933 en moyenne sur 90 jours contre 900 sur 60 jours. Son BFR a donc augmenté.

2. Reprenons l'exemple précédent. C'est maintenant le distributeur qui achète le producteur. Il portait 1 080 pendant 30 jours. Maintenant il doit porter 900 pendant 90 jours et 100 pendant 30 jours, soit 933 en moyenne sur 90 jours. Son BFR a donc augmenté.

3. $98 = 100 / (1 + t)^{20 / 365}$ d'où t = 44,6 %.

4. 10 × 1,2 × 75/365 = 2,5 M€. Gain en trésorerie : 2,5 M€ – 10 × 1,2 × 60/365 = 0,5 M€. Économie de frais financiers : 0,5 M€ × 4 % = 20 000 €.

5. Marge mensuelle : 100 000 × 25 % = 25 000 €. Risque financier de l'entreprise : 100 000 × (1 – 25 %) × 3 mois = 225 000 €. 225 000 €/25 000 € = 9 mois de marge encaissées. Délai : 9 + 3 mois de marges non encaissées = 1 an. 2 mois de délai veut dire 3 mois de facturation car dans la pratique un client fait faillite juste avant une échéance et non juste après.

6. a) Porter le délai à 30 jours car la VAN est alors la plus élevée à 9 300 € pour une année.

b) Le délai de 60 jours est le seul pour lequel la VAN est positive.

7. Quel est l'impact sur le résultat d'exploitation ? Les liquidités obtenues par réduction du BFR n'ont-elles pas un coût supérieur au coût du capital ? Leur coût est de 4 % × 13 % × actif économique / 10 % × 50 % × actif économique = 10,4 % soit plus que le coût du capital. Dans ces conditions, cette réduction du BFR serait destructrice de valeur.

BIBLIOGRAPHIE

Pour des données chiffrées sur la gestion du BFR :

Altares, *Les retards de paiement en Europe : Bilan de l'année 2013*, 2014.

Atradius, *Baromètre des pratiques de paiement* – printemps 2014.

Ernst & Young, « All tied up », *Working capital management report* 2013.

Intrum Justitia, *European payment index 2013*, mai 2014.

Observatoire des délais de paiement, *Rapport annuel 2013*, 2014.

Pour approfondir les techniques de gestion du BFR :

Blanchet B., Voyenne D., *Le crédit inter-entreprises : un mal nécessaire ?*, Economica AFTE, 2012.

Brault D., Sion M., *Objectif cash*, Dunod, 2008.

Darsa J.-D., *La gestion du risque client*, Gereso Édition, 2014.

Desjardins C., « Comment Thoumieux a allégé son BRF », *Les Échos* 5 mai 2014, page 3, 3e cahier.

Eschenazi G., *Relance des impayés et recouvrement amiable*, Afnor, 2013.

Euler Hermes, « Comment protéger son poste de créances clients ? », *Option Finance* 30 mai 2005, n° 836, pages 39 à 41.

Möbius, *La supply-chain est-elle un levier de la rentabilité financière ?*, février 2010.

Pic J.-C., Erault J.-M., *Optimiser sa trésorerie par le crédit client*, Vuibert, 2009.

Smid R., « Unlocking value from your sheet thought working capital management », *Journal of Payment Strategy & Systems* janvier 2008, vol. 2, n° 2, pages 127 à 137.

Tennent J., *Guide to Financial Management*, Economist Intelligence Unit, 2008, le chapitre 14 : « Working capital management ».

Walbert Cl., Cabelli M.-A., « Comment augmenter les liquidités : de la théorie à la pratique », *Option Finance* 22 et 29 janvier 2007, n° 916 et 917, pages 30 à 34 et 39 à 43.

dfcg-news.com/vox-fi/, blog de l'Association française des directeurs financiers et contrôleurs de gestion (DFCG).

Pour faire le point sur les réglementations sur le BFR :

Cumin A.-L., « Nouvelles règles européennes de lutte contre les retards de paiement dans les transactions commerciales », *Option Finance* 28 mars 2011, n° 1118, pages 34 à 35.

Maillot J., « Gestion du poste client, la LME modifie la donne », *L'Agefi Hebdo* 28 janvier 2010, pages 24 à 28.

Meunier Fr., « Les délais de paiement », *Blog de la DFCG* juillet 2009.

Et enfin pour découvrir les travaux des chercheurs sur la gestion du BFR :

Barrot J.-N., « Financial strength and trade credit provision : evidence from trucking firms », *Working paper*, HEC Paris, 2013.

Enqvist J., Graham M., Nikkinen J., « The impact of working capital management on firm profitability, in different business cycles : Evidence from Finland », *Research in International Business and Finance* août 2014, vol. 32, pages 36 à 49.

Hill M., Kelly G., Highfield M., « Net operating working capital behavior : A first look », *Financial Management* été 2010, vol. 39, n° 2, pages 783 à 805.

Molina C., Preve L., « Trade receivables policy of distressed firms and its effect on the costs of financial distress », *Financial Management* automne 2009, vol. 68, n° 3, pages 663 à 686.

Chapitre 53

La gestion de trésorerie

Le financier artisan de la mécanique des fluides.

53.1 La gestion de la trésorerie s'attache au traitement des encaissements et décaissements de liquidités ainsi que des mouvements de fonds à l'intérieur de l'entreprise. Grâce au développement des systèmes d'information, elle est souvent automatisée. Dès lors, le trésorier se contente de concevoir ou de choisir une structure de gestion sans intervenir au jour le jour dans son fonctionnement. Néanmoins, il est nécessaire de se pencher sur la mécanique élémentaire de la trésorerie pour comprendre la pertinence et l'utilité de ses choix.

Les trois sections suivantes développent les concepts de base de la gestion des flux de trésorerie ainsi que les principaux outils utilisés. Ces éléments sont communs à la PME et à la multinationale. En revanche, les structures de gestion de trésorerie décrites dans la section 4 restent l'apanage des groupes.

Section 1 ▪ Les éléments de base

1 ▪ La gestion de trésorerie en valeur

53.2 Du point de vue du trésorier, le solde des flux est différent du solde tenu par la comptabilité et du solde des avoirs de l'entreprise auprès de sa banque. Un exemple nous permet d'illustrer cette double discordance.

L'entreprise OL dont le siège est à Lyon émet, le 19 janvier, un chèque de 1 000 € au profit d'un fournisseur OM situé à Marseille. Cet acte va être pris en compte pour le même montant, mais pas nécessairement à la même date, par trois personnes différentes :

- pour le comptable de OL, l'émission du chèque rend la somme de 1 000 € théoriquement indisponible pour l'entreprise dès la date d'émission ;

- pour le banquier de OL, l'enregistrement des 1 000 € est déterminé par la réception du chèque présenté à l'encaissement par la banque de OM. Il débitera le compte bancaire de l'entreprise en fonction de cette date ;

- pour le trésorier de OL, les 1 000 € demeurent disponibles tant que le chèque n'a pas été débité sur le compte bancaire concerné, la date de débit étant fonction de la remise du chèque à l'encaissement par son fournisseur, et du circuit de règlement du chèque.

Plusieurs jours peuvent séparer ces trois dates qui déterminent les mouvements de trois soldes distincts.

53.3 La **gestion de trésorerie en valeur** repose sur le point de vue du trésorier. Seuls les intervalles pendant lesquels l'argent est réellement disponible intéressent l'entreprise. Durant cette période, les flux positifs peuvent effectivement être placés ou consommés, les flux négatifs génèrent réellement des frais financiers.

La date à partir de laquelle une banque met l'argent qu'elle vient d'encaisser à la disposition de ses clients ne correspond pas exactement à la date d'encaissement. Ainsi, une **date de valeur** peut être définie de la manière suivante :

- **appliquée à un compte rémunéré**, c'est la date à partir de laquelle une somme créditée au compte porte intérêt lors d'un encaissement ; et la date à partir de laquelle une somme débitée du compte cesse de porter intérêt lors d'un décaissement ;

- **appliquée à un compte à vue**, c'est la date à partir de laquelle une somme créditée en compte peut être retirée sans que le titulaire ait à payer d'agios débiteurs (dans le cas où le retrait rendrait débiteur le solde du compte) lors d'un encaissement ; et la date à partir de laquelle une somme débitée en compte devient indisponible lors d'un décaissement.

53.4 On voit que, par ce système :

- une somme créditée en compte est affectée d'une date de valeur postérieure à la date comptable de crédit ;

- une somme débitée en compte est affectée d'une date de valeur antérieure à la date comptable de débit.

Considérons, par exemple, la remise du chèque de 1 000 € reçu par OM à l'encaissement. Supposons qu'il soit affecté d'une date de valeur d'un jour ouvré et que OM retire, le jour même de la remise, 300 € en espèces, affectés d'une date de valeur au débit correspondant à celle de l'opération.

Si le solde initial du compte est nul, le compte de OM est débiteur en valeur et créditeur comptablement.

Les dates de valeur

	Remise du chèque de 1 000 € — J	Retrait de 300 € en espèces — J	J + 1 (Date de valeur)
Solde comptable	1 000 €	700 €	
Solde en valeur	0 €	– 300 €	700 €

Si le solde en capitaux du compte bancaire est constamment créditeur, le solde en valeur du compte demeure débiteur de 300 € pendant un jour. L'entreprise paiera donc des frais financiers alors que son relevé de compte fait apparaître un solde créditeur.

Dans l'Espace économique européen[1], seuls les chèques sont encore affectés d'une date de valeur d'au maximum un jour ouvré (en raison des délais liés à leur manipulation matérielle), les autres opérations étant créditées ou débitées leur jour d'exécution.

2 ■ L'équilibrage des comptes

53.5 La vocation des comptes bancaires des entreprises est limitée à la gestion courante de la trésorerie. Ils offrent des conditions d'emprunt ou de placement qui sont loin d'être satisfaisantes :

- le coût d'un découvert est largement supérieur à celui de n'importe quelle autre catégorie d'emprunt ;
- la rémunération des soldes créditeurs est faible ou inexistante, souvent inférieure à ce qu'il est possible d'obtenir sur les marchés financiers.

Le lecteur comprendra donc aisément le peu d'intérêt qu'un débit ou un crédit permanent sur un compte bancaire peut avoir pour l'entreprise. Or, **une entreprise ouvre généralement plusieurs comptes auprès de différentes banques**. Dans certains cas, un groupe international peut gérer plusieurs centaines de comptes dans de nombreuses devises, même si la tendance actuelle pousse les entreprises à réduire ce nombre.

53.6 L'une des premières tâches du trésorier est d'éviter ce véritable gaspillage que représente l'existence simultanée de comptes débiteurs et créditeurs. La pratique de **l'équilibrage des comptes** s'appuie sur les deux principes suivants :

- éviter la présence simultanée de comptes débiteurs et de comptes créditeurs en transférant les fonds des comptes excédentaires vers les comptes déficitaires ;
- orienter les décaissements et les encaissements de manière à atteindre une position globale de trésorerie équilibrée.

1 Union européenne et Suisse, Norvège, Islande, Monaco, Liechtenstein inclus.

> Dans le processus d'équilibrage des comptes, les excédents de trésorerie sont centralisés au jour le jour sur un compte pivot grâce à des transferts interbancaires et sont utilisés pour financer les comptes débiteurs.

Les banques proposent des services d'équilibrage des comptes et effectuent automatiquement les virements interbancaires nécessaires pour optimiser les soldes des comptes des entreprises.

3 ■ La tarification bancaire

53.7 La rentabilité des capitaux propres engagée par une banque sur un client doit être analysée sur l'ensemble des services, crédits et produits proposés. Parmi ceux-ci :

- certains ne sont pas facturés et représentent donc pour la banque des activités non rentables (chèque) ;
- certains sont décomptés bien au-dessus de leur coût réel, notamment par le biais de systèmes de facturation ne correspondant pas à la nature de l'opération traitée.

Les banques ont dorénavant tendance à facturer aux entreprises le juste prix des services de gestion des flux proposés par le biais de commissions *ad hoc*. Cette activité n'est plus vue comme une des compensations à un prix du crédit sous-évalué dans le cadre d'une relation globale (le *side business* du paragraphe 43.20). En effet, les banques considèrent désormais la gestion des flux des entreprises comme une activité stratégique pour elles, leur permettant à la fois de mieux connaître le risque de leurs clients grâce aux flux qui transitent par elles et d'améliorer leur propre liquidité (ratios Bâle III).

Section 2 ■ La gestion de la trésorerie d'une entreprise

1 ■ Le budget de trésorerie

53.8 Le budget de trésorerie enregistre non seulement les flux de trésorerie existants, mais aussi toutes les recettes et toutes les dépenses dont l'entreprise prévoit la perception ou l'engagement. Il peut s'agir de dépenses et de recettes liées au processus d'investissement, au processus d'exploitation, ou à la politique de financement de l'entreprise.

Le budget de trésorerie donne une prévision des excédents et des déficits de trésorerie, en montant et en durée, dans une double perspective :

- vérifier que les lignes de crédit initialement négociées suffiront à combler les besoins éventuels ;
- définir les utilisations prévisibles de crédits « par grandes masses » (par exemple, nécessité de recourir à l'escompte compte tenu du portefeuille de traites, etc.).

La planification des besoins et des ressources de trésorerie permet d'adapter les outils d'emprunt ou de placement mais surtout de piloter les frais financiers d'une entreprise. Le lecteur comprendra aisément qu'un prêt sera obtenu dans de meilleures conditions s'il est prévu plusieurs mois à l'avance. De même, un placement de trésorerie sera plus rentable sur une période déterminée initialement durant laquelle l'entreprise s'engagera à ne pas utiliser les fonds.

Le budget de trésorerie est un **tableau de bord prévisionnel de l'offre et de la demande de liquidités de l'entreprise**. Il permet au trésorier d'optimiser le résultat financier de la société en mettant en concurrence les différentes banques ainsi que les marchés financiers.

2 ■ Les horizons de prévision

53.9 Différents budgets correspondent aux différents horizons prévisionnels de l'entreprise. Ils permettent de distinguer le niveau de précision que l'on est en droit d'attendre des anticipations du trésorier.

Les entreprises prévoient les flux en grandes masses pour des périodes lointaines et affinent leurs anticipations lorsque les échéances se rapprochent. Grâce aux nombreux services mis en place par les banques, les budgets ne doivent pas être contraints par une exactitude trop stricte mais peuvent se concentrer sur des ordres de grandeur pertinents en fonction de leurs échéances.

Un budget annuel de trésorerie est généralement réalisé en début d'année, à partir du compte de résultat prévisionnel retraité des éléments *non cash* (dotation aux amortissements) et de la variation du besoin en fonds de roulement afin d'obtenir des flux de trésorerie, sans oublier les investissements, les remboursements de dettes et le paiement éventuel de dividendes. Les agrégats de flux doivent avant tout être homogènes et significatifs au regard de l'activité de l'entreprise. À ce stade, les flux sont donc classés par nature et non par mode de règlement.

Ces prévisions sont ensuite affinées sur des périodes allant de 1 à 6 mois, donnant lieu à des budgets de trésorerie glissants, le plus souvent mensuels. Ces documents permettent d'actualiser les budgets annuels en s'appuyant sur les encaissements et les décaissements prévus, et non plus sur le compte de résultat prévisionnel.

La prévision au jour le jour constitue l'aboutissement de la procédure précédente. Elle représente le fondement de l'activité du trésorier ainsi que la base sur laquelle sera jugée l'efficacité de son action. Elle est vitale en période de crise de liquidités où on a vu même des très grands groupes racler les fonds de tiroirs et ne pas savoir comment ils allaient payer les échéances de la fin de la semaine. Elle pose, de par la précision qu'elle exige, des problèmes complexes :

- elle concerne tous les mouvements affectant la trésorerie de l'entreprise ;
- elle est élaborée pour chaque compte ;
- elle est réalisée en dates de valeur ;
- elle exploite les différences entre les moyens de règlement utilisés ;
- dans la mesure du possible, elle distingue les mouvements de trésorerie par nature.

Le tableau ci-après résume ces différents aspects.

Banque n° 1					
	Date de valeur de compte				
	Lundi	**Mardi**	**Mercredi**	**Jeudi**	**Vendredi**
Présentation d'effets échus					
Chèques émis					
Virements émis					
Prélèvements sur le compte					
Retraits d'espèces					
Agios bancaires versés					
Opérations diverses					
(1) Total dépenses					
Échéance des effets détenus sur les clients					
Chèques remis à l'encaissement					
Prélèvements effectués					
Virements reçus					
Intérêts perçus sur placements					
Opérations diverses					
(2) Total recettes					
(2) – (1)= Solde quotidien en valeur du compte					

53.10 Les prévisions au jour le jour ont été grandement facilitées par les techniques informatiques. Grâce aux progiciels de gestion et autres systèmes d'information employés dans la plupart des entreprises, les informations reçues dans les différentes unités de l'établissement sont traitées directement et permettent de prévoir instantanément les dépenses à engager. Dès lors, la problématique du budget de trésorerie est liée à la disponibilité des **informations** et donc aux caractéristiques des **moyens de règlement** utilisés.

3 ■ L'incidence des moyens de règlement

53.11 Les différents moyens de règlement disponibles posent des problèmes complexes et sont à l'origine des incertitudes qui caractérisent la prévision de trésorerie au jour le jour. Ces incertitudes se situent à deux niveaux :

- **les recettes sont-elles toujours prises en compte à temps ?** Un chèque peut avoir été reçu par un agent commercial et ne pas être remis immédiatement à l'encaissement. Un client peut régler une facture par virement à une date qu'il ne sera pas possible de prévoir exactement ;
- **quand les dépenses se traduiront-elles par des flux ?** On ne peut pas dire avec certitude à quel moment le créancier encaissera le support de règlement qui lui a été remis (chèque, lettre de change ou billet à ordre).

Il apparaît que les moyens de règlement présentent, en matière de prévision de trésorerie, un intérêt d'autant plus grand que l'une des deux parties cumule **l'initiative de la création du moyen et l'initiative du transfert des fonds**. Une entreprise a **d'autant plus de certitudes** sur les dates de transfert en valeur qu'elle possède cette initiative.

53.12 Le tableau suivant montre de quelle manière peuvent être analysés, de ce point de vue, les différents moyens de règlement utilisés par une entreprise. Il n'envisage pas le risque, évident et applicable à tous les moyens de règlement, du non-paiement d'un débiteur (insuffisance de la provision, absence d'avis de domiciliation, refus de paiement, etc.).

	Initiative de la création	**Initiative du transfert des fonds**	**Aide à la prévision de trésorerie**
Virement[1]	Débiteur	Débiteur	Débiteur
Prélèvement[2]	Créancier	Créancier	Créancier
Chèque	Débiteur	Créancier	Néant
Lettre de change papier[3]	Créancier	Créancier	Utile aux deux parties dans la mesure où les échéances sont respectées par les créanciers
Lettre de change relevé (LCR)[4]	Créancier	Créancier	
Billet à ordre papier[5]	Débiteur	Créancier	
Billet à ordre relevé (BOR)[6]	Débiteur	Créancier	
VCOM (virement commercial)[7]	Débiteur	Débiteur	Débiteur et créancier

1. *Ordre donné par le client à sa banque de débiter son compte d'une somme et d'en créditer un autre compte.*
2. *Moyen de paiement d'un débiteur qui demande à son créancier d'émettre des prélèvements et à sa banque de payer ces prélèvements.*
3. *Ou traite. C'est un écrit par lequel un fournisseur invite son client à payer le montant dû à la date d'échéance à un tiers ou à lui-même.*
4. *Lettre de change dématérialisée sur une bande magnétique.*
5. *Écrit par lequel un client reconnaît sa dette et s'engage à payer son fournisseur à la date d'échéance.*
6. *Billet à ordre dématérialisé sur une bande magnétique.*
7. *Virement automatisé à une date future. Lors de la réception de l'ordre, la banque informe le créancier qui peut ainsi mieux prévoir sa trésorerie.*

53.13 Dans cette perspective, la prévision de la date effective de débit des chèques constitue la difficulté majeure du trésorier. Le délai de courrier et le temps pris par le créancier pour traiter le chèque dans sa comptabilité, et le remettre à sa banque, conditionnent cette date de débit. Aussi le trésorier s'efforce-t-il :

- d'une part, de traiter globalement les petits chèques de manière à déterminer une « loi statistique d'encaissement », si possible par échéance (10, 20, fin de mois) ;
- d'autre part, d'assurer un suivi personnalisé des « gros chèques » afin de connaître les habitudes d'encaissement des principaux créanciers : administrations (Urssaf, Trésor public, Douanes…), gros fournisseurs ou sous-traitants.

Bien que leur échéance soit en général connue, les effets domiciliés peuvent eux aussi provoquer des difficultés si le créditeur tarde à les encaisser. En effet, le débiteur, qui avait constitué une provision à son compte pour l'échéance concernée, se voit contraint de conserver cette provision, c'est-à-dire de bloquer des fonds non rémunérés. Ici encore, le trésorier de l'entreprise débitrice a intérêt à élaborer une loi statistique sur l'encaissement des effets domiciliés, et à connaître les habitudes d'encaissement de ses principaux fournisseurs.

> L'expérience du trésorier jouera fortement en la matière, notamment au niveau de la prévision des comportements des clients (dates de paiement) et des créanciers (dates d'encaissement des moyens de règlement émis).

53.14 Outre les difficultés dues aux incertitudes prévisionnelles, les moyens de paiement ne présentent pas tous la même souplesse en matière de domiciliation, c'est-à-dire de choix du compte à faire mouvementer. Si, par exemple, les chèques de clients reçus par l'entreprise peuvent être remis à l'encaissement sur un compte librement choisi par le trésorier, il n'en va pas de même pour les prélèvements et pour les virements dont la domiciliation doit souvent être fixée à l'avance et pour une période plus ou moins longue. Cela rend l'équilibrage des comptes d'autant plus difficile. Enfin, les différents moyens de règlement sont affectés de dates de valeur différentes dont le trésorier doit tenir rigoureusement compte pour gérer ses soldes bancaires en valeur.

Le chèque, spécificité française, est en recul constant (environ 16 % en valeur en 2012 contre 45 % en 1998) et la plupart des entreprises cherchent à l'éliminer complètement.

Importance relative en 2012 des moyens de paiement en Europe (en volume, hors espèces et billets)

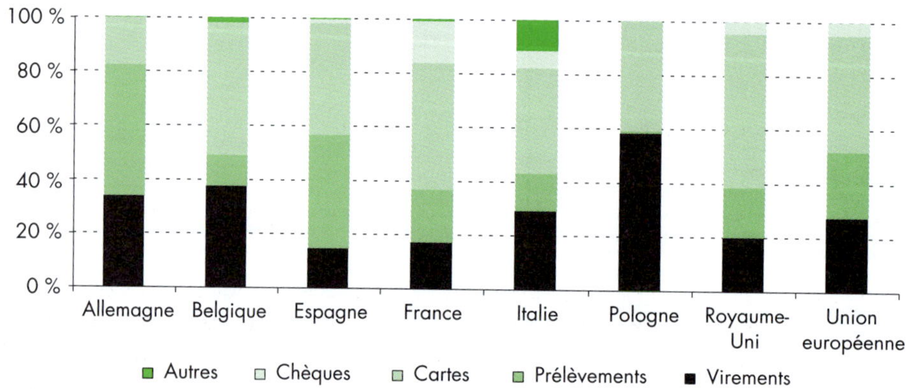

Source : Banque centrale européenne, 2013.

À l'instigation de l'Union européenne et de la BCE[1], l'harmonisation des moyens de paiement dans l'Espace économique européen est bien avancée (chantier SEPA[2]), permettant, en particulier, de procéder à des virements transfrontaliers en euros (depuis 2008) et à des prélèvements transfrontaliers en euros (2010) aussi facilement, aussi rapidement et au même coût que s'il s'agissait d'opérations au sein d'un même pays. Depuis le 1er août 2014, virements et prélèvements nationaux ont ainsi disparu dans la zone euro au profit des virements et prélèvements SEPA.

À l'horizon 2016, les moyens de paiement de niche (lettre de change, TIP de l'administration fiscale, télérèglement en France) auront aussi disparu.

4 ▪ L'optimisation de la gestion de trésorerie

53.15 Notre étude de l'équilibrage des comptes conduit tout naturellement au concept de **trésorerie zéro**, véritable rêve du trésorier, qui se traduit par une minimisation des frais financiers.

Cet objectif est néanmoins illusoire ! Un trésorier gère une certaine part de mouvements aléatoires, que ce soient des décaissements ou des encaissements. La prévision de trésorerie sera

1 Banque centrale européenne.

2 *Single Euro Payment Area*, voir *La Lettre Vermimmen.net* juillet 2007, n° 58.

d'autant plus imprécise et l'optimisation constituera un but d'autant plus difficile à atteindre que ces derniers seront nombreux et volumineux. Plusieurs techniques permettent néanmoins d'améliorer la gestion de manière significative.

a) Les études de comportements

53.16 L'analyse réalisée lors de l'étude des moyens de règlement s'applique directement à l'optimisation de la gestion. L'entreprise détermine les délais de présentation en fonction des habitudes de ses fournisseurs. Une moyenne statistique des délais de présentation est alors établie. Sur un compte dont le mouvement est important, les écarts à la moyenne doivent se compenser. **Ceci permet à la société de « couvrir » en valeur les règlements prévus avec un certain décalage** qui peut atteindre 4 à 5 jours.

> L'optimisation des prévisions au moyen d'études de comportements conduit directement à l'optimisation de la gestion des flux de trésorerie.

En tout état de cause, les règlements seront toujours provisionnés par les accords de découvert passés avec les banques, le seul risque pour la société étant de se trouver à découvert pendant une période limitée et de payer ainsi des intérêts plus élevés.

b) Les accords entre entreprises

53.17 Une bonne gestion de trésorerie permet de réaliser des profits mesurables, il est donc naturel que les entreprises en relations commerciales s'entendent pour bénéficier de ces gains. De nombreux types de contrats ont été mis au point pour faciliter et fiabiliser les règlements entre sociétés. Certaines entreprises se sont efforcées de montrer à leurs clients les avantages communs de leurs procédures de gestion de trésorerie et ont parfois négocié avec eux des arrangements dans des cas précis. D'autres, soucieuses de minimiser les frais financiers dus aux concours extérieurs à court terme, ont offert des ristournes à leurs clients en fonction de la rapidité des règlements effectués. Néanmoins, cette approche présente une limite car, pour des raisons commerciales évidentes, il est difficile de faire jouer les pénalités prévues lorsque les contrats ne sont pas respectés (voir paragraphe 52.12).

c) Les systèmes de boîte aux lettres

53.18 Dans les systèmes de la boîte aux lettres (*lock box system* en anglais), le créancier demande à ses débiteurs d'adresser les règlements dans une boîte postale qu'un employé de la banque contrôle régulièrement. Les fonds sont alors immédiatement introduits dans le circuit bancaire, sans transiter par les services comptables de l'entreprise créancière. Des « lieux de mobilisation » sont mis en place par les différentes banques en fonction de critères géographiques et nationaux. Elles offrent ainsi un service intégré de gestion de liquidités.

Lorsque les banques du créancier et du débiteur sont situées en un même lieu, les chèques peuvent être compensés sur place. Cela représente un autre gain de temps substantiel.

d) Le contrôle des conditions bancaires

53.19 La complexité de la tarification bancaire et les nombreux supports sur lesquels elle s'appuie rendent le contrôle difficile. Cette tache s'intègre donc pleinement aux activités du trésorier.

Des procédures systématiques portant sur tous les éléments de tarification sont mises en place par les entreprises. Les conditions de calcul des intérêts et les commissions liées aux opérations peuvent être vérifiées grâce au rapprochement des documents bancaires (en particulier les échelles d'intérêt et les tickets d'agios) et du suivi de trésorerie. Les commissions forfaitaires peuvent être contrôlées par sondage. Les erreurs bancaires les plus fréquentes sont liées aux applications de conditions standards en lieu et place des conditions négociées. Par ailleurs, le non-respect de l'heure de caisse ou *cut-off* (qui détermine le jour où une transaction est réputée être exécutée) et le décompte erroné des intérêts de placement ou de financement font partie des éventualités.

Section 3 ■ La gestion de trésorerie au sein d'un groupe

La gestion de trésorerie d'un groupe apporte un niveau supplémentaire de traitement de l'information et de prise de décision sans faire appel à des principes différents de ceux développés dans les sections 1 et 2 pour les sociétés (filiales de groupes ou PME).

1 ■ La gestion de trésorerie centralisée

53.20 Les méthodes développées dans les précédentes sections montrent l'ampleur de la tâche du service de trésorerie. Il paraît donc naturel de mettre en place une gestion unique pour l'ensemble des sociétés d'un groupe : c'est le principe de gestion centralisée de la trésorerie, ou *cash pooling* en anglais, par laquelle un groupe décide d'assumer les besoins de liquidités de ses filiales.

Les positions de trésorerie des filiales (prêteuses ou emprunteuses) pourront ainsi être soldées au même titre que les différents comptes d'une même société, composant ainsi un véritable marché interne des flux de trésorerie. Le groupe économisera donc des commissions bancaires et les frais d'intermédiaires, mais surtout l'écart entre les taux de placement et les taux d'emprunts… La centralisation de la trésorerie permet à un groupe de garder pour lui la marge prêteur/emprunteur qui est normalement perçue par les banques. Ainsi, si une filiale emprunte 50 M€ à Euribor + 40 points de base et une autre place le même montant à Euribor – 20 points de base, la centralisation permettra d'économiser 60 points de base soit 300 000 € par an (si la situation de trésorerie des deux filiales demeure identique) !

> La gestion de trésorerie centralisée permet d'équilibrer les comptes des filiales du groupe, économisant ainsi des frais financiers.

53.21 Ce n'est pas son seul intérêt. Elle réduit le risque de liquidité et accroît la force de frappe financière du groupe en favorisant la remontée des liquidités vers la maison mère ou des sociétés pivots. C'est un travail permanent des groupes présents à l'international que d'élargir le périmètre des pays dont la trésorerie est centralisée pour ne pas laisser, ici et là, des poches de liquidités. La Chine, la Russie, le Moyen-Orient, le Brésil sont ainsi de nouveaux terrains de jeu du trésorier d'entreprise.

La gestion de trésorerie centralisée donne à un groupe relativement important, mais constitué de sociétés de faible taille, la possibilité d'accéder aux marchés financiers. Les coûts d'information ou de rémunération des intermédiaires d'un marché organisé pourraient en effet empêcher un grand nombre de filiales de bénéficier des mêmes conditions de financement ou de placement que l'ensemble du groupe. Lorsque la centralisation est mise en place, le trésorier pourvoit au financement de chaque filiale aux conditions du groupe par l'intermédiaire du refinancement interne.

Les gains de la gestion de trésorerie centralisée sont nombreux. La charge de travail du gestionnaire n'est pas proportionnelle au nombre de transactions et à l'importance des fonds gérés : il ne sera donc pas nécessaire de doubler la taille d'un service traitant la trésorerie de deux fois plus de sociétés. Au contraire, l'expertise des équipes existantes sera renforcée. De même, les investissements matériels (ordinateurs, logiciels, systèmes de communication…) peuvent être réduits lorsqu'ils sont concentrés sur un service central unique. Les coûts de collecte d'information bénéficient enfin des mêmes types d'économies. La gestion de trésorerie centralisée offre ainsi de véritables économies d'échelles industrielles.

Si de très bons arguments justifient la création d'une trésorerie centralisée, elle peut aussi aboutir à une conception financière erronée et éventuellement entraîner de véritables erreurs de gestion, notamment en créant un marché interne de la dette sans rapport avec le risque des actifs financés. Des financiers d'entreprise ont pu prétendre obtenir de meilleures conditions de financement ou de placement grâce à la « taille » du groupe ou à l'importance des fonds gérés. Répétons qu'il n'en est rien : dans une économie de marché, seul le niveau de risque des investissements détermine leur coût de financement. Si l'intégration d'une société au sein d'un groupe plus large lui permet d'obtenir de meilleures conditions de financement, c'est parfois au détriment du coût de financement de l'ensemble.

> En théorie, une fois atteinte la taille critique permettant l'accès aux marchés financiers, les économies d'échelles générées par une gestion de trésorerie centralisée ne sont pas de nature financière, mais industrielle.

53.22 Reconnaissons néanmoins que les agences de notation soulignent la pertinence de l'effet de diversification pour les créanciers. Ainsi en ajoutant dans le groupe de financements centralisés une société avec un métier différent, le risque baissera. Notre lecteur criera peut-être à l'hérésie financière en voyant ici la rémunération d'un risque diversifiable. Certes, mais la pratique est ainsi… et la centralisation de trésorerie fait parfois jouer un effet de masse qui conduit certains établissements financiers préoccupés par leur seule part de marché à oublier le lien entre risque et rentabilité !

La gestion de trésorerie centralisée requiert l'existence d'un système efficace de transmission de l'information entre la société mère et les filiales (ou entre le siège social et les unités décentralisées). L'accélération des flux de trésorerie oblige les filiales à transmettre au siège des prévisions en temps réel. La rapidité des mouvements de fonds, c'est-à-dire l'efficacité de la structure, dépend de la qualité des prévisions autant que de celle du système d'information de l'entreprise.

Enfin, une centralisation poussée et systématique qui diminue les risques de fraude peut aussi réduire les capacités d'initiative des filiales. Le manque de responsabilité des trésoriers locaux peut les pousser à ne pas optimiser leur propre gestion. D'où la nécessité d'incitations appropriées (prime fondée sur la génération de liquidités…). Les opportunités locales de financement à des coûts compétitifs risquent de ne pas être utilisées si l'information ne remonte pas au niveau central. Pour éviter une certaine démotivation des trésoriers des filiales, ces derniers se voient confier des responsabilités accrues dans le *cash management* local.

2 ■ Les différentes formes et les différents degrés de centralisation

53.23 Au-delà de son unité de principe, la centralisation de la trésorerie d'un groupe offre de nombreuses variantes pratiques. Elle va de la suppression pure et simple des trésoreries de filiales à une gestion fortement décentralisée. On distingue deux grandes catégories d'organisations liées à deux choix fondamentaux :

- la centralisation des soldes et de la liquidité : elle correspond, au niveau du groupe, à la centralisation des soldes de trésorerie des comptes bancaires des filiales. Le groupe équilibre le compte des filiales comme les filiales équilibrent leurs comptes bancaires. Organisation la plus fréquemment rencontrée, elle offre de nombreuses variantes : remontée directe en central (Total, Danone), *cash pooling* par pays dont le solde remonte par région puis en central (Saint-Gobain, Lafarge) ;

- la centralisation des flux : dans ce type d'organisation, la trésorerie du groupe reçoit tous les fonds et peut aller jusqu'à réaliser toutes les dépenses elle-même. Elle traite les questions de délais d'encaissement et de risque clients, ne laissant aux éventuelles trésoreries des filiales qu'un rôle d'information et de prévision. Cette organisation peut être qualifiée d'hyper-centralisée.

La centralisation des soldes de trésorerie peut être imposée ou réalisée à la demande. Dans ce dernier cas, chaque filiale décide de recourir à la trésorerie du groupe ou à des ressources externes selon les tarifs pratiqués, mettant ainsi en concurrence les banques, le marché et l'offre interne. Cela réduit la démotivation éventuelle liée à la centralisation de la trésorerie.

53.24 Par ailleurs, une gestion cohérente de la trésorerie passe par la définition de conditions bancaires homogènes à l'intérieur du groupe.

La **fusion des échelles d'intérêt** (ou *pooling* notionnel) offre un moyen relativement souple d'exploiter les avantages de la centralisation des soldes. Dans cette structure, le solde des comptes des filiales n'est jamais équilibré, mais la banque du groupe recalcule les intérêts, positifs ou négatifs, sur le solde fictif de l'ensemble des sociétés du groupe. Le résultat est identique à celui d'une trésorerie parfaitement équilibrée **mais les transferts de fonds ne sont jamais réellement réalisés**. Cette méthode protège donc intégralement la marge de manœuvre et l'indépendance des filiales.

Le financement de la filiale à risque est assuré aux mêmes conditions que l'ensemble du groupe alors que celui-ci est juridiquement en mesure de faire jouer sa responsabilité limitée en déclarant la faillite de sa filiale.

La fusion des échelles d'intérêt devient dangereuse pour les banques lorsqu'une filiale d'un groupe globalement sain est menacée de faillite.

Fusion des échelles d'intérêt et risque de faillite

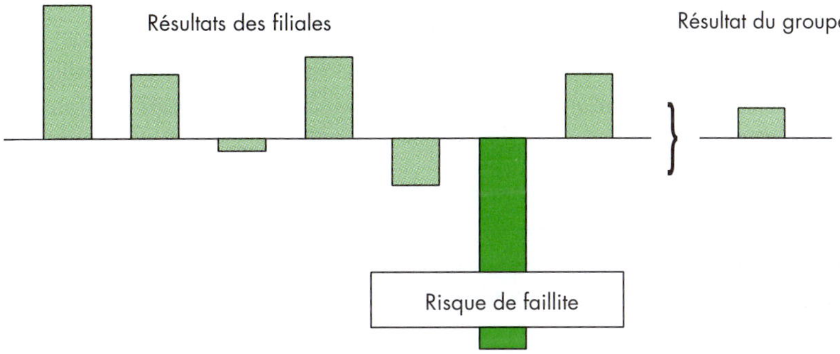

La banque impose donc des contraintes et des garanties croisées entre chacune des sociétés participant au *pooling*. La gestion de ce réseau de contrats peut se révéler extrêmement lourde et onéreuse.

53.25 Ainsi, **la centralisation des soldes de trésorerie est plus souvent obtenue par l'équilibrage quotidien des positions des filiales**. Le *Zero Balance Account* (ZBA) en anglais impose aux filiales d'équilibrer leur position (c'est-à-dire le solde de leurs comptes bancaires) chaque jour, par l'intermédiaire de comptes pivots gérés au niveau du groupe ou de sous-entités. Les banques proposent des systèmes d'équilibrage automatisés et peuvent sous-traiter intégralement ces tâches pour le compte des entreprises. Cependant, l'application de cette technique nécessite l'établissement d'une documentation juridique rigoureuse : des conventions de trésorerie doivent être signées entre la société pivot (généralement la société mère) et chaque filiale. Les conventions de trésorerie doivent être conclues à des conditions de marché afin de ne pas soulever de questions fiscales ou de validité juridique. Les fonds transférés par les filiales restent leur propriété, même si elles n'en assurent plus la gestion.

En définitive, le niveau de centralisation de la trésorerie et la méthode employée ne dépendent pas exclusivement de critères financiers. On peut citer les trois principaux paramètres :

- la culture managériale du groupe. La fusion des échelles d'intérêt s'accorde plus aux organisations très décentralisées que l'équilibrage quotidien des positions ;
- la réglementation et la fiscalité des pays concernés ;
- le coût des services bancaires. Alors que l'équilibrage des positions est réalisé par le groupe, la fusion des échelles d'intérêt est exclusivement du ressort de la banque. Au global, les coûts de la centralisation (commissions pour virement, commissions de gestion…) doivent être mis en regard des bénéfices indéniables que nous avons mis en avant.

Il convient de souligner que la première étape, certainement la plus importante (et la moins coûteuse) de la centralisation de trésorerie, consiste en la centralisation de l'information sur la position de trésorerie au sein du groupe. Parfois, la centralisation pourra s'arrêter là !

3 ■ La gestion de trésorerie internationale

53.26 Les questions liées à la centralisation de trésorerie deviennent particulièrement aiguës dans un contexte international. Cependant, les méthodes de gestion internationale demeurent identiques à celles utilisées au niveau national (centralisation à la demande, fusion des échelles d'intérêt, équilibrage des comptes).

Les différences entre réglementations rendent délicate la centralisation directe des comptes des filiales étrangères. De nombreux groupes ne peuvent d'ailleurs pas se passer de banques locales, capables de collecter des flux sur l'ensemble d'un territoire. Les groupes multinationaux pratiquent donc une centralisation à deux niveaux. Une banque pivot locale réalise une première centralisation au sein de chaque pays, et un groupe bancaire international, nommé banque transfrontière (*overlay* en anglais), réalise la centralisation internationale pour les devises qui sont transférables.

Le passage de la frontière, pour les devises qui sont localement transférables, est assuré au sein de la banque transfrontière. Un grand nombre de difficultés d'ordre réglementaire sont ainsi évitées.

***Pooling* international de trésorerie**

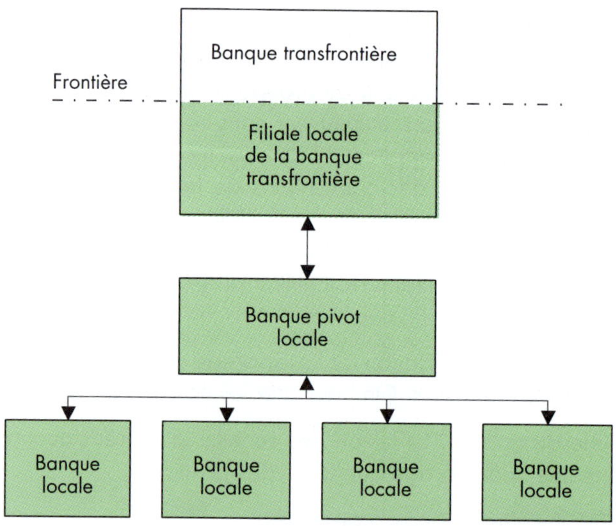

Au niveau local, la centralisation peut s'adapter aux particularités des réglementations financières de chaque pays. Au niveau supérieur, la banque transfrontière peut réaliser aussi bien une fusion des échelles d'intérêt qu'un équilibrage quotidien des comptes. Elle peut enfin gérer les risques de change et les risques de taux des filiales (voir chapitre 54) en leur offrant des garanties de cours et des garanties de taux, utilisant la structure mise en place pour l'ensemble des questions financières et non plus pour la seule gestion des flux.

Au sein de la zone euro, l'interconnexion des systèmes de règlement et le développement de SEPA (voir paragraphe 53.14) permettent de réaliser des mouvements de fonds en temps réel, au moindre coût et sans jour de valeur. La centralisation de la trésorerie peut donc être réalisée à l'aide d'une seule banque pivot par pays à l'aide de comptes en euros, le passage de frontières ne présentant aucune difficulté.

53.27 De plus en plus de groupes ont mis en place une centralisation des paiements. À ne pas confondre avec une centralisation de la trésorerie, la centralisation des paiements peut être mise en place lorsque plusieurs filiales ont les mêmes fournisseurs. Une société (*payment factory* ou centrale de paiement) réalise alors régulièrement les paiements pour le compte de l'ensemble des filiales, limitant ainsi le nombre de virements nécessaires et augmentant le contrôle et la sécurité des processus. Danone, EDF, Schneider ont par exemple adopté cette solution.

4 ■ La gestion de trésorerie d'un groupe en difficultés financières

53.28 Il convient de préciser que l'ensemble des techniques et produits que nous avons présentés dans ce chapitre s'applique plus volontiers à un groupe en bonne santé financière et qui peut donc avoir accès sans difficulté au marché de la dette.

Le trésorier d'un groupe dont la situation financière est tendue devra également gérer sa trésorerie, certainement avec plus d'attention, mais les objectifs qu'il poursuivra seront très différents. Plutôt que d'optimiser le niveau des frais financiers, il visera à sécuriser ses financements.

Ainsi, il cherchera à maximiser le montant des crédits accordés, quitte à surdimensionner à court terme le montant de dette par rapport aux besoins à court terme.

Dans des situations tendues, le groupe en difficulté tirera sur l'ensemble de ses lignes lorsqu'il respecte encore les *covenants* financiers (voir paragraphe 43.10) et placera les fonds à court terme. Ainsi, si la situation se dégrade, le groupe ne sera pas exposé à une résiliation des lignes confirmées par les banques. Les banques seront contraintes de travailler avec la société pour son redressement financier.

Le suivi de la trésorerie revêt alors plus une fonction de suivi opérationnel que d'optimisation. En effet, de façon assez paradoxale, le trésorier gère sa trésorerie uniquement grâce à ses placements à court terme. Cette situation peut renchérir très sensiblement le coût de l'endettement de l'entreprise mais ce surcoût n'est autre qu'une assurance contre le risque de liquidité !

Bien évidemment, le trésorier travaillera activement en parallèle la gestion de son besoin en fonds de roulement comme nous l'avons vu au chapitre 52.

Section 4 ■ Les produits de placement

53.29 Notre lecteur aura compris que même les sociétés endettées doivent se soucier du placement des liquidités, en effet :

- rembourser une dette avant son échéance est parfois coûteux (pénalités de remboursement anticipé) ou peu judicieux (si la dette a été contractée à un taux d'intérêt maintenant bas) ;

- garder des disponibilités permet de faire face rapidement et sans contrainte à des opportunités d'investissement ou à des à-coups de conjoncture (voir paragraphe 43.17). T. Opler, L. Pinkowitz, R. Stulz et R. Williamson ont ainsi montré qu'une entreprise en forte croissance ou à flux de trésorerie volatils a tendance à avoir plus de disponibilités que la moyenne. À l'inverse les entreprises qui ont accès aux marchés financiers, ou qui ont une excellente notation financière, ont moins de disponibilités que la moyenne.

Le rôle du trésorier dans le placement des liquidités doit tenir compte du fait que le métier de l'entreprise n'est pas de réaliser des placements financiers ; ce n'en est que l'accessoire et la conséquence éventuelle de son activité. L'entreprise n'a donc pas vocation à recourir à des placements risqués ni à réaliser, sauf exception, des produits financiers significatifs et récurrents.

53.30 Dans la mesure où le trésorier d'une entreprise est rarement certain du montant et de la durée de ses actifs de trésorerie, sa préoccupation principale en choisissant ses placements sera celle de la liquidité : peut-il sortir du placement instantanément ou quasiment instantanément ? **La sortie immédiate suppose l'existence d'un marché secondaire actif ou d'une clause de rachat à tout moment.**

> La première préoccupation du trésorier est la liquidité.

Bien sûr, lorsque la sortie est possible à tout moment, le taux de rentabilité alors obtenu est incertain puisque le prix de sortie l'est aussi. Un bon du Trésor à 91 jours, au taux nominal de 0,2 %, pourra être vendu à tout moment mais le taux de rentabilité effectivement obtenu sera supérieur ou inférieur à 0,2 % selon que le bon pourra être vendu en dessous ou au-dessus de son nominal. En revanche, un taux de rentabilité connu par avance est synonyme d'une sortie quasiment impossible avant la fin du placement, faute d'un marché secondaire ou d'une clause de rachat, ou alors à des conditions de rémunération très défavorables.

> La seconde préoccupation du trésorier est donc étroitement liée à la première : c'est la sécurité, qui s'analyse en termes de risque de taux et de risque en capital.

Dans ce cadre liquidité-sécurité, le trésorier n'oubliera pas :

- que les normes comptables définissent strictement les produits de placement qui peuvent être classés en équivalent de trésorerie : à court terme, très liquides, facilement convertibles en un montant connu de trésorerie et soumis à un risque négligeable de changement de valeur. Or cette classification a des conséquences pour la définition de l'endettement net en matière de *covenants* bancaires ;
- que le risque d'une faillite bancaire n'est pas théorique. Ainsi une banque qui propose de significativement mieux rémunérer que ses consœurs des dépôts le fait peut être parce qu'elle a du mal à trouver des liquidités, ce qui n'est pas bon signe ;
- que les produits disponibles peuvent avoir un régime d'imposition différent.

1 ■ Les produits de placement sans marché secondaire

53.31 Le **dépôt à terme** est une somme bloquée sur un compte bancaire, productive d'intérêts, régie par une lettre approuvée par le titulaire du compte. La rémunération des dépôts à terme est librement fixée entre la banque et son client dès lors que leur échéance effective est au moins égale à un mois. Elle peut être fixe ou indexée sur le marché monétaire.

53.32 Le **bon de caisse** relève de la même logique que le dépôt à terme, mais la créance de l'emprunteur est matérialisée physiquement par un bon nominatif ou au porteur.

53.33 Le **réméré sur obligation** ou **pension livrée** est un contrat par lequel un investisseur institutionnel ou une entreprise peut échanger, pour une durée déterminée, ses liquidités contre des titres financiers (réméré acheteur). Au terme de cet échange, qui peut prendre plusieurs formes juridiques, le propriétaire initial retrouve ses titres. Durant la période contractuelle, le dépositaire des titres acquiert les droits et les devoirs attachés à leur pleine propriété.

La rémunération de l'acheteur du réméré peut être déterminée initialement, en fonction des conditions de dénouement du contrat, et se plier à de nombreux types de besoins. Les risques sont liés à la défaillance de l'emprunteur de liquidité (vendeur de réméré).

Les vendeurs de réméré sont des détenteurs de portefeuilles d'actions ou d'obligations, les acheteurs cherchant une rémunération monétaire pour leurs liquidités. Le réméré est essentiellement, du point de vue de l'acheteur, un substitut aux dépôts à terme lorsque ceux-ci ne sont pas réalisables (durée inférieure à un mois). Il autorise le vendeur à bénéficier de liquidités immédiates, garanties par des titres dont il ne souhaite pas se séparer.

Compte tenu de la relative lourdeur de mise en œuvre, il n'est accessible que pour des placements de gros montants (largement supérieurs à 2 M€). Il se trouve ainsi en compétition avec les titres de créances négociables, notamment les billets de trésorerie. Les SICAV dites « de réméré » abaissent ce seuil, et ouvrent ce marché à un plus grand nombre d'entreprises.

53.34 Le principe du **prêt de titre** s'apparente au réméré. Le prêt de titre (contrairement à ce que la terminologie peut laisser penser) implique un transfert de propriété. Il permet à une entreprise disposant de participations cotées d'améliorer la rentabilité de ces titres financiers en les confiant à des investisseurs institutionnels. Ils les utilisent pour réaliser des opérations à terme, en reversant la rémunération des titres et une prime d'emprunt au propriétaire d'origine (l'entreprise). Aucun échange de liquidité n'est réalisé pendant l'opération. Le surcroît de rentabilité provient donc de la rémunération du risque de défaillance des investisseurs institutionnels qui empruntent les titres.

2 ■ Les produits de placement avec marché secondaire

53.35 Le **bon du Trésor négociable** (BTN) est émis par l'État sous forme d'adjudications hebdomadaires ou mensuelles. Les durées habituelles des bons du Trésor sont 13, 26, 52 semaines, 2 ans et 5 ans[1]. L'intérêt du produit réside avant tout dans la qualité de la signature de l'émetteur car ses autres caractéristiques en font un instrument peu adapté ou médiocrement compétitif. Cependant, l'important encours des bons du Trésor négociables garantit une liquidité satisfaisante, même pour les gros volumes.

53.36 Le **certificat de dépôt** n'est autre qu'un dépôt à terme représenté par un titre de créance négociable dématérialisé, sous la forme d'un billet au porteur ou à ordre émis par un établissement financier autorisé. Le montant minimal d'un certificat de dépôt est de 0,150 M€. Sa durée doit être comprise entre 1 jour et 1 an à échéance fixe. En pratique, il s'agit là d'un instrument à court terme. Les certificats sont émis par les banques en continu en fonction de la demande et constituent un moyen privilégié de leur refinancement. Leur rendement est proche du marché monétaire et dépend de la qualité de la signature de la banque qui l'émet. L'avantage substantiel est la négociabilité du titre sur un marché secondaire qui permet d'éviter les lourdes pénalités liées aux dénouements anticipés des dépôts à terme. En contrepartie, le certificat de dépôt comporte un risque de taux.

1 Pour des échéances supérieures à un an, on parle de BTAN, bon du Trésor à taux annuel normalisé.

L'existence d'un marché secondaire liquide est essentielle pour le trésorier.

Encours des principaux produits de placement avec marché secondaire utilisés par les trésoriers d'entreprises (en Md€)

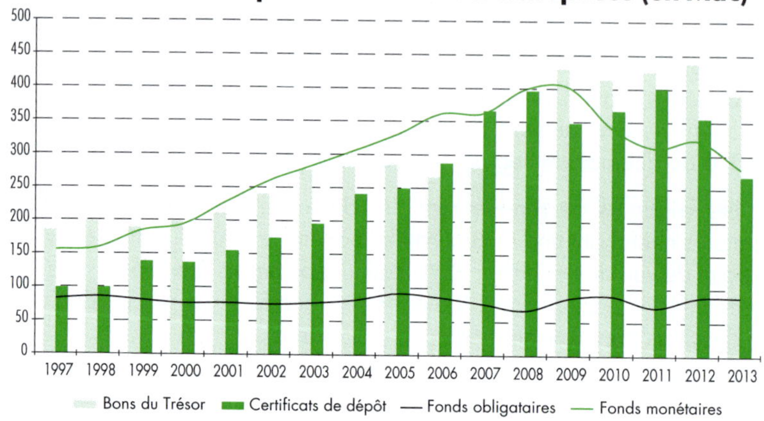

Source : Banque de France, AFT et Europerformance.

53.37 Les principales caractéristiques des **billets de trésorerie** sont exposées au paragraphe 25.1. La réapparition depuis 2008 d'un risque de défaillance réel sur certains émetteurs traditionnels (General Motors) a fait chuter la popularité de ce placement pour bon nombre de trésoriers.

53.38 Les **SICAV monétaires ou de trésorerie** sont des sociétés anonymes dont le capital est variable. Elles émettent ou rachètent leurs actions à la demande des investisseurs à la valeur liquidative qu'elles sont tenues de publier quotidiennement. Les SICAV monétaires de capitalisation offrent aux investisseurs une rentabilité par appréciation quotidienne de la valeur liquidative proche de celle du marché monétaire. Selon l'objectif affiché par la SICAV, la progression de cette valeur est plus ou moins régulière, une progression très régulière ne pouvant être obtenue qu'au détriment de la rentabilité.

Pour remplir ses objectifs, chaque SICAV « de trésorerie » investit ses actifs selon une répartition variable entre bons du Trésor, certificats de dépôts, billets de trésorerie, opérations de réméré, obligations à taux variable ou à taux fixe ayant une faible durée de vie résiduelle. La politique d'investissement s'accompagne d'une gestion du risque de taux assez sophistiquée. À ceux qui avaient oublié qu'un supplément de rentabilité ne pouvait pas s'obtenir sans prendre un supplément de risque, la crise des *subprimes* de l'été 2007 a été un utile mais douloureux rappel. Les SICAV de trésorerie dites « dynamiques » ou « turbo » qui avaient investi dans des titres risqués comme des *subprimes* en complément de leurs placements monétaires pour doper la rentabilité, ont été fortement affectées et ont perdu beaucoup de leurs clients.

53.39 Les **fonds communs de placement** (FCP) sont des copropriétés de valeurs mobilières. Le nombre de parts s'accroît par souscription de nouvelles parts et diminue par les rachats effectués par le FCP à la demande des porteurs de parts. Ces opérations s'effectuent à la valeur liquidative calculée au moins deux fois par mois, et hebdomadairement le plus souvent. La gestion du FCP est similaire à celle des SICAV : la valeur liquidative de la part est en général plus élevée que pour une SICAV, et le nombre d'investisseurs plus réduit[1]. La politique de gestion suivie peut donc mieux correspondre aux souhaits des porteurs de parts[2].

53.40 Le **fonds commun de titrisation** est le réceptacle des créances cédées par un établissement de crédit ou une entreprise qui procède à une opération de titrisation (voir paragraphe 25.23). En contrepartie, sont émises des parts que cet établissement placera auprès d'investisseurs.

53.41 En théorie, le placement en **obligations** doit normalement permettre à l'entreprise d'obtenir une rentabilité supérieure à celle d'un placement sur le marché monétaire, ou indicé sur le marché monétaire. Cependant, les fluctuations de taux d'intérêt sur un portefeuille obligataire engendrent un risque en capital qu'il est nécessaire de suivre, voire de couvrir, sauf si notre trésorier privilégie les obligations à taux variable. Les placements obligataires nécessitent donc une certaine technicité et un suivi permanent du marché. Le placement direct en obligations, notamment en obligations du Trésor, ne peut donc concerner qu'un nombre restreint de trésoriers, pour la fraction la plus longue de leurs disponibilités.

53.42 La plus forte rentabilité qui caractérise théoriquement le placement en **actions** peut devenir beaucoup plus incertaine sur des périodes plus courtes pour lesquelles le risque en capital est particulièrement élevé, et largement supérieur à celui d'un placement obligataire. Le placement en actions nécessite un suivi permanent du marché secondaire et les fortes variations du marché ont convaincu les quelques trésoriers audacieux qui restaient de n'y recourir que très marginalement et seulement pour une partie de leurs excédents de trésorerie à long terme. En revanche, il peut entrer dans la responsabilité du trésorier de suivre un portefeuille de titres de participations.

Section 5 ■ Les évolutions du métier de trésorier

53.43 Le développement des moyens techniques permet à la fois une intégration et une automatisation plus importantes et facilite la centralisation de la trésorerie.

L'adhésion directe ou indirecte d'un nombre croissant d'entreprises au système d'informations et de transactions sécurisé du monde bancaire, SWIFT, en est le révélateur. D'une centralisation de la trésorerie (qui n'interférait pas avec les tiers), les groupes sont maintenant passés à une centralisation des paiements vers les fournisseurs. Grâce à SEPA en Europe, la centralisation des paiements puis des encaissements va se généraliser. Cependant, cette dernière technique est plus délicate à mettre en place car elle nécessite l'accord des clients qui doivent diriger leurs paiements, non pas vers la société qui a fourni le bien ou le service, mais vers une autre.

La gestion de la trésorerie est considérée comme stratégique pour la plupart des groupes. Pour d'autres il s'agit d'une fonction administrative complexe génératrice de risques additionnels. Ainsi, quelques groupes ont tout bonnement externalisé la fonction trésorerie à des banques ou cabinets de conseil qui présentent une offre clé en main pour une gestion externalisée de la trésorerie.

Mais on a pu également observer, depuis le début des années 2000, une démocratisation de la centralisation de trésorerie. Avec le développement et la sécurisation d'Internet, les PME ayant une activité importante à l'international ont pu mettre en place des outils efficaces pour un coût réduit.

1 SICAV et FCP sont des OPCVM (organismes de placement collectifs en valeurs mobilières).

2 Surtout s'il s'agit de FCP dédiés créés spécialement pour un groupe.

RÉSUMÉ

Le résumé de ce chapitre est disponible sur le site www.vernimmen.net.

Les objectifs du trésorier sont les suivants :

- prévoir l'évolution des soldes débiteurs ou créditeurs des comptes de l'entreprise ;
- réduire au minimum les fonds « dormants » ;
- assurer le meilleur placement des liquidités ;
- financer les besoins au moindre coût.

Le solde de trésorerie est différent du solde tenu par la comptabilité de l'entreprise et du solde des avoirs de l'entreprise auprès de sa banque en raison des dates de valeur. Ce sont des dates à partir desquelles une somme créditée porte intérêt lorsqu'elle est placée sur un compte rémunéré ou devient disponible lorsqu'elle est placée sur un compte à vue.

Le budget de trésorerie a pour but de déterminer les besoins et excédents de trésorerie en montant et en durée. Il enregistre toutes les recettes et toutes les dépenses dont l'entreprise prévoit la perception ou l'engagement. La prévision au jour le jour, effectuée en dates de valeur, est étroitement liée aux moyens de règlement utilisés. Les prévisions sont d'autant plus fiables que le trésorier cumule l'initiative du paiement et l'initiative du transfert des fonds.

L'équilibrage des comptes est l'aboutissement des travaux de gestion de la liquidité. Il élimine les surcoûts dus aux différences de taux d'emprunt et de placement. L'optimisation de la trésorerie passe enfin par une accélération des recouvrements, un allongement des délais de règlement dans les limites légales ou contractuelles et la réduction des fonds flottants à l'intérieur de l'entreprise.

La centralisation des comptes des filiales au sein d'un groupe, ou *cash pooling*, est comparable à l'équilibrage des comptes bancaires au sein d'une filiale. Elle s'appuie généralement sur un système d'information intégré et sur un protocole d'harmonisation des conditions bancaires. À l'échelon international, les difficultés réglementaires de franchissement des frontières empêchent l'équilibrage direct des comptes des filiales. Une première centralisation est réalisée pour chaque pays, puis, dans un second temps, les soldes obtenus sont équilibrés par un groupe bancaire international.

Pour le placement des excédents de trésorerie de l'entreprise, la principale préoccupation du trésorier est la liquidité. Celle-ci suppose l'existence d'un marché secondaire actif ou d'une clause de rachat à tout moment. Il évalue aussi la sécurité, comprise en termes de risque de taux et de risque en capital pour choisir parmi les différents produits de placement : dépôts à terme, BTN, certificats de dépôt, SICAV et FCP de trésorerie, FCC et obligations.

QUESTIONS

1/ Quels sont les trois objectifs principaux d'un trésorier ?

2/ Quelles sont les trois situations de la trésorerie de l'entreprise ?

3/ Qu'est-ce qu'une date de valeur ?

4/ Qu'est-ce qu'un compte pivot ?

5/ Quelle est la différence essentielle entre une centralisation groupe nationale et internationale ?

6/ Un équilibrage quotidien des comptes parfaitement réalisé occasionne-t-il plus ou moins de frais financiers qu'une fusion des échelles d'intérêt parfaitement réalisée ?

7/ Le risque de faillite d'une filiale est-il un obstacle à la centralisation de la trésorerie d'un groupe par équilibrage quotidien des comptes ?

8/ Quel argument majeur peut être opposé à la centralisation intégrale de la trésorerie d'un groupe ?

9/ Quelle forme d'organisation de la trésorerie correspond à un groupe très décentralisé ?

10/ Sur quelle démarche pratique le principe des dates de valeur s'appuie-t-il ?

11/ Un produit de placement qui peut être immédiatement cédé sur un vaste marché secondaire est-il sans risque ?

12/ Un placement peut-il être plus rentable qu'un emprunt ? Quelle est la contrepartie ?

13/ Pourquoi les trésoriers évitent-ils de placer leurs liquidités en actions ?

14/ En 2006, ABN Amro avait inventé un produit financier, le CPDO (*Constant Proportion Debt Obligation*), noté AAA par Standard & Poor's, et qui rapportait entre 1,5 % et 2 % de plus par an qu'une obligation classique notée AAA. Qu'en pensez-vous ?

15/ En mai 2014, BNP Paribas rémunérait ses dépôts à terme à 3 mois à 0,55 % et la filiale française de la banque russe VTB à 1,73 %. Qu'auriez-vous fait en tant que trésorier ayant des liquidités à placer ?

16/ Avec des taux d'intérêt à très court terme après impôt très bas, quelle peut être la tentation du trésorier ? Qu'en pensez-vous ?

D'autres questions vous attendent sur le site www.vernimmen.net.

ÉLÉMENTS DE RÉPONSE

1. Réduire au minimum les fonds dormants, optimiser le coût du financement et du placement, optimiser le coût de la gestion du risque.

2. Comptes en dates de valeur ; états comptables ; comptes bancaires de l'entreprise.

3. C'est la date à partir de laquelle une somme créditée porte intérêts et une somme débitée cesse de porter intérêts.

4. C'est un compte qui sert à équilibrer les positions de trésorerie.

5. Un niveau de centralisation.

6. Dans les deux cas : aucun frais financier puisque les comptes sont équilibrés.

7. Non car des garanties croisées peuvent être mises en place entre filiales.

8. Déresponsabilisation des filiales dans la gestion de leurs liquidités conduisant à moindre efficacité locale pour générer du cash.

9. Utilisation du pool de trésorerie à la demande.

10. La compensation des chèques.

11. Non, la liquidité ne fait pas disparaître le risque de fluctuation de la valeur ni celui de crédit (solvabilité de l'émetteur).

12. Oui si le risque du placement est plus élevé que celui de l'emprunteur.

13. Risque très important à court terme remettant en cause la valeur des fonds (risque de moins-value).

14. C'était soit une fabuleuse opportunité d'arbitrage, soit un produit au risque beaucoup plus élevé

qu'en apparence. Début 2009, il ne valait plus que 30 % du nominal, donc le risque, contrepartie d'une rentabilité plus élevée, avait été totalement sous-estimé.

15. Un tel écart est suspect et est peut-être dû aux besoins en euros de VTB, voire à des difficultés de financement de cette dernière. Comme un trésorier a du mal à faire l'analyse financière d'une banque, mieux vaut être prudent !

16. De prendre plus de risque en plaçant dans des produits à maturité plus longue et avec l'inconvénient de ne plus pouvoir les comptabiliser en instruments de trésorerie mais en immobilisations financières ou en plaçant auprès de contreparties de moindre qualité. À éviter dans les deux cas.

BIBLIOGRAPHIE

Pour approfondir la gestion de trésorerie en France :

Bonhomme R., *Instruments de paiement et de crédit*, 10e édition, LGDJ, 2013.

Bouyala R., *Les paiements à l'heure de l'Europe et de l'E/M-paiement*, 2e édition, Revue Banque Édition, 2013.

Bragg S., *Treasury management : The Practitioner's Guide*, Wiley, 2010.

Camou C., « Cash management : les entreprises passent à l'après-Etebac », *Option finance* 21 novembre 2011, n° 1149, pages 20 à 51.

Jansen J., *International cash pooling : cross-border cash management systems and intra-group financing*, Sellier European Law Publishers, 2011.

La Bruslerie (de) H., Eliez C., *Trésorerie d'entreprise : gestion des liquidités et des risques*, 3e édition, Dunod, 2012.

Paper X., « Equivalents de trésorerie », *La Lettre de Xavier Paper* septembre 2011, n° 44, pages 1 à 2.

Rousselot Ph., Verdié J.-F., *Gestion de trésorerie*, Dunod, 2011.

Sion M., *Gérer la trésorerie et la relation bancaire*, 5e édition, Dunod, 2011.

www.afte.com (site de l'Association française des trésoriers d'entreprise).

Pour une vue européenne des moyens de paiement :

Banque centrale européenne, *Payment and Securities settlement systems in Europe*, 4e édition, Blue Book, 2007.

Bouyala R., *Les paiements à l'heure de l'Europe et de l'E/M-paiement*, 2e édition, Revue Banque Édition, 2013.

http://sdw.ecb.europa.eu.

Pour être incollable sur le SEPA :

Hallepée D., *Sepa – L'espace des paiements en euro*, Carrefour du Net, 2010.

Migeot L., « Tu sais ou tu SEPA ? », *La Lettre Vernimmen.net* juillet 2007, n° 58, pages 1 à 8.

www.sepafrance.fr.

Chapitre 54

La gestion des risques dans l'entreprise

Le pire n'est jamais certain...

54.1 Ce graphique illustre la volatilité très forte de quelques paramètres cruciaux du compte de résultat des entreprises : les taux de charge (dollar) et d'intérêt (eonia), les matières premières (cuivre) et les services (taux de fret) :

Un exemple de volatilité : l'évolution du prix du cuivre, du fret, du taux euro-dollar et de l'eonia (moyenne mobile sur un mois - base 100 au 1er février 1994)

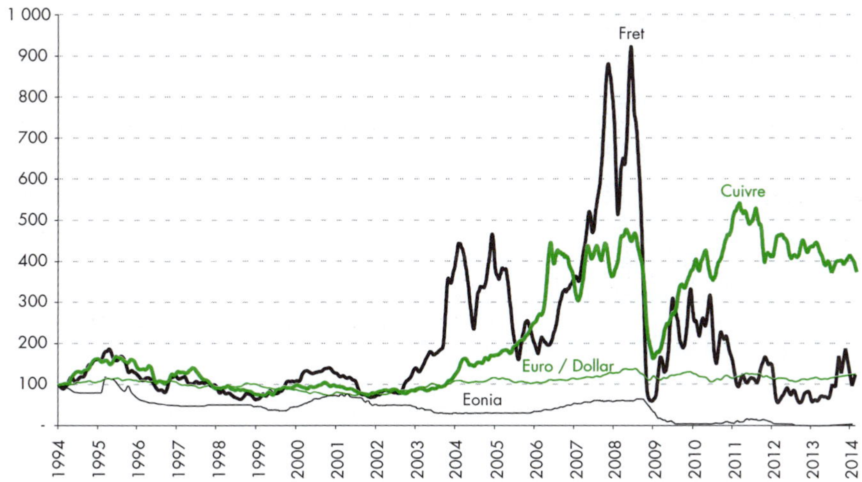

Source : Datastream – Cours du cuivre spot en $/MT : London Metal Exchange – Prix du fret : Baltic Dry Index.

Dès lors, les investisseurs, les autorités de contrôle et les dirigeants portent une attention forte à la gestion des risques dans l'entreprise. D'où :

- une prise de conscience des équipes dirigeantes de l'importance des enjeux qui se traduit par la mise en place ou le renforcement du rôle des départements internes dédiés à la gestion du risque (audit interne, *risk managers*...) ;

- une pression grandissante des marchés pour une plus grande transparence. Les recommandations pour une bonne gouvernance d'entreprise suggèrent le renforcement du rôle des administrateurs dans la gestion du risque par le biais de comités des risques ou d'audit ;

- un cadre réglementaire prévoyant des obligations de communication sur les procédures d'identification et d'évaluation des risques auxquels est soumise l'entreprise, sur la stratégie de gestion des risques mise en œuvre et sur son efficacité.

L'évolution de la gestion des risques ces dernières années a consisté à décomposer de plus en plus les risques et à développer des produits offrant des couvertures plus fines, plus souples, et couvrant des risques jusque-là non ou mal explorés.

Section 1 ■ Introduction à la gestion des risques

1 ■ Définition du risque

54.2 Un risque se caractérise par :

- une intensité qui rapporte la perte possible au montant de l'exposition ;

- une fréquence qui correspond à la probabilité d'occurrence de cette perte (les assureurs parleront de probabilité d'occurrence du sinistre).

On peut donc classifier les risques en quatre grandes catégories :

- le risque fondamentalement lié à l'évolution d'un marché (taux, changes, matières premières principalement). Sa probabilité d'occurrence, c'est-à-dire la probabilité que le marché évolue dans un sens contraire aux intérêts de la société, est mécaniquement proche de 50 %. L'intensité de la perte dépendra de la volatilité du marché en question ;

- le risque de fréquence désigne un risque qui a de bonnes chances de se produire chaque année (comme la perte sur créances irrécouvrables, le vol dans la grande distribution, la tôle froissée chez le loueur de véhicules...). C'est alors plus un coût statistique qu'un risque. En fait, le vrai risque est qu'un risque de fréquence se produise brutalement plus souvent que d'habitude. D'où son nom ;

- le risque de volatilité désigne un risque qui se produit une année exceptionnelle (sécheresse inhabituelle). Il est difficile de justifier de ne pas le couvrir ;

- le risque de catastrophe se produit tous les 100 ans (tsunami qui détruit une usine) mais son intensité peut être très forte. Il est difficile à couvrir[1] et sa non-couverture ou sa couverture partielle n'est pas aberrante compte tenu de son infime probabilité d'occurrence.

2 ■ Les étapes de la gestion du risque

54.3 Les différentes étapes de la gestion du risque sont :

- **L'identification :** c'est la cartographie des risques. L'identification et la détermination de l'intensité et de la fréquence permettent de classer les risques.

- **La détermination des contrôles internes existants** permettant de mitiger le risque. Cette étape consiste à évaluer et tester le contrôle interne existant (adéquation et efficience). En effet, le contrôle permet de réduire significativement (et généralement à faible coût) la plupart des risques, à l'image d'un filtre. Ainsi, il serait contre-productif pour une entreprise d'assurer ses pertes sur créances clients sans avoir mis en place des contrôles de base permettant d'assurer le recouvrement de celles-ci (voir paragraphe 52.13).

La prévention est bien souvent le premier niveau de contrôle interne : ainsi ce chef d'entreprise qui fait prendre des cours de conduite à ses caristes pour réduire les accidents, ou cet autre qui met sa femme à la caisse pour éviter à ses employés de mauvaises tentations !

- **La détermination d'un risque résiduel et l'évaluation :** Le contrôle interne gère et élimine *a priori* une grande part du risque facilement maîtrisable. La société est alors en mesure de déterminer le risque résiduel. Reste à en évaluer l'impact potentiel qui sera déterminant pour la phase ultime.

- **La définition d'une stratégie de gestion :** elle passe par la réponse à deux grands types de questions :
  - Suis-je en mesure de gérer ce risque en interne ? Quel en est le coût ?
  - Existe-t-il des outils de couverture de ce risque ? Quel en est le coût ?

L'évaluation du rapport entre le niveau de couverture et le coût de chaque stratégie possible guidera le choix du manager. Mais le choix de couvrir ou non un risque n'est pas aussi binaire qu'il y paraît au premier abord : bien souvent la meilleure solution est un panachage.

Certaines considérations de communication et d'image peuvent venir perturber ce raisonnement purement économique. On peut penser à ces directeurs financiers qui s'interrogent sur l'opportunité d'effectuer des opérations de couverture dont la comptabilisation en juste valeur imposée par l'IAS 39 est susceptible d'introduire une grande volatilité dans le compte de résultat indépendamment de la réalité économique !

La couverture des risques permet de limiter la volatilité des résultats et des flux de trésorerie. Cependant notre lecteur, maintenant fin théoricien, pourrait nous rétorquer que les risques couverts étant par nature des risques diversifiables, leur élimination par la couverture n'est pas rémunérée par l'investisseur sous forme d'un taux de rentabilité exigé plus faible (voir paragraphe 30.11). Autrement dit, la couverture ne crée pas de valeur. Ceci est vrai dans une pure logique de marchés efficients.

---

1 Sauf par des produits de marché comme les *cat bonds* qui prévoient que le coupon ou le prix de remboursement de ce type d'obligations sont fortement réduits en cas de catastrophe supportée par l'émetteur.

Néanmoins, si l'on tient compte des coûts potentiels de la faillite, la réduction du risque devient potentiellement créatrice de valeur.

Au regard de la théorie de l'agence, l'intérêt des dirigeants à réduire la volatilité des flux de trésorerie est clair. Même si la décision de couverture n'était pas créatrice de valeur, une société moins exposée aux aléas de marché est pour un dirigeant plus « confortable ». Elle lui permet de mener une stratégie de long terme et, en réduisant la probabilité de faillite, de diminuer son risque personnel.

M. Campello, Ch. Lui, Y. Ma et H. Zou ont montré qu'une entreprise qui couvrait ses risques financiers bénficiait d'un moindre coût d'endettement et de *covenants* moins contraignants en matière d'investissement. Les prêteurs aussi n'aiment pas le risque spécifique.

Enfin, B. Rountree, J. Weston, G. Allayannis ont démontré qu'une augmentation de 1 % de la volatilité des flux de trésorerie se traduisait par une baisse de la valeur de l'actif économique de 0,15 %. Les actionnaires non plus n'aiment pas l'absence de couverture et il est rare qu'une entreprise ne couvre pas, au moins partiellement, les risques financiers qu'elle peut couvrir.

3 ■ Les différentes natures de risque

54.4 Les risques de l'entreprise peuvent se répartir en cinq catégories :

- **le risque de marché :** il se définit comme l'exposition de l'entreprise à une évolution défavorable des taux ou des prix. Il concerne les taux d'intérêt, les taux de change, les cours des matières premières ou des actions. Le risque de marché est présent à différents niveaux : une position (un endettement, la perception dans le futur d'un flux de devises), une activité (achats facturés dans une devise autre que celle de la facturation des ventes…), un portefeuille (de titres de placement ou de participations…) ;
- **le risque de crédit (ou de contrepartie) :** c'est le risque de perte sur une créance ou plus généralement celui d'un tiers qui ne paie pas sa dette à temps. Il est naturellement fonction de trois paramètres : le montant de la créance, la probabilité de défaut et la proportion de la créance qui sera recouvrée en cas de défaut ;
- **le risque de liquidité :** il se définit comme l'impossibilité à un moment donné de faire face à des échéances de trésorerie :
  - soit parce que l'entreprise n'a plus d'actifs pouvant être transformés immédiatement en trésorerie mobilisable ;
  - soit parce que, du fait d'une crise financière, il est très difficile de liquider des actifs sauf au prix de très importantes pertes de valeur (cas du krach) ;
  - soit enfin parce qu'il est impossible de trouver des prêteurs, des banquiers ou des investisseurs qui acceptent de confier des nouveaux fonds à l'entreprise, eux-mêmes en manquant ou ayant peur. Les marchés sont alors fermés comme à l'automne 2008 ;
- **le risque opérationnel :** c'est le risque de pertes qui provient des erreurs du personnel au sens large, des systèmes ou processus, ou des événements externes :
  - les risques de détérioration de l'outil industriel (accident, incendie, explosion…) qui peuvent aller jusqu'au risque d'arrêt temporaire de l'activité ;

- les risques technologiques : suis-je en mesure d'identifier/d'anticiper l'arrivée d'une technologie nouvelle rendant obsolète ma propre technologie ?
- les risques climatiques qui peuvent prendre une importance cruciale dans certains secteurs comme l'agriculture (producteur de céréales) ou les loisirs (producteur de concerts en plein air) ;
- les risques environnementaux : comment m'assurer que je suis en mesure de préserver l'environnement de l'effet potentiellement néfaste de mon activité ? Suis-je en mesure de certifier que je réponds aux contraintes réglementaires en vigueur ?
- etc. ;

• **le risque politique, réglementaire et légal :** c'est le risque qui impacte l'environnement immédiat de l'entreprise et qui peut modifier substantiellement sa situation concurrentielle et le modèle économique lui-même.

Section 2 ■ La mesure des risques financiers

54.5 Nous sortons ici du cadre général du risque pour nous concentrer sur les risques financiers.

La mesure des risques financiers est très variable selon la nature des risques. Très fortement développée pour les risques de marché avec la notion de position et de *Value at Risk* (VaR) et pour les risques de liquidité, elle l'est moins pour le risque de contrepartie et paraît encore très lacunaire pour les autres risques.

Initialement, la plupart de ces outils de mesure ont été développés par les banques qui, du fait de leurs activités propres, sont plus fortement exposées aux risques financiers, avant d'être utilisés progressivement par les entreprises exposées au risque de marché.

1 ■ La notion de position, mesure des risques de marché

54.6 Le **risque de marché** est l'exposition d'une entité (holding, filiales, salle de marché…) aux fluctuations de valeur d'un actif appelé actif sous-jacent. La **position** d'un opérateur est l'exposition résiduelle que présente son bilan au risque de marché sur l'ensemble des sous-jacents en portefeuille à un instant donné.

Lorsqu'un opérateur a plus acheté de sous-jacents qu'il n'en a vendus, il est « **long** », c'est-à-dire que l'actif qu'il détient dans le sous-jacent est supérieur au passif correspondant. On peut être long en euros, long en produits pétroliers, en cuivre, long en obligations 3 mois (c'est-à-dire avoir prêté plus qu'emprunté à 3 mois). Le risque de marché qui correspond à une position longue d'un opérateur est celui de la baisse du prix du sous-jacent.

Inversement, lorsqu'un opérateur a plus vendu de sous-jacents qu'il n'en a achetés, il est « **court** ». Le risque de marché correspondant à une position courte est la hausse du prix du sous-jacent.

La notion de position est très importante pour les entreprises intervenant sur le marché des taux, des changes et des matières premières.

2 ▪ Les positions de marché de l'entreprise

54.7 Une entreprise est dotée, à chaque instant, d'une position au regard des différentes catégories de risque de marché existant (taux de change, taux d'intérêt...). *A priori*, cette position ne provient ni d'un choix de l'entreprise, ni d'achats de produits dérivés : elle est une conséquence naturelle de son activité commerciale, de son financement et de la situation géographique de ses filiales. La position totale de l'entreprise résulte donc des trois éléments suivants :

- position commerciale (ponctuelle ou structurelle) ;
- position financière ;
- position patrimoniale.

Considérons tout d'abord le risque de change. Une première source d'exposition de l'entreprise au risque de change sont les achats et les ventes en devises effectués dans le cadre de son activité. Ainsi, on dira qu'un groupe de la zone euro qui doit recevoir 10 M$ dans 6 mois alors qu'il n'a rien à payer dans cette devise à la même échéance est long en dollars à 6 mois. En fonction du cycle de l'entreprise, cet horizon peut aller de quelques jours à plusieurs années (construction navale, aéronautique...). L'entreprise doit donc quantifier son exposition totale au risque de change en établissant ses recettes et dépenses devise par devise, ceci au niveau de la facturation existante et des flux prévisionnels. C'est ainsi qu'on obtient une **position de change commerciale de l'entreprise**.

Mais la position de change commerciale de l'entreprise va au-delà de l'opération ponctuelle décrite plus haut. À titre d'exemple, une société avec des revenus en dollars et des coûts en euros comme Airbus, aura beau couvrir ses commandes, elle sera exposée sur le long terme à l'évolution des cours de change. Le groupe ne pourra pas couvrir plusieurs années à l'avance des ventes qu'elle n'a pas encore faites ! Sa position commerciale est donc structurelle et notre lecteur comprendra aisément que cette position est d'autant plus risquée que les concurrents n'ont pas la même exposition. Boeing, à titre d'exemple, a tous ses coûts et tous ses revenus en dollars.

> La couverture des flux commerciaux non contractuels va rarement au-delà de quelques trimestres car ce serait prendre un risque trop fort si les mouvements de change s'inversaient. Elle permet de donner du temps à l'entreprise pour prendre des mesures correctives : augmenter les prix de vente, délocaliser la production, réduire les coûts, facturer les clients en euros, etc.

Le risque lié à la détention d'actifs et de passifs financiers libellés en devises étrangères s'ajoute à ces éléments. Si notre groupe situé dans la zone euro a levé des fonds en dollars, il est « court » en dollars puisque son passif comporte une quote-part libellée en dollars sans contrepartie en dollars à l'actif. Les principales sources de ce risque sont les suivantes : le risque de change sur les prêts, emprunts et comptes courants en devises, les flux d'intérêts y afférant, et le risque sur les placements en devises étrangères. La prise en compte de l'ensemble de ces risques aboutit à la **position de change financière de l'entreprise**.

Un dernier élément, propre au risque de change, doit également être pris en compte : **le risque de change patrimonial**. Il provient de la consolidation des comptes de filiales étrangères dans le groupe. Les capitaux propres des filiales consolidées libellés en devises, les flux de dividendes émanant de ces filiales, les participations financières achetées en devises, l'écart de conversion[1]

[1] Issu de l'utilisation du cours moyen pour convertir le résultat et du cours de clôture pour convertir le bilan. Voir chapitre 7.

constituent autant de sources d'exposition au risque de change patrimonial. Notons cependant qu'il vient affecter directement le poste écart de conversion[1] dans les comptes consolidés et n'a directement pas d'effet sur le résultat consolidé, ce qui ne veut pas dire qu'il n'a pas d'effet sur la valeur de l'entreprise dont certains actifs seront ainsi dépréciés.

54.8 Le lecteur pourra conduire un raisonnement analogue sur le risque de taux d'intérêt. **Le risque commercial de taux d'intérêt** est lié au niveau d'inflation des devises dans lesquelles les marchandises sont achetées et vendues. Le **risque financier de taux d'intérêt** provient directement des conditions de ses emprunts et de ses placements. On distingue généralement les emprunts à taux variable, qui exposent l'entreprise à la hausse des taux de référence, et les emprunts à taux fixe, qui font craindre une perte d'opportunité liée à une éventuelle baisse des taux.

Outre les risques de change et de taux d'intérêt, de nombreux risques liés aux marchés de matières premières induisent des prises de position par les entreprises. Ainsi, une entreprise peut-elle avoir une position structurelle d'importance sur les marchés du pétrole, du gaz, du café, des semi-conducteurs, de l'électricité…

3 ■ La *Value at Risk* (VaR) et l'*expected shortfall*

54.9 La VaR (*Value at Risk* en anglais) est une mesure plus fine du risque de marché. Elle représente la perte potentielle maximale d'un investisseur sur la valeur d'un actif ou d'un portefeuille d'actifs et de passifs financiers compte tenu d'un horizon de détention et d'un intervalle de confiance. Elle se calcule à partir d'un échantillon de données historiques ou se déduit de lois statistiques.

Ainsi, un portefeuille d'une valeur de 100 M€ qui présente une VaR de 2 M€ à 95 % (calculée sur une base mensuelle) a seulement 5 % de chances de se déprécier de plus de 2 M€ en un mois. Autrement dit, la perte maximum que ce portefeuille peut enregistrer sur 1 mois dans 95 % des cas est de 2 M€.

La VaR est utilisée par les établissements financiers et les régulateurs bancaires comme un outil de contrôle du risque. La VaR est aussi utilisée par les grands groupes industriels qui, à l'instar de GDF Suez et d'autres énergéticiens, la publient dans leurs rapports annuels. Elle présente néanmoins certains défauts qui font d'elle un pis-aller :

- elle repose sur l'hypothèse que les marchés suivent des lois de distribution normales, une approximation qui sous-évalue la fréquence des valeurs extrêmes comme l'actualité le rappelle souvent (voir paragraphe 27.30) ;
- elle ne renseigne pas sur la perte potentielle qui intervient au-delà de l'intervalle de confiance.

En reprenant l'exemple précédent, combien peut-on perdre dans les 5 % des cas les moins favorables : 3 M€, 10 M€, 100 M€ ? Ce n'est pas la même chose et la VaR ne nous renseigne pas sur ce point. Des exercices de « *stress test* » (sensibilités et simulations de scénarios extrêmes…) peuvent donc compléter de manière utile l'information fournie par la VaR. On peut aussi calculer la moyenne des pertes au-delà du seuil de confiance, ou *expected shortfall* en anglais, qui mesure la perte moyenne sur un horizon donné dans x % des moins bons cas. Une *expected shortfall* de

1 Qui fait partie des capitaux propres.

10 M€ à 1 mois et 5 % signifie que sur 1 mois un portefeuille a une probabilité de 5 % de supporter une perte moyenne 10 M€.

De la même façon, les entreprises peuvent calculer des *Earnings at Risk*, des *Cash flows at Risk*, et des *Corporate Values at Risk*, pour mesurer l'impact d'éléments adverses sur les résultats, sur les *cash flows*, sur la valeur de l'entreprise. Simplement, l'horizon sera plus long que pour les banques : de quelques trimestres à l'année.

4 ■ Les mesures des autres risques financiers de l'entreprise

54.10 Le risque de liquidité se mesure soit à partir de la comparaison des échéances contractuelles des dettes et des estimations des recettes de trésorerie, soit à travers un budget de trésorerie, soit à partir de courbes comme celles du paragraphe 13.15. L'entreprise prendra soin de ne pas classer dans la rubrique dettes à plus d'un an les emprunts assortis de clauses de ratios sur sa situation financière ou sur son *rating*. En effet, en cas de dégradation de ses ratios ou de baisse de son *rating*, ces emprunts peuvent devenir immédiatement exigibles ou non mobilisables. Les sociétés avancées dans ce domaine et qui font face à des volatilités extrêmes de leur position de trésorerie développent le *Cash at Risk*. Cet indicateur reprend globalement les modélisations issues des calculs de VaR.

Le risque de crédit se mesure essentiellement, au-delà des techniques classiques d'analyse financière ou de *credit scoring* (voir paragraphes 9.24 et 9.31), au moyen de règles de ventilation des risques : part de l'encours des dix premiers clients dans le total des créances, nombre de clients ayant des crédits supérieurs à tel montant…

La mesure des risques politiques, réglementaires et légaux reste embryonnaire.

Section 3 ■ Les principes de gestion des risques

54.11 La gestion des risques repose sur quatre approches possibles :

- l'évitement : ne pas s'exposer (quand c'est possible !) au risque concerné. Cette stratégie consiste généralement à s'interdire de développer une activité dans certains pays ou avec certains clients, ou à céder l'actif ou le passif porteur de risque. Ainsi certaines banques ont pu céder des portefeuilles entiers pour « sortir » de leur bilan des risques de contrepartie ;
- l'autocouverture qui consiste (en apparence !) à ne rien faire ;
- la fixation dès aujourd'hui du prix ou des taux d'une opération qui se déroulera dans le futur. L'entreprise ne peut alors plus bénéficier d'une évolution favorable à ses intérêts du prix ou du taux dans le futur ;
- l'assurance : externaliser le risque en payant d'une façon ou d'une autre une prime à un tiers qui prendra alors à sa charge le risque s'il se matérialise.

1 ■ L'évitement

54.12 Solution expéditive s'il en est, la cession ne permet pas de déconnecter la détention de l'actif (ou du passif) de la gestion de son risque. Elle recoupe les opérations sans recours de titrisation (paragraphe 25.23), d'escompte (paragraphe 25.12) et d'affacturage sans recours (paragraphe 25.14).

L'évitement consiste également à fixer un *rating* minimum pour accorder un crédit client ou déposer des fonds auprès d'une banque, ou à imposer sa devise de règlement pour ne pas prendre de risques de change.

2 ■ L'autocouverture

54.13 L'autocouverture pure et simple consiste, face à un risque, à ne pas se couvrir. La plupart des entreprises y recourent quand le risque résiduel a été ramené à un niveau acceptable, ou quand elles considèrent être en mesure de mettre en place des procédures permettant de réduire la fréquence ou le coût d'occurrence du risque à un niveau inférieur au coût de sa police d'assurance. La franchise imposée sur les contrats d'assurance est la première forme d'autoassurance (généralement subie...) : l'assureur impose à son client de conserver une partie du risque (le bruit de fond...) dont le coût de couverture deviendrait exorbitant.

Pour les grands risques, cette position n'est sensée que pour les groupes importants qui peuvent considérer que la loi des grands nombres joue à leur niveau et qu'ils sont de ce fait certains d'enregistrer régulièrement des événements négatifs (dévaluations, faillite d'un client...). Le risque devient alors une certitude et donc un coût. Pourquoi alors entrer dans des schémas de couverture et payer la marge bénéficiaire du tiers qui la propose ? Plutôt que de payer des primes d'assurance, tel groupe provisionnera chaque année une somme estimée pour faire face aux inévitables sinistres. Il devient alors son propre assureur.

L'autocouverture recouvre aussi deux techniques plus dynamiques : la couverture naturelle et la mise en place d'une captive d'assurance.

L'assurance naturelle consiste à modifier son activité opérationnelle pour réduire le risque. Ainsi une entreprise exportant et ayant des recettes en dollars mais produisant dans la zone euro localisera de nouvelles usines ou des achats supplémentaires dans la zone dollar.

La mise en place d'une **captive d'assurance** est une opération complexe, qui fait entrer l'entreprise dans le monde de l'assurance. Une captive est une compagnie d'assurance ou de réassurance appartenant à une société industrielle ou commerciale dont l'activité principale n'est pas l'assurance. Son objet est de couvrir les risques du groupe auquel elle appartient.

Schématiquement, la captive facture des primes à la société industrielle ou commerciale et à ses filiales, et couvre en contrepartie leurs sinistres. Par ailleurs, comme toute société d'assurance, elle se réassure auprès de réassureurs. La captive d'assurance présente les avantages suivants :

- une efficacité accrue (participation à sa propre sinistralité, exclusion du risque de crédit, réduction de la surassurance, des polices sur mesure) ;

- une couverture de certains risques qui ne sont plus assurables aujourd'hui : par exemple la pollution graduelle ou les conséquences liées à l'amiante ;
- un accès au marché de la réassurance ;
- une indépendance accrue à l'égard des assureurs (permettant de les mettre en concurrence) ;
- une diminution de la vulnérabilité aux cycles du marché de l'assurance ;
- une possibilité d'optimisation fiscale ;
- un lissage de l'effet des sinistres sur plusieurs exercices.

Ainsi, Lafarge, LVMH ou Pernod Ricard par exemple disposent de ce type de véhicule pour gérer des risques limités à quelques millions d'euros.

3 ■ La fixation immédiate du prix ou du taux futur : le terme

54.14 Elle permet d'éliminer totalement le risque puisque le prix ou le taux futur auquel la transaction s'effectuera est immédiatement fixé. L'opération apparaît sans coût pour celui qui l'initie ; mais l'entreprise, en contrepartie, ne peut plus bénéficier d'une évolution du paramètre favorable à ses intérêts. La technique utilisée est celle du **terme**.

Les transactions à terme défient parfois la logique conventionnelle car elles permettent de « vendre » ce que l'on ne possède pas encore ou « d'acheter » un produit avant qu'il ne soit disponible. Que notre lecteur ne les considère cependant pas comme des abstractions dégagées de toute réalité économique. Comme nous le montrerons, ces transactions peuvent se décomposer en opérations simples : l'achat ou la vente comptant, l'emprunt et le prêt. Les exemples suivants sont empruntés aux marchés des changes et des taux. Sur d'autres marchés du type des matières premières, d'autres facteurs compliquent parfois les relations entre les cours *spot* (au comptant) et *forward* (à terme).

a) Le change à terme

54.15 Prenons l'exemple d'une entreprise belge qui doit recevoir 10 M$ dans 3 mois. Le dollar vaut aujourd'hui 0,7846 euro[1]. À moins de vouloir spéculer sur la hausse du dollar, le trésorier de cette entreprise est désireux de fixer dès aujourd'hui le cours auquel il pourra céder ces dollars. Dès lors, il se propose de vendre maintenant les dollars qu'il ne recevra que dans 3 mois. C'est l'objet du change à terme, pratique courante mais dont il faut bien comprendre le mode de calcul.

> Tout se passe comme si notre trésorier allait emprunter aujourd'hui la valeur actuelle du montant en dollars qu'il recevra dans 3 mois, la changer au cours actuel et placer la contre-valeur obtenue en euros sur la même durée.

Soit M le montant en dollars que va recevoir le trésorier et N le nombre de jours entre aujourd'hui et la date de réception. Soit T_D, le taux d'emprunt en dollars, et T_E, le taux de placement en euros.

Le montant emprunté en dollars aujourd'hui n'est autre que la valeur actuelle de M au taux T_D :

1 Soit 1 € = 1,2745 $.

$VA = M/(1 + (T_D \times N/360))$

Ce montant est changé au cours spot C_S et placé en euros au taux T_E. La valeur future (VF) est donc donnée par :

$VF = C_S \times VA \times (1 + (T_E \times N/360))$

On obtient :

$$VF = M \times C_S \times \frac{1 + T_E \times \frac{N}{360}}{1 + T_D \times \frac{N}{360}}$$

Le cours à terme C_T est celui qui égalise la valeur future en euros ainsi obtenue et le montant M qui est en dollars :

$M \times C_T = VF$

On obtient donc :

$$C_T = C_S \times \frac{1 + T_E \times \frac{N}{360}}{1 + T_D \times \frac{N}{360}}$$

Avec C_S = 0,7846 €, N = 90 jours et T_D = 0,25 % et T_E = 1,40 %, on obtient un cours de vente à terme de 0,7869 €.

Le raisonnement est analogue pour un achat de dollars à terme, où le trésorier s'engage à acheter des dollars dans le futur, au prix que déterminent les cours actuels. Tout se passe comme si le trésorier achetait aujourd'hui les dollars en empruntant leur contre-valeur en euros sur la durée de l'opération. Les dollars achetés sont placés également sur cette durée au taux d'intérêt du dollar.

> Le cours à terme d'une devise est donc issu du cours comptant et d'un différentiel entre le taux d'intérêt de la devise et le taux d'intérêt de la devise de référence sur la durée de l'opération.

Dans notre exemple, le taux d'intérêt en dollar étant plus faible que le taux en euro, le cours à terme est supérieur à celui au comptant. On parle alors de **points de report** ou points de *swaps*. Dans notre exemple, les points de report s'établissent à 23[1]. Ces points peuvent s'analyser comme une compensation exigée par la contrepartie de l'opération à terme pour la dédommager d'avoir dû s'endetter à un taux élevé (en €) et de placer à un taux plus bas (en $) avant le dénouement de l'opération. Plus généralement, on dit qu'une devise A est en report par rapport à une devise B si le taux d'intérêt de A est, pour la période de référence, inférieur au taux d'intérêt de B[2].

À l'inverse, si le taux d'intérêt de la devise de référence est inférieur au taux de la devise étrangère, le cours à terme sera inférieur au cours comptant. On parle alors de **points de déport**. On dit qu'une devise A est en déport par rapport à une devise B si le taux d'intérêt de A est, pour la période de référence, supérieur au taux d'intérêt de B[3].

1 23 = 7 869 – 7 846.

2 Le dollar est en report par rapport à l'euro dans notre exemple.

3 L'euro est en déport par rapport au dollar dans notre exemple.

Comme dans le cas de toute opération de terme ferme, l'opérateur qui conclut un change à terme sait à quel cours il pourra acheter ou vendre ses devises mais ne sera pas en mesure de bénéficier des gains d'opportunité ultérieurs. Ainsi, s'il a vendu ses 10 M$ à terme à 0,7869 et que le dollar cote 0,7950 € à l'échéance, il devra honorer sa parole et supportera un coût d'opportunité de 0,0081 € par dollar vendu [1].

b) Le taux terme contre terme et le FRA

54.16 Considérons l'exemple d'un trésorier qui apprend qu'un nouveau système d'information va être mis en place dans son entreprise et qu'une importante dépense en matériels et en logiciels devra être engagée dans 3 mois. Les prévisions de trésorerie qu'il établit lui montrent qu'il devra emprunter 20 M€ dans 3 mois pour 6 mois.

Sur le marché monétaire en euros, les cotations comptant de taux d'intérêt sont les suivantes :

3 mois :	1,35 % – 1,55 %
6 mois :	1,63 % – 1,83 %
9 mois :	1,81 % – 2,05 %

Si notre trésorier ne veut pas prendre le risque d'une hausse des taux court terme dans les 3 mois à venir, comment peut-il fixer dès aujourd'hui le taux de l'emprunt à 6 mois dans 3 mois ? Conscient de la formation de la courbe des taux, il peut utiliser les procédés développés ci-dessous pour « cristalliser » le taux du 6 mois dans 3 mois.

Il décide d'emprunter 20 M€ dès aujourd'hui sur 9 mois et de les replacer pendant 3 mois. En supposant que notre trésorier opère directement aux conditions du marché monétaire, il devra rembourser, à l'issue des 9 mois :

$$20 \times (1 + 2{,}05\,\% \times 9/12) = 20{,}3075$$

Mais son placement lui rapportera, sur 3 mois, intérêt et capital :

$$20 \times (1 + 1{,}35\,\% \times 3/12) = 20{,}0675$$

Le taux implicite obtenu s'appelle le **taux terme contre terme** et s'établit à :

$$T\,(3{,}6) = ((20{,}3075 - 20{,}0675)/20{,}0675) \times (12/6) = 2{,}39\,\%$$

Notre trésorier a ainsi pu résoudre son risque de taux mais il a emprunté à sa banque 20 M€ qu'il ne va pas utiliser pendant 3 mois, et a supporté les coûts d'intermédiation correspondants. **Le bilan et le compte de résultat de son entreprise seront affectés par cette opération**.

En poursuivant l'exemple précédent, imaginons qu'une banque soit mise au courant des préoccupations de notre trésorier et lui propose d'acheter le produit suivant :

- dans 3 mois, si le taux du 6 mois (taux variable de référence) est au-dessus de 2,39 % (taux garanti), la banque s'engage à lui verser la différence entre le taux du marché et 2,39 % sur un capital déterminé à l'avance ;

1 Sauf à « casser » son contrat à terme, auquel cas il devra honorer une pénalité équivalente au coût d'opportunité.

- dans 3 mois, si le taux du 6 mois (taux variable de référence) est inférieur à 2,39 % (taux garanti), l'entreprise devra verser à la banque la différence entre 2,39 % et le taux du marché sur le même capital déterminé à l'avance.

Avec un tel produit qui n'est autre que le *Forward Rate Agreement* ou **FRA**, le trésorier peut se couvrir contre les variations de taux sans que le montant de l'opération ait été emprunté et prêté dès aujourd'hui.

Si, dans 3 mois, le taux du 6 mois s'établit à 2,5 %, notre trésorier empruntera 20 M€ à ce taux élevé, mais percevra sur le même montant la différence entre 2,5 % et 2,39 % *prorata temporis*. Le coût effectif de son emprunt sera donc bien de 2,39 %. De même, si le taux du 6 mois s'établit à 2 %, le trésorier empruntera dans de bonnes conditions, mais devra acquitter la différence entre 2,39 % et 2 % sur la période.

54.17 Le raisonnement est symétrique pour un trésorier désireux de placer son excédent, et l'on parle de **FRA prêteur** par opposition au **FRA emprunteur** décrit précédemment.

> Le *Forward Rate Agreement* ou accord futur sur les taux d'intérêt permet de fixer aujourd'hui un niveau de taux d'intérêt pour une opération future.

On appelle **montant notionnel** le montant théorique auquel s'applique le différentiel d'intérêt entre le taux garanti et le taux variable. Le notionnel n'est jamais échangé entre acheteur et vendeur d'un FRA. Le différentiel de taux d'intérêt n'est pas versé à l'échéance de l'emprunt ou du prêt sous-jacent, mais il est actualisé et versé dès l'échéance du FRA.

Enfin, un FRA n'est pas payant et s'achète sans frais. Mais, bien sûr, « l'achat » du FRA et la « vente » du FRA ne se font pas au même taux d'intérêt : comme dans tout produit financier, une marge sépare le taux auquel on peut emprunter à 6 mois dans 3 mois et le taux auquel on pourra placer pour les mêmes échéances.

On peut remarquer que si le FRA n'est pas la contrepartie effective d'un flux réel futur (opération de couverture), il s'agit alors d'un produit spéculatif. Si un opérateur anticipe une hausse des taux d'intérêt, il achètera un FRA emprunteur afin d'empocher le différentiel d'intérêt à l'échéance du FRA, et *vice versa*. Cela suppose que le marché a évolué dans le bon sens pour lui !

Les banques sont des intervenants incontournables sur le marché des FRA et proposent aux entreprises de leur acheter ou de leur vendre des FRA qui concernent en général les taux à court terme et sur des durées inférieures à un an.

c) Le *swap*

54.18 Le mot ***swap*** désigne soit un échange d'actifs financiers, soit un échange de flux financiers (calculés à partir d'un montant théorique de référence appelé notionnel) entre deux entités pendant une certaine période de temps. Ces flux financiers peuvent être :

- des devises et l'on parlera de ***swaps* de change** ou ***swaps* cambistes** ;
- des conditions de taux d'intérêt et l'on parlera de ***swaps* de taux** (ou *Interest Rate Swaps*, IRS, en anglais) ;
- les deux paramètres à la fois (devises et taux d'intérêt) et l'on parlera de *swaps* de devises (ou *currency swap* en anglais).

Contrairement aux échanges d'actifs financiers, ces échanges de flux financiers sont des instruments de gré à gré sans incidence sur le bilan qui permettent de modifier des conditions de taux ou de devises (ou des deux simultanément), d'actifs et de passifs actuels ou futurs.

Le *swap* de taux d'intérêt permet principalement de changer un taux variable en un taux fixe ou l'inverse. C'est un portefeuille de FRA sur longue période (entre 1 et 15 ans). Son principe est de comparer un taux variable et un taux garanti et de se verser mutuellement les différentiels de taux d'intérêt sans échange en capital. Le *swap* de taux est particulièrement adapté à la gestion du risque de taux à long terme en entreprise.

Pour une entreprise endettée à long terme à x % (payeur de taux fixe) et qui souhaite bénéficier d'une éventuelle baisse des taux qu'elle anticipe, le plus simple est alors de recevoir le taux fixe (x %) sur un montant notionnel et de payer le taux variable sur le même montant.

Swap de taux d'intérêt

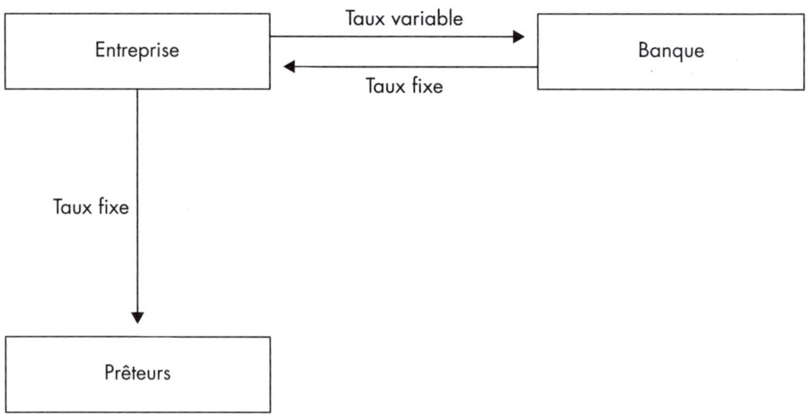

Soit : – taux fixe + taux fixe – taux variable = – taux variable et tout se passe comme si notre entreprise avait emprunté le notionnel à taux variable pendant la durée du *swap* sans que son prêteur constate une quelconque modification sur sa créance. Si, à l'issue de la première année, le taux variable de référence (Libor, Euribor, ...) est à (X – 1) %, l'entreprise aura servi à ses créanciers un intérêt de X %, mais recevra 1 % sur le notionnel du *swap*. Son taux effectif sera bien de (X – 1 %).

L'opération décrite est un *swap* de taux d'intérêt taux fixe/taux variable et l'on peut imaginer toutes les combinaisons possibles :

- *swap* taux variable 1 contre taux variable 2 (dits « changements d'index ») ;
- *swap* taux fixe devise 1 contre taux fixe devise 2 ;
- *swap* taux fixe devise 1 contre taux variable devise 2 ;
- *swap* taux variable devise 1 contre taux variable devise 2.

Ces trois derniers *swaps* s'accompagnent d'un échange du notionnel car les devises utilisées par les deux contreparties sont différentes. Cet échange se fait en général au début et à l'échéance du *swap* sur le même cours de change. Enfin, des *swaps* plus complexes permettent de dissocier les taux de référence et les devises concernées.

Le marché des *swaps* est d'une taille considérable et les banques occupent un rôle déterminant dans l'animation de ce marché. Les trésoriers d'entreprise apprécient la souplesse du *swap* qui leur permet de choisir la durée, le taux variable de référence et le notionnel. De surcroît, le *swap* conclu entre une banque et une entreprise peut être liquidé à tout moment en calculant la valeur actuelle des flux fixes prévus au taux du marché et en la comparant au notionnel initial. L'utilisation du *swap* est également fréquente pour gérer le risque de taux sur des actifs à taux variable ou à taux fixe.

54.19 Le concept du *swap* a été étendu à des transactions plus complexes, les ***total return swaps***. Un *total return swap* est une opération par laquelle deux acteurs économiques échangent les revenus et le risque d'évolution de la valeur de deux actifs différents pendant une période de temps donnée. Une des branches du *swap* est généralement constituée d'un prêt à court terme, pour l'autre, tout type de titre financier est imaginable (un indice boursier, une action en particulier, une obligation...).

4 ■ L'assurance

54.20 Par la mécanique de l'assurance, l'entreprise paie une prime à un tiers qui prend à sa charge le risque si celui-ci se matérialise. Dans le cas contraire, l'entreprise peut bénéficier d'une évolution favorable du paramètre couvert (cours d'une devise, taux d'intérêt, solvabilité d'un débiteur...).

> Conceptuellement, l'assurance repose sur la technique de l'option ; la prime d'assurance payée correspondant à la valeur (prime) de l'option achetée.

Traditionnellement, les entreprises ont utilisé les marchés organisés d'options pour couvrir les risques financiers (risques de taux, risques de change et de prix des matières premières), limitant le recours aux assureurs traditionnels pour les risques physiques liés aux actifs. Cependant, la gamme des produits offerts par les compagnies d'assurance s'étendant, les entreprises y font de plus en plus appel pour gérer les risques produits, la responsabilité des dirigeants et les interruptions d'activité.

Comme nous l'avons vu au chapitre 27, l'acquisition d'une option donne le droit d'acheter ou de vendre un sous-jacent à un certain prix sur une certaine durée, ou de renoncer à ce droit si le marché offre de meilleures opportunités. Nous renvoyons le lecteur à ce chapitre pour la description, l'évaluation et l'analyse des conditions d'utilisation des options.

Les options pourraient sembler être un outil de gestion idéal pour les trésoriers d'entreprise puisqu'elles leur garantissent un cours tout en leur laissant une marge de manœuvre. Mais, comme notre lecteur l'a appris, il n'y pas de miracle en finance et **la prime de l'option est la contrepartie de cette liberté** retrouvée. Son coût peut être rédhibitoire, notamment dans le cas d'entreprises ayant des activités à faibles marges commerciales.

Les grandes banques internationales sont teneuses de marché sur toutes sortes d'options. Nous exposons ci-dessous les caractéristiques des options les plus utilisées.

a) Les options de change

54.21 L'option de change permet de s'assurer d'un cours de change dans une devise particulière, tout en conservant la possibilité de réaliser la transaction au cours comptant si ce dernier est plus favorable. C'est avec le cours à terme et non avec le cours comptant qu'il faut comparer le prix d'exercice (le cours d'exercice). Si les banques peuvent en théorie coter tous types d'options, ce sont en très grande majorité des options européennes (exerçables à l'échéance) qui sont négociées.

Même s'il existe des contrats standardisés cotés en Bourse, les trésoriers préfèrent généralement le marché de gré à gré. Celui-ci est plus souple pour le choix du montant (qui peut correspondre exactement au montant du flux pour l'entreprise), des dates et des prix d'exercice. Ainsi, l'utilisation des options peut être faite de différentes manières. Certaines entreprises n'achètent des options que fortement hors de la monnaie, pour éviter les accidents (dévaluations...), limitant ainsi la prime à payer ; d'autres fixent le cours d'exercice en fonction de leurs besoins commerciaux ou éventuellement de leurs anticipations (ce qui ne va pas sans poser problème).

Face au coût souvent élevé de la prime, l'imagination a pris le pouvoir pour le plus grand plaisir (et le plus grand risque !) des trésoriers d'entreprise comme en témoignent les exemples suivants :

- **L'option sur moyenne** permet d'acheter ou de vendre des devises sur la base d'une moyenne des cours pendant la durée de vie de l'option. La prime est donc réduite puisque le risque pris par le vendeur est moindre et la volatilité du sous-jacent par rapport à sa moyenne plus faible.

- **L'option *look back*** permet de fixer le prix d'exercice de l'option d'achat (de vente) au plus bas (plus haut) du cours de la devise pendant la durée de vie de l'option. C'est donc une option sans regret qui élimine tout risque d'opportunité en garantissant le cours le plus avantageux. Sans surprise, sa prime est élevée.

- **L'option sur option** est très utile lorsqu'une entreprise décide de répondre à un appel d'offres libellé en devises. Si elle décroche le contrat à l'issue de l'appel d'offres, le taux de change sur lequel elle a fondé ses calculs de rentabilité peut avoir changé radicalement. L'option sur option lui donne le droit d'acheter une option de change dont le prix d'exercice est voisin du taux de change de référence retenu et donc de se couvrir dès la phase de soumission. Si l'entreprise n'est pas sélectionnée, elle abandonne l'option sur option. La valeur d'une option étant inférieure à la valeur du sous-jacent, la valeur d'une option sur option est faible.

- **Les options à barrière** sont sûrement les produits exotiques les plus négociés sur le marché. Une barrière est un cours limite qui, lorsqu'il est dépassé, active ou désactive l'option (c'est-à-dire crée ou annule l'option). Ceci permet de réduire le risque du vendeur et donc la prime de l'acheteur. Ainsi, si l'euro cote 1,3 $, le trésorier qui a une position future d'acheteur d'euros peut se garantir un cours en achetant une option d'achat d'euros à 1,4 $ par exemple. Pour réduire sa prime, il met une barrière désactivante à 1,15 $. Si l'euro cote à un seul moment durant la vie de l'option moins d'1,15 $, le trésorier se retrouvera sans couverture (mais le marché aura évolué dans son sens et, à ce moment-là, le cours à terme sera largement inférieur à ce qu'il était lorsqu'il a acheté son option).

Notre lecteur pourra envisager de nombreux montages avec les options à barrière (barrière désactivante au-dessus du cours actuel, activante en dessous ; combinaisons de barrières activantes et désactivantes...). Lorsqu'une banque propose un produit de change nouveau avec un profil de gains étrange (en escalier par exemple), il s'agit généralement de la combinaison d'une (ou de plusieurs) option(s) à barrière avec d'autres produits standards de marché.

Notons que ce produit nécessite une gestion lourde car son achat oblige le trésorier à suivre les cours de change en permanence pour connaître l'état de sa couverture (et se recouvrir si elle est désactivée). Par ailleurs, il n'est pas certain que ses propres outils de mesure des risques lui permettent de connaître exactement les conséquences éventuelles et les caractéristiques implicites de ces produits.

b) Les options sur taux d'intérêt

54.22 Tous les montages réalisés sur des options de change peuvent bien entendu être transposés aux options sur taux d'intérêt. Pour le financier de marché, la nature réelle d'un sous-jacent n'intervient ni dans la conception des produits ni dans leur évaluation. Ainsi, ces divers produits sont construits autour de concepts identiques. Les effets de modes ne sont généralement pas étrangers à l'engouement suscité par tel produit et à la désaffection subie par tel autre.

Le **cap** (qui signifie plafond) permet à un emprunteur de se fixer un taux d'intérêt plafond au-delà duquel il ne souhaite plus emprunter et recevra le différentiel entre le taux du marché et le taux plafond.

Le ***floor*** (qui signifie plancher) permet à un prêteur de se fixer un taux d'intérêt plancher en deçà duquel il ne souhaite plus prêter et recevra le différentiel entre le taux plancher et le taux du marché.

On appelle ***collar*** ou **tunnel de taux** la combinaison des deux produits précédents (achat d'un *cap* et vente d'un *floor*) qui permet à un opérateur de fixer une zone de fluctuation des taux d'intérêt en deçà de laquelle il doit payer le différentiel de taux entre le taux du marché et le taux plancher et au-delà de laquelle sa contrepartie lui réglera ce différentiel. Cette combinaison se traduit par une réduction du coût de la couverture puisque la prime du *cap* est payée partiellement ou totalement par la vente du *floor*.

Ces produits ne doivent pas impressionner le lecteur puisque le *cap* n'est rien d'autre qu'une option d'achat sur un FRA emprunteur. De même, le *floor* n'est qu'une option d'achat sur un FRA prêteur. En généralisant, ces produits sont des options longues sur taux d'intérêt qui donnent le droit implicite d'acheter ou de vendre des obligations à un certain prix. Comme nous l'avons vu, cela détermine un taux d'emprunt ou de prêt vis-à-vis de la contrepartie. Ces options sont très utilisées par les opérateurs pour prendre des positions sur la partie longue de la courbe des taux.

Les ***swaptions*** permettent d'acheter ou de vendre le droit de conclure un *swap* sur une certaine durée ; c'est une option sur un *swap*. Le *swap* sous-jacent est précisé initialement. Il est défini par son montant notionnel, son échéance, le taux fixe et le taux variable auxquels il fait référence.

Certaines banques ont combiné des *swaps* avec des *swaptions* pour donner ce qu'elles ont appelé des *swaps* annulables sans coût. Que le lecteur ne soit pas impressionné par l'absence de coût : ce produit n'est autre qu'un *swap* combiné avec une option de vente de *swap*. La prime de l'option n'est pas payée directement mais intégrée dans le calcul des taux du *swap*.

Les **options de taux à barrière** sont de même nature que les options de change à barrière mais pour les taux d'intérêt :

- soit l'option n'existe pas tant que le taux de référence n'atteint pas le taux barrière ;
- soit l'option n'est activée que si le taux de référence dépasse la limite fixée.

c) Les lignes de crédit confirmées

54.23 Moyennant le paiement d'une commission d'engagement ou de confirmation (*commitment fee*), une entreprise peut obtenir des banques des lignes de crédit confirmées à court ou moyen terme, sur lesquelles elle pourra tirer à tout moment afin d'obtenir des liquidités. Ceci correspond conceptuellement à une option d'emprunt.

d) L'assurance-crédit

54.24 Des compagnies d'assurance spécialisées dans l'appréciation du risque de défaillance (Euler Hermes, Atradius, Coface...) garantissent à l'entreprise le paiement par un client de sa créance moyennant une prime qui représente entre 0,1 % et 2 % de son nominal. Ceci est développé paragraphe 52.16.

e) Les dérivés de crédit

54.25 Les dérivés de crédit permettent de déconnecter la gestion du risque de crédit sur un actif ou sur un passif de la détention de cet actif ou de ce passif.

Développés et utilisés d'abord par les institutions financières, les dérivés de crédit commencent à être utilisés par les grands groupes industriels ou commerciaux, principalement pour réduire le risque de crédit sur certains de leurs clients qui représentent une part trop importante de leur portefeuille de créances ou pour se protéger contre une évolution négative de la marge d'un futur emprunt. Les entreprises restent néanmoins marginales dans les utilisateurs de dérivés de crédits (moins de 10 % des acheteurs de protection, cette part n'ayant pas tendance à monter dans le temps).

Le mode de fonctionnement des dérivés de crédit est très similaire à celui des dérivés de taux ou de change. Simplement la nature du risque qu'ils gèrent est différente : celui de la défaillance d'une partie ou de la modification de son *rating* au lieu d'être le risque de taux d'intérêt ou de change.

La forme la plus classique des dérivés de crédit est le ***credit default swap*** (*CDS*) : l'acheteur de la protection contre une défaillance d'une contrepartie paie à un tiers un flux régulier et reçoit de ce tiers un paiement en cas de survenance de la défaillance[1]. Le risque de crédit est donc transféré de l'acheteur de la protection (une entreprise, un investisseur, une banque) à un tiers qui peut être un investisseur, une compagnie d'assurance... moyennant rémunération.

> Les dérivés de crédit sont négociés de gré à gré et ont le même rôle économique qu'un contrat d'assurance.

Certains régulateurs remettent en cause la possibilité d'émettre ce type de produits s'ils ne viennent pas en couverture effective d'un risque et ne sont alors que pure spéculation sur la capacité de remboursement de l'émetteur.

1 En cas de défaillance, la créance sera vendue aux enchères. Le solde entre la valeur faciale de la créance et le montant obtenu aux enchères sera payé par le vendeur du CDS.

Encours mondial des *credit default swaps* (en Md$)

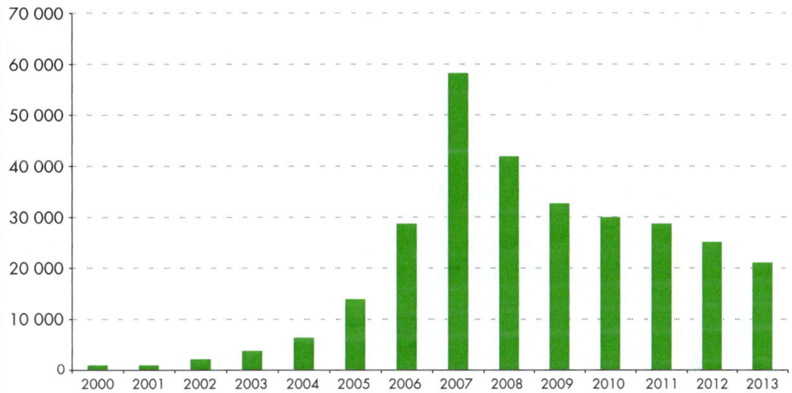

Source : Banque des règlements internationaux.

Un développement exponentiel pour mieux couvrir un risque ancien… ou mieux spéculer comme le fit le premier groupe américain d'assurances AIG ce qui entraîna sa quasi-faillite fin 2008 et une crise (d'adolescence ?) du marché des dérivés de crédit.

f) L'assurance risque politique

54.26 Elle est offerte par des compagnies spécialisées (Unistrat-Coface, Sace…) qui peuvent couvrir 90 à 95 % de la valeur de l'investissement sur une durée pouvant aller jusqu'à 15 ans dans la plupart des pays du monde. Les risques habituellement couverts sont ceux de l'expropriation, de la nationalisation, de la confiscation, de la modification de la législation d'un pays sur les investissements étrangers. Offerte initialement par des compagnies liées à un État, l'assurance risque politique est de plus en plus proposée par le marché privé.

Section 4 ■ Marchés organisés *versus* marchés de gré à gré

1 ■ La standardisation des contrats

54.27 Dans les produits à terme examinés dans la précédente section, deux opérateurs passent entre eux un contrat et chacun d'eux est confronté à un risque de contrepartie si l'autre fait défaut lors de la livraison des devises, par exemple, ou au cours de la durée de vie du *swap*. En outre, les autres opérateurs ne connaissent pas les conditions de la transaction. Enfin, ces produits présentent une liquidité variable et très liée à la spécificité du produit, contrepartie du fait qu'ils peuvent être conclus de gré à gré, sur toute échéance recherchée par l'opérateur.

Les investisseurs ont très rapidement souhaité disposer de produits standardisés susceptibles d'être achetés sur un marché organisé comme une action sur la Bourse. Les marchés de *futures* et d'options ont répondu à cette demande en proposant un produit coté liquide avec une chambre de compensation et des négociateurs spécialisés qui s'interposent entre les intervenants et constituent la garantie de bon fonctionnement du marché. En outre ces marchés offrent des possibilités de prendre des positions importantes avec peu de moyens, sur des échéances standardisées.

Un ***future*** ou **contrat à terme** est un engagement **ferme** d'acheter ou de vendre une quantité convenue d'un actif à un prix convenu et à une date future convenue. Les caractéristiques suivantes sont communes à l'ensemble des produits :

- l'actif sous-jacent est une référence pour les opérateurs de marchés : sur Euronext, on peut citer le contrat portant sur une obligation d'État britannique de 100 000 £ à 4 %, le contrat Euribor 3 mois, le contrat CAC 40, ou le contrat *Rapeseed* (colza) ; sur le Baltic Exchange on traite des contrats de frets ;
- le montant de chaque contrat est standardisé ;
- le mode de cotation est standardisé ;
- les échéances des contrats sont en nombre réduit, généralement fin mars, fin juin, fin septembre et fin décembre.

À titre d'exemple, le contrat Euribor 3 mois négocié sur Euronext porte sur le niveau anticipé du taux EURIBOR 3 mois, sur la base d'un notionnel d'1 M€. Les échéances du contrat sont à la fin des mois de mars, juin, septembre et décembre. Il est coté sous la forme de 100 – Euribor 3 mois. Le dépôt initial est de 500 € par contrat et la fluctuation minimale des cours est de 0,005.

La standardisation importante des *futures* permet la fongibilité des contrats et assure la liquidité du marché. La liquidité des *futures* est souvent plus importante que celle de l'actif sous-jacent puisque, contrairement à ces derniers, les *futures* ne sont pas limités par un volume émis.

L'Eurex en Allemagne et en Suisse, NYSE Liffe (Londres), les marchés à terme de Chicago, etc. proposent des contrats de gestion du risque de taux d'intérêt (à court ou long terme) et de matières premières. Les marchés organisés de gestion du risque de change demeurent quant à eux balbutiants : la position dominante des banques dans le domaine du change à terme constitue en effet un frein au développement d'un marché de ce type.

2 ■ Le dénouement des contrats

54.28 En théorie, à l'échéance d'un contrat, l'acheteur achète la quantité du sous-jacent (l'achat sur lequel porte le contrat) et paie le prix convenu. À l'inverse, le vendeur du contrat reçoit le prix convenu et verse la quantité prévue d'actifs sous-jacents : c'est le mécanisme de la livraison. La possibilité de livraison est indispensable pour assurer le bon fonctionnement et la viabilité des marchés à terme. En effet, elle évite que le cours du contrat ne soit totalement déconnecté de l'évolution du cours de l'actif sous-jacent, puisque la valeur du contrat à son échéance est égale à la valeur de l'actif sous-jacent.

S'il en était différemment, des arbitrages utilisant la possibilité de livraison se produiraient. Supposons que fin juillet la tonne de cacao cote 1 600 £ sur le marché comptant. Si le cours des contrats *futures* venant à échéance est inférieur, les investisseurs achèteront en masse ces contrats à moins de 1 600 £ pour obtenir instantanément (puisque nous sommes à l'échéance du contrat) du cacao immédiatement revendable à 1 600 £. Une telle situation est durablement impossible. À l'inverse, si le cours des contrats *futures* devait dépasser 1 600 £, aucun investisseur n'en achèterait. On voit mal en effet leur intérêt à acheter à plus de 1 600 £ du cacao par le biais des contrats *futures* alors qu'ils peuvent s'en procurer à 1 600 £ seulement sur le marché comptant. Dès lors, le cours des contrats *futures* ne peut être à leur échéance que de 1 600 £.

> La valeur d'un *future* à son échéance est égale à la valeur de l'actif sous-jacent. La livraison empêche la déconnexion à l'échéance entre le cours du contrat et le cours de l'actif sous-jacent.

En revanche, tout au long de la vie du contrat, le décalage entre le cours du sous-jacent et le cours du contrat, appelé la **base**, évolue et ne s'annule qu'exceptionnellement.

En fait, dans plus de 95 % des cas, les contrats ne sont pas dénoués par livraison de l'actif sous-jacent : c'est administrativement lourd et coûteux. Prenons l'exemple d'un investisseur qui a acheté des contrats sur cacao à 1 487 £ le 21 mars. Il les revendra fin juillet au lieu de se faire livrer le cacao, obtenant ainsi un résultat similaire. En effet, à quel cours revendra-t-il ses *futures* si ce n'est à 1 600 £, cours du cacao au comptant, mais aussi des *futures* puisque nous sommes à l'échéance ? Une fois l'opération dénouée et s'il a besoin de cacao, il achètera du cacao au comptant à 1 600 £ ; ce qui lui reviendra au total à – 1 487 £ (achat des contrats) + 1 600 £ (revente des contrats) – 1 600 £ (achat du cacao), soit 1 487 £ la tonne.

Le mécanisme de la livraison existe seulement pour permettre à des arbitrages de se produire si d'aventure le cours des contrats à l'échéance s'éloignait du cours de l'actif sous-jacent. C'est assez rare car les marchés s'autodisciplinent. En définitive, à l'échéance, les acheteurs des contrats les revendent, s'ils ne l'ont pas déjà fait, et les vendeurs initiaux les rachètent à un cours qui est celui de l'actif sous-jacent du moment.

Le dénouement normal de l'achat d'un *future* est sa vente. Le dénouement normal de la vente d'un *future* est son rachat. On parle alors de *cash settlement*.

3 ■ L'élimination des risques de contrepartie

54.29 Pour qu'un marché de produits dérivés fonctionne correctement, il faut que les engagements pris par les intervenants soient tenus. Sinon le risque de contrepartie se matérialise. Après tout, pourrait suggérer le lecteur, si les conséquences d'un contrat sont fortement défavorables à un opérateur, ne pourrait-il pas décider de ne pas apporter les titres ou les fonds promis, préférant affronter une longue procédure juridique plutôt que des pertes immédiates ? Même si la bonne foi des intervenants d'un marché est assurée, la faillite d'un agent ne peut-elle pas remettre en cause tous les engagements pris et tous ceux qui leur sont liés, mettant en jeu des sommes considérables ?

Sans solution spécifique, le risque de contrepartie serait certainement le principal risque d'un marché de produits dérivés. En fait, l'organisation de ce marché est conçue pour répondre à cette préoccupation.

À tout moment, les autorités de tutelle d'un marché de produits dérivés exigent que tout acheteur et tout vendeur puissent assurer financièrement les risques pris, c'est-à-dire supporter les pertes déjà subies et même celles du lendemain. Cette organisation repose sur **une chambre de compensation, sur des dépôts de garantie et sur des appels ou des versements de marge**. La chambre de compensation est la contrepartie unique de tous les opérateurs.

Une fois qu'un acheteur et qu'un vendeur se sont mis d'accord sur un prix et une quantité de contrats, une chambre de compensation s'intercale automatiquement entre eux. L'acheteur n'achète plus à un vendeur mais à la chambre de compensation ; le vendeur ne vend plus à un acheteur mais à la chambre de compensation. Les opérateurs ont tous en face d'eux un organisme dont le poids financier, la réputation et les règles de fonctionnement sont gages de bonne fin de tous les contrats.

La chambre de compensation assure la surveillance des positions. Elle exige la formation dans ses livres d'un dépôt de garantie à la conclusion d'un contrat. Ce dépôt couvre en principe le paiement de deux journées de perte maximale. Il est rémunéré sur la base d'un taux du marché monétaire.

L'évolution quotidienne des cours des contrats crée des pertes et des gains potentiels pour les acheteurs et les vendeurs par rapport au prix fixé lors de la transaction. Chaque jour, la chambre de compensation crédite ou débite le compte de chaque intervenant de ce gain ou de cette perte potentiels.

Lorsqu'il s'agit d'une perte, elle procède à **un appel de marge**, c'est-à-dire qu'elle exige un versement complémentaire de l'intervenant. Ainsi, le solde du compte de l'intervenant est toujours créditeur d'au moins le montant du dépôt initial. Si l'intervenant ne répond pas à l'appel de marge, la chambre de compensation dénoue d'office sa position et solde le compte en apurant la perte par le dépôt de garantie.

S'il s'agit d'un gain, la chambre de compensation procède à un versement de marge.

Lorsque, en cours de séance, l'évolution du contrat dépasse un seuil maximum fixé par le règlement de la chambre de compensation, la cotation est interrompue et la chambre procède à d'autres appels de marge avant la reprise des cotations.

4 ■ Un effet de levier considérable

54.30 Le principe des appels de marge a une conséquence très importante sur les produits dérivés. En limitant le dépôt de garantie initial, il fait bénéficier les investisseurs d'effets de levier considérables. Reprenons l'exemple précédent en retenant l'hypothèse d'un dépôt de garantie de 75 £ et tentons de mesurer la rentabilité de l'opération. Grâce aux contrats *futures*, notre investisseur se procure en juillet son cacao à 1 487 £ la tonne alors qu'elle vaut 1 600 £ sur le marché, soit un gain de 113 £ pour une mise de fonds très faible (dépôt de garantie). D'où un taux de rentabilité très important (113/75 = 151 %) à comparer avec une appréciation du cacao de (1 600 – 1 487)/ 1 487 = 7,60 %. **Voilà l'effet de levier considérable des *futures*, mais un effet de levier qui fonctionne à la hausse peut aussi fonctionner à la baisse.**

Ainsi, en dépit des précautions prises dont l'efficacité n'est pas remise en cause, le lecteur comprendra que le risque de contrepartie ne disparaît jamais totalement dans un contexte où des leviers aussi importants sont mis en œuvre. Le principe des appels de marge limite le montant des défauts potentiels aux pertes d'une journée mais le dépôt de garantie initial doit subvenir aux circonstances inattendues. Cependant, les montants engagés en quelques heures peuvent atteindre, par l'intermédiaire de l'effet de levier, des sommes suffisamment importantes pour déstabiliser des intervenants, mais il n'y a jamais eu à ce jour de défaillance d'une chambre de compensation malgré la violence de la dislocation des marchés financiers à l'automne 2008.

Cet effet de levier considérable n'est pas propre aux marchés dérivés organisés, il est propre aux produits dérivés. Le mécanisme de la chambre de compensation permet, non pas de l'éviter, mais de s'assurer qu'à tout moment chaque intervenant peut faire face financièrement aux conséquences de ses positions, ce qui évite les réactions en chaîne en cas de défaillance d'un intervenant. D'où la volonté des pouvoirs publics de faire traiter de plus en plus de produits dérivés négociés de gré à gré par des chambres de compensation qui offrent une meilleure protection contre le risque de contrepartie. Mais le chemin est long quand on voit la répartition :

Les marchés de gré à gré ont des volumes bien supérieurs à ceux des marchés organisés grâce aux *swaps* de taux d'intérêt.

Marché global des dérivés (tous types de contrats en cours, en milliers de Md$)

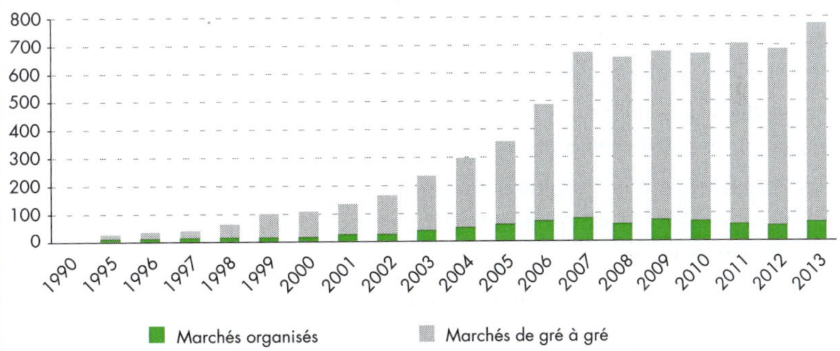

Source : Banque des règlements internationaux.

Les entreprises sont exemptées de passage par une chambre de compensation dès lors qu'il s'agit d'opérations de couverture. Elles sont toutefois soumises depuis 2014 à des obligations déclaratives (règlement européen EMIR).

5 ■ Un jeu à somme nulle

54.31 Les *futures*, comme les options, reposent sur un jeu à somme nulle, car ce qui est gagné par un intervenant est perdu par un autre. Globalement, aux coûts d'intermédiaires près, il n'y a ni enrichissement ni appauvrissement.

Reprenons l'exemple précédent avec une tonne de cacao cotant 1 600 £ fin juillet. Nous avons vu que l'investisseur qui a acheté des contrats le 21 mars a gagné 113 £ par tonne. À l'inverse, l'intervenant qui, lui, a vendu des contrats le 21 mars devra livrer du cacao fin juillet au prix de 1 487 £ alors qu'il cote 1 600 £. Il subira donc une perte de 113 £, contrepartie exacte du gain de l'acheteur des *futures*.

> Jeu à somme nulle ne signifie pas jeu inutile.

Cette situation de jeu à somme nulle est tout à fait normale et logique. Les marchés de produits dérivés ne permettent pas de créer de richesse, mais simplement de répartir des risques et d'améliorer la liquidité des marchés financiers. Il ne peut donc y avoir enrichissement global.

RÉSUMÉ

Le résumé de ce chapitre est disponible sur le site www.vernimmen.net.

On observe une attention accrue à la gestion des risques dans l'entreprise. Ceci se traduit à la fois par un cadre réglementaire renforcé et par une pression grandissante des marchés pour une plus grande transparence et prise de conscience par les équipes dirigeantes.

La gestion du risque passe par son identification, la détermination des contrôles existants, du risque résiduel, son évaluation et enfin le choix d'une stratégie de couverture.

Le risque se caractérise par sa fréquence et son intensité. On peut définir cinq grands types de risques :

- le risque de marché, c'est-à-dire l'exposition de l'entreprise à une évolution défavorable des taux ou des prix. Il concerne les taux d'intérêt, les taux de change, les cours des matières premières ou des actions ;
- le risque de liquidité, c'est-à-dire l'impossibilité à un moment donné de faire face à des échéances ;
- le risque de contrepartie, c'est-à-dire la perte sur une créance en raison du défaut du débiteur ;
- les risques opérationnels. Ce sont les risques de pertes qui proviennent des erreurs du personnel au sens large, des systèmes ou processus, ou d'événements externes ;
- les risques politiques, réglementaires et légaux. Ce sont les risques qui impactent l'environnent immédiat de l'entreprise et qui peuvent modifier substantiellement l'environnement concurrentiel et le modèle économique lui-même.

Les risques de marché sont notamment mesurés par la notion de position ou de *Value at Risk* (VaR). Le risque de liquidité l'est à travers la comparaison de l'exigibilité des dettes et des espérances de recettes de trésorerie. Pour les autres risques, leur mesure est beaucoup plus embryonnaire.

Face au risque, l'entreprise peut :

- céder immédiatement l'actif ou le passif porteur de risque (titrisation, défaisance, affacturage…) ;
- décider de ne rien faire et s'autocouvrir. Ceci ne peut concerner que des petits risques ou quelques grands groupes et pour certains de leurs risques ;
- fixer dès aujourd'hui le prix ou le taux d'une transaction future par la technique du terme ;
- prendre une assurance auprès d'un tiers, qui moyennant le paiement d'une prime, acceptera de prendre à sa charge le risque s'il se matérialise. On retrouve le concept de l'option.

Les mêmes types de produits (achat à terme, option de vente, *swap*…), développés pour couvrir les différents risques, sont négociés soit sur des marchés de gré à gré, soit sur des Bourses. Dans le premier cas, l'entreprise peut trouver des produits totalement adaptés à ses besoins mais elle prend un risque de contrepartie sur le tiers qui lui fournit la couverture. Dans le second cas, ce problème est éliminé au prix d'une souplesse plus réduite dans l'adaptation des produits aux besoins de l'entreprise.

QUESTIONS

1/ Quels sont les cinq types de risque auxquels est exposée l'entreprise ?

2/ Quelles sont les quatre stratégies possibles face au risque ?

3/ Reconstituez par arbitrage l'opération de vente à terme de yens contre euros à 3 mois. De quelles informations auriez-vous besoin pour faire le calcul ?

4/ Qu'est-ce qu'un FRA ?

5/ Qu'est-ce qu'un *future* ?

6/ Une entreprise française achète du maïs au Mexique qu'elle revend au Canada. Elle paye et se fait payer à trois mois. Doit-elle acheter ou vendre une option d'achat (ou de vente) peso contre dollar canadien ?

7/ Quelles sont les différences entre les opérations à terme de gré à gré et les *futures* ?

8/ Quel est le rôle de la chambre de compensation ?

9/ Les dérivés de crédit peuvent-ils s'appuyer sur des montages optionnels ?

10/ Un produit dérivé doit-il être suffisamment liquide pour avoir un intérêt ?

11/ Connaissez-vous des exemples de produits de couverture utilisés par les particuliers ?

12/ À quelle catégorie de produits dérivés peut-être assimilée une assurance dommage ?

13/ Les trésoriers d'entreprise doivent-ils profiter des éventuels arbitrages qu'ils auraient détectés sur les marchés ?

14/ Les *traders* doivent-ils profiter des éventuels arbitrages qu'ils auraient détectés sur les marchés ?

15/ Indépendamment des coûts éventuels, l'entreprise peut-elle bénéficier d'une couverture parfaite de ses risques, compte tenu du risque d'opportunité ? Et le *trader* ?

16/ Une entreprise couvre plus que nécessaire une position de change. Ce faisant, que fait-elle ?

D'autres questions vous attendent sur le site www.vernimmen.net.

EXERCICES

1/ Calculez les cours acheteurs et vendeurs à terme, à 3 mois ($ contre €) avec les informations suivantes :

– le taux 3 mois € vaut : 4 6/8 – 4 7/8 % ;

– le taux 3 mois $ vaut : 3 7/8 – 4 % ;

– l'euro cote aujourd'hui 1,0210/20 $.

2/ Calculez le taux d'intérêt à 6 mois du dollar à partir des informations suivantes :

– le taux 6 mois € vaut : 4 4/8 – 4 5/8 % ;

– l'euro cote aujourd'hui 1,0210/20 $;

– l'euro cote à 6 mois : 1,0150/60 $.

3/ Un opérateur de marché propose un contrat d'emprunt de 500 M$ dans 3 mois et pour une durée de 3 mois aux conditions suivantes : 3 3/4 % – 3 7/8 %. À partir des informations des deux questions précédentes, pouvez-vous trouver une opportunité d'arbitrage ? Quel est le montant du gain éventuel de l'arbitragiste ?

4/ Un tel arbitrage est-il réellement sans risque ?

5/ Si un trésorier d'entreprise est mis dans la situation précédente, devra-t-il réaliser l'arbitrage ?

ÉLÉMENTS DE RÉPONSE

Questions

1. Risque de marché, opérationnel, de liquidité, politique et de contrepartie.

2. S'autoassurer, fixer le prix ou le taux maintenant, prendre une assurance, céder l'actif ou le passif en risque.

3. Voir le paragraphe 54.15. Taux d'emprunt yen 3 mois ; taux de placement euros 3 mois ; cours spot yen/euros.

4. Voir le paragraphe 54.17.

5. Un contrat d'achat ou de vente à terme négocié sur une Bourse où le risque de contrepartie est éliminé par la chambre de compensation mais où les contrats ne sont pas sur mesure.

6. Achat d'une option d'achat car son risque est celui d'une hausse du peso.

7. Les *futures* sont négociées sur un marché organisé qui élimine le risque de contrepartie et qui propose des contrats standardisés plus ou moins adaptés aux besoins de l'entreprise. Les contrats de gré à gré présentent les avantages et inconvénients opposés.

8. Éliminer les risques de contrepartie sur les marchés organisés grâce aux dépôts de garantie et aux appels de marge.

9. Oui.

10. Non, il peut être un produit de gré à gré.

11. Tous les contrats d'assurance.

12. Un *floor*.

13. Non, les arbitrages parfaits n'existent quasiment pas et comportent toujours une part de spéculation. Cela ne fait donc pas partie du rôle d'un trésorier d'une entreprise industrielle.

14. Oui, c'est bien sûr leur métier.

15. Non car elle ne peut pas mettre fin à ses activités. Oui car il peut mettre fin à ses engagements.

16. Elle spécule puisque sa couverture va au-delà de sa position physique.

Exercices

Les corrigés détaillés des exercices sur excel sont disponibles sur le site www.vernimmen.net.

1. Taux de change à terme euro à 3 mois : 1,0185 – 1,0201 $.

2. Taux d'intérêt du dollar à 6 mois : 3,099 % – 3,623 %.

3. Il faut emprunter 495,2 M$ à 6 mois à 3,623 %, les placer à 3 7/8 % en dollars et acheter le contrat de l'opérateur. La valeur du gain d'arbitrage s'élève à 514 200 $ dans 6 mois.

4. Non, il y a tout au moins le risque de contrepartie de l'opérateur qui propose le contrat.

5. Non, car il n'est pas en mesure d'apprécier ni le risque de contrepartie ni celui des autres imperfections en jeu. Pour lui, cette opération relève de la spéculation financière et ne rentre donc pas dans le cadre normal des activités de l'entreprise.

BIBLIOGRAPHIE

Pour une analyse de la pratique des couvertures :

AFTE, « Enquête couverture du risque de change », *Les cahiers techniques de l'AFTE* février 2014.

Graham J., Harvey C., « The theory and practice of corporate finance : evidence from the field », *Journal of Financial Economics* mai 2001, vol. 60, n° 2-3, pages 187 à 243.

Pour des réflexions théoriques sur l'utilité et la pratique des couvertures :

Adam T., Fernando C., « Hedging, speculation and shareholder value », *Journal of Financial Economics* août 2006, vol. 81, n° 2, pages 283 à 309.

Ben Khediri K., Folus D., « Hedging and financing decisions », *Bankers, Markets & Investors* janvier-février 2008, n° 98, pages 28 à 38.

Brown G., Bjerre Toft K., « How firms should hedge », *The Review of Financial Studies* automne 2002, vol. 15, n° 4, pages 1283 à 1324.

Campello M., Lui Ch., Ma Y., Zou H., « The real and financial implications of corporate hedging », *Journal of Finance* octobre 2011, vol. 66, n° 5, pages 1615 à 1647.

Fauklender M., « Hedging or market timing ? Selecting the interest rate exposure of corporate debt », *Journal of Finance* avril 2005, vol. 60, n° 2, pages 931 à 962.

Gay G., Lin C.-M., Smith S., « Corporate derivatives use and the cost of equity », *Journal of Banking & Finance* juin 2011, vol. 35, n° 6, pages 1491 à 1506.

Le Fur Y., Quiry P., « S'endetter à taux fixe ou à taux variable ? », *La Lettre Vernimmen.net* décembre 2009, n° 82, pages 1 à 5.

Lievenbrück M., Schmid Th., « Why do firms (not) hedge ? Novel evidence on cultural influence », *Journal of Corporate Finance* avril 2014, n° 25, pages 92 à 106.

Mackay P., Moeller S., « The value of corporate risk management », *Journal of Finance* juin 2007, vol. 62, n° 3, pages 1379 à 1419.

Pérez-González F., Yun H., « Risk management and firm value. Evidence from weather derivatives », *Journal of Finance* octobre 2013, vol. 68, n° 5, pages 2143 à 2176.

Rountree B., Weston J., Allayannis G., « Do investors value smooth performance ? », *Journal of Financial Economics* décembre 2008, vol. 90, n° 3, pages 237 à 251.

Vickery J., « How and why do small firms manages interest rate risk ? », *Journal of Financial Economics* février 2008, vol. 87, n° 2, pages 446 à 470.

Pour approfondir le thème des produits dérivés et de leur utilisation :

Bardoux F., *La gestion du risque météo en entreprise*, Revue Banque Édition, 2011.

Brown G., « Managing foreign exchange risk with derivatives », *Journal of Financial Economics* mai-juin 2001, vol. 60, n° 2-3, pages 401 à 448.

Geman H., *Commodities and commodity derivatives*, Wiley, 2005.

Girardeau-Montaut A., Klein I., *Stratégie d'options de change*, Revue Banque Édition, 2012.

Plihon D., *Les taux de change*, 6e édition, La Découverte, 2012.

Simon Y., Lautier D., *Marchés dérivés de matières premières*, 3e édition, Economica, 2006.

Simon Y., *Les 100 mots des marchés dérivés*, 2e édition, PUF, 2014.

www.fimarkets.com.

Pour approfondir le thème des dérivés de crédit :

Braouézec Y., Brun J., *Dérivés de crédits vanille et exotiques*, Revue Banque Éditeur, 2007.

Le Fur Y., Quiry P., « CDS et coût de financement », *La Lettre Vernimmen.net* octobre 2011, n° 101, pages 9 et 10.

www.defaultrisk.com.

Sur les transferts des risques alternatifs :

Froot K., « The market for catastrophe risk : a clinical examination », *Journal of Financial Economics* mai-juin 2001, vol. 60, n° 2-3, pages 529 à 571.

Sur le risque politique :

Bouchet M., Clark E., Groslambert B., *Country risk assesment, a guide to global investment strategy*, Wiley, 2003.

Coface, *Guide risque pays*, Classe Export Magazine, 2014.

Roudaut D., *Faut-il couvrir les investissements contre les risques politiques ?*, Créafi, juin 2000.

Sur la *Value at Risk* et autres outils de mesure du risque :

Alexander C., *Value-at-risk models*, Wiley, 2009.

Clément-Grandcourt C., Janssen J., *Gestion des risques financiers et papillons noirs. Méthodes qualitatives*, Hermes Science Publications, 2009.

Jorion Ph., *Value at Risk*, 3e édition, McGraw Hill, 2006.

Leippold M., « Don't rely on VaR », *Euromoney* novembre 2004, pages 36 à 49.

Maurer F., « Une approche intégrée de la gestion du risque pour les entreprises », *La Revue du financier* mai-juin 2006, n° 159, pages 49 à 66.

http://gloria-mundi.com, très complet sur la VaR et plus généralement sur la gestion des risques financiers.

Sur le risque de liquidité :

Bervas A., « La liquidité de marché et sa prise en compte dans la gestion des risques », *Revue de la stabilité financière* mai 2006, n° 8, pages 67 à 83.

Et pour une vue d'ensemble des risques :

Association pour le management des risques et des assurances pour l'entreprise, *La cartographie : un outil de gestion des risques*, 2010.

Bénéplanc G., Rochet J.-Ch., *Risk management in turbulent times*, Oxford University Press, 2012.

Darsa J.-D., *La gestion des risques en entreprise*, Gereso Édition, 2011.

Deloitte, *The value killers revisited. A risk management study*, 2014.

Myint S., Famery F., *The handbook of corporate financial risk management*, Risk Books, 2012.

Guillon B., *Valoriser l'intégration du risque*, L'Harmattan, 2011.

Taleb N.N., *Le cygne noir. La puissance de l'imprévisible*, Les Belles Lettres, 2008.

www.amrae.fr (Association pour le management des risques et des assurances pour l'entreprise).

www.riskcenter.com.

Chapitre 55

Finance et stratégie en guise de post-face

Ce n'est qu'un au revoir !

55.1 Nous espérons que la lecture des 54 chapitres du *Vernimmen* ne vous aura pas laissé croire que la finance est la fonction la plus importante de l'entreprise !

L'expérience montre que des groupes gérés dans une logique financière exclusive et hypertrophiée ne peuvent pas survivre. Ainsi Havas, premier groupe européen des médias au début des années 1990 (télévisions, radios, affichage, édition, presse professionnelle, etc.) a disparu en moins de huit ans, condamné à l'immobilisme par la dictature du BPA, par des dilutions régulières dans le capital des filiales pour dégager des profits exceptionnels prétendument récurrents, et par des actionnaires financiers trop préoccupés à se neutraliser mutuellement pour voir que, dans un monde changeant, seul Havas restait immobile. Hanson au Royaume-Uni, ITT aux États-Unis ont connu la même fin pour les mêmes raisons.

À l'inverse, une stratégie industrielle sans finances saines est aussi vouée à l'échec. C'est ce qui est arrivé à Vivendi Universal, résultat de l'absorption d'Havas par le conglomérat Générale des eaux. Pour financer une expansion tous azimuts dans les médias et l'Internet il eut recours à un endettement à court terme, sans cesse croissant, jusqu'à exploser spectaculairement en plein vol en 2002 à cause d'une sévère mais banale crise de liquidité.

Cela ne veut pas dire qu'un directeur financier ne peut pas devenir président d'un groupe, bon nombre de compétences qu'il doit démontrer dans son poste l'y préparent[1], mais il doit alors prendre une autre ampleur et muer. L'ancien directeur financier de Saatchi & Saatchi a ainsi créé WPP, dont il est le président, et qui est devenu en 20 ans le premier groupe mondial de publicité.

1 Voir l'article d'*Option Finance* du 7 mars 2011, n° 1115, « Direction financière : la voie royale pour devenir président ? ».

> Il est donc sain que la politique financière de l'entreprise soit subordonnée à sa stratégie. Celle-ci est certes guidée par des critères financiers (dégager une rentabilité sur les investissements supérieure au coût du capital) mais elle demeure primordiale par rapport à la politique financière.

Comme la stratégie est déterminée par les actionnaires et qu'elle dépend, même si peu l'avoueront, du contexte macroéconomique, la politique financière est fonction à la fois de la stratégie de l'entreprise, de son actionnariat et de l'environnement macroéconomique.

Section 1 ■ Les stratégies de l'entreprise

55.2 Les stratégies de l'entreprise peuvent prendre de nombreuses formes (diversification, recentrage sur un métier, intégration vers l'amont ou l'aval, conquête de parts de marché, internationalisation, etc.) et s'appuient sur la croissance interne ou la croissance externe. C'est l'une des faces visibles de la main invisible...

1 ■ La lecture financière de la stratégie

55.3 Pour un financier, ces stratégies, quelles qu'elles soient, n'ont qu'un seul but : permettre à l'entreprise de s'extraire d'un marché concurrentiel pour se constituer une « rente », c'est-à-dire dégager une rentabilité supérieure à celle de ces concurrents, qui ne la concurrencent d'ailleurs plus tout à fait. Les marques, les brevets, les barrières à l'entrée industrielles (taille minimale des usines, budgets de publicité importants...) ou légales (concessions, autorisations...) ne sont que des instruments au service de ce but. Pour un financier, le rôle premier d'un industriel est d'analyser l'environnement économique, industriel, commercial, technologique... concurrentiel de son entreprise pour développer une politique devant se traduire par une rentabilité supérieure.

Mais comme Sisyphe, l'entrepreneur doit en permanence refaire son « ouvrage ». En effet, une rentabilité supérieure attire de nouveaux entrants dans le secteur : ceux-ci se chargent de contourner ou de faire tomber les barrières à l'entrée qui en protègent la forte rentabilité. Tôt ou tard, ils y parviennent, ce qui ne manque pas de réduire les marges par l'intensification de la concurrence en résultant.

Quand le risque est trop rémunéré (le téléphone mobile en France avant l'arrivée de Free, par exemple), de nouveaux concurrents entrent dans le secteur, ce qui fait baisser sa rentabilité. Quand le risque est insuffisamment rémunéré (le téléphone mobile en France depuis l'arrivée de Free, par exemple), des entreprises abandonnent le secteur, certaines sociétés font faillite, le secteur se consolide ou s'intègre (Numéricable rachète SFR), ce qui en réduit à terme la concurrence et en augmente la rentabilité. On retrouve ici le raisonnement que nous avions vu pour les titres financiers trop rentables ou trop peu rentables compte tenu de leurs risques. Sur les marchés industriels, comme sur les marchés financiers, une relation nécessaire s'instaure donc entre le risque et la rentabilité.

Sur les marchés financiers, beaucoup plus liquides par définition que les marchés industriels, l'équilibre entre la rentabilité et le risque s'établit beaucoup plus vite que sur les marchés industriels où l'entrée est plus difficile que le simple achat d'un titre, et la sortie beaucoup plus compliquée que la simple vente d'un titre.

2 ■ Les stratégies reposant sur la croissance interne

55.4 Une politique de croissance interne a pour objectif de développer l'activité et les profits de l'entreprise en s'appuyant sur ses ressources et ses capacités sans procéder à des acquisitions d'entreprises tierces. L'entreprise joue soit sur le levier de l'innovation pour se différencier par rapport à ses concurrents, soit sur celui de l'abaissement des coûts. Ces deux stratégies peuvent être combinées. Dans un premier temps un nouveau marché est créé grâce à de nouveaux produits ou de nouvelles fonctionnalités (Apple par exemple avec l'iPod, l'iPhone et l'iPad), puis le prix de revient en est abaissé (transport aérien *low cost* ou le PC portable).

Obtenir les coûts de revient les plus bas possible permet à l'entreprise de lutter contre la concurrence, voire de l'éliminer ou de l'empêcher d'entrer dans son secteur d'activité. La politique industrielle a alors pour objectif principal de minimiser un prix de revient unitaire des produits fabriqués.

Dans ce cadre, le cabinet de conseil en stratégie d'entreprise BCG a démontré au début des années 1960, à partir d'études sectorielles, qu'une relation statistique existe entre le volume cumulé de la production et le prix de revient unitaire. Plus le volume cumulé de la production est important, plus le prix de revient unitaire est faible.

Le caractère un peu simpliste de la relation n'a pas manqué d'être critiqué. Néanmoins, dans la majorité des cas, chaque secteur peut être « caricaturé », à un moment donné, par une courbe d'expérience sur laquelle les entreprises se situent plus ou moins bas. Ce type de relation met en évidence le paramètre crucial qu'est le taux de croissance de l'entreprise par rapport à ses concurrents, et plus généralement par rapport à son secteur d'activité. Plus l'entreprise croît vite par rapport à son secteur (c'est-à-dire accroît sa part de marché), plus ses coûts industriels sont bas, et plus elle est en mesure de résister à la concurrence, et donc de survivre. Elle impose en effet une barrière à l'entrée de nouveaux concurrents sous forme de perspective de rentabilité faibles. Ceux-ci devront aligner plus ou moins leurs prix de vente sur ceux pratiqués par l'entreprise déjà en place, alors qu'ils ont des prix de revient supérieurs. D'où des marges plus faibles, voire négatives ! Grâce à l'importance de sa part de marché, l'entreprise réussit à dissuader l'entrée de nouveaux concurrents (fournisseurs d'accès à Internet). Ce modèle est particulièrement vrai pour les secteurs en fort développement.

55.5 Au-delà de la courbe d'expérience, des chercheurs ont aussi constaté qu'une innovation ou qu'un nouveau domaine d'activité stratégique avait une montée en puissance par phase. Le taux de croissance est faible au démarrage, devient très fort ensuite puis redevient faible en phase de maturité pour devenir négatif en phase de déclin. À chaque étape de ce cycle de vie correspondent des stratégies financières spécifiques. Par exemple, en phase de lancement, l'entreprise a des besoins de financement importants et recourt aux capitaux propres. Au contraire, en phase de maturité, l'objectif est de traire la rente et l'endettement y aide puissamment.

Le rôle du financier est alors de fournir à l'entreprise les moyens financiers de cette politique de croissance interne. En effet, dans le cadre d'une telle stratégie, l'entreprise se fixe un objectif de taux de croissance de l'activité qui, pour être atteint, nécessite la réalisation d'investissements de R&D (innovation), de marketing (politique commerciale agressive) ou corporels et d'exploitation (prix de revient), d'où des besoins de financement. Ces besoins peuvent être couverts partiellement, totalement, ou en excès, par les ressources que l'entreprise sécrète (sa rentabilité). D'un point de vue financier, une stratégie de croissance interne débouche nécessairement sur l'analyse de l'adéquation entre le taux de croissance de l'activité (mesuré par l'évolution du chiffre d'affaires) et le taux de rentabilité de l'entreprise, comme nous l'avons vu au paragraphe 40.11.

On y a démontré que le taux de croissance interne que l'entreprise peut supporter sans faire appel à ses actionnaires et sans modifier sa structure financière est égal au taux de rentabilité des capitaux propres multiplié par (1 – taux de distribution des bénéfices).

Le rôle de la politique financière est alors :

- de gérer au mieux les besoins de fonds de l'entreprise, en évitant que leur taux de croissance ne dépasse celui de l'activité : contrôle très strict des stocks, suivi étroit des créances clients, utilisation au mieux du crédit fournisseur, absence d'investissements non directement productifs ;
- d'obtenir une forte rentabilité des capitaux propres, malgré une rentabilité économique qui peut être faible (importance des investissements), en « jouant » sur l'effet de levier ;
- d'abaisser le coût du crédit par une gestion rigoureuse de l'endettement ;
- éventuellement d'ouvrir le capital (entrée de nouveaux actionnaires) sur la base d'une valorisation élevée.

Si, dans le cadre de la croissance interne, la politique industrielle correspond à une fuite en avant pour abaisser les coûts unitaires de production ou sortir innovation après innovation, la politique financière a, au contraire, pour exigence la rigueur et la continuité.

3 ▪ Les stratégies reposant sur la croissance externe

55.6 Inversement, une politique industrielle de croissance externe est essentiellement marquée par l'opportunisme : opportunité que telle ou telle entreprise soit à vendre et puisse être achetée, ce qui nécessite la mobilisation d'importantes ressources financières en peu de temps. Dès lors, la politique financière liée à une stratégie industrielle de croissance externe a pour objet de ménager à l'entreprise des réserves de liquidités importantes, existantes (augmentation de capital, crédits bancaires, emprunt obligataire sans objet immédiat...) ou potentielles (lignes de crédits confirmées mais non utilisées, cours boursiers élevés qui facilitent d'éventuelles augmentations de capital ou des échanges de titres lors d'un rapprochement...). C'est ainsi que mi-2014, Nestlé disposait d'environ 5,7 Md€ de disponibilités, pouvait céder des actions L'Oréal lui permettant de récupérer environ 22 Md€ et avait l'autorisation de ses actionnaires pour réaliser des augmentations de capital d'un montant total maximal d'environ 6,8 Md€, sans compter des lignes de crédits bancaires non tirées pour 10 Md€.

4 ▪ L'impact de la stratégie sur le point mort

55.7 Comme nous l'avons vu au chapitre 11, la notion de point mort est très importante parce qu'elle commande la sensibilité du bénéfice à une variation d'activité. Plus une entreprise est proche de son point mort, plus elle est sensible à une diminution de son chiffre d'affaires. Au contraire, plus l'entreprise en est éloignée, moins elle est sensible à une variation de son activité. Elle est donc financièrement plus stable.

Dès lors, toute stratégie, quelle qu'elle soit, doit être appréciée en fonction de ses implications sur le point mort de l'entreprise.

Si elle a pour conséquence de l'élever plus que n'augmente le niveau de l'activité, le risque industriel de l'entreprise est accru. Si en revanche, elle abaisse le point mort, le risque industriel de l'entreprise diminue, à moins d'une décroissance plus rapide de l'activité.

Une telle réflexion ne peut être menée indépendamment du secteur de l'entreprise. Si celui-ci est cyclique, l'entreprise doit minimiser ses frais fixes pour être le plus loin possible de son point mort, et pouvoir mieux résister aux inéluctables retournements de conjoncture. Dans certains secteurs, l'intégration vers l'amont (contrôle des fournisseurs) est une erreur, car elle accroît considérablement le point mort de l'entreprise et son risque industriel. Au contraire, dans un secteur en croissance, le pari de l'industrialisation peut être tenté, car l'activité croît normalement plus vite que le point mort ne s'élève. Mais l'attention doit être portée alors sur les erreurs d'appréciation de la durée de la croissance…

Nous ne sommes pas sûrs que les sidérurgistes qui ont acheté des mines de fer et de charbon comme Arcelor Mittal ne se soient pas trompés : ils se sont focalisés sur le contrôle d'une partie de la matière première pour réduire leur sensibilité à son prix lorsque la conjoncture est bonne comme si celle-ci devait rester durablement bonne. Ce faisant ils ont sous-estimé la donnée majeure de cette industrie qui est la permanence du cycle avec des phases hautes et des phases basses. En phase basse, la matière première est abondante et peu chère mais les coûts fixes sont là.

Section 2 ■ Les actionnaires

55.8 À travers la détention des actions, les actionnaires sont propriétaires de l'entreprise et prennent les décisions stratégiques et de politique financière. Ils constituent donc un autre pilier de la politique financière.

La théorie nous a montré (chapitre 23) que, pour un niveau de risque donné, la rentabilité maximale est atteinte lorsque l'investisseur est totalement diversifié et possède alors une fraction de chaque actif financier existant. Dans ce cadre, l'actionnaire est indifférent à la stratégie et à la politique financière de l'entreprise.

La pratique diffère quelque peu de la théorie, car les investisseurs sont rarement totalement diversifiés. En fait, diverses situations peuvent se rencontrer. Retenons-en trois :

- il existe un actionnaire majoritaire qui est très fréquemment le dirigeant ;
- il existe un actionnaire minoritaire mais dirigeant ;
- aucun actionnaire minoritaire ne peut, ou ne veut, devenir dirigeant ; les actionnaires sont alors obligés de confier la direction de l'entreprise à un manager extérieur.

1 ■ L'entreprise familiale

55.9 La confusion entre le statut de dirigeant et celui d'actionnaire principal s'accompagne d'un amalgame du patrimoine personnel du dirigeant et du patrimoine de l'entreprise même si ceux-ci peuvent être séparés juridiquement par le statut d'une société à responsabilité limitée. Dès lors, la politique financière de l'entreprise n'est plus qu'un outil pour atteindre les objectifs de l'actionnaire majoritaire ou principal dont le portefeuille non diversifié est loin de répondre aux enseignements de la théorie ! Certains, convaincus que leur métier était leur meilleur champ d'investissement, ont peu diversifié l'entreprise familiale (Hermès, Publicis...).

À l'inverse, pourquoi les groupes Bolloré, Bouygues, Dassault... sont-ils diversifiés ? À défaut de pouvoir diversifier leur patrimoine propre, ce qui les aurait amenés à céder le contrôle de l'entreprise familiale, les actionnaires familiaux ont diversifié les activités de l'entreprise tout en en gardant le contrôle.

Pour l'entreprise familiale, le dilemme est souvent ainsi entre croissance, diversification, contrôle et risque. L'entreprise qui veut croître mais dont les actionnaires ne souhaitent pas être dilués par des augmentations de capital qu'ils ne pourraient pas suivre est condamnée à s'endetter et à se fragiliser en cas de crise (CMA CGM, Manitou, Sacyr...). Alternativement, elle peut choisir de croître lentement et courra alors le risque d'être marginalisée sur son marché, de faire faillite ou finir par être rachetée (Peugeot ?).

Les entrepreneurs audacieux, mais sages, convaincront leur famille de la nécessité de la dilution du contrôle pour donner à l'entreprise des capitaux propres suffisants pour lui permettre de mettre en œuvre sa stratégie. Et si celle-ci est bien déployée, ils pourront garder le contrôle que nul ne viendra leur contester malgré une part du capital faible (10 à 20 %) mais bien valorisée. C'est tout le pari réussi des familles Pernod et Ricard qui ont fait en 40 ans du leader français du Pastis, contrôlé par les familles éponymes, et capitalisant 280 M€, le deuxième groupe mondial de spiritueux, valant en Bourse 24 Md€ et dont elles ne détiennent plus que 14,3 % des actions.

Certes, il existe des entreprises dont l'importance des marges est telle qu'elles peuvent croître par autofinancement sans trop s'endetter ni procéder à des augmentations de capital trop dilutives du contrôle des fondateurs : Google, JCDecaux, etc., mais elles sont l'exception plus que la règle.

La cinquième partie de cet ouvrage aurait pu convaincre notre lecteur que les ressources de l'ingénierie financière permettraient de toujours reculer le moment fatidique en déconnectant le capital des droits de vote, en faisant entrer des minoritaires dans les filiales ou dans la holding de contrôle.

Mais ne nous trompons pas. Si ces montages permettent de gagner du temps, de relancer le développement d'un groupe, ils ont toujours un coût qui se matérialise par une décote sur la valeur ou, ce qui revient au même, par un coût du capital plus élevé. Ils conduisent à s'éloigner du principe de base : une action, un droit de vote. À terme ils vont finir par s'avérer bloquant. Notre expérience montre qu'ils doivent alors être supprimés : Pernod Ricard n'a plus de boucle d'autocontrôle, L'Oréal n'a plus d'actions sans droit de vote ou à droit de vote double, NRJ n'a plus de holding de contrôle détenant sa marque.

2 ▪ L'entreprise avec un dirigeant actionnaire minoritaire

55.10 La théorie financière ne s'applique pas davantage lorsque le dirigeant n'est qu'un actionnaire minoritaire. La situation peut être assez complexe. Pour garder sa position, et le contrôle de l'entreprise, le dirigeant minoritaire recourt souvent à la politique financière pour fidéliser son actionnariat : distribution généreuse de dividendes, préférence pour l'endettement au détriment des augmentations de capital qui entraîneraient une réduction de son contrôle sur l'entreprise car il n'a pas les moyens financiers de les suivre…

Lorsque la situation financière de l'entreprise le permet, il lui fera racheter ses actions afin de renforcer sa participation.

3 ▪ L'entreprise sans actionnaire important

55.11 Le problème est tout à fait différent lorsque le dirigeant n'est pas actionnaire ou ne détient qu'une part infime du capital. Il peut en effet poursuivre des objectifs différents de ceux des actionnaires dont il a reçu mandat pour gérer l'entreprise : puissance, avantages matériels, popularité médiatique… (Jean-Marie Messier chez Vivendi, Pierre Richard chez Dexia, etc.) Dans certains cas extrêmes, les objectifs du manager peuvent être contradictoires avec ceux des actionnaires. Au niveau de la politique financière :

- il peut être tenté de distribuer beaucoup de dividendes pour apaiser les actionnaires et leur faire oublier la valeur de leurs actions (qui a alors peu de chances de progresser) ;
- il est réticent à l'endettement, conscient que celui-ci accroît le risque de faillite de l'entreprise et entraînerait la perte de son poste ;
- il peut être réticent à des augmentations de capital qui introduiraient de nouveaux actionnaires pouvant remettre en cause son mandat.

Le conseil d'administration, quand il joue pleinement son rôle, doit empêcher de telles dérives, quitte à changer le dirigeant (Vinci, Valeo).

Section 3 ▪ L'environnement macroéconomique

55.12 Trois paramètres influent fondamentalement sur la stratégie de l'entreprise et sur sa politique financière :

- le taux de croissance en volume de l'économie qui pose le décor dans lequel va s'insérer l'activité de l'entreprise ;
- le taux d'intérêt sans risque qui sert de base à la détermination du coût des capitaux propres et du taux de l'endettement ;
- le taux d'inflation dans le secteur de l'entreprise.

Plus que chacun de ces trois paramètres pris individuellement, c'est leur interaction qui importe.

On pourra ainsi avoir un contexte de croissance en volume forte, de hausse de l'inflation et de taux d'intérêt réels négatifs comme dans l'Europe des années 1960 ou la Chine du milieu des années 2000. Les entreprises seront alors poussées à l'endettement, à la surproduction et au surinvestissement qui créent des profits d'inflation (voir paragraphe 40.6).

Des groupes peuvent ainsi être créés, en apparence puissants par leur taille et leurs profits, mais en réalité fragiles par leur structure financière surtout s'ils se sont habitués à la drogue inflationniste qui n'a qu'un temps. Elle disparaît brutalement à la fin des années 1970 en Europe et aux États-Unis quand les États portent les taux d'intérêt réels à des niveaux au-delà de 5 % au prix d'une grave crise économique.

Actuellement, la croissance économique faible dans les pays développés (dans le meilleur des cas !), et les incertitudes fortes sur l'avenir, poussent les entreprises à se désendetter, quitte à céder des actifs plus ou moins périphériques et à mettre entre parenthèses la stratégie en attendant des jours meilleurs !

On nous prédit un redémarrage de l'inflation dans quelques années compte tenu des liquidités massivement injectées pour faire redémarrer la machine économique. Peut-être. Le désendettement massif des banques, des ménages, des entreprises, des *hedge funds* et puis maintenant des États peut en faire douter.

Section 4 ▪ Une illustration, SEB ou la finance au service de l'industrie

55.13 SEB, le leader mondial du petit électroménager domestique (6 produits vendus chaque seconde dans le monde, 250 nouveaux produits lancés par an, 4,2 Md€ de chiffre d'affaires en 2013), nous paraît être un bon exemple de ce qu'un bon directeur financier doit faire pour apporter sa pierre, jour après jours, au développement et aux succès de son entreprise :

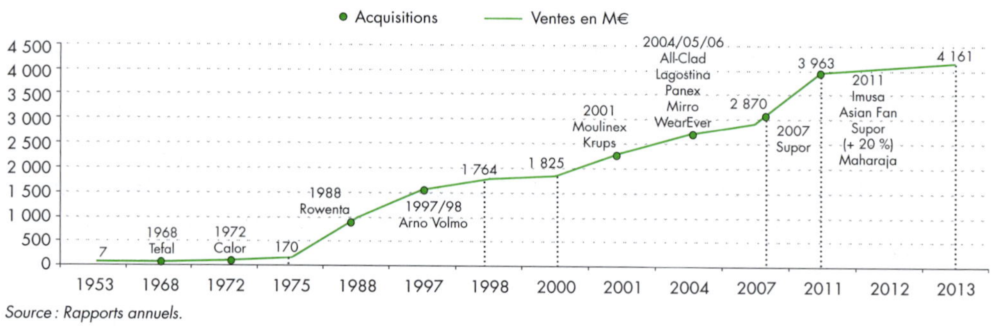

Source : Rapports annuels.

SEB a été fondé en 1857 par une famille, les Lescure, qui ont introduit en Bourse le groupe en 1975 et qui détiennent actuellement 42 % des actions, 58 % des droits de vote, et 10 postes d'administrateurs sur 15.

Cette famille donne l'impression de se sentir moins propriétaire de ses actions que dépositaire de celles-ci pour la génération suivante, un peu dans l'esprit de slogan publicitaire des montres Patek Philippe[1].

1 « *You never actually own a Patek Philippe. Your merely look after it for the next generation.* »

Compte tenu de cet état d'esprit, nos lecteurs ne seront pas surpris que la politique financière de SEB soit marquée du sceau de la prudence. Sur les 10 dernières années, le rapport dette / EBE n'a jamais dépassé 2 fois. C'est se garder une flexibilité financière et donc du temps pour traverser une crise ou adapter un modèle économique à une nouvelle donne. Dans le même secteur, une autre entreprise familiale, Moulinex, avec une stratégie agressive d'investissements financés par endettement, n'a pas su ou pu s'adapter à la mondialisation de la production et a fait faillite. SEB n'est pas près d'oublier cette leçon ayant ensuite racheté Moulinex à la barre du tribunal de commerce !

De la même façon depuis 1985[1], le dividende par action n'a jamais été réduit, ce qui veut dire que le taux de distribution moyen est faible pour permettre à l'entreprise de s'autofinancer plus largement mais aussi pour ne pas avoir à réduire le dividende par action en cas de crise sévère comme en 1998 et 1999 (crise russe). Le graphique de la page 854 l'illustre.

Il faut dire que lorsque le bloc familial est fait d'environ 260 individus dont un seul travaille dans l'entreprise, il vaut mieux faire attention à la politique de distribution puisque pour certains actionnaires familiaux cela représente une partie importante de leurs revenus. La fidélité actionnariale a pour corollaire la constance dans la politique de distribution : dividende jamais réduit et ayant progressé en moyenne de 8 % par an depuis 1986.

La stratégie générale de l'entreprise est le second élément déterminant d'une politique financière. SEB est dans un secteur d'intensité capitalistique faible : le rapport chiffre d'affaires sur actif économique est de l'ordre de 1,8 et les investissements annuels de l'ordre de 130 M€ représentent 40 % de la capacité d'autofinancement. En fait, une partie des investissements passe par le compte de résultat : la recherche et développement (2 % du chiffre d'affaires) et la publicité (3 à 4 %, soit autant que les investissements classiques).

Dans ce secteur, SEB croît par croissance organique fondée sur l'expansion géographique (présent dans 150 pays) et l'innovation produit (de la super-cocotte à la friteuse Actifry), mais aussi très largement par croissance externe. Des 20 marques que possède le groupe, une seule a été développée en interne (SEB), toutes les autres (Moulinex, Tefal, Krups, Calor, Lagostina, Supor, Rowenta…) ont été acquises dont la moitié depuis 2001.

Autrement dit, la politique financière de SEB doit ménager des réserves de liquidités importantes, mobilisables à tout moment car en matière de croissance externe, il faut comme Saint Matthieu « veiller, car vous ne savez ni le jour ni l'heure » où telle ou telle cible deviendra disponible.

Si SEB a un endettement bancaire et financier net de 416 M€ fin 2013, il dispose en plus de crédits confirmés à long terme, non tirés, de l'ordre de 600 M€ et ce jusqu'à février 2016, auxquels se rajoutent 426 M€ de trésorerie active. Au total, de quoi faire des emplettes ou faire face à des chocs !

1 Nous ne sommes pas remontés avant.

Annexes

- Vingt premières capitalisations boursières (en Md€)
  - Allemagne
  - Bénélux
  - Brésil
  - Chine
  - Espagne
  - États-Unis
  - France
  - Inde
  - Italie
  - Japon
  - Royaume-Uni
  - Russie
  - Suisse
  - Maroc, Liban et Tunisie
- Pouvoir d'achat du franc puis de l'euro depuis 1913
- Soixante ans de recherche en finance d'entreprise

Allemagne

Vingt premières capitalisations boursières (en Md€)

	Groupe	Capitalisation boursière	Bêta	PBR 2013	PER 2014	Chiffre d'affaires ou produit net bancaire 2013	Résultat net 2013	Effectif 2013
1	Volkswagen	89	0,99	1,0	8,5	197,0	9,1	549763
2	Siemens	85	0,88	2,9	14,3	75,9	4,2	366700
3	Bayer	79	0,97	3,8	15,7	40,2	4,6	110500
4	BASF	75	1,07	2,8	6,4	74,0	4,9	113262
5	Daimler	71	1,19	1,7	11,2	118,0	8,7	275087
6	SAP	69	0,88	4,2	16,6	16,9	4,0	64422
7	BMW	58	1,21	1,7	10,3	76,1	5,3	105876
8	Allianz	55	1,09	1,1	8,9	110,8	6,0	144094
9	Deutsche Telekom	51	0,62	2,1	18,0	60,1	2,8	229686
10	Continental	34	1,20	3,8	13,5	33,3	2,4	169639
11	Henkel	33	0,77	3,2	17,5	16,4	1,8	46610
12	Deutsche Post	32	0,87	3,3	15,7	55,1	2,1	473626
13	Deutsche Bank	32	1,24	0,6	9,1	31,9	4,0	98219
14	Muenchener Ruck	30	0,77	1,1	15,2	51,1	3,3	45437
15	E.ON	27	0,89	0,8	14,6	122,5	2,2	72083
16	Audi	27	0,24	1,5	n.s.	0,0	0,0	64626
17	Linde	27	0,64	2,1	17,5	16,7	1,5	61965
18	Merck KGAA	26	0,59	2,3	13,0	10,7	1,9	38847
19	Porsche	24	1,03	0,8	7,6	13,9	2,4	17502
20	Fresenius	19	0,36	2,4	17,2	20,3	1,1	169324

Source : Datastream, avril 2014.

Bénélux

Vingt premières capitalisations boursières (en Md€)

	Groupe	Capitalisation boursière	Bêta	PBR 2013	PER 2014	Chiffre d'affaires ou produit net bancaire 2013	Résultat net 2013	Effectif 2013
1	AB Inbev	126	0,93	3,4	20,3	31,2	5,7	154587
2	Unilever	87	0,67	6,0	18,8	49,8	4,6	174000
3	ING Group	39	1,76	0,8	9,7	15,3	3,3	83690
4	Heineken	29	0,66	2,5	16,9	19,2	1,6	80933
5	ASML	27	0,80	3,8	21,6	5,2	1,0	10360
6	Reed	23	0,78	6,1	14,4	7,1	1,4	n.s.
7	Philips	22	1,06	1,9	15,0	23,3	1,3	114689
8	Arcelor Mittal	20	1,47	0,6	20,0	57,4	– 0,8	232000
9	Unibail-Rodamco	19	0,97	1,2	17,7	1,6	1,0	1538
10	KBC	18	1,83	1,5	10,9	7,2	1,0	n.s.
11	Aegon	14	1,45	0,8	9,2	20,4	1,5	23474
12	Robeco	13	0,56	12,0	n.s.	0,0	0,0	n.s.
13	Ahold	13	0,94	1,9	13,0	32,6	0,9	123000
14	Akzo Nobel	13	1,31	2,2	17,1	14,6	0,6	49561
15	RTL	13	0,45	3,5	16,8	5,9	0,7	9807
16	GBL	12	0,69	0,9	17,5	3,9	0,6	n.s.
17	UCB	12	0,85	2,3	29,4	3,4	0,4	8732
18	SES	11	0,55	4,7	18,0	1,9	0,6	n.s.
19	KPN	11	1,08	2,0	31,2	8,5	0,3	23451
20	Solvay	10	1,16	1,4	16,4	10,4	0,4	29389

Source : Datastream, avril 2014.

Brésil

Vingt premières capitalisations boursières (en Md€)

	Groupe	Capitalisation boursière	Bêta	PBR 2013	PER 2014	Chiffre d'affaires ou produit net bancaire 2013	Résultat net 2013	Effectif 2013
1	Ambev	87	0,18	2,0	20,6	11,3	3,7	51 299
2	Petrobas	65	1,14	0,6	7,3	98,6	7,6	86 108
3	Itau Unibanco	58	0,98	2,3	10,2	22,6	5,1	100 000
4	Vale	51	0,80	1,0	5,0	34,7	8,9	80 000
5	Bradesco	46	1,01	2,0	9,8	20,4	3,9	103 385
6	Banco do Brasil	22	1,06	0,9	6,4	23,6	3,3	114 182
7	Cielo	20	0,22	18,2	19,9	2,2	0,9	113 400
8	Itausa	18	0,97	1,6	8,4	1,8	2,0	110 000
9	BBSeguridade	17	0,50	7,6	17,9	1,1	0,7	53 992
10	Santander Brasil	16	0,52	0,2	n.s.	0,0	0,0	120 000
11	Telef Brasil	16	0,55	1,4	13,5	11,2	1,2	20 000
12	BRF	14	0,46	2,9	22,5	9,9	0,3	7 000
13	Souza	11	0,31	13,5	17,6	2,0	0,5	11 992
14	Ultrapar	10	0,34	4,6	22,1	19,7	0,4	9 000
15	CCR Rodovias	10	0,25	9,0	19,4	1,9	0,4	9 000
16	Tata Consultancy	9	0,66	2,0	17,5	6,4	0,5	1 442
17	BTG Pactual	9	0,77	1,8	7,6	1,9	0,9	151 000
18	Companhia Brasil	8	0,46	2,9	18,9	18,7	0,6	1 125
19	JBS	7	0,97	1,0	10,8	30,0	0,4	n.d.
20	Gerdau	7	0,54	0,6	8,9	12,9	0,5	8 667

Source : Datastream, Exane BNP Paribas, données sociétés, avril 2014.

Chine

Vingt premières capitalisations boursières (en Md€)

	Groupe	Capitalisation boursière	Bêta	PBR 2013	PER 2014	Chiffre d'affaires ou produit net bancaire 2013	Résultat net 2013	Effectif 2013
1	Petrochina	158	0,58	1,2	9,9	261,0	15,0	548 355
2	ICBC	143	0,50	1,0	4,3	68,1	30,4	427 356
3	China Construction Bank	123	0,76	0,9	4,3	58,8	24,8	348 955
4	Agricultural Bank of China	91	0,72	0,9	4,3	53,5	19,2	461 100
5	Bank of China	85	0,58	0,8	4,3	47,1	18,1	305 675
6	China Petroleum and Chemical	70	0,73	1,0	7,8	332,9	7,8	376 201
7	China Life Insurance	47	1,20	1,8	12,1	49,0	2,9	100 310
8	Ping An Insurance	39	1,36	0,2	9,2	27,8	3,3	190 284
9	China Shenhua Energy	33	0,99	1,0	6,6	32,8	5,3	91 487
10	Bank of Communications	33	0,93	0,7	4,1	19,0	7,2	96 259
11	China Merchant Bank	30	1,07	0,1	4,4	15,3	6,0	1 725
12	China CITIC Bank	25	1,41	0,1	5,4	12,1	4,5	41 365
13	China Minsheng Banking	25	1,31	0,1	4,7	13,4	4,9	49 227
14	Industrial & Bank	23	1,43	1,0	4,1	12,6	4,8	42 561
15	Shangai Pudong	21	1,47	0,9	4,0	11,6	4,7	35 784
16	Kweichow Moutai	20	0,66	4,0	10,6	3,6	1,7	13 717
17	China Pacific Insurance	18	1,48	1,5	12,7	22,3	1,1	85 137
18	SAIC Motor	18	1,31	1,1	5,9	65,1	2,9	6 146
19	Citic Securities	14	1,93	1,4	18,7	1,9	0,6	10 452
20	China Everbright Bank	13	0,89	0,8	3,8	7,5	3,1	36 420

Source : Datastream, Exane BNP Paribas, données sociétés, avril 2014.

Espagne

Vingt premières capitalisations boursières (en Md€)

	Groupe	Capitalisation boursière	Bêta	PBR 2013	PER 2014	Chiffre d'affaires ou produit net bancaire 2013	Résultat net 2013	Effectif 2013
1	Santander	82	1,22	1,0	14,5	39,8	4,4	182 958
2	Inditex	67	0,64	7,2	25,2	16,7	2,4	120 314
3	Telefónica	54	1,03	2,5	12,8	57,1	0,0	126 730
4	BBVA	52	1,28	1,1	15,3	21,4	3,2	109 305
5	Iberdrola	31	1,05	0,9	14,2	32,8	2,6	30 678
6	Endesa	28	0,74	1,4	16,5	31,2	1,9	22 995
7	Repsol	25	1,10	0,9	13,4	59,7	1,6	30 296
8	Caixabank	24	1,19	0,9	23,9	6,6	0,5	32 625
9	Gas Natural	20	0,86	1,4	14,9	25,0	1,4	15 173
10	Bankia	17	3,08	1,5	19,9	3,8	0,6	15 560
11	Abertis	14	0,78	2,1	19,4	4,7	0,6	17 123
12	Amadeus	13	0,37	7,2	20,0	3,1	0,6	9 163
13	Grifols	12	0,34	6,2	23,4	2,7	0,5	12 615
14	Ferrovial	12	0,69	1,9	30,6	8,2	0,7	66 098
15	Banco Popular	11	1,53	0,9	26,3	3,7	0,6	16 501
16	Banco Sabadell	10	1,24	0,9	29,3	4,0	0,2	18 077
17	ACS	9	1,08	2,9	12,8	38,4	0,7	161 865
18	Mapfre	9	1,15	1,2	10,1	25,9	0,8	34 942
19	Red Electrica	8	0,60	4,0	14,5	1,8	0,5	1 745
20	Enagas	5	0,50	2,5	13,4	1,3	0,4	1 178

Source : Datastream, Exane BNP Paribas, données sociétés, avril 2014.

États-Unis

Vingt premières capitalisations boursières (en Md€)

	Groupe	Capitalisation boursière	Bêta	PBR 2013	PER 2014	Chiffre d'affaires ou produit net bancaire 2013	Résultat net 2013	Effectif 2013
1	Apple	356	0,87	4,2	13,0	123,5	26,8	75 000
2	Exxon Mobil	313	0,89	2,5	13,3	316,7	23,5	80 300
3	Google	253	0,97	4,0	19,6	43,2	10,7	47 756
4	Microsoft	238	0,85	4,2	14,8	56,3	16,3	99 000
5	Berkshire Hathaway	227	0,75	1,4	19,5	131,6	10,9	302 000
6	Johnson & Johnson	204	0,68	2,7	17,0	51,5	11,5	2 200 000
7	General Electric	193	1,09	2,0	15,7	105,5	12,2	128 100
8	Wells Fargo & Co	187	1,07	1,7	12,0	60,5	15,1	307 000
9	Wal Mart	183	0,54	3,1	14,8	344,2	0,0	64 600
10	Chevron	171	0,98	1,6	11,4	165,4	15,5	431 212
11	Procter & Gamble	159	0,53	3,2	19,3	60,8	0,0	264 900
12	JP Morgan Chase	152	1,42	1,0	10,0	72,1	12,0	121 000
13	International Bus Mchs	143	0,85	9,0	10,6	72,1	13,0	77 700
14	Pfizer	142	0,73	1,9	13,8	37,2	11,0	251 196
15	Verizon Communications	137	0,66	3,4	12,9	87,1	0,0	243 000
16	Coca Cola	130	0,77	5,4	19,6	33,9	6,8	130 600
17	AT&T	129	0,63	2,0	12,8	93,0	0,0	176 800
18	Oracle	127	1,22	4,1	13,6	26,9	9,4	251 000
19	Bank of America	122	1,62	0,8	16,8	64,3	7,3	8 500
20	Merck	122	0,46	n.s.	16,6	31,8	7,5	91 100

Source : Datastream, Exane BNP Paribas, données sociétés, avril 2014.

France

Vingt premières capitalisations boursières (en Md€)

	Groupe	Capitalisation boursière	Bêta	PBR 2013	PER 2014	Chiffre d'affaires ou produit net bancaire 2013	Résultat net 2013	Effectif 2013
1	Total	118	0,93	1,6	10,3	189,5	10,7	98799
2	Sanofi	101	0,89	1,8	14,7	33,0	6,7	112 128
3	L'Oréal	73	0,55	3,2	22,6	23,0	3,1	77452
4	LVMH	72	1,04	2,7	18,7	29,1	3,6	114635
5	BNP Paribas	69	1,55	0,8	10,8	38,8	6,0	188551
6	EDF	53	0,99	1,4	14,0	75,6	4,1	158467
7	GDF Suez	46	1,02	0,8	13,9	89,3	0,0	224000
8	Axa	45	1,63	0,9	9,0	91,2	5,2	93 146
9	Airbus	39	0,80	3,6	16,1	59,3	2,4	144061
10	Schneider Electric	39	1,50	2,1	16,6	23,6	2,0	163033
11	Société Générale	35	1,92	0,8	9,9	22,8	3,9	148324
12	Danone	33	0,32	2,9	18,8	21,3	1,6	104642
13	Vinci	32	1,13	2,1	14,5	40,3	2,0	190704
14	Air Liquide	32	0,77	3,0	18,5	15,2	1,6	18308
15	Orange	29	1,00	1,2	11,6	41,0	2,7	165488
16	Crédit Agricole	28	1,71	0,6	10,0	16,0	2,4	75529
17	Christian Dior	27	1,05	2,4	15,3	29,9	3,9	108546
18	Hermès	27	0,55	9,2	30,4	3,8	0,8	11037
19	Vivendi	26	0,71	1,5	18,8	22,1	1,5	29378
20	Saint-Gobain	24	1,38	1,3	17,5	42,0	1,0	185364

Source : Datastream, Exane BNP Paribas, données sociétés, avril 2014.

Inde

Vingt premières capitalisations boursières (en Md€)

	Groupe	Capitalisation boursière	Bêta	PBR 2013	PER 2014	Chiffre d'affaires ou produit net bancaire 2013	Résultat net 2013	Effectif 2013
1	Tata Consultancy	51	0,19	7,1	19,8	9,7	2,3	276196
2	Oil & Natural Gas Corp.	37	1,10	1,8	11,5	51,8	2,7	23519
3	Reliance Industries	33	1,34	1,3	10,4	19,2	2,9	32923
4	ITC	33	0,71	11,0	31,5	3,5	0,9	25900
5	Coal India	23	0,86	3,7	11,9	8,1	2,1	357926
6	HDFC Bank	22	0,39	4,2	15,2	6,0	1,3	156688
7	Infosys Technologies	21	1,12	3,6	16,7	3,1	1,0	69065
8	State Bank of India	19	1,65	1,0	13,5	7,2	1,7	228296
9	Icici Bank	17	1,73	1,7	13,5	2,0	1,2	81250
10	Housing Development Finance	17	1,00	4,0	25,4	0,9	0,6	1833
11	Bharti Airtel	16	0,93	1,7	42,2	9,6	0,3	15563
12	Sun Pharmaceutical Industries	15	0,36	1,4	24,3	1,3	0,4	14000
13	Wipro	15	0,10	2,1	14,3	5,2	0,9	135920
14	Tata Motors	15	1,22	7,2	9,3	22,4	1,3	62716
15	Hindustan Unilever	15	0,40	3,0	34,4	3,1	0,4	16500
16	Larsen & Toubro	15	1,71	2,4	25,6	8,9	0,6	54092
17	HCL Technologies	12	0,18	2,2	16,6	3,0	0,5	85505
18	NTPC	12	0,83	1,8	9,3	8,1	1,3	25484
19	Axis Bank	9	1,77	2,8	10,6	1,4	0,7	37901
20	Mahindra & Mahindra	8	0,79	1,1	17,7	4,8	0,4	19434

Source : Datastream, Exane BNP Paribas, données sociétés, avril 2014.

Italie

Vingt premières capitalisations boursières (en Md€)

	Groupe	Capitalisation boursière	Bêta	PBR 2013	PER 2014	Chiffre d'affaires ou produit net bancaire 2013	Résultat net 2013	Effectif 2013
1	Eni	67	0,81	1,1	13,7	115,0	4,4	77 838
2	Intesa Sanpaolo	39	1,53	0,9	18,6	16,3	1,2	96 170
3	Enel	38	1,11	1,1	12,8	80,5	3,1	73 702
4	Unicredit	37	1,77	0,7	19,2	24,0	– 4,3	162 864
5	Generali	26	1,16	1,3	11,7	66,1	2,5	77 185
6	Luxottica	19	0,28	4,6	27,4	7,3	0,6	70 307
7	Tenaris	19	0,64	2,1	15,0	7,7	1,1	26 825
8	Telecom Italia	16	1,18	1,0	11,4	27,2	1,5	59 507
9	Atlantia	15	0,73	2,7	18,7	4,2	0,6	14 220
10	Snam	14	0,52	2,4	14,5	3,5	0,9	6 034
11	CNH Industrial	11	1,11	2,8	10,0	25,8	0,9	70 034
12	Fiat	11	1,15	1,2	13,0	86,8	0,1	225 587
13	Enel Green Power	10	1,03	1,4	19,1	2,8	0,5	3 512
14	Saipex	9	1,13	1,9	24,1	12,0	– 0,4	42 554
15	Exor	8	0,75	0,1	14,0	0,0	2,1	287 343
16	Terna Rete Elettrica	8	0,43	2,6	15,3	1,9	0,5	3 433
17	Unipolsan	7	0,24	1,0	10,6	9,7	0,3	7 476
18	Mediobanca	7	1,48	1,0	13,4	1,6	0,2	3 505
19	Unione Di Banche Italian	6	1,67	0,5	23,3	3,4	0,3	18 360
20	Pirelli	6	0,75	2,5	13,4	6,1	0,3	35 359

Source : Datastream, Exane BNP Paribas, données sociétés, avril 2014.

Japon

Vingt premières capitalisations boursières (en Md€)

	Groupe	Capitalisation boursière	Bêta	PBR 2013	PER 2014	Chiffre d'affaires ou produit net bancaire 2013	Résultat net 2013	Effectif 2013
1	Toyota Motor	134	1,14	1,4	9,3	156,3	6,8	333 498
2	Softbank	66	0,96	5,9	18,1	23,9	2,1	24 598
3	Mitsubishi UFJ	55	1,27	0,7	8,3	33,7	6,0	85 854
4	NTT Docomo	49	0,63	1,2	12,8	31,7	3,5	23 890
5	Japan Tobacco	48	0,69	0,0	15,7	14,6	2,4	49 507
6	Honda Motor	45	1,12	1,2	10,6	70,0	2,6	190 338
7	Nippong Telg	44	0,68	0,8	10,6	75,8	3,7	227 168
8	Sumimoto Mitsui	40	1,25	0,9	6,9	30,6	5,6	64 635
9	KDDI	34	0,84	1,8	13,4	25,9	1,7	20 238
10	Mizuho Financial	34	1,02	0,9	7,5	20,6	4,0	55 492
11	Fanuc	31	0,93	3,0	26,3	3,2	0,8	5 261
12	Canon	30	0,95	1,3	14,8	26,4	1,6	194 151
13	Denso	30	1,15	1,4	12,9	29,0	2,0	132 276
14	Nissan	28	0,95	1,0	10,0	68,2	2,4	160 530
15	Fast Retailing	26	1,24	6,0	37,0	8,1	0,6	23 982
16	Hitachi	26	1,21	1,7	14,6	64,0	1,2	326 240
17	Takeda Pharmaceutical	25	0,55	1,7	31,9	11,0	0,9	30 481
18	Seven & I	25	0,86	1,7	18,3	39,9	1,2	55 011
19	Mitsubishi Estate	22	1,29	2,5	52,0	6,6	0,3	8 001
20	Mitsubishi	22	0,81	0,7	7,1	143,1	2,6	65 975

Source : Datastream, Exane BNP Paribas, données sociétés, avril 2014.

Royaume-Uni — Vingt premières capitalisations boursières (en Md€)

	Groupe	Capitalisation boursière	Bêta	PBR 2013	PER 2014	Chiffre d'affaires ou produit net bancaire 2013	Résultat net 2013	Effectif 2013
1	Shell	179	0,89	1,3	10,8	326,1	14,1	92000
2	HSBC	138	1,23	1,1	11,0	43,8	11,3	254066
3	BHP Billiton	132	1,43	2,4	12,1	47,7	8,5	49496
4	BP	111	0,89	1,2	10,3	274,0	9,7	83900
5	Glaxosmithkline	98	0,66	11,3	15,2	32,2	6,6	99817
6	Unilever	87	0,79	6,2	19,8	51,4	4,8	174000
7	British American Tobacco	78	0,80	10,5	15,9	18,5	5,0	87485
8	Rio Tinto	75	1,63	1,7	10,0	37,0	7,4	66331
9	Vodafone	70	0,90	0,9	16,2	54,0	9,4	91272
10	Lloyds	65	1,33	1,7	10,9	22,8	6,0	88977
11	Astrazeneca	63	0,60	3,7	16,0	18,6	4,6	51700
12	Sabmiller	61	1,01	3,3	21,8	16,8	2,7	70486
13	Diageo	55	0,71	7,1	18,1	13,9	3,2	28410
14	Glencore Xstrata	51	1,37	1,4	14,3	168,2	2,6	110378
15	Barclays	50	1,75	0,8	9,2	34,2	2,9	139600
16	BG Group	47	1,33	2,2	17,3	13,9	3,2	5713
17	Reckitt Benckiser	43	0,64	5,6	18,9	12,2	2,4	35900
18	Prudential	42	1,49	3,6	14,0	36,3	1,6	22308
19	RBS	42	1,62	0,6	15,1	23,6	– 3,7	119200
20	Standard Chartered	38	1,17	1,2	10,5	13,6	3,6	86640

Source : Datastream, Exane BNP Paribas, données sociétés, avril 2014.

Russie — Vingt premières capitalisations boursières (en Md€)

	Groupe	Capitalisation boursière	Bêta	PBR 2013	PER 2014	Chiffre d'affaires ou produit net bancaire 2013	Résultat net 2013	Effectif 2013
1	Gazprom	60	1,15	0,3	2,4	110,9	27,5	417000
2	OC Rosneft	48	0,60	0,7	6,5	106,5	12,4	166100
3	Sberbank	31	1,34	1,2	4,2	19,5	7,3	306123
4	Lukoil	31	0,74	0,6	3,8	102,2	5,7	150000
5	Surgutneftegas	21	0,94	0,4	4,0	19,8	4,2	117000
6	Norilsk Nickel	21	0,58	3,0	11,7	8,3	0,5	96000
7	RN Holding	20	0,21	1,8	3,7	40,1	6,1	42000
8	Novatek	20	1,08	2,3	9,8	6,8	1,6	5400
9	Magnit	13	0,94	6,5	15,7	13,2	0,8	220000
10	Gazprom Neft	13	0,59	2,2	3,2	34,1	4,0	57500
11	Megafon	11	0,77	0,6	9,7	6,0	1,0	33000
12	Transneft	11	0,82	4,4	3,3	15,0	3,1	106000
13	Mobile Telesystems	10	0,72	0,6	7,3	8,0	1,5	62000
14	VTB Bank	10	1,14	4,1	3,7	8,4	2,0	80860
15	Tafneft	9	1,21	0,3	5,6	10,3	1,6	77000
16	Bashneft	9	0,56	0,9	5,8	12,8	1,0	28000
17	Uralkali	9	0,54	1,4	13,8	2,4	0,5	21200
18	Sistema	7	1,12	0,9	4,8	23,0	1,4	90000
19	Moscow Mun. Bk.	5	0,12	0,8	n.s.	0,0	0,0	12926
20	Alrosa	5	0,71	0,7	6,1	3,8	0,7	30287

Source : Datastream, Exane BNP Paribas, données sociétés, avril 2014.

Suisse

Vingt premières capitalisations boursières (en Md€)

	Groupe	Capitalisation boursière	Bêta	PBR 2013	PER 2014	Chiffre d'affaires ou produit net bancaire 2013	Résultat net 2013	Effectif 2013
1	Roche	180	1,05	11,2	16,9	38,4	10,1	86 858
2	Nestlé	177	0,72	3,4	19,2	75,6	8,2	333 000
3	Novartis	165	0,92	2,8	16,0	41,9	9,0	135 696
4	UBS	56	1,37	1,4	14,8	22,7	3,3	60 205
5	ABB	44	1,40	2,6	16,8	30,2	2,4	147 700
6	Richemont	38	1,35	3,9	19,1	10,2	2,0	27 666
7	Crédit Suisse	36	1,43	1,0	11,1	21,3	3,4	46 000
8	Zurich Insurance Group	31	0,96	1,1	10,3	37,6	2,9	55 102
9	Syngenta	26	0,83	3,8	17,9	10,6	1,3	29 000
10	Swatch	25	1,21	3,2	16,7	6,9	1,6	31 114
11	Swiss Reinsurance	23	0,82	1,0	9,9	26,7	3,2	11 574
12	Swisscom	22	0,59	4,5	16,1	9,4	1,4	20 108
13	Holcim	21	1,30	1,6	18,1	16,2	1,0	70 857
14	SGS Surveillance	14	0,70	7,4	23,4	4,8	0,5	80 510
15	Schindler	13	0,70	6,3	22,1	7,2	0,4	48 169
16	Kuehne & Nagel	12	0,70	5,6	21,8	17,2	0,5	72 399
17	Adecco	11	1,37	2,4	15,6	19,5	0,6	31 000
18	Givaudan	11	0,69	3,8	21,4	3,6	0,4	9 331
19	Lindt & Spruengli	9	0,52	4,5	35,5	2,4	0,2	8 949
20	Geberit	9	0,91	6,4	22,5	1,9	0,4	6 226

Source : Datastream, Exane BNP Paribas, données sociétés, avril 2014.

Maroc-Liban-Tunisie

Vingt premières capitalisations boursières (en Md€)

	Groupe	Capitalisation boursière	Bêta	PBR 2013	PER 2014	Chiffre d'affaires ou produit net bancaire 2013	Résultat net 2013	Effectif 2013
1	Maroc Telecom	8	1,45	4,5	14,0	2,5	0,6	11 912
2	Attijariwafa Bank	6	1,14	1,6	13,3	1,6	0,5	14 686
3	BMCE Bank	3	n.s.	2,0	n.s.	0,9	0,2	10 000
4	Bank BCP	3	0,01	1,0	15,2	1,2	0,3	10 660
5	Bank Audi	2	0,85	0,5	21,0	0,4	0,1	972
6	Lafarge ciments	2	0,24	1,0	7,4	0,8	0,2	4 839
7	Solidere	2	n.s.	n.s.	10,6	0,8	0,2	n.s.
8	Blom Bank	2	1,16	n.s.	5,4	0,6	0,3	500
9	Groupe Addoha	2	0,09	0,2	23,1	0,2	0,1	2 482
10	Centrale Laitière	1	0,75	0,9	35,5	0,6	0,0	4 044
11	Managem	1	0,84	0,2	14,2	0,3	0,1	n.s.
12	Compagnie Général Immobilière	1	n.s.	0,3	24,8	0,3	0,0	1 080
13	BMCI	1	0,72	3,2	27,4	0,3	0,0	2 890
14	Wafa Assurances	1	0,89	0,3	13,8	0,6	0,1	451
15	Ciment du Maroc	1	n.s.	n.s.	7,0	0,3	0,1	2 600
16	Byblos Bank	1	n.s.	n.s.	13,3	0,4	0,1	2 179
17	Cosumar	1	0,76	n.s.	n.s.	0,5	0,1	2 684
18	Holcim Maroc	1	n.s.	n.s.	16,3	0,3	0,0	10 857
19	Banque de Tunisie	1	n.s.	n.s.	12,5	0,2	0,0	n.s.
20	Brasseries du Maroc	1	n.s.	1,1	19,4	0,1	0,0	866

Source : Datastream, Exane BNP Paribas, données sociétés, avril 2014.

Valeur d'un euro depuis 1913

1 FF de l'année	vaut en € de 2013	1 FF de l'année	vaut en € de 2013	1 FF de l'année	vaut en € de 2013
1913	3,339	1947	0,055	1981	0,365
1914	3,339	1948	0,035	1982	0,327
1915	2,783	1949	0,031	1983	0,298
1916	2,504	1950	0,028	1984	0,277
1917	2,087	1951	0,024	1985	0,262
1918	1,616	1952	0,021	1986	0,255
1919	1,318	1953	0,022	1987	0,248
1920	0,945	1954	0,022	1988	0,241
1921	1,089	1955	0,021	1989	0,233
1922	1,113	1956	0,021	1990	0,225
1923	1,022	1957	0,020	1991	0,218
1924	0,894	1958	0,017	1992	0,213
1925	0,835	1959	0,016	1993	0,209
1926	0,634	1960*	1,576	1994	0,205
1927	0,611	1961	1,526	1995	0,202
1928	0,611	1962	1,456	1996	0,198
1929	0,576	1963	1,389	1997	0,196
1930	0,569	1964	1,343	1998	0,194
1931	0,596	1965	1,310	1999	0,193
1932	0,650	1966	1,276	2000	0,190
1933	0,677	1967	1,242	2001	0,187
1934	0,705	1968	1,188	**1 € de l'année**	**vaut en € de 2013**
1935	0,771	1969	1,116	2002**	1,203
1936	0,716	1970	1,061	2003	1,178
1937	0,569	1971	1,004	2004	1,153
1938	0,501	1972	0,946	2005	1,134
1939	0,468	1973	0,866	2006	1,115
1940	0,398	1974	0,761	2007	1,099
1941	0,338	1975	0,681	2008	1,069
1942	0,281	1976	0,622	2009	1,068
1943	0,227	1977	0,568	2010	1,051
1944	0,186	1978	0,521	2011	1,030
1945	0,125	1979	0,470	2012	1,010
1946	0,082	1980	0,414	2013	1,000

Source : INSEE.
** Passage au nouveau franc (= 100 anciens francs).*
*** Passage à l'euro (= 6,55957 francs).*

Soixante ans de recherche en finance d'entreprise

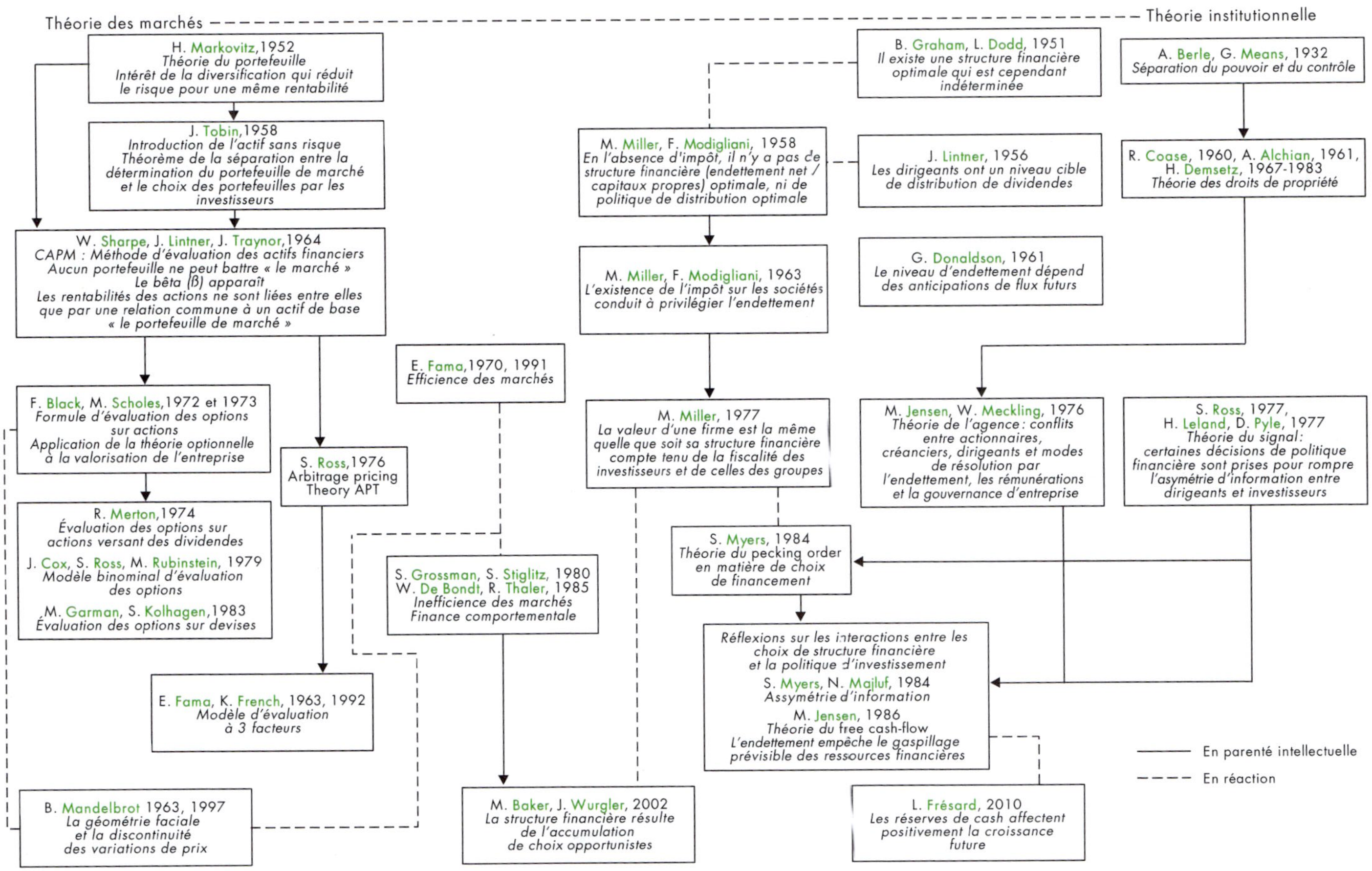

Glossaire

Le glossaire regroupant plus de 2 300 termes de finance est disponible sur le site www.vernimmen.net avec des liens vers les termes équivalents en anglais du glossaire du site en anglais www.vernimmen.com.

Vous trouverez sur les applis iPhone et Android un glossaire reprenant les 500 principaux termes.

Index des notions

Le premier chiffre correspond au numéro de chapitre ; le second au numéro de paragraphe.

144-A, 29.8

A

À l'achèvement, 8.101
À l'avancement, 8.101
À la monnaie, 27.10
ABB, 29.37
ABSA, 28.2
ABSO, 28.2
Absolute return, 22.22
Abus de droit des majoritaires, 45.4
Accelerated bookbuilding, 29.37
Accord-cadre de crédit, 25.10
Achat de blocs, 48.19
Acid test ratio, 13.19
Acompte sur dividende, 41.5
ACP, 45.31
Acquisition d'une société, 48.1
Acquisition facility, 50.14
Acquisition ordonnée, 43.16
Actif circulant, 4.3
Actif courant, 4.3
Actif économique, 4.13
Actif économique négatif, 14.19
Actif net, 4.22, 15.5
Actif net par action, 26.8
Actif net réévalué, 35.30
Actif sans risque, 22.11
Actif sous-jacent, 27.3
Actifs corporels, 35.33
Actifs de trésorerie, 8.5
Actifs immobilisés, 4.3
Actifs incorporels, 35.35
Actifs non consolidés, 35.14
Actifs non courants, 4.3
Actifs stratégiques, 45.33
Action, 1.22, 26.1, 53.42
Action de concert, 48.20
Action de performance, 30.18, 45.12
Actionnaire minoritaire, 45.4, 55.10
Actionnaires, 9.20, 36.7, 38.1, 42.7, 42.8, 45.3, 46.2, 55.8
Actionnaires de référence, 49.24
Actionnariat, 40.27, 41.21, 45.1
Actionnariat des salariés, 45.12, 45.29
Actionnariat familial, 45.6
Actions à bons de souscription d'actions, 28.2
Actions à bons de souscription d'obligations, 28.2
Actions à droit de vote double, 45.19
Actions à droit de vote multiple, 45.20, 47.9
Actions attribuées gratuitement aux salariés, 8.93
Actions autocontrôlées, 8.2
Actions autodétenues, 8.2
Actions de préférence, 28.28, 45.23
Actions gratuites, 5.26, 45.12, 47.4
Actions sans droits de vote, 47.9
Actions spécifiques, 45.31
Actions traçantes, 28.29
Actualisation, 18.7
Actualisation des dividendes, 35.19
Ad hoc, 51.5
Adjusted Present Value, 37.5
Administrateur indépendant, 47.6
Administrateur judiciaire, 51.6, 51.9
Administrateur référent, 47.7
ADR, 29.23
Affacturage, 8.36, 25.14
After-market, 29.6
AGE, 45.3
Agence (théorie de), 30.17, 37.12, 40.21
Agences de notation, 24.26, 39.10
AGO, 45.3
Allocation, 29.15
ALRG, 38.16

Alternativa, 46.7
Alternext, 46.5, 46.6, 46.7
AMF, 26.30, 48.18
Amortissement, 8.8, 20.7
Amortissement constant, 20.9
Amortissement de l'emprunt, 24.5
Amortissement dégressif, 8.10
Amortissement dérogatoire, 8.11
Amortissement linéaire, 8.10
Amortissement variable, 8.10
Analyse chartiste, 16.13, 22.20
Analyse comparative, 9.27
Analyse en tendance, 9.26
Analyse financière, 9.2
Analyse fondamentale, 22.18
Analyse multi-critères, 49.9
Analyse normative, 9.29
Analyse stratégique, 9.1, 11.16
Analyse technique, 22.20
ANC, 6.2
Anchor investor, 46.11
Annexe, 6.5
Annuité, 20.8
Anticipation, 10.42
Appel de marge, 54.29
Apport de titres, 49.4
Apport partiel d'actif, 49.5
Approche directe, 35.2
Approche indirecte, 35.2
Approche par les multiples, 35.20
APT, 23.12
APV, 37.5
Arbitrage, 16.20, 30.9
Arbitrage Pricing Theory, 23.12
Arbitragiste, 16.20
ARPU, 26.24
Arrangement fee, 25.9
Article 9, 48.38
Article 11, 48.38
Article 12, 48.38
Assemblée, 47.9
Assemblée générale extraordinaire, 45.3
Assemblée générale ordinaire, 45.3
Asset Liability Refinancing Gap, 38.16
Asset management, 16.11
Assimilation, 24.15
Associations d'actionnaires minoritaires, 47.12
Assurance, 54.20
Assurance risque politique, 54.26
Assurance-crédit, 52.16, 54.24
Asymétrie d'information, 30.14, 37.16, 42.9, 46.10
Attestation d'équité, 46.12
Augmentation de capital, 29.27, 38.9, 48.30
Augmentation de capital avec DPS, 29.29
Augmentation de capital en numéraire, 42.1
Augmentation de capital réservée, 45.26
Augmentation de capital sans DPS, 29.34
Autocouverture, 54.13
Autofinancement, 40.3, 44.3
Autonomie financière, 6.11
Autorité des marchés financiers (AMF), 26.30, 48.18
Autorité des normes comptables (ANC), 6.2
Autorité du contrôle prudentiel (ACP), 45.31
Autorités de la concurrence, 48.16
Autres charges externes, 10.16
Avances remboursables, 44.13
Avantages au personnel, 8.28
Avis d'équité, 46.12

B

Back stop, 29.5, 29.39
Back-up, 25.2
Badwill, 7.22, 35.40
Bâle II, 38.12
Bâle III, 24.2
Banque, 16.8
Banque commerciale, 16.8
Banque d'affaires, 16.8, 48.1, 48.7
Banque de détail, 16.9
Banque de financement et d'investissement, 16.10
Banque de gestion d'actifs, 16.11
Banque publique d'investissement, 44.12
Banque transfrontière, 53.26
Banqueroute, 51.2
Base, 54.28
Base de conversion, 28.14
Basket, 28.34
BATS-Chi-X, 26.34
Below investment grade, 24.27

Benchmarking, 9.28
Bénéfice par action, 26.4, 31.2, 31.16, 31.23, 39.21, 42.14
Besoin en fonds de roulement, 4.9, 12.1
Besoin en fonds de roulement d'exploitation, 4.8, 4.10
Besoin en fonds de roulement d'exploitation normatif, 12.11
Besoin en fonds de roulement hors exploitation, 4.11
Besoin en fonds de roulement négatif, 12.20, 13.24
Besoin en fonds de roulement permanent, 12.4
Best efforts, 29.5
Bêta, 21.12, 21.15, 23.10
Bêta de l'actif économique, 33.6
Bêta de l'endettement net, 33.7
Bêta déleveragé, 33.6
Bêta des capitaux propres, 33.7
Bêta désendetté, 33.6
BFR, 4.9, 12.1
BFR normatif, 12.4
Bid bonds, 25.19
Bilan, 4.2, 6.5
Bilan économique, 4.5
Bilan patrimonial, 4.5
Billet à ordre papier, 53.12
Billet à ordre relevé, 53.12
Billet de trésorerie, 1.18, 1.20, 25.1, 25.2, 43.4, 43.23
BIMBO, 50.3
Binomial (modèle), 27.19
Black-out, 29.13
Bloc, 29.36
Bloc minoritaire, 48.19
Block trade, 29.37
Boîte aux lettres, 53.18
Bon d'offre, 45.30
Bon de caisse, 53.32
Bon de cession, 48.36
Bon de rachat d'action, 41.13
Bon de souscription, 28.2
Bon de souscription d'actions, 28.2, 29.33, 35.17, 45.30, 51.21
Bon du Trésor à taux annuel normalisé, 53.35
Bon du Trésor négociable, 1.20, 53.35
Boni de fusion, 49.19
Bonne information, 6.16
Bons « Breton », 45.30
Bons de souscription de parts de créateur d'entreprise, 44.10
Bons défensifs, 45.3, 45.30, 48.30
Bons du Trésor annualisés, 24.14
Bookbuilding, 29.5, 29.36, 29.38, 29.41
Bookrunner, 29.4
BOR, 53.12
Bottom up, 22.17
Bought deal, 29.5, 29.36, 29.39
BPA, 26.4, 31.2, 31.16, 31.23, 39.21, 42.14
BPI, 44.12
Bpifrance, 28.35, 51.20
BRA, 41.13
Brevet, 8.51, 35.35
BSA, 28.2, 29.33, 35.17, 45.30, 51.21
BSAAR, 28.11
BSAR, 28.11
BTAN, 24.14
BTN, 1.20, 53.35
Budget de trésorerie, 2.2, 53.8
Build-Up, 50.3
Bulle spéculative, 16.17
Bullet, 20.8
Bund, 1.19, 24.12
Burn rate, 44.19
Business angel, 44.11
Business plan, 34.2
Buy or sell, 45.15

C

CAF, 5.14, 5.15
Call, 27.3, 45.15
Cap, 54.22
Capacité d'autofinancement, 5.14, 5.15
Capacité de remboursement, 13.9
Capex, 12.26
Capex facility, 50.14
Capital amorçage, 45.8
Capital Asset Pricing Model, 23.3
Capital développement, 45.8
Capital employed, 4.13
Capital immatériel, 35.40

Capital lease, 8.66
Capital market line, 22.14
Capital retournement, 45.8
Capital social, 8.15
Capital souscrit non appelé, 8.17
Capital structure arbitrage, 38.12
Capitalisation, 18.1, 18.3
Capitalisation boursière, 26.14
Capitaux employés, 4.13
Capitaux engagés, 4.17
Capitaux investis, 4.17
Capitaux permanents, 13.21
Capitaux propres, 1.22, 2.12, 3.10, 4.14, 8.14, 36.5, 39.7, 44.6
Capitaux propres comptables, 4.22
Capitaux propres par action, 26.8
CAPM, 23.3
Captive d'assurance, 54.13
Carnet d'ordre, 26.35
Carried interest, 50.9
Carry-back, 15.3
Carve out, 45.35
Cash, 43.18
Cash at risk, 54.10
Cash flow fade, 35.10
Cash flow hedges, 8.62
Cash flow return on investment, 31.11, 31.20, 31.23
Cash flows at risk, 54.9
Cash management, 53.22
Cash pooling, 53.20, 53.23
Cash ratio, 13.20
Cash settlement, 54.28
Cash value added, 31.8
Cat bonds, 54.2
CBOE, 27.29
CDO, 50.11
CDO/CLO, 50.11
CDS, 54.25
Centrale de paiement, 53.27
Centralisation des soldes de trésorerie, 53.25
Certificat de dépôt, 1.20, 53.36
Certificat de valeur garantie, 48.36
Cessation de paiements, 51.2
Cession-bail, 8.67, 25.17
CFROI, 31.11, 31.20, 31.23
Chaîne de valeur, 9.16
Chambre de compensation, 54.29
Change à terme, 54.15
Chapter 11, 51.6, 51.12
Charges à répartir sur plusieurs exercices, 8.23
Charges constatées d'avance, 8.23
Charges d'exploitation, 5.5
Charges de personnel, 10.18
Charges financières, 10.26
Charges non récurrentes, 3.13
Chef de file, 29.4
Chef de file associé, 29.4
Chèque, 53.12
Chevalier blanc, 48.30
Chiffre d'affaires, 8.18, 10.5
Choix d'investissement, 32.1, 33.15
Choix de financement, 30.8
CIRI, 51.20
Clause buy or sell, 45.15
Clause d'agrément, 45.24
Clause de changement de contrôle, 45.34
Clause de conscience, 45.34
Clause de remboursement anticipé, 25.11
Clause de retour à meilleure fortune, 28.10, 51.21
Clause de sauvegarde, 38.15, 43.10
Clause de sortie, 45.15
Clause hollandaise, 45.15
Claw back, 29.6
Clearnet, 26.30
Closing, 48.13
Club deal, 25.4, 25.9, 50.11
Co-chef de file, 29.4
Coefficient bêta, 21.12, 21.15, 23.5
Coefficient d'actualisation, 18.9
Coefficient d'ajustement, 26.37, 26.38
Coefficient de capitalisation, 18.9
Coefficient de corrélation, 22.5
Coentreprise, 7.12
Co-lead manager, 29.4
Collar, 54.22
Collaterized debt/loan obligation, 50.11
Co-manager, 29.4
Comité interministériel de restructuration industriel, 51.20
Comités d'administrateurs, 47.8
Commanditaire, 45.22

Commandité, 45.22
Commercial paper, 25.1
Commissaire aux comptes, 6.7
Commission d'engagement, 25.7, 54.23
Commission de non-utilisation, 25.7
Commitment fee, 25.7, 25.9, 54.23
Competitive bidding, 29.41
Comprehensive income, 6.5
Comptabilisation à l'achèvement, 8.101
Comptabilisation à l'avancement, 8.101
Comptabilisation des fusions, 49.19
Comptabilité de couverture, 8.62
Compte de résultat, 3.15, 6.5
Comptes consolidés, 7.1
Comptes courants d'associés, 8.19
Comptes de régularisation, 8.22
Conciliation, 51.5
Concours par signature, 25.18
Concurrence, 9.15
Conflits, 30.18
Conflits entre actionnaires et créanciers, 38.13
Conformité, 48.27
Conglomérats, 45.10, 45.39
Conseil d'administration, 47.6, 47.10
Conseil de surveillance, 47.6, 47.10
Consommation de matières, 10.13
Consommer, 17.4
Constructions, 8.40
Continuité de l'exploitation, 6.10
Contrat à terme, 54.27
Contrat de vente, 48.12
Contribution foncière des entreprises (CFE), 8.25
Contrôle, 7.4, 43.14
Contrôle des dirigeants, 37.12
Convenants, 25.11, 38.14, 43.10
Conversion (méthode du cours de clôture), 7.35
Conversion (méthode du cours historique), 7.36
Conversion des comptes des sociétés étrangères, 7.33
Convertibles, 29.47
Convexité, 24.24
Coordinateur global, 29.4
Cornerstone investor, 46.11
Corporate governance, 30.19, 47.1
Corporate value at risk, 54.9
Corporate venture, 44.11
Cotation au pied du coupon, 24.14
Cotation des filiales, 45.35
Cotation directe, 29.22, 29.23
Cotation en Bourse, 46.1
Cotisation sur la valeur ajoutée des entreprises, 8.25
Coup d'accordéon, 29.28
Coupon, 24.9
Coupon couru, 24.14
Coupon unique, 20.11
Coupon zéro, 20.11, 24.10
Coupures, 24.3
Courbe d'expérience, 55.4
Courbe de taux *swap*, 24.12
Courbe des taux, 23.17
Cours de clôture, 7.35
Cours historique, 7.36
Court, 54.6
Coût d'achat identifié, 8.91
Coût de l'autofinancement, 40.5
Coût de l'endettement, 33.13
Coût de la faillite, 37.6
Coût des capitaux propres, 33.13
Coût des transactions, 16.14
Coût du capital, 33.1, 36.2
Coût historique, 6.12
Coût moyen pondéré, 8.91
Coût moyen pondéré du capital, 33.1, 35.11, 36.1
Coûts d'agence, 30.19
Coûts de faillite, 37.1
Coûts fixes/coûts variables, 11.3
Couverture, 16.18
Covariance, 22.4
Covenant light, 50.19
Covenants, 25.11, 38.15, 43.10
Covered bond, 24.7
Covered warrants, 28.3
Cov-lite, 50.19
Créances d'exploitation, 4.8
Créancier, 38.1, 42.7, 49.23
Créancier chirographaire, 43.9
Créanciers subordonnés, 43.9
Création d'entreprise, 44.1
Création de richesse, 3.1
Création de valeur, 30.2, 31.7, 31.24
Création de valeur boursière, 31.12, 31.23

Credentials, 29.39
Crédit acheteur, 25.22
Crédit adossé à un actif, 43.3
Crédit-bail, 8.66, 25.15
Crédit-bail immobilier, 8.66, 25.15
Crédit-bail mobilier, 8.66, 25.15
Crédit clients, 12.7
Crédit confirmé, 25.7
Crédit de campagne, 25.6
Crédit de trésorerie, 25.6
Credit default swap, 54.25
Crédit documentaire, 25.20, 52.17
Crédit export, 25.22
Crédit fournisseurs, 12.8
Crédit interentreprises, 12.23
Crédit manager, 52.15
Crédit relais, 25.8
Crédit *revolving*, 50.14
Credit scoring, 9.31, 24.26
Crédit spot, 25.6
Crédit *stand-by*, 25.18
Crédit syndiqué, 29.48
Crédit vendeur, 50.10
Crédits à l'entreprise, 43.3
Crédits documentaires, 25.18
Crédoc, 25.20, 52.17
Critère de choix d'investissement, 20.3
Croissance du BPA, 31.18
Croissance externe, 10.6, 12.30, 55.6
Croissance interne, 10.6, 40.11, 55.4
Cross default, 25.11
Crowdfunding, 44.11
Currency swap, 54.18
Current ratio, 13.18
Cut-off, 53.19
CVA, 31.8
CVAE, 8.25
CVG, 48.36
Cycle d'exploitation, 2.5, 3.3
Cycle de vie des entreprises, 48.5

D

Dailly, 25.13
Dans la monnaie, 27.10
Data room, 48.12
Date d'exercice, 27.3
Date de jouissance, 24.8
Date de règlement, 24.8
Date de valeur, 53.3
Days Sales Outstanding, 12.7, 12.8
DCF, 35.2, 35.4
DCM, 16.10
Debt capital markets, 16.10
Debt push down, 50.4, 50.8
Déclaration, 48.14
Déclaration d'intention, 48.21
Déclaration de conformité, 48.28
Décorrélation, 22.22
Décote, 46.10
Décote d'illiquidité, 35.48
Décote de conglomérat, 45.39
Décote de holding, 45.35, 45.38
Décote de liquidité, 21.1, 23.14, 35.48
Décote de minoritaire, 35.18, 35.48
Décote de placement, 29.9
Découvert, 25.5
Déductibilité des intérêts, 37.11
Défaillance, 51.2
Défaut de paiement, 51.2
Défense anti-OPA, 45.16
Délai de récupération, 32.4, 32.17
Delta, 27.20, 27.26
Demerger, 49.21
Dépenses d'exploitation, 2.8
Déport, 54.15
Dépôt à terme, 53.31
Dépôt de bilan, 51.2, 51.9
Dépôt de garantie, 54.29
Dépréciation, 8.8
Dépréciation des actifs circulants, 10.20
Dépréciation des écarts d'acquisition, 8.13
Dépréciations d'actifs immobilisés, 3.6
Dérivés de crédit, 54.25
Dérogation, 48.37
Désendettement net, 2.16, 5.20
Désintermédiation, 16.4
Destruction de valeur, 31.7
Détresse financière, 51.12
Dette, 25.1, 30.18, 36.5, 38.1, 43.1, 49.23
Dette d'exploitation, 4.18

Dette junior, 50.10
Dette mezzanine, 50.12
Dette senior, 43.9, 50.10
Dette subordonnée, 50.10, 50.12
Diagnostic économique, 9.8
Diagnostic financier, 10.37
Différé de remboursement, 24.5
Différences de change, 10.25
Dilution, 42.5, 49.13
Dilution du BPA, 31.18
Dilution du contrôle, 42.11
Directeur général, 47.10
Directive Marchés d'instruments financiers, 26.33
Dirigeants, 9.21, 36.7, 42.8
Discounted cash flows, 35.2, 35.4
Discounted dividend model, 35.19
Disponible, 4.3
Distribution, 9.19
Distribution d'actions gratuites, 26.37
Diversification, 22.6, 30.11
Dividend yield, 26.6
Dividende, 43.13
Dividende en actions, 41.6
Dividende exceptionnel, 41.10
Dividende majoré, 41.7
Dividende par action, 26.5
Document de base, 29.1
Document de référence, 29.1
Dotation aux amortissements, 3.6
Downgrade, 39.10
Downside, 21.3
DPA, 26.5
DPS, 26.38, 29.29, 42.11
Drag along, 44.17
Droit au bail, 35.35
Droit d'agrément, 45.24
Droit d'exclusivité, 48.12
Droit de préemption, 45.25
Droit de veto, 45.5
Droit de vote, 36.7
Droit préférentiel de souscription, 26.38, 29.29, 42.11
Droite de marché, 23.6
Droite de marché des capitaux, 22.14
DSO, 12.7
Dual track, 30.13, 48.17
Due diligence, 29.3, 29.13
Duration, 24.25, 41.4
Durée d'utilité, 8.9
Durée de l'emprunt, 24.6
Durée de vie, 27.16
Durée de vie moyenne, 24.6
Dutch Auctions, 29.41

E

Earnings at risk, 54.9
***Earnings Before Interest Taxes Depreciation and Amortization* (EBITDA)**, 3.4, 5.8
Earnings Per Share, 26.4, 31.23
Earn-out, 48.11
EBE, 5.7, 10.19, 26.25
EBIT, 3.8, 10.4, 10.22
EBITDA, 3.4, 5.6
Écart d'acquisition, 7.20, 7.21, 14.17
Écart d'acquisition négatif, 7.22
Écart de conversion, 7.35
Écart de première consolidation, 7.17
Écart type, 21.9
Écarts actuariels, 8.16
Écarts de réévaluation, 8.15
Échangeables, 29.47
Échéance, 43.6
ECM, 16.10
Economic profit, 31.8
Economic Value Added, 31.8, 31.23, 35.40
Économie d'endettement, 16.4
Économie d'impôt, 37.4
Économie de marchés financiers, 16.4
ECP, 25.1
Effet ciseau, 10.37
Effet de chaîne magique, 49.16
Effet de commerce, 8.36
Effet de levier, 14.6, 36.1, 39.20, 54.30
Effet point mort, 11.1
Efficience des marchés, 21.6, 22.16
Electronic roadshows, 29.42
Élément non récurrent, 10.28
EMIR, 54.30
Emprunts à coupon zéro, 20.11
Emprunts bancaires, 43.4

Emprunts convertibles, 8.70
Emprunts subordonnés, 28.35
EMTN, 29.44
En dehors de la monnaie, 27.10
Encours clients, 12.7
Encours fournisseurs, 12.8
Endettement, 30.18
Endettement net, 4.15
Endettement net négatif, 33.21
Endettement net/capitalisation boursière, 13.14
Endettement net/excédent brut d'exploitation, 13.9
Engagement de bonne fin, 29.14
Engagements de retraites, 8.28
Engagements hors bilan, 8.34
Enhancement, 25.23
Entité *ad hoc*, 7.17
Entité sous contrôle conjoint, 7.12
Entrepreneurs, 33.23
Entreprise diversifiée, 33.18
Entreprise familiale, 41.4, 55.9
Entreprise value, 36.4
Entreprise value/Free cash flow, 26.26
EONIA, 24.20
Épargne salariale, 45.12
Épargner, 17.4
EPS, 26.4, 31.23
Equiduct, 26.34
Équilibrage des comptes, 53.6
Equity bridge, 50.14
Equity capital markets, 16.10
Equity content, 28.34
Equity kicker, 28.10
Equity lines, 29.35
Equity story, 46.5
Equity swap, 48.19
Équivalent certain, 34.6
Escompte, 8.36, 25.12
Espérance mathématique, 21.8
État actionnaire, 45.13
État de la situation financière, 6.5
État du résultat global, 6.5
ETF, 22.16
Euribor, 24.20
Euro Commercial Paper, 25.1
Euro Medium Term Notes, 29.44
Euro PP, 29.46
Eurolist, 46.6, 46.7
Euronext, 26.30
EV/EBITDA, 26.25
EV/FCF, 26.26
EVA, 31.8, 31.23, 35.40
Évaluation, 35.1
Event driven, 45.9
Excédent brut d'exploitation, 5.7, 10.19, 26.25
Excédent de trésorerie d'exploitation, 2.6, 5.7
Exceptionnel, 3.11, 10.28
Exchange Traded Funds, 22.16
Expected shortfall, 54.9
Expert indépendant, 46.12, 48.27, 48.32

F

Facilité de caisse, 25.5
Factoring, 25.14
Faculté d'extension, 29.6
Faillite, 37.6, 51.1, 51.2
Fair value, 6.12
Fair value hedges, 8.62
Fait du prince, 10.40
FASB, 6.4
FCP, 10.27, 22.15, 53.39
FCP dédiés, 53.39
FIFO, 8.91
Filiale, 7.4
Filière, 9.16
Finance comportementale, 16.15, 39.15, 44.9, 46.11
Finance directe, 16.2
Finance indirecte, 16.2
Financement, 5.10, 12.32
Financement bancaire, 43.4
Financement de l'entreprise, 13.5
Financement de marché, 43.4
Financement de projets, 25.25
Financement du besoin en fonds de roulement, 13.22
Financement par augmentation de capital, 13.5
Financement par endettement, 13.5
Financement syndiqué, 25.4
Financial Accounting Standards Board, 6.4

Financial lease, 8.66
Financier d'entreprise, 1.1
Firm value, 36.4
Fiscalité, 30.23, 37.1, 40.7, 41.8, 41.17, 41.22
Fitch, 24.26
Fixing, 26.35
Flexibilité, 34.7, 34.20, 39.8, 41.19
Flexibilité financière, 39.9
Floor, 54.22
Floor underwriting, 29.5
Flottant, 26.12
Flow-back, 29.15
Flux d'exploitation, 32.13
Flux de trésorerie, 2.1, 32.6
Flux de trésorerie disponible, 2.10, 35.4, 35.5
Flux de trésorerie disponible après frais financiers, 5.17, 13.4
Flux de trésorerie provenant de l'exploitation, 13.3
Flux générés par les investissements, 12.27
Flux normatif, 35.7
Fonctions chaotiques, 23.16
Fonds activistes, 45.9
Fonds commun de titrisation, 25.23, 53.40
Fonds communs de placement, 10.27, 22.15, 53.39
Fonds d'infrastructure, 45.8
Fonds d'investissement, 45.8
Fonds de capital développement, 45.8
Fonds de capital retournement, 45.8
Fonds de capital risque, 44.11, 45.8
Fonds de commerce, 8.50, 35.35
Fonds de fonds, 22.23
Fonds de LBO, 45.8, 50.9
Fonds de *private equity*, 22.24
Fonds de roulement, 13.21
Fonds de roulement financier, 13.21
Fonds indiciels, 22.16
Fonds souverain, 45.13
Fonds vautour, 13.8
Formule de Wilson, 52.22
Forward, 15.3, 54.14
***Forward Rate Agreement* (FRA)**, 54.16
FRA emprunteur, 54.17
FRA prêteur, 54.17
Fractales, 16.15, 23.16
Frais d'établissement, 8.44
Frais de recherche et de développement, 8.47
Frais variables, 11.5
Free cash flow to equity, 35.19
Free cash flows, 2.10
Fréquence, 54.2
Friends & family, 44.11
Frontière efficiente, 22.9, 22.13
FRS, 6.2
Fully diluted, 26.4, 45.2
Fusion, 45.27, 49.1, 50.4
Fusion-absorption, 49.3
Fusion des échelles d'intérêt, 53.24
Fusion transfrontalière, 49.18
Future, 54.27

G

Gamma, 27.26
Garantie, 24.7, 29.3, 29.5, 29.14
Garantie de bonne fin, 25.19, 29.5
Garantie de cours, 48.32
Garantie de passif, 48.14
Garanties, 25.18
Garanties bancaires, 52.17
Garanties de bonne exécution, 25.19
Garanties de soumission, 25.19
Garanties pour défaut, 25.19
Gearing, 14.11
General partner, 50.9
Generally Accepted Accounting Principles, 6.4
Géographie du capital, 45.2
Gestion alternative, 22.22
Gestion d'actifs, 22.15
Gestion de la trésorerie, 53.1
Gestion de trésorerie centralisée, 53.20
Gestion indicielle, 22.16
Global coordinator, 29.4
Going concern, 6.10
Golden parachute, 45.34
Golden shares, 45.31, 48.38
Goodwill, 7.20, 35.40, 44.8
Gordon-Shapiro, 19.8
Gouvernance, 30.19, 50.17
Gouvernance d'entreprise, 30.19, 47.1, 50.17
Gouvernement d'entreprise, 30.19, 47.1, 50.17

Grecques, 27.25
Greenshoe, 29.6
Growth stock, 22.19

H

Habitat préféré, 23.23
Hard non-call, 28.16, 28.33
Hart Scott Rodino (loi), 48.16
Haut rendement, 24.27, 29.40
Hedge accounting, 8.62
Hedge funds, 16.21, 22.22, 38.12
Hedger, 16.18
Heure de caisse, 53.19
Hiérarchisation, 37.16
High grade, 24.27
High yield, 13.9, 24.27, 29.40, 29.45, 50.12
Holding, 45.10
Holding de reprise, 50.2
Holding financier, 45.10
Horizon explicite, 35.6
Hybrides (titres), 1.23, 28.1
Hyperinflation, 7.36

I

IAS, 6.3
IASB, 6.3
IBO, 29.44
IBR, 51.19
ICR, 13.11
IFRS, 6.3
IFRS Foundation, 6.3
Illiquidité, 13.15
Image fidèle, 6.8
Immobilisations, 4.7
Immobilisations corporelles, 8.40
Immobilisations financières, 4.3
Immobilisations incorporelles, 8.43
Impairment test, 7.20
Impasse de refinancement, 38.16
Importance relative, 6.17
Impôt sur les sociétés, 10.30
Impôts différés, 8.54
Incubateur, 44.11
Indépendance des exercices, 6.11
Independent Business Review, 51.19
Index ratio de Sharpe, 22.3
Index trackers, 22.16
Indice de profitabilité, 32.19
Inertie, 10.43
Inflation, 10.44, 39.6
Info memo, 48.12
Information comptable, 6.1
***Initial Bond Offering* (IBO)**, 29.44
***Initial Public Offering* (IPO)**, 46.2
Instruments financiers de couverture, 8.62
Intangibilité du bilan d'ouverture, 6.19
Intégration fiscale, 41.9, 50.4
Intégration globale, 7.4
Intégration proportionnelle, 7.12
Intensité (risque), 54.2
Intensité capitalistique, 14.4
Intéressement, 10.18
Interest cost, 8.31
Interest Cover Ratio, 13.11
Interest Rate Swaps, 54.18
Intérêts composés, 18.3
Intérêts hors groupe, 7.6, 7.7
Intérêts intercalaires, 8.41
Intérêts minoritaires, 7.6, 35.16
Intérêts non contrôlants, 7.7
Intérêts notionnels, 37.11
Interim facility agreement, 50.14
Intermédiation financière, 16.3
Internalisateur systématique, 26.34
International Accounting Standards, 6.3
International Accounting Standards Board, 6.2
International Financial Reporting Standards, 6.2, 6.3
Introduction en Bourse, 29.10, 46.2, 50.5
Invested capital, 4.17
Investir, 17.7
Investissement, 5.9, 5.17, 9.18, 12.1, 12.24, 30.2
Investissements, 10.45, 32.14
Investisseur, 16.17
Investisseur financier, 1.2, 30.4
Investisseur institutionnel, 45.9
Investment banking, 16.10
Investment grade, 24.27, 29.40

IRS, 54.18
Isodev, 28.35

J

Joint-lead manager, 29.4
Joint-venture, 7.12, 45.15
Juste valeur, 6.12, 7.20

K

KMV, 38.12

L

LBO, 37.14, 50.1
LBO secondaire, 50.5
LCR, 53.12
Lead manager, 29.4
League table, 29.39
Lease, 25.16
Lease-back, 8.67, 25.17
Lender led, 51.22
Letter of intent, 48.8, 48.12
Lettre d'intention, 48.8, 48.12
Lettre de change papier, 53.12
Leverage, 14.11
Leverage recap, 50.5
Leveraged, 50.3
Leveraged Buy-Out, 37.14, 50.1
Levier d'exploitation, 11.6, 11.13
Levier financier, 13.13, 14.11
Levier opérationnel, 11.6, 11.13
LIBOR, 24.20
LIFO, 8.91
Ligne bilatérale, 25.4
Ligne de *back-up*, 25.2
Lignes d'actions, 29.35
Lignes de crédit confirmées, 54.23
Lignes *umbrella*, 25.10
Limitation des droits de vote, 45.32
Limited partners, 50.9
Liquidation, 51.10
Liquide, 16.14
Liquidité, 1.27, 4.20, 13.15, 23.14, 26.11, 38.15, 39.17, 40.26, 46.2, 53.30
Liquidités, 43.17
Listing sponsor, 46.5
Livre d'ordres, 29.5
LMA, 25.11
Location, 8.66
Location financement, 8.66
Location financière, 25.16
Location simple, 8.66
Lock box system, 53.18
Locked box, 48.15
Lock-up, 29.7, 44.15, 46.8
Logiciels, 8.51
LOI, 48.8, 48.12
Loi Hart Scott Rodino, 48.16
Loi LME, 52.12
Long, 54.6
Love money, 44.11
Loyers, 10.16
Loyers de crédit-bail, 10.16

M

MAC, 29.14
Majorité qualifiée, 45.3
Majorité simple, 45.3
Mali de fusion, 49.19
Management Buy-In, 50.3
Management Buy-Out, 50.3
Management packages, 28.11, 50.16
Management presentations, 48.12
Mandataire, 51.5
Mandataire *ad hoc*, 51.5
Mandated Lead Arranger, 25.9, 29.4, 29.48
Marché, 9.9
Marché à l'équilibre, 16.12, 23.1, 30.7, 40.16
Marché à terme, 54.14
Marche au hasard, 16.12, 21.6
Marché dérivé, 1.29
Marché des capitaux, 1.3
Marché efficient, 16.12, 23.1, 42.6
Marché en équilibre, 16.12, 23.1, 30.7, 30.8, 42.6

Marché financier, 16.1
Marché gris, 29.42
Marché Libre, 46.7
Marché primaire, 1.24
Marché réglementé, 26.30
Marché secondaire, 1.24, 24.13
Marchéisation, 16.6
Marge, 10.1, 14.2
Marge actuarielle, 24.12
Marge brute, 10.13
Marge commerciale, 10.14
Marge d'exploitation, 10.23, 14.4
Marge normative, 11.19
Marge opérationnelle, 10.23
Marge sur consommation de matières, 10.13
Marge sur coûts variables, 11.5
Market maker, 26.11, 26.34
Market Value Added, 31.5, 31.12, 31.23
Marketing, 29.13
Marques, 7.21, 8.50, 35.35
Martingales, 16.13
Material Adverse Change, 25.11, 29.14
Matériels et outillages industriels, 8.40
Maturité, 24.6
MBI, 50.3
MEDAF, 23.3, 23.7, 33.2, 44.2
Médiane (de multiples), 35.29
Meilleurs efforts, 29.5
***Memorandum* d'information**, 48.12
Memorandum Of Understanding, 48.8
Mesures de la création de valeur, 31.1
Méthode comparative, 35.2
Méthode d'acquisition, 7.20
Méthode DCF, 35.2
Méthode de Monte Carlo, 34.5
Méthode des comparables, 35.2
Méthode des multiples, 35.2, 35.20
Méthode des options réelles, 35.3
Méthode des scores, 9.31
Méthode des *treasury shares*, 35.17
Méthode directe, 33.5
Méthode du *venture capital*, 44.21
Méthode intrinsèque, 35.2
Méthode patrimoniale, 35.3, 35.30
Méthodes d'évaluation des options, 27.19
Méthodes de consolidation, 7.3
Mezzanine, 50.12
Mid cap, 46.4
MIF, 26.33
Mimétisme, 16.17
Minorité de blocage, 45.5
Mise à disposition du marché, 29.18
Mise aux enchères, 48.12
Mise en commun d'intérêts, 7.23
Mise en équivalence, 7.9, 35.14
Mise sous surveillance, 24.27
MLA, 25.9, 29.4, 29.48
Modèle APT, 23.12
Modèle binomial, 27.19
Modèle d'évaluation des actifs financiers, 23.3, 23.7, 33.2, 44.2
Modèle de Black-Scholes, 27.21
Modèle de croissance interne, 40.11
Modified duration, 24.23
Montage financier, 48.10
Montant comptable, 40.6
Montant notionnel, 54.17
Moody's, 24.26
Moral hazard, 37.13
MOU, 48.8
Moyennes (de multiples), 35.29
Moyens financiers de l'entreprise, 40.5
MTN, 29.44
Multiple de l'excédent brut d'exploitation, 26.25, 35.25
Multiple de la capacité d'autofinancement, 35.27
Multiple de transactions, 35.20, 35.28
Multiple des capitaux propres, 35.27
Multiple du chiffre d'affaires, 26.24, 35.26
Multiple du flux de trésorerie disponible, 26.26
Multiple du résultat d'exploitation, 26.16, 35.24
Multiples, 26.15
Multiples boursiers, 35.20
MVA, 31.5, 31.12, 31.23

N

Negative pledge, 25.11
Négociation, 48.1
Négociation privée, 48.7
Négociations du contrôle, 48.1

New money, 51.5
NewCo, 50.2
Nominalisme, 6.12
Non disclosure agreement, 48.12
Non investment grade, 24.27, 29.45
Non récurrent, 3.12
Non-compensation, 6.18
Non-valeur, 4.12, 8.17, 8.46, 8.75
Normes comptables, 6.4
Notation, 29.43
Notation financière, 9.30, 24.26, 39.10
Notch, 24.26
Note d'information, 48.26
Note d'opération, 29.1
Notes d'analyse financière, 29.13
Notionnel, 54.18
NPV, 31.23
NYSE Euronext, 26.30

O

OAT, 1.19
OATi, 24.19
Obligation, 24.1, 29.40, 43.5, 53.41
Obligation à bons de souscription d'actions, 28.2
Obligation à bons de souscription d'obligations, 28.2
Obligation à coupon zéro, 24.10
Obligation à haut rendement, 24.27, 50.12
Obligation à taux variable, 24.17
Obligation collatéralisée, 24.7
Obligation convertible, 8.71, 28.12, 29.47, 35.17, 44.6
Obligation convertible en actions nouvelles ou existantes (OCEANE), 28.17
Obligation échangeable, 28.38
Obligation indexée sur l'inflation, 24.19
Obligation remboursable en actions, 28.36
OBO, 50.3
OBSA, 28.2
OBSAR, 28.11
OBSO, 28.2
OCEANE, 28.17
Offre à prix ferme, 29.20
Offre à prix minimal, 29.21
Offre à prix ouvert, 29.11, 29.19
Offre alternative, 48.22
Offre amicale, 48.23
Offre *binding*, 48.12
Offre de participation, 48.32
Offre hostile, 48.23, 48.31
Offre *mix & match*, 48.34
Offre mixte, 48.22
Offre *non binding*, 48.12
Offre obligatoire, 48.38
Offre publique concurrente, 48.30
Offre publique d'achat (OPA), 40.22, 48.22
Offre publique d'échange, 48.22
Offre publique de rachat, 41.13
Offre publique de rachat d'actions, 41.13, 48.32, 49.21
Offre publique de retrait, 48.32
Offre publique de vente, 29.38
Offre publique en Europe, 48.38
Offre publique partielle, 48.32
Offre simplifiée, 48.32
One to one, 29.3
One-stop shopping, 16.8
OPA, 40.22, 48.22
OPCVM, 22.15, 53.39
OPE, 48.22
Operating assets, 4.13
Operating lease, 8.66
Operating profit, 3.8
Opération secondaire, 46.8
Opérations de fusions-acquisitions, 48.1
OPF, 29.20
Opinion de viabilité, 50.4
OPR, 48.32
OPRA, 41.13, 48.32, 49.21
Option, 27.1, 38.1, 38.2
Option à barrière, 54.21
Option américaine, 27.3
Option d'achat, 27.3
Option d'extension, 29.6
Option de change, 54.21
Option de surallocation, 29.6
Option de taux à barrière, 54.22
Option de vente, 27.3
Option européenne, 27.3
Option *look back*, 54.21

Option réelle, 34.8, 44.7, 44.20
Option sur moyenne, 54.21
Option sur option, 54.21
Option sur taux d'intérêt, 54.22
ORA, 28.36
ORANE, 28.37
ORAPA, 28.37
Ordre à cours limité, 26.33
Ordre à la meilleure limite, 26.33
Ordre à plage de déclenchement, 26.33
Ordre à seuil de déclenchement, 26.33
Ordre au marché, 26.33
Ordre meilleure place, 26.33
Ordres de Bourse, 26.32
Organisme de placements collectifs en valeurs mobilières, 22.15
Organismes de placement collectifs en valeurs mobilières, 53.39
ORNANE, 28.18
Other comprehensive income, 6.5
Outil industriel, 12.25
Overhang, 29.7
Overlay, 53.26
Owner Buy-Out, 50.3

P

P to P, 45.8, 50.8
PACEO, 29.35
PACman, 48.30
Pactes d'actionnaires, 44.14, 45.14
Pactes Dutreil, 45.14
Pair, 24.3
Papier commercial, 25.1
Par fonction (ou destination), 3.15
Par nature, 3.15
Parachute doré, 47.5
Pari passu, 25.11, 43.9
Parité d'échange ou de fusion, 49.9, 49.10
Part de marché, 8.51, 9.13, 55.4
Participation, 7.9
Participation des salariés, 10.18
Participation fee, 25.9
Participations financières, 35.14
Parties prenantes, 30.13
Passager clandestin, 30.20
Pay-back, 32.17
Payment factory, 53.27
Payment in kind, 50.12
Pay-out, 27.6
Pay-out ratio, 26.7
Pays émergents, 33.20
Pay-to-play, 44.16
PBR, 26.27, 35.27, 42.17
Pecking order, 37.16
Pension livrée, 53.33
PER, 26.21, 31.16, 35.27, 49.16
Performance bonds, 25.19
Périmètre de consolidation, 7.3, 7.14
Période d'exercice, 27.3
Période de conversion, 28.13
Périodicité, 24.10
Permanence des méthodes, 6.14
Personnel, 10.18
Perte de dilution, 8.76
Perte de valeur, 7.20, 8.8
PES, 50.9
PIK, 50.12
Pilot fishing, 46.11
PIPE, 45.8
Place d'Échange, 46.7
Place de cotation, 29.13, 46.8
Placement, 29.1
Placement auprès des particuliers, 29.18
Placement garanti, 29.11
Placement global, 29.12
Placement pour compte, 29.5
Placement privé, 29.8, 29.24
Placement privé obligataire, 25.3
Plan comptable général (PCG), 6.2, 6.6
Plan d'affaires, 34.2
Plan d'épargne d'entreprise, 45.11
Plan de cession, 51.10
Plan de continuation, 51.10
Plan de financement, 2.2
Plan type d'analyse financière, 9.24
Plancher actuariel, 28.20
Plate-forme électronique alternative, 26.34
Plus-values internes, 7.29
Poids relatif, 49.9
Point mort, 11.2, 11.5, 39.19, 55.7

Point mort d'exploitation, 11.7
Point mort financier, 11.7
Point mort total, 11.7
Points de déport, 54.15
Points de report, 54.15
Points de *swaps*, 54.15
Poison pills, 45.33
Politique d'investissement, 12.24
Politique de distribution, 13.6, 40.1
Politique financière, 55.1, 55.5
Pondération, 33.14
***Pooling* notionnel**, 53.24
Pooling of interest, 7.23
Portage, 45.2
Portefeuille, 22.3
Portefeuille de marché, 22.13
Portefeuilles efficients, 22.9
Position, 54.6
Position commerciale, 54.7
Position de change commerciale, 54.7
Position de change financière, 54.7
Position financière, 54.7
Position patrimoniale, 54.7
Postcomptés, 24.10
Post-money, 42.4, 44.21
Potentiel de croissance de l'entreprise, 40.12
Pourcentage d'intérêt, 7.16
Pourcentage de contrôle, 7.15
Précomptés, 24.10
Prééminence de la réalité sur l'apparence, 6.15
Préférence pour la liquidité, 23.23
Preferred shares, 28.29
Prélèvement, 53.12
Prémarketing, 29.13
Premium, 27.6
Pre-money, 44.21
Pre-pack, 51.8
Président-directeur général, 47.10
Prestataires de services d'investissement, 26.32, 46.5
Prêt, 25.7, 43.5
Prêt de titre, 53.34
Prêt participatif, 28.35, 44.12
Preuve d'impôt, 10.30
Price Earning Ratio, 26.21, 31.16, 35.27
Price Earnings Ratio, 35.27, 49.16
Price to Book Ratio, 26.27, 35.27, 42.17
Prime d'apport, 49.19
Prime d'émission, 24.9
Prime d'option, 27.6
Prime de capitaux propres, 8.15
Prime de contrôle, 35.28, 35.46
Prime de conversion, 28.15
Prime de fusion, 49.19
Prime de liquidité, 23.14
Prime de remboursement, 24.9
Prime de risque, 23.5
Principes comptables, 6.8
Prise ferme, 29.5, 29.39
Private equity, 45.8
Private equity sponsors, 50.9
Private Investment in Public Equity, 45.8
Private workouts, 51.18
Privilège de l'« argent frais », 51.5
Prix, 10.6, 35.44
Prix d'émission, 24.4
Prix d'exercice, 27.3, 27.14
Prix de l'argent, 1.7
Pro forma, 7.17, 10.6
Procédure collective, 51.6
Procédure de redressement judiciaire, 51.2
Procédure de sauvegarde, 51.2, 51.6
Production, 9.16, 10.10
Production immobilisée, 10.11
Production stockée, 3.18, 10.11
Productivité du personnel, 10.18
Produits constatés d'avance, 8.23
Produits d'exploitation, 5.4
Produits de placement, 53.29
Produits financiers, 10.25
Produits financiers hybrides, 38.14
Produits hybrides, 28.1
Produits non récurrents, 3.13
Profit de dilution, 8.76
Profit économique, 31.8, 31.23
Profits d'inflation, 10.44
Profits internes, 7.28
Program trading, 16.17
Programme EMTN, 29.44
Programmes d'augmentations de capital par exercice d'options, 29.35
Project finance, 25.24

Promesse d'achat, 27.5
Promesse de vente, 27.4
Prophétie autoréalisatrice, 16.17
Prospectus, 29.1
Protocole d'accord, 48.9
Protocole d'intention, 48.8
Provision, 8.79
Provision pour hausse des prix, 8.87, 8.88
Provision pour investissement, 8.87, 8.88
Provision pour remise en état de sites, 8.83
Provision pour restructuration, 8.80
Provision pour risques et charges, 8.79, 35.13
Provision réglementée, 8.15, 8.79, 8.86
Prudence, 6.13
PSI, 26.32, 46.5
Public to private, 45.8, 50.8
Purchase method, 7.20
Purchase Price Allocation, 7.20
Put, 27.3, 45.15
Put-call parity, 27.8

Q

Q de Tobin, 26.27
QIB, 29.24
Quick ratio, 13.19
Quote-part de résultat dans les sociétés mises en équivalence, 14.18

R

Rachat d'actions, 41.12, 45.28
Rachat de l'entreprise par les salariés, 50.3
Ramassage, 48.19
Rapport de gestion, 6.5
Ratchet, 44.16
Rating, 9.30, 24.26, 39.10
Rating grid, 25.4
Ratio de couverture des frais financiers, 13.11
Ratio de liquidité générale, 13.18
Ratio de liquidité immédiate, 13.20
Ratio de liquidité réduite, 13.19
Ratio de rotation de l'actif économique, 14.4
Ratio de rotation du crédit clients, 12.7
Ratio de rotation du crédit fournisseurs, 12.8
Ratios de liquidité, 13.17
Ratios de rotation des stocks, 12.9
Ratios de rotation du besoin en fonds de roulement, 12.6
RCF, 25.7, 50.14
Récession, 12.17
Recettes d'exploitation, 2.5
Reclassements, 29.36
Réduction de capital, 41.13, 45.28
Réévaluations d'actifs, 5.27
Régime de droit commun, 49.20
Régime de faveur, 49.20
Régime des sociétés mères (mère-fille), 37.9, 41.9, 41.17
Régimes à cotisations définies, 8.28
Régimes à prestations définies, 8.28
Règlement amiable, 51.5
Régressions, 35.29
Régularisation, 8.22, 8.23
Régularité, 6.8
Relution, 49.13
Remboursement anticipé, 24.5
Remboursement « *bullet* », 20.8
Remboursement *in fine*, 20.8
Remboursement par annuités constantes, 20.10
Remboursement par séries constantes, 20.9
Réméré sur obligation, 53.33
Rémunérations variables, 47.4
Rendement, 26.6
Rentabilité, 14.1, 17.2, 21.7, 22.2
Rentabilité des capitaux propres, 14.5, 31.2, 39.20
Rentabilité économique, 14.3
Rentabilité espérée, 21.8
Rentabilité exigée, 17.2, 23.1
Rentabilité financière, 14.5
Rentabilité opérationnelle, 14.3
Rente, 19.6
Rente décroissante, 35.10
Rente du *goodwill*, 31.13, 35.40
Rente économique, 30.21
Report, 54.15
Report à nouveau, 4.14
Reports fiscaux déficitaires, 8.55, 35.15
Representations, 48.14
Rerating, 49.16

RES, 50.3
Réserves légales, 8.15
Résistance, 22.21
Ressources d'emprunt, 2.13, 3.9, 4.15
Ressources financières, 2.11, 4.14
Restructuration, 11.17, 51.1
Résultat brut d'exploitation, 3.4
Résultat courant, 3.9, 10.27
Résultat d'exploitation, 3.8, 10.22
Résultat d'exploitation/frais financiers, 13.11
Résultat des activités ordinaires, 10.27
Résultat économique, 3.8
Résultat exceptionnel, 10.28
Résultat financier, 3.9, 10.24
Résultat net, 3.14, 31.2
Résultat opérationnel, 3.8, 10.22
Résultat opérationnel récurrent, 10.28
Retail banking, 16.9
Retrait obligatoire, 46.12
Return on capital employed, 14.3, 31.2, 31.20, 31.23
Return on equity, 14.5, 31.2, 31.20, 31.23
Reverse factoring, 25.14
Revolving Credit Facility, 25.7, 50.14
Risk manager, 1.33
Risque, 21.1, 21.9, 22.1, 34.1, 54.2
Risque commercial de taux d'intérêt, 54.8
Risque conjoncturel, 21.1
Risque d'abandon, 25.28
Risque d'escroquerie, 21.1
Risque d'exploitation, 25.28
Risque d'illiquidité, 13.15
Risque d'inflation, 21.1
Risque de catastrophe, 54.2
Risque de change, 21.1, 25.28
Risque de change patrimonial, 54.7
Risque de contrepartie, 21.1, 54.27, 54.29
Risque de crédit, 54.4
Risque de fréquence, 54.2
Risque de liquidité, 21.1, 38.15, 54.4
Risque de marché, 21.11, 25.28, 30.11, 54.4
Risque de réinvestissement des coupons, 24.21
Risque de solvabilité, 21.1, 24.21, 24.26
Risque de taux d'intérêt, 21.1, 24.21, 54.8
Risque de volatilité, 54.2
Risque économique, 21.2
Risque financier, 21.2
Risque idiosyncratique, 21.11
Risque intrinsèque, 21.11
Risque naturel, 21.1
Risque non diversifiable, 30.11
Risque opérationnel, 54.4
Risque politique, 21.1, 25.28, 54.4
Risque réglementaire, 21.1
Risque résiduel, 54.3
Risque spécifique, 21.11
Risque systématique, 21.11
Risque systémique, 21.1
Roadshows, 29.3
ROCE, 14.3, 31.2, 31.20, 31.23
ROE, 14.5, 31.2, 31.20, 31.23
Rotation des stocks, 12.9
Rumeurs, 48.29
Rump, 29.33

S

Sale and lease back, 8.67, 25.17
Sauvegarde, 51.6
Sauvegarde accélérée, 51.8
Sauvegarde financière accélérée, 51.7
Say on Pay, 47.4
SCA, 45.22
Schuldschein, 25.3, 43.21
Scissions, 49.21
Scores, 9.31
SEC, 6.4, 29.24
Second lien, 50.14
Securities and Exchange Commission, 6.4, 29.24
Securities market line, 23.6
Securitization Buy-Out, 50.13
Sell and purchase agreement, 48.12
Sens de la fusion, 49.17
Sensibilité, 24.23, 34.3
SEPA, 53.14
Service cost, 8.31
Service de la dette, 20.8
Seuil de participation, 48.21
Seuil de rentabilité, 11.6
Shadow banking, 25.3
Shadow rating, 24.28

Share purchase agreement, 48.12
Short Term European Paper, 25.1
Short-list, 48.12
Shot gun, 45.15
SICAV, 10.27, 22.15
SICAV de trésorerie, 53.38
SICAV monétaire, 53.38
Side business, 43.20
Signal, 37.15, 41.20, 42.9
Sincérité, 6.8
Single Euro Payment Area, 53.14
Smartpool, 26.34
Smile, 27.31
Société anonyme, 38.1
Société en commandite par actions, 45.22
Société européenne, 49.18
Société holding, 45.21, 50.2
Société mère, 7.3
Société par actions, 6.6
Soft call, 28.16
Solvabilité, 4.21, 39.18
Somme des parties, 35.30
Sondage, 29.5
SOP, 35.30
Sous-traitance, 10.16
SPA, 48.12
***Special purpose vehicle* (SPV)**, 7.17
Spécialisation des exercices, 6.11
Spéculateur, 16.19
Spéculation, 16.19
Speculative grade, 24.27, 29.40
Spin-off, 49.21
Split-off, 49.21
Split-up, 49.21
Spot, 54.14
Spread, 24.12, 29.42
Squeeze-out, 46.12, 48.32
Stakeholders, 30.13, 31.24, 47.2
Standard & Poor's, 24.26
Standstill, 51.18
Staple financing, 50.10
Start-up, 39.11, 44.1
Step-up, 28.33, 39.10
Stock picking, 22.17
Stock-options, 8.93, 30.18, 35.17, 41.23, 45.12
Stocks, 8.89, 35.34
Stratégie, 55.1
Stratégie industrielle, 11.16
Strike, 27.3
Structure de financement, 39.1
Structure de l'actionnariat, 45.1
Structure de la dette, 43.2
Structure des taux, 23.17
Structure financière, 36.1, 37.1
Structure financière optimale, 36.1
Subordination, 43.9
Subprimes, 53.38
Substance over form, 6.15
Subventions d'investissement, 8.15
Sum of the parts, 35.30
Super holding, 45.21
Super-bénéfice, 35.40
Support, 22.21
Survaleur, 7.20
Suspension des cours, 48.28
Swap, 54.18
***Swaps* cambistes**, 54.18
***Swaps* de change**, 54.18
***Swaps* de devises**, 54.18
***Swaps* de taux**, 54.18
Swaptions, 54.22
SWIFT, 53.43
Syndication, 25.9, 50.11
Synergies, 35.47, 49.7, 49.14
Synergies financières, 30.10
Système financier, 16.2, 16.7
Systèmes experts, 9.35

T

Tableau de financement, 2.2, 6.5
Tableau de variation des capitaux propres, 6.5
Tableau des flux de trésorerie, 2.2, 2.16, 5.13, 5.22, 6.5
Tactique de négociation, 48.6
TAG, 24.20
Tag along, 44.17
Take and pay, 25.28
Take or pay, 25.28
TAM, 24.20
Tarification bancaire, 53.7

Taux actuariel, 20.7
Taux annuel normalisé, 53.35
Taux apparent, 20.13
Taux d'inflation, 55.12
Taux d'intérêt, 20.7, 24.9, 26.20
Taux d'intérêt sans risque, 55.12
Taux de convenance, 34.18
Taux de croissance, 55.4, 55.12
Taux de croissance à l'infini, 35.8
Taux de croissance du dividende, 41.2
Taux de distribution, 26.7, 41.2
Taux de l'argent sans risque, 17.3
Taux de rendement actuariel, 20.1
Taux de rentabilité, 21.7
Taux de rentabilité actuariel, 20.1, 24.11
Taux de rentabilité actuariel modifié, 20.5
Taux de rentabilité comptable, 31.23
Taux de rentabilité des capitaux propres, 31.20
Taux de rentabilité économique, 31.20, 32.4, 32.18
Taux de rentabilité exigé, 23.1, 26.9, 33.1
Taux de rentabilité interne, 31.23, 32.1, 32.4
Taux de rentabilité obtenu par l'actionnaire, 26.10
Taux équivalent, 20.12
Taux équivalent actuariel, 20.12
Taux facial, 20.7, 20.13
Taux fixe, 43.8
Taux indexé, 24.19
Taux proportionnel, 20.14
Taux sans risque, 23.8
Taux terme contre terme, 54.16
Taux variable, 24.16, 24.17, 43.8
Taxe professionnelle, 8.25
Teaser, 48.12
TEC10, 24.20
Technique de cotation, 24.14
Teneur de marché, 26.34
Teneur du livre, 29.4
Term loan, 25.7
Term sheet, 29.48
Terme, 54.14
Terme contre terme, 23.22
TERP, 29.31
Terrains, 8.40
Test de dépréciation, 7.20
THB, 24.20
THE, 24.20
Théorème de la séparation, 22.14
Theoretical ex-rights price, 29.31
Théorie de l'agence, 30.17, 37.12, 40.21
Théorie de l'enracinement, 47.15
Théorie de la parité des pouvoirs d'achat, 33.20
Théorie des anticipations, 23.21
Théorie des mandats, 30.17, 47.14, 50.17
Théorie des marchés en équilibre, 30.12, 30.13, 36.9, 51.14
Théorie du portefeuille, 22.16, 23.4
Théorie du signal, 30.14, 37.15, 40.18, 46.11, 51.15
Thêta, 27.27
THO, 24.20
Titre au porteur identifiable, 45.17
Titre de dette, 1.18, 24.1
Titre irréductible, 29.30
Titre réductible, 29.30
Titres hybrides, 28.1
Titrisation, 8.36, 25.23, 50.13
TMB, 24.20
TME, 24.20
TMM, 24.20
TMO, 24.20
Top Down, 22.17
Total return swap, 48.19, 54.18, 54.19
Total Shareholder Return, 26.10, 31.5, 31.14, 31.23
TPI, 45.17
Trackers, 22.16
Tracking stocks, 28.29
Tradegate, 26.34
Trader, 16.19, 22.20
Trading, 16.19
Transfert de charges, 8.98
Transfert de valeur, 38.9
Transformation, 13.16
Transmission universelle du patrimoine, 49.2
Transmutation, 16.3
Travaux en cours, 8.101
Treasury method, 26.39
Trésorerie zéro, 53.15
Trésorier, 53.43
TRI, 31.23, 32.1, 32.4
TRI modifié, 20.5
True and fair view, 6.16
TSR, 26.10, 31.5, 31.14, 31.23
Tunnel de taux, 54.22

TUP, 49.2
Turquoise, 26.34

U

UGT, 8.12
Underwriting, 29.14
Unirate, 50.12
Unités de crédit projetées, 8.29
Unités génératrices de trésorerie, 8.12
Unitranche, 50.14
Upside, 21.3
US GAAP, 6.4
***US Private Placement* (USPP)**, 25.3
Utilité, 17.1

V

Valeur, 1.32, 30.1, 30.21, 30.23, 40.6
Valeur actuelle, 19.1
Valeur actuelle nette, 19.1, 20.4, 31.4, 31.7, 32.1, 32.4
Valeur actuelle nette augmentée, 34.19
Valeur ajoutée, 10.15
Valeur d'entreprise, 26.15
Valeur d'usage, 8.12, 35.32
Valeur de contrôle, 35.46
Valeur de croissance, 22.19
Valeur de l'actif économique, 36.3
Valeur de l'économie d'impôt, 37.5
Valeur de l'endettement bancaire et financier net, 35.12
Valeur de l'entreprise, 36.4
Valeur de marché, 19.1, 35.32
Valeur de rendement, 22.19
Valeur et gouvernance d'entreprise, 47.16
Valeur faciale, 24.3
Valeur intrinsèque, 27.10
Valeur liquidative, 35.32
Valeur nette actuelle, 31.23
Valeur nominale, 24.3
Valeur nue, 28.20
Valeur patrimoniale, 35.37
Valeur *stand-alone*, 35.47
Valeur stratégique, 35.46, 35.47
Valeur temps, 27.11, 38.17
Valeur terminale, 35.7
***Value at Risk* (VaR)**, 54.9
Value drivers, 34.2, 34.5
Value stocks, 22.19
VAN, 19.1, 20.4, 31.4, 31.7, 31.23, 32.1, 32.4
VANA, 34.19
VaR, 54.9
Variance, 21.9, 22.4
Variation des stocks de produits finis, 5.4, 5.6
Variation du besoin en fonds de roulement, 5.7
VC, 50.9
VCOM, 53.12
VDD, 48.12
Véga, 27.28
Vendor Due Diligence, 48.12
Venture capitalist, 50.9
Versement de marge, 54.29
Vesting, 44.15
Vesting period, 8.94
Virement, 53.12
Virement commercial, 53.12
VIX, 27.29
Volatilité, 21.11, 27.15, 41.4
Volumes, 10.6, 26.13

W

WACC, 33.1, 36.1
Waiver, 51.18
Waiver fee, 43.12
Warm-up, 29.13
Warrants, 28.3
Warranty bonds, 25.19
Window dressing, 31.2

Z

***Zero Balance Account* (ZBA)**, 53.25
Zero-coupon, 20.11, 24.10
Zones de négociation, 49.14

Index des noms propres

Le premier chiffre correspond au numéro de chapitre ; le second au numéro de paragraphe.

A

Allayannis G., 54.3
Almeida H., 37.7, 51.14
Altman E., 9.32

B

Baker J., 40.25
Bancel F., 28.23, 33.20, 35.38
Black F., 27.21
Blume M., 23.10
Bodie Z., 16.7
Brounen D., 39.8
Buffett W., 22.18

C

Campello M., 54.3
Claessens S., 51.13
Cox J., 27.19

D

Danielson M., 32.4
Davydenko S., 51.13
Delannay A., 12.22
Dietsch M., 12.22
Donaldson G., 37.16

F

Fama E., 16.13, 23.13, 30.19
Francks J., 51.13
Frantz M., 39.11
French K., 23.13
Frésard L., 43.18

G

Garman M., 27.22
Goyal V., 39.11
Graham J., 32.4, 37.7, 39.8
Grossman S., 30.19
Gurley J., 16.2

H

Hamon J., 23.14
Hart O., 30.19
Harvey C., 32.4, 39.8

J

Jacquillat B., 23.14
Jaggannathan M., 41.20
Jensen M., 30.19, 37.14, 38.14, 40.22
de Jong A., 39.8

K

Kaplan S., 50.17
Klapper L., 51.13
Koedijk K., 39.8
Kohlhagen S., 27.22

L

Lintner J., 23.3, 41.2
Lui Ch., 54.3

M

Ma Y., 54.3
Malmendier U., 39.15
Mandelbrot B., 16.15, 23.16
Markowitz H., 23.3
Maury B., 45.6
Meckling W., 30.19, 38.14
Merton R., 16.7, 38.1
Mikkelson W., 38.14
Miller M., 36.9, 37.3, 37.8
Mittoo U., 35.38, 39.8
Modigliani F., 23.23, 36.9, 37.3
Myers S., 37.16

O

Ofek E., 37.13
Opler T., 53.29
Orléan A., 16.17

P

Perrotin Th., 33.20
Philippon Th., 37.7, 51.14
Pinkowitz L., 53.29

Q

Quintard A., 30.17

R

Recasens G., 51.13
Rérolle J.-Fl., 47.2
Rockfeller J., 40.25
Roll R., 23.9, 27.22
Ross S., 27.19, 37.15
Rountree B., 54.3
Rubinstein M., 27.19

S

Sauvage F., 12.21
Scholes M., 27.21
Scott J., 32.4
Sharpe W., 23.3
Shaw E., 16.2
Shleifer A., 48.2
Stephens A., 41.20
Stulz R., 53.29
Sutch R., 23.23

T

Tate G., 39.15
Treynor J., 23.3

V

Vernimmen P., voir rabat de couverture
Vishny R., 48.2

W

Weisbach M., 41.20
Weston J., 54.3
Williamson R., 53.29
Wurgler J., 40.25

Y

Yan J., 39.15

Z

Zou H., 54.3

TABLE DES MATIÈRES

Sommaire général IV
Pourquoi nous voulons être optimistes VI
Présentation de l'ouvrage XIII
Principaux symboles et sigles utilisés dans cet ouvrage XVI

Chapitre 1 Un premier aperçu de la finance 1
Section 1 Si le financier est d'abord commerçant... 2
Section 2 ... de titres financiers... 4
Section 3 ... évalués en permanence sur un marché de capitaux... 7
Section 4 ... il est aussi et surtout un négociateur... 10
Section 5 ... un empêcheur de tourner en rond et un stratège... 11
Section 6 ... sans oublier d'être un *risk manager* ! 11
Résumé, Questions, Bibliographie 13

Partie 1 Le diagnostic financier

Titre 1 **Les mécanismes financiers fondamentaux** 19

Chapitre 2 Les flux de trésorerie 21
Section 1 Les cycles économiques (d'exploitation et d'investissement) 22
Section 2 Les ressources financières 24
Résumé, Questions, Exercices, Bibliographie 27

Chapitre 3 Les résultats 31
Section 1 La génération de richesse 31
Section 2 Les différentes présentations du compte de résultat 36
Résumé, Questions, Exercices, Bibliographie 41

Chapitre 4 L'actif économique et les ressources financières 47
Section 1 Le bilan : définitions et concepts 48
Section 2 La lecture économique du bilan 49

Section 3 La lecture patrimoniale du bilan 55
Section 4 Un exemple détaillé de bilan économique 58
Résumé, Questions, Exercices, Bibliographie 59

Chapitre 5 Du résultat à la variation de l'endettement net 65
Section 1 Analyse des résultats dans une optique de flux de trésorerie 66
Section 2 Le tableau des flux de trésorerie 69
Section 3 La construction du tableau des flux de trésorerie 74
Résumé, Questions, Exercices, Bibliographie 80

Titre 2 **La lecture financière de la comptabilité** 89

Chapitre 6 L'information comptable 91
Section 1 La présentation des comptes 91
Section 2 Les principes comptables 95
Résumé, Questions, Bibliographie 100

Chapitre 7 Les comptes consolidés 103
Section 1 Les méthodes de consolidation 103
Section 2 Les problèmes spécifiques à la consolidation 110
Section 3 Les aspects techniques de la consolidation 115
Résumé, Questions, Exercices, Bibliographie 120

Chapitre 8 Les points complexes de l'analyse des comptes 125
Les actions autodétenues ou autocontrôlées 126
Les actifs de trésorerie 127
Les amortissements, dépréciations et pertes de valeur 128
Les capitaux propres 130
Le chiffre d'affaires 131
Les comptes courants d'associés 132
Les comptes de régularisation 133
La cotisation sur la valeur ajoutée des entreprises (CVAE) 134
Les engagements de retraites et les avantages au personnel 135
Les engagements hors bilan 137
L'escompte, l'affacturage et la titrisation de créances 139
Les immobilisations corporelles 140
Les immobilisations incorporelles 141

Les impôts différés actifs ou passifs 145
Les instruments financiers de couverture 148
Les locations : location financement (crédit-bail) et location simple ... 150
Les obligations ou emprunts convertibles 153
Les primes de remboursement des obligations 154
Les profits ou les pertes de dilution 155
Les provisions 155
Les stocks 159
Les stock-options et les actions attribuées gratuitement aux salariés .. 162
Les transferts de charges 164
Les travaux en cours 165
Bibliographie 166

Titre 3 **Le diagnostic financier : analyse et prévisions** 169

Chapitre 9 Introduction au diagnostic financier 171
Section 1 Qu'est-ce que l'analyse financière ? 172
Section 2 Le diagnostic économique de l'entreprise 173
Section 3 Le diagnostic de la politique comptable de l'entreprise 184
Section 4 Plan type d'analyse financière 184
Section 5 Les différentes méthodes 187
Section 6 La notation financière 189
Section 7 La méthode des scores 189
Section 8 Les systèmes experts et réseaux de neurones 191
Résumé, Questions, Exercices, Bibliographie 192

Chapitre 10 L'analyse des marges : structure 197
Section 1 La formation du résultat d'exploitation 198
Section 2 La répartition du résultat d'exploitation 207
Section 3 Le compte de résultat pro forma 211
Section 4 Le diagnostic financier 213
Section 5 Application à Indesit 218
Résumé, Questions, Exercices, Bibliographie 219

Chapitre 11 L'analyse des marges : risques 225
Section 1 Le mécanisme simple de l'effet point mort 225
Section 2 Une utilisation plus complexe permet de prendre du recul 230

Section 3 De l'analyse aux prévisions : la notion de marge normative 235
Section 4 Application à Indesit 236
Résumé, Questions, Exercices, Bibliographie 237

Chapitre 12 L'analyse du besoin en fonds de roulement et des investissements ... 243
Section 1 Nature du besoin en fonds de roulement 243
Section 2 Les ratios de rotation du besoin en fonds de roulement 247
Section 3 Diagnostic financier du besoin en fonds de roulement 253
Section 4 L'analyse des investissements 258
Section 5 Application à Indesit 261
Résumé, Questions, Exercices, Bibliographie 263

Chapitre 13 L'analyse du financement 271
Section 1 L'analyse dynamique des financements 272
Section 2 L'analyse statique des financements 274
Section 3 Application à Indesit 282
Résumé, Questions, Exercices, Bibliographie 283

Chapitre 14 L'analyse de la rentabilité comptable 287
Section 1 L'analyse de la rentabilité de l'entreprise 287
Section 2 L'effet de levier 290
Section 3 Intérêt et limites de l'effet de levier 298
Section 4 Application à Indesit 300
Résumé, Questions, Exercices, Bibliographie 301

Chapitre 15 Conclusion du diagnostic financier 307
Section 1 La solvabilité 307
Section 2 La création de valeur 310
Section 3 L'analyse financière en l'absence de documents comptables 310
Section 4 Application à Indesit 311
Résumé, Questions, Exercices, Bibliographie 312

Partie 2 Les investisseurs et la logique des marchés financiers

Chapitre 16 Les marchés financiers 323
Section 1 L'essor du marché des capitaux 323
Section 2 Les fonctions d'un système financier 328
Section 3 Le rôle des banques auprès des entreprises 330

Section 4 Un cadre théorique : les marchés efficients 332
Section 5 Un autre cadre théorique en construction : la finance comportementale 334
Section 6 Les comportements des investisseurs 337
Résumé, Questions, Bibliographie 341

Titre 1 **La mécanique financière** 347

Chapitre 17 La rémunération du temps 349
Section 1 La mécanique inexorable de la finance 349
Section 2 Le fondement théorique du taux de l'argent sans risque 350
Résumé, Questions, Bibliographie 358

Chapitre 18 Capitalisation et actualisation 361
Section 1 La capitalisation 361
Section 2 L'actualisation 365
Résumé, Questions, Exercices, Bibliographie 368

Chapitre 19 Valeur actuelle et valeur actuelle nette 371
Section 1 Valeur actuelle et valeur actuelle nette d'un titre financier 371
Section 2 De quoi ces valeurs dépendent-elles ? 373
Section 3 Quelques exemples de simplification des calculs de valeur actuelle 374
Résumé, Questions, Exercices, Bibliographie 377

Chapitre 20 Le taux de rentabilité actuariel 381
Section 1 Comment déterminer le taux de rentabilité actuariel ? 381
Section 2 Le taux de rentabilité actuariel comme critère de choix d'investissement 382
Section 3 Les limites du taux de rentabilité actuariel 383
Section 4 Un peu plus de mathématiques financières : taux d'intérêt et taux de rentabilité actuariels 385
Résumé, Questions, Exercices, Bibliographie 391

Titre 2 **Le risque en finance** 397

Chapitre 21 Le risque d'un titre financier 399
Section 1 Analyse des différents risques 399
Section 2 Risque et fluctuation de valeur d'un titre financier 401

Section 3 Les outils de mesure de la rentabilité et du risque 404
Section 4 Risque de marché et risque spécifique 406
Section 5 Le coefficient ß 408
Résumé, Questions, Exercices, Bibliographie 411

Chapitre 22 Risque et portefeuille 415
Section 1 Le risque d'un portefeuille 415
Section 2 Le choix entre plusieurs actifs risqués et la frontière efficiente 419
Section 3 Le choix entre plusieurs actifs risqués et un actif sans risque 421
Section 4 La gestion d'actifs en pratique 424
Résumé, Questions, Exercices, Bibliographie 427

Chapitre 23 Taux de rentabilité exigé et marchés en équilibre 433
Section 1 La rentabilité exigée par un investisseur : le MEDAF 434
Section 2 La droite de marché 437
Section 3 Les limites du MEDAF 438
Section 4 Les modèles multifacteurs 440
Section 5 Fractales et autres pistes 442
Section 6 La structure des taux d'intérêt 443
Résumé, Questions, Exercices, Bibliographie 447

Titre 3 **Les principaux titres financiers** 455

Chapitre 24 L'obligation 457
Section 1 Les notions de base 459
Section 2 Le taux de rentabilité actuariel d'une obligation 461
Section 3 Les titres de dette à taux variable 464
Section 4 La volatilité des titres de dette 468
Section 5 Le risque de solvabilité et le rôle de la notation financière 472
Résumé, Questions, Exercices, Bibliographie 476

Chapitre 25 Les autres produits de dette 481
Section 1 Les produits d'endettement de marché 481
Section 2 Les produits d'endettement bancaire 483
Section 3 Les financements assis sur des actifs de l'entreprise 487
Résumé, Questions, Bibliographie 498

Chapitre 26 L'action 501
Section 1 Les notions de base 501
Section 2 Les multiples 506
Section 3 Le tableau de bord boursier 515
Section 4 Le plan type de l'analyse de la valeur d'une action 517
Section 5 L'organisation des marchés d'actions et les ordres de Bourse en France 518
Section 6 L'ajustement technique des données par action 521
Résumé, Questions, Exercices, Bibliographie 525

Chapitre 27 L'option 529
Section 1 Définitions et fondement de l'option 530
Section 2 Les mécanismes d'équilibre de la valeur des options 533
Section 3 L'analyse de l'option 535
Section 4 Les déterminants de la valeur d'une option 537
Section 5 Les méthodes d'évaluation des options 541
Section 6 Les outils de gestion d'une position optionnelle 546
Résumé, Questions, Exercices, Bibliographie 550

Chapitre 28 Les titres hybrides 555
Section 1 Le bon de souscription 556
Section 2 L'obligation convertible 559
Section 3 Les actions de préférence 565
Section 4 D'autres titres hybrides 567
Résumé, Questions, Exercice, Bibliographie 570

Chapitre 29 Le placement des titres financiers 575
Section 1 Principes généraux du placement des titres 575
Section 2 L'introduction en Bourse 581
Section 3 L'augmentation de capital 587
Section 4 Les reclassements de blocs d'actions 592
Section 5 Les obligations 594
Section 6 Les obligations convertibles ou échangeables 598
Section 7 Les crédits syndiqués 598
Résumé, Questions, Exercice, Bibliographie 600

Partie 3 La valeur

Chapitre 30 Valeur et finance d'entreprise ... 609
Section 1 L'objectif de la finance : la création de valeur ... 609
Section 2 La création de valeur et les marchés en équilibre ... 613
Section 3 La valeur et les théories de l'organisation ... 617
Section 4 Comment créer de la valeur ? ... 622
Section 5 La valeur et la fiscalité ... 624
Résumé, Questions, Exercice, Bibliographie ... 625

Chapitre 31 Les mesures de la création de valeur ... 631
Section 1 Panorama d'ensemble ... 632
Section 2 La VAN : le seul critère financier ... 634
Section 3 Les critères hybrides mi-comptables/mi-financiers ... 635
Section 4 Les critères boursiers ... 637
Section 5 Les critères comptables ... 638
Section 6 Un peu de recul ... 643
Résumé, Questions, Exercices, Bibliographie ... 645

Chapitre 32 Le choix d'investissement ... 649
Section 1 Prééminence de la VAN et importance du TRI ... 650
Section 2 Les principaux raisonnements ... 652
Section 3 Les différents types de flux de trésorerie à retenir ... 656
Section 4 Les autres critères de choix d'investissement ... 658
Résumé, Questions, Exercices, Bibliographie ... 661

Chapitre 33 Le coût du capital ... 667
Section 1 Le coût du capital et le risque de l'actif économique ... 667
Section 2 Le calcul du coût du capital ... 669
Section 3 Quelques applications pratiques ... 675
Section 4 Les entrepreneurs peuvent-ils agir sur le coût du capital ? ... 680
Résumé, Questions, Exercices, Bibliographie ... 682

Chapitre 34 Le risque dans l'investissement ... 687
Section 1 L'analyse du risque au travers du plan d'affaires ... 687
Section 2 Les mesures mathématiques du risque ... 689
Section 3 L'apport des options réelles ... 690
Résumé, Questions, Exercices, Bibliographie ... 697

Chapitre 35 La pratique de l'évaluation de l'entreprise 701
Section 1 Aperçu des différentes méthodes 701
Section 2 L'évaluation par actualisation des flux de trésorerie disponibles (méthode DCF) 703
Section 3 La méthode des multiples 712
Section 4 La méthode patrimoniale ou la somme des parties 718
Section 5 Comparaison des valorisations 722
Section 6 Primes et décotes 726
Résumé, Questions, Exercices, Bibliographie 729

Partie 4 La politique financière

Titre 1 **La structure financière de l'entreprise** 739

Chapitre 36 Structure financière et théorie des marchés en équilibre 741
Section 1 La valeur de l'actif économique 742
Section 2 Des dettes et des capitaux propres 743
Section 3 L'approche ancienne (pré-1958) 745
Section 4 L'éclairage de la théorie des marchés en équilibre 746
Résumé, Questions, Exercices, Bibliographie 751

Chapitre 37 Structure financière, fiscalité et théorie des organisations 755
Section 1 L'intérêt fiscal de l'endettement 756
Section 2 L'endettement comme contrôle interne des dirigeants 763
Section 3 Le choix d'une structure financière : un signal fait au marché 764
Section 4 La théorie du *pecking order* 766
Résumé, Questions, Exercices, Bibliographie 767

Chapitre 38 Endettement, capitaux propres et théorie des options 773
Section 1 Comment lire l'entreprise à la lumière des options 774
Section 2 L'apport de la théorie des options à la valorisation des capitaux propres 776
Section 3 L'apport de la théorie des options à l'analyse des décisions financières de l'entreprise 781
Section 4 Les méthodes de résolution des conflits entre actionnaires et créanciers 785
Section 5 L'analyse de la liquidité de l'entreprise 786
Section 6 Conclusion 788
Résumé, Questions, Exercices, Bibliographie 789

Chapitre 39 Choisir sa structure financière 795
Section 1 Les grands concepts 796
Section 2 Les facteurs de choix d'une structure financière 801
Section 3 Le choix de financement et les critères comptables et financiers 807
Résumé, Questions, Exercice, Bibliographie 810

Titre 2 **La politique des capitaux propres et celle de l'endettement** 817

Chapitre 40 La politique de distribution ou rendre de l'argent aux actionnaires 819
Section 1 L'autofinancement 820
Section 2 L'autofinancement et les critères financiers 824
Section 3 Pourquoi rendre des fonds aux actionnaires ? 827
Résumé, Questions, Exercices, Bibliographie 832

Chapitre 41 La mise en œuvre de la politique de distribution : dividendes, rachats d'actions et réductions de capital 837
Section 1 La distribution de dividendes 837
Section 2 Le dividende exceptionnel, les rachats d'actions au fil de l'eau et la réduction de capital 843
Section 3 Le choix entre dividendes, rachats d'actions et réductions de capital 848
Résumé, Questions, Exercices, Bibliographie 852

Chapitre 42 L'augmentation de capital en numéraire 859
Section 1 L'augmentation de capital est une vente d'actions, dont le produit revient à l'entreprise, et qui implique un partage 859
Section 2 L'augmentation de capital et les théories financières 861
Section 3 Anciens et nouveaux actionnaires 863
Section 4 L'augmentation de capital et les critères comptables 865
Résumé, Questions, Exercices, Bibliographie 870

Chapitre 43 La mise en œuvre de la politique d'endettement 875
Section 1 La structure de la dette 875
Section 2 Les *covenants* 881
Section 3 Renégocier sa dette 883
Section 4 Pourquoi garder des liquidités à l'actif ? 884
Section 5 Les leviers d'une bonne politique d'endettement 886
Résumé, Questions, Exercice, Bibliographie 888

Partie 5 ■ La gestion financière

Titre 1 ■ **La gouvernance et l'ingénierie financière** 897

Chapitre 44 ■ La création d'entreprise ou le financement des start-up 899
Section 1 ■ Les particularités financières de l'entreprise qui se crée 899
Section 2 ■ Quelques principes de base du financement de la création d'entreprise 903
Section 3 ■ Les investisseurs dans les jeunes entreprises 907
Section 4 ■ L'organisation des relations entre l'entrepreneur et les investisseurs financiers 909
Section 5 ■ La gestion financière d'une start-up 912
Section 6 ■ Les particularités de l'évaluation des jeunes entreprises 912
Section 7 ■ Un exemple inspiré d'un cas réel : Example.com 915
■ *Résumé, Questions, Exercices, Bibliographie* 917

Chapitre 45 ■ L'actionnariat et l'organisation d'un groupe 923
Section 1 ■ La géographie du capital ou la structure de l'actionnariat 923
Section 2 ■ Comment conforter le contrôle d'un actionnariat ? 932
Section 3 ■ L'organisation d'un groupe 940
■ *Résumé, Questions, Exercices, Bibliographie* 944

Chapitre 46 ■ L'introduction en Bourse 949
Section 1 ■ Faut-il ou non faire coter son entreprise ? 950
Section 2 ■ La préparation de la cotation en Bourse 951
Section 3 ■ Les modalités de cotation en Bourse 952
Section 4 ■ La décote d'introduction en Bourse 955
Section 5 ■ Réussir son introduction en Bourse............................ 955
Section 6 ■ Sortir de la Bourse 957
■ *Résumé, Questions, Exercice, Bibliographie*..................... 958

Chapitre 47 ■ La gouvernance d'entreprise 963
Section 1 ■ Qu'entend-on par gouvernance d'entreprise ? 963
Section 2 ■ Gouvernance d'entreprise et théories financières................. 971
Section 3 ■ Valeur et gouvernance d'entreprise............................ 973
■ *Résumé, Questions, Bibliographie*............................. 975

Chapitre 48 ■ Les négociations du contrôle 979
Section 1 ■ Pourquoi acquérir ou céder une entreprise ?..................... 980

Section 2 Le choix d'une tactique de négociation 984
Section 3 Comment acheter une entreprise cotée en Bourse en France ? 990
Section 4 La prise de contrôle d'une société cotée en Europe et aux États-Unis .. 1003
Résumé, Questions, Bibliographie 1005

Chapitre 49 Les fusions et les scissions 1011
Section 1 Le principe de la fusion 1011
Section 2 La mécanique de la fusion 1015
Section 3 Les scissions 1023
Résumé, Questions, Exercices, Bibliographie 1026

Chapitre 50 Les LBO 1031
Section 1 Le montage 1031
Section 2 Les différents acteurs 1036
Section 3 LBO et théories financières 1044
Section 4 Le marché des LBO : après la crise, un rebond hésitant 1045
Résumé, Questions, Bibliographie 1046

Chapitre 51 Les faillites et les restructurations 1049
Section 1 La faillite 1050
Section 2 Le droit de la faillite en France 1052
Section 3 Le droit de la faillite dans le monde 1060
Section 4 Faillite et théories financières 1061
Section 5 Les restructurations 1063
Résumé, Questions, Exercices, Bibliographie 1067

Titre 2 **La gestion du besoin en fonds de roulement, de la trésorerie et des risques** 1073

Chapitre 52 La gestion du besoin en fonds de roulement 1075
Section 1 Quelques réflexions de bon sens 1076
Section 2 La gestion du poste clients 1079
Section 3 La gestion du poste fournisseurs 1083
Section 4 La gestion des stocks 1084
Section 5 Conclusion 1085
Résumé, Questions, Exercices, Bibliographie 1086

Chapitre 53 La gestion de trésorerie 1091
Section 1 Les éléments de base 1091
Section 2 La gestion de la trésorerie d'une entreprise 1094
Section 3 La gestion de trésorerie au sein d'un groupe 1100
Section 4 Les produits de placement 1105
Section 5 Les évolutions du métier de trésorier 1109
Résumé, Questions, Bibliographie 1110

Chapitre 54 La gestion des risques dans l'entreprise 1113
Section 1 Introduction à la gestion des risques 1114
Section 2 La mesure des risques financiers 1117
Section 3 Les principes de gestion des risques 1120
Section 4 Marchés organisés *versus* marchés de gré à gré 1131
Résumé, Questions, Exercices, Bibliographie 1136

Chapitre 55 **Finance et stratégie en guise de post-face** 1141
Section 1 Les stratégies de l'entreprise 1142
Section 2 Les actionnaires 1145
Section 3 L'environnement macroéconomique 1147
Section 4 Une illustration, SEB ou la finance au service de l'industrie 1148

Annexes 1151
Glossaire 1163
Index des notions 1165
Index des noms propres 1185

Ce volume a été composé
par IGS-CP (L'Isle-d'Espagnac)
Photo de couverture @ Elenathewise-Fotolia

713694, 714170 (I) CSB-G 80 g IGS (CDR)
Imprimé en Italie par LEGO S.p.A.
Dépôt legal : Août 2014